ZUR SOZIALGESCHICHTE
DER KINDHEIT

VERÖFFENTLICHUNGEN
DES
„INSTITUTS FÜR HISTORISCHE ANTHROPOLOGIE E. V."

herausgegeben von
JOCHEN MARTIN
THOMAS NIPPERDEY

Band 4

(= Kindheit Jugend Familie II)

ZUR SOZIALGESCHICHTE DER KINDHEIT

herausgegeben von
JOCHEN MARTIN
AUGUST NITSCHKE

unter Mitarbeit von
KLAUS ARNOLD, HAMBURG
MARIELUISE DEISSMANN-MERTEN, FREIBURG I. BR.
EMIEL EYBEN, LEUVEN
ERIKA FEUCHT, HEIDELBERG
HIROKO HARA, TOKIO
IRENE HARDACH-PINKE, MARBURG
ULRICH HERRMANN, TÜBINGEN
GUDULA LINCK, FREIBURG I. BR.
JOCHEN MARTIN, FREIBURG I. BR.
GÜNTER MAYER, MAINZ
WERNER F. MENSKI, LONDON
MIEKO MINAGAWA, TOKIO
HARALD MOTZKI, HAMBURG
AUGUST NITSCHKE, STUTTGART
OTTO F. RAUM, LANGENBACH
EDUARD SEIDLER, FREIBURG I. BR.
EDWARD SHORTER, TORONTO
ROLF SPRANDEL, WÜRZBURG
REINHARD SPREE, BERLIN

VERLAG KARL ALBER FREIBURG/MÜNCHEN

Die Vorbereitung und Ausführung der Publikation „Zur Sozialgeschichte der Kindheit" wurde durch die Förderung seitens
der Fritz Thyssen Stiftung, Köln, des Willmann-Instituts e. V.,
München, und des Zentrums für interdisziplinäre Forschung,
Bielefeld, ermöglicht.

Mit ↗ wird auf Seiten in diesem Band verwiesen.

CIP-Kurztitelaufnahme der Deutschen Bibliothek

Zur Sozialgeschichte der Kindheit / hrsg. von Jochen
Martin; August Nitschke. Unter Mitarb. von Klaus
Arnold ... – Freiburg (Breisgau); München: Alber,
1986.
(Veröffentlichungen des Instituts für Historische An-
thropologie e. V.; Bd. 4: Kindheit, Jugend, Familie; 2)
ISBN 3-495-47553-2

NE: Martin, Jochen [Hrsg.]; Arnold, Klaus [Mitverf.];
Institut für Historische Anthropologie: Veröffentlichungen des Instituts für Historische Anthropologie
e. V. / Kindheit, Jugend, Familie

© Verlag Karl Alber GmbH Freiburg/München 1986
Satz und Druck: Presse-Druck Augsburg
ISBN 3–495–47553–2

INHALT

Inhalt

Inhalt

EINLEITUNG

JOCHEN MARTIN UND AUGUST NITSCHKE

Die Beiträge dieses Bandes sind von Wissenschaftlern geschrieben, die fast alle Spezialisten für bestimmte Kulturen oder einzelne Epochen der europäischen Kultur sind. Von wenigen Ausnahmen abgesehen, handelt es sich also nicht um Beiträge aus dem Bereich systematischer Disziplinen, etwa der Pädagogik, Psychologie, Sozialisationsforschung. Dennoch haben wir, die Autoren dieses Bandes, uns bemüht, Fragestellungen solcher systematischer Disziplinen mit aufzunehmen. Wir hatten uns ein Frageraster erarbeitet, in dem einerseits nach Einzelphänomenen der Kindheit (z. B. Erwartungen an das Kind; Gliederung der Kindheit; Erziehungsziele; Medien und Formen der Kindererziehung), andererseits nach dem Zusammenhang dieser Einzelphänomene und ihrem Bezug zu anderen Erscheinungen in einer Gesellschaft gefragt wurde.

Die Interessen der einzelnen Mitarbeiter, aber auch der Mangel an Quellen und die Tatsache, daß viele Fragen für frühere Kulturen von Historikern überhaupt noch nicht gestellt worden sind, haben dazu geführt, daß die Beiträge trotz der gemeinsamen Bemühungen – wir haben uns mehrfach zu Konferenzen getroffen und die Ergebnisse ausgetauscht – recht unterschiedlich ausgefallen sind. Trotzdem bieten sie Informationen und Erklärungen, die geeignet sind, den Horizont der Gegenwartsdiskussion beträchtlich auszuweiten und zu Thesen derjenigen Historiker Stellung zu nehmen, die sich in jüngster Zeit in vielbeachteten Werken mit der Geschichte der Familie und der Kindheit befaßten. Zudem erlauben es die Beiträge, einige bisher zu wenig beachtete Probleme allgemeiner Art schärfer zu erfassen und damit vielleicht das Interesse der Forschung auf sie zu lenken.

1. Zu einigen in der Forschung vertretenen Thesen über die Kindheit

Will man Einzelphänomene der Kindheit in verschiedenen Kulturen miteinander vergleichen, dann ist das nur möglich, wenn man erstens den Sinnzusammenhang bedenkt, in dem eine einzelne Erscheinung steht, und zweitens auch den historischen Ort berücksichtigt, an dem im „Prozeß der Zivilisation" eine Erscheinung auftaucht. Es könnte ja sein, daß es dem europäischen analoge Zivilisationsprozesse auch in anderen Kulturen gegeben hat. Wenn trotzdem in diesem ersten Teil der Einleitung mehrfach Einzelerscheinungen in verschiedenen Kulturen nebeneinandergestellt werden, ohne sie in einem historisch genau festgelegten Sinnzusammenhang zu verorten, dann deshalb, weil viele Aussagen in der Gegenwartsdiskussion sich als Allgemeinaussagen geben. Hier genügt zur Widerlegung der Hinweis auf differierende Erscheinungen in anderen Kulturen.

1.1 Vorstellungen vom Kind und Phasen der Kindheit

Philippe Ariès schrieb als Ergebnis seiner Untersuchungen über die Zeit vor dem 18. Jahrhundert: „Immerhin konnte das Kind in den allerersten Jahren, wenn es noch ein kleines drolliges Ding war, auf eine oberflächliche Gefühlszuwendung rechnen, die ich ‚gehätschelt' genannt habe. Man vergnügte sich mit ihm wie mit einem Tier, einem ungesitteten Äffchen."[1] Noch schärfer äußerte sich de Mause: „Je weiter wir in der Geschichte zurückgehen, desto unzureichender wird die Pflege der Kinder, die Fürsorge für sie und desto größer die Wahrscheinlichkeit, daß Kinder getötet, ausgesetzt, geschlagen, gequält und sexuell mißbraucht wurden."[2] Sahen Erwachsene in Kindern wirklich ein Tier, war ihre Gefühlszuwendung oberflächlich, gingen sie mit Kindern so rücksichtslos um?

Wir haben viele Zeugnisse dafür, daß Kinder in allen Jahrhunderten und bei allen Völkern gewünscht wurden. Schon um des Überlebens willen brauchte man sie, sei es um physisch in Kindern weiterzuleben,

---

[1] P. Ariès: Geschichte der Kindheit, München 1978, S. 46.
[2] L. de Mause: Hört ihr die Kinder weinen. Eine psychogenetische Geschichte der Kindheit, Frankfurt a. M. 1977, S. 12.

sei es zur Fortsetzung des Ruhmes oder der Macht einer Familie, Sippe oder eines Standes,[3] sei es zur Verteidigung einer Gruppe, die allerdings durch Söhne – so in der vorislamischen Gesellschaft Arabiens – am besten zu schützen war.[4] Der Wunsch nach Kindern konnte sogar so weit gehen, daß im Kindbett gestorbene Mütter besonders ausgezeichnet wurden.[5] Sollte Shorter recht haben, dann müßte die Zeit des 17. und frühen 18. Jahrhunderts eine Ausnahme darstellen; doch sicher ist das nicht.[6]

In vielen Jahrhunderten und Kulturen wurde Kindern außerdem eine besonders enge Beziehung zu Gott oder Göttern zugeschrieben. Die Menschen benötigten die Götter auch im Alltag, um Unheil abzuwenden. So gelten die Kinder in Afrika bei einzelnen Stämmen als rituell rein; sie dienen dazu, drohende Mächte abzuwehren. Dementsprechend sind die ebenfalls verehrten toten Ahnen bereits bei der Zeugung mit gegenwärtig.[7] In China wurden die Kinder geschätzt, weil sie das Ahnenopfer darbrachten.[8] Die Söhne dienen bei den Hindu in Indien der Erhaltung des Makrokosmos.[9] In Japan sind die Kinder von Göttern geschützt und stehen in ihrer Unschuld und Unwissenheit den Göttern näher.[10] Auch bei den Griechen, die sonst „kindisch" und „töricht" einander gleichzusetzen neigten,[11] galt das Kind im Bereich des Kultus als rein und unbefleckt.[12] In der Spätantike war das Kind daher fähig, Lose zu ziehen, die die von Göttern beschlossene Zukunft erkennen ließen.[13] Auch im Islam hat das Kind als Geschöpf Gottes einen eigenen Wert. Mohammed setzte sich entschieden für die Töchter und für die Waisen ein.[14] Gebete der

---

[3] Siehe ↗ S. 41, 78, 113 ff., 195 ff., 226 ff.
[4] Siehe ↗ S. 391 ff.
[5] Siehe ↗ S. 273, und W. Krickeberg: Altmexikanische Kulturen, Berlin 1971, S. 189 ff.
[6] Siehe ↗ S. 505 ff., 531 ff.
[7] Siehe ↗ S. 52, 55.
[8] Siehe ↗ S. 79.
[9] Siehe ↗ S. 203.
[10] Siehe ↗ S. 124, 130, 147; ähnlich in Ägypten S. 261 f.
[11] Siehe ↗ S. 270.
[12] Siehe ↗ S. 271.
[13] P. Courcelle: L'enfant et les „sorts bibliques", in: Vigiliae Christianae. A Review of Early Christian Life and Language 7 (Amsterdam 1953) Nr. 1.
[14] Siehe ↗ S. 396 ff.

Kinder für die verstorbenen Eltern helfen diesen beim Jüngsten Gericht.[15] Seit dem 18. Jahrhundert wurde in Europa das Kind manchmal zum Vorbild des Erwachsenen.[16] Das wird im 20. Jahrhundert gelegentlich erneut betont.[17]

Ariès meint, die Menschen hätten früher für die verschiedenen Lebensphasen der Kinder keinen Sinn gehabt. Sie hätten sie nicht einmal beobachtet. „Die Dauer der Kindheit war auf das zarte Kindesalter beschränkt, d. h. auf die Periode, wo das kleine Wesen nicht ohne fremde Hilfe auskommen kann. Das Kind wurde also, kaum daß es sich physisch zurechtfinden konnte, übergangslos zu den Erwachsenen gezählt. Es teilte ihre Arbeit und ihre Spiele. Vom sehr kleinen Kind wurde es sofort zum jungen Menschen, ohne die Etappen der Jugend zu durchlaufen."[18] – Wie sieht es nach unseren Zeugnissen aus?

In Afrika werden verschiedene Phasen der Kindheit in den allerersten Lebensjahren durch eigene Riten voneinander geschieden.[19] In China liegt ein zentraler Einschnitt zwischen dem 4. und 7. Lebensjahr; danach wird Gehorsam vom Kind erwartet – aber erst danach.[20] Ein nordindisches Sprichwort fordert, den Sohn bis zum 5. Jahr wie einen König, danach wie einen Sklaven, vom 15. Jahr an wie einen Freund zu behandeln.[21] In Japan gibt es mit drei Jahren und mit sieben Jahren bestimmte Zeremonien, die die Altersstufen voneinander trennen.[22] In Ägypten beginnt die Ausbildung im 5. und dauert bis zum 11. Jahr.[23] Ähnlich ist es bei den Israeliten; mit 6 oder 7 Jahren sollen die Kinder in die Schule eintreten, mit 14 Jahren beginnt dann eine neue Phase.[24] In Griechenland unterscheiden sich sogar die Bezeichnungen für Kinder bis zum 7. Lebensjahr von denen, die die Kinder bis zum 14. Jahre führen. Zuvor schon werden dreijährige Kinder

---

[15] Siehe ↗ S. 403, 653.
[16] Siehe ↗ S. 701
[17] Siehe ↗ S. 708 Anm. 52.
[18] Ariès (wie Anm. 1) S. 46.
[19] Siehe ↗ S. 52 ff.
[20] Siehe ↗ S. 88 ff., 91 ff.
[21] Ariès (wie Anm. 1) S. 46; s. ↗ S. 191, 213.
[22] Siehe ↗ S. 122 f.
[23] Siehe ↗ S. 248.
[24] Siehe ↗ S. 384 ff.

durch einen Ritus in eine neue Lebensphase eingeführt. Das 7. Jahr ist wieder das Jahr, mit dem die Ausbildung einsetzt.[25] Der Islam rechnet damit, daß bis zum 5. bis 7. Lebensjahr ausschließlich die Mutter für die Erziehung der Kinder zuständig ist, danach jedoch der Vater.[26] Die Erziehung endet mit 14 Jahren oder etwas später.[27] Im Mittelalter kannte man ganz generell den siebenjährigen Rhythmus. In ihm wurden Kindheit und Knabenzeit geschieden. Mit 14 Jahren wurde das Kind dann wie ein Erwachsener behandelt.[28]

Die verschiedenen Phasen der Kindheit werden dadurch akzentuiert, daß in ihnen Jungen und Mädchen unterschiedlich behandelt werden. Wenn in China die Füße der Mädchen gebunden wurden, war dies zwischen dem 4. und 7. Lebensjahr üblich. Bis zum 12. und 13. Lebensjahr erhielten Mädchen der Oberschicht Unterricht in Dichtung, Malerei und Schönschrift.[29] Bei den Juden werden Jungen und Mädchen nach der Haarfrisur getrennt.[30] Im Islam werden vom 6. Lebensjahr an Jungen und Mädchen unterschiedlich betreut.[31] Bei den Griechen erfolgte mit dem 7. Jahr eine getrennte Ausbildung für Jungen und Mädchen, jedenfalls in einzelnen Städten. Sparta bildete eine Ausnahme.[32] Ebenso kam es im Mittelalter mit dem 7. Jahr zu einer Trennung von Jungen und Mädchen; sie wurden von nun an verschieden erzogen.[33]

Somit wurden nicht nur die einzelnen Lebensphasen der Kinder außerordentlich sorgfältig beobachtet – überraschend einheitlich übrigens in den verschiedenen Kulturen –, sondern die Kinder wurden auch durch besondere Feste und Riten jeweils in neue Lebensphasen hineingeführt. Dabei wurden auch deren Unterschiede wahrgenommen.

---

[25] Siehe ↗ S. 268 ff.
[26] Siehe ↗ S. 417, 420.
[27] Siehe ↗ S. 423.
[28] Siehe ↗ S. 454.
[29] Siehe ↗ S. 94 f.
[30] Siehe ↗ S. 438.
[31] Siehe ↗ S. 423.
[32] Siehe ↗ S. 299.
[33] Siehe ↗ S. 454 f.

1.2 Schule und Spiel

Erwachsene bringen Kindern etwas bei. Ariès meint wieder, mit dem 18. Jahrhundert einen Einschnitt beobachten zu können. Für die Jahrhunderte zuvor galt seiner Meinung nach: „Das Kind entfernte sich schnell von seinen Eltern, und man kann sagen, daß die Erziehung dank dem Zusammenleben von Kind bzw. Jugendlichen und Erwachsenen jahrhundertelang auf dem Lehrverhältnis beruhte. Es lernte die Dinge, die es wissen mußte, indem es den Erwachsenen bei ihrer Verrichtung half." Mit dem späten 18. Jahrhundert soll sich das gewandelt haben: „Die Schule ist als Mittel der Erziehung an die Stelle des Lehrverhältnisses getreten."[34] War es so?

In China gab es Schulen. Die Beamtenprüfungen waren Schulprüfungen, und jeder konnte sich diesen Prüfungen unterziehen.[35] Japan kannte Staatsschulen und private Schulen.[36] Die jungen Inder kamen zu Lehrern.[37] In Ägypten wurden neben den Palastschulen noch andere Schulen eingerichtet. Die Kinder lernten dort schreiben, lesen und Mathematik, Geometrie, addieren, subtrahieren, Bruchrechnung, Quadratwurzel, Proportionsrechnung, Dreisatz, Berechnung von Inhalt und Oberflächen von Körpern, Feldvermessung.[38] Die Tora vermittelte den jungen Juden die Grundkenntnisse.[39] Bei den Griechen unterrichtete wahrscheinlich jedes Fach in der Schule ein eigener Lehrer. Ein Sklave wurde dafür eingesetzt, als Pädagoge die Kinder zur Schule zu bringen und abzuholen. Sie lernten lesen, schreiben, rechnen, rezitieren und Sport zu treiben.[40] Im Islam lernten Kinder den Koran auswendig.[41] Im frühen Mittelalter übten sich Kinder bei Lehrern oder auf Schulen im Lesen und Schreiben. Sie konnten sich so für eine geistliche Tätigkeit, aber auch für eine juristische Tätigkeit vorbilden. Das römische Recht war Unterrichtsstoff.[42] Die Schulbil-

---

[34] Ariès (wie Anm. 1) S. 46.
[35] Siehe ↗ S. 78, 93f.
[36] Siehe ↗ S. 136ff.
[37] Siehe ↗ S. 218.
[38] Siehe ↗ S. 248ff.
[39] Siehe ↗ S. 386.
[40] Siehe ↗ S. 299ff.
[41] Siehe ↗ S. 423, 436.
[42] P. Riché: L'education et culture dans l'Occident barbare. VIe – VIIIe siècle, Paris ³1962, S. 59ff.

dung verlor seit der Karolingerzeit für die Adligen an Bedeutung. Im 12. Jahrhundert jedoch erwachte ein neues Interesse.[43] Mit dieser Zeit kamen auch Stadtschulen auf. Mütter brachten die Kinder dorthin und holten sie dort wieder ab.[44] Zu Hause wurden Vokabeln abgefragt. Im 15. Jahrhundert besuchten die meisten Bürger eine solche Schule.[45]

Diese Schulen erfaßten nie die gesamte Bevölkerung. Kinder von Bauern blieben ihnen lange fern. Doch Oberschicht und weite Kreise der mittleren Schichten machten eine Schulausbildung durch. Im 19. Jahrhundert änderten sich die Zustände nur insofern, als nun Pädagogen auftraten, die forderten, daß die Kinder nicht nur in den Schulen etwas lernen, sondern auch in einer besonderen Weise behandelt werden sollten. Das führte zu Komplikationen, von denen in diesem Buch auch die Rede ist.[46] Nur trifft es nicht zu, daß Kinder zuvor ausschließlich die Dinge lernten, indem sie „den Erwachsenen bei ihrer Verrichtung halfen".[47]

Die Erwachsenen bringen Kindern Bewegungen bei. Sie lassen sie spielen. Ariès meint feststellen zu können: „Zwischen dem Tanz der Kinder und dem der Erwachsenen besteht kaum ein Unterschied."[48] Einen Unterschied gibt es für ihn erst mit dem 19. Jahrhundert, „mit dem Aufkommen des Walzers".[49] Genauso beurteilt er die Spiele: „Ehe sich die Idee des Aristokratischen endgültig durchsetzte, waren die Spiele allen Menschen, ohne Ansehen ihres Standes, gemeinsam."[50] Er beruft sich auf Feststellungen, denen zufolge „Kinderspiele in den unteren Schichten des Volkes zugleich die der Erwachsenen sind".[51] Auch diese Behauptung läßt sich so nicht aufrechterhalten.

Aus allen Gesellschaften sind uns Berichte erhalten, die zeigen, zu welchen Umgangsformen Kinder erzogen wurden. Leider erfahren

---

[43] R. Limmer: Bildungszustände und Bildungsideen des 13. Jahrhunderts, München 1970.
[44] A. Nitschke: Junge Rebellen, München 1984, S. 84.
[45] Ebd. S. 160f.
[46] Siehe ↗ S. 667ff.
[47] Ariès (wie Anm. 1) S. 46.
[48] Ebd. S. 149.
[49] Ebd.
[50] Ebd. S. 137ff.
[51] Ebd. S. 163.

wir nur gelegentlich, ob es bestimmte Formen gab, die nur für Kinder galten. In Afrika scheint dies so gewesen zu sein.[52]

Genauer sind wir über die Spiele informiert. Danach wurden die Kinder nicht einfach in die Spiele der Erwachsenen einbezogen. Die Kinder bildeten vielmehr Sondergruppen. In Afrika spielen sie Familie, bauen Grashütten; Mädchen kochen, Knaben fischen oder roden. Steine dienen ihnen als Tiere. Sie kennen besondere Ballspiele. Sie haben ihre eigenen Tänze.[53] Wenn diese Jugendlichen in unserem Jahrhundert in Städte kommen, bilden sie Gruppen mit Gleichaltrigen, die auch wieder ihre eigenen Gesetze, manchmal sogar ihre eigene Sprache haben.[54] Auch die japanischen Kinderspiele unterscheiden sich von den Spielen der Erwachsenen.[55] In Ägypten hatten die Kinder Kreisel, Klappern, spezielle Tierfigürchen, Puppen, mit denen die Erwachsenen selbstverständlich nicht spielten.[56] In Griechenland zeigen archäologische Quellen das Spielzeug der Kinder. Wir wissen von einem Jo-Jo-Spiel, einem Springseil, Schaukeln – lauter kindertypische Spiele.[57] Im Mittelalter sind uns für die Völkerwanderungszeit Gruppen von Jugendlichen bekannt, die Spiele hatten, die nur unter ihnen galten.[58] Später, im 12. Jahrhundert, ahmten Kinder die Berufstätigkeit der Erwachsenen nach, jedoch spielten sie keinesfalls mit diesen zusammen. Im Gegenteil, die Erwachsenen sahen diesen Spielen zu und fühlten sich jung werden beim Zuschauen. Also hielten sie diese Spiele für Kinderspiele, nicht für gemeinsame Spiele.[59] Im 15. Jahrhundert gab es Schleuder, Pfeilspiele, Schiffspiele, an denen wieder Erwachsene sich nicht beteiligten.[60] Aus dem 19. Jahrhundert kennen wir Spiele der Vernichtung, Versteckspiele, die auch ganz typisch für Kinder sind.[61]

Es zieht sich somit durch die Jahrhunderte eine eigene kindertypische Bewegungsweise hindurch. Wir kennen für Kinder charakteristi-

---

[52] Siehe ↗ S. 51.
[53] Siehe ↗ S. 49 ff.
[54] Siehe ↗ S. 62 ff.
[55] Siehe ↗ S. 135 f.
[56] Siehe ↗ S. 251 f.
[57] Siehe ↗ S. 296.
[58] Siehe ↗ S. 469 ff.
[59] Siehe ↗ S. 477 ff.
[60] Siehe ↗ S. 481 ff.
[61] Siehe ↗ S. 595 f.

sche Spiele. Diese unterscheiden sich zu allen Zeiten von Spielen der Erwachsenen, an denen Kinder allerdings auch teilnehmen können. Sie haben gelegentlich sogar eine erwachsenenfeindliche Tendenz.[62] Manchmal werden sie in speziellen Spielgemeinschaften durchgeführt, zu denen Erwachsene keinen Zutritt haben.[63]

1.3 Bezugspersonen

Ein Kind gerät nach seiner Geburt erst einmal in Kontakt mit seiner Mutter und den Frauen, die während und nach der Geburt halfen. Wissenschaftlerinnen, aber auch Wissenschaftler diskutieren in den letzten Jahren heftig die Frage, ob Kinder und diese Erwachsenen durch eine besondere Bindung, durch Mutterliebe oder durch Gefühle der Zuneigung zusammengehalten wurden.[64] „Wollte man die Intensität dieser Liebe, so wie sie sich über vier Jahrhunderte hinweg in Frankreich darstellt, graphisch veranschaulichen, so ergäbe sich eine Sinuswelle mit Höhepunkten vor dem 17. Jahrhundert, im 19. und 20. Jahrhundert, und Tiefpunkten im 17. und 18. Jahrhundert", schreibt Elisabeth Badinter.[65] Das ist eine vorsichtige Aussage. Shorter scheint sie zu bestätigen, verschärft sie und meint, „verschiedene Sitten zu finden, die (im 17. und 18. Jahrhundert) auf einen mehr oder weniger bewußt herbeigeführten Kindermord deuten", durch „Vernachlässigung", durch „abscheuliche Hygiene", durch die Abgabe an „gewerbliche Ammen".[66] Das soll so bis zum 18. Jahrhundert gewesen sein: „Man beachte, wie sich das psychologische Band zwischen Mutter und Kind gewandelt hat vom 18. bis zum 20. Jahrhundert."[67] Ariès verallgemeinert wieder, indem er vom Kind behauptet: „Wenn es dann starb, wie es häufig vorkam, mochte dies den einen oder

---

[62] Siehe ↗ S. 51, 63, 602 f.

[63] Siehe ↗ S. 63.

[64] E. Badinter: Die Mutterliebe, in: Geschichte eines Gefühls vom 17. Jahrhundert bis heute, München und Zürich 1981; E. Shorter: Die Geburt der modernen Familie, Reinbek 1977; K. Rutschky: Kinderchronik, Wunsch- und Schreckensbilder aus vier Jahrhunderten, Köln 1983; kritisch zu dieser Fragestellung I. Hardach-Pinke: Kinderalltag. Aspekte von Kontinuität und Wandel der Kindheit in autobiographischen Zeugnissen 1700 bis 1900, Frankfurt a. M. und New York 1981, S. 7 f.

[65] Badinter (wie Anm. 64) S. 297.

[66] Shorter (wie Anm. 64) S. 197 ff.; s. auch ↗ S. 515 ff.

[67] Shorter (wie Anm. 64) S. 220 ff., und ↗ S. 521.

anderen betrüben, doch in der Regel machte man davon nicht viel Aufhebens."[68]

In den Beiträgen dieses Bandes zeigt sich, wie problematisch es ist, die Säuglings- und Kindersterblichkeit als Indiz für fehlende Mutterliebe zu nehmen, ja Mutterliebe überhaupt messen zu wollen – ganz abgesehen davon, daß es durchaus nicht immer die Mütter waren, die über die Formen des Umgangs mit dem Kind bestimmten. Geht man zunächst von der Frage aus, ob für die Grundbedürfnisse des Kindes gesorgt worden ist, so gibt es für viele Kulturen positive Antworten:

In Afrika besteht ein enger Körperkontakt zwischen Mutter und Kindern. Am Tag bleibt es im Hüftsitz der Mutter nah. Oft wachsen Kinder in den Frauenhütten mit der Mutter zusammen auf.[69] In China gilt die Mutter als beschützend, liebevoll,[70] in Japan als wichtigster Betreuer der Kinder.[71] In Indien ist der Kontakt zur Mutter besonders eng.[72] In Ägypten spielt sie bei der Namengebung eine entscheidende Rolle.[73] Sie sorgt für das kranke Kind, trägt es auf der Hüfte und stillt es selber.[74] Sie verfügt auch in rechtlicher Hinsicht über ein Kind.[75] Im Judentum sorgt sie im Haushalt für Kinder.[76] Im Islam hat die Mutter im Interesse des Kindes bis etwa zu dessen 6. Lebensjahr ein Recht auf das Kind.[77] Im Mittelalter waren die kleinen Kinder bei den Frauen.[78] Es wurde auf die Beziehung zwischen Kind und Mutter immer wieder die Beziehung zwischen Maria und Jesus übertragen. Selbstverständlich liebte Maria Jesus nicht nur als Kind, sondern als Gott und Erlöser. Aber auf diese Weise erhielt die vorbildhafte Beziehung zwischen Mutter und Kind noch eine weitere Weihe.[79] Ähnliches ist aus Indien bekannt, wenn Mütter in ihrem unbändigen kleinen Jungen Kṛṣṇa sehen.[80] Dementsprechend wandte man sich im Mittelalter voll

---

[68] Ariès (wie Anm. 1) S. 46.
[69] Siehe ↗ S. 35, 40ff.
[70] Siehe ↗ S. 97f.
[71] Siehe ↗ S. 130ff.
[72] Siehe ↗ S. 213.
[73] Siehe ↗ S. 230.
[74] Siehe ↗ S. 234ff.
[75] Siehe ↗ S. 237.
[76] Siehe ↗ S. 377.
[77] Siehe ↗ S. 418.
[78] Siehe ↗ S. 453.
[79] Siehe ↗ S. 445.
[80] Nitschke/Wieland (wie S. 604 Anm. 47) S. 101.

Entsetzen von dem Bericht ab, daß Friedrich II. Kinder aufwachsen ließ, ohne daß eine Mutter oder Frau dem Kind Zuneigung zeigen durfte.[81]

Dies alles ist keine unmittelbare Aussage zum Problem der Mutterliebe. Aber eine solche ist als kulturübergreifende auch kaum möglich. Im 18. Jahrhundert wurde die Erziehungsqualität der Mütter betont, die Affekte (= Formen der Präferenz) hatten, und solche Affekte wurden auch kulturell gefordert. Im 19. Jahrhundert war die Mutter-Kind-Beziehung durch Freisetzung von Emotionalität gekennzeichnet.[82] Auf diesem Hintergrund früheren Zeiten und Kulturen die Mutterliebe abzusprechen, heißt Kriterien, die sich erst in den letzten 200 Jahren in Europa gebildet haben und die zudem noch schwer konkret zu fassen sind, zum Maßstab historischer Erkenntnis überhaupt zu machen.

Ähnliches gilt für die Ammen, die ja nach Shorter ein Zeichen dafür sein sollen, daß die Erwachsenen kein Interesse an Kindern hatten, ja sie möglicherweise sogar halbbewußt dem Tode ausliefern wollten.[83] Wenn das für das 17. und 18. Jahrhundert galt – was umstritten ist –, dann sicherlich nicht für frühere Zeiten und außereuropäische Kulturen, in denen Ammen oft außerordentlich angesehen waren. Es war eine Auszeichnung für eine Frau, die Rolle einer Amme zu übernehmen. Die Frauen hoher Beamten waren bei Söhnen und Töchtern der Könige in Ägypten als Ammen tätig. Sie wurden hoch geehrt. In Grabdarstellungen wurden sie mit in die Familie aufgenommen; ja, Göttinnen konnten als Ammen des Königs erscheinen.[84] Bei Iren und Germanen übernahm in der Oberschicht nur eine bevorzugte Frau Ammendienste. Oft stritten Frauen miteinander, wer Amme sein durfte, was als Ehre angesehen wurde.[85] Entsprechend hatten Ammen und Erzieherinnen über Jahrzehnte hinweg Einfluß auf die Kinder,

---

[81] Nitschke (wie S. 449 Anm. 14) S. 218.

[82] Siehe ↗ S. 521 ff., 554 ff.

[83] Siehe ↗ S. 517 f.

[84] Siehe ↗ S. 235.

[85] F. Roeder: Über die Erziehung der vornehmen angelsächsischen Jugend in fremden Häusern, 1910, S. 18. Ein Streit um das Recht, Kinder zu stillen und zu erziehen, wird auch nach der Geburt von Cuchulainn erzählt. Schaup: Der Rinderraub. Altirisches Epos, München 1976, S. 45.

auch auf Königskinder.[86] Auch in Griechenland waren Mutter und Amme gemeinsam beim Kind.[87]

Knüpft die Mutter-Kind-Beziehung oft an Erfahrungen der Schwangerschaft und der Pflege des hilfsbedürftigen Säuglings und Kleinkindes an (ohne in dieser Pflege aufgehen zu müssen), so unterliegt die Vater-Kind-Beziehung meist anderen Bedingungen. Der Vater verlieh im Islam den Namen.[88] In vielen patriarchalischen Gesellschaften (z. B. China[89], Rom[90]), sichert der Sohn die Patrilinearität des Hauses und ist wichtig für den Ahnenkult. In archaischen Gesellschaften ohne komplexe Organisation, aber mit Privatbesitz (z. B. Griechenland), waren Söhne wichtig, um Besitz, sozialen Status und Ruhm des Vaters fortzusetzen.[91] Wo die soziale Integration wesentlich über die Familie geleistet wurde (in der extremsten Form wohl im republikanischen Rom), wirkte auch dies auf das Vater-Sohn-Verhältnis zurück.[92] Durch alle diese Funktionen wurden einerseits enge Bindungen hergestellt (die freilich wiederum nicht ohne weiteres im Sinne der Emotionalität des 19. und 20. Jahrhunderts zu interpretieren sind), andererseits aber auch Belastungen geschaffen, die sich z. B. in der ausdrücklichen Forderung nach pietas (China[93], Rom[94]) oder in Mythen über eine Konkurrenz zwischen Vater und Sohn (Griechenland) äußern konnten.[95] Die Beziehungen des Vaters zur Tochter scheinen demgegenüber oft „entlasteter" gewesen zu sein. – Eine besondere Form der Eltern-Kind-Beziehung, die zugleich oben angedeutete Zusammenhänge zu bestätigen scheint, gab es in Ägypten. Die politische Ordnung war hier strikt auf den Pharao zentriert, bei dem auch das Eigentum allen Landes lag. Kriegerische oder agonale Werte fehlten, die Geschlechterunterschiede wurden nicht betont, die

---

[86] Roeder (wie Anm. 85) S. 18.
[87] Siehe ↗ S. 287 f.
[88] Siehe ↗ S. 413.
[89] Siehe ↗ S. 78 ff.
[90] Siehe ↗ S. 324, 338.
[91] Siehe ↗ S. 270, 307.
[92] Siehe ↗ S. 337.
[93] Siehe ↗ S. 93.
[94] Siehe ↗ S. 269 f.
[95] Siehe ↗ S. 274 f.

Vater-Kind-Beziehungen waren ebenso von Körperkontakt und Vertrautheit geprägt wie diejenigen der Mutter zum Kind.[96]

Im Islam[97] und im europäischen Mittelalter wurde der Vater, von Ausnahmen abgesehen, erst vom 7. Lebensjahr an für das Kind wichtig.[98] In der Renaissance wurde dann die Beziehung zwischen Vater und kleinem Kind besonders hervorgehoben. Die Väter fingen an, die Kinder von ihren ersten Lebenstagen an zu beobachten, sorgten, das Schmerzen leidende Kind zu beruhigen, wiesen die kleinen Kinder bereits auf seltene Tiere hin.[99]

Schon aus diesem kurzen Überblick mag die Vielfalt von Bedingungen hervorgehen, die für die Beziehungen zum Kind wichtig sind. Sie reichen von der Schwäche und Hilfsbedürftigkeit des Kindes über die Organisation der Gesellschaft und des Rechts, die Mechanismen gesellschaftlicher Integration bis hin zu Vorstellungen darüber, was Kinder sind und was sie repräsentieren.

1.4 Vorstellungswelt der Kinder

Leider haben wir sehr wenig Untersuchungen, die sich mit den Phantasievorstellungen und Träumen der Kinder früherer Zeiten und anderer Kulturen befassen. Aus Afrika wird bezeugt, daß Kinder die Welt der Arbeit, in die die Erwachsenen sie hineinziehen, von ihrer eigenen Phantasie her umdeuten.[100] In welcher Weise das geschieht, wird nicht gesagt.

Die moderne Interpretation kindlicher Phantasie und Traumwelt ist durch die Psychoanalyse geprägt. Charakteristisch für sie ist, daß einzelne Wesen – Wölfe, Bäume, Steine, Menschen – Symbole für andere sind, auf die sie hinweisen, die sie gewissermaßen vertreten. Daraus zieht dann ein geschulter Psychologe seine Schlüsse.[101]

Wir können uns – auch aus Mangel an Kompetenz – in diesem Band mit solchen Interpretationen nicht auseinandersetzen. Gefragt werden

---

[96] Siehe ↗ S. 254 ff.
[97] Siehe ↗ S. 420 f.
[98] Siehe ↗ S. 452 ff.
[99] Nitschke (wie S. 449 Anm. 14) S. 215, 224.
[100] Siehe ↗ S. 50 ff.
[101] S. Freud: Märchenstoffe in Träumen, in: W. Laiblin (Hrsg.): Märchenforschung und Tiefenpsychologie, Darmstadt 1969, S. 49 ff.

muß aber, ob sich Träume und Phantasievorstellungen von Kindern und Jugendlichen nicht auch anders interpretieren lassen: ob Kinder sich an Gestalten – an Götter, an Tiere – anzugleichen suchen oder ob sie bestimmte Bewegungsweisen ihrer Umgebung übernehmen und welche Räume diese Bewegungsweisen voraussetzen.

Kinder, die sich in ihrer Phantasie mit einer Gestalt und damit mit der Zeit, in der diese Gestalt lebte, identifizierten, lernten wir bei den Iren im frühen Mittelalter kennen.[102] Kinder, die im Unterschied dazu allein Bewegungen einer Gestalt übernahmen, konnten zu zwei Varianten von Bewegungen neigen: Es konnten Bewegungen sein, die das Kind eine Haltung einnehmen und Gebärden wählen ließ. Dann geriet es in einen Raum, der durch diese Haltung und diese Gebärden geprägt wurde. Das Kind trat in solchen Gesellschaften wie ein Ritter oder ein Priester auf. Dazu neigten Kinder und Jugendliche zwischen dem 8. und 15. Jahrhundert.[103] Ein Kind konnte sich jedoch auch der Bewegung angleichen, die von einem Ort zum anderen führte. Dabei achtete es im 16. und 17. Jahrhundert nur darauf, den Abstand zwischen den Orten zu überwinden.[104] Erst seit dem 18. Jahrhundert sah es, daß vom Raum in seiner Gesamtheit auch eine spezifische Spannung ausgehen kann.[105]

Diese Phantasievorstellungen weisen darauf hin, welche Gestalten oder Räume den Kindern geläufig waren und welche Handlungen – wenn sie sich an etwas anglichen – ihnen wichtig, möglicherweise sogar wirkungsvoll erschienen.

Eine Kenntnis dieser kindlichen Phantasiewelten eröffnete auch einen Zugang zu den Wahrnehmungsweisen der Erwachsenen. Bedauerlich bleibt es daher, daß nur so wenig auf diesem Gebiet gearbeitet wurde.

1.5 Die Gruppenbildungen der Kinder

Auf die Gruppen der Kinder ist in den neueren Untersuchungen vom Alltagsleben recht wenig geachtet worden. So konnte Ariès zu der

---

[102] Siehe ↗ S. 469 ff.
[103] Siehe ↗ S. 473 ff., 477 ff.
[104] Siehe ↗ S. 480 ff.
[105] Siehe ↗ S. 592 ff.

Meinung kommen: „Das Kind wurde also, kaum daß es sich physisch zurechtfinden konnte, übergangslos zu den Erwachsenen gezählt."[106] Nun gibt es zweifellos das Phänomen, daß Kinder- und Jugendgruppen von Erwachsenen gebildet werden, um die Einführung in die Welt der Erwachsenen – auch gerade in eine mit besonders harten Anforderungen – besser zu leisten. Das bekannteste Beispiel ist hier wohl Sparta, wo das Leben der Kinder- und Jugendgruppen ganz von den Zwecksetzungen der Erwachsenen her gestaltet war.[107]

Aber es gibt auch Erscheinungen, die aus diesem Rahmen herausfallen: so in Afrika die Gruppe der Gleichen, die sich aus Kindern der verschiedenen Altersstufen zusammensetzt. Diese Gruppen können zu Banden werden.[108] Mädchen und Jungen kennen sowohl eigene Gruppen als auch Gruppen, in denen Mädchen die Jungen zu Raubzügen aufhetzen.[109] Diese Kindergruppen bilden Sondersprachen. Sie können Silben umkehren, Worte verzerren. Die Gruppen haben eine eigene Ordnung. Durch Spott, Strafdienste und Ausstoßung regulieren sie Verstöße. Gelegentlich drängen die Grupen auf eine wirtschaftliche Selbständigkeit. Manchmal bilden 10- bis 12jährige am Rande des elterlichen Dorfes sogar eigene kleine Dörfer, die in späterer Zeit, wenn die Jugendlichen heiraten, die Grundlage ihres Dorfes werden.[110] Bei der Modernisierung in Afrika wird aus dieser Gruppe der Gleichen eine Jugendbande, die wieder besondere Tracht, Sprache und Gebärden hat.[111]

Jugendgruppen sind uns aus der Antike bekannt.[112] Wir kennen solche Jugendgruppen auch aus dem Mittelalter. Da gab es eigene Aufnahmeriten. Ein Kind, das sie nicht einhielt, wurde von den anderen rücksichtslos angegriffen. Die Gruppen hatten ihre bestimmten Sitten, ihre Spiele, ihre Kampfformen.[113]

Die Jugendbewegung ist also keineswegs eine besondere Erschei-

---

[106] Ariès (wie Anm. 1) S. 46.
[107] Siehe ↗ S. 299.
[108] Siehe ↗ S. 51, 62 ff.
[109] Siehe ↗ S. 63 ff.
[110] Siehe ↗ S. 50 ff.
[111] Siehe ↗ S. 62 ff.
[112] E. Eyben: De Jonge Romein. Volgens de Literaire Bronnen der Periode ca. 200 v. Chr. tot ca. 500 n. Chr., Brüssel 1977, S. 234 ff.
[113] Siehe ↗ S. 469.

nung des späten 19. und 20. Jahrhunderts.[114] Sie ist in vergleichbaren Formen auch aus früheren Jahrhunderten und nichteuropäischen Gesellschaften bekannt.

Diese Jugendgruppen können sich auch gegen Erwachsene wenden. Wir kennen bereits in Afrika Konflikte zwischen Jugendlichen und Eltern. Sie treten bei der Wahl des Ehepartners, bei der Eheschließung auf und hängen damit zusammen, daß eine neue Familie auf Selbständigkeit bedacht sein will.[115] Ähnliche Konflikte begegnen uns in der Antike; die hellenistischen und römischen Lustspiele handeln davon.[116] Doch für all diese Oppositionsformen ist charakteristisch, daß Kinder und Jugendliche sich so verhalten, wie die ältere Generation sich verhalten hat, als sie selber noch zu den Kindern und Jugendlichen gehörte: Man beanspruchte etwas für sich, was auch die bereits Erwachsenen früher einmal für sich beansprucht hatten.

Die Begegnung zwischen den Bewohnern des römischen Reiches und den germanischen Stämmen führte dazu, daß Kinder verhältnismäßig früh zwei ganz unterschiedliche Lebensweisen kennenlernten. So sahen sie, daß ein gesellschaftlicher Aufstieg einem Jugendlichen möglich war, der als Krieger aufwuchs oder der, nachdem er schreiben oder lesen gelernt hatte, in die Verwaltungslaufbahn ging. Die Mannigfaltigkeit wurde noch dadurch vermehrt, daß das Christentum eine dritte Möglichkeit anbot: man konnte, sobald man Schreiben und Lesen beherrschte, auch als Geistlicher eine führende Position – etwa als Bischof – gewinnen.

Es mag an dieser Situation gelegen haben, daß Kinder verhältnismäßig früh – gelegentlich schon mit dem 7. und 8. Lebensjahr – eine Ausbildung wählten, die von ihren Eltern nicht gebilligt wurde. Dabei ging es nicht nur um den Erwerb intellektueller Fähigkeiten; es unterschieden sich ja die drei Lebensformen deutlich voneinander.[117]

Von dieser Zeit an können wir in Europa immer wieder beobachten, daß Kinder und Jugendliche eine Lebensform wählten, die von derjenigen der Eltern abwich. Sie gerieten darüber mit der älteren

---

[114] Siehe ↗ S. 601, 603 ff.
[115] Siehe ↗ S. 51.
[116] Zoepffel (wie S. 267 Anm. 1).
[117] A. Nitschke: Junge Rebellen. Mittelalter, Neuzeit, Gegenwart: Kinder verändern die Welt, München 1985, S. 25 f., 79 f.

Generation in Konflikte, denn häufig vertraten sie den Anspruch, daß ihre Art zu leben die dem Menschen angemessene sei.

So gab es heftige Auseinandersetzungen an den Schulen des 12. Jahrhunderts, weil die Schüler nicht mehr bereit waren, rein rezeptiv sich den dargebotenen Stoff anzueignen.[118] Es verbreitete sich im 13. und 14. Jahrhundert unter den Kindern eine Armutsbewegung, die oft nicht die Billigung der Eltern fand.[119] Im 15. und frühen 16. Jahrhundert und – in anderer Weise – im 18. und frühen 19. Jahrhundert waren Kinder dann auf eine Selbständigkeit bedacht, die sich dagegen wandte, daß ihre Eltern allzu angepaßt an überlieferte Formen reagierten.[120]

Diese Veränderungen kindlichen und jugendlichen Verhaltens sind bisher selten untersucht worden. Vor allem fehlen Arbeiten über die Phantasiewelt der Kinder, obwohl wir zahlreiche Zeugnisse haben. Auch wurde der Zusammenhang zwischen diesen Träumen und den Spielen der Kinder bisher kaum beschrieben. Erst nach solchen Studien wäre es möglich, die Eigenart kindlicher Gruppen im einzelnen zu erkennen.

So weisen die Arbeiten dieses Bandes an manchen Stellen nur darauf hin, wieviel genauer wir uns mit den Zeugnissen der Vergangenheit zu befassen haben, wenn wir eine umfassende Sozialgeschichte des Kindes schreiben wollen. Immerhin jedoch – und das ist nicht gering zu veranschlagen – wird aus den hier vorgelegten Arbeiten bereits deutlich: Die heute verbreiteten Thesen über Kinder entsprechen durchaus nicht immer der uns bekannten Wirklichkeit. Sie sind korrigierbar, müssen korrigiert werden und können auch korrigiert werden.

Somit kommen wir zu den Fragen, die gerade aufgrund der Ergebnisse dieses Buches neu gestellt werden können.

---

[118] Ebd. S. 33 ff.
[119] Ebd. S. 51 ff.
[120] Ebd. S. 44 ff.

2. Offene und neue Fragen

2.1 Die Welt der Kinder

Schon in der Vergangenheit wurde heftig diskutiert, ob die naturgegebene Schwäche und Hilfsbedürftigkeit des Kleinkindes das Verhalten zu ihm determiniert. In verschiedenen Beiträgen dieses Bandes wird deutlich, daß man von dieser Schwäche und Hilfsbedürftigkeit nicht abstrahieren kann, daß aber dennoch deren Interpretation ebenso kulturellem Wandel unterworfen ist wie entsprechend das Verhalten zum Kind.

Kaum Aufmerksamkeit hat dagegen bisher die Frage nach besonderen historischen Ausprägungen der Kindheit gefunden, obwohl seit dem Ende des vorigen Jahrhunderts Kindheit nicht mehr, wie in der Antike, als eine Art von Krankheit oder, wie später, als ein defizientes Erwachsenensein, sondern als eigene Phase des Menschseins begriffen worden ist. Die Leitvorstellung bei vielen Untersuchungen scheint immer noch die zu sein, daß das Kind ein „ungeschliffener Edelstein" ist, den es zu schleifen gilt. Die Erwachsenen sind es, die die Kinder dann in die Welt der Jäger und Sammler, der Ackerbauer und der Ritter und Priester oder in die der Industriearbeiter und der Unternehmer einführen.[121]

Obwohl es auch die Erwachsenen sind, die Vorstellungen über die Einteilung der Zeit der Kindheit entwickeln, fällt auf, daß Kinder in den meisten Gesellschaften mit dem 5./6. Lebensjahr ihre Verhaltensweise ändern, manchmal in einer sehr radikalen und einschneidenden Weise. Auf diese Änderung folgt dann mit dem 13./14. Lebensjahr in den meisten Gesellschaften ein erneuter Wandel.[122] Bereits nach dem ersten Wandel nach dem 7. Lebensjahr treten bei den Kindern Spiele, Gruppenbildung und Organisationsformen auf, die sich deutlich von denjenigen der Erwachsenen unterscheiden.[123] Auch die Phantasiewelt der Kinder, soweit uns diese bekannt ist, ist vom 6./7. Lebensjahr an in besonderer Weise ausgeprägt.[124]

---

[121] Siehe ↗ S. 76.
[122] Siehe ↗ S. 14 ff.
[123] Siehe ↗ S. 18 f.
[124] Siehe ↗ S. 23 f.

Es wäre denkbar, daß solche Erscheinungen von der frühkindlichen Sozialisation und damit doch wieder von den Erwachsenen abhängig sind. Das trifft sicher auch partiell zu, aber es wäre merkwürdig, wenn Kinder nicht in je eigener Weise auf Umweltbedingungen und Forderungen der Erwachsenen reagierten, d. h. in jeder Gesellschaft eine eigene Welt der Kinder entstünde, die zwar nicht unabhängig von der Umwelt und der Welt der Erwachsenen ist, die aber nicht nur als Durchgangsstadium zur jeweiligen Welt der Erwachsenen verstanden werden könnte. Eine Welt der Kinder in diesem Sinne ist bisher kaum zu einem historischen Forschungsthema geworden.

2.2 Die Bedeutung der frühkindlichen Phase

Ethologen haben darauf hingewiesen, daß Kinder, die nicht den richtigen Kontakt zur Mutter oder anderen Erwachsenen bekamen, genauso wie junge Affen, die nicht bei ihren Eltern oder Ersatzeltern aufwuchsen, psychisch und auch physisch geschädigt werden.[125] Daraus wurde dann der Schluß gezogen, es gäbe eine spezifische kindgemäße Bindung, die vorhanden sein müsse, daß das Kind sich normal entwickle. Diese Mutter-Kind-Bindung schaffe eine Atmosphäre – mit einem wenig schönen Wort spricht man gelegentlich von einer Nestwärme –, die für das Kind unabdingbar sei. Wieder wird dabei angenommen, daß es eine gewissermaßen naturgemäße Gruppe gäbe; wenn das Kind nicht in diese Gruppe hineingeriete, neige es zu Fehlentwicklungen.

Dabei wird oft übersehen, daß diese Gruppe, die die Säuglinge zusammen mit ihren Geschwistern und Eltern und anderen Erwachsenen bilden, immer schon eine historisch geprägte Gruppe ist. Deren Lebensformen lassen sich historisch von anderen Lebensformen absetzen. Wenn ein Kind in einer solchen Umgebung aufwächst, wird es selber in der Bindung, die entsteht, von vornherein eine Verhaltensweise entwickeln, die ebenfalls historisch geprägt ist.

In den meisten Gesellschaften, in Afrika, China, in Japan, Indien, Ägypten, in Griechenland, im Europa des Mittelalters werden Kinder von den ersten Tagen an in regelmäßigen Abständen bestimmten kultischen Handlungen unterworfen. Diese sind selbstverständlich

---

[125] Siehe ↗ S. 602 f.; Nitschke (wie Anm. 117) S. 101, 164.

unterschiedlicher Art. Unterschiedlich ist auch, wie Kinder gewickelt werden, wie sie getragen werden, ob man sie rasch an bestimmte Zeiten gewöhnt – Zeiten des Schlafens und des Wachseins –, ob man Sauberkeit von ihnen fordert, ob man sie nur an die Mutter oder an Ammen und die Mutter bindet, welche Bedeutung der Vater hat. Daß ganz überraschende Unterschiede in der Behandlung der Kleinkinder möglich sind, geht oft nur aus Randbemerkungen in diesem Bande hervor[126] und wird nur in einem Beitrag, der auf der ärztlichen Ratgeberliteratur des 19. Jahrunderts aufbaut, ausführlich dargestellt.[127] Hier werden auch die beabsichtigten Wirkungen behandelt. Nirgends wird jedoch gefragt, welche tatsächlichen Folgen die unterschiedliche Behandlung der Kleinkinder für deren weiteres Leben haben muß. Es gibt darüber – vor allem in der Schule von Freud – Untersuchungen.[128] Diese reichen aber gewiß nicht aus.

2.3 Sozialisation

Unter Sozialisation wird gemeinhin die Summe aller Prozesse verstanden, die Kinder und Jugendliche zur Übernahme bestimmter, in der Gesellschaft üblicher Handlungsweisen und damit zur Anerkennung einer Gesellschaftsstruktur bringen. Mit den verschiedenen Theorien zur Sozialisation setzen sich die Autoren dieses Bandes nicht explizit auseinander. Soweit Sozialisationsforschung die Genese des Subjekts, die Integration von Erfahrungen durch das Subjekt betrifft, ist sie auch für viele frühere Gesellschaften aufgrund mangelnder Selbstzeugnisse nicht möglich.

Dagegen bieten die Beiträge Informationen über Erziehungsziele und Persönlichkeitsbilder, ferner über Rahmenbedingungen der Sozialisation. Dabei ist nicht nur die uns geläufige Unterscheidung nach Ständen, Schichten oder Klassen zu beachten, sondern vor allem auch die Tatsache, daß die Gemeinschaft, auf die hin ein Kind „sozialisiert"

---

[126] Siehe ↗ S. 540 ff.
[127] Siehe ↗ S. 627 ff., 640 ff.
[128] C. Staewen und F. Schönberg: Kulturwandel und Angstentwicklung bei den Yoruba Westafrikas, München 1970, S. 265 ff.; Irenäus Eibl-Eibesfeldt: Menschenforschung auf neuen Wegen. Die naturwissenschaftliche Betrachtung kultureller Verhaltensweisen, Wien-München-Zürich 1976, S. 265 ff.

wird, jeweils ganz anders verstanden wird. Für das frühe Indien z. B. wurde in unseren Diskussionen der Begriff der „Sozialisation" versuchsweise durch den der „Sakralisierung" ersetzt, weil es dort um die Einordnung des Kindes in eine Kultgemeinschaft gegangen sei, die Menschen, Ahnen und Götter umfaßt habe und stark von kosmologischen Vorstellungen beeinflußt gewesen sei. Nur wenn man dies alles als Extrapolation gesellschaftlicher Verhältnisse versteht, kann man moderne Theorien zur Sozialisation auch ohne weiteres auf frühere Gesellschaften anzuwenden versuchen. Die Prämisse bleibt aber fraglich, so daß auch von daher Probleme für eine historische Sozialisationsforschung bestehen.

Noch unbefriedigender ist die Forschungssituation, wenn man Sozialisation als einen Interaktionsprozeß begreift und danach fragt, was nun eigentlich Kinder in den verschiedenen Gesellschaften in diesen Prozeß eingebracht haben. In der Regel scheinen sich Forscher mit dem gängigen Modell eines – als universal gesetzten – Generationenkonflikts zu begnügen. Nach diesem Modell gibt es zwar die Opposition von Kindern gegen Erwachsene, doch unterscheidet sich diese Opposition kaum von der ihrer Eltern, als diese noch jung waren. Nur unter dieser Voraussetzung braucht man z. B. bei der Frage danach, wo die Bedingungen für Veränderungsprozesse in einer Gesellschaft liegen, auf die kindliche Sozialisation nicht einzugehen (und tut es auch nicht, außer wenn es sich um die Schulbildung handelt). Wenn es aber, was Beiträge dieses Bandes nahelegen, auch eine spezifische Opposition der Kinder gegen Erwachsene gibt, daß nämlich Kinder einen neuen Lebensstil wählen und von den Erwachsenen erwarten, daß diese ihn auch übernehmen, dann wäre nicht nur nach den Bedingungen für solche Erscheinungen zu fragen, sondern auch danach, welche Bedeutung ihnen – im Verhältnis zu anderen Faktoren – für Veränderungsprozesse in einer Gesellschaft zukommt, wie weit also Erwachsene durch Kinder sozialisiert werden.

Nimmt man diese Frage ernst, dann kann man auch nicht ohne weiteres annehmen, daß es vor allem strukturfunktionale Beziehungen sind, die im Prozeß der Sozialisation das Verhältnis z. B. zwischen Erwachsenen und Kindern, zwischen Familie und Gesellschaft regeln. Muß man doch davon ausgehen, daß es mit der Kindheit verbundene elementare Herausforderungen gibt, auf die zwar jeweils in kulturspezifischer Weise geantwortet wird, ohne daß aber diese Antworten

vollständig aus dem Funktionszusammenhang der jeweiligen Erwach-
senengesellschaft erklärt werden könnten. Wirken, so muß man
fragen, Traditionen? Muß man vielleicht mit einer Art von „Gegensei-
tigkeitsordnung" rechnen, in der das Verhältnis der Geschlechter
zueinander, das von Eltern und Kindern, von Elternhaus und Schule –
bewußt oder unbewußt – nach dem Prinzip der Komplementarität
geregelt ist.[129] Oder reagieren Kinder und Jugendliche – erst in ihrer
Phantasie, dann in ihrem Handeln – früher als Erwachsene auf
Veränderungen ihrer Umwelt.[130] Haben Erwachsene in Zeiten eines
gesellschaftlichen Wandels von ihnen zu lernen?

---

[129] Siehe ↗ S. 678 ff.
[130] Nitschke (wie Anm. 117) S. 93 ff., 145 ff.

SOZIALGESCHICHTE DES KINDES
IN OST- UND SÜDAFRIKA

OTTO F. RAUM

1. Einleitung

Im 19. Jahrhundert sind die Daten zu diesem Thema dürftig. Die Schilderungen von Missionaren und Reisenden bedürfen kritischer Berichtigung.[1] Dennoch lassen sie den Schluß zu, daß das Kind großen Belastungen ausgesetzt war. Die Kindersterblichkeit war groß. Sie wurde durch endemische Krankheiten (Malaria, Hakenwurm usw.) verursacht, aber auch durch kulturelle Eigenheiten (Ernährungsweise, mangelnder Schutz gegen das Klima). Stammeskriege und Sklavenhandel zogen Kinder und Frauen mehr in Mitleidenschaft als die Männer. Zwar bezweckten die Kriegszüge der Nomaden vor allem die Erbeutung von Vieh. Aber Stämme mit Mischwirtschaft (Hirtenpflanzer) führten Vernichtungskriege: die Produktionsmittel wurden verwüstet (Pflanzungen, Felder), Frauen und Kinder nicht geschont, um den Besiegten die Regeneration zu verwehren (Zulu). Zum Schutz von Vieh, Frauen und Kindern wurden daher Fluchthöhlen gegraben (Chagga), befestigte Lager gebaut (Hehe) und – seltener – Verabredungen getroffen, Frauen und Kinder im Krieg unbelästigt zu lassen (Xhosa).

Es finden sich Ansätze zu einer populistischen Politik. Die Zulu-Despoten gliederten die Jungmannschaft der Besiegten in ihre Regimenter ein und beteiligten sie danach an der Beute. Bei ostafrikanischen Stämmen wurden Beutemädchen in die Familien der Krieger aufgenommen, als Töchter an Brautwerber vergeben oder nach Dienst im Häuptlingsharem für Gewehre und Pulver verkauft. Knaben

---

[1] Die ‚historischen Rekonstruktionen' unter Hegels Einfluß (K. Schmid) machen die Afrikaner geschichtslos und triebhaft. Ebenso abzulehnen sind die Kulturelemente isolierenden Methoden der Wiener kulturhistorischen Schule (Oehl, Gusinde, Walk).

wurden von Häuptlingen durch den Sklavenhandel gegen Vieh erstanden, bzw. von Trabanten als Tribut angefordert und in die Kriegsschar des Stammes aufgenommen, bei den Chagga auch zu Erbauern von Kanälen und Verteidigungswerken ausgebildet (Bryant 1963, passim; Raum 1940, S. 341–345).

Die Stammestraditionen sind voll von Beispielen mütterlicher Aufopferung in Kriegszeiten, aber auch von Nachrichten, wie Kinder gedrillt wurden, sich bei Überfällen zu verstecken. Die Fürsorge für das Kind war nicht beschränkt auf die Eltern: Kindswärterin, Geschwister, ‚Onkel‘ und ‚Tanten‘ (FaBr. FaSw, MuBr, MuSw)[2] setzten sich ein. Sie waren durch das Gebot gegenseitiger Hilfe dazu verpflichtet. Dies lenkt die Aufmerksamkeit auf Strukturen und Normen der Verwandtschaft in Afrika. Sie sind durch die Sozialanthropologie erst in diesem Jahrhundert erforscht worden, als in der Kolonialzeit die Verhältnisse ‚pazifiziert‘ und damit ‚idyllisiert‘ worden waren. D. h. die geschichtliche Dynamik war erstarrt, die Funktionen der einheimischen Institutionen geschrumpft. Trotzdem kann man von der Annahme ausgehen, daß Aufzucht des Säuglings, Früherziehung des Kindes (primäre Sozialisation) und Rollenerziehung des Jugendlichen (sekundäre Sozialisation) in folgenden Strukturen vor sich geht: Familie (Eltern, Kinder), abgewandelt in der Großfamilie durch die Polygynie, erweiterte Familie (die Großeltern, Geschwister der Eltern und deren Kinder umfaßt), Familienzweig (lineage), Clan und Stamm.

In welchem Ausmaß diese Strukturen jeweils in den Phasen der kindlichen Entwicklung beteiligt sind, soll an Beispielen verschiedener Kulturen und Wirtschaftsformen aufgezeigt werden. Die Reihenfolge der Kulturen soll die geschichtliche Entwicklung nicht andeuten; sie ist keineswegs geklärt. Die Abkürzungen der Verwandtschaftsnamen folgt Schmitz 1964. Ich bediene mich bei der Schilderung der ethnographischen Präsenz.

---

[2] Vgl. Schmitz 1964, S. 17: Va (Vater), Mu (Mutter), So (Sohn), To (Tochter), Br (Bruder), Sw (Schwester), Ma (Ehemann), Fr (Ehefrau) usw. Zusammensetzungen sind leicht zu bilden, z. B. MuBr (Mutterbruder).

2. Jäger – Sammler (San)

Die San sind Jäger-Sammler in der Kalahari.[3] Sie leben in Jagdscharen von zwanzig bis hundert Menschen, die nach Abstammung und Heirat miteinander verwandt sind. Ein Mann schließt sich bis zur Geburt des ersten Kindes der ‚Familie‘ seiner Frau an, obwohl das Kind seiner ‚Familie‘ zugerechnet wird und Vater- und Mutterlinie gleich bewertet sind. Sororat and Levirat sorgen für die Aufzucht von Halbwaisen: Ein Mann heiratet die Witwe seines Br oder die verwitwete Sw seiner Frau. Egos VaBr und MuSw werden daher wie die Eltern genannt. Die Verwandtschaftsnamen gehen nicht über die zweite aufsteigende und absteigende Generation hinaus.

Von Geburt an besteht enger Körperkontakt zwischen Mu und Kind. Es schläft nachts bei ihr. Tagsüber wird es in der Schlinge im Hüftsitz getragen. Diese Erfindung erlaubt dem Kind den ständigen Zugang zur Mutterbrust; es teilt sein Gesichtsfeld mit dem der Mu und kann mit deren Halsschmuck sein Raumerlebnis erweitern. Vor allem ist die aufrechte Haltung des Kindes bedeutsam, wenn es die Mu bei ihren Arbeiten ‚zuhaus‘, beim Sammeln der Feldkost begleitet. Sie regt die Entfaltung der Sinne, Bewegung der Gliedmaßen an. Das San-Kind übertrifft in dieser Phase in sensorisch-motorischen Leistungen die Kinder der USA.

Das Verhältnis Va zu Kleinkind ist enger als bei Hirten und Pflanzern. Ein Va trägt wenn nötig sein Kind beim Sammeln, auf Wanderzügen. Solange das Kind gestillt wird, darf die Mu nicht schwanger werden. Wird sie es doch, wird das neue Kind besonders bei Nahrungsmangel getötet. Im allgemeinen gebären San-Frauen nur alle drei, vier Jahre. Die Entwöhnung und die Trennung vom Mu-Körper sind daher unproblematisch, besonders da das Kind an andere Kost gewöhnt wurde. Es wird der Groß-Mu übergeben, die es durch

---

[3] M. Konner gibt in Leiderman (1977) einen Vergleich der Sozialisation bei Primaten und Jäger-Sammlern. Schon E. Marais 1973 hatte Anfang unseres Jahrhunderts beobachtet, 1) daß bei gewissen Hundsaffen-Arten lebenswichtige Fertigkeiten von den Jungtieren nur durch Beobachtung der Erwachsenen erlernt werden, z. B. die Jagd auf Skorpione; 2) daß die Jungtiere zum Mißfallen der ‚Eltern‘ experimentierten, z. B. in herausfordernder Annäherung an Menschen; und 3) daß individuelle Abweichungen vom Instinktverhalten bei diesen Arten besonders auf sexuellem Gebiet vorkommen.

,trockne Laktation' tröstet. Das Kind wird so bald als möglich in die ,Gruppe der Gleichen' eingegliedert; sie besteht aus Kindern verschiedenen Alters und beteiligt sich an Fürsorge und Aufzucht des Kindes. Es wird von allen Angehörigen der Jagdschar liebkost. Das Toilettetraining wird nachsichtig gehandhabt; Gespräche über Sex sind nicht tabuiert.[4]

Die primäre Sozialisation erfolgt vornehmlich in der Spielgruppe. Beobachtendes Lernen vom Hüftsitz der Mu macht das Kind mit der Umwelt bekannt. Im allgemeinen werden Kinder verwöhnt, von den Eltern selten gestraft. Doch besteht ein Meidungsverhältnis: das Kind hält sich vor allem gegenüber dem Va zurück. Schon das Kleinkind erfährt den Bereich der Verwandtschaft bei monatelangen Besuchen bei den Geschwistern seiner Eltern in einer anderen Jagdschar. Unterweisungen über Tiere und Pflanzen, Überlieferungen (Märchen, Legenden über Vorfahren) werden von den Großeltern vermittelt. Sie behandeln die Enkel liebevoller als die Eltern, ja stehen in einem Scherzverhältnis zu ihnen.

Gewisse Fertigkeiten, z. B. Nüsse knacken, hat das Kind mit drei Jahren gelernt. Im Kindesalter (sechs – neun Jahren) beteiligt sich das Mädchen beim Sammeln und Zubereiten der Feldkost. Dabei lernt es Grabstock, Stößel und Mörser, den Feuerbohrer zu hantieren. Mit neun Jahren ist es fähig, den Haushalt zu führen; sie wird als Erwachsene behandelt; ihr Zukünftiger lebt bei ihr. Für Knaben verläuft die primäre Sozialisation langsamer. Die Handhabung der Waffen (Bogen, Pfeil) ist schwierig, die Jagd anspruchsvoll. Sie bleiben bis zum zwölften Lebensjahr ,Kinder', finden aber Gelegenheit, Banden zu bilden, die Umgebung zu erkunden.

Die sekundäre Sozialisation ist vor allem rituell und erfolgt durch die Reifeweihe. (Jugendliche haben bei der Wahl des Ehepartners ein gewisses Mitspracherecht). Bei der ersten Menstruation wird das

---

[4] Die Annahme Bowlbys 1967, daß die körperliche Mutter-Kind-Bindung in der Vorgeschichte der Menschheit dem Schutz des Kindes vor Raubtieren diente und die Nachkommen der Überlebenden entsprechend in ihren Genen für diese Bindung programmiert sind, wird von LeVine 1977 kritisiert: Menschliche Kulturen haben standardisierte Maßnahmen für das Überleben der Kinder in der jüngeren Vergangenheit geschaffen. Diese sind nicht biologisch kodiert, sondern im Brauchtum niedergelegt und werden gesellschaftlich übertragen.

Mädchen isoliert, gesalbt, gewaschen, zusammen mit ihrem Mann tätowiert. Tanz und Geschenkaustausch der zwei ‚Familien' folgen; der eheliche Verkehr wird aufgenommen. Bei Knaben besteht die Initiation aus Spuren- und Mutproben – nächtlicher Verbleib ‚im Busch' bei Raubtiergefahr –; dazu tritt die magische Befähigung zur Jagd durch Tätowierung. Prüfungen des Jagdgeschicks finden statt. Tänze schließen das Fest ab. Von nun an beliefert der junge Mann die Schwiegereltern mit Jagdwild – eine Art Brautdienst. Auch nimmt er an den Beratungen der Männer teil – es gibt keine institutionalisierte Führung.

Die Eingliederung der Jugendlichen in das gesellschaftliche und wirtschaftliche Leben der Jagdschar ist also äußerst gerafft. Sie hat eine rechtliche Dimension, z. B. das Erlernen der Grenzen des Jagdgebiets, und eine religiösen Bezug: die Traditionen über die übersinnliche Welt. Die Bevollmächtigung des jungen Ehepaars zur biologischen und sozialen Reproduktion erfolgt ohne Ausgliederung der jungen Generation in Altersklassen oder Kriegerschaft, wie sich auch die Ältesten zur politischen Führung nicht absetzen. Die auffallende Nachsicht für das Kleinkind wird vor allem mit der großen Kindersterblichkeit korreliert (Konner 1977, S. 287–328; Raum 1978, S. 187–202; Silberbauer 1965).

3. Wanderfeldbau betreibende mutterrechtliche Stämme (Bemba und Chewa)

Die Bemba und Chewa im mutterrechtlichen Gürtel Mittelafrikas betreiben Wanderfeldbau (Hauptnahrung Hirse); sie wechseln den Wohnort alle vier bis fünf Jahre. Die Ehe ist matrilokal, d. h. ein Ehepaar lebt mit den Verwandten der Frau (ihrem Va bzw. ihrem Br und ihrer Sw und deren Kindern) zusammen. Es gibt keine Junggesellenklasse, die von der Heirat ausgeschlossen wäre, weil alte Männer die jungen Frauen wegheiraten. Und es gibt keinen Besitz an Vieh oder Land. Daher wird eine Frau nicht durch Brautkauf, sondern durch Brautdienst erworben.

Ein Ehemann ist nicht *pater* seiner Familie; er wird nur als *genitor* der Kinder gewertet. Die Gebärfähigkeit seiner Fr kommt nicht seiner Verwandtschaft zugute, sondern ihrer. Sie und ihre Kinder stehen unter Vormundschaft ihres Br. Aufsicht und Zucht über die Kinder der Sw liegen also im Avunkulat. Als Vormund beansprucht der MuBr die Dienste der Kinder in Haus und Feld; er fordert ihren ‚Besitz‘, wenn die Ehe auseinandergeht. Früher konnte er sie dem Häuptling zu Tribut geben, mit ihnen eine Blutschuld begleichen, sie als Sklaven verkaufen. Da die Eheordnung dem Mann wenig Möglichkeiten gibt, sich in der Verwandtschaft der Frau auszuzeichnen, entstehen Spannungen, denen er zu entgehen sucht, indem er Frau und Kinder an seinen angestammten Wohnort zieht.

Die Bemba-Theorie der Zeugung gibt dem Beitrag der Frau, ihrem Blut, ausschließliches Gewicht. Das Kind muß, ehe es gestillt werden kann, durch ein rituelles Feuer von ‚Unreinheit‘ befreit werden. Es ist manchen magischen Gefahren ausgesetzt, ein Maßstab seiner Verletzlichkeit. Kontakte mit Menschen, die Geschlechtsverkehr hatten, werden daher von der Mu gemieden. Nach der Geburt unterbleibt der elterliche Verkehr, bis ein Ritus das Kind von den schädlichen Folgen für sich befreit.

Das Spielleben wird von der Sozialstruktur kaum berührt. Kinder spielen früh ‚Familie‘, errichten Grashütten; die Mädchen ‚kochen‘, die Knaben ‚fischen‘ (nahe dem Chambezi-Fluß) oder ‚roden‘ Felder. Da vor der Ernte Nahrungsmangel herrscht, stellen die apathischen Kinder das Spielen ein, um es erst nach der Ernte wieder aufzunehmen. Mit sieben, acht Jahren trennen sich die Geschlechter. Die Mädchen helfen der Mu bei häuslichen Arbeiten, auf dem Feld, beim Suchen von Pilzen und Wildgemüsen. Die Knaben stehen dem Va beim Roden bei; doch ziehen sie noch als Kinder zu ihrem künftigen Schwiegervater und erwerben dort durch Arbeiten Ansprüche auf die Braut. Streit zwischen Kindern wird aus zwei Gründen untersagt: er mindert die Heiratschancen vor allem der Mädchen, und er beeinträchtigt die Nachfolge der Knaben auf die Stellung eines Dorfhauptmanns, beides Ambitionen von Erwachsenen!

Mädchen von zwölf bis dreizehn Jahren treffen sich in kleinen Gruppen ‚im Busch‘, um die Labia zu verlängern, ihre Brüste durch magische Mittel zu entwickeln. Knaben sollen (in Gruppen) masturbieren. Ein Mädchen lebt vor der Pubertät mit dem Zukünftigen zusammen; unvollständiger Verkehr findet statt. Vor der ersten Menstruation wird es in die Hütte ihrer Mu geholt, mit Medizinen behandelt, rituell mit den Gefahren der Menses bekanntgemacht, ihre

Gebärfähigkeit geweiht. Das eheliche Zusammenleben wird nach der Reifeweihe wieder aufgenommen.

Die mutterrechtliche Ordnung gewährt der Frau größere gesellschaftliche und symbolische Bedeutung als im Vaterrecht, ist sie doch für die biologische und soziale Reproduktion ihrer Verwandtschaft verantwortlich. Daher wird das *cinamwali* der Chewa als ‚spirituelle‘ Vorbereitung auf die Ehe beschrieben. Beim *cisungu* der Bemba findet eine sorgfältige Wahl des Personals statt vom ‚Eigner der Initiation‘ (eine Frau von Rang) zur Leiterin der Riten und den Lehrerinnen und der ‚Botin‘, die Gäste einlädt, Rohstoffe für die Sinnbilder besorgt und die Speisen kocht. Die Verwandten der zu weihenden Mädchen stellen das Essen zur Verfügung. Selbst die VaSw vermittelt auf mystische Weise die Fruchtbarkeit der Va-Linie.

Die Riten, Gesänge, Symbole (Tonfiguren, Wandbilder), Pantomimen beziehen sich auf die von den Mädchen beherrschten Techniken der Arbeit, der Kinderpflege, des Sex. Ihnen wird aber eine tiefere Bedeutung gegeben. So wird dem ‚Bräutigam‘ eine Tonfigur gezeigt, die eheliche Rechte und Pflichten veranschaulicht. Er selbst bringt Salz, Fleisch, Holz, um seinen Beitrag zum Haushalt anzudeuten, und einen Bogen, der seine Bereitschaft darstellt, seine Frau zu schützen. Aber es ist vor allem das Mädchen, das auf Pflichten und Rechte in der Ehe hingewiesen wird.

Das *cisungu* enthält auch Elemente der Wachstumsmagie: der Reifensprung der Mädchen, die Schönheitsmagie: Schminke (die Mädchen malen sich weiß an, um wie Reiher auszusehen); der Fischreusen-Ritus erwirkt Kinderreichtum. Die Belehrungen in altertümlicher Sprache versehen die Mädchen mit einem Mittel, das ihnen erlaubt, mit ihren Männern Intimes zu erörtern, das für Nichteingeweihte unverständlich ist. Wie gesagt: die Lehren unterrichten nicht; sie vermitteln Einstellungen. Nach ihrer Darstellung durch die Lehrerinnen in Gesängen, sinnbildlichen Handlungen bringen die Mädchen sie in Gebärden und Pantomimen zum Ausdruck. Die rituelle Verhöhnung und Demütigung der Mädchen – man schmiert ihnen Staub ins Gesicht, rollt sie am Boden, schwingt sie mit Griffen in den Mund hin und her – soll ihre Unerfahrenheit demonstrieren. Gesänge, Symbole, Riten bringen ebenfalls zum Ausdruck, daß die jungen Frauen den untersten Status im Stamm einnehmen; über ihnen stehen die älteren Frauen, die Lehrerinnen des *cisungu*, seine Leiterin, und ganz oben die

Frauen der adeligen Clans und der Herrscherfamilie. Die Ehrerbietung gegen Rangältere wird in den Riten durch die Reihenfolge der Ausführenden dargestellt.

Da Bemba und Chewa Gesellschaften ohne dauernde Rechte über materiellen Besitz, vor allem Vieh, sind, ist die Verfügung über die Arbeitskraft der heranwachsenden Generation durch die elterliche entscheidend, selbst wenn ein Paar zur Gründung der eigenen Familie schreitet. Die Betonung der Fruchtbarkeit der Frau und der Aufzucht der Kinder ist in allen Gesellschaften wichtig, die auf Verwandtschaft beruhen, denn diese kann nur durch Nachwuchs gestärkt werden. Während aber im Vaterrecht bei Unfruchtbarkeit der Frau der Brautpreis zurückgefordert oder eine Ersatzfrau bereitgestellt wird, besteht dieser Ausweg im Mutterrecht nicht, die Frau muß ihre Gebärfähigkeit beweisen, muß Kinder haben. Dies erklärt, daß im *cinamwali* der Chewa, im *cisungu* der Bemba die Riten sich fast ausschließlich auf diese Fähigkeit konzentrieren (Erny 1972, S. 183; Richards 1940, S. 65–69 und 1956, passim; Phiri 1983, S. 257–274).

4. Vaterrechtliche Stämme

4.1 Viehbesitzer

Die Samburu (Kenia) sind Beispiel eines vaterrechtlichen Stammes mit Hirtenkultur, ohne politische Organisation. Die Rinder stellen den Höchstwert dar, vor allem Milch und Blut bilden die Nahrung. Der Stamm lebt in zwei Arealen: die Ältesten (Familienväter mit Frauen und Kindern) leben im Kernland mit der ‚Versorgungsherde‘ in Siedlungen von je vier bis zehn polygynen Familien, die Krieger in Grenzgebieten mit unbeschnittenen Mädchen und der ‚überzähligen Herde‘. Im 19. Jh. waren sie Vorposten, um Raubzüge von Feinden auf das Vieh abzuwehren, selber Raubzüge auszuführen. (Die kulturgleichen Maasai teilen sich in drei Stämme, die im Verhältnis von Brüdern stehen; jeder Stamm besteht aus drei bis vier exogamen Geschlechtern [‚Vätern‘], von denen jedes zwei bis neun sich ständig teilende Untergeschlechter [‚Söhne‘] hat.)

Jede Familie im Kernland besitzt ein Gehöft mit Rinderhof und Frauenhütten. Die Sozialisationseinheit ist die Matrizelle (Mu mit

Kindern), von denen jede einige Stück Vieh zur Nutznießung bekommt. Bei der Geburt dürfen nur ältere Frauen Hilfe leisten; ein Ochse wird vier Tage später geschlachtet und die Mu einem Reinigungsritual unterworfen. Während der Stillungszeit beachtet die Mu Speisetabus und darf nicht schwanger werden. Zusätzlich wird dem Säugling bald Kuhmilch gegeben. Die Entwöhnung findet auf Anordnung des Va nach acht bis fünfzehn Monaten statt. Die Sorge um das Kleinkind drückt sich in die Entwicklung fördernden Riten (Entfernung der unteren Schneidezähne, Ohrendurchbohrung) und im Töten unheilbringender Mißgeburten, einschließlich erstgeborener Zwillinge aus.

Alle Frauen und Mädchen eines Gehöfts nehmen an der Aufzucht eines Kindes teil. Es ist Mittelpunkt ihrer Aufmerksamkeit und Objekt ihrer Liebkosungen. Ein Kind wird auch aus wirtschaftlichen Gründen geschätzt: ein So hilft dem Va die Herde aufzubauen; eine To erhöht sein Einkommen durch den Brautpreis. Man erhofft sich von einem Kind Unterstützung im Alter. Im Kindesalter bleiben Knaben und Mädchen sich selbst überlassen. Sie spielen ‚Familie‘, bauen sich Hütten, päppeln Früchte der Kigelia als Puppenkinder, kochen Gras und Sand, hüten Steine als Ziegen, Schafe, Rinder. Die Mädchen spielen Ball mit Früchten einer Solanumart. Die Knaben bilden Parteien, die sich gegenseitig ‚Herden‘ abjagen, auf Ratten, Eidechsen Jagd machen, nach einem Erfolg Bravourtänze aufführen, Stockkämpfe austragen.

Ab acht bis zehn Jahren wird ein Mädchen zur Hausarbeit herangezogen und von der Mu streng behandelt, manchmal sogar geschlagen. Es meidet den Vater und andere Älteste. Ab zwölf Jahren ziehen Mädchen ins Kriegergehöft zu ihren Liebhabern. Wenn sich die körperliche Reife anzeigt, wird ein Mädchen heimgeholt und beschnitten (Clitoridectomie). Es ist nun heiratsfähig und wird einem Ältesten angetraut. Die Knaben werden vom Vater vom Hüten des Kleinviehs zu dem der Rinder befördert, besorgen diese bald selbständig. Das Erbrecht teilt dem ältesten So einer Frau die Herde zu, die ihr zur Nutznießung dient. (Bei den Maasai muß dieser So schon mit zehn, zwölf Jahren mit Mu und Vieh ein vom Wohnort des Va entferntes Gehöft anlegen.)

Die Samburu bilden alle zwölf bis fünfzehn Jahre durch die Beschneidung der Knaben eine neue Altersklasse. So entstehen über den

Unbeschnittenen zwei weitere Altersstufen. Die Stufe der Krieger hat zwei Klassen, eine jüngere und eine ältere, die der Ältesten drei: Junioren, Feuerbohrer, Senioren. Die Krieger, von fünf- bis zehnjährigen Knaben bedient, mißachten Unbeschnittene und jüngere Kameraden. Sie leben mit unbeschnittenen Mädchen zusammen, dürfen keine Kinder zeugen, werden von diesen zu Raubzügen aufgehetzt. Bei den mit gefährlichen Aufgaben beauftragten Kriegern entstehen Spannungen gegen die Ältesten. Die Behandlung obliegt den Feuerbohrern, weil die Junioren-Ältesten ihre Söhne zu milde anfassen würden. Die Feuerbohrer legen den Kriegern strenge Bußen auf. Ihr schärfstes Mittel, neben Strafdiensten, ist der Fluch.

Die ‚soziale Adoleszenz‘ der Krieger wird durch die *ilmugit*-Zeremonie beendet. Die Krieger haben durch Abgabe ihrer Mädchen an den ‚Heiratsmarkt‘ der Ältesten, die fünfzehnjährige Zurückstellung ihres Wunsches, die eigene Familie zu gründen, viel Groll aufgestaut. Das *ilmugit* besteht aus Schmähreden der Ältesten gegen die Krieger, Beschuldigungen, daß sie nicht ehrerbietig sind, daher durch Fluch gestraft, durch ihren Segen aber bei der anstehenden Familiengründung auch belohnt werden können. Der Höhepunkt des *ilmugit* ist die Besprengung der Krieger, die der Hitze eines großen Feuers ausgesetzt waren, mit kaltem Zauberwasser. Dieser Schreckritus erzeugt starkes Körperzittern, durch das die Krieger Groll und Angst abführen. Sie werden auf diese Weise zu Ältesten.

Bei den kulturgleichen Turkana (NW-Kenia) wird Individuen mit adrenogenitalem Syndrom (Vergrößerung der Genitalien) nur beschränkt die primäre Sozialisation gewährt. Die bei der Geburt erworbene Zugehörigkeit zu einer Altersklasse wird in der Reifezeit bedeutungslos, Mädchen erhalten keinen Fruchtbarkeitszauber. Solche Kranke werden von der sekundären Sozialisation, der Initiation, ausgeschlossen. Ihre Teilnahme würde Unheil bringen. Mädchen haben demnach keine Freier, junge Männer finden keine Frauen, ausgenommen der Sohn eines reichen Va. Die mit überhöhtem Brautpreis erworbene Frau gebärt mittels eines Zeugungshelfers Kinder für dessen ‚Familie‘.

Im Vergleich zu Jäger-Sammlern und mutterrechtlichen Stämmen hat sich bei diesen Viehbesitzern der Charakter der Behandlung des Kindes gewandelt. Sie ist streng geworden. Das Leben der männlichen Jugendlichen ist dem militärischen Schutz und der Vermehrung des

Viehs untergeordnet, das der Mädchen dem Zweck, baldigst durch Viehtausch der Großfamilie eines Ältesten zugeführt zu werden (Best. 1983; Merker 1910; Raum 1978, S. 277–310; Spencer 1965, S. 246–275 und 1970, S. 120–159).

4.2 Hirtenpflanzer in Süd- und Ostafrika

4.21 Allgemeine Strukturen der Sozialisation

Die vaterrechtlichen Stämme – in Südafrika Nguni (Xhosa, Zulu, Swazi) und Sotho (Tswana, Südsotho, Pedi), in Ostafrika Ganda, Kikuyu, Chagga – sind Hirtenpflanzer. Die Verwandtschaft hat Vieh und Erbland als gemeinsamen Besitz. Die Frau, wesentlich für die biologische und soziale Reproduktion derselben, wird gegen hohen Brautpreis eingetauscht. Die erweiterte Familie ist dem Ideal nach polygyn. Sie umfaßt eine Anzahl einander zuarbeitender Matrizellen (Fr mit Kindern), welche jede die benötigten Produktionsmittel (Vieh, Land) zur Nutznießung zugewiesen erhält. Die Mu ist verantwortlich für Aufzucht und Früherziehung der Kinder. Der Ma/Va ist *genitor* und *pater*; die Kinder gehören zu seiner Verwandtschaft. Als Zuchtmeister der Kinder wird seine Autorität gestärkt durch seine Unnahbarkeit: er wohnt und ißt allein.

Die Aufzucht des Kindes (Stillen, Entwöhnung, Pflege, Tragen usw.) und die Ablösung des Kindes von der Mu, das Erlernen von Sitzen, Stehen, Gehen, weist Ähnlichkeiten mit den Bräuchen bei Sammler-Jägern und mutterrechtlichen Stämmen auf. Die Erziehung ist im allgemeinen nachsichtig. Selbst wenn die Entwöhnung abrupt ist (Zulu), führt sie zu keiner Krise zwischen Mu und Kind. Es wird meist von der ihm bekannten Groß-Mu oder einer anderen Pflegeperson betreut. Die späte Entwöhnung paßt gut zu den fortgeschrittenen Fähigkeiten des Kindes, und dessen Zugang zur Mu bleibt immer gesichert.[5]

---

[5] Die ‚cross-cultural studies‘ von J. Whiting und Mitarbeitern über Sozialisationsmaßnahmen bei primitiven Völkern sind nach Whitings Geständnis 1977, S. 32 ins Leere gelaufen, da sich bei diesen die Eltern wenig für die oral-anal-phallischen Phasen der Kinder und deren Aggressionen und Abhängigkeitsverhalten sorgten, sondern um deren soziale Beziehungen. A. I. Richards Einwand 1970, S. 22 ist meines Erachtens wichtig: Der Vergleich isolierter Aspekte der Erziehung übersieht, daß diese in der Ganzheit der

Das Kind definiert sein Ich durch Erfahrungen in der Verwandtschaft. Durch sogenannte klassifizierende Verwandtschaftsnamen
werden Va mit VaBr, Mu mit MuSw zusammengestellt; MuBr und
VaSw sind nur anscheinend Ausnahmen: die VaSw wird ‚weiblicher
Va‘, der MuBr ‚männliche Mu‘ genannt. D. h. anders als in den
europäischen Sprachen werden die Kollateralen der Eltern nach Va-
und Mu-Seite geordnet. Die Mitglieder der Va-Linie werden in der Tat
in anderer Weise bedeutsam für das Kind als die der Mu-Seite. Durch
die Zugehörigkeit zu ihr wird der Status des Individuums bestimmt
(z. B. ob herrschender oder untergeordneter Clan) sowie deren religiöse Legitimierung im Ahnenkult. Ihre Mitglieder sind Personen mit
Autorität – sie planen, ordnen an, verteilen in vielen Bereichen des
Lebens. Die Verwandten der Mu-Seite stehen dem Kind gefühlsmäßig
näher. Sie werden rituell für es nur in kritischen Lagen tätig, z. B.
wenn es erkrankt. Doch sind sie bestrebt, die Rechte des Kindes, die es
dem Rang seiner Mu verdankt, durchzusetzen. Das Lernen dieser
Zusammenhänge wird in Afrika ernstgenommen. Die Kikuyu-Mu
lehrt ihr Kind den Aufbau der Familienzweige. Bei den Zulu wird die
Genealogie der Dynastie auch den Enkeln von Königstöchtern schon
ab dem dritten Lebensjahr beigebracht (Kenyatta 1938, S. 99).

Um zwischen Individuen zu unterscheiden, die durch klassifikatori-
sche Namen gleich benannt werden, erlernt das Kind verschiedene
Anzeiger: Blickrichtung, Betonung, hinweisende Fürwörter, Adjekti-
ve, z. B. großer Va = ältester VaBr. Außerdem erlernt es symbolische
Meidungen, die soziale Beziehungen definieren. Das Nguni-Kind darf
gewisse Körperteile des Va (Kopf, Genitalien) nicht berühren, auch
seine intime Habe (Schlafmatte, Eßgeschirr) nicht. Hinzu kommen
Gebärden, mit denen das Kind Ehrerbietung gegenüber einer Autorität ausdrückt. Es hat Anordnungen des Va auf den Knien entgegenzu-
nehmen. Mädchen schlagen vor ihm die Augen nieder; Knaben sollen
ihm in die Augen schauen (Raum 1973, S. 85–143).

Kultur eingebettet ist. – Das Bureau of Educational Research der Kenyatta University
Nairobi, Kenia, setzt die Studien fort, die es gemeinsam mit Harvard University im
Child Research Unit 1967–1973 durchgeführt hatte. – Maßgeblich an diesen Studien
hatten sich J. u. B. Whiting, R. LeVine und H. u. G. Leiderman beteiligt. Erfreulich
ist, daß eine Anzahl Afrikaner an diesen Studien mitarbeitet.

Die Nguni fassen alle Formen der Ehrerbietung unter dem Begriff *hlonipha* zusammen. Sie kommen verstärkt zwischen Schwiegerkindern und Schwiegereltern zum Tragen. Mit Hinsicht auf die Mu sind sie stark verringert. Die Mu ist auch in vaterrechtlichen Stämmen des Kindes Beistand und vermittelt zwischen ihm und dem erzürnten Va. Ausdrücke der Ehrerbietung werden besonders vom ältesten So gegen den Va erwartet, weniger vom jüngeren So (sie sind abgeschwächt gegen des Va jüngere Kollaterale), denn der Erstgeborene ist potentieller Nachfolger des Va auf dessen Stellung in Familie und Zweig. Seine Mißachtung der Ehrerbietung bedeutet daher mehr als Ungehorsam; sie wird als Aggression, Usurpation gedeutet. (Die Aggressionen des Kleinkindes werden im allgemeinen nur leicht gezügelt, da man einsichtig genug ist, sie als Mittel der Selbstfindung einzuschätzen [Bryant 1963, S. 63].)

Die Sanktionen, welche die Ehrerbietungen tragen, sind vielfach: sprachlich – Warnung, Entrüstung, Schelte, Erzählungen von Unglück, das Übertreter trifft; strafend – Zärtlichkeitsverweigerung, Essensentzug bei Kleinkindern, Schläge, Prügel bei Größeren; magisch – beim kleinen Kind Unheil für Personen, mit denen es sich besonders verbunden fühlt, bei größeren das Scheitern der Lebensziele: Viehbesitz, Ehe, Nachkommen bleiben aus, Wahnsinn vernichtet alle Hoffnungen!

Den Ehrerbietungen des Kindes entspricht die Verpflichtung, der Geehrten, insbesondere des Va, sich der Aufzucht und Erziehung des Kindes anzunehmen, nicht nur im materiellen Sinn, sondern auch seelisch durch Geduld, Feinfühligkeit der heranwachsenden Generation gegenüber. Ein Tswana sagt: „Meine Eltern sind mein Schild und mein Schirm." Verantwortung wird auch von Pflegepersonen erwartet. Falls sie das Kind verwahrlosen, werden sie bestraft oder entlassen. Der Grundsatz der Gegenseitigkeit endlich sichert dem Kind mit zunehmendem Alter einen eigenen Bereich intimer Habe, der anderen nicht zugängig ist (Schapera 1940, S. 245; Read 1960, S. 88).

Die von der Mu mit dem Kleinkind begonnene Einführung in die Verwandtschaft wird bei größeren Kindern von den Großeltern fortgesetzt. Die Überlieferungen beziehen sich auf den Clan, seine Stellung in der Ordnung des Stammes. Diese Ordnung wird nicht selten religiös in Kosmologie und Schöpfungsbericht unterbaut. Wichtig für das Kind ist, daß sie sein Handeln bestimmt. Clans begrüßen einander mit gewissen Formeln und Gebärden, die das Kind früh lernt. Clans sind meist exogam. Bei den Zulu sind alle Nachkommen der vier Großeltern Egos als Ehepartner ausgeschlossen, bei den Sotho ist die Heirat mit der MuBrTo bevorzugt. Kinder werden beständig auf solche Regeln hingewiesen. Ein Zulukind spielt mit allen Nachbarkindern; es soll seine Speisen mit ihnen teilen. Hat es ein Alter erreicht, wenn Liebeleien beginnen, wird ihm von Eltern, besonders aber in der ‚Gruppe der Gleichen‘ beigebracht, daß es von nun an seine ‚Schwestern‘ einschließlich Parallel- und Kreuzbasen ‚meiden‘ muß, d. h. es muß die kindliche Eßgemeinschaft, die ihm einst sehr ans Herz gelegt wurde, aufgeben. Dies gilt vor allem für die heilige Speise der Agnaten, die Milch der Ahnenkühe, die er nur noch mit den Schwestern, die er nicht heiraten darf, verzehren kann. Später werden dem Kind, in erster Linie den Knaben, die Vorteile des Heirats-Bundes mit einem anderen Clan klargelegt, z. B. die materielle Hilfe eines Clans, der über andere wirtschaftliche Hilfsquellen verfügt als der eigene. Bei der bevorzugten Ehe eines Sotho mit der MuBrTo wird das Eigentum an Vieh der beiden Familien zusammengehalten. Diese doppelte Strategie, symbolisch und wirtschaftlich, schließt die Beratung der Kinder durch die Eltern auf sexuellem Gebiet aus. Die Aufklärung in dieser Hinsicht erfolgt in der ‚Gruppe der Gleichen‘ (Vansina 1965, S. 19–46; LeVine u. LeVine 1963).

4.22 Sprache, Arbeit, Recht

Wie lernt das afrikanische Kind, sich der in der natürlichen Umgebung von seiner Kultur erarbeiteten Werte zu bedienen? Jede Sprache ist eine Art Sieb, welche die Aspekte der Umwelt auswählt, die für die Technologie einer Kultur bedeutsam sind. Bantusprachen sind charakterisiert durch das Klassensystem seiner Nomina. Die Wortklassen gruppieren Objekte, z. B. Menschen, Bäume, lange Dinge usw. und unterscheiden sich durch ihre Präfixe. Dieses Klassensystem muß eine Auswirkung auf die Erkenntnisse seiner Sprecher haben, z. B. betreffs Raum und Zeit, wo europäische Sprachen mehr mit abstrakten, in der Anschauung nicht mehr nachvollziehbaren Begriffen arbeiten, bevorzugen Bantusprachen konkrete Bezüge auf ‚erfüllten Raum‘: im Ort, beim Ort, fern vom Ort, und die ‚erfüllte Zeit‘: einst, heute, morgen (Meinhof 1906, S. 1–34).

Sachkenner stellen für ihre Beschäftigung Taxonomien zusammen. Ein Xhosa-Wahrsager trennt Bäume von Sträuchern und unterteilt letztere in Einzelgänger und Pflanzengemeinschaften. Die Arzneipflanzen haben Abteilungen nach ihren wirksamen Teilen und den Krankheiten, die sie heilen. Der Umfang solchen Wissens ist groß. Ein Zulujunge kennt ungefähr 200 Pflanzen, die Liste von Pflanzennamen in Zulu erreicht mehrere tausend Arten. In der Familie wird solches Wissen von Va zu So, von Mu zu To weitergereicht; der Wahrsager tritt es an den Lehrling gegen eine Gebühr ab.

Man hat manchmal behauptet, afrikanische Sprachen kennten den Genusbegriff nicht. Allerdings ist im Bantu die Tendenz in der Systematisierung nicht auf immer weitere Generalisation von Eigenschaften, sondern in Richtung auf Korrespondenzen natürlicher Gruppierungen mit gesellschaftlichen Entsprechungen. Die totemische Beziehung ist ein Beispiel dafür. Andere Klassifizierungen erfolgen nach Kriterien der Ähnlichkeit oder der Nachbarschaft (Kontiguität). Durch diese Korrespondenzen kann jede Sache mit allen anderen verbunden werden und ist so auf vielfache Weise bedeutsam. Das Weltbild des Zulu Laduma Madela zeigt, daß afrikanische Denker von der Welt als Ganzheit ausgehen. Solche Schemata bilden Gegenstand der Belehrung in den Reifeweihen der Jugendlichen und in den Geheimgesellschaften der Männer (Chewa) (Schlosser 1977; Durkheim u. Mauss 1963).

Mit dem Kennenlernen der Umwelt verbindet sich die Einführung in die Arbeit eines Stammes. Die Arbeitsteilung Afrikas ist vorindustriell, d. h. sie ist nach Geschlecht und Alter ausgerichtet. Doch gibt es auch örtliche Spezialisierungen – Schmiede wohnen nahe Erzvorkommen. Bestimmte Clans haben einen Ruf als Heiler oder Erzieher. Ich übergehe diesen Teil der Sozialisation, da er im Vergleich zu schon beschriebenen Stämmen wenig Besonderheiten bietet. Bei der Arbeit erhalten die Kinder rechtliche Hinweise: der Va deutet die Grenzen eines Grundstücks an; die Mu weist die To auf Vorrechte eines Clans in Waldgebieten hin (Colson 1958, S. 262–264).

Rechtsansprüche bestimmen den Status des Individuums. Das ältere Kind ist dem jüngeren übergeordnet, Knaben den Mädchen. (Das schließt nicht aus, daß die ‚ideale‘ Mu bei der Verteilung von Essen unparteiisch, eine ältere Sw als Symbol des Inzesttabus bedeutsam ist.) Bei den Tswana besteht eine feste Verbindung zwischen einem Br und einer Sw: die Brautgaben für diese dienen dem Br für seinen Brautkauf. Diese Verbindung motiviert beide, sich mit Rücksicht auf den anderen wohl zu verhalten. Bei den Chagga wird der Br eines Initianden diesem als Rechtsbeistand lebenslang zugeordnet (Schapera 1950, S. 144; Gutmann 1936).

Die Rechtsansprüche eines Individuums entfalten sich mit der Zeit. Bei den Nguni hängen sie vom Rang seiner Mu in der polygynen Familie ab. Der So der Hauptfrau tritt die Nachfolge seines Va als Haupt des Verwandtschaftszweiges an und ist daher der Haupterbe. Die zweite Frau hat im allgemeinen das Recht, mit ihrem ältesten So eine neue ‚Familie‘ zu gründen und damit Anspruch auf bewegliche (Vieh) und eventuell unbewegliche (Land) Habe. Die nachgeordneten Frauen werden den Haupthäusern zugeteilt. Diese Ordnung läuft nur im Idealfall reibungslos ab. Oft entsteht an den Schnittpunkten der Interessen Streit, besonders wenn Kinder einer Frau kränkeln oder sterben. Wird einer Mitfrau der Vorwurf gemacht, Schadzauber angewandt zu haben, um dies zu bewirken, werden ihre Kinder hineingezogen. Ihr Leben steht dann in Gefahr.

Im Jugendalter eines Individuums kommt es zu Auseinandersetzungen zwischen ihm und seinem Va, wenn er argwöhnt, daß dieser einen anderen So begünstigt, seine Strafen zu hart sind, während der Va die Verschwendung des So, seine Faulheit bemängelt. Verwandtschaft und Nachbarschaft als ‚öffentliche Meinung‘ fällen ihr Urteil. Schwelt der Streit weiter, kommt er vor die Versammlung der Verwandtschaft. Ein Vermittler appelliert an das Familiengefühl, an die gegenseitigen Verpflichtungen. Gelingt die Aussöhnung nicht, wird der Streit an das niedere Gericht des örtlichen Hauptmanns überwiesen. Auch hier wird ein Vergleich gesucht. Falls ein Schuldiger gefunden wird, wird er bestraft, der So meist schärfer als der Va. Kommt keine Einigung zustande, wird die Trennung der beiden veranlaßt. Der So zieht zu Verwandten oder in die Stadt; der Va muß sein Erbteil auszuzahlen.

Anders als bei den mutterrechtlichen Stämmen besteht im gemeinsamen Besitz, vor allem an Vieh, ein einigendes Band bei den Familien dieser vaterrechtlichen Stämme. Dieses Band verbindet durch Erbrecht und Frauenkauf die Generationen. Der So hängt vom Va ab, denn ohne das Vieh, über das letzterer verfügt, ist dem So die Familiengründung unmöglich. Der Va hängt vom Verhalten seiner To (in Sitte und Arbeit), ab, denn dieses bestimmt ihren Tauschwert und damit den Wert der Erziehung, die sie von der Mu erhielt. Wie erwähnt verbindet der Besitz auch die beiderseitigen Heiratsaussichten von Geschwistern.

In der Handhabung des Rechts in der Familie treten zwei Grundsätze hervor, die das Verhältnis Eltern-Kinder charakterisieren: Aller Besitz von Produktionsmitteln (Land/Vieh) wird vom ‚Eigner' treuhänderisch für seine ‚Familie' verwaltet. Er kann ihn ohne deren Zustimmung nicht veräußern, noch allein verbrauchen. Die erzeugten Produkte werden nach Rechtsnormen verteilt; seine ‚Sachherrschaft' ist also begrenzt. Bei Meinungsverschiedenheiten über die Verwendung des Besitzes, seiner Produkte, sucht man den Vergleich eher als die Schuldzuschreibung und Strafe. In den oft langwierigen Verhandlungen ist ein Vermittler nötig, der als geachtetes Mitglied der Verwandtschaft Vertrauen besitzt. (Ist der Streitpunkt trivial, z. B. zwischen Va und Kind, kann die Mu vermitteln; ist er gewichtig, z. B. zwischen Va und erwachsenem So, muß der Leiter des örtlichen Gerichts vermitteln.) Das Klischee, daß der Afrikaner „kollektiv denkt und handelt", übersieht das differenzierte Rechtsbewußtsein, das ihm durch seine Erziehung eingeprägt wurde (Knapen 1962, S. 35 ff.; Raum 1978, S. 266 ff.; Richards 1940, S. 38; Schapera 1940, S. 271).

4.23 Spiel und Spielgruppen

Die vollständige Sozialisation des Kindes setzt voraus, daß es die Möglichkeit hat, sich selbst zu verwirklichen. Auch das afrikanische Kind ist nicht nur Objekt, das von seinen Eltern ‚geformt' wird. Es ist ein Wesen, dessen Wille auf die Eingliederung in Wertewelt und Sozialstruktur seines Stammes zielt, aber auch auf deren Anpassung an die Bedürfnisse seiner Generation. Das wichtigste Mittel dafür ist das Spiel. Das Spielverhalten des afrikanischen Kindes ist zuweilen völlig übersehen worden. Es wurde gezeigt, wie Krankheiten und Nahrungsmangel den Spielbetrieb einschränken können. Doch sonst ist das Kind auch in Afrika spielfreudig. Es findet ein Eck in der Hütte oder im Gehöft, wo es allein oder mit Freunden spielt. Und wenn Kinder sich an der Arbeit der Erwachsenen beteiligen, so deuten sie das wirtschaftliche Unternehmen als Teil ihrer eigenen Welt, einer Phantasiewelt.

Genaue Beobachtung des Kindes beim Spiel ergibt, daß seine

Handlungen die erwachsenen Tätigkeiten nicht ‚nachahmen', sondern auswählende, schöpferische Vorstellungen sind. So verwenden die Kinder, die einen Blätterschirm errichten, um eine Hütte darzustellen, Rohstoffe und Bauweisen, die kindgemäß und zuweilen konventionell in ihrer Gruppe sind. Viele Einzelheiten der elterlichen Hütte, deren Bau oft ein technisches Kunstwerk ist, werden ausgelassen, andere nur angedeutet. Beim Bau des ‚Hauses' geben die Kinder erst vor, die Frauen zu sein, die die Hütte errichten; einen Augenblick später stellen sie Mutter und Kinder bei der Mahlzeit vor; kurz danach mimen sie ein Gelage der Männer. Die schnelle Abwechslung in den Rollen, das Vermeiden der Mühen des Alltags, das Ausschmücken der Spiele mit Szenen, die den Kindern nur vom Hörensagen bekannt sind, kennzeichnen das Phantasiespiel.

Die Kinder spielen nicht nur eine Vielfalt von Rollen. Sie erfinden vielfache symbolische Repräsentation: Steine, Insekten, Samen stellen eine Sache dar: z. B. Jagdwild; ein Symbol, z. B. Nüsse, muß umgekehrt viele Sachen vergegenwärtigen: Vieh, Frauen, Feinde. Kinder ziehen nicht selten das Symbol der Wirklichkeit vor: sie spielen mit einer Herde aus Steinen, während sie die Familienrinder beaufsichtigen. Beim Aufbau ihrer symbolischen Welt zögern sie nicht, das Modell der Erwachsenen zu kritisieren, sich über es zu erheben. Der Sohn armer Eltern verlustiert sich mit einer Riesenherde ‚vorzüglichen Steinviehs'.

Beim Spielen lernen die Kinder manches über die Umwelt. Das Fertigen von Spielzeug erfordert die Kenntnis von Eigenschaften der benötigten Rohstoffe. Beim Schnitzen von Puppen, dem Formen von Tonfiguren erwerben sie Fertigkeiten. Sie wenden physikalische Erfahrungen an, wenn sie eine Flöte zusammensetzen, nach einem Gegenstand tauchen. Spielen sie Wettspiele – sie begeistern ältere Kinder –, ist es notwendig, Mannschaften zu bilden, sich auf Regeln zu einigen. Der ganze Bereich menschlicher Fähigkeiten wird dabei geprüft: intellektuelle, physische, moralische. So testen Zungenbrecher und Rätsel Sprachformen und -sinn. Das weitverbreitete *bao* fordert wie Schach die Kombinationsgabe heraus (Zaslavsky 1973, S. 116–127).

Die Größe der Spielgruppe schwankt. Sie nimmt mit dem Alter zu, und mit ihm das Problem der inneren Struktur. Nur im Kindesalter spielen beide Geschlechter zusammen. Wettkämpfe mit körperlichem

Einsatz tragen Jünglinge aus, Tanz- und Singspiele ältere Mädchen. Kriterien der Führung müssen in allen Spielgruppen entwickelt werden. In den Tanzgruppen der Zulu-Mädchen befindet die erwählte ,Königin' über das Verhalten der Mitglieder zu ihren Liebhabern. In den Stockkämpfen der Xhosa fordert der Sieger den Sieger eines anderen Bezirks heraus; gewinnt er, hat er weithin Ansehen und wird vom anderen Geschlecht bewundert (Krige 1968).

Die Geschlossenheit der Spielgruppe wird durch eine Sondersprache gesichert. Sie verwendet Methoden der Sprachverzerrung – Einschiebsel und Silbenumkehrungen –, die sie für Außenstehende unverständlich macht. Spielgruppen erarbeiten ,rechtliche' Maßnahmen, um die Mitglieder zu steuern: Spott, Hohn, Strafdienste, Schläge, selbst die Ausstoßung aus der ,Gruppe der Gleichen'. Und sie streben nach wirtschaftlicher Selbständigkeit, indem sie Wildfrüchte sammeln, Vögel und Kleinwild jagen, Nahrung von Feldern, aus Speichern stehlen.

Kurz, die ,Gruppe der Gleichen' baut sich eine soziale Ordnung auf, die in mancher Hinsicht dem Vorbild der Erwachsenen entspricht, in einer wesentlichen Hinsicht aber von ihr abweicht. Ihre Führer erringen sich ihre Stellung durch Leistungen, die der Erwachsenen erhalten sie in den gesellschaftlichen Strukturen ,zugeschrieben'. In der kleinräumigen Gesellschaft des Stammes geht die ,Gruppe der Gleichen' in die erwachsene Ordnung als eine experimentierende Gruppe über, deren Zusammenarbeit und Wertvorstellungen im Spiel entwickelt, geübt und geprüft wurden (Raum 1940, S. 250–284; Fortes 1938, in Middleton 1970, S. 58–72).

Falls diese Deutung richtig ist, sollte dies in unabhängigen Strukturen nachweisbar sein. Dies ist in den einzigartigen ,Altersdörfern' der Nyakyusa Süd-Tansanias möglich. Eine Anzahl von zehn- bis zwölfjährigen Knaben baut sich am Rand des väterlichen Dorfs ihr eigenes. Sie ziehen in die Hütten ein, essen aber noch ,bei Muttern'. Nach fünf Jahren beginnen die Gründer zu heiraten, ihr Dorf wird selbständig, sie bleiben lebenslang zusammen. Die Dörfer haben weder mit der politischen Ordnung, dem Häuptlingstum, etwas zu tun noch mit den Altersstufen (Jungmannschaft, regierende Männer, Älteste). Ein Altersdorf erhält zwar vom Häuptling einen Hauptmann vorgesetzt, aber jede Altersstufe enthält eine Anzahl voneinander unabhängiger Altersdörfer (Wilson 1951).

Puppen bilden eine Brücke zwischen der Spielwelt des Kindes und dem Ernst des Lebens. Kinder machen sich einfache Puppen selbst aus passenden Rohstoffen und behandeln sie wie Säuglinge. Zur Zeit der Reifeweihe wird den Mädchen eine Puppe als Fruchtbarkeitssymbol überreicht, Mütter tragen Puppen, um die Gesundheit ihres Kleinkindes zu schützen. Diese magischen Puppen sind oft Kunstwerke. An den Puppen der reifen Mädchen wird manchmal die Entwicklung des Kindes im Mutterleib, als Säugling demonstriert, auch die Einstellungen, Meidungen, Ehrerbietungen gegenüber Eltern und Schwiegereltern geübt. Die damit erzielte Ausrichtung der Mädchen auf ihre mütterlichen Funktionen sollte deren Verwirklichung fördern (Germann 1929; Roumerge u. Roumerge 1972).

4.24 Rituelle Bedeutung des Kindes und Initiation

Zum Verständnis der Erziehung zu erwachsenen Rollen, der sekundären Sozialisation, ist es unerläßlich, auf die rituelle Bedeutung des Kindes in Afrika einzugehen. Das Kind gilt, weil sexuell inaktiv, als rituell ‚rein‘. Wegen seiner ‚Unschuld‘ vermag es drohende Mächte abzuwehren, wohlwollende günstig zu stimmen. Daher sieht man bei Umzügen von Tänzern Kinder als Vor- oder Nachläufer (Xhosa, Kikuyu). In Märchen werden Kinder einem Ungeheuer zur Beschwichtigung angeboten. Sie werden zum Schutz an der Landesgrenze vergraben. Am Königshof der Zulu bewahren Mädchen des Herrschers Insignien, ‚unreife‘ Pagen bedienen ihn bei rituellen Waschungen.

Das rituell ‚reine‘ Kind ist unvollständig, d. h. lebensuntüchtig. Es muß für das volle Leben vorbereitet werden. Dies geschieht in den ‚Riten des Lebens‘, welche seine Wachstumsphasen, gemäß den in einer Kultur gültigen sprachlichen Unterscheidungen, artikulieren: beim ersten Stillen, der Namengebung, der Entwöhnung, dem Zahnen, der Ohrdurchbohrung, der Einführung in die Arbeit, den Zurechtweisungsriten im Lümmelalter (Chagga, Samburu), der Beschneidung. In jedem Ritual wird dem Betreffenden die Erweiterung seiner Rechte, die Zunahme seiner Pflichten Stück für Stück versinnbildlicht und durch Feier und Festmahl sein Selbstbewußtsein gestärkt. Auf diese Weise wird in technisch einfachen Kulturen das Leben für das Kind interessant und abwechslungsreich (Raum 1940, S. 303; Kuper 1947, S. 134).

Der Höhepunkt der Entwicklungsriten ist die Initiation. Als Verwandtschaftsunternehmen ist sie vielfältig gestaltet. Im Vaterrecht wird die Reifeweihe der männlichen Jugend betont. Die Initiation der Mädchen ist manchmal individuell (Nguni), bei anderen Stämmen stark der der jungen Männer angeglichen (alle Sotho) und geht oft in die Hochzeitslehren über (Kikuyu, Chagga).

Es ist möglich, die Vorgänge bei der Initiation als *rites de passage* aufzufassen. Das Eintrittsritual trennt die Initianden von der ‚verantwortungslosen‘ Kindheit. Durch den Abschluß werden sie zu ‚verantwortlichen‘ Erwachsenen. Beide Rituale sind von einem Opfer (an die Ahnen) begleitet. In der Zwischenzeit der Absonderung fern von menschlichen Siedlungen erfolgt Belehrung und Formung der Persönlichkeit der Initianden durch strengste Disziplin.

Für das Verständnis der Initiation ist es hilfreich, ihren dramaturgischen Aufbau in eine Szenenfolge zu zerlegen, die jedoch nicht immer vollständig durchgeführt wird, insbesondere:

Bestimmung des Zeitpunktes (kühle Jahreszeit, nach Ernte, Ausrufung des ‚Landfriedens‘);
Auswahl des Personals: ‚Eigner (= Leiter) der Initiation‘, Lehrer und Erklärer, Beschneider, Schutz- bzw. Erfolgszauberer, Monitoren, Köche, Essensträger usw.;
Bau des Lagers, der Beschneidungshütte, der Schlafhütten, des Eßplatzes, der Lehrstätte, der Aborte;
Beschneidung der Initianden durch Spezialisten als Mutprobe, Behandlung der Wunde, Heilungszeit – sie ist bei den Xhosa innerhalb der Absonderung als Entbehrungszeit gestaltet und durch ein Opfer akzentuiert;
Besondere Lebensführung während der Absonderung: beim Sitzen, Essen, Schlafen besondere Stellungen; Diät und Trinkverbote; Geheimsprache; weiße Bemalung – als Angleichung an die Ahnen gedeutet; ‚Disziplinierung‘ der Initianden;
Schaffung der inneren Struktur der ‚Lagerklasse‘: Wahl eines jugendlichen ‚Führers‘, Bildung von Kameradschaften, Abgrenzung älterer und jüngerer Jahrgänge, Dokumentierung der Hierarchie in Verwandtschaft und Stamm durch Reihenfolge in Riten;
Tagesordnung: Begrüßung, Tänze, Belehrung und Deutung,

Jagdzüge und Märsche: die Beute als Nahrung oder Symbol der Geheimhaltung vor allem der ‚Hauptlehre‘; Singen zum Einüben der Lehren, Gesetze; Komponieren von Preisliedern; Entlassung nach Waschung, Salbung der Initianden durch ‚Eigner‘, Überreichen des Erwachsensymbols, Niederbrennen des Lagers und seiner kargen Ausstattung;

Festzug zur Heimstätte des Häuptlings oder zu den Familien. Überfälle symbolischer Art – sie stellen die Gefahren der Schlußphase dar. Sinnbildliche Benachrichtigung der Eltern, deren Sohn im Lager starb;

Jubelnder Empfang im Dorf/Heimstatt: Letzte Ermahnungen von Vertretern des Publikums. Übergabe von Ausstattung zur Familiengründung (Vieh, Kleidung). Geschenke von Verwandten und ‚Verlobten‘;

Übergangszeit der sexuellen Zügellosigkeit, meist aber regulierte Zeit der ‚freien Liebe‘ mit Belehrungen, wie eine voreheliche Schwangerschaft vermieden werden kann (Nguni: *metsha, hlobonga*, Sotho: *gangisa*).

(Gennep 1909; Kenyatta 1938; Krige 1968; Pitje 1950; Raum 1968 und 1969/1970; Raum 1940; Schapera 1940)

Der Inhalt der Belehrung hat einen allgemeinen Aspekt, das harmonische Verhalten in sozialen Beziehungen: Achtung und Gehorsam gegen Eltern und Schwiegereltern, Rücksichtnahme auf den Ehepartner (bei Beachtung der vor allem in der patrilinearen Ordnung ‚natürlichen‘ Unterordnung der Frau), Bewahrung der Kameradschaft der gemeinsam Initiierten.[6] Im besonderen betonen die Lehren: der

---

[6] B. Gutmann: Die Stammeslehren der Dschagga lassen sich so zusammenfassen: Der Mensch steht erstens im Mittelpunkt von ineinander verzahnten Beziehungskreisen: Gott-Erde; Sippe-Familie; Mann-Frau; Altersgenossen-Nachbarn; Häuptling-Untertan; Krieger-Befehlshaber; Schuldner-Gläubiger. Sie alle bilden polare Beziehungen mit gegenseitigen Pflichten und Rechten. Zweitens strebt der Mensch nach Harmonie mit den Schöpferkräften. Gott wird als Bildner und Führer der Menschen erkannt. Er kontrolliert den Fortpflanzungstrieb, die Empfängnis, die Geburt von Nachkommen. Die Ahnen ihrerseits behüten das Familienheim als einen Raum, in dem Frieden herrschen soll. Deswegen nehmen sie die Opfer der Männer für ihre Frauen und Kinder an. Die Harmonie der Eltern schließlich wird durch den gemeinsamen Einsatz bei der Erziehung der Kinder gefunden. Zum dritten betonen die Chagga in ihrer Pädagogik, daß sich der Charakter bei der Einordnung in die bipolaren Beziehungen, bei der Suche

Hauptgrund der Ehe sind die Nachkommen; ohne Sex – so wird in erster Linie das Mädchen belehrt – ist dieser Wunsch nicht zu erfüllen; daher Ratschläge zur rechten Eheführung: die Verlobungszeit ist die Zeit der Schamhaftigkeit, voreheliche Schwangerschaft mindert den Wert der Frau, belastet die Rechte des Kindes. Einzelheiten des Geschlechtsverkehrs werden erwähnt (Entjungferung, Tabuzeiten). Die Zeugung bedarf der Zusammenarbeit von Mann, Frau, den Ahnen (Gott). Die Schwangere bedarf der Pflege durch den Mann. Unfruchtbarkeit wird durch Heiler behandelt, sie kann durch Ersatz der kinderlosen Frau, durch Zeugungshelfer für den sterilen Mann behoben werden. Die Pflege des Neugeborenen hat eine körperliche Seite (Stillen, Entfernung der Ausscheidungen) und eine rituelle (Aufnahme in die Verwandtschaft, Namengebung – es ist ein Individuum!) (Gutmann 1932–1938; Raum 1969/1970, S. 20ff.).

Wenn wir den Inhalt der Initiationslehren zusammenfassen, fällt auf, daß die menschlichen Beziehungen durch die sinnbildlichen Darstellungen „idealisiert" werden. Das Verhältnis der zukünftigen Ehepartner wird mit dem Blick auf die Zukunft, die Aussicht auf Nachkommen aus dem bloß Sexuellen herausgehoben. Das Verhältnis Eltern zu Kindern, das sich nun zu dem von Großeltern zu Eltern wandeln soll, wird durch den Blick in die Vergangenheit, den Ahnenkult, überhöht. Zweitens fällt auf, daß dieser „idealisierenden" Komponente durch Handlungen entgegengewirkt wird, die den Initianden harsche Entbehrungen, körperliche „Strafen", die sogar die Mädchen treffen (Pedi, Tswana), Zurechtweisungsriten, Mutproben und Quälereien aufbürden, ja vor Maßnahmen der Terrorisierung nicht zurückschrecken.

Die Auflösung dieses Widerspruchs ist möglich, wenn man die

---

nach Harmonie mit den Schöpferkräften bilde, und die Persönlichkeit, die in ihrem Sozialgefüge annehmbar ist. Sie erweist sich bei der Erfüllung der Pflichten gegenüber Familie und Clan. Der ‚geformte‘ Mensch zeugt z. B. keine Kinder außerhalb dieser Gruppen. Er nimmt Rücksicht auf alle ihre Mitglieder. Sein Verhalten unterliegt der striktesten Selbstkontrolle. Er beobachtet das Ideal der Nachbarschaft, indem er es vermeidet, durch Überheblichkeit und übermäßige Erfolge den Neid anderer auf sich zu ziehen. Er hält die soziale Distanz gegenüber Vorgesetzten und Untergeordneten ein. Die Chagga verwenden ein schönes Bild für die ideale Persönlichkeit: Wie der frei über den wirbelnden Heuschreckenschwärmen kreisende Storch in völligem Gleichgewicht bleibt, so auch der ‚gebildete‘ Mensch in den Wirren seiner Zeit.

Initiation im Zusammenhang mit der Zunahme der Spannungen sieht, die bei der Verselbständigung der heranwachsenden Generation entstehen. Dies geschieht auf zwei Feldern: der Jugendliche will seine „Familie der Ausrichtung" verlassen und seine eigene „Familie der Fortpflanzung" gründen. Im einzelnen entstehen Konflikte über die Wahl des Ehepartners, den Zeitpunkt der Eheschließung und über den Grad der Autonomie, die der neuen Familie zugestanden werden kann.

Die kritische Situation wird durch ein Prinzip gemeistert, das man das Prinzip des moralischen Begleiters nennen kann. Es beruht auf der Erkenntnis, daß eine Person die Normen ihrer Gesellschaft eher erfüllt, wenn sie bei ihrem Tun von jemand begleitet oder auch nur beobachtet wird, als wenn sie allein ist. Institutionalisierte Begleiter sind uns auf allen Stufen der Kindheit begegnet, von der Kindswärterin zum Führer in der ‚Gruppe der Gleichen'. Den Begleitern im Fleisch werden solche im Geist hinzugefügt. Ein Ungeheuer wird gerufen, um ein widerspenstiges Kind zu beschwichtigen. Der Vater führt ein größeres Kind um das Herdfeuer und weist auf den Schatten, vor dem nichts verborgen bleibt (Kenyatta 1938, S. 190; Raum 1940, S. 238–240).

Die Gründung der eignen ‚Familie der Fortpflanzung' erfordert die Vervielfachung der Begleiter. Durch die Eheschließung werden die Eltern einer Person verdoppelt. Imaginäre Begleiter werden in der Gestalt der Ahnen herbeigerufen. Ihr Einfluß wird als entscheidend in den Riten dargestellt: Eheleuten, welche den Stammesnormen gehorchen, gewähren sie Kinder, den diese brechenden verweigern sie Nachwuchs. Ganz anschaulich wird diese Macht in der Vorstellung der Zulu ausgedrückt, daß die Ahnen beim Zeugungsakt anwesend sein müssen!

Allerdings kann der gute Wille der Zeugungskraft schenkenden Ahnen nur durch die Vermittlung der Eltern beider Partner und vor allem der strukturell wichtigen, der patrilinearen, gesichert werden. Mit anderen Worten, wenn zwei Menschen ihre ‚Familie der Fortpflanzung' gründen, werden sie auf Unterordnung wie in ihrer ‚Familie der Ausrichtung' erneut verpflichtet. Der Ahnenkult ist die Transponierung der Ehrerbietung gegenüber den Eltern von der kindlichen ‚reinen' Phase der Existenz auf die kinderzeugende Phase des erwachsenen Daseins (Fortes 1950; Horton 1961).

In der Soziologie wird, der Psychologie entsprechend, die ‚sekundäre Sozialisation‘, die Erziehung zur Rolle des Erwachsenen als „Verinnerlichung der Motive des Handelns, der kulturellen Werte" bezeichnet. Die afrikanische Vorstellung vom steten Begleiter kommt soziologischen Denkformen eigentlich näher, setzt sie doch bestimmte soziale Beziehungen voraus. Die Übernahme der erwachsenen Rolle wird von Kulturanthropologen auch als „soziokulturelle Geburt" beschrieben. Es überrascht Kenner afrikanischer Weltbilder nicht, daß seine Denker in diesem Zusammenhang von der ‚zweiten Geburt‘ sprechen. Dies wird äußerst realistisch bei den Kikuyu dargestellt, indem Initianden beider Geschlechter zusammen der Koitus der Eltern angedeutet und die darauf folgende Geburt des Kindes mit Gedärmen eines Opfertiers vorgeführt wird. Diese Pantomime transponiert sozusagen die erste Geburt in den Bereich des Stammes, indem der Ritualherr danach die Jugendlichen als ‚Kinder des Stammes‘, diese ihn als ‚Vater des Stammes‘ begrüßen (Claessens 1979, S. 139; Kenyatta 1938, S. 149f.).

Doch versteht der Afrikaner diese ‚zweite Geburt‘ selten rein politisch. Sie erscheint ihm vielmehr eingebettet in die Welt der übernatürlichen Mächte, der Religion. Die Übergabe der Funktion der Fortpflanzung von den Eltern an die heranwachsende Generation mit ihrem Bezug auf die fortwirkende Lebensstiftung der Ahnen erfordert die ehrfurchtsvolle Einstellung aller Beteiligten. Der Meister der Initiation, die Lehrer verschiedenen Grades, der Beschneider, alle Helfer, selbst der Schutzmagier, müssen während der Dauer der Initiation rituell ‚rein‘ sein, d. h. sich nicht sexuell betätigen, Speisetabus beachten und sprachliche Disziplin üben. Sogar die Eltern der Initianden sind ähnlichen Verboten unterworfen. Ja, in manchen Gesellschaften werden nach der Initiation ihres ältesten Sohnes der Mutter weitere Geburten untersagt (Schapera 1940, S. 256f.).

4.25 Übergreifende Organisationen und deren Rolle

Die Initiation ist ihrem Wesen nach ein Verwandtschaftsritual. Daher übt ein Clan die Gerichtsbarkeit über sein Lager aus: er bestraft Unbefugte, die das Lager betreten; der Tod von Initianden wird ihm vom Stamm nicht zur Last gelegt. Doch viele Bantustämme bestehen nicht aus lose aneinander gegliederten Verwandtschaften. Sie besitzen eine Zentralgewalt (Häuptling, Ratsversammlung), die eine Anzahl

Clans zusammenfaßt. Wie dies im einzelnen zustande kam und wie die innere Organisation des Stammes gestaltet wurde, interessiert hier nicht. Zu diesen mit einer übergreifenden politischen Autorität ausgestatteten Gesellschaften gehören Nguni, Sotho, Ganda, Chagga.

Diese Art Organisation kümmert sich auch um den inneren Zustand ihrer Glieder. Die Stammesautorität, der Häuptling, greift kaum in die ,primäre Sozialisation' ein. Sie beteiligt sich an der ,sekundären Sozialisation', vor allem der männlichen Jugend, um politische Belange einzubringen. So gibt es bei den Tswana (wie bei den Pedi) eine zweigeteilte Initiation: Die ,weiße' beginnt mit Beschneidung, Aufenthalt im abgesonderten Lager, Belehrung über Vieh als Nahrung für eine Familie, die Ehrerbietung gegenüber den Alten, die Pflicht der Fortpflanzung (einschließlich Sexus) und die Eheregeln. Der zweite Kurs, die ,schwarze Initiation', wird am Häuptlingshof gehalten. Sie besteht aus Wiederholungen der ,Gesetze', die im ersten Kurs gelehrt wurden, und dem Lernen neuer Rechtslieder. Dabei wird der Gehorsam gegen den Häuptling betont, das Ertragen von Mühsalen, selbst das Opfer des Lebens für den Stamm gefordert und der Stolz auf die Stammestradition gepflegt: die Dynastie wird zur Spitze der Pyramide der Ahnenlinien aller Clans erklärt und damit religiös legitimiert. Schon die Entlassung aus dem ersten Kurs wurde am Häuptlingshof gehalten, der Name der neu gegründeten Altersklasse dort verkündet; erst dann erfolgte der Empfang in den Familien. Bei der Entlassung aus dem zweiten Kurs werden dem auf diese Weise gebildeten Regiment stammesumfassende Aufgaben aufgetragen, sei es ein Zug gegen Raubtiere oder ein Kriegszug (Kenyatta 1938, S. 149; Raum 1980, S. 95; Schapera 1940, S. 255–259).

Die strengen Formen der Erziehung – auf die sekundäre Sozialisation vor allem beschränkt – werden in diesen Gesellschaften zweifach begründet: Schutz und Vermehrung des Eigentums (Vieh) bzw. Verwertung des Produktionsmittels Land; und Schutz und Stärkung, auch Vergrößerung der übergreifenden politischen Ordnung. Der zweite Grund wird meist ideologisch ausgestaltet.

5. Probleme der Sozialisation unter dem Druck der Modernisierung

5.1 Wanderarbeit, soziale Differenzierung, Schulen

Die Sozialgeschichte des afrikanischen Kindes wäre unvollständig ohne Hinweis auf seine Beteiligung und Erfahrungen an der Modernisierung Afrikas. Dieser epochale Wandel kann in folgende Vorgänge unterteilt werden: Der Ersatz der auf sozialen Beziehungen beruhenden Leistungen in der Verwandtschaft durch das sozial losgelöste Geld; die Einschulung der Kinder; die Urbanisierung der Bevölkerung; der Wandel der Autoritätsstrukturen in Familie und Stamm; die Industrialisierung einschließlich Lohnarbeit und Wanderarbeit; der weltanschauliche Wandel vom Ahnenkult zu Christentum/Islam und Atheismus; das neue Gesundheitswesen mit chemischer Medizin, Chirurgie, Krankenhaus und Geburtenkontrolle.

Die Folgen dieses Wandels für die Sozialisation sind weitreichend. Sie können hier nur in drei Bereichen geschildert werden. Im allgemeinen belastet die Wanderarbeit die Sozialstrukturen. Auf dem Land bedeutet die Abwesenheit von bis zu vierzig Prozent der arbeitsfähigen Männer (fünfzehn- bis 64jährige), daß die Landwirtschaft von Frauen und Kindern erledigt werden muß. In der Stadt fallen erweiterte Familie, die polygyne Großfamilie ihr zum Opfer. Die Kleinfamilie (Va/Mu/Kind) bildet keineswegs den einzigen Ausweg. Neben ihr finden sich Zweigenerationen-Familien, die aus Mu/Kindern bestehen (Witwen, getrennt lebende Frauen, unverheiratete Mütter), Mehrgenerationen-Haushalte, denen ein Mann vorsteht (mit verheirateten Söhnen mit Kindern, bzw. seiner Mutter/Schwiegermutter und eignen unverheirateten Kindern) oder denen eine Frau vorsteht (Mütter, unverheiratete Töchter mit Kindern oder verheiratete Söhne mit Kindern). Die Kleinfamilie gehört meist zu ‚gehobenen‘ und christlichen Gruppen; die von Frauen geführten Haushalte zu den unteren Schichten. In letzteren lebt die Matrizelle der polygynen Familie weiter; man spricht von der matrifokalen Tendenz in der Familienentwicklung. Welche Auswirkung diese auf Autorität und Erziehung hat, ist noch wenig erforscht.

Auf alle Fälle beeinflußt die Schichtenbildung die Sozialisation des Kindes sogar auf dem Land. Leiderman 1977 unterscheidet bei den

Kikuyu eine untere Schicht (ohne Vieh und Land, d. h. Arbeiter), eine mittlere (mit Land, ohne Vieh, Arbeit ergänzt das Einkommen) und eine obere (mit Vieh, Land, Vermögen). In allen drei Schichten besorgt die Mu das Kind in den ersten vier Monaten; in allen fällt die frühere Beihilfe der Verwandtschaft bei der Aufzucht aus. Die kognitiv-motorische Entwicklung des Kindes korreliert mit der Schichtung: Sie wird durch bessere Ernährung von Mu und Kind in der oberen Schicht gefördert, in der allein man sich auch eine Kindswärterin leisten kann. Dagegen ist die soziale Entwicklung (affektive Einstellung des Kindes z. B. bei Weggang der Mu, bei Ankunft von Fremden) beim Kind der unteren zwei Schichten angepaßter als beim Kind der oberen Schicht, dessen Reaktion auf diese Ereignisse negativ ist.

Die den afrikanischen Kulturen fremde Einrichtung der Schule hat das Leben des afrikanischen Kindes völlig umgestaltet. Von den Missionen eingeführt, wurde sie später vom Staat übernommen. Seit mehr als 100 Jahren werden Kinder in die Schule geschickt. Anfänglicher Widerstand gegen die Schule – die Eltern brauchten die Arbeit der Kinder, die Häuptlinge argwöhnten, die Schule gefährde die politische Ordnung – wurde durch Geschenke (Nahrungsmittel, Kleidung) überwunden. Eine unaufhaltsame Nachfrage nach Schulen entstand nach dem Zweiten Weltkrieg. In der RSA (Republik Südafrika) stieg die Schülerzahl von 500000 (1950) auf 5 Mio (1985). Mit anderen Worten, für die Eltern ist die schulische Ausbildung für das Fortkommen ihrer Kinder unabdingbar geworden.

Der Ansturm von Kindern erzeugt allerdings Engpässe z. B. in der Bereitstellung von Klassenräumen, in Ausbildung und Finanzierung der Lehrer. Man handhabt zwar das Aufnahmealter in die Primarschule weiterzig – sieben bis zwölf Jahre in der RSA – wegen des langen Schulwegs, der Arbeit der Kinder in der Familie. Diese Praxis verringert aber die Leistung der Schule. Man schreibt ihr die vielen Ausfälle, das massenhafte Sitzenbleiben zu. Die UNESCO berechnet, daß die Verlustrate in afrikanischen Primarschulen mit dem Bruttosozialprodukt des betroffenen Landes korreliert, d. h. von seiner Wirtschaft abhängt.

Die Überalterung der Klassen in den Primarschulen bedingt, daß nur jüngere Schüler den Übergang zur Sekundarschule schaffen. Aber auch die Abgänger haben auf dem Arbeitsmarkt der Entwicklungsländer wenig Chancen. Die Enttäuschung der Schüler ist z. T. geschichtlich bedingt. Als diese Länder unabhängig wurden, fanden viele Primarschulabsolventen untere Beamtenstellen. Diese Stellen bleiben lange besetzt, neue Arbeitsmöglichkeiten entstehen nur langsam. Tansania hat daraus den Schluß gezogen, zeitweilig auf die allgemeine Schulpflicht zu verzichten.

Auch die Sekundarschule bringt dem afrikanischen Kind Enttäuschungen. Zwar steigt die Zahl der Schüler weniger schnell als in der Primarschule. Aber der Vorwurf, den man dem Kolonialschulwesen machte, nämlich daß es die Ausbildung der Elite bevorzugte, trifft nun zum Teil die schwarze Elite: Sie will ihren Kindern die Schulung sichern, die ihr selber zum Erfolg verholfen hat. Auch hier ist der Schülerverlust erheblich, besonders beim Übergang von der Unter- zur Oberstufe, weil vorläufig die sprachlich-kulturellen Anforderungen für viele Schüler zu hoch sind. Außerdem machen die Kosten für die Ausbildung diese für die Eltern zu einer fragwürdigen Investition. Im südlichen Afrika gehen Mädchen länger auf die Sekundarschule als Knaben, weil sie der Abschluß berechtigt, sich als gutbezahlte Krankenschwester ausbilden zu lassen bzw. den Brautpreis, wo er sich erhalten hat, anhebt.

Bei allen Planungen muß man vom hohen Anteil der Kinder und Jugendlichen (unter zwanzig) an der Bevölkerung ausgehen. Er liegt bei über 20 Prozent viel höher als in den Industriestaaten. Der Hundertsatz, der davon in die Schule geht, ist nur grob zu bestimmen. In der RSA stieg er im letzten Jahrzehnt auf über 80, in anderen afrikanischen Ländern mit Ausnahme Ugandas liegt er niedriger. Um die schulischen Planungen besser auszurichten, hat man in Ost- wie Südafrika berufliche Bedarfsstudien durchgeführt. Ihre Zuverlässigkeit wird beeinträchtigt durch nicht vorhergesehene Krisen: in der RSA industrielle Rezession, in Ostafrika Verfall der Rohstofferlöse, Anstieg des Ölpreises. Ansätze zu einem modernen, die Industrialisierung fördernden Schulwesen mit Fachschulen und technischen Anstalten scheitern zum Teil an den Einwänden der Eltern gegen die Ausbildung der ‚Hand‘, hatten sie doch selbst vor allem eine Ausbildung des ‚Kopfs‘ erhalten. Ausschlaggebend ist in Entwicklungsländern der Mangel an einem entsprechenden technischen Hintergrund vor allem in der ländlichen Wirtschaft, das zurückgebliebene Verkehrswesen usw. Ausgebildete Handwerker finden auf dem Land kaum Absatz für ihre Erzeugnisse (Raum 1971).

5.2 Urbanisierung

Die Urbanisierung großer Teile der Bevölkerung ist ein weiterer Aspekt der Modernisierung. Zwar hatten einige Stämme stadtartige Siedlungen (Shambala, Tswana); doch diese veränderten Sozialstrukturen, Wirtschaft, Lebensweise der Menschen nicht. Die neuzeitliche Stadt ist in erster Linie Hafenstadt mit den nötigen Verkehrsbetrieben oder Verwaltungszentrum bzw. Hauptstadt mit Entscheidungsgremien. Industriestädte entstanden zuerst in Südafrika mit dem Bergbau, in Ostafrika als Folge der Planungen nach der Unabhängigkeit.

Die Verstädterung verursacht auch in Afrika die Verarmung der Zuzügler aus dem Land. „Das auffälligste Symptom der Eile der politischen Führung in neuen Staaten ist die allgemeine Verbreitung von Slums", sagt ein Experte. Die Masse der Umzügler erhält „weder Wohnung noch Ausbildung, weder Arbeitsplatz noch Dienstleistungen. Die typischen Lebensbedingungen der (vom Land) verdrängten beeinträchtigen auch das Leben ihrer Kinder: Sie gehen nicht zur Schule, finden nur die niedrigste, schlechtest bezahlte Arbeit; sie werden nicht ‚urban' außer durch das städtische Verbrechen." Diese Behauptungen treffen zum Teil auf Nairobi und seine Blechkanistervorstädte zu. In Tansania wurden jugendliche Müßiggänger in den sechziger und achtziger Jahren planmäßig aufs Land abgeschoben. In der RSA bestehen strenge Zuzugskontrollen (Lerner 1967, S. 21–38).

Das Leben der Kinder in der Stadt paßt sich schnell den Umständen an. Spielzeug wird aus Draht und Blech der Müllplätze phantasievoll gestaltet. Die ‚Gruppe der Gleichen' organisiert sich, um Abfahrthänge zu erobern, andere Gruppen zu bekämpfen, Beziehungen zum anderen Geschlecht anzuknüpfen. Ein Teil der Kinder geht ab dem sechsten oder siebten Jahr zur Schule und verbleibt vier, fünf Jahre in ihr. Frühe Hilfe bei der häuslichen Arbeit der Mu wird von Mädchen erwartet. Knaben können sich durch Botengänge, Hilfsdienste beim Sport Geld verdienen. Mütterliche Lehren, wenn ihre Töchter zum ersten Mal menstruieren, verhindern nicht frühe Schwangerschaften, da die städtischen Liebhaber den begrenzten Sexualverkehr ablehnen. Knaben werden von traditionell eingestellten Männern, oft unabhängig von den Eltern (!), der Initiation unterworfen. Sie werden belehrt, wie man durch magische Mittel den Arbeitsplatz sichert, durch Teilnahme an öffentlichen Versammlungen das Gemeinwohl fördert, durch Saufen, Rauben und Messerstecherei die städtische Existenz in Frage stellt.

Eine Anzahl von ‚Gruppen der Gleichen' wandeln sich in der Stadt zu Jugendbanden. In ihnen schließen sich arbeitslose und -scheue Jugendliche zusammen. Man erkennt sie an ihrer Tracht, an besonderer Sprache und Gebärden. Sie haben keine feste Wohnung, essen bei Eltern oder Geliebten. Ihre weiblichen Anhänger sind eifersüchtig und kampflustig. Die Lungerer, in Südafrika *tsotsi* genannt, vertreiben sich die Zeit mit Glücksspielen (Würfel, Karten, Wetten). Manche erwerben ihren Unterhalt damit und ergänzen ihn durch Raub und Diebstahl. Die meisten Bandenmitglieder entstammen zerrütteten Familien, haben ledige Mütter (Pauw 1963, S. 28–30, 79 f.).

Jugendbanden gibt es in allen Städten Ost- und Mittelafrikas (Nairobi, Daressalam, Broken Hill, Lusaka, Harare). Sie sind besonders gut in East London RSA untersucht worden. Die Beurteilung der Banden durch schwarze Bewohner der Lokationen dort schwankt. Während die ansässigen Städter Herkunft, Arbeitslosigkeit, beschränkte Lebensumstände zur Erklärung heranziehen, sehen Wanderarbeiter, nach ländlichen Normen urteilend, im *tsotsi* die Verkörperung des Bösen. Den Hexen ähnlich bringt er unvorstellbares Unheil; er ist brutal, herzlos, blutdürstig; er gehört für diese zu den ‚Kindern der Nacht' (Mayer 1963, S. 73 f.).

Die Differenzierung im Urteil über Jugendbanden verschärfte sich durch zwei Ereignisse. 1952 unternahmen Schwarze in East London gewaltlose Proteste gegen ‚ungerechte Gesetze'. Die Polizei griff ein; es gab einige Todesopfer. Bei dem folgenden Aufruhr zerstörten Jugendliche öffentliche Gebäude, erschlugen eine Missionsärztin. Diese Untaten spalteten die bestehende Einheitsfront gegen die ‚weiße' Ordnung. Die schwarzen Städter verurteilten die Täter; die Wanderarbeiter flohen zu Tausenden aufs Land aus Furcht vor Repressalien.

1958 führten Übergriffe der Banden gegen schwarze Bürger zu steigender Verbitterung bei diesen. Nach einem besonders krassen Überfall erfolgte ein spontaner Gegenschlag einer Gruppe von Männern gegen die Schuldigen. Um die jugendlichen Verbrecher zu bekämpfen, gründeten die Männer eine ‚Säuberungs-Intitiative'. Doch die einigermaßen gerechtfertigten Aktionen gegen die Banden gerieten in den Sog des Generationskonfliktes zwischen Wanderarbeitern und Unbeschnittenen im allgemeinen. Getrieben von den Idealen der ländlichen Disziplin schlugen sie unterschiedslos alle *boys*, auch die keiner Bande angehörten. (Übrigens handhaben sie ihre Stöcke mit gewohntem Geschick, ohne dauernde Verletzungen zu verursachen.) Die Wanderarbeiter begründeten ihr Vorgehen mit der Behauptung, weder die (weiß geführte) Polizei noch die schwarzen Städter wüßten, wie man die jugendlichen Banden bekämpfe, die Unbeschnittenen diszipliniere. Die Städter vertraten die Ansicht, der Stock könne die tieferen Ursachen der jugendlichen Disziplinlosigkeit nicht heilen (Mayer 1963, S. 82–85).

Ein weiterer Zusammenhang zwischen Kinderleben und städtischer Existenz wurde für Kwa Mashu, Schlafstadt der Pendler für Durban (Natal), festgestellt. Ein Versuch, die Armut zu überwinden, geht von den Sekten aus, die dort stark vertreten sind. Im Gegensatz zu den Jugendbanden bemühen sie sich nicht durch ‚erzwungene Beiträge‘, sondern durch freiwilliges Teilen, Verantwortung gegenüber den Nöten anderer zu üben. Bei den Zionisten, die sich aus den ärmsten Schichten rekrutieren, spielen Frauen und Mütter eine besondere Rolle. Für dreierlei Belastungen verschafft die Sekte Abhilfe. Das Ethos der Abstinenz von Trinken, Rauchen, Glücksspielen, das die Sekte fördert, zwingt vor allem ihre Männer und Söhne, sich von ‚der Welt‘ ab- und ihren Familieninteressen zuzuwenden. Frauen werden durch den Tod ihrer Männer, durch das Sterben ihrer Kinder in Leid und Trauer versetzt. Die Sekte sorgt für die vereinsamten ‚Schwestern‘. Gesundheit ist der dritte Belang der Frauen, den die Sekte stillt. Er kommt zweifach ins Spiel: die eigne Gesundheit ist für Schwangerschaft und Geburt wichtig; die der Kinder wird durch Krankheit und Unterernährung in der Arbeiterstadt gefährdet. Der zionistische Heilungsgottesdienst ist ein wohlfeiler und das Gemüt beruhigender Ersatz für teuere Behandlung im Krankenhaus oder beim Arzt (Kiernan 1977).

5.3 Die Jugend hilft sich selber

Den Anstoß zu Veränderungen in der Autorität in Familie und Stamm gab die Einführung des Geldes als Arbeitslohn und Steuerforderung. Um die Steuer zu verdienen, mußte ein Familienvater an den Arbeitsplatz ziehen, seine Familie führungslos lassen, bzw. seinen Sohn schicken und ihn zeitweilig aus seiner Vollmacht entlassen. Traditionelle Güter wurden nur nach Zustimmung durch den betroffenen Verwandtenkreis getauscht; der Gegenwert war im Brauchtum festgelegt, z. B. für einen Topf gab man den Inhalt in Getreide. Geld war äußerst teilbar und für viele Zwecke verwendbar, in der Stadt vor allem für ‚zivilisierte Bedürfnisse' (Genußmittel, Kleidung, Technik usw.), aber auch in unvorhergesehenen Bereichen (z. B. wurde Sex käuflich). Entscheidend wurde, daß der heimgekehrte Sohn bei der Übergabe seines Lohns an den Va ein Mitspracherecht an dessen Verwendung forderte und damit die Autorität des Va einschränkte. Verblieb er in der Stadt, verlor seine Verwandtschaft eine Arbeitskraft, und da er nicht länger am Ahnenkult teilnahm, zog er deren religiöse Legitmierung in Zweifel (Southall 1961).

Die damit einsetzende Neugestaltung der Autoritätsstruktur kann als ‚Demokratisierung' bezeichnet werden. Sie erhielt auf dem Land auch Anstöße durch sich selbst konstituierende Gruppen der Jugendlichen. Die Stockkampfgruppen der Xhosa entwickeln ihr eigenes Sozialisationskonzept. Sie lehnen die ‚negative Anleitung' der Verwandtschaft für das Verhalten von Jugendlichen ab, da sie nur mit Verboten arbeitet, und ersetzen sie durch ‚positive Anleitung', nämlich wie Sex unter Vermeidung der Vaterschaft genossen, der Stockkampf nach verletzungssicheren Regeln betrieben werden kann. Die Gemeinschaft dieser Jugendlichen widmet sich bei ihren Zusammenkünften einem dritten Wert der Xhosa, dem ‚Recht', und definiert es, den Zeitumständen entsprechend, im Verhältnis zu den Weißen, den politischen Machthabern. Außerdem schaffen diese Gruppen Kontakte über Verwandtschaft und Nachbarschaft hinaus zu anderen ähnlichen Gruppen. Diese weiträumige Identifizierung führt zum Bewußtsein der Gemeinsamkeit aller Xhosa, einem ‚nationalen' Ideal. Dieses in den Gruppen gepflegte Ideal führt Jugendliche und Erwachsene zusammen in kritischer Einstellung gegen Mission, Schule und Stadtleben (Mayer u. Mayer 1970, S. 159–190).

Die Gleichschaltung von elterlicher und heranwachsender Generation auf der ideologischen Ebene der ‚Nation' (die historisch nie bestanden hat), erfolgt nicht ohne innere Auseinandersetzung. Der in der Stadt ansässige Schwarze ist Christ, er lehnt Stockkämpfe als ‚primitiv' ab. Sein Hauptbelang ist wirtschaftliche Gleichstellung mit den Weißen und Beteiligung an politischen Entscheidungen. Seine ‚Nation' ist nicht die Einheit der Xhosasprecher, sondern die umfassende Einheit aller Schwarzen auf moderner Grundlage. Bei der Durchsetzung dieser Ideale und Forderungen ergeben sich ebenfalls Spannungen zwischen den Generationen.

Die Ereignisse in Soweto (= Southwestern Township) bei Johannesburg sind dafür ein Beispiel. Die Einwohnerschaft dieser Trabantenstadt wird auf mindestens 1 Mio. geschätzt. 1976 lebten in etwa 100 000 Häusern durchschnittlich sieben bis zwölf Bewohner in einem Haus. Fast 40 000 Wanderarbeiter wohnten in Massenquartieren. Ein Viertel der Jugendlichen hatte nur einen Elternteil.

Der Aufstand der Schüler Sowetos im Juni 1976 erklärt sich aus der Verschärfung des Selbständigkeitsstrebens der Jugendlichen durch die Umstände im politischen Kessel der Arbeiterstadt. Die Schüler setzten sich dabei mit Eltern, Lehrern, den Behörden, sogar den Arbeitern auseinander. Der Anlaß war geringfügig – der Erlaß der noch weißen Unterrichtsbehörde, Afrikaans (die Sprache der Buren) in zwei Fächern der Sekundarschulen zu verwenden. Der Aufstand legte die aufgestaute Ablehnung des herrschenden Systems durch alle Schwarzen bloß, allerdings auch die Tatsache, daß bei der Wahl der Mittel, diese Haltung zum Ausdruck zu bringen, sich die Geister scheiden.

Der Protestmarsch von etwa 10 000 Schülern höherer Klassen, die zum Teil von dem erwähnten Erlaß nicht betroffen waren, also aus Sympathie vorgingen, wurde von der Polizei, als sie mit Steinen beworfen wurde, mit Schüssen zerstreut. Die Schülerproteste weiteten sich danach aus, griffen auf andere Provinzen, andere Rassen (vor allem Klörlinge) über. Die Unruhen klangen erst nach Monaten ab. Hunderte von Toten waren zu beklagen.

Im einzelnen äußerte sich der Schülerprotest
gegen die Behörden und ihre Erziehungspolitik in der Zerstörung von Schulen und Verwaltungsgebäuden durch Brandstiftung;
gegen die Lehrer als liebedienerische Funktionäre des Staates durch Bestreikung der Schulen, Verweigerung, Examen zu schreiben;
gegen die Eltern als mitverantwortlich für das Schulwesen (in Schulkomitees) und als Benützer von Bierhallen (die Gewinne fließen der Verwaltung zu) durch Zerstörung von Schulen und Bierhallen;

gegen die Arbeiter als ‚Kollaborateure' in der ‚weißen' Wirtschaft durch Aufrufe zum Streik, Straßensperren auf den Ar-
beitswegen;
gegen leisetretende Mitschüler durch massive Einschüchte-
rung.

Zusammenfassend kann gesagt werden, daß die Schüler – sie sind im
Durchschnitt zwei Jahre älter als weiße Schüler in denselben Klassen –
die Welt der Erwachsenen radikal in Frage stellten, auch wenn mit
allen, außer den Behörden, gewisse Überlappungen der Interessen
bestanden. Von bestimmten Vorstellungen einer besseren Ordnung
ausgehend – es wäre falsch, sie als utopisch zu bezeichnen –, schufen
sie sich eine Organisation, unter deren Führung die Kommunikation
zwischen den Schulen hergestellt, die Strategie der Einsätze geplant,
ihr Verlauf gesteuert wurde. Typisch für die Einstellung der Eltern ist
die Aussage von Ratsherr Leonard Mosala vom Urban Bantu Council
einen Tag vor Ausbruch der Unruhen: „Die Kinder (Schüler) wollen
nicht mehr annehmen, was wir (als Eltern, Ratsherren) sagen, da sie
glauben, wir hätten sie im Stich gelassen (neglected). Wir hätten
versagt, ihnen beim Kampf um die Wende in den Schulen zu helfen. Sie
sind zornig (angry) und bereit zu kämpfen. Wir befürchten, die Lage
kann jeden Augenblick chaotisch werden."
Ähnliche Proteste hatten sich in diesem Jahrhundert vor allem an
den früher missionarisch geleiteten Unterrichtsanstalten, wenn auch
isoliert, zugetragen. In der politischen Krise der siebziger Jahre gelang
der Jugend ein massierter Protest. Im Hinblick auf die Selbstbestim-
mung, die die ‚Gruppe der Gleichen' auf allen Lebensstufen sucht,
überraschen die Ereignisse in Soweto nicht. Sie ergeben sich aus der
kritischen Einstellung gegenüber den Einrichtungen der Erwachsenen,
die auch schon im Stamm spürbar wird.
Der Aufstand der Schüler hatte bedeutenden Einfluß auf die südafri-
kanische Öffentlichkeit. Schwarze Eltern, Lehrer, Ratsherren, politische Führer treten seitdem entschiedener auf, äußern ihre Bedenken
unmißverständlich, tragen eigene Wünsche den Behörden entschlos-
sen vor. Die weißen Behörden ihrerseits sehen sich veranlaßt, die
Lebensqualität in schwarzen Trabantenstädten auf vielfache Weise zu
verbessern und vor allem die schulische und berufliche Ausbildung der
Jugendlichen zu fördern. Im Rückblick: Die Jugendlichen Sowetos

haben gegen alle Wahrscheinlichkeit einen geschichtlichen Erfolg errungen (Henning 1980).

Wie begegnete ein wirtschaftlich ganz anders orientiertes Land, nämlich Tansania, der Herausforderung der Neuzeit? Nach der Rede des Staatspräsidenten Nyerere über Education for Self-Reliance (1967) wurde die Gründung von sogenannten *ujamaa-*(= Gemeinschafts-) Dörfern in Angriff genommen. In ihnen werden vorher zerstreut lebende Familien zusammengeführt. Die Schulen dort sollen eine Lebensgemeinschaft von Lehrern und Schülern schaffen, jeden Bildungsdünkel meiden, der Selbsthilfe einen besonderen Stellenwert geben, insbesondere bei der Anpassung des Lehrplans an örtliche Gegenheiten. Die Schulen unterhalten sich zum Teil selbst durch Bestellung von Schulfeldern. Bei der Planung des lebensnahen Unterrichts, der auf das bäuerliche Leben zugeschnitten ist, wird die Mitarbeit der Schüler gefordert. Die Demokratisierung wird also in die Schule verlegt (Wenner 1971).

Zur Begründung dieser kibuzzgleichen Reform sagt Professsor A. Lema, ein Chagga, daß die Enttäuschung über die formale, ‚akademische‘ Bildung europäischen Stils in Afrika allgemein sei. Sie sei ein Luxus, den sich nur wenige leisten könnten. Sie vermöge nicht, sich an die sich rasch wandelnden sozioökonomischen Umstände anzupassen. Eine demokratische Reform der afrikanischen Schule, insbesondere durch die Mitbestimmung der Schüler, sei deshalb notwendig.

Nicht nur die Verwandtschaftsstrukturen passen sich der Zeitwende an. Auch das Verhältnis der Generationen zueinander gestaltet sich um. Wenn auch die Einführung der ‚scholiozentrischen Erziehung‘ das afrikanische Kind in bisher unbekannte Zwänge einführt, machen andere Aspekte der Modernisierung seinen Spielraum weiter und freier.

Literatur

Ainsworth, M. D. S.	1967:	Infancy in Uganda, Baltimore, Mass.
Best, G.	1983:	Bemerkungen zum adrenogenitalen Syndrom bei den Turkana, Kenia, in: Curare, S. 49–82.

Blacking, J.   1964:   Black Background. The Childhood of a
                              South African Girl (Venda), New York:
                              Abelard.
Bowlby, J.   1967:   Attachment and Loss, Bd. I, New York.
Bryant, A. T.   ²1963: Olden Times in Zululand and Natal, Lon-
                              don und Cape Town.
Claessens, D.   1979:   Familie und Wertsystem. Eine Studie zur
                              ‚zweiten soziokulturellen Geburt' des Men-
                              schen und der Belastbarkeit der Kernfami-
                              lie, Berlin.
Colson, E.   1958:   Marriage and Family among the Plateau
                              Tonga, Manchester: UP.
Doke, C. M.   1931:   The Lambas of Northern Rhodesia,
                              London.
Durkheim, E.   1963:   Primitive Classification, London: OUP.
und Mauss, M.
Erny, P.   1972:   L'enfant et son milieu en Afrique noire.
                              Essais sur l'éducation traditionelle, Paris.
Fortes, M.   1938:   Social and Psychological Aspects of Educa-
                              tion in Taleland. Supplement in: Africa 11.
                              (Auch in Middleton 1970, S. 14–74.)
                      1950:   Oedipus and Job in West African Religion,
                              Cambridge.
Gennep, A. van   1909:   Les rites de passage, Paris.
Germann, P.   1929:   Afrikanische Puppen, in: O. Reche (Hrsg.):
                              In Memoriam Karl Weule, Leipzig, S.
                              123–8.
Gusinde, M.   1927:   Erziehung und Unterricht bei Naturvöl-
                              kern, in: Mitteilungen Anthrop. Gesell-
                              schaft Wien, S. 163–170.
Gutmann, B.   1932   Die Stammeslehren der Dschagga, 3 Bde.,
                      bis   München.
                      1938:
                      1936:   Das Recht der Dschagga, München.
Hennig, S.   1980:   Soweto. Testing Ground for Peace, in: Afri-
                              ca Insight 10, S. 130–149.
Horton, R.   1961:   Ritual Man in Africa, in: Africa 31, S.
                              85–104.
Ittameier, E.   1923:   Die Erhaltung und Vermehrung der Einge-
                              borenenbevölkerung, Hamburg.
Junod, H. A.   1912:   The Life of a South African Tribe, 2 Bde.,
                              London.
Kenyatta, J.   1938:   Facing Mount Kenya. The Tribal Life of the
                              Kikuyu, London: Secker u. Warburg.
Kiernan, J. P.   1977:   Poor and Puritan: an attempt to view Zio-

nism as collective response to urban poverty, in: African Studies 35, S. 31–42.

Knapen, M.-Th. 1962: L'Enfant Mukongo. Orientations de Base du Système Educatif et Développement de la Personalité, Louvain.

Konner, M. 1977: Infancy of the Kalahari San, in: Leiderman u. a. 1977, S. 287–328.

Krige, E. J. 1936: The Social System of the Zulu, London: Longsmans.

1968: Girls, Puberty Songs and their Relation to Fertility, Health, Morality and Religion among the Zulu, in: Africa 38, S. 175–198.

Kuper, H. 1947: An African Aristocracy. Rank among the Swazi, London: OUP.

1950: Kinship among the Swazi, in: Radcliffe-Brown u. Forde 1950, S. 86–110.

Leiderman, H. und Leiderman, G. 1977: Economic Change and Infant Care in an East African Agricultural Community (Kikuyu), in: Leiderman u. a. 1977, S. 405–430.

Leiderman, H. u. a. (Hrsg.) 1977: Culture and Infancy. Variations in Human Experience. New York: Academic Press.

Lerner, D. 1967: Comparative Analysis of Processes of Modernization, in: M. Miller (Hrsg.): The City in Modern Africa, London: Pall Mall Press, S. 21–38.

LeVine, R. und LeVine, B. 1963: Nyansongo. A Gusii Community, in: Whiting 1963, S. 15–202.

LeVine, R. A. 1977: Child Rearing as Cultural Adaptation, in: Leiderman u. a. 1977, S. 15–28.

Marais, E. 1973: The Soul of the Ape, Harmondsworth: Penguin.

Mayer, P. 1963: Townsmen or Tribesman, Urbanization in a Divided Society, London: OUP.

1971: Traditional Manhod: Initiation in an Industrial City. The African view, in: E. J. de Jager (Hrsg.): Man. Anthropological Essays, Cape Town: Struik, S. 7–18.

Mayer, P. (Hrsg.) 1970: Socialization. The Approach from Social Anthropology, London: Tavistock.

Mayer, P. und Mayer, I. 1970: Socialization by Peers: The Youth Organization of the Red Xhosa, in: Mayer 1970, S. 159–190.

Meinhof, C. 1906: Grundzüge einer Vergleichenden Grammatik der Bantusprachen, Berlin.

Merker, M.	²1910:	Die Masai. Ethnographische Monographie eines ostafrikanischen Semitenvolkes, Berlin.
Middleton, J. (Hrsg.)	1970:	From Child to Adult. Studies in the Anthropology of Education, New York: National History Press.
Nyerere, J. K.	1967:	Education for Self-Reliance, Dar-es-Salaam.
Pauw, B. A.	1963:	The Second Generation. A Study of the Family among urbanized Bantu in East London, London: OUP.
Phiri, K. M.	1983:	Some Changes in the Matrilineal Family System of the Chewa of Malawi, in: Journal of African History 24, S. 257–274.
Pitje, G. M.	1950:	Traditional Systems of Male Initiation among the Pedi and Cognate Tribes, in: African Studies 9, S. 53 ff., 105 ff., 194 ff.
Radcliffe-Brown, A. R. und Forde, A. (Hrsg.)	1950:	Systems of African Kinship and Marriage, London.
Raum, J. W.	1968:	Über die Jünglingsweihe bei den Xhosa, in: Paideuma 14, S. 121–147.
	1969/ 1970:	Die Jünglingsweihe bei den Süd-Sotho-Stämmen. Der Versuch eines Vergleichs, in: Wiener Völkerkundliche Mitteilungen 11/ 12, S. 7–69.
	1978:	Die Stellung des Kindes und Jugendlichen in einer repräsentativen Auswahl von Stammesgesellschaften, in: E. Kühn u. a.: Das Selbstbestimmungsrecht des Jugendlichen im Spannungsfeld von Familie, Gesellschaft und Staat, Bielefeld, S. 173–328.
	1980:	Erziehung und Sozialisation in afrikanischen Stammesgesellschaften, in: H.-D. Ortlieb und J. Zwernemann (Hrsg.): Afrika zwischen Tradition und Fortschritt, Hamburg, S. 89–106.
Raum, O. F.	1938:	Some Aspects of Indigenous Education among the Chagga, in: J. Royal Anthrop. Institute 68, S. 209–221.
	1940:	Chaga Childhood. A Description of Indigenous Education in an East African Tribe, London: OUP.
	1971:	The Imbalances of Educational Develop-

ment in Southern Africa, in: South African Journal of African Affairs 1, S. 8–30.

1973: The Social Functions of Avoidances and Taboos among the Zulu, Berlin.

Read, M.   1960: Children of their Fathers. Growing up among the Ngoni of Malawi, London und New York.

Richards, A. I.   1940: Bemba Marriage and Present Economic Conditions. Livingstone (Malawi): Livingstone Inst.

1950: Some Types of Family Structure amongst the Central Bantu, in: Radcliffe-Brown u. Forde 1950, S. 207–251.

1956: Chisungu. A Girl's Initiation Ceremony among the Bemba of Northern Rhodesia, London: Faber.

1970: Socialization and Contemporary British Anthropology, in: Mayer 1970, S. 1–32.

Roumerge, P.   1972: Zitiert nach Erny 1972, S. 183.
und Roumerge, J.

Schapera, I.   1930: The Khoisan Peoples of South Africa. Bushman and Hottentots, London: Routledge.

1940: Married Life in an African Tribe (Tswana), London: OUP.

1950: Kinship and Marriage among the Tswana, in: Radcliffe-Brown u. Forde 1950, S. 140–165.

Schlosser, K.   1977: Die Bantubibel des Blitzzauberers Laduma Madela. Schöpfungsgeschichte der Zulu, Kiel.

Schmid, K.   ³1873: Geschichte der Pädagogik, 4 Bde., Cöthen.
Schmitz, C. A.   1964: Grundformen der Verwandtschaft, Basel.
Schott, R.   1980: Recht und Entwicklung in Afrika, in: H.-D. Ortlieb u. Zwernemann: Afrika zwischen Tradition und Fortschritt, Hamburg, S. 69–88.

Silberbauer, G. B. 1965: Report to the Government of Bechuanaland on the Bushman Survey, Gabarone.

Soga, J. H.   1931: The Ama-Xosa. Life and Customs, Lovedale: C. P.

Southall, A.   1961: Social Change in Africa, London: OUP.
Spencer, P.   1965: The Samburu. A Study of Gerontocracy in an Nomadic Tribe, London: OUP.

1970: The Function of Ritual in the Socialization

of the Samburu Moran, in: Mayer 1970, S. 129–158.

Vansina, J.	1965:	Oral Tradition. A Study in Historical Methodology, London: OUP.
Walk, L.	1934:	Die Erziehung bei Naturvölkern, in: J. Schötteler (Hrsg.): Handbuch der Erziehungswissenschaften, München, Band VI.
Wenner, K.	1971:	Shamba letu. Kibbuz in Afrika, Erlangen.
Whiting, B. (Hrsg.)	1963:	Six Cultures. Studies in Child Rearing, New York: Wiley.
Whiting, J.	1977:	A Model for Psycho-Cultural Research, in: Leiderman 1977, S. 29–48.
Wilson, M.	1951:	Good Company (Nyakyusa), London: OUP.
Zaslavsky, C	1973:	Africa Counts. Number and Pattern in African Culture, Boston, Mass.
Zeller, M.	1923:	Die Knabenweihen, Zürich.

DER JADESTEIN, DER NOCH GESCHLIFFEN WERDEN MUSS – ZUR SOZIALGESCHICHTE DES KINDES IN DER CHINESISCHEN KAISERZEIT

GUDULA LINCK

Zeittafel

Feudalzeit	Zhou	ca. − 11. Jh. bis − 221	
Frühe Kaiserzeit	Qin	− 221 bis − 207	
	Han	− 206 bis + 220	
	Drei Reiche (San-guo)	220 bis 265	
	Jin	265 bis 420	
	Westliche Jin	265 bis 317	
	Östliche Jin	317 bis 420	
	Süd- und Norddynastien (Nan-bei-chao)	420 bis 581	
	Sui	581 bis 618	
Mittlere Kaiserzeit	*Tang*	618 bis 906	
	Fünf Dynastien und zehn Staaten (Wu-dai shi-guo)	907 bis 960	
	Song	960 bis 1279	
	Nördliche Song	960 bis 1127	
	Südliche Song	1127 bis 1279	
Späte Kaiserzeit	*Yuan* (Mongolen)	1279 bis 1368	
	Ming	1368 bis 1644	
	Qing (Mandschu)	1644 bis 1911	

1. Gesellschaftliche Wertungen des Kindes

Schon auf den Orakelknochen spiegelt sich in den urtümlichen Pictogrammen der chinesischen Schrift die Bedeutung des Kindes als *Fortsetzer der Ahnenreihe* und Darbringer der Ahnenopfer.[1] Da sich

---

[1] L. Wieger: Chinese Characters, New York 1965, S. 363.

der Ahnenkult über zwei Jahrtausende hinweg ungebrochen als ein wesentlicher Identitätszusammenhang behaupten konnte, bewahrte sich auch die Nachkommenschaft diesen Wert. Dennoch lassen sich sowohl in der philosophischen als auch in der gesellschaftlichen Einstellung zum Kind vom Weltverständnis her und im Wandel der Zeiten Unterschiede feststellen.

Die Zuordnung bestimmter Ideen zu Konfuzianismus, Daoismus oder dem chinesischen Buddhismus bleibt in vielen Fällen unbefriedigend, denn das Denken der Chinesen gleicht einem vielverschlungenen Gewebe aus diesen drei großen Geistesströmungen. Im Bild vom kindlichen Menschen sind jedoch zwei konträre Positionen deutlich zu erkennen, die die frühe chinesische Philosophie kennzeichnen und die auch in den Wertungen späterer Zeiten jeweils mitschwingen: *pu „der unbehauene Holzblock"* stand für das daoistische Bemühen, alle Wesen in ihrer naturhaften unberührten Spontaneität zu belassen oder wieder dorthin zurückzuführen, während *yu „der Jadestein", der noch geschliffen werden muß*, bevor er seinen Wert offenbart, den konfuzianischen Standpunkt versinnbildlicht, der Erziehung und Selbsterziehung für unabdingbar hielt.[2]

Die Einstellung der vormodernen chinesischen Gesellschaft bewegte sich entsprechend dieser konträren Positionen zwischen den beiden Polen einer der kindlichen Seinsweise grundsätzlich positiv zugewandten Haltung und einer moralisch geringeren Bewertung des Kindes, das erst zu einem wahren Menschen heranwachsen sollte. Der jeweilige Standpunkt auf dieser Skala von möglichen Einstellungen hatte mit gesamtgesellschaftlichen Erscheinungen zu tun und fiel auch je nach Schichtzugehörigkeit unterschiedlich aus.

In den einzelnen Epochen der chinesischen Geschichte ging die geringere Bewertung des Kindes Hand in Hand mit der Hochschätzung des alten Menschen. Da ich an anderer Stelle ausführlicher auf das Bild von Alt und Jung im Wandel der Zeiten eingegangen bin, seien die Schwankungen hier nur in groben Zügen skizziert.[3]

---

[2] E. Schwarz: Laudse-Daodedsching, München 1980, S. 60, 78, 105, 144, 162, 187. Ssu-yü Teng: Family Instructions of the Yen Clan (Yen-shi chia-hsün) by Yen-Chih-t'ui, Leiden 1968, S. 55.

[3] G. Linck-Kesting: Alt und Jung im vormodernen China, in: Saeculum 32 (1981) S. 374–408.

Stets galt die Kindheit als eine gesonderte Altersstufe. Während Konfuzius selbst bei seinen erzieherischen Bemühungen die eigentliche Kindheit ausklammerte und erst beim jugendlichen Menschen ansetzte, hielten die konfuzianischen Ritenbücher der Han-Zeit bereits eine systematische Einflußnahme schon bei den Sieben- bis Achtjährigen für notwendig. In den ersten nachchristlichen Jahrhunderten, der von Krisen und Kriegen geschüttelten *frühen Kaiserzeit*, traten daoistische Einstellungen in den Vordergrund, die der kindlichen Eigenart nicht nur mit Toleranz und Nachsicht begegneten, sondern auch eine gewisse Bewunderung nicht verhehlten angesichts dieser Nonkonformisten par excellence, die durch ihre unverblümte und pfiffige Natürlichkeit die starre höfische Gesellschaft der Oberschicht entblößten.[4] Obwohl seit der Mitte des 6. Jahrhunderts Stimmen laut wurden, die eine möglichst frühe und strenge Erziehung der nachfolgenden Generation forderten,[5] brachte die Song-Zeit (960–1279) die eigentliche Wende in der Betrachtung und Behandlung der Kinder.

Sie äußerte sich in der Malerei, wo Spielzeug, Kinderspiele und schulisches Leben thematisiert wurden und Kinder sich deutlich in ihrer Kleidung und Proportionen von den Erwachsenen unterschieden.[6] Sie zeigte sich weiterhin in einer Systematisierung der Kinderheilkunde,[7] in der Einrichtung von Waisenhäusern, im Erscheinen zahlreicher Lehrbücher für den Elementarunterricht und nicht zuletzt in der Herausbildung der *jia-xün* „Familienregeln" als einer echten literarischen Gattung.[8]

Die neokonfuzianische Schule, die in der *mittleren Kaiserzeit* Gestalt annahm und für die *späte Kaiserzeit* bestimmend wurde, hatte

---

[4] R. B. Mather: A New Account of Tales of the World (Shih-shuo hsinyü) by Liu I-ch'ing, Minneapolis 1976, S. 297–300.

[5] Ssu-yü Teng (wie Anm. 2) S. 3, 4, 61.

[6] Th. H. C. Lee: The Discovery of Childhood: Children Education in Sung China (960–1279), in: S. Paul (Hrsg.): Kultur – Begriff und Wort in China und Japan, Berlin 1984, S. 159–189.

[7] B. Volkmar: Das Kind in der chinesischen Heilkunde, (Medizin. Dissertation) Freiburg i. Br. 1985.

[8] Zur Institution der Waisenhäuser S. ↗ 107 f. Das bekannteste Lehrbuch aus dieser Epoche ist das „San-zi-jing" (Drei Zeichenklassiker) von Ying-ling Wang (1223–1296), vgl. die Übersetzung von E. Hauer in: Mitteilungen des Seminars für Orientalische Sprachen 26–27 (1924) S. 61–128. Lee (wie Anm. 6).

nicht nur diese Entwicklung vorangetrieben, sondern auch die Art und Weise dieser Zuwendung zu den Kindern formuliert und die Erziehungsziele und Werte neu definiert.[9]

Die song-zeitliche Entdeckung der Kindheit läutete jedoch nicht ein „Zeitalter des Kindes" ein, wie wir diesen Begriff heute verstehen. Im Gegenteil, eine Gesellschaft, in der nicht mehr die Geburt, sondern die Bildung für politische, wirtschaftliche und soziale Positionen ausschlaggebend war, setzte die nachfolgende Generation einem massiven psychologischen Druck und einer rigiden moralischen Disziplinierung aus, um eine bestmögliche Anpassung an die Welt der Erwachsenen zu erreichen.[10]

Relativ unberührt von diesem Wandel im Laufe der Geschichte hatte das Kind zu allen Zeiten seinen Wert als *materielle Absicherung* im Alter: *yang-zi fang-lao* „Kinder großziehen als Schutz im Alter"[11] oder wie das Sprichwort sagt: „Wer einen Sohn aufzieht, der trifft Vorsorge für das Alter; wer Getreide hortet, der trifft Vorsorge für die Hungersnot."[12]

Diese Einstellung war ganz materiell auch im Hinblick auf das Leben nach dem Tode gemeint, da die Ahnengeister ebenso wie die noch lebenden Vorfahren versorgt werden mußten, damit die Menschen Frieden hatten. Dabei handelte es sich keineswegs um ein rein selbstsüchtiges Interesse an den Nachkommen seitens der älteren Mitglieder der Gemeinschaft, da jeder einmal in die Lage kam, als altersschwacher Mensch oder hungriger Totengeist auf die Unterstützung seiner Kinder und Enkelkinder angewiesen zu sein.

Während die utilitaristische Bewertung des Kindes in allen Schichten verbreitet war, sind in anderer Hinsicht durchaus *schichtspezifische* Differenzierungen am Platz.

So verkörperte das Kind in der Gelehrten- und Beamtenschicht wie auch in reichen Kaufmannsfamilien die Möglichkeit, Einfluß zu gewinnen bzw. zu wahren, wenn es dem Sohn gelang, einen Posten in

---

[9] Vgl. die Schriften von Zhu Xi: Kia-li – Livre des rites domestiques chinois in der Übersetzung von Harlez, Paris 1889 bzw. Jin-si-lu – (Reflections on Things at Hand) in der Übersetzung von Wing-tsit Chan, New York 1976.

[10] Ebd.

[11] Th. Metzger: Escape from Predicament – Neoconfucianism and China's Evolving Political Structure, New York 1977, S. 24.

[12] W. Eberhard und Ho Feng-ju: Pekinger Sprichwörter, Berlin 1941, S. 22.

der Bürokratie zu besetzen oder wenn die Tochter aus den gleichen Überlegungen heraus in einen mächtigen Clan einheiraten konnte.[13] In der Mittelschicht, vor allem bei den mittleren und kleineren Grundbesitzern, dürfte das Kind als zusätzliche Arbeitskraft in einer arbeitsintensiven Landwirtschaft eine Rolle gespielt haben.

Bei ärmeren Leuten stellte – wenn ein Sohn für die Versorgung im Alter oder für den Ahnendienst schon vorhanden war – jedes weitere Kind eher eine Belastung dar. Dies beweist zur Genüge die in diesen Schichten verbreitete Sitte des Kinderverkaufs, der Adoption, der Aussetzung und Tötung kleiner Mädchen.[14]

So kam es, daß Kinderreichtum die begüterten Familien auszeichnete, während große Teile der Bevölkerung vor allem in Notzeiten die Zahl ihrer Nachkommen zu reduzieren suchten.[15]

Dies ist um so erstaunlicher für eine Gesellschaft, die auf Grund des Ahnenkultes, der notwendigen materiellen Vorsorge für das Alter und einer relativ hohen Kindersterblichkeit[16] Unfruchtbarkeit und Kinderlosigkeit prinzipiell mißbilligte und Kindersegen hochhielt. Noch heute ist auf Taiwan ein Fluch verbreitet und äußerst ernst gemeint: *wu-zi wu-sun* „Mögest du ohne Nachkommen bleiben!" Sprichwörter und Verlobungskarten sprechen eine ebenso deutliche Sprache: „Fünf Söhne und zwei Töchter (ist die richtige Zahl)." Unfruchtbarkeit galt als Strafe für Sünden aus einem früheren Leben.

Da buddhistische Kreise, um jede Bindung an den „roten Staub" der Welt zu vermeiden, keinen Wert auf Nachkommenschaft legten, mutet es fast wie eine Ironie der Geschichte an, wenn neben anderen Gestalten der chinesischen Mythologie vor allem buddhistische Götter

---

[13] G. Linck-Kesting: China – Geschlechtsreife und Legitimation zur Zeugung, in: E. W. Müller (Hrsg.): Geschlechtsreife und Legitimation zur Zeugung, Freiburg/ München 1985, S. 85–176.

[14] Siehe S. ↗ 105–107. J. J. Matignon: La Chine hermétique. Superstitions, Crime et Misère, Paris 1936, S. 237–245. A. P. Wolf und Huang Chieh-shan: Marriage and Adoption in China 1845–1945, Stanford, Cal. 1980, S. 108–117, 202–215, 230–241. A. B. Waltner: The Adoption of Children in Ming and Early Ch'ing China, (Dissertation Univ. Microfilms) Ann Arbor/Michigan 1981.

[15] W. Eberhard: Social Mobility in Traditional China, Leiden 1962, S. 31.

[16] Ebd. Obwohl keine Statistiken vorliegen, steht es fest, daß die Mortalitätsrate sehr hoch war, vgl. auch E. Johnson: Women and Childbearing in Kwan Mun Hau Village. A Study of Social Change, in: M. Wolf und R. Witke (Hrsg.): Women in Chinese Society, Stanford 1978, S. 215–241.

für den Kindersegen zuständig waren: die barmherzige Guan-yin –
häufig mit einem Knaben auf dem Arm dargestellt – und Mi-le, der
lachende Buddha, auf dessen dicken Bauch hundert kleine Kinder
herumkrabbeln, unter denen kinderlose Ehepaare ihre Auswahl treffen konnten.[17]

2. *Schwangerschaft und Geburt*[18]

„Menschen werden geboren in allen vier Jahreszeiten, und Glück und
Unglück ist ihnen vom Himmel vorherbestimmt. Ihr Platz an der Seite
von Prinzen und Königen, ihr Platz im einfachen Volk – dies alles ist
ihnen vom Schicksal zugeteilt."[19]

Dieser Satz stammt aus einem chinesischen Almanach, der in der
späten Kaiserzeit in keinem Haushalt fehlen durfte. Der Kalender
führte die Zeiten und Umstände auf, die als besonders günstig oder
ungünstig galten für bestimmte Unternehmungen, auch für Zeugung
und Geburt. Als Beiwerk enthielten sie allerlei Geschichten, Auszüge
aus den Moralbüchern jener Zeit, um die Tabus zu unterstreichen und
vor den unheilvollen Konsequenzen einer Nichtbeachtung eindringlich zu warnen.[20]

Dahinter verbarg sich der in China schon in frühester Zeit nachweis-
bare Glaube an eine Wechselwirkung zwischen dem Auf und Ab der
Zeiten und Leben und Tod des Menschen.

Vergleicht man die Angaben der chinesischen Volkskalender, wie sie
uns aus der späten Kaiserzeit vorliegen und auch heute noch unverändert in Hongkong und Taiwan erscheinen, mit anderen Quellen, etwa
den in der frühen Kaiserzeit bei der Oberschicht beliebten Sexualhand-
büchern, so fällt auf, daß die für die Zeugung günstigen und ungünsti-

---

[17] Vgl. die Abb. 2, 19 und 19bis in H. Doré: Researches into Chinese Superstitions,
Bd. 1, Nachdruck Taibei 1966.
[18] Zur Gliederung der Phase von der Geburt bis zur Geschlechtsreife und zu den
entsprechenden Riten vgl. Linck-Kesting (wie Anm. 3).
[19] W. MacCormick: Birthday, Wedding, Funerals, Shanghai 1927, S. 6.
[20] Ebd.

gen Bedingungen und ihre Folgen für das spätere Schicksal des Kindes im großen und ganzen übereinstimmen.[21] Die für die Zeugung oder Empfängnis eines Kindes ungünstigen Umstände lassen sich einteilen in objektiv durch den Jahresablauf bedingte Zeiten und in Momente, in denen Naturkatastrophen oder vom Menschen entfesseltes Unheil die Erde heimsuchten; auch die Orte der Handlung, die körperliche und seelische Verfassung des einzelnen und das Alter der Betreffenden spielten eine Rolle.[22] Wer diese Tabus und Regeln mißachtete, fügte nicht nur sich selbst, sondern vor allem auch den unter solchen Bedingungen gezeugten Nachkommen großen Schaden zu. So drohte den Kindern ein vorzeitiger Tod durch Ertrinken oder wilde Tiere. Erschreckend lang war die Liste der körperlichen und geistigen Gebrechen, zu denen sie ihr ganzes Leben lang verurteilt waren: Sie wurden taub, stumm, blind oder lahm, bucklig, dumm, schwachschinnig oder geistesgestört geboren, waren stets anfällig für alle möglichen Krankheiten und entpuppten sich auch in moralischer Hinsicht als Unholde, die sich an ihren Eltern vergingen und gegen den Kaiser rebellierten, oder sie zeigten im harmlosesten Falle ein flatterhaftes Wesen und eine geschwätzige Natur.[23]

Umgekehrt waren die Möglichkeiten einer glückbringenden Zeugung beschränkt. Auch fallen die Angaben widersprüchlicher aus. So empfehlen die Sexualhandbücher grundsätzlich die Zeit zwischen Mitternacht und Tagesmitte, weil sich in diesen Stunden die Erd- und Himmelsgeister ruhig verhielten und die Lebenskraft sich im Ansteigen befand. Die Moralbücher der späten Kaiserzeit sprechen sich für die frühen Nachtstunden aus und sagen für die Zeugung während der ersten drei ungeraden Tage nach der Menstruation einen Jungen und während der ersten drei geraden Tage ein Mädchen voraus.

Hielt man sich an diese Regeln und beachtete die Tabus, so war der Geschlechtsakt mit Gewißheit von Erfolg gekrönt, und die Kinder, die ihm entsprangen, würden gesund, schön, klug und tugendhaft sein und sich eines langen Lebens erfreuen.[24]

---

[21] W. Eberhard: Guilt and Sin in Traditional China, Berkeley 1967, S. 76–81. A. Ishihara und H. S. Levy: The Tao of Sex (Ishimpō), Yokohama 1968, S. 122–125.
[22] Ebd.
[23] Eberhard (wie Anm. 21). Ishihara u. Levy (wie Anm. 21) Kap. 21.
[24] Ebd.

Angesichts der großen Bedeutung der Nachkommenschaft ist es nicht weiter verwunderlich, wenn nicht nur die Götter für den Kindersegen zuständig waren, sondern auch die chinesische Medizin mit allerlei Rezepten, die eine Empfängnis bewirken sollten, aufwarten konnte.[25] Der Glaube an magische Mittel der Geburtenförderung lebte in der späten Kaiserzeit unvermindert fort.[26]

Die Moralbücher der gleichen Epoche hielten die mangelnde Tugend der Vorfahren oder eigenes Fehlverhalten für die Ursache von Unfruchtbarkeit und Kinderlosigkeit und propagierten entsprechend aufrichtige Reue, moralische Besserung und karitatives Verhalten als sicherstes Mittel, dem Übel abzuhelfen.[27]

Umgekehrt waren auch Methoden der Empfängnisverhütung *duan-zi* oder *duan-chan* sowie der Abtreibung *da-tai* oder *qu-tai* in China schon in frühester Zeit bekannt.

Die frühesten eigentlichen Rezepte finden sich in einem tangzeitlichen medizinischen Werk „Qian-jin-fang" (Tausendfach goldwerte Rezeptvorschriften) des 695 verstorbenen Sun Si-mo.[28]

Spätere medizinische Handbücher zitieren diese Rezeptvorschriften bzw. ergänzen sie. Häufig spielte Quecksilber als Bestandteil der Arzneien eine Rolle, während Prostituierte zur Verhinderung der Menstruation und zur Sterilisierung offenbar regelmäßig eine bestimmte Menge Bleikarbonat zu sich nahmen.

Die Rezeptvorschriften beschreiben im allgemeinen nur die Herstellung und unmittelbare Anwendung der Arzneien und verzichten darauf, Gründe anzuführen, die zu Verhütungs- und Abtreibungsmaßnahmen führen konnten. Nur Chen Zi-ming, der Autor des 1237 veröffentlichten „Fu-ren liang-fang da-quan" (Vollständige Sammlung wertvoller Rezeptvorschriften für Frauen), nannte eine Indikation: „Im Yi-jing, dem Buch der Wandlungen, heißt es: ‚Die erhabene Kraft des Himmels und der Erde ist *sheng* (gebären).' Aber die Frauen empfinden Beschwerden bei der Geburt. Einige sind ununterbrochen

---

[25] Vgl. „Shan-hai-jing" (Klassiker der Berge und Meere), zit. in: P. Unschuld: Medizin in China – Eine Ideengeschichte, München 1980, S. 50.

[26] F. Kuhn: Kin Ping Meh, Frankfurt a. M. 1977, S. 590.

[27] Eberhard (wie Anm. 21) S. 79.

[28] Zit. in Lo Duca: Die Erotik in China, Wiesbaden 1978, S. 269. N. E. Himes: Medical History of Contraception, New York 1979, S. 110.

schwanger und möchten dem ein Ende bereiten; deshalb habe ich diese Rezepte aufgeschrieben, damit man sie herstellen und benutzen kann."[29] Obwohl die Abtreibung gelegentlich unerläßlich war, wird sie in den Moralhandbüchern, die seit der Yuanzeit zunächst in der Oberschicht in Umlauf kamen, entschieden abgelehnt; zum einen, weil auf diese Weise Delikte gegen die Sittlichkeit kaschiert werden konnten, zum anderen wohl auch, weil dieser Eingriff nicht ganz ungefährlich war.[30] Auch von Gesetzes wegen war die Abtreibung verboten. In Wirklichkeit wurde sie allerdings von den Behörden, vor allem in Zeiten der Not und bei armen Leuten, geduldet. So konnte denn auch im letzten Jahrhundert ein westlicher Beobachter, der französische Arzt Matignon, in den Straßen von Peking allenthalben Plakate entdecken, die offen für gewisse Apotheken Reklame machten. Außer dem Apotheker kam noch jede Hebamme *sheng-po* oder *zuo-po* in Frage, wenn es darum ging, Verhütungsmittel zu verordnen oder Abtreibungen vorzunehmen.[31]

Wie schon bei der Darstellung der für die Zeugung günstigen und ungünstigen Zeiten als Tendenz festzustellen war, scheint man sich im vormodernen China sehr viel mehr mit Geburtenverhütung als mit Geburtenförderung beschäftigt zu haben. Wir können davon ausgehen, daß sich solche Vorstellungen und Verhaltensweisen im Sinne einer Geburtenkontrolle auswirken mußten, wenn auch offen bleiben muß, ob überhaupt und inwieweit diese bewußt gesteuert war.

Obwohl sich die chinesische Medizin, einschließlich der Kinderheilkunde, schon früh durch genauere Beobachtungen auszeichnete, blieb unklar und dunkel alles, was mit Zeugung und Ablauf der Schwangerschaft zusammenhing.

Alle Texte stimmen darin überein, daß die Frucht im 10. Monat reif sei.[32]

---

[29] Lo Duca (wie Anm. 28). Himes (wie Anm. 28) S. 109–113.
[30] H. R. van Gulik: La vie sexuelle dans la Chine ancienne, Paris 1971, S. 313. Li Yü: Jou Pu Tuan, Hamburg 1965, S. 376. Eberhard (wie Anm. 21) S. 64.
[31] Matignon (wie Anm. 14) S. 262f.
[32] Vgl. das „Xi-yuan-lu" von Song Ci (ca. 1250 A. D.), ein Handbuch der Gerichtsmedizin, in der Übersetzung von Wang In-Hoai und H. Breitenstein (Hrsg.): Gerichtliche Medizin der Chinesen, Leipzig 1908, S. 42–44. Matignon (wie Anm. 31).

Die wichtigsten Unterschiede zwischen den einzelnen Theorien über die Entstehung des Lebens im Mutterleib bezogen sich auf den Zeitpunkt der Herausbildung bestimmter „Organe" oder der Haare, Sehnen und Knochen oder auch auf die Zuordnung der Monate zu den fünf Wandlungsphasen bzw. den Meridianen, die jeweils für eine bestimmte Entwicklungsphase zuständig waren. Völlig verwirrend lauten die Aussagen über die Entstehung der Seele, der „Geistseele" *hun*, die als ein Teil der Weltseele unvergänglich war, und der „Körperseele" *po*, die mit dem Körper verging.[33]

Ihren Zustand der Schwangerschaft erkannte die chinesische Frau den medizinischen Texten nach zu urteilen am Ausbleiben der Menstruation, an den ungewöhnlichen Appetitanwandlungen: der Lust auf Salziges und Saures.[34] Die Veränderungen, die ihre Mitmenschen an ihr beobachten konnten, schildert eine Erzählung der Mingzeit: „Seitdem sie in jener Nacht empfangen hatte, war ihr Gesicht entspannt, und auf ihren Augen lag ein sanfter Glanz. Ihr Bauch wurde dicker, und ihre Brüste hoben sich."[35]

Zahlreichen Beschränkungen unterlag die schwangere Frau. Diese zielten fast sämlich darauf ab, das werdende Kind zu schützen und zugleich moralisch zu beeinflussen.[36]

Mit der Möglichkeit einer moralischen Beeinflussung des noch im Mutterleib weilenden Kindes beschäftigten sich schon die Ritenbücher der Hanzeit. Das „Da-dai-li-ji" prägte den Terminus technicus dafür: *tai-jiao* „die Erziehung im Mutterleib".[37] Hier bezogen sich die Verhaltensregeln noch eindeutig auf den Lebenswandel der Königin, der sich positiv auf den Charakter des künftigen Thronerben auswirken sollte. Die Quellen der Kaiserzeit, etwa die „Lie-nü-zhuan" (Biographien berühmter Frauen) oder auch die Sexualhandbücher präzisierten die ursprünglich auf den Hof begrenzten Gebote und formulierten sie für die Frauen der Oberschicht überhaupt.[38] Die

---

[33] Chen Zi-ming, in: Gu-jin tu-shu ji-cheng (Enzyklopädie der Quing-Zeit), Bd. 56, S. 860f. Unschuld (wie Anm. 25) S. 35.

[34] M. Porkert: Lehrbuch der chinesischen Diagnostik, Heidelberg 1976, S. 198.

[35] A. Lévy: Etudes sur le conte et le roman chinois, Paris 1971, S. 154.

[36] F. L. K. Hsü: Under the Ancestors' Shadow, Stanford 1967, S. 201. Matignon (wie Anm. 14) S. 43f. Unschuld (wie Anm. 25) S. 242.

[37] R. Wilhelm: Li Gi, Jena 1930, S. 224.

[38] Tong Xuan-zi, in: Lo Duca (wie Anm. 28) S. 382. Auch wird sexuelle Zurückhaltung

Moralbücher des 18./19. Jahrhunderts zeigen an, daß in jener Epoche diese Verhaltensvorschriften längst Allgemeingut der breiten Massen geworden waren.[39] Überprüft man die medizinischen Texte auf ihre Ausführungen zum *tai-jiao* hin, so blieben manche dem Glauben an Analogiezauber verhaftet. Ein Autor der Mingzeit gab noch folgende Ratschläge: „Will man, daß das Kind schön sei, so soll man mit weißem Jade spielen oder einen Pfau betrachten. Will man, daß das Kind begabt sei, so soll man das ‚Buch der Lieder' und das ‚Buch der Urkunden' lesen und sich um Harmonie und Regelhaftigkeit bemühen. Ich habe Frauen von niederer Abkunft gesehen, die sich bei Puppenspielen ergötzten, wie dem ‚Spiel vom Geist in dem tanzenden Affen', und ich fand später heraus, daß ihre Kinder von Angesicht diesen Affen- und anderen Gestalten sehr ähnlich waren."[40]

Im allgemeinen betonten die medizinischen Werke jedoch mehr die physiologischen Aspekte der Einflüsse auf das werdende Kind und muten dadurch äußerst modern an. Hier ein Text aus der Qingzeit: „Der Fötus *tai-ying* weilt im Bauch der Mutter. Dort atmet er mit ihr und erlebt gemeinsam mit ihr Frieden und Bedrohung, ihren Hunger, ihr Sattsein, ihre Mühsal und die Ruhe nach der Arbeit, ihre Freuden und Sorgen, ihren Zorn und ihren Schreck, Essen und Trinken, Kälte und Wärme – auf dies alles im täglichen Leben zu achten oder aber zügellos darin zu sein: beides wird unweigerlich das Kind betreffen.

Es ist schwer, heutzutage über das *tai-jiao* der Alten zu reden. Ich möchte nur, daß sich die zukünftige Mutter beim Essen und Trinken zu mäßigen wisse, sich der Kälte und Hitze anzupassen verstünde, Krankheit und Ärger vermeiden und die Begierde zügeln könnte – dann wäre es gut. Dies scheint mir wichtiger zu sein als das *tai-jiao* der Alten."[41]

In den Werken der chinesischen Medizin finden sich keine Beschrei-

---

propagiert, um das Kind vor Krankheit zu bewahren, vgl. Cai Shi, in: Gu-jin tu-shu ji-cheng (wie Anm. 33) S. 866 unten.

[39] Eberhard (wie Anm. 21) S. 79.

[40] Wan Quan, in: Gu-jin tu-shu ji-cheng (wie Anm. 33) S. 866 oben, übers. v. Volkmar (wie Anm. 7).

[41] Chen Fei-xia: You-you ji-cheng (Sammlung zur angemessenen Behandlung von Kindern), Shanghai: Ke-xue zhi-shu chu-ban-she ²1978, übers. v. Volkmar (wie Anm. 7).

bungen des Geburtsvorganges selbst, nur Verhaltensregeln im Falle von Komplikationen.[42]

Dieser Mangel erklärt sich wohl aus der Tatsache, daß die normal verlaufende Geburt in den Aufgabenbereich der Hebamme fiel.

Bis in dieses Jahrhundert hinein waren erstgebärende Frauen nicht im geringsten darüber aufgeklärt, was sie bei einer Niederkunft erwartete.[43] Doch ging man im allgemeinen davon aus, daß die Geburt sehr schmerzhaft sein müsse, da „Frauen weinend Kinder gebären".[44] Entsprechend wurden auch im Chinesischen die Uteruskontraktionen als Wehen *zhen-tong* „regelmäßige Schmerzen" bezeichnet.[45] Stets war man sich der Gefahr des *chan-nan wan-jie* „des Todes infolge einer komplizierten Geburt" bewußt.[46]

Der einzige konkrete Hinweis über den Ablauf der Geburt fand sich im „Jin-ping-mei", einem Roman der Mingzeit: Hier richtet sich die Gebärende auf, damit das Kind leichter herausrutschen kann, und die Hebamme beißt die Nabelschnur durch.[47]

Über den Verbleib der Nabelschnur und ob sie – etwa wie in Japan – besondere Beachtung verdiente,[48] war nichts zu erfahren; wohl aber ist bekannt, was mit der Nachgeburt geschah. Die des Sohnes wurde im Boden neben dem Bett der Mutter, die der Tochter außerhalb des Hauses vor dem Fenster vergraben; denn die Tochter würde die Familie mit ihrer Heirat verlassen, während der Sohn sein Leben lang im Haus den Ahnen opfern mußte.[49]

Vor, während und nach der Geburt wurde stets das Orakel befragt, den Göttern und Ahnen geopfert. Die weitere rituelle Ausgestaltung des Ereignisses richtete sich danach, ob die Frau einem Jungen oder einem Mädchen das Leben geschenkt hatte.[50]

---

[42] Gu-jin tu-shu ji-cheng (wie Anm. 33) S. 868–881. Diesen Hinweis verdanke ich ebenfalls Volkmar (wie Anm. 7).

[43] M. Wolf: Women and Family in Rural Taiwan, Stanford 1972, S. 139.

[44] W. Eberhard: Erzählungsgut aus Südostchina, Berlin 1966, S. 54.

[45] Wolf (wie Anm. 43) S. 156.

[46] K.-P. Köpping und Lam Lai Sing: New Interpretations of the Dream of the Red Chamber, Singapore 1973, S. 68.

[47] Kuhn (wie Anm. 26) S. 358 u. 360.

[48] Vgl. den Beitrag über Japan in dem vorliegenden Band.

[49] I. Pruitt: A Daughter of han. An Auto-Biography of a Chinese Working Woman from the Story Told Her by Ning Lao-tai-tai, Stanford 1976, S. 147.

[50] Wilhelm (wie Anm. 37) S. 359. Doré (wie Anm. 17) S. 8. MacCormick (wie Anm. 19) S. 13.

Trotz der allgemeinen Hochschätzung der Nachkommenschaft und zahlreicher Riten und magischen Praktiken, die das Kind vor bösen Einflüssen und Dämonen schützen und es sicher über die Schwierigkeiten während der gesamten Kindheitsphase hinweggeleiten sollten,[51] war die Zahl der Kinder groß, die keine Zukunft hatten. Dafür sorgte neben der hohen Kindersterblichkeit und dem Kindsopfer, um erzürnte Geister zu beschwichtigen oder hilfreichen Göttern zu danken, die vor allem in der späten Kaiserzeit um sich greifende Sitte der *Kindesaussetzung und -tötung* aus Armut und Verzweiflung.[52] Vor allem uneheliche Kinder *jian-sheng*, „in Unzucht hervorgebracht", hatten nur geringe Chancen, am Leben zu bleiben, wie das folgende Liedchen aus der Sammlung von Feng Meng-long (1574–1645?) nahelegt:

„Ach, mein Geliebter hat mir eine kleine Frucht unserer Liebe hinterlassen
Wie sollte ich sie behalten, solange ich hinter den Bettvorhängen keinen Gatten habe?
Deshalb habe ich sie in die Schilfmatte eingerollt, zum Lotosteich getragen und hineinfallen lassen
Aber unter wieviel Gedanken krümmt sich nun immer wieder mein Herz?"[53]

Da in der patrilinear organisierten chinesischen Familie für die Altersversorgung und für die Fortsetzung der Ahnenreihe die männlichen Nachkommen die entscheidende Rolle spielten, waren vor allem die weiblichen Neugeborenen von diesen Maßnahmen betroffen. Nicht nur verursachte die Aufzucht eines Mädchens – besonders in ärmeren Familien – mehr Kosten, als ihr Verkauf oder ihre Verheiratung einbringen würde. Auch mußte das Kind drei Jahre gestillt werden und verminderte so die Chance, in dieser Zeit einen männlichen Nachkommen zu empfangen.[54]

Keineswegs waren die Mütter immer damit einverstanden, das Kind, das sie monatelang in ihrem Leib genährt und nun geboren

---

[51] Doré (wie Anm. 17) S. 8–27.
[52] Matignon (wie Anm. 14) S. 250f.
[53] C. Töpelmann: Shan-ko von Feng Meng-lung – eine Volksliedersammlung aus der Ming-Zeit, Wiesbaden 1973, S. 139.
[54] Matignon (wie Anm. 14) S. 252.

hatten, wieder herzugeben. Gelang es ihnen, die Hebamme für sich zu gewinnen, so würde man das kleine Mädchen zunächst für einen Knaben erklären und weitersehen. War es erst einmal ein paar Tage alt, so durfte es meist am Leben bleiben.[55]

Die Kindstötung und Kindesaussetzung wurde in allen Teilen Chinas praktiziert, und man fand im allgemeinen weiter nichts dabei. Wie sehr dieser Brauch jedoch schichtspezifisch bedingt war, zeigt seine extreme Verbreitung in Provinzen, die in der späten Kaiserzeit besonders vom Elend betroffen waren, wie Guangdong, Guangxi und Fujian in Südostchina, wo in manchen Orten bis zu 40 Prozent der weiblichen Neugeborenen getötet wurden. Nicht zuletzt hielt man die Not für eine Tugend, denn man war überzeugt davon, daß die kleine Seele selbst daran Gefallen fand, erhöhte sich doch dadurch ihre Chance, als Knabe wiedergeboren zu werden.[56]

3. Methoden und Inhalte der Sozialisation

Um systematische Aussagen über die bewußt betriebenen „Sozialisationspraktiken", erst recht über die spontan ablaufenden „Sozialisationsprozesse"[57] zu treffen, reichen die Quellen, die aus den früheren Epochen überliefert sind, selten aus. Entsprechend bezieht sich das im folgenden vorgestellte Material auf die späte Kaiserzeit, oder es entstammt neueren Untersuchungen innerhalb chinesischer Bevölkerungsteile, die noch als stark traditionsgebunden gelten können, vornehmlich auf Taiwan.

Deutlich gliederte sich die Sozialisation des Kindes in zwei Phasen: in eine nach Schichten unterschiedlich lang ausgedehnte frühe Kindheit, in der der junge Mensch im wesentlichen mit seinen Bedürfnissen angenommen wurde. Die frühen Prozesse zielten darauf ab, das Kind ein gutes Stück aus seiner bio-sozialen Abhängigkeit herauszulösen. Dabei zeigte man weder allzu große Eile noch Strenge. Auch die

---

[55] Ebd. S. 241 u. 245.
[56] Ebd. S. 238 u. 244.
[57] In diesem Sinne definiert Ph. Mayer die beiden Begriffe, vgl. ders. (Hrsg.): Socialization. The Approach from Social Anthropology, London 1970, Introduction.

pädagogische Literatur untersagte in dieser Zeit die Verwendung des Bambusstockes, ohne den die Eltern älterer Kinder nicht mehr auszukommen schienen.[58] Bis weit ins dritte Lebensjahr wurden die Kleinen gestillt, Knaben etwas länger als Mädchen. Gelegentlich reichte die Mutter noch einem siebenjährigen Kind die Brust zum Trost und zur Beruhigung. Drei Jahre lang war das Kind in einem Tuch auf den Rücken der Mutter oder einer älteren Schwester gebunden: Das Zeichen für „Säugling" *ying* leitet sich etymologisch von den Tragebändern her, die sich wie ein Schmuck über die Brust der Frau legten.[59]

Vor dem dritten oder vierten Lebensjahr fand keine Sauberkeitserziehung statt; erst gegen Ende der frühen Kindheit versuchte man dem Kind ein Gefühl der Scham dem Körper und seinen Funktionen gegenüber zu vermitteln. Dann allerdings mußte unter Umständen ein Mädchen, dem der kleine Bruder im Spiel zwischen den Beinen hindurchkroch, eine scharfe Rüge einstecken – Vorbereitung auf die potentielle Unreinheit der Frau. Das Geschlechtsleben war offenbar einer der wenigen Bereiche in den Aktivitäten der Erwachsenen, von denen die Kinder grundsätzlich ausgeschlossen waren.[60]

Die härteste Zurechtweisung beschränkte sich in diesem zarten Alter auf strenge Worte, falls das Kind gegen die guten Sitten verstoßen hatte, oder man drohte mit Liu, dem Barbaren, oder einem Dämon, der eigentlich für die Heilung von Malaria zuständig war. Diese Art von „Gelegenheitserziehung" *ji-hui jiao-yu*,[61] die vor allem auf richtige Eßgewohnheiten und Bescheidenheit gegenüber den Älteren abzielte, war wohl die Ursache dafür, daß im Leben eines Chinesen die frühe Kindheit als die sorgloseste Zeit galt. Der Zahl der Straßenverkäufer, die allerlei Spielzeug und Süßigkeiten anboten, nach zu schließen, wurden die Kinder dieses Alters in der Tat eher verwöhnt.[62] Medizinische Texte bestärken den Eindruck, denn sie kritisieren die Verzärte-

---

[58] Ssu-yü Teng (wie Anm. 2) S. 3. Siehe S. ↗ 91f.

[59] Wieger (wie Anm. 1) S. 328.

[60] Da in den älteren Quellen wenig über den Alltag der Kinder zu lesen ist, stammen diese und die folgenden Informationen aus neueren Arbeiten, vgl. Yee Chiang: A Chinese Childhood, London 1944. F. L. K. Hsü (wie Anm. 30) S. 218ff. N. J. Olsen: Family Structure and Independance Training in a Taiwanese Village, in: Journal of Marriage and the Family (1973) S. 512–519. Wolf (wie Anm. 43) und nicht zuletzt aus eigener Anschauung während eines Studienaufenthaltes in Taiwan 1971–1973.

[61] Wan Quan (wie Anm. 40) S. 866.

[62] Yee Chiang (wie Anm. 60) S. 86, 91, 95, 120, 151, 156f. Lee (wie Anm. 6).

lung der Kinder, wobei solche Vorwürfe in erster Linie an die Mütter gerichtet waren: „Die Frauen haben wenig Wissen und handeln zu nachgiebig. Sie fürchten das Schreien und Weinen der Kinder und geben ihnen alles. Dadurch werden alte Krankheiten aufgehäuft. Wenn man dann bereut, ist es schon zu spät..." „Im Volksmund gibt es ein Sprichwort: ‚Kinderweinen ist Kindergesang.' Wenn Kinder nicht weinen, sind sie nicht tüchtig. Diese Sprache ist zwar rauh, doch trifft sie die Mitte. Woher sollen auch die normalen Menschen wissen, daß, was die Kinderkrankheiten angeht (die auf der Anhäufung von Wärme beruhen), die Kinder durch das Schreien und Weinen die Wärme des *qi* ableiten?! Lao zi sagt: ‚Den ganzen Tag schreien sie und werden nicht heiser.' Ich habe die Menschen die Methode des Kinderaufziehens gelehrt. Wenn die Kinder noch nicht sitzen können, lege man sie getrost auf den blanken Boden. Wenn das Wetter kalt wird, ziehe man ihnen normale, auf keinen Fall dicke, mit Watte gefütterte Kleider an..."[63]

Doch solche Ratschläge, die vor *guo-ai* „zuviel Liebe" warnten, dienten einzig und allein der Vermeidung von Krankheiten oder Unfällen. Sie entsprangen keineswegs der Überzeugung, daß man in diesem Alter den Kindern aus Prinzip mit Strenge und Härte begegnen sollte.

Die Spiele in dieser Phase der Kindheit bestanden in Tanz- und Handbewegungen zum gesungenen Volkslied, im Reiten auf einem Bambuspferd; Kindern der Oberschicht stand im Garten eine Schaukel zur Verfügung, während ein Fischerknabe den Vater nachahmend sich eine Nadel zur Angel klopfen mochte. Bei den Kleinsten waren die Kinderreime sehr beliebt, die die Großmutter oder die Amme hersagte. Mit solchen Versen übten sie die Sprache ein und lernten mit den Wörtern die entsprechenden Vorgänge und Situationen zu begreifen.

Einer neueren Untersuchung zufolge enthielt das Vokabular eines zweieinhalbjährigen chinesischen Kindes – bei allen Unzulänglichkeiten der Aussprache – durchaus schon einige wenige kulturspezifischen Wörter, von der Bezeichnung für Eßstäbchen bis hin zu den Verwandtschaftsbegriffen, in denen sich die um die Brüder des Vaters

---

[63] Das erste Zitat stammt von Zhu Zhen-heng, in: Gu-jin tu-shu ji-cheng (wie Anm. 33) S. 870, das zweite Zitat von Zhang Cong-zheng, ebd. S. 869, übers. v. Volkmar (wie Anm. 7).

erweiterte chinesische Familie und deren charakteristische Alters- und Generationshierarchie spiegelte. Ausdrücke wie *bu-na* „nicht nehmen" und *bu-dong* „nicht bewegen" bzw. „halt" zeigen, daß diesem Kind auch Grenzen gesetzt wurden, wobei in dem vorliegenden Fall offenblieb, worauf sich diese Verbote bezogen.[64]

Der zentrale Einschnitt im Leben des Heranwachsenden kam irgendwann zwischen dem 4. und 7. Lebensjahr, wobei schicht- und geschlechtsspezifische oder auch mehr individuelle Faktoren ausschlaggebend waren. War es bisher mit Beobachtungen und unmittelbarer Teilnahme an der Welt der Großen und gelegentlichen Handlungsanweisungen getan, so setzte nun ein systematisches Gehorsamstraining ein. Entsprechend eines Satzes, den Zhu Xi (1130–1200), das Haupt der neokonfuzianischen Schule, geprägt hatte: „Die meisten Dinge, an denen Kinder ihre Freude haben, bringen sie ab vom eigentlichen Ziel"[65], war die Zeit des sorglosen Spiels vorbei. Das Kind sollte in einen lebenstüchtigen, pflichtbewußten, respektvollen, geduldigen und ordentlichen Menschen umgewandelt werden.

Da dieser Übergang nicht – wie andere einschneidende Zäsuren – in einem Ritus symbolisch seinen Ausdruck fand, mußte der Wechsel in den Anforderungen dem unvorbereiteten Kind äußerst abrupt vorkommen, zumal sich ebenso drastisch auch die Formen des Umgangs und Methoden der Erziehung änderten. Wie in jeder autoritätshörigen Gemeinschaft wußten auch die chinesischen Eltern „mit dem Stock zu lieben". So lautete ein nordchinesisches Sprichwort: „Schlagen ist Anhänglichkeit, Schimpfen ist Liebe; im Ärger gibt es auch Fußtritte."[66]

Doch scheint die strenge Zucht bei allen sonstigen Variationen im Prozeß der Sozialisation durchaus für alle Regionen Chinas wie auch für sämtliche Schichten charakteristisch gewesen zu sein.[67]

Die Philosophie der Härte, ein Erbe des ursprünglich legistischen Doppelprinzips von „Belohnung und Strafe", fand sich in bezug auf die Erziehung der Kinder schon in Texten der Hanzeit formuliert.

---

[64] Chao Yuen-ren: The Cantian Dialect. An Analysis of the Chinese spoken by a twenty-eight months old Child, in: Semitic and Oriental Studies (1961) S. 27–44.
[65] Wing-tsit Chan (Übers.) (wie Anm. 9) S. 262.
[66] Eberhard u. Ho Feng-ju (wie Anm. 12) S. 30.
[67] Vgl. Wolf (wie Anm. 43) Kap. V.

Doch trieb sie der Neokonfuzianismus der mittleren Kaiserzeit auf die Spitze, als der oben erwähnte Zhu Xi den spontanen und affektiven Umgang innerhalb der Familie streng verurteilte und ihn durch distanzierte Beziehungen, durch die Etikette, ersetzt wissen wollte.[68] Zwar zogen die Vertreter dieser Denkrichtung der körperlichen Züchtigung den Druck ständiger Selbst-Reflexion und Selbstkritik vor – in der kaiserlichen Universität gab es eigens dafür *zi-song-zhai* „Kammern der Selbstanklage"[69] –; aber den Kindern, auch den älteren, fehlte noch die Einsicht in die moralische Ordnung des Universums, für die jeder mit seinem Handeln verantwortlich war. Inzwischen mußte die „Belehrung der Kleinen" *xiao-xue* sich so gestalten, daß ihnen die Gewohnheiten, die sie unter dem systematischen Einfluß der Erwachsenen ausbildeten, zur zweiten Natur gerieten.[70]

Die Erziehung in dieser späten Kindheitsphase erstreckte sich im wesentlichen auf drei Bereiche: *die Charakterbildung, das richtige rituelle Verhalten* im Verkehr mit den Geistern und *die Befähigung, seinen Lebensunterhalt zu bestreiten,* und damit auch für die Eltern im Alter zu sorgen.

Letzteres war ein im Prinzip nur an die männlichen Nachkommen gerichtetes Erziehungsziel, das vor allem den Erstgeborenen betraf. Die Qualifizierung für die Sicherung der Existenz gestaltete sich sehr unterschiedlich je nach Schichtzugehörigkeit und beruflichem Stand. In der bäuerlichen Bevölkerung wie auch in Handwerks- und Händlerfamilien stellte sich der Vorgang der Ausbildung als ein allmähliches Hineinwachsen in den Arbeitsprozeß der Erwachsenen dar.[71] Bei den Kindern der Eliteschicht fiel die Vorbereitung auf die berufliche Karriere – entsprechend deren Bildungsideal der integren und vorbild-

---

[68] Wing-tsit Chan (Übers.) (wie Anm. 9) S. 173. Ssu-yü Teng (wie Anm. 2) S. 2.

[69] Lee (wie Anm. 6).

[70] Li-rui Mao u. a. (Hrsg.): Zhong-guo gu-dai jiao-yü-shi (Geschichte der Erziehung im traditionellen China), Peking ²1980, S. 396.

[71] Das heißt nicht, daß die Kinder überhaupt nicht mit der chinesischen Schrift vertraut gemacht wurden. Einer neueren Untersuchung zufolge sorgten der Ausbau eines dichten Schulnetzes in der Ming- und Qing-Zeit und die weite Verbreitung von Vokabellisten und Enzyklopädien für den täglichen Gebrauch dafür, daß auch die Masse der Bevölkerung über eine funktionale Geschicklichkeit im Lesen und Rechnen verfügte, wenn sie auch nicht zur Lektüre ganzer Bücher imstande war. E. S. Rawski: Education and Popular Literacy in Ch'ing China, Ann Arbor, Michigan 1979.

lichen Beamten- und Gelehrtengestalt – mehr oder weniger mit der moralischen Bildung der Person zusammen.

Diese Charakterbildung war zumindest seit der mittleren Kaiserzeit in der Theorie an alle Kinder gerichtet: ob Knaben oder Mädchen und unabhängig davon, aus welcher Schicht sie stammten. Doch die Medien, mit deren Hilfe die moralischen Werte vermittelt wurden, waren verschieden: Kinder, die zur Schule gingen oder mit dem Privatlehrer lernten, entnahmen sie den konfuzianischen Klassikern oder den eigens für sie zusammengestellten Lehrbüchern. Unter all den Werten, die in diesen Büchern auszumachen sind, wie Bescheidenheit, Gehorsam, Demut, Zuverlässigkeit, Pflichttreue, Beharrlichkeit, Fleiß, Familiensolidarität, Keuschheit und Gattentreue, ragt eine Tugend hervor: *xiao* „die kindliche Pietät". Das Zeichen, das etymologisch einen auf ein Kind sich stützenden alten Menschen darstellt, zielte nicht nur auf den familiären Bereich, d. h. die Eltern-Kind- bzw. Vater-Sohn-Beziehung ab, sondern betraf gleichermaßen im gesellschaftlichen Milieu die Unterordnung der Jüngeren unter die Älteren und im politischen Bereich das ideale Verhältnis zwischen Herrscher und Untertan. So wurde dieser Begriff auch mit Loyalität, Demut, Gehorsam und Unterwürfigkeit übersetzt.[72]

Bei allem schichtspezifisch bedingten und inzwischen überzeugend nachgewiesenem Wertepluralismus kann man in der späten Kaiserzeit von Grundwerten und Grundmotivationen sprechen, die die Mitglieder der neokonfuzianisch ausgerichteten Gesellschaft des niedergehenden chinesischen Reiches teilten.[73] In dem Maße wie die demographische Entwicklung im Verhältnis zum verfügbaren Land und zur Produktivität die Mittel immer knapper werden ließ, mußten Werte wie Bescheidenheit, die Bereitschaft, Entbehrungen auf sich zu nehmen, der Verzicht auf die unmittelbare Bedürfnisbefriedigung erst

---

[72] Zum Wandel des Begriffs *xiao* (kindliche Pietät) vgl. Linck-Kesting (wie Anm. 3). In dem Bericht einer Gruppe amerikanischer Pädagogen, die die VR China bereiste, heißt es: „Moralische Entwicklung hat den Vorrang vor körperlicher und intellektueller Entwicklung der Kinder." Die Aussage bezog sich auf die frühkindliche Erziehung im Kindergarten. R. J. Goldman: Early Childhood Education in the People's Republic of China, in: The Educational Forum (1977) S. 455.

[73] Zur Popularisierung der Werte der Oberschicht vgl. Hsü (wie Anm. 36) Kap. VIII. M. Elvin: The Sponsorship of Virtue – Rewards for Fidelity and Filiality in Traditional China (unveröffentlichtes Manuskript), Oxford 1981.

recht in den unteren Schichten verankert sein. Neuere Untersuchungen haben ergeben, daß der Ausbau von staatlichen, vor allem aber privaten Dorf- und Clanschulen seit der Songzeit größere Teile der mittleren und unteren Bevölkerungsgruppen einbezogen hatte, als man bisher anzunehmen geneigt war.[74] Darüber hinaus sogen die Kinder der Straße diese Werte auf, während sie den Worten der Geschichtenerzähler und Puppenspieler lauschten, die sich regelmäßig in den Städten und Marktflecken einfanden. Obwohl diese volkstümliche Literatur ihre Zuhörer fesselte, weil sie deren Lebensgefühl und Wertewelt entgegenkam, erwies sie sich doch als ambivalent, da sie eindeutig didaktische Absichten verfolgte. So trug sie wesentlich dazu bei, die von der Beamten- und Gelehrtenschicht formulierten Ideale zu verbreiten.

Das rituelle Verhalten, das den Verkehr mit den Ahnen und anderen Geistern regelte, lernten die Kinder sämtlicher Schichten – abgesehen von den entsprechenden Informationen in den Lehrbüchern – quasi spontan innerhalb der Familien durch Beobachtung und direkte Teilnahme an den zahlreichen Festen, die den Jahreszyklus begleiteten, sowie an den Feiern, die am individuellen Lebenslauf ausgerichtet waren: Namensgebung, Großjährigkeit, Heirat – aber auch bei Krankheit und Tod, wenn sie selbst bzw. andere Familienmitglieder davon betroffen waren.[75]

Die *unterschiedliche Behandlung von Knaben und Mädchen*, die sich ursprünglich aus der patrilinearen Familienordnung herleitete, wurde schon mehrfach angedeutet. Sie betraf, sieht man einmal von der mit dem Niedergang des Kaiserreiches um sich greifenden Mädchentötung ab, vor allem die zweite Phase der Kindheit. Die weibliche Unterordnung konnte kaum eindringlicher versinnbildlicht und auch kaum radikaler durchgesetzt werden als durch das Binden der Füße frühestens ab dem vierten und spätestens ab dem siebten Lebensjahr. Was als eine Mode der Oberschicht in der mittleren Kaiserzeit begann, hatte sich zu einer Selbstverständlichkeit entwickelt, so daß mit Ausnahme der Hakka, der Bootsleute und Teilen der südchinesischen bäuerlichen Bevölkerung ein großfüßiges Mädchen im letzten Jahr-

---

[74] Rawski (wie Anm. 71).
[75] Hsü (wie Anm. 36) Kap. VIII.

hundert keine Heiratschancen hatte. Ein Verbotserlaß der Mandschu-Dynastie war schon im 17. Jahrhundert am Widerstand der Bevölkerung gescheitert.[76] Ein Mädchen, das der Kindstötung entgangen war und den sehr schmerzvollen, drei bis vier Jahre andauernden Prozeß der Fußverstümmelung erduldet hatte, schien optimal auf eine Rolle vorbereitet zu sein, die sie nach der Hochzeit in einer fremden, stets mißtrauisch-fordernden Umgebung – in der Familie ihres Mannes – zu spielen hatte, bis sie selbst den Platz der Schwiegermutter einnahm und die Identifikation mit der Linie ihres Mannes über den Sohn gelungen war.

Töchter der Oberschicht, die ihre Füße besonders klein gebunden bekamen, mochten sich damit getröstet haben, daß sie bis zum zwölften oder dreizehnten Lebensjahr am Unterricht teilhaben durften und sich den schönen Künsten, der Dichtung, Malerei, Musik und Kalligraphie, widmen konnten. Die typisch weiblichen Fertigkeiten wie Sticken und Nähen, Weben und Kochen stellten hier, wo eine Schar von Bediensteten anwesend war, anders als in den unteren Schichten, bei denen derlei Heimarbeit zur Existenzsicherung gehörte, eher einen schönen Zeitvertreib dar. Dafür waren die Füße der Töchter ärmerer Familien nicht so stark eingeschnürt, da sie ja für die Arbeit im Haus und gelegentlich auf den Feldern gebraucht wurden.

Aus diesem Jahrhundert liegen Tagebuch- und andere Aufzeichnungen vor, aus denen sich erahnen läßt, was diese Verkrüppelung der Füße, die die Bewegung über alle Maßen erschwerte, für die körperliche und seelische Identität der Mädchen und Frauen bedeutet haben mag.[77]

---

[76] E. F. Podach: Gin-lien. Ein aktualistischer Beitrag zur Ethnologie des Häßlichen, in: Jahrbuch des Linden-Museums 1 (1951) S. 163. Das sich wandelnde Verhältnis der Chinesen zu ihrem eigenen Körper ist eine eigene Untersuchung wert. Nur so viel an dieser Stelle: Körperliche Ertüchtigung und die Kriegskünste spielten im Selbstverständnis der Oberschicht seit der mittleren Kaiserzeit immer weniger eine Rolle, vgl. G. Linck: Die Phönixe tanzen zu zweit. Weiblichkeits- und Männlichkeitsideale im früh- und spätkaiserzeitlichen China, in: J. Martin und R. Zoepffel (Hrsg.): Aufgaben, Rollen und Räume von Frau und Mann (in Vorbereitung).

[77] H. S. Levy: Chinese Footbinding. The History of a Curious Erotic Custom, New York 1966.

4. Funktionen und Struktur der Familie

In China war die Familie nicht nur der Ort par excellence für die
Sozialistation und die soziale Kontrolle. Ihre altersbedingten Abhän-
gigkeits- und Autoritätsstrukturen lieferten das gültige Modell für die
gesellschaftliche und politische Ordnung: Der Kaiser sorgte für das
Volk wie die Mutter für den Säugling; ein tributpflichtiger fremder
Herrscher erhielt den Titel *wang* „Prinz" verliehen, der eigentlich den
Söhnen des Kaisers vorbehalten war.[78] Vor allem der Neokonfuzianismus hatte die Nützlichkeit der Familie als Grundpfeiler einer hierar-
chisch gegliederten Gesellschaft, die desto weniger hinterfragt wurde,
je naturhafter sie erschien, wiederentdeckt und gegen Angriffe seitens
buddhistischer und daoistischer Strömungen neu zur Geltung gebracht.[79]

Die Stärke der Familie hatte zugleich eine ganz massive wirtschaftliche Grundlage. Das Land, Lebensunterhalt der Mehrheit der Bevölkerung, war in Kollektivbesitz und wurde vom Familienoberhaupt
verwaltet. Der Kampf ums Dasein setzte gerade in den mittleren und
unteren Schichten Kooperation voraus und förderte von daher das
Gruppendenken und Gruppenhandeln, solidarische Bande innerhalb
der Verwandtschaft und die Abgrenzung gegen Fremde. Die unauf-
hörliche Expansion der chinesischen Gesellschaft nach Süden, das
Vorstoßen landsuchender Bevölkerung über die Grenzen hinaus erfolgte ebenfalls im Rahmen verwandtschaftlicher Einheiten.[80]

---

[78] Dieses Modell wurde auch in die jenseitige Welt projiziert. Anläßlich einer neueren
Untersuchung in einem taiwanesischen Dorf verwies die Mehrheit der Informanten auf
die Eltern-Kind-Beziehung bei der Frage, welche zwischenmenschliche Beziehung am
ehesten dem Verhältnis zwischen Göttern und Mensch gleichkäme. Alternativen waren
das Lehrer-Schüler-, Beamter-Bürger-, Arzt-Patient-, Mutterbruder-Schwestersohn-
Verhältnis und die Beziehung zwischen Älteren und Jüngeren. Die Begründung lautete:
„Eltern lehren ihre Kinder, Gutes zu tun, und Götter tun das Gleiche. Wärest du krank,
würden deine Eltern dir helfen wollen. Götter sind ebenso. Solange du Gutes tust und sie
respektierst, werden sie ihr Mögliches tun, um zu helfen. Eltern handeln genauso, wenn
du gehorsam und gut bist. Weder Götter noch Eltern wollen etwas mit Verbrechern und
Gangstern oder nutzlosen und desorientierten Leuten zu tun haben." E. M. Ahern:
Chinese Ritual and Politics, Cambridge 1981, S. 98.

[79] Von ihrem Weltverständnis her standen Buddhismus und Daoismus mit ihren Idealen
des Mönchslebens oder des zurückgezogenen Einsiedlers der Familie mit ihren gesellschaftlichen Verpflichtungen und Verstrickungen grundsätzlich skeptisch gegenüber.

[80] B. Pasternak: The Role of the Frontier in Chinese Lineage Development, in: Harvard
Journal of Asiatic Studies 28 (1969) S. 551–561.

In der Schicht der Beamten und Gelehrten war die wirtschaftliche Abhängigkeit der Jüngeren von den Älteren noch offenkundiger, da jene in ihrer Ausbildung, die ihnen zu Amt und Würden verhelfen sollte, in jedem Fall auf eine langjährige Gunst und Unterstützung der Familien- und Clangemeinschaft angewiesen waren. Den großen Familien bot darüber hinaus eine starke Verwandtschaftsgruppe mehr soziale Macht und Sicherheit.

Der aktiven wie nichtaktiven Bevölkerung garantierte die Familie im allgemeinen die materielle Existenz überhaupt, die außerhalb dieses Schutzverbandes in jedem Falle – dies gilt insbesondere für das weibliche Geschlecht – erschwert war.

Die religiöse Stütze für den Zusammenhalt der Familie und den übergreifenden Verwandtschaftseinheiten stellte der Ahnenkult dar, der dem einzelnen über sein individuelles Leben hinaus Sinn und Identität verlieh. „Unter dem Schatten der Ahnen",[81] von deren Wohlwollen Gedeih und Verderb der Lebenden abhängig war, wuchs das Kind in dem Bewußtsein heran, selbst einmal Glied dieser endlosen Kette zu sein. Dies gewährte vor allem dem Sohn (bei den Töchtern vermittelt, da sie den Männern die Söhne zu gebären hatten) eine Achtung und Würde, die unter Umständen bei der Kompensation der auferlegten Selbstbeschränkungen sehr hilfreich war.[82]

Wenn in der Literatur über die vormoderne chinesische Familie häufig das *Vater-Sohn-Verhältnis* als die zentrale Beziehung bezeichnet wird, so ist dies nur bedingt richtig. Ihre Bedeutung leitete sich vom Ahnenkult ab, da sich die Linie vom Vater auf den Sohn fortsetzte. Das Vater-Sohn-Verhältnis war schon in den frühen Ritenbüchern durch eine Distanz und einseitige Machtfülle gekennzeichnet. Die neokonfuzianische Ausrichtung brachte wohl eine zusätzliche Erweiterung seiner Befugnisse mit sich. Dennoch war seine Gewalt keineswegs absolut. Gegenüber den Kindern teilte er die Autorität tatsächlich mit der Mutter.[83] Auch das chinesische Erbrecht, das auf dem Prinzip der gleichberechtigten Teilung beruhte, setzte ihm Grenzen, den einen oder anderen Sohn zu bevorzugen bzw. zu benachteiligen. Bei Mißbrauch seiner väterlichen Funktion als Verwalter des von

---

[81] Hsü (wie Anm. 36).
[82] Vgl. Schlußbemerkung ↗ S. 107 ff.
[83] Vgl. den Abschnitt über Schutz- und Kontrollinstanzen ↗ S. 104 ff.

den Ahnen ererbten Gutes konnten die Kinder, zwar nicht zu seinen Lebzeiten, doch nach seinem Tode vor Gericht einschreiten. Daß sie dieses Recht wahrnahmen, ist zumindest für die mittlere Kaiserzeit durch eine juristische Fallsammlung belegt.[84]

Im Gegensatz zu der streng fordernden, häufig strafenden, gelegentlich Lob austeilenden, insgesamt aber distanzierten Vaterfigur tritt in den Quellen die chinesische *Mutter* im großen und ganzen als beschützende, nachgiebige, liebevolle Gestalt in Erscheinung, die die Kinder bruchlos bis an die Schwelle zum Erwachsenendasein, die Söhne sogar ihr ganzes Leben, begleitete.

Da sich die Beziehungen zwischen den Ehegatten für unsere Begriffe eher entfremdet gestalteten, war die Mutter stark auf die Söhne fixiert, die ihre einzige Daseinsberechtigung in der Familie des Mannes darstellten. Mit Hilfe der Söhne gelang es ihr, nicht nur den Ehemann auszuspielen, sondern auch in außerhäuslichen, im Grunde dem Manne vorbehaltenen Angelegenheiten mitzureden und zu entscheiden. Die Quellen erwecken den Eindruck, daß die Mutter den Gipfel an Zufriedenheit und Macht erlebte, wenn die Schwiegereltern und der Ehemann gestorben und ihre Söhne erwachsen waren.[85] Die starke emotionale Bindung zwischen Mutter und Sohn bedingte zugleich eine ambivalente Beziehungsstruktur: Er liebte die Mutter, er brauchte sie, aber fürchtete zugleich ihre beherrschende und besitzergreifende Art. Kurzgeschichten und Träume aus dem modernen Taiwan bestätigen diese Rolle der Mutter, die den Sohn – auch zu Lasten der Schwiegertochter, an sich zu binden wußte.[86]

Die zuweilen grotesk anmutende Übertreibung der Tugend der „kindlichen Pietät" *xiao*[87] legt die Vermutung nahe, daß das Verhältnis

---

[84] Vgl. etwa die Fälle *zheng-ye* 23 u. 34 und *wei-fa jiao-yi* 3 in der juristischen Fallsammlung „Ming-gong shu-pan qing-ming-ji" aus der Song-Zeit, Shanghai: Xu-gu-yi cong-shu 1935, untersucht in der Habilitationsschrift von G. Linck: Zur Sozialgeschichte der chinesischen Familie im 13. Jahrhundert. Untersuchungen am ‚Ming-gong Shu-pan qing-ming ji' (= Münchner Ostasiatische Studien Bd. 40), Stuttgart 1986.

[85] Es sei an die Gestalt der Ahnin in dem berühmten Roman der Qing-Zeit „Hong-lou-meng" erinnert, vgl. F. Kuhn: Der Traum der roten Kammer, Wiesbaden 1956.

[86] Vgl. etwa Ai-li S. Chin: Family Relations in Modern Chinese Fiction, in: Freedman (Hrsg.) (wie Anm. 96) S. 87–120. W. Eberhard: Moral and Social Values of the Chinese, Taibei 1971, S. 27–96.

[87] E. Hauer: Erh-shih-se hiao – 24 Beispiele von Kindespflicht, in: Mitteilungen des

zwischen Eltern und Kindern im vormodernen China stark belastet und durch ein „Gefühl des Immer-in-der-Klemme-Seins",[88] gestört war. Für die Ambivalenz in der Mutter-Sohn-Beziehung spräche auch, daß in den entsprechenden Moralgeschichten doppelt so oft von der Schuld gegenüber der Mutter als von der Verpflichtung gegenüber dem Vater die Rede ist.[89]

Neben Vater und Mutter spielten in dem innerfamilialen Beziehungsgefüge die *Geschwister* die wichtigste Rolle. Das Zusammenleben in der patrilinear und patrilokal erweiterten Verwandtschaftsgruppe forderte starke brüderliche Bande, die durch das Prinzip der gleichberechtigten Erbteilung zementiert wurde. Dem widersprach im Grunde die rituelle Primogenitur und die Einordnung in die Altershierarchie innerhalb der Generation. Die brüderliche Einheit zerfiel dann auch häufig, sobald der Vater und die Mutter gestorben waren und die Erben den Besitz geteilt hatten.[90]

Ohne auf die anderen Personen der Kernfamilie oder der allenfalls in der Oberschicht erweiterten Familie eingehen zu können, muß man festhalten, daß gerade die Beziehungen, die am ehesten mit echter Zuneigung und unbelasteter Herzlichkeit aufgefüllt waren, in der chinesischen Verwandtschaftsordnung eine untergeordnete Rolle spielten: Schwester-Schwester, der jüngere Vaterbruder-Nichten, Großmutter-Enkel, Vater-Tochter. Umgekehrt unterlagen die Beziehungen, die die patrilineare Familie stützten und im Falle einer Emotionalisierung bedrohlich werden konnten – Vater-Sohn, Mann-Frau, Vaterschwester-Neffen, Schwiegervater-Schwiegertochter –, dem Gebot der Distanz und Meidung.[91]

Seminars für Orientalische Sprache 31 (1928) S. 60–75. Linck-Kesting (wie Anm. 3) S. 402.

[88] Thomas Metzger spricht in diesem Sinne von „a sense of predicament", ders. (wie Anm. 11).

[89] Hauer (wie Anm. 87). Vgl. auch D. Yao-Fai Ho: Childhood Psychology: A Dialogue with Special References to Chinese and American Culture, in: A. Kleinmann und Tsung-yi Lin (Hrsg.): Normal and Abnormal Behaviour in Chinese Culture, London 1981, S. 137–155.

[90] Die in der Fallsammlung geschilderten Zustände widersprachen somit dem Ideal des brüderlichen Zusammenlebens unter einem Dach, vgl. Linck (wie Anm. 84) S. 93 ff.

[91] Vgl. M. J. Levy Jr.: The Family Revolution in Modern China, New York 1968, Part II: Traditional Family Structure.

Außer den schon berücksichtigten schicht- und geschlechtsspezifischen Unterschieden in der Sozialisation ließen sich weitere Faktoren anführen, die für das heranwachsende Kind eine Rolle spielten. So konnte es für ein Kind nicht gleichgültig sein, ob es in der Kernfamilie oder in der erweiterten Familie aufwuchs, wo eine Schar von Vettern und Basen und Tanten und Onkel als zusätzliche Bezugspersonen in Frage kamen.[92]

Angesichts der das ganze traditionelle Leben durchdringenden Altershierarchie, ist es kaum verwunderlich, daß auch die Stellung in der *Geschwisterreihe* für das chinesische Kind von großer Bedeutung war. In vielen Regionen Chinas durfte der erste Sohn vor allen anderen heiraten. Das gleiche galt auch für die erstgeborenen Töchter.[93]

Gleichzeitig war die Existenz und Position des ältesten Sohnes rechtlich abgesichert. So war er z. B. nicht von der eventuellen Freigabe für die Adoption betroffen noch in dem Maße wie seine Brüder gezwungen, falls das väterliche Vermögen nicht ausreichte, einen anderen Beruf zu ergreifen oder auf der Suche nach einem Lebensunterhalt abzuwandern.

Doch insgesamt war die Rolle des Erstgeborenen gerade im Kindesalter nicht unbedingt beneidenswert. Wenn man ihm zwar auch von Anfang an mehr Beachtung schenkte als allen nachfolgenden Geschwistern, so wurde er zugleich in dem Bewußtsein einer auf ihm lastenden Verantwortung großgezogen und aus diesem Grunde in seinen Freiräumen wesentlich beschnitten. In dem Maße, in dem seit der Ming-Dynastie das politische Klima einer starken Hausmacht abhold war, verlor diese Art der Primogenitur auch in der Oberschicht mehr an Bedeutung. So kam es immer häufiger vor, daß ein Vater einen an

---

[92] Die hier angedeutete Form der erweiterten Familie war, wenn überhaupt, nur in der Oberschicht verwirklicht. Das Auseinanderfallen nach dem Tod des Vaters bzw. der Mutter, nicht zuletzt bedingt durch das Erbrecht, scheint oft selbst in diesen Kreisen unumgänglich gewesen zu sein. Die Mehrheit der Bevölkerung lebte in Kernfamilien oder in der Stammfamilie, in der der älteste Bruder mit seiner eigenen Familie im Elternhaus wohnen blieb. Linck (wie Anm. 84) Kap. 2. Vgl. auch Yih-Fu Ruey: Changing Structure of the Chinese Family, in: Kao-gu ren-lei-xue ji-kan (Bulletin of the Department of Archaeology and Anthropology) 17 (August 1961).
[93] G. Boulais: Manuel du Code chinois, Nachdruck Taibei 1966, S. 261. E. J. M. Kroker: Rechtsgewohnheiten in der Provinz Shantung, in: Monumenta Serica 14 (1955) S. 293.

Begabung und Erfolg dem ersten Sohn überlegenen Sprößling in jeder Hinsicht bevorzugte.[94]

Für die jüngeren Kinder galt prinzipiell, daß ihnen, je mehr ältere Geschwister vorhanden waren, desto weniger Aufmerksamkeit gewidmet wurde. Dies brachte geringere Rechte, aber auch geringere Verpflichtungen der Familie und Gesellschaft gegenüber mit sich.[95]

In den reicheren Familien gesellten sich zu den verwandten Mitgliedern der Hausgemeinschaft außer den Bediensteten noch die Amme und der Lehrer, die auf die Kinder einwirkten.[96]

Die in den Unterschichten verbreitete Form der uxorilokalen Ehe, bei der ein Mann in die Familie, der ein männlicher Nachkomme versagt geblieben war, einheiratete, bestimmte in anderer Weise die Binnenverhältnisse in der chinesischen Familie als die patrilokale Idealform der Ehe. Auf Grund seiner isolierten und mißachteten Position innerhalb der Familie und der Gesellschaft war der betreffende Ehemann kaum in der Lage, sich als distanzierte Autorität eines typischen Familienvaters aufzubauen. Damit scheint jedoch das Verhältnis zu den Kindern eher herzlicher und emotionaler gewesen zu sein.[97]

Zum Schluß noch ein Wort zur *außerhäuslichen Sozialisation*, die weiter verbreitet war, als man zunächst annehmen möchte. Der Dienst im femden Haus oder die verschiedenen Formen der Integration von

---

[94] Eberhard (wie Anm. 15) S. 42 u. 45.

[95] Wolf (wie Anm. 43) S. 62. Métraux und F. L. K. Hsü: Some Aspects of Personality of the Chinese revealed by the Rorschach Test, in: M. Mead und Rh. Métraux (Hrsg.): The Study of Culture at a Distance, Chicago 1959, S. 423.

[96] Es fehlt der Platz, auf diese beiden für die Sozialisation gerade in der Oberschicht so bedeutsamen Figuren näher einzugehen. Zur *Amme* sei immerhin erwähnt, daß sie die Kinder nicht nur stillte, sondern häufig bis zur Heirat oder sogar darüber hinaus begleitete. So übernahm sie oft die Rolle der zärtlich liebenden Bezugsperson, während die Mutter eher in Distanz zu den Kindern trat – wenn auch nicht so extrem wie der meist abwesende Vater. Die konfuzianische Erwartungshaltung an den *Lehrer* hatte schon Xun-zi im 2. vorchristlichen Jh. formuliert: „Erziehen heißt in dem, was gut ist, den anderen vorangehen." H. Köster: Hsün-Tzu, Kaldenkirchen: Steyler Verlag 1967, S. 13. Einer solchen hohen Anforderung wurden sicher nur wenige gerecht. Auch teilten die Kinder offenbar nicht unbedingt die hohe Meinung, die Eltern vom Lehrer hatten, denn häufig entstammte er heruntergekommenen Beamtenfamilien oder hatte schon bei der ersten Beamtenprüfung versagt. Rh. Métraux: The Chinese First Teacher, in: Mead u. Métraux (wie Anm. 94) S. 111–119.

[97] M. Wolf: Child Training and the Chinese Family Structure, in: M. Freedman (Hrsg.): Family and Kinship in Chinese Society, Stanford 1976, S. 58–60.

Ziehkindern – „Kindsbraut" *tong-yang-xi*,[98] Stief- und Adoptivkinder[99] – gestalteten sich wie die Erziehung in der eigenen Familie im Rahmen der Altershierarchie, d. h. es gab keine mit der „Erwachsenen-orientierten Sozialisation" konkurrierende institutionalisierte „peer-group-socialisation",[100] die der vertikalen Beziehungsstruktur eine horizontale entgegengesetzt hätte. Die außerhäusliche Sozialisation – wie auch immer sie begründet wurde – fand eine Stütze in der Überzeugung, daß andere Personen als die Eltern wegen geringerer affektiver Beteiligung besser als Sozialisationsträger geeignet seien. Eine gewisse äußere Anpassung mögen jene zwar erzielt haben, doch lassen die Quellen eher eine von den betroffenen Kindern stark empfundene Marginalität vermuten.[101]

5. Schutz und Kontrollinstanzen

Nach alledem, was bisher über die Bedeutung der chinesischen Familie als tragender Pfeiler der vormodernen Gesellschaft gesagt wurde, ist es selbstverständlich, daß dieser soziale Ort in erster Linie als Schutz- und Kontrollinstanz für das heranwachsende Kind in Frage kam.

Doch griffen gelegentlich auch die übergeordneten Ebenen der Clan- und Dorfgemeinschaft, die Götter und Geister schützend sowie disziplinierend ein. Die Funktion des Staates blieb in dieser Hinsicht in der Wirklichkeit weit hinter seinen in den Gesetzen und Verordnungen formulierten Ansprüchen zurück.

In Familien der Beamten und Literaten, in denen der *Clanzusammenhalt* am stärksten ausgeprägt war, konnte theoretisch auch die Clangemeinschaft Strafen verhängen oder zugunsten Betroffener eingreifen. Die Disziplinierungsmaßnahmen reichten z. B. von der Streichung finanzieller Zuwendungen sowie sonstiger Begünstigungen über Stockschläge, der Beschlagnahmung der Zeremonialtracht und der Abkommandierung zu einer mehrjährigen Zwangsarbeit bis hin

---

[98] Ebd. S. 56 f.
[99] Waltner (wie Anm. 14).
[100] Mayer (wie Anm. 57).
[101] Waltner (wie Anm. 14).

zum Ausschluß aus der Clangemeinschaft und Nichterwähnung in den Genealogien.[102] Die überlieferten Clanregeln sind durchaus unterschiedlich in ihren Anweisungen; ihre Praxis bleibt bisher jedoch im dunkeln, zumal sich die Familienchroniken über die Existenz und das Schicksal der „schwarzen Schafe" stets ausschweigen.

Gewisse Anhaltspunkte liefern die *gong-guo-ge* „Register für verdienstvolles Verhalten und Verfehlungen", die z. B. die Clan-Zensoren einer gewissen Familie Cheng regelmäßig aufstellten. Auch die Moralbücher *shan-shu* der späten Kaiserzeit enthalten solche Tugend- und Straflisten.[103]

Hatte die Clangemeinschaft einerseits die Möglichkeit, sich strafend einzuschalten, so stand es ihr auf der anderen Seite auch zu, die innerfamiliären Autoritäten zu überprüfen und, wenn nötig, zurechtzuweisen. So ist in den Familienregeln des erwähnten Cheng-Clans vorgesehen, daß ein Älterer, der in seinem Verhalten den Jüngeren gegenüber zu weit gegangen war, vom Clanoberhaupt verwarnt und in schwerwiegenden Fällen in Gegenwart sämtlicher männlicher Mitglieder des Clans ausgepeitscht werden sollte.[104] Inwieweit dies tatsächlich vorkam, muß dahingestellt bleiben.

Auch dort, wo der Zusammenhalt der Clangemeinschaft nur schwach ausgeprägt bzw. die die Familie übergreifende Verwandtschaftsgruppierung nicht mit dem Territorialverband identisch war, dürfte die *Dorfgemeinschaft* grundsätzlich befugt gewesen sein, in bestimmten Fragen Maßnahmen zum Schutz zu ergreifen und zu bestrafen. Dies war zumindest in diesem Jahrhundert noch in ländlichen Gebieten und Kleinstädten der Fall. Dabei trat die Dorfgemeinschaft insgesamt oder in Gestalt eines ihrer herausragenden Vertreter in Sachen Kindespflicht, Pflichterfüllung gegenüber anderen Bluts- bzw. Heiratsverwandten wie auch gegenüber der Dorfgemeinschaft

---

[102] J. W. Dardess: The Cheng Communal Family. Social Organization and Neo-Confucianism in Yüan and Early Ming China, in: Harvard Journal of Asiatic Studies 43 (1974) S. 21, 25 u. 33. Eberhard (wie Anm. 15) S. 44–47. D. C. Twitchett: Documents on Clan Administration Part I: The Rules of Administration of the Charitable Estate of the Fan Clan, in: Asia Mayor N. S. 8 (1960) S. 22, 23 u. 29.

[103] Dardess (wie Anm. 102) S. 25. Eberhard (wie Anm. 21) Chapter 7. Van Gulik (wie Anm. 30) S. 308.

[104] Dardess (wie Anm. 102) S. 20f.

selbst, vor allem in Fragen der sexuellen Moral als Hüter der Ordnung auf. Je nach Schwere des Deliktes bediente man sich des Klatschs, öffentlicher Mißbilligung in verschiedenen Variationen, oder man zog die Angelegenheit ins Lächerliche.[105] Zu gewaltsamer Züchtigung durch die Dorfgemeinschaft kam es in den vierziger Jahren z. B. in Xicheng, einer Kleinstadt in Yunnan (Südwestchina) nur, wenn eine empörte Menge den Schuldigen in flagranti erwischte oder der Betreffende keine Eltern mehr hatte bzw. diese eine niedere gesellschaftliche Stellung einnahmen.[106]

Während eines Aufenthaltes in Taiwan Anfang der siebziger Jahre kam mir ein Fall zu Ohren, der sich kurz zuvor in einer kleineren Stadt ereignet hatte, wobei in einer sexuellen Angelegenheit die öffentliche Beschämung durch Spießrutenlaufen eingesetzt wurde.

Die von der Dorfgemeinschaft eingesetzten gewaltlosen Sanktionsmechanismen waren vor allem deshalb so wirksam, weil ihnen eine vom zarten Kindesalter an stark verinnerlichte Kontrollinstanz entgegenkam: die Angst, *diu-lian* „das Gesicht zu verlieren". Diese mag sogar größer gewesen sein als die Angst vor körperlicher Züchtigung.[107] Wenn einer „das Gesicht verlor", so sah er sich nicht nur als einzelner aus einem sicheren Netz sozialer Beziehungen herausgeworfen, sondern die ganze Familie war davon betroffen.

Zwar handelte es sich in der Mehrheit dieser Fälle, in denen sich die Clan- und Dorfgemeinschaft als kontrollierende und strafende Instanz bemerkbar machte, mit Sicherheit um Maßnahmen gegenüber Erwachsenen, allenfalls gegenüber Jugendlichen. Im allgemeinen achtete man innerhalb der erweiterten Familie und der Nachbarschaft eifersüchtig darauf, daß nur die Eltern, Großeltern und der ältere Bruder das Recht hatten, die Kinder zu bestrafen. Völlig unklar bleibt auch, ob ein einzelner über die unmittelbare Familie und Nachbarschaft hinaus sich für ein mißhandeltes Kind einzusetzen wagte. Immerhin mag die noch so theoretische Möglichkeit der Einmischung dieser übergeordneten Ebenen zum Schutz oder zur Kontrolle des heran-

---

[105] Hsü (wie Anm. 36) S. 228. Wolf (wie Anm. 43) S. 40.
[106] Hsü, ebd.
[107] W. Eberhard: Über den Ausdruck von Gefühlen im Chinesischen, München 1977, S. 48–59. Hsien-chin Hu: The Chinese Concepts of Face, in: American Anthropologist 46 (1944) S. 46, 50 u. 54f.

wachsenden Kindes seine moralische bzw. beschwichtigende Wirkung nicht verfehlt haben.

Nicht zuletzt erfuhr das richtige moralische Verhalten auch seine Begründung vom Jenseitigen her. So hing nach chinesischer Vorstellung Dauer und Ausmaß des Glücks, das einem in dieser Welt beschieden war, ganz wesentlich vom Lebenswandel des einzelnen sowie seiner Vorfahren ab. Gute oder schlechte Taten konnten das Leben verlängern bzw. verkürzen, spätestens aber nach dem Tode würde man dafür zur Rechenschaft gezogen werden.

Als jenseitige Instanzen kamen verschiedene Gottheiten, vor allem der Küchengott, und verschiedene Geister des Himmels und der Erde in Frage, die das Treiben der Menschen ständig beobachteten und registrierten, um die Richter der jenseitigen Welt davon in Kenntnis zu setzen.[108] Wichtiger noch für die einzelnen Familien waren die eigenen Ahnengeister, mit denen die Lebenden eine Gemeinschaft bildeten und von denen Wohl und Wehe im wesentlichen abhing.

Man redete nicht über die Ahnen, ohne sie in bezug zu sehen zu den eigenen Kindern, Enkeln und Urenkeln – und umgekehrt. So waren die Eltern angehalten, ihre Nachkommen weder um der Kinder noch um ihrer selbst, sondern um der gemeinsamen Vorfahren willen aufzuziehen und auszurichten. Ein Vater, der nicht die Rache der Ahnen heraufbeschwören wollte, war sich also seiner Verantwortung und seiner Grenzen durchaus bewußt.[109]

Durch das Zusammenwirken dieser jenseitigen, verinnerlichten Kontrollmechanismen mit den weltlichen Hütern der Moral sollte „die gute Ordnung", die dem Heranwachsenden durch Erziehung und Vorbild innerhalb der Familie vermittelt wurde, bekräftigt und aufrechterhalten werden. Auch hier kann man, wenn es um den Schutz oder die Kontrolle des Kindes ging, deren Wirksamkeit nur vermuten.

Die weiter oben erwähnten Praktiken der Abtreibung, der Kindestötung und -aussetzung veranlaßten den *chinesischen Staat* schon seit

---

[108] Hsü (wie Anm. 36) Kap. VI.
[109] Ebd. Kap. VIII. M. Freedman: Ritual Aspects of Chinese Kinship and Marriage, in: ders. (wie Anm. 96) S. 174.

dem 6. Jahrhundert, Maßnahmen zum Schutz des ungeborenen und geborenen, aber auch des verlassenen Kindes zu ergreifen.

Sie beschränkten sich zunächst auf Erlasse und Gesetze, die die lokalen Beamten ganz allgemein verpflichteten, für die Aufzucht von Findel- und Waisenkindern zu sorgen. Dem folgten auch immer wieder Verbotsedikte gegen die Kindestötung.[110] Der Schutz des ungeborenen Kindes spricht aus den Gesetzen, die im Falle einer schwangeren Delinquentin die Urteilsvollstreckung auf hundert Tage nach der Geburt verschoben. In dieser Zeit hatte die werdende Mutter im Gefängnis Anspruch auf eine Hebamme. Zugleich war der Richter nicht befugt, zum Zwecke der Erzwingung eines Geständnisses, sie zu foltern.[111]

Ob und inwieweit diese Verordnungen in der Praxis befolgt wurden, ist heute kaum noch festzustellen. Jedenfalls reichten sie in der mittleren Kaiserzeit offenbar nicht mehr aus, denn zu Beginn der südlichen Songzeit (1127–1278) sah sich die Zentralgewalt genötigt, zu anderen Mitteln zu greifen, um die Sitte der Kindestötung und -aussetzung einzudämmen. Von nun an sollte es einer Familie erlaubt sein, wenn sie ein Kind unter fünfzehn Jahren aufnahm, dessen Namen zu ändern und es in den Haushalt zu integrieren. Zusätzlich wurden ihr Reiszuschüsse, Geldzuwendungen oder Steuererleichterungen gewährt. Als Maßnahmen der Vorbeugung erhielten Schwangere ebenfalls Reis zugeteilt, eine milde Gabe, die man zunächst nur bei der Geburt und bei Vollendung des ersten Lebensjahres, später aber auch öfter und regelmäßiger wiederholte. In bestimmten besonders betroffenen Regionen wurde vorübergehend die Kopfsteuer sogar ganz abgeschafft.

Die in dieser Epoche verstärkte Fürsorge für die Kinder mag nicht zuletzt mit den langwierigen Kriegen zusammenhängen, die dann auch zur Besetzung Nordchinas durch die Fremdvölker führten und sich in der Verteidigung gegen die anstürmenden Mongolen fortsetzten; denn eine Folge dieser und anderer Katastrophen wie Überschwemmungen und Dürre war die Zerstörung zahlloser Familien gewesen, deren

---

[110] Seji Imahori: Sōdai ni okeru eiji hogo jigyō ni tsuite (Über Institutionen zum Schutz von Kleinkindern in der Song-Zeit), in: Hiroshima Daigaku Bungaku-bu kiyō 8 (Oktober 1955) S. 127–151.
[111] Linck-Kesting (wie Anm. 13).

ärmste Opfer die Kinder wurden. Auch mag den Staatsmännern, die im Gefolge des Neokonfuzianismus die Familie zum zentralen Organisationsmuster der Gesellschaft erklärten, der eklatante Widerspruch bewußt geworden sein zwischen der Glorifizierung der Familie auf der einen und ihrer Unfähigkeit auf der anderen Seite, diejenigen, die doch den Bestand von Familie und Gesellschaft gewährleisten sollten, überhaupt großzuziehen. So wäre es durchaus möglich, daß Zhu Xi, der oben erwähnte Staatsmann und Theoretiker der neokonfuzianischen Schule, bei den dann erfolgten Gründungen von Waisenhäusern und den entsprechenden behördlichen Organen die Initiative ergriff.[112]

Die *ju-zi-cang* „Speicher zur Aufnahme von Kindern", die allerdings einer älteren Einrichtung des 6. Jahrhunderts, dem *gu-du-yuan* „Waisenhof" nachempfunden waren, wurden dem neugeschaffenen *zi-you-ju* „Amt für Kinder" unterstellt. Bald verfügte jeder Kreis über durchschnittlich vier bis fünf solcher Waisen- und Findelhäuser, und zwar nicht nur in den Städten, sondern auch auf dem Lande, vor allem in den größeren Marktflecken. Häufig befand sich das Waisenhaus in einem Nebengebäude eines Tempels. Hier konnten Kinder unter zehn Jahren, Mädchen gleichermaßen wie Knaben, der Betreuung einer Amme *ru-mu* übergeben werden, nachdem sie entweder hungernd und frierend auf der Straße aufgelesen worden waren oder die Eltern verloren hatten, oder auch wenn die Eltern sich nicht imstande sahen, sie großzuziehen. Die Amme wurde in Geld oder Naturalien von der zuständigen Behörde bezahlt, die zugleich für Betten, Stühle, Tische, Schüsseln sowie Sommer- und Winterkleidung für die Kinder sorgte.

Jederzeit standen die Kinder zur Adoption frei; doch bemühte man sich besonders im dritten, siebten und zwölften Lebensjahr um die Wiedereingliederung in die eigene oder um eine Unterbringung in einer anderen Familie.

Die Blütezeit dieser sozialen Einrichtungen lag eindeutig in der Epoche der südlichen Song-Dynastie. Zwar lebten sie unter den Dynastien der Mongolen, der Ming und der Mandschu fort, wenn auch unter anderen Bezeichnungen, wie *shan-tang* bzw. *yu-ying-tang* „Halle zur Aufzucht von Säuglingen". Doch gestaltete sich die

---

[112] Seiji Imahori (wie Anm. 109) S. 131.

Finanzierung der Waisenhäuser immer schwieriger, obwohl ihnen Felder zur Verfügung standen, auf deren Verpachtung sie sich stützten, oder sie selbst als Banken fungierten, um durch den Geldverleih die Mittel zu vermehren. Mißwirtschaft und Korruption spielten dabei von Anfang eine nicht unwesentliche Rolle. Hinzu kam, daß der Staat sich mehr und mehr aus dieser Institution zurückzog und sich damit begnügte, die private Initiative zu wecken und zu unterstützen. Da bisher vorliegende Untersuchungen sich auf Vorschriften beschränken, ist es möglich, daß diesen Maßnahmen insgesamt wenig Erfolg beschieden war.

Dies bestätigt der einzige Hinweis, der einen Blick erlaubt auf die Sozialisationsbedingungen, unter denen diese Waisen- und Findelkinder heranwuchsen: Sie wurden in keiner Weise auf das Leben als Erwachsene, auf Möglichkeiten der Existenzsicherung, wenn sie das Heim verlassen würden, vorbereitet, so daß die Mädchen früher oder später in den Freudenhäusern und „Blumenbooten" landeten, während die Jungen als Bettler ihr Leben fristeten oder als Gauner ihr Auskommen suchten.[113]

6. Schlußbemerkung: Das Ergebnis der Sozialisation – Der kollektivistische Sozialcharakter oder eigenverantwortliche Persönlichkeit?[114]

Die Aufgabenstellung der vorliegenden Arbeit war es anzudeuten, auf welche Weise im China der Kaiserzeit das soziale und kulturelle Erbe vermittelt wurde.

Zugleich sollte bei aller Fülle des historischen Materials der Zusammenhang, aber auch die Diskrepanz deutlich werden zwischen den Normen – der Rolle, die dem Kind in der Theorie zustand – und der realgeschichtlichen Entwicklung.

Die Wirklichkeit selbst erwies sich dabei als derart komplex und vielgestaltig, daß zwischen geschlechts- und schichtspezifischen und

---

[113] Ebd. S. 145f.
[114] Vgl. H. Rosenbaum: Familie als Gegenstruktur zur Gesellschaft, Stuttgart 1973, S. 170.

einer Reihe anderer abweichender Sozialisationsbedingungen zu differenzieren war.

So skizzenhaft flüchtig die Aspekte der vormodernen chinesischen Sozialisation im einzelnen bleiben mußten, sie erlauben doch eine Antwort auf Fragen, die eine moderne Sozialisationsforschung an den Historiker stellen könnte.

Betrachtet man einmal das Material im Lichte moderner Theorien zur chinesischen Persönlichkeit, so ergeben sich folgende Positionen: [115]

– die Unterordnung der eigenen Bedürfnisse unter die Anforderungen einer moralisch legitimierten Gruppe, die ständige Angst, moralisch zu versagen, Mangel an individueller Selbstbehauptung, konventionelles, durch das Kollektiv gedecktes Verhalten, Arbeitsethos, kurz, „das Syndrom der Abhängigkeit" mit den entsprechenden Frustrationen und verhaltener Aggressivität als entscheidende Merkmale der chinesischen Persönlichkeitsstruktur wurden von behavioristisch beeinflußten Autoren wie Tseng Wen-hsing, Hsü Ching und Li Mei-chih behauptet.

– Während diese die traditionell-chinesische Ausprägung des kollektivistischen Sozialcharakters verwerfen, können sich andere Autoren, wie Francis L. K. Hsü, Martin C. Yang und Tang Chün-i, auf die fast sprichwörtliche Gelassenheit der Chinesen stützen und betonen das Prinzip der Gegenseitigkeit in den Beziehungen (F. L. K. Hsü), den Solidaritäts- und Sinnzusammenhang des chinesischen „Familismus" (M. C. Yang) und das Gefühl einer „moralischen Verbundenheit mit allen Wesen der materiellen und immateriellen Natur" (Tang Chün-i).

---

[115] Das sind die Ergebnisse eines Symposiums „Looking at the Chinese Character from the Standpoint of Personality Development" in Taiwan 1972, vgl. Metzger (wie Anm. 11) Chapter „Dependancy and the Humanistic Theory of Chinese Familism". Vgl. auch E. T. C. Werner: The Philosophy of Chinese Group Action, in: New China Review 3 (1921) S. 338–349. B. Ward: Temper Tantrums in Kau Sai. Some Speculations upon the Effects, in: Mayer (wie Anm. 57) S. 109–125. Die Frage nach einer „Sozialisation" der Erwachsenen durch die Kinder oder nach einer Einflußnahme der jüngeren Generation auf die Wertewelt der gesamten Gesellschaft ist beim jetzigen Stand der Forschung schwer zu entscheiden, für die Frühe Kaiserzeit mit aller Vorsicht und vor allem für die zwanziger Jahre unseres Jahrhunderts zu bejahen.

Alle drei gehen davon aus, daß menschliches Verhalten – auch im Kindesalter – nicht allein auf die Befriedigung materieller und sinnlicher Bedürfnisse ausgerichtet ist, sondern nach einem sinnvollen und unantastbaren Lebens- und Moralzusammenhang strebt, aus dem es seine volle Genugtuung schöpft. Während Hsü auf die durch den Ahnenkult gegebenen reziproken Beziehungen verweist, hebt Yang die Schutzfunktion der chinesischen Familie hervor, die dem einzelnen Existenz, Halt und Sicherheit gab, und zeigt sogar, daß die Unterordnung unter die Autorität und Gemeinschaftsinteressen dem Individuum letztlich auch die materielle Bedürfnisbefriedigung bot; denn nichts entsprach mehr der kindlichen Pietät, als der Familie zu Wohlstand zu verhelfen und für sich selbst Amt und Würden zu erlangen, die den Ahnen zur Ehre gereichen würden.

– Tang Chün-i feiert schließlich das Pathos der Unendlichkeit, der aktiven Partizipation an einer höheren moralischen Ordnung, die den Kosmos durchwaltet, grenzt sich gleichermaßen ab gegenüber dem egozentrischen, materieller Bedürfnisbefriedigung nachjagenden Individuum des Westens wie gegenüber dem moralisch zweifelhaften Untertanengeist und Duckmäusertum. Nach wie vor hält er den Neokonfuzianismus für geeignet, der im ethischen Sinne anspruchsvollen und autonomen Persönlichkeit, die aus dem Gefühl der Einheit mit allem, was existiert, ihre eogistischen Bedürfnisse zurückstellte, die gelassene Heiterkeit und philosophische Lebensfreude zu gewähren, wie sie von jeher für den chinesischen Weisen kennzeichnend waren. In Tang Chün-is anspruchsvollem Menschenbild stellen sich somit der kollektivistische Sozialcharakter und die eigenverantwortliche Persönlichkeit nicht als sich ausschließende Sozialisationsziele dar.

Geht man davon aus, daß die Erfahrungen im zwischenmenschlichen Verkehr, insbesondere die Sozialisation und soziale Kontrolle im einzelnen die Motivation wecken für entsprechendes soziales Verhalten, so stellt sich die Frage, wie der in moralischer Hinsicht durchschnittliche Chinese im vormodernen China mit dem „Syndrom der Abhängigkeit" und dem daraus resultierenden Gefühl der Unzulänglichkeit fertig wurde. Das „Ethos der Interdependenz"[116] mag dabei

---

[116] Metzger (wie Anm. 11). Es fällt auf, daß die großen Geistesströmungen Chinas –

von Bedeutung gewesen sein. Doch besteht kein Zweifel daran, daß die angedeutete Praxis der Sozialisation den kollektivistischen Sozialcharakter auch in seiner negativen Ausprägung förderte und der eigenverantwortlichen Persönlichkeit unter Umständen wenig Raum beschieden war.

Daoismus, Buddhismus und Konfuzianismus, erst recht der Legismus – sämtlich egoistisches Verhalten negativ bewerten, vgl. W. Bauer: The Problems of Individualism and Egoism in Chinese Thought, in: ders (Hrsg.): Studia Sino-Mongolica. Festschrift für Herbert Franke, Wiesbaden 1979, S. 431. In dem weiter oben erwähnten Bericht amerikanischer Pädagogen aus der VR China wird deutlich, wie dort ganz ähnliche Ergebnisse der Sozialisation zu beobachten sind: Persönliche Entwicklung und individuelle Erfüllung einerseits und die Anforderungen der Gesellschaft andererseits sind keineswegs ausgewogen, ersteres vielmehr letzterem untergeordnet. Es gibt keine Zugeständnisse an das, was westliche Pädagogen und Entwicklungspsychologen „den natürlichen Egozentrismus des Kindes" nennen. Die Erziehung ist altruistisch ausgerichtet, phantasievolles Spiel stark eingeschränkt, die richtigen Antworten sind vorgegeben, Alternativen werden nur zur Diskussion gestellt, um kritisiert und verworfen zu werden. Es gibt keine anderen Aktivitäten als die der Gruppe. Trotz alledem (einschließlich des Fehlens der „Mutter-Kind-Dyade") machten die von der Untersuchungsgruppe beobachteten Kinder einen ausgeglichenen und erstaunlich nicht-aggressiven Eindruck, vgl. Goldman (wie Anm. 72).

JAPANISCHE KINDHEIT SEIT 1600

HIROKO HARA UND MIEKO MINAGAWA

1. Kinder in der Tokugawa-Zeit

1.1 Wie Japaner Kinder sahen

Es gibt eine Reihe verschiedener Quellen, mit deren Hilfe Vorstellungen darüber formuliert werden können, wie die Japaner seit 1600 Kinder gesehen haben. Für die Zeit vor 1600 dagegen ist das schwierig, weil das Material noch nicht aufbereitet ist.

Aufgrund der Forschungsergebnisse der Yanagida-Schule glaubten die Japaner im 19. und 20. Jahrhundert, daß ein Kind „bis zu seinem 7. Geburtstag nahe einem *kami*, einem übernatürlichen Wesen", sei. Aufgrund anderer Quellen können wir vermuten, daß dieser Glaube recht weit in die japanische Geschichte, ja sogar bis vor 900, zurückgehen mag. Nach japanischer Vorstellung sind *kami* reine, unschuldige, etwas schrullige und oft unkontrollierte Wesen. In verschiedenen *Shintō*-Riten erhalten Kinder unter sieben Jahren gewichtige Rollen als Vermittler zwischen dem Heiligen und dem Profanen.[1] Wenn ein Kind vor Erreichen des 7. Lebensjahres stirbt, wird sein Leichnam in anderer Weise behandelt als die Leichname derer, die später sterben. Dies bedeutet, daß die Seele des Kindes direkt ins Jenseits zurückkehrt, um wiedergeboren zu werden. Gemäß dieser Vorstellung wurden Kinderleichname sogar noch nach der Meiji-Restauration unter dem Boden eines Hauses, an einer Straßenkreuzung oder an den Dorfgrenzen beerdigt. In diesem Zusammenhang ist es bemerkens-

---

[1] Der Religionswissenschaftler Tokuichi Iwamoto legt nahe, daß Kinder an Riten teilnahmen oder selbst den Göttern opferten und gründet diese Anschauung auf Studien über das *Engishiki* aus dem Jahr 905.

wert, daß sich die Bestattungsgebräuche der Japaner allgemein im Laufe der Geschichte seit dem 6. Jahrhundert vielfach verändert haben. Sie dienten ursprünglich dazu, die Seele des Verstorbenen in der Nähe des Hauses zu halten, um die verbliebenen Familienmitglieder zu schützen. Seit der Einführung des Buddhismus in Japan im 6. Jahrhundert versuchten verschiedene buddhistische Sekten die Vorstellung zu verbreiten, daß die Seelen der Verstorbenen in eine andere weit entfernte Welt gingen. Trotz dieser Wandlungen scheinen die Bestattungsbräuche für die Kleinkinder ihre archaischen Formen beibehalten zu haben.

Kinder im Alter unter sieben Jahren werden mit Respekt und Ehrfurcht behandelt und waren oft sehr verwöhnt. Solche Verhaltensweisen der Japaner werden von westlichen Beobachtern oft als übertrieben angesehen.[2] Nach japanischer Vorstellung aber wird ein Mensch durch die Erwachsenenwelt beschmutzt, wenn er oder sie heranwächst. Mit anderen Worten, die Japaner betrachten Kleinkinder nicht als sündig. Sogar *mabiki* (= Kindermord) an neugeborenen Mädchen, physisch Verunstalteten, an einem von Zwillingen oder an Kindern, die in einem für die Eltern schlechten Kalenderzyklus geboren wurden, betrachtete man nicht als Mord, sondern als Zurücksendung der Seele in das Jenseits, damit es zu einer besseren Wiedergeburt kommen könnte; dies belegen die Quellen der Yanagida-Schule.[3]

Die Japaner haben seit dem Ende des 12. Jahrhunderts die ersten sieben Lebensjahre als die erste Hälfte der Kindheit angesehen. Die Dauer der zweiten Hälfte sollte bis zum 14. oder 15. Lebensjahr gehen, obwohl es auch Varianten zwischen 11 und 18 gab.[4]

Diese Art der Einteilung der Lebensalter paßte zur Einschulung nach der Meiji-Restauration. Noch nach dem Ende des Zweiten Weltkrieges bis in die sechziger Jahre arbeiteten die meisten jungen Leute im Alter von mehr als 15 Jahren entweder in der Familie oder bei Arbeitgebern. Erst in den letzten zehn bis fünfzehn Jahren findet sich die Mehrheit junger Menschen unter zwanzig Jahren lediglich in Schulen.

Die Japaner scheinen, zumindest seit dem Ende der Tokugawa-Zeit,

---

[2] Bird 1880; Morse 1917.
[3] Tsuboi 1971, S. 1–35.
[4] Yuki 1977, S. 16–20.

die Vorstellung gehabt zu haben, daß Kinder nicht nur unter Aufsicht der Eltern, anderer Familienmitglieder, Verwandter und Nachbarn aufwachsen, sondern auch unter dem Schutz verschiedener übernatürlicher Wesen. Mindestens aber seit der Tokugawa-Zeit gibt es Belege dafür, daß man besonders die Mütter für verantwortlich dafür hielt, daß ihre Kinder gut aufwuchsen. Besonders nach der Meiji-Restauration wurde der Mutterliebe seitens der Regierung besonderes Gewicht in der Kindererziehung eingeräumt. Die Forschungen von Hayao Kawai, die japanische mündliche Traditionen aus der Perspektive der Psychiatrie analysiert hat, haben gezeigt, daß die Betonung der Mutterschaft durch konfuzianische Gelehrte in der Tokugawa-Zeit sowie von seiten der Meiji-Regierung mit fest in der Tradition verankertem Vertrauen in die Weisheit und Stärke der Frauen zusammenhängt.[5]

Das japanische Wort *taikyō* bezeichnet das Belehren und die Disziplinierung eines noch ungeborenen Kindes. Die Vorstellung stammt aus China und wurde stark betont in den illuminierten Blockdrucken, die in der Tokugawa-Zeit besonders für Frauen hergestellt und mit Elementen konfuzianischer Lehren in Japan vermischt wurden.[6] Demzufolge soll die Art, in der die Mutter sich während der Schwangerschaft verhält, fühlt und denkt, sich auf das ungeborene Kind übertragen und weiter auf Charakter, Gesundheit und Fähigkeiten des Kindes nach der Geburt wirken. Von der Mutter wird erwartet, daß sie dem Ungeborenen eine gesunde Umgebung bereitet und sich für dessen Wohlergehen verantwortlich fühlt. So soll die Mutter nett zu anderen Menschen und fleißig sein und besonders schmerzhafte oder anstrengende Situationen vermeiden (z. B. an Beerdigungen teilzunehmen, das Brennen eines Hauses zu beobachten). Darüber hinaus sollen Menschen in der Umgebung einer Schwangeren ihr dabei helfen, physisch und geistig gesund zu bleiben. An diesem Glauben wird noch heute festgehalten.[7] Weibliche Verwandte, Freunde und Nachbarn der Schwangeren beraten sie, sprechen mit ihr und ermutigen sie.

---

[5] Kawai 1982.

[6] Ogata 1946.

[7] Meishin-chōsa-kyōgikai (Komitee zur Erforschung des Volksglaubens) (Hrsg.): Nihon no zokushin (Japanischer Volksglaube) 2 Bde., Tokyo: Giho-dō 1949.

Trotz verschiedener Einflüsse seit 1600 scheint der archaische Glaube an übernatürliche Wesen in der gesamten japanischen Geschichte als die Grundlage gewirkt zu haben, auf der Kinder in die japanische Gesellschaft und Kultur eingeordnet wurden.

1.2 Das Aufkommen neuer Anschauungen über Geburt und Kindererziehung

1.21 Die Entstehung einer Literatur über Kindererziehung

Bücher, deren vorrangiger Gegenstand die Kindererziehung war, erschienen in Japan zuerst in der Tokugawa-Zeit. Vorher können Informationen über Kindererziehung gelegentlich in anderen Büchern gefunden werden.

Das „Tōzan-Ōrai",[8] das vermutlich in der späten Heian-Zeit verfaßt wurde, stellt dar, wie ein ungeborenes Kind heranwächst. Es beschreibt auch das Aussetzen im Mai Geborener, weil man glaubte, sie brächten ihren Eltern Unglück. Nach Errichtung eines feudalen Sozialsystems durch das Kamakura-Shogunat waren die Angehörigen der neu aufkommenden Samurai-Klasse sehr daran interessiert, ihre Familie fortleben zu lassen. Aus diesem Grund schrieben viele Samurai *kakun* (Familienvorschriften)[9] für ihre Nachfahren nieder. In den meisten dieser *kakun* wird die Bedeutung der Familienerziehung sehr hervorgehoben. Sie enthalten detaillierte Anweisungen für die Heranbildung intellektueller Fähigkeiten, Disziplin, Kenntnis des Buddhismus, besonders des Zen-Buddhismus, und der Kriegskunst. Im „Sekyō-shō"[10] (einer Familienvorschrift wohl aus der Muromachi-Zeit – 1392 bis 1573) wurden beispielsweise die Ammenpflichten, unterschiedliche Erziehung der Jungen und Mädchen sowie ein genauer Tagesplan für das Studium in allen Einzelheiten je nach dem Alter des Kindes vorgeschrieben. Ebenso wurden wichtige Gesichtspunkte erwähnt, nach denen man einen Erben aussuchen sollte.

---

[8] Zoku-Gunsho-ruijū (Geordnete Sammlung von ausgewählten Büchern und Dokumenten), Bd. 359.

[9] Nach Yūki 1977 gibt es 224 *kakun*, deren Zahl mit fortschreitender Forschung ansteigen wird. Unter den verschiedenen Arbeiten über *kakun* sind die von Kakei 1967 und Kagotani 1979 hervorzuheben.

[10] Wie Anm. 8, Bd. 938.

In der Tokugawa-Zeit stieg die Zahl der veröffentlichten Bücher stark an. Bücher über Kindererziehung wurden an eine breite Öffentlichkeit gerichtet, ohne Beschränkung der Leserschaft auf Familienmitglieder oder Nachfahren.[11] Verschiedene Versionen des „Reishiki" (Einzelheiten über Passage-Riten eines Individuums), verfaßt von Yūsoku-kojitsu-ka (einem Schriftsteller, der sich in alten Hof- und militärischen Bräuchen gut auskannte), beschreiben die Geräte und die Riten zur Geburt eines Kindes. Die „Jokun-sho" (Lektionen für Frauen), die zumeist aus der Feder konfuzianischer Gelehrter stammten, predigten auf literarischem Niveau, wie der Lebenslauf der Frauen sein sollte. Einige dieser „Jokun-sho" wurden von gelehrten Frauen im literarischen Frauen-Stil verfaßt.[12] Beide, die „Jokun-sho" und die verschiedenen Versionen des „Reishiki", betonten die Wichtigkeit des *taikyō*. Die Vorstellung vom *taikyō* in Japan gilt als stark von China beeinflußt, besonders durch ein Buch mit dem Titel „Lieh-nu-chuan", verfaßt von Liu Hsiang (79 v. Chr. bis 8 n. Chr.) in der frühen Han-Dynastie.[13]

Ein von Sunbokushi Kusada im Jahre 1692 veröffentlichtes Handbuch mit dem Titel „Onna-chōhōki-taisei" (Ausführliches Handbuch des täglichen Lebens und der Rituale für Frauen) zeigt die Veränderungen des Fötus in den zehn Monaten der Schwangerschaft. Es wurde im Verlauf der Tokugawa-Zeit vielfach korrigiert und gehörte zur Lektüre der schriftkundigen Frauen aus Samurai-, Kaufmanns-, Handwerker- und Bauernfamilien. Das Bild beschreibt die Formen des Fötus mit den dazugehörigen buddhistischen Schutzgottheiten in jedem Monat der Schwangerschaft. Darin wird erklärt, daß der Schutzgott eines Moants, sei es *Alaca* für den ersten, *Sākya* für den zweiten oder *Manjuśri-bodhisatta* für den dritten Monat, den Fötus an den Schutzgott für den folgenden Monat weitergibt. Einer schwangeren Frau wurde beispielsweise geraten, fromm zu sein und sich so zu fühlen, als

---

[11] Eine Zusammenstellung der hauptsächlichen Handbücher zur Kindererziehung in der Tokugawa-Zeit bieten Yamazumi u. Nakae 1976.

[12] Als ein Beispiel eines *Jokun-sho* kann das „Karanishiki" von Isako Naruse (1660–1699) gelten, das auf Anregung der Ehefrau des Sadanao Matsudaira, eines adligen Grundherrn, geschrieben wurde. Es gehörte zum Schatz der Familie Naruse und wurde 1800 von den Nachfahren der Autorin veröffentlicht. Das Buch durchlief viele Auflagen und wurde von Frauen des 19. Jahrhunderts viel gelesen.

[13] Ogata 1946.

ob sie im ersten Monat unter dem Schutz von *Acala* ein *khakkara* (Stockrassel) in ihrem Schoß getragen habe. Im zweiten Monat sollte sie sich fühlen, als ob sie ein *dokko*, Symbol der drei Heiligtümer Körper, Sprache und Geist des Buddha, unter dem Schutz von *Sākya* getragen habe. Diese Verbindung zwischen buddhistischen Geräten und Wachstumsstadien des Fötus war in Japan nicht neu. Im 14. und 15. Jahrhundert verkaufen falsche Wandermönche[14] buddhistische Geräte aus zweiter Hand und behaupteten, daß sie berühmten ranghöchsten Mönchen gehört hätten. Ihr Verkaufsgespräch lief folgendermaßen ab: „Alle buddhistischen Gegenstände sind Dinge, die im Schoß der Frauen bleiben."[15] Diese Verkaufsgespräche müssen die Neugier der Zuhörer über das Innere des weiblichen Körpers geweckt haben, so daß schließlich viele Menschen die wertlosen Gegenstände kauften. In jenen Tagen gab es auf den Straßen auch falsche Wanderpriesterinnen, die Bilder der buddhistischen Höllen verkauften und dabei Geschichten erzählten, wie gewöhnlichen Frauen bestimmt war, Ströme von Blut bei der Geburt und der Menstruation auszustoßen. Unfruchtbare Frauen sollten abgeurteilt und in eine andere Hölle gebracht werden. Frauen, die bei der Geburt des Kindes starben, sollten in eine dritte Hölle geführt werden. Zugleich traten diese Priesterinnen als Wahrsagerinnen auf und boten Gebete für Frauen an.[16] Obwohl diese falschen Mönche und Priesterinnen niemals auf der Straße gemeinsam arbeiteten, müssen doch viele von ihnen zusammengelebt haben und zusammen gereist sein. Sie müssen daher in der Zeit zwischen dem 14. und dem 17. Jahrhundert die Aufgabe übernommen haben, den Laien die Geheimnisse des Fötus und der Geburt zu erklären. Dann aber, im Jahre 1703, schrieb ein Arzt, Gozan Kazuki (1656–1740), ein sechs Bände umfassendes Werk mit dem Titel „Shōni-hitsuyō-sodategusa" („Ein Handbuch der Kindererziehung"), das heute als das erste seiner Art angesehen wird. Im ersten Band werden die Arzneien erklärt, die man unmittelbar nach der Geburt eines Kindes benutzen sollte. Es wird beschrieben, wie man mit dem

---

[14] Zu diesen zählten Novizen, die aus der Ausbildung zum buddhistischen Priester ausgeschieden waren, herrenlose Samurai sowie die Männer, die sich als Mönche ausgaben.
[15] Furukawa 1982.
[16] Hayashi 1982.

Säugling während der Geburt umgehen soll, wie man die Nabelschnur durchschneiden, das erste Bad unmittelbar nach der Niederkunft richten, zum ersten Mal stillen sollte. Schließlich werden Medikamente für die Mutter, die nicht stillen konnte, sowie die passende Kinderkleidung besprochen. In den folgenden Bänden behandelt der Autor Wachstumsprozesse, Krankheiten, Gehorsam und die Erziehung der Säuglinge bzw. Kinder von der Geburt bis zum 10. Lebensjahr. Den Bänden liegt keine in sich geschlossene Theorie zugrunde, sondern eine Mischung aus verschiedenen Arten von Informationen mit Zitaten aus chinesischen und japanischen medizinischen Büchern, den klinischen Erfahrungen des Autors und volksläufigen Vorstellungen im Japan jener Zeit. Das Werk bildete den Prototyp der Handbücher zur Kindererziehung im Japan der Tokugawa-Zeit.

Im 18. und 19. Jahrhundert wurden viele verschiedene Bücher über Kindererziehung geschrieben von Ärzten der holländischen oder chinesischen Schule,[17] buddhistischen Mönchen, konfuzianischen Gelehrten der Dhu-tsu- und Wang Yang-ming-Schulen, Schülern des Baigan Ishida,[18] ländlichen Kaufleuten sowie Bauern, die an Erziehungsfragen interessiert waren. Die meisten Autoren jener Bücher waren Männer, aber gelegentlich traten unter den Schülern des Baigan Ishida auch Frauen als Autorinnen auf.[19] Informationen über Kindererziehung nahmen stark zu und spiegelten damit das rasche Wachstum der Stadtkultur in der Gesellschaft der späten Tokugawa-Zeit.

Wie schon erwähnt, erschien in der zweiten Hälfte des 17. Jahrhunderts eine Vielzahl von Büchern über Kindererziehung. Bemerkenswerterweise erschienen zur selben Zeit auch Bilderbücher, die besonders für Kinder vorgesehen waren. Sie sollen später eingehender besprochen werden; hier aber sei bereits darauf hingewiesen, daß diese beiden Phänomene mit großer Wahrscheinlichkeit nicht zufällig in

---

[17] Ausländische Medizin kam außer aus China über den Hafen von Nagasaki auch aus Deutschland. Philip Franz v. Siebold (1796–1866) spielte dabei eine herausragende Rolle.

[18] B. Ishida (1685–1744), Sohn einer Bauernfamilie, wandte sich gegen Verwischung der gesellschaftlichen Ordnung und der ethischen Normen in seiner Zeit und versuchte, einen Sittenkodex für das tägliche Leben wieder zu errichten. Seine Schüler verbreiteten seine Lehren durch Vorträge überall im Land. Ishidas Lehre faßte auch unter Kaufleuten und Bauern Fuß. Ihre Kinder erhielten Unterricht in der Etikette und in guter alltäglicher Lebensführung.

[19] Unter den Autorinnen ragt Ji-on-ni Kenka (1716–1778) hervor.

derselben Zeit entstanden. In der zweiten Hälfte des 17. Jahrhunderts, als die Tokugawa-Regierung sich fest etabliert hatte, begann man, seine Aufmerksamkeit auf das Familienleben sowie auf Frauen und Kinder zu richten. Themen wie Geburt und Kindererziehung, die man zuvor zu verstecken oder zu verschlüsseln versucht hatte, traten, in Bücher gekleidet, in das Licht einer allgemeinen Öffentlichkeit.[20]

1.3 Das tägliche Leben der Säuglinge und Kinder

1.31 Die die Altersstufen begleitenden Riten

In Japan gibt es einen im Volk verwurzelten Glauben, wonach der Fötus entscheidende Stationen als ein Reisender in der Tracht des Reisenden durchläuft. Ein Hut oder Kopfschmuck war das symbolträchtigste Stück dieser Reisekostüme.[21] In der Tokugawa-Zeit scheint man die Vorstellung gehabt zu haben, daß der Fötus im Reisekostüm ankommt. Belege dafür finden sich in dem „Kunmo-zui" (Allgemeine Illustrierte Enzyklopädie) aus dem Jahre 1666.[22] Wenn das Ausbringen der Nachgeburt Schwierigkeiten bereitete, hielt man es für hilfreich, Zauberwörter zu sprechen, wie z. B. „O, avalokitesvara, bitte schick uns den Reisemantel und den Kopfschmuck, die im Heimatland des neugeborenen Kindes zurückgelassen wurden" (Dorf Hara, heute: Präfektur Gumma), oder „O, Nam-onkensowaka, bitte schick uns den Reisemantel und den Hut, die im Heimatland des Kindes zurückgelassen wurden. Wir werden aus ihnen in unserem Land einen Schatz machen" (Minami-shidara-gun, heute: Präfektur Aichi).[23]

Man behandelte die Plazenta mit großer Sorge und Achtung. Die Bücher über Kindergeburt und Kindererziehung für Laien in der Tokugawa-Zeit erklärten auch im einzelnen, wie und wo die Plazenta beerdigt werden sollte.[24] Diese Einzelheiten zeigen eine große Vielfalt im kleinen, aber allgemein läßt sich doch sagen, daß die Stellen, an der die Plazenta beerdigt werden sollte, Orte waren, die symbolisch diese

---

[20] Honda 1983.
[21] Komatsu 1983.
[22] Nakamura 1666.
[23] Diese Information findet sich unter dem Stichwort „Nachgeburt" im Abschnitt „Geburt" im „Nihon san-iku shūzoku shiryō shūsei".
[24] Kusada 1692; Kazuki 1703; Sasaki 1775.

Welt von der anderen abtrennten, wie z. B. der Eingang eines Hauses, ein Fluß, ein Friedhof usw. Mitunter wurde die Plazenta eines Knaben zusammen mit einem Pinsel für Kalligraphie, Papier und einem Tintenblock und dem Wunsch beerdigt, daß der Knabe ein Gelehrter werden möge. Die Plazenta eines Mädchens wurde manchmal beerdigt mit Nadel, Faden und Schere, damit sie eine gute Näherin würde, oder mit Kosmetika, damit sie eine gute Unterhalterin würde.[25]

Die Riten im Volksglauben der Tokugawa-Zeit sollen anhand verschiedener Quellen belegt werden. Darunter ist zuerst das „Fūzoku-monjō tōsho" (Fragen und Antworten über Sitten und Gebräuche) zu nennen, das im zweiten Jahrzehnt des 19. Jahrhunderts von Hirokata Yashiro zusammengestellt wurde,[26] einem Spezialisten für japanische Klassik. Yashiro sandte 131 Fragen[27] auf einem Holzdruck mit einem Begleitbrief an seine Freunde, zumeist konfuzianische Gelehrte, die überall im Land verteilt in verschiedenen Lehnsbezirken lebten, und bat sie, ihm ihre Antworten zurückzusenden. Bevor er die Antworten systematisch ordnen konnte, starb Yashiro, und die Antworten wurden verstreut. Seit 1916 sind die verstreuten Antworten zusammengestellt worden.[28] Antworten aus 23 Ortschaften wurden 1969 im Druck veröffentlicht. Die Antworten unterscheiden sich in Stil und in Illustrationen sowie im Grad der Genauigkeit der Beschreibungen. Der Gebrauch von Ritualen wie z. B. der folgende wurde beschrieben.

Am siebten Tag nach der Geburt wurden die Säuglinge förmlich

---

[25] Wie Anm. 23.

[26] H. Yashiro kompilierte im Auftrag des Shogunats das „Kokon yōranko" in 560 Bänden, die zwischen 1821 und 1842 vorlagen. Es wurde erst 1905–1907 gedruckt.

[27] Unter diesen 131 Fragen waren beispielsweise die folgenden auf das Leben der Kinder bezogen: 1) Wie werden Spielzeuge am Ort hergestellt? – 2) Welche Kinderspiele gibt es? – 3) An vielen Orten in unserem Land beginnen Kinder mit dem Lernen am Tag des *hatsuuma*. Gibt es dazu Varianten? – 4) In welchem Schwangerschaftsmonat beginnt die Frau mit dem Tragen des *haraobi* (Binde)? Welche Geschenke werden gegeben? – 5) Welche Sitten und Gebräuche wendet man bei der Niederkunft an? – 6) Was geschieht mit der Nachgeburt? Werden bei der Gelegenheit Zaubersprüche gesprochen? – 7) Welche Übergangsriten werden durchgeführt?

[28] K. Yanagida forderte in einem Artikel der Zeitschrift „Kyōdo Kenkyū", Bd. 4, Nr. 9 (1916) die Leser auf, nach den gesammelten Antworten auf H. Yashiros 131 Fragen, die im Jahre 1810 verschickt worden waren, zu forschen. Yanagida hatte schon 1916 fünf solcher Antwortsammlungen ausfindig gemacht. Nach der Aufforderung wurden weitere in verschiedenen Teilen Japans entdeckt.

gekleidet mit einem Kranichschildkröten- oder mit einem Tannen-Bambuszeichen, die damals wie heute als Symbole für langes Leben und Glück galten. An diesem Tag erhielten die Säuglinge ihren Namen. Am 31. Tag (die Knaben) und am 33. Tag (die Mädchen), als die Zeit, während der die Mutter von dem Shintō-Schrein wegbleiben mußte, vorüber war, trug man zum erstenmal die Kinder zum Shintō-Schrein in der näheren Umgebung, um für sie um die Schreinzugehörigkeit zu bitten. Am hundertsten Tag nach der Geburt fand das Fest des „Ersten Essens" statt, Gäste wurden eingeladen, und man reichte ihnen Reis, der mit roten Bohnen gekocht war, als Symbol für Glück. Am Neujahrstag trat das Kind in sein neues Lebensjahr ein. Am ersten Neujahrstag gab es ein bedeutendes Fest für den neugeborenen Säugling, zu dem Verwandte den Knaben einen Satz Spielzeug, Bogen und Pfeile und den Mädchen ein Federballspiel schenkten.

Im Alter von drei Jahren fand das *Kamioki*, eine Haarschneidezeremonie, für Knaben und Mädchen statt. Im Alter von fünf Jahren feierte man für Knaben die Zeremonie des *Hakama-gi* und legte ihnen statt des einteiligen nun einen zweiteiligen Kimono an. Für Mädchen auf der anderen Seite beging man im Alter von sieben Jahren das Fest des *Himo-toki*, an welchem sie zum erstenmal ihre Taille mit einer besonderen Schärpe über dem Kimono umbanden anstelle von zwei Fäden, die zuvor auf den Kimono genäht gewesen waren. Die Daten Yashiros geben zu erkennen, daß die Zeremonie für die Riten im Alter von drei, fünf und sieben Jahren im Bezirk Dewa (heute: Präfektur Akita) den Verhaltenskodices der Ogasawara-Schule folgten und daß die Details der Rituale sich je nach dem Reichtum der Familie sogar unter den Samurai unterschieden. Unter Bauern und Kaufleuten folgten nur die reichen Familien den Verhaltensvorschriften, und auch dann nur in einer oberflächlichen Weise. Den meisten Knaben aus Bauernfamilien wurde bis ins Alter von vier oder fünf Jahren das Haupthaar geschoren, während danach nur der oberste Teil des Kopfes geschoren wurde und man das übrige Haar wachsen ließ.

Reiche Kaufmannsfamilien in den großen Städten ließen während des 18. Jahrhunderts von Künstlern Bilder zeichnen, mit denen der festlichen Anlässe gedacht wurde. Bei diesen Anlässen lud man Nachbarn und Verwandte zu einem Fest ein. Die Geschenke, die sie mitbrachten, unterschieden sich je nach der Intensität der Beziehungen zwischen den beiden Haushalten und je nach ihrem eigenen Status. Die veranstaltenden Familien legten Niederschriften über die Geschenke und Gäste an. Eine beträchtliche Anzahl dieser Niederschriften sind erhalten, und eine Analyse des darin enthaltenen Materials verspricht Aufschlüsse über die Geschichte des Geschenkaustausches zwischen Haushalten im Zusammenhang mit Riten anläßlich der Lebensstufen der Kinder.

Diese Riten hatten ihren Ursprung im höfischen Zeremoniell des Kaiserhofes der Heian-Zeit. Sie wurden bis in die Muromachi-Zeit hinein für Kinder unter verschiedenen Bezeichnungen und zu verschiedenen Lebensaltern durchgeführt. In der Muromachi-Zeit ordnete Shōgun Yoshimitsu Ashikaga an, daß die Familien der Ogasawara, Imagawa und Ise, die gute Kenner der alten Hofzeremonien und der Verhaltenskodices der Samurai waren, Rituale einrichteten, in denen die Riten für Einzelpersonen und Verhaltensnormen für das tägliche Leben festgelegt werden sollten. In der frühen Tokugawa-Zeit wurden die Verhaltensnormen der Ise genau eingehalten. Sie begannen sich auch unter den reichen Kaufmannsfamilien zu verbreiten. Dann aber, in der Mitte der Tokugawa-Zeit (nach dem Ende des 17.Jahrhunderts), hielten sich Samurai und Kaufleute vorwiegend an die Verhaltensnormen der Ogasawara.

Sadatake Ise (1715–1784) bemerkte in seinem 1763 erschienenen Buch „Teijo-Zakki" (Memorandum),[29] daß die Riten, die zuvor für Kinder im Alter von drei, fünf und sieben Jahren an verschiedenen Tagen im Jahr abgehalten worden waren, nun allgemein am 15. November durchgeführt wurden.

1.32 Der jährliche Festzyklus

In den Bauerndörfern gab es viele jahreszeitlich bedingte Rituale, die an das Wachstum des Reises gebunden waren.[30] Kinder hatten oft

---

[29] Sadatake Ise ist einer der Erben der Ise-Familie, die auf Hofzeremoniell und militärisches Protokoll spezialisiert war. Sein Werk „Teijō zakki" (Memorandum) aus dem Jahre 1763 behandelte die Ursprünge und Entwicklungen der verschiedenen Zeremonien, wofür er eine Reihe von literarischen Quellen auswertete.
[30] In der Tokugawa-Zeit ernährte sich ein kleiner Teil der japanischen Bevölkerung von Reis. Die Mehrheit lebte von billigeren Getreidearten wie z. B. Gerste, Fuchsschwanz-Hirse und Hofgrashirse. Allerdings war die Steigerung der Reisproduktion das Hauptziel der Landwirtschaft in der Tokugawa-Zeit.

großen Anteil an diesen Ritualen. Man glaubte, daß Kinder unter sieben Jahren geoffenbarte Gottheiten des animistischen Pantheons seien.[31]

In den Städten der Tokugawa-Zeit wurden Shintōschreine und buddhistische Tempel Zentren des jährlichen Festzyklus.[32] Man pflanzte Kirschbäume, Pfingstrosen, Wisterien, Iris, Chrysanthemen und Ahornbäume bei Schreinen und Tempeln und versammelte sich, um sie bei der Blüte oder bei der Färbung zu bewundern. Besonders in Edo,[33] wo alle Daimyō (örtliche Lehensträger) Residenzen unterhalten mußten, besuchten Angehörige der Daimyōfamilien, deren Gefolgs-leute und Diener gerne solche landschaftlich schönen Stätten zu verschiedenen Jahreszeiten. Das gleiche gilt für die Kaufleute.

Bei festlichen Anlässen boten Kaufleute, besonders im Sommer und Frühherbst, an jenen landschaftlich schönen Stätten gezüchtete Gold-fische, Leuchtkäfer (Luciola cruciata, Luciola lateralis), Glocken-kling-Insekten (Homoeogryllus japonica), singende Grillen (Xeno-gyllus marmorata) und andere Lebewesen an.[34] Man verkaufte auch Spielzeug, Maskottchen und Andenken und baute Festzelte, Gaststät-ten und Süßigkeitsläden auf.

In „Edo-meisho-zue" (Illuminiertes Handbuch der Sehenswürdig-keiten in Edo, 1829) und im „Toto-saiji-ki" (Jahreskalender der Feste und Rituale in Edo, 1838) liegen Abbildungen vor, die zeigen, daß Kinder an diesen Festen teilnahmen, bei denen sie Insektenkäfige trugen, ganze Hände voll Süßigkeiten aßen oder von Erwachsenen an der Hand durch die dichtgedrängte Menschenmenge geführt wurden.

In seinem Buch „Kane-moke Hana-no-sakariba" (Geschäftige Stadtviertel, an denen man gut Geld verdient, 1830) zeichnet der populäre Parodist Ikku Jippensha (1765–1831) die Aussprüche von 37 Kleinhändlern in den geschäftigen Stadtvierteln von Edo auf. Diese

---

[31] Vgl. ↗ S. 155.
[32] Endō u. Yamanaka 1983. Die Autoren behandelten Jahreszeremonien als Quelle für die Sozialgeschichte, gingen aber nicht auf den Wandel dieser Zeremonien ein.
[33] Vgl. Saitō (1804–1878); er war *nanushi* in der Stadt Edo und berühmt für seine Gedächtniskraft.
[34] Japaner hören seit langem verschiedenen Arten der Insektengesänge zu, betrachten die Lichter der Leuchtkäfer und die Flecken und die Bewegung der Goldfische. Diese Gewohnheiten finden sich schon im „Makurano-sōshi" (dem Kopfkissenbuch der Sei Shōnagon) und im „Genji monogatari" aus der Heian-Zeit.

Sprüche enthielten oft obszöne Formulierungen, mit denen Kinder vertraut gewesen sein mußten, wenn sie Zwergenvorführungen, Muskelmännern, Akrobaten oder Jongleuren zusahen, während sie gebackene Süßkartoffeln, Reiskuchen oder ein süßes Getränk zu sich nahmen, das aus fermentiertem Reis hergestellt wurde.

Ein Blick in verschiedene Kalenderaufzeichnungen[35] aus dieser Zeit hinterläßt den Eindruck, daß der Rhythmus eines Kinderlebens von hoher Bedeutung war. So wurde in der Tokugawa-Zeit das Mädchenfest auf den dritten März und das Knabenfest auf den fünften Mai festgelegt. Zum Mädchenfest wurden Puppen von Angehörigen des Hofes unter Einschluß des Tennō, seiner Gemahlin, der Gefolgsleute und Diener im Haus der Familie aufgestellt. Ebenso zeigte man Miniaturmöbel und Geschirr im Stil des Hofs. Sowohl komplizierte und reich ausgestattete als auch einfache Puppen wurden hergestellt. Es gab in den Städten eigene Handwerkergilden und Märkte für die Puppen zum Mädchenfest. Es gab auch Erlasse, die die Herstellung von übermäßig aufwendigen Puppen untersagten.[36]

Zum Knabenfest hing man vor dem Hause Fische aus Stoff, und zwar Karpfen, in den Wind und stellte im Inneren Samuraipuppen aus. An Straßenecken hielt man Wettkämpfe ab, die derjenige gewann, der am lautesten ein Bündel von Irisblättern dreschen konnte.[37]

Wie erwähnt, wurden im Laufe der Tokugawa-Zeit die Zeremonien für Kinder im Alter von 3, 5 und 7 Jahren einheitlich auf den 15. November gelegt. Kinder spielten auch eine wichtige Rolle bei verschiedenen Festen in Shintōschreinen und buddhistischen Tempeln.[38] So wurden im Verlauf der Tokugawa-Zeit in den wachsenden Städten Kinder zu Brennpunkten des Brauchtums im Zusammenhang mit jahreszeitlichen Zyklen. In ländlichen Gebieten übernahmen Kinder wichtige Rollen in Zeremonien im Hinblick auf die Wachstumsstadien des Reises.

---

[35] Unter den verschiedenen Kalenderblättern, die den Wechsel der Jahreszeiten und die jahreszeitlich gebundenen Tätigkeiten der Menschen aufzeigen, sind die detailliertesten von Kikuchi 1905 veröffentlicht worden.
[36] Arisaka 1931 und 1977 beschrieb die Ursprünge und Wandlungen der *hinamatsuri* (Mädchenfest).
[37] Man glaubt, daß die Iris vor Bösem schützen kann, und legt Irisblätter ins Badewasser.
[38] *Tōto Saiji-ki* beschrieb, wie Kinder an Festen verschiedener buddhistischer Tempel und Shintō-Schreine in Edo teilnahmen.

1.33 Kinderkrankheiten

In der Tokugawa-Zeit hatte man vor allem Angst vor Pocken und Masern. Man hielt diese Krankheiten für den Ausbruch giftiger Substanzen, die das Kind aus dem Uterus der Mutter mitgebracht habe. Der *Hōsō-gami* (Pockengottheit) sollte diesen Ausbruch verursachen, wenn es zu einer bestimmten Kombination der Elemente kam.

Wenn eine Epidemie ausbrach, betete man zu den Schutzgottheiten, isolierte die Patienten durch verschiedene Tabus und veranstaltete große Feste, wenn die Patienten genesen waren. Masern brachen in Abständen von 20 bis 30 Jahren aus, hingegen Pocken alle drei bis fünf Jahre.[39] Von Masern wurden sowohl Erwachsene als auch Kinder befallen, aber nur Kinder waren die Opfer von Pocken, weil überlebende Erwachsene immun geworden waren. Weil viele Kinder an Pocken starben, enthielten die Bücher über die Kindererziehung immer Ausführungen über Maßnahmen gegen Pocken.

Da die Pocken nahezu unvermeidlich für alle Kinder waren, betete man und traf andere Maßnahmen, um die Symptome so gering wie möglich zu halten. Eine Art von Zauber hieß *hōsō-e* (Bilder gegen Pocken); er war wesentlich in Edo verbreitet. Diese Bilder bestanden aus je einem weißen Blatt Papier mit einem roten Blockdruck verschiedener Spielzeuge und 31silbigen Gedichten mit Glücksbotschaften.[40] Kinder, die eine Pockenepidemie überlebt hatten, wurden einer Reinigungszeremonie mit der Bezeichnung *saka-yu* unterzogen. Das genesene Kind wurde in einem Gemisch aus abgekochtem Wasser, in dem Reis gespült worden war, und aus Sake gewaschen, der von einem Bambuszweig herabgetropft war.[41] Die Quellen über die *saka-yu-*Zeremonien, die unter dem elften Shōgun Ienari Tokugawa für seine Kinder abgehalten wurden, zeigen, daß sogar für die Shōgune Pocken eine unvermeidliche Krankheit waren. Selbstverständlich waren unter

---

[39] Fujikawa 1913 und 1944.
[40] *Hōsō-e-shū* (im Besitz der Universitätsbibliothek Tōkyō)
[41] Neben anderen Ausführungen über den „Aberglauben des *saka-yu*" erkannte Kazuki 1703 dessen Bedeutung als Feier der Genesung von Pocken. Kobayashi (1763–1827), ein *haiku*-Dichter, beschrieb betrübt, wie seine geliebte Tochter Sato schwächer wurde und schließlich an Pocken starb, nachdem sich ihr Zustand zunächst gebessert und man eine *saka-yu*-Zeremonie abgehalten hatte.

denjenigen, die die Epidemien überlebten, auch jene, die durch hohes Fieber blind oder Träger von Pockennarben geworden waren.[42] Daneben gab es *hashika-e* (Bilder gegen Masern) sowie verschiedene Essens- und Verhaltenstabus gegen Masern.[43]

In den „Kuwana-nikki" (Tagebücher der Kuwana) und „Kashiwazaki-nikki" (Tagebücher der Kashiwazaki),[44] die von Angehörigen der unteren Samuraifamilien in Provinzstädten zwischen 1839 und 1848 geschrieben worden waren, wurde bemerkt, daß zwei der fünf Kinder während des Berichtszeitraums an Pocken gelitten hatten, aber kein Fall von Masern wurde erwähnt. In einem dieser Tagebücher finden sich Bemerkungen über einen zweitgeborenen Sohn Shingo, der an Ekzemen litt.

Auf der Basis genauer Analysen von Beschreibungen über Erkrankungen von Kindern an Pocken und anderen Ekzemen in diesen und anderen Quellen der Zeit hat Mieko Minagawa[45] herausgefunden, daß Masern und Pocken einen zentralen Ort im Kulturleben jener Zeit innehatten, während andere Ekzeme lediglich eine Randstellung einnahmen, obwohl man die Vorstellung hatte, daß alle drei Krankheiten aus derselben Ursache entstanden, nämlich Giftstoffen, die aus dem Mutterleib mitgebracht worden waren. Ekzeme entstanden aus besonderen in einzelnen Personen liegenden Bedingungen, und immer wurde die leibliche Mutter beschuldigt, ihrem Kind starke Giftstoffe mitgegeben zu haben. In der Tokugawa-Zeit glaubte man, daß Frauen

---

[42] Maekawa 1976.

[43] Sōda 1963 bietet eine Sammlung von Bildern, denen die Macht zugeschrieben wurde, vor Masern zu schützen.

[44] Das „Kuwana nikki" wurde verfaßt von Heidayū Watanabe, einem Samurai niederen Ranges, das „Kashiwazaki nikki" von Katsunosuke Watanabe, Heidayūs Adoptivsohn, der von Kuwana nach Kashiwazaki versetzt worden war (beide Orte liegen im Gebiet desselben *Daimyō*). Heidayū kümmerte sich sehr um den damals drei Jahre alten Ryonosuke, den ersten Sohn des Katsunosuke. Heidayū und Katsunosuke führten Tagebücher zwischen 1839 und 1848 und tauschten sie gegeneinander aus; sie hielten darin das alltägliche Leben und das Aufwachsen der Kinder fest. Die Tagebücher beschreiben im einzelnen Katsunosukes erstgeborenen Sohn in Kuwana und die später geborenen zwei Töchter und zwei Söhne, die in Kashiwazaki lebten; daher sind die Tagebücher wichtige Quellen zur Rekonstruktion der Geschichte des Kindes in dieser Zeit. Mieko Minagawa 1985 hat die Kindheit in der Tokugawa-Zeit vorwiegend unter Benutzung dieser Tagebücher mit Hilfe eines Forschungsstipendiums der Ishida-Stiftung untersucht.

[45] Minagawa 1985.

tugendhaft sein sollten, keine anregenden Speisen zu sich nehmen dürften und sich ruhig verhalten mußten, um zu verhindern, daß sich in ihrem Körper ein Übermaß an solchen Giftstoffen ansammelte. So wird in den „Kuwana-nikki" und den „Kashiwazaki-nikki" berichtet, daß Shingos Mutter alles versuchte, um ihr Verhalten zu kontrollieren und wenig zu essen. Bemerkenswerterweise wurden die Mütter nicht beschuldigt, wenn Kinder an Pocken oder Masern erkrankten. Man behandelte diese beiden Krankheiten als Massenphänomene, in deren Zusammenhang das Verhalten der Mutter weniger bedeutsam war. Statt dessen wurden diese beiden Krankheiten, besonders aber Pocken wegen ihrer Häufigkeit, vom Ausbruch bis zur Genesung von einer Reihe aufeinanderfolgender Rituale begleitet. Insofern gehört das Auftreten der Pocken in den Zusammenhang der die Altersstufen begleitenden Riten für heranwachsende Kinder in der Tokugawa-Zeit.

Da die Anschauungen über diese beiden Krankheiten so weit verbreitet waren, wurde die an der Wende zum 19. Jahrhundert auch einem breiteren Publikum bekanntgewordene These Hakuju Hashimotos,[46] daß Pocken und Masern ansteckende Krankheiten seien, von der Öffentlichkeit nicht akzeptiert.

Außer an Pocken, Masern und Ekzemen litten die Kinder in dieser Zeit an Lugenentzündung, Bronchitis, Durchfall, Darmkatarrhen und einer Reihe unbekannter Kinderkrankheiten, die allgemein unter *mushi, kan* und *kyōfū* zusammengefaßt wurden.[47] Es ist schwierig, diese letztgenannten drei Arten von Krankheiten zu identifizieren, aber *mushi* war eine Parasitenkrankheit. Die *kan*-Krankheiten betrafen den Darmtrakt und waren von Erbrechen, Durchfall, Gewichtsverlust und Bauchaufblähungen begleitet. Zu den Symptomen der *kyōfū*-Krankheiten zählten hohes Fieber, Pupillenerweiterung, Krämpfe und Gehirnschäden.[48] Die Pest grassierte nicht, jedoch weiß man nicht, warum Japan von Pest-Epidemien verschont blieb. Nach dem „kako chō" des O-Tempels rangierten unter den verschiedenen

---

[46] Hashimoto trat dafür ein, daß Pocken eine Ansteckungskrankheit seien, und gründete seine These auf die Beobachtung, daß Pocken in abgelegenen Dörfern und auf kleinen Inseln nicht vorkämen. Sein Buch wurde jedoch nicht zur Kenntnis genommen. Später, im Jahr 1811, veröffentlichte er dasselbe Buch in populärer Aufmachung. Auch dann noch wurde seine Meinung von der Öffentlichkeit nicht akzeptiert.
[47] Suda 1973.
[48] Tatsukawa 1979

todbringenden Krankheiten zwischen 1771 und 1860 807 Fälle von Pocken unter allen Altersklassen, wohingegen in 727 Fällen (90 Prozent) Säuglinge und Kinder zwischen einem und zehn Jahren betroffen waren. Außer Pockenfällen werden 642 Fälle von *mushi* und 105 Fälle von *kan* und *kyōfu* aufgezeichnet.[49]

Man akzeptierte in der Tokugawa-Zeit eine psychophysische Theorie, die schon in dem 984 verfaßten „Ishin-hō" (Praktikum zur Medizin und zum Geist) aufgeschrieben worden war. Die dem zugrunde liegende Wachstumstheorie hieß „Theorie des *hen-jō*", wobei *hen* den verdampfenden Dampf und *jō* die Körpertemperatur bezeichnet. Dieser Theorie zufolge durchschritten die Kinder in den ersten 576 Lebenstagen kritische Perioden des *hen*, *hen-jō* und *jō* im Abstand von 32 Tagen. Während des *hen* und des *jō* wurden der Durchfluß durch die Venen erleichtert und das Gedärm gestärkt, was die körperliche Statur und die mentalen Funktionen eines Menschen beeinflußte. Das in diesen Zeitabschnitten auftretende Fieber nannte man *chie-netsu* (Fieber des Wissens), und man riet, dem betroffenen Kranken keine zu hohen Dosen an Medikamenten zu verabreichen, es sei denn, daß die Symptome außergewöhnlich stark in Erscheinung träten. Man riet zur Benutzung von Baumwollkleidung und dazu, das Haupthaar an der Oberseite des Kopfes des Kindes zu scheren, damit das Fieber ausdünsten könne.[50] Man scheint der Auffassung gewesen zu sein, daß Kinderkrankheiten nicht notwendigerweise von Übel waren, sondern die normale körperliche und geistige Entwicklung eines Menschen zum Positiven beeinflussen konnten. In diesem Sinne wurden Kinderkrankheiten einschließlich der Pocken und Masern oft als Altersstufenpässe, die zu überwinden waren, behandelt.

In den verschiedenen Büchern über Kindererziehung wurde oft die Notwendigkeit des Ausdünstens der Körpertemperatur bei den Kindern hervorgehoben. Zu diesem Zweck wandte man die Moxibustion an Kindern an wie auch das Anlegen leichter Kleidung und das Scheren des Haupthaares an der Oberseite des Kopfes. Toan Tejima (1718–1786), ein Spezialist für japanische Verhaltensweisen, lehrte die Knaben zwischen sieben und fünfzehn Jahren sowie die Mädchen

---

[49] Ebd.
[50] Die Theorie des *hen-jó* findet sich im „Ishin-hō" (Praktikum über Medizin und Geist) und im „Keiteki-shū" (Einführung in die Arztberufe).

zwischen sieben und zwölf Jahren, wie sie sich im täglichen Leben zu verhalten hätten. In seinem Vortrag wies er die Kinder an, die Therapie der heißen Moxibustion als Zeugnis für die Loyalität und den Gehorsam ihren Eltern gegenüber einmal im Monat über sich ergehen zu lassen.[51]

Im Verlauf der Tokugawa-Zeit stieg die Zahl der produzierten und vertriebenen Medikamente an. Man inserierte Werbung für Medikamente in dem rückwärtigen Umschlag von Blockbüchern, die weite Verbreitung fanden. Viele Arzneimittel gegen Kinderkrankheiten wurden seit der frühen Tokugawa-Zeit als Handelsware verkauft, und ihr Verkauf dehnte sich seit dem 18. Jahrhundert stark aus.[52] Auch gab es eine rege Veröffentlichung von Büchern über diese im Volk verbreiteten Arzneimittel. Viele Autoren von populären Romanen[53] waren im Nebenberuf damit beschäftigt, Arzneimittel und Kosmetika in ihren Häusern zu verkaufen.

1.34 Versorger der Kinder

Der japanische Ausdruck für die Versorgung von Kindern ist *omori-o-suru* (die Kinder bewachen und beschützen). Dieser Ausdruck wird auch auf Shintō- und buddhistische Altäre, die im Hause stehen, sowie auf die Familiengräber angewendet. Man geht davon aus, daß die ursprüngliche Bedeutung dieses Ausdrucks das Bewachen und Beschüzen war.[54]

Man glaubte, daß Säuglinge und Kleinkinder sowohl von Gottheiten als auch von Menschen versorgt würden. Man trug Amulette für Glück und Gesundheit, die man von Shintō-Schreinen oder buddhistischen Tempeln erhielt, in den Geldbörsen. Auch Säuglinge und Kleinkinder trugen sie.

Von den Müttern wurde erwartet, daß sie am meisten Sorge für die

---

[51] Der Inhalt der Predigten Toan Tejimas wurde seit 1773 in Blockbüchern veröffentlicht und unter seinen Zuhörern verteilt. Diese gedruckten Materialien wurden später als „Zen-Kun" (Moralpredigten für Heranwachsende) kompiliert und neu von Yamazumi und Nakae herausgegeben.

[52] Kabayama 1979.

[53] Unter ihnen waren berühmte Schriftsteller wie Kyōden Santo (1761–1816) und Bakin Takizawa (1767–1848).

[54] „Kōgo jiten" (Wörterbuch der Landessprache).

Kinder trugen. Während der Schwangerschaft waren die Mütter für das *taikyō* verantwortlich, was bedeutet, daß das Kind im Mutterleib erzogen werden sollte. Gab es zu viele Kinder in einem Haushalt oder waren die Mütter bei schlechter Gesundheit, wurden Säuglinge und Kleinkinder als *satogo* (Pflegekinder) oder als adoptierte Kinder weggegeben. Im täglichen Leben jedoch waren nicht nur die Mütter oder die Pflege- bzw. Adoptivmütter, sondern auch die Väter, die Großeltern, die Tanten und Onkel sowie die älteren Geschwister damit beauftragt, für die Säuglinge und Kleinkinder zu Sorgen. Dies bedarf jedoch weiterer Forschungen auf der Grundlage von Tagebüchern und Fachschrifttum der Tokugawa-Zeit.[55]

Das Sorgeverhalten der Japaner in der Tokugawa-Zeit war dadurch gekennzeichnet, daß Säuglinge und Kleinkinder zumeist in sehr engem Körperkontakt gehalten, auf Armen oder auf dem Rücken getragen wurden, oft direkt auf der Haut unter der Kleidung. Die Sorgepersonen achteten häufig sehr genau auf das Verhalten der Säuglinge. Wenn ein Säugling gähnte oder zitterte, glaubte man, daß das Kind urinieren wolle. Wenn es blaß wurde, brachte man den Säugling zur Toilette, um die Verdauungstätigkeit anzuregen.[56]

Die Erforschung der Sorgepersonen ist wesentlich auf die Ammen, vornehmlich in den Adelsfamilien der Heian-Zeit konzentriert gewesen. Man versuchte zu erklären, wie es dazu kam, daß die Ehemänner und Söhne von Ammen Gelegenheit zum sozialen Aufstieg erhielten, weil die Herrscher ihre eigenen Ammen liebten oder sich ihnen gegenüber verpflichtet fühlten.[57] Andererseits gibt es nur wenige Studien über die Ammen in den Samuraifamilien der Tokugawa-Zeit. Wahrscheinlich liegt das daran, daß die soziale Mobilität unter den Samurai sehr gering war, so daß die Familie einer Amme kaum mehr aufsteigen konnte.

In der Tokugawa-Zeit begannen auch einige nicht zum Adel und zu den Samurai gehörende Familien, ihre kleinen Kinder von Ammen aufziehen zu lassen. Ein Thema der Bücher über Kindererziehung in

---

[55] Um nur einige zu nennen: „Kuwana nikki" und „Kashiwazaki nikki" sowie Kikue Yamakawas: Buke no josei (Frauen in Samurai-Familien), Tokyo: Iwanami Shoten 1943.
[56] „Wenn ein Kind gähnt, sagt es, daß es urinieren will" ist eines der Senryū, das das Verhalten von Kindern beschreibt.
[57] Vgl. z. B. Wada 1912.

131

der Tokugawa-Zeit war, wie man eine passende Amme auswählen konnte, wie die Ammen sich verhalten sollten und wie man die Ammen dazu bringen konnte, viel gute Milch zu geben. Nach dem „Shōni-hitsuyō-sodate-gusa" (Handbuch für die Kindererziehung)[58] beispielsweise sollte man den Ammen, die aus armen Familien kamen, unordentlich gekleidet und unterernährt waren sowie die Etikette nicht kannten, nicht sofort aufwendige Mahlzeiten geben, da sie sonst krank würden. Wenn die Ammen begännen, warme Kleidung zu tragen, würde ihre Milch zu warm für die Säuglinge werden. Wenn die Herren sie Etikette und ihrer Familie angemessene Sprechweise lehrten, hörten die Ammen oft auf, Milch zu geben, da sie leicht angespannt, ruhelos und melancholisch würden. In dem Buch schlug man weiter vor, zu verfahren, wie ein Sprichwort sagt: „Einem Steuermann, einem Pferdeknecht und einer Amme sollte man erlauben, sich so zu verhalten, wie sie wollten." In dem Buch gab man auch zu bedenken, daß Kinder oft verzogen würden, wenn es nicht gelänge, die passende Amme zu finden.

Ekken Kaibara (1630–1714), ein konfuzianischer Gelehrter, schrieb im Alter von 81 Jahren ein Buch mit dem Titel „Wazoku-dōshi-kun" (Eine eingängige Erklärung der Kindererziehung, 1710). In seinem Buch hob Kaibara hervor, daß man mit der Erziehung so früh wie möglich beginnen und die Kinder in der Umgebung guter Freunde und guter Ammen aufwachsen lassen sollte. Kaibaras Meinung zufolge waren ideale Ammen ruhig, ehrenhaft, bescheiden, still und mäßige Trinker. In der Tokugawa-Zeit riet man den Ammen jedoch, eine gewisse Menge Alkohol (Sake) zu trinken, damit sie genug Milch geben konnten, und augenscheinlich gab es einige starke Trinkerinnen unter den Ammen.

Im „Shōni-sodate-katagi" (Kindererziehung heute, 1773), einem Werk des Parodisten Kiyū Eiseidō, wurde auf humorvolle Weise das Verhalten verschiedener Ammen beschrieben, die von reichen Kaufleuten beschäftigt wurden. Unter diesen Ammen gab es eine studierte und anmutige Tochter eines herrenlosen Samurai, eine geschiedene Frau, eine starke Trinkerin und eine Frau, die eine starke Vorliebe für Theater hatte. Einige dieser Ammen konnten ein angenehmes Leben führen, indem sie die Kinder als Schutzschilde gegenüber ihren Herren

---

[58] Kazuki 1703.

benutzten; denn sie waren tatsächlich Herr über Leben und Tod der Kinder.

In der Tokugawa-Zeit war die Anstellung als Amme eine der wenigen Möglichkeiten für Frauen, zu finanzieller Unabhängigkeit zu kommen. Aus dem Nachlaß der Umehara-Familie,[59] Kaufleuten des 18. Jahrhunderts aus dem Bezirk Ōmi (heute: Präfektur Shiga), geht hervor, daß die Dienerinnen der Ehefrau des Familienoberhaupts unterstanden, nicht jedoch die Ammen, die vom Familienoberhaupt selber befragt und ausgewählt wurden. Aus dem Archiv geht jedoch auch hervor, daß die Familie immer noch Schwierigkeiten damit hatte, passende Ammen zu finden.

Es sieht so aus, als wären die Ammen beser bezahlt worden als die gewöhnlichen Dienerinnen. Nach dem „Morisada Mankō" (Morisadas vermischte Essays),[60] die dem späten 19. Jahrhundert entstammen, erhielten die Ammen 100 *me* (= 375 g) Silbermünzen für ein halbes Jahr sowie Kleidung und verschiedene Spesen. Hatte die Amme ein eigenes Kind und unterstellte sie dieses der Sorge einer anderen Familie, so würde der Arbeitgeber anbieten, für die Pflegekosten aufzukommen. Frauen mit unehelichen Kindern gaben diese oft zur Pflege weg oder zur Adoption frei und wurden selber dann als Ammen beschäftigt.

In der Tokugawa-Zeit wie auch noch heute existiert ein Sprichwort: „*onba higasa*" („eine Amme und ein Sonnenschirm"). In seinem Werk „Kottō-shū" (Studien über die Ursprünge verschiedener Sitten und Sprichwörter, 1813) erklärte Kyōden Santo (1761–1816), daß dieses Sprichwort auf eine Person zu beziehen sei, die aus einer reichen Familie stammte und mit viel Fürsorge aufgewachsen sei; denn nur Reiche konnten es sich leisten, Ammen zu beschäftigen, und im allgemeinen war es nur Adligen gestattet, Sonnenschirme zu benutzen. Neben Adligen und Mönchen war es nur ausnahmsweise Laienärzten und Kindern gestattet, Sonnenschirme zu benutzen.

In den „Kuwana-nikki" („Kuwana-Tagebüchern") und „Kashiwa-

---

[59] Hayashi 1979.
[60] Kitagawa (geb. 1810) schrieb im Jahre 1853 die Einführung zu seiner 35 Bände umfassenden Sammlung und fügte 1867 Supplement und Index bei. Er stammte aus Ōsaka, lebte in Ōsaka oder Kyōto bis zum 30. Lebensjahr und zog dann nach Edo. Sein Buch enthält Beobachtungen über regionale Unterschiede im Alltagsleben.

zaki-nikki" („Kashiwazaki-Tagebüchern"),[61] die von Angehörigen der unteren Samurai-Familien in Provinzstädten zwischen 1839 und 1848 verfaßt wurden, hielt man in lebendiger Weise das tägliche Leben in den kleinen Reihenhäusern in der Umgebung der *Daimyō* fest. Frauen, deren eigene Milch knapp war, ließen ihre Kinder von Frauen in der Nachbarschaft stillen. Eine Großmutter scherzte, daß ein solcher Säugling wie sein auf Sauftour gegangener Vater sei.

Frauen ohne eigene Milch beteten für Milch bei den Shintō-Schreinen und buddhistischen Tempeln und opferten hölzerne Votivbild-Tafeln.[62] Angeblich konnte man reichlich Muttermilch bekommen, wenn man ein Gefäß zum Aufwärmen von Sake mit dem ersten Badewasser für den Säugling füllte und dann begrub,[63] oder auch, wenn die Mutter einen Karpfen äße oder das Schriftzeichen für „Karpfen" auf ihre Brust zeichnete.[64] Ein *senryū* (ein humorvoller oder satirischer Siebzehnzeiler) lautet: „In den Ärmel einer Mutter ohne Milch stecke einen langen Stab getrockneten Bonitos zum Lutschen, bis die Mutter einen Milchgeber gefunden hat."[65]

War Muttermilch nicht vorhanden, kaute man gekochten Reis und gab das vorgekaute Essen dem Säugling[66] oder gab ihm Reisschleim.[67] Am Ende der Tokugawa-Zeit füllte man diese Flüssigkeit in einen Bambustopf, aus dem der Schleim durch ein kugelförmiges weißes Baumwolltuch in den Mund des Säuglings gelangte.[68]

Auch verkaufte man in der späten Tokugawa-Zeit beispielsweise *Nyūmi-san* oder *chi-no-ko*[69] als Milchersatz. Die Ingredienzien dieser Produkte sind nicht überliefert, weil sie Geheimnisse der Apotheker

---

[61] Siehe Anm. 44.
[62] Viele hölzerne Votivtafeln wurden in Shintō-Schreinen und buddhistischen Tempeln überall in Japan aufgestellt.
[63] Onshi Zaidan Aiiku-Kai (Gesellschaft für Kinderaufzucht) (Hrsg.): Aiiku chōsa shiryō (Übersichtsmaterial zur Aufzucht der Kinder), 1. Reihe, Tokyo 1935.
[64] Kusada 1692 und Kazuki 1703.
[65] Vgl. „Yanagidaru", 1761.
[66] Diese Sitte scheint sehr alt zu sein. Ihr ältester Beleg findet sich unter *yuebito* im „Jindaiki".
[67] Neben Reis könnten Gerste und Buchweizen dazu verwendet worden sein, obwohl es für eine solche Vermutung keinen Beleg gibt.
[68] Dieses Bambusgefäß ist in dem Anzeigenblatt *Chi-no-ko*, das im Städtischen Zentralmuseum von Tōkyō erhalten ist, bildlich dargestellt.
[69] Siehe Anm. 68.

waren; vermutlich aber bestanden sie aus der Stärke verschiedener Pflanzenarten.

Es scheint in der Tokugawa-Zeit keine öffentlichen Waisenhäuser oder Kindertagesstätten gegeben zu haben. Jedoch entwickelte ein Gelehrter, Nobuhiro Satō (1769–1850),[70] Pläne für die Verwaltung von Leihhäusern, Krankenhäusern, Häusern für Kinder armer Leute, Häusern von Kindern, deren Eltern sich aus beruflichen Gründen ihnen nicht widmen konnten. Seine Vorstellung, daß man Kinder in großen Gruppen aufziehen solle, war für seine Zeit ungewöhnlich und wurde nicht realisiert. Satō entwickelte einen Milchersatz, eine Mischung aus Kuhmilch, Pfeilwurzmehl-Stärke (Pueraria thunbergiana) und einen dicken Malzsirup als ein geheimes Familienrezept.[71]

1.35 Spiele

Die Bücher von Yasushi Sakai[72] und Kichisaburō Odaka[73] behandeln die Geschichte japanischer Spiele. Darin werden Ursprünge und Wandlungen der wichtigsten Spiele nach Hinweisen in Romanen, Essays, illustrierten Büchern und Wörterbüchern der verschiedenen Epochen seit dem Altertum dargestellt. Jedoch wird nicht auf die Mentalität der Menschen eingegangen, die mit diesen Spielen umgingen. Die Mentalität der Teilnehmer am *inji-uchi* (Steinwerfen in Gruppen), einem in der Muromachi-Zeit populären Spiel, wurde erst kürzlich von Autoren wie Kiyoshi Yokoi[74] untersucht. Dieses Spiel begeisterte sowohl Erwachsene als auch Kinder und fungierte gelegentlich als Ventil für Gesellschaftskritik.

In der Tokugawa-Zeit gab es viele Arten von Spielen, die Kinder *und* Erwachsene spielten, jedoch auch solche, die speziell für Kinder

---

[70] Nobuhiro Satōs „Suitō hiroku" erschien posthum 1878. Satō war ein Gelehrter, dessen Ideen keine leichte Verbreitung fanden, weil er nicht im Dienst des Tokugawa-Shogunats stand; dennoch war er ein großer Denker, der bis zu seinem Tod literarisch tätig war.

[71] Usui 1968. Der Gedanke der Anwendung von Kuhmilch war in Satōs Zeit einzigartig, weil die Japaner sich nur von Getreide ernährten. Es ist nach wie vor ungeklärt, ob er diese Idee selbst entwickelt hat oder ob sie durch Lektüre europäischer Bücher befördert wurde.

[72] Sakai 1935.

[73] Odaka 1943.

[74] Yokoi 1975.

angelegt waren. In den „Fūzoku-monjō-tōsho" („Fragen und Antworten über Sitten und Gebräuche"), die in der ersten Hälfte des 18. Jahrhunderts verfaßt wurden, wird auch der Frage nach dem Spielverhalten der Kinder nachgegangen. Da viele Gelehrte der Tokugawa-Zeit sich für die Ursprünge der Dinge interessierten, untersuchten sie auch die Ursprünge der Kinderspiele.[75]

In seinem illustrierten Buch „Kottō-shū" (Essays über die Ursprünge verschiedener Sitten und Sprichwörter), das in den Jahren zwischen 1813 und 1815 erschien, analysierte Kyōden Santō (1761–1816) Kindergeschichten, Spielzeug, Spiele und Riten, auf die er in der Stadt Edo stieß.[76]

Nobuyō Kitamura (1784–1856), ein Spezialist für japanische klassische Literatur und ein Freund Kyōden Santōs, schrieb im Jahre 1830 die zwölfbändige Studie „Kiyū-shōran" (Bibliographie der Riten, Gebräuche und alltäglichen Umgangsformen). Mehr als 200 Einträge in den Bänden 3, 4, 6, 10 und 12 betreffen Kinderspiele.

Gyokuchō Kodera (1800–1876) zeichnete verschiedene Kinderspiele mit Illustrationen auf, so wie er sie in Nagoya und dessen Umgebung beobachtet hatte.[77]

Das 25. Kapitel in den „Morisada mankō" („Morisadas vermischte Essays") des Morisada Kitagawa (geboren 1810)[78] betrifft ebenfalls Kinderspiele. Kitagawa beschrieb, daß sich die Farben und Formen der Spielzeuge oft zwischen dem Kantō- und dem Kansai-Gebiet unterschieden. Allgemein ließ sich feststellen, daß die Spielzeuge in Edo, d. h. im Kantō-Gebiet, farbiger und aufwendiger gestaltet waren als die in den Städten Ōsaka und Kyōtō, d. h. im Kansai-Gebiet. Nur

---

[75] Siehe Anm. 27.

[76] Unter den Kindergeschichten des „Kottō-shū" waren *uchide-no-kozuchi* (Glücksschlegel) und *saru kani kassen* (Kampf zwischen Affen und Krabben). Zu den Spielzeugen zählten *te-mari* (Stoffbälle), *hago-ita* (Federball); zu den Spielen gehörten *take-uma* (Bambuspferde), *o-boko-nigyō* (mit Puppen spielen), *hōzuki-narashi* (japanische Blasenkirschen mit dem Mund zum Platzen bringen), *gitchō* (fußballähnliches Ballspiel), *nekki* (Umschlag von Holzstäben, die in den Boden gesteckt wurden), *kakurenbo* (Versteck spielen), *niramekko* (Anstarr-Spiel); zu den Zeremonien zählten *hina-asobi* (Mädchen-Fest im März) und *tango* (Knabenfest im Mai).

[77] Kodera, der wegen seiner Theaterliebhaberei bekannt war, sammelte Programme und Zettel und fügte seine eigenen kritischen Kommentare zu fast allen Aufführungen bei, die in der Stadt Nagoya in den 25 Jahren zwischen 1818 und 1842 liefen.

[78] Siehe Anm. 60.

in Edo konnte man Feuerwehrgeräte als Spielzeuge finden, da dort des öfteren Feuer in den dicht besiedelten Wohngebieten ausbrachen. In der Zeit der Tempō-Reform, 1841 bis 1843, verbot die Shogunatsregierung den Verkauf von Spielzeugen im Wert von mehr als einem Silber-Mon. Kinder pflegten am Saum ihrer Kimono zu spielen, während sie dieses einfache Lied sangen: „Heute ist der 25. Tag des Monats. Die Shogunatsregierung hat verboten, an den Kimonosäumen zu spielen." So sang man in Kyōto und Ōsaka, wohingegen das Lied in Edo lautete: „Heute ist der 28. Tag des Monats. Paß auf deinen Saum auf, paß auf!" Kitagawa gab anschauliche Schilderungen, wie in diesen Gebieten Kinder spielten.

Es gibt auch eine Sammlung von Kinderliedern, die der buddhistische Mönch und Sanskrit-Philologe Gyōchi (1778–1841) in seinem Werk „Gyōchi Dōyō shū" (Gyōchis Sammlung von Kinderliedern) veröffentlichte; das Erscheinungsjahr ist unbekannt.

Die erwähnten Quellenwerke geben keine Auskunft über das Alter oder den Familienstatus der Kinder, die diese Spiele spielten.

Aus der Autobiographie von Yukichi Fukuzawa (1835–1901),[79] der aus einer niederen Samurai-Familie des Bezirks Nakatsu auf Kyūshū stammte, geht hervor, daß die Kinder dieser Familien auch im Spiel gegenüber Kindern aus Samurai-Familien der oberen Schichten das angemessene Verhalten zu wahren hatten, weil unbedingt auf die Rangunterschiede zwischen den Samurai-Familien geachtet werden mußte. Andererseits ist den „Kuwana nikki" („Kuwana-Tagebüchern")[80] zu entnehmen, daß im Jahre 1840 Ryōnosuke, der Sohn eines niederen Samurai in dem Bezirk Kuwana, das *Inoko mochi* (Schlag-den-Maulwurf-Spiel) mit einem Strohschläger wie das Kind eines Bauern spielen wollte. Sein Großvater ließ von einem Diener einen Strohschläger herstellen und erlaubte Ryōnosuke, damit zu spielen. Im Jahre 1842 tröstete der Großvater Ryōnosuke, der ein schlechter Kreiselspieler war, indem er sagte, daß Kreiselspielen schließlich das Spiel von Kaufmannskindern wäre und daß Ryōnosuke gut mit Pfeil und Bogen schießen könne, welches für den Sohn eines Samurai wichtig sei. Ryōnosuke zog dem Studium der Bücher des Konfuzius sowie anderer Werke, in die sich Samurai-Kinder vertiefen

---

[79] Fukuzawa 1899.
[80] Siehe Anm. 44.

sollten, das Fischen vor. Obwohl der Großvater sich über Ryōnosukes Verhalten beklagte, das er als das eines Fischerjungen in dem Ort Kuwana empfand, schrieb er doch auf, wie viele Fische Ryōnosuke jeden Tag fing.

Überblickt man dieses unterschiedliche Material, so hat man den Eindruck, daß die Menschen der Tokugawa-Zeit die in Spielen und anderen Tätigkeiten versunkenen Kinder gewähren ließen. Beispielsweise stimmte Kazuki[81] mit dem chinesischen Arzt Ch'ien Ying überein, der behauptet hatte, daß ein Kind, das ganz dem Spiel mit Sand und Wasser hingegeben sei, Körpertemperatur auf ideale Weise ausdünste und dadurch bei guter Gesundheit bliebe.

1.36 Erziehung in den Lehensschulen und an Privatschulen

Nach einer Vermutung von Ronald Dore lag die Alphabetisierungsquote in Japan am Ende der Tokugawa-Zeit sehr hoch. Obwohl genaue Zahlen schwer zu ermitteln sind, gibt es Gründe für die Vermutung, daß etwas mehr als 40 Prozent aller japanischen Jungen und ungefähr 10 Prozent aller japanischen Mädchen eine Art förmlicher Erziehung außerhalb der Familie erhielten.[82]

Zu Beginn der Tokugawa-Zeit waren diejenigen Samurai, die eine systematische Erziehung erhielten, zu Hause von ihren Eltern oder Hauslehrern erzogen worden oder in Tempeln oder in den Häusern anderer Samurai, die die Ausbildung der Kinder anderer Familien zu übernehmen gewillt waren. Am Ende der Tokugawa-Zeit jedoch erhielt wahrscheinlich die Mehrzahl aller männlichen Kinder aus Samurai-Familien über den Rang eines Fußsoldaten eine systematische Erziehung in einer der mehr als 200 Schulen, die von den Daimyaten eingerichtet wurden, um aus den Samurai bessere Verwalter, gelehrte und gesittete Menschen werden zu lassen.[83] Trotz großer Unterschiede unter den Lehensbezirken kann man feststellen, daß im allgemeinen die Knaben im Alter von sieben oder acht Jahren in diese Schulen eintraten und dort für mehrere Jahre blieben. Gewöhnlich verließen sie die Schule vor Erreichen des 20. Lebensjahres.[84]

---

[81] Kazuki 1703.
[82] Dore 1965, S. 272 u. 291.
[83] Ebd. S. 68.
[84] Tada 1977.

Töchter von Samurai erhielten eine Ausbildung im Lesen und Schreiben zu Hause von ihren Eltern, von Hauslehrern oder von weiblichen Lehrkräften. Sie traten nicht in die Lehensschulen ein. Mönche, Priester und auch gewöhnliche Laien bildeten auch nichtadlige Kinder in ihren Häusern während der Tokugawa-Zeit aus. Die Kinder lernten lesen, schreiben und rechnen sowie verschiedene andere Fächer. Diese Schulen innerhalb der Häuser wurden *terakoya* genannt.[85] Obwohl die *terakoya* gewöhnlich keine gemischten Schulen waren, erteilten einige Unterricht sowohl für Knaben als auch für Mädchen, aber in getrennten Klassenzimmern. Kinder im Alter von sechs oder sieben Jahren betraten in Begleitung eines oder beider Elternteile die Schule und brachten ein Pult, einen Tintenblock, einen Tintenstab, Pinsel, Papier und einen Abakus mit. Zusätzlich zum Lehrgeld, das vor Schulbeginn an den Lehrer entrichtet wurde, brachten sie als Begrüßungsgeschenke unter anderem Süßigkeiten und Reis mit, der mit roten Bohnen gekocht worden war, und verteilten diese Geschenke an die Klassenkameraden. Nach dem Tagebuch eines Kaufmanns aus Ōmi, einer Stadt in der Nähe von Kyōtō, wurde ein siebenjähriges Mädchen, wenn es in ein *terakoya* eintrat, von einer jüngeren Schwester und seinen Eltern begleitet, die eine große Flasche Sake und 100 Bonbons mitbrachten.[86]

Normalerweise konnte jedermann ohne Rücksicht auf seine Klassenzugehörigkeit ein *terakoya* ohne amtliche Zulassung eröffnen. Zu den Personen, die dies taten, gehörten buddhistische Mönche, Shintō-Priester, Ärzte, Samurai, Dorfschulzen, einzelne Arbeitslose sowie unverheiratete Frauen. Dennoch kam es vor, daß in einzelnen Daimyaten, wie zum Beispiel in Kuroda in Kyūshū, die Verwaltung des *terakoya* streng beaufsichtigt wurde. Die Knaben lernten akademische Fächer, besonders chinesische und japanische Klassiker in Fortgeschrittenen-Kursen unter männlichen Lehrern, die Mädchen hingegen Fächer wie richtiges Verhalten, Teezeremonie, Ikebana und Nähen unter Lehrerinnen. Knaben wie auch Mädchen erhielten eine Grundausbildung im Lesen, Schreiben und Rechnen.[87]

Auch erhielten Kinder in beträchtlichem Umfang Einzelunterricht.

---

[85] Ono 1741.
[86] Hayashi 1979.
[87] Takahashi 1933.

Beispielsweise saß der Lehrer, wenn ein Kind Kalligraphie übte, diesem gegenüber mit Pinseln, die in zinnoberrote Tinte getaucht wurden, um jedes Schriftzeichen zu korrigieren. Die Lehrer mußten also auch darin geübt sein, Schriftzeichen umgekehrt schreiben zu können. Außerdem korrigierten die Lehrer ein Kind beim Schreiben eines Schriftzeichens, indem sie seine Hand in der richtigen Weise führten.

Aufgrund des Charakters der in der Tokugawa-Zeit existierenden *terakoya* ist es schwierig, genaue Statistiken über die Zahl dieser Schulen zu erhalten. Im Jahre 1722 schrieb der konfuzianische Gelehrte Kyūso Muro in einem Brief, daß es in Edo mehr als 800 *Terakoya*-Lehrer gäbe. Die Zahl ist zwar in keiner Weise zuverlässig, dennoch läßt sie vermuten, daß es zu dieser Zeit in Edo eine große Zahl von *terakoya* gegeben haben muß. Im Jahre 1810 schrieb Morikata Shibamura in einer Essay-Sammlung mit dem Titel „Asukagawa", daß man *terakoya* alle hundert Meter an einer Straße finden könne und daß die Lehrer äußerst fähig sein müßten, da sogar kleine Kinder sehr gut schreiben könnten.

Eine Sammlung von Kurzgeschichten mit dem Titel „Shōdan Kiku Dōji" („Komische Geschichten – Gesegnete Kinder, die gut verstehen"), die von einem Drogisten im Jahre 1775 verfaßt wurden, enthalten verschiedene komische Beschreibungen seltsamer Unterhaltungen zwischen nicht schriftkundigen Eltern und alphabetisierten Kindern, die an den *terakoya* unterrichtet wurden. Da gab es beispielsweise die Geschichte von der Tochter eines Sänftenträgers, die ein *terakoya* besuchte und schon die japanischen Silbenalphabete sowie die hundert grundlegenden 31-Silben-Gedichte beherrschte. Die Tochter bat ihre Eltern, für sie ein Exemplar des „Ise Monogatari" zu kaufen, das als Lehrbuch in dem *terakoya* verwendet werden sollte. Das „Ise Monogatari", das in der Heian-Zeit (794–1185) entstand, ist eine Sammlung kurzer Geschichten mit Gedichten aus 31-Silben-Versen, die Liebesszenen eines Don Juan darstellen, vermutlich des Ariwara no Narihira. Die Mutter, die das „Ise Monogatari" kannte, sagte ihrer Tochter: „Du hast schon genug gelernt. Du solltest lieber solche Geschichten nicht lesen. Wir können es uns nicht leisten, so etwas Teures zu kaufen." Aber der Vater des Mädchens sagte: „Warum kaufen wir nicht das ‚Ise Monogatari' für sie?" Worauf die Mutter erregt zurückgab: „Es ist nicht das Richtige für ein kleines Mädchen wie unsere Tochter!" Der Vater blieb dennoch hart und sagte: „Hör auf, so einen Quatsch zu reden, und kauf das Buch! Wenn sie ein Junge wäre, würde sie schon längst zum Ise-Schrein gegangen sein." Damals pflegten sieben- oder achtjährige Knaben oft insgeheim die Häuser ihrer Eltern zu verlassen, um auf eine Pilgerfahrt zum Ise-Schrein zu gehen. Die an der Straße wohnenden Menschen versorgten sie dabei mit Unterkunft und Verpflegung.[88] Der Vater hatte also „Ise Monogatari" (= Erzählungen von Ise) als *Ise mairi* (= Pilgerfahrt nach Ise) mißverstanden.

Die Eltern erwarteten von ihren Kindern, daß sie lesen, schreiben und rechnen lernten, allerdings nur in dem Umfang, der nötig war, um im täglichen Leben zurechtzukommen. Sollte sich bei ihnen ein Interesse an Gelehrsamkeit regen, das jene praktischen Bedürfnisse überstieg, glaubte man, daß sie damit kein einträgliches Geschäft würden machen können. Die einzige Möglichkeit, die einem solchen Menschen verblieb, um seinen Lebensunterhalt zu verdienen, war, in einem *terakoya* Lehrer zu werden.

Die „Iroha Moji Terako Tanka" (= Alphabetische Gedichte über *Terakoya*-Kinder), die im Jahre 1673 erschienen, schilderten in 31-Silben-Versen, wie wild und aufsässig Kinder sein konnten, wenn die Lehrer ihnen den Rücken zukehrten. Dem Autor schien es selbstverständlich, daß die Kinder lebendige Geschöpfe waren; zugleich zeigte er sich aber erstaunt über ein solch lebhaftes Verhalten.

Unter der Tokugawa-Herrschaft gestatteten die *terakoya* Freiraum für heranwachsende Kinder, zugleich aber auch für Lehrer und Lehrerinnen, die sich dem System nicht eingepaßt hatten.

1.37 Kinderarbeit

In reichen Familien wurden Diener und *komori* (= Sorgepersonen für Kinder) beschäftigt, aber in den gewöhnlichen Familien kümmerten sich die Kinder um ihre jüngeren Geschwister und halfen, wo immer sie konnten (z. B. indem sie ausgingen, um Öl oder Essig einzukaufen).[89]

---

[88] Tatsukawa 1984.
[89] Daß Kinder Botengänge ausführten, können wir bildlichen Darstellungen entnehmen, die Kinder beim Einkaufen von Öl und Essig zeigen *(jinrin-kunmō-zui)*.

In den Samurai-Familien erwartete man von einem Mann,[90] daß er sich literarischen und militärischen Dingen widme und sich selber dazu erziehe, sich als Angehöriger der Herrenschicht der Gesellschaft regelkonform zu verhalten. Zwar war dem Herrn eines *ie* (Hauses) die Soldzahlung garantiert, aber es konnte nur ein Sohn Oberhaupt eines Samurai-Hauses werden. War ein alter Vater noch im Dienst, blieb der erwachsene Erbe ohne Beschäftigung und demzufolge ohne Einkommen. Erst nach dem Eintritt des Vaters in den Ruhestand konnte der Sohn das Haus erben. Nicht erbberechtigte Söhne wurden von anderen Samurai-Familien adoptiert, die keine Söhne hatten.

Das „Buke-no-josei" (Frauen in Samurai-Familien)[91] beschreibt das Leben der unteren Ränge der Samurai-Familien in dem Bezirk Aizu (heute: Präfektur Fukushima) während der späten Tokugawa-Zeit. Hier galt es als die Pflicht des Vaters, seinem Erben und anderen Söhnen Unterricht in Literatur und Kriegskunst, in den Umgangsformen des alltäglichen Lebens, in der Rede sowie in der Haushaltsführung zu erteilen. Die Knaben unterlagen einer strengen Disziplin. Die Söhne wurden dazu erzogen, Besucher und Gäste angemessen zu begrüßen, sich bei Besuchen in anderen Familien standesgemäß zu verhalten, anstelle ihres Vaters Dankbarkeit auszudrücken, kleinere Besorgungen an weit entfernten Orten und während der Dunkelheit anstelle von Knechten zu erledigen, kleinste Einzelheiten der Tischetikette zu beachten wie z. B. ruhig zu essen und nur einen sauberen Teller übrigzulassen. Es kam oft vor, daß die Söhne zu servieren hatten, wenn der Vater Gäste versorgen mußte.

In diesen Samurai-Familien[92] verdienten sich Familienangehörige Geld mit Nebentätigkeiten. Darin waren Geschicklichkeitsarbeiten eingeschlossen wie z. B. das Umwickeln der Schwertknäufe mit Fäden oder die Zucht von zirpenden Insekten, Karpfen, Singvögeln, Chrysanthemen oder verschiedener Bonsai-Bäume. Die unausgebildeten Familienmitglieder verdienten sich ein wenig Geld, indem sie Ölpapiere auf die Bambusrahmen japanischer Regenschirme spannten.[93] Die

---

[90] Buke-sho-hatto 1615.
[91] Yamakawa (wie Anm. 55).
[92] Ebd.
[93] Samurai bevorzugten die Arbeit an Schirmen, nicht an Schuhen, weil Schirme über dem Kopf gehalten wurden und man glaubte, daß sie eher den Samurai angemessen seien, die gesellschaftlich über Bauern, Handwerkern und Kaufleuten standen.

Kinder der niederen Samurai-Familien, sowohl Knaben als auch Mädchen, werden sicherlich ihre Eltern wirtschaftlich unterstützt haben.

Aus einer Reihe von Rollbildern aus ganz Japan, die den Reisanbau und andere landwirtschaftliche Tätigkeiten darstellen, geht hervor, daß die Kinder bäuerlicher Familien an der Landarbeit beteiligt waren. So zum Beispiel zeigt „Tawara kasane kōsaku e-maki" (= Landwirtschaftliche Rollbilder mit Szenen verschiedener Stufen des Reisanbaus bis zum Aufhäufen vieler Strohreistüten) aus der frühen Tokugawa-Zeit, wie Kinder Trommeln und Glöckchen schlagen, Seite an Seite mit jungen Mädchen *(sa-otome)*, die Reisstecklinge in die Felder pflanzen. Im „Yamato kōsaku e-shō" (= Kurzgefaßte Sammlung von Bildern landwirtschaftlicher Tätigkeiten in dem Bezirk Yamato), einem Werk des Tomonobu Ishikawa vermutlich aus dem späten 17. oder frühen 18. Jahrhundert, hilft ein Junge im Alter von ungefähr sieben Jahren seinem Vater dabei, ein Pferd mit einem Seil in der Hand zu führen, während der Vater den Pflug hält, den das Pferd zieht. Im „Kōka shunjū e-maki" (= Kalender-Rollbilder landwirtschaftlicher Arbeit), das in dem Gebiet Kanazawa des Bezirks Kaga von Matasaburō Tsuchiya im Jahre 1707 gezeichnet wurde, findet sich eine Reispflanz-Szene, in der Kinder Bündel von Reisstecklingen an verschiedenen Stellen der Reisfelder abladen. Yoshimasa Nakadai, ein gelehrter Bauer, der das Recht erworben hatte, einen Familiennamen zu führen und das Schwert zu tragen, stellte in seinem 1839 gezeichneten Werk „Rōnō yawa" (= Illustrierte Reihe von Vorlesungen über Landwirtschaft) Kinder dar, die Erwachsenen im Feld das Mittagessen bringen oder eine Schildkröte am Strick hinter sich herziehen oder Reis worfeln.

Im allgemeinen scheint in der Tokugawa-Zeit das Erwachsenenalter mit dem 15. Lebensjahr begonnen zu haben, als man in die Dorfjugendverbände eintrat.[94] Von diesem Zeitpunkt an wurde man ganz in

---

[94] Die Meiji-Regierung sammelte zur Vorbereitung für die Herausgabe des „Mimpō" (Bürgerliches Gesetzbuch, verkündet 1896) verschiedene Gebräuche des bürgerlichen Lebens und Fälle außergerichtlicher und gerichtlicher zivilrechtlicher Entscheidungen. Die Sammlung erschien zuerst im Auftrag des Shihō-shō (Justizministerium) im Jahre 1880 als „Zenkoku minji kanrei ruishū" (Landesweite Sammlung bürgerlicher Sitten vor der Meiji-Zeit).

die Gemeinschaftsarbeiten des Dorfes wie ein Erwachsener einbezogen.

Kinder unter fünfzehn Jahren konnten einer Kindergruppe des Dorfes angehören und so wichtige Funktionen bei den jährlichen Festzyklen als Symbole der Fruchtbarkeit und Kraft[95] übernehmen. Sie scheinen auch an den landwirtschaftlichen Arbeiten, allerdings mehr spielerisch als im Ernst, Anteil gehabt zu haben.

Akira Hayami hat vermutet, daß die bäuerliche Arbeitsweise im Verlauf des 17. Jahrhunderts großen Wandlungen unterlag.[96] Bis dahin gehörte das landwirtschaftlich nutzbare Land großen Landbesitzern und wurde von *gen'in* (= langfristig tätigen Knechten, die nicht heiraten durften) bearbeitet. Seit der frühen Tokugawa-Zeit jedoch mußten Bauernfamilien das Land in eigener Verantwortung bearbeiten, das ihnen vom Daimyō zugewiesen worden war, und dafür dem Landherrn einen festgesetzten Anteil des Ernteertrages abliefern. So kam es, daß die Bauern in der frühen Tokugawa-Zeit eine „revolutionäre Effizienz"[97] entwickelten. Im Gegensatz zur industriellen Revolution, die ein kapitalintensiver Wandlungsprozeß ist, war die Effizienz-Revolution der frühen Tokugawa-Zeit ein Vorgang der Arbeitsintensivierung, der in Zusammenhang stand mit Wachstum an landwirtschaftlicher Produktivität und Bauernbevölkerung.[98] Es bedarf weiterer Forschungen, um festzustellen, inwieweit das Leben der Kinder von der Effizienz-Revolution beeinflußt und verändert wurde.[99]

In den Familien der Kaufleute und Handwerker wurden Jungen als Lehrlinge im Alter von zehn Jahren eingestellt. Sie hießen *dechi* in dem Kansai-Gebiet und *kozō* im Kantō-Gebiet. Zuerst beschäftigte man sie damit, auf die Kinder des Hausherrn aufzupassen oder das Haus zu reinigen. Später ließ man sie Botengänge ausführen oder andere Kleinigkeiten im Haushalt erledigen.

---

[95] Takeuchi 1941.
[96] Hayami 1977, S. 3–18.
[97] Ebd.
[98] Ebd.
[99] Bird (1831–1904), eine Engländerin, die im Jahr 1878 ausgedehnte Reisen nach Nordost-Honshu und Hokkaidō unternahm, beschrieb, daß es keine öden Felder gäbe, daß die Bauern fleißig ihr Land bestellten. Sie schrieb auch, daß die Kinder Pferdeäpfel von den Straßen aufsammelten und aufhäuften, um Dünger herzustellen.

Bei diesen Tätigkeiten lernten die Jungen die richtigen Umgangsformen und die Gewohnheiten des alltäglichen Lebens im Haushalt des Arbeitgebers kennen. Nach etwa fünf Jahren durften sie kleinere Tätigkeiten im Ladengeschäft ausführen. Die Lehrlinge erhielten keinen Lohn in bar, sondern Unterkunft und Verpflegung. Im Sommer gab man ihnen Leinen-, im Winter Baumwollkleider. Sie durften zweimal im Jahr Urlaub nehmen. Im Kansai-Gebiet lagen diese Urlaubszeiten, die man *yabuiri* nannte, im Frühjahr und Herbst; im Kantō-Gebiet, wo die Urlaubszeiten *yadosagari* hießen, jeweils am 16. Januar und am 17. Juli. Im Alter von 17 oder 18 Jahren fand für die Lehrlinge eine Zeremonie mit der Bezeichnung *Gempuku* statt, zu der ihnen eine besondere Kleidung angelegt wurde. Danach nannte man sie *tedai* im Kansai-Gebiet und *wakaimono* im Kantō-Gebiet.[100]

Die *tedai* und *wakaimono* erhielten Löhne je nach ihren Fähigkeiten. Nach zehn Jahren Tätigkeit in Handwerksbetrieben bekamen die Lehrlinge einen Satz Handwerkszeug, und es wurde ihnen gestattet, sich selbständig zu machen. Bei den Kaufleuten dauerte es ungefähr 20 Jahre, bis ein früherer Lehrling genügend Kapital erhielt, um ein eigenes Geschäft eröffnen zu können. Bei der Einstellung eines Kindes oder eines Erwachsenen als Lehrling mußten die Eltern und der Arbeitgeber einen Vertrag in Anwesenheit von Zeugen unterzeichnen, die die Identität des Betroffenen sowie dessen Eltern bestätigten. Dies war auch eine Voraussetzung, für den Eintritt in öffentliche Schulen. Hideyoshi Toyotomi (1536–1598) führte diesen Grundsatz in den achtziger Jahren des 16. Jahrhunderts ein, um die Beziehungen zwischen Arbeitgeber und Arbeitnehmer und zwischen Lehrer und Schüler denen zwischen Gefolgsherrn und Gefolgsmann anzugleichen.

Das Leben der Lehrlinge bestand aus nichts weiter als Arbeit, mit Ausnahme der beiden Ferienzeiten. Viele Lehrlinge liefen weg oder wurden entlassen, weil sie spielten, tranken oder mit Frauen Umgang pflegten. Ein gesellschaftlich akzeptiertes Ventil für junge Lehrlinge in der Tokugawa-Zeit war das *nuke-mairi* nach Ise, jene heimliche Pilgerfahrt zum Ise-Schrein.[101] Dorthin wurden in der Tokugawa-Zeit in Intervallen Massenpilgerfahrten von Laien durchgeführt. Immer

---

[100] Kitagawa o. J.
[101] Der Ise-Schrein ist der Hauptschrein des Shintoismus.

waren es Knaben und Mädchen, die diese Massenbewegungen begannen. Zum Beispiel hatte das *Ise mairi* des Jahres 1705 wahrscheinlich folgenden Ursprung:[102] Der 12 Jahre alte Lehrling Chōhachi von Komatsu-ya, eine Art Tischlerei in Ichi-jō-dōri-mannen-machi in Kyōtō, lief aus dem Geschäft weg mit 100 gestohlenen *mon* und dem Säugling seines Herrn auf dem Rücken. Der Herr glaubte, daß der Säugling tot sei, und veranstaltete ein Begräbnis. Am 9. Tag nach dem Begräbnis kehrte Chōhachi von der Pilgerfahrt nach Ise zurück mit dem fröhlichen und gesunden Säugling auf seinem Rücken. Nachdem sich Gerüchte von dieser Episode verbreitet hatten, liefen viele junge Lehrlinge aus Kyōtō weg zum Ise-Schrein und sangen und tanzten auf der Straße. Nach der Pilgerfahrt wurden junge Lehrlinge als Erwachsene von ihren Herren anerkannt.

In sehr armen Familien und auch in Familien, die plötzlich viel Geld brauchten, kam es gelegentlich vor, daß Mädchen und Knaben zur Prostitution für hetero- oder homosexuellen Umgang verkauft wurden. Einige der Lehrlingsverträge hatten die Rechtsformen des Kinderverkaufs.[103]

1.4 Zusammenfassung und ergänzende Bemerkungen: Kindheit in der Tokugawa-Zeit

Während der Tokugawa-Zeit gab es in Japan eine hohe Säuglings- und Kindersterblichkeit. Frauen aus höheren gesellschaftlichen Schichten heirateten früher und brachten mehr Kinder zur Welt als Frauen aus Unterschichten. Dennoch war die Säuglings- und Kindersterblichkeit in allen sozialen Schichten hoch. Zur Kontrolle der Kinderzahl wurde der Kindermord in etlichen Gegenden häufig praktiziert, wohingegen Abtreibung ursprünglich nur in den Städten vorkam. Allmählich jedoch verbreiteten sich die Techniken der Abtreibung auch in ländlichen Gebieten während der Togugawa-Zeit.

Kinder, die als Erben der Familie (in der Regel die erstgeborenen Söhne) bestimmt wurden, behandelte man anders als die übrigen Kinder. Gab es nur Töchter oder keine Kinder, adoptierte man Söhne als Erben. Für die zweit- oder drittgeborenen Söhne stellte die

---

[102] Tatsukawa 1984.
[103] Maki 1971.

Adoption in eine andere Familie eine Möglichkeit zu sozialem Aufstieg dar. Andernfalls waren sie ihr Leben lang von ihrem alleinerbenden älteren Bruder abhängig und konnten keine eigene Familie gründen. Im Verlauf der Togugawa-Zeit entwickelten sich als selbständige literarische Genre Bilderbücher für Kinder und Bücher über Kindererziehung; auch bildete sich eine Berufsgruppe von Ärzten heraus, die auf Kinder spezialisiert waren. Arzneien gegen Kinderkrankheiten sowie Säuglingsnahrung waren im Handel. Einige Altersstufenriten, die in der Muromachi-Zeit vermutlich nur der höhere Adel durchführte, wurden in der Tokugawa-Zeit auch von den Samurai- und von den reichen Kaufmannsfamilien übernommen.

Die Hauptursachen für den Tod von Säuglingen und Kindern waren Pocken, Masern, *mushi, kan* und *kyōfū*. Bemerkenswerterweise galten Pocken als eine Art „rite de passage". Rituale mit Gebeten und Zauber sollten die Symptome reduzieren. Besondere Feiern wurden anläßlich der Rekonvaleszenz durchgeführt. Bei diesen Gelegenheiten tauschte man Geschenke aus, kondolierte und unterrichtete sich über die Symptome und Veränderungen im Zustand der Patienten. Man teilte die Angst, die Sorge, die Erleichterung und die Freude im Verlauf der Krankheit. Im Gegensatz dazu betrachtete man andere Kinderkrankheiten als Folgen religiöser Verunreinigung oder unangemessenen Verhaltens der Mütter, je nachdem wie schwer oder wie häufig die Symptome auftraten.

Man hatte die Vorstellung, daß Säuglinge und Kleinkinder sowohl von Gottheiten als auch von den Menschen umsorgt würden. Die hauptsächlichen Sorgepersonen sollten die Mütter sein, obwohl auch Ammen, *komori* und Pflegefamilien sich um die Kinder des Hochadels, der höheren Samurai und der reichen Kaufmannsfamilien kümmerten. Säuglinge und Kleinkinder wuchsen in engem Körperkontakt mit den Sorgepersonen auf. Diese achteten sehr auf geringfügige Veränderungen im Verhalten der Säuglinge und Kleinkinder.

Nach einer Schätzung von Ronald P. Dore kann man davon ausgehen, daß mehr als vierzig Prozent aller japanischen Knaben sowie etwa zehn Prozent aller japanischen Mädchen eine systematische Ausbildung außerhalb der Familie erhielten. Unter der Tokugawa-Herrschaft gestatteten die *terakoya-Schulen* Kindern aus verschiedenen Gesellschaftsschichten sowie den Lehrern einen gewissen Freiraum. In vielen Familien sorgten Kinder für ihre jüngeren Geschwister und halfen aus, wo immer sie konnten. Die Jungen aus Samurai-Familien mußten Kampfsport, Literatur und die Etikette lernen. Kinder aus niederen Samurai-Familien unterstützten ihre Eltern mit Gelegenheitsarbeiten. Unter den Bauern trat man in das Erwachsenenalter in dem Moment ein, in dem man voll zur Landarbeit herangezogen werden konnte. In den Kaufmanns- und Handwerkerfamilien wurden Jungen als Lehrlinge im Alter von ungefähr zehn Jahren angestellt. Im Alter von 17 oder 18 Jahren durchliefen sie das *gempuku*, wonach sie einen Lohn je nach ihren Fähigkeiten erhielten.

Im Leben der Kinder scheinen Spiel, Arbeit, Gehorsam und Erziehung eng miteinander verbunden gewesen zu sein. Dies kann man als den Reflex einer bestimmten Anschauung über das Wesen der Kindheit[104] unter den Japanern in der Tokugawa-Zeit verstehen. Hand- und Lehrbücher wurden veröffentlicht und Lehrpläne zum Erlernen des Lesens, Schreibens und Rechnens verbreiteten sich überall im Land. Viele Bücher über Kindererziehung handelten von den Stadien der Kindesentwicklung. Tatsächlich aber orientierte man sich bei Kindererziehung und Schulunterricht in flexibler Weise am Charakter, an den Fähigkeiten und Neigungen des einzelnen Kindes sowie an unterschiedlichen Lebensumständen des Kindes und seiner Familie. In Ausbildung und Erziehung wurden häufiger Methoden des Lernenlassens als Methoden des Lehrens angewendet.[105] Spielerisch wiederholten Kinder verschiedene Körperbewegungen und sprachliche Verhaltensweisen, bis sie schließlich über die Fertigkeiten vollständig verfügten, die für die berufliche Arbeit der Erwachsenen notwendig waren. Diese Aspekte des Kinderlebens in der Tokugawa-Zeit können nur aus verschiedenen Quellen erschlossen werden, die von Kunio Yanagida und seiner volkskundlichen Schule in der späten Meiji-Zeit gesammelt wurden. Einige dieser Quellen enthalten Erinnerungen von Einzelpersonen, die ihre Kindheit oder Jugend in der späten Tokugawa-Zeit verbrachten, oder mündliche Traditionen über die Lebensbedingungen und -erfahrungen der späten Tokugawa-Zeit in der Erinnerung der Menschen der Meiji-Zeit. Aufgrund dieser Quellen können wir vermuten, daß die Menschen das Lernen als Nachvollzug verstanden und

---

[104] Vgl. Aries 1960.
[105] Hara 1976.

148

daß das spielerische Nachvollziehen eine wirkungsvolle Funktion in den Lernprozessen der Kinder in der Tokugawa-Zeit hatte. Diese Aufmerksamkeit gegenüber Körper- und Geisteshaltungen der Kinder in verschiedenen Lebensaltern ging nach der Meiji-Restauration zu Bruch. Dennoch blieben Grundhaltungen gegenüber Kindern und verschiedenen Positionen der Kindererziehung, die schon im tokugawazeitlichen Japan vorhanden waren, erhalten trotz drastischen sozialen Wandels im Gefolge der Meiji-Restauration und des Zweiten Weltkrieges.

2. Kinder nach der Meiji-Restauration

2.1 Das Aufkommen neuer Ansichten über Geburt und Kindererziehung

2.11 Das Aufkommen neuer Anschauungen über Geburt

Unmittelbar nach der Meiji-Restauration im Jahre 1868, verbot die neue Regierung den Verkauf von Arzneimitteln zur Herbeiführung der Abtreibung und untersagte den Hebammen im Jahre 1869, Abtreibungen durchzuführen. Im Jahre 1872 legte die Regierung fest, daß man keine religiösen Schuldgefühle gegenüber Blutungen nach der Geburt haben und das Blut nicht als unrein ansehen sollte. Neue Regelungen für die Ausbildung der Hebammen wurden im Jahre 1890 erlassen, und im Zeitraum zwischen 1910 und 1935 koexistierten die neuen registrierten Ammen und die unregistrierten Ammen alter Art. Zu jener Zeit kamen die meisten Kinder in den Privathäusern zur Welt. Im Jahr 1960 wurden die Hälfte der Kinder zu Hause und die andere Hälfte in Krankenhäusern geboren (in den Städten fanden 64 Prozent, in den ländlichen Gebieten 27 Prozent der Geburten in Krankenhäusern statt). Im Jahre 1976 fanden 96,1 Prozent aller Geburten in ganz Japan in Krankenhäusern statt.[106]

In den letzten zehn Jahren jedoch hat eine kleine Gruppe von Frauen eine Kampagne für die Hausgeburt ins Leben gerufen, um einen menschlichen Bezug zu dem Vorgang wiederzuerlangen. Sie glauben,

---

[106] Ministerium für Gesundheit und Wohlfahrt, 1980, *Boshi-eisei no omonaru tōkei*.

daß die modernen Krankenhausumstände nicht frei von Fehlern aus Sorglosigkeit sind und daß die Frauen dort nicht als Menschen, sondern als Sachen behandelt werden. Aus ihrer Perspektive sieht es so aus, als ob das Krankenhauspersonal die neugeborenen Säuglinge lediglich als bewegliche Input-Output-Systeme behandelt. Obwohl Ärzte und Ammen, die in den Krankenhäusern arbeiten, im allgemeinen die Anschauung vertreten, daß die Wahrscheinlichkeit eines Todesfalls bei Hausgeburten viel höher ist, und obwohl die Zahl der Hausgeburten tatsächlich verschwindend klein ist und auch nicht schnell ansteigen wird, zeigt die Entstehung einer solchen Kampagne als einer Kulturbewegung an, daß die Menschen uneingestandenermaßen ihrer Behandlung in den modernen Krankenhäusern mit Vorbehalten gegenüberstehen. Kurz, sie muß als Herausforderung an die moderne Technologie verstanden werden, zumal ihr die Vorstellung zugrunde liegt, daß dem Wohlbefinden der Frauen und ihrer Säuglinge höchste Bedeutung zukommt.[107]

2.12 Das Aufkommen neuer Anschauungen über Kindererziehung

Nach der Meiji-Restauration traten neue Ansichten über Kindererziehung in Japan auf, z. B. die Kinder als menschliche Ressourcen für die Entwicklung der Nation anzusehen. Nach dieser Anschauung war ein gesunder, großer und starker Körperbau ein Wert in sich selbst. Einer anderen Anschauung lag die Forderung zugrunde, daß Kinder ein Menschenrecht auf Erziehung und Entwicklung hätten. Diese Idee der Menschenrechte wurde von einigen Japanern bekanntgemacht, die westliches Gedankengut in eigener Weise interpretierten. Eine dritte Anschauung ging von der liebevollen Zuneigung und Toleranz gegenüber Säuglingen und Kleinkindern aus, die schon in der Tokugawa-Zeit üblich war. In vielen Handlungen, Vorgängen und Ereignissen der letzten hundert Jahre traten, so scheint es, diese drei Ansichten oft vermischt auf. Genaue empirische Untersuchungen über hauptsächliche Handlungen, Vorgänge und Ereignisse in bezug auf die Kinderfürsorge sind immer noch ein Desiderat, wenn man entschlüsseln will, wie diese drei verschiedenen Anschauungen bei politischen Führungsgestalten und anderen Zeitgenossen vermischt oder in individuell zu

---

[107] Ōbayashi 1982; Matsuoka 1983.

erklärender Gewichtung auftraten. Hier sollen einige Vorgänge aufgeführt werden, die besonders aussageträchtig zu sein scheinen.

Im Oktober 1913 fand die erste jährliche Babyausstellung[108] in Tōkyō unter der Förderung des Warenhauses Mitsukoshi statt, das damals das Bekleidungsgeschäft Mitsukoshi war. Sie wurde von Tetsuji Nishiyama (geb. 1883)[109] vorgeschlagen, dem Rektor einer privaten Grundschule, der sich sehr über die unzureichende Körpergestalt der Japaner sorgte. Nishiyama führte eingehende Studien der körperlichen Eigenschaften der fünfzig bis sechzig gesündesten unter zwölf Monaten alten Säuglinge in einer Gruppe von dreihundert bis vierhundert Kindern durch, die zur jährlichen Babyausstellung gebracht wurden. Auch analysierte er die Gesundheitsfürsorge und Erziehungsmethoden der Mütter dieser gesunden Säuglinge. Unter den Müttern, die an der Babyausstellung teilnehmen wollten, war die Zahl derer, die Knaben hatten, größer als die Zahl derer, die Mädchen hatten. Unter den 137 prämierten Säuglingen der Ausstellung von 1915, 1916 und 1917 waren nur 32 Mädchen. Nishiyama schloß, daß Eltern stolz sein sollten, wenn sie große, kräftige Knaben hätten, daß sie sich aber sorgen sollten über große Mädchen, die zu viel essen könnten, wenn sie verheiratet würden. Folglich hielt Nishiyama es für wichtig, dafür zu sorgen, daß Frauen körperlich in der Lage sind, gesunde Kinder zu gebären. Er fand auch heraus, daß die meisten der prämierten Säuglinge nach einem festgelegten Zeitplan gestillt wurden und nur leichte Kleidung trugen. In den Erzählungen der Mütter der prämierten Säuglinge gibt es einige von höhergestellten Frauen, von denen hervorgehoben wird, daß sie ihre Kinder nicht von Ammen oder Dienern betreuen ließen, sondern sich selber um sie kümmerten.

Solche Wettbewerbe um die gesündesten Säuglinge wurden in vielen Teilen Japans unter der Schirmherrschaft von Zeitungsverlegern, Arzneimittelherstellern, die auf Kinderarznei spezialisiert waren, und Trockenmilchherstellern veranstaltet, um für den richtigen Weg der Kinderaufzucht zu werben.

Im Jahre 1918 wurde die *San-iku-kai,*[110] ein Beratungszentrum für schwangere Frauen und Kleinkinder, von einer Gruppe christlicher

---

[108] Auf japanisch: *akanbō tenrankai.*
[109] Nishiyama 1918.
[110] San-iku-kai Gojū-nem-shi, Shakai Fukushi Hōjin San-iku-kai, 1972.

Eltern, darunter auch Ärzte und Hebammen, in Honjo, einem Stadtteil in Tokyo, in der Nachbarschaft von Handwerkern und Arbeitern errichtet. Auf diese Weise sollten Stadtbewohnern mit geringem Einkommen, die von den Traditionen ihrer Familie abgeschnitten waren, da diese noch in ländlichen Gebieten lebten, kostenlos Informationen und technische Dienstleistungen zur Verfügung gestellt werden. Die *San-ku-kai* dehnte ihren Tätigkeitsbereich allmählich auf ein Wöchnerinnenkrankenhaus, eine Kindertagesstätte und ein Kinderheim aus und steht noch heute in organisatorischem Zusammenhang mit allgemeinen Krankenhäusern und Altenheimen in Tōkyō und anderen Orten Japans. Zwischen den Jahren 1868 und 1920 gab es viele Bewegungen zur Gründung von Wohlfahrtseinrichtungen für Kleinkinder und Jugendliche; die meisten von ihnen hatten jedoch nur kurzen Bestand.[111]

Seit 1930 fand der jährliche gesamtjapanische Wettbewerb der besseren Schulkinder mit Unterstützung der Zeitung *Asahi* statt und wurde bis 1978 fortgeführt. Im März 1934 wurde die *Onshi-Zaidan Ai-iku kai* (Kaiserliche Stiftung für Gesundheit und Wohlfahrt von Müttern und Kindern) errichtet in Erinnerung an die Geburt des Kronprinzen Akihito am 25. Dezember 1933. Diese Stiftung führte eine landesweite Untersuchung der Kindersterblichkeit und Kinderernährung in Korrelation mit geographischen und sozioökonomischen Faktoren durch (1935–1938),[112] stellte standardisierte Prüflisten für das körperliche und geistige Wachstum von Kleinkindern und Jugendlichen auf (1938)[113] und erfaßte landesweit das Brauchtum und die Anschauungen zur Kindererziehung (1935 bis 1938)[114] sowie auch der Praxis der Kindererziehung.[115] Darüber hinaus organisierte die Stiftung ein Netz öffentlich bestellter Gesundheitsfürsorgerinnen in vielen Dörfern (1000 Dörfer im Jahre 1944) und brachte Hebammen und Krankenschwestern dazu, sich in jedem Dorf niederzulassen.

---

[111] Namae 1923.

[112] Onshi zaidan Aiiku-kai (wie Anm. 63).

[113] Y. Ushijima u. a.: Nyūyōji seishin hattatsu kijun (Richtlinien für die kognitive Entwicklung in der Kindheit), Tokyo 1938.

[114] Onshi Zaidan Boshi Aiiku-kai (Hrsg.): Nihon San-iku Shuzoku Shiryō Shusei (Übersichtsberichte über Sitten und Glaubensvorstellungen hinsichtlich der Geburt und der Kinderaufzucht aus ganz Japan), Tokyo: Dai-ichi Hōki Shuppan 1975.

[115] Yamashita 1943.

Diese Krankenschwestern suchten die Bauernfamilien persönlich auf, um die hygienischen Bedingungen und die Ernährungssituation im Sinne der Kinder zu verbessern.[116] Während des Zweiten Weltkrieges begann im Jahre 1942 das Gesundheitsministerium damit, das „Nin-sampu-techō" (= Schwangerschaftsnotizbuch) an schwangere Frauen zu verteilen. Voraussetzung war, daß diese sich hatten registrieren lassen, um sich regelmäßig ärztlichen Untersuchungen zu unterziehen. Zusätzlich erhielten sie Kleidung, Nahrung und andere notwendige Gegenstände. Damit wollte die Regierung das Potential an gesunden nachwachsenden Menschen sicherstellen. In diesem Sinne war das *Nin-sampu-techō* in seinen Zielen vergleichbar mit denen des *Kainin-kakiage chō*, das wir aus der Tokugawa-Zeit kennen.

Nach dem Zweiten Weltkrieg wurde im Jahre 1947 das Gesetz über die Wohlfahrt der Kinder und die Gesundheitszentren erlassen. Auf der Grundlage dieses Gesetzes veröffentlichte man im Jahre 1966 das „Boshi-techō" (= Nachweisbuch für die Gesundheit von Mutter und Kind). Dieses Buch wurde von den örtlichen Behörden verteilt und enthielt die Ergebnisse der regelmäßigen Untersuchungen schwangerer Frauen einschließlich der Angaben über Blutdruck, Urinzucker, Gewicht u. a. Es enthält auch Daten über den körperlichen Zustand des Neugeborenen wie z. B. Gewicht, Größe, die Fähigkeit, an der Brust zu saugen, sowie dessen Fortschritt in sprachlicher, motorischer und sozialer Hinsicht. Das Nachweisbuch hält außerdem Daten über Impfungen und alle wesentlichen Vorkommnisse im Wachstumsprozeß, bis das Kind in die Schule eintritt, fest. Die örtlichen Behörden sowie auch staatliche und private Krankenhäuser bieten Kurse für schwangere Frauen an, die auf die Niederkunft und die Säuglingspflege vorbereitet werden sollen.

2.13 Volksglauben im Zusammenhang mit Geburt und Kindererziehung nach der Meiji-Restauration

Nach der Meiji-Restauration versuchten Regierung und Erzieher, neue Wege der Schwangerschaft und der Kindererziehung zu propa-

---

[116] Die Aktivitäten werden in den Monatsausgaben der Zeitschrift „Aiiku" (Kinderaufzucht) seit Juli 1935 reflektiert.

gieren. Einerseits folgten die Japaner diesen Anweisungen in der Hoffnung, sich zu modernisieren, aber andererseits behielten sie verschiedene Anschauungen und Praktiken bei, die schon während der Tokugawa-Zeit bestanden hatten.

Nach dem Ende des Zweiten Weltkrieges versuchte die Regierung, ein Erziehungssystem aufzubauen, das auf „wissenschaftlichen Kenntnissen" beruhen und „Aberglauben" abschaffen sollte. Im Jahre 1946 berief das Erziehungsministerium eine Forschergruppe mit der Bezeichnung *Meishinchōsa Kyōgikai* (= Komitee für Studien über Volksglauben) zur Durchführung einer landesweiten Aufnahme von „Aberglauben".

In jeder Präfektur wurden drei Grundschulen ausgewählt (eine aus einem Stadtgebiet, eine aus einem Ackerbaugebiet und eine aus einem Fischfang- oder Berggebiet), und Fragebögen wurden an ungefähr 50 Schüler im letzten Jahrgang der ausgewählten Schulen ausgegeben. Die Schüler bekamen die Fragebögen mit nach Hause, damit sie dort von einer älteren Person im Haushalt ausgefüllt werden konnten. Die Antworten blieben anonym. Unter 138 Schulen sandten 133 Schulen die Fragebögen bis zum 17. November 1947 zurück. Die Ergebnisse wurden veröffentlicht unter dem Titel „Nihon no Zokushin" (= Volksglauben in Japan).

Trotz des erklärten Zwecks der Zusammenstellung, den „Aberglauben" zu zerstören, verschwanden viele Elemente des Volksglaubens nicht. Einige sind sogar kürzlich wiedererstarkt. Im fünften Schwangerschaftsmonat besucht eine Frau oft in Begleitung ihrer Mutter oder Schwiegermutter einen Shintō-Schrein oder buddhistischen Tempel, um für eine leichte Geburt und ein gesundes Wachstum des Kindes zu beten. An diesem Brauch hielt man vielfach noch in den siebziger Jahren fest. Ungefähr am Ende des 1. Lebensmonats bringen Eltern und Großmütter den Säugling zu dem Schrein, um dort die Geburt zu melden und dem Gott oder den Göttern des Schreins zu danken. Dieser Brauch ist in verschiedenen Teilen Japans schon im 18. Jahrhundert nachweisbar, als Blockdruckkalender[117] sich zunehmender Verbreitung erfreuten, weil man sie zur Berechnung des günstigsten

---

[117] Die Kalender wurden als Exemplare des *dai-zassho* in der Tokugawa-Zeit zusammengestellt.

Zeitpunktes beispielsweise für den Beginn eines Hausbaues, eines Umzuges, einer Reise, eines Haarschnittes, des Zuschneidens des Stoffes vor dem Nähen usw. benötigte. Vor 1945 wurde der Säugling als Gabe eines Gottes aus dem Shintō-Pantheon angesehen. Auch heute noch besteht vielfach der Wunsch nach Hilfe seitens einer übernatürlichen Macht, um eine leichte Geburt und gute Lebensumstände für den Säugling sicherzustellen.

Im Jahre 1964 schrieb Michio Matsuda (geb. 1908), ein Kinderarzt, ein weitverbreitetes Buch mit dem Titel „Nihon-shiki Ikuji-hō" (= Die japanische Art der Kindererziehung) und setzte sich dafür ein, an ausgewählten traditionellen Arten der Kindererziehung als „Großmutters Weisheit" festzuhalten. Dieses Buch war von symbolischer Bedeutung, weil ein in westlicher Tradition stehender Arzt sich für volkstümliches Brauchtum einsetzte zu einem Zeitpunkt, zu dem sich die japanische Wirtschaft und Gesellschaft stabilisiert hatte und man in Tōkyō Olympische Spiele abhielt.

Im Jahr 1966 überraschte die Japaner eine Episode, aus der hervorgeht, wie hartnäckig sich der Volksglauben hält. Eine Übersicht über die Veränderung der Geburtenraten zwischen 1900 und 1970 zeigt für die Jahre 1906 und 1966 plötzliche Einbrüche und für die folgenden Jahre einen starken Anstieg in der Geburtenrate.[118] Diese Einbrüche hängen zweifellos mit einem Volksglauben zusammen: Die Jahre 1906 und 1966 fielen in das Jahr *Hi-no-e-uma* (= Das Jahr des Feuerpferds) in einem Zyklus von 60 Jahren, der aus einer Kombination mit dem Tierkreis[119] und einem Zyklus aus Sonnen- und Mondaspekten der fünf Elemente[120] entsteht. In China hielt man Menschen, die im Jahr des Feuerpferdes geboren wurden, für wild. Nachdem aber dieser 60-Jahre-Zyklus aus China in Japan eingeführt worden war, änderte sich seine Bedeutung. Japaner glaubten, daß Frauen, die im Jahr des *Hi-no-e-uma* geboren wurden, halsstarrig seien, sieben Ehemänner überlebten, eine Gefahr für das berufliche Fortkommen ihres Ehemannes seien und keine guten Hausfrauen abgäben, während sie gleichzeitig

---

[118] Kōsei-shō Daijin Kanbō Tōkei Chōsa-bu (Gesundheits- und Wohlfahrtsministerium, Abteilung für Statistiken und Forschungen) 1968, S. 1.

[119] Die zwölf Tiere sind Maus, Rind, Tiger, Kaninchen, Drachen, Schlange, Pferd, Schaf, Affe, Huhn und Wildschwein.

[120] Die fünf Elemente (Wandlungsphasen) sind Holz, Feuer, Erde, Metall und Wasser.

die Freuden der Welt erfolgreich würden genießen können. In der Tokugawa-Zeit spielte diese Vorstellung in Romanen, Dramen und humorvollen Kurzgedichten eine Rolle.

Vor den *Hi-no-e-uma*-Jahren 1786 und 1846 wurden verschiedene Arten von Aufforderungen geschrieben und gedruckt, die den Menschen rieten, den *Hi-no-e-uma*-Aberglauben zu ignorieren und Mädchen, die in diesem Jahr geboren wurden, genauso aufzuziehen wie Mädchen, die in anderen Jahren geboren waren. Durch diese Aufforderungen wurde die ländliche Bevölkerung mit den Glaubensvorstellungen, die zuvor wesentlich nur im städtischen Bereich verbreitet waren, erst vertraut gemacht.[121] Darüber hinaus hatte sich im Jahre 1786 eine totale Sonnenfinsternis ereignet, und eine Reihe von großen Feuern und Fluten hatte die Stadt Edo heimgesucht. Daraus zog man den Schluß, daß der Glaube berechtigt war.[122]

Aus der oben erwähnten Statistik geht hervor, daß die Zahl der Neugeborenen im Jahr 1906 um 4,0 Prozent gegenüber den im Jahr 1905 Geborenen sank, wohingegen die Neugeborenenzahl des Jahres 1966 um 25,4 Prozent unter derjenigen des Jahres 1965 lag. In den sechziger Jahren war die Bevölkerung mit den Techniken der Familienplanung vertraut gemacht worden, konnte also Geburten besser kontrollieren und so dem Glauben an *Hi-no-e-uma* besser folgen.

Eine genaue Studie der Geburtenstatistik im Dezember 1966 ergibt, daß ein Geschlechterverhältnis von 117,1 (Zahl der männlichen Neugeborenen auf 100 weibliche Neugeborene) vorlag, wohingegen das Geschlechterverhältnis im Januar 1967 99,0 war. Aus diesen Tatsachen kann geschlossen werden, daß ungefähr 2 Prozent der im Dezember 1966 geborenen Mädchen erst im Januar 1967 registriert wurden, um sie vor dem Stigma des *Hi-no-e-uma*-Mädchens zu bewahren.[123]

In den siebziger Jahren ist ein bemerkenswerter Anstieg der Zahl an Schenkungen festzustellen, mit denen in bestimmten buddhistischen Tempeln kleinere Statuen des *Ksitigarbha-bodhisattva* überall in Japan finanziert wurden, um die Seelen der abgetriebenen Föten zu befrieden.

---

[121] Kobayashi 1935.

[122] Ōtuka 1800; Kyokutei 1811.

[123] Kōsei-shō Daijin Kanbō Tōkei Chōsa-bu (Hrsg.): Shōwa 41 nen no Shussei Genshō ni tsuite (Zum Absinken der Geburtsrate im Jahre 1966), 1968. Murai 1968; Yamaguchi 1967.

So scheinen verschiedene Arten des Volksglaubens immer noch eine wichtige Rolle zu spielen, manchmal offenkundig, manchmal insgeheim. Die meisten Inhalte dieses Volksglaubens gehen auf die Tokugawa-Zeit oder noch weiter in die japanische Geschichte zurück.

2.2 Alltagsleben von Kleinkindern und Jugendlichen

2.21 Der jährliche Festzyklus

Der jährliche Festzyklus für Kinder ist in ganz Japan von dem Schulkalender und von den traditionellen religiösen und bäuerlichen Kalendern – und diese besonders seit den Jahren um die Jahrhundertwende[124] – stark beeinflußt worden. Im Schulkalender spielen Sporttage, Aufführungen, Wandertage, Bildungsausflüge, Feste und staatliche Feiertage eine Rolle. An den Sporttagen, die im Frühling und/oder im Herbst stattfinden, werden Ballspiele, Turnübungen, Tauziehen und Massengymnastik durchgeführt. Die meisten dieser Sportarten stammen ursprünglich aus Europa und USA; Tauziehen spielte jedoch schon bei den Shintō-Schrein-Festen eine Rolle, wobei sich eine örtliche Gemeinschaft in zwei Wettkampfgruppen aufteilte. Der Wettkampf zwischen zwei Teams beim Schulsport scheint zu dieser Tradition gut zu passen. An den Aufführungstagen, die ein- oder zweimal im Jahr stattfinden, wird europäische Musik in Gruppen oder solo gespielt. Europäische und japanische Gedichte werden rezitiert, Dramen und Tänze sowohl europäischer als auch japanischer Herkunft werden dargestellt.

Bis in die sechziger Jahre hinein trafen sich an den Sport- und Aufführungstagen nicht nur die Familien der Schulkinder, sondern auch die Nachbarn, und brachten besonders zubereitete Essenspakete für das Mittagessen mit. Das Mittagessen nahmen die Schulkinder mit ihren Familien ein. So boten diese Tage Gelegenheit, den Eltern, Verwandten und Nachbarn vorzuführen, was an den neuen Schulen unterrichtet wurde, und gleichzeitig wurde das Zusammengehörigkeitsgefühl der örtlichen Gemeinschaft gefestigt. Um 1960 entschieden die Schulen, daß die Kinder ihr Mittagessen getrennt von ihren Eltern in einem Klassenzimmer einnehmen sollten.

---

[124] Yamamoto u. Konno 1973.

Tagesausflüge sowie Bildungsexkursionen über drei oder vier Tage stellen auch wichtige Tätigkeitsbereiche der Schulen dar. Bevor sie die Grundschule oder weiterführende Schulen verlassen, müssen die Schüler an Bildungsreisen in die großen alten Städte oder an landschaftlich besonders schöne Orte teilnehmen. Wandertage gibt es drei- oder viermal im Jahr. Bei diesen Gelegenheiten werden die Schüler dazu erzogen, sich als Gruppe zu verhalten, ihre sozialen Bindungen zu verstärken, wissenschaftliche Kenntnisse zu erwerben sowie die körperliche und geistige Ausdauer zu erhöhen.

2.22 Altersstufen

Die rituelle Ausgestaltung der verschiedenen Altersstufen ist nach der Meiji-Restauration durch das Schulsystem gründlich geändert worden. Schulaufnahme und Schulabschluß wurden wichtige Marksteine des individuellen Werdegangs und Gelegenheit für den Austausch von Geschenken unter Verwandten und Nachbarn. Seit 1873 wurde das Alter für den Schuleintritt auf sechs Jahre festgesetzt. Die Grundschule dauert sechs Jahre. Die folgenden Schulstufen sind in der Folgezeit des öfteren verändert worden,[125] aber im allgemeinen ist ein Alter von vierzehn bis fünfzehn Jahren als Grenze für die Schulpflicht bestehen geblieben. Bis in die sechziger Jahre begann die Mehrheit der Jugendlichen im Alter von vierzehn oder fünfzehn Jahren zu arbeiten. Seit 1975 besuchten 38,4 Prozent eines Jahrgangs eine Oberschule, die sie mit achtzehn Jahren verlassen.

Das im Jahr 1896 verkündete Bürgerliche Gesetzbuch legte den Beginn des Erwachsenenalters auf das zwanzigste Lebensjahr fest. In einem Kaiserlichen Hauserlaß von 1889 jedoch wurde bestimmt, daß der Tennō, der Kronprinz und der Erbe des Kronprinzen ihr Erwachsenenalter mit dem 18. Geburtstag erreichten. Zwischen 1872 und 1945 mußten sich Japaner im Alter von zwanzig Jahren einer Musterung unterziehen. Sie wurde als symbolisches Zeichen für das Erreichen des Erwachsenenalters angesehen, indem der Mann in die Lage versetzt wurde, zu arbeiten, zu trinken und zu rauchen. Für Mädchen galt seit dieser Zeit bis heute die erste Menstruation als der Eintritt in

---

[125] Monbushō (Ministerium für Erziehung, Wissenschaft und Kultur).

das Erwachsenenalter,[126] und an vielen Orten veranstaltet man eine Feier, bei der beispielsweise roter Reis schweigend in der Familie zum Abendessen serviert wird zur Erinnerung an den Vorgang.

Nach dem Zweiten Weltkrieg legte das unter der neuen Verfassung im Jahre 1947 revidierte Bürgerliche Gesetzbuch erneut fest, daß das Erwachsenenalter mit dem zwanzigsten Lebensjahr beginne. Die Musterung entfiel, und statt dessen richtete man im Jahr 1948 den 15. Januar als nationalen Gesundheitstag ein, an dem diejenigen Männer und Frauen gefeiert wurden, die im abgelaufenen Jahr das Erwachsenenalter erreicht hatten.[127] An diesem Tag werden von den örtlichen Behörden offizielle Festveranstaltungen in den Rathäusern durchgeführt zur Ermunterung der neuen Erwachsenen. Viele Frauen tragen im Alter von zwanzig Jahren, besonders in den vergangenen zehn oder fünfzehn Jahren, ausgefallene Kimonos und lassen sich fotografieren.

Volkstümliches Brauchtum in bezug auf die rituelle Ausgestaltung der kindlichen Altersstufen wurden landesweit im Jahr 1935 von Kunio Yanagida und seiner Gruppe aufgezeichnet und im Jahre 1975 von der Stiftung *Onshizaidan Boshi Aiikukai* unter dem Titel Nihon San-iku Shūzoku Shiryō-Shūsei (= Landesweite Beschreibung der Sitten und Glaubensvorstellungen im Zusammenhang mit Geburt und Kindererziehung) veröffentlicht. In der Einleitung zu der Zusammenstellung wird darauf hingewiesen, daß die bereitgestellten Aussagen sich auf einen Zeitraum zwischen dem frühen 19. Jahrhundert und dem Jahr 1935 beziehen, ohne daß genauere Daten angegeben werden. Die Forschergruppe um Yanagida fuhr auch nach 1935 fort, ähnliche Quellen zu sammeln, die von Wagatsuma und Hara in tabellarischer Form kompiliert wurden.[128] Unter den Gebräuchen ist die Zeremonie des Dankes an übernatürliche Wesen für die Ankunft eines Säuglinges zum Zeitpunkt der Geburt festzuhalten, daneben das erste Anlegen von Kleidung am 3. Tag nach der Geburt, das erste Verlassen des Hauses (zwischen dem 7. und dem 30. Tag nach der Geburt), der erste Besuch im örtlichen Shintō-Schrein, damit der Säugling als neues Mitglied der Gemeinde anerkannt wird, außerdem der erste Neujahrs-

---

[126] Nagashima u. Tomoeda 1984.
[127] Hara 1976.
[128] Wagatsuma u. Hara 1974, S. 25–33.

tag, das erste Mädchenfest (3. März) und das erste Jungenfest (am 5. Mai), der erste Gebrauch von Eßstäbchen (ungefähr am 100. Tag nach der Geburt), der erste Geburtstag, besondere Kinderfeiern im Alter von drei, fünf und sieben Jahren sowie Feiern für das Erreichen des Heranwachsenden-Alters (zwischen 13 und 17 Jahren).

Im Jahr 1965 untersuchte der Ethnologe Takao Sofue regionale Varianten von Kindheitsfeiern auf der Grundlage der Quellen, die von Yanagida und seiner Gruppe gesammelt worden waren. Er zog dazu Material aus vier Ortschaften heran, dem *buraku* (Weiler) Shimomu-kai des Dorfes Kaida in der Präfektur Nagano, dem *buraku* Komuro des Dorfes Ina in der Präfektur Saitama, dem *buraku* Natsui des Dorfes Hachimantai in der Präfektur Akita sowie dem *buraku* Okan-nari der Stadt Nakasen in derselben Präfektur. Sofue entdeckte, daß sich die Kindheitszeremonien sogar in einem Weiler von Haus zu Haus stark unterscheiden und daß die Zeremonien bei erstgeborenen Kindern genauer beachtet werden als bei Nachgeborenen.[129] Hiroko Sue, die zwischen 1955 und 1959 ausgedehnte Feldforschungen in dem *buraku* Shimomukai durchführte,[130] fand heraus, daß einige Zeremonien, beispielsweise der erste Gebrauch der Eßstäbchen und das erste Mädchen- oder Knabenfest, in der Zeit vor 1941 nur im Hause des Grundbesitzers durchgeführt worden waren und danach sich erst langsam unter neu hinzugekommenen grundbesitzenden Familien ausbreitete. Nach der Bodenreform des Jahres 1947 verschwanden die Unterschiede hinsichtlich der Kleidung und der Spielzeuge der Kinder unter den drei großen sozialökonomischen Schichten (früherer Grundbesitzer, früherer selbständiger Bauer und besitzloser Bauer) sehr schnell und glichen sich im *buraku* Shimomukai mehr oder weniger an.

Nach Hara's (Sue) Vermutung hängt die geringe Diffusion von Kindheitszeremonien aus dem Bereich der ehemaligen Grundbesitzer in den Bereich der neu hinzugekommenen landbesitzenden Bauern damit zusammen, daß Kindheitszeremonien keine Ereignisse waren, die die Gemeinde betrafen, sondern zur Kultur des „Hauses" ge-hörten.[131]

---

[129] Sofue 1965, S. 148–164.
[130] Sue 1957; Sue 1959 (Hiroko Haras Geburtsname war Hiroko Sue); Wagatsuma u. Hara 1974.
[131] Roberts 1951.

2.23 Umstrukturierung der Familie

Japanische Frauen bringen seit dem Ende des Zweiten Weltkrieges weniger Kinder zur Welt. Entsprechend ist der Anteil der Familien mit einem oder zwei Kindern in den vergangenen vierzig Jahren gestiegen. Unseres Erachtens hat dieser Wandel eine große Wirkung auf das Leben der Kinder. Vom Standpunkt des Kindes bedeutet er einen Rückgang der Zahl der Geschwister, mit denen es in verschiedene Arten von Beziehungen treten und Meinungen, Vertraulichkeiten und Emotionen teilen kann. Persönliche Erfahrungen im Umgang mit verschiedenen Typen von Menschen unter den eigenen Geschwistern bereichern den Erfahrungsschatz des Kindes. Andererseits wird dem Kind nunmehr konzentrierte emotionale und materielle Fürsorge seitens der Eltern und Großeltern zuteil. Im Vergleich zu Kindern aus der Zeit vor dreißig Jahren tragen heutige Kinder bessere Kleidung und werden besser ernährt. Sie besitzen Spielzeug im Überfluß. Wenn sie im Alter von sechs Jahren in die Grundschule eintreten, erhalten sie oft ein eigenes Schreibpult. Bis vor dreißig Jahren mußten sich die meisten Kinder in Japan Spielzeuge und Zimmer mit ihren Geschwistern teilen und erledigten die Schularbeiten am Eßtisch der Familie.

Die Eltern vieler Kinder können für jedes Kind eine unterschiedliche Perspektive entwickeln, d. h. sie können die guten und schlechten Seiten jedes Kindes vergleichend feststellen. Solche Unterschiede in den persönlichen Charakterzügen ihrer Kinder können Eltern dazu führen, zu tieferen Einsichten in das Wesen jedes Kindes zu gelangen und dabei zugleich die ganze Variationsbreite menschlicher Natur zu erfahren. Im Gefolge der geringer werdenden Kinderzahl wurden japanischen Eltern in jüngster Zeit Erfahrungen dieser Art verwehrt. Oft erwarten sie zuviel von einem Einzelkind. Bei nur zwei Kindern beruhen Vergleiche häufig lediglich auf den Noten als Unterscheidungsmerkmal. Wenn nur die Noten zum Maßstab unter den Kindern werden, können die Eltern die positiven Eigenschaften der einzelnen Kinder nicht mehr würdigen.

Es kommt hinzu, daß auch die starken Bindungen zwischen Kindern und Großeltern, Tanten und Onkeln oder Nachbarn reduziert werden. Die Zahl der in der Nachbarschaft wohnenden Tanten und Onkel ging nach 1950 stark zurück. Im Jahr 1971 lebten 75 Prozent der über 65jährigen noch mit einem ihrer Kinder und dessen Familie zusammen. Sie dienten und dienen dem Kind als gelegentliche Spielka-meraden und als opulente Geldquelle bei festlichen Anlässen. Heutzu-tage sehen es Großeltern und andere Verwandte als die ausschließliche Aufgabe der Eltern an, die Kinder zu erziehen. Man findet auch heute noch des öfteren Erwachsene über vierzig Jahre (d. h. Personen, die vor 1945 geboren wurden), die emotionale Bindungen an eine oder zwei ältere Personen haben, mit denen sie als Kinder nachbarschaftlich verkehrten. Es mag vorgekommen sein, daß sie die Häuser dieser älteren Nachbarn besuchten. Obwohl diese Kind-Nachbar-Beziehungen sogar in Tōkyō noch nicht vollständig verschwunden sind, gingen sie doch in den letzten zwanzig Jahren stark zurück. Vermutlich folgt dies aus der Überzeugung, daß die Nachbarn nicht zu sehr in das Elternrecht eingreifen sollten.

Im allgemeinen liebten japanische Väter ihre Kinder und waren tief um ihre Zukunft besorgt. Jedoch zeigten sie selten den Kindern ihre Emotionen in erkennbarer Weise. Man erwartete von den Vätern, daß sie Würde bewahrten. Es waren die Mütter, die den Kindern geboten, den Vater zu respektieren.

Bis in die zwanziger Jahre erteilten in vielen Familien die Väter den ersten beruflichen Unterricht, nachdem ihre Söhne fünf Jahre alt waren; dennoch verließen viele Söhne, vor allem Nachgeborene, ihre Familie nach dem Abschluß der Pflichtschule, um in ein Lehrverhält-nis einzutreten oder sich weiterbilden zu lassen. Dieser Vatertyp kommt heute nur noch selten vor, da sich die allgemeine Arbeitswelt und die Ansprüche an Erziehung und Ausbildung gewandelt haben. Statt dessen ist in den letzten fünfzig Jahren der Typ des freundlichen Vaters aufgekommen. Seit kurzem spielen Väter gern mit ihren Kindern, solange sie im Vorschulalter sind, und gehen mit ihnen ins Bad, spielen Fangen oder machen mit ihren schulpflichtigen Kindern Ausflüge. Eine wachsende Zahl von Vätern legt Säuglinge trocken, bereitet Milchflaschen zu, hilft Kleinkindern beim Essen und beim Wechseln der Kleidung. Die Pigeon Company beispielsweise begann im Jahre 1978 damit, besondere Kurse für Männer in Geburtshilfe und Säuglingspflege in den größeren Städten einzurichten, und führt solche Kurse jährlich durch. Dennoch betrachten viele Eltern die tägliche Kinderfürsorge als Aufgabenbereich der Mutter. Die Freizeit, die die Mütter durch die Modernisierung der Haushalte zusätzlich erwerben, wird in die Kinder investiert.

Den Kleinkindern wird von den Müttern viel Zuneigung mit häufigem und engem Körperkontakt zuteil, und durch Geplauder erhalten sie, wie William Candill[132] herausgefunden hat, Sprechanreize. Kinder bis zu drei Jahren werden beruhigt, wenn sie weinen oder Wutausbrüche haben, was sie im Grunde oft benutzen, um ein Beruhigungsverhalten der Mutter herbeizuführen. Wenn sie sich gefährlichen Gegenständen oder Tätigkeiten zuwenden, wird ihre Aufmerksamkeit in andere Richtung gelenkt. Kindern in diesem Alter wird direkt nichts verboten, was sie tun wollen.

Wenn Kinder in überfüllten Zügen schreien, sind die meisten anderen Passagiere normalerweise tolerant. Wenn Mutter und Kind auf Besuch gehen und das Kind dort oder in Restaurants Speisen auf den Fußboden fallen läßt oder schreit, verhalten sich die meisten Menschen großzügig und freundlich. Man geht davon aus, daß ein Übermaß an Schelten und Untersagen von Kinderwünschen, bevor sie „verstehen, was die Erwachsenen sagen", die Entwicklung von Vertrauen in Menschen stört und so dazu führt, daß diese Menschen im Erwachsenenalter nur mit Schwierigkeiten harmonische Beziehungen zu ihren Mitarbeitern, Freunden und Geschäftsbekannten aufrechterhalten können.

Im Alter von drei Jahren geht man davon aus, daß Kinder bis zu einem gewissen Grade verstehen, was ihre Mütter sagen. Demzufolge werden sie häufiger mit Worten belehrt. Dennoch wird ihnen immer noch vielfältige Gelegenheit gegeben, ihre eigenen Wünsche zu äußern. Sind sie in ihren Wünschen unersättlich, müssen sie auf irgendeine Weise zur Ruhe gebracht werden. In dieser Weise verhalten sich die Erwachsenen, bis die Kinder ungefähr fünfzehn Jahre alt sind, obwohl man von Kindern schon im Alter von sechs Jahren erwartet, daß sie bis zu einem gewissen Grade sich selber kontrollieren und Schwierigkeiten ertragen können. Früher hatten Mütter viel Sympathie für ihre Kinder, wenn sie auf dem Land oder in der Fabrik weit von zu Hause entfernt arbeiteten. Neuerdings äußern Mütter ähnliche Emotionen gegenüber ihren Kindern, wenn sie für Prüfungen pauken oder sich im Turnunterricht besonders anstrengen. Es wurde schon oft bemerkt, daß die Japaner großen Wert auf Leistung von einzelnen und Gruppen legen, sei dies im Bereich der Noten in der Schule, der Schuleintritts-

---

[132] Caudill u. Weinstein 1969.

prüfungen, des Erwerbs eines eigenen Hauses, materieller Reichtümer oder von Berühmtheit und schließlich bei der Vermeidung von Fehlern möglichst im ganzen Leben.[133]

Mütter sorgen dafür, daß schon Kleinkinder kleinste Ziele erreichen, und sparen nicht mit Lob. So lernen Kinder im frühesten Lebensalter, daß die Erfolge eigener Bemühungen die Mutter glücklich stimmen können. Das Kind wird belohnt nicht nur durch seinen eigenen Erfolg, sondern auch durch die Freude der Mutter. Diese verbinden sich, um das Selbstwertgefühl zu erhöhen.

Von frühester Kindheit an lernt man, den Gesichtsausdruck der Mutter in den kleinsten Einzelheiten zu verstehen und dann später die Emotionen anderer zu deuten, sei es auch nur aus geringsten Anzeichen. Diese Aspekte emotionaler Sozialisierungsvorgänge, die gut vierhundert Jahre alt sein können, sind trotz grundlegender Veränderungen der Lebensumstände der Kinder unverändert geblieben.[134]

Aus der Perspektive des Kindes findet dennoch diese emotionale Sozialisierung überwiegend und manchmal ausschließlich von seiten der Mütter statt, da Großeltern, Geschwister, Tanten und Onkel sowie Nachbarn sich in den vergangenen dreißig Jahren aus dem Bereich der Kindererziehung zurückgezogen haben. So hat heute das Wesen der Mutter einen großen Einfluß auf die Entwicklung des Kindes in kognitiver, emotionaler und körperlicher Hinsicht.

In diesem Zusammenhang ist es bemerkenswert, daß zahlreiche Ärzte und öffentliche Gesundheitsfürsorgerinnen in den letzten acht bis zehn Jahren unter Müttern eine zunehmende negative Einstellung ihren Kindern gegenüber festgestellt haben. Sie halten das eigene Kind für unattraktiv und nicht liebenswert, eine Einstellung, die so weit geht, daß Mütter ihr Kind als abscheuerregendes Wesen ansehen. Einige geben zu, sogar Körperkontakt mit ihren Säuglingen als unangenehm zu empfinden *(kimochi warui)*. Man sollte das allerdings nicht als Unfähigkeit zur Liebe interpretieren, da dieselben Frauen gegenüber ihren Ehemännern Liebe ausdrücken können.

Nach einer noch heute weit verbreiteten Vorstellung, die spätestens aus der Tokugawa-Zeit stammt, werden Frauen erst dann für voll genommen, wenn sie ein Kind geboren und aufgezogen haben. Man

---

[133] Devos 1973.
[134] Wagatsuma u. Hara 1974.

glaubt, daß die Mütter instinktiv ihre Kinder lieben und daß niemand ein Kind mehr lieben könne als die Mutter. So wirft das Aufkommen eines Muttertyps, der die eigenen Kinder nicht schätzt, wichtige Fragen auf. Solche Frauen haben kein besonderes Interesse an Kindern, ihre eigenen eingeschlossen, und es mag solche Frauen in der japanischen Geschichte immer gegeben haben, aber die gesellschaftliche Rollenerwartung hat verhindert, daß entsprechende Aversionen gegenüber den Kindern geäußert wurden. Seit kurzem sind die Rollenerwartung und die damit verbundenen restriktiven Effekte lockerer geworden, und so ist es Frauen möglich, ihre Abneigung gegenüber Kindern auszudrücken. Es mag auch sein, daß früher andere Familienangehörige Pflichten in der Kindererziehung trugen, die heute ausschließlich auf der Mutter lasten. Auch mögen Mütter weniger Gelegenheit gehabt haben, ihre eigene Abneigung gegenüber Kindern zu erkennen, da sie ihre Kräfte auch beim Fischen oder in landwirtschaftlichen Tätigkeiten einsetzen und somit aus den Rollen der Ehefrau und Mutter ausbrechen konnten. Bis ungefähr zum Jahr 1950 waren Frauen häufig als mitarbeitende Familienangehörige eigenverantwortlich außerhalb des Hauses tätig, und diese Tätigkeiten trugen zum Erhalt der Familie bei (z. B. Landwirtschaft, Fischen oder Ladengeschäft). Heutzutage arbeiten Frauen immer noch außerhalb des Hauses, jedoch sind dies keine Tätigkeiten im Rahmen eines Familienbetriebs, sondern es ist bezahlte Arbeit, die vergleichsweise wenig angesehen ist (z. B. Büro- und Verkaufstätigkeiten).[135] Aus diesen Tätigkeiten kann kein Gefühl der Erfüllung entstehen, und sie können auch nicht als Ausgleich für die Rollen der Ehefrau und Mutter fungieren. Es kommt hinzu, daß daraus keine zusätzliche Hilfe von Außenstehenden bei der Kindererziehung zu erwarten ist. In diesem Sinne geraten Mütter im Vergleich zu früher in immer größere Schwierigkeiten. So müssen diejenigen Mütter, die Symptome einer abnormen offenen Abneigung gegenüber ihren eigenen Säuglingen zeigen, als Warnsignale für die Gesellschaft gelten.

---

[135] Hara 1984.

2.24 Kindergärten und Kindertagesstätten

Im vorstehenden Kapitel wurde darauf hingewiesen, daß bereits
Nobuhiro Satō (1769–1850) in der späteren Tokugawa-Zeit sich für
Einrichtungen wie Kindergärten und Kindertagesstätten eingesetzt
hatte, die jedoch niemals tatsächlich eingerichtet wurden; auch führten
seine Vorstellungen nicht dazu, daß entsprechende Einrichtungen vor
der Meiji-Restauration entstanden. Während der Meiji-Zeit fanden
Grundsätze der Kleinkinderziehung und des Schutzes gesellschaftlich
und wirtschaftlich benachteiligter Kinder aus Europa und Amerika
Eingang in Japan. Aus Tabelle 1 geht hervor, daß die Zahl der
gesetzlich zugelassenen Kindergärten, sowohl private als öffentliche,
im Verlauf von hundert Jahren ständig angestiegen ist. Nach Einführung der Grundschule im Jahre 1873 gingen viele Kinder zusammen
mit ihren jüngeren Geschwistern zur Schule. In den achtziger Jahren
schuf man *komori gakkō* (Schulen mit Beaufsichtigung von Kindern)
in verschiedenen Teilen Japans, in denen jüngere Kinder versorgt
wurden, während die älteren Geschwister am Schulunterricht in
anderen Räumen teilnahmen. Seit den neunziger Jahren wurden in

Tab. 1
Veränderungen in der Kindergartenneuaufnahme

	Zahl der Kindergärten (öffentlich und privat)	Zahl der aufgenommenen Kinder
1876	1	75
1887	67	4 239
1897	222	19 727
1907	386	35 235
1916	665	53 510
1926	1 066	94 422
1935	1 890	143 610
1940	2 312	191 569
1945	1 789	178 251
1950	2 100	224 591
1955	5 426	643 683
1960	7 207	742 367
1965	8 551	1 137 733
1970	10 796	1 674 625
1975	13 106	2 292 591

Quelle: Mombushō Nenpō (Jahresbericht des Ministeriums für Erziehung, Wissenschaft und Kultur).

Webereien *takuji-sho* (Kindertagesstätten) auf dem Fabrikgelände errichtet. Solche Kindertagesstätten am Arbeitsplatz sind bisher nicht gesetzlich zugelassen, und es ist daher schwierig, statistisches Material über diese Einrichtungen zu finden.[136] Bei der Eröffnung und dem Betrieb der frühen Kindergärten und Kindertagesstätten spielten Fremde, besonders christliche Missionare, eine wichtige Rolle. So führte beispielsweise Frau Clara Tietermann-Matsuno, eine Deutsche, die mit einem Japaner verheiratet war, im Jahre 1876 die Methoden Friedrich Fröbels in Kindergärten ein, die dem Seminar zur Ausbildung von Lehrerinnen in Tōkyō angegliedert waren. L. W. Mason, ein Amerikaner, der im Jahre 1880 nach Japan kam, begann damit, Gesang mit Klavierbegleitung in diesen Kindergärten zu unterrichten. In den späten achtziger Jahren eröffnete Miss Annie Lion Howe, die als amerikanische Missionarin von einer Missionsgesellschaft nach Japan geschickt worden war, die Shōei-Kindergärten und zugleich eine Ausbildungsstätte für Kindergärtner. Sie blieb bis 1927 in Japan und veröffentlichte in Zusammenarbeit mit Tateki Ōwada „Yōchien Shōka" (= Kindergarten-Lieder, 1892), „Hoikugaku Shoho" (= Einführung in die Kindererziehung, 1893), „Kurismas Shōka" (= Weihnachtslieder, 1894) sowie verschiedene andere Bücher. Gertrud Kucklich, eine deutsche Witwe, kam im Jahre 1922 als Missionarin nach Japan und spezialisierte sich auf frühkindliche Erziehung. Sie war in der Umgebung der Textilfabrik Kanegahuchi in Tōkyō tätig und betrieb dort einen Kindergarten für Kinder nicht werktätiger Mütter sowie ein Heim für Kinder von Eltern, die beide arbeiteten. Diese Einrichtungen wurden 1945 durch Bomben zerstört. Danach begann sie, an einem Waisenhaus in der Stadt Kaso (Präfektur Saitama) zu arbeiten.

Gegenwärtig können Kinder im Alter von 3 Jahren an Vorschulen und Kindergärten eingeschrieben werden, wo sie zumeist in den Vormittagsstunden bleiben. Die Eltern glauben, daß ihre Kinder eine Vorschule besuchen sollten, damit sie dort Freundschaften schließen und Gruppenerfahrung erwerben können. Man befürchtet, daß sonst die Kinder selbstsüchtig und verwöhnt werden könnten.

Im Jahr 1969 lag der Anteil der Erstkläßler, die einen Kindergarten besucht hatten, als sie fünf Jahre alt waren, bei 51,8 Prozent, wobei es

---

[136] Tsumori u. a. 1959; vgl. auch Kami u. Yamazaki 1974.

von Präfektur zu Präfektur große Unterschiede gibt. Die Zahlen bewegen sich zwischen 84,3 und 14,2 Prozent.

Die Kinder von Eltern, die beide arbeiten, haben die Möglichkeit, in Tagesheime oder Kindertagesstätten zu gehen, wo sie grundsätzlich acht Stunden am Tag bleiben können. Sie erhalten dort Mittagessen sowie zwei kleinere Mahlzeiten und können einen Mittagsschlaf halten. Im Jahr 1969 lag der Anteil der Erstkläßler, die für nicht weniger als sechs Monate solche Einrichtungen besucht hatten, bei 33,3 Prozent. Im Jahr 1975 hatten nahezu 90 Prozent der Erstkläßler Kindergärten oder Kindertagesstätten besucht. Nicht alle im Arbeitsleben stehenden Mütter, die Kinder auf Kindertagesstätten statt in Kindergärten schicken wollten, haben dazu eine Gelegenheit wegen Mangel an Plätzen.[137]

Anstelle der Großeltern, der Geschwister, Kinder und Erwachsenen aus der Nachbarschaft wird die Bedeutung von Kinderfürsorge-Einrichtungen als Medien der Sozialisation der Kinder zunehmend größer, besonders in den letzten zwanzig Jahren. Unter diesen Voraussetzungen verlieren immer mehr Vorschulkinder den täglichen Kontakt mit Personen verschiedener Altersgruppen. Sie halten sich immer häufiger nur noch unter Angehörigen ihrer eigenen Altersgruppe auf. Daraus könnten Konsequenzen für ihre Fähigkeit zur Kommunikation mit Angehörigen aus verschiedenen Generationen entstehen. In einigen Kindergärten und Kindertagesstätten sind die Lehrer sich dieses Problems bewußt und führen probeweise Kinder aus verschiedenen Altersgruppen in regelmäßigen Abständen bei verschiedenen Anlässen zusammen. Jedoch gilt dies nur für Kinder im Alter von drei bis vier Jahren.

2.25 Schulen, Arbeit, Spiele und andere Tätigkeiten

Die Zahl der in einem Beschäftigungsverhältnis stehenden Kinder im Alter unter 15 Jahren sank drastisch nach 1910.

Als im Jahre 1873 die sechsjährige Grundschule eingeführt wurde, waren 28,1 Prozent der Kinder eines Jahrgangs (39,9 Prozent der Knaben und 15,14 Prozent der Mädchen) in Schulen eingeschrieben

---

[137] Statistiken des Monbushō (Ministeriums für Erziehung, Wissenschaft und Kultur), 1972.

(s. Tab. 2). Der Anteil der eingeschriebenen Schüler erreichte 81,48
Prozent im Jahre 1900 (90,35 Prozent für Knaben und 71,73 Prozent
für Mädchen) und stieg auf 98,14 Prozent im Jahr 1910 (98,83 Prozent
für Knaben und 97,38 Prozent für Mädchen).[138] Die Schulausbildung
bestand in systematischer Erziehung, die an die Stelle des zuvor
vorherrschenden Lernens durch Nachahmen und Vermuten trat.

Tab. 2
Anteil der Grundschüler an der Bevölkerung im schulpflichtigen Alter

Jahr	Knaben	Mädchen	insgesamt (%)
1873	39,90	15,13	28,13
1875	50,63	18,70	35,38
1880	58,72	21,91	41,06
1885	65,80	32,07	49,62
1890	65,14	31,13	48,93
1895	76,65	43,87	61,24
1900	90,35	71,73	81,48
1905	97,72	93,34	95,62
1910	98,83	97,38	98,14
1920	99,20	98,84	99,03
1930	99,52	99,50	99,51
1940			99,64
1950			99,64
1960			99,82
1970			99,89
1980			99,98

Quelle: Monbushō Nenpō (Jahresbericht des Ministeriums für Erziehung, Wissenschaft und Kultur).

Im Zuge der Erziehungsreform nach dem Zweiten Weltkrieg wurde
das sogenannte eintrassige 6-3-3-4jährige Schulsystem übernommen.
Nach diesem neuen System müssen Kinder bis zum Alter von fünfzehn
Jahren in der Schule bleiben.

Dennoch wurden bis in die fünfziger Jahre viele Grundschulkinder
zur Unterstützung ihrer Eltern herangezogen, ebenso zur Lohnarbeit
nach den Schulstunden sowie zu besonders arbeitsintensiven Jahreszeiten auch außerhalb des Hauses. Das Fabrikgesetz, das im Jahre 1916

---

[138] Monbushō Nenpō (Jahresbericht des Ministeriums für Erziehung, Wissenschaft
und Kultur), 1972.

erlassen worden war und lediglich die Arbeitszeit der jungen Arbeiter (unter 16 Jahren) und die Arbeiten, für die sie eingesetzt werden durften, einschränkte, galt bis ins Jahr 1947. Das neue Arbeitsgesetz aus diesem Jahr verbot grundsätzlich die Anstellung von jungen Menschen unter fünfzehn Jahren, obschon es Kindern aus Bauernfamilien gestattete, ihren Eltern ab dem zwölften Lebensjahr bei der Arbeit auf dem Feld zu helfen, und den Kindern den Besuch von Filmen und Theatervorführungen während bestimmter Tageszeiten erlaubte. Teils wegen dieser Änderung der Rechtslage, teils wegen des höher werdenden Anteils der die Schule besuchenden Kinder nahm deren Anteil an der Arbeitnehmerschaft drastisch ab.

Neuere Statistiken geben zu erkennen, daß die Zahl der Kinder, die ihren Müttern im Haushalt helfen, außerordentlich gering ist. Nach dem im Oktober 1976 zusammengestellten Bericht über das Alltagsleben des Büros des Premierministers verbringen Schüler und Studenten nur vier Minuten pro Tag mit Tätigkeiten im Haushalt, während Schülerinnen und Studentinnen durchschnittlich 27 Minuten für solche Tätigkeiten aufwenden.[139]

Während der vergangenen dreißig Jahre ist die Struktur der Kinderspiele und der Gruppenbildung unter Altersgenossen stark verändert worden. Eine zunehmende Zahl von Kindern verbringt ihre Zeit überwiegend mit Studieren statt mit Spielen oder Arbeiten. Wie Ronald Dore richtig ausgeführt hat, sind die Japaner erziehungsgläubig und halten es für sehr wichtig, wie gut ein Kind in der Schule ist.[140] Man geht davon aus, daß die schulischen Leistungen eines Kindes über den Beruf und das künftige Prestige eines Kindes entscheiden. Heute erwarten viele Eltern von ihren Kindern, daß sie einen Hochschulabschluß erreichen, obwohl das Ausbildungssystem keineswegs zuläßt, daß alle Kinder eine Hochschule besuchen.[141] Es kommt hinzu, daß

---

[139] Sōrifu (Hrsg.): Shakai seikatsu kihon-chōsa (Grundlegende Untersuchungen über gesellschaftliches Leben), Oktober 1976.
[140] Dore 1973, S. 50.
[141] Der Anteil der Abgänger von der Unteren Mittelschule, die zur Oberen Mittelschule weitergehen (sie dauert drei Jahre), stieg von 42,5 % im Jahre 1950 auf 57,7 % im Jahre 1960, auf 82,1 % im Jahre 1970 und erreichte 94,2 % im Jahre 1980. 1955 traten nur 10,1 % eines Jahrgangs in eine Hochschule ein (15 % Männer und 5 % Frauen). Dieser Anteil steigerte sich auf 24 % im Jahr 1970 (30 % Männer und 17,8 % Frauen) und auf 37,9 % im Jahr 1980 (42,3 % Männer und 33,3 % Frauen). Schließt man diejenigen ein, die in Lehrerbildungsseminare eintreten, so erhöht sich der Anteil auf 50,7 % im Jahr

nach Ausweis einer Reihe von Untersuchungen die Kinder sich sehr wohl der hohen Erwartungen bewußt sind, die ihre Eltern an akademischen Erfolg knüpfen.[142] Aufgrund der Forschungen von Fukaya und Fukaya (1976) antwortete die Mehrheit von 1384 befragten Kindern im Alter zwischen neun und vierzehn Jahren, daß derjenige, der in der Schule gute Leistungen erbringt, im Erwachsenenalter einen positiven Beitrag zur Gesellschaft leisten, während des ganzen weiteren Lebens zusätzliches Wissen erwerben oder von anderen Respekt erwarten könne. Sie stellten keine Relation her zwischen dem Erwerb materiellen Reichtums und dem Absolvieren einer akademischen Ausbildung.[143]

Dies ist ein Beispiel für eine weitverbreitete Auffassung, derzufolge Leistungsfähigkeit in der Schule eine wichtige Voraussetzung für soziale Mobilität ist. Folglich sind Kinder sehr zum Lernen motiviert oder fühlen sich dazu gedrängt. In den ersten drei Grundschulklassen sehen die Kinder ihrer Zukunft zumeist optimistisch entgegen. Nach der vierten Klasse jedoch fühlen sich dessen nur noch diejenigen sicher, die gute Noten erhalten. Diejenigen Kinder, die keine guten Noten erhalten, beginnen zu glauben, daß sie im Leben bereits verloren haben.[144] Dieser Tendenz unterliegen sowohl Knaben als auch Mädchen, stärker jedoch Knaben.[145] Man beobachtet dieses Phänomen überall in Japan.

Bis in die frühen sechziger Jahre konnte eine allgemeine Korrelation zwischen der wirtschaftlichen Lage einer Präfektur und dem Leistungsniveau gezogen werden, das Schüler und Studenten erreichten.[146] Seit den späten sechziger Jahren ist der Ausbildungsstandard überall in Japan angeglichen worden, so daß eine derartige Korrelation nicht mehr problemlos gezogen werden kann. Obwohl selbstverständlich in den einzelnen Familien unterschiedliche Lernbedingungen für Kinder herrschen, hängen schulische Leistungen wesentlich von der tatsächlichen Leistungs- und Arbeitsfähigkeit der Kinder ab. Unter

---

1980 (51,8 % Männer und 49,6 % Frauen). Quelle: Monbu tōkei yōran (Statistisches Handbuch des Ministeriums für Erziehung, Wissenschaft und Kultur), 1981.
[142] Fukaya u. Fukaya 1976, S. 145 f.
[143] Ebd. S. 152.
[144] Ebd. S. 146–153.
[145] N. Fukaya, persönliche Mitteilung.
[146] S. Nagano, persönliche Mitteilung.

diesen Bedingungen erfahren Kinder, deren Eltern mehr von ihnen verlangen als sie tatsächlich erreichen können, viel weniger Genugtuung beim Lernen und Spielen und können sogar pathologische Symptome entwickeln. Andererseits können Kinder, deren Eltern die Fähigkeiten ihrer Kinder richtig einschätzen, das Lernen und Spielen mehr genießen. Seit kurzem besucht eine zunehmende Zahl von Kindern in den Stunden nach der Schule zusätzliche, auf privater Ebene durchgeführte Kurse (s. Tabellen 3 und 4). Immer mehr Kinder im Vorschulalter erhalten Klavierstunden, Unterricht in Verhaltensregeln, Lesestunden, Englischstunden usw. Jedes Kind hat einen festen Stundenplan für die Woche. Es kommt oft vor, daß Kinder in der Nachbarschaft zu verschiedenen Zeiten verschiedene Kurse besuchen müssen, und so wird es für sie schwierig, sich täglich zu Spielgruppen zusammenzufinden, was viele ihrer Eltern während ihrer Kindheit

Tab. 3

Lernaktivitäten von Schulkindern nach dem Schulunterricht (1976 in %)

	A. Private Nachhilfe zu Schulaufgaben (außerhalb von zu Hause)			B. Private Nachhilfe zu Schulaufgaben (zu Hause)			C. Unterricht in Kunst und Sport (außerhalb und zu Hause)		
	männl.	weibl.	insges.	männl.	weibl.	insges.	männl.	weibl.	insges.
Insgesamt	21,8	18,4	20,2	3,2	2,6	3,0	41,4	61,0	51,0
Volksschule	13,3	10,8	12,0	1,8	1,2	1,5	53,6	72,4	62,8
1. Stufe	4,4	2,1	3,3	0,2	0,1	0,2	41,1	62,6	51,6
2. Stufe	5,2	4,4	4,8	0,9	0,5	0,7	51,9	69,5	60,5
3. Stufe	7,8	7,2	7,5	1,2	0,9	1,0	63,3	77,8	70,3
4. Stufe	13,3	10,6	11,9	0,8	0,9	0,9	62,5	78,2	70,4
5. Stufe	21,4	17,2	19,4	3,0	2,4	2,7	57,5	76,5	66,5
6. Stufe	28,8	24,3	26,6	4,6	2,7	3,7	45,5	69,8	57,4
Mittelschule	40,6	35,2	38,0	6,4	5,8	6,1	14,6	36,1	25,1
1. Stufe	40,2	35,5	37,9	4,6	3,8	4,2	19,0	46,6	32,7
2. Stufe	42,2	34,9	38,7	5,9	5,3	5,6	15,3	35,1	24,8
3. Stufe	39,4	35,3	37,4	9,0	8,4	8,7	8,9	25,4	17,0

Quelle: Monbushō (Ministerium für Erziehung, Wissenschaft und Kultur) 1976.
Anmerkung: A umfaßt Kinder, die in einem oder mehreren der folgenden Fächer Nachhilfe erhielten: Japanische Sprache, Arithmetik, Mathematik, Gemeinschaftskunde, Naturwissenschaften und Englisch (betrifft nur die Mittelschule).
B umfaßt Kinder, die eine oder mehrere Stunden Unterricht in Kunst oder Sport (Kalligraphie, Abakus-Rechnen, Klavier, Tanzen, Fremdsprachenkurse, Ballett, japanischer Volkstanz usw.) erhielten.

noch zu tun vermochten. Ihre Eltern hatten viel Zeit zum Spielen zur
Verfügung. Sie konnten für drei oder vier Stunden auf eine Unterneh-
mungstour gehen, neue Spiele erfinden und gemeinsam sich um
jüngere Geschwister kümmern. Durch diese Tätigkeiten erwarben sie
eine Liebe zur Natur und für das Gemeinschaftsleben grundlegende
Verhaltensmuster.

Tab. 4
Durchschnittliche Stundenzahl, die Schulkinder pro Tag auf verschiedene
Aktivitäten verwendeten

Aktivitäten	Volksschule[1] (ab 10 Jahre alt) Stunden, Minuten	Mittelschule[2] Stunden, Minuten
Schlafen	9,19	7,47
Essen	1,33	1,23
Körperpflege[3]	0,53	0,58
Arbeit (nicht im Haushalt)	0,02	0,04
Studium und schulische Aktivitäten	7,09	9,32
in der Schule	5,26	5,59
nach der Schule	1,43	3,33
Haushaltsarbeiten	0,20	0,25
Kochen	0,03	0,04
Putzen	0,03	0,04
Waschen	0,00	0,01
Einkaufen	0,05	0,06
andere Arbeiten	0,07	0,09
Kommunikation mit Leuten (Etikette)	0,05	0,09
Ruhe	0,20	0,24
Freizeit	1,21	0,33
Theater und Museum	0,02	0,04
Sport	0,16	0,10
Hobbies	0,05	0,06
Spiel	0,54	0,09
Ortswechsel	0,52	0,53
Lesen	0,21	0,21
Zeitung	0,02	0,03
Zeitschriften und Bücher	0,20	0,18
Radiohören	0,01	0,24
Fernsehen	2,20	2,02

Quelle: Kokumin Seikatsu jikan chōsa (Untersuchung über die Nutzung der Zeit)
Oktober 1975.
[1] 287 Kinder.   [2] 266 Kinder.   [3] Zähneputzen, Baden usw.

Obwohl die Anordnung der Spielzeit sich geändert hat, haben die Kinder im heutigen Japan nur einen kleinen Teil der gesamten Spielzeit eines Tages verloren. Vor dreißig Jahren verbrachten viele Grundschulkinder verschieden große Zeitabschnitte damit, ihren Eltern im Haushalt oder im Geschäft der Familie zu helfen. Seit 1960 jedoch sind diese Tätigkeiten stark zurückgegangen, teils weil die Mütter heutzutage den Haushalt leichter allein bewältigen können, da sie weniger Kinder und mehr elektrische Haushaltshilfen haben. Es liegt zum Teil auch daran, daß die Mütter mehr Wert darauf legen, ihre Kinder lernen zu sehen als daß sie den Erwachsenen helfen.

Geändert hat sich auch die Art, wie Kinder ihre Spielzeit verbringen. Gegenwärtig ist die Spielzeit zwischen Schulbesuch, zusätzlichem Unterricht und Ruhezeiten aufgeteilt. Viele Kinder beschäftigen sich selbst, indem sie beispielsweise fernsehen oder Video-Spiele spielen, Comics oder Erzählungen lesen, Radio hören, stricken oder Modelle basteln. Mit derlei Tätigkeiten können sie gut und gern fünfzehn bis dreißig Minuten ihrer Freizeit verbringen.

Ein höherer Anteil von Schulkindern sucht Gruppenidentität unter Freunden, mit denen sie denselben Nebenunterricht besuchen. Kindern, die am Nebenunterricht nicht teilnehmen, bleibt diese Möglichkeit zum Eintritt in Altersgruppen verschlossen. Kinder derselben Nebenunterrichtsklassen unterhalten sich oft über Fernsehprogramme, die sie zu Hause alleine sehen, oder sie tauschen Bücher aus und Informationen über andere Tätigkeiten. Allerdings bilden Kinder nicht mehr spontan Gruppen in der Art, wie Ad-hoc-Gruppen in der Nachbarschaft vor zwanzig bis dreißig Jahren entstanden waren. Es kommt hinzu, daß die Nebenunterrichtsklassen normalerweise nach den Lernfähigkeiten der Kinder gegliedert sind. Einige Lehrer, deren Schüler in der Schule schlechte Leistungen erbringen, sind dazu übergegangen, Kinderspiele konzipieren zu lassen oder Singwettbewerbe zu veranstalten, um ihnen die Möglichkeit zur Selbstdarstellung zu geben. Kinder freuen sich auf die Zusammenarbeit mit diesen Lehrern. Wiederum unterscheidet sich diese Art der Gruppenbildung von den Formen, in denen Kinder ohne Aufsicht von Erwachsenen zusammenkamen. Immerhin zeigen auch diese Einrichtungen ein Bemühen, die Kindheit, besonders bis zum 15. Lebensjahr, als einen besonderen, glücklichen Lebensabschnitt zu gestalten.[147]

Literatur

Ariès, Philippe	1960:	L'Enfant et la vie familiale sous l'ancient régime, Paris: Plon.
Arisaka, Yotarō	1931:	Nihon Hinamatsuri-kō (Gedanken über Hinamatsuri – das Mädchenfest), Tokyo: Kensetsu-sha, Nachdruck Takusekidō Shuppan 1977.
	1977:	Hinamatsuri Shin-kō (Neuerliche Gedanken über Hinamatsuri), Kyoto: Shibunkaku Shuppan, Nachdruck der Ausgabe von 1943.
Asakura, Musei	1928:	Misemono Kenkyū, Kyoto: Shunyōdō, Nachdruck Shibunkaku Shuppan 1977.
Benedict, R. F.	1946:	The Chrysanthemum and the Sword, Boston: Houghton Mifflin.
Bird, Isabella L.	1880:	Unbeaten Tracks in Japan, Nachdruck Tokyo, Rutland, Ut.: C. E. Tuttle 1973.
Blacker, Carmen	1975:	Catalpa Bow, London: G. Allen & Unwin.
Buyō, Inshi	1816:	Seji Kenbunroku (Beobachtungen sozialer Bedingungen), o. O.
Caudill, W.	1962:	Patterns of Emotion in Modern Japan, in: Japanese Culture: Its Development and Characteristics, hrsg. v. R. Smith und R. K. Beardsley, Chicago: Aldine, S. 115–131.
	1972:	Tiny Dramas: Vocal Communication Between Mother and Infant in Japanese and American Families, in: Transcultural Research in Mental Health, hrsg. v. W. Lebra, Honolulu: Univ. of Hawaii Press, S. 25–45.
Caudill, W. und Doi, T.	1963:	Interrelations of Psychiatry, Culture and Emotion in Japan, in: Man's Image in Medicine and Anthropology, hrsg. v. I. Galdston, New York: International Universities' Press, S. 374–421.

[147] Wir möchten an dieser Stelle Herrn Prof. Dr. Jochen Martin für die freundliche Bereitschaft danken, unseren Beitrag in den vorliegenden Band „Zur Sozialgeschichte der Kindheit" aufzunehmen. Unser Dank geht ferner an Frau Dr. Irene Hardach-Pinke, die uns mit Herrn Prof. Martin bekannt gemacht (und diese Gelegenheit vermittelt) hat, und an Herrn Harald Kleinschmidt, der die Übesetzung des Beitrags aus dem Englischen besorgt hat. Die Durchsicht und Korrektur des ursprünglichen (auf Englisch verfaßten) Manuskripts haben freundlicherweise Frau Dr. Tamie Bryant, Frau Kathleen S. Uno und Herr Richard W. Anderson übernommen.

Caudill, W.
und Plath, D.
1966: Who Sleeps by Whom? Parent-Child Involvement in Urban Japanese Families, in: Psychiatry 29, S. 344–366.

Caudill, W.
und Weinstein, H.
1969: Maternal Care and Infant Behaviour in Japan und America, in: Japanese Culture and Behavior: Selected Readings, hrsg. v. T. Lebra und W. Lebra, Honolulu: Univ. of Hawaii Press, S. 225–277.

Chiba, Tokuji
und Otsu, Tadao
1983: Mabiki to Mizuko (Kindestötung und Abtreibung), Tokyo: Shadan-hōjin nōson gyoson bunka kyōkai.

Dazai, Shundai
1729: Keizai-roku (Essays über Gesellschaft), o. O.

Devos, G.
1960: The Relation of Guilt toward Parents to Achievement and Arranged Marriage among Japanese, in: Psychiatry 23, S. 287–301.

1973: Socialization for Achievement: Essays on the Cultural Psychology of the Japanese, Berkeley und Los Angeles: University of California Press.

Devos, George
und Wagatsuma, H.
1959: Psychocultural Signifiance of Concern over Death and Illness among Rural Japanese, in: The International Journal of Psychiatry 5, S. 5–19.

1961: Value Attitudes toward Role Behavior of Women in two Japanese Villages, in: American Anthropologist 63, S. 1204–1230.

Doi, Takeo
1973 The Anatomy of Dependence, Tokyo: Kōdansha International.

Dore, R. P.
1965: Education in Tokugawa Japan, Berkeley und Los Angeles: University of California Press.

1973: The Diploma Disease, Berkeley und Los Angeles: University of California Press.

Eiseidō, Kiyū
1773: Shōni-sodate-katagi (Kinderaufzucht heute).

Emura, Hokkai
1783: Jigyō-hen (Über das Unterrichten).

Endō, Motō und
Yamanaka, Hiroshi
1983: Nenjū Gyōji no rekishi-gaku (Geschichte des jahreszeitlichen Ritualzyklus), Tokyo: Kōbun-dō.

Fujikawa, Yū
1913: Nihon Shōnika Shi (Geschichte der Kinderheilkunde in Japan), Kyoto: Tohō-dō (Nachdruck in: ders.: Chosaku-shu, Kyoto: Shibunkaku Shuppan 2, S. 259–297).

	1944:	Nihon Shippei Shi (Geschichte der Krankheiten in Japan), Kyoto: Nihon Isho Shuppan.
Fujita, Itsuo	1953:	San-ikukai Monogatari (Dreißig Jahre San-iku-kai), Tokyo: San-iku-kai.
Fujiwara, Tokihira, Ki-no, Haseo und Miyoshi, Kiyoyuki	905:	Engi-shiki (Protokolle vom Kaiserhof).
Fukaya, Masashi und Fukaya, Kazuko	1976:	Asobi to Benkyō (Spiel und Studium), Tokyo: Chūō Kōron sha.
Fukuzawa, Yukichi	1899:	Fuku-ō Jiden (Autobiographie), Tokyo: Zizishinpō-sha (Übers. v. Eichi Kiyotaka: The Autobiography of Yukichi Fukuzawa, Tokyo: Hokusei-dō 1934, Nachdruck New York: Columbia Univ. Press 1966).
Furukawa, Sanki	1982:	Zusetsu shomin Geinō-Edo no Misemono (Illustrierte Enzyklopädie der Theatervorstellungen von Edo), Tokyo: Yūzan-kaku.
Genzaburō	1690:	Jinrin Kunmō Zui (Illustrierte Enzyklopädie der Berufe), Kyoto.
Goedertier, J. M.	1968:	A Dictionary of Japanese History, New York und Tokyo: Walker & Weatherhill.
Gyōchi	o. J.:	Gyōchi Dōyō-shū (Gyōchis Kinderliedersammlung).
Hanley, S. B. und Yamamura, K.	1977:	Economic and Demographic Change in Preindustrial Japan, 1600–1868, Princeton, N. J.: Princeton Univ. Press.
Hara, Hiroko	1976:	Ichininmae o Bunka Jinruigaku-teki ni Kangaeru (Kulturvergleichende Untersuchungen zum Erwachsenwerden), in: dies.: Ningen wa wakari-aeruka (Können die Menschen einander verstehen?), Kyoto: PHP shuppan, S. 45–82.
	1977:	Kodomo no Bunka-jinruigaku (Kulturanthropologie der Kinder), Tokyo: Shōbunsha.
	1984:	Status of Women, in: Country Monograph Series 11, Population of Japan, Bangkok: United Nations Economic and Social Commission for Asia and the Pacific, S. 230–248.
Hara, Tadahiko	1978:	Gattai to Kaiki-sei. Manga no Bunpō (Eigenartigkeit und Einheit multipler Personen in Gestalt mächtiger Wesen. Grammatik

		von Cartoons), in: Shisō no Kagaku 95, S. 21–31.
Hashimoto, Hakuju	1811:	Kokuju Dandoku Ron (Über die Masern).
Hayami, Akira	1968:	Nihon Keizai-shi no Atarashii Shikaku (Ein Blick auf die Wirtschaftsgeschichte Japans), Tokyo: Tōyō Keizai Shinpō-sha.
	1973:	Yokoichi-mura no Rekishi Jinkō-gakuteki Kansatsu (Historisch-demographische Beobachtungen im Dorf Yokoichi), in: Kinsei Nōson no Rekishi Jinkō-gakuteki Kenkyū (Historisch-demographische Untersuchungen in Bauerndörfern der Tokugawa-Zeit), Tokyo: Tōyō Keizai Shinpō-sha, S. 139–228.
	1977:	Keizai Shakai no Seiritsu to sono Tokushitsu (Wirtschaftliche Verhaltensweisen und Charakteristika der Gesellschaft in der Tokugawa-Zeit), in: Atarashii Edō jidai-zō o motomete (Auf der Suche nach einem neuen Verständnis der Tokugawa-Periode), Tokyo: Tōyō Keizai Shinpō-sha, S. 3–18.
	1980:	Class Difference in Marriage and Fertility among Tokugawa Villagers in Mino Province, in: Keio Economic Studies 17, S. 1–16.
Hayami, Akira und Nobuko, Uchida	1972:	Size of Household in a Japanese County throughout the Tokugawa Era, in: P. Laslett und P. Wall (Hrsg.): Household and Family in Past Time, Cambridge: Univ. Press, S. 473–515.
Hayashi, Masahiko	1982:	Nohon no Etoki (Illustrierte Religionsbücher in Japan), Tokyo: Miyai Shoten.
Hayashi, Reiko	1979:	Kinsei Ōmi no Shōka, Umehara-ke no Kazoku Seikatsu (Untersuchung des Alltags der Familie Umehara, einer Kaufmannsfamilie von Ōmi, Präfektur Shiga, während der Tokugawa-Zeit), in: Rekishi Hyōron 347, S. 65–83.
Hazama, Sōgen	1817:	Rōba Shinsho (Geburt – leicht gemacht).
Hirano, Jūsei	1830:	Zaba Hikken (Unerläßliches Wissen für Hebammen).
Honda, Masuko	1983:	Kodomo no Ryōya kara (Über die Kindheit), Kyoto: Jinbun Shoin.
Horiuchi, Sodo	1843:	Yōyō-seigi (Japan. Übersetzung von C. W. Hufeland: Enchiridion medicum, Berlin 1836).

Inō, Kōken	1690:	Inago-gusa (Wie komme ich zu vielen gesunden Kindern?).
Ishii, Ryōsuke	1980:	Nihon Sozōku-hō Shi (Geschichte des Erbrechts in Japan), Tokyo: Sōbun-sha.
Ishikawa, Ken	1942:	Sekimon Shingaku-shi no Kenkyū (Geschichte von Sekimon Shingaku), Tokyo: Iwanami Shoten, Nachdruck Tokyo: Iwanami Shoten 1975.
Ishikawa, Matsutaro u. a.	1977:	Nihon Kodomo no Rekishi (Geschichte der Kindheit in Japan), 7 Bde., Tokyo: Dai-ichi Hōki.
Ishikawa, Tomonobu	1700:	Yamamoto Kōsaku e-shū (Verkürzte Bildersammlung zu landwirtschaftlichen Tätigkeiten in der Provinz Yamamoto).
Iwamoto, Michiya:	1981:	Naki-mushi, Ko-mushi, Hasande sutero (Kindesaussetzung in Japan), in: Gekkan Hyakka 221, Tokyo: Heibon-sha, S. 22–25.
Iwamoto, Tokuichi	1956:	Shinto Girei ni okeru Yōji no Ichi, in: Jinrui Kagaku (Anthropologie) 9, S. 38–46.
Jippensha, Ikku	1830:	Kane-moku hana-no-sakariba (Geschäftige Viertel, in denen Geld zu machen ist).
Kabayama, Koichi	1979:	Yōjō-ron no Bunka (Vorschriften zur Gesunderhaltung aus der Tokugawa-Zeit), in: Renaissance Shuko, Tokyo: Seido-sha, S. 169–208.
Kagawa, Genetsu	1765:	San Ron (Einführung in die Geburtshilfe).
Kagotani, Machiko	1979:	Chūsei no Kyōkun (Lehren aus dem Mittelalter), Tokyo: Kadokawa Shoten.
Kaibara, Ekken	1710:	Wazoku-doshi-kun (Kindererziehung leicht gemacht).
Kaji, Kanji	1964:	Nihon San-fujin-ka Shi (Geburtshilfe und Gynäkologie in Japan), in: Meiji-zen Nihon Igaku-shi, Tokyo: Nihon Gakushi-in, S. 1–210.
Kakei, Yasuhiko	1967:	Chūsei Buke Kakun no Kenkyū (Untersuchungen zu den Familienregeln *kakun* im Mittelalter), Tokyo: Kazama Shobo.
Kamata, Hiroshi	1970:	Bakuhan Taisei ni okeru Bushi Kazoku-hō (Familienrecht der Samurai unter der Tokugawa-Herrschaft), Tokyo: Seibun Dō.
Kami, Shōichirō	1977:	Gekidōki no Kodomo (Kinder in Zeiten heftigen Kulturkontaktes und sozialen Wandels), in: Nihon Kodomo no Rekishi

		(Geschichte der Kindheit in Japan) 6, Tokyo: Dai-ichi-hōki Shuppan, S. 1–315.
Kami, Shoichiro und Yamazaki, Tomoko	1974:	Nihon no Yōchien (Neue Geschichte der Erziehung in der frühen Kindheit), Tokyo: Riron-sha.
Katakura, Genshu	1795:	Sanka Hatsumo (Neue Einführung in die Geburtshilfe).
Kato, Juhaku	1768:	Anzan Iwata-obi (Nabelbinde mit vielen Glücksamuletten für eine leichte Geburt).
Kawabe, Hiroshi	1981:	Senzen ni okeru Chūtō Kyōiku no Hukyū to Shussei-Ryoku to no kankei (Erziehung und Fruchtbarkeit in Japan vor dem Krieg), in: Jinkō Mondai-Kenkyū 158 (Zeitschrift für Bevölkerungsprobleme), hrsg. vom Gesundheitsministerium, Tokyo: Kōseisho Jinkō mondai Kenkyū-sho, S. 1–10.
Kawai, Hayao	1982:	Mukashi-banashi to Nihon-jin no kokoro (Die Mentalität der Japaner nach Märchen), Tokyo: Iwanami Shoten.
Kazehaya, Yasoji	1944:	Zenkoku Minji Kanrei Rui-shū, Tokyo: Nihon Hyōron-sha.
Kazuki, Gozan	1692:	Fujin Kotobuki-gusa.
	1703:	Shōni Hitsuyō Sodate-gusa (Handbuch zur Kindererziehung).
Kikuchi, Kanichiro	1905:	Edo-funai Ehon Fuzoku Ōrai (Alltag und Feste der einfachen Leute in Edo mit Illustrationen).
Kinoshita, Tadashi	1981:	Mai-yō. Kodai no Shussan Fūzoku, Tokyo: Yūzan-Kaku.
Kitagawa, Morisada	o. J.	Shutei Manko – Rui-ju Kinsei Fuzokushi (Essays – Geschichte des Alltags in der Tokugawa-Zeit).
Kitajima, Masamoto	1964:	Mabiki (Kindestötung), in: Nihon Rekishi Dai-jiten, Tokyo: Kawaide Shobō, S. 135f.
Kitamura, Nobuyo	1830:	Kiyū-shōran (Bibliographische Untersuchungen von Riten, Bräuchen und Alltag).
Kitō, Hiroshi	1972:	Kainin Kakiage-chō ni miru Shussan to Shibō. Bakumatsu Meiji shotō no Kita-Kantō ni okeru jirei (Geburt und Tod nach den Schwangerschaftsregistern), in: Mita Keizai-gaku Kenkyū 6, S. 8–17.
	1974:	Kiso Yufunezawa-mura no Jinkō Tōkei 1675–1796 nen (Bevölkerungsstatistiken im Dorf Yufunezawa in Kiso, Präfektur Gifu),

in: Mita Gakkai Zasshi 67, 5, S. 62 (302) – 86 (326).

1976: Tokugawa Jidai Nōson no Nyū-yō-ji Shibō. Kainin Kakiage-chō no Tōkei-teki Kenkyū (Kindersterblichkeit in einem Bauerndorf der Tokugawa-Zeit, nach dem Material von Kainin Kakiage-chō), in: Mita Gakkai Zasshi 69, 8, S. 88 (698) – 95 (703).

1978: Tokugawa Jidai Nōson no Jinkō Saiseisan Kōzō. Musashi-no-kuni Kabutoyama-mura, 1777–1781 nen (Struktur der Bevölkerungsreproduktion in einem Bauerndorf der Tokugawa-Zeit – Kabutoyama-mura in der Provinz Musashi, Präfektur Saitama), in: Mita Gakkai Zasshi 71, 4, S. 173 (613) – 184 (624).

1983: Nippon Nisen-nen no jinkō-shi (2000 Jahre Historische Demographie Japans), Kyoto: PHP Kenkyū-jo.

Kobayashi, Hirō 1935: Hi-no-e-uma Meishin no Kagaku-teki Kōsatsu (Untersuchungen über den *hi-no-e-uma*-Glauben von einem wissenschaftlichen Standpunkt aus), Tokyo: Zaidan Hōjin Keimei-kai-Jimusho.

Kobayashi, Issa 1819: Oraga Haru (Mein Frühling).

Kodera, Gyochō o. J.: Owari Doyu-shū (Kinderspiele in der Provinz Owari).

Kodera, Gyokuchō 1818 bis 1842: Misemono zasshi (Sammlung von Essays zu den in Nagoya vorgeführten Theaterstücken).

Koizumi, Akira 1980: Population and Health Development, in: Population of Japan. Country Monograph Series 11, Economic and Social Commission for Asia and the Pacific, S. 187–199.

Komatsu, Kazuhiko 1983: Mino-gasa o meguro Folklore (Die symbolische Funktion des Strohhutes in den ‚rites de passage'), in: Gendai Shisō (Oktober), Tokyo: Seido-sha, S. 143–163.

Kotaka, Kichisaburo 1943: Nihon no Yūgi (Japanische Spiele), Tokyo: Haneda Shoten, Nachdruck Tokyo: Takuseki-dō 1976.

Kuroda, Toshio 1977: Fertility; Retrospect and Prospect, in: Fertility and Family Planning in Japan, Tokyo: Japanese Organisation for International Cooperation in Family Planning, Inc.

Kusada, Sunbokushi   1692:   Onna Chōhō-ki-Taisei (Ausführliches Handbuch für den Alltag und die Rituale der Frauen) (Nachdruck in: Yamazumi u. Nakae 1976, S. 242–268).

Kyokutei, Bakin   1811:   Enseki Zasshi (Aufzeichnungen).

Liu, Hsiang   1. Jh. v. Chr.   Lieh-nü-ehuan (Biographien vorbildlicher Frauen).

Maekawa, Kyūtarō   1976:   Edo-Bakufu ni okeru Tōsō Hashika Suitō no Sakayugyōji no Hensen (Veränderungen der *sakayu*-Zeremonie im Schloß von Edo), in: Nihon Ishigaku Zasshi (Zeitschrift der Japanischen Gesellschaft für die Geschichte der Medizin) 22, 2, Tokyo, S. 63–73.

Maki, Hidesama   1971:   Jinshin Baibai (Umgang mit Menschen in Japan), Tokyo: Iwanami Shoten.

Manasae, Dosan   1574:   Keiteki Shu (Einführung in medizinische Berufe).

Matsuda, Hōson   1924:   Jidō Shakai-shi (Sozialgeschichte der Kindheit), Toyko: Kosei kaku.

Matsuda, Michio   1964:   Nihon shiki Ikuji-hō (Die Japanische Art der Kinderaufzucht), Tokyo: Kōdan-sha.

Matsuda, Takeshi   1978:   Ichi-Daimyō-ke no Keizu, Kako-chō yori no Tokeiteki Kansatsu (Statistische Untersuchungen an einer Genealogie und der Totenlisten einer Daimyō-Familie in der Tokugawa-Zeit), in: Igakushi Kenkyū (Zeitschrift für die Geschichte der Medizin) 49, Tokyo, S. 33–40.

Matsuo, Mieko   1980:   Kinsei Buke no Kon-in Yōshi to Jisan-kin (Heiratsadoption und Mitgift bei Samurai-Familien der Tokugawa-Zeit), in: Gakushu-in Shigaku 16, S. 26–52.

Matsuoka, Etsuko   1983:   Bunka to Shussan. Nihon no shizen Bunben Undō o Chūshin to shita (Kultur und Geburt. Die Bewegung für die natürliche Geburt in Japan), in: Minzoku kenkyū (Zeitschrift für Ethnologie) 47, 4, Tokyo, S. 356–387.

Minagawa, Mieko   1985:   Kuwana-nikki, Kashiwaza-nikki ni arawareta kodomo no Yamai (Kinderkrankheiten nach den Tagebüchern von Kuwana und Kashiwaza), in: M. Honda u. a. (Hrsg.): Watashitachi no Edo (Edo – wie wir es sehen), Tokyo: Shinyō-sha, S. 144–166.

Ministerium für   Statistiken.
Gesundheit und
Wohlfahrt

                1980: Boshi eisei no shu naru tōkei (Statistisches
                      Material zur Gesundheit von Mutter und
                      Kind in Japan).

                1980: Boshi eisei no shu naru tōkei (Statistisches
                      Material zur Gesundheit von Mutter und
                      Kind in Japan).

Miyata, Noboru 1979: Kami no Minzoku-shi (Erzählungen über
                      Gottheiten und Geister), Tokyo: Iwanami
                      Shoten.

Mizutani, Futō 1934: Kusazō-shi to Tokuhon no Kenkyu (Unter-
                      suchungen über Kusazō und Tokuhon), To-
                      kyo: Okukawa Shobō (sowie in: F. Mizuta-
                      ni: Chosaku-shū [Sammlungen], Tokyo:
                      Chuō Kōron-sha, S. 1–413).

Mōri, Taneki   1972: Gendai Shōni Hoken-shi (Geschichte der
                      Öffentlichen Gesundheit von Kindern in
                      Japan), Tokyo: Domesu Shuppan.

Morishita, Misako 1985 Nezumi no yome-iri (Eine weibliche Maus
                      heiratet und bekommt ein Kind), in: M.
                      Honda u. a. (Hrsg.): Watashitachi no Edo
                      (Edo – wie wir es sehen), Tokyo: Shinyō-
                      sha, S. 30–52.

Morse, E. S.   1917: Japan Day by Day, Boston und New York:
                      Houghton Mifflin.

Mukaiyama, Masashige 1959: Muko Yōshi. Sinshū Ina-chihō no jirei kara
                      mita Seikatsu no Ichimen (Die Adoption
                      von Schwiegersöhnen in einer ländlichen
                      Gegend von Shinshū), in: Shinano 11, 7, S.
                      403–414.

Murai, Takashige 1968: Hi-no-e-uma Sō-kessan (Geburtenrate im
                      Jahr des Feuerpferdes), in: Kosei no Shihyō
                      (Index zur Sozialen Wohlfahrt) 15, 5, To-
                      kyo, S. 3–9.

Muro, Kyūso   1722: Shokan (Briefe).
Nagashima, Nobuhiro 1984: Regional Differences in Japanese Rural Cul-
und   ture – Results of a Questionnaire, in: Senri
Tomoeda, Hiroyasu   Ethnological Studies 14, Ōsaka: National
                      Museum of Ethnology, S. 1–220

Naka, Arata   1977: Fukoku kyōhei-ka no Kodomo (Kinder un-
                      ter der nationalen Politik für Wohlstand und
                      militärische Stärke), in: Nihon Kodomo no

		Rekishi (Geschichte der Kindheit in Japan) 5, Tokyo: Dai-ichi-hōki shuppan, S. 1–329.
Nakada, Kaoru	1925:	Tokugawa jidai no Yōshi-hō (Adoptionsrecht in der Tokugawa-Zeit), in: Hōgaku Ronsō, 14, 1–3, sowie in: Hōsei-shi Ron-shū 1 (1926) Tokyo: Iwanami Shoten (Nachdruck in: Hōsei-shi Ron-shū 1 [1970] Tokyo: Iwanami Shoten, S. 375–466).
Nakadai, Yoshimasa	1839:	Rōnō-yawa (Illustrationen zur Landwirtschaft).
Nakamura, Tekisai	1666:	Kunmō Zui (Allgemeine Illustrierte Enzyklopädie).
Nakano, Takashi	1981:	Shō-ka Dōzoku-dan no Kenkyū (Untersuchung von Kaufmannsfamilien), Tokyo: Mirai-sha.
Nakano, Yoshio	1976:	Ōsaka Chōnin Sōzoku no Kenkyū (Über die Vererbung in Kaufmannsfamilien der Tokugawa-Zeit), Kyoto: Sagano.
Namae, Takayuki	1923:	Shakai Jinkō Kōyō (Abriß der Aktivitäten zur sozialen Wohlfahrt).
Namekawa, Michio	1981:	Momotarō-zō no Henyō (Wandlungen im Bild des Momotarō), Tokyo: Shoseki.
Naruse, Isako	1880:	Kara Nishiki.
Negishi, Yasumori	1805 bis 1809:	Mini Bunko (Sammlung mündlicher Traditionen).
Nishiyama, Matsunosuke	1972:	Edo chōnin no Kenkyū (Untersuchungen über die Bürger von Edo), Tokyo: Yoshikawa Kobun-kan.
Nishiyama, Tetsuji	1918:	Akanbō no Kenkyū (Untersuchungen über Kleinkinder), Tokyo: Nanboku-sha Shuppan.
Niwa, Noboru	1972:	San-iku-kai Gojūnen-shi (Fünfzig Jahre San-iku-kai), Tokyo: Shakai fukushi Hōjin San-iku-kai.
Nogaki, Yoshiyuki	1977:	Gendai no kodomo (Japanische Kinder heute), in: Nihon Kodomo no Rekishi (Geschichte der Kindheit in Japan) 7, Tokyo: Dai-ichi-hōki Shuppan, S. 1–331.
Noguchi, Kigi	1939:	Jidō Mondai (Kindersachen und Kinderprobleme), Tokyo: Mikasa shobō.
Obayashi, Michiko	1982:	Chuzetsu zehi no Shisō-teki Haikei (Ideologische Hintergründe des Streits um die Abtreibung), in: Josanpu Zasshi (Zeitschrift für Hebammen) 36, 12, S. 49–54

Odaka, Kichisaburō	1943:	Nihon no Yūgi (Spiele in Japan), Tokyo: Haneda Shoten.
Ogata, Hiroyasu	1946:	Nihon no Taikyō (Schwangerschaftserziehung in Japan), Tokyo: Aoba Shobō.
Ogyū, Sorai	1859:	Seidan (Memoiren).
Okami, Masao	1982:	Otogi-zōshi e (Bilder aus Feenmärchen), in: Otogi-zōshi no Sekai (Die Welt der Feenmärchen), Tokyo: Sanseidō, S. 1–16.
Okazaki, Yōichi	1968:	Saikin ni okeru Shussei-ritsu no Dōkō ni tsuite (Neueste Trends der Geburtenrate), in: Kosei no Shihyō 15, 5, S. 10–14.
Ono, Takahisa	1741:	Kazan Zōdan (Verschiedene Schriften).
Ōtuka, Yoshiki	1800:	Sōgo Zuihitsu (Pinselaufzeichnungen von Sogo).
Oyamada, Yosei	o. J.:	Matsuya-hikki (Essays).
Roberts, J. M.	1951:	Three Navaho Households, in: Papers of the Peabody Museum of American Archaeology and Ethnology, Harvard: Univ. Press 40, III, S. 1–88.
Saito, Gesshin	1829:	Edo Meisho Zue (Illustrierter Führer zu den Sehenswürdigkeiten von Edo).
	1838:	Tōto Saiji-ki (Jahreskalender der Feste und Riten von Edo).
Sakai, Yasushi	1935:	Nihon Yūgi-shi (Geschichte verschiedener Spiele in Japan), Tokyo: Kensetsu-sha, Nachdruck Tokyo: Takuseki dō Shuppan 1977.
Sakurai, Shōtarō	1941:	Nihon Jidō Seikatsu-shi (Eine Einführung in die Geschichte der Kindheit in Japan), Tokyo: Nikko Shoin.
Santō, Kyoden	1813 bis 1815:	Kottō-shu (Über die Herkunft verschiedener Sitten, Reden).
Sasaki, Moan	1775:	Sanka Yashinai Gusa (Handbuch zur Aufzucht der Kinder).
Sekiyama, Naotarō	1958:	Kinsei Nihon no Jinkō Kōzō (Demographische Struktur im Japan der Tokugawa-Zeit), Tokyo: Yoshikawa Kobun-kan.
Seta, Teiji	1982:	Nihon no Kodomo-Bunka o meguro Hitobito: Ochibohiroi (Sauberkeitstraining: Die den Kindern wunderbare Schätze boten), Tokyo: Fukuinkan Shoten.
Shibamura, Morikata	1810:	Asukagawa (Sammlung von Essays).
Shihō-shō	1880:	Zenkoku Minji Kanrei Ruishū (Nationale

		Sammlung von Gewohnheiten vor der Meiji-Zeit), Tokyo: Shinhōshō.
Smith, Th. C.	1959:	The Agrarian Origins of Modern Japan, Stanford, Cal.: Univ. Press.
Smith, Th. C., England, R. Y. und Lundy, R. T.	1977:	Nakahara Family and Population in a Japanese Village, 1717–1830, Stanford, Cal.: Univ. Press.
Sōda, Hajime	1963:	Hashika-e (Bilder gegen die Masern), Shinka-ban (Privatdruck).
Sofue, Takao	1965:	Childhood Ceremonies in Japan. Regional and Local Variations, in: Ethnology 4, 2, S. 148–164.
Suda, Keizō	1973:	Hida o-jin Kako-chō no Kenkyū (Untersuchung der Totenlisten von O, einem Tempel in der Provinz Hida, Präfektur Gifu), Shinka-ban (Privatdruck).
Sue, Hiroko	1957:	Ikuji to Bunka (Erziehung und Kultur), in: Honor's Paper, Department of Cultural Anthropology of Tokyo University, S. 1–150.
	1959:	Nihon ni okeru Ikuji Yōshiki no Kenkyū (Untersuchung über Praktiken der Kindererziehung in Japan) (Magisterarbeit: Kulturanthropologie der Univ. Tokyo), in: Minzoku gaku Kenkyū (Japanische Zeitschrift für Ethnologie) 24, 3 (1960) S. 267–274.
Sugimoto, Etsuko	1926:	Bushi no Musume (Eine Samurai-Tochter), New York: Doubleday Page, Nachdruck Tokyo: Charles E. Tuttle 1966.
Tada, Kenji	1977:	Buke-shakai to kodomo (Kindheit in der Samurai-Gesellschaft), in: M. Ishikawa und H. Naoe (Hrsg.): Nihon Kodomo no Rekishi (Geschichte der Kindheit in Japan), Tokyo: Dai-ichi Hōki, S. 135–234.
Takahashi, Bonsen	1936:	Datai Mabiki no Kenkyū (Untersuchungen über Abtreibung und Kindestötung), Tokyo: Zaidan Hōjin Chūō Shakai jigyō Kyōkai Shakai Jigyō Kenkyū-jo, Nachdruck Tokyo: Dai-chi Shobō 1981.
	1941 bis 1963:	Nihon Jinkō-shi no Kenkyū (Untersuchungen zur Historischen Demographie in Japan), 3 Bde., Tokyo: Nihon Gakujutsu Shinkō-kai.
Takahashi, Toshinori	1933:	Nihon Kyōiku Bunka-shi (Geschichte der

kulturellen Aspekte in der Japanischen Erziehung), Tokyo: Dōbun Shoin.

Takeuchi, Toshimi 1941: Shinano Higashikuma-gun Hongō-mura ni okeru Kodomo no Shūdan Seikatsu (Gruppenaktivitäten von Kindern im Dorf Hongo in der Präfektur Nagano), Tokyo: Attiku-Museum.

Tanba, Yasuyori 1984: Ishin-hō (Praktikum zur Medizin und Mentalität).

Tatsukawa, Shōji 1979: Kinsei Yamai Zōshi (Krankheiten im Japan der Tokugawa-Zeit), Tokyo: Heibon-sha.

1984: Hangeki suru Kodomo no Seiri (Knaben-Pilgerfahrten zum Ise-Schrein), in: Yamai to Ningen no Bunkashi (Kulturgeschichte der Krankheiten), Tokyo: Shichōsha, S. 73 bis 88.

Tejima, Toan 1773: Zen-kun (Ethische Anweisungen für Heranwachsende), in: Yamazumi Nakae 1976, S. 231–253.

Tokyōtō, Minseikyoku 1948: Satogo no Kenkyū (Untersuchung über Ziehkinder), Tokyo: Tokyo-to Ikuji Fukushi Kyōkai.

Tsuboi, Hirobumi 1971: Nihon o shiru Jiten (Enzyklopädie des Alltags in Japan), Tokyo: Shakai Shisō-sha.

Tsuchiya, Matsusaburō 1707: Kōka Shun-jū E-maki (Illustrierte Kalenderrollen zur Feldarbeit).

Tsumori, Makoto u. a. 1959: Yōchien no Rekishi (Geschichte der Kindergärten), Tokyo: Kosei-kan.

Uno, Kathleen S. 1983: Day Care and Family Life in Late Meiji-Taisho Japan, Vortrag gehalten vor der Asiatic Society of Japan und der Deutschen Gesellschaft für Natur-Völkerkunde Ostasiens (OAG).

Ushijima, Yoshimoto 1938: Nyūyōji Seishin Hattatsu Kijun (Normale geistige Entwicklung in der frühen und späten Kindheit), Tokyo: Aiiku Kenkyū-chō.

Usui, Takaji 1968: Satō Nobuhiro no Nyūji Jinkō Eiyō Setsu (Satō Nobuhiros Theorie zur künstlichen Ernährung von Säuglingen), in: Igaku-shi Kenkyū (Geschichte der Medizin) 30, S. 37–40.

Vogel, E. 1963: Japan's New Middle Class: The Salary Man and His Family in Tokyo Suburbs, Berkeley und Los Angeles: University of California Press.

Vogel, E. und Vogel, S.	1961:	Family Security, Personal Immaturity and Emotional Health in a Japanese sample, in: Marriage and Family Living 23, S. 161 bis 166.
Wada, Hidematsu	1912:	Rekishi-jō ni okeru Uba no Seiryoku (Politischer Einfluß der Ammen in der japanischen Geschichte), in: Kokugakuin Zasshi (Zeitschrift für Japanische Literatur) 18, 1, S. 32–51.
Wagatsuma, Hiroshi und Hara, Hiroko	1974:	Shitsuke (Japanische Formen der Kinderaufzucht), Tokyo: Kobun-dō.
Yamaguchi, Kiichi	1967:	Saikin no Shussei Dōkō, toku ni Hi-no-e-uma ni matsuwaru shusseigen ni tsuite (Neuerliche Veränderungen der Geburtsrate, insbesondere vor und nach dem Jahr des Feuerpferdes), in: Jinkō-mondai Kenkyū Shin-nenpō (Jahresbericht über Bevölkerungsprobleme, Neue Reihe) 12, S. 56 bis 63.
Yamamoto, Nobuyoshi und Konno, Toshihiro	1973:	Kindai Kyōiku no Tennō-sei ideorogi. Meiji-ki Gakkō Gyōji no Saikō (Untersuchung von Schulkalendern und jährlichen Aktivitäten in der Meiji-Zeit. Kaiserreich und moderne Erziehung in Japan), Tokyo: Shinsen-sha.
Yamanaka, Einosuke	1963:	Tokugawa-Jidai ni okeru Kyoto Chōnin no *ie* to Sōzoku („Haus" *ie* und Vererbung bei den Kaufleuten von Kyoto in der Tokugawa-Zeit), in: Handai-hōgaku 44–45, S. 181–208.
Yamashita, Toshio	1943:	Nyūyōji Hoiku Hōhō Chōsa (Übersicht über Kinderaufzuchtsmethoden in der frühen und späten Kindheit), Tokyo: Aiiku Kenkyūjo.
Yamazumi, Masami und Nakae, Kazue	1976:	Kosodate no Shō (Anthology of Teaching in Child Rearing), Tokyo: Heibon-sha.
Yanagida, Kunio	1949:	Bunrui Jidō Goi (Klassifizierter Glossar von Wörtern der Kindersprache), Tokyo: Tokyo dō Shuppan-sha.
Yashiro, Hirokata	1810:	Shokoku Fūzoku Monjō Tōsho (Fragen und Antworten über Sitten und Gebräuche), in: Nihon Shomin Seikatsu Shiryō Shūsei 9, Tokyo: San-ichi Shobō, S. 453–843.
	1821	Kokon Yoran kō (Sammlung von Büchern

	bis 1842:	zu verwandten Themen), Nachdruck Tokyo: Kokusho kanko-kai 1905–1907, sowie Tokyo: Hara-Shobō 1981–1982.
Yokoi, Kiyoshi	1975:	Chūsei Minshū no Seikatsu bunka (Kulturgeschichte der einfachen Leute im Mittelalter), Tokyo: Daigaku Shuppan-kai.
Yuasa, Jōzan	o. J.:	Bunkai Zakki.
Yūki, Rikurō	1977:	Nihon no Kodomo no Rekishi. Ranse no Kodomo (Geschichte der Kinder in Japan), Tokyo: Dai-ichi hōki shuppan.

ZUR SOZIALISATION DES KINDES BEI DEN HINDUS

WERNER F. MENSKI

1. Einleitung

Ein nordindisches Sprichwort sagt:

„Behandle einen Sohn wie einen König, die ersten fünf Jahre, dann wie einen Sklaven die nächsten zehn, und danach wie einen Freund."[1]

Wenngleich uns diese, anscheinend weit verbreiteten,[2] Vorstellungen von der Sozialisation eines Kindes auf den ersten Blick sehr allgemein erscheinen, weisen sie uns auf eine Reihe von spezifisch hinduistischen Konzepten hin, womit jedoch noch nicht gesagt ist, daß solche oder ähnliche Vorstellungen sich nicht auch in anderen Kulturen vorfinden ließen.[3]

Zunächst einmal fällt auf, daß das Sprichwort einen deutlichen Unterschied macht zwischen Söhnen und Töchtern, indem es sich ausschließlich auf erstere bezieht. Daraus können wir schließen, daß Hindus ihre Söhne anders ansehen und behandeln als ihre Töchter – das Sprichwort hätte ja genausogut über Kinder allgemein handeln können.

---

[1] Zitiert nach S. Kakar: The Inner World. A Psycho-Analytic Study of Childhood and Society in India, Delhi 1978, S. 127.

[2] Ähnliche Vorstellungen, die sich auch in der religiösen Literatur der Hindus finden, werden zitiert bei M. Cormack: The Hindu Woman, Bombay 1961, S. 63 u. 92. A. D. Ross: The Hindu Family in its Urban Setting, Delhi 1961, ²1973, S. 100 weist darauf hin, daß manche Hinduväter ihre Söhne noch bis zum sechzehnten oder siebzehnten Lebensjahr züchtigen, daß dies jedoch danach wirkungslos bleibt, ja, im Gegenteil die Jugendlichen noch mehr dem Vater entfremdet, wenn sich dieser nicht bis dahin Vertrauen und Respekt seiner Kinder erworben hat.

[3] Da sich dieser Beitrag nur mit hinduistischen Vorstellungen beschäftigt, habe ich kulturvergleichende Bemerkungen nicht eingeflochten und verweise auf die Einleitung zu diesem Band.

Weiter wird aus dem Zitierten deutlich eine Differenzierung der Behandlung von Kindern bzw. Söhnen nach dem Alter. Wir müssen hier der Frage nachgehen, warum das Hindukleinkind anscheinend total anders erzogen werden soll als das Kind in der Zeit zwischen dem sechsten und sechzehnten Lebensjahr, und wir müssen im besonderen der Frage nachgehen, wie strikt die hier angegebenen Grenzen in der sozialen Wirklichkeit eingehalten werden und welche Gründe für solche Grenzen bestehen. Bevor wir uns mit Formen der Sozialisation bei den Hindus beschäftigen, müssen wir uns daher mit der gesellschaftlichen Wertung und Bewertung von Kindern und ihrer Stellung in der hinduistischen Gesellschaft befassen.

Weiterhin müssen wir in diesem Zusammenhang im Detail auf die primäre Geschlechtsdifferenzierung und ihre Auswirkungen auf den Sozialisationsprozeß eingehen, wobei Faktoren wie die Familienorientiertheit der hinduistischen Gesellschaft, ja, die kosmologische Einbindung des Individuums in eine Reihe von sozialen Gruppen verschiedener Rangordnung und letztendlich in das Universum, zu berücksichtigen sind. Des weiteren ist anhand von Beispielen aus der Literatur zu untersuchen und zu differenzieren, wie der Prozeß der Sozialisation nach altindischen Quellen aussehen sollte und wie er sich in der, sozialwissenschaftlicher Beobachtung durch Außenstehende zugänglichen, spätmittelalterlichen und modernen Hindugesellschaft beobachten ließ und läßt. Die Anwesenheit zahlreicher Hindus außerhalb Indiens, in Europa besonders in Großbritannien, erlaubt es uns heute auch, Verhaltensweisen der Hindus außerhalb ihrer gewohnten Umgebung zu studieren; im Kontrast mit westlichen Vorstellungen von der Sozialisation eines Kindes treten hier hinduistische Konzepte deutlich als andersartig hervor.

Für die älteren Perioden hinduistischer gesellschaftlicher Entwicklung sind wir ausnahmslos auf schriftliche Quellen angewiesen, die sich normalerweise nicht durch Volksnähe auszeichnen. Die uns so aus der Hochliteratur überlieferten idealen Vorstellungen von der Sozialisation der Nachkommen mögen daher, wenn überhaupt,[4] nur Gültig-

---

[4] So kann, zum Beispiel, bezweifelt werden, ob die für Brahmanen niedergelegten Rechtsnormen wirklich den Anspruch erheben, für alle Brahmanen gleichermaßen gültig und bindend zu sein. So fehlen uns Beweise dafür, daß alle Brahmanenjungen dem *upanayana*-Ritual unterworfen wurden.

keit haben für bestimmte Schichten der hinduistischen Bevölkerung, nicht jedoch für alle Hindus. Es ist ja gerade ein wesentliches Charakteristikum der klassischen und spätklassischen hinduistischen Literatur, daß eine äußerst ausgeprägte Stratifizierung der Gesellschaft als ideal propagiert wird, wobei die Grenzen zwischen einzelnen sozialen Gruppen immer mehr betont zu werden scheinen, bis wir in heutiger Zeit und unter dem Einfluß moderner indischer Gesetzgebung, die ihrerseits von westlichen Vorstellungen durchdrungen ist, diese Grenzen, zumindest auf dem Papier, weitgehend ausgelöscht sehen.

Dieser Beitrag geht daher zwar von obigem Sprichwort aus, das sich offensichtlich an einen Erzieher richtet, der seine Nachkommen selbst sozialisiert, also – im Idealfalle – an einen Vater, der seinen Sohn bei sich zu Hause erzieht; wir müssen aber auch die aus der Sanskritliteratur überlieferten Ideale der Sozialisation des Hindukindes behandeln, um ein einigermaßen vollständiges Bild gesellschaftlicher Wirklichkeit zu zeichnen. Angesichts der Tatsache, daß unsere altindischen Quellen uns wenig über die tatsächlichen Verhältnisse berichten, dürfen wir uns nicht dazu verleiten lassen, die Darstellungen aus der Sanskritliteratur ungeprüft als gesamtgesellschaftlich verbindliche Verhaltensmuster zu übernehmen.

Sozialisation können wir allgemein verstehen als „Prozeß der Einordnung des einzelnen in die Gemeinschaft",[5] aber wir müssen uns hier darüber im klaren sein, welche Vorstellungen vom einzelnen und von Gemeinschaft das hinduistische Weltbild prägen und somit entscheidende Konsequenzen für den Sozialisierungsprozeß haben können, dem ein Hindu-Individuum unterworfen ist. „Jede Gesellschaftsordnung (Kultur) sieht sich dem Problem gegenüber, die Kinder ihrer Angehörigen so aufzuziehen, daß sie dem kulturspezifischen Wunschbild der Erwachsenen mit der Zeit möglichst ähnlich werden."[6]

In diesem Zusammenhang müssen wir darauf hinweisen, daß unsere ältesten schriftlichen Quellen bis wenigstens 1200 v. Chr. zurückreichen,[7] daß wir eine enorme Vielfalt schriftlicher Quellen vorfinden,

---

[5] Der Große Duden. Fremdwörterbuch, Mannheim 1974, S. 680.
[6] P. R. Hofstätter (Hrsg.): Psychologie, Frankfurt a. M. 1957, ²1970, S. 266, s. v. Sozialisierungsprozeß.
[7] Zu Details der indischen Literaturgeschichte siehe M. Winternitz: Geschichte der Indischen Literatur, Stuttgart 1908, ²1968.

die gesellschaftliche Wirklichkeit zu beschreiben oder zu regeln scheinen, deren Aussagen sich aber oft nicht nur nicht decken, sondern sich kraß widersprechen, daß wir also zeitliche, regionale und Standesabweichungen vorfinden, die in ihrer Fülle ein so kompliziertes Bild ergeben, daß der hier vorgelegte Beitrag ständig Gefahr läuft, den Leser in unzulässiger Weise durch Verallgemeinerungen irrezuleiten oder im unübersehbaren Detailgewirr ertrinken zu lassen. Es erscheint daher zweckmäßig, mit einer allgemeinen Darstellung der gesellschaftlichen Wertung und Bewertung des Kindes im hinduistischen Indien zu beginnen und dann später zu zeigen, wie bestimmte literarische Modelle oder volkstümliche Vorstellungen wie die eingangs zitierte den Stellenwert des Kindes sehen und seine Sozialisation reflektieren oder zu beeinflussen trachten.

2. Gesellschaftliche Wertungen des Kindes bei den Hindus

Schon in den ältesten Schichten indischer Literatur finden wir zahlreiche und ausdrucksvolle Belege für die Erwartung männlicher Nachkommenschaft, während vergleichbare Äußerungen für weibliche Nachkommen nicht anzutreffen sind. Aus den vielen Beispielen vedischer Hymnen, die sich mit der Erwartung von Söhnen beschäftigen, hebe ich nur zwei heraus. In einer Hymne an *Soma* (Rgveda 1.91.20) lesen wir:

> „Soma schenkt dem, der ihm opfert, eine Milchkuh, Soma ein rasches Streitroß, Soma einen werktüchtigen Sohn, der im Haus, im Rat der Weisen, in der Versammlung tüchtig ist, der dem Vater Ruhm bringt." [8]

In Rgveda 3.1.23 finden wir in einer Hymne an *Agni:*

> „Erziel, o Agni, Segen, den vielwirkenden Lohn einer Kuh für den am häufigsten rufenden (Sänger)! Ein leiblicher Sohn, der das Geschlecht fortpflanzt, soll uns werden. Agni, diese Gnade von dir soll uns zuteil werden!" [9]

---

[8] K. F. Geldner: Der Rig-Veda aus dem Sanskrit ins Deutsche übersetzt, Bd. I, Cambridge, Mass. 1951, S. 117.
[9] Ebd. S. 335.

Während im zweiten Beispiel der Sohn primär für den Fortbestand des Geschlechts gewünscht wird, können wir dem ersten Vers die Erwartung entnehmen, daß der Sohn nicht nur die Familie am Leben erhalten soll, sondern auch zu ihrem Ruhm beitragen und diesen nach Möglichkeit mehren soll. Hier zeigen sich die vielfältigen Erwartungen an den Sohn, die auch von den persönlichen Umständen der Familie abhängen. So entnehme ich einer Übersicht der Vedaverse, in denen die Erwartung von Nachkommenschaft ausgedrückt wird,[10] daß die Vorstellungen und Erwartungen je nach dem Stand des Vaters (d. h. seinen Bedürfnissen, denen seiner Familie und den Erwartungen der Gesellschaft an beide) variieren. So wünschen sich die vedischen Seher einen *ṛṣi*, einen Meister ihrer Kunst, die waffentüchtigen Krieger dagegen mehr einen *vīra*, einen Helden, der seine Familie, und wohl auch die Gemeinschaft insgesamt, beschützt. In einer stratifizierten Gesellschaft, in der viele Tätigkeiten bestimmten sozialen Gruppen zugeordnet sind, ist dies nicht verwunderlich.

Sehr häufig sind Belege für die allgemeine Erwartung von Nachkommenschaft, wobei nicht hervorgeht, ob es sich um Söhne oder Töchter handelt. Zum Beispiel lesen wir in Ṛgveda 1.92.13:

„Uṣas, bring uns das ansehnliche (Geschenk), du an Belohnungen reiche, durch das wir Samen und Nachkommenschaft erlangen!"[11]

In diesem Zusammenhang ist es interessant zu bemerken, daß der vedische Inder augenscheinlich die Bitte um Nachkommenschaft an eine Vielzahl von Göttern richten kann, die sowohl männlich (siehe oben: *Soma* und *Agni*) als auch weiblich *(Uṣas)* sein können. Dies ist im modernen Hinduismus nicht viel anders. Dorfgottheiten, im besonderen, werden oft um Hilfe gebeten, wenn der ersehnte Nachwuchs ausbleibt oder wenn nur Töchter geboren werden.

In der klassischen Literatur der Hindus und vor allem in der oft einseitig als Rechtsliteratur verstandenen *Dharma*literatur[12] setzt sich

---

[10] Die folgenden Angaben basieren auf einer von mir erarbeiteten Zusammenstellung aller relevanten Verse, deren Details uns hier zu weit führen würden.

[11] Geldner (wie Anm. 8) S. 119.

[12] Der Begriff *dharma* schließt unseren Rechtsbegriff ein, aber geht viel weiter. Für Details verweise ich auf P. V. Kane: History of Dharmaśāstra, Bd. I, Teil 1, Poona

die Kette von Belegen für die Erwartung männlicher Nachkommen fort. Hier, allerdings, treten neben die Bitte an verschiedene Götter um den ersehnten Sohn eine ganze Reihe von Ritualen, die sich zum Teil aus der vedischen Tradition ableiten lassen, zum Teil neue Entwicklungen darstellen. So enthält das Hochzeitritual des vierten Tages *(caturthīkarma)* in einigen Texten Verse, die Sohnlosigkeit vertreiben und die Erzeugung eines Sohnes herbeiführen[13] oder die Nachkommen vor vorzeitigem Tod bewahren sollen.[14]

In den Upaniṣads finden sich Hinweise auf die Wichtigkeit rituell korreken Verhaltens, das das gewünschte Resultat bringt. So weist in Bṛhadāraṇyaka-Upaniṣad 6.4 ein Lehrer den scheidenden Schüler in die Geheimnisse ehelichen Beischlafs und die zur Erlangung bestimmter Nachkommen nötigen Rituale ein.[15] Der Einsatz von Magie wird in vielen Literaturschichten propagiert.[16]

In jener Zeit „vorwissenschaftlicher Wissenschaft"[17] geht man davon aus, daß die fruchtbare Periode der Frau unmittelbar auf die Tage der Menstruation folgt.[18] In Manusmṛti 3.48 finden wir die Regel, daß ein Ehemann sich seiner Frau an geraden Nächten im Monatszyklus nähern soll, wenn er einen Sohn wünscht.[19] Diese und spätere Literaturschichten enthalten eine ungeheure Fülle von rituellen Anweisungen zur Erzeugung männlicher Nachkommen.[20] Auch in unserer Zeit sind kinderlose Hindu-Ehepaare oder solche, die sich

---

1968, S. 1–11. *Dharma* ist ein komplexes Gefüge von Pflichten und Rechten, das sich den jeweiligen Umständen entsprechend ändert.

[13] So Śāṅkhāyana-Gṛhyasūtra 1.18.3 in einem Vers an Vāyu, den Windgott. Siehe schon Atharvaveda 3.23, das aus magischen Zaubersprüchen besteht, die die Geburt männlicher Kinder herbeiführen sollen.

[14] Pāraskara-Gṛhyasūtra in einem ähnlichen Vers an Vāyu. Zu Details dieses Rituals siehe Kane (wie Anm. 12) Bd. II, Teil 1, Poona 1974, S. 202 ff.

[15] P. Deussen: Sechzig Upanishad's des Veda, Leipzig 1921, S. 513.

[16] Ch. Chakraborty: Common Life in the Ṛgveda and Atharvaveda, Calcutta 1977, S. 180 bringt ein Beispiel aus dem Kauśikasūtra.

[17] Zu diesem auf das alte Indien angewandten Begriff siehe H. Oldenberg: Vorwissenschaftliche Wissenschaft. Die Weltanschauung der Brāhmaṇa-Texte, Göttingen 1919. Siehe auch H. v. Stietencron: Die Rolle des Vaters im Hinduismus, in: H. Tellenbach (Hrsg.): Vaterbilder in Kulturen Asiens, Afrikas und Ozeaniens, Stuttgart 1979, S. 51–72.

[18] So z. B. Pāraskara-Gṛhyasūtra 1.11.7.

[19] Die Standardübersetzung dieses Textes ist G. Bühler: The Laws of Manu, Delhi 1975; vgl. ebd. S. 84.

[20] Material zu diesem Punkt findet sich besonders bei Kane (wie Anm. 14) S. 204 ff.

einen Sohn wünschen, in der Regel bereit, vielversprechende, komplizierte Rituale auf sich zu nehmen.[21]

Im Kontext der Dharmaregeln wird es sehr deutlich ausgedrückt, daß eine Ehefrau, die nicht in der Lage ist, Söhne zu gebären bzw. am Leben zu erhalten, durch eine andere ersetzt werden kann. Der Leitvers ist hier Manusmṛti 9.81: „A barren wife may be superseded in the eighth year, she whose children (all) die in the tenth, she who bears only daughters in the eleventh, but she who is quarrelsome without delay."[22]

Polygynie erscheint seit vedischer Zeit für die Hindus erlaubt,[23] doch ist ganz deutlich, daß die nicht erfüllte Erwartung männlicher Nachkommenschaft hier die wesentliche Motivation ist.[24] Das berühmteste Beispiel eines altindischen Polygamisten ist vielleicht König *Daśaratha* aus dem Epos Rāmāyaṇa, dessen vier Frauen dann plötzlich alle auf einmal Söhne bekommen. Dies führt zu den dramatischen Entwicklungen, für die das Rāmāyaṇa bis heute berühmt ist. *Rāma*, der Held des Epos, sagt zwar später ganz deutlich, daß Polygamie nur zu Problemen führe, doch ist der klassische Ausweg eines sohnlosen Ehemannes bis in unsere Zeit hinein die Heirat einer weiteren Ehefrau gewesen.

Das moderne Hindurecht, das zwar als Grund für die Auflösung einer Ehe Impotenz eines Ehepartners anerkennt,[25] enthält jedoch keine Regel, daß eine Ehefrau, die keine *Söhne* gebiert, ersetzt werden kann.[26] Doch ist zu vermuten, daß in den vielen Scheidungsfällen, die offiziell berichtet werden, oftmals die Kinderlosigkeit der Ehe oder die Tatsache, daß nur Töchter geboren wurden, eine Auslösefunktion für die ehelichen Konflikte, die dann letztendlich zur Scheidung führen,

---

[21] Unzählige Belege könnten hier angeführt werden. Ich verweise vor allem auf M. N. Srinivas: Marriage and Family in Mysore, Bombay 1942, S. 175 f.

[22] Die Übersetzung ist Bühler (wie Anm. 19) S. 342 entnommen. Ein ähnlicher Vers findet sich im Arthaśāstra des Kauṭilya (3.2.28).

[23] Kane (wie Anm. 14) S. 550.

[24] Vgl. ebd. S. 550–554 mit Details.

[25] Sektion 12 (1)(a) des „Hindu Marriage Act", 1955 gibt diesen Grund zur Annullierung einer Ehe.

[26] Nach Shewanti v. Baburao (in: All India Reporter [Madhya Pradesh 1971] S. 168) ist Fortpflanzungsfähigkeit kein Kriterium für die Frage, ob Impotenz vorliegt. Siehe auch Kane (wie Anm. 14) S. 554.

gehabt haben.[27] Aus den berichteten Fällen ist abzulesen, daß die Kinderlosigkeit einer Ehe von den Richtern als genügend gravierender Grund angesehen wird, dem Gesuch eines klagenden Ehemannes nachzugeben.[28]

Daß unter den verschiedenen Formen von Gewohnheitsrecht, die trotz moderner Gesetzgebung aus den Jahren 1955–1956 für einen erheblichen Teil der hinduistischen Bevölkerung Indiens nach wie vor Gültigkeit haben,[29] die Unfähigkeit der Ehefrau, einen Sohn zu gebären,[30] ein wesentlicher Scheidungsgrund ist, erscheint hinreichend belegt.[31] Sozialwissenschaftler unserer Zeit versichern uns, daß die eindeutige Präferenz für Söhne intakt ist.[32]

Umgekehrt ist viel geschrieben worden über die Tötung weiblicher Nachkommen in Indien. Ein führendes, aber heute veraltetes Werk über die Gesellschaft des alten Indien[33] führt die Texte der Yajusschule als Beleg dafür an, daß „Mädchen nach ihrer Geburt öfters geradezu ausgesetzt" wurden.[34] Eine neuere Studie zur Tötung weiblicher Nachkommen in Indien bestreitet, daß diese Praxis in der Rechts- und religiösen Literatur der Hindus erwähnt wird.[35] Jedoch ist erwiesen,

---

[27] Eine detaillierte Untersuchung dieses komplexen Kausalgefüges wäre wünschenswert, ist aber meines Wissens noch nirgends versucht worden.

[28] Ein gutes Beispiel hierfür ist Vinod Chandra Dube v. Aruna Dube (in: All India Reporter [Delhi 1977] S. 24), ein Fall, in dem der Richter volles Verständnis für die Lage des sohnlosen Ehemannes zeigt und juristischen Technikalitäten nicht nachgibt.

[29] Dies wird ungern zugegeben, doch siehe die versteckte Bemerkung bei J. D. M. Derrett: The Death of a Marriage Law, New Delhi 1978, S. IX.

[30] Daß man der Ehefrau die Verantwortung für diesen Mangel zuschiebt, erhöht umgekehrt die Position der Mutter, insbesondere der Mutter von Söhnen.

[31] Siehe schon W. Crooke: Things Indian, London 1906, S. 319. Im Zusammenhang mit Bigamiefällen findet sich reiches Material bei J. D. M. Derrett: Religion, Law and the State in India, London 1968, S. 355 Anm. u. 357.

[32] Kakar (wie Anm. 1) S. 58; Ross (wie Anm. 2) S. 139, 141, 143 f. u. 171; Cormack (wie Anm. 2) S. 3; M. Balse: The Indian Female: Attitude Towards Sex, New Delhi 1976, S. 25. Bei J. D. M. Derrett: Indica Pietas, in: ders. (Hrsg.): Essays in Classical and Modern Hindu Law, Bd. IV, Leiden 1978, S. 142–172 finden wir ebd. S. 149: „The subject of begetting sons obsessed (and still obsesses) the Hindu mind to an extraordinary degree."

[33] W. Rau: Metalle und Metallgeräte im vedischen Indien, Mainz 1974, S. 5 urteilt so zu Recht über H. Zimmer: Altindisches Leben, Berlin 1879.

[34] Zimmer (wie Anm. 33) S. 319; vgl. dagegen Kane (wie Anm. 14) S. 509 f., wo dies bestritten wird.

[35] L. Panigrahi: British Social Policy and Female Infanticide in India, New Delhi 1972, S. XI.

daß in einigen Teilen Indiens im 18. und 19. Jahrhundert neugeborene Mädchen getötet wurden.[36] Nach gelegentlichen Zeitungsberichten zu urteilen kommt dies immer noch vor.

Es fehlt jedenfalls nicht an Belegen dafür, daß in Zeiten wirtschaftlicher Schwierigkeiten (wohlgemerkt ein Dauerzustand für viele indische Familien!) weibliche Kinder nicht so gut versorgt werden wie männliche Nachkommen.[37] Für die zahlreichen armen Familien Indiens mögen sich heute viele, schlecht versorgte Kinder eher als Belastung denn als Segen erweisen, doch sind solche Argumente der indischen Familienplaner bisher noch nicht an die Basis gedrungen.[38]

Man liest sehr oft, daß die Geburt einer Tochter beklagt wurde, während die Ankunft eines Sohnes große Freude auslöst,[39] oder daß die Geburt eines Sohnes bzw. einer Tochter in verschiedener Weise angezeigt wird.[40] Nach manchen Quellen wünscht der Hindu anderen eine Tochter, sich selbst einen Sohn.[41]

Wenngleich es wohl nicht falsch ist zu sagen, daß die Bevorzugung männlicher Nachkommen so alt ist wie die indische Gesellschaft,[42] erklärt der einseitig männliche Blickwinkel der altindischen Literatur nicht vollends diese so stark ausgedrückte Präferenz. Man ist sich nämlich zu gleicher Zeit sehr wohl darüber im klaren, daß nur Frauen den ersehnten Nachwuchs gebären können. In der Terminologie der dominant agrarischen Gesellschaft des alten Indien heißt dies, daß der beste Same ohne ein fruchtbares Feld, auf das er fällt oder in das er gesät werden könnte, und das den Samen ernährt und zur Frucht reifen läßt,

---

[36] Ebd. enthält viele Details. Siehe auch K. B. Pakrasi: Female Infanticide in India, Calcutta 1970, eine Spezialstudie über dies Problem bei bestimmten Rajputs in Gujarat.
[37] Kakar (wie Anm. 1) S. 57: D. G. Mandelbaum: Society in India, Bd. I, Berkeley 1972, S. 82 u. 120 (mit Belegen für unterschiedliche medizinische Versorgung); K. M. Kapadia: Marriage and Family in India, Calcutta 1972, S. 110.
[38] So G. Vensky: „Der Kindersegen wird für das ganze Land zum Alptraum", in: Kölner Stadt-Anzeiger (15. März 1984). Siehe auch Stietencron (wie Anm. 17) S. 55.
[39] Siehe dazu besonders J. J. Meyer: Sexual Life in Ancient India, Calcutta 1952, S. 6 ff.; Kane (wie Anm. 14) S. 509–511; Kakar (wie Anm. 1) S. 58 f.; Ross (wie Anm. 2) S. 143.
[40] R. B. Pandey: Hindu Saṁskāras, Delhi 1969, S. 73. Mandelbaum (wie Anm. 37) S. 120; Ross (wie Anm. 2) S. 143 f.
[41] Schon Atharvaveda 6.11.3 ist besonders deutlich. Siehe auch N. J. Shende: The Religion and Philosophy of the Atharvaveda, Poona 1952, S. 61 f.; Kakar (wie Anm. 1) S. 57 f. gibt weitere Belege.
[42] Ebd. S. 57.

verschwendet würde.[43] Töchter waren daher sehr wohl als gesamtgesellschaftlich notwendig erkannt und anerkannt, aber der einzelne
Vater war doch mehr darauf aus, einen oder mehrere Söhne zu haben.
Die Belege aus der Literatur, die die Geburt eines Sohnes preisen und
die einer Tochter beklagen, müssen daher nicht notwendigerweise als
anti-weiblich verstanden werden.[44]

Sozialwissenschaftler unserer Zeit versichern uns, daß Töchter sehr
wohl willkommen,[45] und daß Hindus generell äußerst kinderlieb
sind.[46]

In einer Gesellschaft, die anscheinend von ältesten Zeiten an, mit
wenigen Ausnahmen, patriarchalisch ausgerichtet ist und in der patrilineare, patrilokale Beziehungen die Regel sind, ist zu erwarten, daß
eine Familie in erster Linie Interesse an Söhnen haben sollte. Die
Tochter geht ja, wie schon die mythische Urbraut *Sūryā* aus R̥gveda
10.85, bei der Hochzeit aus dem Haus des Vaters und „fährt zum
Gatten heim".[47] Rituelles Weinen beim Weggang der Tochter wird
schon im vedischen Hochzeitsritual erwähnt;[48] es hat noch heute als
„tension release ritual" eine wichtige dramatische Aufgabe und ist oft
zu beobachten. Daß Eltern, besonders die Mutter, über den Verlust
der Tochter traurig sind, ist vielfach aus der Literatur belegt.[49]

Es zeigt sich also, daß die einzelne Hindufamilie sehr wohl weibliche
Nachkommen begrüßen und das weibliche Kind liebevoll und fürsorg-
lich behandeln kann, daß man sich aber gleichzeitig von vornherein

---

[43] W. Ruben: Die gesellschaftliche Entwicklung im Alten Indien, Bd. II: Die Entwicklung von Staat und Recht, Berlin (Ost) 1968, S. 97 sah dies Bild als „roh" an. Zum Feld-
Saat Bild vgl. Manusm̥ti 9.33 ff. bei Bühler (wie Anm. 19) S. 333–337; Meyer (wie
Anm. 39) ist reich an Hinweisen; Cormack (wie Anm. 2) S. 66; Die Spezialstudie von
S. A. Dange: Vedic Concept of „Field" and the Divine Fructification, Bombay 1971
konzentriert sich auf R̥gveda-Material.
[44] Siehe jedoch schon Zimmer (wie Anm. 33) S. 320: „So viel kann man behaupten, daß
jeder vedische Hausvater von der Richtigkeit des Wortes überzeugt war, daß ‚Töchter zu
haben ein Jammer sei'."
[45] Ross (wie Anm. 2) S. 144 geht sogar weiter: „A house without daughters was
considered drab and inauspicious."
[46] Ebd. S. 139 weist auf „the intense desire of Hindus for children" hin; vgl. auch S. 167;
ähnlich Meyer (wie Anm. 39) S. 8, und Cormack (wie Anm. 2) S. 8–11, 48 u. 116.
[47] Umgekehrt wird der *gharjamāī*, der Schwiegersohn, der mit der Tochter ins Haus
kommt, nicht nur in Hindī-Filmen belächelt und verspottet.
[48] Der Vers R̥gveda 10.40.10 wird im Hochzeitsritual des Atharvaveda (14.1.46)
verwendet und taucht dann später in den *Gr̥hyasūtra*-Ritualen wieder auf.
[49] Z. B. Ross (wie Anm. 2) S. 150.

darüber im klaren ist, daß eine Tochter nur Gast ist für eine Reihe von Jahren,[50] heute länger als früher.[51] Die eigene Tochter gehört letztendlich einem Fremden. Das Konzept des *parāyadhan* („Besitz für einen anderen") dominiert, meinen eigenen Befragungen in Gujarat zufolge, das Denken sowohl des jungen Mädchens selbst, als auch das ihrer engsten männlichen Verwandten. Das Ressentiment gegenüber weiblichen Nachkommmen, die Neigung, sie als Belastung zu sehen,[52] im gesamtgesellschaftlichen Rahmen betrachtet, ist daher auch dadurch erklärbar, daß die Geburt von Töchtern der individuellen Klein- bzw. Großfamilie die Verantwortung auferlegt, mehr zum Nutzen der Gemeinschaft als zu ihrem eigenen diese Nachkommen großzuziehen und adäquat auf die Rollen des Erwachsenendaseins vorzubereiten.

Eine ganz und gar sekundäre Entwicklung in der Bewertung von Töchtern zeigt sich im Zusammenhag mit der heute buchstäblich brennenden „dowry"-Diskussion[53] in Indien. Diesem neuen sozialen Problem ist auch mittels Gesetzgebung nicht beizukommen.[54] Die heutige Unsitte – signifikanterweise in den obersten Schichten am stärksten verbreitet und auf die Spitze getrieben –, einen guten (was immer das jeweils heißen mag) Bräutigam zu „kaufen", dient ganz klar mehr dem Statusstreben des Vaters und seiner Familie als der Zukunftssicherung der jungen Braut oder der Verbesserung ihrer Lebensumstände nach der Heirat. Hier scheint die offizielle Aufhebung der Kastengrenzen neue, in ihrer Schärfe unvorhergesehene Probleme geschaffen zu haben, weil der individuelle Hausvater nun mit allen verfügbaren Mitteln versucht, den Status seiner Familie zu verbessern. Wann und wie man seine Tochter weggibt und wem man sie gibt,

---

[50] Ebd.; Mandelbaum (wie Anm. 37) S. 82–84; Kakar (wie Anm. 1) S. 73.
[51] Das hat bedeutende Auswirkungen besonders auf die Mutter-Tochter-Beziehung. Siehe dazu Ross (wie Anm. 2) S. 104.
[52] Kapadia (wie Anm. 37) S. 110: „A daughter is always viewed as a liability." A. L. Basham: The Wonder that was India, London 1967, S. 161 sah „very practical reasons why girls should be unwanted".
[53] „Mitgift" wäre hier nicht das richtige Wort, weil das Problem gerade darin besteht, daß „dowry" mehr ist als die traditionelle Mitgift. Im „Dowry Prohibition Act", 1961 wird ominös von „consideration for the marriage" gesprochen.
[54] Ross (wie Anm. 2) S. 260 sieht dies Problem als „comparatively recent development"; vgl. ebd. S. 260–264 für eine materialreiche Zusammenfassung des Problems; vgl. auch Kapadia (wie Anm. 37) S. 108 u. 137. Das „Dowry Prohibition Act", 1961 ist ganz offensichtlich ein zahnloser Papiertiger.

werden in diesem Zusammenhang wichtige Überlegungen auf dem Schachbrett neuindischen Statusstrebens, das mit der traditionellen Fiktion von hinduistischer Weltabgewandtheit denkbar wenig zu tun hat. Eine neue Form von ambivalenter Haltung zur Tochter hat sich hier entwickelt: sie ist zwar ein potentieller Statusmehrer geworden, doch muß ihre Familie sich zusätzlichen Status in der Regel erkaufen. Hier liegt der Schlüssel für die heutige negative Einstellung zu Töchtern.[55]

Ein Sohn, dagegen, ist von Anfang an integraler Bestandteil der Familie. Die Erwartung von Söhnen wird schon im ältesten uns überlieferten Hochzeitsritual der Hindus mehrfach dramatisiert.[56] Es ist durchaus zutreffend, die Erzeugung von Söhnen als den eigentlichen Hauptzweck der Ehe unter den Hindus anzusehen.[57] Der Hindu erwartet von einem Sohn kontinuierliche Loyalität zu seiner Familie, im besonderen zu seinen Eltern. Daß diese Hoffnung sich nicht immer materialisiert, hängt genauso sehr von der Unberechenbarkeit von Umwelteinflüssen ab wie von der latent immer vorhandenen egoistischen Tendenz des Individuums. Aus einer Reihe von Regeln läßt sich ablesen, daß auch im alten Indien die Pflicht des Sohnes, später die Eltern zu versorgen, gelegentlich ignoriert wurde.[58] Obwohl die indischen Gerichte auch in unserer Zeit den abhängigen Familienmitgliedern Schutz gewähren und die Verpflichtung des Sohnes oder Erben zum Unterhalt solcher Familienmitglieder aufrechterhalten,[59] läßt sich ein gewisses Gefühl der Unsicherheit nicht übersehen. Dieses Gefühl der Unsicherheit seitens der Eltern könnte ihre Methoden der Sozialisation der Nachkommen beeinflussen. Alte Hindus in Großbritanien haben mir versichert, daß bei aller Verbundenheit mit ihren Söhnen die staatliche Altersversorgung ihnen das Gefühl größerer Unabhängigkeit gegenüber ihren Söhnen gibt. Wäre es zum Überleben notwendig, würden sie, natürlich, von ihren Söhnen volle Unterstüt-

---

[55] Ross (wie Anm. 2) S. 261: „The financial burden of the dowry is one of the main reasons that daughters are less welcome than sons on birth."
[56] Siehe Rgveda 10.85.25, 27, 37, 38, 41–45.
[57] Kane (wie Anm. 14) S. 428.
[58] Ebd. Bd. III, Poona 1973, S. 803 f.
[59] Ebd. S. 804 gibt Beispiele. Für detailliertes Material verweise ich auf J. D. M. Derrett: Introduction to Modern Hindu Law, London 1963, und ders.: A Critique of Modern Hindu Law, Bombay 1970, S. 52 ff.

zung erwarten, doch sie bevorzugten es, „eigenes" Einkommen zu haben. Hier zeigen sich bedeutende Folgen der Eingriffe des modernen Staates in traditionelle Familienstrukturen, über die wir, was Hindus angeht, bisher kaum etwas wissen.[60] Für den Hindu vergangener Zeiten und für den traditionellen Hindu ist ein Sohn mehr als der Fortsetzer und Garant der Familientraditionen und der Ernährer seiner Erzeuger im Alter. Die überaus starke Beziehung zwischen dem Hinduvater und seinem Sohn ist bereits in treffender Weise in einer zugänglichen Publikation dargestellt, und wir brauchen hier nicht im Detail auf sie einzugehen.[61] Diese Beziehung manifestiert sich, auch heute noch, als „eine die Todesschwelle überschreitende Bindung und gegenseitige Verpflichtung".[62] Dies hat, wie wir sehen werden, erhebliche Auswirkungen auf die Vater-Sohn-Beziehung.

Im gesamtgesellschaftlichen und kosmologischen Rahmen wird das Konzept der Schulden (*ṛṇa*), die ein männlicher Hindu abzutragen hat, wichtig. In der Lebensstufe des Haushalters (*gṛhasthāśrama*) soll der Hindu nicht nur zum Fortbestand seiner unmittelbaren Familie beitragen, sondern auch zur Erhaltung des Makrokosmos. Die Erzeugung von Söhnen wird hier zur Pflicht (Manusmṛti 2.28). Den Dharmatexten zufolge rächt sich die Nichterfüllung dieser Erwartung spätestens im Alter, weil Sohnlosigkeit den alternden Hindu am Eintritt ins nächste Lebensstadium hindert (Manusmṛti 6.35-37), in dem der Großvater sich von den Dingen dieser Welt lossagt (Manusmṛti 4.257). Auch der Versuch einer Etymologie für *putra* („Sohn") als *put-tra* („Erretter aus der Hölle") (Manusmṛti 9.138) deutet an, wie wichtig verschiedenen religiösen Strömungen innerhalb des Hinduismus der Sohn war.

Während analog zum altrömischen Modell der *patria potestas* der vedische Vater in ältester Zeit wohl absolute Gewalt über Leben und Tod seiner Nachkommen besaß,[63] hat sich das spätere hinduistische Konzept der Vater-Sohn-Beziehung in entscheidender Weise verän-

---

[60] Ich verweise hier schon auf das Beispiel des dreijährigen Mädchens, dessen Kindergeld ihr als eigenes Einkommen angerechnet wird.
[61] Siehe Stietencron (wie Anm. 17) S. 51–72.
[62] Ebd. S. 52.
[63] Ebd. S. 62 führt Belege für diese Darstellung an.

dert. Insbesondere haben wohl die hinduistische Wiedergeburtslehre und die striktere Stratifizierung der Gesellschaft zu entscheidenden Wandlungen in der Familienstruktur[64] und im Familienrecht geführt, die sich dann auch in einer Form des Erbrechts niederschlagen, die hier besonders wichtig erscheint. Nach dem *Mitākṣarā*-System, das in ganz Indien außer Bengalen und Assam als das beherrschende Modell für die Hindu *joint family* angesehen wird,[65] wird der neugeborene Sohn unverzüglich (nach manchen sogar seit seiner Zeugung) zum Teilhaber des Familienbesitzes. Dies mag entscheidende Auswirkungen auf die Sozialisation des kleinen Knaben haben, doch sind mir Untersuchungen zu diesem Punkt nicht bekannt.

Seine Position als *coparcener,* so der englische Terminus für den Teilhaber, ist dem kleinen Jungen natürlich nicht bewußt, wohl aber seiner unmittelbaren Umgebung, also den Menschen, die seine Sozialisation am entscheidendsten zu beeinflussen vermögen.

Die Vollgültigkeit der Mitgliedschaft des Neugeborenen in der Hindu *coparcenary,* der Gemeinschaft jener männlichen Verwandten mit Besitzansprüchen an das Gut der Familie, wird nur dadurch eingeschränkt, daß nach den Rechtsnormen der *joint family*, die ja sowohl eine kleine Nuklearfamilie als auch ein kopfstarker Großverband sein kann, jeweils nur ein männliches Familienmitglied die Rolle des Managers *(kartā)* übernimmt. Der Manager ist, letztendlich, verantwortlich für Transaktionen aller Art, die den Familienbesitz und, mit gewissen Einschränkungen, die finanzielle Position der Mitglieder betreffen, und er vertritt und repräsentiert die Familie nach außen hin. Er ist jedoch kein Patriarch, der diktatorisch über das Schicksal der Familie bestimmen kann. Wesentliche Entscheidungen kann er meist nicht ohne die Zustimmung anderer männlicher Familienmitglieder fällen.[66]

---

[64] Siehe besonders ebd. S. 56.

[65] Mittlerweile sind wir so weit, daß in Kerala diese Institution offiziell abgeschafft ist. Über die Folgen des „Kerala Joint Hindu Family System (Abolition) Act", 1975 ist bisher wenig bekannt, doch wurde mir in Kerala bestätigt, daß das System in vielen Familien weiterhin besteht.

[66] Für Details zur Hindu joint family verweise ich auf G.-D. Sontheimer: The Joint Hindu Family. Its Evolution as a Legal Institution, New Delhi 1977, und die Standardwerke Derretts (wie Anm. 59); Ross (wie Anm. 2) S. 3–32 ist äußerst materialreich.

Der kleine Hinduknabe, der theoretisch den gleichen Anteil am Familienbesitz hat wie sein Vater und seine älteren Brüder, mag *de facto* nicht zu solchen Entscheidungsprozessen beitragen, doch wird die Erwägung seines Wohls stets ein wichtiger Gesichtspunkt sein, weil von ihm, letztendlich, das Geschick der älteren Generation abhängt.

Während also die Älteren in der Familie zunächst die Geschicke des jungen Hindu lenken, und ihn so in einer Position permanenter Abhängigkeit und Unmündigkeit halten, die dem westlichen Beobachter so deutlich erscheint,[67] wird doch erwartet, daß der junge Hindu sich allmählich auf eine Position größerer Verantwortung vorbereitet. Niemand kann letztendlich die Zukunft der Familie voraussagen (wenngleich Astrologen und Wahrsager aller Art dies natürlich ständig versuchen), und man wird nicht völlig die Möglichkeit außer acht lassen, daß der Familiennachwuchs unter Umständen relativ plötzlich imstande sein muß, die Geschicke der Familie zu lenken. Dies gilt übrigens genauso für Mädchen wie für Jungen.[68] Ob der junge Hindu nun allmählich in eine Position der Seniorität innerhalb der Familie hineinwächst, oder ob ihm diese plötzlich zufällt, er wird in der Regel zunächst einmal viele Jahre in einer mehr oder minder abhängigen Position verbringen. Im Falle jüngerer Brüder, die im Familienverband bleiben, ist es nur allzu normal, daß sie nie in eine Position aufrücken, in der sie selbst in die Lage kämen, Entscheidungen für die Familie als Ganzes zu fällen und für die mittlerweile geborenen Jüngeren Verantwortung zu tragen.

Die Erziehung des jungen Hindu, seine „Einordnung in die Gemeinschaft",[69] muß ihn daher auf zwei Szenarien vorbereiten: entweder eines Tages tatkräftig die Geschicke der Familie lenken zu müssen

---

[67] Kakar (wie Anm. 1) S. 86 kritisiert völlig zu Recht die negative Bewertung des Gefühls der Abhängigkeit von anderen in der Großfamilie durch westliche und einige indische Sozialwissenschaftler, weil diese „Unabhängigkeit" absolut als positiven Wert setzen; Ross (wie Anm. 2) ist vorsichtig formuliert und zeugt von tiefem Verständnis des Problems. Derrett (wie Anm. 29) S. 102–108, besonders S. 106, argumentiert, bezogen auf die Bindung zwischen Ehemann und Ehefrau in der Großfamilie, daß zu enge nukleare Achsen für den Großverband nur Probleme schaffen.

[68] Ross (wie Anm. 2) S. 101 f. gibt das Beispiel einer Kindsbraut, die von Anfang an die älteste Frau im Haushalt ihres Mannes war. In Katastrophenzeiten war dies sicher kein Einzelfall.

[69] Vgl. Anm. 5.

oder zeitlebens unter der Autorität anderer Männer zu leben und sich immer wieder einzuordnen in Verhältnisse, in denen nicht so sehr die Bedürfnisse und individuellen Gefühle des einzelnen den Ausschlag geben, sondern das Wohl der Familie, das gelegentlich das Opfer privaten Glücks verlangen mag. Ein wesentliches Ziel hinduistischer Sozialisation könnte daher neben der Vorbereitung auf zukünftige Aufgaben die Herausbildung einer beträchtlichen Frustrationstoleranz sein. Wir müssen jedoch vorsichtig mit dem Argument umgehen, daß das Individuum für den Hindu gar nicht zählt und daß ausschließlich die Belange der Gemeinschaft in den Vordergrund gestellt werden: im Idealfall, und im Hinblick auf die makrokosmische Komponente hinduistischer Existenz, sind die Interessen des Individuums und der es einschließenden sozialen Gruppen komplementär, wenn nicht identisch. Westliches, individualistisch bestimmtes Denken hat wenig Platz im hinduistischen Weltbild, das den einzelnen in sichtbarer und unsichtbarer Weise mit der Gesellschaft und letztendlich mit dem Kosmos verbindet.

In jüngerer Zeit ist viel geschrieben worden über die neue Rollenverteilung in der Nuklearfamilie, die in Indien aufgrund einer Reihe von Faktoren stärker in den Vordergrund tritt.[70] Dies kann schwerlich ohne Auswirkungen auf die Sozialisation der Nachkommen bleiben: Ohne die ständigen Eingriffe (im positiven wie im negativen Sinne) der Großfamilie in die nuklearfamiliären Eltern-Kind-Beziehungen mögen sich ganz andere Sozialisationsprozesse entwickeln als im traditionellen Großverband.

Im besonderen ist durch die weitgehende Aufhebung der Kastengebundenheit bestimmter Tätigkeiten soziale Mobilität heute zu einem bedeutenden Faktor hinduistischer Existenz geworden. Da Erziehung und schulische Ausbildung vom frühest möglichen Alter an nun, viel mehr als in der Vergangenheit, den Ausschlag geben können für Status und wirtschaftliche Position einer Familie in der nächsten Generation, entwickeln sich hier im besonderen neue Erwartungen an das Kind.[71] Es scheint, daß das Schwergewicht der Erwartungen sich verschoben

---

[70] Über die beträchtliche Verwirrung unter Sozialwissenschaftlern betreffs dieser Konzepte siehe das Vorwort von M. N. Srinivas in A. M. Shah: The Household Dimension of the Family in India, New Delhi 1973, S. VII–XI.
[71] Siehe dazu Ross (wie Anm. 2) S. 208–234.

hat: Im Mittelpunkt steht nun nicht mehr die Bewahrung von Kontinuität, eines traditionellen, der Familie eigenen Wertemusters,[72] sondern der Erwerb neuer Fertigkeiten sozialer oder technischer Art, die entweder sozialen Aufstieg zu ermöglichen versprechen oder die Furcht vor sozialem Abstieg lindern. Die im heutigen Indien und auch in Großbritannien und anderswo beobachtbare weitgehende Aufgabe vieler traditioneller kulturbildender Elemente und die einseitige Bevorzugung westlicher Denk- und Handlungsmodelle, von Sprache ganz zu schweigen,[73] verspricht ökonomische oder in anderer Art statusbeladene Belohnungen für das erfolgreiche Kind und seine Eltern, kann diese jedoch in der Regel nicht garantieren. Die aus dieser Konstellation folgende gesteigerte Unsicherheit und die meist ins Unrealistische hochgeschrobenen Erwartungen der Eltern an ihre Sprößlinge und das neue System setzen erstere vor allem unter Erfolgszwang und beeinflussen die gesamte Palette der Sozialisationsmuster. So erwartet man jetzt oft von jungen Mädchen, daß sie nicht nur einen höheren Schulabschluß anstreben, sondern sich auch aktiv am Erwerbsleben beteiligen.[74] Dies hat sich zusätzlich als eine Form der Zukunftssicherung für die junge Frau erwiesen, da Heirat unter Hindus nach den modernen rechtlichen Verhältnissen dem weiblichen Partner nicht mehr die gewohnte Sicherheit und Geborgenheit geben kann.[75]

Wie der traditionelle Vedaschüler vor einigen tausend Jahren, zu dem wir noch kommen werden, sieht sich der moderne junge Hindu heute einem rigorosen System der Ausbildung ausgesetzt, das von früher Kindheit an, und heute noch früher,[76] keinen Platz läßt fürs

---

[72] So auch ebd. S. 218f.

[73] In Großbritannien ist dies in jüngster Zeit als Problem erkannt worden, weil viele „Asiaten" im Englischen wie in ihrer jeweiligen Muttersprache zu Analphabeten geworden sind. Nur für Indiens Oberschicht gilt die Bemerkung bei Ross (wie Anm. 2) S. 213 über die Rolle der englischen Sprache in Indien.

[74] Ebd. S. 227 führt an, daß der Zwang auf Töchter in Nuklearfamilien größer ist als in Großfamilien.

[75] Zu diesem Problemkreis siehe besonders Derrett (wie Anm. 29). Ein Gerichtsfall, der die Unsicherheit der modernen Hindu-Ehefrau besonders deutlich macht, ist Shanti Nigam v. Ramesh Chandra Nigam (in: Allahabad Law Journal [1971] S. 67).

[76] Ich habe vor kurzem in mehreren Städten Indiens festgestellt, daß schon Dreijährige in englischsprachige Schulen gezwungen werden, weil die Eltern sich Sorgen machen, daß ihre Sprößlinge „den Anschluß verlieren".

Kindsein. Die eben aufgezeigte Entwicklung gilt, wie unter vedischen Verhältnissen wohl auch, nur für die Ober- und Mittelschichten. Da diese aber im heutigen Indien zahlenmäßig stark anwachsen, finden wir hier bedeutende neue Verhaltensmuster, die wir nicht ignorieren dürfen. Für den Hindu unserer Tage, der, von wenigen Ausnahmen abgesehen, nach wie vor nicht auf staatliche Altersversorgung zählen kann, sind Kinder immer noch ein wesentliches Element der Existenzsicherung im Alter. Die optimale Sozialisation der Nachkommen im Hinblick auf Statusgewinn und ökonomischen Fortschritt scheint heute materiellen Überlegungen einen überragenden Wert zu geben, während traditionelle ideelle Wertvorstellung zwar nicht offen abgelehnt werden, aber doch als sekundär, irrelevant, oder gar hinderlich (im Falle vieler Eltern, die ihre Kinder absichtlich nur in Englisch ausbilden lassen) gelten. Wenn wir im folgenden die Sozialisation von jungen Hindus betrachten, dürfen wir solche Wandlungen in Raum und Zeit bei allem Respekt vor der Realität hinduistischer *cultural continuity* nicht übersehen.

3. Formen der Sozialisation des Kindes bei den Hindus

Einer vereinfachenden Darstellung der Sozialisation des Kindes bei den Hindus sind nicht nur vielerlei Grenzen gesetzt, weil wir es mit einem riesigen Kulturraum zu tun haben und eine Zeitspanne von mehr als 3000 Jahren abdecken. Wir haben gesehen, daß ‚Hinduismus' keine monolithisch dogmatische Religion ist, sondern eine Vielzahl von regional und schichtenspezifisch ausgeprägten *ways of life* umfaßt, in denen Religion integraler Bestandteil eines allumfassenden Ganzen ist. Daher können wir im hier gegebenen Rahmen nur bestimmte modellhafte Sozialisationspraktiken darstellen; ihre Manifestationen in der Komplexität gesellschaftlicher Wirklichkeit, die tatsächlich abgelaufenen und ablaufenden Sozialisationsprozesse können wir niemals vollständig erfassen. Dieser Abschnitt soll daher die wesentlich erscheinenden Sozialisationsmodelle herausgreifen und in Beziehung setzen zu dem, was hier bisher über den gesamtgesellschaftlichen und kosmologischen Kontext hinduistischer Kindheit gesagt wurde.

Wir haben schon deutlich gesehen, daß erhebliche Unterschiede in der Sozialisation männlicher und weiblicher Kinder bestehen, weil letztere, aus dem Blickwinkel der Familie, nur eine Gastrolle spielen und vorbereitet werden müssen auf die möglichst harmonische Einpassung in eine, je nach Verhältnissen, mehr oder weniger anders geartete soziale Gruppe.

Ganz anders die Sozialisation des Sohnes: Im Kontext der Vater-Sohn-Beziehung ist dies bereits deutlich, wenngleich für unsere Darstellung zu einseitig auf rituelle Überlegungen bezogen, dargestellt worden: „Für den Vater aber erweist sich die Sorge um den Sohn, die Fürsorge für ihn und die Vorsorge für die Sicherheit der Kinder und Kindeskinder als eine Frage des Selbstschutzes, der Sicherung seines eigenen Fortlebens nach dem Tode: Nur die Söhne und alle direkten männlichen Nachkommen sind Garanten der eigenen Unsterblichkeit." [77]

Die religiösen Schriften der Hindus, weitestgehend eine Männerliteratur, behandeln denn auch kaum die Frage der Sozialisation weiblicher Nachkommen.

In den Arbeitsteilungsmodellen der Dharmalehre, die *strīdharma*, den Kreis der Pflichten und Rechte der Frauen, oft gesondert, aber nie im Detail behandeln,[78] zeigt sich ganz deutlich die Primärfunktion weiblicher Nachkommen als Gebärerin der nächsten Generation. Doch benötigt die Erfüllung dieser oft nicht ausgesprochenen, aber alles überschattenden Erwartung kein Training: Ob das kleine Mädchen später gebären wird oder nicht, hängt von physiologischen und biochemischen Prozessen und Fakten ab, nicht von Erziehung im weitesten Sinne. Die Fähigkeit zum Gebären ist weder erlernbar noch durch Sozialisationsprozesse direkt beeinflußbar. Der Mann dagegen, besonders in einer Kultur, in der bestimmten Ritualen fruchtbarkeitsfördernde Wirkung beigemessen wird und in der diese Rituale eine Domäne männlicher Priester geworden sind, braucht Ausbildung,

---

[77] Stietencron (wie Anm. 17) S. 55.
[78] Der einzige Sanskrittext über *strīdharma* speziell stammt aus dem frühen 18. Jh.; vgl. I. J. Leslie: The Religious Role of Women in Ancient India: a Discussion of the Strīdharmapaddhati of Tryambakayajvan, (D. Phil. Thesis, unpublished) Oxford 1983. Es ist bezeichnend, daß der Pflichtenkreis Schwangerschaft-Geburt-Aufzucht der Kinder in diesem Text nur andeutungsweise behandelt wird; offensichtlich sind diese weiblichen Tätigkeitsfelder als normal/allgemein verbindlich vorausgesetzt.

benötigt die erforderlichen Detailkenntnisse, um solche Prozesse gegebenenfalls beeinflussen zu können.[79] Dies ist natürlich nur ein, ritueller, Aspekt männlicher Sozialisation.

Die religiösen Schriften der Hindus liefern uns Modelle, die in der Erwartung gesellschaftlicher und ökonomischer Stabilität den jungen männlichen Hindu systematisch auf die Gesamtheit aller ihn erwartenden Rollen in seinem späteren Leben vorbereiten sollen.[80] Angesichts der komplizierten Stratifizierung der hinduistischen Gesellschaft zeigen sich hier schichtenspezifische Ausdifferenzierungen. So sind, *a priori*, alle Angehörigen des niedrigsten *varṇa*, die gesamte volkreiche *Śūdra*-Kaste, weitgehend[81] von den Ritualen der Hochliteratur, und vor allem von den Sozialisationsmodellen, die für den Knaben in der Lebensstufe des Schülers *(brahmacarya)* gelten, ausgeschlossen. Ähnliches gilt, obwohl wiederum aus der frühesten Literatur noch nicht nachweisbar, auch für Mädchen, unabhängig von ihrem *varṇa*-Status. So geht aus Manusmṛti 2.66 und Āśvalāyana-Gṛhyasūtra 1.15.10, 1.16.6 und 1.17.19[82] hervor, daß bestimte Rituale vor dem *upanayana*, der rituellen Initiation des Schülers, für Mädchen der drei oberen *varṇas* zwar vollzogen werden sollen, aber ohne die rituellen *mantras*, also deutlich in inferiorer Weise.[83] Für Mädchen wird als dem männlichen Initiationsritual entsprechend in Manusmṛti 2.67 und anderswo das Hochzeitsritual propagiert.[84]

Ausgehend von diesen Grundüberlegungen beginnen wir nun mit der Darstellung der wichtigsten Sozialisationsmodelle der Hindus von der Geburt bis zum Übergang ins Jugendlichen- bzw. Erwachsenendasein.

Doch müssen wir zunächst noch weiter zurückgehen. Schon vor und besonders während der Schwangerschaft werden bestimmte Rituale vollzogen, die nicht nur oft den Zweck haben, die Geburt eines

---

[79] Vgl. Anm. 15.

[80] Hierzu besonders deutlich P. H. Prabhu: Hindu Social Organization, Bombay 1940, ²1961, S. 101–144.

[81] Diese Einschränkung muß gemacht werden, weil z. B. die Texte zu den Hochzeitsritualen sehr wohl davon ausgehen, daß auch *śūdras* mittels bestimmter Rituale heiraten.

[82] Der benutzte Text ist H. Oldenberg: The Gṛihya-Sūtras, Teil I, Delhi 1973, S. 183–186.

[83] Siehe auch Kapadia (wie Anm. 37) S. 141.

[84] Ebd.; Bühler (wie Anm. 19) S. 42 hat weitere Stellenbelege.

männlichen Kindes herbeizuführen (so eindeutig das *puṃsavana-*
Ritual)[85] und, im rituell-medizinischen Sinne, die Schwangere vor
Gefahren zu schützen und ihr physisches und psychisches Wohlbefinden sicherzustellen,[86] sondern auch die soziale Gruppe, in die das Kind
hineingeboren werden wird, auf sein Kommen vorzubereiten. Diese
Rituale scheinen sich zwar auf die Erwartung männlicher Nachkommen zu konzentrieren, können aber angesichts des noch nicht be-
stimmbaren Geschlechts des Kindes keine geschlechtsspezifischen
Varianten aufweisen.

Sowie das Kind geboren ist, jedoch, wird der kleine Knabe anders als
das kleine Mädchen behandelt. Dies beginnt wohl schon mit der
Reaktion auf die Geburt selbst.[87]

Geburtsrituale *(jātakarma)* sind uns aus dem Atharvaveda und dann
vor allem aus den Gṛhyasūtras überliefert.[88] Spätere, mittelalterliche
Handbücher enthalten viele detailliertere rituelle Vorschriften, die in
deutlicher Weise die Überritualisierung des spätmittelalterlichen Hinduismus zeigen.

Den altindischen Quellen zufolge wird der Vater von der Geburt
eines Sohnes sofort benachrichtigt und geht zu ihm, um sein Gesicht
zu sehen. Das *jātakarma*-Ritual sollte wohl ursprünglich vor dem
Durchschneiden der Nabelschnur stattfinden,[89] doch hat das allmähliche Überwiegen der Ansicht, daß Geburt rituelle Unreinheit mit sich
bringe, wohl dazu geführt, daß das *jātakarma* dann erst nach zehn bis
zwölf Tagen durchgeführt wurde.[90] Eine noch striktere Segregation
des Neugeborenen und seiner Mutter ist mir aus Gujarāt und Mahārā-
ṣṭra bekannt, wo in bestimmen Kastengruppen *savā mahīne*, also etwa
vierzig Tage, als die Norm gelten.[91] Hier zeigt sich deutlich, daß die
rituellen Vorschriften aus den älteren Literaturschichten in vielfältiger
Weise durch regionale und schichtenspezifische Modifizierungen wei-

---

[85] Cormack (wie Anm. 2) S. 3; K. Deshpande: The Child in Ancient India, Poona 1936
(eine Prager Dissertation von 1931), S. 28–43.
[86] Zu Details der pränatalen *Saṃskāras* siehe Pandey (wie Anm. 40) S. 48–69.
[87] Ebd. S. 73; vgl. Anm. 39–40.
[88] Pandey (wie Anm. 40) S. 70–77; Deshpande (wie Anm. 85) S. 60–99.
[89] Ebd. S. 60f.; Pandey (wie Anm. 40) S. 73; Manusmṛti 2.29.
[90] Nach mir zugänglichen Informationen entlassen indische Kliniken die junge Mutter
meist erst nach Ablauf dieser Frist.
[91] Cormack (wie Anm. 2) S. 6 bestätigt diese Regel mit Beispielen.

terentwickelt wurden und, für unser Thema von weitreichender Bedeutung, daß rituelle Vorschriften die emotionalen Bindungen der Familienmitglieder so weit kontrollieren, daß der einzelne Hindu in bestimmten Situationen strikte Selbstkontrolle üben muß. Die suggerierte Unreinheit des Neugeborenen verhindert hier den spontanen Ausdruck von Bindungen, macht aber gleichzeitig in dramatischer Weise klar, daß das Neugeborene Teil eines weiteren Kreises ist als nur der unmittelbaren Familie. Hier zeigt sich die enorme Stärke hinduistischer ritueller Vorschriften als Kontrollinstanz für zwischenmenschliche Beziehungen.

Der Zweck des *jātakarma*-Rituals ist die Ausstattung des Babys mit einer Reihe guter Eigenschaften (Intelligenz, langes Leben, Stärke) und es macht daher durchaus Sinn, diese Rituale so bald wie möglich nach der Geburt zu vollziehen. Wir erfahren wenig über die Öffentlichkeit dieses Rituals, doch ist die Regel, daß man eine Anzahl von Brahmanen speisen soll, ein Hinweis darauf, daß es nicht um eine nur die Familie betreffende rituelle Handlung geht. Heutzutage ist dies oft ein Fest, zu dem Verwandte, Freunde und Nachbarn eingeladen werden, und das *niṣkarmaṇa*-Ritual[92] scheint hier inkorporiert, so daß wir hier von einer Gruppe von Ritualen sprechen können, die die „soziale Geburt" des Kindes ausdrücken und, nach der Periode der Unreinheit, das Kind und seine Mutter rituell in die Familie integrieren.

Andere Rituale wie die Namensgebung,[93] das erste Füttern mit fester Nahrung,[94] und das Haareschneiden[95] erscheinen hier nicht besonders wichtig. Letzteres soll im ersten oder dritten Jahr stattfinden (Manusmṛti 2.35), doch zeigen sich hier wieder die Konkurrenz von Hochreligion und Volksreligion und der Einfluß magisch-ritueller Vorstellungen: wenn man das Haar des Neugeborenen als rituell unrein ansieht, sollte man es so bald wie möglich beseitigen (wie dies z. B. die indischen Muslime tun). Es scheint sich die Praxis durchge-

---

[92] Für Details verweise ich auf Pandey (wie Anm. 40) S. 86–89. Es handelt sich um den ersten Kontakt des Babys mit der „großen weiten Welt", wobei das Zeigen der Sonne wichtig ist.
[93] Ebd. S. 78–85.
[94] Ebd. S. 90–93.
[95] Ebd. S. 94–101.

setzt zu haben, das Haar zwar gelegentlich zu kürzen,[96] das Ritual der Tonsur (*cūḍākarma* oder *cūḍākaraṇa*) jedoch erst zwischen dem ersten und dritten Lebensjahr durchzuführen. Offensichtlich ist dies, aus brahmanischer Sicht, die geeignete Zeit, dem jungen Kind zum erstenmal die der Familie eigene Form der Haartracht zu geben.[97] Heute ist zu beobachten, daß fast alle Hindukinder bei diesem Ritual völlig kahlgeschoren werden. Es ist schon erwähnt worden, daß alle diese Rituale auch für Mädchen, aber ohne die rituellen *mantras*, ausgeführt werden sollen.

Einmal in den Kreis der Familie aufgenommen, wird das Baby anscheinend nach Herzenslust verwöhnt. Darauf wies uns schon das eingangs zitierte Sprichwort hin, das diesen paradiesischen Zustand bis etwa zum sechsten Lebensjahr andauern sieht.

Da die meisten Hindus ihre Kindheit im Schoß der Großfamilie verbringen,[98] hat das Kleinkind von Anfang an eine Reihe potentieller Sozialisationsagenten um sich. Doch hat die Mutter wohl in der Regel den engsten Kontakt mit dem Kleinkind,[99] nicht zuletzt weil sie es füttern muß und es daher überall mit hin nimmt.[100] Der Vater beschäftigt sich oft mit Kleinkindern, doch scheint dies von Familienumständen und individuellen Faktoren abzuhängen.[101] In der Nuklearfamilie ist der Anspruch an die Mutter noch größer.[102]

Weil in der Großfamilie immer jemand für das Kleinkind da ist, ist eine Tendenz, das Kind nie alleine zu lassen, als eines der wesentlichen frühkindlichen Sozialisationsmerkmale belegt. Ebenso ist die Neigung zur sofortigen Bedürfnisdeckung betont worden z. B. Füttern nicht nach Zeitplan, sondern nach Bedarf; die sofortige Zuwendung, wenn ein Kind weint, schreit oder anderswie Aufmerksamkeit sucht.[103] Dies gibt Kleinkindern einen hohen Grad an psychologischer Sicherheit,[104]

---

[96] Dies entnehme ich eigener Beobachtung, doch ebd. S. 96 wird auch darauf verwiesen.

[97] Zu Details siehe ebd. S. 98–101.

[98] Kakar (wie Anm. 1) S. 113–115.

[99] Ders. stellt dies besonders heraus, vgl. S. 11 f., 51, 52 ff., 83, 88, 104 u. 128; Ross (wie Anm. 2) S. 58 u. 140.

[100] Cormack (wie Anm. 2) S. 11 f.

[101] Ders. S. 8 gibt mehrere Beispiele; Mandelbaum (wie Anm. 37) S. 60.

[102] Ross (wie Anm. 2) S. 88.

[103] Cormack (wie Anm. 2) S. 11–15 gibt mehrere Beispiele.

[104] Ebd. S. 15.

doch kann diese Konstellation für ein unabhängiges, individualistisches Kind mancherlei Frustrationen mit sich bringen.[105] Daß es dann im späteren Leben für einen Hindu äußerst schwierig sein mag, alleine zu leben, kann man sich gut vorstellen.

Die immer wieder beobachtete und auch mir vertraute behutsame Einfügung des einzelnen Kindes in seine engere und weitere Umgebung erscheint als das hervorragendste Kennzeichen der Sozialisation des kleinen Kindes. Cormacks Darstellung betont, daß natürliche Prozesse wie Reinlichkeitstraining und die Gewöhnung an feste Nahrung als Teil der allgemeinen Entwicklung des Kindes gesehen werden und daher Zeit brauchen:[106] man ist geduldig mit kleinen Kindern, auch wenn „Unfälle" passieren. Hier zeigt sich auch eine geringere Ausprägung materialistischen Denkens: das Kind ist wichtiger und wird in seiner Unvollkommenheit akzeptiert. So versucht man denn auch ständig, das Kind vor Gefahren zu beschützen, und übt Kontrolle durch Ermahnungen, notfalls auch durch Schimpfen aus.[107] Zuwendungsentzug ist eine weitere Möglichkeit der Bestrafung, besonders durch die Mutter.[108] Auf diese Weise lernt das Kind allmählich richtiges Verhalten in bestimmten Situationen und verinnerlicht die für die Familie geltenden Normen gesellschaftlichen Umgangs.

Sehr deutlich ist die Abneigung der Hindus gegenüber körperlicher Züchtigung für Kleinkinder.[109] Doch heißt dies nicht, wie aus oben Gesagtem deutlich wird, daß dem kleinen Kind totale Freiheit gegeben wird. Der Eindruck, daß Kleinkinder im alten Indien die verwöhnten Lieblinge ihrer Eltern waren,[110] bedarf also wohl mannigfacher Relativierung.[111] Auch im modernen Indien ist das totale Verwöhnen von Kindern keine weithin akzeptierte Idealvorstellung.

---

[105] Ross (wie Anm. 2) S. 17 betont dies; siehe auch Derrett (wie Anm. 31) S. 60 f..
[106] Kakar (wie Anm. 1) S. 103 f.; Cormack (wie Anm. 2) S. 12.
[107] Ebd. S. 13; Mandelbaum (wie Anm. 37) S. 120.
[108] Vor allem Kakar (wie Anm. 1) S. 88 weist darauf hin.
[109] Siehe das Sprichwort am Anfang dieses Beitrages; Cormack (wie Anm. 2) S. 14; Ross (wie Anm. 2) S. 125.
[110] Basham (wie Anm. 52) S. 162.
[111] Es ist bezeichnend, daß solche Glorifizierungen des alten Indien dann in modernen Publikationen als Beleg für vergangene „goldene Zeiten" angeführt werden, womit gleichzeitig heutigen indischen Eltern unterstellt wird, daß sie ihre Kinder nicht adäquat versorgen. Eine relativ neue Publikation aus Indien, die sich mit unserem Thema zu beschäftigen scheint, ist nichts weiter als eine wortreiche Aufsatzsammlung, deren Ziel

Eine durch Eingriffe des modernen Wohlfahrtsstaates begünstigte
Variante der Toleranz frühkindlichen Eigensinns ist mir kürzlich von
einem jungen Hindu in England berichtet worden. Seine dreijährige
Tochter verlangte Süßigkeiten, die der Vater ihr nicht geben wollte.
Der Großvater jedoch schaltete sich ein und erklärte, daß die junge
Dame, weil sie ihr eigenes Einkommen in Form von Kindergeld
erhalte, auch Anspruch auf die verlangten Süßigkeiten habe.

Aus der Warte des Psychologen erklärt uns Kakar, warum Behutsamkeit und Nachsichtigkeit so hervorstechende Merkmale frühkindlicher hinduistischer Sozialisation sind. Hindus sehen das Neugeborene nicht als *tabula rasa* an, sondern als ausgestattet mit einer jeweils
spezifischen Mischung von fundamentalen Qualitäten (*guṇa*),[112] so
daß, letztendlich, der Sozialisation des Kindes bestimmte Grenzen
gesetzt sind.[113]

Diese Erkenntnis ist einer weiteren hinduistischen Öffentlichkeit
wohl auf religiös-mythologische Weise nähergebracht worden durch
die Gestalt des für seine Bubenstreiche berühmten Kindgottes *Kṛṣṇa*,
der fast allen Hindus vertraut ist.[114] Eine Hindumutter wird nicht
ungern sich selbst als *Yaśodā* und ihren unbändigen kleinen Jungen als
Kṛṣṇa sehen und wird sich über seine Streiche eher freuen als ihn
zurechtzuweisen.

Wie wir immer wieder lesen,[115] bringt die Geburt eines Sohnes, vor
allem anderen, einer Hindumutter Statusgewinn in jeglicher Beziehung: gegenüber ihrem Mann, seiner Familie und vor allem gegenüber

es wohl auch ist, eine Lobby für Sozialarbeiter zu bilden und administrative Veränderungen im indischen „welfare state", der ja nur in Ansätzen und auf dem Papier existiert,
zu fordern. Dies soll angeblich armen Kindern zugute kommen, würde aber doch wohl
nur den Verwaltungsapparat weiter aufblähen. Die Autoren sind meist ehrlich und
realistisch genug einzugestehen, daß die Lage angesichts ständig wachsender Kinderzah-
len katastrophal ist und bleiben wird: S. D. Gokhale und N. K. Sohoni (Hrsg.): Child
in India, Bombay 1979 ist lesenswert als Warnung für das, was auf Indiens Kinder vor
allem in den nächsten Jahrzehnten zukommt. R. J. Pandey: Child Socialization in
Modernization, Bombay 1980, und D. Sinha: Socialization of the Indian Child, Delhi
1981 waren mir nicht zugänglich.
112 Kakar (wie Anm. 1) S. 47.
113 Ebd. S. 49 u. 81f.
114 Vgl. dazu ebd. S. 140–153; M. Singer (Hrsg.): Krishna: Myths, Rites and Attitudes,
Chicago 1966.
115 Z. B. Ross (wie Anm. 2) S. 146; Cormack (wie Anm. 2) S. 10; Kakar (wie Anm. 1)
S. 56.

anderen Frauen des Haushalts. Wenn schon das noch nicht geborene Kind als „Retter" betrachtet wird,[116] um so mehr wird dann der kleine Sohn von der Mutter behütet und verwöhnt. Hinzu kommt, daß bei der meist geringen Intensität der Mann-Frau-Beziehungen innerhalb der Großfamilie[117] die Mutter, quasi als Ausgleich, emotionale Bindungen zu ihren Kindern entwickeln mag, die sie kontrolliert. Das ältere Kind, jedoch, wird härter angefaßt. Der Übergang zwischen früher Kindheit und Kindheit ist fließend, nicht an einem bestimmten Alter festzumachen und nur bedingt durch ein *rite de passage* markiert.[118] Es wird von den jeweiligen Umständen in der Familie abhängen, wie die weitere Sozialisation eines Kindes verläuft.

Entscheidend mag sein, ob das Kind mittlerweile jüngere Geschwister hat, die seine Mutter und andere Familienangehörige beanspruchen. Es ist vielfach beobachtet worden, daß das älteste Kind, insbesondere der älteste Sohn, am härtesten angefaßt wird,[119] während das jüngste Kind mehr verwöhnt wird.[120] Kinder in mittleren Positionen erhalten am wenigsten Aufmerksamkeit, doch sollte man mit solchen Generalisierungen vorsichtig umgehen.[121]

Über Kinder aus den ärmeren Schichten, die sich vom frühest möglichen Zeitpunkt an am Existenzkampf beteiligen müssen, können wir so gut wie nichts aussagen. Ihre weitere Sozialisation hat mit Kindheit oft nur altersmäßig etwas zu tun.[122] Sie lernen frühzeitig, Verantwortung für sich und vielleicht die engere Familie zu tragen (Großfamilien sind in solchen Verhältnissen seltener) und müssen oft ihre ganze Energie der Sicherstellung des Überlebens widmen. Aus der altindischen Literatur erfahren wir über solche Kinder nichts; Sozial-

---

[116] Ebd. S. 79.
[117] Derrett (wie Anm. 29) S. 102–107 hat besonders auf diesen Punkt hingewiesen.
[118] Kakar (wie Anm. 1) S. 79 setzt die Grenze bei fünf Jahren und spricht (auf S. 80) von „prolonged infancy"; auch das eingangs erwähnte Sprichwort ging von fünf Jahren aus; Cormack (wie Anm. 2) S. 16 scheint bei drei Jahren zu trennen. Man könnte argumentieren, daß das *upanayana*-Ritual das Ende der frühen Kindheit markiert. Dann wäre die Grenze bei frühestens acht Jahren anzusetzen.
[119] Stietencron (wie Anm. 17) S. 52; Cormack (wie Anm. 2) S. 100; Ross (wie Anm. 2) S. 60 u. 99.
[120] Ebd. S. 142.
[121] Ders. sagt selbst, daß ihre Interviews kein klares Bild ergaben.
[122] Ebd. S. 86.

wissenschaftler neigten dazu, nur Ober- und Mittelschichten zu untersuchen.

Nach der Phase minimaler Anforderungen an das Kleinkind[123] wird nun erwartet, daß das Kind die Grundmuster richtigen Verhaltens gelernt hat, doch braucht es weiterhin Einweisung und Anleitung, um sich in den jeweils entstehenden neuen Situationen zurechtzufinden. Es muß, im weitesten Sinne, nun gezielt lernen, mit den Erwachsenen zu leben.[124] Auch hier muß wieder die Allmählichkeit der Lernprozesse betont werden. Die Internalisierung der Normen der Familie und der weiteren Gesellschaft wird erreicht durch den kontinuierlichen Prozeß der Beobachtung und Nachahmung, wobei letzteres jetzt mehr betont wird.

Von jetzt an werden auch Überlegungen, die mit Zukunftssicherung zu tun haben, immer wichtiger. Abgesehen von den Kindern, die frühzeitig mit dem formalen Erziehungssystem in Kontakt kommen (dazu weiter unten) und jenen, die, wie oben angedeutet, sehr frühzeitig Erwachsenenfunktionen übernehmen, gilt für das traditionelle Hindukind, daß „Erziehung" Erziehung und Vorbereitung fürs Leben bedeutet, also in erster Linie soziales Lernen, nicht den Erwerb bestimmter Fertigkeiten, die, im modernen Sinne, einen Marktwert besitzen.[125]

Spätestens hier ist ganz deutlich der Beginn geschlechtsspezifischer Differenzierungen auszumachen: Während kleine Jungen und Mädchen noch gemeinsam spielten,[126] werden die Mädchen nun gezielt auf ihre zukünftigen Rollen als Hausfrau und Ehefrau und das Leben in einem anderen Haushalt vorbereitet.[127] Ihre weitere Sozialisation hängt sehr von den jeweiligen Lebensumständen ab. Kakar sagt dazu, im Vergleich zu Jungen: „The substance of childhood is left to the private variations of individual relationships whereas the full weight

---

[123] So Kakar (wie Anm. 1) S. 103.
[124] S. C. Dube: Changing Norms in the Hindu joint Family, in: W. D. O'Flaherty und J. D. M. Derrett (Hrsg.): The Concept of Duty in South Asia, London 1978, S. 228–236 weist zwar eindringlich auf Veränderungen hin, stellt die Anpassung der Jüngeren an die Älteren jedoch nicht generell in Frage.
[125] Siehe dazu Prabhu (wie Anm. 80) S. 101 ff. und Cormack (wie Anm. 2) S. 48–56. Eine zur geschickten Hausfrau vorbereitete Braut hat natürlich auch ihren „Marktwert", ebenso wie ein Bräutigam in gesicherten Verhältnissen.
[126] Ross (wie Anm. 2) S. 240.
[127] Ebd. S. 60f. u. 86.

of the prescriptive norms and traditional expectations falls fatefully on Indian boys."[128]

Dieser Kontrast erscheint überzogen. Kakar als Psychologe betont, daß der kleine Junge nach der mutterorientierten Phase der frühen Kindheit nun plötzlich seine Mutter verliert; er spricht vom „Schock des Eintritts in die Männerwelt".[129] Doch wenn Kakar hier an die der Sanskritliteratur zu entnehmenden Normen und traditionellen Erwartungen gedacht hat, dann fragt sich, warum er diese gar nicht behandelt. Man sollte meinen, daß der normale junge Hindu, der eben nicht früh zu einem vedischen Lehrer geschickt wird, und so der Mutter in einem rituellen Drama entrissen wird, diesem von Kakar so betonten krassen Übergang von der frühen Kindheit zur Kindheit gar nicht als solchen empfindet, weil der kleine Junge *allmählich* in die Welt der Männer eingeführt wird. Sollte sich Kakars Darstellung auf die heute immer mehr sich durchsetzende formale Beschulung kleiner Kinder beziehen, so bleibt festzustellen, daß generell kleine Jungen *und* Mädchen in den entsprechenden Schichten zur Schule geschickt werden. Das Drama des plötzlichen Verlusts der Mutter scheint eher an jene Situation geknüpft, in der das kleine Kind, gleich welchen Geschlechts, plötzlich die Mutter mit einem neuen Baby teilen muß.

Kakars Argument, daß sich für das kleine Mädchen kaum etwas ändert, ist also nur dann richtig, wenn es weiter in der direkten Obhut der Mutter lebt, die in der Regel der wichtigste Sozialisationsagent bleibt,[130] wenngleich andere, besonders weibliche, Familienmitglieder sich nun verstärkt um die Ausbildung des jungen Mädchens kümmern.[131]

Während das Erreichen der Pubertät sicherlich ein wichtiger Schritt in der Entwicklung des jungen Mädchens ist,[132] weil es spätestens von nun an ganz deutlich zu den Frauen gehört und den gleichen Segregationsmechanismen unterworfen ist wie diese, könnte man argumentieren, daß der Schock des Eintritts in die Erwachsenenwelt für das junge Mädchen erst dann kommt, wenn sie das Elternhaus verläßt und als

---

[128] Kakar (wie Anm. 1) S. 127.
[129] Ebd.
[130] Vgl. dazu Mandelbaum (wie Anm. 37) S. 84.
[131] Ross (wie Anm. 2) S. 94.
[132] Cormack (wie Anm. 2) S. 69.

Braut in das Haus ihres Mannes überwechselt. Auch wenn man es auf diesen entscheidenden Moment mehr oder minder gut vorbereitet hat, muß das junge Mädchen selbst diese neue Erfahrung bewältigen, wobei viel vom Verhalten der neuen Familie abhängt. Solange Mädchen sehr früh, meist vor der Pubertät, heirateten, mag der Übergang zwar schmerzhaft gewesen sein, aber doch für das noch unreife Mädchen relativ leicht zu bewältigen. Die Braut setzt ihr in der Kindheit begonnenes Training fort, nun unter der Aufsicht der Schwiegermutter.[133] Es gibt viele Hinweise darauf, daß das sich allmählich durchsetzende spätere Heiratsalter der Mädchen und die Aufweichung des traditionellen Kontrastes zwischen den beiden Familien neue Probleme für die Braut geschaffen haben, die unter Umständen schon eine so starke eigene Persönlichkeit entwickelt hat, daß ihre Einfügung in die neue Umgebung von vornherein mißglückt.[134] Da die Tochter nun länger im Haus bleibt, entwickelt sich heute oft eine engere Mutter-Tochter-Beziehung.[135]

Das eingangs angeführte Sprichwort wies auf strenge Behandlung des etwa fünf- bis fünfzehnjährigen Sohnes hin. Während Töchter anscheinend weniger strenger Disziplin unterworfen sind,[136] wird die Strenge des Umgangs mit Söhnen immer wieder betont. Gehorsamstraining, vor allem, ist wichtig,[137] und Widerspruch oder Auflehnung werden nicht geduldet und ziehen Strafe nach sich.[138]

Vater und Sohn befinden sich hier in einer schwierigen Position. Es mag zwar eine tiefe emotionale Bindung zwischen ihnen bestehen, verstärkt durch das Bewußtsein gegenseitiger Abhängigkeit,[139] doch

---

[133] Derrett (wie Anm. 29) S. 3. Daß dies sehr häufig Probleme mit sich bringt, ist bekannt. Die Darstellung dieses Spannungsverhältnisses würde den hier gesetzten Rahmen sprengen.

[134] J. D. M. Derrett: Sociology and Family Law in India: The Problem of the Hindu Marriage, in: G. R. Gupta (Hrsg.): Family and Social Chance in Modern India, New Delhi 1976, S. 47–61 wies bereits auf die Notwendigkeit von Untersuchungen zu diesem Problemkreis hin.

[135] Vgl. Anm. 51.

[136] Kakar (wie Anm. 1) S. 63; Cormack (wie Anm. 2) S. 11 spricht von „compensatory attention for girls"; Mandelbaum (wie Anm. 37) S. 82: „girls are commonly under less stern discipline than are boys, especially as their puberty and time of departure approaches".

[137] Ebd. S. 121; Cormack (wie Anm. 2) S. 13; Ross (wie Anm. 2) S. 128.

[138] Besonders ebd. S. 121–128; Prabhu (wie Anm. 80) S. 131.

[139] Vgl. Anm. 61–62; Mandelbaum (wie Anm. 37) S. 60; Kakar (wie Anm. 1) S. 131f.

ist diese überschattet durch die Verantwortung, die der Vater für die Sozialisation seines Sohnes trägt. Umgekehrt braucht der Sohn den Vater, nicht nur weil ihm die Mutter verlorengegangen ist, wie Kakar argumentiert hat, sondern weil er Orientierungshilfe benötigt, die ihm neben anderen, meist männlichen Verwandten, vor allem der Vater geben kann.[140] „Die Lehrerfunktion des Vaters umfaßt also im Prinzip *alle* Bereiche der Ausbildung seines Sohnes und verleiht ihm eine zusätzliche Autorität über den Sohn."[141]

Das Hauptproblem für den einzelnen Vater scheint darin zu bestehen, das rechte Mittelmaß zwischen seiner Position der Autorität einerseits und väterlicher Zuneigung und Zuwendung andererseits zu finden. Strenge und Strafe an sich, auch Prügelstrafe, es sei denn, sie sei grausam oder ungerechtfertigt, wird als notwendiger Bestandteil des Sozialisationsprozesses von den Jüngeren akzeptiert.[142] Daß der Vater, bei aller Strenge, zugänglich bleiben sollte für seine Kinder, ist oft als wichtig für den weiteren Verlauf kindlicher Sozialisation betont worden.[143] Kulturell vorgeschriebene formale Umgangsformen scheinen jedoch den Alltag der Vater-Sohn Beziehungen zu bestimmen.[144]

Der Anschauungsunterricht, den der Vater dem Sohn vermitteln kann, besteht oft darin, daß letzterer den Vater in untergeordneter Position sieht, solange der Großvater oder ein anderes männliches Familienmitglied die Geschicke der Großfamilie lenkt.[145] Der Sohn also lernt, von vornherein, daß auch das erwachsene Indiviuum eingebunden bleibt in größere soziale Zusammenhänge und daß individuelle Bedürfnisse demgegenüber zurückzustehen haben.

Das Eingebundensein in die Großfamilie schafft jedoch nicht nur Abhängigkeit, sondern gibt auch Unterstützung vielfältiger Art. Wenn der Vater, vielleicht weil sein Beruf ihn voll absorbiert, wenig Zeit für seine Kinder, besonders seine Söhne, hat, sind andere Sozialisationsagenten zur Hand, die seine Rolle übernehmen können. Solange die Sozialisation des Jungen weiterhin in der Familie abläuft,

---

[140] Stietencron (wie Anm. 17) S. 56.
[141] Ebd. S. 59.
[142] Ross (wie Anm. 2) S. 125 u. 132.
[143] Ebd. S. 125; Kakar (wie Anm. 1) S. 131.
[144] Zur alten Tradition siehe Stietencron (wie Anm. 17); Mandelbaum (wie Anm. 37) S. 60f. bringt mehrere Beispiele aus der heutigen Zeit.
[145] Stietencron (wie Anm. 17) S. 69f.

mag es von geringer Bedeutung sein, ob der Vater selbst, der Großvater, oder ein anderer Verwandter der Hauptbezugspunkt des Heranwachsenden ist: Die Werte und Normen der Großfamilie werden in jedem Fall tradiert. Wenn jedoch Außenstehende als Sozialisationsagenten aktiv werden, kann es erhebliche Konflikte geben, und der Vater verliert unter Umständen an Autorität. In diesem Zusammenhang ist von „Substanzverlusten" der Vaterrolle gesprochen worden.[146] Auf zwei dieser Phänomene sollten wir hier abschließend kurz eingehen, weil sie wichtige Konsequenzen für die Sozialisation des Kindes bei den Hindus mit sich gebracht haben, und noch bringen.

Nach der klassischen *varṇāśramadharma*-Lehre, dem System des „*Dharma* je nach Kaste und Lebensstadium", wird interessanterweise die frühe Kindheit überhaupt nicht als gesonderte Phase berücksichtigt, obwohl auch für sie, wie wir gesehen haben, bestimmte Rituale vorgeschrieben sind. Der Grund mag sein, daß bis zur rituellen Initiation des *upanayana* der junge Hindu als *śūdra* gilt, also als nicht zur Gemeinschaft der Zweimalgeborenen gehörig.[147] Das Schülersein als erste Lebensstufe in diesem System, die Phase des *brahmacarya*, beginnt je nach Kaste mit acht (für den Brahmanen), elf (für den *kṣatriya*) oder zwölf Jahren (für den *vaiśya*).[148] Rituelle Details des *upanayana*, der Einführung beim Lehrer, würden uns hier zu weit führen.[149] Das Ritual bewirkt zweierlei: zunächst wird der Junge in die Gemeinschaft der Hindus aufgenommen,[150] seine „zweite Geburt" wird dramatisiert. Für den uns hier interessierenden Fragenkreis ist wichtiger, daß der Junge in die Obhut eines Lehrers gegeben wird, sein Elternhaus verläßt, und von nun an beim Lehrer wie ein Sohn, aber als Schüler-Lehrling wohnt. Diese auch räumliche Trennung vom Elternhaus mag, wie oben angesprochen, eine Art Schockwirkung auf den Sohn gehabt haben, der sich hier in einer ähnlichen Lage befindet wie die junge Braut. Wichtig ist, daß von nun an der Lehrer voll die

---

[146] Ders. besonders S. 56ff.
[147] Siehe Prabhu (wie Anm. 80) S. 110f.
[148] Ebd. S. 111f.; Manusmṛti 2.36; Kakar (wie Anm. 1) S. 63 gibt fünf bis acht Jahre an; Kane (wie Anm. 14) S. 274–276 weist auf die Flexibilität der Regeln hin.
[149] Ders. besonders S. 268ff.; Pandey (wie Anm. 40) S. 111–140; Deshpande (wie Anm. 85) S. 136–165.
[150] Kakar (wie Anm. 1) S. 63 sagt dazu, daß vom *upanayana* an die Dharmaregeln für den Jungen gelten.

Vaterrolle übernimmt und für alle Aspekte der Sozialisation des Jungen verantwortlich ist.[151] Im Idealfall entläßt ihn der Lehrer nach Abschluß des langjährigen Studiums der heiligen Schriften, weit nach der Pubertät, als jungen Mann, der voll vorbereitet ist auf den nächsten wichtigen Schritt in seinem Leben, nämlich den Übergang ins Lebensstadium des Haushalters, das mit der Hochzeit beginnt.

Wir sehen hier, daß die Altersgrenze von fünfzehn bis sechzehn Jahren in diesem Modell überhaupt keine Rolle spielt. Das eingangs erwähnte Sprichtwort geht in der Tat davon aus, daß der Sohn weiter unter der Aufsicht seines Vaters bleibt und bezieht sich demnach wohl auf alltägliche, weitverbreitete Sozialisationspraktiken.

Das Schülerstadium nach altindischer Tradition ist, wie wir gesehen haben, viel mehr als eine Periode des Studiums der heiligen Schriften. Es dient auch der gezielten Internalisierung der Dharmanormen der hinduistischen Hochkultur.[152] Es ist möglich, daß durch diese Institution die in den Schriften des Hinduismus entwickelten Verhaltensregeln und -modelle eine weitere Verbreitung und Popularisierung erfahren haben. Gegensätze zwischen den lokalen Gewohnheitsrechten und dem wohl überregionalen Normenkatalog der Dharmatexte, im besonderen, mögen so eliminiert worden sein. Dies System der gezielten Ausbildung mag dazu beigetragen haben, letztendlich *dharma* zum alles beherrschenden Grundkonzept hinduistischer Denk- und Verhaltensweisen zu entwickeln.

Es muß hier angefügt werden, daß schon im Mittelalter das Ritual des *upanayana* nur noch unter Brahmanen vollzogen wurde[153] und daß heute fast ausnahmslos, und dann nur noch der Form halber, eine Entsprechung des *upanayana*-Rituals kurz vor der Hochzeit ausgeführt wird, weil sonst der junge Mann ins zweite Lebensstadium einträte, ohne das erste durchlaufen zu haben.

Während der „Substanzverlust" der Vater-Sohn-Beziehung durch den Einfluß der altindischen Lehrergestalt des *ācārya* oder *guru* sich somit heute als wenig relevant erweist, weil kaum ein Hinduvater in dieser Form die Sozialisation seines Sohnes einem Lehrer überläßt, hat die Einführung eines formalen Schulsystems in Indien weitreichende

---

[151] Stietencron (wie Anm. 17) S. 59.
[152] Siehe hierzu besonders Prabhu (wie Anm. 80) S. 117–121.
[153] Pandey (wie Anm. 40) S. 124.

Veränderungen für die Sozialisation vieler Kinder mit sich gebracht. Ich habe schon auf den enormen Erfolgszwang hingewiesen, unter dem besonders Kinder der Ober- und Mittelschichten zu leiden haben. Im modernen Indien wie in Großbritannien scheinen vorerst nur wenige Hindueltern zu erkennen, daß die staatlichen Bildungseinrichtungen zwar die intellektuellen Fähigkeiten ihrer Kinder entwickeln können, daß dies jedoch nur ein Aspekt kindlicher Sozialisation ist, und daß die Eltern oder andere Familienangehörige nach wie vor eine wesentliche Rolle als Sozialisationsagenten zu spielen haben, es sei denn, sie wollten ihre Kinder bewußt äußeren Einflüssen aussetzen. Die, meist unreflektierten, Erwartungen an den Lehrer, durch traditionelle Vorstellungen vom *guru* oder *ācārya* genährt, sind viel zu hoch. Der Lehrer unserer Zeit ist selten eine Persönlichkeit, die die Rolle des Hauptsozialisationsagenten übernehmen kann bzw. will.[154] Der Heranwachsende braucht daher nach wie vor seine Eltern oder andere Sozialisationsagenten, doch wird deren Autorität durch den konkurrierenden Anspruch des formalen Schulsystems beeinträchtigt. Hier stehen Hindueltern und -kinder unserer Zeit oft vor schwierigen Problemen. Das kurzfristige Ziel der sozio-ökonomischen Statusmehrung für die Familie durch Teilnahme des Jungen oder Mädchens am modernen Erziehungswesen mag durchaus in vielen Fällen erreicht werden, es fragt sich aber wie, wenn überhaupt, hinduistische Sozialisationspraktiken mit diesen neuen Formen der Sozialisation harmonisiert werden können.

Wenn traditionelle hinduistische Sozialisationspraktiken zum Ziel hatten, die Kontinuität innerfamiliärer und gesamtgesellschaftlicher Beziehungen zu garantieren, so muß klar gesehen werden, daß viele moderne Erziehungssysteme, zumindest ihrer ideologischen Zielsetzung nach, in totaler Opposition zu traditionellen hinduistischen Vorstellungen stehen mögen. Da sich in Teilen der indischen Oberschicht, und in von westlichen Ideen stark beeinflußten Hindufamilien des Westens bereits deutliche Anzeichen familiärer Desintegration und individueller Zerstörung nachweisen lassen, die man einfach nicht übersehen kann, sollte man doch, ohne gleich einer Rückkehr zu altindischen Idealen das Wort reden zu wollen, die Frage stellen, ob denn der moderne Wohlfahrtsstaat, der so entscheidend in die innerfa-

---

154 Stietencron (wie Anm. 17) S. 61.

miliären Sozialisationsprozesse eingegriffen hat, dem Individuum jene Sicherheit geben kann, die eine Familie im traditionellen Kontext gewährte und die durch das Bewußtsein des eigenen Eingebundenseins in den Kosmos verstärkt wurde.

Das hinduistische Sozialisationsideal, in dem durch Koordination individueller und sozialer Funktionen der Erziehung eine weitgehende Harmonisierung der Beziehungen zwischen Individuum, Familie, Gesellschaft und Kosmos bewirkt wird, wird von säkulären und von der Familie nach außen verlagerten Modellen der Erziehung des Individuums zu einem selbstverantwortlichen Wesen nicht erreicht. Wie es scheint, vor allem wohl deswegen nicht, weil jener Egoismus, der in hinduistischen Sozialisationspraktiken weitgehend von vornherein eliminiert wird, in modernen westlichen, aber auch in einigen neo-hinduistischen Vorstellungen von Sozialisation und Erziehung eher gefördert als kontrolliert wird.[155]

Angesichts vorgegebener ökonomischer Realitäten im heutigen Indien ist, wie mir eine Gruppe halberwachsener Kinder in Bombay vor kurzem durchaus überzeugend versicherte, formale Erziehung überhaupt von fragwürdigem Wert für viele Inder: Gelegenheitsarbeit, die das Überleben sichert, bekommt man mit gesundem Menschenverstand und wenn man bereit ist zu arbeiten; Schulbildung nützt einem häufig nichts. Solche Erkenntnisse werden dem jungen Kind durch Beobachtung der Verhältnisse in der eigenen Familie mit auf den Weg gegeben.

In der hinduistischen Durchschnittsfamilie mithin, die wenig Zeit hat, sich Gedanken zu machen über die Eingebundenheit des Individuums in den Kosmos, weil die Alltagsbewältigung so sehr im Vordergrund steht, lernt der junge Hindu frühzeitig eine Variante von Selbstverantwortlichkeit, die Verantwortlichkeit für andere mit einschließt. Die Familie als Steuerer frühkindlicher und kindlicher Sozialisationsprozesse bleibt, bei allen theoretischen Ansprüchen des modernen Staates, von überragender Bedeutung, und die ökonomischen und demographischen Grunddaten Indiens zeigen uns, daß dies auch auf lange Sicht so bleiben wird.

---

[155] Z. B. sind Bedenken gegenüber der *svādhyāy-*(„Selbsthilfe"-)Bewegung, die vor allem in Gujarāt eine prominente Rolle spielt, nicht unangebracht. Die Bewegung, die sich vor allem an junge Hindus wendet, soll „Selbsterkenntnis" fördern, doch scheint dies mehr den Leitenden zu helfen als den betroffenen jungen Menschen.

GEBURT, KINDHEIT, JUGEND UND AUSBILDUNG IM ALTEN ÄGYPTEN*

ERIKA FEUCHT

1. Quellenlage

Erkenntnisse über die Sozialisation des Kindes im Alten Ägypten müssen wir uns aus Aussagen, die über einen Zeitraum von ca. 2500 v. Chr. bis zu Christi Geburt verstreut sind, zusammensuchen. Die Kontinuität der ägyptischen Kultur und das Festhalten an Althergebrachtem rechtfertigen ein solches Vorgehen. Die Weisungen des Königs an Ptahhotep, der um die Erlaubnis bittet, einen Sohn als seinen Amtsnachfolger erziehen zu dürfen – „... unterrichte ihn nach den Worten der Vorzeit..." –, geben ein deutliches Bild von dem Traditionsbewußtsein des Ägypters. Erst in der späteren Geschichte, zu Zeiten der Fremdherrschaften, müssen wir mit auswärtigen Einflüssen rechnen. Trotz des starken Beharrungsvermögens des Ägypters sind Zeugnisse aus diesen Zeiten besonders sorgfältig auf ihren Ursprung aus der Zeit ägyptischer Herrscher oder auf Fremdeinfluß zu untersuchen. Am aufschlußreichsten sind Lehren, die vom Alten Reich bis in die späte ptolemäische Zeit Anweisungen eines „Vaters" an seinen „Sohn" enthalten. Viel mühsamer ist es, in verschiedenen Texten verstreute Äußerungen zu sammeln und in einen Zusammenhang zu stellen. Autobiographien, Aufzeichnungen von Schülern, Briefe, Erzählungen, medizinische Texte, Grabstelen, Rechtstexte wie Eheverträge und Testamente, Totentexte und andere mehr sind hier

---

* Dieser Aufsatz basiert auf Erkenntnissen, die ich durch meine Arbeit: Die Stellung des Kindes in Familie und Gesellschaft nach altägyptischen Texten und Darstellungen, Habilitationsschrift Heidelberg 1981, gewinnen konnte. Da die Arbeit noch nicht im Druck vorliegt, werden die entsprechenden Kapitel mit Anführungsstrichen zitiert. Erste Ergebnisse konnte ich bereits in den Artikeln Kind, Kinderarbeit, Kinderlosigkeit und -wunsch (LÄ III, Sp. 424–441) und Mutter (LÄ IV, Sp. 253–263) vorlegen. Bei dem Kapitel zur Ausbildung habe ich mich in vielem nach Brunner 1957 gerichtet.

heranzuziehen. Daneben sind von Darstellungen im Rund- und
Flachbild Erkenntnisse zum Verhältnis des Kindes zu seinen Eltern zu
gewinnen; das Flachbild gibt darüber hinaus Hinweise zur Teilnahme
des Kindes am Leben der Erwachsenen, zu seinen Spielen und
gelegentlich zur Kinderarbeit. Totentexte, insbesondere Texte auf
Grabstelen Frühverstorbener, desgleichen Bestattungsweisen, ermöglichen einen Einblick in die Einstellung zum Kind. All diese Mosaiksteine geben zu guter Letzt das noch sehr unvollständige Bild, das wir
uns heute vom Leben des Kindes im Alten Ägypten machen können.

2. Das Kind und seine Eltern

In Ägypten wurde eine Ehe vor allem mit Hinsicht auf die Nachkommenschaft gegründet. Dies wird deutlich in der frühesten uns erhaltenen Lehre ausgesprochen:

> „Wenn es dir gut geht, gründe ein Haus;
> Nehme eine Frau (zur) Herrin des Herzens,
> und ein Sohn wird dir geboren werden.
> Es ist für deinen Sohn, daß du ein Haus baust,
> wenn du einen Platz für dich selbst machst." [1]

Kinder beiderlei Geschlechts waren erwünscht, wenn auch in den
Lehren als Grund der Ehe meist die Erzeugung eines Sohnes genannt
wird.[2] Seit dem Alten Reich können wir aus Namen wie z. B. *„den* ich
erbeten habe", der neben *„die* ich erbeten habe" steht,[3] und vom
Neuen Reich bis in ptolemäische Zeit aus weiteren Zeugnissen, wie
z. B. Schutzamuletten für Frauen, auf denen steht:

> „Wir (die Götter) werden veranlassen, daß sie männliche Kinder
> und weibliche Kinder empfangen wird",[4]

---

[1] Hardjedef. Siehe auch Ani III, 1 f.: „Erwirb dir ein Weib, solange du jung bist, damit
sie dir einen Sohn als dein Ebenbild schaffe." Ferner Ptahhotep 325–338. Vgl. auch
Feucht 1985, S. 55–59.
[2] E. Suys: La Sagesse d'Ani, Rom 1935, S. 13 f. Anchscheschonqi Col. 11, 7; Ptahhotep
10, 8 ff.
[3] H. Ranke: Die altägyptischen Personennamen, Bd. 2, Glückstadt 1952, S. 199.
[4] I. E. S. Edwards: Hieratic Papyri in the British Museum, Bd. 1, London 1960, S. XI,
66 f. u. 86.

und den stolzen Berichten Verstorbener, sie hätten Söhne und Töchter gehabt, und anderem mehr[5] schließen, daß Mädchen ebenfalls erwünscht waren. In Schilderungen eines erfolgreichen Lebens wird meist allgemein von „Kindern" gesprochen, denen man seine Habe und sein Amt vererben wolle.[6] Der Wunsch nach einem Sohn stand wohl dennoch an erster Stelle, zumindest wurde der Mangel eines Sohnes schmerzlicher empfunden als der einer Tochter. Ein Sohn konnte die weltlichen Aufgaben des Vaters fortführen und war durch seine Einkünfte eher fähig, sowohl für seine kranken und alten als auch die toten Eltern (s. u.) zu sorgen. Hatte eine Tochter nicht genügend eigenes Vermögen, war sie von ihrem zukünftigen Ehemann abhängig, von dessen Möglichkeiten und Wollen dann auch die Versorgung ihrer Eltern abhing.

Nach ägyptischer Überlieferung bestand abstammungsmäßig eine Beziehung zwischen dem Kind und beiden Elternteilen. Der Same werde in den Hoden produziert und komme durch den Penis in den Bauch der Frau, die dadurch schwanger werde.[7] Im Uterus (oder auch im Bauch) der Frau werde das Kind aus dem Samen des Mannes entwickelt. Von der Befruchtung des weiblichen Eies wußte der Ägypter verständlicherweise nichts.[8] Dennoch hatte er erkannt, daß im Kind Teile beider Eltern vereint waren. Aus der Zeit der Pyramidenerbauer (ca. 2400 v. Chr.) ist uns die vermutlich bedeutend ältere Vorstellung überliefert, das Herz, Sitz von Gefühl, Charakter und Verstand, stamme von der Mutter ab.[9] Viel jünger ist die Überliefe-

---

[5] Zu weiteren Beispielen vgl. Feucht 1981, „Wunsch nach einem Sohn und einer Tochter und der Gedanke an das Fortleben in seinen Kindern".

[6] Ebd. und „Nachfolger im Besitz und Amt"; z. B. Urk. IV, 121; 151; 509; 965; 1032; 1223.

[7] H. Grapow: Grundriß der Medizin der alten Ägypter, Bd. 1, Anatomie und Physiologie, Berlin 1954, S. 86 f. Im Märchen (pd'Orbiney 18, 5) und in der Götterwelt konnte der Samen durch den Mund aufgenommen werden; dabei können auch Götter schwanger werden. Seth verschlingt den Samen des Horus mit Lattichblättern, wird schwanger und gebiert auf seinem Scheitel (vgl. Geburt der Athena) eine goldene Scheibe (pChester Beatty 11, 12). Amun verschlingt seinen eigenen, durch Masturbation gewonnenen Samen und speit das erste Götterpaar, Schu und Tefnut, aus (K. Sethe: Amun und die acht Urgötter von Hermopolis [= Abh. d. Preußischen Ak. d. Wiss., 4 a], Berlin 1929, § 241).

[8] Grapow (wie Anm. 7) S. 89.

[9] Pyr. 828; 834. Vgl. S. Schott: Bemerkungen zum Ägyptischen Pyramidenkult, in: H. Ricke: Bemerkungen zur ägyptischen Baukunst des Alten Reichs (= Beiträge zur

rung, nach der die Knochen des Kindes aus dem Samen des Vaters, Haut und Fleisch aus der Milch der Mutter entstehen. Wie alt diese Vorstellung ist, ist unbekannt, sie ist erstmals aus dem 3. Jh. v. Chr. erhalten.[10] Deutlich ist die Beziehung zu beiden Elternteilen, mit der auch das von Diodor überlieferte ägyptische Gesetz begründet ist, nach dem das ungeborene Kind einer zum Tode verurteilten Frau den Tod der Mutter bis zu seiner Geburt herauszögerte, denn das Kind gehöre beiden Eltern.[11]

Durch verschiedene Beobachtungen medizinischer Art oder durch magische Mittel stellte der Ägypter eine Schwangerschaft fest.[12] Im Mutterleib wuchs des Kind – nach seiner Vorstellung – unter der Obhut eines Gottes heran.[13] In einer Wochenlaube, die im Garten oder auf dem Dach des Hauses errichtet wurde, kam die Frau auf Gebärziegeln oder in einem Gebärstuhl nieder.[14] Hier wurde sie in den vierzehn Tagen ihrer Unreinheit von Dienern versorgt. Zur Geburt seines

---

ägyptischen Bauforschung und Altertumskunde 5, 1), Kairo 1950, S. 217; vgl. auch CT I, 56: „Es wird dir gegeben das Herz *(jb)*, das du von deiner Mutter hast, dein Herz *(ḥ3tj)*, das in deinen Leib gehört." und Tb 30 B bzw. 64: „(Oh) Herz *(jb)* meiner Mutter, (Oh) Herz *(ḥ3tj)* meiner jetzigen Gestalt." Vgl. hierzu auch Feucht: Nichtkönigliche Pektorale (= ÄA [Ägyptologische Abhandlungen] 22), Wiesbaden 1972, S. 9 mit Anm. 53 u. 54.

[10] H. S. Sauneron: Le Germe dans les os, in: BIFAO (Bulletin de l'Institut Français d'Archéologie Orientale) 60 (Kairo 1960) S. 19–27; J. Yoyotte: Les os et la semence masculine à propos d'une théorie physiologique égyptienne, in: BIFAO 61 (1962) S. 142ff. Diese Vorstellung hat sich bis zu einigen afrikanischen Stämmen gehalten (Yoyotte, ebd.).

[11] Diodor, 77, 7–10. In China bis zu 100 Tagen nach der Geburt (Hinweis G. Linck).

[12] Als medizinische Beobachtungen seien zu nennen: Veränderungen im Gesicht, der Brüste, Auftreten der linea fuchsia, Übelkeit, Ausbleiben der Monatsblutung und Abtasten. Das Begießen von Gerste und Emmer mit dem Urin der Frau kann, wie neuere Untersuchungen ergeben haben (R. Germer: Untersuchungen über Arzneipflanzen im Alten Ägypten, Diss. Hamburg 1979, S. 143ff. Vgl. auch die Prognosen durch andere Mittel ebd. S. 130 Nr. 5.2, S. 152 Nr. 5.7, S. 163 Nr. 5.22.3, S. 265 Nr. 3), durch gewisse Hormone im Urin der Schwangeren das Getreide wachsen lassen, während es durch Urin einer Nicht-Schwangeren am Wachsen gehindert wird. Nicht erwiesen ist, daß das Aufgehen der Gerste auf einen Jungen, das des Emmers auf ein Mädchen deute, wie es in der Schwangerschaftsprognose behauptet wird.

[13] Vgl. Feucht 1985, S. 79.

[14] E. Brunner-Traut: Die Wochenlaube, in: Mitteilungen des Instituts für Orientforschung 3 (1955) S. 11–30; Borghouts: The Magical Texts of Papyrus, Leiden, I 348, in: OMRO (Oudheidkundige Mededeelingen uit het Rijksmuseum van Oudheden te Leiden) 51 (1970) S. 30 u. 164 Anm. 393.

Kindes bekam der Vater arbeitsfrei.[15] Die zur Geburtstagsfeier geladenen Gäste brachten Geschenke, die bei einfachen Leuten aus Essen und Trinken bestanden.[16] Aus gewissen Anzeichen glaubte man schließen zu können, ob das Kind überleben werde oder nicht.[17] Durch Magie und Mittel aus der Dreckapotheke oder Talismane versuchte man, Mutter und Kind vor bösen Dämonen und jeglichen Gefahren zu schützen und eine leichte Geburt zu ermöglichen.[18] Das Schicksal des Kindes wurde bereits im Mutterleib oder bei der Geburt durch die Götter bestimmt:[19]

„Dem, den die Götter hassen, ist bereits im Mutterleib Übel anbefohlen worden."[20]

Bereits bei seiner Erschaffung habe ein Gott die irdische Laufbahn des Menschen[21] – ein Gedanke, den S. Morenz über die jüdische Weisheitsliteratur bis zu Paulus (Römer 9, 21) verfolgen konnte[22] –, seine Lebensdauer[23] und seine Todesursache[24] festgelegt.

---

[15] oDeM 209 (Jaroslav Černý: Catalogue des Ostraca Hiératiques non Littéraires de Deir el Médineh, Nos 1–456, in: Documents de Fouilles de l'Institut Français d'Archéologie du Caire 3–7, Kairo 1935–1951, Nr. 209); CG 25517, 6 (Jaroslav Černý: Ostraca Hiératiques I, CG 1935: 3 Tage.); vgl. Feucht 1981, „Geburt, Erkennen der Überlebenschancen und Mittel gegen Krankheit" und „Familienereignisse".

[16] J. J. Janssen: Vortrag gehalten auf dem 2. Internationalen Ägyptologenkongreß in Grenoble 1979: CG 25517 (wie Anm. 15).

[17] Vgl. Feucht 1981, „Geburt, Erkennen der Überlebenschancen und Mittel gegen Krankheit".

[18] H. v. Deines, H. Grapow und W. Westendorf: Grundriß der Medizin der Alten Ägypter, Bd. 4,1, Übersetzung der Medizinischen Texte, Berlin 1958, S. 291–295.

[19] S. Morenz: Untersuchungen zur Rolle des Schicksals in der ägyptischen Religion, in: AdSAW (= Abh. d. Sächs. Akademie d. Wissenschaften zu Leipzig, Berlin) 52,1, Berlin 1960, S. 9–11; Feucht 1981, „Schicksalsbestimmung".

[20] Ptahhotep 216–219.

[21] Amenemope XXIV, 13/7: „Der Mensch ist Lehm und Stroh, der Gott ist ein Baumeister. Er zerstört und erbaut täglich. Er macht tausend Geringe nach seinem Belieben. Er macht tausend Leute zu Aufsichtspersonal." Die Schicksalsgöttinnen Renenet und Meschenet, die mit Geburt und Aufzucht des Menschen verbunden werden, bestimmen bereits bei der Geburt den Erfolg im Leben: „Siehe, ich habe dich auf den Gottesweg gesetzt; die Renenet eines Schreibers ist auf seiner Schulter am Tage seiner Geburt, ... Meschenet, die dem Schreiber zugewiesen ist, sie (ist es), die ihn an die Spitze der Verwaltung setzt." (Cheti 11, 2–4)

[22] Morenz (wie Anm. 19) S. 11.

[23] Ebd. S. 17–36.

[24] Ebd. S. 20 u. 32. Im Zweibrüdermärchen (pd'Orbiney 9, 8) wird die Gemahlin des Bata bestimmt, sie werde eines gewaltsamen Todes sterben, und dem Prinzen in der

Das Kind erhielt seinen Namen gleich nach der Geburt.[25] Er wurde wohl im allgemeinen von beiden Eltern ausgesucht,[26] wenn auch einiges darauf deutet, daß der Mutter eine entscheidende Rolle bei der Namensfindung zufiel. Bestimmte Namen scheinen aus Ausrufen der Mutter bei der Geburt gebildet zu sein (z. B. „Die Gottheit NN sei mir gnädig", was nach dem Ruf der Kreißenden um Beistand eines Gottes klingt).[27] Oft trug der Ägypter zwei Namen. Einer von ihnen, der auch an erster Stelle in Namenslisten stand, wird als „Name, seitens seiner Mutter" bezeichnet.[28] Dieser Name ist gemeint, wenn es vom Gott Amun, der sich selbst erschuf, in einem Hymnus heißt:

„der keine Mutter hat, die ihm einen Namen bilden konnte."[29]

Trotz aller Maßnahmen, die zum Schutz des Kindes getroffen wurden, zeugen Kinderbestattungen und Texte von hoher Kindersterblichkeit, die auf Krankheiten und Unterernährung[30] zurückzuführen ist.[31] Von dem verzweifelten Kampf der Mütter um ihre kranken Kinder zeugen

---

Prinzengeschichte (Brunner-Traut 1963, S. 24) bestimmen die 7 Hathoren seinen Tod „durch das Krokodil, die Schlange (oder) den Hund". Auch glaubte man, durch den Tag der Geburt den Tag des Todes und die Todesursache voraussagen zu können. Hierzu gab es Kalender (pSallier IV; F. Chabas: Le Calendrier des jours Fastes et Néfastes, Chalon s. S. und Paris 1869; M. Malinine: Nouveaux Fragments du Calendrier Egyptien des Jours Fastes et Néfastes, in: Mélanges Maspero I, 2 [= MIFAO [Mémoires publiés par les Membres de l'Institut Français d'Archéologie Orientale du Caire] LXVI], Kairo 1935–1938, S. 879–899; A. M. Bakir: The Cairo Calendar of Lucky and Unlucky Days, in: ASAE [Annales du Service des Antiquités de l'Egypte, Kairo] 48 [1949] S. 425–431). Vgl. zu dem ganzen Komplex Feucht 1981, „Schicksalsbestimmung".

[25] Feucht 1981, „Namensgebung und Namensinhalte"; dies., in: LÄ IV, Sp. 254 mit Anm. 16–19.

[26] „Mein Vater und meine Mutter haben mir meinen Namen gesagt; er war in meinem Innern verborgen bei meiner Geburt", sagt der Gott Re von sich (G. Posener: Sur l'attribution d'un nom à un enfant, in: RdE [Revue d'Egyptologie, Paris] 22 [1970] S. 204).

[27] H. Ranke: Die ägyptischen Personennamen, Bd. 1 und 2, Glückstadt 1935 und 1952; ders.: Grundsätzliches zum Verständnis der ägyptischen Personennamen in Satzform, in: Sitzungsberichte der Heidelberger Akademie der Wissenschaften (1936/1937) S. 3ff.

[28] Posener (wie Anm. 26) S. 204f.

[29] J. Zandee: De hymnen aan Amon von p. Leiden I, 350, in: OMRO (wie Anm. 14) 28 (1947) S. 71.

[30] W. R. Dawson und P. H. K. Gray konnten in: Catalogue of Egyptian Antiquities in the British Museum I, Mummies and Human Remains, London 1968, 41 und Nos 35, 55, 70, 71 Harrislinien feststellen, die auf durch Krankheit oder Unterernährung verursachte Wachstumsstörungen hindeuten.

[31] Hierzu und zu folgendem vgl. Feucht 1981, „Krankheit und Tod".

Zaubersprüche für Mutter und Kind, die beim Verabreichen eines Heilmittels aufgesagt wurden:

„Kamst du, dieses Kind zu küssen? Ich lasse es dich nicht küssen.

Kamst du zur Beruhigung? Ich lasse dich nicht ihm Beruhigung geben.

Kamst du, es zu schädigen? Ich lasse es dich nicht schädigen.

Kamst du, es fortzuholen? Ich lasse es dich nicht von mir fortholen.

Ich habe einen Schutz gegen dich bereitet…"[32]

Analogiezauber, Medikamente und Amulette konnten nicht helfen:

„Er (der Tod) raubt den Sohn von seiner Mutter lieber als den Greis, der in seiner Nähe herumgeht."[33]

oder:

„Sage nicht: ‚Ich bin noch zu jung, als daß er mich holen könnte!' da du deinen Tod nicht kennst.

Der Tod kommt, er raubt das Kind, das noch auf dem Schoß seiner Mutter ist,

ebenso wie den Mann, wenn er ein Greis geworden ist."[34]

Im Königsgrab von Amarna trauern Echnaton und Nofretete mit verzweifelten Gesten um ihre früh verstorbene Tochter Meketaton.[35] Erst wieder aus ptolemäischer Zeit ist uns der Bericht vom Tod einer Königstochter überliefert.[36] In den Privatgräbern ist der Tod eines

---

[32] A. Erman: Zaubersprüche für Mutter und Kind. Aus dem Papyrus 3027 des Berliner Museums, Berlin 1901, C (2, 1–6); vgl. auch M; oder: „Nicht wird (sie) ihren Sohn auf ihren Schoß nehmen; du rettest mich, mein Herr Re, sagt NN, geboren von der NN. Ich gebe dich nicht hin, ich gebe (meine) Last nicht dem Räuber des Totenreichs. Meine Hand liegt auf dir, mein Siegel ist dein Schutz. So sagt Re (der Sonnengott), wenn er aufgeht: ‚Laufe aus, du Schutz!'" (Ebd. S [Rs 3, 8–4, 2]; vgl. Q und T)

[33] pRhind I, 7, 2.

[34] Ani 4, 2–4.

[35] C. Desroches-Noblecourt: Tut-ench-Amun, Berlin, Frankfurt und Wien 1963, S. 153 Fig. 89.

[36] Kanopusdekret Z. 7; H. Schäfer: Die Mysterien des Osiris in Abydos unter König Sesostris III. (= UGAÄ [wie Anm. 118], 4, Leipzig und Berlin 1904, S. 25.

Kindes nie dargestellt oder schriftlich erwähnt.[37] Hingegen wurden auf Grabsteinen aus griechisch-römischer und christlicher Zeit Klagen um früh verstorbene Kinder verzeichnet: Das Kind spricht selbst:

„Ich war ein kleines Kind, mit Gewalt fortgerissen,
meine Jahre wurden verkürzt (während ich) unter den Kleinen war.
Ich wurde plötzlich ergriffen, noch jung,
wie ein Mann, den der Schlaf entführt.
Ich war ein Kind von (...) Jahren,
als der Tod mich ergriff zur Stätte der Ewigkeit."[38]

oder die Mutter ruft:

„All ihr Frauen, die ihr Kinder gebart,
sammelt euch und weinet mit mir,
denn einen einzigen Sohn habe ich geboren,
und ich war es, die ihm seinen Tod brachte."[39]

Foetenbestattungen,[40] Bestattungen von Kindern auf den Friedhöfen der Erwachsenen[41] oder auf eigenen Friedhöfen[42] zeugen von der Gleichstellung des Ungeborenen und des kleinen Kindes mit einem Erwachsenen, selbst wenn ihre Grabausstattungen nicht so reichhaltig waren wie die der Älteren. Einfache Bestattungen von Eltern und Kindern zusammen,[43] z. B. von Mutter und Kind,[44] Mann und Kind[45]

---

[37] Ausnahmen sind die Arbeiterlisten von Deir el-Medineh, in denen einer frei bekam „wegen seiner Tochter", „wegen seines Sohnes".

[38] Petosiris I (wie Anm. 129) S. 114; II, Inschr. 56, 2f.; Otto 1954, Inschr. 46.

[39] M. Cramer: Die Totenklage bei den Kopten, in: Sitzungsberichte der Akademie der Wissenschaften in Wien, phil.-hist. Klasse Bd. 219, 2. Abh., Wien-Leipzig 1941, S. 49; ebd. S. 23f. Nr. 7.

[40] Dawson (wie Anm. 30) S. 38 Nr. 74, S. 40 Nr. 77; Menghin-M. Amer: The excavation of the Egyptian University in the Neolithic Site at Maadi. Second Preliminary Report (Season 1932), Kairo: Egyptian University 1938; Brunton, in: JEA (Journal of Egyptian Archaeology, London) 24 (1938) S. 140; Desroches-Noblecourt (wie Anm. 35) S. 253 u. 254 Abb. 161. Fötenbestattungen waren auch im Mittelalter (↗ Arnold S. 461) und im Islam (Hinweis H. Motzki) üblich.

[41] Feucht 1981, „Bestattungsweisen" mit vielen Beispielen.

[42] Ebd.; B. Bruyère: Rapport sur les Fouilles de Deir el-Médineh 1922 (= Fouilles de l'Institut Français d'Archéologie Orientale du Caire 51), Kairo 1934/1935, S. 11, 14ff., 190 u. 202.

[43] Zu allen Zeiten nachweisbar (Feucht 1981, „Bestattungsweisen").

oder Paar und Kind,[46] die entweder gleichzeitig oder kurz aufeinander folgend verstorben waren (z. B. Mutter und Neugeborenes im Kindbett), zeugen von der engen Zugehörigkeit der Kinder zu ihren Eltern. Die Bestattungen von wohlhabenden Kindern in den Grabanlagen ihrer Eltern oder die in Gisa gemachte Beobachtung, daß Erwachsene gern ihre Gräber in die Nähe derer ihrer Eltern legten, deuten in die gleiche Richtung.[47] Einmal begründet ein Sohn die Tatsache, daß er sich im gleichen Grab mit seinem Vater habe bestatten lassen, mit seiner großen Liebe zu diesem.[48] Auch die Darstellungen der Kinder in den Gräbern ihrer Eltern und die Darstellungen der Eltern in den Gräbern ihrer Kinder zeigen die enge Beziehung zwischen Eltern und Kindern.[49]

Texte weisen in die gleiche Richtung. Die Beschreibung der Truppen in Friedenszeiten

„indem ihre Weiber bei ihnen sind und ihre Kinder neben ihnen"[50]

verdeutlichen das Familienideal des Ägypters, desgleichen der Wunsch:

„Euer Haus möge mit guten Dingen ausgestattet sein, und eure Kinder bei guter Gesundheit."[51]

Auf Stelen erbittet der Ägypter für sich, seine Frau und seine Kinder

---

[44] Klasens, in: OMRO (wie Anm. 14) 51 (1970) S. 41; OMRO 41 (1960) S. 70f., 73 und Tf. 34 (Grab 806) u. a. m.

[45] Ebd. (Grab 866) u. a. m.

[46] J. Leclant: Fouilles et travaux en Egypte, 1951–1952, in: Or (Orientalia) 22 (1953) S. 100. Wohlhabende Ägypter ließen ihren Kindern manchmal einen eigenen Bereich in ihrer Grabanlage bauen (D. Arnold, in: LÄ II, Sp. 103, s. v. „Familiengrab").

[47] H. Junker: Pyramidenzeit, Einsiedeln 1949, S. 139.

[48] Ebd. u. S. 61: „damit ich mit ihm an einem Ort zusammen sei – nicht etwa, weil mir keine Mittel zur Verfügung standen, um zwei Gräber zu bauen, sondern ich habe das getan, damit ich (meinen Vater) Djau alle Tage sehe und mit ihm an einem Ort weile."

[49] Siehe ↗ S. 254. Hierzu und zum folgenden vgl. Feucht 1981, „Beziehung zu den Eltern".

[50] pHarris I, 78, 11f.; W. Erichsen: Papyrus Harris I (= Bibliotheca Aegyptiaca 5), Brüssel 1933, S. 96.

[51] G. Björkman: The Smith Collection of Egyptian Antiquities at the Linköping Museum, Sweden (= Bibl. Ekmaniana 65), Stockholm 1971, S. 31 Nr. 189.

Heil und Gesundheit, ein langes Leben und keinerlei Übel.[52] In Totentexten kommt die Vorstellung vom Zusammensein der Familienmitglieder auch im Jenseits zum Ausdruck.[53] In Text und Bild werden gelegentlich die Großeltern mit einbezogen.[54] Die Beteuerung, geliebt – bzw. geehrt oder gelobt – von seinem Vater und geliebt von seiner Mutter zu sein[55] und ein positives Verhältnis zu seinen Geschwistern und anderen Angehörigen des Haushaltes zu haben, weisen auf das Ideal einer harmonischen Familienbeziehung, desgleichen die Schilderung von Ruhe und Ordnung nach Zeiten der Wirren:

> „Nicht wurde das Kind neben seiner Mutter oder der Bürger neben seiner Gattin mißhandelt."[56]

3. Mutter und Kind

Die enge Beziehung zwischen Mutter und Kleinkind liegt in der Natur.[57] Die Mutter trug das Kind in einem Tragtuch[58] oder, wenn es größer war, auf ihrer Hüfte[59] mit sich herum. Sie stillte das Kind lange,

---

[52] Z. B. G. Maspero: Les Momies Royales de Deir el-Bahari, in: Mémoires publiés par les Membres de la Mission Archéologie Française au Caire 1, 4, Paris 1899.

[53] Junker (wie Anm. 47) S. 137f.

[54] Darstellung: Theban Tomb Nr. 2 (eigenes Foto) und Schott (wie Anm. 9) S. 154 Nr. 125: „Seine geliebte Tochter" sagt: „Dann spreche ich mit meinen Kindern meiner Art unaufhörlich über ihren (Groß)vater und ihre (Groß)mutter."

[55] J. Janssen: De Traditioneele egyptische Autobiografie voor het Nieuwe Rijk, Bd. 1 und 2, Leiden 1946 u. a. m. Von der Liebe der Kinder zu den Eltern ist nirgends die Rede. Erst in griechischer Zeit wird sie als göttliche Forderung hingestellt (R. Harder: Karpokrates von Chalkis und die memphitische Isispropaganda, [= Abh. d. Preußischen Ak. d. Wiss., Jg. 1943, Phil.-hist. Kl. Nr. 14], Berlin 1944, S. 26, M § 19f.). Allgemein wird das Wort „lieben" im Ägyptischen immer vom Höheren auf den Niedrigeren angewandt. Götter lieben den König, ihren Sohn, Eltern ihre Kinder, der Mann seine Frau (E. Hornung: Der Eine und die Vielen, Darmstadt 1971, S. 196–198).

[56] F. Ll. Griffith: The Inscriptions of Siût and Dêr Rîfeh, London 1889, Tf. 13 Z. 33.

[57] Vgl. Feucht, in: LÄ IV, Sp. 253–263.

[58] Zu Beispielen vgl. Feucht, in: LÄ IV, Sp. 259 Anm. 92.

[59] S. Schott: Die Bitte um ein Kind auf einer Grabfigur des frühen Mittleren Reiches, in: JEA (wie Anm. 40) 16 (1930) Tf. 10; Ch. Desroches-Noblecourt: ‚Concubines du Mort' et Mères de Famille au Moyen Empire, in: BIFAO (wie Anm. 10) 53 (1953) S. 34–40, Tf.

ein Bild, das immer wieder dargestellt wird, sei es in der Kleinplastik oder im Flachbild.[60] Wie auch heute noch geschah das bei einfachen Frauen in aller Öffentlichkeit. Darstellungen zeigen uns eine Schiffersfrau, die ihr Kind auf der Kajüte sitzend stillt, eine Dienerin beim Brotbacken, eine andere in der Küche; eine stillt ihr Kind, während sie von einem Büttel geschlagen wird, eine andere sitzt unter Musizierenden und Spielenden und reicht ihrem Kind die Brust. Größere Kinder wurden im Stehen gestillt; einmal wird eine Stillzeit von drei Jahren erwähnt.[61] Bei wohlhabenden Frauen übernahm gelegentlich eine Amme diese Funktion. Interessant ist, daß Ammen in den engen Familienkreis aufgenommen wurden. Durch ihre Milch traten sie in eine Art Verwandtschaftsverhältnis zu ihrem Nährkind. Könige wählten die Frauen ihrer hohen Beamten als Amme für ihre Söhne und Töchter. Sie wurden sozial so hoch eingeschätzt, daß Thutmoses III. seine Milchschwester zu seiner Hauptgemahlin machte. Die Amme wird in den Gräbern oder auf Stelen mit unter den Familienmitgliedern oder in enger Verbindung zu ihrem Nährkind dargestellt. Männer königlicher Ammen lassen ihre Frau mit ihrem Zögling auf dem Schoß in ihren Gräbern abbilden. Eje, Befehlshaber der Streitwagentruppe unter Echnaton und Gemahl der Amme Nofretetes, führte die Regierungsgeschäfte für den noch minderjährigen Tutanchamun und folgte ihm auf den Thron.[62] In Darstellungen der Königsideologie erscheinen Göttinnen als Ammen des Königs. Sie reichen dem Herrscher die Brust, der mit der Ammenmilch die göttlichen Kräfte der Göttin in sich aufnimmt.[63] Der Einfluß der Ammen auf das Kind ging offensichtlich über die Stillzeit hinaus. Ein Schüler beklagt sich über das Unverständnis seiner Amme;[64] auch erscheinen die Ammen noch neben ihren erwachsenen Nährkindern in den Grabdarstellungen. Sie werden nach der Stillzeit an der Betreuung und Erziehung der Kinder weiter mitgewirkt haben. Bezeichnenderweise ist das Wort für den

---

IVf. u. a. m.; Feucht 1981, „Tragen des Kindes auf der Hüfte der Frau und Bitte um ein Kind"; dies., in: LÄ IV, Sp. 259 Anm. 94.
[60] Feucht 1981, „Stillen"; dies., in: LÄ III, Sp. 425 mit Anm. 18–22.
[61] Ani VI, 17f.
[62] R. Hari: Horemheb et la Reine Moutnedjemet, Genf 1964, S. 173, und J. v. Beckerath, in: LÄ I, Sp. 1211.
[63] Feucht, in: LÄ III, Sp. 425 mit Anm. 23–27.
[64] Siehe Anm. 136.

männlichen Erzieher ebenfalls „Amme" und wird mit dem Deutzeichen der ‚Brust' geschrieben.[65]

Aus den Texten geht auch die enge Beziehung zwischen der Mutter und ihren älteren Kindern hervor. Das Kind sollte Vertrauen zu seiner Mutter haben, mehr als zu allen anderen,[66] ihr gegenüber ehrlich sein und sie nicht anlügen.[67] In ihrer Hand lag nicht nur sein leibliches Wohl, sondern auch seine Erziehung:

> „Heirate keine gottlose Frau, damit sie deine Kinder nicht schlecht erziehe",

lesen wir in der Lehre des Anchscheschonqi, die für die gebildete Schicht verfaßt worden war.[68] Doch das gleiche gilt in der Königsfamilie. Es heißt von Nofretete, sie sei unter der Leitung *(ḫr ḏrt)* des Königs Echnaton, die Königstöchter, ihre Kinder, jedoch seien unter ihrer, ihrer Mutter, der Königin Leitung.[69]

Die Mutter sorgte dafür, daß das Kind in die Schule ging,[70] nach einem späten Text sieht sie sogar nach ihm im Unterricht und erkundigt sich bei dem Lehrer, ob ihr Sohn dumm sei.[71] Vielleicht spielte sie auch bei der Reifezeremonie eine Rolle. Dies geht aus einer mythischen Erzählung hervor, in der die verwitwete Göttin Isis an ihrem Sohn Horus die Reifezeremonie vollzieht.[72] Unklar ist dabei, ob diese hier die Rolle des verstorbenen Vaters übernimmt.[73] Auf die Enge des Verhältnisses des Kindes zu seiner Mutter und auf den Loslösungsprozeß von ihr weisen die Worte eines Vaters, der den Schreiberberuf über alles preist, an seinen Sohn:

---

[65] A. Erman und H. Grapow: Wörterbuch der Aegyptischen Sprache II, Berlin ²1957, S. 78.
[66] Anchscheschonqi Col. 13, Z. 17f.
[67] Cheti 10, 5.
[68] Anchscheschonqi Col. 25, Z. 17ff.
[69] Urk. IV, 1983.
[70] Ani VI, 17ff. Von der Versorgung des Schulkindes hören wir auch aus keilschriftlichen Texten in Mesopotamien (I. Seiber: Die Frau im Alten Orient, Leipzig 1973, S. 33f.).
[71] Brunner-Traut 1963, S. 214.
[72] Pyr. 1213c–1214c.
[73] Osiris, Vater des Horus, war von seinem Bruder Seth um des Königtums willen ermordet worden.

236

„Ich lasse dich die Schriften mehr lieben als deine Mutter."[74]

Als Übel wird die Trennung des Kindes von seiner Mutter dargestellt, wenn der Sohn den Soldatenberuf erlernt und früh einkaserniert wird[75] oder wenn das Kind in Unruhezeiten von seiner Mutter getrennt wird.[76] Für die Waisen zu sorgen, galt zu allen Zeiten als gute Tat.[77] Manchmal wurde das allerdings den Göttern überlassen, wobei unklar bleibt, ob es an Tempeln eine Art Waisenhaus gab, oder ob man die Kinder einfach einer Gottheit anempfahl, um sich nicht mehr um sie kümmern zu müssen.[78]

In Liebesangelegenheiten der älteren Töchter scheint der Mutter eine Vermittlerrolle zugefallen zu sein.[79] Um die Hand eines Mädchens mußte der Jüngling jedoch bei ihrem Vater anhalten. Eine Mutter konnte ihre unmündigen Kinder in Rechtsangelegenheiten vertreten. Überlebte die Königin ihren Gemahl, so konnte sie ihrem Sohn, dem Thronfolger, beratend zur Seite stehen;[80] war der Sohn noch unmündig, übernahm seine Mutter die Regentschaft.[81] Letzteres ist auch von der verwitweten Mutter eines Gaufürsten überliefert,[82] so daß wir allgemein auf die Rechtsvertretung der Mütter für ihre Kinder schließen können. Aus pharaonischer Zeit haben wir kaum Urkunden, die uns Einblick über die Rechte der Mutter in der übrigen Bevölkerung geben. Nur ein Fall ist uns aus dem Mittleren Reich bekannt, da eine Mutter über ihr Kind verfügt: eine Frau vermietet ihre Tochter zur

---

[74] Cheti 4, 5.

[75] pSallier I, 7 = pAnast. II, 6, 7–8, 5. Ähnlich pAnast. IV 9, 7–10, 1.

[76] Griffith (wie Anm. 56) IV, S. 33.

[77] Feucht, in: LÄ III, Sp. 427 mit Anm. 77 und 78.

[78] Dem Gott Thot: pAnast. V 9, 7; dem Gott Re: S. Hermann, in: Fragen an die Altägyptische Literatur. Gedenkschrift Otto, Wiesbaden 1977, S. 270; dem Gott Amun: Hari (wie Anm. 62) S. 52 Z. 10f. Vgl. auch den Namen „Sie haben ihn dem Gott NN gegeben", der auf ein Waisenhaus deuten mag.

[79] Schott (wie Anm. 9) S. 39 Nr. 2, S. 42 Nr. 6 u. S. 148 Nr. 119. Vgl. auch Feucht 1985, S. 66f.

[80] Der König von Mitanni schreibt nach dem Tod Amenophis' III. an Echnaton, er solle sich um Rat an seine Mutter Teje wenden, denn sie kenne ihre politischen Abmachungen (J. A. Knudtzon: Die el-Amarna Tafeln, Aalen 1964, Nr. 26, 28, 29). Hierzu und zum folgenden s. Feucht 1981, „Einfluß der Mutter auf ihre Söhne".

[81] Urk. I, 112; W. St. Smith: The Art and Architecture of Ancient Egypt, London 1958, Tf. 56 A.

[82] Griffith (wie Anm. 56) Tf. 15.

Arbeitsleistung.[83] Aus ptolemäischer Zeit sind uns ähnliche Beispiele belegt.[84] In der Spätzeit und in griechisch-römischer Zeit sind die Quellen bedeutend reichhaltiger. Wir erfahren, daß sich Frauen in ehegüterlichen Urkunden Zusicherungen für gemeinsame Kinder geben ließen,[85] daß sie im Interessenkonflikt mit dem Vater Erklärungen abgeben[86] oder für ihn einen Prozeß führen konnten.[87] War die Mutter verwitwet, konnte sie in römischer Zeit ihr Kind zur Adoption freigeben[88] oder eine Tochter in die Ehe geben bzw. deren Ehe auflösen.[89] In römischer Zeit brauchte die Mutter die Zustimmung des Vaters, um für ihr Kind einen Vormund zu bestellen.[90] Sorgte die Mutter für das Kind, so hatte das erwachsene Kind für die Mutter zu sorgen. Dies geht aus der direkten Forderung des Ani:

„Verdopple das Brot, das dir deine Mutter gegeben hat"

und einigen anderen Andeutungen hervor.[91]

4. Vater und Kind[92]

Oben wurde bereits auf die Vorstellung des Ägypters zur Abstammung des Kindes aus dem Samen des Vaters eingegangen. Im Sohn wiederholt sich der Vater. In dem Personennamen „Der seinen Vater wiederbringt" kommt das deutlich zum Ausdruck. Ein rechter Sohn

---

[83] T. E. Peet: Two eighteenth Dynasty Letters, Papyrus Louvre 3230, in: JEA (wie Anm. 40) 12 (1926) S. 71 ff.; S. R. K. Glanville: The Letter of Aaḥmōse of Peniati, in: JEA 14 (1928) S. 309. Siehe ↗ S. 253 mit Anm. 161.

[84] E. Seidl: Ptolemäische Rechtsgeschichte (= ÄF [Ägyptologische Forschungen] 22), Glückstadt, Hamburg und New York ²1962, S. 179 mit Anm. 8.

[85] E. Seidl: Ägyptische Rechtsgeschichte der Saiten- und Perserzeit (= ÄF 20), Glückstadt, Hamburg und New York ²1968, S. 50.

[86] E. Seidl (wie Anm. 84) S. 179 mit Anm. 7.

[87] Ebd. S. 88.

[88] J. Lindsay: Daily Life in Roman Egypt, London 1963, S. 71 u. 48.

[89] Ebd. S. 71.

[90] Ebd. S. 71 u. 327 Anm. 2.

[91] Ani 6, 17. Ferner Feucht 1981, „Sorge um das Kind und Pflichten des Kindes"; z. B. Schott (wie Anm. 9) S. 51 Nr. 2 u. S. 148 Nr. 119.

[92] Zur Vater-Sohn-Beziehung, auch unter religiösem Aspekt, auf den hier nicht eingegangen wird, vgl. Assmann 1976.

ist von der Ka-Seele des Vaters gezeugt,[93] in ihm ist seines Vaters Ba-Seele.[94] Durch den umarmenden Ka-Gestus übermittelt der Vater seinen Kindern (Sohn wie Tochter) Teil seiner selbst[95] und erkennt sie dadurch an.[96] Ein Mann war voll verantwortlich für seine Kinder. Er sollte erst heiraten, wenn er eine Familie versorgen konnte,[97] er sollte für alles sorgen, das ihm geboren wurde,[98] und sein Kind nicht seinen Unterhalt missen lassen.[99] Doch nicht allein auf das leibliche, auch auf das seelische und geistige Wohl seiner Kinder sollte sich seine Sorge erstrecken. Befand sich das Kind noch im Mutterleib, so nahm er bereits Beziehung zu ihm auf:

„dem alles vom Vater gesagt wurde, schon als er noch im Leib seiner Mutter war".[100]

Besorgte Briefe von von zu Hause abwesenden Vätern zeigen, daß sie auch das Wohlergehen der Kinder und ihre schulische Erziehung ernst nahmen.[101] Dies bedingte einen engen Kontakt zwischen Vater und Kind, der in den Worten des Gottes Geb an seinen Sohn Osiris Ausdruck findet:

„Ich kenne die Verfassung meines Kindes,
(denn) ein Mann soll Bescheid wissen über das, was aus ihm hervorgegangen ist."[102]

Schon früh begann die Schulung auf den väterlichen Beruf. Teils

---

[93] Ptahhotep 204.
[94] CT I, 162 f.; vgl. Assmann 1976, S. 34.
[95] Pyr. 1653 a.
[96] Assmann 1976, S. 15 u. 47 f.
[97] Feucht 1985, S. 58.
[98] Ani VIII, 2.
[99] Anchscheschonqi Col. 13, 19 u. 16, 3.
[100] Ptahhotep 629 f.
[101] H. James: The Ḥeḳanakhte Papers, New York 1962; J. Černý: Late Ramesside Letters (= Bibl. Aeg. [Bibliotheca Aegyptiaca] IX), Brüssel 1939, übers. v. E. F. Wente: Late Ramesside Letters, in: Studies in Ancient Oriental Civilization (= The Oriental Institute of the University of Chicago 33), Chicago-London 1967. In der Lehre des Cheti bringt der Vater seinen Sohn selbst zur Residenzschule.
[102] J. Assmann: Die Inschrift auf dem äußeren Sarkophagdeckel des Merenptah, in: MDAIK (Mitteilungen des Deutschen Archäologischen Instituts in Kairo) 28 (Wiesbaden 1972) S. 55 u. 66 (48).

begleitete der kleine Sohn, manchmal auch die Tochter, den wohlhabenden Vater bei der Inspektion seiner Güter und Werkstätten und
lernte dabei die Aufgaben, die er später einmal vom Vater übernehmen
sollte. Kinder einfacher Leute wurden teils spielend in die Arbeitsbe-
reiche ihrer Väter eingeführt, indem sie erst zuschauten, dann Hand-
langerdienste leisteten, um schließlich ganze Aufgabenbereiche zu
übernehmen. Zum Erlernen eines gehobenen Berufes schickten die
Väter ihre Söhne in Schulen, in Künstler-, Schreiber- (d. h. Beamten-)
und Priesterschulen. Während die Ausbildung der Künstler in Palast-
oder Tempelwerkstätten stattfand – teils durch Unterweisungen des
eigenen Vaters –, Priester beim Vater und in Priesterschulen lernten,
gab es für die für den zentralistisch organisierten Staat Ägypten so
notwendige Beamtenschaft Gemeinschaftsschulen oder Lehrverhält-
nisse bei einem älteren, erfahrenen Beamten (s. u.). Hier erhielt der
Sohn die Ausbildung, nach der er im Sinne des Vaters erzogen wurde,
denn

„niemand wird geboren, indem er klug ist".[103]

Daher sind sogenannte Lehren so gehalten, als spräche ein Vater zu
seinem Sohn. Der Sohn sollte gehorchen und die Lehre des Vaters
aufnehmen. Folgte er dem Beispiel des Vaters, gehorchte er ihm und
kümmerte er sich um sein Gut, so sollte der Vater ihm alles Gute
erweisen, denn:

„Er ist dein Sohn, den dein Ka erzeugt hat; trenne dein Herz
nicht von ihm."

War er jedoch aufsässig, ging er in die Irre, widersetzte er sich dem
Vater und sprach Übles, dann

„Mach ihn dienstbar, denn sein Wort ist sein Charakter",

er ist bereits im Mutterleib von den Göttern mit Haß geschlagen.[104]

---

[103] Ptahhotep 41.
[104] Ptahhotep 197–219. Die gleiche Konsequenz ist in einer Inschrift Sesostris' III.
angedroht. Ein Sohn, der die von ihm gesetzten Grenzen des Landes verteidigen werde,
„der ist mein Sohn, der wurde mir geboren", wer sie jedoch preisgebe, „der ist nicht
mein Sohn, der ist mir nicht geboren" (E. Blumenthal: Untersuchung zum ägyptischen
Königtum des Alten Reiches, in: AdSAW [wie Anm. 19] 61,1, Leipzig 1970, S. 151;
Assmann 1976, S. 14 f. u. 48). Vgl. auch pInsinger 9, 5: „Es ist besser, ein törichtes Kind
im Fluch zu verstoßen."

Weiter unten werden wir sehen, daß sich das auf das Erbe des Vaters auswirken konnte.

Bei der Erziehung sollte der Vater mit Liebe, Geduld und Klugheit vorgehen, er sollte aber auch nicht vor Strafe zurückschrecken, denn falsch verstandene Liebe, die auf Strafe verzichtet, richte die Kinder und mit ihnen auch den Vater zugrunde:

> „Belohnung und Stock halten Gleichgewicht in der Hand des Klugen"[105]

doch:

> „Prügle nicht deine Kinder, wenn sie zu alt sind für strenge Bestrafung"[106]

sind Töne, die in der Spätzeit aufkommen. Gelang dem Vater die Erziehung nicht und mißriet sein Sohn, so traf ihn die Mitschuld:

> „Die Kinder eines Dummen laufen in der Straße herum, die eines klugen Mannes sind an seiner Seite."[107]

Der Vater sollte keines seiner Kinder bevorzugen, da er nicht wissen könnte, wer einmal gut zu ihm sein werde.[108]

Die Kinder sollten sich so verhalten, daß sie Liebe und Lob von ihren Eltern verdienten.[109] Die Lehren verlangten Gehorsam dem Vater gegenüber. Interessant ist die Formulierung des Baki auf seiner Stele, durch die er den altersbedingten Wandel im Verhältnis des Kindes zu seinem Vater zum Ausdruck bringt:

> „Ich achtete, als ich groß war, den, den ich verehrt hatte, als ich klein war."[110]

---

[105] pInsinger 3, 19 ff. Eine ähnliche Vorstellung liegt in den Proverbien 13, 24 vor: „Wer seinen Stock schont, der haßt seinen Sohn, wer ihn aber lieb hat, bedenkt ihn mit Züchtigungen." (E. Kautsch: Die Heilige Schrift des Alten Testaments II, Tübingen 1910, S. 268)
[106] Brunner 1957, Qu. LX c.
[107] Anchscheschonqi Col. 18, 11.
[108] Anchscheschonqi Col. 13, 10.
[109] Wie Anm. 55.
[110] E. Drioton, in: Recueil d'études égyptologiques dédiées à la mémoire de Jean François Champollion, Paris 1922, S. 548 Z. 11 f. u. S. 550.

Der Vater sollte seine Kinder nicht nur ernähren und unterweisen, er sollte ihnen in allen Situationen beistehen und sie vor Gefahren bewahren.[111] Mit dem Ausruf:

„Hätte ein Vater jemals seinen Sohn vergessen"

wendet sich Ramses II. in höchster Gefahr an seinen Vater, den Gott Amun.[112] Der Beistand ging sogar über den Tod hinaus. Dies verdeutlichen die Darstellungen in den Gräbern der unmündigen Söhne Ramses' III. im Königinnengräbertal. Die Prinzen erscheinen immer hinter ihrem Vater, der den Göttern gegenübertritt.[113] Mentuherchepeschef hingegen, Sohn Ramses IX., der bei seinem Tod bereits erwachsen war und im Königsgräbertal bestattet wurde, tritt ohne Begleitung seines Vaters vor die Götter.[114]

5. Ziel und Form der Ausbildung

5.1 Der ägyptische Staat und seine Verwaltung

Der ägyptische Staat war ein Bauernstaat, der von einer zentralen Gewalt, dem König, gelenkt wurde. Durch die geschützte Lage Ägyptens konnte sich dieser Staat ohne tiefgreifende Einwirkungen von außen bis zum Einbruch der Perser (im 5. Jh. v. Chr.) und später der Griechen und Römer frei entfalten. Seine Ausdehnung verlangte eine feste Ordnung, die durch einen starken König und getreue Untergebene gewährleistet war. Schwäche des Herrschers und Versagen der Zentralregierung wirkten sich verhängnisvoll aus.

Das ägyptische Königtum war geprägt vom Begriff der Maat, den wir mit Wahrheit, Gerechtigkeit, Ordnung oder ähnlichem zu übersetzen pflegen, der jedoch alle Elemente der Weltordnung umfaßte

---

[111] Pyr. 829c, 836, 224c.
[112] K. A. Kitchen: Ramesside Inscriptions II, Oxford 1979, S. 34, 92 und § 93: „Es gibt keinen Gott, der vergäße, was er geschaffen hat." (Gebetsformel seit der 18. Dynastie, Assmann [wie Anm. 102])
[113] B. Porter und R. L. B. Moss: Topographical Bibliography of Ancient Egyptian Hieroglyphic Texts, Reliefs and Paintings, Bd. 1, 2, Oxford ²1973, S. 752–755 u. 759.
[114] Ebd. S. 546.

und durch das Verhalten der Götter und Menschen zueinander bestimmt wurde. Der König, als Sohn Gottes gleichzeitig Gott und Mensch, war verpflichtet, für beider Wohl zu sorgen, damit der Weltengang sowohl im Diesseits als auch im Jenseits seine rechten Formen beibehielt. Er erkannte den Willen der Götter, erbaute ihnen Tempel, war verantwortlich für ihren Kult und vermittelte zwischen Gott und Mensch. Für seine Untergebenen sorgte er, damit sie in Recht miteinander lebten und auch in Notzeiten nicht Mangel litten. Die Menschen wohnten in Dörfern und Städten zusammen. Bei der Feldbestellung waren die Bauern allein schon durch das komplizierte Bewässerungssystem aufeinander angewiesen. Feldvermessungen, nach denen die Abgaben an den Staat berechnet wurden, und das Eintreiben und Verwalten dieser Abgaben verlangten eine große Beamtenzahl. Für das Wohl des Königs, zu Lebzeiten und nach dem Tod, und das der Götter in ihren großen Tempeln mit riesigen Versorgungs- und Verwaltungsanlagen sorgten Beamte und Priester. Letztere sind wie Beamte anzusehen, denn sie vertraten im Kult den König vor den Göttern und verwalteten den Gottesbesitz in seinem Auftrag bis hin zu der Zeit, da sie sich verselbständigten. Für all dies bedurfte es eines gewaltigen Verwaltungsapparates, zu dem Priester und Beamte, die unbestechlich und dem König treu ergeben waren, herangezogen werden mußten. Mit der Expansionspolitik der Herrscher des Neuen Reiches in der zweiten Hälfte des 2. Jahrtausends v. Chr. kam durch das Militär ein neuer Stand hinzu.

Mitglied einer dieser Stände zu sein und darin zu Ehren zu gelangen, war Ziel des ägyptischen Mannes; auf dieses Ziel richtete er die Erziehung seiner Söhne. Seinen Sohn als Nachfolger in seinem Amt zu sehen, ist ein immer wiederkehrender Wunsch des Ägypters.[115] Der Sohn sollte den Vater sogar übertreffen und zu höheren Ehren gelangen. Welche Bedeutung dies für den Ägypter hatte, zeigt die

---

[115] Feucht 1981, „Nachfolger im Besitz und Amt". Im sogenannten „Anruf an Lebende" wird jeder Vorbeikommende, der lesen und schreiben konnte und damit zu den leitenden Persönlichkeiten gehörte, auf Totenstelen angerufen, ein Gebet um Opfer für den Verstorbenen zu sprechen, die diesem das Weiterleben im Jenseits ermöglichten. Für die Erfüllung dieses für den Toten so wichtigen Wunsches verspricht er, sich im Jenseits dafür einzusetzen, daß der Sohn des Betenden einmal dessen Stelle einnehmen werde (Ch. Müller, in: LÄ I, Sp. 295–299). Mit dem Amtserbe war das Amtseinkommen verbunden.

Strafandrohung für Verfehlung im Amt, die nicht nur die Entlassung des Schuldigen beinhaltet, sondern auch den Ausschluß des Sohnes in der Amtsfolge.[116] Die Amtsübernahme mußte durch den König genehmigt werden. Die Genehmigung wird zu verschiedenen Zeiten eine Formsache gewesen sein, doch sollte die Eignung des Sohnes Vorbedingung sein. Häufig genügte bereits die Abstammung aus gehobenem Stand, um die Ämterlaufbahn einschlagen zu können.[117] Theoretisch stand sie jedoch jedem Bürger offen. Um die Machtstellung des Beamtentums zu brechen, zog der König, insbesondere in Zeiten politischer Schwierigkeiten, gerne Beamte heran, die unbelastet waren und nicht von Haus aus Machtpositionen einnahmen, sondern von seiner Gunst abhängig waren.[118]

5.2 Erziehung zum Beamten

Ursprünglich wird Wissensvermittlung in der Familie stattgefunden haben. Hieraus resultiert, daß der Lehrer in Ägypten als (geistiger) „Vater" eines (geistigen) „Sohnes" angesehen wurde. Die hohen Beamten stammten anfangs aus der Königsfamilie, in deren Mitte wohl auch die Erziehung stattfand. Hierauf weist die für seinen Sohn verfaßte Lehre des Prinzen Hordjedef, der selbst ein Sohn Königs Cheops war.[119]

---

[116] Feucht 1981, „Haftung der Familienangehörigen für Vergehen des Vaters"; s. auch ↗ S. 255f.

[117] W. Helck: s. v. Amtserblichkeit, in: LÄ I, S. 228f.; H. Kees: Das Priestertum im ägyptischen Staat. Probleme der Ägyptologie, Leiden 1953, S. 149ff. u. 294ff. Als Grund der Vererbung des Priesteramtes an den Sohn wird zweimal das göttliche Geheimnis angegeben, das niemand sonst kennen dürfe: „Es ist ein Geheimnis; ihr (der Göttin Mut) Abscheu ist es, wenn man es sieht. (Es darf) vom Vater auf seinen Sohn vererbt werden, (damit man es) nicht sehen und nicht hören wird." (pSalt 825; vgl. A. Mariette: Dendérah V, Paris 1880, S. 39 u. 132f.; Loret, in: Receuil de Travaux Rélatifs à la Philologie Egyptiennes et à l'Archéologie Egyptiennes et Assyriennes V, Paris 1884, S. 92, Col. 133, und Feucht 1985, S. 55f.

[118] „Erhebe den Sohn eines angesehenen Mannes nicht mehr als einen Bürger, sondern hole dir den Mann wegen seiner Taten." (Merikare 60ff.) In der Amarnazeit hat der König Emporkömmlinge bevorzugt (H. Kees: Die Laufbahn des Hohenpriesters Onhurmes von Thinis, in: ZÄS 73 (1937) S. 83; W. Helck: Der Einfluß des Militärführers in der 18. ägyptischen Dynastie (= UGAÄ [Untersuchungen zur Geschichte und Altertumskunde Ägyptens], 14, Leipzig und Berlin 1939, S. 29ff. Zu Beispielen aus allen Zeiten Feucht 1981, „Nachfolger in Besitz und Amt" und „Amtsvererbung".

[119] G. Posener, in: RdE (Revue d'Egyptologie, Paris) 9 (1952) S. 109–117; ders., in:

Als jedoch im Laufe des Alten Reiches die Verwaltungsstellen immer mehr von Beamten, die nicht aus der Familie des Königs stammten, übernommen wurden, mußte der Kreis der Ausbilder erweitert werden, wenn auch jetzt noch Prinzen an der Erziehung der Königskinder beteiligt waren.[120] Kinder hoher Beamter, aber auch Kinder einfacher Leute, die in ihren späteren Autobiographien ihre Abstammung nicht angaben oder gar ihre niedere Herkunft hervorhoben,[121] wurden in Palastschulen, teils mit den Königskindern zusammen, erzogen.[122] Sie sollten nicht allein eine gute Ausbildung erhalten, sondern ganz im Geiste des Königs, einige sogar mit dem späteren König zusammen, heranwachsen, um diesem später treu ergeben zu sein. Manch einer rühmt sich, vom König selbst erzogen worden zu sein,[123] was wir allerdings nicht immer wörtlich nehmen dürfen. Deutet es in einigen Fällen auch die leibliche Nähe zum König an, so ist wohl häufiger an eine Erziehung im Sinne des Königs zu denken, insbesondere in der Amarnazeit, in der wir diese sich häufenden Aussagen als eine Treueerklärung der Beamten, die der neuen Lehre des Königs folgten, zu verstehen haben.

Zu der Ausbildung mit den Königskindern gehörte neben der geistigen Schulung auch der Sport[124] und, nach Diodor I, 53, auch

---

RdE 8 (1966) S. 62–65; E. Brunner-Traut, in: ZÄS (Zeitschrift für Ägyptische Sprache, Leipzig, Berlin) 76 (1967) S. 3–10; Lichtheim 1975, S. 58 f.

[120] Der Sohn des Königs Asosi, im Beruf General, wird hiermit beauftragt (Urk. I 183, 3)

[121] Brunner 1957, Qu. XXXII–XXXIII.

[122] Feucht 1981, „Erziehung am Hof". Zu den Zöglingen am Königshof gehörten offensichtlich auch die „Kinder der Kap" (*ḫrdw n k3p*), die durch die gemeinsame Erziehung auch als Erwachsene noch in einer eigenen Institution zusammengefaßt waren, wobei die berufliche Stellung, die sie erreicht hatten, keine Rolle spielte. Zu den *ḫrdw n k3p* konnten neben Ägyptern auch Ausländer gehören; einige brachten es nur zu untergeordneten, andere zu sehr hohen Ämtern (Feucht 1981, „*Jḥms n k3p – ḫrd n k3p*", und dies.: The *ḫrdw n k3p* reconsidered, in: Pharaonic Egypt, hrsg. v. S. I. Groll, Jerusalem 1985, S. 38 ff., mit weiterführenden Ergebnissen als W. Helck: Der Einfluß des Militärführers in der 18. ägyptischen Dynastie, in: UGAÄ (wie Anm. 118) 14 (1939) S. 34; T. Säve-Söderbergh: Ägypten und Nubien, Lund 1941, S. 185 f.; Ch. Desroches-Noblecourt, in: Actes du XXIe congrès International des Orientalistes, Paris 1948, und Brunner 1957, S. 17.

[123] Brunner 1957, Qu. XX a–g. In der 10. Dynastie rät König Achthoes seinem Sohn Merikare: „Töte keinen, dessen gute Seiten du kennst, da du einst mit ihm die Schriften gesungen hast." (Merikare 50 f.; Brunner 1957, S. 16 und Q VIII b)

[124] Cheti von Assiut lernte mit den Königskindern schwimmen (W. Decker: Die physische Leistung Pharaohs, Köln 1971, S. 71).

strapaziöse Unternehmungen. Beides sollte den Zusammenhalt mit dem späteren König fördern, damit dieser sich einmal voll auf seine Beamten stützen konnte, sei es im Alltag, bei Feldzügen oder während seiner Abwesenheit von der Residenz, oder wenn sie, wie beispielsweise die Gaufürsten, ihre Ämter weit entfernt von der Residenz ausübten.

In welchem Alter die Ausbildung am Hofe erfolgte, sagen uns die Quellen nicht. Kinder von Beamten, die fern der Residenz lebten, werden ihre Grundausbildung in der Nähe ihrer Eltern erhalten und erst später das Haus verlassen haben.

Doch nicht jeder gehörte zu den Auserwählten, die eine Palastschule besuchen konnten. Für das Heer der benötigten Beamten wird es weitere Schulen in der Residenz gegeben haben, zu der Söhne hoher Beamter geschickt wurden.[125] Auch andernorts entwickelten sich Schulen. Ursprünglich werden Gelehrte ihre Schüler um sich geschart und mit ihnen in einem Vater-Sohn-Verhältnis gelebt haben. Der Zauberer Djedi aus der Zeit des Cheops verlangte ein ganzes Schiff für seine Schüler („Kinder") und Bücher, um mit ihnen zur Residenz an den Hof des Königs zu fahren.[126] Aus der 1. Zwischenzeit stammt die erste Erwähnung einer Klasse.[127] Aus dem Neuen Reich sind uns mehrere Schulen bekannt, die meist in Tempeln gelegen haben.[128]

Obwohl, nach Vorstellung des Ägypters, das Schicksal des Menschen durch die Götter gegeben ist und die Götter bereits entschieden haben, ob sie einer Person positiv oder negativ gegenüber stehen und damit seinen Lebenslauf in positive oder negative Richtung lenken,[129] war es dem Menschen doch noch gegeben, durch Wissen und richtiges

---

[125] In der Lehre des Cheti begleitet der Vater seinen Sohn zu einer solchen Residenzschule, in der der Sohn mit den „Kindern der Großen" zum Beamten erzogen werden soll. Vgl. auch pAnast. V, 22, 6–7.

[126] Lichtheim 1975, S. 218; Brunner-Traut 1963, S. 17.

[127] Brunner 1957, S. 13; ders.: Die Texte aus den Gräbern der Herakleopolitenzeit von Siut (= ÄF [wie Anm. 84] 5), 1935, S. 26.

[128] Brunner 1957, S. 18f.

[129] Ptahhotep 546–550: „Wen Gott liebt, der ist einer, der hört; nicht hört der, den Gott haßt." und Petosiris: „Gott ist es, der es (schlechte Gedanken) in das Herz dessen gibt, den er haßt, um seine Güte einem anderen, den er liebt, zu geben." (G. Lefèbvre: Le tombeau de Petosiris II, Kairo 1923, S. 91 inscri. 127 Z. 6) oder Louvre C 223: „Einer, den Gott liebt, der ist zufrieden, wen Gott haßt, der schwindet dahin." (P. Pierret: Inscriptions du Louvre II, 1878, S. 21, und ZÄS [wie Anm. 119] 79 [1954] S. 137) Hierzu vgl. S. Morenz (wie Anm. 19) S. 7–36.

Verhalten seinen Lebensweg mitzuformen. Hierfür sind die Lehren bestimmt, in denen das Wissen von den Vorfahren, „die einst auf die Götter hörten",[130] überliefert worden ist und die das Erziehungsideal beinhalten, das vom Vater (Lehrer) auf den Sohn (Schüler) weitergegeben werden soll. Die ganze Erziehung wurde darauf ausgerichtet, daß der Sohn zum Beamtenberuf ausgebildet werde, in dem er einst dem Vater folgen sollte. Der Sohn sollte zu einem „Stab des Alters" erzogen werden, der den Vater in seinen Amtsfunktionen entlastete, um sie dann voll zu übernehmen.[131] Der gleiche Gedanke liegt in der Korregenz des Königs mit seinem Sohn vor, die vor allem nach den Erfahrungen des Zusammenbruchs des Staates in der 1. Zwischenzeit von den Königen des Mittleren Reiches ausgeübt wurde. Der vorherrschende Gedanke ist, die Kontinuität zu sichern.

Pflicht der Erwachsenen war es daher, die Kinder zu unterweisen und im Sinne der Maat zu erziehen. In den Lehren spricht der Vater zu seinem Sohn wie zu einem Erwachsenen. Er erteilt ihm Lebensregeln, die ihn auf den „Weg des Lebens", auch „Weg Gottes" genannt, setzen und den „Unwissenden zum Wissenden" erziehen sollten, damit er im Beruf und im Leben erfolgreich werde. Schreiben, Lesen und Rechnen wurden als Grundlage vorausgesetzt. Bescheidenheit, Takt und Selbstbeherrschung, Maßhalten, Wahrheitsliebe, das richtige Benehmen Vorgesetzten, Untergebenen und Gleichgestellten gegenüber, gute Tisch- und Grußsitten, Geduld im Vorzimmer eines hohen Beamten, Barmherzigkeit,[132] Parteilosigkeit, Unbestechlichkeit und Gerechtigkeit, Verschwiegenheit, die Fähigkeit der flüssigen Rede, aber auch einen Bittsteller anhören zu können, sich von Frauen in fremden Haushalten fernzuhalten, seine eigene Frau gut zu versorgen und seinen Sohn gut zu erziehen, all dies führt ans Ziel.

Der ältere Schüler sollte auf seine Kleidung achten[133] und sich nicht Vergnügungen hingeben wie Trinken, zum Tanz gehen, sich mit

---

[130] Ptahhotep 28–35. Vgl. auch Merikare 34 und pChester Beatty IV, vso 2, 5–3, 11. Im folgenden richte ich mich weitgehend nach Brunner 1957, S. 116–131, der wiederum in Teilen auf de Buck 1932 basiert.

[131] Feucht 1981, „Nachfolger in Besitz und Amt" und „Amtsvererbung".

[132] Der Witwe den Gatten ersetzen, der Waisen den Vater, den Schifflosen übersetzen, den Nackten kleiden, den Hungrigen speisen, aber auch den Toten bestatten, werden zu Topoi, derer sich manch einer in seiner Biographie rühmt.

[133] pAnast. V 22, 8–23, 1.

lockeren Mädchen abgeben[134] und zum Vogelfang im Papyrusdickicht gehen.[135] Er sollte nicht ausschweifend leben, sich aber auch nicht kasteien, den Tod immer vor Augen haben und rechtzeitig das eigene Grab bauen, denn nicht allein das Fortkommen im Diesseits zählte, auch das Jenseits sei mit zu berücksichtigen, in dem man nach den Taten des Diesseits beurteilt werde. Nicht der materielle Erfolg sei entscheidend, sondern die richtige Art zu leben. Der Unwissende könne nicht Gut von Böse trennen. Wie beim König sei bei jedem Menschen das Handeln im Sinne der Maat, nach dem Willen Gottes, entscheidend, dann werde es ihm im Diesseits wie im Jenseits wohlergehen.

Die Kinder wohnten bei ihren Eltern;[136] gingen sie in eine Residenzschule, wird es für sie so etwas wie Pensionate gegeben haben. Ältere, die zu einem erfahrenen Beamten in die Lehre gingen, haben in dessen Haushalt gelebt.[137]

Uns ist nicht bekannt, in welchem Alter die Kinder in die Schule kamen; auch über die Dauer der Ausbildung, die sich nach dem angestrebten Ziel gerichtet haben wird, wissen wir wenig.[138] Der Hohepriester Bekenchons berichtet, am Anfang des 13. Jh. v. Chr., er habe in seinem fünften Jahr seine Ausbildung begonnen. Diese dauerte elf Jahre, von denen er die letzten als Vorsteher der Ställe verbracht habe. Mit sechzehn Jahren erreichte er das unterste Amt eines Priesters *(wꜥb)* des Amun, das er vier Jahre innehatte.[139] Wir kommen damit auf zwanzig Jahre, die Altersstufe, aus der in der ersten königlichen Lehre, kurz vor 2000 v. Chr., dem König Merikare geraten wird, seinen Beamtennachwuchs zu rekrutieren.[140] Diese Tradition hat sich bis in

---

134 Ani IV 12, 3; pSall. I 9, 9; pAnast. V 1b, 1–2.

135 pLansing 2, 1; Brunner 1957, Qu. XXXIX.

136 Ani (7, 20–8, 1) wird täglich von seiner Mutter in die Schule geschickt. Im Neuen Reich klagt ein Schüler, er werde auch noch von seiner Amme verhöhnt, wenn er weinend aus der Schule nach Hause komme (Brunner 1957, Qu. XXI).

137 Brunner 1957, S. 11 und Qu. XLIIb: „sei ihm nützlich wie seine Hausfrau, werde ihm wie sein eigener Sohn...".

138 Feucht 1981, „Beginn und Dauer der Ausbildung".

139 Diese Stelle wird gewöhnlich in dem Sinne übersetzt, Bekenchons habe vier Jahre Elementarunterricht, dann weitere elf Jahre bis zum Amunspriester gehabt. Vgl. M. Plantikow-Münster: Die Inschrift des *B3k-n-ḫnsw* in München, in: ZÄS (wie Anm. 119) 95 (1969) S. 118.

140 Merikare 58.

die Zeit Diodors (I, 70) gehalten, denn er überliefert uns, die Diener des Königs seien Söhne höchst angesehener Priester, über 20 Jahre alt und die besterzogensten unter ihren Landsleuten. Auch im Papyrus Insinger erscheint dies Alter als das, in dem man ein Handwerk erlernt habe und fähig sei, eine Familie zu ernähren.[141] Vieles deutet darauf, daß der Lernende nach einer Grundausbildung bereits Titel erhielt, in denen sich sein angestrebter Beruf ausdrückte.[142] Mit der Reife, als er „stark an Arm" war bzw. „seinen Leib kontrollierte", konnte ihm ein Amt, das Verantwortung beinhaltete, übertragen werden.[143] Dies scheint, zumindest in gewissen Zeiten, mit einem Initiationsritus, dem „Knüpfen des Gürtels" *(tz mdḥ)*, verbunden gewesen zu sein.[144]

Der Schreiberberuf wird als der Idealberuf geschildert, an den kein anderer heranreiche, da alle sonstigen Berufe mit schrecklichen Plackereien und Verzicht verbunden seien, der Beamtenberuf hingegen bequem sei und Beförderungen und Ehrungen gewährleiste.[145]

Zum Schreiben und Lesen kamen Mathematik und Geometrie wie Addieren, Substrahieren, glatte Bruchrechnung, Quadratwurzel- und Proportionsrechnung, der Dreisatz, Berechnung von Inhalt und Oberfläche von Körpern (z. B. eines Pyramidenstumpfes oder der Oberfläche einer Halbkugel) und Feldvermessung hinzu.[146] Nicht an allen Schulen wird all dies gelehrt worden sein, genausowenig wie Astronomie und Astrologie, Fremdsprachen und Religion, die bereits zur Spezialausbildung gehört haben. Neben der Schulung des Geistes scheint Sport eines der Ausbildungsfächer gewesen zu sein.[147]

---

[141] pInsinger I, 56 und II, 56, 17, 23.

[142] Feucht 1981, „Das Famulussystem" und „Zeitpunkt der Amtsübernahme".

[143] Ebd. „Bezeichnung für den Herangewachsenen". Vgl. dies. 1985, S. 60f.

[144] Feucht 1981, „Reifezeremonie und Amtsübernahme". Vgl. dies. 1985, S. 65.

[145] Cheti.

[146] H. Kees: Kulturgeschichte des Alten Orients, Bd. 1, Ägypten, in: Handbuch der Altertumswissenschaft, hrsg. v. W. Otto, III, I, 3, I, München.

[147] In der Erzählung von Wahrheit und Lüge wird der Junge zur Schule geschickt, wo er vollkommen schreiben lernte und sich in allen „männlichen Arbeiten" schulte (Brunner-Traut 1963, S. 41). Siehe auch ↗ S. 245 mit Anm. 124. Min, Fürst von Thinis, bringt Amenophis II. als Kind das Bogenschießen bei. (St. Wenig und A. D. Touny: Der Sport im Alten Ägypten, Leipzig 1969, S. 40). Dies wird, wie das Reiten, nur bei einer kleinen Oberschicht zum Unterricht gehört haben. Die in den Darstellungen in Gräbern des Alten und Mittleren Reiches gezeigten Spiele gehörten wohl teilweise zur Ausbildung. Die Kinder waren nach Geschlechtern getrennt. Während die Jungen mehr Geschicklichkeitsübungen (Balance halten, Stock werfen), Leistungs- (Hochsprung) und Kampf-

Zu den bereits erwähnten Lehren kam in der 11. Dynastie (um 2000 v. Chr.) ein Lehrbuch, die Kemit, hinzu, das ungefähr über 900 Jahre, bis in die 20. Dynastie, gebräuchlich war. Weiteres wurde für den Unterricht verfaßt; schriftliche Überlieferungen wurden niedergeschrieben und auswendig gelernt. Vermutlich lernten die Schüler erst die hieratische Schrift, die durch ihre Zeichenverbindungen das Erlernen ganzer Wörter, vielleicht auch von Sätzen voraussetzte (Ganzheitsmethode). Erst später wurden Hieroglyphen gelernt, die – wie unsere Buchstaben – ungebunden nebeneinander stehen. Aus Schülerhandschriften kann geschlossen werden, daß Abschreiben, Diktat und Auswendigschreiben geübt wurde. Grammatische Übungen scheinen anfangs selten, später häufiger dazugehört zu haben.[148]

Durch „ruhiges Sprechen und Geduld", Liebe und Lob, aber auch überlegtes Strafen, sollten die Lehrer die Kinder erziehen, die hören und auswendig lernen[149] mußten. Eifriges Fragen der Schüler war zur Förderung des Verständnisses der Lehren erwünscht. Verbale Züchtigungen, wie der Appell an das Ehrgefühl, der Hinweis auf ein Vorbild, Drohungen und Beschämungen liegen neben körperlichen Strafen wie Schlagen mit der Nilpferdpeitsche[150] und das Schließen an einen Stock.[151]

---

spiele (Stockfechten und Ringkampf) trieben, waren die Spiele der Mädchen mehr tänzerisch und akrobatisch ausgerichtet (Wenig u. Touny: a. a. O.; Brunner-Traut: Der Tanz im Alten Ägypten [= ÄF [wie Anm. 84] 6], 1938).

[148] Brunner 1957, S. 72f.

[149] Das Auswendiglernen wird auch von Nikoratos in Xenophons Gastmahl (III, 5) und bei einem islamischen Gelehrten (M. Weisweiler: Die Methodik des Diktatkollegs von ʿAbd el-Karīm ibn Muḥammed as-Samʿani, 1952, S. 43) hervorgehoben; vgl. Brunner 1957, S. 134 mit Anm. 81. Seit der Perserzeit scheint als neue didaktische Methode das Rechnenlernen beim Spiel eingeführt worden zu sein, wovon auch Platon berichtet (O. Appelt: Platons Gesetze übersetzt und erläutert, Leipzig 1916, 819 A–C = Brunner 1957, Qu. LIV). Dieser erwähnt auch Ring- und Kampfspiele der Jugendlichen, die uns von Darstellungen in Gräbern des Alten und Mittleren Reiches gut bekannt sind (Wenig u. Touny [wie Anm. 147] S. 17–36). Falsch ist hingegen Diodors Bericht (I, 81), daß Ringen, Kunst und Musik nicht üblich waren.

[150] „Das Ohr eines Jungen sitzt auf seinem Rücken, er hört, wenn man ihn schlägt." (Brunner 1957, Qu. XXXVI)

[151] Vgl. ebd. S. 56–65.

5.3 Erziehung der Mädchen[152]

Obwohl die Gottheit der Schreibkunst, Seschat, eine Frau war, hören wir nichts über die Erziehung von Mädchen. Einige schreibkundige Frauen sind uns bekannt, auch können wir annehmen, daß zumindest die großen Königinnen und die Gottesgemahlinnen gebildet waren. Auf die Erziehung der Königskinder wurde großer Wert gelegt, und wir können davon ausgehen, daß die Prinzessinnen wie die Prinzen eine gute Ausbildung genossen haben. Da sie, wie wir von der Prinzessin Nofrure wissen, ihre eigenen Erzieher hatten, wird nicht nur Tanz, Gesang und Musizieren, was für den Kult von Bedeutung war, aber wohl meist von Frauen vermittelt wurde, Gegenstand ihrer Erziehung gewesen sein, sondern – neben dem Hofzeremoniell – wird auch eine geistige Schulung zur Ausbildung gehört haben. Frauen hatten häufig Priesterinnenämter inne, sogar das der Hohenpriesterin, das von bedeutendem Einfluß und mit reichen Pfründen verbunden war.[153] Die notwendigen Voraussetzungen zu solchen Berufen werden sich nicht im Kultverhalten – Tanzen und Musizieren – erschöpft haben wie vielleicht bei den Sängerinnen, Musikantinnen und Tänzerinnen bestimmter Gottheiten. Zumindest werden diese Frauen den Inhalt der Lehren wie ihre Väter und Brüder gekannt haben. Vielleicht nahmen sie sogar am Unterricht teil oder erhielten ihren eigenen Unterricht. Die Göttin Isis sagt einmal von sich, ihr Vater habe sie das Wissen gelehrt, eine Aussage, die auf weltliche Praktiken zurückgehen mag.[154]

5.4 Kinderarbeit[155]

Kleine Kinder hielten sich weitgehend in der Nähe ihrer Eltern auf. Sie spielten mit Puppen aus Stoff oder Holz, Tierfigürchen aus Nil-

---

[152] Vgl. hierzu Schott: Altägyptische Liebeslieder, Zürich 1950, S. 10 f., und Brunner 1957, S. 45–49.

[153] R. Tanner: Untersuchungen zur Rechtsstellung der Frau im pharaonischen Ägypten, in: Klio 46 (1965) S. 67 f. Zu Frauenberufen s. a. H. G. Fischer: Administrative Titles of Women in the Old and Middle Kingdom, in: Egyptian Studies I, Varia, New York 1976, S. 69 ff. Zur Schreibfähigkeit von Frauen vgl. J. Baines und C. J. Eyre: Four Notes on Literacy, in: Göttinger Miszellen 61, Göttingen 1983, S. 81 ff.

[154] Brunner 1957, Qu. LVI.

[155] Feucht 1981, „Kinderarbeit". Nach Diodor (I, 74–75 und 81) hatten sich in der

schlamm oder Holz (hölzerne Puppen und Tierfigürchen hatten häufig bewegliche Glieder), Bällen, Kreiseln und Klappern. Kinder einfacher Leute begleiteten ihre arbeitenden Mütter in die Backstube, tummelten sich bei ihren Vätern auf der Bootswerft oder auf dem Feld. Kinder wohlhabender Eltern begleiteten ihren Vater, oder auch beide Eltern, bei der Inspektion der Güter (s. o.). Darstellungen von Ähren lesenden Kindern zeigen Kinder armer Leute, die damit ein Zubrot für ihre Familie sammelten. Mädchen wie Jungen halfen beim Einkauf auf dem Markt, sei es für ihre Eltern oder für einen Dienstherrn.

Gewöhnlich werden die Söhne die gleichen Berufe wie ihre Väter eingeschlagen haben. Der Vater vererbte ihnen sein Berufswissen, wenn sie ihn begleiteten und erst mit Handreichungen, dann mit weiteren Hilfeleistungen zur Seite standen. Noch heute sehen wir Kinder ihren Aufgaben auf dem Feld nachgehen oder ihrem Vater in der eigenen kleinen Werkstatt helfen. Nicht anders wird es im Alten Ägypten ausgesehen haben.[156] Darstellungen zeigen uns Hütejungen, Jungen als Helfer beim Ackerbau, Vertreiben von Vögeln aus Früchte tragenden Bäumen, bei der Gartenarbeit, Dattel-, Feigen- und Weinernte und als Handlanger auf der Bootswerft und in der Brauerei. Auf den Gütern der Wohlhabenden hatten ältere Arbeiterkinder den Anordnungen des Gutsherrn zu folgen.[157]

Schreiberlehrlinge, Handwerksgehilfen, Leibburschen im Heer sehen wir auf den Bildern. Zwangsrekrutierungen sind uns textlich

---

Spätzeit fünf Klassen herausgebildet: Priester, Soldaten, Hirten, Bauern und Handwerker, alles freie Bürger. Beamten erwähnt er nicht. Nach Diodor durfte man keinen anderen Beruf erlernen als den, in den man hineingeboren war, um Streben nach Höherem zu vermeiden. Ob dies zur Zeit, als Herodot in Ägypten reiste, weitgehend Brauch war, oder ob Herodot falschen Informationen erlegen ist, können wir nicht feststellen. Tatsache ist, daß im Alten Ägypten der Aufstieg in einen höherstehenden Beruf durchaus möglich war (s. ↗ S. 244).

[156] Diodor berichtet, die Kinder wurden von Kindheit an mit den Arbeiten auf den von ihren Vätern gepachteten Feldern vertraut gemacht. Das gleiche galt von den Hirtenkindern.

[157] Von Petosiris heißt es, „der den Bauernkindern Anweisungen gibt, um zu veranlassen, daß sie an die Arbeiten des Jahres denken" (Petosiris, I, S. 72 und II [wie Anm. 129] Inscr. 49). Um später einmal ihren Arbeitern Anweisungen geben zu können, wurden die Kinder der Gutsherren auch in deren Berufen unterwiesen: „Unterweise deinen Sohn im Schreiben, im Pflügen, im Fisch- und Vogelfang, je nach der Jahreszeit." (Anchscheschonqi Col. 17, 23)

überliefert.[158] Im Neuen Reich wohnten Soldaten in eigenen Siedlungen, und ein Sohn mußte nachrücken, sobald sein Vater berufsunfähig wurde. Er bekam dann den zum Soldatenberuf gehörenden Besitz seines Vaters, ein Stück Land, vom König als Lehen überschrieben.[159] Mädchen halfen der Mutter oder einer Herrin im Haushalt, kümmerten sich schon früh um ihre kleinen Geschwister oder die Kinder ihrer Herrin, die sie im Tragtuch oder auf der Hüfte mit sich herumtrugen, ein Bild, das man noch heute sieht. Bei Gastmahlen traten sie als Dienerinnen, Musikantinnen oder Tänzerinnen auf. Ämter von Frauen konnten auch in der Familie bleiben. Töchter haben oft die gleichen Titel wie ihre Mütter.[160] Ob mit den Titeln Besitztümer verbunden waren wie bei echten Ämtern, ist nicht bekannt.

Wir können nicht sagen, inwieweit die Kinder ausgenutzt worden sind. Die Ägypter haben solche Bilder nicht dargestellt und sich kaum dazu geäußert, da es sich nicht mit den Vorstellungen der Maat vertrug. Es wird vorgekommen, doch moralisch verpönt gewesen sein. Indirekt erfahren wir davon durch den Brief des Ahmose an seinen Herrn aus dem Neuen Reich. Ihm war eine kleine Dienerin weggenommen und einem anderen, offensichtlich zur Arbeitsleistung, gegeben worden. Er beklagt sich, sie sei noch „ein Kind, das keine Arbeit kennt". Ihre Mutter, die das Mädchen offensichtlich an ihn verpachtet hatte, habe sich bei ihm beschwert, da sie ihm ihre Tochter „als Kind" anvertraut habe. Ahmose erklärt sich bereit, im Austausch für das Mädchen die Kraft einer Sklavin zu geben, was auf die Ausnützung des Mädchens deutet.[161]

---

[158] Gardiner 1937, S. 5 = Caminos 1954, S. 16; vgl. auch pAnast. II 7, 3 f. = pSall. I 7, 1; pAnast III 5, 6 = pAnast. IV 9, 4 und pAnast. V 10, 6 = pSall. I 3, 8 = pTurin C.
[159] pHarris I 78, 11 f.; Herodot 2, 164 u. 169; Diodor I 73.
[160] Im Alten Reich wird der Titel der königlichen Bekannten häufig auf Töchter, aber auch auf Söhne weitergegeben, im Neuen Reich der Titel Sängerin des Amun oder einer anderen Gottheit auf die Tochter. Ersteren trugen wohl ursprünglich nur Hofdamen, letzteren Damen der hohen Gesellschaft, die am Tempelkult teilnahmen.
[161] Vgl. Anm. 83 und Feucht 1981, „Spiegeln die Darstellungen die wirkliche Lage der Kinderarbeit wider?"

6. Aufgaben und Rechte der Kinder

6.1 Familienbindungen

Königskinder nahmen an den Ereignissen des Palastes teil. Die Prinzen erscheinen im Gefolge des Königs und begleiten ihn auf Feldzügen; Prinzen und Prinzessinnen wirkten beim Jubiläumsfest mit, folgten dem König und der Königin bei Götterfesten, Opferungen an Götter und konnten bei Audienzen anwesend sein (Sinuhe) usw. Bei der arbeitenden Bevölkerung galten Familienereignisse als Entschuldigung, der Arbeit fern zu bleiben. Als Grund werden Geburt, Krankheit oder Tod eines Kindes, Geburtstagsfeiern seiner selbst oder eines anderen Familienmitgliedes angegeben. Die Darstellungen zeigen uns Kinder bei den verschiedensten Familienunternehmungen. Sie gingen mit auf Fisch- und Vogelfang im Papyrusnachen, waren bei Ausflügen dabei, bei Festen und Begräbnissen, wobei die Kleinsten im Umschlagtuch mitgetragen wurden; sie begleiteten ihre Eltern beim Kult an Verstorbenen oder zu Götterfesten und zum Gebet, wo gerade ihr unschuldiges Bitten die Götter erbarmen sollte. Kleine Kinder vollzogen mit ihren älteren Geschwistern den Totenkult an ihren verstorbenen Eltern, wodurch sie deren „Namen am Leben" erhielten. Auch werden sie mit den Eltern zusammen als Opferempfänger dargestellt oder begleiten sie auf der Fahrt in den Gewässern des Jenseits. Bei der Besichtigung der Güter oder beim Fisch- und Vogelfang legen die Kinder oft einen Arm um das Bein des Vaters oder wenden sich ihm zu, als wollten sie ihn auf etwas aufmerksam machen. Hierdurch entsteht der Eindruck einer innigen Beziehung zwischen Vater und Kind. Bei Speisetischszenen stehen oder sitzen sie neben, vor oder unter dem Stuhl ihrer Eltern oder sitzen an einem eigenen kleinen Tisch, wurden also auch im Jenseits mit ihren Eltern versorgt. Gelegentlich stecken sie eine Hand unter den Arm des Vaters oder der Mutter (die Tochter ist meist bei der Mutter, selten beim Vater), nur selten legt ein Elternteil den Arm um ein Kind; die Geste geht fast immer vom Kind aus.

Die Kinder werden meist in hieroglyphischer Weise mit einem jugendlichen – selten kindlichen – Körper dargestellt. Sie sind nackt, tragen einen Jugendzopf oder sind kurz geschoren; sie halten den Finger an den Mund und können auf Reliefs eine Blüte oder einen Wiedehopf an den Flügeln fassen.

Rundplastisch sind besonders aus dem Alten Reich viele Familiengruppen erhalten: das Ehepaar mit einem, zwei oder drei Kindern, der Vater mit einem oder zwei Kindern oder – was seltener ist – die Mutter mit ihrem Sohn. Bei den Gruppen wird überwiegend der Sohn neben dem Vater dargestellt, die Tochter neben der Mutter. Auch hier hält sich häufig ein Kind an der Wade des Vaters fest, wodurch der Vater zur Bezugsperson, nicht Respektsperson wird. Selten stimmt das Größenverhältnis zwischen Erwachsenen und Kindern; meist reicht das Kind den Eltern bis zur Wade oder an die Oberschenkel.

In der Beischrift wird das Verhältnis des Kindes zu seinem Vater meist mit „*sein* Sohn NN", „*seine* Tochter NN" ausgedrückt, nur einmal wird der Beziehung einer Tochter zu beiden Eltern mit „*seine/ ihre* Tochter NN" Ausdruck verliehen. Steht das Kind bei seiner Mutter, wird es gelegentlich „*ihr* Sohn NN", „*ihre* Tochter NN" genannt. Bei den Beispielen aus dem Alten Reich scheint die Mutter dann meist einen höheren Rang einzunehmen als der Vater. Bei späteren Fällen, die unter einfacheren Bevölkerungskreisen zu beobachten sind, ist jedoch nicht auszuschließen, daß es sich um Kinder aus einer ersten Ehe der Frau handelt.

Im Mittleren Reich war es Sitte, bei Darstellungen von Kindern zu ihrem Namen den der Mutter zu setzen. Dies wurde als Zeichen von Matriarchat bewertet. Es ist jedoch festzustellen, daß in Erzählungen der gleichen Epoche immer der Vatersname erwähnt wird, nicht der der Mutter. Das führt zu der Schlußfolgerung, daß durch den Muttersnamen die Stellung in der Familie angegeben wurde, was aus erbrechtlichen Gründen von Bedeutung war, denn die Kinder der ersten Frau erhielten zwei Drittel des Erbes des Vaters (s. u.). Bei mehreren gleichzeitigen oder aufeinanderfolgenden Ehen des Vaters war es wichtig anzugeben, von welcher Frau man abstammte. Im Neuen Reich und später wurden beide Eltern genannt, üblich war die Angabe „gemacht" (*jr n*) vom Vater und „geboren" (*ms n*) von der Mutter. Die Griechen erwähnten nur den Vater.

Die enge Bindung der Mitglieder der Kleinfamilie kommt in der Tatsache zum Ausdruck, daß Kinder für das Vergehen ihrer Väter sühnen mußten.[162] Betrug bei der Ausübung des Amtes übertrug sich

---

[162] Feucht 1981, „Haftung der Familienangehörigen für Vergehen des Vaters". Auch China kennt die Kollektivhaft bei Höchstverbrechen (Hinweis G. Linck).

auf die Kinder; der Sohn wurde nicht als Beamter eingestellt,[163] dem Vater und seinen Kindern wurde die Habe genommen und anderen gegeben.[164] Frevel an Totenstiftungen führte zur Enteignung von Besitz und Amt,[165] Vergehen am Besitz des Pharaos zur Zerstörung der ganzen Familie,[166] an Tempelbesitz zur Verurteilung der ganzen Familie zu Zwangsarbeit,[167] die Familie konnte zerstreut oder gar getötet werden.[168]

Nach spätzeitlichen Darlehensurkunden konnte ein Vater in Ermangelung von Sachwerten und Sklaven mit seinen Söhnen und Töchtern, d. h. mit ihrer Arbeitskraft, für ein Darlehen haften.[169] Er konnte seine Kinder, seine Frau und sich selbst in Schuldhaft geben oder als Sklaven verkaufen.[170] In römischer Zeit, als die Ägypter den ihnen auferlegten Lasten nicht nachkommen konnten, hafteten Familienangehörige gegenseitig für die Schulden des anderen.[171] Koptische Schutzbriefe zeigen, daß ganze Familien aus Furcht vor Repressalien flohen und sich verborgen hielten. Sie kamen erst wieder zurück, wenn ihnen Straffreiheit zugebilligt wurde.[172] Bei Tempelfrevel wurde mit Verfolgung durch die Götter gedroht.[173] Eltern konnten in koptischer Zeit ihre Kinder Klöstern weihen bzw. als „Sklaven" geben.[174]

[163] Amenemope 17, 13f.
[164] Bei falscher Feldvermessung: Amenemope 7, 11–13.
[165] F. Ll. Griffith: The Abydos Decree of Seti I at Nauri, in: JEA (wie Anm. 40) 13 (1927) S. 203f.
[166] Anchscheschonqi Col. 25, 7.
[167] Griffith (wie Anm. 165) S. 203.
[168] R. Caminos: A Tale of Woe, Oxford 1977, S. 25. Ein Bauer, der seinen Abgaben nicht nachkommt, wird geprügelt, seine Frau und Kinder gebunden (pAnast. V 16, 8 = pSall. I 6, 7; vgl. pLansing 7, 3ff.).
[169] Seidl (wie Anm. 85) S. 49.
[170] Ebd. S. 45–48. Dies erinnert an vorderasiatisches Recht. Hier war es üblich, daß Frau und Kinder für die Delikte des Mannes hafteten, da Frau und Kinder – im Gegensatz zu ägyptischem Recht – Besitz des Mannes waren (I. Seibert: Die Frau im alten Orient, Leipzig 1973, S. 14). Vgl. auch Matthäus 18, 23. Auch in Rom war die Selbstversklavung und Versklavung von Kindern möglich (Hinweis R. Zöpffel).
[171] J. Lindsay (wie Anm. 88) S. 83.
[172] W. Till: Koptische Schutzbriefe, in: MDAIK (wie Anm. 102) 8 (1938) S. 78 Nr. 8, S. 85 Nr. 20 u. 21, S. 88 Nr. 27, S. 93 Nr. 40 u. S. 119 Nr. 87.
[173] F. Ll. Griffith: Stories of the high priest of Memphis, the Sethon of Herodotus and the demotic tales of Khamuas, Oxford 1900. Im Nauridekret heißt es, Osiris werde den Vater, Isis die Mutter und Horus (ihr gemeinsamer Sohn) die Kinder verfolgen (A. Gardiner: Some Reflections on the Nauri Decree, in: JEA [wie Anm. 40] 38 [1952] S. 24ff.).
[174] A. Erman und F. Krebs: Aus den Papyrus der Königlichen Museen, Berlin 1899,

Es spricht einiges dafür, daß der Vater auch gegenüber den erwachsenen Söhnen gewisse Machtbefugnisse hatte. So bestätigt der Mann der Naunachte in einer zweiten Urkunde das Testament seiner Frau und bekräftigt damit deren Absicht, vor allem dem einen Sohn nichts zu vererben. Gleichzeitig beeidet er, die Erklärung nicht anfechten zu wollen. Schließlich könnten Darlehensurkunden der Spätzeit, die die Verpfändung der Kinder durch den Vater belegen, auf die Macht des Familienhauptes hinweisen.[175] Rechtlich konnte zwar ein Vater die Urkunde eines minderjährigen Sohnes anfechten,[176] auch konnte er sich weigern, einen unbotmäßigen Sohn vor Gericht zu verteidigen[177] oder, wie wir gesehen haben, ihn sogar verstoßen, doch scheinen im allgemeinen Rechte der Kinder zu bestehen, die auch der Vater nicht antasten konnte. Hierzu gehört vor allem das Erbe der Mutter[178] und der Besitz, den ein erwachsenes Kind von seinem Ehepartner erhalten hatte.[179]

S. 268 f. Hier haben wir offensichtlich einen Vorläufer des mittelalterlichen Brauches, Kinder in Klöster zu weihen. Meist wird das der Fall gewesen sein, wenn die Eltern ihre Kinder nicht selbst ernähren konnten. Von einem ähnlichen Fall im Mittelalter berichtet M. M. McLaughlin, in: Ll. de Mause: Hört ihr die Kinder weinen, Frankfurt a. M. 1977, S. 233 Anm. 124. Vgl. ebd. S. 186–191 u. 247 Anm. 181 zu den sogenannten Oblaten, die von ihren adligen Eltern den Klöstern geweiht wurden und den bis heute in streng katholischen Gegenden noch anzufindenden Brauch, Kinder Klöstern zu weihen.

[175] Vgl. Anm. 183 und Seidl (wie Anm. 85) S. 48.

[176] Seidl (wie Anm. 84) S. 164.

[177] Falls er nicht die Menschen und den Besitz eines jeden respektiere (Gardiner, in: Ayrton, Curelly und Weigall: Abydos III, 1904, S. 4 und Tf. XXIX).

[178] Zwei Kinder wenden sich einmal in einem Brief an die Götter von Tuna el-Gebel, nachdem ihr Vater sich nach dem Tod ihrer Mutter wiederverheiratet und sie verstoßen hatte, ohne ihnen die Mitgift ihrer Mutter ausgehändigt zu haben (Brunner-Traut 1974, S. 12 f.).

[179] Eine Tochter klagt ihren Vater an, er habe ihren Besitz, den sie von ihrem Mann geerbt hatte, unterschlagen (p. Brooklyn 35.1446, vso B, 1–4 = W. C. Hayes: A Papyrus of the Late Middle Kingdom in the Brooklyn Museum, 1955, Tf. XIV u. S. 144 ff. = Théodorides, in: RIDA [Revue Internationale des Droits de l'Antiquite] [1960] S. 87 f. u. 123).

6.2 Recht und Pflicht der Erben[180]

E. Seidl vermutet, daß das ägyptische Erbrecht auf nomadische Zeiten zurückgeht, da der Erbe immer ein Mitglied der Familie sein mußte.[181] Offensichtlich richtete sich die Verteilung des Erbgutes nach dem Alter der Kinder, denn nach der ältesten erhaltenen Papyrusurkunde erhielt: „der Große, so wie er groß ist, und der Kleine, so wie er klein ist".[182] Innerhalb der gesetzlichen Erben konnten jedoch die Erblasser noch zu Lebzeiten Bevorzugungen oder Benachteiligungen vornehmen.[183]

Es scheint, als hätten die Kinder, wenn sie das Elternhaus verließen, Anrecht auf einen Teil des elterlichen Gutes gehabt. Dadurch waren sie aber verpflichtet, ihre Eltern zu unterstützen. Der letzten Forderung begegnen wir in verschiedenen Texten.[184] Waren die Kinder dieser Unterhaltspflicht ihren Eltern gegenüber nicht nachgekommen, so konnten die Eltern ihr Erbe herabsetzen oder sie ganz vom Erbe ausschließen.[185] Die gleiche Erscheinung konnte Seidl in koptischen Rechtsurkunden mehrmals nachweisen.[186]

---

[180] Feucht 1981, „Erbschaft" und „Kinderwunsch und Bedeutung der Nachkommenschaft".

[181] E. Seidl: Vom Erbrecht der alten Ägypter, in: ZDMG (Zeitschrift der Deutschen Morgenländischen Gesellschaft, Leipzig-Berlin) 107 (1957) S. 270–281.

[182] pBerlin 9010 (6. Dynastie); A. Scharff und E. Seidl: Einführung in die ägyptische Rechtsgeschichte bis zum Ende des Neuen Reiches I (= ÄF [wie Anm. 84] 10), 1939, S. 58.

[183] Dies geht aus dem sogenannten Testament einer Arbeiterfrau, Naunachte, hervor, die schreibt, sie habe ihre Kinder beim Verlassen des Elternhauses in üblicher Weise ausgesteuert, diese hätten sich aber nicht vorschriftsmäßig um sie gekümmert. Sie schließt drei Kinder ganz aus der Erbfolge aus und verteilt das Erbe unterschiedlich unter den verbleibenden Kindern. Interessanterweise ist uns eine zweite Urkunde, die einige Monate später aufgesetzt worden war, erhalten, nach der der Vater mit den Kindern vor dem Gerichtshof erscheint, sich mit dem Willen der Naunachte einverstanden erklärt und beeidet, daß er ihn nicht anfechten werde (J. Černý: The Will of Naunachte and related documents, in: JEA [wie Anm. 40] 31 [1945] S. 29ff.).

[184] Die Behauptung Herodots 35, nur die Töchter seien gezwungen, für den Unterhalt ihrer Eltern zu sorgen, ist in den ägyptischen Quellen nicht nachweisbar.

[185] Feucht 1981, „Pflichten des Vaters den Kindern gegenüber und Pflichten der Kinder den Eltern gegenüber".

[186] Seidl (wie Anm. 181) S. 280f. Einmal wird ein Bruder, der dem Erblasser beigestanden hatte, anstelle der Kinder, die sich um ihren Vater nicht gekümmert hatten, zum Erben eingesetzt. Interessanterweise wird auch hier noch dem Erben die Verpflichtung auferlegt, seinen Bruder zu bestatten und ihm Opfer darzubringen. In anderen Fällen wird das Erbe bestätigt, da sich die Kinder um den Erblasser gekümmert hatten.

Allgemein erhielten die Kinder zwei Drittel des Vermögens ihres Vaters als Erbe, ein Drittel ging an die Frau.[187] Der Vater konnte aber Teile seines Vermögens oder seinen ganzen Besitz bereits zu Lebzeiten seinen Kindern und seiner Frau vermachen. Aus der 4. Dynastie ist uns ein Fall bekannt, in dem der Vater seinen Kindern Vermögenswerte überläßt mit der Auflage, sie seien unter der Aufsicht des ältesten Sohnes zu verwalten und dürften weder verkauft noch verschenkt, sondern nur auf die eigenen Söhne weitergegeben werden.[188] Übertrug er seinen ganzen Besitz, so behielt er das Nutz- und Nießrecht. Wollte er etwas veräußern, war er auf die Zustimmung seiner Frau und Kinder angewiesen.[189] Dokumente aus der 19. und 20. Dynastie deuten darauf, daß der Mann beim vorzeitigen Tod seiner Frau, wollte er wieder heiraten, zwei Drittel seines Vermögens (d. h. den Erbteil) seinen Kindern geben mußte. Mit dem verbleibenden einen Drittel gründete er die neue Ehe.[190] Aus ptolemäischer Zeit ist uns sogar ein Fall bekannt, nach dem der Vater die Zustimmung der Kinder benötigte, um wieder heiraten zu können.[191]

Beim Tod des Vaters trat gewöhnlich der älteste Sohn als Treuhänder des väterlichen Gutes auf:

„Geh nun dahin nach deinen Tagen, reinige dich,
auf daß du dein Haus deinem Sohn überläßt, der dein Sproß ist",

heißt es bereits in den Pyramidentexten (Spruch 137). Andere Treuhänder konnten indes vom Vater noch zu Lebzeiten eingesetzt werden.[192] Ob dem Treuhänder dadurch ein größeres Erbe zufiel, ist nicht bekannt. Das Erbe der Mutter, das aus dem Erbe ihrer Eltern und dem

---

Einmal gibt sogar ein Kloster das Vermögen, das ein Mann ihm vermacht hatte, an seinen Sohn zurück, da er den erkrankten Vater gepflegt hatte. – Seidl (wie Anm. 181) S. 276 f. weist darauf hin, daß die Enterbung beim Verstoß gegen die Unterhaltspflicht im altbabylonischen Recht bereits bedeutend früher nachzuweisen ist (um 1757–1735 v. Chr., während Naunachte [s. Anm. 183] erst unter Ramses V., um 1160 v. Chr. gelebt hat) (Klíma: Untersuchungen zum altbabylonischen Erbrecht, Prag 1940, S. 74).
[187] Feucht 1985, S. 75.
[188] Urk. I, 162.
[189] Scharff u. Seidl (wie Anm. 182) S. 56; Seidl (wie Anm. 84) S. 108, 173 u. 175 mit Anm. 5–9.
[190] Ebd. S. 56.
[191] Seidl (wie Anm. 84) S. 175.
[192] Vgl. Anm. 181 und Tanner (wie Anm. 153) S. 62–65.

ihr von ihrem Mann zugefallenen Teil bestand, ging ebenfalls an die Kinder, wobei auch sie testamentarisch darüber verfügen konnte.[193] Als Gegenleistung wurde die Bestattung des Erblassers und sein Totenkult gesetzlich gefordert:[194]

> „Die Sachen werden wegen des Begräbnisses gegeben,
> Ausspruch des Gesetzes des Königs, meines Herrn."[195]

Meist war es Aufgabe des ältesten Sohnes, als Treuhänder des Erbes, dieser Verpflichtung nachzukommen:

> „Oh mein Vater, der im Westen (Jenseits) ist!
> . . .
> Geliebt von dir ist deine Ba-Seele, welche in mir ist auf Erden,
> . . .
> Ich bin doch hier in diesem Lande,
> dabei, deinen Thron einzunehmen, dein Tor zu befestigen,
> deinen Namen lebendig zu erhalten auf Erden im Munde der Lebenden,
> deine Altäre zu bauen, deine Totenopfer festzusetzen,
> . . .
> Ich dagegen bin hier als dein Fürsprecher im Gerichtskollegium der Menschen,
> indem ich deinen Grenzstein aufstelle, indem ich deine Verzagten zusammenhalte,
> indem ich für dich dein Ebenbild auf Erden abgebe,
> so daß deine Angehörigen für dich versorgt werden auf Erden
> und dir dein Tor befestigt wird durch das, was ich tue."[196]

Heiratete der Mann ein zweites Mal, erhielten die Kinder aus der neuen Ehe nur seinen Teil und den Zuerwerb, den der Vater in der zweiten Ehe aufgehäuft hatte. Ob die Besitzverhältnisse bei den Mehrehen hoher Beamter im Alten und Mittleren Reich ähnlich gehandhabt

---

[193] Ebd. S. 60.
[194] Feucht 1985, S. 56 f. u. 75.
[195] pBulaq 10, 10 (20. Dynastie); Scharff u. Seidl (wie Anm. 182) S. 273.
[196] CT I, 162–177. Assmann 1976, S. 34. Mit einfacheren Worten hebt dies ein Mann, der seine Mutter begraben hat, hervor: „Ich bin ihr ältester Sohn und Erbe; ich habe sie in der Nekropole begraben." (Urk. I, 164, 2 f.) Zu weiteren Belegen vgl. Feucht (wie Anm. 185).

worden sind,[197] können wir nicht sagen. Vermutlich wurden die Kinder der Erstgemahlin bevorzugt.[198]

7. *Einstellung zum Kind*[199]

Der Satz von de Mause „Je weiter wir in der Geschichte zurückgehen, desto unzureichender wird die Pflege der Kinder, die Fürsorge für sie, und desto größer die Wahrscheinlichkeit, daß Kinder getötet, ausgesetzt, geschlagen, gequält und sexuell mißbraucht wurden"[200], trifft keinesfalls auf das Alte Ägypten zu. Natürlich gab es hier Ausnahmen, doch werden sie uns als etwas besonders Negatives dargestellt,[201] denn die Einstellung des Ägypters zum Kind war im allgemeinen sehr positiv.[202] Kindsaussetzung, -tötung oder -mißhandlung galten als unmenschlich.[203] Bis zu seinem zehnten Lebensjahr wurde das Kind

---

[197] Feucht 1985, S. 73f. u. 75.

[198] Möglicherweise können wir damit die von Ch. Nims gemachte Beobachtung erklären, daß im Grab des Mereruka der Name des einen „ältesten Sohnes" ausgelöscht und durch den des anderen „ältesten Sohnes" ersetzt wurde (Ch. Nims: Some notes on the family of Mereruka, in: JAOS [Journal of the American Oriental Society, New Haven] 58 [1938] S. 647), denn wie N. Kanawati nachgewiesen hat, gab es bei Mehrehen häufig mehr als einen „ältesten Sohn". Es handelte sich dann um die ältesten Söhne verschiedener Frauen, die zum Teil gleichaltrig gewesen sein können (The mentioning of more than one eldest child in Old Kingdom inscriptions, in: CdE [Chronique d'Egypte, Brüssel] LI, No. 102 [1976] S. 235ff.).

[199] Feucht 1981, „Einstellung zum Kind".

[200] Ll. de Mause: Hört ihr die Kinder weinen. Eine psychogenetische Geschichte der Kindheit, Frankfurt a. M. 1977, S. 12.

[201] Paneb, vor dem sein Sohn floh, war als Wüstling bekannt (pSalt 124; J. Černý, in: JEA [wie Anm. 40] 15 [1929] S. 245). Die Klage der Kinder an die Götter von Tuna el-Gebel wird als großes Unrecht dargestellt (Brunner-Traut 1974, S. 12).

[202] Dies haben auch die griechischen Autoren beobachtet. Vgl. Diodor I, 80, 3; Strabon 17, 2, 5, und Herodot II, 119.

[203] In den Wirren wird das Aussetzen der Kinder und das Zerschmettern ihrer Köpfe an den Mauern als Zeichen dafür, daß die ganze Welt kopfstand und nichts mehr nach der Maat geschah, geschildert (A. H. Gardiner: The Admonitions of an Egyptian Sage, Hildesheim ²1969, 4, 4; 5, 6; 6, 12; 8, 8; 8, 10; 8, 14). Das Kinderopfer in der Festungsmauer von el-Retabeh aus der 6. Dynastie geht auf syrische Sitte zurück (W. M. Flinders Petrie: Hyksos and Israelite Cities [= British School of Egyptian Archaeology 12] London 1906, S. 29). Vgl. dazu auch die Schilderung Herodots von der Empörung der Ägypter, als Menelaos zwei Kinder opferte, um gute Winde zu bekommen (Herodot II, 119). Der Brief des Hilarion an seine schwangere Frau Alis, sie

als unwissend und unschuldig betrachtet; durch seine Unschuld stand es den Göttern näher.[204] Der frühe Tod von Kindern, „die das Antlitz des Todes gesehen haben, bevor sie gelebt haben", wurde sehr betrauert.[205] Die Sorge um die Waisen galt als ethische Pflicht.[206] Unzucht mit einem noch unreifen Mädchen war verboten,[207] und Homosexualität wurde verdammt.[208] Dem Jugendlichen wird empfohlen:

„Genieße deine Jugend, die Ferien sind kurz",[209]

und da niemand klug geboren werde,[210] sollen Kinder ihre Eltern fragen, wenn sie noch zu jung seien.[211]

Aus all diesen Quellen konnten wir ein Bild gewinnen, das uns ein positives Verhältnis des Ägypters zum Kind zeigt. Die Bindung der Mitglieder der Kleinfamilie zueinander war sehr eng. Die Eltern hatten für ihre Kinder zu sorgen und konnten an ihre erwachsenen Kinder Ansprüche stellen, die sie vor Not bewahrten und ihre Versorgung nach dem Tod sicherstellten. Selbstverständlich haben nicht immer beide Seiten ihre Verpflichtungen eingehalten, was aus einigen Texten deutlich hervorgeht.

Literatur

Amenemope	I. Grumach: Untersuchungen zur Lebenslehre des Amenemope (= MÄS [Münchner Ägyptologische Studien] 23), Berlin 1972.
Anchscheschonqi	St. R. K. Glanville: The Instructions of Onchsheshonqy, London 1955.

---

solle das Kind töten, wenn es ein Mädchen werde, es aber am Leben lassen, wenn es ein Junge werde, geht auf griechische Sitte zurück (de Mause [wie Anm. 200] S. 46).
[204] Z. B. pInsinger 17, 23. Vgl. Feucht 1981, „Sündlosigkeit des Kindes".
[205] Lebensmüder S. 70ff.; s. auch ↗ S. 231f. und zu weiteren Beispielen Feucht 1981, „Einstellung zum Kind".
[206] Siehe ↗ S. 237 und Feucht 1981, „Sorge um die Waise".
[207] Siehe Feucht 1985, S. 59.
[208] Vgl. LÄ II, 1977, Sp. 1272f.
[209] Anchscheschonqi Col. 8, Z. 7.
[210] Ptahhotep 41, s. ↗ S. 240.
[211] Urk. I, 2.

Ani   E. Suys: La Sagesse d'Ani, Rom: Pontificio Instituto Biblico 1935.

Assmann, J.   1976: Das Bild des Vaters im Alten Ägypten, in: Das Vaterbild in Mythus und Geschichte, hrsg. v. H. Tellenbach, Stuttgart, Berlin, Köln und Mainz, S. 12–49 und 155–162.

Brunner, H.   1957: Altägyptische Erziehung, Wiesbaden.

Brunner-Traut, E.   1963: Altägyptische Märchen, Düsseldorf und Köln.

               1974: Die Alten Ägypter, Stuttgart, Berlin, Köln und Mainz.

de Buck, A.   1932: Het religieus Karakter der oudste egyptische Wijsheid, in: Nieuw Theologisch Tijdschrift 21, S. 322–349.

Caminos, R. A.   1954: Late-Egyptian Miscellanies, London.

CG   Catalogue Général des Antiquités Egyptiennes du Musée du Caire, Kairo.

Cheti   H. Brunner: Die Lehre des Cheti, Sohnes des Duauf (= ÄF [Ägyptologische Forschungen] 13), Glückstadt, Hamburg und New York 1944, und W. Helck: Die Lehre des Dw3-Htjj (= Kleine Ägyptologische Texte), Wiesbaden 1970 (Übers. in: Lichtheim 1975, S. 184–192).

CT   A. de Buck: The Egyptian Coffin Texts, 7 Bde., Chicago 1935–1961.

Fecht, G.   1958: Der Habgierige und die Maat in der Lehre des Ptahhotep (= ADAI [Abhandlungen des Deutschen Archäologischen Instituts Kairo] I), Glückstadt, Hamburg und New York.

Feucht, E.   1980: In LÄ (Lexikon der Ägyptologie) III: Sp. 424–437, s. v. Kind; Sp. 438–440, s. v. Kinderarbeit; Sp. 440–441, s. v. Kinderlosigkeit und -wunsch.

               1981: Die Stellung des Kindes in Familie und Gesellschaft nach altägyptischen Texten und Darstellungen, Habilitationsschrift Heidelberg, wird hier unter Angabe der Kapitelüberschriften zitiert, da noch nicht im Druck erschienen.

               1982: In LÄ (Lexikon der Ägyptologie) IV: Sp. 253–263, s. v. Mutter.

               1985: Gattenwahl, Ehe und Nachkommenschaft im Alten Ägypten, in: Geschlechtsreife und

263

		Legitimation zur Zeugung, hrsg. v. E. W. Müller, Freiburg/München, S. 55–84.
Gardiner, A. H.	1937:	Late-Egyptian Miscellanies (= Bibliotheca Aegyptiaca VII), Brüssel.
Hardjedef		E. Brunner-Traut: Die Weisheitslehre des Djedef-Hor, in: ZÄS (Zeitschrift für Ägyptische Sprache) 76 (1940) S. 3–9, und G. Posener: Le début de l'enseignement de Hardjedef, in: RdE (Revue d'Egyptologie) 9 (1952) S. 109–117 (Übers. in: Lichtheim 1975, S. 58f.).
Horus und Seth		Übers. in: Brunner-Traut 1963, S. 93–107.
Kagemni		Die Lehre für Kagemni; G. Jéquier: Le Papyrus Prisse et ses variantes, Paris 1911, Tf. I (Übers. in: Lichtheim 1975, S. 59–61).
LÄ		Lexikon der Ägyptologie, hrsg. v. E. Otto, W. Helck und W. Westendorf, Bd. I Wiesbaden 1975; Bd. II 1977; Bd. III 1980; Bd. IV 1982.
Lichtheim, M.	1975:	Ancient Egyptian Literature, Bd. I: The Old and Middle Kingdoms, Berkeley, Los Angeles und London.
	1976:	Ancient Egyptian Literature, Bd. II: The New Kingdom, Berkeley, Los Angeles und London.
	1980:	Ancient Egyptian Literature, Bd. III: The Late Period, Berkeley, Los Angeles und London.
Merikare		A. Volten: Zwei ägyptische politische Schriften (= Analaecta Aegyptiaca IV), Kopenhagen 1945, S. 3–105 (Übers. in: Lichtheim 1975, S. 97–109).
Otto, E.	1954:	Die Biographischen Inschriften der Ägyptischen Spätzeit (= Probleme der Ägyptologie II), Leiden.
	1956:	Bildung und Ausbildung im Alten Ägypten, in: ZÄS (Zeitschrift für Ägyptische Sprache) 81 (Leipzig) S. 41–48.
pAnast. I		In: A. H. Gardiner: Egyptian Hieratic Texts, Bd. I, Leipzig 1911, S. 1*–34* und 1–80.
pAnast. IV		In: Gardiner 1937, S. 34–56 (Übers. in: Caminos 1954, S. 125–221).
pAnast. V		In: Gardiner 1937, S. 56–72 (Übers. in: Caminos 1954, S. 225–275).

pChester Beatty IV	In: A. H. Gardiner: Hieratic Papyri in the British Museum, 3rd Series, 2 Bde., London 1935, Bd. I, S. 37–44; Bd. II, Tf. 18–22.
pChester Beatty V	In: A. H. Gardiner: Hieratic Papyri in the British Museum, 3rd Series, 2 Bde., London 1935, Bd. I, S. 45–50; Bd. II, Tf. 23–27.
pd'Orbiney	Das Brüdermärchen (Übers. in: Brunner-Traut 1963, S. 28–40).
pInsinger	François Lexa: Le Papyrus Insinger, Bd. I und II, Paris 1925.
pLansing	In: Gardiner 1937, S. 99–116 (Übers. in: Caminos 1954, S. 373–428).
pRhind pSall. I	In: Gardiner 1937, S. 79–88 (Übers. in: Caminos 1954, S. 303–329).
pSall. IV	In: Gardiner 1937, S. 88–99 (Übers. in: Caminos 1954, S. 333–370).
Ptahhotep	Z. Žába: Les Maximes de Ptaḥḥotep, Prag 1956 (Übers. in: Lichtheim 1975, S. 61–80).
Pyr.	K. Sethe: Die altägyptischen Pyramidentexte, 4 Bde., Leipzig 1908–1922, und ders.: Übersetzung und Kommentar zu den altägyptischen Pyramidentexten, 4 Bde., Glückstadt 1935–1939.
Tb	Totenbuch; E. Hornung: Das Totenbuch der Ägypter, Zürich und München 1979.
Urk. I	K. Sethe: Urkunden des Alten Reiches, Leipzig ²1933.
Urk. IV	K. Sethe: Urkunden der 18. Dynastie, Leipzig 1914, und W. Helck: Urkunden der 18. Dynastie nebst Übers., Berlin 1955 bis 1961.

ZUR SOZIALGESCHICHTE DES KINDES IM ANTIKEN GRIECHENLAND

MARIELUISE DEISSMANN-MERTEN

Innerhalb des Zeitraums von rund einem Jahrtausend, den eine Sozialgeschichte der Kindheit im antiken Griechenland behandeln müßte, folgen sehr unterschiedliche Gesellschaftsformen aufeinander: Am Anfang steht die Adelsgesellschaft, wie wir sie aus den Epen Homers kennen, am Ende die Gesellschaft der hellenistischen Monarchien. Dazwischen liegen die Jahrhunderte der griechischen Polis, die uns jedoch wiederum mit unterschiedlichen, zu gleicher Zeit nebeneinander existierenden Gesellschaftsformen konfrontieren, wie etwa in Sparta und Athen. Jede der drei Hauptgesellschaftsformen hat ihre eigene Entwicklung, ehe sie in die folgende übergeht, und eben diese Entwicklung schlägt sich ebenfalls in einer Sozialgeschichte der Kindheit nieder. Unter diesem Aspekt erschien eine Eingrenzung des Themas unumgänglich, so daß im folgenden der Schwerpunkt auf der Kindheit im Athen des 5./4. Jahrhunderts liegen wird; doch soll versucht werden, ältere und jüngere Phänomene miteinzubeziehen, um jeweils das eine am anderen zu verdeutlichen. Das heißt andererseits, daß auf die Sozialgeschichte der Kindheit in Sparta fast völlig verzichtet wird, da es sich hier um eine Gesellschaft handelt, die sich durch ihren einzigartigen Charakter nur schwer in eine Gesamtbetrachtung einfügen ließe. Nicht nur aus Raumgründen wird die Kindheit in der Regel auf das Alter bis zu vierzehn Jahren beschränkt, sondern auch, weil für die Griechen hier ein Einschnitt stattfand, der sich sogar in der Terminologie ausdrückt und vor allem durch den Eintritt der Geschlechtsreife gekennzeichnet ist, deren Behandlung schon vorliegt.[1] Das heißt nicht, daß zumindest in der Oberschicht die

---

[1] R. Zoepffel: Geschlechtsreife und Legitimation zur Zeugung im Alten Griechenland, in: Geschlechtsreife und Legitimation zur Zeugung, hrsg. v. E. W. Müller, Freiburg/München 1985, S. 319–401.

267

Erziehung sich nicht weit über das 14. Lebensjahr hinweg ausdehnt. Wenn man Kindheit als Vorbereitungszeit auf das Leben des vollberechtigten Bürgers betrachtet, ist sie erst mit dem achtzehnten Jahr zu Ende.

Allgemein liegen uns für den Zeitraum, der untersucht werden soll, außerordentlich viele Quellen vor, doch für die Frage nach der Kindheit und ihrem Platz in der Gesellschaft liefern sie nur Fragmente an Information, die zum Teil in sich widersprüchlich ist. Zwar wird jedes Gebiet der Kindheit in den Quellen in irgendeiner Zeit einmal berührt, doch ist dabei jeweils nicht nur der gesellschaftliche Kontext, aus dem die Quelle stammt, sondern vor allem auch die jeweilige Quellengattung zu berücksichtigen. Dabei muß man davon ausgehen, daß beispielsweise utopische Entwürfe in der Philosophie, Komödien und Gerichtsreden oft gerade nicht die Realität der Kindheit wiedergeben, sondern möglicherweise elitäre Vorstellungen, Übertreibungen oder Sonderfälle darstellen, die nicht den Anspruch auf repräsentative Aussagen erheben können, ohne daß wir die zugrunde liegende Regelhaftigkeit erkennen könnten. Schließlich ist damit zu rechnen, daß für die Zeit Selbstverständliches nicht erwähnt wird. Daher muß vieles fragwürdige Vermutung bleiben.

Im folgenden soll zunächst kurz auf die allgemeine Auffassung von Kindheit eingegangen werden, um daran anschließend die einzelnen Phasen der Kindheit in chronologischer Reihenfolge zu untersuchen.

1. Vorstellungen vom Kind

Die Bezeichnungen für das Kind sind verhältnismäßig zahlreich, wobei zunächst einmal nach Altersstufen unterschieden wird: *brephos* – der Säugling, *paidion* – das Kind bis zum 7. und *pais* – das Kind bis zum 14. Lebensjahr. *Paidion* ist jedoch auch die Bezeichnung für das letzte Stadium des Embryos vor der Geburt, und *pais* kann für die gesamte Periode der ersten vierzehn Lebensjahre gelten. Daneben hat *pais* auch die Bedeutung von Nachkommenschaft, im Unterschied zu *teknon* – das Kind, das das Hervorgebrachte, Geborene bezeichnet und auch von jungen Tieren gesagt werden kann. Wenn bei Euripides, Iphigenie in Aulis 896, gesagt wird: „Oh Kind *(teknon)* der Nereide, oh Kind *(pais)* des Peleus", was in den Handschriften auch für Iphigenie im Taurerland 238 überliefert wird: „Kind *(pais)* des Agamemnon, Kind *(teknon)* der Klytaimnestra", so drückt das die unterschiedliche Bedeutung aus, die das Kind für die beiden Elternteile hat. Für die Mutter ist das Kind das naturhaft Junge, ihre Beziehung zu ihm ist affektiv besetzt, für den Vater ist das Kind dagegen zunächst einmal der Nachfolger in seinem Hause, gleiches gilt auch für die Tochter, die er in ein anderes Haus verheiratet.[2] Bei Homer und in den Tragödien findet man die Anrede *teknon* – Kind fast ausschließlich bei der Mutter,[3] die auch den erwachsenen Sohn noch so anredet. Dabei schwingt stets mit, daß sie das kleine Wesen geboren und ernährt hat, wie eine Tiermutter ihr Junges. Im Hellenismus tritt letzteres in den Hintergrund, wenn auch der Vater das Kind liebevoll mit *tekos* anredet, doch behält besonders der Plural *tekna* im Gegensatz zu *paides* weiterhin die Bedeutung von Nachwuchs in einem naturhaften Sinne.[4]

Die Phase der Kindheit, die sich bei Mädchen etwa bis zum zwölften, bei Knaben bis zum vierzehnten Lebensjahr erstreckt, wird in Griechenland als Teil einer Entwicklung begriffen, die ihren Höhepunkt erst im Erwachsensein erreicht. Erst dann, als Vorstand eines Oikos, bzw. als Ehefrau und Mutter, ist man im eigentlichen Sinne Mensch. Der Oikos ist die in sich geschlossene Organisation eines Großhaushaltes, der beweglichen und unbeweglichen Besitz, Familienmitglieder, Sklaven umfaßt und eigene religiöse Riten besitzt. Kindheit hat nie einen Wert in sich, sondern das Kind erhält seine

---

[2] Homer: Odyssee 1, 278; 8, 313. Während *pais* durch den Artikel als weiblich oder männlich gekennzeichnet werden kann, ist *teknon* stets ein Neutrum.

[3] Vgl. z. B. Aischylos: Choephoren 910, 912, 920, 922. Für dieses liebevolle Zuneigung ausdrückende Wort, das ebenso wie das noch zärtlichere *tekos* auch von Männern als Anrede gebraucht wird (vgl. Homer: Ilias 9, 437, wo Phoinix Achill so nennt), besitzt das Deutsche keinen spezifischen Ausdruck.

[4] Homer: Ilias 2, 311 u. 11, 113 wird das Verhalten der Tiere ihren Jungen gegenüber mit dem menschlichen verglichen. Entsprechend werden in einer Inschrift aus hellenistischer Zeit „die Bürger, ihre Frauen und kleinen Kinder *(tekna)*" den Göttern empfohlen (F. Sokolowski: Lois sacrées d'Asie mineure, 1955, Nr. 32, S. 88, 1.27f.). Vgl. ferner Herodot: Historien 1, 164; 2, 30; Lysias 2, 74; 12, 96; Aischines 3, 156. Ein Beispiel dafür, daß in hellenistischer Zeit auch der Vater sein Kind mit dem zärtlichen Ausdruck *tekos* anredet, findet sich bei Kallimachos: Hymnen 3, 31, wo Zeus allerdings seine Tochter Artemis anspricht.

Bedeutung dadurch, daß es als Erwachsener für das Weiterbestehen des Oikos, die Ernährung seiner alten Eltern und die Bewahrung des Totenkultes garantiert. Da der Oikos in der homerischen Gesellschaft und später in der klassischen Polis das Grundelement des Gemeinwesens bildet, ist dieses auch mittelbar an den zukünftigen Bürgern interessiert: „Aus den Kindern gehen die hervor, welche künftig an der Besorgung der staatlichen Angelegenheiten teilhaben werden."[5]

Der Tod eines Kindes wird oft so gedeutet, daß es die Akme, den Höhepunkt des menschlichen Lebens, noch nicht erreicht hat. Verstorbene Kinder werden daher auch lange Zeit hindurch nicht verbrannt, sondern der chthonischen Sphäre zurückgegeben,[6] wo sie als Geister weiterleben müssen.

Das Kind wird als verstandlos, töricht und schwach bezeichnet,[7] und infolgedessen werden Erwachsene mit diesen Eigenschaften „kindisch" genannt. Bis zum Hellenismus wird die geringe Bewertung der Kindheit auch dadurch deutlich, daß es zwar Berichte über die Geburt der Götter gibt, daß diese aber gewissermaßen ihre Kindheit überspringen und sofort wie Erwachsene handeln. Erst in hellenistischer Zeit, in der sich auch in der darstellenden Kunst ein verstärktes Gefühl für das Kindliche zeigt, werden auch die Götter als Kinder dargestellt.

Die Aufzucht der Kinder bedeutet eine Last, wie sie z. B. noch in Andromaches Klage über den bevorstehenden Tod des Astyanax in den Troerinnen des Euripides zum Ausdruck kommt: „Ganz umsonst hat diese Brust das Wickelkind genährt, hat dieser Leib sich mühevoll verzehrt."[8] In der Realität erweist sich die Kinderaufzucht infolge hoher Kindersterblichkeit oft als vergebliche Mühe, doch steht ihr von

---

[5] Aristoteles: Politik 1260 b 20.

[6] J. H. Waszink: Art. Biothanati, in: Reallexikon für Antike u. Christentum 2, Stuttgart 1954, S. 391f. Im Gegensatz zu dieser zweifellos sehr alten Vorstellung tritt später die Auffassung, Frühverstorbene seien Lieblinge der Götter (Lambrechts 1957, S. 326). Als Beispielfälle dienen dafür Ganymed, Orion und Kleitos, die allerdings nach der eigentlichen Kindheit zu den Göttern entrückt werden. Unter dem Gesichtspunkt, daß das gesamte Leben eine Last sei, sagt Aristoteles: Eudemos, F 6, das Beste sei, überhaupt nicht geboren zu werden, das Zweitbeste, bald wieder zu sterben.

[7] Heraklit: Fragment B 70 Diels: „Kinderspiele nannte er die menschlichen Gedanken." B 79: „Kindisch heißt der Mann der Gottheit, wie der Knabe dem Mann." Homer vergleicht einige Male törichtes Verhalten mit dem Verhalten von Kindern: Ilias 11, 558ff.; 15, 363ff.; 16, 259ff.

[8] Euripides: Troerinnen 758ff.

der homerischen bis zur klassischen Zeit die Notwendigkeit der Nachkommenschaft gegenüber, die später an Bedeutung verliert.

Religiöse Feste wie die Thesmophorien, die auf alte Fruchtbarkeitsriten zurückgehen, wie auch die Tatsache, daß Kinder offenbar zuweilen unterschoben wurden,[9] bezeugen den Wunsch nach Kindern. Kinderreichtum dagegen wird nur selten gepriesen, und es ist aufschlußreich, daß damit im Mythos und in der homerischen Zeit die Kinder eines Hauses, später bei Aristoteles[10] jedoch die Kinder einer Polis gemeint sind. Selbst Hesiod, der aus ökonomischen Gründen empfiehlt, nur einen Sohn zu zeugen, fügt, für die armen Schichten sprechend, sofort hinzu: „Mehrere mehren die Sorge, doch ist auch größer der Zuwachs."[11]

Die Zeit bis zum Erreichen des Erwachsenenalters wird nicht nur als Durchgangsstadium angesehen, sondern auch als der „wilde", in vieler Weise noch tierhafte Teil des Lebens. Er wird endgültig durch die Initiationsriten beendet, die den jungen Menschen nach einer zeitweiligen Absonderung von der Gemeinschaft als verantwortlichen und zivilisierten Bürger neu in sie integrieren.[12] Auch mit dieser Auffassung von Kindheit läßt sich die erwähnte Kindheitslosigkeit der Götter in Verbindung bringen, die im Mythos oft noch dadurch unterstrichen wird, daß das neugeborene göttliche Kind ausgesetzt bzw. verborgen wird und damit zunächst einmal verschwindet.

Im Bereich der Religion dagegen gilt das Kind als rein und noch unbefleckt, so daß ihm hier im Kult und beim Verkehr mit den Göttern eine besondere Bedeutung zukommt, die sich auch darin zeigt, daß es in einigen Fällen das Amt eines Priesters versieht.[13]

---

[9] Aristophanes: Thesmophoriazusen 389 f., 502 ff.

[10] Als Beispiel aus dem Mythos seien hier Niobe (Apollodor 3, 5, 6) und aus homerischer Zeit Priamos (Homer: Ilias 24, 493 ff.) genannt. Bei Aristoteles heißt es: „Ein Gemeinwesen hat Glück mit Kindern, wenn seine Jugend zahlreich und tüchtig ist, der Einzelne hat Glück, wenn er viele gute Kinder hat, männliche und weibliche." (Rhetorik 1361 a 1 f.)

[11] Hesiod: Werke und Tage 379 f.

[12] Zu Initationsriten, ihrer Bedeutung und Funktion s. Brelich 1969, passim; Burkert 1977, S. 390 ff.; W. D. Furley: Studies in the use of fire in ancient Greek religion, New York 1980, S. 114 ff.

[13] Burkert 1977, S. 162 f.; A. Hug: Paides; Pauly-Wissowa: Realencyclopädie Suppl. VIII, Stuttgart 1956, Sp. 399 f.: Wohl ausschließlich Kinder noch lebender Eltern.

2. Zeugung und Schwangerschaft

Schon die Zeugung und ihre Bedingungen beschäftigten die antike Medizin und Naturwissenschaft. Dabei spielte die körperliche Konstitution der Eltern eine Rolle,[14] aber auch ihr Verhalten vor dem Zeugungsakt. Um möglichst gesunde Kinder zu erhalten, wurde vor Genuß von Alkohol gewarnt, es wurden Bäder empfohlen, und der Frau wurde sogar eine bestimmte Diät vorgeschrieben.[15] Ebenso wichtig war die Frage des Geschlechts des zukünftigen Kindes, ohne daß man in diesem Zusammenhang eine Höherbewertung des männlichen Kindes feststellen könnte. Schon Hesiod nennt die günstigsten Termine für die Zeugung eines Knaben bzw. Mädchens,[16] und Hippokrates kennt verschiedene Methoden, bei der Zeugung das Geschlecht des Kindes zu beeinflussen, bzw. auch bei einer Schwangerschaft schon zu prognostizieren. Wie Aristoteles nimmt er an, daß der männliche Foetus auf der rechten Seite, der weibliche auf der linken Seite der Bauchhöhle liege. Nach beider Ansicht entwickelt sich der männliche Embryo sehr viel schneller als der weibliche,[17] denn im Gegensatz zu dem männlichen, der nach 40 (30) Tagen voll entwickelt sei und sich bewege, trete dies bei dem weiblichen erst nach 90 (42) Tagen ein. Die Anzahl der Tage, die für die einzelnen Entwicklungsstufen angenommen werden, stehen stets in einem bestimmten Verhältnis zueinander, so gibt es den Rhythmus in Heptomaden, aber auch den in Tessarakontaden.[18] In Verbindung mit diesen Perioden entwickeln sich Denken, Urteilskraft und Aufnahmefähigkeit. Die Vernunft entwickelt sich jedoch unabhängig davon.[19] Die Krisen für

---

[14] Hippokrates: Lebensordnung 1, Kap. 28–30, übers. v. R. Kapferer, Stuttgart 1934; ders.: Peri Aeron, Hydaton, Topon XXI; Aristoteles: Historia Animalium (HA) 7, Kap. 1 u. 2; ders.: Politik 1334 b 30–1335 b 10.

[15] Hippokrates: Über Nachempfängnis, 26 u. 30; Aristoteles: Politik 1335 b 15ff.; Plutarch: Lykurg 17; Athenaios: Deipnosophistai 9, 370.

[16] Ebenso auch die günstigsten Termine für die Geburt von Knaben und Mädchen im Laufe der Jahreszeiten bzw. eines Monats (Werke und Tage 782–811).

[17] Als Grund dafür wird angegeben, daß das Mädchen wegen seiner der Mutter ähnlichen Konstitution (feucht und kühl) im Mutterleib langsamer wachse als der Knabe, der mit seiner trockenen und warmen Konstitution sich schneller entwickle.

[18] Die Angaben über diese Fristen schwanken bei den antiken Autoren beträchtlich, vgl. Oppenheimer 1975, S. 337ff.

[19] Dies wird jedoch nur an einer Stelle im aristotelischen Werk behauptet (de Generatio-

den Foetus entsprechen nach Hippokrates den Krisen bei Krankheiten, d. h. nach dem 7. Tag tritt noch einmal eine Krise am 40. Tag ein. Wenn der Foetus diese überlebt, kann mit einer normalen Schwangerschaft gerechnet werden. Zwar basiert die antike Medizin auf naturphilosophischen Prinzipien wie Warm-Kalt, Trocken-Feucht, Männlich-Weiblich, Entwicklung-Tod, doch tritt eine sehr genaue Naturbeobachtung hinzu, so daß viele Ergebnisse auch heutiger Kritik noch standhalten, wie z. B. die unterschiedliche Gefährdung von Sieben- bzw. Achtmonatskindern. Die Ratschläge zur Behandlung dieser Frühgeburten zeugen ebenso von dem Wunsch, gesunde, lebensfähige Kinder zu erhalten, wie die Empfehlungen für das Verhalten der schwangeren Frau, die sich ausreichend ernähren und auf eine ausgeglichene Gemütslage achten soll, um Leib und Seele des Kindes nicht zu schaden. Auch Spaziergänge werden empfohlen, da die Bewegung dem Embryo „Gesundheit, Schönheit und anderweitige Kraft"[20] verleihe.

Diodor (1, 77, 9)[21] berichtet, daß in vielen griechischen Gemeinwesen das Verbot bestand, Schwangere hinzurichten, dies jedoch weniger des Kindes wegen, als weil dem Vater dadurch Schaden zugefügt würde. In Athen standen schwangere Witwen unter dem Schutz des eponymen Archon, ebenfalls nicht eigentlich des Kindes wegen, sondern um dessen Oikos zu erhalten. Auch die Tatsache, daß die Gewänder der athenischen Frauen, die im Wochenbett gestorben waren, der Artemis von Brauron geweiht wurden, als deute das „Versagen als Mutter"[22] auf eine Schuld, von der man sich auf diese Weise loskaufte, ist in diesem Zusammenhang zu sehen. Im gleichen Falle wurde der spartanischen Mutter ein Epitaph zugestanden, als sei sie auf dem Schlachtfeld für das Vaterland gefallen.

Medizinische, naturwissenschaftliche, religiöse und rechtliche Behandlung des Themas Schwangerschaft deuten also in gleichem Maße auf den Wunsch nach Kindern hin.

Die Kindersterblichkeit war offenbar außerordentlich hoch, vor

---

ne Animalium 736 b 28 f.), während Aristoteles sich sonst nur vage darüber äußert, die Medizin dagegen gar keine Angaben macht (Oppenheimer 1975, S. 338 f.).
[20] Platon: Nomoi 789 c.
[21] Nardi 1971 a, S. 225 Anm. 53.
[22] Burkert 1977, S. 121.

allem in den ersten sieben Tagen, was Aristoteles auch als Grund dafür angibt, daß man dem Kind erst nach sieben Tagen einen Namen gab.[23] Sie geht auch aus den indifferenten, bzw. am Rande gemachten Äußerungen über Totgeburten hervor.[24] Für Hippokrates gilt als Grund für die hohe Kindersterblichkeit die völlig andere Umgebung, in die das Neugeborene aus dem Mutterleib gerät.[25] Man muß zudem davon ausgehen, daß sie in den Unterschichten besonders hoch war, weil, wie Hippokrates sagt, nur der gesund leben kann, der frei ist, seiner Gesundheit zu leben.[26]

3. Aussetzung und Abtreibung

Die hohe Sterblichkeitsrate drängte in vielen Fällen das Problem einer Aussetzung in den Hintergrund. Auch die Tatsache, daß sich die antike Medizin sehr eindringlich mit Kindern, ihrer Zeugung, ihrer Geburt und ihren Krankheiten beschäftigte,[27] spiegelt den Wunsch der Gesellschaft nach nützlichen Mitgliedern, die sowohl geistig wie körperlich in der Lage waren, den Oikos fortzusetzen, den Staat zu erhalten und seinen Fortbestand zu sichern.

Dem oben Ausgeführten scheint das Phänomen der Aussetzung neugeborener Kinder zu widersprechen, das die Forschung bis heute sehr beschäftigt hat.[28] Im Mythos und in der mit mythologischen Stoffen arbeitenden Tragödie, wo sie eine nicht unbedeutende Rolle spielt, wird sie mit Illegitimität, Ablehnung von Töchtern, der Angst

---

[23] Historia Animalium 7, 11. Die Angaben über diesen Termin schwanken, vgl. Rudhardt 1962, S. 58 Anm. 85.

[24] Vgl. z. B. Herodot: Historien 1, 112.

[25] Über Achtmonatskinder, 1, 14 3, 4. Vgl. dazu auch den Kommentar von Grensemann, ebd. S. 108 ff.

[26] Lebensordnung 3, 3. Vgl. dazu Galen 1, 10, 15, übers. und erläutert von E. Beintker, Stuttgart 1939.

[27] Vieles davon ist nur noch in Fragmenten vorhanden. Beispielsweise ist nach der Ansicht von W. H. S. Jones das Fragment des Hippokrates über das Zahnen der Kinder einer alphabetisch geordneten Sammlung über Kinderkrankheiten entnommen, deren übrige Teile verloren sind (Hippocrates, Bd. II, London: Loeb Class. Libr. 1981, S. 317 ff.).

[28] Zur Diskussion in der Forschung s. Eyben 1982, passim.

des Vaters vor einer Bedrohung seiner Macht durch das Kind, bösen Vorzeichen, die mit dem Kind verbunden sind, und Mißbildungen motiviert. Während sie für die homerische Gesellschaft überhaupt nicht erwähnt wird, kommen in den Quellen für die spätere Zeit Illegitimität, Ablehnung von Töchtern, Mißbildungen und Beschränkung der Kinderzahl als Gründe vor. Niemals ist von Kindestötung die Rede, obwohl der Tod wohl häufig die Folge der Aussetzungen war, während diese im Mythos stets mit der Rettung des Kindes enden. Gewiß wurden oft Kinder ausgesetzt, die keiner Ehe oder eheähnlichen Verbindung entsprossen, sondern Folge einer Verführung oder Vergewaltigung waren. So schreibt Aristophanes, er habe sein erstes Stück als „Jungfrau" geboren und daher ausgesetzt.[29] Strittig ist jedoch, ob auch legitim geborene Kinder ausgesetzt wurden, wobei zwischen normalen und mißgebildeten Kindern zu unterscheiden ist. Von einigen griechischen Staaten sind uns gesetzliche Regelungen überliefert, die die Aussetzung betreffen: Nach dem kaiserzeitlichen Autor Plutarch entschieden in Sparta die Phylenvorsteher nach Begutachtung des Kindes über Anerkennung bzw. Aussetzung, wenn das Kind zu schwächlich oder mißgebildet war, doch gibt es für diese Bestimmung keine zeitgenössischen Quellen. In dem aus dem 5. Jh. stammenden Gesetz von Gortyn war der Mutter unter bestimmten Bedingungen die Aussetzung erlaubt; da der Vater in diesem Zusammenhang nicht erwähnt wird, stand sie ihm wohl ohnehin zu.[30] Für das Athen des 6.–4. Jahrhunderts besitzen wir keine Quelle über Aussetzung eines neugeborenen Kindes, das aus einer Ehe oder eheähnlichen Verbindung stammt. In Übereinstimmung damit behauptet Isokrates im Panathenaikos, Athen setze keine Kinder aus.[31] Zwar handelt es sich im Kontext dieser Rede um die Gegenüberstellung von Gründungssagen verschiedener Städte, doch auch die aus dem Alltagsleben gegriffenen Stoffe der Komödie ebenso wie die Gerichtsreden bringen keinen derartigen Fall von Aussetzung. Die Aussetzungen in der

---

[29] Wolken 530 ff.
[30] Plutarch: Lykurg 16, 1 f.; The Law Code of Gortyn, hrsg. übers. u. komm. v. R. F. Willetts, Berlin 1967, Col. III 44 ff. Hier wird nur erwähnt, daß, wenn der von der Mutter getrennte Vater das ihm vorgeführte Neugeborene nicht akzeptierte, die Mutter es entweder aufziehen oder aussetzen konnte.
[31] Isokrates: Panathenaikos 121 f.; den Boer 1979, S. 135.

Tragödie stammen aus der Mythologie und setzen zu ihrem Verständnis wohl kaum ihr reales Vorkommen voraus. Dagegen sagt Aristoteles: „Die gewohnheitsmäßige Ordnung verbietet ja, irgendein neugeborenes Kind einfach auszusetzen",[32] d. h. zu seiner Zeit wurde in Griechenland die Aussetzung überwiegend abgelehnt.[33] Selbst wenn diese Einstellung auch für die folgende Zeit als Postulat gilt, so ändert sich doch offenbar die Praxis der Aussetzung, die mit veränderten wirtschaftlichen und politischen Verhältnissen in Zusammenhang steht.

Am Ende des 4. Jh. hat in Athen die Neue Komödie einige Male die Aussetzung zum Thema. Zwar greift sie damit einen aus der Mythologie und der Tragödie bekannten Stoff auf, und wie im Mythos findet die Aussetzung stets ein glückliches Ende, doch handelt es sich hier auch um die Aussetzung legitim geborener Kinder, wobei z. B. bei Menander (Perikeiromene 371–382) die Armut ausschlaggebend ist. Daß in dieser Zeit wirtschaftliche Zwänge eine Rolle spielen, könnte man auch daraus schließen, daß in der Neuen Komödie nie mehr als zwei Kinder in einem Haushalt vorkommen. Etwa für die gleiche Zeit hebt der kaiserzeitliche Autor Aelian das thebanische Gesetz als besonders human hervor, das einem armen Vater vorschrieb, ein Kind, das er aussetzen wollte, der Regierung der Stadt zu übergeben, die es demjenigen in Pflege gab, der die niedrigsten Pflegekosten verlangte. Dieser durfte später die Dienste des Ausgesetzten als Sklaven in Anspruch nehmen.[34] Plutarch berichtet von Ephesos, daß ein Gesetz dem Vater verbot, sein Kind auszusetzen, ehe nicht seine Füße vor Hunger geschwollen waren.[35] Zumindest nach attischem Recht erlosch das Recht des Vaters über sein Kind auch mit der Aussetzung nicht, so daß möglicherweise eine gesetzliche Regelung wie die thebanische verhindern sollte, daß man vergeblich sein Geld in ein

---

[32] Politik 1335 b 10.
[33] Vgl. z. B. die Beurteilung der Aussetzung bei Euripides: Ion 472ff. Anders dagegen Tolles 1941, S. 54ff., der annimmt, im Interesse des Gemeinwesens sei auch in Athen die Aussetzung vorgekommen.
[34] Variae Historiae 2, 7.
[35] Plutarch: Eis ta Hesiodou erga, Fragment 69, Sandbach. Wir müssen wohl davon ausgehen, daß Ende des 4. Jh. auch legitim geborene Kinder ausgesetzt wurden, obwohl wir nur wenig Quellen dafür haben. Vgl. A. W. Gomme und F. H. Sandbach: Menander. A Commentary, Oxford 1973, S. 34f.

angenommenes Kind investierte. Das Kriterium der Humanität kommt sehr spät auf.[36]

Seit der solonischen Gesetzgebung war in Athen der Kinderverkauf verboten,[37] im hellenistischen Ägypten findet man dagegen die Übergabe minderjähriger Kinder zur Dienstleistung anstelle von Darlehenszinsen, bzw. ihre Verpfändung, wenn nicht gar ihren Verkauf.[38] Hier handelt es sich jedoch bezeichnenderweise nie um Neugeborene, die zunächst einmal nur Kosten verursacht hätten.

Doch werden in den ägyptischen Papyri häufig Sklaven erwähnt, die von der *kopria* stammen, d. h. dem Schutthaufen, auf dem man Kinder auszusetzen pflegte, darüber hinaus kommen sogar Fälle der Adoption eines Findlings vor. Da Diodor (1, 80) und Strabon (17, 2, 5) erwähnen, die Ägypter zögen alle Kinder auf, muß, wenn man nicht annehmen will, nur Griechen und Römer hätten in Ägypten Kinder ausgesetzt, eine Angleichung ägyptischer und griechischer Sitten stattgefunden haben. Die Tatsache, daß in der aus römischer Zeit stammenden Verwaltungsvorschrift des Idios Logos der Staat bei Adoption eines männlichen Findlings ein Viertel des Vermögens des Adoptierenden einbehält, hat m. E. rein fiskalischen Charakter und wendet sich primär nicht gegen eine Aufwertung des Status von Findlingen.[39]

Wenn Polybios (36, 17, 7ff.) um 150 v. Chr. über die Abneigung der Griechen, Kinder aufzuziehen, klagt und sie für die Entvölkerung und den Niedergang der griechischen Städte verantwortlich macht, gleichzeitig ein Gesetz fordert, das die Aufzucht der Kinder obligatorisch macht, so heißt das, daß es in seiner Zeit häufig Aussetzungen gab, doch ist dies eher eine Folge der schlechten wirtschaftlichen Lage und der geschwächten politischen Stellung der Städte im Hellenismus

[36] Taubenschlag 1959, Bd. 1, S. 626ff. Vgl. dazu aus römischer Zeit Plinius: Epistulae 10, 65, wo in Bithynien als Sklaven behandelte Findlinge, die die Freiheit erlangen wollen, auch ohne Ersatz der Erziehungskosten dazu gelangen können.

[37] Plutarch: Solon 13, 3: Vor Solon waren die Schuldner teilweise dazu gezwungen. Nach Solon war ein Verkauf nur noch möglich, wenn der Vater seine Tochter bei Ehebruch ertappte, d. h. er konnte sie nicht als Kind verkaufen. Harrison 1968, S. 73.

[38] Taubenschlag 1959, Bd. 2, S. 271.

[39] Der Gnomon des Idios Logos (Aegyptische Urkunden aus den Königlichen/[später:] Staatlichen Museen zu Berlin, Griechische Urkunden, V [= BGU V], Berlin 1919/1934, Nr. 1210) 41.107. Vgl. Eyben 1982, S. 25f.; Tolles 1941, S. 68f.

und unter der Herrschaft Roms, die eine Entpolitisierung und Individualisierung der Bürger, auch möglicherweise der Oikoi, nach sich zog.[40] In dieser Zeit finden wir die Aussetzung auch in religiösrituellen Inschriften aus Smyrna (2. Jh.), Ptolemais und Philadelphia (2./1. Jh.), die einer Frau vierzehn bzw. vierzig Tage nach der Aussetzung das Betreten des betreffenden Tempelbezirks untersagen, weil sie unrein sei und damit den göttlichen Zorn erregen würde. Die gleiche Frist gilt für die Fehlgeburt. Da sie in den religiösen Reinigungsvorschriften wie ein Todesfall bewertet wird, muß letzteres dann wohl auch für die Aussetzung gelten.[41]

Für das klassische Athen waren zwar Söhne erwünschter als Töchter, da es für den Oikos aus religiösen wie wirtschaftlichen Gründen wichtiger war, einen Sohn zu erziehen, doch haben wir in dieser Zeit auch für die Aussetzung von Töchtern keine Zeugnisse. Zudem adoptierte ein athenischer Vater mit einer einzigen Tochter zuweilen deren Mann oder Sohn, um die Erhaltung seines Oikos zu sichern, so daß den *Epikleroi*, Erbtöchtern,[42] eine große Bedeutung zukam. Die Quellen aus dieser Zeit berichten nicht selten über eine Anzahl von Töchtern in einem Oikos bzw. nennen Töchter und Söhne in einem Atem,[43] so daß man in der klassischen Zeit über die Aussetzung von Töchtern nichts erfährt. Die in der Forschung häufig vertretene These, daß Töchter des öfteren ausgesetzt wurden, stützt sich vor allem auf hellenistische Quellen,[44] die jedoch auch nicht zahlreich sind. Zwar ist aus den schon genannten Gründen die Aussetzung im Hellenismus häufiger anzutreffen, andererseits konnte jetzt aber auch eine Tochter ihren alten Vater ernähren, wie die Klage eines Vaters über einen von seiner Tochter nicht eingehaltenen diesbezüglichen Vertrag zeigt,[45] so

---

[40] Siehe dazu E. Welskopf: Hellenische Poleis, Berlin 1974, S. 2163f.
[41] Nardi 1963, S. 71ff.; Eyben 1982, S. 56f.; Vatin 1970, S. 235.
[42] Zoepffel (wie Anm. 1) S. 387ff.
[43] Aristophanes: Frieden 114ff.; Thesmophoriazusen 447ff.; Isaios 7, 12; 31.
[44] Im allgemeinen werden angeführt: Poseidipp bei Stobaios 77, 7 (Rat, eine Tochter auszusetzen, auch wenn man reich sei); Terenz: Heauton Timorumenos 626ff. (ein Ehemann befiehlt seiner schwangeren Frau bei seiner Abreise, ein Mädchen auszusetzen), und Oxyrhynchus: Papyri IV, 744 (Befehl eines abwesenden Vaters an seine schwangere Frau, ein Mädchen auszusetzen). Zur Bedeutsamkeit dieser Quellen vgl. Gomme u. Sandbach (wie Anm. 35) S. 34f.
[45] Papyri Enteuxeis 26.

daß nicht sicher ist, daß die Aussetzung von Mädchen in dieser Zeit sehr viel häufiger vorkam als die von Knaben.

Angesichts der schlechten bzw. widersprüchlichen Quellenlage bringen auch die Versuche, die Frage der Aussetzung von Mädchen in der klassischen Zeit mit Hilfe demographischer Methoden zu beantworten, kein überzeugendes Ergebnis.[46] Dagegen muß wohl die Annahme gelten, daß die Geburtenrate in keinem Fall die Todesrate überstieg, so daß einer ständig drohenden Depopulation zu begegnen war. Platon und Aristoteles rechnen offenbar mit einer großen Anzahl kinderloser Familien. Platon empfiehlt (Nomoi 740 b–c), einen Sohn aufzuziehen, die weiteren dagegen an kinderlose Familien abzugeben, im übrigen ist seine Haltung gegenüber der Aussetzung widersprüchlich. Aristoteles bezieht sich wohl auf die angegebene Stelle, wenn er (Politik 1265 a 40) an Platon kritisiert, er lasse die Kinderzahl unbestimmt, „in der Meinung, sie werde sich, wenn auch noch so viele Kinder geboren werden, wegen der Fälle von Kinderlosigkeit von selbst in genügender Weise auf eine konstante Zahl hin ausgleichen, wie dies auch jetzt in den konkreten Staaten anscheinend der Fall ist".

In den uns erhaltenen Gerichtsreden des 4. Jahrhunderts fällt die große Anzahl von Adoptionen auf, die die oben erwähnten Äußerungen von Platon und Aristoteles über Kinderlosigkeit in manchen Familien zu bestätigen scheinen. Bei Existenz eines natürlichen männlichen Erben war die Adoption verboten. Wenn ein Bürger am Ende seines Lebens keinen eigenen Sohn mehr erwarten konnte, adoptierte er meist einen Verwandten, jedoch nie einen Säugling. „Und sie tun dies nicht nur aus privaten Gründen, sondern die Polis sorgt auch von Staats wegen dafür. Denn der Archon trägt nach dem Gesetz die Fürsorge für die Oikoi, damit keiner aussterbe." (Isaios 7, 30)

Eine andere Frage ist, ob man behinderte Kinder aussetzte. In Sparta, das eine besondere Gesellschaftsstruktur hatte, griff nach der Geburt sofort der Staat ein und entschied, wie oben schon erwähnt, ob das Kind zu einem spartanischen Bürger erzogen werden sollte. Das Kriterium der Legitimität trat dabei hinter dem des Nutzens für den Staat zurück, d. h. es wurden schwächliche und mißgebildete Kinder am Berg Taygetos ausgesetzt und damit dem Tode geweiht.[47] Die harte

---

[46] Vgl. Golden 1981, und Engels 1980.
[47] Plutarch: Lykurg 16, 1f.

Erziehung, der das spartanische Kind später unterworfen wurde, läßt diese Regelung verständlich erscheinen, obwohl sie offenbar auf die Könige nicht angewandt wurde, denn Plutarch berichtet (Lysander 3), daß der spartanische König Agesilaos von Geburt an ein Krüppel gewesen sei. Obwohl eine Stelle in Platons Theaitet [48] die Vermutung nahelegt, daß auch in Athen behinderte Kinder ausgesetzt wurden, läßt der Text doch erkennen, daß es offenbar zumindest Widerstand gegen dieses Verfahren gab. Noch deutlicher wird dies bei Aristoteles,[49] der durch Gesetz verbieten lassen will, diese Kinder aufzuziehen.

In der antiken Medizin dagegen werden nicht nur Hinweise darauf gegeben, wie man schwächliche Säuglinge zu Kräften bringen könne, sondern Hippokrates beschreibt auch verschiedene Arten von Mißbildungen, wie etwa Hüftgelenksverrenkung mit Watschelgang und Klumpfuß und entsprechende Erscheinungen an den Armen. Sie alle können nach ihm durch Übung zwar nicht geheilt, aber in ihrem behindernden Ausmaß verringert werden.[50] Im Hephaistos-Mythos schleudert Hera zwar ihren Sohn vom Olymp, weil er hinkt, doch ist das primäre Motiv dabei der Zorn über ihre den Kindern des Zeus unterlegene Nachkommenschaft und nicht die Tatsache, daß ihr Hephaist nicht lebenswürdig erscheint.[51] Dieser wird zum Handwerker unter den Göttern, so daß nicht ganz ausgeschlossen ist, daß in Gesellschaften mit einer Handwerkerschicht geringe Mißbildungen an Neugeborenen leichter übersehen werden können als in reinen Kriegergesellschaften, in denen alles auf körperliche Kraft und Effizienz abgestellt ist, wie es in Sparta der Fall war, im Prinzip jedoch auch noch in Athen für die adlige Oberschicht galt.

---

[48] Theaitet 160e–161a. Sokrates fragt Theaitet, ob er glaube, man müsse ein Kind in jedem Falle aufziehen, auch wenn es dessen nicht wert sei, womit er auf eine von Theaitet gewonnene Erkenntnis anspielt.

[49] Politik 1335 b 10. Für seinen Idealstaat fordert Platon: Politeia 460c lediglich, daß diese Kinder an einem unbekannten und unzugänglichen Ort verborgen werden.

[50] Hippokrates: Peri Arthron 62, 63; Mochlikon 37; Peiper 1965, S. 29; Eyben 1982, S. 15 Anm. 37.

[51] Homer: Ilias 18, 395; Homerische Hymnen III (auf Apoll) 140ff., 317. Daß Häßlichkeit zwar nicht zur Aussetzung führte, jedoch als minderwertig angesehen wurde, zeigt Herodot: Historien 6, 61, wo eine spartanische Amme mit einem häßlichen Kind, das die Eltern aus diesem Grunde nicht sehen wollten, täglich zum Heiligtum der Helena wallfahrtet, um für das Kind zu bitten. Vgl. auch die Schilderung des Thersites bei Homer: Ilias 2, 216–219.

Schwere Mißbildungen dagegen galten als Zeichen göttlichen Zorns. Der ursprüngliche Schrecken, den ein solches Kind auslöste, kommt im Pan-Hymnus X (IX) 36–39 zum Ausdruck: „Hermes' Sohn, mit Bocksfüßen und zwei Hörnern, ein lautes, lachendes Kind, aber als die Amme ihn sah, erschrak sie und floh", die Götter dagegen lachen. Aufschlußreich ist auch ein Fluch, den Aischines (3, 111) aus der solonischen Zeit überliefert: „... daß ihre Frauen Kinder gebären, die ihren Erzeugern nicht gleichen, sondern Ungeheuer *(terata)* sind".

Anders als für die römische Zeit wissen wir nicht, ob diese Kinder sofort und nach bestimmten religiösen Vorschriften getötet wurden, zweifelsohne blieben sie jedoch nicht am Leben, und das mit ihnen befleckte Haus und die Gemeinschaft mußten vor den Göttern entsühnt werden.[52] Während man im Volk wohl durchgehend mit dieser heiligen Furcht vor schweren Mißbildungen rechnen kann, ist es aufschlußreich, daß Aristoteles die Entstehung von Monstern aus rational zugänglichen Vorgängen erklärt.[53]

Zusammenfassend können wir nur feststellen, daß das Problem der Aussetzung offenbar im Hellenismus eine größere Rolle gespielt hat als in der klassischen Zeit. In diesem Zusammenhang ist von großer Bedeutung, daß sich auf Grund der Quellenlage die Fragestellung für das klassische Athen allein auf die Gruppe der Vollbürger beschränken kann. Auf der einen Seite war es wichtig, deren Bevölkerungsstand zu erhalten, um die Polis nicht zu schwächen, andererseits stellte sich die Frage für Nichtbürger wahrscheinlich in ganz anderer Weise. Für sie läßt sich vermuten, daß Motive, die später in der hellenistischen Zeit zur Aussetzung führten, schon in klassischer Zeit bestimmend waren, ohne daß wir hier schon mit einem Gefühl für das Lebensrecht des Kleinkindes rechnen können, wie es für die hellenistische Zeit bei Menander, Samia (130 ff.) deutlich wird, wo auf das Recht auch eines Bastards auf ein angemessenes Leben hingewiesen wird, als der Vater diesen nicht in seinem Hause aufziehen will.

---

[52] den Boer 1979, S. 132 ff. Zum bedrohlichen, alle Regeln des Zusammenlebens mißachtenden Charakter der Monster, wie sie besonders deutlich Sophokles in den Trachinierinnen darstellt. Vgl. Ch. E. Sorum: Monsters and the Family: A Study of Sophokles Trachiniae, Ann Arbor, Michigan 1975, S. 13 ff.
[53] P. Louis: Monstres et Monstruosités dans la biologie d'Aristote, in: Le Monde Grec, Pensée, littérature, histoire, documents. Hommages à Claire Préaux, Brüssel 1978, S. 277–284.

Die Frage, ob, und wenn ja, wie man sich unerwünschter Kinder entledigte, schließt das Problem der Abtreibung ein. Gewiß wurde sie vorgenommen, wenn eine Schwangerschaft nicht entdeckt werden sollte oder, wie bei den öffentlichen Hetären, der Berufsausübung im Wege stand. Es ist verständlich, daß es darüber kaum Quellen gibt. Aus der umfangreichen theoretischen Diskussion über Abtreibung seien hier nur die wesentlichen Aspekte herausgegriffen: Der hippokratische Eid verpflichtet zwar den Arzt, keine Abtreibung vorzunehmen, doch werden im hippokratischen Corpus sowohl medikamentöse wie chirurgische Maßnahmen wie auch zur Fehlgeburt führendes Verhalten der Frau aufgeführt, die auf eine genaue Beobachtung der häufigen unfreiwilligen Fehlgeburten[54] zurückgehen. Entsprechende Eingriffe werden jedoch als gefährlich angesehen, besonders in einem fortgeschrittenen Stadium der Schwangerschaft.[55]

Aristoteles schlägt allerdings eine Abtreibung vor, wenn die Zahl der Kinder den gesetzten Rahmen der Bevölkerungszahl sprenge (Politik 1335 b 10), doch bevor der Embryo „Gefühl und Leben" besitzt. Sowohl die antike Medizin und Naturwissenschaft wie auch Aristoteles selbst setzen die Grenze dafür sehr unterschiedlich an, als spätester Termin kommt dabei wohl der 3. Monat in Frage. „Leben" bedeutet in diesem Kontext die eigenständige Bewegung des Foetus.[56] In den schon erwähnten kultischen Inschriften aus hellenistischer Zeit wird im allgemeinen kein Unterschied zwischen einer Fehlgeburt und einer Abtreibung gemacht. Eine Ausnahme ist die Inschrift aus Philadelphia (2./1. Jh. v. Chr.), in der ausdrücklich medikamentös herbeigeführter Abort, Abtreibung und jede andere Art von Kindestötung verboten werden.[57] Im allgemeinen schreiben die Regeln eine Reinigung wie nach einem Todesfall vor. Aus der 2. Hälfte des 4. Jahrhunderts v. Chr. stammt eine Inschrift aus Kyrene, die zwischen einem Foetus, der schon als solcher erkennbar ist, und einem

---

[54] „Man braucht sehr viel Vorsicht und Wissen, um einen Foetus zur Vollendung zu bringen und ihn im Schoß zu ernähren." (Hippokrates: Peri Gynaikeion 1, 25)
[55] Preus 1975, S. 253. Zum Gesamtproblem der Abtreibung Preus 1975, S. 237–263; Eyben 1982, S. 7–12; Nardi 1971 a und b.
[56] Preus 1975, S. 240. Vgl. Etienne 1976, S. 131.
[57] Sokolowski (wie Anm. 4) Nr. 20, S. 54, Z. 14–35. Nardi 1971a, S. 193 f. sieht in den rigorosen Bestimmungen dieser Inschrift den Ausdruck einer im Volksbewußtsein verankerten Scheu vor der Heiligkeit des Lebens.

solchen, der noch nicht zu erkennen ist, unterscheidet. Im ersten Fall entspricht die Reinigungsfrist der bei einem Todesfall im Haus, im zweiten der bei einer Geburt.[58] Während, wie sich aus der Inschrift aus Kyrene schließen läßt, bis ins 4. Jahrhundert die Fehlgeburt den Tabucharakter von Geburt und Tod besaß und entsprechend auch der rituellen Reinigung bedurfte, gilt letzteres zwar auch weiterhin, doch die Verbindung mit Aussetzung in den späteren Inschriften macht deutlich, daß sie mehr den Charakter einer persönlich zu verantwortenden Schuld erhält, als daß sie als ein unerklärliches Naturereignis angesehen würde.

Die in einem dem Lysias zugeschriebenen Redefragment diskutierte Frage, ob eine absichtliche Abtreibung eine Anklage auf Mord rechtfertige, ist wohl sehr spät anzusetzen.[59] Juristisch gesehen wurde damit das Recht des Vaters verletzt, dem ein potentieller Sohn verlorenging, denn das Leben des Kindes hatte vor dem Gesetz keinen Eigenwert, sondern wurde stets in Verbindung mit dem väterlichen Anspruch bzw. mit dem Interesse der Polis an der Erhaltung der Oikoi gesehen. Daher tritt das Kind im Recht auch nur in seinem Anspruch auf Erbe und Nachfolge im väterlichen Oikos in Erscheinung. Das Problem wird besonders deutlich im Falle von Waisen. Bei Homer wird ihre Stellung als völlig schutzlos beschrieben, Hesiod verurteilt diejenigen, die diese Lage ausnutzen.[60] Im klassischen Athen, aber auch in anderen griechischen Städten, Sallymbria, Ephesos, Kreta etc., kam es zu rechtlichen Regelungen, die die Waisen vor Verlust des väterlichen Erbes schützen sollten. In Athen war der eponyme Archon für sie verantwortlich, der den für die Waisen eingesetzten Vormund kontrollieren mußte. In einem für Charondas überlieferten Gesetz (Diodor 12, 15, 2) sollten die Waisen in der Familie der Mutter aufwachsen, während die Verwandten des Vaters das Vermögen verwalteten.[61]

---

[58] Supplementum Epigraphicum Graecum IX, Nr. 72, § 16 u. 17; Nardi 1963, S. 52; ders. 1971a, S. 132 ff.

[59] Dies schließt jedoch nicht aus, daß Lysias die Frage der Abtreibung behandelte. Zu einem Versuch, den Text einzuordnen vgl. Nardi 1971a, S. 91 ff.

[60] Werke und Tage 330: „Wer sich ohne Bedenken an Waisenkindern versündigt." (Übers. v. Th. v. Scheffer)

[61] Für Athen berichtet Aristoteles detailliert über die diesbezüglichen Aufgaben des Archon (Athenaion Politeia 56, 6). Über das Gesetz des Charondas vgl. Weiler 1980, S. 178 f.

Selbst wenn dieses Gesetz unhistorisch ist, so zeigt es doch ebenso wie die vielen diesbezüglichen Prozesse bei den attischen Rednern,[62] daß die Situation der Waisen sehr gefährdet war, daß andererseits die Polis ein vitales Interesse am Fortbestehen der einzelnen Oikoi hatte. Aus diesem Grund wurden auch in perikleischer Zeit die Kriegswaisen vom Staat ernährt. An den Großen Dionysien hielten sie als junge Männer in voller Ausrüstung eine Parade ab.[63] Für Kreta erwähnt Athenaios (4, 143 d), daß die Waisen an den gemeinsamen Essen teilnahmen, aber keine Gewürze erhielten.

4. *Annahme von Kindern*

Hatte der Vater im Athen der klassischen Zeit die Entscheidung getroffen, ein unter seinem Dach geborenes Kind in seine Familie aufzunehmen, wurden die Türpfosten des Hauses mit Wolle und Olivenlaubkränzen umwunden – nach der rationalistischen Erklärung Hesychs als Zeichen für die spätere Tätigkeit des Kindes – gewiß jedoch ursprünglich mit dem Ziel einer religiösen Reinigung und Versöhnung mit den Göttern. Im ganzen Haus und über das Neugeborene wurden Körner ausgestreut, ein Brauch, der möglicherweise die Hausgötter mit dem Eintreten eines Fremden in die Gemeinschaft versöhnen sollte. Da die Geburt ebenso wie der Tod als religiös unrein galten, mußten sich alle an der Geburt Beteiligten einem Reinigungsritual unterziehen.[64] Dazu gehörten neben Mutter und Kind vor allem auch die Hebamme, bzw. die als solche fungierenden Frauen der Nachbarschaft. Nach Platon war die Hebamme stets eine alte Frau, die aber selbst Kinder geboren haben mußte.[65] Sie begleitete die Wöchnerin, die, von der Familie abgesondert, unter eigener Lebensgefahr neues Leben gebar. Gemeinsam mit dem Kind kehrte sie bei der

---

[62] Weiler 1980, S. 177f.
[63] Aischines 3, 154.
[64] Samter 1901, S. 59ff.; Burkert 1977, S. 130f.; Furley (wie Anm. 12) S. 66ff. Neben dem Wasser, das beim Reinigungsritual benutzt wurde, hatten vielleicht auch die Körner *(katachysmata)* reinigende Funktion.
[65] Vgl. Platon: Theaitet 149 b–e.

Amphidromie in die religiöse Gemeinschaft der Familie und Gesellschaft zurück. Die Amphidromie, d. h. die Aufnahme des Kindes, fand am 7. Tag statt,[66] wobei der Vater, gefolgt von den Hausgenossen und der Hebamme, das Kind um den Herd, den heiligen Mittelpunkt des Hauses, herumtrug; zuweilen wurde es auch am Herd niedergelegt. Wie Hesych berichtet, waren die an der Amphidromie Teilnehmenden nackt.[67] Einige Tage darauf fand die Verleihung des Namens, die Dekatē, im Rahmen einer religiösen Zeremonie statt,[68] wobei oft auf den Namen des Großvaters zurückgegriffen wurde. Bei den im Laufe des ersten Lebensjahres stattfindenden Apaturien im Monat Pyanopsion[69] wurde das Kind der Phratrie vorgestellt und in deren Register eingeschrieben. Das Opfer, *meion,* das dabei dargebracht wurde, wird nur für Knaben erwähnt, doch ist anzunehmen, daß auch Mädchen registriert wurden. Die Phratrien, Zusammenschlüsse aus individuellen Oikoi, die wir in dieser Form erst seit Solon haben, waren nicht mehr, wie möglicherweise in früherer Zeit, durch Familien- oder Geschlechtsbande verbunden, doch ging auch jetzt kein Geschlecht *(genos)* über eine Phratrie hinaus.[70] Sie bildeten gewissermaßen ein Mittelglied zwischen Polis und Oikos, ohne daß sie eine im

---

[66] Allgemein zur Amphidromie: Samter 1901, S. 59f.; Rudhardt 1962, S. 58ff.; Furley (wie Anm. 12) S. 65ff. Die Quellen nennen neben dem 7. Tag als Termin dafür auch den 5. Tag nach der Geburt (Suidas s. v. ἀμφιδρόμια).

[67] Hesych s. v. δρομιάμφιον ἦμαρ. Samter 1901, S. 102 weist auf die Parallele der Handlung mit Mysterienkulten hin, die mit der Amphidromie die Einweihung in eine religiöse Gemeinschaft gemeinsam haben. Furley (wie Anm. 12) S. 67.

[68] Da einige Quellen Amphidromie und Dekate zusammenlegen, nimmt Furley (wie Anm. 12) S. 65 ein Fest von mehreren Tagen an. Damit wäre der nächtliche Tanz, den Athenaios: Deipnosophistai 15, 668d für die Dekate erwähnt, in Zusammenhang zu bringen. Zur Verleihung des Namens vgl. Demosthenes 39 [40] 1, 22; 2, 28; Isaios 3, 30, und Aristophanes: Wolken 65, wo der Name des Großvaters bzw. der Großmutter maßgeblich ist.

[69] Der Monat Pyanopsion war im attischen Kalender der zehnte Monat nach dem Monat Gamelion, dem „Hochzeitsmonat".

[70] Die Phratrien waren wahrscheinlich in homerischer Zeit freiwillige Vereine innerhalb der Adelsclans (A. Andrewes: Phratries in Homer, in: Hermes 89 [1961] S. 129–140). Seit Solon war die Mitgliedschaft in einer Phratrie obligatorisch, wobei der jeweiligen Adelsfamilie als dem ursprünglichen Kern der Phratrie wahrscheinlich auch jetzt noch eine privilegierte Stellung zukam. Diese Zwangsphratrien standen wohl mit der Aufnahme der Theten in den athenischen Bürgerverband zusammen und erhielten die Funktion, den Anspruch auf das Bürgerrecht kontrollieren zu können (A. Andrewes: Philochoros on Phratries, in: Journal of Hellenic Studies 91 [1961] S. 1–15). Ihre Kulte wurden zu Staatskulten.

eigentlichen Sinne staatsrechtliche Funktion gehabt hätten. Jede Phratrie besaß einen eigenen Schutzgott und eigene Statuten und Feste, gemeinsam standen sie unter dem Schutz von Zeus Phratrios und Athena Phratria, als gemeinsamer Ahnherr der Phratrien der Athener ist wahrscheinlich Apollon Patroos später hinzugekommen. Die Apaturien, die spezifischen Feste der Phratrien, mußten zwar im Monat Pyanopsion stattfinden, lagen dort aber an unterschiedlichen Terminen. Die spätere Anerkennung als athenischer Vollbürger setzte zumindest bis Kleisthenes die Anerkennung und Registrierung durch die Phratrien voraus. Nach Kleisthenes waren allerdings nicht mehr alle Bürger Mitglied einer Phratrie.[71] Doch konnte offenbar durch einen Beschluß der Volksversammlung die Aufnahme in eine Phratrie erlaubt werden, wie es bei dem Kind von Perikles der Fall war, so daß, obwohl die Polis als Gesamtheit von dem Kind erst zu Lebzeiten seines Vaters eigentlich in seinem 18. Lebensjahr Kenntnis nahm, wenn es als Bürger in eine Deme eingeschrieben wurde und ins Heer eintrat, die Feier seiner Mannbarkeit im Rahmen der Phratrie dagegen bereits zwei Jahre zuvor begangen hatte, scheint aber auch nach Kleisthenes die Aufnahme in das Register der Phratrie bei der Geburt eine bedeutende Rolle bei der späteren Anerkennung als athenischer Bürger gespielt zu haben, zumal der Vater in der zweiten Hälfte des 5. Jahrhunderts bei der Einführung seines Kindes schwören mußte, es stamme aus einer rechtmäßigen Ehe mit einer Athenerin. Einen Hinweis darauf gibt Plutarchs Bericht, daß das athenische Volk, als Perikles darum bat, seinen illegitimen Sohn von Aspasia als Erben seines Oikos einsetzen zu dürfen, dessen Einschreibung in die Phratrie seines Vaters zugestand.[72]

Während der Vater in homerischer Zeit das Recht besaß, jedes seiner Kinder in den Oikos aufzunehmen, wurde dies durch Solon auf Kinder aus einer rechtmäßigen Ehe und durch ein Gesetz von 451/450 auf Kinder aus einer rechtmäßigen Ehe zwischen Inhabern des Vollbürgerrechts beschränkt.[73] Wenn dieses Gesetz zeitweilig wieder aufgehoben wurde, um die Zahl der Vollbürger, die infolge des Peloponnesischen Krieges gesunken war, wieder anzuheben, so zeigt dies, daß es

---

[71] Wolff 1961, S. 211 u. Anm. 151.
[72] Plutarch: Perikles 37, 5; Wolff 1961, S. 212.
[73] Harrison 1968, S. 24 ff., 61.

politisch motiviert war, insofern es dem Adel, der vorher über die Stadt hinausgreifende Familienbeziehungen besessen hatte, nun die Möglichkeit dazu verschloß, wenn er seinen Kindern das Recht auf die Nachfolge vererben wollte. Die Kinder, die vor dem solonischen Gesetz anerkannt worden waren und die aus den nachperikleischen „Mischehen", waren die sogenannten *Nothoi* im Gegensatz zu den *Gnesioi,* für die allein die *anchisteia hieron kai hosion,* die sakral- und familienrechtliche Zugehörigkeit zur Verwandtschaft,[74] anerkannt wurde, d. h. das Recht auf Fortführung des väterlichen Oikos. Umstritten ist jedoch, ob *Nothoi* aus nichtlegitimen Ehen zwischen athenischen Bürgern auch das volle Bürgerrecht abgesprochen wurde.[75] Ein Kind, das der Vater nicht in seinen Oikos aufnahm, konnte in die Phratrie des Großvaters mütterlicherseits und bei seiner Volljährigkeit auch in die Deme eines seiner mütterlichen Verwandten eingeschrieben werden,[76] sofern seine Mutter Athenerin war.

Insgesamt gesehen überließ die Polis die Aufzucht ihrer zukünftigen Bürger den einzelnen Oikoi, wobei diese freilich in der klassischen Zeit als Grundeinheiten des Staates weitgehend einer gesetzlich geregelten Kontrolle ausgesetzt waren, so daß das politische Interesse an einer streng definierten Zahl künftiger Bürger nicht immer mit dem Interesse des einzelnen Oikos an Nachkommen zusammenfallen mußte.

5. Das Kleinkind und seine Bezugspersonen

Im Folgenden soll auf die Frage eingegangen werden, welche Bedeutung der ersten Lebensphase und den Personen, die darin eine Funktion übernahmen, zugemessen wurde. In den Quellen spielt die richtige Behandlung des Säuglings eine bemerkenswert große Rolle, wobei auffällt, daß in der Regel der Amme besondere Beachtung geschenkt wird. Sie spielt im Leben des Kindes, oft noch des Erwachsenen, eine wichtige Rolle. Auffallend ist auch, daß sie in den

---

[74] Ebd. S. 61 ff.
[75] Humphreys 1974, S. 88 ff.; Wolff 1961, S. 209 ff.; D. Lotze: Zwischen Politen und Metöken. Passivbürger im klassischen Athen?, in: Klio 65 (1981) S. 159 ff.
[76] Isaios 7, 16 f.; Harrison 1968, S. 61 ff.; Rudhardt 1962, S. 61.

Berichten über Geburt und frühe Kindheit der Götter vielfach die Mutter in den Hintergrund treten läßt. Dabei handelt es sich wahrscheinlich um sehr alte Mythen, wo die Ammen Naturwesen bzw. Nymphen sind.[77] Schon im Mythos ist dabei zu unterscheiden zwischen stillender Amme *(titthe)*, die das Kind in den ersten Jahren versorgt, und der Amme, die das Kind weiterhin als Besorgerin begleitet, Mädchen oft das ganze Leben hindurch *(trophos)*.[78] Im Mythos und in den homerischen Epen treten in dieser Rolle auch Männer auf, wie etwa Phoinix und Cheiron, der Lehrer von Göttern und Helden, der z. B. Achill schon in den Windeln erhält.[79]

In der Regel waren Ammen wahrscheinlich häufiger in Stadthaushalten als auf dem Lande anzutreffen, in homerischer und klassischer Zeit handelte es sich meist um Haussklavinnen.[80] Für athenische Vollbürgerinnen war diese Tätigkeit beispielsweise so ehrenrührig, daß man den Status der Frau anzweifelte, die auch nur die äußerste Armut dazu getrieben hatte.[81] Neben unterschiedlichen Verhältnissen in Stadt und Land sind vor allem auch die Unterschiede zwischen armen und reichen Haushalten zu berücksichtigen, da in ersteren oft der Mutter die Pflege des Kindes oblag. Die Medizin, die sich mit der Pflege des Kleinkindes beschäftigt, wendet sich in der Regel wie selbstverständlich an die Amme.[82] Die Anforderungen, die an ihre Person gestellt werden, sind beträchtlich: Sie soll schon mehrfach geboren haben, im Idealfall soll sie zwischen 25 und 35 Jahre alt sein und zu gleicher Zeit wie die Mutter ein Kind desselben Geschlechtes geboren haben.

---

[77] Laager 1957, S. 142 ff.

[78] Während *trophos* bei Homer stets eine Frau ist, wird in den späteren Quellen auch ein Mann so bezeichnet: Euripides: Der rasende Heracles 45 (Großvater); ders.: Elektra 409; Platon: Staat 268 c.

[79] Sie erhalten jedoch nie die Bezeichnung *trophos*-Amme, weil diese Funktion beispielsweise bei Cheiron hinter seiner Rolle als Lehrer und Vermittler der archaischen Natur-„Wissenschaft" völlig in den Hintergrund tritt. Beide, Cheiron und Phoinix, haben mehr den Charakter von Freunden des Hauses (Buchholz 1884, S. 28). Zur Ammentätigkeit des Phoinix vgl. Homer: Ilias 9, 486–491.

[80] Berühmtes Beispiel ist die Amme des Odysseus, Eurykleia. Auch die Ammen in den Komödien des Aristophanes sind stets Sklavinnen. Vgl. auch Plutarch: Lykurg 16, 3 über den Kauf spartanischer Ammen.

[81] Demosthenes 57, 42.

[82] Braams 1913, S. 18 ff.; Sudhoff 1909, S. 154 f.; Etienne 1976, S. 148 ff.

Da sie nur das ihr anvertraute Kind stillen soll, muß man in diesem Falle damit rechnen, daß ihr eigenes kurz nach der Geburt starb bzw. mit der Saugflasche ernährt wurde.[83] Um die Milch so gesund wie möglich zu halten, werden ihr geradezu eine Diät, bestimmte körperliche Bewegung und Bäder vorgeschrieben. Sexualverkehr und vor allem eine Schwangerschaft sind ihr verboten, um die Milch nicht zu verderben bzw. die Nahrung für das Kind nicht zu verringern. Bei Homer und den späteren Dichtern kommt, ohne daß man soziale Unterschiede geltend machen könnte, zumindest für das Stillen sowohl die Mutter wie die Amme in Betracht. Die Stillzeit betrug im allgemeinen zwei bis drei Jahre. Da man der Meinung war, eine erneute Schwangerschaft der Mutter während dieser Zeit schade sowohl dem Kind wie dem Embryo, liegt die Annahme nahe, daß man aus diesem Grunde oft eine Amme einsetzte.[84]

Überzeugt davon, daß die Amme das Kind auch psychisch beeinflußte, fordern Philosophie und Medizin moralische Untadeligkeit und einen maßvollen Charakter.[85] Während in homerischer und klassischer Zeit Amme und Mutter in einem Hause vereint leben, oft die Amme mit dem Kind auch die Mutter begleitet,[86] werden in hellenistischer Zeit vor allem Findelkinder, aber auch freie Kinder, einer Amme anvertraut, die sie in ihrem Hause gegen Bezahlung aufzieht.[87] Nur so läßt sich die Aussage von Plutarch verstehen, die Amme habe weniger Liebe zum Kind, weil sie es gegen Bezahlung liebe (De educandis liberis 5). In homerischer und klassischer Zeit zeugen die Quellen dagegen immer wieder von einer engen emotionalen Beziehung zwischen Amme und Kind,[88] obwohl diese in den theoretischen Schriften nicht in Betracht gezogen wird. Aus hellenistischer Zeit existieren verschiedene, zum Teil sehr detaillierte Ammen-

---

[83] Herter 1964, S. 169f.; Etienne 1976, S. 149f.

[84] Doch stillten Mütter selbstverständlich auch selbst: Homer: Ilias 22, 83; ders.: Odyssee 11, 448; Nonnos: Dionysiaka 3, 378; Buchholz 1884, S. 24f.; Etienne 1976, S. 148.

[85] Platon: Nomoi 791 d–e.

[86] Aristophanes: Thesmophoriazusen 608; Klein 1932, S. 6f. u. Tafel XL A.

[87] Hengstl 1972, S. 62ff.

[88] Homer: Odyssee 15, 416f.; 19, 483. Auch die Grabinschriften für Ammen zeugen davon (Herzog-Hauser 1937, Sp. 1495). Bei Demosthenes 47, 55 wird die alte Amme ebenso wie der Paidagogos wieder ins Haus aufgenommen, damit sie bis an ihr Lebensende versorgt sind.

verträge,[89] aus denen hervorgeht, daß in dieser Zeit neben Sklavinnen auch freie Frauen gegen Bezahlung als Ammen dienen, die über ihren Ehemann bzw. Eigentümer diese Verträge schließen. Bei Verlust eines ihr anvertrauten Findelkindes innerhalb der festgesetzten Stillzeit muß es die Amme durch ein anderes Kind ersetzen, bei Zahlungsunfähigkeit des Auftraggebers kann sie es auch behalten. Zudem muß sie nach den Bestimmungen eines Vertrages das Kind regelmäßig zur Kontrolle vorführen. Bemerkenswert ist, daß die Verträge im Prinzip die gleichen Anforderungen an die Person der Ammen stellen, die oben erwähnt wurden, d. h. es ging primär um die gesunde Aufzucht des Säuglings, gleich ob es sich dabei um ein freigeborenes oder unfreies Kind handelte.

Wie sah nun die Behandlung des Kindes in seinen ersten zwei bzw. drei Jahren aus? Nach dem ersten Bad – Galen[90] empfiehlt, es kurz nach der Geburt mit Salz einzureiben – wird es gewickelt und erhält dann seine erste Nahrung.[91] Aus allen Quellen, die sich mit dem Säugling beschäftigen, geht hervor, daß das Ziel ein auch physisch möglichst vollkommen ausgebildeter Erwachsener war, daran richten sich die Regeln für das Wickeln aus, das die Glieder gerade bilden soll, die Abreibungen mit Öl, selbst die Gymnastik, die man mit dem Säugling betreibt. Bezeichnend ist der Vergleich des Hippokrates zwischen der Behandlung des Säuglings und der Tätigkeit des Ledergerbers, die ebenfalls aus Straffen, Reiben, Bürsten und Waschen bestehe.[92]

Der kaiserzeitliche Autor Soranus schreibt genau die Art und Weise vor, wie das Kind in die Wickelbänder einzubinden ist;[93] im allgemeinen sehen, wie auch die Darstellungen aus der Kunst zeigen, nur die Füße hervor. Hände und Arme werden miteingebunden, nicht nur der Schönheit wegen, sondern auch, damit die kindlichen Hände nicht die Augen verletzen können. Auch der Kopf, der noch weich ist, soll rund geformt werden. Etwa nach zwei Monaten kann nach Soranus die enge

---

[89] Hengstl 1972, S. 61 ff.
[90] Galen 7, 8. Vgl. Etienne 1976, S. 144 f.
[91] Bad und erste Nahrung waren wohl rituelle Handlungen, die mit der Anerkennung des Kindes zusammenhingen. Vgl. Euripides: Ion 1494 ff., und Ploss 1912, S. 285.
[92] Lebensordnung 1, 19.
[93] Etienne 1976, S. 145 f.

Einbindung aufgegeben werden, während Platon vorschlägt, das Kind bis zum Alter von zwei Jahren einzuwindeln, da es noch biegsam sei wie ein Wachsgebilde.[94] Dies alles gilt nun wiederum nicht für Sparta, denn Plutarch beschreibt[95] – allerdings spät wie Soranus –, daß die spartanischen Ammen die Säuglinge nicht wickelten, um ihre freie Entfaltung nicht zu hemmen. Da er zudem schreibt, daß die weiteren Vorzüge der spartanischen Ammen viele Eltern bewogen, sie für ihre Kinder zu kaufen, kann diese Säuglingspflege nicht mit Sicherheit für Athen und das übrige Griechenland ausgeschlossen werden.[96] Darstellungen aus der Kunst, die eng verschnürte Säuglinge zeigen, sprechen allerdings für die Einbindung, auch die häufige Erwähnung von Verkrümmungen des Rückgrates oder der Glieder, der auf diese Weise wohl vorgebeugt werden sollte. Aus diesem Grunde sollte auch die Amme das Kind bis zum dritten Lebensjahr tragen, erst danach sollte das Kind je nach Konstitution und ohne Nachhilfe gehen lernen. Diese Forderungen werden nicht nur in der Medizin und Philosophie aufgestellt, sondern entsprachen der Realität. Darstellungen auf den Choenkrügen, die etwa dreijährige kriechende Kinder zeigen, auch Äußerungen in den Komödien des Aristophanes weisen darauf hin, daß die Kinder offenbar verhältnismäßig spät gehen lernten, anscheinend oft mit Hilfe einer Holzkonstruktion auf Rädern.[97]

Die Amme war weiterhin verpflichtet, das Kind regelmäßig zu nähren; auch dies ist nicht nur eine Forderung des Hippokrates, der darauf hinweist, daß gerade Kinder Nahrungsmangel am wenigsten aushalten können,[98] sondern erscheint ebenso in den Komödien des Aristophanes,[99] wo die ständige Fürsorge für das Kind ins Lächerliche gezogen wird. Die Stillzeit währte im allgemeinen zwei, zuweilen auch drei Jahre. Darstellungen aus der Kunst, die dem Augenschein nach ältere Kinder an der Mutter Brust, zuweilen auf deren Schoß stehend, zeigen, lassen sich entweder damit erklären, daß es sich um göttliche

---

[94] Nomoi 789e.
[95] Lykurg 16, 3.
[96] Alkibiades hatte beispielsweise eine spartanische Amme (Plutarch: Alkibiades 1, 2).
[97] van Hoorn 1951, S. 173, Nr. 855 zeigt eine derartige Konstruktion auf einem Choenkrüglein. Vgl. Aristophanes: Thesmophoriazusen 742ff., wo der Mutter ein dreijähriges Kind vom Arm gerissen wird, das offenbar noch nicht läuft.
[98] Aphorismen I, XIII.
[99] Wolken 1380ff.; Lysistrata 880f.

Kinder handelt, oder für die Frühzeit damit, daß hier Kinder durchweg wie kleine Erwachsene dargestellt werden.

Für Platon hat die Amme in den drei ersten Jahren eine bedeutende Erziehungsfunktion, indem sie durch ihr Verhalten dem Kind gegenüber in diesem einen ruhigen, harmonischen Seelenzustand befördern soll.[100] Ebenso empfiehlt beispielsweise die Medizin, das Kind nicht in plötzlichen Schrecken zu versetzen, da es sonst, ebenso wie nach zu lang andauerndem Geschrei, Krämpfe bzw. epileptische Anfälle bekommen könnte.[101] Ergebnis dieser Pflege soll sein, daß das Kind, wie Plutarch es von den spartanischen Ammen berichtet, durch das Essen leicht zufriedengestellt wird, nichts von unmännlicher Verdrießlichkeit und Wimmern weiß und keine Furcht vor Dunkelheit und Einsamkeit kennt.[102] Neben dem Stillen sind dabei vor allem das Singen und die Bewegung des Wiegens von Bedeutung, die durch ihren Rhythmus von Furcht befreien bzw. zu Tapferkeit befähigen,[103] weiterhin das richtige Maß zwischen allzugroßer Nachsicht und Strenge, wobei letztere das Kind unfähig macht, später mit anderen zusammenzuleben, weil es nicht nur eine menschenfeindliche, sondern auch unfreie Gesinnung entwickelt.[104]

Mag diese Periode für die Philosophie auch von wesentlicher Bedeutung für die Charakterentwicklung sein, so lassen doch andere Quellen vermuten, daß es in der Realität in den ersten drei Jahren vorwiegend um die Sorge für das körperliche Wohlbefinden des Kindes ging, die offenbar Amme oder Mutter[105] Tag und Nacht in Anspruch nahm. Die Arbeit einer Amme wird bei Aischylos (Cho-

---

[100] Nomoi 790c–791c. Schmitter 1972 weist darauf hin, daß schon bei Hesiod und Pindar *trephein* nicht nur aufziehen, sondern auch erziehen bedeutet (48), so daß der Amme wohl im allgemeinen Bewußtsein eine erzieherische Funktion zukam.
[101] Peiper 1965, S. 39.
[102] Lykurg 16, 3. Mädchen und Knaben werden in Sparta gleich erzogen, so daß die genannten Erziehungsziele auch für Mädchen gelten.
[103] Platon: Nomoi 790c–791c. Vgl. Galen 1, 7, 23. Für Platon beginnt die Erziehung durch Bewegung schon im Mutterleib (Nomoi 789a–d). Die von ihm erwähnte mit keiner eigenen Anstrengung des Kindes verbundene Bewegung wie Schaukeln, Seefahren und Reiten, die bei jedem zu einer guten Verwertung der Nahrung durch den Körper und dadurch zu Schönheit, Gesundheit und anderweitiger Kraft führt (Nomoi 789d), hebt später auch Galen als wichtig hervor, wenn er rät, die Kinder vom 3. und 4. Jahr an fahren und seefahren, vom 7. Jahr an reiten zu lassen (1, 8, 4–6).
[104] Platon: Nomoi 791d.
[105] Vgl. Xenophon: Memorabilien 2, 2, 5.

ephoren 750–762) anschaulich beschrieben: Der Säugling schreit und stört ihre Nachtruhe, „denn man muß das unvernünftige Wesen pflegen wie ein Tierchen und seinen Launen folgen. Wenn es noch in den Windeln liegt, spricht es nicht aus, wenn es Hunger oder Durst oder andere Bedürfnisse hat. Sein Bauch gibt die Befehle, die Amme muß die Windeln waschen." Die Auffassung, das Kind sei in diesem Alter mit einem Tierchen vergleichbar, finden wir auch bei Aristoteles, nach dem der Mensch erst verständig und vernünftig denkt, wenn seine Gliedmaßen ausgewachsen sind und er aufrecht geht,[106] in der Zeit davor kriecht er ebenso auf allen vieren wie die unvernünftigen Tiere.[107]

In Verbindung mit der Sprachlosigkeit dieser Periode, die häufig hervorgehoben wird, und zur Folge hat, daß das Kind sich einerseits nicht vernünftig ausdrücken kann, andererseits aber auch nicht versteht, wenn es verbal instruiert wird, wird verständlich, warum man das Kind in dieser Zeit des Lebens überwiegend der Mutter oder anderen Frauen des Hauses bzw. der Amme überläßt, denn für den Oikos kommt es vor allem darauf an, daß das Kind gesund überlebt. Daß ein Mann Ammendienste der geschilderten Art übernahm, war anstößig; dies zeigen sowohl die Komödien des Aristophanes, wo derartige Väter stets lächerlich und die Welt auf den Kopf gestellt erscheinen,[108] wie auch die Bemerkung Theophrasts, der einen ‚taktlosen' Charakter unter anderem dadurch kennzeichnet, daß dieser das Geschäft der Amme übernimmt, das Kleinkind mit vorgekautem Brot füttert, es abküßt und ihm Kosenamen gibt.[109] Letzteres, in Verbindung mit zahlreichen anderen Stellen in den literarischen und archäologischen Quellen, zeigt deutlich, daß das kleine Wesen geliebt, verwöhnt und gehätschelt wurde.[110] Man beschäftigte es mit Spiel-

---

[106] De Generatione Animalium 4, 10.

[107] Historia Animalium 2, 3, 6. Vgl. auch 8, 1, 2: „Doch unterscheidet sich um diese Zeit die Seele sozusagen in nichts von der Seele der Tiere." (Übers. v. A. Karsch)

[108] Lysistrata 878ff.; Wolken 1380ff.

[109] Charaktere 20, 5. Vgl. Aristophanes: Ritter 716f. Auch bei Homer: Ilias 9, 486–491 füttert Phoinix seinen Zögling Achill mit vorgeschnittener Nahrung, die er ihm jedoch nicht vorkaut.

[110] Nicht nur von Amme und Mutter, sondern auch von dem Vater: Homer: Ilias 5, 408f.; 22, 500. Euripides: Die bittflehenden Mütter, 1154ff. Vgl. Herter 1961b, S. 602ff. Dafür sprechen auch die zärtlichen Bezeichnungen für Vater: *pappas, pappidion, pappizo*. Siehe dazu Charlier u. Raepsaet 1971, S. 604ff.

zeug, der Rassel in unterschiedlichen Formen aus Holz und Bronze, Tieren aus Ton usw., hielt es auf dem Schoß, um mit ihm zu spielen, zog es auf einem Wagen[111] hinter sich her oder sah ihm beim Kriechen und Spielen zu, auf einer Darstellung wohl auch der Vater. Daß Mutter und Amme gleichzeitig um das Wohl des Kindes besorgt waren, zeigen Darstellungen mit dem Kind, das, von der Amme getragen, der Mutter die Arme entgegenstreckt. Über die Kleidung informieren die Darstellungen aus der Kunst nur unvollkommen, sie zeigen das den Windeln entwachsene Kind in Umhang oder Mantel, die Knaben sehr oft aber nackt, Mädchen zuweilen auch mit Hals- und Armketten.

Eine der aufschlußreichsten archäologischen Quellen für das erste Kindesalter, d. h. etwa für die ersten fünf Jahre, sind die Kännchen, die dem zweiten Tag der Antestherien, des Frühlingsfestes, das von der Gesamtpolis gefeiert wurde, den Namen gaben, die *Choen*. Bei dieser Gelegenheit wurden die dreijährigen Kinder, Mädchen wie Knaben, mit Blütenkränzen geschmückt und traten nach Vollendung des gefährlichsten Stadiums der ersten Kindheit damit zum ersten Mal an die Polisöffentlichkeit.[112] Nicht nur die Blütenkränze sollten als Symbol der Kräfte des erwachenden Jahres die Kinder vor zukünftigem Unheil schützen, sondern auch die am folgenden Tag stattfindende *Aiora*, ein Schaukelritus für die Mädchen, der wahrscheinlich die Reinigung von Unheil und Gesundheit für die Folgezeit beschwören sollte.[113] In einer Inschrift werden als die einzelnen Stadien des betreffenden Menschenlebens neben Hochzeit, Geburt und Ephebie die *Choen* angeführt,[114] was die ‚staatliche‘ Bedeutung dieses Festes hervorhebt, denn die das Kind betreffenden Feste im Rahmen der Phratrie werden nicht erwähnt. Zu diesem Fest erhielten die Kinder nicht nur Geschenke, sondern vor allem auch die erwähnten kleinen Weinkrüge, die *Choen*, die mit den an diesem Tage stattfindenden Trinkwettkämpfen in Zusammenhang standen und zahlreiche sehr

---

[111] Zu Spielzeugen allgemein Klein 1932, S. 2 ff. Zu einer Darstellung des Vaters mit dem Kind Klein 1932, S. 7 u. VI B.

[112] Bezeichnend für die geringe Bedeutung, die es bis zu diesem Zeitpunkt für das Gemeinwesen hat, ist die Bestimmung im Gnomon des Idios Logos (= BGU V, 63), daß Personen, die unterließen, ein Kind unter drei Jahren registrieren zu lassen, straffrei bleiben.

[113] Deubner 1922, S. 118 ff.

[114] IG II/III² 1368, 130.

lebendige Szenen aus dem gesamten Kinderleben zeigen.[115] Kindern, die vor dem dritten Lebensjahr starben, wurden sie oft mit ins Grab gegeben. Da das Fest in den einzelnen Häusern zwar fröhlich begangen wurde, ursprünglich aber einen unheimlichen, düsteren Charakter hatte, weil an diesem Tage die Geister der Toten in die Stadt kamen, tragen viele der auf den *Choen* dargestellten Kinder apotropeische Amulettschnüre. Im übrigen bestand die Festbekleidung aus einem bestickten Gewand, das auf den Krügen vor allem bei den Mädchen zu finden ist, die bis zur Geschlechtsreife gewöhnlich keinen Gürtel tragen,[116] während die Knaben vorwiegend nackt dargestellt werden. Das Fest galt zwar für Knaben und Mädchen, doch wie letztere in der bisher dargestellten Erziehungstheorie bei Platon und Aristoteles zwar nicht ausgeschlossen werden, doch durch die genannten Erziehungsziele zuweilen sehr in den Hintergrund gerückt sind, so erscheinen auch auf den *Choen*, ebenso wie es bei den Grabepigrammen der Fall ist, vor allem Knaben. Auffallend ist, daß ein weiteres Fest, bei dem man die Kinder beschenkte, ebenfalls ursprünglich einen düsteren Charakter hatte, das des Zeus Meilichios, die *Diasia*, die wiederum in den einzelnen Häusern mit einem fröhlichen Mahl begangen wurden.[117]

6. Vom 3. bis zum 6./7. Lebensjahr

Die Periode vom 3. bis zum 6./7. Lebensjahr, d. h. bis zum Eintritt in die Schule, ist geprägt vom Spiel.[118] Die archäologischen Quellen bieten reiches Anschauungsmaterial über Kinder mit ihren Spielzeugen, Spieltieren und ihre Spiele untereinander. Dabei werden in der Regel Mädchen und Knaben nicht gemeinsam im Spiel dargestellt, ebenso gibt es auch geschlechtsspezifische Spielzeuge, wie Puppen oder Roller.[119] Auch in der Dichtung wird das Spiel der Kinder

---

[115] Van Hoorn 1951, S. 59ff. u. Tafelteil. Zum Fest allgemein, bei dem auch die Erwachsenen aus den *Choen* tranken, Deubner 1922, S. 258ff.; Burkert 1977, S. 358ff.
[116] Über die Bedeutung des Gürtels bei Knaben und Mädchen Schmitt 1977, S. 1063f.
[117] Vgl. Aristophanes: Wolken 408, 864.
[118] Manson 1975, S. 138.
[119] Klein 1932, S. 13ff.

geschildert, bei Homer wird allerdings damit metaphorisch sinnloses Tun ausgedrückt, ähnlich äußert sich Heraklit. Es kennzeichnet m. E. die griechische Mentalität, daß die griechische Sprache eine Reihe von Ausdrücken aufweist, die vom Stamm *paid* – Kind abgeleitet sind und über den eigentlichen kindlichen Bereich hinaus Spiel in Wort und Tat und, allgemein ausgedrückt, Vergnügen bedeuten: so etwa *paignia, paidia* und *paigma* – Spiel, *paignion* – Spielzeug und vor allem *paizo* – spielen. Dabei fällt auf, daß die Tätigkeiten, die damit bezeichnet werden, stets eine Bewegung ausdrücken, sofern es sich nicht um heitere Dichtung, Scherze oder Wortspiele handelt; *paizo* insbesondere hat auch die Bedeutung tanzen, musizieren.[120] Das Kind wird also mit einer heiteren, zweckfreien Bewegung verbunden, die durch keinen äußeren Zwang hervorgerufen wird, verantwortungslos ist. In der spielerischen und sportlichen Betätigung findet sich auch der Erwachsene in diesem Zustand. Gleichzeitig muß dieser aber mit allem Ernst und unter Anspannung aller Kräfte seine Existenz und die seiner Kinder sichern. In den Augen des Erwachsenen ist der Aspekt des Spiels also nur eine Seite des Bereichs Kindheit, denn diese ist ständig Gefahren ausgesetzt, so daß er sich kaum nach ihr zurücksehnt.[121]

Werden spielende Kinder in Gruppen dargestellt, handelt es sich oft um Wettkämpfe, die Erwachsene in der gleichen Form untereinander austragen. Das Einzelspiel, etwa mit Reifen, Balancierstöckchen, Jo-Jo, Springseil, Schaukel für die Mädchen, oder auch mit einem Tier bleibt auf die Kinder beschränkt, bis auf den Bereich, in dem Erwachsene mit Kindern spielen, etwa das Kind auf ihren Füßen laufen lassen oder kniend an dem kindlichen Spiel mit einem Wägelchen teilnehmen. Die Kinder dagegen ahmen in ihren Spielen oft das nach, was sie bei Erwachsenen gesehen haben, etwa in der Berufswelt und bei religiösen Aufzügen. Die Tatsache, daß die Kinder beim Spiel in der Regel in zwar graziöser, aber doch schneller Bewegung, oft auch beim Tanzen, dargestellt werden, macht noch einmal deutlich, daß man für die Spielphase Bewegung als charakteristisch ansah, wie es auch Platon

---

[120] Im Deutschen hat ,spielen' zwar im Althochdeutschen und Mittelhochdeutschen bis Neidhard auch die Bedeutung ,tanzen', weist aber keine Wortverwandtschaft mit ,Kind' auf.

[121] Herter 1961 b, S. 598 ff.

feststellt.[122] Darstellungen aus der kindlichen Welt, die sich mehr oder weniger eindeutig auf Taten von Heroen beziehen, wie z. B. der Knabe mit der von ihm bezwungenen Gans im Arm auf Herakles' Sieg über den Löwen hinweisen könnte, lassen zwar nicht unmittelbar schließen, daß die Kinder schon in diesem Alter die Werte der Heroenwelt internalisiert hätten, doch geht vielleicht zumindest der Künstler bei seiner Darstellung des kindlichen Siegers davon aus. Im gleichen Zusammenhang sind wohl auch die zahlreichen Wettkämpfe, die wir dargestellt finden, zu sehen.

In dieser Zeit genießt das Kind offenbar einen Freiraum, den im klassischen Athen nicht nur die Oberschicht, sondern auch die übrigen Vollbürger ihren Kindern zu gewähren in der Lage waren, wie es die Komödien des Aristophanes zeigen. Wie aus den Spielen hervorgeht, nimmt es in Haus und Hof, auf Straßen und Plätzen an der Welt der Erwachsenen teil, die sich auch spielend mit ihm beschäftigen, und erlebt die Polisöffentlichkeit bei den religiösen Festen der Stadt.

Die Erziehungstheorien bei Platon und Aristoteles gestehen dagegen dem Kind zwar das Bedürfnis nach Spiel zu, weil es nach Aristoteles durch allzu frühe intellektuelle und körperliche Beanspruchung zu sehr ermüdet und im Wachstum behindert würde, versuchen andererseits aber, die Spielphase in den Dienst der Erziehung zu stellen.

Spiele sollen bei Platon unter Aufsicht stehen und gelenkt werden, ja dabei sollte auch angemessen gestraft werden. Spontaneität und vor allem Kreativität im Spiel schätzt Platon als Gefahr ein, weil „notwendig diese Knaben, die in ihren Spielen Änderungen vornehmen, zu anderen Männern werden müssen als die Knaben früherer Zeit; daß sie, wenn sie zu anderen Männern wurden, auf eine andere Lebensweise sinnen und zufolge dieses Daraufsinnens andere Einrichtungen und Gesetze begehren" (Nomoi 798 c). Schon im Spiel sollte die Erziehung einsetzen, so daß jeder Knabe seine spätere Tätigkeit spielend erlernt (Nomoi 643 b–d). Von handwerklichen Berufen ausgehend, überträgt

---

[122] „... daß alles sozusagen, was jung ist, weder seinen Körper noch seine Stimme in Ruhe zu halten vermöge, sondern stets teils durch Hüpfen und Springen, wie bei Aufführung ergötzlicher und fröhlicher Tänze, teils durch Anstimmung von Tönen aller Art sich zu regen und laut zu werden bestrebe." (Nomoi 653 d–e; Übers. v. F. Schleiermacher)

Platon dies auf die Erziehung zur Tugend (Nomoi 644 a–b). Tanz und Gesang werden als göttliches Erziehungsmittel, ausgehend von dem allein dem Menschen eigenen Gefühl für Rhythmus und Harmonie, mit einbezogen.

Für Aristoteles ist das Spiel ein Mittel, die für das Wachstum des Kindes notwendige Bewegung zu fördern; aus eben diesem Grunde spricht er sich für das laute Schreien der Kinder aus. Auch für ihn ist die Kontrolle des kindlichen Spielens, das eines Freien würdig sein sollte, unerläßlich (Politik 1336a 4–6). Da er, wie Platon, das kindliche Spiel lediglich als ein Element auf dem Wege zum idealen Staatsbürger sieht, schlägt er vor, daß sich die Spiele vorwiegend auf die Nachahmung der späteren Tätigkeit des Bürgers beziehen sollten. Überhaupt setzt sich Aristoteles offensichtlich mit der Auffassung auseinander, das Kind sei glücklich, wenn er dies ausdrücklich mit dem Hinweis darauf ablehnt, das Glück setze „ethische Vollkommenheit und ein Vollmaß des Lebens"[123] voraus. Wie er steht Platon der Phase des kindlichen Spiels mit Mißtrauen gegenüber, was letztlich in seiner Philosophie begründet ist.[124]

Amme und Mutter, aber auch alte Menschen, möglicherweise neben der Amme auch die Großeltern, erzählten den Kindern von klein an Geschichten, Fabeln und Märchen, vor allem auch Gespenstergeschichten mit schrecklichen Unholden. Auch hier weisen die Philosophen darauf hin, welchen Einfluß derartige Geschichten auf die Seele des Kindes haben können, weil das in frühester Kindheit Gehörte ihre Vorstellungen und Maßstäbe so stark präge, daß es später ihrer Befähigung zum Staatsbürger infolge mangelnder Urteilskraft schade. Strabon andererseits weist darauf hin, daß sich Kinder von Ungewohntem und Unheimlichem angezogen fühlen und durch die Erzählung von Heroensagen anstacheln und durch Schreckliches von Schlechtem abhalten lassen, so daß man im Kindesalter zum Mittel von Märchen und Gespenstergeschichten greifen müsse, weil die Kinder noch nicht genug Verstand besitzen, sondern nur durch Furcht und Bewunderung zu beeinflussen seien (1, 2, 8).

---

[123] Nikomachische Ethik 1, 9, 10.

[124] In diesem Zusammenhang ist auch Platons Kritik an dem mit Spiel eng verwandten Lachen bemerkenswert (Politeia 388e mit Bezug auf die Wächter). Vgl. dazu H. Blumenberg: Arbeit am Mythos, Frankfurt a. M. 1979, S. 137f., der einen Satz von Jean Paul zitiert: „Götter können spielen, aber Gott ist ernst."

7. Erziehung und Schule

Schon in der Spielphase findet in der Philosophie, die sich fast ausschließlich mit Knaben beschäftigt, aber auch in der Realität, wie die archäologischen Zeugnisse zeigen, eine Trennung der Geschlechter statt. Gleiches gilt für die Zeit nach dem siebten Lebensjahr, das im griechischen Denken das Ende des ersten großen Abschnittes eines Menschenlebens bedeutet. Im klassischen Athen beginnt hier die eigentliche Erziehung, gekennzeichnet durch den Eintritt der Knaben in die Schule, deren Existenz wir vom Ende des 6. Jahrhunderts an voraussetzen dürfen.[125] Von Sparta, wo allerdings Mädchen und Knaben gemeinsam unterrichtet wurden, berichtet Xenophon (Lakedaimon Politeia 2, 1), daß die Kinder, wenn sie verstehen konnten, zur Schule geschickt wurden, d. h. also in geringerem Alter, wie wir es z. B. als Forderung bei Platon und Aristoteles finden. Für Sparta war der Schulbesuch staatlich geregelt und obligatorisch, für das übrige Griechenland ist dies in der Forschung umstritten. Zwar ist das bei Diodor erwähnte Gesetz (12, 12, 4–13, 4) des Charondas über einen allgemeinen Schulzwang unhistorisch,[126] vermag jedoch in Verbindung mit Pindar (Nemeische Oden 3, 41): „Groß Gewicht hat der Mut angebornen Adels, wer nur Gelerntes weiß, im Finstern behaust ist der Mann, er bewegt sich nach hier und dort, immer schwankenden Schritts und schlürft an unzähligem Neuen mit windigem Sinn", das aristokratische Ressentiment gegen die neuartige Vermittlung von Wissen zu verdeutlichen. Die Ausbildung der jungen Adligen in homerischer Zeit hatte nie Lesen, Schreiben und Rechnen zum Inhalt gehabt, sondern war allein sportlich und musisch bestimmt; letzteres schloß beispielsweise die Rezitation der homerischen Epen und lyrischer Gesänge ein.

Die Veränderung der Unterrichtsinhalte läßt sich auf den sozialen und politischen Wandel von der Adelsherrschaft zur Polis im 6. Jahrhundert zurückführen, der in den Reformen Solons um 600 seinen Ausdruck findet, doch erst nach der Tyrannis der Peisistratiden, die die soziale Machtbasis des Adels entscheidend schwächte und damit

---

[125] Beck 1964, S. 77.
[126] Van Compernolle 1975, S. 98 hält das Gesetz für eine neopythagoräische Interpolation des 4. Jahrhunderts v. Chr.

den Prozeß der Staatswerdung der Polis förderte, voll wirksam wird. Mit der Konstituierung der athenischen Polis, in der auch die Unterschichten an politischen Entscheidungen beteiligt waren, wurde es für den Adel notwendig, seine politischen Handlungen zur Diskussion zu stellen, zu begründen und die Politen davon zu überzeugen. Auf diesem Hintergrund setzte sich die von der Sophistik vertretene Auffassung durch, die Fähigkeit zu politischem Handeln sei nicht angeboren, sondern lehrbar, und der Unterricht darin müsse möglichst früh beginnen. Für den Elementarunterricht bedeutete dies zunächst, daß jeder Bürger, der im Rahmen der Polis mitbestimmen wollte, nach Möglichkeit lesen, schreiben und rechnen lernte.[127] Dies geschah in Schulen, deren Organisation nach Aischines (3, 6 ff.) Drakon und Solon genau geregelt hatten, wie etwa Zulassung, Mindestalter und Zahl der Schüler, Aufsicht über die Schulen und über die Paedagogen, die die Schüler in die Schule brachten. Über die Größe der Schulen sind nur zufällige Anmerkungen erhalten, die jedoch schon für den Anfang des 5. Jahrhunderts[128] belegen, daß es Schulen mit mehr als hundert Schülern gab wie auch mehrere Schulen in einer Stadt. Die Quellen setzen für diese Zeit die Schulen schon als selbstverständlich voraus. Ihre Größe läßt vermuten, daß jeweils mehrere Lehrer an einer Schule unterrichteten und wahrscheinlich jedes Fach durch einen Lehrer vertreten war.[129] Als Lohnempfänger genossen die Lehrer kein hohes Ansehen,[130] andererseits erklären aber auch die von den Eltern aufzubringenden Schulkosten, daß die Kinder armer Bürger Analphabeten blieben.[131] Eine wichtige Rolle spielte der *Paidagogos*, ein Sklave in gehobener Stellung, der in jedem wohlhabenden Oikos für die Erziehung der Kinder zuständig war und sie stets begleitete. Seine mythischen Vorbilder waren Cheiron und Phoinix,

---

[127] Vgl. dazu die, allerdings nicht unbedingt mit dem Schulbesuch zu verknüpfende Bestimmung Solons, die Plutarch überliefert (Solon 22, 1), daß ein Sohn, den sein Vater kein Handwerk hatte lernen lassen, diesen im Alter nicht zu unterstützen brauchte. Siehe auch Vitruv: De Architectura, 6. Buch, Vorrede, 3; Aristophanes: Vögel 1353–1357.

[128] Herodot: Historien 6, 27: 120 Kinder (Chios); Thukydides 7, 29: Mehrere Schulen in Mykalessos; Pausanias: Beschreibung Griechenlands 6, 9, 6: 60 Kinder (Astypalaia).

[129] Beck 1964, S. 70.

[130] Demosthenes: Kranzrede 265; Beck 1964, S. 112f.

[131] Aristophanes: Ritter 188, 636; Plutarch: Aristides 7, 5f.

deren erstes Erziehungsziel die Arete ihrer Schüler gewesen war. Ihre Aufgabe, die sich an den Idealen der Adelsgesellschaft ausrichtete und im eigentlichen Sinne paedagogische, d. h. moralische Werte zu vermitteln hatte, geht bruchlos auf den Paidagogos der Polisgesellschaft über, wobei jetzt zusätzlich der Lehrer *(didaskalos)* die mehr technische Ausbildung übernimmt. Die Bedeutung des *Paidagogos* geht auch aus der Aufzählung der Erziehungsinstanzen bei Platon (Protagoras 325 c) hervor: Amme, Mutter, *Paidagogos* und Vater. Die Erziehungsmethode im Hause und in der Schule war hart, besonders bei Knaben: „Schon seit jeher gewöhnen die Menschen die Kinder an Herrschaft und Gehorsam, damit sie nicht, zum Manne geworden, zugrunde gehen." [132] Literarische und archäologische Quellen bezeugen die Prügelstrafe, wobei die Sandale bzw. auch die Peitsche eine große Rolle spielt. Wenn der Vater in den „Wolken" des Aristophanes (1410) sagt, er habe seinen Sohn aus bloßer Liebe und Sorge geprügelt, so ist dies nur ein Teil der Wahrheit, denn es war ein vitales Interesse des Vaters, aus dem Kinde, notfalls mit Gewalt, [133] einen guten Hausvater zu machen. Die Unterrichtsstoffe, mit denen das Kind vertraut gemacht wurde, waren neben Lesen, Schreiben und Rechnen die Rezitation der Dichter, Musik und Sport. [134] Die drei letztgenannten Disziplinen wurden in erster Linie wegen ihres moralischen und erzieherischen Wertes betrieben und setzten die Erziehungstradition des Adels fort. Passagen aus Homer, Hesiod und vor allem die Elegien Solons wurden auswendig gelernt. Der Schüler beispielsweise sollte die Taten der homerischen Helden bewundern, sie nachahmen und versuchen, ihnen gleich zu werden. Die Kenntnis der Epen war weit verbreitet, und aus den literarischen Quellen ist ersichtlich, daß sie für recht unterschiedliche Auffassungen bzw. Unternehmen als Legitimation dienten. Zweifellos war die Lyrik Solons für die Erziehung eines guten Staatsbürgers geeignet. Für Homer scheint mir dies nicht in gleichem Maße zu gelten: Wenn Platon schreibt, die Gesetze der Stadt entsprächen den doppelten Schreiblinien, die der Schüler beim Schrei-

---

[132] Antiphon F 61; Platon: Protagoras 325 d: „so suchen sie ihn wie ein Holz, das sich geworfen und verbogen hat, wieder gerade zu machen durch Drohungen und Schläge" (Übers. v. F. Schleiermacher).
[133] Vgl. dazu die platonische Einstellung zum Kind Nomoi 808 d–e.
[134] Beck 1964, S. 114 ff.

benlernen nicht überschreiten dürfe,[135] so konnte eine eigenwillige Interpretation des homerischen Helden-Ideals damit leicht in Gegensatz geraten. In der homerischen Gesellschaft war die Arete des Helden, d. h. seine überragende kriegerische Tüchtigkeit und seine Redekraft, mit Entscheidungsbefugnis zusammengefallen. Im Rahmen der Polis gehörte diese Arete zwar weiterhin zum Selbstverständnis des Adels, doch war sein Führungsanspruch nicht mehr von Natur gegeben, sondern mußte durch erfolgreiche Beherrschung der politischen Kunst erworben und anerkannt werden. Da die Unterweisung in dieser Kunst, d. h. vor allem in der von den Sophisten gelehrten Rhetorik, weit über das normale Maß hinaus bis zum 18. Lebensjahr dauerte, waren aber wiederum nur der Adel und Reiche in der Lage, sie ihren Söhnen zuteil werden zu lassen.[136]

Obwohl Platon in seiner Erziehungstheorie den erzieherischen Wert Homers teilweise in Frage stellt, erwähnt er nicht, daß die individuelle Arete des homerischen Helden und seine Handlungen[137] nicht immer vereinbar sind mit den Forderungen, die die Polis als Gemeinwesen an jeden ihrer Bürger gleichmäßig stellt. Schon der Elementarunterricht vermittelte damit Werte, deren Verwirklichung im Rahmen der Polis zu Konflikten führen konnte, selbst wenn der individuelle Kampf um Sieg und Ruhm sich vom Schlachtfeld allmählich auf den sportlichen Bereich verlegt hatte, wie es z. B. die pindarischen Oden zeigen.[138]

---

[135] Platon: Protagoras 326 d. Dazu E. Hoffmann: Der Erziehungsgedanke der klassischen griechischen Philosophie, in: Johann 1986, S. 107.

[136] Erziehungsziel für die Mitglieder der Oberschicht ist der *kaloskagathos*, ein junger Mann, der sich durch Schönheit und Tugend auszeichnet. Die Terminologie der Adelstugenden wird in klassischer Zeit übernommen, jedoch inhaltlich modifiziert zu geistiger und seelischer Vortrefflichkeit, die den Anspruch der adligen Oberschicht auf politische Führung auch unter den veränderten politischen und sozialen Verhältnissen der klassischen Polis noch legitimiert (H. Patzer: Der archaische Arete-Kanon im Corpus Theognideum, in: Gnomosyne. Menschliches Denken und Handeln in der frühgriechischen Literatur. Festschrift für Walter Marg zum 70. Geburtstag, hrsg. v. G. Kurz, D. Müller und W. Nicolai, München 1981, S. 205–226). Die Schönheit ist nicht nur körperliche Schönheit, auch tugendhaftes Leben wird nach aesthetischen Kriterien beurteilt (Janssens 1978, S. 335).

[137] Das Verhalten des Helden richtet sich daran aus, in Worten und Taten der Beste, d. h. der Erfolgreichste zu sein (Homer: Ilias 6, 208–9; 9, 443) und dafür die angemessene Ehre zu empfangen. O. Murray: Das frühe Griechenland, München 1982, S. 67, 170 f.; W. Jaeger: Paideia 1, Leipzig ²1936, S. 30 ff.

[138] Hier wird der Sieger weiterhin ins Heroische erhöht, und das Ideal, das Pindar in

Obwohl wir verständlicherweise nur wenig darüber wissen, geht doch aus den Quellen hervor, daß der Unterricht in Musik und Tanz durch den Kitharistes den gleichen Rang einnahm wie der Unterricht in der Palaestra durch den Paidotribes. Etwa seit der Zeit des Sokrates setzt allerdings nach Meinung der Forschung ein Prozeß ein, in dem die sportliche und musische Erziehung gegenüber der geistigen an Gewicht verliert.[139]

Während die literarischen Quellen den Eindruck vermitteln, daß die Mädchen vom 7. Lebensjahr an im Hause in die Aufgaben einer Hausfrau eingeführt wurden, fehlen in den archäologischen Quellen Darstellungen aus diesem Bereich, dagegen finden wir für das 5. Jahrhundert Mädchen mit Schreibtafeln, Mädchen auf dem Weg zur Schule, in Gruppen beim Tanzunterricht und bei sportlichen Wettkämpfen.[140] Eigene Schulen für Mädchen finden wir jedoch erst in hellenistischer Zeit, beispielsweise in Pergamon, Chios, Teos und Delos, wo in einer Inschrift (261 v. Chr.) neben einem Schülerverein auch ein Schülerinnenverein erscheint.[141] Sie sind auf dem Hintergrund der Entwicklung des Unterrichts von einem Privileg des Adels in homerischer Zeit und der Zeit der frühen Polis über die Einrichtung von Schulen für alle Söhne der Polis bis in die hellenistische Zeit zu sehen, in der es neben Schulen für Mädchen auch offenbar schon solche für Sklaven gab. Gleichzeitig wird daran deutlich, daß sich die Stellung der Frau in hellenistischer Zeit geändert hat, ebenso wie die des Kindes. Das verstärkte Interesse an Frauen und Kindern der Politen zeigt eine kultische Inschrift aus Magnesia (197 v. Chr.), die Gebete für die Bürger, Frauen und Kinder *(tekna)* und für die anderen Einwohner der Stadt enthält.[142] Reiche Bürger stifteten jetzt öffentliche Schulen, die unter Aufsicht eines hohen Beamten der Stadt, des Paidonomos, standen. Während aber in der klassischen Polis der

---

dieser Zeit (um 500 v. Chr.) aufstellt, ist, daß der Mann, jeder Gefahr trotzend, seine Persönlichkeit zur höchstmöglichen Entfaltung bringen solle (Janssens 1978, S. 335 ff.). Da schon im 7. Jahrhundert auch Knabenwettkämpfe bei den panhellenischen Spielen bezeugt sind (Marrou 1957, S. 89 ff. u. 96), prägt diese Konzeption die Knaben der Oberschicht schon in der Kindheit.

[139] Marrou 1957, S. 93 f.
[140] Beck 1964, S. 85 ff.; Klein 1932, S. 30 ff.
[141] Ziebarth 1914, S. 39.
[142] Bonneau 1975, S. 135.

wesentliche Aspekt des Schulbesuchs die Ausbildung der Kinder zu Politen einer souveränen Polis gewesen war, ändern sich unter den gewandelten politischen Bedingungen auch die Kriterien, nach denen sich die Eltern für einen Schulbesuch entscheiden, denn er endet für das Kind nicht mehr zwingend mit der politischen Mitbestimmung über das Gemeinwesen, sondern öffnet ihm allenfalls die Chance, gesellschaftlich aufzusteigen und damit auch für die Familie einen sozial höheren Status zu erreichen.[143] Zwar kann nun auch ein Sklavenkind Unterricht erhalten, doch steht dahinter das Ziel, seine so erworbenen Fähigkeiten auszunutzen.[144] Besteht kein soziales Bedürfnis nach Ausbildung, gehen selbst freie Kinder nicht in die Schule.

8. Päderastie

An dieser Stelle soll kurz auf das Problem der Päderastie eingegangen werden. Sie wird allerdings in einem Alter relevant, das sich schon dem Ende der Kindheit nähert, und reicht weit darüber hinaus, denn im allgemeinen ist der geliebte Knabe zwölf bis achtzehn Jahre alt. In der spartanischen Erziehung, ebenso auch in Kreta, war sie nach den Quellen institutionell verankert, doch ist sie auch für das übrige Griechenland bezeugt.[145]

Die Vasenbilder aus dem 6. und 5. Jahrhundert,[146] die die Werbung des Erastes um den Eromenos zeigen, stellen in der Regel auch die Geschenke dar, die den Knaben beeinflussen sollen, neben Tieren unter anderem auch Geld. Die Tierdarstellungen symbolisieren nach Koch-Harnack Kampf und Jagd in Verbindung mit erotischen Elementen, sie machen aber auch teilweise die sexuellen Wünsche des Erastes sehr deutlich. Ausgehend von der erzieherischen Funktion der Beziehung Erastes-Eromenos, in der der Eromenos dem Erastes als Vorbild nacheifern soll, während dieser sich auszeichnet, konnte man

---

[143] Vgl. ebd. S. 111.
[144] Hengstl 1972, S. 88ff.
[145] Siehe Zoepffel (wie Anm. 1) S. 355ff.
[146] Die folgenden Ausführungen lehnen sich an Koch-Harnack 1983 an.

in der symbolischen Darstellung von Jagd und Kampf noch einen Niederschlag der Arete des Adels finden, da zudem diese Motive nach den Perserkriegen verschwinden. Xenophon berichtet, daß, wie in Sparta, auch in einigen anderen griechischen Staaten die Einrichtung der Päderastie bestehe, doch habe sie dort entweder sexuellen Charakter oder sie komme durch Gunstbeweise des Liebhabers zustande (Lakedaimon Politeia 2, 12), während Lykurg diese Einrichtung zwar als wichtiges Mittel der Erziehung institutionalisiert habe, und zwar ebenso für Knaben wie für Mädchen, jedoch die körperliche Schönheit eines Kindes als treibendes Motiv für die Werbung um dessen Freundschaft verdammt habe. Der Vergleich der spartanischen Einrichtung mit der Beziehung zwischen Eromenos und Erastes bei Platon[147] läßt vermuten, daß dieser für die Päderastie, wie er sie im Rahmen seiner Erziehungstheorie sieht, in Sparta sein Vorbild fand, allerdings auf Knaben beschränkt. Danach ist der Liebhaber Vorbild für den Geliebten, was beide Seiten zu entsprechendem Verhalten auffordert und sowohl bei der Werbung wie auch nach Eingehen der Beziehung das agonale Prinzip auf beiden Seiten deutlich manifestiert: Der Knabe will sich vor seinem Liebhaber stets als der Beste erweisen, während dieser seinerseits erstrebenswertes Vorbild sein muß. Wie Xenophon andeutet, bestand außerhalb Spartas, wo eine strenge staatliche Kontrolle auch über diese Erziehungseinrichtung stattfand, offenbar stets die Gefahr, daß das Verhältnis auch sexuell bestimmt war, doch wurde der Wert, den es für die Erziehung hatte, dadurch im Prinzip nicht beeinträchtigt.[148] Voraussetzung war allerdings, daß der Knabe nicht durch sein Verhalten die Begierde des Liebhabers provozierte, geschweige denn sich bezahlen ließ, was als verdorben und weibisch verurteilt wurde, wie es vor allem die Komödien des Aristophanes zeigen. Daß man diesem erotischen Verhältnis nicht ganz unvoreingenommen gegenüberstand, zeigen die bei Aischines (3, 7 ff.) angeführten Gesetze Drakons und Solons[149] über die Bezähmung körperlicher

---

[147] Symposion 184 c–185 b; Patzer 1982, S. 83 u. 105.
[148] Hier gilt jedoch auch wieder, daß die Päderastie als Erziehungsinstitution auf die Mitglieder der Oberschicht beschränkt blieb (Patzer 1982, S. 104 ff.).
[149] Obwohl Aischines in seiner Rede gegen Timarch ausführt, daß die athenischen Gesetzgeber Sklaven zwar verboten hätten, einen Knaben zu lieben, daß sie dies jedoch bei einem Bürger bejahten, insofern dieser über die Tugend des Knaben wache (139 f.), scheint mir diese Passage, auch auf Grund ihres apologetischen Charakters, nicht

Begierden der Kinder und ihr sittliches Verhalten ebenso wie die zu ihrem Schutz bestimmten Regelungen der Öffnungszeiten der Schule: Um die Knaben vor dem Mißbrauch durch die Lehrer zu schützen, war die Schule nur bei Tageslicht geöffnet. Auf der Vergewaltigung eines Knaben konnte sogar nach Aischines (3, 16) die Todesstrafe stehen, auch Kuppelei stand unter Strafe, und ein Sohn, den sein Vater prostituiert hatte, brauchte diesen im Alter nicht zu ernähren, mußte jedoch die Begräbnisriten durchführen. Wiederum sollte jedoch mit den rechtlichen Regelungen weniger das Kind um seiner selbst willen als vielmehr der zugehörige Oikos bzw. der spätere Staatsbürger in seinem Nutzen für die Polis gesichert werden.

9. Kind und Religion

Gesellschaftliches Leben und seine Regeln waren in der griechischen Antike religiös begründet und geprägt.[150] Die Umgebung, in die das griechische Kind hineinwuchs, stand in allen ihren Äußerungen, in Kulten und Riten in Verkehr mit den Göttern, angefangen von dem Opfer des Hausherrn vor der Mahlzeit bis zu den großen Festen der Gesamtpolis. Dies bedeutete aber auch, daß sich mit jeder Stufe der Entwicklung zur Polis die religiösen Erscheinungsformen änderten, daß gesellschaftliche Änderungen kultische implizierten bzw. durch bewußte Veränderungen im religiösen Bereich gefördert wurden.

Aus den Quellen läßt sich für die Zeit des Übergangs von der Adelsherrschaft zur Polis entnehmen, daß die Kulte, die einzelne

---

geeignet, eine uneingeschränkte Bejahung der Päderastie als Erziehungsinstitution im klassischen Athen zu belegen. Sie gehört sicherlich in den Rahmen einer adligen Lebensform, doch die Angriffe in den Komödien des Aristophanes, die sich beispielsweise auch gegen Sokrates und seine Konzeption des *Kaloskagathos* (s. ↗ Anm. 136) richten (Wolken 100ff.), scheinen eher ein Ressentiment gegen den Adel und seine Erziehung zu spiegeln, als daß „die Lebensform des Adels als das Ideal auch des Bürgers" (Patzer 1982, S. 105) gelten könnte. Plutarch (Symp. 712) fiel auf, daß die Päderastie in der Neuen Komödie, d. h. etwa einhundert Jahre nach Aristophanes, keine Rolle mehr spielte. Dies war möglicherweise nicht nur ein Geschmackswandel (P. M. Fraser: Ptolemaic Alexandria, Oxford 1972, S. 791 u. Anm. 538), sondern Folge sozialer Veränderungen.

[150] Die Beteiligung an einem Kult ist zugleich die Definition der Zugehörigkeit zu einer Gruppe (Burkert 1977, S. 383).

Adelsfamilien verbanden und ihre gesellschaftliche Macht mitbegründeten, allmählich in das Monopol der Polis übergingen und zu Staatskulten wurden.[151] Hierhin gehört auch die solonische Regelung der Phratrienzugehörigkeit und die Tatsache, daß die unter Kleisthenes geschaffenen Demen eigene Kulte erhielten. Das Weiterbestehen der Phratrien als religiöse Verbände und die Tatsache, daß die fortschreitende Einengung des Bürgerrechts[152] sakralrechtlich definiert wurde, zeigen, daß auch in der klassischen Zeit die religiöse Fundierung der Polis weiterbestand.[153] Die athenische Polis begriff die Reihe der überaus zahlreichen religiösen Feste mit ihren Riten und ihre Kulte als heilige Ordnung des Gemeinwesens, die dem menschlichen Zugriff entzogen war und die Stadt in eine unlösliche Beziehung zu der Stadtgottheit und den anderen Göttern stellte. Daß der Festkalender nur noch wenig Übereinstimmung mit der natürlichen Jahreseinteilung zeigt, macht einmal mehr deutlich, daß es allein um die Regelung des Verhältnisses der Polis und ihrer Bürger zu den Göttern geht. Unter diesem Aspekt erhält das Kind schon vor seiner Aufnahme als Vollbürger große Bedeutung für die Polis.

In dieser Zeit ist jedoch nur noch schwer feststellbar, welche ursprüngliche Funktion einzelne Riten gehabt hatten, die das Kind im Kult übernahm, und nur teilweise geben die an die Riten geknüpften Mythen darüber Aufschluß.[154] Analog zu den Bräuchen in urtümlicheren Staaten wie Sparta oder auch Kreta liegt es nahe, jeweils an Stufen der Initiation zu denken. Doch fällt beispielsweise auf, daß Knaben erst seit dem Ende des 7. Jahrhunderts an einem wichtigen Element der Feste, dem Agon, teilnehmen,[155] in Olympia seit 632, in Athen in späterer Zeit bei dem Fest der Thargelia, vor allem aber bei den Großen Dionysien, die unter der Tyrannis der Peisistratiden eingeführt wurden. Bei diesem Fest nahmen neben Erwachsenen fünf aus den Phylen ausgewählte Knabengruppen an Wettkämpfen im Chorsingen teil. Da auch dieser Dithyrambus-Agon erstmals unter den Peisistratiden durchgeführt wurde, liegt die Vermutung nahe, daß die Teilnahme von

---

[151] Parke 1977, S. 78 ff. u. 128 f.; Vidal-Naquet 1974, S. 165.
[152] Siehe ↗ S. 285–287.
[153] Wolff 1961, S. 222.
[154] Vgl. dazu Vidal-Naquet 1974, S. 196.
[155] Im 6. Jahrhundert sind Wettkämpfe in der gesamten griechischen Welt verbreitet. Burkert 1977, S. 173 f.

Knaben mit den gesellschaftlichen Veränderungen in dieser Zeit in
Verbindung steht. Bei dem Fest zu Ehren der Stadtgöttin, den Großen
Panathenäen, nahmen Knaben an athletischen Wettkämpfen, wie
Rennen, Fünfkampf, Ringen, Boxen und dem Pankration teil. Neben
der Gruppe der Knaben kämpften bartlose Jünglinge und erwachsene
Männer um den Siegespreis. Eine weitere Wettkampfart bei diesem
Fest war der Pyrrhische Tanz in Waffen,[156] bei dem sich Mannschaften
gegenüberstanden. Auch hier waren die Wettkämpfer in Knaben,
bartlose Jünglinge und Männer untergliedert.

Wenn die Mitwirkung von Knaben an den größten Festen der Polis,
den Großen Dionysien und den Großen Panathenäen, wohl eher auf
die Politisierung der Religion als auf Initiationsriten zurückgeführt
werden muß, so sind letztere auch in der klassischen Zeit für Knaben
noch erkennbar, denn die Einschreibung in die Phratrie, die im
16. Lebensjahr im Rahmen einer religiösen Zeremonie vollzogen
wurde, muß mit dem dabei stattfindenden Haaropfer gewiß als rituelle
Einführung in die Welt der Erwachsenen gelten. Sie hat zwar religiösen
Charakter, ist aber, wie oben ausgeführt, von großer Bedeutung für
die Anerkennung als Vollbürger. Die Aufnahme in das Demenregister
erfolgte erst zwei Jahre danach, doch beginnt nun erst das Stadium, das
wir in der Initiation als Absonderung von der übrigen Gesellschaft
kennen: Die jungen Männer – nunmehr *Epheben* – gingen für zwei
Jahre zum militärischen Einzeldienst an die äußersten Grenzen des
attischen Territoriums und lebten dort in der „Wildnis", ehe sie nach
ihrer Rückkehr in das Heer der *Hopliten* aufgenommen wurden.[157]
Sind auf dieser zivilisierten Stufe der Polis die einzelnen Stadien der
Initiation kaum noch nachzuvollziehen, so wird auch an anderen
Stellen deutlich, daß sie im Athen der klassischen Zeit nur noch
relikthaft und rationalisiert existierten. Als Beispiel dafür möge die
Teilnahme von zwei Knaben am Fest der Oschophorien[158] dienen. Sie
führen in Mädchenkleidung die Prozession zum Heiligtum der Athena

[156] Parke 1977, S. 36.
[157] Diese aus den Passageriten bekannte Zeit des Lebens im verborgenen findet sich auch
im Statut der Phratrie der Demotioniden und entspricht der spartanischen *Krypteia*
(Vidal-Naquet 1974, S. 155 u. 193).
[158] Zu den Agonen der Epheben, die den Initiationscharakter der Oschophoria
unterstreichen, s. Zoepffel (wie Anm. 1) S. 379f.

Skiras an. Die Quellen bezeichnen sie als Knaben von edler und reicher Herkunft, ihr Alter wird mit *hebon*, das heißt „noch in der Reife befindlich" angegeben. Die Verkleidung deutet zweifellos auf einen Initiationsritus hin, doch betrifft er nicht mehr alle Knaben der Polis, sondern ausgewählte, wahrscheinlich Angehörige der Salaminienser, von denen die Polis Athen wohl den Kult übernommen, ihnen jedoch Rechte und Pflichten der Ausgestaltung überlassen hatte. Der zeitweilige Übergang in das andere Geschlecht, den die Verkleidung ausdrückt und den wir beispielsweise auch in Sparta bei den Mädchen vor ihrer Hochzeit antreffen, betont den Eintritt der vollen Geschlechtsreife und damit die Veränderung des Status in der Gesellschaft.[159] Dies trifft freilich für die beiden Knaben nicht zu, weil sie noch zu jung waren.

Die Aushöhlung, Rationalisierung bzw. der völlige Wegfall von Initiationsriten trifft in verstärktem Maße auf die Mädchen zu. Sie wurden erst bei ihrer Heirat in die Phratrie ihres Ehemannes eingeschrieben, so daß es keinen Vorgang gibt, der in der klassischen Zeit für alle Mädchen als Initiation gelten könnte. Dagegen wirkten ausgewählte Mädchen von vornehmer Herkunft bei Festen mit oder standen jeweils für eine bestimmte Zeit im Dienste eines Kultes. Aristophanes' Lysistrata 641–647 zählt diese Funktionen auf: „Im Alter von sieben Jahren war ich Arrephoros, mit zehn mahlte ich das Korn für unsere Stadtpatronin; dann, mit der Crocotte bekleidet, war ich ‚Bärin' in Brauron; und schließlich, als ich ein schönes Kind geworden war, war ich Kanephoros und trug eine Kette aus trockenen Feigen." Diese Stelle mag zunächst wie aufeinanderfolgende Stufen der Initiation, wie wir sie in dem spartanischen System haben, erscheinen, doch geht es in der Komödie um Frauen, die den Status von Bürgern usurpieren und dementsprechend handeln, d. h. an dieser Stelle ihre „öffentlichen Funktionen" aufzählen,[160] während sie in der Realität vom Leben der Polis ausgeschlossen waren und in ihrer Kindheit nur in Einzelfällen eine der genannten Aufgaben übernahmen. Die zwei *Arrephoroi*, die jährlich vom *Basileus*, dem höchsten religiösen Beamten, bestimmt und von der Volksversammlung zusätzlich bestätigt

---

[159] Berühmtestes Beispiel im Mythos ist Achill in Mädchenkleidung (Vidal-Naquet 1974, S. 165 ff.).
[160] Ebd. S. 197 f.

wurden, verbrachten neun Monate auf der Akropolis und begannen in dieser Zeit die Webarbeit am Peplos der Athena für das Fest der Großen Panathenäen. Vor allem aber trugen sie am Ende ihres Dienstes in einer Nacht „unaussprechliche Dinge" von der Akropolis durch einen unterirdischen Gang in den heiligen Bezirk der Aphrodite und brachten von dort etwas Eingehülltes herauf, wie Pausanias (1, 23, 3) berichtet.[161] Wenn es sich hier überhaupt um einen Initiationsritus handelt, so ist er auf zwei vornehme Mädchen beschränkt. Ihr geringes Alter – zwischen sieben und elf Jahren – wie auch die Aktion selbst lassen nicht ohne weiteres darauf schließen, daß es sich um den Übergang von einer Altersklasse in die nächste handelt.[162]

Deutlicher wird der Initiationscharakter bei den ‚Bärinnen von Brauron',[163] die ein Jahr, nach manchen Quellen auch vier Jahre, in safrangelbe Gewänder gehüllt im Heiligtum der Artemis von Brauron zubringen. Ihr abgeschlossenes Leben, ihre Opfer und Tänze, die sie nach einer Quelle nackt aufführen, weisen auf einen Initiationsritus hin,[164] dem sich in früherer Zeit wohl alle Mädchen von Brauron unterziehen mußten. In klassischer Zeit diente nur noch eine ausgewählte Zahl kleiner Mädchen im Alter zwischen fünf und zehn Jahren in Brauron, zweifellos wiederum aus vornehmer Familie.

An diesen beiden Beispielen wird deutlich, daß die ursprünglich alle Mädchen bei Eintritt der Reifezeit betreffenden Initiationsriten im klassischen Athen auf symbolisch-repräsentative Funktionen reduziert worden waren. Diese Tatsache weist auf die veränderte gesellschaftliche Stellung der Frau in der Polis hin, in Verbindung mit dem Beispiel der Oschophoria macht sie aber auch deutlich, daß auf der Kulturstufe, die mit der klassischen Polis erreicht war, allgemein ursprüngliche Riten oft nur noch in relikthafter Form vorhanden waren.[165]

Dies ändert jedoch nichts daran, daß der ständige Umgang mit dem Heiligen in den zahlreichen Festen und Ritualen, nicht nur im Rahmen

---

[161] Burkert 1966, 1 ff.; ders. 1977, S. 347 f.; Vidal-Naquet 1974, S. 198.
[162] Vidal-Naquet 1974, S. 198 u. Anm. 64.
[163] Brelich 1969, S. 247 ff.
[164] Vidal-Naquet 1974, S. 199.
[165] Burkert 1977, S. 391 vermutet, daß die eigentliche Initiation selbst den Zeitgenossen in ihrem Sinn nicht mehr klar war.

des Oikos und der Phratrien, sondern der gesamten Polis fast vom Säuglingsalter an prägend auf die Kinder wirkt, wenn sie zunächst zuschauend, später mitwirkend, die Eltern und alle Bürger der Polis bei der Verehrung der Götter erleben.[166] Sie werden damit nicht nur zur Verehrung der Götter erzogen, sondern sehen sich auch ständig als die zukünftigen Bürger der Polis, mit der diese Götter untrennbar verbunden sind. Unter veränderten politischen und sozialen Verhältnissen setzt sich die Identifikation mit der Stadt, die diese religiöse Erziehung bewirkt, bis in die hellenistische Zeit fort.[167]

Mit dem gesellschaftlichen und politischen Wandel ändert sich hier jedoch die Organisation der Teilnahme von Kindern an religiösen Festen. Zunehmend erscheinen Schulen als Träger der religiösen Tradition. Schülervereinigungen und, wie die Inschriften zeigen, jetzt auch Schülerinnenvereine nehmen mit ihren Mitgliedern an den Wettkämpfen teil und lassen die in klassischer Zeit dafür zuständigen Verbände der Polis in den Hintergrund treten.

Literatur

Allmen, O. v.	1923:	Das Kind in der griechischen Dichtung, (Diss. phil.) Bern.
Beck, F. A. G.	1964:	Greek education 450–350 B. C., London.
	1975:	Album of Greek Education. The Greeks at School and Play, Sydney.
Blankenhagen, P. H. v.	1976:	Puerilia, in: In Memoriam Otto J. Brendel. Essays in archeology and the humanities, hrsg. v. L. Bonfante und H. V. Heintze, Mainz, S. 37–41.
Boas, G.	1966:	The Cult of Childhood, London.
Boer, W. den	1979:	Private Morality in Greece and Rome, Leiden.
Bolkestein, H.	1922:	The Exposure of Children at Athens and the Ἐγχυτρίστριαι, in: Classical Philology 17, S. 222–239.

---

[166] Beispielsweise opfern bei dem Fest der Diasia Eltern und Kinder gemeinsam Tiere, die aus Backwerk hergestellt sind.

[167] Kallimachos (Fragment 178) berichtet von einem Athener, der auch in Ägypten das athenische Fest der Antestherien begeht.

Bonneau, D.   1975:   Le droit de l'enfant à l'éducation dans le
                             monde grec, du IIIe siècle avant notre ère au
                             IIIe siècle de notre ère, in: L'Enfant
                             (= Recueils de la Société J. Bodin XXXV),
                             Brüssel, S. 101–115.
Bowen, J.   1972:   A History of Western Education, Bd. I: The
                             Ancient World, London.
Braams, W.   1913:   Zur Geschichte des Ammenwesens im klas-
                             sischen Altertum, Jena.
Brelich, A.   1969:   Paides e Parthenoi, Bd. I (= Incunabula
                             Graeca 36), Rom.
Buchholz, E.   1884:   Die Homerischen Realien, Bd. III, Leipzig.
Burkert, W.   1966:   Kekropidensage und Arrephoria. Vom In-
                             itiationsritus zum Panathenäenfest, in: Her-
                             mes 94, S. 1–25.
                     1977:   Griechische Religion der archaischen und
                             klassischen Epoche, Stuttgart.
Charlier, M. T. und 1971:   Etude d'un comportement social: Les rela-
Raepsaet, G.   tions entre parents et enfants dans la société
                             athénienne à l'époque classique, in: Anti-
                             quité Classique 40, S. 589–606.
Clarysse, W. und   1970:   A Schoolboy's Exercise in the Chester Beat-
Wouters, A.   ty Library, in: Ancient Society 1, S.
                             201–235.
Compernolle, R. van 1975:   Le droit à l'éducation dans le monde grec
                             aux époques archaïque et classique, in:
                             L'Enfant (= Recucils dc la Société J. Bodin
                             XXXV), Brüssel, S. 95–99.
Deubner, L.   1922:   Attische Feste, Nachdruck Darmstadt 1956.
Dorjahn, A.   1939:   Art. Ὀρφανοί, in: Pauly-Wissowa: Real-
                             encyclopaedie der classischen Altertums-
                             wissenschaft, Bd. XVIII 1, Stuttgart, Sp.
                             1197–1200
Dover, K. J.   1964:   Eros and Nomos (Plato, Symp. 182 A –
                             185 C), in: Bull. of the Inst. of Class. Studies
                             11, S. 31–45.
                     1974:   Greek Popular Morality in the Time of Plato
                             and Aristotle, Oxford.
                     1978:   Greek Homosexuality, London.
Engels, D.   1980:   The Problem of Female Infanticide in the
                             Greco-Roman World, in: Classical Philolo-
                             gy 75, S. 112–120.
Etienne, R.   1976:   Ancient Medical Conscience and the Life of
                             Children, in: Journal of Psychohistory 4,
                             S. 131–161.

Eyben, E.	1982:	Family Planning in Graeco-Roman Antiquity, in: Ancient Society 13, S. 5–82.
Frank, K. S.	1974:	Art. Gehorsam, in: Reallexikon für Antike und Christentum, Bd. IX, Stuttgart, S. 390–430.
Gaudemet, J.	1963:	Les communautés familiales, Paris.
Germain, L. F. R.	1975:	L'exposition des enfants nouveav-nés dans la Grèce ancienne: aspects sociologiques, in: L'Enfant (= Recueils de la Société J. Bodin XXXV), Brüssel, S. 211–246.
Goetze, R.	1974:	Der Tod im Kindesalter. Eine medizinhistorische Studie auf der Grundlage von Epitaphen der Anthologia Graeca, (Med. Diss.) Erlangen.
Golden, M.	1981:	Demography and the Exposure of Girls at Athens, in: Phoenix 35, S. 316–331.
Grasberger, L.	1864 bis 1866:	Erziehung und Unterricht im klassischen Altertum, 3 Bde., Nachdruck Aalen 1971.
Griessmair, E.	1966:	Das Motiv der mors immatura in den griechischen metrischen Grabinschriften, (Diss.) Innsbruck.
Harrison, A. R. W.	1968:	The Law of Athens, Bd. I: The Family and Property, Oxford.
Hengstl, J.	1972:	Private Arbeitsverhältnisse freier Personen in den hellenistischen Papyri bis Diocletian, (Diss.) Freiburg i. Br.
Herter, H.	1927:	Das Kind im Zeitalter des Hellenismus, in: Bonner Jahrbücher 132, S. 250–258.
	1961a:	Das Leben ein Kinderspiel, in: Bonner Jahrbücher 161, S. 73–84 (Nachgedruckt in: Kleine Schriften, München 1975, S. 584 bis 597).
	1961b:	Das Unschuldige Kind, in: Jahrbuch für Antike u. Christentum 4, S. 146–162 (Nachgedruckt in: Kleine Schriften, München 1975, S. 598–619).
	1964:	Amme oder Saugflasche, in: Mullus. Festschr. für Th. Klauser, Münster, S. 168 bis 172.
Herzog-Hauser, G.	1937:	Art. Nutrix, in: Pauly-Wissowa: Realencyclopaedie der classischen Altertumswissenschaft, Bd. XVII 2, Stuttgart, Sp. 1491 bis 1500.
Hippokrates		Über Achtmonatskinder. Über das Sieben-

monatskind (Unecht), hrsg., übers. u. erläutert v. H. Grensemann, Berlin 1968. Über Nachempfängnis, Geburtshilfe und Schwangerschaftsleiden, hrsg., übers. u. erläutert v. C. Lienau, Berlin 1973.

Hoorn, G. van · 1951: Choes and Anthesteria, Leiden.

Huber, G. · 1926: Lebensschilderung und Kleinmalerei im hellenistischen Epos, (Diss.) Basel.

Humphreys, S. C. · 1974: The Nothoi of Kynosarges, in: Journal of Hellenic Studies 94, S. 88–95.

Janssens, E. · 1978: Le Pélion, le Centaure Chiron et la sagesse archaïque, in: Le monde grec. Pensée, Littérature, Histoire, Documents. Hommages à Claire Préaux, hrsg. v. J. Bingen, G. Cambier und G. Nachtergael, Brüssel, S. 325 bis 337.

Jeanmaire, H. · 1939: Couroi et Courètes. Essai sur l'éducation spartiate et sur les rites d'adolescence dans l'antiquité hellénique, Lille.

Johann, H.-Th. (Hrsg.) · 1976: Erziehung und Bildung in der heidnischen und christlichen Antike (= Wege der Forschung 377), Darmstadt.

Joly, R. · 1976: La structure du foetus de huit mois, in: Antiquité Classique 45, S. 173–180.

Klein, A. E. · 1932: Child Life in Greek Art, New York.

Koch-Harnack, G. · 1983: Knabenliebe und Tiergeschenk, o. O. 1983.

Laager, J. · 1957: Geburt und Kindheit des Gottes in der griechischen Mythologie, Winterthur.

Laan, P. W. A. Th. van der · 1980: Vondelingen en voedsters in Graeco-Romeins Egypte, in: Hermeneus 52, S. 317 bis 331.

Lacy, W. K. · 1968: The Family in Classical Greece, London.

Lambrechts, P. · 1957: L'importance de l'enfant dans les religions à mystères, in: Hommages à W. Deonna, Brüssel, S. 322–333.

Lesky, E. · 1951: Die Zeugungs- und Vererbungslehren der Antike und ihr Nachwirken, Wiesbaden.

Makler, P. T. · 1980: New Information on Nutrition in Ancient Greece, in: Klio 62, S. 317–319.

Manson, M. · 1975: Le droit de jouer pour les enfants grecs et romains, in: L'Enfant (= Recueils de la Société J. Bodin XXXV), Brüssel, S. 117 bis 150.

Marrou, H.-I. · 1946: Les classes d'âge de la jeunesse spartiate, in:

Revue des Etudes Anciennes 48, S. 216 bis 230.

1957: Geschichte der Erziehung in der Antike, Freiburg/München, Nachdruck München 1977.

1975: Le droit à l'éducation dans l'antiquité gréco-romaine, in: L'Enfant (= Recueils de la Société J. Bodin XXXV), Brüssel, S. 79–93.

Mayer-Maly, T. 1921: Art. Kinderaussetzung, in: Pauly-Wissowa: Realencyclopaedie der classischen Altertumswissenschaft, Bd. XI 1, Stuttgart, Sp. 464–471.

Mette, H. J. 1982: Von der Jugend, in: Hermes 110, S. 257 bis 268.

Nardi, E. 1963: Di purità cultuale in tema d'aborto, in: Eranion in Honorem Georgii S. Maridakis, Bd. I, Athen, S. 43–85.

1971a: Procurato Aborto Nel Mondo Greco Romano, Mailand.

1971b: Altre antiche prescrizioni greche di purità cultuale in tema d'aborto, in: Studi in onore di Edoardo Volterra, Bd. I, Mailand, S. 141–148.

Nilsson, M. 1955: Die hellenistische Schule, München.

Oppenheimer, J. M. 1975: When Sense and Life begin: Background for a remark in Aristotle's Politics (1335 b 24), in: Arethusa 8, S. 331–343.

Parke, H. W. 1977: Festivals of the Athenians. London.

Patzer, H. 1982: Die griechische Knabenliebe, Wiesbaden.

Peiper, A. 1964: Kindernöte in alten Zeiten, in: Sitzungsber. der Sächs. Ak. d. Wissensch. Leipzig, math.-nat. Klasse Bd. 106, Heft 4, Berlin, S. 3–26.

⁴1965: Chronik der Kinderheilkunde, Leipzig.

Ploss, H. ³1912: Das Kind in Brauch und Sitte der Völker. Völkerkundliche Studien, 2 Bde., Leipzig.

Preus, A. 1975: Biomedical Techniques for Influencing Human Reproduction in the Fourth Century B.C., in: Arethusa 8, S. 237–263.

Rudhardt, J. 1962: La reconnaissance de paternité, sa nature et sa porté dans la société, in: Museum Helveticum 19, S. 39–64.

Samter, E. 1901: Familienfeste der Griechen und Römer, Berlin.

Schmitt, P. 1977: Athéna Apatouria et la ceinture. Les aspects

315

		féminins des Apatouries à Athènes, in: Annales, Economies, Sociétés, Civilisations 32, S. 1059–1068.
Schmitter, P.	1972:	Die hellenistische Erziehung im Spiegel der Νέα κωμῳδία und der Fabula Palliata, (Diss.) Bonn.
Schubart, W.	1909:	Die Amme im alten Alexandrien, in: Jahrbuch f. Kinderheilkunde 70, S. 82–95.
Sifakis, G. M.	1979:	Children in Greek Tragedy, in: Bull. of the Inst. for Class. Studies 26 S. 67–80.
Strubbe, J. H. M.	1982:	Het jonge kind in de oudheid, in: Kleio 12, S. 49–77.
Sudhoff, K.	1909:	Ärztliches aus griechischen Papyrusurkunden. Bausteine zu einer medizinischen Kulturgeschichte des Hellenismus (= Studien zur Geschichte der Medizin 5–6), Leipzig.
Taubenschlag, R.	1959:	Opera Minora I und II, Warschau.
Tolles, R.	1941:	Untersuchungen zur Kindesaussetzung bei den Griechen, (Diss.) Breslau.
Turner, E. G.	1965:	Athenians learn to write, in: Bull. of the Inst. for Class. Studies 12, S. 67–69.
Vatin, C.	1970:	Recherches sur le mariage et la condition de la femme mariée à l'epoque hellénistique, Paris.
Vidal-Naquet, P.	1974:	Le cru, l'enfant grec et le cuit, in: Le chasseur noir. Formes de pensée et formes de société dans le monde grec, Paris 1981, S. 177–207.
Weiler, I.	1980:	Zum Schicksal der Witwen und Waisen bei den Völkern der Alten Welt. Materialien für eine vergleichende Geschichtswissenschaft, in: Saeculum 31, S. 157–193.
Wencis, L. P.	1973:	The Social Significance of Youth in Greek New Comedy, Washington.
Wolff, H. J.	1961:	Eherecht und Familienverfassung in Athen, in: Beiträge zur Rechtsgeschichte Altgriechenlands und des Hellenistischen Ägypten, Weimar, S. 155–242.
Wotke, F.	1942:	Art. παῖς, in: Pauly-Wissowa: Realencyclopaedie der classischen Altertumswissenschaft, Bd. XVIII 2, Stuttgart, Sp. 2428 bis 2435.
Ziebarth, E.	²1914:	Aus dem griechischen Schulwesen. Eudemos von Milet und Verwandtes, Leipzig und Berlin, Nachdruck Groningen 1971.

SOZIALGESCHICHTE DES KINDES IM RÖMISCHEN ALTERTUM[*]

EMIEL EYBEN

Von Varro, dem großen Gelehrten des 1. Jh. v. Chr., sind uns zwei Einteilungen des menschlichen Lebens bewahrt.[1] Die erste gibt genaue Altersgrenzen und unterscheidet fünf Altersgruppen von je 15 Jahren: *puer* bis 15, *adulescens* bis 30, *iuvenis* bis 45, *senior* bis 60, *senex* von diesem Alter an. Auch die zweite Einteilung unterscheidet fünf Altersgruppen, kennt aber den *senior* nicht und unterscheidet dafür den *infans* vom *puer*. Die *infantia* wird von Varro nicht abgegrenzt, aber es ist nicht daran zu zweifeln, daß es sich hier um die Periode von der Geburt bis zum 7. Jahr handelt. Sieben war eine magische Zahl und drückte ihren Stempel dem ganzen Menschenleben auf. Mit sieben hat man den Wechsel der Zähne, und das Kind ist imstande, zusammenhängend zu sprechen.[2] Fünfzehn Jahre, das Ende der *pueritia*, ist deutlich eine abgerundete Zahl. Die Kinderjahre enden mit der Geschlechtsreife. Mädchen waren mit fünfzehn schon geschlechtsreif, denn das Heiratsalter für sie lag zwischen zwölf und fünfzehn Jahren. Bei Knaben wurde die Geschlechtsreife durch die Annahme der Männertoga angezeigt, die ursprünglich mit siebzehn, später zwischen vierzehn und sechzehn Jahren geschah. Theoretisch war man dann ein Erwachsener, aber dem *adulescens* wurde in der Praxis eine Reihe von Beschränkungen auferlegt, bis er 25/30 Jahre alt war.

---

[*] Mein verbindlichster Dank gilt Prof. Dr. J. Martin (Freiburg i. Br.) der die Güte und Geduld hatte, mein Manuskript durchzusehen und sprachlich zu verbessern. Das Buch von J.-P. Néraudau: Être enfant à Rome, Paris 1984 war mir leider erst zugänglich, nachdem mein Manuskript schon im Druck war.
[1] Varro bei Censorinus: De die natali 14, 2; bei Servius: Aeneis 5, 295. Zum Wortfeld „Kind" vgl. Heimberger 1958, S. 1–164; zu *puer*, das auch ‚Sklave' bedeuten kann, vgl. Maurin 1975, S. 221–230; zur Einteilung des menschlichen Lebens im allgemeinen, vgl. Boll 1913, S. 89–145; Sluşanski 1974, S. 103 ff.; Eyben 1973, S. 150–190. Eine allgemeine Bibliographie zu Kindheit und Jugend bieten Karras u. Wiesehöfer 1981.
[2] Vgl. Eyben 1977, S. 27 Anm. 73, S. 28 Anm. 80.

1. Der Wunsch nach Kindern[3]

Durch seine Ehegesetze[4] wollte Augustus die Römer seiner Zeit mit Strafen und Belohnungen zur Ehe zwingen. Diese Gesetze zeigen deutlich, wie ehescheu damals – und schon früher – viele Römer waren. Wer aber heiratete, heiratete der Kinder wegen, *liberorum quaerendorum causa*, eine Formel mit vielleicht offiziellem Charakter.[5] Obwohl es, vor allem in der Frühzeit, große Familien gab[6] – Cornelia, die Mutter der Gracchen, gebar zwölf Kinder –, blieben kinderreiche Familien eine Ausnahme.[7] Eine Familie mit einem oder zwei Kindern war normal, drei Kinder bildeten schon eine große Verwandtschaft. Die extrem hohe Kindersterblichkeit ist dafür nur teilweise eine Erklärung. Viele wollten bewußt wenige Kinder; die Armen, weil sie nicht in der Lage waren, viele Kinder aufzuziehen und ihnen ein menschliches Leben zu garantieren, die Reichen, weil sie sich ihre Kinder ebenso wohlhabend wünschten, wie sie selbst es waren. Auch die politische und soziale Unsicherheit war, wie unter anderen Plinius[8] schreibt, kein Stimulans, um Kinder aufzuziehen. Als Mittel zur Familienplanung gab es Empfängnisverhütung, Abortus und Aussetzung.[9] Wie in Griechenland wurden auch in Rom vor allem Mädchen der Aussetzung preisgegeben, denn sie konnten die Familienlinie nicht fortführen und erforderten bei ihrer Heirat ein schweres finanzielles Opfer, die Mitgift. Mißgestaltete Kinder wurden als ein schlimmes Omen angesehen, weshalb ihre Aussetzung schon nach dem Zwölftafelgesetz (450 v. Chr.) verpflichtend war. Auch in späterer Zeit war solches üblich, wie das Zeugnis eines im übrigen humanen Philosophen wie Seneca lehrt: „Mißgeburten löschen wir aus, Kinder auch, wenn sie schwächlich und mißgestaltet geboren worden sind, ertränken wir; und nicht Zorn, sondern Vernunft ist es, vom Gesunden Untaugliches zu sondern."[10]

---

[3] Vgl. Gaiser 1974, passim; Eyben 1978, passim.
[4] Vgl. Kaser 1971–1975, Bd. 1, S. 318ff. (mit Bibliographie).
[5] Vgl. ebd. S. 73 Anm. 8.
[6] Vgl. Eyben 1978, S. 116f.
[7] Vgl. die Schriftsteller bei Eyben 1980/1981, S. 5–6 Anm. 1.
[8] Plinius: Panegyricus in Traianum 27, 1–2. Vgl. Eyben 1980/1981, S. 80 Anm. 243.
[9] Vgl. Eyben 1980/1981, S. 5–82 (mit Bibliographie).
[10] Seneca: De ira 1, 15, 2 (übers. v. M. Rosenbach, Darmstadt 1969). Vgl. Eyben 1980/1981, S. 16f.

Die „öffentliche Meinung" stand der Geburtenregelung sicher nicht positiv gegenüber, doch „die Umstände waren mächtiger als die Gefühle der Menschen".[11] Anders als z. B. Plato und Aristoteles sorgten sich die Philosophen[12] in römischer Zeit vor allem um die Gefahren der Unterbevölkerung. Stoiker wie Antipater von Tarsus (ca. 150 v. Chr.), Musonius Rufus (ca. 30–100 n. Chr.) und Hierokles (ca. 150 n. Chr.) befürworten die Ehe und Kindererziehung, aber nur Musonius Rufus ist der Meinung, daß *alle* (nicht wie bei Hierokles nur die meisten) Kinder erzogen werden sollen. Die Medizin[13] hat sich, dem Eid des Hippokrates getreu, im allgemeinen gegen Geburtenregelung gesträubt. Zu Soranus' Zeiten (um 100 n. Chr.) gab es zwei Schulen in der medizinischen Wissenschaft. Die eine verurteilte Geburtenregelung in jedem Fall. Die andere hielt Abortus und Empfängnisverhütung in bestimmten Fällen für notwendig, wenn nämlich das Leben der Mutter gefährdet war. Empfängnisverhütung und Abortus wurden vom Gesetzgeber[14] niemals als solche verurteilt, höchstens als Unrecht dem Mann gegenüber. Kindestötung und Aussetzung dagegen wurden 374 verboten und einem Mord gleichgestellt. Vielleicht geschah dies unter Einfluß des Christentums, dessen Vertreter zwar völlige Abstinenz billigten, mit teils leidenschaftlichen Worten aber jede Form von Familienplanung verurteilten und zuweilen selbst Empfängnisverhütung als Mord brandmarkten. Doch wurde unter dem Einfluß der Septuaginta und der profanen Wissenschaft nicht selten ein Unterschied gemacht zwischen der ausgebildeten und der unausgebildeten Leibesfrucht. Nur die ausgebildete Frucht (vom vierzigsten Tag ab) sei als wirklicher Mensch zu betrachten, nur die Abtreibung eines solchen Wesens sei, wie Hieronymus explizit schreibt, einfach Mord.[15]

Für den Wunsch nach Kindern gibt Cicero verschiedene Gründe an: „[Ein eheliches Kind ist] die Hoffnung des Vaters, der Fortbestand des Namens, die Stütze des Hauses, der Erbe des Familienbesitzes, der künftige Bürger des Gemeinwesens."[16] Deutlich wird hier die Nütz-

---

[11] Rostovtzeff 1967, Bd. 2, S. 623. Vgl. Eyben 1980/1981, S. 48–56.
[12] Vgl. Eyben 1980/1981, S. 32–43.
[13] Vgl. ebd. S. 43–48.
[14] Vgl. ebd. S. 19–32.
[15] Hieronymus: Epistulae 121, 4. Vgl. Eyben 1980/1981, S. 62–74.
[16] Cicero: Pro Cluentio 11, 32 (übers. v. M. Fuhrmann, Zürich/Stuttgart 1970).

lichkeit des Kindes betont. Kinder sind nützlich für die Eltern, sie sind ebenso nützlich für den Staat, so daß man sie nach Hierokles fast eher für den Staat als für sich selber zeugen soll.[17] In der Rede, in der Augustus für seine Ehegesetze plädiert, ist dieser Gedanke verständlicherweise zentral: „Sollte es aber nicht für den Staat, dem wir selbst gegen unsere Neigung viele Pflichten schuldig sind, gut, ja notwendig sein, wenn Städte und Staaten bestehen sollen; wenn ihr Beherrscher anderer Länder bleiben und Untertanen behalten wollt, daß eine große Volksmenge im Frieden das Land bebaut, Schiffahrt treibt, sich auf Künste und Handwerke legt, im Kriege um so lieber den Besitz für die Familie verteidigt und den Verlust der Gebliebenen durch andere ersetzen kann?"[18]

‚Nützlich' sind die Kinder selbstverständlich in erster Linie für die Eltern. Das Kind wird, wie wir schon bei Cicero lasen, den Familiennamen fortsetzen, das Familienvermögen erben; es ist, wenn die Eltern noch im Vollbesitz ihrer Kräfte sind, ein mitfühlender Teilhaber in Freud und Leid, ein Schutz gegen Feinde, und es wird, wenn sie alt und schwach sind, für sie sorgen und ihnen das Leben erleichtern,[19] womit das Kind dann den Eltern Ersatz leistet für das, was sie jemals für es getan haben. Im Falle des Todes ist ihre Bestattung gesichert; nach dem Tod werden sie in der Erinnerung der Kinder weiterleben. Kinder, so sagt Augustus, sind sozusagen die Fackelträger des menschlichen Geschlechts,[20] ermöglichen es dem Menschen, das Sterbliche seiner Natur zu überwinden: „Wie lieblich ist es, in den Kindern ein Abbild beider Liebenden zu erkennen, sie großzuziehen, heranzubilden, ein Ebenbild des Leibes, ein Ebenbild der Seele, seine eigene Persönlichkeit in ihnen neu geboren zu erblicken? Ist es nicht als ein Glück zu preisen, bei dem Scheiden aus diesem Leben einen Nachfolger und Erben seines Besitzes und Geschlechts im eigenen Sprößling zu hinterlassen, und nach seiner sterblichen Hülle zwar aufgelöst zu werden, durch solche Nachfolger aber fortzuleben?"[21] Nur wer verheiratet ist und Kinder hat, erreicht seine „Vollendung": „Voll-

---

[17] Hierocles bei Stobaeus 4, 24, 14.
[18] Dio Cassius 56, 3, 6 (übers. v. L. Tafel, Stuttgart 1873).
[19] Vgl. Eyben 1978, S. 141 Anm. 39.
[20] Vgl. Dio Cassius 56, 2, 3f.
[21] Dio Cassius 56, 3, 4f.

kommen ist nämlich, wer einen ihm selbst ähnlichen Nachkommen hervorgebracht hat oder vielmehr, wer erlebt hat, daß auch dieser dasselbe getan hat, der Sohn also in denselben Zustand gelangt ist wie der Vater. Man soll daher durchaus in die Ehe treten sowohl wegen des Vaterlandes als auch wegen des Fortlebens in den Kindern wie auch wegen der Vervollkommnung der Welt, soweit es an uns liegt." [22] Kinder sind nützlich; sie sind, obwohl dies seltener erwähnt wird, auch etwas Angenehmes. Als Seneca seine Mutter wegen seiner Verbannung tröstet, fordert er sie auf, Trost zu finden bei seinem fünfjährigen Neffen Marcus. Er schreibt hier nicht an die Eltern des Kleinen, aber die gleichen Worte hätte er auch an sie richten können: „... lenke den Blick auch auf die Enkel: Marcus, den entzückenden Knaben, bei dessen Anblick kein Kummer von Dauer sein kann. Nichts so Schweres, nichts so Frisches wütet in irgendeines Menschen Brust, daß nicht mit seiner zärtlichen Umarmung er es lindere. Wessen Tränen stillte nicht seine Heiterkeit? Wessen vor Sorge verkrampfte Seele löste nicht sein Geplapper? Wen brächte nicht zu Scherzen seine Keckheit? Wen machte sich nicht gewogen und lenkte nicht ab, obwohl er befangen in schweren Gedanken, seine niemanden ermüdende Geschwätzigkeit?" [23] Ein kinderfreundliches Bild lesen wir auch bei Pseudo-Dionys von Halikarnaß (etwa 200 n. Chr.) in seiner „Anweisung für Hochzeitsreden": „... die erfreulichste Kinderschar möge den Mann umgeben, wenn er alt geworden ist, und er möge gewissermaßen wieder jung und jugendlich werden mit den eigenen Kindern. Dabei müsse er sich auch wieder an das erinnern, was er selbst einmal in der Kindheit getan habe; angenehm aber sei die Erinnerung an das, was wir als Kind erlebt haben, und eben dies sei es, was einen das Leben noch einmal von vorn durchlaufen läßt. Wenn einer sich schon freut über ein lebloses Abbild seiner selbst, um wieviel mehr wird er sich freuen, wenn er dies nicht leblos sieht, sondern gar mit Leben erfüllt, und nicht nur eines, sondern viele, wenn es sich so ergibt." [24] Daß auch ganz kleine Kinder sehr beliebt waren, lehrte uns

---

[22] Clemens von Alexandrien: Stromateis 2, 23, 139, 5–140, 1 GCS 15, 190 (übers. v. K. Gaiser, München 1974, S. 72). Vgl. Hierocles (wie Anm. 17) 4, 22, 21; Plutarch: Quaestiones romanae 50, 276 D.
[23] Seneca: Consolatio ad Helviam 18, 4f. (übers. v. M. Rosenbach, Darmstadt 1971).
[24] (Dionysius von Halikarnassus): Ars Rhetorica 2, 6 (übers. v. K. Gaiser, München 1974, S. 52).

schon Seneca. Deutlich zeigt sich das auch bei Johannes Chrysosto-
mus, wenn er schreibt, daß er von seiner Mutter sehr geliebt wurde, als
er noch ganz klein war und noch nicht sprechen konnte, „in einem
Alter, wenn die Kinder ihren Eltern am meisten Freude gewähren".[25]
Kinder sind also nicht nur nützlich, sie sind auch angenehm. Weder
das eine noch das andere erklärt nach Plutarch, warum die Eltern
Kinder wünschen. In seiner Schrift „Über die Liebe der Eltern zu ihren
Kindern" stellt der Autor die Frage, ob der Mensch das einzige lebende
Wesen ist, das nicht uneigennützig seine Kinder liebt: „Bei Gott, es
wäre die äußerste Schande, wenn bei den Tieren Begattung, Zeugung,
Geburt und Ernährung der Jungen bloß Natur und freiwilliges
Geschenk, bei den Menschen hingegen Lohn, Interesse und aus
Eigennutz erteilte Mitgabe wäre." Plutarch ist der Meinung, daß dies
nicht der Fall ist, denn Kinder seien gar nicht nützlich und angenehm.
Auch den Menschen sei die Liebe für die Nachkommenschaft von der
Natur eingeprägt: „In der Tat, nichts ist so unvollkommen, nichts so
dürftig, nichts so nackend, so häßlich und schmutzig, als der Mensch,
wenn er aus dem Schoße der Mutter kommt. Ihm allein hat die Natur
sozusagen nicht einmal einen reinen Weg in die Welt verliehen. Mit
Blut bespritzt, voller Unreinigkeiten, mehr einem ermordeten als
geborenen Geschöpfe ähnlich, tritt er an das Licht hervor, so daß
niemand anders, als wem die Liebe von der Natur eingeprägt ist, ihn
berühren, aufnehmen, küssen und in die Arme fassen kann. Bei den
anderen Tieren hat die Natur die Euter unter den Bauch gesetzt; bei
den Weibern hingegen stehen sie oben an der Brust, und zwar zu dem
Ende, damit sie das Kind immer nahe genug haben, um es zu küssen,
zu drücken und zu umarmen; ein neuer Beweis, daß das Gebären und
Säugen nicht Notwendigkeit, sondern Liebe und Zärtlichkeit zum
Grunde hat."[26]

---

[25] Johannes Chrysostomus: De Sacerdotio 1, 1, 16.
[26] Plutarch: De amore prolis 3 (übers. v. H. Conrad, München 1911).

2. Von der Geburt bis zum Erwachsensein

2.1 Geburt, Namengebung und damit verbundene Riten

Das ganze Altertum hindurch waren die Ärzte der Meinung, daß eine Geburt[27] normalerweise im siebenten, neunten oder zehnten Monat stattfinden könne, daß aber Achtmonatskinder kaum lebensfähig seien.[28] Da bei der Geburt das Leben der Mutter und des Kindes besonders gefährdet war, wurden allerlei Riten mit ihr verknüpft, die, wie O. Gigon schreibt, „eine glückliche, durch böse Einflüsse unbehelligte Geburt herbeiführen wollen, die Reinigung von Mutter und Kind von der durch den Geburts-Vorgang eingetretenen kultischen Befleckung, die Aufnahme des Kindes in die Familiengemeinschaft".[29]

Die wichtigste Beschützerin von Mutter und Kind war Iuno Lucina.[30] Nach antiker Etymologie war sie es, die „die Kinder ans Licht bringt". Sie schützte schon das Kind im Mutterleib, wurde von der Frau während ihrer Schwangerschaft angerufen, leistete der Wöchnerin Beistand in ihren Wehen. Nach glücklich erfolgter Entbindung wurde ihrer Tempelkasse eine Opfergabe gebracht,[31] und bis zum *dies lustricus* (s. u.), also wenn Mutter und Kind einen besonderen Schutz brauchten, wurde ihr ein *lectus* (Bett) errichtet im Atrium des Hauses. Bei der Entbindung selbst brannte eine Kerze, um die in der Dunkelheit schwärmenden bösen Geister zu vertreiben.[32] Auch der Waldgott Silvanus bedrohte Mutter und Kind. Daher gingen unmittelbar nach der Geburt drei Männer um das Haus, schlugen die Schwelle mit einem Beil (daher Interdicona) und mit einer Mörserkeule (daher Pilumnus)

---

[27] Vgl. Samter 1911, passim; Blümner 1911, S. 299 ff.; Latte 1960, S. 94–96; Gigon u. Le Bonniec 1965, S. 1030 f.; Kudlien u. Binder 1976, S. 36 ff.; Néraudau 1984.

[28] Z. B. Soranus 2, 1, 1; Gellius 3, 16.

[29] Gigon u. Le Bonniec 1965, S. 1030 f.

[30] Vgl. Wissowa 1912, S. 183 f.; Latte 1960, S. 95, 105; Kudlien u. Binder 1976, S. 106 f. Weit verbreitet war der Glaube, daß Knoten die Entbindung verhindern. Vgl. Samter 1911, S. 121 ff. Darum durften die Frauen nur mit aufgelöstem Knoten und aufgelöstem Haar im Heiligtum der Iuno Lucina beten.

[31] Ähnlich opferte der junge Mann beim Anlegen der *toga virilis* dem Gott Iuventas ein Geldstück. Eine offizielle Anmeldung der Geburt innerhalb von dreißig Tagen wurde erst mit Kaiser Marc Aurel verpflichtend. Vgl. Marquardt 1879–1882, Bd. 1, S. 86–88; Blümner 1911, S. 304.

[32] Daher die Göttin Candelifera. Zum Glauben an die Dämonen vertreibende Kraft des Lichtes vgl. Samter 1911, S. 67 ff.

und fegten sie mit einem Besen (daher Deverra). K. Latte schreibt dazu: „Wir haben es deutlich mit einem Abwehrritus zu tun, bei dem die geisterbannende Kraft des Eisens, der Lärm, den das Schlagen mit der Keule macht, und das ganz konkret verstandene Wegfegen des Unheils (...) dem gleichen Zweck dienen, von draußen andringende Gewalten fernzuhalten."[33]

Bei der Geburt,[34] die – obwohl Geburtsstühle nicht unbekannt waren – meistens in der Liegestellung stattfand, wurde der Frau normalerweise von einer Hebamme *(obstetrix)* geholfen. Sie legte das Neugeborene auf den Boden, brachte es also in Kontakt mit der Mutter Erde, aus der alles Wachstum kommt.[35] Wenn der Vater dann das Kind vom Boden aufhob *(tollere, suscipere liberos)*, war es anerkannt und gehörte zur Familie.[36]

Das Aufheben des Kindes wurde geschützt von der Göttin Levana (von *levare*, aufrichten). Die römischen Geburtsgottheiten waren zahlreich und können hier nicht alle erwähnt werden.[37] Meistens handelte es sich um Sondergottheiten, die nur für einen Aspekt der Entwicklung ,verantwortlich' waren: so Alemona, die das Kind im Mutterleib ernährt; Nona und Decima, Göttinnen der Geburt im neunten und zehnten Monat; Rumina, die Göttin für das Stillen der Säuglinge; Cunina, die die Säuglinge in der Wiege beschützte; Vagitanus oder Vaticanus, der über dem ersten Schreien der Säuglinge wachte; Edula, die das Essen der Kinder überwachte; Ossipago, deren Aufgabe es war, den Kindern die Knochen zu stärken; Statanus, der die kleinen Kinder beschützte und sie stehen lehrte; Abeona oder Adeona, Schutzgöttin der ersten Laufversuche; Fabulinus, dem man opferte, wenn die Kinder zu sprechen begannen; Numeria, die den Kindern das Zählen und Carmena, die ihnen das Singen beibrachte.

---

[33] Latte 1960, S. 94 f. Pilumnus bildete mit Picumnus ein Götterpaar. Ihnen wurde, wie Iuno Lucina, bei der Geburt ein *lectus* errichtet, d. h. ein Mahl hingestellt. – Zu der römischen Sitte, zur Erleichterung der Entbindung eine Lanze über das Dach des Hauses zu werfen, vgl. Samter 1911, S. 54 ff.

[34] Zu den gynäkologischen Aspekten, vgl. Diepgen 1937, S. 164 ff.

[35] Vgl. Samter 1911, S. 1 ff.; Latte 1960, S. 95. Den Sinn des Ritus hat Dieterich 1925, S. 6, zuerst erhellt.

[36] Vgl. Marquardt 1879–1882, Bd. 1, S. 83; Blümner 1911, S. 301; Kaser 1971–1975, Bd. 1, S. 65 u. 345.

[37] Vgl. Kudlien u. Binder 1976, S. 101 ff.; Néraudau 1984, S. 224 ff.

Die meisten dieser Gottheiten sind uns bekannt dank den Kirchenvätern Augustinus und Tertullian, die ihre Informationen aus Varro, dem größten römischen Gelehrten, schöpften. Man kann sich jedoch fragen, ob diese Götter zur Zeit des antiquarischen Schriftstellers noch eine Realität darstellten. Viel lebendiger jedenfalls war der Glaube, daß jeder Mensch seine Schutzgottheit hatte, der Mann seinen Genius (ursprünglich die göttliche Verkörperung der männlichen Zeugungskraft), die Frau ihre Iuno.[38] Der Genius oder die Iuno wird mit dem Menschen geboren, begleitet und schützt ihn während des ganzen Lebens und stirbt schließlich mit ihm. Der Geburtstag wurde jedes Jahr festlich begangen; dem Genius oder der Iuno wurde geopfert, Freunde und Verwandte gratulierten dem Gefeierten, gaben ihm Geschenke, und meistens fand auch eine Feier statt. Die Römer kannten auch den Glauben, daß der Mensch von Geburt an zwei Daimones bei sich hat, einen guten und einen bösen.[39]

Während der ersten Tage nach der Geburt fanden verschiedene religiöse Zeremonien statt, u. a. zu Ehren der Iuno Lucina, die ihr Bett im Atrium hatte. Der neunte Tag nach der Geburt eines Jungen, der achte nach der eines Mädchens war besonders wichtig und wurde *dies lustricus*[40] oder *Nominalia* genannt. Schutzgöttin dieses Tages war Nundina, abgeleitet von *novem* (neun, weil das Fest am 9. Tag nach der Geburt gefeiert wurde). Wie *lustricus* zeigt, wurden an diesem Tag das Kind und die Mutter von der mit der Geburt verbundenen Unreinheit durch ein Opfer und vielleicht auch durch rituelle Waschungen gereinigt.[41] *Nominalia* weist auf die Tatsache, daß das Kind, das vor diesem Tag – und auch später noch – *pupus* oder *pupa* genannt wurde, an diesem Tage seinen Rufnamen erhielt (Gentilname und Cognomen standen fest).[42] Eine Anspielung auf diesen Tag liest man bei Persius (1. Jh. n. Chr.):

---

[38] Vgl. Blümner 1911, S. 299; Latte 1960, S. 103–107; Kudlien u. Binder 1976, S. 112 f.

[39] Vgl. Kudlien u. Binder 1976, S. 112 f.

[40] Vgl. Marquardt 1879–1882, Bd. 1, S. 83 f.; Blümner 1911, S. 304; Brind'Amour u. Brind'Amour 1971, S. 999–1024; dies. 1975, S. 17–58; Harmon 1978, S. 1596 f.

[41] Im Unterschied zum jüdischen und griechischen Ritus ist in Rom von einer 40tägigen Unreinheitsfrist nichts bekannt. Vgl. Kudlien u. Binder 1970, S. 117.

[42] Die Anzahl der Rufnamen war sehr beschränkt. Nur 11 Namen (7 weitere beim Adel) standen zur Auswahl. Vgl. Rix 1965, S. 2268.

„Siehe, die Großmutter holt und in Furcht der Götter die Tante
aus der Wiege das Kind, ihm Stirn und schimmernde Lippen
mit dem mittleren Finger zu feien und sühnendem Speichel
(lustralibus salivis expiat),
kundig der Kunst, vorweg die bösen Blicke zu bannen;
wiegt's sodann auf den Händen, und flehend läßt sie die
schmächt'ge Hoffnung wandern ins reiche Gefild, in des Crassus
Paläste:
Wünschten sich König und Königin ihn zum Eidam! Die
Mädchen mögen sich reißen um ihn! Seine Fußspur blühe von
Rosen."[43]

Nach G. Binder ist es eine private Zeremonie, daß Großmutter oder
Tante Stirn und Lippen mit Speichel bestreichen,[44] während L. und
P. Brind'Amour dies für das Wesen des Lustrationsritus halten: „...
das Eingreifen der Patin, der Tante des Kindes mütterlicherseits, ihr
Kampf gegen die Finsternis, das Zeichen, das auf der Stirn und den
Lippen des Babys ausgeführt wird, um ihm die Augen für das Licht
und die Lungen für die Luft zu öffnen, und schließlich die Darbrin-
gung an Juppiter."[45]

Bei vielen Völkern wurde das Haarabschneiden kurz nach der
Geburt als ein Zeichen der Einweihung vollzogen. In einem Passus, in
dem Tertullian eine Anzahl von Geburtszeremonien erwähnt (unter
anderem daß die schwangere Frau ihren Leib mit Binden umwindet),
nennt er auch den Brauch, entweder das ganze Haupt des Kindes zu
weihen oder ihm einige Haare bzw. das Haar ganz abzuschneiden und
dieses zu opfern. Daß ein solches Haaropfer in Rom einmal allgemeiner Brauch war, scheint festzustehen, aber unsicher ist, ob diese
Zeremonie am *dies lustricus* stattfand.[46]

Kehren wir zum Neugeborenen zurück. Groß war die Freude bei
der Geburt. Die Mutter wurde beglückwünscht.[47] Familie und Be-
kanntschaft flehten den Himmel an, das Kind mit Wohltaten –

---

[43] Persius 2, 31ff. (übers. v. O. Seel, München [2]1974).
[44] Kudlien u. Binder 1976, S. 116f. Der Speichel hat sympathetische Kraft, wirkt
besonders gut gegen den bösen Blick. Ebd. S. 124; Blümner 1911, S. 305 Anm. 1.
[45] Brind'Amour u. Brind'Amour 1975, S. 17.
[46] Samter 1901, S. 65; Kudlien u. Binder 1976, S. 117. Vgl. Tertullian: De anima 39.
[47] Z. B. Plautus: Truculentus 384ff., 516ff.

insbesondere mit Reichtum und Schönheit – zu überhäufen.[48] Nachdem das Kind von der Hebamme in einem Becken *(alveus)* gebadet worden war, wurde es in Windeln gewickelt, und zwar so, daß der ganze Körper – auch die Arme – eng damit umschnürt wurde,[49] damit man, wie Pseudo-Plutarch schreibt, „den Gliedern gleich nach der Geburt die gehörige Richtung gibt, damit sie gleich und gerade wachsen".[50] Nach Friedländer versuchte man durch das feste Einschnüren der Brust der Mädchen von frühester Kindheit ab die Hüften hervortreten zu lassen, die Mädchen schmächtig zu machen mit herabfallenden Schultern.[51] Nach Soranus soll das Kind in den Windeln bleiben, bis die Gefahr der Mißbildung vorüber ist; einige, so schreibt er, befreien das Kind nach dem vierzigsten Tag, die meisten nach dem sechzigsten.[52] In Windeln gewickelt wurde das Kind dann in die Wiege[53] gelegt, die geschaukelt werden konnte, um das Kind zu beruhigen.

2.2 Mutter oder Amme?

Kurz nach der Geburt fing die Ernährung des Kindes an.[54] In Rom war es ursprünglich die Mutter selber, die das Kind stillte und sich mehr, als es in Griechenland der Fall war, um seine Erziehung kümmerte. Typisch z. B. sind die Worte des Tacitus, mit denen er die Lage in seiner Zeit mit einem unzweifelhaft idealisierten Bild der Vergangenheit vergleicht: „Erstlich wurde jeglichem sein Sohn, von keuscher Mutter geboren, nicht in der Kammer einer erkauften Amme, sondern im Schoße und am Busen der Mutter erzogen, deren vorzüglichster

---

[48] Z. B. Juvenalis 10, 289 ff.; Horatius: Epistulae, I, 4, 8; Seneca: Epistulae 60, 1; Persius 2, 31 e. v.

[49] Blümner 1911, S. 303; Etienne 1973, S. 33 ff.; Van Hoorn 1909, S. 6 ff.

[50] Pseudo-Plutarch: De liberis educandis 5 (übers. v. H. Conrad, München 1911).

[51] Friedländer 1921–1923, Bd. 1, S. 267 f. (mit Verweis auf Galenus 7, 28 K, und Terentius: Eunuchus 313 ff.).

[52] Soranus 2, 19, 42.

[53] Vgl. Van Hoorn 1909, S. 17 ff.; Etienne 1973, S. 34 f.

[54] Nach Soranus soll das Kind in den ersten zwei Lebenstagen gar keine Nahrung bekommen. Nach den ersten 2 Tagen soll man Milch von einer guten Amme und nicht von der Mutter geben, „da ihre Milch in den ersten 20 Tagen zu dick, käsig, schwer verdaulich und roh sei" (2, 11, 17 f.). Vgl. Ghinopoulo 1930, S. 36 ff.; Etienne 1973, S. 35 ff.

Ruhm es war, das Haus zu hüten und den Kindern sich zu widmen.
Auserkoren aber (wenn nötig) wurde eine bejahrtere Verwandte,
deren bewährten und geprüften Sitten man den ganzen jungen Nachwuchs einer und derselben Familie anvertrauen konnte, in deren
Gegenwart weder etwas gesprochen werden durfte, was zu sagen
unanständig, noch etwas getan, was unschicklich zu tun; und nicht
bloß auf die Studien und Beschäftigungen, sondern auch auf die
Erholungen und Spiele der Knaben hatte sie einen heiligenden und
ehrfurchtgebietenden Einfluß."[55] Als konkretes Beispiel einer Mutter,
die ihr Kind selbst nährte, kann die Frau des alten Cato erwähnt
werden: „Als Cato ein Sohn geboren worden war, kannte er kein
dringenderes Geschäft, die öffentlichen ausgenommen, als selbst
zugegen zu sein, wenn seine Frau das Kind badete und einwindelte. Sie
stillte es selbst und legte oft auch die Kinder der Sklaven an ihre Brust,
um ihnen durch die gemeinschaftliche Nahrung eine Zuneigung zu
ihrem Sohn einzuflößen."[56] In späterer Zeit war es, unter griechischem
Einfluß, nicht mehr üblich, daß die Mutter ihre Kinder selbst stillte.
Diese Aufgabe wurde dann von einer meistens griechischen Amme
(nutrix) übernommen.[57] Nach Soranus soll das Stillen wenigstens bis
zum Beginn des Zahnens, also bis zum siebenten Monat, dauern, aber
besser sei es, das Kind erst nach anderthalb bis zwei Jahren zu
entwöhnen.[58] Auch wenn das Kind entwöhnt war, blieb die Amme bei
ihm. Sie fütterte es mit durch Honig versüßtem Brei und mit vorgekauter Nahrung, sorgte für die Körperpflege, schaukelte die Wiege, sang
ihm Wiegenliedchen vor, erzählte ihm Märchen (nicht selten Spruch-
und Gespenstergeschichten), lehrte es laufen und sprechen. Wenn das

---

[55] Tacitus: Dialogus de oratoribus 28 (übers. v. W. Boetticher, Berlin 1834, Nachdruck
1935). Von seiner Zeit schreibt er: „Jetzt dagegen wird gleich nach seiner Geburt das
Kind einer griechischen Magd überwiesen, der man den einen oder den anderen aus der
ganzen Sklavenmenge, meistens den wertlosesten, der zu keinem ernsten Geschäft sich
eignet, beigesellt. Mit den Geschwätzen und Liebschaften dieser Menschen werden
sogleich die zarten und noch unerfahrenen Seelen erfüllt; und kein Mensch im ganzen
Hause hält es der Erwägung wert, was er in Gegenwart des jungen Gebieters rede oder
tue." (Ebd. 29, 1)
[56] Plutarch: Cato Maior 20, 4f. (übers. v. H. Floerke, Berlin 1913, Nachdruck
München 1964/1965). Deutlich zeigt sich hier, wie wichtig auch die Sklaven für die
Sozialisation des Kindes sind. Vgl. Quintilian 1, 1, 8.
[57] Vgl. Ghinopoulo 1930, S. 3ff., 43ff.; Herzog-Hauser 1937, Sp. 1991–1500; Hopfner
u. Klauser 1950, S. 381–385; Etienne 1973, S. 36ff.
[58] Soranus 2, 21, 47f.

Kind nicht gehorchte, hatte sie das Recht, es zu züchtigen. Im allgemeinen blieb man seiner Amme dankbar, wie die Tatsache lehrt, daß *nutrices* häufig auf Inschriften erwähnt wurden und daß sie nicht selten bis nach der Verheiratung des Mädchens bei ihr als Vertraute blieben.

Weil der Umgang zwischen Amme und Zögling so intim war, hatte sie einen großen Einfluß auf die Persönlichkeitsentwicklung des Kindes. Die Alten waren sich dessen bewußt und forderten, daß man entweder die bestmögliche Amme wählen oder die Mutter das Kind selbst stillen sollte.

Trotz der Erkenntnis, daß Muttermilch die beste sei, erhebt der Arzt Soranus keine Einwände gegen den Gebrauch der Amme. Wohl wurden hohe Anforderungen an sie gestellt: Mäßigkeit, liebevolle Gesinnung, Sanftmut, Reinlichkeit... Wenn nur möglich, sollte sie eine Griechin sein, damit das Kind gleich von vornherein an die schönste Sprache gewöhnt würde.[59] Auch Quintilian, der große Pädagoge des 1. Jh. n. Chr., hat gegen Ammen als solche nichts einzuwenden. Wichtig seien aber ihr Charakter und ihre Sprache. Nur die beste sei gut genug: „Zweifellos hat die Rücksicht auf ihre guten Sitten den Vorrang; jedoch sollen sie auch einwandfrei sprechen! Ihr Sprechen wird ja der Knabe zuerst hören, ihre Worte nachzusprechen versuchen. Und von Natur halten wir am beharrlichsten fest, was unser Geist im frühesten Entwicklungsstadium in sich aufgenommen hat: wie ja auch Gefäße dauernd nach dem schmecken, womit sie zuerst in Berührung gekommen sind, und man auch die Farben, mit denen man das ursprüngliche Weiß der Wolle gefärbt hat, nicht mehr herausspülen kann. Und je schlechter etwas ist, um so hartnäckiger haftet es fest. Denn Gutes läßt sich leicht verschlechtern: wann aber könnte man aus Fehlern etwas Gutes gewinnen? So soll das Kind, zumal es das Sprechen erst lernt, sich nicht an eine Sprache gewöhnen, die es wieder verlernen muß."[60] Da die Amme meistens eine Griechin ist, wird das Kind also eher Griechisch als Latein lernen, aber Quintilian hat damit keine Schwierigkeiten, da das Kind das Latein sowieso lernen wird.[61]

---

[59] Ebd. 2, 12, 19f.
[60] Quintilian 1, 1, 4f. (übers. v. H. Rahn, Darmstadt 1972).
[61] Ebd. 1, 1, 12–14.

Weder Quintilian noch Soranus sind Gegner der Ammenernährung. Andere wie die Philosophen Pseudo-Plutarch und Favorinus plädieren für die Ernährung durch die Mutter selbst.

Wie Quintilian ist auch Pseudo-Plutarch der Meinung, daß die ersten Erfahrungen eines Menschen bestimmend sind für das ganze Leben: „So wie es nötig ist, den Kindern gleich nach der Geburt die gehörige Richtung zu geben, damit sie gleich und gerade wachsen, ebenso muß man auch gleich von Anfang an die Sitten der Kinder zu bilden suchen. Die Jugend ist weich und bildsam, und den noch zarten Seelen werden die Lehren mit leichter Mühe eingeprägt. Alles aber, was einmal hart geworden ist, kann nur schwerlich wieder erweicht werden. Die Seelen der Kinder sind dem Wachse gleich; man kann die Lehren, gleich einem Siegel, in dieselben eindrücken." Da die Mütter ihr Kind mit größerer Zuneigung und mehr Sorgfalt lieben als die Ammen, „die nur um des Lohnes willen lieben", ist es für Plutarch deutlich, daß die Mutter normalerweise selbst ihr Kind stillen muß. Nur wenn die Frau dafür zu schwach ist oder wenn sie bald wieder andere Kinder zu gebären wünscht, erlaubte dieser Philosoph eine Ausnahme.[62]

Ausführlicher hat Favorinus sich über dieses Problem bei Aulus Gellius geäußert. Er besucht eine Frau, die soeben von einem Sohn entbunden worden ist. Die Mutter will ihrer Tochter eine gute Amme besorgen, da sie nicht wünscht, daß ihr Kind nach den bei der Entbindung ausgestandenen Schmerzen nun auch noch die Schwierigkeiten des Selbststillens auf sich nimmt. Favorinus lehnt das ab, weil eine Frau, die ihr Kind nicht selbst nährt, seines Erachtens nicht die volle Mutterpflicht erfüllt: „Denn heißt das nicht eine unnatürliche, unvollständige und halbschürige Sorte von einer Mutter, die ein Kind zur Welt bringt und dasselbe gleich wieder verstößt?" Für Favorinus ist es gar nicht gleichgültig, durch wessen Milch das Kind gestillt wird, da die wesentlichen Bestandteile der Milch von höchstem Einfluß auf das leibliche und geistige Gedeihen des Kindes sind: „Wie zum Henker will man nun erst rechtfertigen, so etwas Edles in einem menschlichen Geschöpfe, eine leiblich und geistig gutgeartete Grundlage durch untergeschobene und abartige Nahrung fremder Milch zu verderben?

---

[62] Pseudo-Plutarch (wie Anm. 50) 5. Wie man sieht, glaubten die Alten an die empfängnisverhütende Wirkung des Stillens.

Zumal wenn die Person, welche man zum Stillen verwendet, entweder von niedriger Herkunft oder von niedriger Denkungsart, wie das sehr oft vorkommt, von einem fremden und ungebildeten Volke stammte, wenn sie frech, oder häßlich, schamlos und dabei trunksüchtig ist; denn gewöhnlich wird ohne Unterschied die erste beste verwendet, welche zur Zeit gerade das Geschäft der Säugenden verrichten kann. Wollen wir also (in solchem Falle) nicht zugeben, daß unser kleiner Sprößling vom verderblichen Gifte angesteckt werde und aus dem verdorbensten Geist und Körper für seinen Geist und Körper Nahrung ziehe? Hierin zeigt sich aber wahrlich der eigentliche Grund, daß manche Kinder sittsamer Mütter, was uns so oft Wunder nimmt, ihren Eltern weder an Leib noch Seele ähnlich sind."[63]

2.3 Das heilige Kind

Sobald das Kind geboren war, versuchte man es mit allerlei Zauber gegen dämonische Einflüsse, vor allem gegen den bösen Blick, zu schützen. So hängte man um den Hals des Kindes allerlei Amulette, z. B. Figürchen von schützenden Gottheiten, auch Abbildungen der Geschlechtsteile, denen eine besonders wirksame apotropäische Wirkung zugeschrieben wurde. Typisch römisch aber ist, daß die Kinder in Rom diese Amulette in einer ledernen oder metallenen (bei Wohlhabenden goldenen) Kapsel *(bulla)*[64], bewahrten, die sie um den Hals trugen. Als erstes Spielzeug (,Kinderklapper'), aber ursprünglich auch als ein Amulett, das durch Lärm die Dämonen vertreiben sollte, diente die *crepundia*,[65] an einem Kettchen aufgereihte, aus Metall gefertigte Figürchen wie Schwerter, Beile, Halbmonde, Hände, Tierfiguren, usw., die das Kind um den Hals trug oder wie eine Schärpe schräg über der Schulter.

Die *bulla* wurde in Rom von allen freigeborenen Kindern (Knaben und Mädchen) bis zur Anlegung der *toga virilis* oder – von Mädchen – bis zur Heirat getragen. So lange trug das Kind auch die *toga praetexta*, ein Kleid mit einem Purpurstreifen am Rand, nach E. B. Castle „das

---

[63] Aulus Gellius 12, 1 (übers. v. F. Weiss, Leipzig 1875, Nachdruck Darmstadt 1975).
[64] Vgl. Blümner 1911, S. 305; Néraudau 1984, S. 145 ff.
[65] Vgl. ebd. S. 306; Väterlein 1976, S. 20.

reinste Zeichen der römischen Achtung für das Kind".[66] Die *praetexta* war, wie W. W. Fowler gezeigt hat, ein heiliges Gewand, das nur die Priester beim Opfer trugen, die Priester Jupiters sogar ständig, und außerdem hohe Staatsbeamte, die im Namen des Staates opfern durften. Er schließt daraus: „Die Kinder waren tatsächlich heilig, und sie trugen ständig das heilige Gewand, das ihre Väter nur anlegten, wenn sie durch ein Amt zur Durchführung religiöser Riten autorisiert wurden. Mit anderen Worten: Die Erwachsenen waren in die Welt verstrickt und immer irgendeiner Befleckung ausgesetzt; die Kinder waren, wie ihre Eltern unter bestimmten religiösen Bindungen, rein und als solche durch ihre Kleidung ausgezeichnet."[67]

Das Kind war heilig. Zu Unrecht, aber doch bedeutungsvoll, verbindet Varro *puer* etymologisch mit *purus* (rein).[68] Weil das Kind unschuldig und rein, geschlechtlich unbelastet war, erhielt es eine Funktion im Kult und in der Magie. „Die Kinder", so schreibt Iamblichus, „sind den Göttern besonders lieb und müssen deshalb in der Dürre um Regen bitten, da die Gottheit am meisten auf sie hört, und zwar auf sie allein, weil sie als völlig keusch das volle Recht haben, in dem Tempel zu verweilen."[69] Bei religiösen Feiern sangen nicht selten Knaben und Mädchen im Chor.[70] Gerne wurden sie als Helfer beim Opfer und den sonstigen Sakralhandlungen herangezogen: Sie hießen *camilli* oder *camillae*, mußten freigeboren, noch nicht mannbar sowie *patrimi et matrimi* sein, d. h. ihre Eltern mußten noch leben.[71] Wie die *camilli* durften auch die Vestalinnen bei ihrer Ernennung noch nicht geschlechtsreif (zwischen sechs und zehn Jahren) sein.[72]

---

[66] Castle 1965, S. 115.
[67] Fowler 1896, S. 318. Vgl. Wilson 1938, S. 130 ff.; Neraudau 1984, S. 148 ff.
[68] Varro bei Censorinus 14, 2.
[69] Iamblichus: Vita Pythagorae 10, 51. Vgl. Oepke 1954, S. 642 ff.: Das Kind im Kult.
[70] So z. B. das *Carmen saeculare* des Horaz. Vgl. Friedländer 1921–1923, Bd. 1, S. 272; Wissowa 1912, S. 426 f.
[71] Samter 1899, Sp. 1431 f.; Wissowa 1912, S. 496; Van der Leeuw 1939, S. 443 ff.; Latte 1960, S. 407 f.
[72] Aulus Gellius 1, 12, 1.

2.4 Kinderspiele

Zur Welt des Kindes gehörte auch das Spiel.[73] Die zahlreichen Spiele waren nicht wesentlich verschieden von denen der Griechen. Sueton (1. Hälfte 2. Jh.) hat darüber ein Buch geschrieben („Liber de lusibus puerorum"), das leider nicht erhalten blieb, aber doch zeigt, wie groß damals das Interesse für das Kind war. Über Kinderspiele schreibt H. Blümner wie folgt: „Die Kleinsten unterhielt man mit dem Lärm der Klapper, *crepitaculum;* wenn sie älter wurden, so waren ein Lieblingsspielzeug die aus Ton, Wachs, Knochen u. dgl. angefertigten Puppen, *pupae* und *pupi,* deren sich noch viele, auch mit beweglichen Gliedmaßen versehen, erhalten haben; (...) Auch aus denselben Stoffen gearbeitete Figuren von allerlei Tieren oder von Früchten, Hausrat und sonstigen Gegenständen dienten dem Spielzweck. Knaben ergötzten sich daran, den mit tönenden Ringen oder Schellen versehenen Reifen, *trochus,* mit einem gebogenen Stäbchen, *clavis,* zu treiben. Auch das Spiel mit dem Kreisel, *turbo,* kannten die römischen Knaben, sowie das Steckenpferdreiten, das Spiel mit einem an einem Stab befestigten Scheibenrad u. dgl. m. Mancherlei Spiele bedurften keines eigenen Spielzeuges, namentlich die in größerer Gesellschaft geübten, wie das uralte Königsspiel und das Maallaufen [eine Art Versteckspiel] u. dgl. m.; dann all die Spiele mit Knöcheln, Münzen, Steinchen, die die Griechen ebenfalls kannten, ferner die mannigfaltigen Arten des Ballspieles und ganz besonders das Spiel mit Nüssen, von dem es ebenfalls zahlreiche Arten gab. Auch mit allerlei lebendigen Tieren wurde gespielt, und mancher junge Römer lenkte sein von einem Ziegenpaar gezogenes Wägelchen selbst."[74] Erwähnt sei hier noch, daß Rollenspiele, in welchen die Welt der Erwachsenen nachgeahmt wurde, sehr beliebt waren. Kinder spielten gern Amtsträger aller Art, besonders Richter, ahmten Aufzüge ihrer Feldherren und Gerichtsszenen nach, spielten Soldaten und Gladiatoren, ritten auf dem Steckenpferd oder auf dem Rücken eines Freundes... Wie eng Kindheit und Spiel miteinander verbunden waren, zeigt die Tatsache, daß *nuces relinquere,*[75] die Nüsse hinterlassen, soviel bedeutete wie Ab-

---

[73] Grasberger 1864–1881, Bd. 1, S. 1ff.; Hug 1929a, Sp. 1762ff.; Manson 1975a, S. 117ff.
[74] Blümner 1911, S. 308f.
[75] Persius 1, 10.

schied nehmen von der Kindheit und daß die Mädchen vor ihrer Hochzeit ihre Puppen im Tempel der Venus niederlegten. Die antiken Pädagogen waren sich der Nützlichkeit des Kinderspiels bewußt. So urteilt Quintilian, daß der erste Unterricht ein Spiel sein soll *(ludus hic sit).*[76] Auch älteren Schülern „soll man einige Zeit zur Entspannung gönnen... Auch würde mich das Spielen bei Knaben nicht stören – denn auch dies ist ein Zeichen von aufgewecktem Geist –, und bei einem Jungen, der trübe und immer mit hängendem Kopf dasitzt, könnte ich nicht erwarten, daß er seinen Geist aufrafft, wenn er ans Studieren geht, falls ihm selbst zum Spiel, das doch in diesem Alter das Natürlichste ist, der Schwung fehlt. Maßzuhalten heißt es allerdings auch mit der Freizeit, damit sie keine Abneigung gegen das Studium weckt, wenn man sie verweigert, oder aber Gewöhnung an Müßiggang, wenn man sie übertreibt. Es gibt indessen sogar einige Spiele (Rätsel), die keineswegs unnütz sind, den Geist der Knaben zu schärfen, wenn sie sich etwa gegenseitig um die Wette kleine Fragen aller Art aufgeben."[77]

2.5 Die Psychologie von der Kindheit

Wie die Reinheit – und Unschuld *(innocentia)*[78] – ist auch der Spieltrieb ein Charakteristikum der Kindheit.[79] Nicht alle Kennzeichen der *pueritia* sind so positiv. Als Hauptkennzeichen des Kindes erwähnt Cicero, als er die verschiedenen Lebensalter miteinander vergleicht, seine (sowohl biologische als auch geistige) Schwäche: „Das Leben hat einen bestimmten Gang, und die Natur hat einen einzigen und einfachen Weg. Jeder Teil des Lebens hat seine eigentümliche Reife, so daß die Schwäche des Knaben *(infirmitas puerorum)*, der Mut des Jünglings *(ferocitas iuvenum)*, der Ernst der reifen Jahre *(gravitas iam constantis aetatis)* und die Abgeklärtheit des Alters *(senectutis maturitas)* etwas Naturgemäßes sind, was zeitgerecht benützt werden

---

[76] Quintilian (wie Anm. 60) 1, 1, 20.
[77] Ebd. 1, 3, 8–11.
[78] Ambrosius: De interpellatione Job et David 1, 7, 21. Vgl. Herter 1961 a, S. 146 ff.; Néraudau 1984, S. 135 ff.
[79] Servius: Aeneis 6, 114. Deshalb heißt die *pueritia* auch die *lasciva aetas.* Vgl. Eyben 1977, S. 124 Anm. 239.

soll."[80] Wir könnten hier noch andere Charakteristiken anführen, beschränken uns aber auf die Beschreibung der Kindheit bei Horaz, das einzige Gesamtbild aus der römischen Antike, das auf uns gekommen ist. Wie Cicero unterscheidet auch er vier Lebensalter. Über das Kind schreibt er seinem Freund Piso wie folgt: „Die Altersstufen mußt du, jede in ihrer Eigenart, beobachten; mußt den veränderlichen Charakteren nach dem verschiedenen Alter zugestehen, was ihnen zukommt. Alsbald wenn der Knabe *(puer)* den Sprachlaut nachzubilden weiß und sicheren Schrittes gehen kann, gilt sein Eifer dem Spiel mit seinesgleichen; blindlings erzürnt er sich, plötzlich versöhnt er sich; verwandelt findet ihn die nächste Stunde."[81]

Jeder Mensch wird von seinem Lebensalter beeinflußt, wie er auch von seinem Charakter und der Umwelt gezeichnet wird. Doch ist es möglich, sich der Gesetzmäßigkeit der Altersstufen zu entziehen. Ein Erwachsener kann sich wie ein Knabe *(pueriliter)* benehmen, was selbstverständlich streng verurteilt wurde.[82] Andererseits ist es möglich, daß ein Knabe sich wie ein Erwachsener oder ein Greis benimmt. Der Topos *puer-senex*[83] war während der späten Republik und der frühen Kaiserzeit nicht unbekannt, gewann aber während des späteren christlichen Altertums eine unerhörte Popularität. Das Kind wird bis in die Wolken gerühmt, weil es sich nicht wie ein Kind benimmt, weil es sein Lebensalter übersteigt. Solches Ideal ist typisch für eine Gemeinschaft, die vor allem die Unvollkommenheit des Kindes (und des Jugendlichen) betont. Wichtig aber ist, daß nicht jeder solche frühreifen ‚Wunderkinder‘ herausstreicht. Der große Kinderkenner Quintilian z. B. ist der Meinung, daß das Kind Kind bleiben muß: „... die Reife soll sich nicht übereilen und der Most nicht in der Bütte gleich herb und streng sein: So wird er zu Jahren kommen und im Alter Reife gewinnen."[84]

---

[80] Cicero: Cato Maior 10, 33 (übers. v. R. Nitsche, Zürich 1949).
[81] Horatius: Ars poetica 156–160 (übers. v. W. Schöne, München [8]1979).
[82] Vgl. Eyben 1977, S. 64.
[83] Vgl. Curtius 1948, S. 106ff.; Gnilka 1972, passim; Carp 1980, S. 736–739. – Siehe auch Marrou 1938, S. 197ff.: Enfants prodiges.
[84] Quintilian (wie Anm. 60) 2, 4, 9.

3. Erziehung und Unterricht[85]

3.1 Vorbemerkungen

„Die Erziehung", so schreibt Seneca, „verlangt größte Sorgfalt, die auch den meisten Nutzen bieten wird – leicht ist es nämlich, bislang noch zarte Seelen *(teneros adhuc animos)* zu ordnen, mühevoll werden zurückgeschnitten Fehler, die mit uns groß geworden sind."[86] Dieser Text zeigt, wie wichtig für die Antike die Erziehung war, verrät aber auch einen gewissen pädagogischen Optimismus. Auch Quintilian ist der Meinung, daß jeder Mensch normalerweise mit Erfolg unterrichtet werden kann, denn „geistig stumpfe und ungelehrige Menschen kommen natürlicherweise nicht häufiger zur Welt als durch unnatürliche Mißgestalt und Mißbildungen gezeichnete Körper"; es gibt selbstverständlich Unterschiede in der Begabung, „aber keiner läßt sich finden, der durch eifriges Studieren nichts erreicht hätte".[87] Und wie Quintilian die Erziehbarkeit des Menschen im Intellektuellen betont, so ist Pseudo-Plutarch der Meinung, daß auch der schlimmste Charakter durch eine gute Erziehung verbessert werden kann: „... so kann oft das, was wider die Natur ist, durch die Arbeit stärker werden als das Natürliche selbst... Ein Acker, der von Natur noch so gut ist, verwildert durch die Vernachlässigung; je besser er ist, desto unfruchtbarer wird er, wenn er unbebaut liegen bleibt. So rauh und hart hingegen ein Boden auch sein mag, so wird er doch, wenn er gehörig bearbeitet wird, gar bald schöne Früchte bringen."[88] Besonders wichtig ist die Erziehung während der ersten Jahre, selbst Monate nach der Geburt.[89] Daß die Alten sich dessen bewußt waren, haben schon die Ausführungen über die Nahrung des Säuglings deutlich gemacht.

---

[85] Eine ausführliche Bibliographie bei Johann 1976, S. 573–593. Erwähnt seien nur Barclay, Bonner, Castle, Clarke, Grasberger, Gwynn, Marrou.

[86] Seneca: De ira 2, 18, 2 (übers. v. M. Rosenbach, Darmstadt 1969).

[87] Quintilian (wie Anm. 60) 1, 1, 1–3.

[88] Pseudo-Plutarch (wie Anm. 50) 4.

[89] Gewissermaßen fängt die Erziehung schon mit der Empfängnis an: „Denn Kinder, die von ihren Vätern in der Trunkenheit erzeugt worden, werden meistenteils Liebhaber des Weines und Trunkenbolde." (Pseudo-Plutarch [wie Anm. 50] 3)

3.2 Die frühe römische Erziehung

Die Erziehung war, wie Plinius schreibt, im alten Rom eine praktische Angelegenheit: „Von alters bestand die Einrichtung, daß wir von älteren Leuten nicht nur mit den Ohren, sondern auch mit den Augen lernten, was wir demnächst selbst zu tun und gewissermaßen von Hand zu Hand an Jüngere weiterzugeben hatten... Jedem galt sein eigener Vater als Lehrer, und anstelle des Vaters alle angesehenen älteren Herren, wenn jemand keinen Vater mehr hatte."[90] Mehr als in Griechenland waren die Eltern selbst mit ihren Kindern beschäftigt; was sie interessierte, war besonders eine moralische, nicht so sehr eine intellektuelle Bildung. „Körperliche Gesundheit und Kraft, Gottesfurcht, Ehrfurcht vor den Gesetzen, Bescheidenheit und Züchtigkeit in Rede und Betragen, strenger Gehorsam, Anstand im äußeren Auftreten, mäßige Gewöhnung *(frugalitas)*, praktische Tätigkeit, natürlicher Verstand und Vertrauen auf die eigene Kraft und den Herrscherberuf des Staates, das waren die Eigenschaften, die man in dem Knaben zu entwickeln suchte, um aus ihm einen verständigen Mann, einen guten Hausvater und einen brauchbaren Bürger zu machen."[91]

Wie oben gezeigt wurde, spielte die Mutter, die sich bei den Römern einer hohen Achtung erfreute, eine besonders wichtige Rolle während der ersten Lebensjahre. Die Tochter blieb in ihrer Obhut bis zum Heiratstag, lernte von ihr die typisch weiblichen Arbeiten, vor allem Spinnen und Weben.[92] Um die Erziehung des Sohnes kümmerte der Vater sich persönlich vom siebten Lebensjahr an. Das Kind begleitete den Vater überall, auf dem Lande, am Tisch, auf dem Forum, in den Senat,[93] leistete ihm Beistand bei den häuslichen Opfern. Beim Feiern hörten die Kinder Tafellieder, die die Heldentaten der Vorfahren priesen, wodurch ihre Vaterlandsliebe angespornt wurde.[94] Nach Plutarch speisten die Römer niemals außerhalb des Hauses ohne ihre Söhne, „solange diese im Alter der Kindheit standen", was den Kindern nützte, „damit sie unter den Augen und der Aufsicht der

---

[90] Plinius der Jüngere: Epistulae 8, 14, 4–6 (übers. v. H. Kasten, München 1968).
[91] Marquardt 1879–1882, Bd. I, S. 89 f.
[92] Vgl. Friedländer 1921–1923, Bd. I, S. 269 f.
[93] Vgl. die Geschichte von Praetextatus bei Gellius 2, 23.
[94] Valerius Maximus 2, 1, 10.

Alten gewohnt würden, im Genusse der Vergnügungen nicht viehisch und ausgelassen, sondern vorsichtig zu sein", wie es auch den Männern den Zwang auferlegte, sich aller unpassenden Worte zu enthalten.[95] Als idealer Vater erscheint bei Plutarch Cato der Ältere, Prototyp eines Römers von altem Schrot und Korn. Wir haben schon gesehen, wie er, wenn nur möglich, anwesend war, wenn seine Frau das Kind versorgte. „Sobald der Knabe zu Verstande kam, nahm ihn Cato zu sich selbst und lehrte ihn lesen, obgleich er einen Sklaven hatte namens Chilo, der ein geschickter Lehrer war und viele Kinder unterrichtete. Aber er wollte nicht, wie er selbst sagte, daß sein Sohn, wenn er schlechte Fortschritte mache, von einem Sklaven geschimpft oder bei den Ohren gezupft würde; auch wollte er einem Sklaven für den ersten Unterricht keinen Dank schuldig sein. Daher machte er selbst den Sprachmeister, den Hofmeister und den Fechtmeister, indem er seinen Sohn nicht nur den Wurfspieß brauchen, fechten und reiten lehrte, sondern ihn auch übte, mit geballter Faust zu kämpfen, Hitze und Kälte zu ertragen und über Strudel oder reißende Stellen in dem Tiber zu schwimmen. Er schrieb, wie er selbst sagt, mit eigener Hand und mit großen Buchstaben allerhand Geschichten zusammen, damit sein Sohn von Kindheit an Gelegenheit hätte, sich mit den Taten und Sitten der Vorfahren bekannt zu machen. Er sagt ferner, vor unanständigen Reden habe er sich in Gegenwart seines Sohnes ebensosehr als in Gegenwart der heiligen Jungfrauen, welche Vestalinnen heißen, in acht genommen; auch sich niemals mit ihm gebadet."[96]

Dies Porträt eines Vaters ist unzweifelhaft idealisiert, aber an der Essenz darf nicht gezweifelt werden. Cato eiferte aber für eine verlorene Sache. Die Hellenisierung Roms war damals schon weit fortgeschritten, und das Ideal, daß der Vater seinen Sohn selbst erziehen sollte, war nicht mehr haltbar. Das zeigt uns das Beispiel des Aemilius Paulus, eines anderen ‚idealen' Vaters, wie er von Plutarch beschrieben wird: „Er beschäftigte sich mit der Erziehung seiner Söhne, die er nicht nur nach hergebrachter Landessitte, wie er selbst gebildet worden, sondern auch mit großem Eifer in den griechischen Wissenschaften unterrichten ließ. Denn die Jünglinge waren beständig

---

[95] Plutarch: Quaestiones romanae 33, 272 C (übers. v. H. Conrad, München 1911).
[96] Plutarch (wie Anm. 56) 20, 5–8.

mit Sprachlehrern, Philosophen und Rednern, ja selbst mit griechischen Bildhauern, Malern, Bereitern, Hundewärtern und Lehrern der Jägerei umgeben; und der Vater selbst wohnte, als der größte Kinderfreund unter den Römern, wenn ihn keine öffentlichen Geschäfte abhielten, immer ihren Lehrstunden und Übungen bei."[97] Der Unterricht des Vaters hörte normalerweise auf, wenn der junge Mann das Knabenkleid *(toga praetexta)* durch die Männertoga *(toga virilis)* ersetzte,[98] in früherer Zeit mit siebzehn Jahren. Theoretisch war der junge Mann nun ein Erwachsener. Doch war die Erziehung noch nicht vollendet. Wer eine militärische Laufbahn beabsichtigte, wurde von seinem Vater ein Jahr lang einem renommierten Feldherrn anvertraut, um so seine zukünftige Aufgabe aus der Praxis zu lernen *(tirocinium militiae)*. Wer dagegen einer politischen Laufbahn nachstrebte, wurde vom Vater einem berühmten Redner anvertraut, unter dessen Leitung er sich, meistens ein Jahr lang, vorbereitete auf seine Aufgabe als Politiker und Redner *(tirocinium fori)*.[99] Von dieser ‚politischen Lehrzeit' lesen wir bei Tacitus eine ausführliche und lebendige Beschreibung: „Also bei unsern Vorfahren wurde der Jüngling, welcher für das Forum und die Beredsamkeit gebildet wurde, schon eingeweiht durch häusliche Unterweisung, von seinem Vater oder von Verwandten zu dem Redner hingebracht, der den ersten Rang im Staate einnahm. Ihm suchte er nun immer mehr anzuhängen, ihn zu begleiten, bei allem, was er redete, seis in Gerichten oder in Volksversammlungen, zugegen zu sein, so daß er selbst Wortwechsel auffaßte, an Streitreden teilnahm und sozusagen mitten im Kampfe kämpfen lernte. Viel Erfahrung, große Festigkeit, sehr viel Urteilskraft wurden ihnen so als Jünglingen gleich zuteil, indem ans hellste Licht, ja mitten in Entscheidungskämpfe sie mit ihren Studien traten, wo niemand ungestraft etwas Törichtes oder Zweckwidriges sagt, daß es nicht der Richter verwerfen, der Gegner vorrücken, ja selbst die Anwälte mißbilligen sollten. So wurden sie also gleich in die wahre und unverfälschte Beredsamkeit eingeweiht,

---

[97] Plutarch: Paulus Aemilius 6, 4f. (übers. v. H. Floerke, Berlin 1913, Nachdruck München 1964/1965).
[98] Vgl. den Band Geschlechtsreife, Freiburg/München 1985, S. 412ff.
[99] Vgl. Marquardt 1879–1882, Bd. 1, S. 123 Anm. 3, 133f.; Blümner 1911, S. 337f.; Regner 1937, Sp. 1450; Marrou 1965, S. 345f.; Bonner 1977, S. 84f.

lernten, obwohl sie nur einem folgten, doch alle Sachwalter ihrer Zeit in sehr vielen Prozessen und gerichtlichen Verhandlungen kennen, und das Volk selbst zeigte ihnen in der Beurteilung die mannigfachste Weise, woraus sie leicht abnehmen konnten, was bei einem jeden Beifall fand oder mißfiel. Auf diese Art fehlte es ihnen weder an dem trefflichsten und ausgesuchtesten Lehrer, der ihnen die wahre Gestalt der Beredsamkeit, nicht ein bloßes Schattenbild derselben zeigte, noch an Gegnern und Nebenbuhlern, die mit dem Schwerte, nicht mit Fechtstäben kämpften; nein, einen immer vollen, immer neuen Hörsaal hatten sie, der ebenso aus Übelwollenden wie aus Gönnern bestand, so daß auch gut Gesagtes nicht der Kritik entging. Denn ihr wißt ja, daß jener große und nachhaltige Ruf der Beredsamkeit nicht weniger auf den Bänken der Gegner als der eigenen Partei erworben wird, ja daß er dort einen festeren Grund gewinnt und zuverlässiger erstarkt. Ja, fürwahr, unter solchen Lehrern war der Jüngling, von welchem wir hier reden, wirklicher Redner Schüler, des Forums Zuhörer, der fleißige Besucher der Gerichte, gebildet und eingeschult durch anderer Erfahrungen, er, dem, weil er sie täglich hörte, die Gesetze bekannt, nicht neu der Richter Mienen, vor Augen stets der Volksversammlungen Gewohnheit, gar mannigfach erprobt des Volkes Ohr, mochte er eine Anklage übernommen haben oder eine Verteidigung, allein sogleich und ohne weiteres einer jeden Sache gewachsen." [100]

3.3 Die griechisch-römische Erziehung

3.31 Vorbemerkungen

Die Erziehung war in Rom längere Zeit eine familiale, auf die Praxis gerichtete Angelegenheit. Je intensiver die Beziehungen mit den Griechen und je komplizierter die römische Gesellschaft wurde, genügte solche Bildung nicht mehr und mußte dem griechisch-hellenistischen pädagogischen System weichen. Zeitweilig lebten beide Systeme nebeneinander oder wurden sie miteinander kombiniert, bis das griechische System definitiv siegte. *Graecia capta ferum victorem cepit et artes intulit agresti Latio* (Griechenland ward erobert, erobernd

---

[100] Tacitus (wie Anm. 55) 34.

den rauhen Besieger, führt' es die Kunst in Latium ein, beim Volk der Bauern).[101] Auch auf dem Gebiet der Erziehung sind diese Worte des Horaz gültig. Von etwa 150 v. Chr. an war die Familie nicht mehr das Zentrum der Bildung, und die Erziehung wurde mehr und mehr ‚Spezialisten' anvertraut.

Doch ist das ursprüngliche Ideal niemals völlig verschwunden. Vielleicht mehr als die griechischen blieben die römischen Eltern interessiert an der Erziehung ihrer Kinder.[102] Sie beaufsichtigten die Erzieher, überprüften die Forderungen ihres Sohnes, hielten es – wie z. B. Cicero – nicht für unter ihrer Würde, ihn eventuell selber mit auszubilden, waren nicht selten selbst in der Schule anwesend. Das *tirocinium fori* hat die Republik nicht überlebt, weil der Schulunterricht in der Beredsamkeit weit verbreitet war, aber auch während der Kaiserzeit suchten viele junge Leute selber ein Vorbild in der Beredsamkeit und kombinierten so einen praktischen mit einem theoretischen Unterricht.[103]

In Rom – wie in der griechischen Welt – wurde die Beredsamkeit besonders hoch geschätzt, war sie die Krönung des Menschseins. Selbst für die Erziehung des Kleinkinds schwebte immer der gute Redner als Ziel vor. Da man zum Staatsdienste gute, redegewandte Männer brauchte, wurden die Erziehungsmethoden auf die Ausbildung guter Redner ausgerichtet. Typisch römisch aber ist, daß an den Redner hohe moralische Forderungen gestellt wurden. Schon Cato der Ältere[104] definierte den Redner als *vir bonus dicendi peritus*, ein guter, redegewandter Mensch. Die Theorie war für ihn unbedeutend – von ihm sind die Worte *rem tene, verba sequentur* (beherrsche die Sache, die Worte werden folgen) überliefert. Wichtig ist, daß der Redner ein guter Mensch ist, nach den Sitten der Vorfahren *(mos maiorum)* lebt, die typisch römischen Tugenden wie *gravitas* (Lebensernst), *fides* (Zuverlässigkeit), *pietas* (Pflichtgefühl), *virtus* (ursprünglich Mut), *disciplina* (Disziplin), *moderatio* (rechtes Maß) … verkörpert. Auch nach Cicero[105] soll der Redner ein *vir bonus* sein, aber dazu eine

---

[101] Horatius: Epistulae 2, 1, 156 (übers. v. W. Schöne, München ⁸1979).
[102] Vgl. Eyben 1968, S. 39–60.
[103] Vgl. Eyben 1977, S. 229.
[104] Vgl. z. B. Büchner 1968, S. 116 ff.
[105] Vgl. z. B. Gwynn 1926, S. 79 ff.; Castle 1965, S. 134 ff.; Müller 1965, S. 107–140.

höchstmögliche Bildung (eine gediegene Kenntnis der Rhetorik, aber auch des Rechts, der Geschichte und – vor allem – der Philosophie) und vor allem *humanitas*, Menschlichkeit schlechthin, besitzen. Quintilian,[106] Roms größter Pädagoge, stellt die Rhetorik weit über andere Disziplinen (z. B. Recht und Philosophie), übernimmt aber die Definition Catos des Älteren: der Redner ist *vir bonus dicendi peritus:* „Dem vollkommenen Redner aber gilt unsere Unterweisung in dem Sinne jener Forderung, daß nur ein wirklich guter Mann ein Redner sein kann; und deshalb fordern wir nicht nur hervorragende Redegabe in ihm, sondern alle Mannestugenden." [107] Nur ein guter Mensch kann ein guter Redner sein. Man kann dies in Frage stellen, aber deutlich ist, wie wichtig für Quintilian die sittliche Bildung ist.

Das hellenistisch-griechische System wurde nicht in allen Facetten übernommen. Musik und Athletik haben bei den Römern in der Erziehung niemals die gleiche, zentrale Bedeutung gehabt wie bei den Griechen, nach deren Auffassung die Musik einen wichtigen Beitrag leistete für die Bildung der Seele, die Athletik für die Entwicklung des Körpers. Beide Disziplinen wurden von den Römern längere Zeit als verweichlichend angesehen und niemals ins Schulsystem integriert.[108] Anders als in der griechischen Welt hatte der Privatunterricht bei den Römern manchmal den Vorrang vor dem öffentlichen Unterricht. Am liebsten ließen die Eltern ihre Kinder zu Hause von einem Privatlehrer unterrichten. In höheren Kreisen war das immer der Fall, soweit es den Elementarunterricht – und die Mädchen – betrifft, aber auch für höhere Studien stützte man sich oft auf Privatlehrer, und zwar sowohl während der Republik als auch noch während der Kaiserzeit, als ein vollausgebautes Schulsystem zur Verfügung stand. Quintilian, der sich im Hinblick auf den Unterricht in der Rhetorik dagegen wendet, erwähnt, warum die Eltern so handeln: „Erstens: für die Sitten lasse sich besser sorgen, wenn sie nicht in Berührung kämen mit einer Menge Menschen in einem Alter, das vor allem anfällig für sittliche

---

[106] Vgl. z. B. Gwynn 1926, S. 180ff., 230ff.; Castle 1965, S. 136ff.; Bolaffi 1957, S. 643–654; Loch 1966, S. 112–134; Appel 1914.
[107] Quintilian (wie Anm. 60) 1 Pr. 9. Vgl. ebd. 1, 2, 3; 2, 20, 4; 12, 1.
[108] Wohl akzeptiert waren ‚militärische' Sportarten wie Laufen, Springen, Ringen, Faustkampf, Speerwerfen und Waffenübungen, Reiten und Schwimmen, welche von Jugend auf dem Marsfelde geübt wurden. Vgl. Marquardt 1879–1882, Bd. 1, S. 121 f.; Marrou 1965, S. 351 f.

Verfehlungen sei (...); zweitens: ganz gleich, wer der Lehrer sein werde, er könne doch offenbar seine Zeit, wenn er sie nur einem Schüler zu widmen hätte, großzügiger einteilen, als wenn er sie unter mehreren teilen muß." Nach Quintilian sind die Sitten zu Hause nicht weniger gefährdet als in einer Schule, und kein Lehrer könne gehörigen Unterricht geben für nur einen Schüler. „Es gäbe im menschlichen Dasein überhaupt keine Redekunst, wenn wir nur zu einzelnen redeten."[109]

Wichtig für die Folge ist auch die Tatsache, daß der römische Unterricht zweisprachig war, Lateinisch und Griechisch. Die ersten Lehrer in Rom waren Griechen und gaben Unterricht in ihrer eigenen Sprache. Der lateinische Unterricht entwickelte sich erst später, stand längere Zeit im Schatten des griechischen und konnte erst seit Augustus mit dem griechischen vollwertig konkurrieren. Der Erfolg war, daß die Römer der späten Republik und der frühen Kaiserzeit perfekt zweisprachig waren. Bis zum Ende der Antike behielt die griechische Sprache und Literatur eine zentrale Stellung im Unterricht, so daß die römischen Schüler einem Programm zu folgen hatten, das doppelt so schwer war als das ihrer griechischen Altersgenossen.[110]

In der römischen Welt waren die Schulen keine öffentlichen Anstalten, sondern private Unternehmungen. Jedermann konnte eine Schule eröffnen, eine spezielle Kompetenz wurde nicht gefordert. Erst seit etwa 100 n. Chr. hat der Staat sich aktiver um den Unterricht gekümmert. Lehrer erhielten steuerliche Vorteile und/oder wurden staatlich besoldet (Quintilian unter Kaiser Vespasian war der erste). Schulen wurden errichtet (z. B. das von Hadrian gegründete Athenaeum, eine ,Hochschule' für griechische und römische Rhetoren). Um die gleiche Zeit, von Nerva bis auf Alexander Severus, bestand in Rom und Italien eine vom Staat geordnete Beitragsleistung zur Unterstützung unbemittelter freigeborener Kinder (*alimentarii pueri et puellae*). So wurden von Hadrian in Rom etwa 5000 Knaben und Mädchen aus Staatsmitteln unterstützt, die ersteren bis zum achtzehnten, die letzteren bis zum vierzehnten Jahre. Auch Privatpersonen, wie z. B. Plinius, übten solche Wohltätigkeit. Der primäre Zweck des Instituts der Alimentationen war es, gegen die bedenkliche Abnahme der

---

[109] Quintilian (wie Anm. 60) 1, 2, 2; 31.
[110] Vgl. Marrou 1965, S. 374ff.

römischen Bürgerschaft in ganz Italien vorzugehen, aber unzweifelhaft hat es armen Eltern ermöglicht, ihre Kinder unterrichten zu lassen.[111] Die Unterstützung des Staats hat aber niemals alle bedürftigen Kinder erfaßt, und nicht alle Lehrer wurden vom Staat besoldet. Die meisten Schulen blieben privat, wodurch die gegenseitige Konkurrenz sehr groß war und die Lehrer, wie Tacitus schreibt, „ihre Schüler um sich versammeln, nicht durch die Strenge ihrer Zucht, nicht durch Proben ihres Geistes, sondern durch die Gunstbuhlerei mit Aufwartungen und durch den Köder der Schmeichelei".[112] Die materielle Lage der Schule ließ normalerweise viel an Komfort zu wünschen übrig. Während in der griechischen Welt der Unterricht meistens in prachtvollen Gymnasien gegeben wurde, fand er in Rom oft unter primitiven Umständen statt, beim Lehrer zu Hause, in einem Zelt, meistens in einer offenen Halle *(pergula),* einer Art offenem Laden an einem öffentlichen Platz, der vor dem Lärm der Straße nur durch ein von Pfeiler zu Pfeiler gespanntes Stück Zeltbahn abgeschirmt war.[113]

Es gab viele Elementarschulen in Rom, und sie werden auch an kleinen Orten, selbst in den Provinzen, nicht gefehlt haben. Höheren Unterricht gab es nur in größeren Städten wie in Mailand, Neapel und vor allem in Rom. Plinius, in Como geboren, bedauert es, daß die Kinder seines Geburtsortes für weitere Studien nach Mailand müssen: „Euch, Vätern, ... müßte doch eigentlich sehr daran liegen, daß Eure Kinder gerade hier ihre Ausbildung erhalten. Denn wo könnten sie bequemer leben als in der Heimat oder besser zum Anstand angehalten werden als unter den Augen ihrer Eltern oder weniger kosten als daheim? Es wäre doch eine Kleinigkeit, Geld zusammenzuschießen und Lehrer anzustellen und alles, was ihr jetzt für Unterkunft, Reisegeld und Anschaffungen in der Fremde aufwendet – und dort muß man alles bezahlen –, der Besoldung zuzulegen." Plinius selber will den dritten Teil der nötigen Summe beitragen und fährt fort: „Ich würde sogar das Ganze auf mich nehmen, müßte ich nicht befürchten, daß diese meine Gabe über kurz oder lang durch Intrigen entwertet würde, wie es ja vielerorts geschieht, wo Lehrer von der Gemeinde

---

[111] Vgl. ebd. S. 434ff. („politique scolaire"). Zu den *alimenta,* vgl. neuerlich Duncan-Jones 1974, S. 288–319 („Government Subsidies for Population Increase").
[112] Tacitus (wie Anm. 55) 29, 4.
[113] Castle 1965, S. 127.

angestellt werden. Gegen diesen Übelstand gibt es nur ein Mittel: daß man das Recht der Anstellung allein den Eltern überläßt und diese sich durch den Zwang zur Beisteuer in ihrem Gewissen gebunden fühlen, die rechte Entscheidung zu treffen."[114] Eltern, die es sich leisten konnten, suchten für ihre Kinder die beste Schule, die besten Lehrer, setzten von der Geburt an gleich möglichst große Hoffnungen in sie, wollten, daß sie weiter kamen als sie selber.[115] Den Unterschied zwischen einem Vater und einer Mutter hat Seneca illustriert: „Siehst du nicht, wie verschieden Väter, verschieden Mütter Nachsicht üben? Jene wollen ihre Kinder zu ernster Arbeit frühzeitig angehalten sehen, dulden sie auch an Feiertagen nicht müßig, bringen sie in Schweiß und bisweilen zum Weinen. Dagegen die Mütter wollen sie auf ihrem Schoß hegen, im Schatten halten, sie niemals betrüben, weinen, arbeiten lassen."[116]

Quintilian wünscht sich die Eltern – auch die Mütter – so gebildet wie nur möglich. „Jedoch sollen auch die Eltern, die selbst nicht das Glück hatten, etwas zu lernen, keine geringere Fürsorge für den Unterricht ihrer Kinder aufwenden, sondern sich gerade deshalb um die übrigen Erziehungsfragen um so sorgfältiger kümmern."[117] Typisch für solche Eltern ist der Vater des Horaz. Obwohl nur ein Freigelassener, ließ er seinen Sohn nicht im Geburtsort Venusia, sondern im fernen Rom, wo er selber bei allen Gängen zu den Lehrern sein Pädagoge *(custos)* war,[118] und nachher in Athen studieren. Studien konnten Aufstiegschancen bieten, wie ein Teilnehmer am Gastmahl des Trimalchio ausführt: „Primigenius, glaub mir, was du lernst, lernst du alles für dich. Da siehe dir Philerosen an, den Advokaten: wenn er nicht gelernt hätte, würde er heute am Hungertuche nagen. Gerade

---

[114] Plinius (wie Anm. 90) 4, 13. Vgl. Marrou 1965, S. 439.

[115] Vgl. Quintilian (wie Anm. 60) 1, 1, 1.

[116] Seneca: De providentia 2, 5 (übers. v. M. Rosenbach, Darmstadt 1969).

[117] Quintilian (wie Anm. 60) 1, 1, 7. Vgl. Pseudo-Plutarch (wie Anm. 50) 11 (wenn man ihm vorwirft, daß er nur Vorschriften für Reiche gebe): „Die Antwort darauf ist leicht. Mein Wunsch ist, daß diese Anweisung allen ohne Unterschied so nützlich als möglich sein möge. Sollten aber einige sich in so dürftigen Umständen befinden, daß sie meine Vorschriften gar nicht brauchen könnten, ja nun, so mögen sie dem Glück die Schuld geben, nur nicht dem, der ihnen mit Rat an die Hand gehen will. Auch Arme müssen wenigstens nach ihren Kräften ihren Kindern die beste Erziehung zu geben suchen, und wenn dieses nicht angeht, diejenige wählen, die ihnen möglich ist."

[118] Horatius: Saturae 1, 6, 71–80.

eben ging er noch mit der Hucke auf dem Buckel hausieren, jetzt macht er sich sogar gegen Norbanus breit. Bildung ist das beste Tresor."[119] Dem Elementarunterricht beim *ludi magister* folgt der Unterricht beim Grammatiker und schließlich der beim Rhetor. Die Lehrer hatten kein hohes gesellschaftliches Ansehen; sie waren wohl meistens Leute geringen Standes, Freigelassene, Nichtbürger, Provinziale, sehr viele aus der griechischen Welt, da die griechische Sprache und Literatur in Rom ganz besonders gefragt war.[120] Nach dem Niveau, auf welchem einer lehrte, und nach dem Verdienst richtete sich auch der Ruf. Doch soll nicht übertrieben werden. Während der Kaiserzeit zeigt sich eine zunehmende Anerkennung des Lehrerberufs. Quintilian gibt den Schülern die Mahnung: „Sie sollen ihre Lehrer nicht weniger lieben als ihre Studien selbst und in ihnen, wenn auch nicht ihre leiblichen, wohl aber ihre geistigen Eltern erblicken. Diese Hingabe wird dem Studium sehr zugute kommen; denn so werden sie gern auf sie hören, dem Gesagten Vertrauen schenken und es wünschen, ihnen ähnlich zu werden; schließlich werden sie frisch und froh in die Klasse kommen, bei Verbesserungen nicht zornig werden, sich über Anerkennung freuen und es durch Eifer verdienen, daß der Lehrer sie ganz in sein Herz schließt."[121] Für Quintilian ist die Erziehung auf gegenseitiger Liebe und Wertschätzung gegründet. Auch für Seneca genügt es nicht, wenn der Lehrer nur seine Pflicht tut. Über den idealen Lehrer schreibt er: „Auch einen Lehrer habe ich nicht zu verehren, wenn er mich eben wie den ganzen Haufen seiner Schüler behandelt, wenn er mich nicht einer eigenen und besonderen Sorgfalt wert geachtet, wenn er mir niemals sein Herz zugewendet hat; und wenn er denn im allgemeinen preisgab, was er wußte, so habe ich von ihm nicht gelernt, sondern aufgefangen. Aus welchem Grunde also haben wir ihnen viel zu danken? Nicht weil das, was sie an uns verkauften, mehr wert ist, als wir dafür gaben, sondern weil sie für unsere Person etwas getan haben... Ein anderer wiederum hat bei meinem Unterrichte Mühe und Verdruß auf sich genommen; außer dem, was Lehrer insgemein sagen, hat er mir noch dies und jenes eingeträufelt und gewiesen, durch Ermahnungen dem Bessern in mir aufgeholfen, und bald durch Lob

---

[119] Petronius 46, 8 (übers. v. K. Müller und W. Ehlers, München 1965).
[120] Vgl. Friedländer 1921–1923, Bd. 1, S. 176f.
[121] Quintilian (wie Anm. 60) 2, 9, 1f.

mir Mut gemacht, bald durch Erinnerungen meiner Trägheit abgeholfen. Dann hat er mein verstecktes und schlafendes Talent mit Gewalt, wenn ich so sagen soll, hervorgezogen, und seine Kenntnisse nicht karg, um mir länger notwendig zu sein, zugemessen, sondern er hätte mir gern, wenn es anginge, alles eingegossen. Ich bin undankbar, wenn ich einen solchen Mann nicht wie meine liebsten und nächsten Angehörigen schätze." [122]

Bisher haben wir hauptsächlich über die intellektuelle Bildung gehandelt. Ebenso wichtig und vielleicht noch schwieriger ist die moralische Erziehung. Bei Seneca lesen wir darüber: „Am meisten, sage ich, wird es dienlich sein, bei Knaben sofort mit einer heilsamen Erziehungsmethode zu beginnen; schwierig aber ist die Lenkung, weil wir uns Mühe geben müssen, nicht entweder den Zorn in ihnen zu nähren oder ihre Anlage abzustumpfen. Sorgfältige Beobachtung ist dabei erforderlich und jedes von beiden, sowohl was man fördern und was man niederhalten will, wird mit ähnlichen Mitteln genährt, leicht aber täuscht auch den Aufmerksamen Ähnliches. Es wächst bei Freizügigkeit das Selbstbewußtsein, bei Unterwürfigkeit wird es gemindert; es erhebt sich, wenn es gelobt und zu berechtigten Hoffnungen auf sich selbst verleitet wird, aber eben dasselbe Verhalten bringt Überheblichkeit und Jähzorn hervor; daher muß der Zögling zwischen beidem hindurchgeleitet werden, in der Weise, daß wir bald Zügel, bald Sporen gebrauchen. Nichts Niedriges, nichts Sklavisches ertrage er; niemals sei es für ihn nötig, kniefällig zu bitten, noch nützlich, gebeten zu haben; eher soll man seine Lage, seine früheren Taten und guten Versprechungen für die Zukunft zugute halten. In Wettkämpfen mit Gleichaltrigen wollen wir weder dulden, daß er sich besiegen läßt, noch daß er in Zorn gerät; wir wollen uns bemühen, daß er befreundet sei denen, mit welchen er sich auseinanderzusetzen pflegt, damit er sich im Wettkampf daran gewöhne, nicht schaden, sondern siegen zu wollen; sooft er gesiegt hat und etwas Lobenswertes vollbracht hat, wollen wir dulden, daß er sich gehoben fühlt, aber nicht angibt: auf Freude nämlich folgt Jubel, auf Jubel Aufgeblasenheit und allzu gute Meinung von der eigenen Person. Wir werden etwas Entspannung gewähren, in Müßiggang aber und Nichtstun werden wir es nicht ausarten lassen, und fern von der Berührung mit Genüssen

---

[122] Seneca: De beneficiis 6, 16, 3–7 (übers. v. J. Moser, Stuttgart 1829).

werden wir ihn halten; nichts nämlich macht mehr jähzornig als weichliche Erziehung und entgegenkommende:[123] deswegen – je mehr man einzigen Kindern nachsieht und je mehr man unmündigen Knaben erlaubt, desto verdorbener ist ihre Seele. Nicht wird widerstehen Unannehmlichkeiten, wem nichts jemals versagt worden ist, wessen Tränen eine besorgte Mutter stets abgewischt hat, wem gegen seinen Lehrer recht gegeben worden ist."[124]

Eine gute Erziehung steht in der Mitte zwischen übertriebener Strenge und Mildtätigkeit, denn die erste macht den Erzieher verhaßt, die zweite ist Ursache von Verwöhnung oder Geringschätzung dem Erzieher gegenüber.[125] Jede Erziehung aber ist zum Mißlingen verurteilt, wenn die Eltern selber nicht das gute Vorbild geben. Juvenal war sich dessen bewußt: „So will es die Natur: schneller und leichter verdirbt uns böses Beispiel im eigenen Heim... Höchster Respekt wird ja dem Kinde geschuldet *(maxima debetur puero reverentia)*, und wenn du Schändliches planst, so achte gering nicht die Jugend des Knaben, sondern es steh vor der Sünde des Söhnchens Bild dir im Wege!"[126]

Es war in Rom immer die Regel, daß die Kinder den Eltern neben Gehorsam *(obsequium)* auch Ehrfurcht *(pietas, reverentia)* schuldig waren. In der Kaiserzeit wurde ebenso gefordert, daß auch die Eltern das Kind, wie jung es auch sei, respektieren sollten.[127] Mit dieser Einsicht steht Juvenal nicht allein in der damaligen Gesellschaft. Die ganze Arbeit Quintilians bezeugt die Ehrfurcht vor dem Kinde, das als vollwertiger Mensch anerkannt wird. Plinius weist einmal einen Vater zurecht, weil dieser seinen Sohn zu streng getadelt hatte: „Bedenke, daß er noch ein Kind ist, daß auch du einmal jung gewesen bist, und gebrauche deine väterliche Gewalt so, daß du nie vergißt, daß du ein

---

[123] Educatio mollis et blanda. Vgl. Quintilian (wie Anm. 60) 1, 2, 6ff.

[124] Seneca (wie Anm. 86) 2, 21, 1–6.

[125] Vgl. Quintilian (wie Anm. 60) 2, 2, 5 (vom Lehrer); Pseudo-Plutarch (wie Anm. 50) 13 (zu strenge Eltern); Quintilian (wie Anm. 60) 1, 2, 6f. (Eltern die ihre Kinder verziehen/verwöhnen). Siehe auch Eyben 1977, S. 88.

[126] Juvenalis 14, 31f.; 47–49 (übers. v. H. C. Schnur, Stuttgart 1978).

[127] Overbeck 1924, S. 1–8, setzt die ‚Entdeckung' des Kindes für das 1. Jh. n. Chr. an. Gelegentlich findet man aber schon während der späten Republik Stellen, die das Kind in seiner Eigenart zeigen. Vgl. Thiell 1930, S. 100–112; Rozelaar 1943, S. 94ff.; Manson 1978, S. 247ff.; ders. 1978b, S. 49ff.; ders. 1981, S. 53ff. Siehe auch Manson 1975b, S. 21ff.; Strubbe 1982, S. 49ff.

Mensch und Vater eines Menschen bist *(et hominem esse et te hominis patrem).*"[128]

3.32 Das pädagogische System

Über die erste – wichtige – Phase der Erziehung, die in späterer Zeit der meistens griechischen Amme anvertraut wurde, haben wir oben schon gehandelt. Mit sieben Jahren[129] begann der eigentliche Unterricht. Das Kind stand nun unter der Aufsicht eines Pädagogen und besuchte hintereinander den Unterricht des *ludi magister*, des *grammaticus* und des *rhetor*.

3.321 Der Pädagoge[130]

Auf die Amme *(nutrix)* folgte der Pädagoge *(paedagogus)*, meistens ein griechischer Freigelassener oder Sklave. Unter seiner Obhut stand der Knabe vom siebten Jahr an, bis er, zwischen vierzehn und sechzehn Jahren, die Kleidung der Kinderjahre *(toga praetexta)* durch die Männertoga *(toga virilis)* ersetzte. Es war nicht üblich, den Knaben allein auf die Straße gehen zu lassen. Der Pädagoge folgte ihm überall hin, zur Schule – auch in der Schule, beim Unterricht war er dabei –, aber z. B. auch zu einer Gerichtsverhandlung, in den Zirkus, ins Theater, wo die Pädagogen unter Augustus einen Platz in der Nähe ihrer Schützlinge hatten. Er war verantwortlich für den Schutz des Knaben, sollte aufdringliche Männer fernhalten, kontrollierte das moralische Verhalten des Kindes, belehrte es auch über Anstand und Benehmen, fragte das auf der Schule Gelernte ab, berichtete den Eltern über die gestellten Aufgaben, gebrauchte sein Züchtigungsrecht, wenn der Pflegling sich nicht anständig benahm. Dieser Erzieher war für die Sozialisation des Kindes von großer Bedeutung. Verständige Väter verwendeten viel Sorgfalt auf die Auswahl dieses Mannes, doch nicht alle Eltern handelten so: „Das Verhalten der meisten in diesem Stück

---

[128] Plinius (wie Anm. 90) 9, 12.
[129] Nach Quintilian (1, 1, 15 ff.) war sieben Jahre zu spät: „... Warum aber sollte eine Altersstufe noch nicht literarischer Unterweisung zugänglich sein, die schon der sittlichen Unterweisung zugänglich ist... Warum sollen wir den Gewinn bis zum siebten Jahr, so klein er auch sein wird, verschmähen?..."
[130] Vgl. Schuppe 1942, S. 2375 ff.; Boulogne 1951.

ist äußerst lächerlich. Dem besten unter den Sklaven gibt man die Aufsicht über den Ackerbau, die Schiffahrt, den Handel, die Haushaltung und das Wechselgeschäft; findet man aber einen Sklaven, der dem Fressen und Saufen ergeben und zu keiner Arbeit tauglich ist, so untergibt man ihm seine Kinder ohne die geringste Bedenklichkeit."[131]

3.322 Der Elementarlehrer (ludi magister, litterator)

Kinder aus höheren Kreisen erhielten den ersten Unterricht meistens zu Hause bei einem Privatlehrer. Die Elementarschule, die in Rom schon früh existierte, wurde größtenteils von Knaben und Mädchen – der Unterricht war, wenigstens während der Kaiserzeit, gemischt – aus den niedrigen Schichten der Bevölkerung besucht. Das Kind lernte zu Hause oder in der Schule lesen und schreiben, zuerst die Buchstaben, dann die Silben, dann abgesonderte Worte; dann übte man sich mit kurzen Sätzen, die meistens einen moralischen oder belehrenden Inhalt hatten (z. B.: Ehre Deine Eltern). Daneben lernte man, meistens bei einem Rechenlehrer (dem *calculator*), auch rechnen: addieren, subtrahieren, multiplizieren, dividieren. Besonders gewandt waren die Römer im Rechnen mit den Fingern. Allgemein verbreitet war auch der *abacus*, das ziemlich komplizierte Rechenbrett, eine Tafel aus Holz, Stein oder Metall, auf der man mit Rechensteinen oder Marken, *calculi*, die auf bestimmte Tausender, Hunderter usw. bedeutende Linien gesetzt wurden, rechnete.[132] Die Unterrichtsmethoden zielten weitgehend auf Gedächtnisbildung und Nachahmung, nicht auf die Persönlichkeitsentwicklung. Das Lernen war dann auch oft eine langweilige Sache. Bessere Lehrer haben es anders versucht, wie z. B. Quintilian, der schreibt, daß man schon vor dem siebten Lebensjahr mit den Studien anfangen könne: „Doch bin ich im Umgang mit der Jugend nicht so unvernünftig zu glauben, man dürfe dem zarten Alter schon hart zusetzen und schon richtige Arbeit verlangen. Denn man muß ja vor allem verhüten, daß ein Kind, das geistige Arbeit noch nicht lieben kann, sie statt dessen zu hassen lernt und die bitteren Erfahrungen der frühesten Jugend auch noch über die Kinderjahre hinaus voll Angst und Abscheu bewahrt. Ein Spiel soll das Ganze sein. Man muß

---

[131] Pseudo-Plutarch (wie Anm. 50) 7. Vgl. Quintilian (wie Anm. 60) 1, 1, 8 f.
[132] Blümner 1911, S. 323.

fragen, loben; immer soll das Kind strahlen, wenn es etwas gekonnt hat; wenn es einmal selbst keine Lust hat, soll ein anderer drankommen, auf den es dann eifersüchtig ist; es soll immer einmal ein Wettkampf stattfinden, wobei es öfters das Gefühl haben soll, daß es gewinnt. Auch mit Belohnungen, wie sie für dieses Alter verlockend sind, soll man es anspornen... das Verfahren, das man aufgebracht hat, um die Kinder zum Lernen zu reizen, ihnen nämlich auch Buchstaben aus Elfenbein zum Spielen zu geben, oder wenn sich sonst etwas zur größeren Freude des Kinderalters finden läßt, das sie gern anfassen, anschauen, und mit Namen nennen." [133]

Quintilian will das Lernen durch Freude beleben. Im allgemeinen aber war die Schuldisziplin streng, und die Lehrer machten reichlich von der Körperstrafe Gebrauch, vor allem im Elementarunterricht, weniger wohl im Unterricht des Grammatikers und vermutlich kaum in der Schule des Rhetors. Die wichtigsten Züchtigungsinstrumente waren die Rute *(ferula)* und die Peitsche *(scutica)*. Orbilius, der Lehrer des Horaz und Autor eines (verlorenen) Buches über die Leiden, die dem Lehrer durch Nachlässigkeit und den Ehrgeiz der Eltern drohten, hatte den Beinamen *plagosus* (der Prügler).[134] *Manum ferulae subducere*[135] (die Hand vor dem Stock wegziehen) wurde sprichwörtlich für „die Schule verlassen". Auch Mädchen blieben vor solchen Körperstrafen nicht verschont. Bessere Pädagogen wie Plutarch und Quintilian lehnten diese Praxis ab. Mit Lob, Ermahnungen, Anreizen für den Ehrgeiz bringe man die Kinder zu guten Resultaten, nicht mit Schlägen: „Daß aber die Schüler beim Lernen geprügelt werden, wie sehr es auch üblich ist und auch die Billigung des Chrysipp[136] hat, möchte ich keineswegs, erstens, weil es häßlich und sklavenmäßig ist und jedenfalls ein Unrecht – was sich ja, wenn man ein anderes Alter einsetzt, von selbst versteht; zweitens, weil jemand, der so niedriger Gesinnung ist, daß Vorwürfe ihn nicht bessern, sich auch gegen Schläge verhärten wird wie die allerschlechtesten Sklaven; schließlich, weil diese Züchtigung gar nicht nötig sein wird, wenn eine ständige

---

[133] Quintilian (wie Anm. 60) 1, 1, 20; 26.
[134] Horatius: Epistulae 2, 1, 70f.
[135] Juvenalis 1, 15.
[136] Stoiker, ca. 281–208 v. Chr., der u. a. ein verlorengegangenes Buch über Erziehung schrieb.

Aufsicht die Studien überwacht. (...) Und endlich – wenn man den Kleinen mit Schlagen zwingt, was soll man mit dem Großen machen, dem man damit nicht mehr Angst machen darf und der doch viel mehr lernen muß? Hinzu kommt, daß aus Schmerz oder Angst den Geprügelten oft häßliche Dinge passieren, die man nicht aussprechen mag und über die sie sich dann schämen; diese Scham bricht und lähmt den Mut und treibt sogar dazu, aus Verdruß das Licht des Tages zu scheuen. Wenn gar bei der Auswahl der Aufseher und Lehrer auf deren Moral zu wenig geachtet wurde, schäme ich mich fast zu sagen, zu welchen Schandtaten solche Verbrecher ihr Prügelrecht mißbrauchen und wozu manchmal auch andern die Angst unserer armen Kinder Gelegenheit bietet. Ich will mich hierbei nicht aufhalten: was ich andeute, ist schon zu viel. Deshalb mag es genügen, so viel gesagt zu haben: gegen die schwache und schutzlos dem Unrecht ausgelieferte Jugend darf niemandem zu große Freiheit eingeräumt werden *(in aetatem infirmam et iniuriae obnoxiam nemini debet nimium licere).*"[137]

3.323 Der Lehrer in der Grammatik (grammaticus)

Den Elementarunterricht besuchte das Kind von sieben bis elf/zwölf Jahren. Dann folgte, aber nur für eine Minorität, der Unterricht beim *grammaticus.* Obwohl es schon während der späteren Republik mehr als zwanzig solcher Schulen in Rom gab, blieb der Privatunterricht zu Hause vielfach bestehen.[138] „Der Zweck", so H. Blümner, „des Unterrichts des Grammatikers war die Erwerbung der Fähigkeit zum guten mündlichen und schriftlichen Ausdruck und die Kenntnis der Dichter, und zwar sind diese Ziele im griechischen wie im lateinischen Unterricht die gleichen, wobei namentlich auf die Einführung in die Dichtkunst in beiden Sprachen das Hauptgewicht fiel."[139] Derselbe Lehrer konnte beide Sprachen unterrichten, aber häufig gab es, neben den *grammaticus graecus* – zu dem die Schüler zuerst gingen – einen *grammaticus latinus.* Aus der griechischen Literatur las man vor allem

---

[137] Quintilian (wie Anm. 60) 1, 3, 14–17. Vgl. Pseudo-Plutarch (wie Anm. 50) 12; Seneca: De clementia 1, 16. – Am Ende seines Textes insinuiert Quintilian sexuellen Mißbrauch, der mit dem Knaben getrieben werden kann.
[138] Vgl. Quintilian 1, 2.
[139] Blümner 1911, S. 325.

Homer, dazu auch die Tragiker und Menander. Aus der lateinischen Literatur dienten bis zum Ende der Republik die älteren Dichter, wie Livius Andronicus und Ennius, als Lektüre. In späterer Zeit waren die wichtigsten Schulautoren Vergilius und Terentius für die Poesie, Cicero und Sallustius für die Prosa. Bei der Behandlung der Autoren wurde besonderes Gewicht gelegt auf expressive Lektüre, fehlerlose Aussprache und auf das Auswendiglernen. Bei der meistens weitläufigen und pedantischen Erklärung der gelesenen Autoren fanden vor allem die Spracheigentümlichkeiten und Sachkenntnisse Aufmerksamkeit, wurde gelegentlich auch auf die moralische Bedeutung hingewiesen, die literarische Wertung aber vernachlässigt.

Beim Grammatiker lernte der Schüler also hauptsächlich Poesie. Theoretisch wurde von den Römern, nach dem Beispiel der Griechen, der bildende Wert einer Reihe von anderen Fächern anerkannt. Zu den *artes liberales* (die Künste, die eines freien Mannes würdig sind) gehörten Grammatik, Rhetorik, Dialektik (das spätere *trivium*), Musik, Astronomie, Geometrie, Arithmetik (das spätere *quadrivium*). Auch die Kenntnis von Recht, Geschichte und Philosophie gehörte zur allgemeinen Bildung. Während der Kaiserzeit war es möglich, in all diesen Fächern unterrichtet zu werden, aber die meisten Schüler hatten, von Poesie und Rhetorik abgesehen, nur oberflächliche Kenntnisse, nämlich was sie beim Grammatiker im Rahmen der Texterklärung darüber gelernt hatten.

3.324 Der Lehrer in der Rhetorik (rhetor)

Mit etwa fünfzehn Jahren wechselte der Schüler über vom Grammatiker zum Rhetor, dem Lehrer der Beredsamkeit, dessen Unterricht er bis zum achtzehnten/zwanzigsten Lebensjahr folgte. Wurde der Unterricht beim Grammatiker auch noch Mädchen erteilt, so gab es in der Schule des Rhetors nur Knaben, die einen schon bekleidet mit der Männertoga, die anderen noch nicht geschlechtsreif.[140]

---

[140] Vgl. Quintilian (wie Anm. 60) 2, 2, 3: „Denn fast erwachsen übergibt man die Knaben diesen neuen Lehrern, und bei ihnen bleiben sie auch noch, wenn sie zu Jünglingen geworden sind *(iuvenes etiam facti)*. Deshalb ist dann noch größere Sorgfalt angebracht, damit die Makellosigkeit des Lehrenden das zartere Alter *(teneriores annos)* vor Unbill bewahre und auch die Würde seiner Erscheinung die Ungestümeren *(ferociores)* von mutwilligen Streichen abschrecke." Ebd. 14: „Daß die Knaben mit den

Der Unterricht der Rhetorik war, wie der der Grammatik, ursprünglich ausschließlich in griechischen Händen. Ein Versuch am Anfang des 1. Jh. v. Chr., einen am griechischen Vorbild ausgerichteten lateinischen Unterricht zu erteilen, wurde von Staats wegen unterdrückt, angeblich, weil es „eine gegen Sitte und Gewohnheit der Vorfahren verstoßende Neuerung", „eine Schule der Unverschämtheit" war, faktisch weil die Oberschicht sich vor einer Demokratisierung des Unterrichts fürchtete. Die Verbannung der *rhetores latini* 92 v. Chr. hatte nur einen geringen Erfolg. Schon kurze Zeit später waren die lateinischen Rhetoren wieder in Rom tätig, und zur Zeit des Augustus gab es einen vollwertigen lateinischen Unterricht in der Beredsamkeit.

Wie beim Grammatiker hauptsächlich Dichter gelesen wurden, so las man in der Schule des Rhetors Prosaiker, vor allem Redner und Geschichtsschreiber. Der eigentliche Unterricht der Beredsamkeit war teils theoretisch, teils praktisch. Im theoretischen Teil wurden die verschiedenen Gattungen der Rede – *genus iudiciale* (die juristische Beredsamkeit), *genus deliberativum* (politische Beredsamkeit), *genus demonstrativum* (epideiktische Beredsamkeit) – behandelt. Auch den Phasen im Aufbau einer Rede wurde Aufmerksamkeit gewidmet: *inventio* (Auffindung der Argumentation); *dispositio* (Stoffgliederung); *elocutio* (Stil); *memoria* (Gedächtnis); *pronuntiatio* (Vortrag). Der praktische Teil bestand in mündlichen und schriftlichen Übungen, die von leichteren zu schwereren Aufgaben fortschritten: der Erzählung historischer oder mythologischer Ereignisse *(narratio)*; dem Lob berühmter, dem Tadel schlechter Persönlichkeiten; der Behandlung gehaltvoller Gedanken *(sententiae, chriae)* oder Gemeinplätze *(loci communes)* (z. B. eine Abhandlung über Laster); der Ausarbeitung eines Vergleichs; Beschreibungen; Lob oder Tadel von Gesetzen... Einige, bisweilen alle diese Übungen waren schon beim Grammatiker behandelt worden. Wenn der Schüler sich genügend geübt hatte in diesen *praeexercitamenta,* war er reif für den Hauptgegenstand des rednerischen Unterrichts, die sogenannten Suasorien und Kontroversen.

Jünglingen durcheinandersitzen, gefällt mir nicht... man soll die noch schwachen Kinder vom kräftigeren Alter trennen, und es soll nicht nur keine Klage wegen Unsittlichkeit aufkommen, sondern auch kein Verdacht."

Die *suasoria* war, weil sie nicht so schwierig war wie die *controversia*, in erster Linie den Anfängern vorbehalten. Vom Schüler erwartete man, daß er sich in eine wichtige historische oder mythologische Person, die eine bedeutende Entscheidung zu treffen hatte, hineindachte und die Gründe für und wider in einem Monolog gegeneinander abwog; zum Beispiel: Alexander überlegt, ob er die Herrschaft über das Weltmeer in seine Pläne einbeziehen solle; Agamemnon überlegt, ob er seine Tochter Iphigenie opfern solle; Hannibal überlegt, ob er seine Truppen gegen Rom führen solle. Die *controversiae*, Übungen in der gerichtlichen Beredsamkeit, waren fingierte Gerichtsverfahren. Während die Streitfragen während der späteren Republik auf die historische Wirklichkeit bezogen waren, lebte man während der Kaiserzeit in einer oft imaginären Welt. „Daher kommt es", so schreibt Tacitus nicht ohne Übertreibung, „daß man sich über Belohnung der Tyrannenmörder, über die geschändeten Frauenzimmern gelassene Wahl, über Mittel gegen die Pest, über Blutschande mit Müttern, oder was sonst noch täglich in der Schule, auf dem Forum selten oder nie verhandelt wird, in ungeheurem Wortschwall ergeht."[141] Ein solcher fingierter Rechtsfall sah etwa folgendermaßen aus: „Ein Vater hat, nach dem Tode seiner Frau, von neuem geheiratet. Von der ersten Frau hat er zwei Söhne, von denen er glaubt, der eine trachte ihm nach dem Leben. Er verurteilt ihn im Hausgericht zum Tode und übergibt ihn dem zweiten Sohn zur Hinrichtung. Der tötet ihn nicht, setzt ihn aber in steuerlosem Kahn auf stürmischem Meere aus. Seeräuber retten ihn. Er wird ihr Hauptmann. Der Vater fällt auf einer Seereise dem Sohn in die Hand, wird aber großmütig von ihm entlassen. Heimgekehrt verstößt der Vater den anderen Sohn wegen Ungehorsams. Der ruft die Entscheidung des Gerichts an."[142] Ein Deklamator trägt die Rede vor, die der Sohn gehalten hat, ein anderer die, welche der Vater in solcher Lage gehalten hätte.

Mit dem Übergang von der Republik zur Kaiserzeit verlor die Beredsamkeit ihren natürlichen Nährboden, das politische Leben, und zog vom Forum zur Schule, wo sie mehr als *l'art pour l'art* betrieben wurde. Deklamationen waren besonders beliebt. Sie kamen offenbar

---

[141] Tacitus (wie Anm. 55) 35, 5.
[142] Vorbild entnommen aus Büchner 1968, S. 370 f.

dem Interesse der Schüler für das Romantische, das Abenteuerliche entgegen. Der konservative Römer jedoch, z. B. Tacitus, war weniger begeistert, weil seines Erachtens solche Übungen für die praktische gerichtliche Beredsamkeit nichts nützten. Es kann hier nicht auf die Vor- und Nachteile dieses Systems eingegangen werden. Erwähnen möchte ich hier nur, daß dieses System, wie K. Büchner mit Recht urteilt, bestimmt nicht absurd war: „So abstrus oft die fingierten Fälle und Situationen erscheinen mögen, die in solchen Reden behandelt wurden, sie waren eine Schule des wirksamen und schönen Wortes und zugleich ein Training des Geistes und des Herzens."[143] Außerdem gab es einen Unterschied zwischen einem Rechtsanwalt und einem Juristen, so daß zur Führung von Verteidigung und Anklage nicht, wie gegenwärtig, juristische Bildung, sondern vor allem Beredsamkeit erforderlich war.

Schließlich sei hier noch erinnert an Ciceros Ideal der Beredsamkeit. Er träumte von einem Redner mit einer eingehenden Kenntnis der Geschichte, des Rechts und nicht zuletzt der Philosophie. Von seinen hochgesteckten Idealen wurde im Schulsystem kaum etwas realisiert. An der Geschichte war man hauptsächlich interessiert, weil sie Vorbilder aufzeigte, um einen Vortrag zu schmücken. Von Philosophie und – eigenartig! – vom Recht hörte man beim Rhetor, der diesen Disziplinen übrigens mißtraute,[144] nicht viel. Wer daran besonders interessiert war, konnte sich an Speziallehrer wenden.[145]

Literatur

Appel, B. 1914: Das Bildungs- und Erziehungsideal Quintilians nach der Institutio oratoria, Donauwörth.

Barclay, W. ²1961: Educational Ideals in the Ancient World, London.

---

[143] Ebd. S. 369. Vgl. Eyben 1977, S. 311 ff.
[144] Vgl. z. B. Quintilian (wie Anm. 60) 12, 3, 11 f.
[145] Zum Unterricht in der Philosophie vgl. z. B. Marrou 1965, S. 308 ff.; zum Rechtsunterricht vgl. Phar 1939, S. 257–270; Kobrebski 1976, S. 177–191; Liebs 1976, S. 197–286. Ein wichtiges Zentrum für das Recht war Beyrouth. Vgl. Collinet 1925. Zu den antiken ‚Universitäten' vgl. Eyben 1977, S. 199 ff.

Barraud, G.	1934:	Les soins aux enfants chez les Romains, in: Aesculape 24, S. 134–137.
Barwick, K.	1963:	Das rednerische Bildungsideal Ciceros, Berlin.
Baudrillart, A.	1909:	L'enfant dans l'antiquité, Paris.
Blomenkamp, P.	1966:	Erziehung, in: Reallexikon für Antike und Christentum, Bd. 6, Stuttgart, S. 502–559.
Blümner, H.	1911:	Die römischen Privataltertümer, München.
Bolaffi, E.	1957:	Quintiliano pedagogista e maestro, in: Latomus 16, S. 643–654.
Boll, F.	1913:	Die Lebensalter, in: Neue Jahrb. für das klassische Altertum 16, S. 89–145.
Bonner, S. F.	1977:	Education in Ancient Rome. From the Elder Cato to the Younger Pliny, London.
Boulogne, R.	1951:	De plaats van de paedagogus in de Romeinse cultuur, Groningen.
Braams, W.	1913:	Zur Geschichte des Ammenwesens im klassischen Altertum, Jena.
Brind'Amour, L. und Brind'Amour, P.	1971:	La deuxième satire de Perse et le dies lustricus, in: Latomus 30, S. 999–1024.
	1975:	Le dies lustricus, les oiseaux de l'aurore et l'amphidromie, in: Latomus 34, S. 17–58.
Büchner, K.	⁴1968:	Römische Literaturgeschichte, Stuttgart.
Burris, E. E.	1960:	The Place of the Roman Child in Superstition and Religion, in: Transactions and Proceedings of the American Philological Association 61, S. XLIf.
Carp, T. C.	1980:	Puer Senex in Roman and Medieval Thought, in: Latomus 39, S. 736–739.
Castle, E. B.	1965:	Die Erziehung in der Antike und ihre Wirkung in der Gegenwart, Stuttgart.
Clarke, M. L.	1971:	Higher Education in the Ancient World, London.
Collinet, P.	1925:	Histoire de l'école de droit de Beyrouth, Paris.
Colton, R. E.	1979:	Children in Juvenal and Martial, in: The Classical Bulletin 56, S. 1–3.
Curtius, E. R.	1948:	Europäische Literatur und Lateinisches Mittelalter, Bern.
Delcourt, M.	1938:	Stérilités mystérieuses et naissances maléfiques dans l'antiquité classique, Liège.
de Mause, Ll.	1974:	The Evolution of Childhood, in: The History of Childhood, New York, S. 1–73.
Diepgen, P.	1937:	Die Frauenheilkunde der Alten Welt, München.

357

Dieterich, A.	³1925:	Mutter Erde, Leipzig und Berlin.
Duncan-Jones, R.	1974:	The Economy of the Roman Empire, Cambridge.
Etienne, R.	1973:	La conscience médicale antique et la vie des enfants, in: Annales de démographie historique, S. 15–61.
Eyben, E.	1968:	Les parents romains soucieux de l'instruction scolaire de leurs fils, in: Studia hellenistica 16, S. 39–60.
	1973:	Die Einteilung des menschlichen Lebens im römischen Altertum, in: Rheinisches Museum 116, S. 150–190.
	1977:	De jonge Romein volgens de literaire bronnen der periode ca. 200 v. Chr. tot ca. 500 n. Chr., Brüssel.
	1978:	Kinderrijkdom in de Grieks-Romeinse Oudheid, in: Kleio 8, S. 114–144.
	1980/ 1981:	Family Planning in Graeco-Roman Antiquity, in: Ancient society 11/12, S. 5–82.
Eyre, J. J.	1963:	Roman Education in the Late Republic and Early Empire, in: Greece and Rome 10, S. 47–59.
Forbes, C. A.	1955:	The Education and Training of Slaves in Antiquity, in: Transactions and Proceedings of the American Philological association 86, S. 321–360.
Fortgens, H. W.	1959/ 1960:	Publius Papinius Statius, de Latijnse dichter van het kinderleven, in: Hermeneus 31, S. 52–59.
Fowler, W. W.	1896:	On the Toga Praetexta of Roman Children, in: The Classical Review 10, S. 317–319.
Frank, R. I.	1975:	Augustus' Legislation on Marriage and Children, in: Californian Studies in Classical Antiquity 8, S. 41–54.
Friedländer, L.	¹⁰1921 bis 1923:	Darstellungen aus der Sittengeschichte Roms, 4 Bde., Leipzig.
Gaiser, K.	1974:	Für und wider die Ehe, München.
Gaudemet, J.	1969:	Familie, in: Reallexikon für Antike und Christentum, Bd. 7, Stuttgart, S. 286–358.
Ghinopoulo, S.	1930:	Pädiatrie in Hellas und Rom, Jena.
Gigon, O. und LeBonniec, H.	1965:	Geburt, in: Lexikon der Alten Welt, Zürich und Stuttgart, S. 1030f.
Gnilka, C.	1972:	Aetas spiritalis. Die Überwindung der na-

türlichen Altersstufen als Ideal frühchristlichen Lebens, Köln und Bonn.

Gonzenbach, V. v. 1957: Untersuchungen zu den Knabenweihen im Isiskult der römischen Kaiserzeit, Bonn.

Grasberger, L. 1864 bis 1881: Erziehung und Unterricht im klassischen Altertum, 3 Bde., Würzburg.

Grube, G. M. A. 1962: Educational, Rhetorical and Literary Theory in Cicero, in: Phoenix 16, S. 234–257.

Gwynn, A. 1926: Roman Education from Cicero to Quintilian, Oxford.

Harmon, D. P. 1978: The Family Festivals of Rome, in: Aufstieg und Niedergang der antiken Welt, Bd. II, 16, 2, Berlin–New York, S. 1592–1603.

Heimberger, W. 1958: Begriff und literarische Darstellung des Kindes im republikanischen Rom, (Diss.) Freiburg i. Br.

Herter, H. 1961a: Das unschuldige Kind, in: Jahrbuch für Antike und Christentum 4, S. 146–162.

1961b: Das Leben ein Kinderspiel, in: Bonner Jahrbücher 161, S. 73–84.

Herzog-Hauser, G. 1937: Nutrix, in: Paulys Real-Encyclopädie der classischen Altertumswissenschaft, Bd. 17, 2, Stuttgart, Sp. 1491–1500.

Hewitt, J. W. 1931: Gratitude to Parents in Greek and Roman Literature, in: American Journal of Philology 52, S. 30–48.

Hogger, J. 1937: Die Kinderpsychologie Augustins, München.

Hopfner, Th. und Klauser, Th. 1950: Amme, in: Reallexikon für Antike und Christentum, Bd. 1, Stuttgart, S. 381–386.

Hug, A. 1929a: Spiel, in: Paulys Real-Encyclopädie der classischen Altertumswissenschaft, Bd. 3 A 2, Sp. 1762–1774.

1929b: Spielzeug, in: Paulys Real-Encyclopädie der classischen Altertumswissenschaft, Bd. 3 A 2, Stuttgart, Sp. 1774–1778.

Johan, H.-Th. (Hrsg.) 1976: Erziehung und Bildung in der heidnischen und christlichen Antike, Darmstadt.

Karras, M. und Wiesehöfer, J. 1981: Kindheit und Jugend in der Antike. Eine Bibliographie, Bonn.

Kaser, M. ²1971 bis 1975: Das römische Privatrecht, 2 Bde., München.

Kennedy, G. 1969: Quintilian, New York.

Kikillus, G. T. T.   1924:   De invloed van het christendom op de Ro-
                              meinsche wetgeving ten opzichte van de
                              zorg voor het kind, Utrecht.

Kobrebski, J.   1976:   Der Rechtsunterricht am Ausgang der Re-
                              publik und zu Beginn des Principats, in:
                              Aufstieg und Niedergang der antiken Welt,
                              Bd. II, 15, Berlin–New York, S. 177–191.

Kudlien, F. und   1976:   Geburt, in: Reallexikon für Antike und
Binder, G.   Christentum, Bd. 9, Stuttgart, S. 36–171.

Laing, J.   1919/   Quintilian the Schoolmaster, in: Classical
                     1920:   Journal 15, S. 515–534.

Lambrechts, P.   1957:   L'importance de l'enfant dans les religions à
                              mystères, in: Hommages à W. Deonna,
                              Brüssel, S. 105–128.

Latte, K.   1960:   Römische Religionsgeschichte, München.

Lemosse, M.   1975a: L'enfant sans famille en droit romain, in:
                              L'enfant (= Recueils de la société J. Bodin
                              35), Brüssel, S. 79–93.

                     1975b: L'incapacité juridique comme protection de
                              l'enfant en droit romain, in: L'enfant (=
                              Recueils de la société J. Bodin 35), Brüssel,
                              S. 247–255.

Liebs, D.   1976:   Rechtsschulen und Rechtsunterricht im
                              Prinzipat, in: Aufstieg und Niedergang der
                              antiken Welt, Bd. II, 15, Berlin–New
                              York, S. 197–286.

Loch, W.   1966:   Redekunst und Unterricht. Zur pädagogi-
                              schen Theorie in Quintilians „Institutio ora-
                              toria", in: Bildung und Erziehung 19, S.
                              112–134.

Lumpe, A. und   1959:   Eltern, in: Reallexikon für Antike und Chri-
Karpp, H.   stentum, Bd. 4, Stuttgart, S. 1190–1219.

Lymann, R. B.   1974:   Barbarism and Religion: Late Roman and
                              Medieval Childhood, in: Ll. de Mause
                              (Hrsg.): The History of Childhood, New
                              York, S. 75–100.

Manson, M.   1975a: Le droit de jouer pour les enfants grecs et
                              romains in: L'enfant (= Recueils de la socié-
                              té J. Bodin 35), Brüssel, S. 117–150.

                     1975b: La *pietas* et le sentiment de l'enfance à Rome
                              d'après les monnaies, in: Revue Belge de
                              numismatique 121, S. 21–80.

                     1978a: *Puer bimulus* (Catulle 17, 12–13) et l'image
                              du petit enfant chez Catulle et ses prédéces-

seurs, in: Mélanges de l'Ecole Française de Rome. Antiquité 90, S. 247–291.

1978b: L'enfant et l'Age d'Or. La IVe Eglogue de Virgile, in: R. Chevallier (Hrsg.): Présence de Virgile, Paris, S. 49–62.

1981: Un personnage d'enfant dans l'épopée antique: Ascagne, in: L'épopée gréco-latine et ses prolongements européens, Paris, S. 53–70.

Marquardt, J.   ²1879   Das Privatleben der Römer, 2 Bde., bis   Leipzig.
1882:

Marrou, H. I.   1938:   Μουσικὸς ἀνήρ. Etude sur les scènes de la vie intellectuelle figurant sur les monuments funéraires romains, Grenoble.

⁶1965: Histoire de l'éducation dans l'antiquité, Paris.

1975: Le droit à l'éducation dans l'antiquité gréco-romaine, in: L'enfant (= Recueils de la société J. Bodin 35), Brüssel, S. 79–93.

Maurin, J.   1975:   Remarques sur la notion de „puer" à l'époque classique, in: Bulletin de l'association G. Budé, S. 221–230.

Mrozek, J.   1973:   Zu der kaiserlichen und privaten Kinderfürsorge in Italien im 2. und 3. Jahrhundert, in: Klio 55, S. 281–284.

Müller, A.   1903:   Jugendfürsorge in der römischen Kaiserzeit, Hannover und Berlin.

Müller, R.   1965:   Die Wertung der Bildungsdisziplinen bei Cicero, in: Klio 43–45, S. 107–140.

Néraudau, J. P.   1984:   Être enfant à Rome, Paris.

Oepke, A.   1954:   παῖς, in: Theologisches Wörterbuch zum Neuen Testament, Bd. 5, Stuttgart, S. 636–653.

Overbeck, J.   1924:   Die Entdeckung des Kindes im I. Jahrhundert n. Chr., in: Neue Jahrbücher für Pädagogik 27, S. 1–8.

Perrin, B.   1954:   La responsabilité délictuelle de l'impubère en droit romain classique, in: Annales universitatis Saraviensis. Droit 3, S. 238–246.

1964: L'apparation du proximus pubertati en droit pénal romain classique, in: Synteleia V. Arangio Ruiz, Neapel, S. 469–474.

1965: L'installation et le „baptême" du proximus pubertati en droit pénal romain classique, in: Mélanges offerts à R. Savatier, Paris, S. 763–778.

Phar, C.	1939:	Roman Legal Education, in: The Classical Journal 34, S. 257–270.
Pire, G.	1958:	Stoicisme et pédagogie, Paris.
Regner, J.	1937:	Tirocinium fori, in: Paulys Real-Encyclopädie der classischen Altertumswissenschaft, Bd. 6 A 2, Stuttgart, Sp. 1450–1453.
Rix, H.	1965:	Römische Personennamen, in: Lexikon der Alten Welt, Zürich und Stuttgart, S. 2268f.
Rostovtzeff, M.	²1967:	The Social and Economic History of the Hellenistic World, Oxford.
Rozelaar, M.	1943:	Lukrez, Amsterdam.
Sachers, E.	1963:	Potestas patria, in: Pauly-Wissowa: Real-Encyclopädie der classischen Altertumswissenschaft, Bd. 22, 1, Stuttgart, Sp. 1046–1175.
Samter, E.	1899:	Camillus, in: Paulys Real-Encyclopädie der classischen Altertumswissenschaft, Bd. 3, Stuttgart, Sp. 1431f.
	1901:	Familienfeste der Griechen und Römer, Berlin.
	1911:	Geburt, Hochzeit und Tod, Leipzig und Berlin.
Schmitt, H. H.	1979:	Der hochgeschätzte ,kleine Löwe': Das Kind in der Antike, in: Journal für Geschichte 1, S. 12–16.
Schuppe, E.	1942:	Paidogogos, in: Paulys Real-Encyclopädie der classischen Altertumswissenschaft, Bd. 18, 2, Stuttgart, Sp. 2375–2385.
Sedgwick, W. B.	1928:	Babies in Ancient Literature, in: XIX Century and after 104, S. 374–383.
Sluşanski, D.	1974:	Le vocabulaire latin des gradus aetatum, in: Revue roumaine de linguistique 19, S. 103–121, 276–296, 345–451, 563–578.
Strubbe, J. H. M.	1982:	Het jonge kind in de Oudheid, in: Kleio 12, S. 49–77.
Stuveras, R.	1969:	Le putto dans l'art romain, Brüssel.
Tels-De Jong, L. L.	1960:	Sur quelques divinités romaines de la naissance et de la prophétie, Amsterdam.
Thiell, J. H.	1930:	De Lucretio puerorum vitae descriptore, in: Mnemosyne 58, S. 100–112.
Väterlein, J.	1976:	Roma ludens. Kinder und Erwachsene beim Spiel im antiken Rom, Amsterdam.
Van der Leeuw, G.	1939:	Virginibus puerisque: A Study on the Servi-

ce of Children in Worship, in: Mededelingen Koninklijke Akademie der Wetenschappen, N.R., deel 2, Afd. Letterkunde, Amsterdam, S. 443–485.

Van Hoorn, G. 1909: De vita atque cultu puerorum monumentis antiquis explanato, Amsterdam.

Wedeck, H. E. 1929: Affection for Children among the Romans, in: Classical Weekly 22, S. 193–195.

Weigel, W. 1972: Probleme der römischen Pädagogik, in: Der altsprachliche Unterricht 15, 3, S. 59–85.

Wesener, G. 1974: Pubertas, in: Pauly-Wissowa: Real-Encyclopädie der classischen Altertumswissenschaft, Suppl. Bd. 14, Stuttgart, Sp. 571–585.

Wilson, L. M. 1938: The Clothing of the Ancient Romans, Baltimore.

Wissowa, G. ²1912: Religion und Kultur der Römer, München.

ZUR SOZIALISATION DES KINDES UND JUGENDLICHEN IM ANTIKEN JUDENTUM

GÜNTER MAYER

1. Vorbemerkungen

Im folgenden soll, geleitet von der Frage „Wie wird aus dem eben geborenen Kind ein Mensch, der sein Judesein bejaht?", aus vorwiegend literarischen Quellen Material erhoben, geordnet und interpretiert werden. Dieses Verfahren impliziert folgende Schwierigkeiten: Einmal kann Schichtenspezifisches, vielleicht sogar Individuelles, verallgemeinert, zum andern Programmatisches mit der Realität verwechselt werden. Ich bin mir nicht sicher, ob ich diese Klippen immer glücklich umschifft habe.

Auf eine Skizze des historisch-politischen Rahmens folgt eine ausführliche Beschreibung der Gesellschaft, in die das jüdische Kind hineingeboren wurde und deren Werte es zu internalisieren hatte. Da ihm die Gesellschaft zunächst in Gestalt der Familie entgegentrat, führt sie die Reihe der Sozialisationsinstanzen an.

Die hier behandelte Spanne des menschlichen Lebens umfaßt in der Hauptsache die Zeit bis zum zwölften–vierzehnten Lebensjahr. Zwar ist das Institut des *Bar-Mizwa*, der religionsgesetzlichen Mündigkeitserklärung, erst mittelalterlichen Ursprungs, doch ist die Vorstellung schon in der Antike beheimatet, daß mit 13 Jahren beim Knaben, mit 12 beim Mädchen, die Eigenverantwortlichkeit erwacht. Juristisch gesagt: In diesem Alter sind Gelübde gültig (M Nid 5, 6), als Sentenz: der gute Trieb wird geboren (ARN 16). In diese Zeit fällt das Ende der Elementarausbildung, der Schüler wird für voll genommen. Das ist der uns betreffende Aspekt der Perikope vom zwölfjährigen Jesus im Tempel (Luk 2, 41 ff.), die in der Autobiographie des Historikers Flavius Josephus ihre Parallele hat (Vita 9). Josephus rühmt sich, als Vierzehnjähriger allseits für seine Liebe zur Wissenschaft gelobt worden zu sein; der priesterliche und der Laienhochadel habe sich bei ihm in Fragen des Gesetzes Rat eingeholt.

2. Der historisch-politische Rahmen

2.1 Das Mutterland

Trotz wechselnder Oberhoheit (312/301 Ptolemäer, 198 Seleukiden, 63 v. Chr. Römer) blieb das jüdische Kernland in hellenistisch-römischer Zeit bis zur Zerstörung des Tempels 70 n. Chr. ein aristokratischer Tempelstaat mit der Tora als Verfassung, für den Josephus die Bezeichnung „*Theokratia*" geprägt hat. In die Regierungsgewalt teilten sich Hoherpriester bzw. König oder Fürst, Senat *(Gerusia, Synedrion)* und der Vertreter des Gesamtstaats. Diese Konstellation verstärkte die durch die Begegnung mit dem Hellenismus bewirkten Erschütterungen. Nach 70, erst recht nach 135, dem verheerenden Ende des Bar-Kochba-Kriegs, ging die Führungsrolle an die Rabbinen über. Diese neue Elite stellte nunmehr auch die Organe der Selbstverwaltung, den Patriarchen und das Synedrion mit Sitz in Jabne bzw. Uscha. Die *Constitutio Antoniniana* von 212 verlieh den Juden wie allen Reichbewohnern das Bürgerrecht. Ab dem vierten Jahrhundert versuchten die christlichen Kaiser zuerst noch, gegenüber den Juden das geltende Recht zu wahren, mußten aber unter dem Druck der Kirche allmählich diskriminierende Bestimmungen erlassen.

2.2 Ägypten

Die in Ägypten schon seit biblischen Zeiten ansässigen Juden (Elephantine-Papyri;[1] Jeremia zieht mit einer Gruppe Judäer nach Ägypten Jer 42–44) erhalten durch die Gefangenen bzw. Exulanten der ägyptisch-syrischen Kriege Zuzug. Vor allem unter Ptolemaios VI. Philometor (181–145) und Kleopatra werden sie zum Faktor in der ägyptischen Innenpolitik, wo sie als Gegengewicht gegen die Griechen und Ägypter benutzt werden. In dieser Zeit entfalten sie eine blühende Kultur (LXX; Aristeas, Ezechiel, Artapanos u. a.).[2] Die römische Herrschaft stützt sich dagegen auf die Griechen und leitet den Niedergang ein, obwohl Claudius (37–41) noch einmal die alten

---

[1] E. G. Kraeling: The Brooklyn Museum Aramaic Papyri, New Haven 1953.
[2] W. G. Kümmel (Hrsg.): Jüdische Schriften aus hellenistisch-römischer Zeit, Gütersloh 1973.

Privilegien betont, zu denen die Selbstverwaltung als πολίτευμα nach dem Personalprinzip zählte. Die nordafrikanischen Aufstände (115–117) unter Trajan nehmen dem ägyptischen und alexandrinischen Judentum ihren Glanz.

2.3 Babylonien

Obwohl die Juden in Babylonien, dort seit dem Exil ansässig, im Vergleich zu ihrer Umwelt als hellenisiert gelten mußten (Tobit; griechische Fremdwörter im Aramäischen), hatte die feudale Struktur des Partherreiches auf sie abgefärbt. Ein *Resch galuta*, „Oberhaupt des Exils", vertrat sie beim Herrscher. Daß man die palästinische Schultradition übernahm und ausbaute *(Sura, Pumbedita, Nehardea,* bab. *Talmud)* war nicht zuletzt eine Folge des Bar-Kochba-Kriegs. Als 224 nach den Arsakiden die Sassaniden den Thron bestiegen, bedeutete das für die Juden insofern eine Verschlechterung, als jene einen zoroastrischen Einheitsstaat anstrebten. Die Zeit zwischen 360 und 370 muß als Verfolgungszeit angesprochen werden. Erst unter Chosrau (regierte 531–578) normalisierten sich die Verhältnisse wieder.

Judentum in dieser Zeit ist hellenistisches Judentum, ohne Rücksicht darauf, ob es im Mutterland oder in der Diaspora lebt. Der Hellenismus hängt nicht an der Sprache, obwohl gerade das Hebräische unter dem Einfluß des Griechischen die *Parataxe* zugunsten der *Hypotaxe* aufgegeben hat, von den zahlreichen Fremdwörtern aus dem Bereich der materiellen Kultur einmal ganz zu schweigen.[3]

3. Die Ausrichtung der Gesellschaft

3.1 Die wirtschaftliche Grundlage

3.11 Das Mutterland

Die jüdische Gesellschaft Palästinas ist eine Agrargesellschaft. Wenn Josephus (Ap 1, 60) schreibt: „Wir bewohnen kein Land am Meer.

---

[3] Zum Ganzen vgl. J. Maier: Grundzüge der Geschichte des Judentums im Altertum, Darmstadt 1981 (mit weiterführenden Literaturangaben).

Auch haben wir keinen Gefallen am Handel, noch am Verkehr mit andern, der sich durch ihn ergibt. Unsere Städte sind weit vom Meer entfernt erbaut. Vielmehr bearbeiten wir dieses gute Land, das uns zugeteilt wurde", so mag man dagegen einwenden, hier spiegelten sich die Verhältnisse nach dem 1. Jüdischen Krieg, der den Juden den Verlust des Küstenstreifens eingetragen habe, doch bezeugt eine ganze Reihe von Papyri unter den Ptolemäern (um 260 v. Chr.) den Export von Wein und Getreide aus Palästina.[4]

Vorherrschende Siedlungsform ist das Dorf. Natürlich gibt es auch Latifundien. Gewöhnlich aber bewirtschaftet man den kleinen Besitz[5] selbst oder als Pächter mit Hilfe von Tagelöhnern und wenigen Sklaven *(Sir; Ps-Phok)*. Als Reaktion auf die steuerliche Ausbeutung macht sich eine starke Tendenz zur Subsistenzwirtschaft bemerkbar.[6]

Die Bedeutung der Landwirtschaft ergibt sich auch aus den Mischna-Traktaten der Ordnung Zera'im, weniger der dort festgehaltenen Fortentwicklung biblischen Rechts wegen, als auf Grund der mitgeteilten landwirtschaftlichen Methoden, wie wir sie von den antiken Landwirtschaftstheoretikern kennen.[7] Demgegenüber stehen Handel und Handwerk zurück. Wir hören von Töpfern, Webern, Gerbern, Korbflechtern, Bauarbeitern, Metzgern, Metallarbeitern, Fischern, Esel- und Kameltreibern, Herstellern von Öl, Parfüm und Fischkonserven.[8]

3.12 Ägypten

Auch das ägyptische Judentum, das sich nicht nur auf Alexandria konzentriert, sondern über das ganze Land verteilt ist, lebt, wie das palästinische Judentum, in der Hauptsache von der Landwirtschaft. Händler und Bankiers finden sich an der Küste, aber auch das Proletariat. Auch die urkundlich belegten Berufe lassen keine Differenz zu Palästina erkennen. In ptolemäischer Zeit steht ein beachtli-

[4] M. Hengel: Judentum und Hellenismus, Tübingen ²1973, S. 76ff.
[5] S. Applebaum, in: S. Safrai und M. Stern (Hrsg.): The Jewish People in the First Century, II, Assen-Amsterdam 1976, S. 657.
[6] Ebd. S. 664.
[7] G. Mayer: Ein Zaun um die Tora, Stuttgart 1973.
[8] S. Krauss: Talmudische Archäologie, Bd. II, Leipzig 1911, S. 249ff. – A. Ben-David: Talmudische Ökonomie, Bd. I, Hildesheim 1974, S. 143ff.

cher Teil im Staatsdienst als Soldaten, Militärsiedler, Beamte (Steuer-
pächter, Provinzstatthalter).[9]

3.13 Babylonien

Leider sind die einschlägigen Quellen sehr jung (3.–4. Jahrhundert).
Trotzdem geben sie zu erkennen, etwa durch die Gegenstände von
Gerichtsverhandlungen, daß die jüdische Gesellschaft eine agrarische
Grundlage hatte. Die Rabbinen bekunden ihre landwirtschaftlichen
Kenntnisse. Die Vorschriften über *Orla* (AZ 22 a) und *Kil'ajim* (Ḳid
39 a) werden angewandt. Es werden Verhandlungen über Tagelöhner
für Kanalbau- und Bewässerungsarbeiten geführt (B meṣ 111 a;
76 b–77 a).[10]

3.2 Die Solidarität

Die jüdische Gesellschaft ist eine solidarische Gesellschaft, so daß
Armut wohl ein individuelles, aber kein gesellschaftliches Problem
darstellt, obwohl nicht zu leugnen ist, daß gelegentlich auch soziale
Spannungen auftreten.

Man ist solidarisch mit dem Armen (Sir 4, 1–6; Philon Jos 72). „Jose
b. Joḥanan aus Jerusalem sagt: Dein Haus sei weit geöffnet, und die
Armen seien deine Hausgenossen." (Ab 1, 5) An Feiertagen wird der
Bedürftige eingeladen (Tob 2, 2). Bittenden ist die Gabe nicht zu
verweigern (Sir 4, 1–10). Die Gabe muß sofort und reichlich fließen.
Die Solidarität mit den Armen müsse man schon bei den Kindern
wecken (ARN 7). Zu den Personen, die besonders der Solidarität
bedürfen, gehören die Witwen und Waisen (d. h. die vaterlosen
Knaben): „Sei wie ein Vater den Waisen und wie ein Gatte den
Witwen, so wird Gott dich Sohn nennen." (Sir 4, 10) Man solle den
Wohnungslosen aufnehmen, den Blinden führen, Mitleid mit dem
Schiffbrüchigen haben und den Fremden nicht diskriminieren (Ps-
Phok 22–41). Der Sklave verdient gute Behandlung; Brandmarkung
wird perhorresziert (Ps-Phok 223–227; Sir 7, 20f.). Daß dem Arbeiter

---

[9] V. A. Tcherikover und A. Fuks: Corpus Papyrorum Judaicarum, Bd. I–III, Cambridge, Mass. 1957–1964.
[10] J. Neusner: A History of the Jews in Babylonia, Bd. IV, Leiden 1969, S. 245.

der Lohn nicht vorenthalten werden dürfe, gehört zu den Konkretisierungen der Gerechtigkeit wie: keine Untreue, ordentliche Maße und Gewichte, kein Meineid, kein Saatgut stehlen (Agrargesellschaft!) (Ps-Phok 9–21; 1. Tim 5, 18; Billerb. 4, 536ff.). Der Anspruch auf Wohlfahrt wurde auch institutionalisiert. Neben den Appell trat das religiöse Recht (z. B. Pea; Schikḥa). Das örtliche Gericht kann die Erhebung von Abgaben zu philanthropischen Zwecken anordnen (B bat 9a; Ned 65b).[11]

Eingeschlossen in die Solidarität sind auch die neugeborenen Kinder. Obwohl kein diesbezügliches Toraverbot existiert, werden sie nicht ausgesetzt, wie auch schon die Abtreibung verfemt ist (Ps-Phok 184f.; Sib 2, 261f.; 3, 765; Philon SL 3, 108–119; Jos Ap 1, 60; 2, 202). Die Solidarität ist religiös begründet: „Vor dem Höchsten ist Barmherzigkeit für alle, die sie üben, ein gutes Opfer." (Tob 4, 8–11 Ende) Letztlich ist sie die Antwort auf die durch den Besitz der Tora dokumentierte Erwählung, deren Bewußtsein sich mit einem Gefühl der Dienstpflicht gegenüber der Welt verbindet. Israel nimmt für sie ein priesterliches Amt wahr, opfert und betet für sie (Philon Mos 1, 149 u. ö.; b Suk 55b). Vollendeter Ausdruck dieses Zusammenhangs ist die sogenannte goldene Regel (Ps-Phok 21; Tob 4, 15; Mt 7, 12; b Schab 31a), von der sowohl Hillel als auch Jesus nach Matthäus sagen, sie sei das Gesetz (und die Propheten) („Alles, was ihr wollt, daß es die Menschen euch tun, das tut auch ihr ihnen...").

Äußeres, religiös überhöhtes Zeichen der Solidarität ist die Beschneidung. Ein Zeichen, das man mit Stolz trägt. Ein Zeichen, das aber auch den Ausbruch aus der Gemeinschaft verhindern soll. Seit ca. 100 besteht die Beschneidung aus drei Phasen: 1) Abtragung der Vorhaut, 2) Freilegung der Eichel bis zur Krone, 3) Ab- bzw. Ansaugen der blutenden Gefäße. Nr. 2 macht den *Epispasmus*, eine Manipulation am Vorhautrest, um die Beschneidung zu verbergen, unmöglich (1. Makk 1, 15; Jos Ant 12, 241; 1. Kor 7, 18; Ab 3, 11).[12]

Das Erwählungsbewußtsein mündet in die Erziehungspflicht. Wie die Beschneidung den Körper zeichnet, so die Erziehung bzw. Unterweisung den Geist. Treffend sagt Philon (Leg 210): „Wachen doch alle

---

[11] Ebd. S. 139ff.

[12] G. Mayer: Art. mûl, in: Theologisches Wörterbuch zum Alten Testament, Bd. IV, Stuttgart 1984, Sp. 734–738.

Menschen über ihre Sitten, vor allem aber das jüdische Volk, denn es sieht in seinen Gesetzen von Gott geoffenbarte Sprüche. In dieser Lehre ist es von frühester Kindheit an erzogen und trägt die Gebote wie Bilder eingeprägt in seiner Seele." (Für die Breite: Jos Ant 4, 211; Ap 2, 175, 204; 1, 60; Test Levi 13, 2) Die nicht zuletzt politisch motivierte Haltung der Rabbinen (Sifra zu Dt 11, 12) macht die Bildung, deren Voraussetzung die γράμματα, das Elementarwissen, ja sind, zum höchsten Gut. Von ihr macht man die Weiterexistenz des Volkes abhängig (was nebenbei gesagt durch die Geschichte legitimiert wurde; erst die neueste Zeit hat den Kult um die Selbstmörder von Masada erfunden). Zwei bezeichnende Zitate, das eine aus Palästina, das andere aus Babylonien: „Bei Oinomaos von Gadara versammelten sich alle Sterndiener, sie sagten zu ihm: Kannst du sagen, ob wir dieses Volk unterjochen können? Er antwortete: Geht in ihren Synagogen und Lehrhäusern herum, und wenn ihr dort Kinder ihre Stimme klingen lassend antrefft, dann könnt ihr sie nicht unterjochen. Denn so hat ihnen ihr Vater versichert: Die Stimme ist die Stimme Jakobs – Wenn die Stimme Jakobs sich in den Synagogen findet, sind die Hände nicht die Hände Esaus." (Gen R 65, 20) „Rav Hamnuna sagte: Jerusalem wurde nur zerstört, weil man die Erziehung der Schulkinder vernachlässigt hatte; wie es heißt (Jer 6, 11): Gieße ihn (= Gottes Zorn) aus wegen der Kinder in der Straße! Warum ‚gieße ihn aus'? Weil das Kind auf der Straße ist (und nicht in der Schule)." (Schab 119b)

Auch von außen wurde die jüdische Gesellschaft als solidarische empfunden. Hekataios von Abdera, der zu den antiken Philosophen zählt, welche das Judentum zum Beweis der Durchführbarkeit ihrer Theorien heranziehen, sagt: „Den Privatleuten war es nicht erlaubt, die eigenen Landlose zu verkaufen, damit nicht einige sie aus Habsucht aufkauften, die Armen bedrückten und so Mangel an Menschen bewirkten. Die im Land Wohnenden zwang er (= Mose), die Kinder aufzuziehen."[13]

Selbst Seneca, der wie Varro das Judentum gern als Exempel für die Albernheit der *theologia civilis* (im Gegensatz zu der der Philosophen) vorführt, muß zugeben: „Jene (die Juden) kennen jedenfalls die

---

[13] M. Stern: Greek and Latin Authors on Jews and Judaism, Bd. I, Jerusalem 1976, Nr. 11.

Gründe ihres Ritus; der größere Teil des Volkes (die Nachahmer) tut, wovon er nicht weiß, warum er es tut."[14]

4. Die Familie

Die Familie, gegründet zum Zweck der Fortpflanzung (Philon Jos 43; Mos 1, 28), ist selbstverständlicher Bestandteil der göttlichen Schöpfungsordnung, zu dessen Aktualisierung das Gebot aufruft: Seid fruchtbar und mehret euch (Gen 1, 21). „Wer ehelos bleibt [und damit die Pflicht der Fortpflanzung verletzt], hat gleichsam Blut vergossen und die Gottähnlichkeit [der Schöpfung] herabgemindert." (T Jeb 8, 4) Daß ein wahrer Mann ein verheirateter Mann ist, bringt Ben Sira in dem Spruch zum Ausdruck: „Wer vertraut einem Haufen Soldaten, der von Stadt zu Stadt zieht? So ist ein Mann, der kein eigenes Nest baut, der dort ausruht, wo er gerade vorübergeht." (Sir 36, 26) Obwohl von der Bibel aus die Mehrehe durchaus möglich ist, wird die patriarchalische Monogamie als Eheform favorisiert. Stimmen wie das Wort Rabbas: „Ein Mann kann zu seiner ersten Frau Frauen dazu heiraten, wenn er sie unterhalten kann" (Jeb 65 a) sind selten. Meines Erachtens wird hier von dem babylonischen Gelehrten auch eine Einschränkung vorgetragen, denn wer kann sich schon einen Harem leisten?! In der Tat sind Mehrehen nur aus der Oberschicht, z. B. aus der Familie des Herodes, belegt (Jos Ant 17, 14; Bell 1, 477). Judit war die einzige Frau ihres Mannes, Tobit war mit Anna, Tobias mit Sara verheiratet. Von keinem Rabbinen wird berichtet, daß er mit zwei oder mehr Frauen verheiratet gewesen wäre. Offen gegen die Polygamie polemisieren die Damaskusschrift (4, 20) und Philon. Natürlich kann letzterer nicht der Bibel widersprechen. So behilft er sich mit der Erklärung, es sei unmöglich, einen von der Raserei der Liebesleidenschaft zu heilen (SL 2, 135 ff.). Daher nimmt es auch nicht wunder, daß das Konkubinat mit Sklavinnen verpönt ist (Ab 2, 7; Jeb 2, 8; Lev R 25, 8). Von der Gattenwahl sagt ein ungenannter Autor aus der Zeit *vor 200 n. Chr.:* „Ein Mann heirate nicht, bis die Tochter seiner Schwester

---

[14] Ebd. Nr. 186.

groß geworden ist oder er die seiner Würdige gefunden hat." (T Ḳid 1, 4) Diese Empfehlung faßt die Kriterien der Gattenwahl zusammen, an die man sich im Judentum schon seit biblischer Zeit hielt (Gen 24). Mit Recht steht die endogame Verbindung an erster Stelle, gewährleistet sie doch in erster Linie die angestrebte Familienreinheit. Tobit rät seinem Sohn: „Nimm kein fremdes Weib, welches nicht aus dem Stamme deines Vaters ist." (4, 12) Mit der Heirat Saras befolgt Tobias nicht nur diesen Rat (6, 10; 7, 2 ff.), darüber hinaus richtet er sich auch nach dem Vorbild seines Vaters (1, 9). Manasse, Judits Mann, stammte aus ihrer Familie und ihrem Geschlecht (8, 2). Das Jubiläenbuch, das gern die Gesetze und Bräuche seiner Zeit durch die Patriarchen vorleben läßt, sieht in der Kusine mütterlicherseits (4, 15.16.20.27.28.33; 11, 14) oder väterlicherseits (8, 6; 11) die regelmäßig gewählte Gattin. „Die seiner Würdige" ist eine Leerformel, deren konkrete Füllung schichtenabhängig ist. Um die Mitte des 2. Jh. v. Chr. galt in Israel als solche:

„Die Anmut einer Frau tut ihrem Manne wohl,
und seine Glieder stärkt ihr verständiges Wesen.
Eine Gabe des Herrn ist eine schweigsame Frau,
es gibt keinen Preis für einen wohlerzogenen Menschen.
Anmut über Anmut besitzt eine schamhafte Frau,
es gibt keinen Preis für eine, die ihren Mund beherrscht.
Eine Sonne, die aufstrahlt an den Höhen oben,
so schön ist eine Frau in der erwählten Kammer.
Ein Licht das aufstrahlt auf heiligem Leuchter,
so ist die Pracht des Angesichts auf einer ansehnlichen Gestalt."
(Sir 26, 13–17)

Tüchtig sei sie außerdem (26, 2). Kurzum: „Glücklich ist der Mann einer guten Frau, denn die Zahl seiner Jahre wird doppelt groß sein." (Sir 26, 26; vgl. v. 1) Um 100 v. Chr. erteilt Ps-Phok den Rat, sich auch nicht durch das Vermögen der Frau verführen zu lassen und sie ins Haus zu bringen, obwohl sie schlecht sei (199). Daß der Hauptzweck der Ehe in der Erhaltung der Familie gesehen wird, beleuchtet das Institut der Schwagerehe: Stirbt der Mann kinderlos, so ist sein Bruder verpflichtet, die Witwe zu heiraten, um Nachwuchs zu zeugen (Deut 25, 5–10; Jos Ant 4, 253 ff.), ein Brauch, der für die NT-Zeit noch bezeugt ist (Mt 22, 23 ff.). Obwohl sie noch in spättalmudischer Zeit in

Babylonien geübt wird,[15] kommen Zweifel an ihr auf (Jeb 39b). Wenn auch der Hauptzweck der Ehe die Stärkung und Erhaltung der Familie ist – Ps-Phok 175 sagt: „Bleibe nicht unverehelicht, damit du nicht namenlos zugrunde gehst" –, so ist die Liebe zwischen den Ehegatten nicht ausgeschlossen. Der nämliche Autor sagt (vv. 195ff.): „Liebe deine Frau, denn was ist angenehmer und besser, als wenn eine Frau ihrem Mann bis ins Alter freundlich gesonnen ist, und ein Mann seiner Frau, ohne daß trennender Streit sie befällt?" Auch für Philon ist die Ehe im Idealfall wahre Lebensgemeinschaft, wo Mann und Frau Besonnenheit, Häuslichkeit und Eintracht pflegen (SL 1, 138). Seine Frau solle man lieben wie sich selbst, ist die Meinung babylonischer Rabbinen (Jeb 62b).

Die Scheidung, die der Mann eigentlich aus beliebigem Grund aussprechen kann (Deut 24, 1; Philon SL 3, 30; Jos Ant 4, 253) – als Beispiele nennt in M Giṭ 9, 10 die Schule Hillels das Anbrennen einer Speise, Akiba läßt als Grund sogar gelten, er habe eine Schönere gefunden – muß unehrenhafte Züge gewinnen. Eine Frau, zumal eine kluge, entläßt man nicht so ohne weiteres, es sei denn bei handfestem Ungehorsam (Sir 7, 19.26; 25, 25f.). Wirkungsvoller dürfte die auf Simon ben Scheṭaḥ (104–69 v. Chr.) zurückgeführte Vorschrift gewesen sein, daß der Mann für die Ketubba, die im Ehevertrag für eine ungerechtfertigte Scheidung festzusetzende Summe, mit seinem gesamten Vermögen haftete (T Ket 12, 1). Wohnsitz war das Haus des Mannes, wo sie als Witwe bleiben konnte (Jud 8, 4; M Ket 4, 12; DJD II, Oxford 1961, Nr. 21) oder von wo aus sie auch zu ihrer Familie zurückkehrte. In der Regel dürfte ein Haus drei Generationen beherbergt haben, zumal wenn man das männliche Heiratsalter von 18–20 Jahren in Rechnung stellt (Ab 5, 21; 18 J.; Soṭ 44a, Ḳid 29b: 20 J.). Unter diesem Aspekt gewinnen die Inzestverbote des Verkehrs mit der Stiefmutter (Lev 18, 8; Philon SL 3, 20f.; Jos Ant 3, 274f.; Ap 2, 200; Jub 33; M Sanh 7, 4), des Verkehrs mit den Nebenfrauen des Vaters, mit den Schwestern (Lev 18, 9; Philon SL 3, 22ff.; M Ḥag 1, 8; Ker 1, 1) und den Frauen der Brüder (Lev 18, 6; M Ker 1, 1) ihren vollen Sinn, die Ps-Phok 179–183 in Hexametern als Lebensregeln zu bedenken geben. Philon scheint sie nicht mehr unter diesem funktionalen Zweck

---

[15] J. Neusner: A History of the Jews in Babylonia, Bd. III, Leiden 1968, S. 277ff.; Bd. IV, Leiden 1969, S. 204ff.

zu sehen; denn er begründet das Verbot des Inzests mit der Schwester, das er aus der ägyptischen Situation heraus perhorresziert, mit einer Verarmung der verwandtschaftlichen Beziehungen. Ohne das Zusammenleben dreier Generationen wäre auch der Diskussion um die Unterweisung durch den Großvater der Boden entzogen (Ḳid 30a). Um von den Rechten des Mannes und Vaters zu sprechen, bedienen die Quellen sich eher ihrer Kehrseite. Allein Philon und Josephus sehen den Vater (und die Mutter) mit einer elterlichen Gewalt ausgestattet, die ähnlich wie die römische *patria potestas* die Tötung der ungehorsamen Kinder erlaubt (SL 2, 232; Ant 4, 264; Ap 2, 206.217). Ihre Grenze findet die Gewalt da, wo der Vater etwas Unsittliches befiehlt. Aber dann ist der Vater auch kein Vater mehr (Philon SL 2, 236).

Kehrseite der patriarchalischen Rechte ist die Fürsorge. Aus der Zeit vor 200 n. Chr. ist eine *Baraita* überliefert, die in glücklicher Weise die zu ihrer Zeit gültigen Traditionen zusammenfaßt: „Wer seine Frau liebt wie sich selbst und sie mehr ehrt als sich selbst und seine Söhne und Töchter ehrliche Wege lehrt und sie gerade vor der Pubertät verheiratet, von dem sagt die Schrift (Hi 5, 24): Du sollst wissen, daß dieses Zelt sicher ist!" (Jeb 62b) Von der Liebe war oben schon die Rede. Eine etwa gleichzeitige palästinische Quelle besagt, daß der Mann sich nicht ohne weiteres aus der ehelichen Pflicht entlassen kann. Gelübde zur Abstinenz werden auf eine oder zwei Wochen befristet. Für Enthaltsamkeit, die durch berufliche Abwesenheit bedingt ist, hat ein Rabbine einen gestaffelten Tarif aufgestellt, der von 0 Tagen bei Müßiggängern bis zu einem halben Jahr bei Seeleuten reicht (M Ket 5, 6). Ist letzteres weder einklagbar noch durchzusetzen, so werden sich die Rabbinen bei ihrer Einflußnahme, die sie durch Appelle oder ihre Predigten ausübten, von solchen Überlegungen haben leiten lassen. Ähnliches gilt für Überlegungen zum Lebensstandard, für den man ein Minimum garantieren wollte (vgl. M Ket 5, 9), der sich im übrigen aber nach den Verhältnissen des Mannes zu richten habe (ebd.). Diesen Leitgedanken haben spätere fortentwickelt, indem sie sagten, die Frau steige zwar mit dem Mann auf, doch nicht mit ihm ab (Ket 48a; 61a); d. h. heiratet sie einen wohlhabenderen Mann, so richtet sich der Unterhaltsanspruch nach seinem Vermögen; ist er weniger bemittelt, bleibt immer noch der Status ihrer Familie maßgebend. Im Ehevertrag niedergelegt, konnten solche Leitlinien allerdings rechtliche Wirksamkeit erlangen. Die Kinder ehrliche Wege zu lehren, nimmt auf, was Aristeas 248 so ausdrückt: „Welches ist die größte Nachlässigkeit? ... Wenn einer nicht für seine Kinder sorgt und sie nicht auf alle Weise zu erziehen sucht." Seine Kinder ehrliche Wege zu lehren, verlangt auch die eigene Ehre (Sir 30, 1–13). Der ehrliche Weg ist undenkbar ohne Beruf. Diese Mahnung läßt sich durch die Jahrhunderte verfolgen. In der Fassung des Ps-Phok (v. 153) lautet der Grundtenor: „Arbeite hart, daß du aus eigener Kraft leben kannst." Im folgenden sagt er, das Leben habe alle möglichen Arten von Arbeit, doch nennt er dann nur den Seefahrer und, bei weitem ausführlicher, den Bauern. Für Josephus ergibt sich die Pflicht zur Unabhängigkeit verleihenden Arbeit aus dem Gesetz (Ap 2, 291). Wer es unterläßt, dem Sohn einen Beruf beizubringen, gleicht einem, der zum Straßenraub erzieht (b Ḳid 29; vgl. T Ḳid 1, 11; ARN 11, 1). Im allgemeinen hat sich der Beruf vom Vater auf den Sohn vererbt, doch ist aus der talmudischen Spätzeit auch eine Lehre bei Fremden belegt. Gerade die in der Antike so auffällige Ablehnung der Geburtenkontrolle dürfte die nachgeborenen Söhne aus dem landwirtschaftlichen Betrieb oder dem ererbten Handwerk hinausgedrängt haben. Um die Entstehung eines arbeitslosen Proletariats zu verhindern, brauchte es die Betonung der Arbeit als Tugend. Die Pflicht zur rechtzeitigen Verehelichung der Kinder resultiert aus der oben angeführten Hochschätzung von Ehe und Familie, die auf der Vorstellung beruht, das Individuum sei nur eine Aktualisierung der Familie. Offenkundig hat sich hier über rund 200 Jahre hinweg wenig verändert. Bei Ben Sira heißt es: „Wenn du Söhne hast, so erziehe sie, und führe ihnen Frauen zu in ihrer Jugend. Wenn du Töchter hast, so behüte ihren Leib, und sei nicht überschwenglich vor Freude gegen sie. Führe eine Tochter zur Ehe hinaus, so ist ausgeführt ein Werk, einem verständigen Manne schenke sie." (Sir 7, 23–25) Noch nicht einmal die Verehelichung befreit den Vater ganz von der Last der Verantwortung: „Eine Tochter ist für einen Vater ein trügerischer Schatz, die Sorge um sie läßt den Schlaf vergehen; ... in ihrer Jugend, daß sie nicht sitzen bleibt, ... in ihrer Jungfrauschaft, daß sie nicht unfruchtbar bleibe (der Mann könnte sie vielleicht zurückschicken); im Hause ihres Vaters, daß sie nicht schwanger werde..." (Sir 42, 9f.)

Rechtliche Verpflichtung zum Unterhalt der Kinder besteht natürlich nur für die Zeit ihrer Minderjährigkeit. So hat es wenigstens im

2. Jh. n. Chr. das im galiläischen Uscha residierende rabbinische *Synedrion* festgestellt (Ket 49 b), wohl um der Lage nach dem hadrianischen Krieg Rechnung zu tragen. Im übrigen ergibt sich aus dem dargestellten Solidaritätsprinzip, das auch die Aufzucht aller Kinder einschließt, daß Unterhalt und Ernährung selbst der Töchter eine sittliche Pflicht ist, und zwar ohne Altersbegrenzung (T Ket 4, 8). Stellvertretend soll noch eine Stimme aus Alexandria zu Wort kommen dafür, daß die Fürsorge der Eltern nicht nur auf der Pflicht beruht, sondern auch der Liebe entspringt: „Nun überlegt euch aber einmal, wieviel geflochten das Liebesband der Liebe zu den Kindern ist, das alle [andern] Triebe an das Mitgefühl des Herzens heftet." (4. Makk 14, 13)

Natürlich wirft auch die Stellung der Frau und der Kinder ein Licht auf die Position des Mannes. Die Frau wird definiert in ihrem Gegenüber zum Mann.[16] Grundsätzlich gehört sie ins Haus, sowohl in Ägypten, als auch in Palästina und Babylonien. „Die Weiber erschienen, mit Trauergewändern angetan, unter der Brust gegürtet, in Menge auf den Straßen." (2. Makk 3, 19; Gen R 18) Sie ist zwar nicht auf das Haus beschränkt – so arbeitet sie bei der Ernte mit (Jeb 15, 2) –, setzt sich auf der Straße jedoch Mißverständnissen aus (M Ket 1, 8; 7, 6). Innerhalb des Hauses ist die Frau die Herrin (j Ḥag 77 d; Birkat hamazon = Siddur Sefat Emet S. 283). Mit Zustimmung des Mannes kann sie durchaus Rechtsgeschäfte tätigen (M Ket 9, 1.4). Der Pflichtenkatalog von M Ket 5, 5 umfaßt Mahlen, Backen, Waschen, Kochen, Stillen des Kinds, Machen des Betts und Herstellen von Wolle. Allerdings spielte auch der Lebensstandard eine Rolle. Schon eine Dienerin, die sie mit in die Ehe gebracht hat, befreit sie vom Mahlen, Backen und Waschen. Der Mann kann von ihr zurückhaltendes Benehmen (siehe Kriterien der Gattenwahl; M Ket 7, 6; T Ket 7, 6) und ordentliche Kleidung und Aufmachung erwarten (b Taan 23 b). Sie ist eine Zier des Mannes. Was Spr 31, 10–31, von Luther „Das Lob der tugendsamen Hausfrau" überschrieben, sagt, gilt auch noch in der von uns behandelten Zeit. Das beweist nicht zuletzt das Bild, das man sich in der babylonischen Diaspora gemacht hat. Durch ihre Anwesenheit im Haus genießt sie den Vorzug, dem Bettler sofort Brot geben zu können (b Taan 23 b; vgl. B ḳam 82 a). „Jeder sei beflissen, seine Frau

---

[16] J. Neusner: A History of the Mishnaic Law of Women, Bd. I–V, Leiden 1980.

zu ehren, denn nur um der Frau willen kommt Segen ins Haus." (B meṣ 59 a)

Die Stellung der Frau bei Philon[17] stellt einen Sonderfall dar. Denn wenn sich auch die palästinische (Jos Ant 4, 219; Ap 2, 201; Ḳid 80 b = Tanna de-be Elijjahu) Tradition mit ihm im Blick auf ihre Inferiorität einig ist, so ist sie für ihn der Inbegriff des Minderwertigen. „Das Weib ist unvollkommen, untertan, mehr zum Leiden als zum Wirken bestimmt." (SL 1, 200) Oder: „Der Verstand ist ja der sinnlichen Wahrnehmung wie der Mann dem Weib in jeder Hinsicht überlegen." (Ebd. 201) Anderwärts stellt er weiblich mit unvollkommen, krankhaft, knechtisch zu einem Wortfeld zusammen, dem die Begriffe männlich, seelenvoll, gesund, freimütig, heilsam, altersreif, vortrefflich, edel, eines Gebildeten wahrhaft würdig gegenüberstehen. Dementsprechend steht sie auf der Stufe eines unmündigen Kindes. Sie ist ans Haus gefesselt (Fl 89) und entbehrt des Züchtigungsrechts gegenüber den Kindern (SL 2, 232). Das Verhältnis zum Mann stellt sich wie folgt dar: 1) Sie steht ihm im Rang nach. – 2) Sie soll jünger sein als er. – 3) Er soll für sie sorgen wie für einen Teil seines Körpers, sie soll ihm dienen wie ein Teil dem Ganzen. – 4) Er soll sie wie eine Tochter behandeln (z. B. ins Haus einschließen) und von ihr wie ein Vater geehrt werden. (Qu in Gen 1, 27)

Der väterlichen bzw. elterlichen Fürsorge entspricht auf seiten der Kinder die Pflicht zur Pietät.

„Das Gebot des Vaters hört, ihr Kinder,
und handelt danach, damit ihr gerettet werdet.
Denn der Herr hat in Ehren gesetzt den Vater bei den Kindern,
und das Recht der Mutter hat er fest hingestellt bei den Söhnen.
Wer den Vater ehrt, wird Sünden sühnen,
und wie einer, der sich Schätze sammelt, ist der, der seine Mutter ehrt.
Wer den Vater ehrt, der wird erfreut werden durch Kinder,
und am Tage seines Gebets wird er erhöht werden.
Wer den Vater ehrt, wird lange leben,
und wer auf den Herrn hört, ehrt seine Mutter.
Wer den Herr fürchtet, wird den Vater ehren,
und wie Herren wird er dienen seinen Eltern.

---

[17] R. A. Baer, Jr.: Philo's Use of the Categories of Male and Female, Leiden 1970.

Mein Sohn, in Wort und Tat ehre deinen Vater,
damit auf dich kommen alle Segnungen." (Sir 3, 1–8)

Die Pietät überdauert nach Ben Sira die Kindheit. Sie verbietet, auf
Kosten des Vaters nach Ehre zu streben (Sir 3, 101 f.), sich wegen
seiner Unwissenheit über ihn zu erheben (V. 13 ff.). V. 7 (siehe oben),
in Verbindung mit Sir 7, 27 f., die lauten:

„Von ganzem Herzen ehre deinen Vater,
und deiner Mutter Schmerzen vergiß nicht.
Denke daran, daß du durch sie beide wurdest,
und wie könntest du ihnen vergelten, was sie dir gaben?"

deutet an, daß der Autor die Pietät in einer Art Analogie des Vaters
bzw. der Eltern zu Gott begründet sieht. Darin trifft er sich mit
Philon, der zum fünften Gebot erklärt, das in der Mitte zwischen den
Verpflichtungen gegen Gott und denen gegen die Menschen stehe:
„Denn wie sich Gott zur Welt verhält, so die Eltern, glaube ich, zu den
Kindern: wie Er dem Nichtexistierenden Existenz verlieh, so verschaf-
fen auch sie, sein Beispiel innerhalb des Bereiches des Möglichen
nachahmend, dem Menschengeschlecht Unsterblichkeit." (SL 2, 225)
Es sieht so aus, als halte auch die babylonische Tradition an der
Analogie fest: „Drei sind es, die den Menschen ins Dasein rufen: Gott,
sein Vater und seine Mutter. Wenn die Menschen Vater und Mutter
ehren, spricht Gott: ich rechne es ihnen an, als ob ich unter ihnen
weilte, und sie mir Ehre erwiesen. Wenn ein Mensch Vater oder
Mutter Leid antut, spricht Gott: Ich habe gut daran getan, daß ich
nicht unter ihnen bin. Denn wenn ich unter ihnen wäre, so würden sie
auch mir Leid antun." (Ķid 30 b f.) Darüber hinaus hat er, dem
griechischen Muster folgend, noch andere Begründungen zur Hand:
die Eltern sind die Älteren, Lehrer, Wohltäter, Herrscher und Herren,
Söhne und Töchter dagegen die Jüngeren, Schüler, Empfänger der
Wohltaten, Untergebene und Dienende (SL 2, 227). Auch wo die
Analogie nicht gezogen wird, folgt das Gebot der Pietät im Rang sofort
auf die Gottesverehrung (Ps-Phok 8; Jos Ap 2, 206; Sib 3, 593 f.) Ja,
eine palästinische Überlieferung dreht die Reihenfolge sogar um: „Die
Ehrerbietung gegen Vater und Mutter ist so bedeutsam, daß Gott sie
höher gestellt hat als die Ehrerbietung gegen sich selbst." (j Pea I 1
[15 d])

Worin besteht nun, außer dem geschuldeten Gehorsam, die Pietät? Die Rabbinen bringen Beispiele oder suchen durch Erzählungen die Extreme auszuloten. „Worin zeigt sich die Ehrfurcht und worin die Ehrerbietung gegen die Eltern? Ehrfurcht ist, daß man ihren Platz nicht einnehme, ihnen nicht ins Wort falle und gegen sie nicht recht haben wolle. Ehrerbietung zeigt sich darin, daß man für ihre Nahrung und Kleidung sorge und ihnen jede Arbeit abnehme." (S Lev zu 19, 3) – „Einst fragte man Rav Ulla: Wie weit muß die Ehrfurcht vor Vater und Mutter gehen? Er antwortete: Das könnt ihr von einem Nichtjuden in Askalon lernen, der Damar ben Netina hieß. Eines Tages wollten Leute um einen hohen Preis bei ihm Ware kaufen, aber der Schlüssel zu ihr (= zum Magazin) lag unter dem Kopfkissen seines schlafenden Vaters, und er wollte ihn nicht stören" (Ḳid 31 a), d. h. er hat um des väterlichen Schlafes willen auf das vorteilhafte Geschäft verzichtet. Aus den beiden letzten Zitaten wird übrigens wieder deutlich, daß die Pietät über die Kindheit hinausreicht. Philon bleibt da wesentlich abstrakter: „Du wirst sie (= Vater und Mutter) aber nicht besser ehren können als durch das Streben tüchtig zu sein und auch zu scheinen: jenes ist nur auf den Erwerb der reinen, unverfälschten Tugend gerichtet, dieses sucht überdies guten Ruf und Beifall der Mitmenschen zu gewinnen." (SL 2, 235) Pietät muß nach Philon geboten werden, nicht dagegen die Liebe zu den Eltern, weil die Natur selbst sie von der Wiege an eingepflanzt hat – eine Begründung, die sich auch in der jüngeren Stoa findet; vgl. Seneca (De benef. IV 7, 2): „quomodo nulla lex amare parentes... iubet (supervacuum est enim, in quod imus, impelli)". Pietät qua Furcht (φόβος, ירא Lev 19, 3) ist bei unverständigen Kindern das einzige Mittel, bei leichtsinnigen älteren Kindern das Mittel gegen den Mißbrauch der Elternliebe.

Die in Gesellschaft und Familie maßgeblichen Werte reproduzieren sich teils durch das gemeinsame Leben, teils wird die Reproduktion durch mehr oder weniger massive erzieherische Maßnahmen zu erzwingen versucht. Was das Kind auf der Straße plappert, hat es von seinem Vater oder seiner Mutter gehört (Suk 56b). Oder, etwas despektierlich: „Ein Schaf folgt dem andern, d. h. wie die Mutter so die Tochter." (Ket 63a) Der leidenschaftliche Appell zur Erziehung in Sir 30, 1–13 fordert die Anpassung fast um jeden Preis: „Nicht sollst du ihn herrschen lassen in seiner Jugend, und nicht sollst du vergeben seine Untaten. Wie eine Schlange auf etwas Lebendes losfährt, zerschmettere seine Lenden, solange es noch ein Knabe ist; beuge seinen Kopf in seiner Jugend, und schlage seine Lenden, solange er klein ist; damit er nicht halsstarrig werde und widerspenstig gegen dich, und durch ihn ein Seufzen entstehe." (v. 11f.)

Was S. Safrai von den palästinischen und babylonischen Schulen schreibt, dürfte im großen und ganzen auch für die schon von der Tora geforderte Erziehung in der Familie (Ex 12, 26; 13, 3; Deut 6, 20) seine Richtigkeit haben: „Education and instruction in these schools were wholly intended to inculcate a knowledge of Torah and to bring up the boy to good arts and towards a dutiful and filial attitude."[18]

Ein Teil der vermittelten Werte, wie Solidarität, Bedeutung der religiösen Tradition, Pietät, ist schon zur Sprache gekommen. Zum Verhalten im täglichen Leben birgt die sogenannte Weisheitsliteratur eine Fülle von Einzelheiten. Aus dem Babylonien der vorchristlichen Zeit (ca. 200 v. Chr.) stammt die Mahnung: „Habe acht, Kind, auf dich in allen deinen Werken, und zeige dich wohlerzogen in deinem ganzen Wandel." (Tob 4, 14) Und zur Wohlerzogenheit gehört für Tobit die Mäßigung im Weingenuß (v. 15). Ben Sira zählt dazu Vorsicht im Umgang mit den Mächtigen und mit der Macht (7, 5f.), Ehrfurcht vor dem Alter (8, 4), Zurückhaltung im Umgang mit dem anderen Geschlecht, sofern es sich nicht um die eigene Frau handele (9, 1ff.). Gute Tischmanieren sind ihm wichtig (32, 12ff.), denn sie sprechen sich herum: „Den Anständigen beim Mahle preist die Kunde, das Zeugnis von seiner Anständigkeit ist verläßlich. Der Unverschämte beim Mahle wird zittern im Tor, die Kunde von seiner Unverschämtheit ist verläßlich. Und auch beim Gelage zeige dich nicht als Held, denn viele hat der Rauschtrank straucheln lassen." (vv. 23–25) Auch dem rechten Verhalten gegenüber dem Arzt widmet er seine Aufmerksamkeit. Bemerkenswert dabei ist die Aufwertung der Medizin, der der Geruch der Gottlosigkeit genommen werden soll: „Beweise Freundschaft dem Arzt, denn auch ihn hat Gott geschaffen. Von Gott her empfängt der Arzt Weisheit, und vom König nimmt er Geschenke." – „Denn auch er betet zu Gott, daß seine Untersuchung gelinge, und die Heilung, um Leben zu erhalten." (38, 1f.; 38, 14)

---

[18] S. Safrai: Elementary Education, its Religious and Social Significance in the Talmudic Period, in: Cahiers d'histoire mondiale 11 (1968) S. 148–169, hier S. 152.

Allmählich führt der Vater das Kind in die religiöse Praxis ein. Er nimmt es an den drei Wallfahrtsfesten Passa, Wochenfest, Laubhüttenfest mit zum Tempel. Daß allerdings die Hilleliten und Schammaiten sich darüber streiten, ob er das tut, sobald das Kind auf seinen Schultern reiten kann, oder erst, wenn es ihm an der Hand zu folgen vermag, beweist, daß die Notiz aus einer Zeit stammt, wo das Problem nicht mehr aktuell war (M Ḥag 1, 1). In der häuslichen Feier des Passa in der Nacht zum 15. Nisan hat der Sohn den Vater nach der Bedeutung des Festes zu fragen, und für den, der dazu noch nicht imstande ist, gibt es vorformulierte Fragen (M Pes 10, 4). Sobald der Knabe den Feststrauß am Laubhüttenfest schütteln kann, wird er dazu angehalten (M Suk 3, 4). Wenn er sprechen kann, lernt er wichtige Bibelverse auswendig, wie etwa „Mose hat uns das Gesetz geboten, das Erbe der Gemeinde Jakobs" (Deut 33, 4) oder „Höre, Israel, der Herr, unser Gott, ist ein einziger Herr" (Deut 6, 4; T Ḥag 1, 1). Was die körperliche Ertüchtigung betrifft, so halten in der Zeit vor 200 einige Rabbinen den Schwimmunterricht für obligatorisch (Ḳid 29a Bar). Für die Oberschicht mag das zugetroffen haben, denn Josephus erzählt, er habe auf seiner Romreise im Jahre 64 wegen eines Schiffbruchs schwimmen müssen, bis er aufgefischt worden sei (Vita 14f.). Es handelt sich wohl um ein Relikt des gymnasialen Sportunterrichts, der während der Makkabäerkriege verpönt worden ist (1. Makk 1, 14; 2. Makk 4, 9.12). Überhaupt legten die Griechen auf die Beherrschung dieser Fertigkeit großen Wert (vgl. Platon Leges III 689 D). Da die Notiz aus dem wasserarmen Palästina, aber nicht aus dem von Flüssen und Kanälen durchzogenen Babylonien stammt, läßt sich das Gebot kaum mit seinem offenkundigen Nutzen begründen.

In Ägypten war die religiöse Erziehung dem Vater anvertraut, was in Anbetracht der Tatsache, daß schon Schulen existierten, bedeutet, daß sie ausschließlich ihm anvertraut war (Philon Hypothetika VIII 7, 14). Einzelheiten bietet 4. Makk 18, 10–19: „Er (= euer Vater, sagt die Mutter) pflegte euch, als er noch bei uns war, das Gesetz und die Propheten zu lehren (= Bibel, zweiteilige Kanonbezeichnung wie öfters im NT). Die Ermordung Abels durch Kain (Gen 4) pflegte er uns vorzulesen, und die Brandopferung Isaaks (Gen 22, 2ff.) und Josef im Gefängnis (Gen 39). Zu sprechen pflegte er mit uns von dem Eiferer Phinees (Num 25, 6ff.) und euch zu belehren über Ananias, Azarias und Misael im Feuer (Dan 3), zu rühmen und glückselig zu preisen

Daniel in der Löwengrube (Dan 6), euch die Schrift des Jesaja einzuprägen, die da sagt: Und wenn du auch durchs Feuer gehst, so soll dich die Flamme doch nicht verbrennen (Jes 43, 2 LXX), pflegte uns den Hymnendichter David zu singen, der da sagt: Viel sind der Leiden der Gerechten (Ps 33 [hebr. 34], 20 LXX), und den Spruchredner Salomo anzuführen, der da sagt: Einen Baum des Lebens haben alle, die seinen Willen tun (nach Spr 3, 18 LXX). Dem Ezechiel pflegte er recht zu geben, der da sagt: Werden diese verdorrten Gebeine wieder aufleben (Ez 37, 3 LXX)? Auch den Gesang, den Moses gelehrt hat, vergaß er nicht, der da lehrt: Ich werde töten und werde lebendig machen. Dies ist euer Leben und die Länge eurer Tage." (Kombination aus Deut 32, 39 mit 30, 20 LXX) Es dürfte nicht zufällig sein, daß die Aufzählung vom ersten und letzten Buch des Pentateuchs gerahmt wird.

Die Erziehung richtet sich streng nach dem Geschlecht, d. h. nach den Bedürfnissen und Erwartungen, die sich aus der Rollenverteilung „drinnen" und „draußen" ergeben. Nicht einmal weibliche Frisuren, wie Locken oder lange Haare sollte der Knabe tragen (Ps-Phok 210–212; 1. Kor 11, 14; Philon SL 3, 37; Krauss TA 2, 192 f.). Es mag sein, daß Mädchen hier und da in Palästina häuslichen Bibel- bzw. Tora-Unterricht erhielten (vgl. M Ned 4, 3; Soṭ 3, 4; vgl. die Sage von R. Meirs gelehrter Frau Berurja = Valeria), im großen und ganzen folgte man jedoch sowohl in Ägypten als auch in Babylonien dem Grundsatz, daß es der Frau eigentümlich ist, den Gewohnheiten zu folgen (Philon Ebr 54 f.; SL 2, 125; s. o. „ein Schaf folgt dem andern – wie die Mutter, so die Tochter"). In die Frauengemächer eingeschlossen (Philon Fl 89; 2. Makk 3, 19; Sir 25, 7 ff.; Ps-Phok 215) sahen die Mädchen ihrer Verheiratung entgegen. Ihre Ausbildung war am Erziehungsziel „Schwiegertochter" ausgerichtet. Bezeichnenderweise kennt das Hebräische für „Schwiegertochter" und „Braut" nur das eine Wort „kalla".

5. Die Schule

Im palästinischen Judentum, dessen Einrichtungen auch in Babylonien Eingang fanden, kam der organisierte Schulunterricht sehr spät auf. Als Gründe für die Notwendigkeit des Aufbaus eines Schulwesens zählt Ebner[19] auf: 1) das Vorbild der griechischen und römischen Schulen,[20] 2) die wachsende Komplexität, bedingt durch die Auslegung der schriftlichen Tora im Licht der mündlichen Tradition, 3) die Neuordnung des jüdischen Lebens unter pharisäischer Führung. (Es sollte besser heißen: unter *rabbinischer* Führung, denn die Forschungen Neusners haben ergeben, daß man bisher zu schnell geneigt war, die Nachrichten über die Pharisäer wegen ihrer Dürftigkeit aus jüngeren Quellen zu ergänzen).[21]

Die Berichte, wie es dazu kam, sind legendarisch gefärbt. Der wichtigste sei hier vorgeführt: Fürwahr, der Name jenes Mannes sei gepriesen, nämlich Jehoschua ben Gamala, denn ohne ihn wäre die Tora in Israel vergessen worden. Früher war es so: Wenn ein Kind einen Vater hatte, lehrte sein Vater es, und wenn es keinen Vater hatte, lernte es überhaupt nichts. Dann ordneten sie an, daß Schullehrer in Jerusalem eingesetzt werden sollten. Dann war es immer noch so: Wenn das Kind einen Vater hatte, nahm der Vater es mit nach Jerusalem und ließ es dort unterrichten, wenn es aber keinen hatte, ging es nicht dorthin, um zu lernen. Dann ordneten sie an, daß in jedem Bezirk (Eparchie) Schullehrer eingesetzt werden sollten, und daß Knaben im Alter von sechzehn oder siebzehn Jahren in die Schule eintreten sollten. Aber wenn der Lehrer sie bestrafte, empörten sie sich und verließen die Schule. Schließlich kam Jehoschua ben Gamala und ordnete an, daß Kinderlehrer in jedem Bezirk und in jeder Stadt eingesetzt werden sollten, und die Kinder im Alter von sechs oder sieben Jahren in die Schule eintreten sollten (b B bat 21 a; j Ket VIII Ende). Danach soll der Hohepriester Jehoschua ben Gamala, der

---

[19] E. Ebner: Elementary Education in Ancient Israel During the Tannaitic Period (10–220 C. E.), New York 1956, S. 43.
[20] Zu den mannigfachen Übereinstimmungen vgl. H. I. Marrou: Geschichte der Erziehung im klassischen Altertum, München 1977, passim.
[21] Vgl. bes. J. Neusner: The Rabbinic Tradition About the Pharisees Before 70, Leiden 1971.

anfangs der sechziger Jahre unserer Zeitrechnung sein Amt bekleidete, die allgemeine Schulpflicht eingeführt haben, und zwar, nach einer langen ins 2. vorchristliche Jahrhundert reichenden Entwicklung, in Übereinstimmung mit rabbinischen Vorstellungen. Die Unwahrscheinlichkeit, daß ein Angehöriger des Hochadels eine solche demokratische Maßnahme inauguriert haben sollte, läßt verschiedene moderne Autoren bei Textoperationen ihre Zuflucht suchen, um eine wahrscheinliche historische Figur zu erhalten, meines Erachtens zu Unrecht. Man konnte sich eben in späterer Zeit Schulen nur so vorstellen, wie man sie kannte und wie sie den eigenen Idealen entsprachen. In jedem Ort sollte sich also ein Lehrer befinden (Sanh 17b; Beṣ 17a; Taan 24a), der seinen Unterricht im eigenen Haus abhalten konnte. Gewöhnlich fand der Unterricht jedoch im eigentlichen Gemeindezentrum statt, in der Synagoge, die ja auch für die Erwachsenenbildung in ihrer Bedeutung kaum überschätzt werden kann (Taan 23b; Ket 105a). Der Lehrer durfte kein Junggeselle sein, da er dem Ideal des vollkommenen Mannes nicht entsprochen hätte. Auch keine Frau, da eine solche Beschäftigung nicht der Rollenverteilung von „draußen/drinnen" entsprochen hätte (M Ḳid 4, 13).

In der sozialen Stufenleiter rangierte er weit unter den Rabbinen, wenn sie ihn auch noch als Schwiegersohn akzeptierten (Pes 29b). Neben der fachlichen Qualifikation (Ḥul 107b) erwartet man von ihm Geduld (Ab 2, 5) und unbedingte Pflichterfüllung (B bat 21b), deren Vernachlässigung sofortige Entlassung nach sich zog (B meṣ 109b). Das Schulalter begann also mit sechs bis sieben Jahren, nach einer anderen Tradition schon mit fünf Jahren (Ab 5, 21), bewegte sich also durchaus in dem auch uns heute noch gewohnten Rahmen. Vermutlich waren auch Reifetests bekannt, wie aus anderen Zusammenhängen überliefert ist. Man legt z. B. dem Kind einen Stein und eine Nuß vor und wartet darauf, wofür es sich entscheidet (Giṭ 64b). Die Klassenstärke sollte auf 25 Schüler begrenzt sein (B bat 21a). Während der Lehrer auf einer Bank saß (T Kel B bat 1, 3), saßen die Schüler mit gekreuzten Beinen auf dem Boden (Ebner S. 66). Er unterstützte seinen Unterricht mit Strafen (Schläge) und Belohnungen (Honig). Immer wieder wird die Dauer des täglichen Unterrichts betont, die dem Schüler kaum Freizeit gelassen habe (Erub 54b; Schab 119b), doch scheint mir das eine Idealisierung nach dem Vorbild der rabbinischen Akademie zu sein (siehe auch unten 6. Gruppe der Gleichaltrigen). Nicht einmal der Sabbat war vom Unterricht ausgenommen (Ned 37 a/b); Ferien gab es nur an den Feiertagen. Kam das Kind nach Haus, pflegten die Eltern nach dem gelernten Pensum zu fragen.

Der Unterricht war bibelzentriert (Ab 5, 25), und zwar nicht nur was den Inhalt betrifft, der zur Kenntnis genommen und ins Aramäische übersetzt werden mußte. Andere Fächer wie Rechnen und Geographie kamen vor, soweit es das Verständnis erforderte. Auch die Kulturtechniken des Lesens und Schreibens wurden anhand der Bibel erlernt. Am Anfang stand natürlich das Alphabet, das der Lehrer dem einzelnen Schüler Buchstabe für Buchstabe zum Lernen vorschrieb (ARN 6). Der Schreibunterricht wird von modernen Autoren zu Unrecht bestritten. In einem Gleichnis kauft ein König Tinte und Kalamos für seinen Sohn auf dem Markt (Gen R 1, 5).

Die γράμματα, deren Unterricht Josephus (Ap 2, 204) u. a. erwähnen, meinen den Elementarunterricht, der Lesen und Schreiben umfaßte. Schließlich wäre die Legende, die Schulkinder von Bet-Ter hätten im Bar-Kochba-Krieg mit ihren Schreibgriffeln in den Kampf gegen die Römer eingegriffen, nicht entstanden, hätten die Schulkinder nicht solche besessen. Man müßte sich auch fragen, wieso diese in der Bibel erwähnte (Ri 8, 13 f.; Jes 8, 1; Hab 2, 2; 1. Kön 21, 8 f.) und archäologisch (auf Ostraka: Übungen) bezeugte Fähigkeit[22] ausgerechnet dann abhanden gekommen sein sollte, nachdem man in eine bildungsbeflissene Zeit eingetreten war.

Die Erlernung des Alphabets bot schon die Möglichkeit, den Schüler mit ethischen Sentenzen[23] bekannt zu machen. Ein schönes Beispiel lesen wir in Schab 104 a:

„ב א alaf bina – lerne Einsicht

ד ג gemol dallim – erweise dich gütig gegen die Armen.

Warum streckt sich der Fuß des ג zum ד? Weil es sich für den Wohlwollenden ziemt, zum Armen zu laufen.

Warum streckt sich das Dach des ד zum ג? Weil der Arme auf sich aufmerksam machen soll.

---

[22] A. Lemaire: L'alphabétisation dans l'ancien Israël et la genèse de la Bible, in: Cahiers du Cercle Ernest-Renan 29 (1981) S. 101 ff.

[23] J. Goldin: Several Sidelights of a Torah Education in Tannaite and Early Amoraic Times, in: H. Z. Dimitrovsky (Hrsg.): Exploring the Talmud, Bd. I: Education, New York 1976, S. 3–18, hier S. 11.

Warum ist das Gesicht des ד vom ג abgewandt? Weil der Reiche dem Armen heimlich helfen soll, damit er nicht beschämt wird."

„הו – der Name des Heiligen, gepriesen sei er (Teil des Tetragramms) זחטיכל, wenn du das tust, wird der Heilige, gepriesen sei er, dich ernähren (זן), dir gnädig sein (חן), dir gütig sein (מטיב), dir eine Erbschaft geben (ירשה) und dir in der künftigen Welt eine Krone (כתר) aufsetzen

מם – offene und geheime Lehre (מאמר)

נן – der Treue, wenn gebogen, wird schließlich gerade.

סע – semok 'anijjim – unterstütze die Armen

פף – ein offener, ein geschlossener Mund

צץ – der Fromme (צדיק), ist in dieser Welt gekrümmt, in der zukünftigen gerade.

ק – ḳadosch heilig

ר – rascha' gottlos

   – Warum wendet sich das ק vom ר weg? Weil der Heilige, gepriesen ist er, sagte: Ich kann die Gottlosen nicht sehen,

   Warum wendet sich die Krone des ק dem ר zu? Weil der Heilige, gepriesen ist er, sagte: Wenn er bereut, will ich ihm eine Krone wie die meine aufsetzen.

ש – scheqer Lüge

ת – emet Wahrheit

Warum stehen die Buchstaben von שקר zusammen, die von אמת weit auseinander? Lüge ist häufig, Wahrheit ist selten.

Warum steht die Lüge auf einem Bein und hat die Wahrheit ein breites Fundament? Die Wahrheit besteht, die Lüge nicht."

(Vgl. noch Sanh 7a; Num R 18; j Taan 3, 10; Suk 52b; Hieronymus zu Ier. 25, 26).

In den Anfangstexten weichen die Traditionen voneinander ab. Häufig wird berichtet, man habe mit Leviticus begonnen (ARN 6). Der Grund ist den Tradenten nicht mehr gegenwärtig. Sie spielen mit der Heiligkeit des Tempels und des Volkes.

Mehr für sich hat die moderne Erklärung, man habe so die Hoffnung auf nationale Unabhängigkeit und Wiederherstellung des Tempels erhalten wollen.[24]

Abschnitte aus Gen, werden genannt, z. B. die Sintflut-Perikope (Giṭ 60 a).

In das gottesdienstliche Leben einzuführen, scheint der Zweck der Rollen gewesen zu sein, die das שמע (Deut 6, 4–9 + 11, 13–21 + Num 37–41), die *Tefilla*, das Tischgebet und das *Hallel* (Ps 113–118) enthielten (PRE 1). Besondere Erzählungen (Est R 39, 9; Schab 119a), ja Bücher mit Agadot (Giṭ 50a; j Ber V 1), vertieften das Gelernte und versuchten, die Anwendung zu stärken.

Fremdsprachen kannte man wohl; das Griechische wurde überaus geschätzt, für die oberen Schichten war seine Kenntnis geradezu gefordert. Erworben wurden sie aber nicht in der Schule, sondern privat (Hauslehrer; Soṭ 48a; Giṭ 28b; B ḳam 82b. So hat vermutlich auch Josephus seine ersten Griechischkenntnisse erworben).[25]

In Ägypten bzw. Alexandria dürfte sich der Stoff auch an der hellenistischen Schule orientiert haben, wenn die Schüler nicht gar gleich eine solche besuchten. Philon nennt: gymnastische Übungen für den Leib, für die Seele Elementarunterricht (γράμματα), Arithmetik, Geometrie, Musik, Philosophie (SL 2, 229f.).

6. Die Gruppe der Gleichaltrigen

Daß Gleichaltrige sich auf der Ṣtraße zum Singen und Spielen zusammenfanden, geht aus folgender Erzählung hervor: „Als Schimʿon ben Ḥalafta zu einer Beschneidungsfeier ging, da hörten er und andere Gäste bei ihrer Ankunft im Tor Stimmen von Kindern. Als diese den dicken Schimʿon in seinen besten Kleidern sahen, riefen sie ihm zu: ‚Du rührst dich nicht vom Platz, bevor du uns nicht ein bißchen vorgetanzt hast.‘ Er antwortete: ‚Das paßt nicht zu mir, ich bin ein alter Mann.‘ Er schrie sie zwar an, aber sie rührten sich nicht und gaben

[24] N. Drazin: History of Jewish Education from 515 B. C. E. to 220 C. E., Nachdr. New York 1979, S. 83.
[25] Vgl. H. Schreckenberg: Rezeptionsgeschichtliche und textkritische Untersuchungen zu Flavius Josephus, Leiden 1977, S. 173.

nicht nach. Zu den Kindern sagte er: ,Singt im Chor, was ich euch vorsage; dann sagt dem Hausherrn, er soll, wenn er bisher geschlafen habe, aufwachen, denn süß ist der Anfang des Fehlers, bitter sein Ende.' (Er legte den Lärm dem Hausherrn zur Last und wollte ihn durch den Einsturz des Hauses bestrafen.) Von den Kinderstimmen erwachte der Hausherr tatsächlich, ging hinaus und fiel auf die Knie und sagte: ,Rabbi, sieh nicht auf das Treiben dieser törichten Kinder!'" (Ḳoh R zu 3, 11; Krauss TA 3, 108) Dieser Text spricht auch gegen die überzogene Unterrichtsdauer.

Auch Ball spielen die Kinder, und eine Reihe von Rollenspielen war bekannt. Aus Nüssen machte man sich Hohlmaße, spielte Kochen, Verzehnten, Begräbnis. Selbst „Soldat" wurde gespielt, und zwar als echtes Rollenspiel, nicht nur als Nachahmung der Besatzungsmacht. Im Westen verbot erst der Codex Theodosianus die Aufnahme von Juden in das Heer (16, 8, 24 vom Jahre 418).[26]

---

[26] Vgl. H. Schreckenberg: Die christlichen Adversus-Judaeos-Texte und ihr literarisches und historisches Umfeld (1.–11. Jh.), Frankfurt a. M. – Bern 1982, S. 347 f.

DAS KIND UND SEINE SOZIALISATION IN DER ISLAMISCHEN FAMILIE DES MITTELALTERS

HARALD MOTZKI

1. Der Wandel der Einstellung zu Kindern mit dem Aufkommen des Islams

1.1 Die Situation in Westarabien vor dem Islam

Die Einstellung zu Kindern im Islam ist entscheidend von seinen Anfängen bestimmt worden. Zu Beginn des 7. Jh. n. Chr. trat der Islam mit einer radikalen Kritik an damaligen Denk- und Verhaltensweisen ins Leben. Er übte nicht nur am Verhalten des Menschen zu Gott Kritik, sondern auch an der Behandlung des Mitmenschen. In beiden Argumentationszusammenhängen spielten auch Kinder eine Rolle. Mohammed interpretierte und attackierte bestimmte Einstellungen und Handlungen gegenüber Kindern, die er unter seinen Zeitgenossen in Mekka erlebt hatte, als Ausdruck menschlichen Fehlverhaltens gegenüber Gott. Dadurch erfahren wir aus dem Koran einiges über das Kind im vorislamischen Arabien allgemein und in Mekka um die Wende vom 6. zum 7. Jh. insbesondere, und dieses Bild läßt sich aus späteren Quellen, vor allem aus der arabischen Poesie, die viel typisch Beduinisches bewahrt hat, vervollständigen.

In der altarabischen Nomadengesellschaft zählten in erster Linie Söhne. *Walad*, das Wort für Kind, bedeutet im Arabischen gleichzeitig Sohn.[1] Viele Söhne zu haben, war der Wunsch eines Paares, auf sie richtete sich aller Ehrgeiz und Stolz der Eltern. Der Koran benennt Söhne und Vermögen (*māl*) als die Hauptwerte, auf die sich das

---

[1] Diese Ambivalenz hat sich bis heute erhalten. Fragt man einen Araber, wieviel Kinder (*aulād*) er habe, kann man als Antwort oft hören: Soundsoviel *aulād* und soundsoviel *banāt* (Töchter).

Streben der Zeitgenossen Mohammeds richtete.[2] Viele Söhne brachten in diesen patrilinearen Gruppen Macht und Prestige,[3] Kampfkraft bei den Beduinen, Arbeitskraft bei den Seßhaften. Weitere Motive, die zwar erst in späteren Quellen belegt sind, aber wohl auch vor dem Islam schon eine Rolle spielten, waren die Altersversorgung – der Respekt gegenüber den Eltern *(birr al-wālidain)*, der auch ihre Pflege im Alter umfaßte, war nicht nur eine islamische, sondern auch beduinische Tugend –, die Furcht vor Vereinsamung im Alter und der Gedanke, in den männlichen Nachkommen fortzuleben.[4] Ein Mann oder eine Frau, die keinen Sohn bekamen, waren häufig der Verachtung ausgesetzt. Mohammed, der keine Söhne, sondern nur Töchter hatte, mußte diese Erfahrung wohl selbst machen; keine Söhne zu haben, bedeutete fast soviel, wie unfruchtbar zu sein.[5]

Was man sich in der vorislamischen Gesellschaft des Ḥiǧāz, der Region um Mekka und Medina, in der Regel nicht wünschte, waren Töchter. Die Geburt einer Tochter sah ein Mann als Unglück an, sie erfüllte ihn mit Enttäuschung, Verbitterung oder Wut, und er mied die Öffentlichkeit aus Scham, verletztem Stolz, Kummer oder Furcht vor Verachtung. Die Abscheu gegenüber Töchtern konnte so weit gehen, daß er Frau und Kind verließ[6] oder das Mädchen tötete oder durch die Mutter töten ließ.[7] Die Motive dieser negativen Bewertung des weiblichen Nachwuchses waren vielfältig. Einige Argumente, die zur Verteidigung später angeführt wurden, verweisen auf die Gesellschaftsstruktur exogamer, kriegerischer Beduinengruppen, z. B. der Vorwurf gegenüber Töchtern, sie würden Feinde gebären, Fremde in den Clan oder Stamm bringen, Feinde oder Fremde beerben oder bewirten,[8] oder die Vorstellung, sie seien Scham *('aura)*, d. h. gehörten wie die Ehefrauen zum unverletzlichen Eigentum *(ḥarīm)* der Männer,

---

[2] Koran 3: 14; 16: 57; 57: 20.
[3] Koran 68: 10–14; 18: 39f., 57: 20; 3: 14; 23: 55f.
[4] Ṭabarsī 251, 256, 257f. Der Gedanke, in den Nachkommen fortzuleben, ist vielleicht ein Überrest vorislamischer Ahnenvorstellungen.
[5] Koran 108: 3. Die Verwünschung, ein Nichtgenannter möge *abtar* (schwanzlos) sein, ist vermutlich die Verunglimpfung eines Gegners Mohammeds. Ist es eine Reaktion auf eine entsprechende Kränkung?
[6] Rāǧib 325.
[7] Koran 43: 16–18; 16: 58, 59.
[8] Baihaqī 599. Rāǧib 325. Ibn Qutaiba: Bd. 3, S. 99.

das es vor Angriffen fremder Männer zu schützen galt.[9] Reinhaltung des Clans von fremden Elementen, die durch Töchter in ihn einheirateten und von denen man nicht wußte, ob sie mit ihren Kindern nicht später zu ihrem Ursprungsclan zurückkehrten, und Furcht, sich durch die Kinder der eigenen Töchter, die in fremde Gruppen heirateten, spätere Feinde zu schaffen, d. h. fremde Gruppen durch eigenes Blut zu stärken, mögen ursprüngliche Motive für die Ablehnung und Verachtung der Töchter gewesen sein. Bei Stammesführern und Persönlichkeiten von hohem Ansehen konnte die Rein- und Ehrerhaltungssucht in eine Art Standesdünkel münden; man wollte keine Töchter, weil man niemanden für würdig hielt, sie zu heiraten.[10] Väterliche Eifersucht oder Furcht vor Verrat durch die Tochter aus Liebe zu einem Freier erscheinen in anekdotenhaften Überlieferungen, die sich auf altarabische Könige beziehen. Auch die Tradierung solcher Geschichten diente wohl der Rechtfertigung der Vorbehalte gegenüber Töchtern.[11]

Ein anderes Bündel von Gründen, die für die negative Bewertung der Töchter angeführt wurden, bezog sich auf den finanziellen und materiellen Bereich. Mädchen aufzuziehen, zu verheiraten und nach einer Scheidung oder Verwitwung wieder unterhalten zu müssen, wurde als eine große Belastung betrachtet. Mehrere Mädchen – so hieß es – brächten den Vater an den Bettelstab, ohne daß er einen Nutzen von ihnen hätte, denn ihre Kinder gehörten der Familie oder dem Clan ihres Mannes.[12] Deshalb sollen die Araber es abgelehnt haben, das Angebot der Gastfreundschaft eines Mannes, der mehrere Töchter hatte, anzunehmen.[13] Die Klagen, daß die Kinder Unglück und Armut über die Familie brächten und daß es besser wäre, möglichst wenig Kinder ernähren zu müssen,[14] kamen von einzelnen oder Gruppen, die unter den schwierigen Lebensbedingungen Arabiens einen ständigen Kampf um das Überleben führten. Aus diesen Motiven wurden Neugeborene auch getötet. Das traf wohl vorwiegend Mädchen, wenn

---

[9] Baihaqī 602f. Rāġib 325.
[10] Rāġib 326.
[11] Baihaqī 604f.
[12] Rāġib 325f. Baihaqī 602f. Ṭabarsī 251.
[13] Rāġib 325.
[14] Rāġib 320, 321.

auch der Koran die Kindertötung aus Armut nicht eindeutig auf weibliche Kinder bezieht.[15] Eine ungelöste Frage ist, ob es Kinderopfer, also rituelle Kindestötung gegeben hat. Der Koranvers 6: 151 könnte die Vermutung nahelegen, und eine Tradition über Mohammeds Vater setzt einen derartigen Brauch voraus.[16] Sie ist jedoch so legendenhaft, daß man aus ihr keine weitreichenden Schlüsse ziehen sollte. Aus anderen Quellen sind Menschenopfer im nordwestsemitischen Bereich zwar belegt,[17] wären sie zu Mohammeds Zeiten ein geläufiges Phänomen gewesen, würde man aber im Koran und den frühislamischen Quellen eine eindeutigere Distanzierung davon erwarten.

Die Tötung weiblichen Nachwuchses kann trotz gegenteiliger Unterstellungen islamischer Quellen[18] und obwohl es einen arabischen *terminus technicus* dafür gab,[19] nur ein Ausnahmephänomen gewesen sein. Aus Furcht vor Ehrverlust werden allenfalls einzelne Stämme und bei diesen auch wohl nur die Führer[20] zu solchen Praktiken in der Lage gewesen sein, solange sie ihren Bedarf an Frauen aus anderen Stämmen oder Clans decken konnten, ohne dafür eigene Töchter im Austausch zu geben. Regional verbreiteter scheint die Mädchentötung aus Not und Armut gewesen zu sein,[21] neben wahrscheinlich ebenfalls geübten Praktiken zur Empfängsverhütung.[22] Zu überlegen wäre, ob die

---

[15] Koran 6: 137, 140, 151; 17: 31 (diese Einschränkung machen aber die Kommentatoren wie z. B. Ṭabarī).

[16] Ibn Isḥāq 97–100.

[17] Vgl. J. Henninger: Menschenopfer bei den Arabern, in: Anthropos 53 (1958) S. 721–805, bes. 753–757. C. Westermann: Genesis, Bd. I/16, Neukirchen-Vluyn 1979, S. 437f.

[18] Ṭabarī zu Koran 81: 8f.; 16: 57–59; 17: 31. Rāġib 326.

[19] *Wa'ada* – ein Mädchen lebend begraben. Vgl. Koran 81: 8; 16: 59 und dazu Ṭabarī.

[20] Genannt werden die Tamīm. Ṭabarī zu Koran 81: 8f. Rāġib 326. Die Überlieferungen könnten einen historischen Kern haben. Vgl. auch J. Wellhausen: Die Ehe bei den Arabern, in: Nachrichten von der Königlichen Gesellschaft der Wissenschaften und der Georg-Augusts-Universität zu Göttingen 11 (1893) S. 431–481, bes. 458.

[21] Koran 60: 12.

[22] Die Rolle des Samens bei der Zeugung war wohlbekannt (vgl. Koran 75: 37f.; 53: 45f.) und über den *coitus interruptus* (ʿazl) wurde schon in frühislamischen Überlieferungen diskutiert. Vgl. H. Motzki: Geschlechtsreife und Legitimation zur Zeugung im frühen Islam, in: E. W. Müller (Hrsg.): Geschlechtsreife und Legitimation zur Zeugung, Freiburg/München 1985, S. 509. Zur Empfängnisverhütung im Islam neuerdings: B. Musallam: Sex and society in Islam – Birth control before the nineteenth century, Cambridge 1983.

Mädchentötung nicht auch mit einer höheren Sterblichkeitsquote unter den männlichen Kindern zusammenhängen könnte. Das Beispiel des Propheten, von dessen Kindern trotz vieler Ehen nur die Töchter überlebten, ist suggestiv, vielleicht aber nicht typisch. Selbst wenn die Mortalitätsrate nur leicht zugunsten der Mädchen verschoben gewesen wäre, würde es bei dem starken Wunsch nach vielen männlichen Nachkommen, der Abneigung gegen Mädchen und den begrenzten Nahrungsressourcen drastische Maßnahmen zur Begrenzung der Töchterzahl erklären. Auch könnte eine generell höhere Männersterblichkeit eine Rolle gespielt haben. Ob eine solche Hypothese haltbar ist, müßte erst einmal untersucht werden. Zwar vermieden die Araber bei ihren Raubzügen (Sg. *ġazwa*) wegen der Blutrache unnötiges Blutvergießen, aber das blieb natürlich nicht aus und konnte Stammesfehden mit hohem Blutzoll nach sich ziehen. Das Auseinanderbrechen von zu groß gewordenen Stämmen in selbständige Gruppen konnte ebenfalls zu erbitterten Kämpfen um Lebensräume führen.

Wenn auch die Tötung des weiblichen Nachwuchses eher als die Ausnahme als die Regel anzusehen ist, war doch die negative Einstellung zu den Töchtern weit verbreitet und sprichwörtlich – Südarabien und einige südarabische Stämme auf der arabischen Halbinsel ausgenommen. Darüber hinaus war der weibliche Nachwuchs meist vom Erbe ausgeschlossen, da bei eventueller Exogamie[23] ein Teil des Vermögens der Gruppe einem fremden Clan zugefallen wäre. Wie der Koran zeigt, war auch dort, wo nicht mehr oder kaum noch Situationen vorlagen, die eine Begrenzung der weiblichen Kinderschar rechtfertigten, z. B. beim Übergang zur Seßhaftigkeit, das Verhalten der Eltern gegenüber ihren Töchtern noch weitgehend von dem beduinischen Kulturmuster geprägt. Das Gebaren, das ein Vater aus dem Stamm der Qurais̆, der in Mekka ansässig war, bei der Geburt einer Tochter an den Tag legte,[24] oder der toposhafte Wunsch des Vaters, seine Tochter „mit dem Grab zu vermählen",[25] wie er aus der arabischen Poesie des frühislamischen Beduinenmilieus noch geläufig

---

[23] Exogame Ehen (Ehepartner aus verschiedenen Clans oder Stämmen) waren anscheinend zu Beginn des 7. Jh. in Mekka häufiger als endogame; in Medina war es umgekehrt. Vgl. G. H. Stern: Marriage in early Islam, London 1939, Kap. VI u. VII.
[24] Koran 16: 57–59.
[25] Rāġib 326.

ist, wird wohl eher gesellschaftlichen Konventionen Tribut gezollt haben als ein wirkliches Bedürfnis artikuliert haben. Dies ist um so wahrscheinlicher, da aus dem Beduinenmilieu der ersten islamischen Jahrhunderte auch ambivalente und sogar positive Äußerungen in Poesie und Sprichwortgut erhalten sind, bei denen islamischer Einfluß nicht zwingend vorauszusetzen ist. Das Bild der Tochter als duftender Pflanze, an deren Geruch der Vater sich labt, wird ebenso in vorislamische Zeit zurückreichen,[26] wie die Klage von Vätern, die ihre Töchter liebten, die ihnen der Tod entriß, oder die Verse von Vätern, die sich wegen ihrer Armut um sie Sorgen machten, oder von Vätern, die sich verpflichtet fühlten, zu leben und für sie zu sorgen, um ihnen ein Waisenschicksal zu ersparen.[27] Es ist nicht anzunehmen, daß Mohammed der erste und einzige Vater war, der eine andere Einstellung zu Töchtern entwickelte, als sie zu seiner Zeit vorherrschend war.[28] Auch werden die Mütter, wiewohl in patriarchalischen Gesellschaften unter hohem Normendruck von seiten der Männer, der Töchterphobie Widerstand entgegengesetzt haben, wie die Beduinenmutter, die aus der Not, ein Mädchen geboren zu haben, eine Tugend machte und die Vorzüge der Töchter pries, nämlich, daß sie ihr eine Hilfe im Haushalt sein werde und später Vermögen und Prestige bringen werde, wenn man sie gut verheirate.[29]

1.2 Mohammeds Kritik

Die herrschende Einstellung gegenüber Kindern wurde mit dem Aufkommen des Islams grundlegend in Frage gestellt. Der Ausgangspunkt lag in Mohammeds eigenen Kindheitserfahrungen. Aufgewachsen als Waise in großer Armut und ohne Zukunft hatte er durch glückliche Umstände schließlich doch noch ein Heim gründen können

---

[26] Rāġib 325 (aus Beduinenmund; auch – wohl sekundär – als Prophetenausspruch im Umlauf: Ṭabarsī 251. Qummī 310).

[27] Ibn Qutaiba: Bd. 3, S. 93–95.

[28] Ähnliches wird schon vom Großvater des Dichters Farazdaq (ca. 640–728) überliefert. Vgl. Wellhausen (wie Anm. 20) S. 458. Auch Rāġib 325 (Spruch eines Beduinenvaters).

[29] Baihaqī 600. Zu Müttern, die ihre Töchter vor dem Tod zu retten versuchten, auch Rāġib 326 und Wellhausen (wie Anm. 20); vgl. Koran (wie Anm. 2). Vermutlich gab es auch Stammesgruppen, in denen Töchter positiver bewertet wurden.

und war zu Reichtum gelangt. Diese glückliche Wende seines Lebens schrieb er göttlichem Eingreifen und Gottes Gnade zu.[30] Aus seiner schwierigen Kindheit blieb Mohammed offenbar eine Sensibilität für das Los vaterloser Kinder und anderer hilfsbedürftiger und schutzloser Individuen in der mekkanischen Gesellschaft, der Armen, Sklaven und Gefangenen. Sich dieser vernachlässigten Personen anzunehmen, sah Mohammed in seinen frühesten Verkündigungen zusammen mit der Zuwendung zu Gott im Gebet *(ṣalāt)* als die rechte Art des Gottesdienstes an, als den Heilsweg des Menschen.[31] Zusammen mit den späteren Empfehlungen zur Behandlung von Waisen, die Vermögen besitzen,[32] zielten die koranischen Verkündigungen auf den Schutz und die Fürsorge für das vaterlose Kind ab.

Ebenso wie das Verhalten gegenüber Waisen, das Mohammed in seiner Umwelt beobachtete, war ihm auch schon früh die Behandlung der weiblichen Neugeborenen fragwürdig. Was haben sie Schlimmes getan, fragte er im Koran, welche Schuld haben sie auf sich geladen, daß man sie umbringt? Für ihn resultierten diese Praktiken aus Torheit und Unverstand. Die Eltern luden sich dadurch schwere Schuld auf.[33] Hier zeigt sich eine grundlegend andere Einstellung gegenüber den Kindern. Sie werden nicht mehr als Eigentum des Vaters betrachtet, als Gegenstand, über den er als sein Besitzer nach Gutdünken verfügen kann, sondern als Individuen, die ein Recht auf Leben haben und die am Jüngsten Tag Rechenschaft von ihren Eltern verlangen werden, die ihnen das Recht zu leben verweigerten. Mohammed sah das Problem, die Not, die manche Eltern dazu trieb, ihre Kinder zu töten. Aber er akzeptierte die Armut nicht als hinreichende Entschuldigung. Für ihn waren die Kinder, Mädchen wie Jungen, Geschöpfe Gottes, die Gott dem Menschen schenkte. Es war der Wille des Schöpfers, wenn jemand Töchter oder Söhne oder überhaupt keine Kinder bekam.[34] Wie konnte der Mensch sich da erkühnen, Gottes Geschenk abzulehnen und seinem Willen zuwiderzuhandeln? Das war – nach Mohammeds Überzeugung – ein Verbrechen. Wie Gott in seinem unergründ-

---

[30] Koran 93: 7–9 (eine der frühesten Suren).
[31] Koran 93: 6–10; 107; 76: 8f.; 90: 12–16; 89: 17–20.
[32] Koran 4: 2, 6, 9f.; 2: 220.
[33] Koran 81: 8f.; 6: 137, 140.
[34] Koran 42: 49f.; 23: 12–14; 16: 72; 2: 228.

lichen Wissen und seinem souveränen Willen den Menschen schafft, so erhält er das Kind auch und sorgt für es, wenn er es will. Gegenüber der Angst um die Zukunft des Neugeborenen fordert der Koran Gottvertrauen.[35] Hatte er schon dem Kind, das seinen Vater, d. h. seinen Ernährer und Beschützer, verloren hatte, das Recht auf eine menschenwürdige Kindheit, Fürsorge und Schutz zugesprochen, ging er mit dem Verbot der Kindestötung darüber hinaus und gewährte den Kindern generell ein Recht auf Leben und Schutz gegenüber der Willkür ihrer Eltern. Zu einem späteren Zeitpunkt korrigierte Mohammed die negative Bewertung der Töchter weiter, indem er ihnen einen Anteil am Erbe der Eltern zubilligte.[36]

Mohammed attackierte aber auch den Vaterstolz der Araber auf ihre Söhne, das Sicherheits-, Macht- und Glücksgefühl, das ihnen Söhne vermittelten. Auch hier war er persönlich tangiert, da er nur Töchter hatte, mehrere Söhne starben – so die islamische Überlieferung – in frühester Kindheit. Offenbar litt er darunter und beneidete insgeheim seine Gegner, die ihr Prestige als Väter von Söhnen gegen ihn in die Waagschale warfen.[37] In ihrem Stolz und ihrem Selbstbewußtsein, das sich auf Reichtum und Söhne gründete, entdeckte Mohammed aber die eigentliche Ursache ihres Unglaubens, ihrer Unfähigkeit, die „schlechthinnige Abhängigkeit" (F. Schleiermacher) des Menschen von Gott zu begreifen und Muslim zu werden, d. h. diese Abhängigkeit anzuerkennen und sich ganz auf Gott hin zu orientieren. Der Koran setzte daher dem Vermögen und den Söhnen als irdischem und vergänglichem Glück, als Spiel, Zerstreuung, Flitter und Blendwerk, das wahre, unvergängliche, jenseitige Glück entgegen, das man durch sie nicht erreicht, sondern nur durch Hinwendung zu Gott *(islām)* und gute Werke.[38] Söhne könnten sogar eine Strafe Gottes sein, wenn sie den Menschen dazu verführten, im Unglauben zu verharren.[39] Mochten sie im Diesseits auch Hilfe und Stütze des Vaters sein, bei der letzten großen Abrechnung stehe der Mensch ganz allein seinem

---

[35] Koran 17: 31; 6: 151.
[36] Koran 4: 11. Daß die Mädchen nur halbsoviel erben wie die Jungen, beruht nicht auf einer Geringschätzung der Töchter, sondern hängt mit der Verteilung finanzieller Lasten in der islamischen Familie zusammen.
[37] Koran 9: 55; 18: 39f.; 68: 10–14.
[38] Koran 18: 39f.; 57: 20; 3: 14; 63: 9; 18: 46; 23: 55f.
[39] Koran 9: 55.

Schöpfer und Richter gegenüber, und weder seine Söhne noch seine Sippe könnten ihm dann helfen oder nützen.[40] Hier zeigt sich, wie an vielen anderen Stellen im Koran, der radikale Bruch des Islams mit der Stammesethik, in der das Wohl und die Ehre des Stammes oder Clans oberstes Leitprinzip des Handelns des einzelnen war und nach der einer für den anderen eintrat und für dessen Tun mitverantwortlich war. Im Koran ist der Mensch zunächst Individuum und für sich selbst verantwortlich, an zweiter Stelle Glied einer Gemeinschaft von Glaubensbrüdern und ihnen gegenüber verpflichtet, an dritter Stelle Gatte, Gattin, Vater, Mutter, Kind mit den entsprechenden gegenseitigen Pflichten und Verantwortungen und erst nach alledem ist die weitere Verwandtschaft relevant. Die Stammeszugehörigkeit spielt kaum noch eine Rolle. Daß die elementare Lebensgemeinschaft, die wir Familie nennen,[41] zugunsten der sozialen Einheiten Clan und Stamm in den Vordergrund rückte, zeigt neben zahlreichen Vorschriften und Empfehlungen, die familiäre Beziehungen regeln sollten, die Vorstellung, daß die Gläubigen als Familien, d. h. die Ehegatten zusammen mit ihren Kindern und Eltern, dereinst die Freuden des Paradieses genießen würden.[42]

1.3 Ein Erklärungsversuch

Im Koran spiegelt sich eine Einstellung zu Kindern, die von der herrschenden Praxis der arabischen Stämme des Ḥiǧāz, das ist die Region um Mekka und Medina, im 6. und beginnenden 7. Jh. stark abweicht. Fragt man nach den historischen Bedingungen, die zur Erklärung dieses Unterschieds beitragen können, sind mehrere Hypo-

---

[40] Koran 60: 3; 58: 17; 26: 88f.

[41] Die entsprechende arabische Terminologie ist inkonsistent. Vgl. J. Lecerf: Note sur la famille dans le monde arabe et islamique, in: Arabica 3 (1956) S. 31–60. Im Koran steht die Vorstellung einer erweiterten Familie (drei Generationen und weitere zum Haushalt gehörende Personen) im Hintergrund, oft wird aber nur auf die Beziehungen der Nuklearfamilie abgehoben.

[42] Koran 52: 21; 13: 23; 40: 8. Die Paradiesvorstellungen Mohammeds waren anfangs nur auf den Mann als Individuum zentriert (Mann – Paradiesjungfrau), erst allmählich trat die Familie als paradiesische Lebensform in Erscheinung (Gatte – Gattin; Vater – Kinder; Vater – Ehepaar – Kinder). Vgl. J. Horovitz: Das koranische Paradies (1923), in: R. Paret (Hrsg.): Der Koran, Darmstadt 1975, S. 53–73.

Harald Motzki

thesen zu erwägen.[43] Die theologische Erklärung, er beruhe auf dem Eingreifen Gottes in die Geschichte, sei, da nicht empirisch – was kein Urteil über Wahrheit oder Falschheit ist –, ausgeklammert.

Die Beziehungen zwischen Eltern und Kindern und die Einstellung einer Gesellschaft gegenüber Kindern sind nur ein kleiner Ausschnitt der sozialen Wirklichkeit. Wandeln sie sich, liegt es nahe, weiterreichende Veränderungsprozesse in der betreffenden Gesellschaft zu vermuten. Eine Reihe von Indizien sprechen dafür, daß Mohammeds Verkündigung *auch* Antworten und Reaktionen auf soziale Antinomien enthält, die durch sozialen Wandel hervorgerufen wurden. Als erster Faktor ist der Übergang des Stammes der Quraiš vom Nomadentum zur Seßhaftigkeit zu berücksichtigen, der von der islamischen genealogischen Tradition auf fünf Generationen vor Mohammed angesetzt wird. Dieser Wechsel der Lebensweise hatte zwar keine unmittelbaren Auswirkungen auf die soziale Organisation des Stammes, der weiter aus einzelnen Clans bestand, die für ihre Mitglieder verantwortlich waren, aber sie brachte im Laufe der Zeit eine Umstellung in der Wirtschaftsweise mit sich. Die Quraiš gingen zum Handel über, denn Ackerbau war in Mekka und der näheren Umgebung nicht möglich. Das war die zweite einschneidende Veränderung.

Es kann vorausgesetzt werden, daß Seßhaftigkeit und Handel mit anderen Erfahrungen menschlicher Existenz verbunden sind als Nomadenleben und Viehzucht. Das Weltbild von Nomaden und Viehzüchtern, ihre Art zu sehen, zu ordnen und zu bewerten, wird eine

---

[43] Das kann an dieser Stelle nur eine grobe Skizze sein. Zur arabischen Gesellschaft um die Wende zum 7. Jh. vgl. u. a. G. Jacob: Altarabisches Beduinenleben, Berlin 1897. W. R. Smith: Kinship and marriage in early Arabia, Boston [2]1903. H. Lammens: Le berceau de l'Islam. L'Arabie occidentale à la veille de l'hégire, Rom 1914. Ders.: La Mecque à la veille de l'hégire, Beirut 1924. J. Wellhausen: Reste arabischen Heidentums, Berlin/Leipzig [2]1927. E. Wolf: The social organization of Mecca and the origins of Islam, in: Southwestern Journal of Anthropology 7 (1951) S. 329–356. W. M. Watt: Muhammad at Mecca, Oxford 1953. J. Chelhod: Introduction à la sociologie de l'Islam, Paris 1958. – Mein theoretischer und begrifflicher Rahmen orientiert sich an wissenssoziologischen Arbeiten, vor allem P. L. Berger und Th. Luckmann: Die gesellschaftliche Konstruktion der Wirklichkeit. Eine Theorie der Wissenssoziologie, Frankfurt a. M. 1970, und an dem Versuch von H. Seiwert: Möglichkeiten und Grenzen einer Anwendung der Prinzipien des Kritischen Rationalismus im Rahmen der Religionswissenschaft, (Unveröffentlichte Magister-Arbeit, Phil. Fak.) Bonn 1974, bes. Kap. IV, eine allgemeine Theorie des intellektuellen Wandels zu entwerfen.

Reihe von menschlichen Erfahrungen, die Seßhaftigkeit und Handel mit sich bringen, nicht ohne weiteres einordnen und legitimieren können. Da die Qurais̆ sich nicht in einer Gegend niederließen, in der eine langansässige, bodenständige Bevölkerung vorhanden war, an deren Weltbild sie hätten partizipieren können, müssen sie ihr traditionelles Weltbild beibehalten haben. Der weiterhin enge Kontakt zu Nomadengruppen der Umgebung wird zu dessen Erhaltung ein übriges beigetragen haben. Die Tatsache, daß eine Reihe von Erfahrungen, mit denen der einzelne in seiner neuen Lebenswelt konfrontiert wurde, in sein Weltbild nicht einzuordnen, in ihm nicht erklärbar und bewertbar war, weil diese Wirklichkeiten dort nicht vorgesehen waren, mußte zu individuellen und sozialen Antinomien führen, die nach Lösung und Beseitigung verlangten.

Diese Prämissen lassen sich auf den Wandel der Einstellungen zu Kindern beziehen. Das Verhalten gegenüber dem Waisenkind z. B. wurde in der Nomadengesellschaft vom Prinzip der Stammes- oder Clansolidarität gesteuert, die unter den altarabischen Nomaden das alles überragende Regulativ war. Zur Ehre und Erhaltung des Clans oder des Stammes, zu dem man gehörte, beizutragen, war in der Regel höchster Wert und Ziel des Individuums. Diesem Ziel dienten die altarabischen Tugenden der Tapferkeit im Kampf, der Geduld im Unglück, der Beharrlichkeit bei der Blutrache, die Tugenden, den Schwachen zu schützen und dem Starken die Stirn zu bieten. Generosität und Gastfreundschaft waren und sind zum Teil noch heute hervorstechende und gerühmte Charakterzüge des Beduinen. Aus der Biographie Mohammeds kann man schließen, daß es traditionelle Regeln gab, an wen die Vormundschaft über eine Waise fiel.[44] Man darf unterstellen, daß in den Stämmen, in denen die nomadischen Ideale und Normen lebendig und wirklichkeitsnah waren und die Vernachlässigung der Versorgung des Enkels oder Neffen Verachtung und Ehrverlust eingebracht hätten, das Waisenschicksal kein soziales Problem dargestellt hatte.

Aus dem Koran läßt sich entnehmen, daß die Nomadentugenden

---

[44] Es sei denn, man hält das Quellenmaterial für eine Projektion aus späterer Zeit, denn ähnliche Regeln finden sich im islamischen Recht. Das wäre aber erst nachzuweisen. Pauschalurteile über den Quellenwert der Biographie Mohammeds *(sīra)* werden dieser Literatur nicht gerecht.

der Generosität und der Hilfsbereitschaft für den Schwachen in Mekka zu Mohammeds Zeiten kaum noch das Verhalten bestimmten. Dafür regierten Habgier, Raffsucht, Selbstherrlichkeit, Egoismus und ein grenzenloses Vertrauen einzelner in ihre Fähigkeiten, ihren Besitz und ihre Söhne.[45] Diese materialistische und egozentrische Haltung läßt sich gut als Folge von Seßhaftigkeit und Handel begreifen. Die größere Sicherheit, die eine Vielzahl von Clans auf einem Fleck bot, wird die existentielle Notwendigkeit solidarischen Verhaltens jedes einzelnen zugunsten der Gesamtheit zu einer selteneren Erfahrung gemacht und so zur Schwächung dieses gesellschaftlichen Wertes beigetragen haben. Das Engagement im Handel war wohl überwiegend nicht Sache von Clans, sondern der Initiative und dem Unternehmergeist einzelner überlassen, die sich für größere Geschäfte, wie Karawanen, mit anderen, die nicht unbedingt dem gleichen Clan angehören mußten, zu Partnerschaften zusammentaten. Es wäre ein nicht unwahrscheinlicher Vorgang, wenn die Geschäftsinteressen des einzelnen ihm bald wichtiger wurden als soziale Pflichten und Rücksichten auf den Clan. Nur bei schweren Bedrohungen der Existenz oder Ehre eines Clans wird man die alte Solidarität kurzzeitig wieder haben herstellen können. Die biographischen Überlieferungen über die Probleme Mohammeds und seiner Anhänger in Mekka bieten dafür eine Reihe von Beispielen.

Das Auseinanderdriften von sozialer Wirklichkeit und handlungsleitenden Werten (Weltbild) wurde von Mohammed und einigen seiner Zeitgenossen offenbar als so unerträglich empfunden, daß sie nach neuen Weltbildern suchten, mit denen ihre Wirklichkeitserfahrung interpretierbar war. Einige schlossen sich dem Juden- oder Christentum an. Mohammed dagegen entwickelte unter Verschmelzung jüdisch-christlicher Vorstellungen, die damals Arabien überschwemmten, und altarabischer Konzeptionen ein neues Weltbild, das den sozialen und wirtschaftlichen Gegebenheiten in Mekka und Medina weitgehend Rechnung trug. Die Steine des Anstoßes, die ihn zur Reaktion trieben, sind sicher in seiner Biographie, seiner persönlichen Betroffenheit zu suchen. Gerade die koranische Einstellung zu Kindern spiegelt kein weltfremdes, rein intellektuelles Problem, sondern es war wohl sein eigenes Waisendasein und seine Töchterschar, die ihn

---

[45] Das sind die Vorwürfe, die im Koran erhoben werden.

herausgefordert haben, nach Antworten und Lösungen zu suchen, um seine soziale Wirklichkeit verständlich und lebenswert zu machen.

1.4 Die nachkoranische Entwicklung

Die durch den Koran gegebenen Anstöße zur Ausbildung einer neuen Einstellung gegenüber Kindern wurden in den folgenden Jahrhunderten von den islamischen Gebildeten und Gelehrten aufgegriffen, erläutert, präzisiert, propagiert und wohl auch selbst praktiziert. Ihre Meinungen wurden im Laufe der Zeit zum allgemeinen Bildungsgut. Sie finden sich in *ḥadīt*-Sammlungen, in denen angebliche Aussprüche und Handlungen des Propheten und seiner Gefährten überliefert sind, in *adab*-Werken, die neben solchem Material auch allgemeines, als nützlich betrachtetes Wissen unterschiedlicher Herkunft enthalten, und in theologischen Traktaten, die sich speziell mit Kindern und Kindheit befassen.

Nach dieser Literatur galt das Kind als ein Geschenk Gottes; besonders das gute Kind *(walad ṣāliḥ)* ist ein Zeichen von Gottes Güte und Gnade gegenüber den Eltern.[46] Kinder bringen ihren Eltern eine Reihe von Vorteilen. Da sind zunächst die profanen und diesseitigen: Sie können den Eltern Glück und Freude bereiten, Augentrost und Erquickung für das Herz im Alter sein und sie vor dem Alleinsein bewahren.[47] Das ist aber wenig gegenüber dem Nutzen, den man durch die Kinder für sein jenseitiges Glück haben kann. Die Liebe der Eltern zum Kind wird dereinst durch Gottes Erbarmen vergolten.[48] Den Gebeten, die ein Kind nach dem Tod seiner Eltern für diese an Gott richtet, schreibt man heilsame Wirkungen zu, von denen die Eltern am Jüngsten Tag profitieren. Manchmal heißt es sogar, daß sie darüber hinaus auch an dem Lohn der guten Werke ihrer Kinder partizipieren.[49] Das sieht wie eine islamische Adaptation der Ahnenverehrung aus, besonders da in diesem Zusammenhang gelegentlich betont wird, daß durch die Gebete der Verstorbene fortlebe.

---

[46] Ṭabarsī 251, 261. Rāġib 320. Qummī 309.
[47] Rāġib 321, 322. Ṭabarsī 255, 256, 257f.
[48] Ṭabarsī 251. Qummī 310.
[49] Ṭabarsī 251. Samarqandī 47. Rāġib 320, 321. Ġazālī: Bd. 2, S. 25, 27. Ibn al-Qayyim 6, 8. Qummī 309.

Eine außerordentlich heilstiftende Wirkung für die Eltern hat der Tod von Kindern. Es heißt, daß das tote Kind am Jüngsten Tag für sie Fürsprache einlegen und sie ins Paradies führen werde. Es gibt rührende Geschichten, wie sich die Kinder weigern, ohne ihre Eltern das Paradies zu betreten. Nach einem angeblichen Ausspruch des Propheten soll der Verlust zweier Kinder Mauern zwischen den Eltern und der Hölle errichten, und wem drei Kinder vor dem Erreichen des Erwachsenenalters sterben, der könne des Paradieses sicher sein.[50] Dieses ursprünglich als Trost für die Eltern und als Entschädigung für ihren Kummer gedachte Theologem konnte paradoxe bis makabre Auswirkungen haben, wie in der Anekdote von einem frommen Asketen, der nie heiraten und Kinder haben wollte, bis er im Traum die heilbringende Funktion der gestorbenen Kinder am Jüngsten Tag schaute und sofort heiratete in der Hoffnung, Kinder zu bekommen, die im Kindesalter stürben![51] Der jenseitige Nutzen der Kinder wurde auf die Formeln gebracht: Kinder sind duftende Paradiespflanzen, oder der Geruch des Kindes ist der Geruch des Paradieses,[52] islamisierte Euphemismen aus der Welt der Beduinen.

Angesichts der mannigfaltigen Vorteile wurde die Frage, ob man sich Kinder wünschen und sich bemühen solle, Kinder zu zeugen, überwiegend positiv beantwortet und mit Koranversen, Prophetensprüchen und rationalen Argumenten untermauert. Die Zeugung vieler Kinder galt als ein verdienstvolles frommes Werk und als ein Freundschaftsdienst für den Propheten. Man vermehrte dadurch seine Anhängerschaft und gab ihm die Möglichkeit, beim Jüngsten Gericht über alle anderen Gottesgesandten zu triumphieren. Zeugungsfreudige Eltern erfüllten den Willen Gottes zur Fortpflanzung der menschlichen Art, das Hauptziel der Ehe. Mit dieser Begründung rechtfertigte man auch die Polygamie und das Verbot, mit einer unfruchtbaren Frau die Ehe einzugehen.[53]

In dieser Hauptströmung muslimischer Einstellung zu Kindern gingen die Stimmen, die sich zurückhaltender oder kinderfeindlich äußerten, fast unter. Sie finden sich überwiegend in der *adab*-Literatur

---

[50] Ġazālī: Bd. 2, S. 25, 27f. Ibn al-Qayyim 6f. Qummī 311.
[51] Ġazālī: Bd. 2, S. 28.
[52] Ṭabarsī 251. Ibn Qutaiba: Bd. 3, S. 94. Rāġib 320.
[53] Ṭabarsī 256. Ġazālī: Bd. 2, S. 25–27. Ibn al-Qayyim 5f.

und kamen teils aus dem Schatz von Beduinensprichworten und vorderorientalischen Weisheiten, teils aus asketisch-religiösen Kreisen: Kinder seien ungehorsam, undankbar und bereiteten den Eltern nur Ermüdung, Qual, Kummer und Sorge,[54] sie stürzten sie in Armut, Unglück, Schande und durch ihren Tod in Trauer und Verzweiflung; dem Frommen seien sie gar Versucher und Feinde.[55] Einige dieser Argumente – besonders die Furcht vor Armut und Schande, die Hauptmotive der vorislamischen Mädchentötung – tauchten auch in den Diskussionen um die Geburtenbeschränkung auf, wurden aber von den Religionsgelehrten in der Regel nicht akzeptiert.[56]

Wenn in arabischen Texten von Kindern (*aulād*, Sg. *walad*) die Rede ist, bleibt oft offen, ob nur die Söhne oder Kinder allgemein, d. h. auch die Töchter, gemeint sind.[57] Wären es nur die Jungen, dann hätte der Islam lediglich die Hochschätzung der männlichen Nachkommen der altarabischen Nomadengesellschaft übernommen und mit neuen Legitimationen versehen. Dies ist nicht der Fall. Das Bild vom Kind, das wir nach den islamischen Quellen gezeichnet haben, gilt generell auch für das Mädchen. Es konnte sich oft der besonderen Sympathie der islamischen Religionsgelehrten erfreuen; gelegentlich wurde es sogar dem Jungen vorgezogen. Mit der Betonung, daß auch die Töchter von Gott kommen, daß er als Schöpfer das Geschlecht des Kindes bestimmt und daß der Mensch in seiner begrenzten Einsicht das, was Gott gefällt und was er als Wohltat spendet, nicht ablehnen darf,[58] setzte man die koranische Linie mit Nachdruck fort. Wenn ein Kind zur Welt komme, sollten die Eltern daher nicht als erstes fragen, ob es ein Sohn oder eine Tochter, sondern, ob das Neugeborene gesund sei. Über eine Tochter sollte man sich freuen, und wenn ein Vater seine Kinder beschenke, sei es gut, mit den Töchtern zu beginnen.[59]

Die Vorteile, die Töchter den Eltern bringen – zusätzlich zu denen, die auch Söhne haben –, wurden mit Akribie gesammelt. Sie können gute Kinder, rechtschaffen und aufrichtig, nützlich und liebevoll sein, sie hüten das Haus und helfen der Mutter, sie sind als Gattinnen,

---

[54] Ibn Qutaiba: Bd. 3, S. 92, 96. Rāġib 326.
[55] Rāġib 320f. Ibn Qutaiba: Bd. 3, S. 93.
[56] Ṭabarsī 256. Ġazālī: Bd. 2, S. 25, 52–54. Ibn al-Qayyim 8–10.
[57] ↗ S. 391.
[58] Rāġib 325. Baihaqī 599. Ṭabarsī 251. Ibn al-Qayyim 13.
[59] Baihaqī 600. Ṭabarsī 252. Ġazālī: Bd. 2, S. 55.

Mütter, Schwestern und Tanten geschätzt. Niemand pflegt die Kranken wie sie, niemand tröstet den Trauernden, und niemand beklagt die Toten wie sie.[60] Die Liebe der Tochter, besonders des kleinen Mädchens, ist ganz besonders tief. Rührende Anekdoten zeigen Töchter, die den Vater vor Tod und Verzweiflung bewahren. Kurz gesagt: Die Tochter ist ein Schmuck der Familie und ein Segen Gottes für sie.[61] Töchter sind vortreffliche, ja die besten Kinder![62] Das gilt auch für den jenseitigen Nutzen. Töchter aufzuziehen, ist ein größeres Verdienst und bringt mehr Lohn als Söhne. Ein Mann, der drei Töchter (nach anderer Meinung zwei oder sogar nur eine) großzieht, schützt und verheiratet, schafft sich durch sie einen Schutzschild vor der Hölle und eine Eintrittskarte für das Paradies.[63]

In den *ḥadīṯ*-Überlieferungen ist die vorislamische Misogynie dennoch spürbar. Es wurde nicht bestritten, daß die Töchter eine Heimsuchung, Mühsal und große finanzielle Belastung seien, nur war jetzt gefordert, es geduldig und gottesfürchtig zu ertragen. Der versprochene Lohn war wohl dazu gedacht, dem geplagten Vater von Töchtern dies schmackhaft zu machen. Aber als ob diese Hilfestellung zu wenig gewesen wäre, finden sich in der Literatur eine Reihe weiterer Trostpflaster. Die Propheten waren selbst Väter von Töchtern. Gott wird den Unterhalt der Mädchen übernehmen. Darüber hinaus wurden die Väter von Töchtern der Barmherzigkeit und Generosität der Glaubensbrüder besonders anempfohlen und sollten von finanziellen Bürden für die Gemeinschaft, wie der Armensteuer *(ṣadaqa)* und dem Gotteskampf *(ǧihād)* befreit werden.[64] Neben dem Zuckerbrot fehlte auch die Peitsche nicht: Wer über die Geburt einer Tochter grollt, bekommt eine weitere, oder wer seinen Töchtern den Tod wünscht und sie tatsächlich sterben, der wird beim Jüngsten Gericht wegen Kindermordes zur Rechenschaft gezogen.[65]

Dieser vehemente Einsatz zugunsten der Töchter läßt ahnen, daß die koranische Saat nicht überall auf fruchtbaren Boden gefallen war. Das

---

[60] Diese Argumente, die dem Umayyaden-Kalifen Muʿāwiya zugeschrieben werden, könnten schon in die vorislamische Zeit zurückreichen.
[61] Baihaqī 599–601. Rāġib 325. Ġazālī: Bd. 2, S. 54. Ibn al-Qayyim 13.
[62] Ṭabarsī 251.
[63] Ṭabarsī 251. Ġazālī: Bd. 2, S. 55. Ibn al-Qayyim 11–13. Qummī 311.
[64] Ṭabarsī 251 f. Rāġib 325. Ibn al-Qayyim 13.
[65] Baihaqī 600. Ṭabarsī 251. Qummī 310.

belegt auch eine Anzahl von Sprüchen, in denen die vorislamische Töchterphobie zum Ausdruck kommt, die aber dem Propheten oder islamischen Autoritäten der Frühzeit zugeschrieben wurden.[66] Al-Ġazālī (gest. 1111), einer der bedeutendsten islamischen Theologen des Mittelalters, spiegelt wohl den Geist seiner Zeit wider, wenn er schreibt, der Vater solle sich über die Geburt eines Sohnes nicht allzusehr freuen und über seine Tochter nicht zu traurig sein. Wenn Ibn Qayyim al-Ġauzīya im 14. Jh. indigniert feststellt, daß sich die Eltern meist nur Söhne wünschen,[67] drückt er einen Tatbestand aus, der für viele islamische Länder des Vorderen Orients bis heute gilt.[68]

2. Das Kind im sozialen Netz der islamischen Gesellschaft

2.1 Die elementaren Rechte

Im städtischen Milieu Arabiens des 7. Jh.[69] war die islamische Einstellung zu Kindern entstanden. In den Metropolen der islamischen Ökumene entwickelten sich in den folgenden Jahrhunderten die spezifisch islamischen Ausprägungen der Gesellschaft und Kultur des Vorderen und Mittleren Orients. In dieser islamischen Stadtkultur wurden Kinder und Kindheit als ein Aspekt der sozialen Wirklichkeit begriffen, die Beziehungen Erwachsener zu Kindern geregelt, Rechte zugesprochen, Aufgaben verteilt, kurz, das soziale Netz geschaffen, in dem Kinder aufwachsen und gedeihen konnten. Die das Kind betreffenden sozialen Normen finden sich in Schriften, die als Entwürfe zu

---

[66] Rāġib 325, 326.

[67] Ġazālī: Bd. 2, S. 55. Ibn al-Qayyim 11.

[68] Vgl. J. Desparmet: Coutumes, institutions, croyances des indigènes de l'Algérie, Bd. 1: L'enfance, le mariage et la famille, Algier 1939, S. 13 f. H. Granqvist: Birth and childhood among the Arabs. Studies in a Muhammadan village in Palestine, Helsingfors 1947, S. 76–79. Dies.: Child problems among the Arabs, Helsingfors 1950, S. 138–140. M. Mas: La petite enfance à Fès et à Rabat. Étude de sociologie citadine, in: Annales de l'Institut d'Études Orientales (Institut d'Études Orientales de la Faculté des Lettres et Sciences Humaines d'Alger) Bd. 17 (1959) S. 1–144; Bd. 18–19 (1960/1961) S. 167–275; Bd. 20 (1962) S. 277–400, bes. 24 f., 354–360. N. Zerdoumi: Enfants d'hier. L'éducation de l'enfant en milieu traditionnel algérien, Paris 1979, S. 69, 185.

[69] Wie bescheiden auch immer man sich die Städte Mekka und Medina zur damaligen Zeit vorzustellen hat.

verstehen sind, das Leben der islamischen Gesellschaft als einer diesseitigen, aber auf das zukünftige, jenseitige Heil orientierten Gemeinschaft zu regeln. Sie werden häufig unter der arabischen Bezeichnung *fiqh* (Jurisprudenz; eigentlich: Verstehen, Begreifen) zusammengefaßt. Sie stellen jedoch nicht nur Jurisprudenz im uns geläufigen Sinn, sondern eher eine Art Soziotheologie dar. Als Leitlinie für die Richter (Sg. *qāḍī*) und idealiter für Herrscher, Verwaltung und Untertanen waren sie nicht bloße Theorien, sondern sie hatten große Bedeutung für die Formung der islamischen Lebenswirklichkeit, vor allem der Stadt. Die Grundzüge sind Ende des 8. Jh. voll ausgebildet und wurden in den folgenden Jahrhunderten weiter ausgebaut, systematisiert und verfeinert, ein Prozeß, der sich bis ins 19. Jh. fortsetzte.[70]

Das Grundproblem, das hinter den verschiedenen Vorschriften und Empfehlungen sowie den Überlegungen dazu sichtbar wird, ist die Frage: Wie kann das Kind als ein schwaches, gefährdetes, hilfsbedürftiges Wesen mit einem Schutz versehen werden, der seinen kindlichen Bedürfnissen und seiner Entwicklung adäquat ist und ihm alle nötigen Voraussetzungen schafft, das diesseitige Leben erfolgreich zu bestehen und das jenseitige Glück zu erwerben. Die Antworten der islamischen Gelehrten waren eng an den sozialen Bräuchen des Vorderen Orients orientiert, aber alles wurde mehr oder weniger plausibel in das islamische Legitimationsschema eingearbeitet. Es entstand so der Eindruck einer Kohärenz, die durch das obige Leitthema auf eine Formel gebracht ist.

Der Schutz des Kindes begann schon im Mutterleib.[71] Sein Recht auf Leben wurde durch eine Reihe von Maßnahmen unterstrichen. Die Tötung einer Leibesfrucht war strafbar und derjenige, der ihren Abort herbeigeführt hatte, mußte eine Sühne/Blutgeld (*diya* oder *ġurra*) an die Erben des getöteten Fötus zahlen und eine Buße *(kaffāra)* auf sich nehmen, die in der Freilassung oder dem Freikauf eines Sklaven oder

---

[70] Da es kein *fiqh*-Werk gibt, das allgemeine Autorität genießt, sondern sich im Islam verschiedene Richtungen (Schulen) herausgebildet haben, die eine bestimmte Tradition pflegen, sich aber trotz ihrer Differenzen gegenseitig akzeptieren, kann die folgende Darstellung der allgemeinen Tendenzen gelegentlicher Hinweise auf die unterschiedlichen Auffassungen in den Schulen nicht entbehren.

[71] Die folgenden Grundsätze gelten für freie Muslime. Für Sklaven und Nichtmuslime gibt es oft besondere Bestimmungen.

einer Sklavin bestand oder – falls das nicht möglich war – im Fasten während zweier aufeinanderfolgender Monate. Der Unterschied zum Verfahren bei der Tötung eines Wesens, das den Mutterleib verlassen hat, lag im wesentlichen in dem stark erniedrigten Wert der Sühne. In der gleichen Weise war auch eine Mutter strafbar, die ihre Leibesfrucht abtrieb.[72]

Beim Abort stellte sich die Frage, ob er generell oder erst ab einem bestimmten Zeitpunkt verboten und strafbar war. Die Meinungen darüber reichten vom völligen Verbot bis zur Straf- und Bußfreiheit bis zu einem bestimmten Termin, der zwischen dem 40. und – bevorzugt – dem 120. Tag nach der Zeugung liegen konnte.[73] Dahinter standen vom Koran und *ḥadīṯ* beeinflußte Vorstellungen von der stufenweisen Schöpfung der menschlichen Leibesfrucht in einem 40-Tage-Rhythmus, bei der mit dem 120. Tag das Stadium des schon mit allem Notwendigen versehenen Fötus erreicht ist. Entscheidend für das Datum, ab dem die Leibesfrucht als Mensch anerkannt wurde, war jedoch nicht das Entwicklungsstadium des Fötus, sondern die Einhauchung des „Odems" *(rūḥ)* durch einen Engel, deren Zeitpunkt strittig war.[74]

Zur Sicherung des Lebens des noch ungeborenen Kindes sollten auch verschiedene Ausnahmeregelungen im Recht beitragen, die einer Schwangeren zugebilligt wurden. Sie brauchte, wenn sie um ihr Kind fürchtete, nicht das obligatorische Fasten einzuhalten. Hatte sie ein Verbrechen begangen, das die Blutrache oder eine körperliche Bestrafung nach sich zog, wurde der Vollzug so lange ausgesetzt, bis sie ihr Kind geboren, eventuell sogar bis sie es aufgezogen hatte. Das Ungeborene genoß nicht nur den Schutz der islamischen Gesellschaft für sein Leben, sondern hatte auch schon Rechte auf Unterhalt durch seinen Erzeuger und auf zukünftiges Vermögen. Dem noch ungeborenen Kind einer geschiedenen Frau stand Unterhalt zu, den die Mutter

---

[72] Ibn Raǧab 189, 195 f. (auf diesen Text machte mich freundlicherweise Frau A. Degand M.A. aufmerksam). Ibn ʿĀbidīn 377–380. Vgl. auch E. Sachau: Muhammedanisches Recht nach Schafiitischer Lehre, Stuttgart/Berlin 1897, S. 764, 794–798, 805. J. Schacht: An introduction to islamic law, Oxford 1964, S. 124, 186.

[73] Vgl. B. Musallam (wie Anm. 22) S. 57–59. Ibn ʿĀbidīn 378 f.

[74] Zu der typisch islamischen Embryologie vgl. Ibn al-Qayyim 145, 152–157, 175, der sich von der Embryologie der arabischen Medizin distanziert. Zu letzterer vgl. U. Weisser: Zeugung, Vererbung und pränatale Entwicklung in der Medizin des arabisch-islamischen Mittelalters, Erlangen 1983.

für eine sorgfältige Ernährung und Unterkunft während der Schwangerschaft erhielt. Starb der Genitor[75] vor der Geburt, ging dem Ungeborenen das Erbe nicht verloren, sondern sein Anteil an der Erbmasse blieb ihm reserviert. Es wurde rechtmäßiger Erbe, wenn es lebend zur Welt kam. Ebenso konnte der Fötus testamentarisch bedacht werden.[76] Den vollen Genuß des Schutzes von Leben und Vermögen garantierte die islamische Gesellschaft dem Neugeborenen mit dem ersten Schrei nach Austritt aus dem Mutterleib, der bezeugte, daß es lebte. Von nun an wurden körperliche Verletzungen, die man ihm zufügte, mit den gleichen Sanktionen bedroht wie im Fall des Erwachsenen; sein Recht, Vermögen zu erwerben, war unbeschränkt.[77]

Mit der Geburt erwarb das Kind ein weiteres elementares Recht, in moderner Terminologie könnte man es das Recht auf Sozialisation nennen. Bis zum Erwachsenenalter oder bis zu seinem Mündigkeitstermin[78] war das Kind in die Obhut von Personen, vorrangig seinen Eltern, gegeben, die eine Reihe von Pflichten ihm gegenüber zu erfüllen hatten.[79] Ihre Aufgabe war es, die Voraussetzungen für seine menschliche Zukunft zu schaffen, sein individuelles Seelenheil, sein körperliches und geistiges Wohl und seine späteren Pflichten als Mitglied der islamischen Gemeinde. Die Pflichten- und Aufgabenbereiche der Sozialisationsagenten wurden von den islamischen Gelehrten im Detail häufig kontrovers diskutiert, was zum Teil durch regionale Unterschiede im Brauchtum bedingt war, doch bestand weitgehende Übereinstimmung in den Grunderfordernissen der Sozialisation des Kindes und den dafür zuständigen Personen. Grundsätzlich galt das Prinzip, daß der Vater als Erzeuger – oder sein „gesetzlicher Vertreter" – die generelle Verantwortung für das Leben und das physische Wohl des Kindes trage. Er hatte die materiellen Bedingungen für ein gesundes Aufwachsen des Kindes zu schaffen, d. h. Nahrung, Kleidung und Behausung zu finanzieren, auch wenn

---

[75] Oder ein anderer beerbbarer Verwandter.

[76] Ibn Raǧab 189–200. Ibn Qudāma: Muqniʿ, Bd. 2, S. 441–443. Ders.: ʿUmda, S. 127.

[77] Jedoch wurde es von seinem Vater oder Vormund bis zur Mündigkeit verwaltet. ↗ S. 422.

[78] Zum Alter des Erwachsenwerdens und zum Mündigkeitstermin vgl. H. Motzki (wie Anm. 22) Kap. I.

[79] Ibn al-Qayyim 3.

sich das Kind unter der Obhut eines anderen Sozialisationsagenten (z. B. Mutter, Lehrer, Meister) befand. Weiterhin oblag dem Vater die Aufsicht über ein eventuelles Vermögen des Kindes, dessen er sich – nicht aber sein „gesetzlicher Vertreter" – zur Finanzierung des Unterhalts und der Erziehung seines Kindes ohne weiteres bedienen durfte.[80]

Der dritte wesentliche Aufgabenbereich des Vaters war, Sorge für die Eingliederung des Kindes in die islamische Gesellschaft zu tragen, d. h. seine religiöse, intellektuelle und professionelle Sozialisation zu gewährleisten.[81] Die Fürsorgepflicht des Vaters, die – wie erwähnt – teilweise schon für den Fötus galt, setzte voll mit der Geburt ein. Da uns besonders die Rolle der Sozialisationsagenten interessiert, beschränken wir uns auf die Untersuchung der entsprechenden Aufgaben des Vaters. Sie konzentrierten sich zunächst auf die Zeit kurz nach der Geburt des Kindes, traten dann zugunsten anderer Sozialisationsagenten fast völlig in den Hintergrund, um erst zu einem bestimmten Zeitpunkt der kindlichen Entwicklung wieder verstärkt in Erscheinung zu treten.

2.2 Die Rolle des Vaters nach der Geburt

Der Vater des Kindes war in vorislamischer wie islamischer Zeit bei der Geburt in der Regel nicht anwesend, sondern wartete meist außerhalb des Hauses das Geschehen ab. Die Gebärende wurde bei der Geburt von einer erfahrenen Frau oder einer professionellen Hebamme und weiblichen Verwandten, Freundinnen und Nachbarinnen unterstützt. Sobald das Kind geboren war, wurde das dem Vater durch Zeichen oder Boten mitgeteilt. Verbrachte der Vater die Stunden vor der Geburt im Kreise von Verwandten und Nachbarn, war die Geburt damit in aller Öffentlichkeit festgestellt, was, da es keine Geburtenregister gab, von großer juristischer Bedeutung war. Der Vater entlohnte

---

[80] Man ging davon aus, daß der Vater es nur dann tun würde, wenn seine eigenen Mittel nicht ausreichten.
[81] Man könnte alle diese Funktionen des Vaters oder seines Stellvertreters unter den Begriff der *wilāya* – seine Bedeutung ist mit Vormundschaft nur ungenügend wiedergeben – zusammenfassen. In den klassischen Rechtswerken sind jedoch in der Regel nur die einzelnen Aspekte definiert. Vgl. Y. Linant de Bellefonds: Traité de droit musulman comparé, Bd. 3, Paris und Den Haag 1973, S. 177–183.

den Boten für die gute Nachricht[82] und nahm die Glückwünsche seiner Umgebung entgegen. Nicht anwesenden Verwandten sollte der Vater die Geburt mitteilen, und für diese gehörte es sich, ihm Glückwünsche zu übermitteln.[83] Dieser Vorgang und die betonte Publizität der Geburt dienten der gesellschaftlichen Legitimation des Neugeborenen. Mit der Gratulationscour akzeptierte der Vater öffentlich sein Kind, und damit übernahm er und seine Sippe für es die Verantwortung.

In vielen Gesellschaften wird die Geburt eines Menschen von Handlungen begleitet, die seit van Gennep gern als *„rites de passage"* bezeichnet werden. Auch die islamischen Gelehrten sahen die Geburt als einen schwierigen und gefährlichen Übergang an. In der ersten Hälfte des 14. Jh. schreibt Ibn Qayyim al-Ǧauzīya, das menschliche Wesen werde aus einer wohltemperierten und ihm vertrauten Sphäre der Geborgenheit abrupt, nackt in eine zugige Welt der Mühsal, des Hungers, der Schmerzen, der Hitze und Kälte, eine Welt voller Gefahren und Prüfungen geworfen; deshalb, und weil es der Satan sogleich mit Schlägen und Stichen traktiere, weine das Kind, sobald es das Licht der Welt erblicke.[84] Dieser mühselige Eintritt in die Welt war im Islam mit einer Anzahl von Riten verbunden, die in der Regel vom Vater des Kindes ausgeführt oder veranlaßt wurden. Fast alle diese Praktiken wurden aus vorislamischer Zeit übernommen und zum Teil mit neuen Deutungen versehen. Ihr Sinn war – pauschal gesagt –, das Neugeborene in die menschliche und religiöse Gemeinschaft einzugliedern. Sie bildeten damit einen wichtigen Bestandteil des Sozialisationsprozesses im weitesten Sinn.[85]

Die erste Handlung des Vaters am Tag der Geburt des Kindes war, ihm in das rechte und linke Ohr den Aufruf *(āḏān)* bzw. die Einleitung

---

[82] Das gilt vorbehaltlos nur bei Jungen.
[83] Ṭabarsī 251 f., 254. Ibn al-Qayyim 14 f., 61 f. Vgl. auch G. Adamek: Das Kleinkind in Glaube und Sitte der Araber im Mittelalter, (Phil. Diss.) Bonn 1968, S. 81.
[84] Ibn al-Qayyim 174 f.
[85] Der überwiegende Teil des Buches von Ibn Qayyim al-Ǧauzīya über die *aḥkām al-maulūd* (Regeln das Neugeborene betreffend) ist diesen Riten gewidmet. Ġazālī hat in seiner *summa theologica* mit dem Titel Iḥyāʾ ʿulūm ad-dīn [Die Belebung der Religionswissenschaften] ein Kapitelchen über die Geburtssitten *(ādāb al-wilāda)*, Bd. 2, S. 54–57. Über einzelne Riten findet sich in den ḥadīṯ- und Rechtswerken hie und da ein Abschnitt. Eine eingehende Studie dieser Bräuche hat G. Adamek (wie Anm. 83) vorgelegt.

(iqāma) der täglichen Pflichtandachten (Sg. *ṣalāt*) zu sprechen *(taʾḏīn)*. Zwei Bedeutungen wurden damit verbunden: Es sei eine erste Bekanntmachung mit den Glaubenssätzen des Islams oder eine Art symbolischer Einladung *(daʿwa)*, den Islam anzunehmen. Andererseits vertreibe der Gebetsruf den Satan oder die Umm aṣ-ṣibyān (wörtlich Mutter der Kinder), eine Dämonin, die man im Volksglauben für den Tod der Säuglinge verantwortlich machte.[86] In letzterer Interpretation zeigt sich wohl die vorislamische Bedeutung der „Besprechung" des Neugeborenen, nämlich die Abwehr von Dämonen. Weiterhin wurde empfohlen, den Gaumen des Kindes mit einer zerquetschten Dattel, einer süßen Flüssigkeit oder einem bestimmten Wasser zu bestreichen *(taḥnīk)*. Ein ähnlicher Brauch war auch im indoeuropäischen Raum verbreitet (antike Ärzte wie Soranos empfehlen das Einreiben mit Honig). Vielleicht war er in vorislamischer Zeit mit der Namengebung gekoppelt und symbolisierte die Aufnahme in die Sippe (Name) und in die Nahrungsgemeinschaft (erster Genuß der von den Göttern gespendeten Nahrung verbunden mit der Bitte um Segen?). Im Islam wurde er als angeblicher Brauch des Propheten gepflegt, und man schrieb ihm segensreiche Wirkungen zu, besonders, wenn die Datteln aus Mekka kamen. Er hatte im Islam aber keine rechte Signifikanz mehr und wurde offenbar schon früh an die Geburtsrituale der Frauen abgetreten, wo er auch heute noch auftaucht.[87]

Mit der Verleihung des Namens *(tasmīya)* durch den Vater schritt die Integration des Kindes in die menschliche und religiöse Gemeinschaft weiter fort. Die Wahl des Namens erfolgte wohl in der Regel durch beide Eltern. Im Streitfall gaben die Gelehrten dem Vater das Vorrecht. Die feierliche Bekanntgabe und Verleihung oblag in jedem Fall dem Vater.[88] Das Kind hatte das Recht auf einen schönen Namen. Als Begründung für diese angebliche Empfehlung des Propheten wurde angeführt, daß zwischen der Bedeutung des Namens und seinem Träger ein enges Band entstehe, daß der Name den Charakter

---

[86] Ṭabarsī 261, 262. Ibn al-Qayyim 16. Ġazālī: Bd. 2, S. 55. Vgl. auch Adamek (wie Anm. 83) S. 79f.

[87] Ṭabarsī 261, 262. Qummī 315. Ibn al-Qayyim 17f. Ġazālī: Bd. 2, S. 57. Adamek (wie Anm. 83) S. 80f. Für die heutige Zeit vgl. M. Mas (wie Anm. 68) S. 37f., und H. Granqvist (wie Anm. 68) S. 92f.

[88] Ibn al-Qayyim 79.

des Trägers präge und daß häßliche Namen unheilbringend seien.[89] Über die Frage, was schöne Namen sind, wurde viel diskutiert. Einigkeit bestand meist darüber, daß die schönsten Namen ʿAbdallāh (Diener Gottes) und ʿAbdarraḥmān (Diener des Barmherzigen) und schöne Namen die Prophetennamen, besonders Muḥammad und Aḥmad seien.[90] Mit dem Namen *(ism)* und dem seines Vaters *(nasab)*, also X ibn/bint (Sohn/Tochter) des (seltener: der) Y, hatte das Kind eine hinreichende Identität und mit diesem Namen – so heißt es – würde es beim Jüngsten Gericht aufgerufen. Daneben konnte es schon gleich nach der Geburt einen Ehrennamen *(kunya)*, der Abū/Umm (Vater/Mutter) des X (Name des prospektiven erstgeborenen Sohnes) lautete, und einen Beinamen *(laqab)* bekommen, der nach Vorstellung der islamischen Gelehrten möglichst ein Lob ausdrücken sollte.[91] Die Namengebung konnte am Tag der Geburt zusammen mit dem Ritus des *taʾdīn* (Aufruf zur Gottesandacht) oder dem des *taḥnīk* (Bestreichen des Gaumens) erfolgen, doch wartete man damit auch gern bis zum siebenten Tag nach der Geburt.[92]

Der siebente Tag nach dem Tag der Geburt war und ist im Islam besonders reich mit Riten und Zeremonien um das Kind ausgefüllt. Während der ersten sieben Tage war die Mortalitätsrate besonders hoch.[93] Im Arabischen gibt es für das Kind in dieser Phase einen eigenen Terminus: *ṣadīġ* (Schwächling).[94] Das könnte – neben der Bedeutung der Zahl sieben im Altertum – eine Erklärung dafür sein, daß man die bedeutendsten *rites de passage* mit Vorliebe auf den siebten Tag nach dem Tag der Geburt verschob. So konnten die bisher beschriebenen Geburtsriten alle auch erst zu diesem Zeitpunkt stattfinden.[95] Der siebte Tag war aber vor allem der große Tag des Opfers *(ʿaqīqa)*.[96] Aus den Diskussionen der islamischen Gelehrten über das

---

[89] Ibn al-Qayyim 85.
[90] Ibn al-Qayyim 66–75. Ṭabarsī 252f. Ġazālī: Bd. 2, S. 56.
[91] Ibn al-Qayyim 78–80, 86.
[92] Ibn al-Qayyim 60f. 65f. Ṭabarsī 260f. Ausführlich über die Namengebung Adamek (wie Anm. 83) S. 105–121.
[93] Ibn al-Qayyim 56. Adamek (wie Anm. 83) S. 104.
[94] Ibn al-Qayyim 183. Dieses Wort bezeichnet genaugenommen das Kind, dessen Schläfen *(ṣudġān)* noch nicht gefestigt sind. Vgl. Zabīdī: Bd. 6, S. 21.
[95] Ṭabarsī 261 (Überlieferung von al-Bāqir).
[96] Dieser Tag wurde dafür favorisiert, wenn auch andere Tage, wie z. B. der 14. oder 21., möglich waren. Ibn al-Qayyim 34f.

ʿaqīqa-Ritual läßt sich entnehmen, daß die Zeremonien meist aus drei Teilen bestanden, die alle ʿaqīqa hießen: Der Opferung eines Schafes, der Rasur des Kopfes des Neugeborenen und eines Mahles. Ob die drei Bestandteile ursprünglich zusammengehörten und in der Praxis immer zusammen vorkamen, ist fraglich.[97] Alle drei Riten sind wohl vorislamischer Herkunft. Das war den islamischen Religionsgelehrten weitgehend bewußt, und einige lehnten das Schlachtopfer als heidnischen und jüdischen Brauch ab. Die Mehrheit betrachtete die ʿaqīqa-Riten jedoch als *sunna* (Brauch) des Propheten, d. h. als eine nachahmenswerte Praxis, die Mālikiten (eine heute besonders in Nordafrika verbreitete Rechtsschule) sogar als religiöse Pflicht.[98]

Der Sinn, den man dem Opfer beilegte, variierte. Vielfach wurde es als eine Auslösung *(fidāʾ)* des Kindes angesehen, und hierbei scheinen ganz urtümliche Vorstellungen mitzuschwingen, nämlich daß das Kind aus einer anderen Sphäre komme und so lange noch ihr zugehöre und in sie rückholbar sei, bis es durch etwas losgekauft ist. An solche Vorstellungen lagerten sich religionsgeschichtlich jüngere Explikate an: Die Erinnerung an die Auslösung Ismāʿīls, des Sohnes Abrahams, durch einen Widder als Opfer,[99] bzw. die Auslösung einer Verpfändung an den Satan.[100] Andere sahen in ihm mehr den Dank für das Geschenk Gottes, einen allgemeinen religiösen Nutzen für das Kind wie ein Gebet für es und einen Schutz vor dem Satan, vor Krankheit und Tod.[101]

Das Scheren der Haare des Kindes – wohl ursprünglich ein Desakralisationsritus[102] – wurde von den islamischen Gelehrten kaum zu

---

[97] Vgl. Adamek (wie Anm. 83) S. 123–125. In den Städten Marokkos praktizierte man bis in die fünfziger Jahre unseres Jh. die Haarschur am 40. Tag. Vgl. Mas (wie Anm. 68) S. 126.

[98] Ibn al-Qayyim 19–34.

[99] Ibn al-Qayyim 36, 39. Vgl. Genesis 22: 1–19.

[100] Ibn al-Qayyim 42f. Die Auslösebedürftigkeit des Menschen ist eine verbreitete Vorstellung in der Welt der Religionen; im Christentum wurde die Erlösung zum zentralen Theologem.

[101] Ibn al-Qayyim 36, 39, 40. Zu weiteren Einzelheiten vgl. Adamek (wie Anm. 83) S. 122–129.

[102] Vgl. J. Henninger: Zur Frage des Haaropfers bei den Semiten, in: Die Wiener Schule der Völkerkunde. Festschrift anläßlich des 25jährigen Bestandes des Instituts für Völkerkunde der Universität Wien (1929–1954), hrsg. v. J. Haekel, A. Hohenwart-Gerlachstein und A. Slawik, Horn-Wien 1956, S. 349–368 (mit Ergänzungen versehe-

deuten versucht, allenfalls in dem Sinn, daß es die Entfernung von Schädlichem bedeute und für die gesunde Entwicklung des Kinderköpfchens vorteilhaft sei.[103] Ein gewisser Opfercharakter wird jedoch in dem empfohlenen Brauch sichtbar, das Haar zu wiegen und das Gegengewicht in Edelmetall an die Armen als Almosen zu verteilen.[104] Auch von dem Schlachtopfer sollte ein Teil den Armen, Kindern und Nachbarn zukommen, einen weiteren Anteil bekam die Hebamme, den Rest verzehrte die Familie und ihre Gäste.[105] In dem Opfermahl sah man eine öffentliche Bekundung der Freude über die Geburt eines neuen Mitgliedes der muslimischen Gemeinde.[106]

Die Riten des siebten Tages haben alle einen betonten Gemeinschaftscharakter. Die Eltern ließen ihre Sippe und ihre Nachbarschaft an der Geburt teilnehmen, der neue Mensch wurde der Öffentlichkeit vorgestellt, und die Gesellschaft erkannte durch die Partizipation an dem Opfer ihre Verantwortung für ihn an. Der Vater legitimierte durch öffentlichen, verschwenderischen Einsatz seines Besitzes für das Kind dieses ausdrücklich und bekannte sich zu seinen künftigen Vaterpflichten. Am siebten Tag ereignete sich die soziale Geburt des Kindes.[107] Vielleicht erklärt sich aus der sozialen Bedeutsamkeit dieses Lebenseinschnittes, daß eine Reihe muslimischer Gelehrter der ersten Jahrhunderte auch die Beschneidung an diesem Tag empfahl.[108]

Die Beschneidung ist ein *rite de passage*, der zwar ursprünglich und auch in Mekka zur Zeit Mohammeds wohl ein Pubertätsritus war, der sich mit seiner Symbolkraft (sichtbare Zugehörigkeit zu einer exklusiven Gemeinschaft) auch für andere Initiationsarten eignete, wie die jüdische Interpretation der Beschneidung zeigt. Die islamische Deutung steht der jüdischen sehr nah. Sie sah sie als Zeichen des Eintritts in die Religion Abrahams, mit der der Islam identisch sei und die er vollende. Die Beschneidung sei ähnlich wie die christliche Taufe ein

---

ner Wiederabdruck in: J. Henninger: Arabica sacra. Aufsätze zur Religionsgeschichte Arabiens und seiner Randgebiete, Fribourg und Göttingen 1981, S. 286–306).

[103] Ibn al-Qayyim 40f., 43. Qummī 315f.
[104] Ibn al-Qayyim 57–59, 61.
[105] Ibn al-Qayyim 21, 43–49. Zum *ʿaqīqa*-Ritual auch Ṭabarsī 259–262. Qummī 312–314. Teilweise wurde auch die Auffassung vertreten, die Familie des Neugeborenen dürfe nicht von dem Opfer essen.
[106] Ibn al-Qayyim 40.
[107] So auch Adamek (wie Anm. 83) S. 104.
[108] Ṭabarsī 263, 264. Qummī 314f.

Ritus der Reinigung und ein am Körper des Menschen angebrachtes Zeichen der Zugehörigkeit zum Islam.[109] Daher paßte die Beschneidung gut zu den Riten des siebten Tages mit ihrem offenkundigen Initiationscharakter. Dieser Zeitpunkt setzte sich im Islam aber letztlich nicht durch. Die Beschneidungsdaten variierten. Fest stand nur, daß das Kind spätestens bei der Geschlechtsreife beschnitten werden sollte, denn ab diesem Zeitpunkt erlangte es die volle Religionsmündigkeit.[110] Beliebt für die Beschneidung war auch das Alter zwischen sieben und zehn Jahren, besonders die Zeit um das siebte Lebensjahr. Das ist nicht zufällig, sondern hängt mit der Aktivierung der Vaterrolle im Erziehungsprozeß etwa ab dem siebten Lebensjahr und der bewußten Orientierung des Kindes auf die Religionsgemeinschaft zusammen. Die Beschneidung der Mädchen, die nach überwiegender Meinung keine Pflicht, aber eine gute Sache war, lag im Zuständigkeitsbereich der Mutter und war in der Regel nicht mit öffentlichen Zeremonien verbunden.[111]

2.3 Die Rollenverteilung im Sozialisationsprozeß

Nach den vielfältigen Aktivitäten des Vaters kurz nach der Geburt des Kindes waren seine Sozialisationsfunktionen zunächst einmal erschöpft. Er trat die Pflege und Aufzucht des Kindes weitgehend an die Mutter ab. Seine einzige Aufgabe war, die dafür benötigten Mittel bereitzustellen und darüber zu wachen, daß es hinreichend versorgt wurde. Dies war unter normalen Umständen, d. h. wenn die Eltern in ehelicher Hausgemeinschaft lebten, so selbstverständlich, daß die islamischen Gelehrten kaum ein Wort darüber verloren. Auch wenn es hieß, daß die Aufzucht der Kinder beiden Elternteilen obliege,[112] war für den ersten Lebensabschnitt bis etwa zum fünften bis siebten Lebensjahr so gut wie ausschließlich die Mutter zuständig. Das war die Praxis in den meisten islamischen Familien bis in die heutige Zeit.[113]

---

[109] Ibn al-Qayyim 109–111.
[110] Dazu vgl. Motzki (wie Anm. 22) Kap. I.
[111] Zu weiteren Details vgl. Ibn al-Qayyim 88–125, und Adamek (wie Anm. 83) S. 130–145. Unklar ist, ob der Vater das Recht hatte, die Beschneidung seiner Tochter von der Mutter zu verlangen und eventuell gegen ihren Willen durchzusetzen.
[112] Vgl. Linant de Bellefonds (wie Anm. 81) S. 158. Sachau (wie Anm. 72) S. 112.
[113] Diese Praxis kommt wohl schon in einem angeblichen Prophetenausspruch zum

Die Tatsache als solche wäre nicht besonders bemerkenswert, denn sie ist fast ein universelles Phänomen. Das Besondere im Islam war, daß die Pflegeberechtigung der Frau zur Norm erhoben wurde. Sowohl das Kind als auch die Mutter hatten ein Recht darauf, das im Ernstfall einklagbar war. Bei der Abgrenzung der Aufgabenbereiche der weiblichen und männlichen Bezugspersonen stellten die islamischen Gelehrten überwiegend das Wohl des Kindes in den Vordergrund und berücksichtigten erst in zweiter Linie die Interessen und Rechte der Elternteile. Das Ergebnis war eine starke Einschränkung der *patria potestas* durch Rechte der Mutter oder der sie gegebenenfalls ersetzenden weiblichen Pflegeperson.

Die Pflege- und Erziehungsberechtigung der Mutter wurde im islamischen Recht meist unter der Voraussetzung diskutiert, daß es darüber zu Auseinandersetzungen zwischen den Eltern gekommen war. Dieser Fall trat vor allem dann ein, wenn die Eltern getrennte Wohnsitze hatten, infolge einer Scheidung auseinandergingen oder die Eltern oder ein Elternteil durch Krankheit oder Tod ausfielen. Hier seien nur die Grundtendenzen skizziert, die auf die Rollenverteilung im Sozialisationsprozeß einen Einfluß hatten.[114]

Grundsatz der sunnitischen Rechtsschulen war, daß die Pflege und Aufzucht des kleinen Kindes in erster Linie der Mutter zustand.[115] Falls die Mutter aus irgendeinem Grund ihr Recht nicht ausüben konnte oder wollte, ging es in der Regel nicht auf den Vater, sondern auf weibliche Verwandte über.[116] Die Rangfolge war in den einzelnen Rechtsschulen unterschiedlich, aber detailliert geregelt. Als Begrün-

---

Ausdruck, den Ibn al-Qayyim aus der Sammlung des Buḫārī zitiert: „... der Mann ist der Hüter über die Angehörigen seines Hauses, die Frau des Mannes ist die Hüterin über das Haus ihres Gatten und über seine Kinder, sie ist für sie verantwortlich..." Ibn al-Qayyim 134. Für die neuere Zeit vgl. Mas (wie Anm. 68) S. 142, 272–275, 352, 373f.

[114] Zu Einzelheiten vgl. Linant de Bellefonds (wie Anm. 81) passim. Ders.: Ḥaḍāna, in: The Encyclopaedia of Islam, New Edition Bd. 3, Leiden und London 1971, S. 16–19. T. Fahd und M. Ḥammoudi: L'enfant dans le droit islamique, in: Recueils de la Société Jean Bodin pour l'Histoire Comparative des Institutions 35, Brüssel 1975, S. 287–346. H.-E. Klinkhardt: Die Personensorge nach islamischem Recht, in: Zeitschrift für Vergleichende Rechtswissenschaft 68 (1965) S. 1–80. W. Heffening: Wilāya, in: Enzyklopaedie des Islām, Bd. 4, Leiden und Leipzig 1934, S. 1231f. J. Schacht: Yatīm, ebd. S. 1255f.

[115] Saḥnūn 357, 359. Kāsānī 41. Ibn Qudāma: Muqniʿ, Bd. 3, S. 327. Qudūrī 69.

[116] Eine Pflicht zur Übernahme der Pflege bestand nur, wenn keine geeignete weibliche Person die Pflege auf sich nehmen konnte oder wollte.

dung wurde angeführt, sie seien liebevoller und gütiger und auf Grund ihrer Schwangerschaft, ihres Gebärens und ihrer Kenntnisse in der Aufzucht von Kindern für die erste Kindheitsphase besser geeignet.[117] Im Interesse des Kindes wurde aber das Recht der Mutter bzw. der sie ersetzenden Pflegeperson an bestimmte Voraussetzungen geknüpft. Sie durfte meist keine Sklavin, mußte volljährig, geistig gesund, vertrauenswürdig und zur Kinderpflege in der Lage sein. Bei manchen Rechtsschulen waren sogar die Jüdin oder die Christin zugelassen.[118] Die Aufgaben der Mutter umfaßten im wesentlichen die Beaufsichtigung, Ernährung und Reinhaltung des Kindes und die Erziehung zur Selbständigkeit auf diesen Gebieten.

Die Mutter hatte das Recht zu stillen. Sie konnte jedoch darauf verzichten, wenn eine geeignete Person es für sie übernahm; andernfalls mußte sie es stillen, denn das Wohl des Kindes ging den Interessen der Mutter vor. Nach anderen Meinungen war das Stillen für die Mutter entweder eine religiöse oder eine rechtliche Pflicht. Ließ man das Kind durch eine Amme stillen, mußte der Vater die Kosten tragen. Lohn für das Stillen stand auch der definitiv geschiedenen, bei einigen Rechtsschulen auch der verheirateten Mutter zu.[119] Als durchschnittliche Stillzeit wurden im islamischen Recht zwei Jahre angesetzt, die mit Einverständnis des Vaters des Kindes verkürzt oder verlängert werden konnten.[120]

Auf Grund ihrer Pflegeberechtigung durften Mutter und Kind nicht ohne zwingenden Grund getrennt werden. Im Fall der Scheidung blieb das Kleinkind daher meist bei der Mutter, diese durfte jedoch nicht so weit mit ihm wegziehen, daß dem Vater die Möglichkeit genommen war, sein Kind zu besuchen und sich von seinem Wohlergehen zu überzeugen.[121] Die Unterhaltskosten trug er weiter. Außerdem hatte

---

[117] Kāsānī 41.
[118] Kāsānī 42. Saḥnūn 359. Ibn Qudāma: Muqniʿ, Bd. 3, S. 328. Vgl. auch Linant de Bellefonds (wie Anm. 81) S. 162–168. Fahd u. Ḥammoudi (wie Anm. 114) S. 297 f. – Solange die Nichtmuslimin im Haus des Kindesvaters lebte, war sie der Muslimin gleichgestellt. Vorbehalte gab es nur im Fall der Trennung oder, wenn einer Nichtmuslimin das Pflegerecht über ein muslimisches Kind aus ihrer Verwandtschaft zufiel.
[119] Kāsānī 40 f. Ibn Qudāma: Muqniʿ, Bd. 3, S. 323 f. Vgl. Linant de Bellefonds (wie Anm. 81) S. 145–148. Fahd u. Ḥammoudi (wie Anm. 114) S. 292–295.
[120] Ibn al-Qayyim 158 f. Rāġib 328, 330. Qummī 305–309.
[121] Saḥnūn 358. Ausnahmen bei den Ḥanafiten, vgl. Kāsānī 44 f.

er der von ihm definitiv geschiedenen Mutter seines Kindes für die Pflege einen Lohn zu bezahlen.[122] Die Pflegeberechtigung der Mutter für einen Jungen endete nach den meisten sunnitischen Rechtsgelehrten, wenn er in der Lage war, sich selbständig zu ernähren, zu kleiden und sauberzuhalten. Das setzte man mit etwa sieben Jahren voraus. Nur die Mālikiten dehnten das Pflegerecht der Mutter bis zur Geschlechtsreife bzw. Mündigkeit aus.[123] Hatte der Junge das Alter von sieben Jahren erreicht,[124] wurde in allen sunnitischen Rechtsschulen, auch bei den Mālikiten, dem Vater bzw. einem Mann ein Primat in der Erziehung zuerkannt. Es hieß, er bedürfe der „Formung durch die Sitten der Männer, der Erlangung der (verschiedenen) Arten der Tugenden und des Erwerbs der Grundlagen der Wissenschaften",[125] was ihm am besten die Männer vermitteln könnten.

Lebte der Junge bei der Mutter, so mußte er nach den Ḥanafiten mit sieben Jahren in das Haus des Vaters wechseln; seine Mutter durfte ihn jedoch besuchen. Bei den Šāfiʿiten und Ḥanbaliten – ebenfalls Rechtsschulen – durfte der Junge wählen, ob er bei seiner Mutter bleiben oder zu seinem Vater übersiedeln wolle. Seine Entscheidung konnte er revidieren. Wählte er den Wohnsitz seiner Mutter, hatte der Vater jedoch das Recht, tagsüber die Erziehung seines Sohnes in die Hand zu nehmen, ihn in die Schule oder eine Lehre zu schicken. Das gleiche galt bei den Mālikiten, wo er bis zur Volljährigkeit bei der Mutter wohnen blieb. Es erfolgte also beim Jungen – gleich welcher Rechtsschule die Eltern angehörten und unabhängig davon, ob sie noch miteinander verheiratet waren oder nicht[126] – im Alter von ungefähr sieben Jahren ein Wechsel der Erziehungsberechtigten.[127] Die Sozialisationsaufgabe

---

[122] Nicht bei den Mālikiten. Bei den Šāfiʿiten und Ḥanbaliten hatte sogar die verheiratete Mutter Anrecht auf Entlohnung. Ibn Qudāma: Muqniʿ, Bd. 3, S. 323f. Vgl. auch Linant de Bellefonds (wie Anm. 81) S. 154.

[123] Das galt im Prinzip nur, solange die Mutter nicht wieder heiratete oder durch einen Sittenverstoß oder die Unfähigkeit zur Pflege dieses Rechts verlustig ging. Trat dieser Fall ein, ging die Pflege aber nicht auf den Vater, sondern – wenn vorhanden – auf eine weibliche Verwandte über.

[124] In den frühen Rechtswerken wurde der Zeitpunkt überwiegend relativ bestimmt. Die Mehrheit der späteren Gelehrten nahm das siebte Lebensjahr als Richtwert; es gab aber auch darunter und darüber liegende Empfehlungen. Kāsānī 42. Ibn Qudāma: Muqniʿ, Bd. 3, S. 329.

[125] Kāsānī 42.

[126] Meist auch unabhängig davon, ob die Eltern noch lebten oder nicht.

[127] Das gilt nur für die sunnitischen Rechtsschulen. Bei den šīʿitischen Imāmiten endete

ging von Frauen an Männer über. Die Einflußmöglichkeiten der getrennt lebenden Mutter waren je nach Rechtsschule mehr oder weniger stark eingeschränkt.[128]

Im Fall des Mädchens, dessen Eltern getrennt lebten, gingen die Meinungen stärker auseinander. Nach den Ḥanbaliten sollte es mit sieben Jahren,[129] nach den Ḥanafiten mit neun Jahren in die Obhut des Vaters wechseln. Die Begründung war, es bedürfe des Schutzes, und Männer seien am besten dazu geeignet, seine Ehre zu verteidigen. Die Ḥanafiten erlaubten der Tochter deshalb länger bei der Mutter zu bleiben, weil sie bei ihr am besten die Bildung *(ādāb)* der Frauen erlernen könnte und sie „der Formung durch deren Sitten und des Dienstes im Haus bedürfe".[130] Aus dem gleichen Grund erlaubten die Mālikiten der Tochter bis zu ihrer Heirat bei der Mutter zu bleiben, wenn deren Haus als ein „sicherer Ort" anzusehen war.[131] Die Šāfiʿiten ließen das Mädchen mit sieben Jahren wählen, bei welchem Elternteil es bleiben wolle. Bei den Mädchen fand also nicht in jedem Fall ein Wechsel der Bezugspersonen statt. Wohnten die Eltern zusammen, blieb die Mutter im wesentlichen bis zur Heirat für ihre Erziehung zuständig, lebten sie getrennt, kam die Tochter – wenn überhaupt – mit sieben oder kurz vor der Geschlechtsreife in die Obhut des Vaters. Diese Aufgabenverteilung bei der Sozialisation des Kindes betrachteten die islamischen Gelehrten nicht als eine Regelung, bei der in erster Linie jeder Elternteil zu seinem Recht kommen sollte, sondern sie sahen dadurch das Wohl des Kindes am ehesten gewährleistet, sein Recht auf mütterliche Pflege in jungen Jahren, das Recht des Jungen auf Bildung und Beruf und das des Mädchens auf Schutz und Verheiratung.[132]

Das Alter von sieben Jahren war nicht nur durch einen Wechsel der Erziehungsberechtigten gekennzeichnet, sondern auch durch einen

---

die Pflegeberechtigung der Mutter für ihren Sohn schon mit zwei Jahren, d. h. also ungefähr mit der Entwöhnung. Vgl. Linant de Bellefonds (wie Anm. 81) S. 171f.

[128] Diese Einschränkungen wurden aber im Fall der Krankheit des Kindes vorübergehend aufgehoben.

[129] Ibn Qudāma: Muqniʿ, Bd. 3, S. 329. Ebenso nach den Imāmiten.

[130] Kāsānī 43.

[131] Saḥnūn 356.

[132] Kāsānī 41. Saḥnūn 356. Ibn Qudāma: Muqniʿ, Bd. 3, S. 329. Ibn al-Qayyim 105. Samarqandī 46. Rāġib 327.

Zuwachs an Rechts- und Religionsfähigkeit. Ab diesem Zeitpunkt[133] hielt man das Kind – Junge und Mädchen – normalerweise für „unterscheidungsfähig" *(mumayyiz)* und gestand ihm eine beschränkte Geschäftsfähigkeit zu. Es stand zwar prinzipiell weiterhin unter der Vormundschaft seines Vaters oder dessen Stellvertreters, aber es konnte jetzt auch ohne Einverständnis des Vormunds Rechtsgeschäfte gültig abschließen, die ihm nur Vorteile brachten, z. B. Schenkungen annehmen, die keine Folgekosten nach sich zogen. Seine Rechtsgeschäfte, die sowohl zum Vorteil als auch zum Nachteil für es ausschlagen konnten, waren mit vorheriger oder nachträglicher Zustimmung des Vormunds ebenfalls gültig.[134] Auch die religiösen und rituellen Handlungen des Kindes, die zuvor als nicht existent angesehen wurden, waren ab dem Alter der „Unterscheidungsfähigkeit" gültig und wurden als religiös verdienstvoll angesehen, obwohl eine religiöse und rechtliche Pflicht, sie zu verrichten, vor dem Erreichen der Volljährigkeit nicht bestand.[135]

Mit der Alterszäsur von sieben Jahren brachte man zwei Aspekte der frühkindlichen Entwicklung auf einen Nenner: Die physisch-soziale und die psychisch-intellektuelle Seite des Wachstumsprozesses. Die physische Entwicklung folgte dem Schema: Neugeboren *(walīd)*, schwach *(ṣadīġ)* bis zum siebten Tag, säugend *(rāḍiʿ)* bis etwa zwei Jahre, entwöhnt *(faṭīm)*, sich langsam fortbewegend *(dāriġ)*, d. h. wenn es krabbelt und Laufversuche macht, fünffach *(ḫumāsī)*, wenn es fünf Spannen an Körpergröße erreicht hat, zahnlückig *(maṯġūr)*, wenn ihm die ersten Zähne ausfallen, zahnend *(muṯṯaġir)*, wenn ihm die zweiten Zähne wachsen, und schließlich das Stadium, wo es „flügge" ist, d. h. nicht mehr der weiblichen Fürsorge bedarf, mit etwa sieben Jahren.[136] Die psychisch-geistige Entwicklung wurde weniger differenziert gesehen: Bei der Geburt weint das Kind, weil es aus seiner

---

[133] ↗ Anm. 124, und Ibn al-Qayyim 176.
[134] Bei den Šāfiʿiten und Ḥanbaliten gilt das nur mit Einschränkungen. Vgl. Linant de Bellefonds (wie Anm. 81) S. 240–247. Fahd u. Ḥammoudi (wie Anm. 114) S. 321f.
[135] Ibn al-Qayyim 178f. Vgl. Linant de Bellefonds (wie Anm. 81) S. 242. Fahd u. Ḥammoudi (wie Anm. 114) S. 342–344. Die Verrichtung religiöser Pflichten sollte jedoch den Kindern ab dem siebten Lebensjahr beigebracht und als Erziehungsmaßnahme ab dem zehnten Lebensjahr auferlegt werden. Vgl. Ibn al-Qayyim 179.
[136] Ibn al-Qayyim 183. Es gibt noch eine Reihe weiterer Wachstumsbegriffe, die aber wohl kaum mehr als lexikologischen Wert haben. Vgl. Adamek (wie Anm. 83) S. 17f.

gewohnten Umgebung, dem Mutterleib, herausgerissen wurde, nach vierzig Tagen hat es sich „akklimatisiert" und lacht. Nach zwei Monaten beginnt es zu träumen, und es entwickeln sich langsam seine intellektuellen Fähigkeiten bis zu dem Alter, in dem die Kinder vernünftig werden und unterscheiden können *(sinn at-tamyīz)*, mit etwa sieben Jahren.[137] Die Sozialisation der Kinder nahm ab dem siebten Lebensjahr einen je nach Geschlecht unterschiedlichen Verlauf. Das gilt zumindest für die Kinder, deren Eltern getrennt lebten, und für Waisen, denn in ihrem Fall erzwangen dies die Bestimmungen des islamischen Rechts. Ein geschlechtsspezifischer Fortgang der Erziehung ist aber auch bei zusammenlebenden Eltern anzunehmen. Um die Jungen kümmerte sich von nun an der Vater. Er hatte sie in den religiösen Pflichten zu unterweisen, sollte sie den Koran lehren und ihnen eine Berufsausbildung geben. Diese Aufgaben konnte er an Lehrer oder Handwerksmeister delegieren. Der Vater hatte das Recht zur Züchtigung *(ta'dīb)*, das der Mutter nach der Beendigung ihrer Pflegeberechtigung meist abgesprochen wurde.[138] Die Erziehung der Mädchen blieb in den Händen der Mutter oder ging, wenn das Mädchen von der Mutter getrennt wurde oder freiwillig in das Haus des Vaters wechselte, an diesen über, der sie, sofern er sich nicht selbst darum kümmerte, meist wohl Frauen (Ehefrauen, Müttern, Lehrerinnen o. a.) übertrug. Diese Phase der Sozialisation dauerte je nach Rechtsschule beim Jungen bis zur Geschlechtsreife bzw. Volljährigkeit mit fünfzehn oder achtzehn Jahren,[139] beim Mädchen bis zur Geschlechtsreife bzw. Volljährigkeit mit fünfzehn oder siebzehn Jahren oder bis zur Heirat. Ab diesem Zeitpunkt hatte der Herangewachsene das Recht, das Haus seines Erziehungs- oder Pflegeberechtigten zu verlassen und selbständig zu wohnen.[140] Am Ende der Kindheit im juristischen Verständnis hatte

---

[137] Ibn al-Qayyim 176. Andere, aus der Spätantike übernommene Altersstufensysteme bei ʿArīb ibn Saʿīd 85 ff.
[138] Vgl. Fahd u. Ḥammoudi (wie Anm. 114) S. 338. Aber diese Pflegeberechtigung währte je nach Rechtsschule, Wahl des Kindes, Geschlecht, Familienstand und Geisteszustand unterschiedlich lang.
[139] Zur Beziehung zwischen Geschlechtsreife und Volljährigkeit Ibn al-Qayyim 180–182. Motzki (wie Anm. 22) Kap. I, wo die Modalitäten der Beendigung der Kindheit schon dargestellt wurden.
[140] Unverheirateten Mädchen gestatteten das ab der Volljährigkeit nur die Šāfiʿiten. Vgl. Linant de Bellefonds (wie Anm. 81) S. 181.

der Vater das Recht, vielfach betrachtete man es auch als eine religiöse oder moralische Pflicht,[141] seine Bemühungen um die Sozialisation des Kindes, d. h. seine Eingliederung in die Gesellschaft, mit seiner Verheiratung abzuschließen. Das unmündige Kind konnte er nach seinem Gutdünken verheiraten, das Mädchen auch noch nach der Volljährigkeit.[142]

Das Thema Kinder im sozialen Netz der islamischen Gesellschaft soll nicht abgeschlossen werden, ohne einen Blick auf die Kinder, die in vielen Kulturen zu den weniger Begünstigten oder Vernachlässigten gehören, Waisenkinder, Schwachsinnige, Findelkinder und illegitime Kinder. Für alle diese hatten die islamischen Gelehrten Lösungen entwickelt, um Personen oder Personenkreise festzulegen, die für ihre Aufzucht und Pflege verantwortlich sein sollten. Für Waisen gab es festgelegte Ordnungen, welche Personen der Verwandtschaft die Vater- oder Mutterstelle einnehmen durften und mußten. Notfalls wies der *qāḍī* sie einer vertrauenswürdigen Person zu.[143] Schwachsinnige und Geistesgestörte hatten so lange unter elterlicher Obhut zu bleiben, wie ihre Schwäche oder Krankheit andauerte. Findelkinder waren überwiegend außereheliche, zum Teil aus Armut ausgesetzte Kinder. Die späteren islamischen Rechtsgelehrten kamen einem Mann, der sein außereheliches Kind legitimieren wollte, sehr weit entgegen.[144] Mit einer simulierten Aussetzung und Auffindung konnte er das Kind ohne Schwierigkeiten zu sich nehmen und später legitimieren. Mittellose Findelkinder, deren Vaterschaft niemand beanspruchte, waren der Fürsorge der muslimischen Gemeinschaft anempfohlen. Die Kosten für ihre Versorgung und Erziehung oblagen theoretisch der Staatskasse, in der Praxis aber galt es als religiöse Pflicht, daß der, der ein elternloses Kind fand, dieses aufnahm und für seinen Unterhalt

---

[141] Samarqandī 46. Ṭabarsī 253. Ibn al-Qayyim 134.

[142] Vgl. Motzki (wie Anm. 22) Kap. II, 2b.

[143] Das ist in den Rechtswerken teils unter den Rubriken Sorgeberechtigung für das Kind *(ḥaḍāna)*, Vermögensvormundschaft *(walāya)*, teils in unterschiedlichen Zusammenhängen (Vertragsrecht, Erbrecht, Eherecht u. a.) diskutiert. Zusammenfassungen bei Linant de Bellefonds (wie Anm. 81) S. 96–114, 157–169, 184f., 199–207. Fahd u. Hammoudi (wie Anm. 114) S. 295–300, 305–321, 324–326. Vgl. auch Schacht (wie Anm. 114).

[144] Zum Problem des illegitimen Geschlechtsverkehrs und illegitimer Kinder in der islamischen Frühzeit vgl. Motzki (wie Anm. 22) Kap. II, 3. Zu den späteren Entwicklungen Linant de Bellefonds (wie Anm. 81) S. 17–19, 48–53.

und seine Ausbildung sorgte. Die Unkosten konnte er eventuell gegenüber dem Staat, den tatsächlichen Eltern, wenn sie bekannt wurden, oder dem Kind, wenn es später zu Vermögen kam, geltend machen.[145] Das von einem Ehemann abgelehnte, als außereheliche Frucht der Mutter erkannte Kind – solche Fälle waren relativ selten[146] – wurde in die Obhut und Verantwortung der Mutter und ihrer Verwandtschaft gegeben. Die altersbezogene Verteilung auf weibliche und männliche Sozialisationsagenten galt im Prinzip auch für die Kinder ohne Eltern oder mit nur einem Elternteil.

3. Pädagogik im islamischen Mittelalter

3.1 Frühislamische Erziehungsvorstellungen

παιδαγωγία („Kinderführung") oder *educatio* („Herausführung") beruht auf Wissen oder Vorstellungen, woraus das Kind, wohin, warum überhaupt und wie zu führen ist. Solche Fragen hat man sich auch im islamischen Vorderen Orient seit frühester Zeit gestellt. Die Antworten finden sich in verschiedenen Literaturgattungen verstreut, neben dem Koran in den *ḥadīt*-Sammlungen, die angebliche Aussprüche und Verhaltensweisen des Propheten und seiner Gefährten enthalten, im *adab*, der Bildungsliteratur, in ersten Versuchen zur Entwicklung einer islamischen Ethik, in philosophischen, theologischen und medizinischen Werken und in Spezialschriften über Kinderfragen. Die Entwicklung der pädagogischen Vorstellungen im Islam[147] erfolgte in zwei Phasen: Nach einem Stadium der Einfügung beduinischer und vorderorientalischer Erziehungsweisheiten und -techniken in islamische Denk- und Handlungsschemata traten ab dem 9. Jh. durch die

---

[145] Vgl. E. Pritsch und O. Spieß: Das Findelkind im islamischen Recht nach al-Kāsānī, in: Zeitschrift für Vergleichende Rechtswissenschaft 57 (1954) S. 74–101. Linant de Bellefonds (wie Anm. 81) S. 56–58. Fahd u. Ḥammoudi (wie Anm. 114) S. 334–338. A. M. Delcambre: Laḳīṭ, in: The Encyclopaedia of Islam, New Edition Bd. 5, Leiden und London 1982, S. 639.

[146] Zu den Gründen und der juristischen Prozedur vgl. Motzki (wie Anm. 144). Zu den Folgen: R. Brunschvig: La filiation maternelle en droit musulman, in: Studia Islamica 9 (1958) S. 49–59.

[147] Die Schulpädagogik sei hier ausgeklammert.

Aufnahme spätantiker Wissenschaftstraditionen neue pädagogische Vorstellungen auf den Plan, die eine Zeitlang mit den „genuin" islamischen konkurrierten, zum Teil integriert, zum Teil abgestoßen wurden. Diese Entwicklung ist auf den verschiedenen Gebieten zu beobachten, die im Mittelalter zur Pädagogik zählten. In der Säuglings- und Kleinkindpflege, die fast ausschließlich Frauensache war, erhielten die volkstümlichen, magischen und nur oberflächlich islamisierten Praktiken Konkurrenz durch hellenistische Theorien und Ratschläge, die in arabischen Werken über Medizin, Geburtshilfe und Kinderpflege propagiert wurden.[148] Einiges aus diesen Schriften sikkerte in die volkstümlichen Vorstellungen und Bräuche ein, die bis in neuere Zeit als Volksmedizin verbreitet waren und zum Teil noch sind,[149] einiges wurde aber auch von islamischen Gelehrten in ihre pädagogischen Konzeptionen übernommen.[150] Insgesamt gesehen verkümmerten diese Ansätze rasch. Die medizinischen Kinderpflegebücher des 10. Jh. hatten – soweit bekannt – in der arabisch-islamischen Literatur des Mittelalters keine Nachfolger.[151]

---

[148] Kinderpflegekapitel (Ammenregimina) finden sich in den medizinischen Handbüchern: Aṭ-Ṭabarī; ʿAlī ibn Sahl Rabban (1. Hälfte des 9. Jh.); K. Firdaus al-ḥikma [Paradies der Weisheit], Berlin 1928, S. 97 f.; Al-Maǧūsī; ʿAlī ibn al-ʿAbbās (2. Hälfte des 10. Jh.): K. Kāmil aṣ-ṣināʿa aṭ-ṭibbīya (al-Kitāb al-malakī) [Die Summe der ärztlichen Kunst (Das königliche Buch)], Bd. 2, Kairo 1294 H., S. 52–57. Ibn Sīnā, Abū ʿAlī al-Ḥusain ibn ʿAbdallāh (gest. 1037): al-Qānun fī 'ṭ-ṭibb [Der Kanon; über die Medizin], Bd. 1, Būlāq 1294 H., S. 150–154; Übers.: E. Kahle: Das Ammenregimen des Avicenna (Ibn Sīnā) in seinem Qānūn, Erlangen 1980. Ibn Hubal, Muhaḏḏabaddīn ʿAlī ibn Aḥmad ibn ʿAlī (gest. 1213): K. al-Muḫtārāt fī 'ṭ-ṭibb [Die Auswahl; über die Medizin], Bd. 1, Haiderabad 1362–1364 H., S. 187–192. – Daneben entstanden im 10. Jh. auch Spezialwerke, die zum Teil über die frühkindliche Periode hinausgehen: Al-Baladī, Abū l-ʿAbbās Aḥmad ibn Muḥammad ibn Yaḥyā (2. Hälfte des 10. Jh.): K. Tadbīr al-ḥabālā wa-l-aṭfāl [Die Behandlung der Schwangeren und der Kinder], Bagdad 1401/1980 (nach Weisser [wie Anm. 74] S. 24 f., eine unzuverlässige Edition). Vgl. auch M. Ullmann: Die Medizin im Islam, S. 147, 347. Ibn al-Ǧazzār, Abū Ǧaʿfar Aḥmad ibn Ibrāhīm (gest. 979?): K. Siyāsat aṣ-ṣibyān wa-tadbīruhum [Kinderregimen und ihre Behandlung], Tunis 1968. ʿArīb ibn Saʿīd al-Kātib al-Qurtubī (gest. 980?): K. Ḫalq al-ǧanīn wa-tadbīr al-ḥabālā wa-l-mauludīn [Die Erschaffung des Fötus und die Behandlung der Schwangeren und der Neugeborenen], hrsg. u. übers. v. H. Jahier-Noureddine Abdelkader, Algier 1956.

[149] In den Sammlungen der „Prophetenmedizin", vgl. dazu Ullmann (wie Anm. 148) S. 185 ff., findet sich jedoch kaum Geburtshilfliches oder Pädiatrisches.

[150] Z. B. von Ibn al-Qayyim 16.

[151] Die Geburtshilfe, Säuglings- und Kleinkindpflege nach dieser Literatur hat Adamek (wie Anm. 83) ausführlich beschrieben. Nachfolger fanden die arabischen Kinderpflegebücher in den Ammenregimina des europäischen Mittelalters. Vgl. ↗ Arnold S. 447, 451.

Pädagogik als allgemeine Aufgabe der Eltern und besonders des Vaters spielte dagegen im islamischen Denken eine weit bedeutendere Rolle. Es wurde als religiöse Pflicht muslimischer Eltern, eine Pflicht gegenüber Gott und dem Kind[152] angesehen, ihren Kindern eine gute Erziehung zu geben. Das galt als ein religiös verdienstvolles Werk, das noch über das im Islam hochbewertete freiwillige Almosenspenden gesetzt wurde. Die Begründungen für die Notwendigkeit der Erziehung lassen sich auf folgenden Nenner bringen: Dem Menschen wurde von Gott aufgetragen (Koran 66: 6), seine Angehörigen vor der Hölle zu bewahren, er hatte also die Verantwortung, alles zu tun, um seine Kinder auf den rechten Weg zu bringen.[153] Die Erziehung galt als das beste Geschenk, das ihnen die Eltern machen konnten. Dahinter stand – meist unausgesprochen – die Vorstellung, daß das Kind dieser Hilfestellung bedürfe, sei es, weil es permanent der Verführung durch den Satan ausgesetzt ist (vgl. Koran 7: 15–18), sei es, weil die menschliche Seele von Natur aus nach dem Bösen verlangt (Koran 12: 53). Wenn die Eltern ihr Kind auf den rechten Weg gebracht hatten und es später davon abkam, traf sie keine Schuld. Wenn sie seine Erziehung jedoch vernachlässigt und seine grundlegenden Rechte mißachtet hatten, mußten sie ihren Teil der Verantwortung für das spätere Scheitern des Kindes und sein jenseitiges Unheil tragen.[154]

Die Erziehungsziele lassen sich in vier Gruppen einteilen: Rechtes Verhalten gegenüber Gott, den Eltern, anderen Mitmenschen und individuelle Tugenden. Ein Katalog von Erziehungszielen findet sich schon im Koran. In Sure 31: 13, 16–19 spricht der weise Luqmān, eine Sagengestalt, väterliche Ermahnungen an seinen Sohn und lehrt ihn wichtige Punkte des islamischen Glaubens sowie allgemeine Lebensregeln: ausschließliche Verehrung Gottes, Vergeltung der menschlichen Taten, rechtes Verhalten gegenüber Gott (Gebet, gute Werke, geduldige Hinnahme des Schicksals) und Verhalten in der Gemeinschaft (Vermeidung von Stolz und Überheblichkeit, ruhiger Gang und gedämpftes Sprechen). Solche väterlichen Ermahnungen, die meist mit *yā bunaiya* (mein lieber Sohn!) begannen, waren auch in der späteren islamischen Bildungsliteratur *(adab)* ein beliebtes Genre.[155]

---

[152] Ṭabarsī 255.
[153] Ibn al-Qayyim 133, 136.
[154] Samarqandī 47. Ibn al-Qayyim 134.
[155] Vgl. Baihaqī 581 (Der fromme Kalif ʿUmar ibn ʿAbdalʿazīz an seinen Sohn). Eine

Gehorsam gegen Gott, Erfüllung der religiösen Pflichten, Einsatz für das Gute und Rechtschaffenheit waren die am häufigsten genannten religiösen Werte, auf die hin die Kinder orientiert werden sollten.[156] Das zweite bedeutende Erziehungsziel war, die Eltern zu ehren *(birr al-wālidain)*. Das Spektrum von erwünschten Verhaltensweisen, das sich hinter dieser Formel verbarg, war weit gefächert. *Birr al-wālidain* war schon eine der vorislamischen Tugenden von Beduinen und Seßhaften gewesen. Im Koran erhielt sie eine zusätzliche islamische Legitimation. Die koranischen Komponenten der Erziehung zu elterlicher *pietas (birr)* waren: Güte, Dankbarkeit, Barmherzigkeit, Ehrerbietung, Freundlichkeit und Gehorsam.[157] Die spätere islamische Literatur fügte eine Reihe weiterer Verhaltensformen hinzu, wie Höflichkeit *(lutf)*, Zuneigung *('atf)*, Sanftheit *(līn)*,[158] und nahm auch extreme Formen des Respekts aus dem außerarabischen Milieu auf, wie z. B. die Forderung, nicht ohne Erlaubnis in Anwesenheit der Eltern zu sprechen und nur hinter ihnen zu gehen.[159] Aus beduinischer Tradition wurde vor allem der Aspekt der Fürsorge für die alten Eltern illustriert.[160] Ein auffälliger Zug in dem ansonsten stark von patriarchalischen Tendenzen bestimmten islamischen Wertesystem ist die Betonung der Kindespflichten gegenüber der Mutter, die vereinzelt sogar über die Pflichten für den Vater oder die Gattin gestellt wurden.[161] Die Mühen der Mutter, Schwangerschaft, Geburt, Stillen und Pflege könnten Kinder niemals auch nur annäherungsweise vergelten, hieß es zur Begründung. Das rechte Verhalten gegenüber den Eltern schloß schließlich das Gebet für sie nach ihrem Tod ein. Die Notwendigkeit der kindlichen Pietät wurde im Islam nicht nur mit ihren Sozialisationsleistungen begründet, sondern sie wurde ausdrücklich zu einer religiösen Pflicht erklärt. Die Eltern gut zu behandeln, brachte jenseitigen Lohn, was man in dem Bild vom Vater als

---

Sonderstellung nimmt der stark von persischen Erziehungstraditionen geprägte Traktat des 'Abdallāh Ibn al-Muqaffa': Al-adab al-waǧīz li-l-walad aṣ-ṣaġīr [Die Wohlerzogenheit in Kurzfassung; für den kleinen Sohn] aus der 1. Hälfte des 8. Jh. ein, der hier nicht berücksichtigt wurde.

[156] Ibn al-Qayyim 133f., 136. Baihaqī 581. Samarqandī 46.
[157] Koran 46: 15; 17: 23, 24; 31: 14, 15; 29: 8.
[158] Samarqandī 45 (ein Zehn-Punkte-Katalog).
[159] Samarqandī 44. Ibn Qutaiba: Bd. 3, S. 97.
[160] Vgl. Baihaqī 587, 590f., und schon Koran 17: 23f.
[161] Samarqandī 43–45. Baihaqī 590. Ṭabarsī 254.

Paradiestor, dessen Schlüssel unter den Füßen der Mutter liegt, veranschaulichte.[162] Den Wert und Lohn der Kindespflichten stellten die islamischen Gelehrten manchmal über die Gemeinschaftsaufgabe des Kampfes auf dem Weg Gottes *(ǧihād)* und andere gute Werke.[163] Die nomadischen Tugenden, wie die, die man unter dem Begriff der *murū'a* (Mannestugend/Humanität) zusammenfaßte, wurden im Islam als Werte übernommen, so die Sympathie für Schwache, Generosität, Geduld, Beharrlichkeit und Treue. In Herrscherkreisen galten weiterhin Tapferkeit und Furchtlosigkeit als Erziehungsideale. Das städtische Leben fügte Fleiß, Bedachtsamkeit und Häuslichkeit hinzu.[164] Die Charakterbildung trat jedoch in den frühislamischen Erwägungen zur Kindererziehung zugunsten der religiösen Erziehung und der Internalisierung der Kindespflichten in den Hintergrund.

Vorschriften oder Empfehlungen zum Ablauf der Erziehung finden sich nur sporadisch. Arabische Sprichwörter lassen ein Zweiphasenschema zu je sieben Jahren erkennen, d. h. die Erziehung endete mit vierzehn Jahren.[165] Erziehungsregeln, die wohl außerhalb Arabiens ihren Ursprung hatten, sahen eine dreiphasige Sozialisation bis zum 21. (je sieben Jahre) oder 19. (sechs + sechs + sieben Jahre) Lebensjahr vor. Während der ersten sieben Jahre durfte das Kind spielen, ihm sollten die Zügel lockergelassen und seine Wünsche erfüllt werden (sieben Jahre ist es Herr). In den zweiten sieben Jahren war es durch einen Lehrer oder in der Schule *(kuttāb)* zu erziehen (sieben Jahre ist es Knecht), und im letzten Stadium sollte es der Vater in die eigene Lehre nehmen (sieben Jahre ist es rechte Hand).[166] Andere Regeln für die Eltern bezogen sich speziell auf die religiöse Erziehung. Hauptgrundsatz war: Mit sieben bringt man den Kindern die täglichen Pflichtandachten (Sg. *ṣalāt*) bei, mit zehn Jahren bestraft man sie mit Schlägen, wenn sie diese unterlassen. Daneben gab es detailliertere Pläne zur religiösen Unterweisung durch den Vater.[167]

---

[162] Rāǧib 327.
[163] Rāǧib 327. Samarqandī 43–45.
[164] Samarqandī 46. Die Erziehungsideale der Herrscherkreise sind in den Fürstenspiegeln dokumentiert. Vgl. zu dieser Literatur H. Busse: Fürstenspiegel und Fürstenethik im Islam, in: Bustan 9 (1968) S. 12–19.
[165] Ibn Qutaiba: Bd. 3, S. 94. Rāǧib 323.
[166] Rāǧib 327. Ṭabarsī 255. Qummī 318f.
[167] Ṭabarsī 254. Ibn al-Qayyim 133f.

Das allgemeine Verhalten der Eltern zu ihren Kindern sollte nach den Vorstellungen der islamischen Gelehrten von Liebe und Güte geprägt sein. Man empfahl, seine Kinder zu herzen und zu küssen, wie es der Prophet gern getan habe, sie zu beschenken und mit ihnen zu spielen.[168] Dringend wurde den Eltern geraten, ihre Kinder gerecht zu behandeln und besonders die Mädchen nicht zurückzusetzen. Trotz dieser milden und liebevollen Grundhaltung gehörten auch Zwang und Schläge zum Erziehungsrepertoire.[169] Bis zu einem gewissen Alter duldete man intimen Körperkontakt zwischen Eltern und Kindern und gemeinsame Betten für die Kinder. Ab sechs Jahren sollte ein Mädchen jedoch nicht mehr von den älteren männlichen Verwandten, ab sieben der Junge nicht mehr von den Frauen geküßt werden.[170] Mit zehn Jahren waren für die Kinder eigene Betten vorgeschrieben.[171]

3.2 Hellenistische Erziehungslehren im Islam

Die diffusen und unsystematischen Vorstellungen über familiäre Kindererziehung, die wir in der islamischen Literatur des Mittelalters aufzuspüren und zu einem Mosaik zusammenzusetzen versucht haben, erhielten im 10. Jh. durch eine spätantike Erziehungslehre, die des Neopythagoräers Bryson, Konkurrenz. Dessen Ökonomik, die im griechischen Original, von Bruchstücken abgesehen, nicht erhalten ist, wurde in der ersten Hälfte des 10. Jh. (?) ins Arabische übertragen.[172] Bei Ibn al-Ġazzār (gest. 979) scheinen diese Vorstellungen zum ersten Mal in einer medizinisch-pädagogischen Schrift aufzutauchen.[173] Sie gewannen weitere Verbreitung durch Ibn Sīnās Ökono-

---

[168] Ṭabarsī 252f. Ibn Qutaiba: Bd. 3, S. 95. Rāġib 322, 325. Ibn al-Qayyim 131–133. Qummī 311.

[169] Ibn al-Qayyim 133–136.

[170] Ṭabarsī 256. Auch Intimitäten zwischen Mutter und Tochter sind ab sechs untersagt. Wie verbreitet diese Regel war, ist unklar. Die Quelle ist aus dem Bereich der Šīʿa.

[171] Seltener erst mit dreizehn oder schon mit sechs oder sieben. Rāġib 327. Ṭabarsī 255, 256. Ibn al-Qayyim 133.

[172] Die Überlieferung Brysons im Islam hat M. Plessner: Der OIKONOMIKOC des Neupythagoreers ,Bryson' und sein Einfluß auf die islamische Wissenschaft, Heidelberg 1928 studiert.

[173] Ibn al-Ġazzār (wie Anm. 148). Ob die Rasāʾil der Iḫwān aṣ-Ṣafāʾ (Entstehungszeit dieses ethisch-philosophischen Werkes vor 983/984) von Brysons Erziehungslehren beeinflußt sind, ist offen. Vgl. Plessner (wie Anm. 172) S. 10, 17.

mik[174] und durch Miskawaihs Einarbeitung der hellenistischen Erziehungslehren in sein philosophisch-pädagogisches Werk über die Ethik.[175] Den religiös-konservativen Kreisen, die der griechisch beeinflußten Philosophie ablehnend gegenüberstanden, wurden die neuen Erziehungsideen durch al-Ġazālī (gest. 1111), einen der bedeutendsten Religionsgelehrten des Islams, nahegebracht[176] und bildeten seitdem einen festen Bestandteil pädagogischen Wissens im Islam.[177] Ibn Qayyim al-Ġauzīya ergänzte im 14. Jh. diese Erziehungslehren durch Ratschläge zur Kleinkindpflege und fügte sie seiner Darstellung der islamischen Bräuche und Riten um das Kind und der genuin islamischen Erziehungsvorstellungen unter der Überschrift an: „Nützliche Paragraphen über die Pädagogik *(tarbiyat al-atfāl)* – die Folgen (ihrer Anwendung) wird man, wenn die (Kinder) erwachsen sind, preisen."[178] Die hellenistischen Erziehungslehren wurden überwiegend als geschlossene Einheit übernommen und mehr oder weniger stark an die islamischen Vorstellungen angepaßt. Ihre Attraktivität lag wohl in der systematischen Behandlung der Kindererziehung. Daher sollen diese Erziehungslehren in ihrer Gesamtheit und Systematik vorgestellt werden, auch wenn sich dadurch einige Überschneidungen und Wiederholungen ergeben.

Die erwähnten Autoren des 10. und 11. Jh. unterstreichen die Bedeutung der Kindheit für die spätere Entwicklung des Individuums stärker als es in der islamischen Literatur vorher üblich war und leiten von Prämissen über die natürliche Veranlagung des Kindes ihre Erziehungslehren ab.[179] Die guten oder schlechten Eigenschaften, die

---

[174] Ibn Sīnā (gest. 1037) – im Abendland bekannt als Avicenna –, K. as-Siyāsa [Die Leitung].

[175] Miskawaih (gest. 1030): Tahḏīb al-aḫlāq wa-taṭhīr al-aʿrāq [Die Verbesserung der Moral und die Reinigung des Charakters]. Er berücksichtigte auch andere antike Erziehungslehren.

[176] In seinem Werk Iḥyāʾ ʿulūm ad-dīn [Die Belebung der Religionswissenschaften]. Er paßte sie auch stärker an die islamischen Gegebenheiten an.

[177] Einerseits in der mehr philosophischen Tradition z. B. bei Naṣīraddīn Ṭūsī (gest. 1274): Aḫlāq-i nāṣirī [Nāṣirs Ethik] und dessen Epigonen, vgl. Plessner (wie Anm. 172) S. 52, 53, 114–130. Andererseits im theologischen Umfeld wie bei Ibn al-Qayyim (gest. 1350) und Ibn ʿArḍūn (gest. 1584): Adab an-nikāḥ wa-muʿāšarat al-azwāǧ wa-riyāḍat al-wildān, vgl. P. Paquignon: Le traité du mariage et de l'éducation d'Ibn Ardoun, in: Revue du Monde Musulman 15 (1911) S. 1–59.

[178] Ibn al-Qayyim 137–145.

[179] Die folgende Darstellung verzichtet auf eine Diskussion der Unterschiede, die bei

der erwachsene Mensch besitzt, werden nach ihrer Meinung in seiner Kindheit ausgebildet. Die Prägung und Formung, die man als Kind erhält, ist so tiefgreifend und einschneidend, daß negative Züge im Erwachsenenalter kaum noch zu korrigieren sind. Der gesamte spätere Lebensweg des Menschen, sein Erfolg oder Scheitern, sein Glück oder Unglück und schließlich sein Schicksal im Jenseits kann sich schon in der Kindheit entscheiden.[180] Hinter dieser Theorie steht die Vorstellung, daß das Kind als moralisch neutrales Wesen auf die Welt kommt, mit einer reinen Seele, gleich einem unbeschriebenen Blatt, oder einem Herzen, rein wie ein ungeschliffener Edelstein,[181] empfänglich für jede Art von Beeinflussung und selbst nicht auf bestimmte moralisch positive oder negative Handlungen festgelegt.[182] Andererseits sieht man auch, daß Kinder Unterschiede in ihren natürlichen Anlagen aufweisen, daß einige – modern gesprochen – biotisch besser charakterlich disponiert sind als andere. Auf diese unterschiedliche natürliche Ausstattung führt man es zurück, daß es leichter und schwerer erziehbare Kinder gibt.[183] Miskawaih scheint der Ansicht zuzuneigen, daß die Mehrzahl der Menschen von Natur aus mit schlechteren Charakteranlagen geboren wird.[184] Zu den natürlichen Veranlagungen gehören u. a. das Schamgefühl, die Neigung zu Großmut, Aufrichtigkeit und Sanftmut bzw. ihre Gegenteile.[185] Daneben prägen den Menschen in hohem Maß die Angewohnheiten, die er sich im Lauf seiner Kindheit von seiner Umgebung aneignet,[186] – in heutiger wissenschaftlicher Terminologie – seine Sozialisation.

Aus diesen Annahmen über die moralische Entwicklung und – so bei Miskawaih – weiteren Hypothesen über die psychosomatische Genese

---

den einzelnen Autoren, die die hellenistischen Erziehungsvorstellungen im Islam heimisch gemacht haben, bestehen. Sie stützt sich im wesentlichen auf Ibn Sīnā, Miskawaih, Ġazālī und Ibn al-Ġazzār.

[180] Ibn Sīnā 1073. Ibn al-Ġazzār 135. Ġazālī: Bd. 3, S. 70, 71.

[181] Miskawaih 59. Ġazālī: Bd. 3, S. 69. So auch die Iḫwān aṣ-Ṣafā᾿, vgl. A. F. al-Ahwānī: At-Tarbiya fi ᾿l-islām, Kairo ³1968, S. 227.

[182] Diese Konzeption ist im Islam nicht neu; sie hat im Begriff der *fiṭra* schon eine längere Tradition. Ġazālī: Bd. 3, S. 71 verweist auf einen entsprechenden *ḥadīṯ*. Auffällig ist aber, daß das Problem des *qadar* (Prädestination) hier völlig ausgeblendet wird.

[183] Ibn al-Ġazzār 137.

[184] Miskawaih 39.

[185] Ibn al-Ġazzār 137. Miskawaih 39.

[186] Ibn Sīnā 1073. Ibn al-Ġazzār 135, 136.

des Kindes[187] leitet man die Möglichkeit und Notwendigkeit seiner Erziehung ab. Ihre Aufgabe besteht dann einerseits darin, die Auswirkungen der natürlichen Anlagen entweder zu verstärken oder sie zu mildern, andererseits das, was das Kind von der Umgebung annimmt und sich zur Gewohnheit macht, zu steuern und zu kontrollieren.[188]

Das Globalziel der Erziehung ist, dem Kind den Weg zu einem doppelten Glück zu bereiten: zum glücklichen Zusammenleben mit den Menschen im Diesseits und zu einer glücklichen Existenz im Jenseits. Vernachlässigen die Eltern die Erziehung ihrer Kinder, tragen sie selbst zu deren Unglück und vielleicht zu deren Verdammung bei, und sie laden sich einen Teil der Verantwortung dafür auf.[189] Dieses Fernziel ist dadurch zu erreichen, daß sich das Kind eine Reihe von Tugenden, nützlichen Verhaltensweisen und Wissensschätzen aneignet und lernt, Laster und Unanständigkeiten zu meiden. Zu den Tugenden rechnet man: Scham, Edelmut, Freundschaft, Aufrichtigkeit, Selbstbeherrschung, Frugalität, Bescheidenheit, Mäßigung, Weisheit, Gehorsam gegenüber den Eltern und Erziehern, Respekt vor den Älteren, Gerechtigkeit, Höflichkeit, Zurückhaltung, Gastfreundschaft und Frömmigkeit.[190] Sie beziehen ihre Legitimation aus der göttlichen Offenbarung *(šarīʿa)*, dem Vorbild des Propheten *(sunna)* und der Philosophie *(ḥikma)*.[191]

Die Erziehung des Kindes soll möglichst früh beginnen; entweder gleich nach der Entwöhnung[192] oder spätestens, wenn das Kind fähig ist, gut und schlecht zu unterscheiden und sich seines Verstandes zu bedienen. Als Indiz dafür kommt das Auftreten des Schamgefühls in Betracht.[193] Die Erziehung hat überdies kontinuierlich und widerspruchsfrei zu sein.[194]

Der erste wichtige Erziehungsbereich, dem die Eltern ihre Aufmerksamkeit widmen sollen, ist das Eß- und Trinkverhalten. Das Ziel

---

[187] Z. B. Miskawaih 58, 59.
[188] Ibn al-Ġazzār Kap. 22 passim. Miskawaih 39f., 53, 61.
[189] Ġazālī: Bd. 3, S. 70, 71. Miskawaih 65.
[190] Ibn al-Ġazzār, Ibn Sīnā, Miskawaih, Ġazālī passim.
[191] Bei Miskawaih in der Reihenfolge *ḥikma, šarīʿa, sunna!* Ġazālī mißt der Philosophie nicht diese Bedeutung bei.
[192] Ibn Sīnā 1073.
[193] Miskawaih 59. Ġazālī: Bd. 3, S. 70.
[194] Miskawaih 60.

muß sein, die Gier des Kindes nach Essen und kulinarischen Genüssen zu zähmen und es zur Selbstbeherrschung und Mäßigung anzuhalten. Wie sieht die Erziehung zur rechten Nahrungsaufnahme im einzelnen aus? Das Kind hat zu lernen, die Speisen nur mit der rechten Hand zu nehmen und dabei die *basmala* („Im Namen Gottes, des Barmherzigen und Gütigen") zu sprechen. Es soll nur von dem essen dürfen, was sich in seiner Nähe befindet, langsam essen, nicht zu große Bissen nehmen, gut kauen, erst nach dem Essen trinken, sich nicht die Kleider bekleckern, nicht auf die Speisen starren oder andere beim Essen beobachten, nicht über die Mahlzeit herfallen, bevor die anderen Teilnehmer bereit sind, und es soll dazu angehalten werden, den anderen die besseren Stücke zu lassen. Raffinierte Gaumenfreuden sind ihm zu verleiden, Fleisch, Süßigkeiten und Obst sind nur in Maßen gestattet, Wein oder andere berauschende Getränke überhaupt nicht. Von Zeit zu Zeit sind Mahlzeiten angebracht, bei denen nichts als trockenes Brot gereicht wird. Das Kind soll lernen, sich mit einfachster Nahrung zu begnügen und der Nahrungsaufnahme keine große Bedeutung beizumessen und begreifen, daß sie lediglich die Funktion habe, den Körper gesund zu erhalten. Als beste Tageszeit für die Einnahme der Hauptmahlzeit sieht man den Abend an. Die Begründung ist pädagogischer Art: Nach dem Essen tritt für längere Zeit Erschlaffung und Ermüdung ein, die die Leistungsfähigkeit einschränkt, daher sollte nicht tagsüber und schon gar nicht vor Beendigung des Unterrichts in ausgiebiger Manier gespeist werden.[195]

Die gleiche Einfachheit wie bei der Nahrung ist auch in der Kleidung und in seinem Äußeren anzustreben. Dem Jungen soll beigebracht werden, daß bunte Kleider und Seidenstoffe nur für Frauen und weibische Kreaturen passend sind, daß sich für ihn dagegen nur das weiße, schmucklose Gewand ziemt. Es ist auch nicht gut, wenn er zu lange Haare hat oder einen Ring am Finger trägt.[196]

Eine große Bedeutung mißt man der Abhärtung und Stählung des Körpers bei. Luxuriöse Betten gelten als für Kinder ungeeignet, desgleichen kühlendes Bettzeug oder kühle Schlafzimmer im Sommer und Felldecken oder geheizte Schlafzimmer im Winter. Tägliche körperliche Bewegung, wie Zufußgehen, Reiten oder andere Leibesü-

---

[195] Miskawaih 60, 62, 63. Ġazālī: Bd. 3, S. 70.
[196] Miskawaih 60. Ġazālī: Bd. 3, S. 70.

bungen, soll ihnen zur lieben Gewohnheit werden und so verhindern, daß sie faul und träge werden.[197] Körperlicher und geistiger Erschlaffung soll auch die Maßnahme vorbeugen, das Kind nicht zuviel schlafen zu lassen, schon gar nicht während des Tages.[198] Selbstverständlich ist auf sein Gehabe und seine Manieren zu achten. Arme und Beine sind bedeckt zu halten, das Kind muß lernen, nicht zu schnell zu gehen, die Arme dabei nicht baumeln zu lassen, sondern sich gemessenen Schrittes, die Arme an die Brust angelegt, zu bewegen. Beim Sitzen soll es weder die Beine übereinanderschlagen noch den Kopf aufstützen, Spucken, Schneuzen und Gähnen im Beisein anderer dürfen die Eltern nicht dulden.[199]

Ein weiteres Bündel von Erziehungsratschlägen betrifft das Verhalten des Kindes im Umgang mit den Mitmenschen. Es schuldet den Eltern, Erziehern und älteren Persönlichkeiten Gehorsam und Respekt. In ihrer Anwesenheit soll es das Spielen lassen, nicht zuerst das Wort ergreifen, nur reden, wenn es gefragt wird, kurz und bündig antworten und nicht schwafeln. Fehlerhaftes Sprechen, Blödsinn und Schamlosigkeiten sind ebensowenig zu tolerieren wie Lügen, Fluchen und Schwören. Einem Älteren oder Höhergestellten muß das Kind zuhören, sich vor ihm erheben und ihm seinen Platz anbieten, und es darf ihm nicht den Rücken zuwenden. Für gut erachtet man es auch, wenn es sich daran gewöhnt, Ältere zu bedienen. Gegenüber seinen Kameraden soll es nicht mit seinem oder seiner Familie Besitz prahlen, sondern sich in Bescheidenheit üben. Weniger gut Gestellten mit Überheblichkeit und Hochmut zu begegnen, sich ihnen gegenüber mit dem Adel oder der Macht seiner Verwandtschaft zu brüsten oder sie gar auf Grund dessen zu tyrannisieren, ist als ungehörig anzuprangern. Es empfiehlt sich für die Eltern auch, darauf hinzuarbeiten, daß man seinen Kameraden oder jüngeren Kindern nichts schuldig bleibt, sondern ihre Dienste und Wohltaten in reichem Maß vergilt. Dem ärmeren Kind soll bewußt gemacht werden, daß es erniedrigend ist, vom reicheren etwas zu begehren oder anzunehmen.[200] Ganz allge-

---

[197] Miskawaih 63. Ġazālī: Bd. 3, S. 71.
[198] Ebd. Auch ein Thema in der *adab*-Literatur. Baihaqī 585.
[199] Miskawaih 63, 64. Ġazālī: Bd. 3, S. 71.
[200] Miskawaih 64. Ġazālī: Bd. 3, S. 71.

mein ist das Kind eindringlich vor den verderblichen Wirkungen zu warnen, die seinem Charakter von Geld und Gold drohen.[201]

Die Sozialisation des Kindes erschöpft sich nach Meinung Miskawaihs und Ġazālīs jedoch keineswegs in der Erziehung zu einer gesunden Lebensweise, der Glättung seiner Manieren und darin, ihm einige Grundregeln sozialen Verhaltens beizubringen. So früh wie möglich soll auch die religiöse und geistige Ausbildung einsetzen. Ausgangspunkt ist der Koran, dessen Verse das Kind zu memorieren beginnt und als Vorlage für seine ersten Schreibübungen benutzt. Nach und nach wird es – so ihr Vorschlag, der sich an den damaligen Gepflogenheiten orientiert – an die religiösen Pflichten gewöhnt wie den täglichen Gebetsritus *(ṣalāt)* und an die Einhaltung einiger Fastentage im Monat Ramaḍān, obwohl es zu beidem strenggenommen erst als Erwachsener verpflichtet ist.[202] Unterweisung in den zentralen Glaubenslehren, in wichtigen Vorschriften der göttlichen Offenbarung *(šarīʿa)* und in den Überlieferungen von vorbildlichen Persönlichkeiten der islamischen Geschichte ergänzt die Elementarbildung.

Sie ist aber keineswegs nur auf religiöse Texte zu beschränken. Sowohl für die Schulung des Sprachvermögens als auch für die moralische Erziehung der Kinder sieht man die arabische Dichtung als ein nützliches Bildungselement an, sofern man sie nicht mit zu langen und schwierigen Gedichten überfordert. In der Auswahl der Gedichte ist auf ihren erzieherischen Wert zu achten. Nur solche dürfen benutzt werden, die bestimmte Tugenden preisen, wie das Streben nach Wissen und Bildung, das pflichtgemäße Verhalten gegenüber den Eltern *(birr al-wālidain)*, die Gastfreundschaft und andere arabische oder islamische Ideale, oder solche, die deren Vernachlässigung geißeln. Liebes- und Weinlieder gelten dagegen als jugendgefährdende Texte.[203]

Nach Abschluß der Elementarausbildung schließt sich die berufsorientierte Ausbildung an. Den Beruf soll der Erzieher nach der Eignung, den Talenten und den Neigungen des Kindes wählen. In

---

[201] Miskawaih 65. Ġazālī: Bd. 3, S. 71.
[202] Vgl. Motzki (wie Anm. 22) Anm. 8.
[203] Ibn Sīnā 1074. Miskawaih 39, 53, 61. Ġazālī: Bd. 3, S. 70, 71. Zur unterschiedlichen Gewichtung der Lehrstoffe in den verschiedenen islamischen Regionen vgl. Ibn Ḫaldūn 629–632.

einer Tätigkeit, die seinem Wesen nicht entspricht, kann das Kind es zu
nichts bringen, wie die Lebenserfahrung lehrt. Wenn z. B. ein intellektueller Beruf, wie der eines *kātib* (Verwaltungsfachmann), angestrebt wird, müssen seine sprachlichen und literarischen Kenntnisse
erweitert werden, und es muß mit Grammatik, Rhetorik, Korrespon-
denzlehre, Genealogie, Literaturkunde, Rechnen und Buchführung
vertraut gemacht werden. Andere Berufe erfordern entsprechend
andere wissenschaftliche oder praktische Ausbildungen. In der letzten
Phase seiner Berufsausbildung soll der junge Mann schon versuchen,
mit seinen Fertigkeiten Geld zu verdienen und seinen Lebensunterhalt
zu bestreiten, ein Rat, der als besonders heilsam für die Söhne der
Reichen betrachtet wird. Wenn er in der Lage ist, seinen Unterhalt zu
verdienen, endet die Erziehungs- und Ausbildungsverantwortung der
Eltern. Der Herangewachsene hat nun das Recht, von seinem Vater
verheiratet zu werden und einen eigenen Hausstand zu gründen.[204]
  Die pädagogische Reflexion im islamischen Kulturbereich des 10.
und 11. Jahrhunderts erfaßt nicht nur die Gegenstände und die Inhalte
der Sozialisation, sondern auch die Strategien, mit denen Eltern und
Erzieher voraussichtlich Erfolg haben würden. Die Methoden richten
sich zunächst einmal nach den natürlichen Charakteranlagen. Sind
diese gut, so reichen Lob oder Tadel, sind sie schlecht, so muß man zu
stärkeren Mitteln, zu Anreizen, zu Drohungen und notfalls zu
Schlägen Zuflucht nehmen.[205] Die islamischen Gelehrten raten, mit
Lob und Belohnung verschwenderisch, mit Tadel und Bestrafung
dagegen sparsam umzugehen. Über einmalige und heimliche Fehltritte
soll der Erzieher hinwegsehen, im Wiederholungsfall die Sache unter
vier Augen besprechen, dem Kind die Schwere des Vergehens klarma-
chen und es vor einem Rückfall warnen. Öffentliche Bloßstellung und
Bestrafung führt nach ihrer Meinung zu Trotzreaktionen, wiederholten Verfehlungen und Renitenz gegen Strafe. Öffentlichkeit des Lobes
verstärkt dagegen die beabsichtigten Wirkungen. Im übrigen ist keine
Gelegenheit auszulassen, durch anschauliche Beispiele aus dem täglichen Leben seine Erziehungsvorstellungen entweder lobend oder
tadelnd zu demonstrieren.

---

[204] Ibn Sīnā 1075 f.
[205] Ibn al-Ġazzār 138.

Der Vater soll sich das Recht vorbehalten, mit seinem Kind ein ernstes Wörtchen zu reden. Es ist aber nicht gut, ihm wegen jeder Kleinigkeit Vorhaltungen zu machen, denn es besteht die Gefahr, daß es sich daran gewöhnt und sie sich nicht mehr zu Herzen nimmt. Die Mutter kann die Furcht vor dem Vater als Disziplinierungsmittel benutzen.[206] Falls man zu Schlägen greifen muß, sollen sie beim ersten Mal drastisch und schmerzhaft sein, damit sie für längere Zeit abschreckend wirken.[207]

Ibn Sīnā bricht eine Lanze für die Gemeinschaftserziehung gegen die Einzelerziehung und das Hauslehrertum. In der Gemeinschaft würden die Kinder nicht so schnell des Lernens überdrüssig, der Konkurrenzkampf sporne sie an, sie lernten leichter voneinander, ihr Horizont weitete sich, ihr Interesse für die Erfahrungen anderer werde geweckt, und es entstünden Freundschaften. In der Gemeinschaftserziehung liegt aber auch die Gefahr, daß das Kind sich andere Dinge angewöhnt, die nicht in die Konzeption der Eltern oder Erzieher passen. Daher ist es wichtig, so wird mehrfach betont, den Umgang des Kindes sei es mit den Altersgenossen oder mit Erwachsenen im Auge zu behalten. In der Schule und in der Freizeit soll es nur mit Kindern von Niveau zusammensein. Kontakte zu schlecht erzogenen Alterskameraden oder moralisch zweifelhaften Erwachsenen sind zu unterbinden.[208]

Man verweist auch auf den Wert des Spielens für eine gesunde Erziehung. Das Spiel ist notwendig, damit sich das Kind nach der Anspannung des Unterrichts erholen kann. Läßt man es nicht spielen, sondern zwingt man es zu unermüdlichem Lernen, tötet man seine seelischen und geistigen Kräfte ab, verleidet ihm das Leben und treibt es zur Erfindung von Mitteln, mit denen es sich von diesem Joch zu befreien trachtet. Die Spiele sollen jedoch nicht kräfteverschleißend oder gefährlich, sondern erholsam sein.[209]

---

[206] Ibn Sīnā 1073, 1074. Miskawaih 39, 40, 60, 61.
[207] Ibn Sīnā 1074. Über das Schlagen als disziplinarische Maßnahme vgl. auch die Schriften zur Schulpädagogik z. B. Ibn Saḥnūn 88 ff. Qābisī 342 ff.
[208] Ibn Sīnā 1074. Miskawaih 60, 63. Ġazālī: Bd. 3, S. 70, 71.
[209] Miskawaih 65. Ġazālī: Bd. 3, S. 71.

4. Nachwort

Das Bild, das wir von der Kindheit in der islamischen Kultur des Mittelalters zu zeichnen versucht haben, ist – das sei nochmals ins Bewußtsein gerufen – in hohem Maß ideell oder normativ. Wie die Kinder wirklich in der Familie lebten, behandelt und erzogen wurden, darüber wissen wir noch viel zu wenig. Einerseits sind die bislang zur Verfügung stehenden Quellen der Grund, in denen Kindheit allenfalls sporadisch und dann überwiegend theoretisch thematisiert wird, andererseits befindet sich die Erschließung der islamischen Quellen überhaupt und der sozialgeschichtlichen Materialien insbesondere noch in den Anfängen. Quellenerschließende Arbeiten zur Sozialgeschichte der Kinder im islamischen Orient sind ein dringendes Desiderat islamwissenschaftlicher Forschung.

Literatur

ʿArīb ibn Saʿīd al-Kātib al-Qurtubī (gest. 980?): K. Ḫalq al-ǧanīn wa-tadbīr al-ḥabālā wa-l-maulūdīn [Die Erschaffung des Fötus und die Behandlung der Schwangeren und der Neugeborenen], hrsg. u. übers. v. H. Jahier-Noureddine Abdelkader (= Publications de la Faculté Mixte de Médecine et de Pharmacie d'Alger III), Algier 1956.

Baihaqī, Ibrāhīm ibn Muḥammad al- (1. Hälfte d. 10. Jh.): K. al-Maḥāsin wa-l-masāwī [Die Schönheiten und die Schlechtigkeiten], hrsg. v. F. Schwally, Gießen 1902.

Ġazālī, Abū Ḥamīd ibn Muḥammad al- (gest. 1111): Iḥyāʾ ʿulūm ad-dīn [Die Belebung der Religionswissenschaften], Bd. 2 u. 3, Kairo: al-Ḥalabī 1358 H./1939; Teilübers.: L. Bercher und G. H. Bousquet: Ghazâlî – Le livre des bons usages en matière de mariage (= Bibliothèque de la Faculté de Droit d'Alger XVII), Paris 1953; A. Renon: L'éducation des enfants dès le premier age par l'Imam al-Ghazali, in: IBLA 8 (1945) S. 57–74.

Ibn ʿĀbidīn, Muḥammad Amīn ibn ʿUmar ibn ʿAbdalʿazīz (gest. 1836 oder 1842): Radd al-muḥtār ʿalā 'd-durr al-muḫtār ʿalā matn tanwīr al-abṣār [Die erlesene Antwort auf (das Werk) Die erlesene Perle (ein Kommentar zu) Die Erleuchtung der Blicke], Bd. 5, Būlāq 1272 H./1855/1856.

Ibn al-Ġazzār, Abū Ǧaʿfar Aḥmad ibn Ibrāhīm ibn Abī Ḫālid (gest. 979): Siyāsat aṣ-ṣibyān wa-tadbīruhum [Das Kinderregimen und ihre Behandlung], hrsg. v. M. al-Ḥabīb al-Haila, Tunis: al-Manār 1968.

Ibn Ḫaldūn, Walīaddīn ʿAbdarraḥmān ibn Muḥammad (gest. 1382): Al-Muqaddima [Die Einleitung], Kairo: aš-Šarafīya 1909; Übers.: F. Rosenthal: The Muqaddimah. An introduction to history. By Ibn Khaldûn, 3 Bde., London und New York 1958, ²1967.

Ibn Isḥāq, Abū ʿAbdallāh Muḥammad (gest. 767): K. Sīrat rasūl allāh [Das Leben des Gesandten Gottes] (in der Rezension des ʿAbdalmalik ibn Hišām), hrsg. v. F. Wüstenfeld, Bd. 1, Göttingen 1858–1861, Repr. Frankfurt a. M. 1961; Übers.: A. Guillaume: The Life of Muhammad, Oxford 1955.

Ibn Qayyim al-Ǧauzīya, Šamsaddīn Muḥammad (gest. 1350): Tuḥfat al-maudūd bi-aḥkām al-maulūd [Das Geschenk des Geliebten, Regeln das Neugeborene betreffend], hrsg. v. ʿAbdalḥakīm Šarafaddīn, Bombay: al-Hindīya al-ʿArabīya 1961.

Ibn Qudāma, Muwaffaqaddīn ʿAbdallāh ibn Aḥmad (gest. 1223): ʿUmdat al-fiqh [Der Pfeiler der Jurisprudenz], Kairo 1352 H./1938; Übers.: H. Laoust: Le précis de droit d'Ibn Qudāma, Beirut 1950.

Ders.: Al-Muqniʿ fī fiqh imām as-sunna Aḥmad ibn Ḥanbal [Der Überzeuger; über die Jurisprudenz des Imams der Sunna A. b. Ḥ.], 3 Bde., Kairo: as-Salafīya 1382 H./1962.

Ibn Qutaiba, Abū Muḥammad ʿAbdallāh ibn Muslim (gest. 889): ʿUyūn al-aḫbār [Die Quellen der Nachrichten], Bd. 3 u. 4, Kairo 1963/1964.

Ibn Raǧab, Abū 'l-Faraǧ ʿAbdarraḥmān (gest. 1393): Al-Qawāʿid fī 'l-fiqh al-islāmī [Die Grundlagen; über die islamische Jurisprudenz], hrsg. v. Ṭāhā ʿAbdarra'ūf Saʿd, Kairo: al-Kullīyāt al-Azharīya 1392 H./1972.

Ibn Saḥnūn, Muḥammad ibn ʿAbdassalām (gest. 870): K. Ādāb al-muʿallimīn [Die rechten Verhaltensweisen der Lehrer], hrsg. v. Muḥammad al-ʿArūsī al-Maṭwī, Tunis: aš-Šarqīya ²1972.

Ibn Sīnā, Abū ʿAlı al-Ḥusain ibn ʿAbdallāh (gest. 1037): K. as-Siyāsa [Die Leitung], hrsg. v. Luwīs Maʿlūf, in: Al-Mašriq 9 (1906) S. 968–973, 1037–1042 u. 1073–1078.

Kāsānī, Abū Bakr Masʿūd ibn Aḥmad al- (gest. 1191): K. Badāʾiʿ aṣ-ṣanāʾiʿ fī tartīb aš-šarāʾiʿ [Die Wunder der Künste; über den Aufbau des Rechts], Bd. 4, Kairo: al-Ǧamālīya 1328 H./1910.

Koran = al-Qurʾān al-karīm [Der ehrwürdige Koran], Beirut o. J.; Übers.: R. Paret: Der Koran, 2 Bde., Stuttgart ²1977.

Miskawaih, Aḥmad ibn Muḥammad (gest. 1030): Tahḏīb al-aḫlāq wa-tathīr al-aʿrāq [Die Verbesserung der Moral und die Reinigung des Charakters], Beirut: al-Ḥayāt 1961; Übers.: M. Arkoun: Traité d'éthique, Damaskus: Institut Français de Damas 1969.

Qābisī, Abū l-Ḥasan ʿAlı ibn Muḥammad al- (gest. 1012): Ar-risāla al-mufaṣṣala li-aḥwāl al-mutaʿallimīn wa-aḥkām al-muʿallimīn wa-l-mutaʿallimīn [Die ausführliche Abhandlung; über die Angelegenheiten der Lernenden und die Regeln die Lehrenden und die Lernenden betreffend], hrsg. v. A. F. al-Ahwānī, in: ders.: At-Tarbiya fī 'l-islām, Kairo ³1968.

Qudūrī, Abū 'l-Ḥusain Aḥmad ibn Muḥammad al- (gest. 1037): Al-Muḫtaṣar [Das Kompendium], hrsg. u. übers. v. G. H. Bousquet und L. Bercher: Le statut personnel en droit musulman hanéfite (= Institut des Hautes Études de Tunis III), Tunis o. J.

Qummī, Abū Ǧaʿfar aṣ-Ṣadūq Muḥammad ibn ʿAlī al- (gest. 991): Man lā yaḥḍuruhū 'l-faqīh [Bei wem kein Rechtsgelehrter zugegen ist], Bd. 3, Naǧaf: al-Islāmīya ⁴1378 H./1958.

Rāǧib al-Iṣfahānī, Abū 'l-Qāsim Ḥusain ibn Muḥammad ar- (gest. 1108): Muḥāḍarāt al-udabā' wa-muḥawarāt aš-šuʿarā' wa-l-bulaǧā' [Die Vorträge der Gebildeten und die Diskussionen der Dichter und Redner], Bd. 1, Beirut 1961.

Saḥnūn, Ibn Saʿīd at-Tanūḫī (gest. 854): Al-Mudawwana al-kubrā li-imām Mālik ibn Anas [Die größte Aufzeichnung (der Lehren) des Imam M. b. A.], Bd. 2, Kairo: as-Saʿāda 1323 H./1905.

Samarqandī Abū 'l-Laiṯ Naṣr b. Muḥammad as- (gest. 983 oder etwas später): Tanbīh al-ǧāfilīn [Die Belehrung der Unachtsamen], Kairo: as-Saʿīdīya 1344 H./1925/1926.

Ṭabarī, Abū Ǧaʿfar Muḥammad ibn Ǧarīr aṭ- (gest. 923), Ǧāmiʿ al-bayān ʿan taʾwīl al-qurʾān [Die Summe der Erläuterung; über die Koranexegese], 30 Bde., Kairo: al-Ḥalabī ²1373 H./1954.

Ṭabarsī, Riḍāaddīn Abū Naṣr al-Ḥasan ibn Faḍl aṭ- (gest. 1153 oder 1158): Makārim al-aḫlāq [Die edlen Charaktereigenschaften], Kerbela o. J.

Zabīdī, Muḥibaddīn Abū 'l-Faiḍ Muḥammad Murtaḍā az- (gest. 1791): Tāǧ al-ʿarūs min ǧawāhir al-qāmūs [Die Brautkrone unter den Juwelen des Lexikons], Kairo: al-Ḥairīya 1306 H./1888.

KINDHEIT IM EUROPÄISCHEN MITTELALTER

KLAUS ARNOLD

1. Die Quellen

„Wer aber würde nicht zurückschrecken und, vor die Wahl gestellt, entweder zu sterben oder noch einmal Kind zu sein, den Tod vorziehen? Begrüßt doch das Kind nicht lachend, sondern weinend das Licht der Welt und weissagt damit unbewußt, welchen Übeln es entgegengeht." – So meint zu Beginn des 5. Jahrhunderts der bedeutendste Kirchenlehrer des Abendlandes, Aurelius Augustinus.[1] Ganz anders der Tenor der Frage, die Desiderius Erasmus von Rotterdam im frühen 16. Jahrhundert in seinem Werk „Lob der Torheit" diese an ihr Auditorium richten läßt – eher ein „Lob der Kindheit" –: „Wer wüßte nicht, daß die Kindheit die glücklichste Zeit im menschlichen Leben darstellt und die für alle erfreulichste? Was ist an den Kindern, daß wir sie dermaßen küssen und herzen und hätscheln, daß selbst ein Feind ihnen seine Unterstützung nicht versagen würde – der Zauber der kindlichen Einfalt ist es..."[2]

---

[1] De civitate dei 21, 14; Aurelius Augustinus: Vom Gottesstaat (De civitate dei), Vollständige Ausgabe der Bücher 11 bis 22. Aus dem Lateinischen übertragen v. W. Thimme, eingeleitet und kommentiert v. C. Andresen, Zürich 1955, München 1978 (dtv 1980), S. 708. – Die im Kontext von Augustins Schilderung des ganzen Menschenlebens als Strafe und Plage stehende Äußerung verdient nicht zuletzt deshalb Beachtung, weil gerade dieser Autor sich in seinen „Bekenntnissen" als ein genauer Beobachter kindlicher Lebensäußerungen und mit erstaunlichem psychologischen Einfühlungsvermögen begabt erwiesen hat: J. Hogger: Die Kinderpsychologie Augustins, München 1937, S. 63 ff. Vgl. K. Arnold: Kind und Gesellschaft in Mittelalter und Renaissance. Beiträge und Texte zur Geschichte der Kindheit, Paderborn 1980, S. 69 u. 96 f.

[2] „... quis nescit primam hominis aetatem multo laetissimam multoque omnibus gratissimum esse? Quid est enim illud in infantibus, quod sic exosculamur, sic amplectimur, sic fovemus, ut hostis etiam huic aetati ferat opem, nisi stultitiae lenocinium...", Desiderii Erasmi Roterodami Opera Omnia, rec. J. Clericus, Leiden 1703, Ndr. Hildesheim 1962, Teil IV, S. 413; Erasmus von Rotterdam: Ausgewählte

Klaus Arnold

Zwischen dermaßen divergierenden Einschätzungen von Kindheit durch den Kirchenmann der ausgehenden Antike und den Humanisten am Beginn der Neuzeit eröffnet sich ein breites und vielfaches Spektrum unseres Themas. Da ist zuerst der zeitliche Aspekt: Die beiden Äußerungen markieren in etwa Beginn und Ende der Epoche, die wir als das europäische Mittelalter bezeichnen und die, grob gesprochen, das Jahrtausend zwischen etwa 500 und 1500 unserer Zeitrechnung umfaßt. Byzanz, auch wenn seine Bedeutung in der Fortführung der (ost-)römischen Tradition und dem Einfluß auf die Geschichte Osteuropas besteht, muß hier außer Betracht bleiben.[3] Wie für den Osten gilt für den Norden Europas als Zäsur auch im Verhältnis zum Kind die Christianisierung: Dort endet die vorchristliche Ära erst um die Jahrtausendwende.

Augustinus wie Erasmus waren Gelehrte und Kleriker – wie in ihrer Mehrzahl die Verfasser von schriftlichen Zeugnissen zur Geschichte der Kindheit; sie waren zudem nahezu ausnahmslos Männer und fast nie Väter.[4] So tragen diese Texte – Erziehungslehren und medizinische Traktate, Heiligenleben und Beichtsummen, höfische Epik und Rechtstexte, Tugendlehren und Tischzuchten, Predigten sowie enzyklopädische Schriften – überwiegend normativen Charakter; und sie entstammen, ebenso wie die stärker persönlich gefärbten Lebenserinnerungen und Familienchroniken, ohne Ausnahme der literarisch gebildeten Oberschicht.

Wenn wir über Kindheit im „finsteren" Mittelalter gleichwohl nicht weniger Kenntnis besitzen als über die vorausgehende Epoche der Antike und die nachfolgenden Jahrhunderte bis in das neunzehnte

Schriften. Ausgabe in acht Bänden. Lateinisch und Deutsch, hrsg. v. Werner Welzig, deutsche Übersetzung von Alfred Hartmann, Bd. 2, Darmstadt 1975, S. 24f. – Den Hinweis auf dieses Zitat verdanke ich dem Aufsatz von D. Herlihy: Medieval Children, in: Essays on Medieval Civilisation, hrsg. v. B. K. Lackner u. K. R. Philip, Austin/London 1978, S. 109–141, 130.
[3] Über diesen Bereich informieren H. Antoniadis-Bibicou: Quelques notes sur l'enfant de la moyenne époque byzantine (du VIe au XIIe siècle), in: Annales de Démographie Historique 1973: Enfant et Sociétés (Paris 1973) S. 77–84, und E. Patlagean: L'enfant et son avenir dans la famille byzantine (IVe–XIIe siècles), ebd. S. 85–93.
[4] Zumindest Augustinus jedoch war selbst Vater (eines natürlichen Sohnes): Confessiones 6, 15; Augustinus: Bekenntnisse, übertragen und eingeleitet v. H. Endrös, München 1963, S. 127.

444

Jahrhundert hinein,[5] so verdanken wir dies nicht allein der Vielzahl von Textzeugnissen. Vielmehr werden Aussagen über die Geschichte des Alltags, über das Leben – und das Sterben – der Menschen aus den mittleren und unteren Schichten der Bevölkerung von Dörfern und Städten möglich durch Sachüberreste: Bildliche Darstellungen und jene Spuren menschlichen Lebens, die mit der Hilfe der Archäologie und der medizinischen Anthropologie sowie durch die Auswertung des seit dem frühen Mittelalter, wenn auch recht fragmentarisch, überlieferten demographischen Material zu eruieren, das heißt dem Dunkel des Vergessens zu entreißen sind.

Bildliche Darstellungen von Kindern sind, vor allem aus dem Zeitraum des Früh- und Hochmittelalters, kaum als Abbild der Realität anzusehen, sondern besitzen, da in religiösem Zusammenhang entstanden, nahezu ausschließlich normativen Charakter. Verdeutlichen läßt sich dies am Beispiel des Jesuskindes in der karolingischen, ottonischen und romanischen Kunst: Die Art der Darstellung hat erheblich zu der Fehleinschätzung beigetragen, im Mittelalter sei das Kind nur als kleiner, als ein verkleinerter Erwachsener gesehen worden. Doch war dies nicht das Bild eines beliebigen, sondern die Abbildung des göttlichen Kindes, das auf dem Schoß seiner Mutter „thront" und dieser in Proportionen und Physiognomie bis hin zum Faltenwurf der Kleidung weitgehend identisch ist. Erst die Beachtung des ikonologischen Zusammenhangs lehrt, daß bei solchen vorgotischen Darstellungen nicht Abbilder von Mutter und Kind intendiert waren, sondern das Bild des Weltenherrschers, der göttlichen Weisheit. Ein mittelalterlicher Betrachter hätte auf den Anblick des Logos als hilfloser Säugling eher befremdet reagiert.[6] Seit dem 13. Jahrhundert werden die Darstellungen von Kindern in ihren Proportionen kindgemäßer und vermögen eine Mutter-Kind-Beziehung mit künst-

---

[5] Vgl. für die griechische und römische Antike die Beiträge ↗ Deißmann-Merten und ↗ Eyben.
[6] Zu diesem Thema zuletzt F. Garnier: L'iconographie de l'enfant au moyen âge, in: Annales de Démographie Historique 1973: Enfant et Sociétés (Paris 1973) S. 135 ff.; I. H. Forsyth: Children in Early Medieval Art: Ninth Through Twelfth Centuries, in: History of Childhood Quarterly 4 (1976/1977) S. 31–70; Fr. Bonney: Enfance divine et enfance humaine, in: L'enfant au moyen-âge (Littérature et Civilisation) (= Senefiance Nr. 9), Aix-en-Provence 1980, S. 7–23. – Weitere Literatur zu diesem sozialgeschichtlich relevanten Komplex und zur Forschungsgeschichte im Gefolge der Untersuchung von Philippe Ariès: Arnold (wie Anm. 1) S. 10 ff. u. 59 ff.

lerischen Mitteln mitzuteilen; eine neue Einschätzung und Hinwendung zum Kind, wie sie etwa zur gleichen Zeit auch in literarischen Quellen erkennbar wird.

Bevor man sich der Sozialgeschichte und einer Geschichte der Sozialisation des Kindes im europäischen Mittelalter nähert, muß man sich der Tatsache bewußt werden, daß in einer Gemeinschaft auf dem Weg von einer primitiven Gesellschaft in eine Hochkultur nur eines von zwei Kindern überlebte, denn „das Leben des Kleinkindes besteht aus Hinfälligkeit und Tod".[7] Mit Ausnahme allein der neuzeitlichen Bevölkerungsstatistiken sind wir für diese Epoche jedoch in die Lage gesetzt, das Ausmaß dieser Gefährdung nicht nur aus den Reaktionen der Betroffenen, sondern auch numerisch zu erschließen.

2. Alterszäsuren

Begriff und altersmäßige Eingrenzung der Kindheit entstammen antiker Tradition: *Infantia* und *pueritia* sind durch eine Zäsur um das siebte Lebensjahr getrennt; Kindheit und Knabenzeit sind Abschnitte von je sieben Jahren. Das europäische Mittelalter verwendete ganz ähnliche Kriterien, wie sie auch für die moderne Anthropologie Gültigkeit besitzen, die mit dem Zahnwechsel und dem Abschluß der Sprachentwicklung die Periode *Infans I* enden läßt. Zu Beginn des 7. Jahrhunderts hat Isidor von Sevilla in seiner Enzyklopädie das menschliche Leben in sechs Altersstufen unterteilt: „Das erste Lebensalter, die Infantia, erstreckt sich von der Geburt des Kindes bis zum siebten Jahr... Infans heißt das Kind, weil es die Sprache noch nicht beherrscht (quia adhuc fari nescit); denn solange die Zähne noch nicht richtig ausgebildet sind, mangelt es an sprachlicher Ausdrucksfähigkeit... Das zweite Alter ist die Pueritia (abgeleitet von purus, rein), der noch die Zeugungsfähigkeit fehlt; sie erstreckt sich bis zum 14. Jahr."[8] Isidors Etymologien sind, neben der Bibel natürlich, zu

---

[7] Fr. Loux: Das Kind und sein Körper in der Volksmedizin. Eine historisch-ethnographische Studie, Stuttgart 1980, S. 236.
[8] W. M. Lindsay (Hrsg.): Isidori Hispalensis episcopi Etymologicarum sive originum libri XX, Oxford 1911, Lib. XI, ii. Zum Komplex der Lebensalter zuletzt E. Eyben: Die

einem der Hauptbücher des lateinischen Mittelalters geworden und fanden Aufnahme vor allem in die enzyklopädische Fachliteratur des späteren Mittelalters. Der Begriff *puer* konnte dem Sprachgebrauch der Zeit entsprechend im übrigen sowohl „Knabe" wie allgemein „Kind" bezeichnen, während die Mediziner das kranke Kind zumeist als *infans* bezeichneten.

Seit der Antike entsprechen in der medizinischen Fachliteratur den einzelnen Lebensaltern unterschiedliche Krankheiten; in diesem Zusammenhang wird der Zeitraum der frühen Kindheit in zwei Phasen unterteilt: die Zeit der eigentlichen *infantia*, der Sprachlosigkeit, von der Geburt bis zum siebten Monat oder bis zum Alter von zwei Jahren, dem ungefähren Ende der Stillzeit – das Säuglingsalter –, und die Periode bis zum siebten Lebensjahr. Verbreitet, popularisiert, werden die Ansichten der spätantiken Mediziner Soranos und Galen, der Araber Rhazes und Avicenna (⁊ Motzki S. 426) sowie des Neupythagoräers ‚Bryson‘ vor allem von den scholastischen Enzyklopädisten des 13. Jahrhunderts, Bartholomäus Anglicus und Vinzenz von Beauvais. Bartholomäus bezeichnet den Zeitraum nach den ersten sieben Monaten, die durch permanente Pflegebedürftigkeit gekennzeichnet sind, bis zum siebten Jahr als das Alter des Zahnens, „dentium plantativa".[9] Ganz ähnlich geschieht die Einteilung der menschlichen Lebensalter in dem 1256 beendeten Gesundheitsregimen des Arztes Aldobrandino da Siena: „Das erste ist nach der Geburt des Kindes und dauert bis zum Erscheinen der Zähne: die ‚infantia‘. Das zweite heißt ‚dentium plantatura‘ nach dem Erscheinen der Milchzähne und dauert bis zum siebten Jahr. Das dritte ist die ‚pueritia‘ und dauert bis zum 14. Jahr."[10]

Weniger eindeutig als die Zäsur mit dem siebten Jahr läßt sich für gewöhnlich der Übergang zur Jugendzeit *(adolescentia)* eingrenzen. In diesem Zusammenhang darf nicht übersehen werden, daß die in der

---

Einteilung des menschlichen Lebens im römischen Altertum, in: Rheinisches Museum für Philologie 116 (1973) S. 150–190.

[9] Zum Ganzen L. Demaitre: The Idea of Childhood and Child Care in Medical Writings of the Middle Ages, in: History of Childhood Quarterly 4 (1976/1977) S. 461–490: Bartholomaeus Anglicus: De rerum proprietatibus, Frankfurt a. M. 1601, Ndr. 1964, S. 231.

[10] Arnold (wie Anm. 1) S. 117f.

Theorie genannten Altersangaben zwischen dem zehnten und dem fünfzehnten Lebensjahr faktisch eher dem Übergang ins Erwachsenenalter gleichzusetzen sind, daß der Übergang ins Arbeitsleben häufig schon viel früher einsetzt.[11] Ob wir dies freilich als „Kinderarbeit" im Sinn des industriellen Zeitalters bezeichnen können, läßt sich nicht pauschal beantworten.[12] Die Art dieses Übergangs, die damit verbundene Härte und Statusveränderung, das Alter, in dem dies allmählich oder abrupt stattfindet – all dies ist von äußeren Lebensbedingungen, von der Rechtsstellung, von der Schichtzugehörigkeit abhängig; und nicht zuletzt: geschlechtsspezifisch.

Insbesondere in der volkssprachlichen Literatur läßt sich beobachten, daß Empfindung und Beachtung dessen, was dem Kind in besonderem Maße eigentümlich ist, im Mittelalter stets vorhanden war. Dieses Interesse an kindlichem Wesen und seine subtile Beobachtung läßt sich auch für die biographische und autobiographische Literatur konstatieren. Doch ist nicht zu übersehen, daß vor allem in der altfranzösischen und der mittelhochdeutschen Epik dieses Kindsein nur als ein Durchgangsstadium auf dem Weg zum – nahezu stets männlichen – Erwachsenen angesehen wird; auf diesen Aspekt – warum Kinder oft so „alt" (oder auch nur „altklug") erscheinen – wird in anderem Zusammenhang noch zurückzukommen sein.[13]

---

[11] Hierzu ↗ S. 454f. – Vgl. den Sonderband: Les entrées de la vie: initiations et apprentissages, in: Annales de l'Est 5ᵉ série, 34ᵉ Année, numéros 1 et 2 (1982), bes. P. Charbonnier: L'entrée dans la vie au XVᵉ siècle, d'après les lettres de remissions, S. 71–103.

[12] Untersuchungen zum Aspekt der Kinderarbeit im Mittelalter sind mir bisher nicht bekanntgeworden; an ihrer Existenz sind jedoch kaum Zweifel möglich: Christian Lamschus hat für den Salinenbetrieb in Lüneburg Belege für die Beschäftigung von Kindern im 16. und 17. Jahrhundert in bildlichen Darstellungen und Zeugenaussagen gefunden, etwa eines achtzehnjährigen Salinenarbeiters, der bereits zwölf Jahre in der Saline gearbeitet hat.

[13] H. P. Winkel: Aspekte mittelalterlicher Erziehung, dargestellt an Quellen mittelhochdeutscher Überlieferung, (Diss. phil.) München 1968, S. V, 56 ff.; Fr. Wolfzettel: Zur Stellung und Bedeutung der Enfances in der altfranzösischen Epik, in: Zeitschrift für französische Sprachen und Literatur 83 (1973) S. 317–348; 84 (1974) S. 1–32.

3. Vorstellungen von der Kindheit

Zu einer Anthropologie des Kindes im Mittelalter gehört vordringlich die Vorstellung, die die mittelalterliche Gesellschaft von der Kindheit und den Zielen der Sozialisation hatte. Denn das Ergebnis dieser Sichtweisen und Vorgänge konstituiert den heranwachsenden Menschen als Mitglied dieser Gesellschaft. Befragt man mittelalterliche Quellen, so erweist sich bald, daß nicht nur moderne Sozialisationstheorien davon ausgehen, daß der Mensch nicht von Geburt an „ist", sondern erst durch Erziehung zum Menschen „wird". Wie die griechische Antike schätzt das Mittelalter, zumindest in den pädagogisch und theologisch ausgerichteten Traktaten, das Kind mehr im Hinblick darauf, was aus ihm werden soll (↗ Deißmann-Merten S. 269f.), ist mehr am vollendeten als am unvollkommenen Menschen interessiert.[14]

Ausgangspunkt für den Erziehungsprozeß ist die Vorstellung der *Tabula rasa*, die auch in anderen Kulturen in Gestalt des ungeschliffenen Jadesteins in China (↗ Linck S. 76) oder des noch zu schleifenden Edelsteins im Islam (↗ Motzki S. 432) begegnet. „Bildung" als ganz konkrete Vorstellung begegnet bereits bei dem für das Mittelalter bedeutendsten pädagogischen Autor Plutarch (50–125): „Das Kindesalter ist noch in hohem Maße formbar und geschmeidig, und den zarten Kinderseelen lassen sich Lehren unverlierbar einprägen; alles Harte hingegen kann nur mit Schwierigkeiten wieder in einen weichen Zustand zurückgeführt werden. Denn wie Siegel in weiches Wachs gedrückt werden, so muß man die Lehren den Seelen einprägen, solange sie noch kindlich sind."[15] Diesen Gedanken hat der griechische Kirchenlehrer Johannes Chrysostomus zu Ende des 4. Jahrhunderts aufgenommen: „Prägt man die guten Lehren in die Seele ein, solange sie noch zart sind, so wird niemand sie herauszureißen vermögen, sobald sie fest geworden sind wie ein Siegelabdruck..." Chrysostomus hat noch ein anderes Bild für die Formbarkeit der kindlichen Seele verwandt: das einer Perle, die eben gefunden, von der

---

[14] Winkel (wie Anm. 13) S. 67f. Hierzu und zum Folgenden zuletzt A. Nitschke: Die Stellung des Kindes in der Familie im Spätmittelalter und in der Renaissance, in: Haus und Familie in der Spätmittelalterlichen Stadt (= Städteforschung Reihe A, Bd. 18), hrsg. v. A. Haverkamp, Köln 1984, S. 215–243.
[15] Arnold (wie Anm. 1) S. 89f.; ebd. 95, 102, 118, 121, 162 u. 180.

Hand eines kundigen Fischers in eine vollkommene Form gebracht werden kann.

Solche Vorstellungen und Bilder tauchen in mittelalterlichen Erziehungslehren so oder ähnlich immer wieder auf. Um 1100 gibt Eadmer in seiner Lebensbeschreibung des heiligen Anselm von Canterbury dessen Auffassung wieder, daß entscheidend für den Erfolg der Erziehung – des Siegelstempels – die richtige Konsistenz des Wachses zwischen Weichheit und Härte sei; auch gebrauchte Anselm für die nötige Freiheit – hier des Klosterzöglings – das Gleichnis eines Baumes, dessen Freiraum durch die Erziehung nicht allzusehr eingeschränkt werden dürfe. Als den richtigen Beginn für ein verstärktes Bemühen bezeichnet der Arzt Aldobrandino da Siena in der Mitte des 13. Jahrhunderts die Zeit um das siebte Lebensjahr: „Wenn das Kind sieben Jahre alt ist, soll man sich verstärkt seiner Erziehung widmen... Denn dies ist das Alter, in dem die Kinder viel behalten und sich gutes und schlechtes Benehmen angewöhnen."

Antike und mittelalterliche Vorstellungen sind gleichsam eingefangen und konzentriert in der Schrift des Erasmus von Rotterdam „Über eine frühzeitige wissenschaftliche Erziehung der Kinder" (1529): „Sobald das Kind geboren ist, wird es empfänglich für das, was den Menschen kennzeichnet. Daher ist einem Ausspruch Vergils zu folgen: ‚Wende dem Kind schon von Anfang an besondere Aufmerksamkeit zu.' (Georgica III, 74) Man muß das Wachs formen, solange es noch weich ist, mit dem Ton arbeiten, solange er feucht ist, den Krug mit dem besten Naß füllen, wenn er neu ist (Horaz, Ep. I, 2, 69 f.), und die Wolle färben, wenn sie rein und fleckenlos vom Walken kommt. Antisthenes hat hierauf sehr deutlich hingewiesen, als er einen Knaben zur Erziehung übernahm und auf die Frage der Eltern, was er denn mitbringen müsse, antwortete: ‚Ein neues Buch, einen neuen Griffel, eine neue Tafel.' (Diogenes Laertius VI, 1, 4)"

Daß nicht allein der gelehrte Humanist am Ende des Mittelalters auf antikes Gedankengut zurückgreift, bezeugen die Gleichsetzungen des Kindes mit einer unbeschriebenen Tafel bei Bartholomäus Metlinger 1473 (unter Verweis auf Aristoteles): „Die sel eins kints ist wie ein abgeschaben tafel, daran nichts geschriben ist; man mag aber daran schreiben was man wil" oder die Verwendung des Bildes eines erstmals verwendeten irdenen Gefäßes bereits durch den Volksprediger Berthold von Regensburg (um 1260): „Was zuerst in einen neuen Topf kommt, danach schmeckt er gern. Wer also das kleine Kind zuerst Gutes lehrt, danach handelt es gern; und wer es zuerst Böses lehrt, danach handelt es auch gern."

Nichts vermag die Vorstellung von der „Prägbarkeit" schon des Kleinkindes mehr zu verdeutlichen als die grundsätzlichen Erwägungen, die im Mittelalter an die Ernährung des Säuglings durch Ammen geknüpft werden. Ganz allgemein überwiegen Überzeugungen, daß das Kind von seiner Mutter selbst gestillt werden sollte und nur in begründeten Ausnahmefällen von einer Amme. Abgesehen von der medizinischen Notwendigkeit oder im Falle von Findelkindern war der Einsatz von Ammen für gewöhnlich den oberen Schichten des Adels und des städtischen Bürgertums vorbehalten und spielte bis weit in die Neuzeit hinein vor allem in den romanischen Ländern, im deutschsprachigen Raum hingegen kaum eine Rolle.

Wo Gesundheitslehren oder Erziehungsschriften Ratschläge für die rechte Wahl einer Amme bereithalten, wird in der Mahnung einer besonders sorgfältigen Auswahl die Sorge erkennbar, daß das Kind zugleich mit der Ammenmilch gute oder schlechte Anlagen in sich aufnehmen könnte:[16] „Sofern die Mutter stillen kann, soll sie ihr Kind selbst stillen... Die Milch formt das Wesen des Kindes... Eine gute Amme bedeutet gute Sitten, eine schlechte häufig auch schlechte Sitten." Dies ist die Überzeugung des italienischen Autors Bellino Bissolo in der zweiten Hälfte des 13. Jahrhunderts; auch sie ist weit älter, bereits von Plutarch und Soranos formuliert und durch Avicenna (980–1037) tradiert worden. Im 15. Jahrhundert haben Konrad Bitschin und Mapheus Vegius diesen Überlegungen eigene Kapitel gewidmet: „Vom Wert der Muttermilch als der ersten Nahrung des Kindes" und „Warum Mütter unrecht daran tun, ihre Kinder anderen Frauen oder Ammen zum Stillen zu übergeben." Die mit Beispielen untermauerte Ansicht des Vegius: „Die Beschaffenheit der Milch hat auf die Entwicklung der physischen und psychischen Eigenschaften einen ebenso großen Einfluß wie vererbte Eigenschaften..." findet sich in ähnlichen Formulierungen auch bei dem spanischen Humanisten Aelius Antonius de Lebrija sowie in den „Colloquia" des Erasmus von Rotterdam.

---

[16] Vgl. hierzu die Textzeugnisse ebd. S. 89, 91, 100, 122, 151 f., 153 f., 170 f. u. 174 f.

4. Erziehungsziele

Fragen wir nach den Zielen der Sozialisation und befragen hierzu die mittelalterlichen Quellen, so erhalten wir eher divergierende Antworten. Nachdem Erziehungsziel auch hier Einordnung in einen von der Gesellschaft als sinnvoll angesehenen Lebenszusammenhang war, wird die Sozialisation des Kindes und des Jugendlichen auf seine spätere Rolle als Mitglied der christlichen Gemeinschaft im allgemeinen und als Glied der ständischen Gesellschaft im besonderen ausgerichtet. Eine solche Erziehung zielt folglich in gleicher Weise auf Körper und Geist (wie dies Enea Silvio Piccolomini, der spätere Papst Pius II., 1450 in seinem Traktat über Kindererziehung an König Ladislaus ausgeführt hat)[17] und muß sich um das siebte Jahr entscheiden zwischen einer weltlich oder geistlich orientierten Ausbildung; schließlich trennt sich nach Konrad von Megenberg (um 1350) hier die Erziehung von Knaben und Mädchen. „In diesem Zeitraum, der vom siebten bis zum vierzehnten Lebensjahr reicht, sind bei der Erziehung drei Dinge zu beachten: Denn der Mensch besteht in erster Linie aus Leib und Seele, und der Seele wohnen zwei hauptsächliche Mächte inne: Verstand und Wille. Demnach hat die Erziehung drei Ziele: sie bezieht sich erstens auf den Leib, zweitens auf den Willen und drittens auf den Verstand", formuliert um 1279 der Fürstenspiegel des Aegidius Romanus.

Im frühen und hohen Mittelalter war der Blick der nahezu ohne Ausnahme geistlichen Autoren und Schriften in erster Linie auf das Jenseits gerichtet. Johannes Chrysostomus appelliert in diesem Sinn an den Vater, seine Erziehung an der Heiligen Schrift zu orientieren: „Erziehe einen Kämpfer für Christus und lehre ihn, auch in der Welt gottesfürchtig zu leben von frühester Jugend an." Die Lebensbeschreibungen von Heiligen und die Autobiographien dieser Zeit lassen erkennen, daß am Ende der Erziehung der christliche Erwachsene, der im Dienst Gottes heiligmäßig Lebende stehen soll.

„Irdische" Tugenden werden verstärkt ab dem 13. Jahrhundert in moralischen Schriften genannt: „Deshalb bedarf es der Mäßigung…" (Petrus Gallego um 1260), „ebenso lernt der Mensch, das rechte Maß,

---

[17] Dies und das Folgende (mit den entsprechenden Nachweisen) ebd. S. 124f., 140 u. 157.

solange er klein ist…" (Bellino Bissolo).[18] Spätmittelalterliche Tischzuchten bezeugen nicht zuletzt arabische Einflüsse; etwa wenn Ar-
mengandus Blazii die arabische Übertragung des Neupythagoräers
‚Bryson' als „Yconomica Galieni" ins Lateinische übersetzt und als
Maximen aufstellt: „Höhergestellten muß das Kind Ehrerbietung und
Ehrfurcht bezeugen, ihnen seinen Platz überlassen und ihnen auch
dann, wenn sie altersmäßig jünger sind, als den nach Gesittung und
Wissen Höheren Ehre erweisen… Dies gilt vor allem für die Kinder
der Reichen, in gleicher Weise jedoch auch für die Kinder der Armen,
die schon durch ihren Stand hierzu gezwungen sind… Vor allem
ziemt es dem Kind, seinen Eltern und Lehrern zu gehorchen und den
Gelehrten mit Ehrfurcht zu begegnen…"[19]

Neben der Mutter und der Amme als Bezugspersonen kommt dem
Vater bei der kindlichen Erziehung eine bedeutende Rolle zu. Leon
Battista Alberti begründet dies in seiner 1432–1434 entstandenen
Schrift über das Hauswesen daraus, daß die Kinder das Ebenbild ihrer
Väter seien. Allerdings ist Alberti der Überzeugung, daß die Kinder in
der frühkindlichen Phase eher in weibliche Obhut gehören, wenngleich sie bereits in diesem Alter die größte Freude ihres Vaters
darstellten. Über die Verantwortung für die weitere Erziehung des
Kindes führt er aus: „Wer hat die Aufgabe, die Kinder sittlich zu
erziehen? Der Vater. Wer hat die Pflicht, sie Kenntnisse und Fähigkeiten erwerben zu lassen? Der Vater. Wer muß die schwere Bürde auf
sich nehmen, sie eine oder die andere Fertigkeit, eine Kunst oder
Wissenschaft lernen zu lassen? Gleichfalls der Vater…"[20]

---

[18] Ebd. S. 95, 97, 103ff. u. 121ff.
[19] ↗ Motzki S. 435. In diesen Kontext gehören auch die zumeist im 15. Jh. entstandenen und als „The Babees Book" oder „The Young Children's Book" überlieferten
Lehren und Tischzuchten in englischer Sprache: Fr. J. Furnivall (Hrsg.): The Babees
Book (= Early English Text Society. Original Series 32), London 1868, S. 3–53. –
Arnold (wie Anm. 1) S. 134.
[20] Arnold (wie Anm. 1) S. 150.

5. Kindheit und Erwachsenenwelt

Der Übergang des Kindes zur Erwachsenenwelt ist im Rechts- und Alltagsleben des Mittelalters relativ früh angesiedelt. Nach römischem und germanischem Recht gelten Kinder lediglich unter sieben Jahren als strafunmündig, danach als eingeschränkt straf- und handlungsfähig. Minderjährigkeit bedeutet bei Straffälligkeit Schutz vor Strafe. Schutz beinhaltet auch die Munt, unter der sich das Kind – ebenso wie die Frau – nach germanischem Recht befindet; diese Schutz- und Verfügungsgewalt des Vaters bleibt bis zum Eintritt der Volljährigkeit bestehen. Als frühester Mündigkeitstermin wird im altenglischen Recht das zehnte Lebensjahr genannt, häufiger jedoch, so im fränkischen und altisländischen Recht, das zwölfte Jahr. Diese Auffassung teilt auch der Sachsenspiegel, und das Magdeburger Recht formuliert: „wenn ein kint 12 jar wirt, so ist es mundig". Als Termin, an dem das Kind „zu seinen Jahren", d. h. zur Volljährigkeit und Ehemündigkeit gelangt, werden daneben das vierzehnte, das fünfzehnte und im Spätmittelalter das achtzehnte Lebensjahr genannt.[21]

Um das siebte Lebensjahr verläßt das Kind gewöhnlich den Kreis der Familie. Die Erziehung geht an Schule und Lehrer über; doch trifft dies bis in das späte Mittelalter hinein nahezu ausschließlich für Knaben von adliger Abstammung zu, und auch dann zumeist nur, wenn das Kind für den geistlichen Stand bestimmt war. Erst im Verlauf des 15. Jahrhunderts gibt es in Deutschland allgemein zugängliche Stadtschulen; für das flache Land gab es Möglichkeiten des Schulbesuchs vermehrt im Verlauf des folgenden Jahrhunderts.

In der ländlichen Arbeitswelt galt bis in die Neuzeit hinein die Arbeitskraft des Kindes mit seinem siebten Jahr als so weit entwickelt, daß es – insbesondere wenn es als Waisenkind aufwuchs – für seinen Lebensunterhalt selbst aufkommen konnte oder auch mußte. Auf dem elterlichen Hof wurde es entweder in den Arbeitsprozeß integriert

---

[21] Vgl. den Artikel „Kind" von D. Schwab im Handwörterbuch zur deutschen Rechtsgeschichte, hrsg. v. A. Erler und E. Kaufmann, Bd. 2, Berlin 1971, S. 717–725, sowie die Beiträge von D. Illmer, J. Yver, M. W. Stein-Wilkeshuis und G. Buchda in dem Sammelband: L'enfant. 2ᵉ partie: Europe médiévale et moderne (= Recueils de la société Jean Bodin pour l'histoire comparative des institutions XXXVI), Brüssel 1976, S. 127–168, 183–250, 363–379 u. 381–415.

oder es ging als Dienstmagd oder -knecht in fremden Dienst, etwa in einen städtischen Haushalt, oder es diente im Dorf als Hütejunge, Handlanger, Erntehelfer, Sennerin oder in ähnlichen Funktionen.[22] Der Zeitraum dieses Übergangs in die Arbeitswelt der Erwachsenen, der nicht in allen Fällen mit dem Verlassen des Elternhauses einhergeht, läßt sich aufgrund englischen Quellenmaterials etwas genauer eingrenzen auf die Zeit zwischen dem achten und dreizehnten Lebensjahr.[23] Vom keltisch-angelsächsischen Bereich, aus Island, Wales und Irland, wird von dem Brauch berichtet, das Kind etwa vom achten Jahr an für eine längere Zeit in einem Pflegekindschaftsverhältnis *(fosterage)* einer anderen und nach Möglichkeit höhergestellten Familie zur Erziehung zu überlassen.[24] Der Gedanke liegt auch der als ehrenvoll geltenden Erziehung des Knappen an fremden Höfen in der abendländischen Ritter- und Adelswelt zugrunde.

In der städtischen Arbeitswelt werden Knaben Handwerkern und Kaufleuten in die Lehre gegeben: „So ein kind acht jar alt ist, mag man es zu einem handtwärck thun..."[25] Bei Mädchen scheint in allen Schichten die Tendenz zu bestehen, sie zur Vorbereitung ihrer Rolle als Ehe- und Hausfrau im elterlichen Haushalt zu halten; zumindest empfehlen dies übereinstimmend die Erziehungslehren. Einen Hinweis, daß dies jedoch nicht immer der Fall war, geben die Zahlen der im Orléanais zwischen 1380–1450 abgeschlossenen Lehrverträge: 40 von 376 Kontrakten betrafen Mädchen zwischen sechs und achtzehn Jahren; wobei am Rand festgehalten sei, daß immerhin 63 Prozent aller überlieferten Lehrverträge Halb- oder Vollwaisen betrafen. Und Lehr- waren ausdrücklich keine Herrenjahre: von „servir", von „dienen", ist in den Verträgen die Rede.[26]

---

[22] Über Alterszäsuren vor allem im ländlichen Bereich H. Fehr: Die Rechtsstellung der Frau und der Kinder in den Weistümern, Jena 1912, Ndr. 1971, S. 91.

[23] B. A. Hanawalt: Childrearing Among the Lower Classes of Late Medieval England, in: Journal of Interdisciplinary History VIII (1977) S. 1–22, 18f.

[24] Fr. Kerlouegan: Essai sur la mise en nourriture et l'éducation dans les pays celtiques d'après le témoignage des textes hagiographiques latins, in: Études celtiques 12 (1968–1971) S. 101–146; M. W. Stein-Wilkeshuis: Het kind in de Oudijslandse samenleving, Groningen 1970, S. 51 ff.

[25] So 1521 Johann Eberlin von Günzburg: Arnold (wie Anm. 1) S. 177.

[26] Fr. Michaud-Frejaville: Contrats d'apprentissage en Orléanais. Les enfants au travail (1380–1450), in: L'enfant au moyen âge (wie Anm. 6) S. 61–71. – In Florenz wird 1427 ein sechsjähriges Mädchen als *fanciulla per lavorare*, als Dienstmagd, bezeichnet:

Sehr früh traten im Früh- und Hochmittelalter Kinder zumindest aus Adelskreisen in andere „Berufe" ein, indem sie als „pueri oblati" Klöstern übergeben wurden oder „Kinderehen" eingingen; solche Verlobungen waren nach dem Kirchenrecht freilich erst nach dem 7. Jahr statthaft.[27] Und auf die Frage, ob ein Kind und in welchem Alter es zu einer Todsünde imstande sei, hat der Volksprediger Berthold von Regensburg im 13. Jahrhundert geantwortet: „Je nachdem eines Verstand hat... und eines hat mit acht Jahren mehr Verstand als ein anderes mit zwölf..."

Für die Kleidung des Kindes lassen sich nach der bildlichen und schriftlichen Überlieferung keine festen altersmäßigen Zäsuren feststellen. Der Säugling wird nach seiner Geburt fest in Leintücher und Windelbänder eingewickelt. Diese bewegungshemmende Verpakkung, von der die Mediziner annahmen – und jahrhundertelang verbreiteten –, daß sie zur Kräftigung und Begradigung der Gliedmaßen notwendig sei, wurde nach einem Monat zuerst für die Extremitäten gelockert und im Verlauf der folgenden Monate aufgegeben.[28] Natürlich gibt es auch für das kleine Kind eine eigene Kleidung: zwischen einem halben und fünf/sechs Jahren ist dies für Knaben und Mädchen ein kürzer oder länger fallendes Gewand mit kurzem oder langem Arm, zuweilen mit einem Gürtel versehen. In Erwachsenenkleidern erscheinen Kinder der oberen Schichten zu repräsentativen Zwecken schon im zweiten Jahr und auch in fortgeschrittenem Alter. Dabei hielt man relativ lang – bis weit in die Neuzeit hinein – an Mädchenkleidung auch für Knaben fest.[29] Das erste Anlegen von Hosen scheint im Leben der Knaben große Bedeutung zu haben: Felix Platter erinnert sich, daß dies in seinem sechsten Jahr an einem Sonntag geschah und daß die Hose rot war, und Hermann von Weinsberg erhielt seine erste Hose 1525 siebenjährig.[30]

D. Herlihy: Population, Plague and Social Change in Rural Pistoia, in: The Economic History Review 18 (1965) S. 236.

[27] Näheres mit Literatur bei Arnold (wie Anm. 1) S. 21 ff.; ebd. 26 u. 121 auch das folgende Zitat.

[28] Detaillierte Anweisungen zum Wickeln und „Entwickeln" finden sich etwa bei Soranos, Vinzenz von Beauvais, Konrad von Megenberg, Heinrich Louffenberg, Bartholomäus Scherrenmüller und Aelius Antonius Nebrissensis, gedr. Arnold (wie Anm. 1) S. 90 ff., 114, 138, 145, 163 u. 171.

[29] B. Purrucker: Knaben in „Mädchenkleidern", in: Waffen- und Kostümkunde 1 (1975) S. 71–89, und 2 (1975) S. 143–161.

[30] „Wie auch daß ich der freuden mich erinneren, die ich gehapt, do man mir meine erste

Für den Bereich der Kleidung wie den der Kinderspiele und -spielzeuge entstammt unsere Kenntnis neben den Textzeugnissen in erster Linie bildlichen Darstellungen. Abgebildet werden nicht Kinder der jeweiligen Gegenwart, auch wenn dies äußerlich häufig so scheinen mag, sondern dargestellt werden – wie schon erwähnt – vor allem die Kindheit Jesu und heilige Kinder. Gleichwohl sind, verstärkt seit dem 15. Jahrhundert, hierbei eindringliche Studien der kindlichen Entwicklung und psychologisch einfühlsame Darstellungen der Mutter-Kind-Beziehung gelungen.[31] Das Thema der ‚Kindheit Jesu' wird auch von der geistlichen Literatur aufgenommen. Seit dem 12. Jahrhundert werden das Marienleben und die Kindheit des göttlichen Kindes mit unzähligen Details ausgeschmückt: Der englische Zisterzienser Aelred of Rievaulx meditiert über „Jesus im Alter von 12 Jahren" und mystisch bewegte Nonnen geben sich zur Weihnachtszeit dem „Kindleinwiegen" hin.[32]

Natürlich sind die heiligen Kinder der Hagiographie ihrem zahlenmäßigen Alter weit voraus: „der Jâre ein kint, der witze ein man", wie es vom elfjährigen Gregorius in der Legende heißt. Der heilige Nikolaus wird schon im Säuglingsalter als Asket geschildert, der zweimal wöchentlich die Mutterbrust verweigerte, um zu fasten.[33] Und der heilige Guthlac scheint nach seiner Lebensbeschreibung des

---

hosen anleit und daß sy rot gewesen sindt und an einem suntag geschehen ist, in welchem der vatter ein großen korb zame kirsen uf den tisch schut, deren ich so vil aß, daß mein freudt in leidt verkert wardt und man mich wider uf nestlen und die hosen abzien mußt unnd weschen." Felix Platter: Tagebuch (Lebensbeschreibung) 1536–1567 (= Basler Chroniken 10), hrsg. v. V. Lötscher, Basel/Stuttgart 1956, S. 58. – „A. 1525 hab ich erst broichhosen getragen, in hosen und wambis gegangen…" Das Buch Weinsberg. Kölner Denkwürdigkeiten aus dem 16. Jahrhundert (= Publikationen der Gesellschaft für Rheinische Geschichtskunde 3), hrsg. v. K. Höhlbaum, Bd. 1, Leipzig 1886, S. 46.

[31] Eindrückliche Beispiele, die jedoch vielfach vermehrt werden könnten, bei J. Giesen: Europäische Kinderbilder. Die soziale Stellung des Kindes im Wandel der Zeit, München 1966; vgl., auch zum Folgenden, den Abschnitt „Das Bild des Kindes in Kunst und Literatur" in: Arnold (wie Anm. 1) S. 59 ff. und ebd. zu Kinderspiel und -spielzeug, S. 67 ff.

[32] Herlihy: Medieval Children (wie Anm. 2) S. 127; in diesen Zusammenhang gehören „Die Kindheit Jesu" des Konrad von Fussesbrunnen um 1197 und „Die Legende vom zwölfjährigen Mönchlein" um 1300, Arnold (wie Anm. 1) S. 106 f. u. 131.

[33] Das Motiv hat eine eindringliche Darstellung im zweiten Drittel des 13. Jahrhunderts erfahren in der Capella di Sant' Eldrado von Novalesa: O. Demus: Romanische Wandmalerei, München 1968, Tafel XXXVI.

8. Jahrhunderts ein rechter Tugendbold gewesen zu sein: „Weder ahmte er die Streiche anderer Knaben nach, noch das Geschwätz des ungebildeten Volkes, ... noch, wie es dieses Alter sonst zu tun pflegt, die verschiedenen Vogelrufe; vielmehr besaß er überragenden Scharfsinn, zeigte stets ein heiteres und ausgeglichenes Wesen..."[34] Es ist das Motiv des „puer-senex", das hier anklingt. Diese früh vollendeten Heiligen und die heldenhaften Wunderkinder der Hagiographie, der Ritterlehren und der höfischen Epik stehen im europäischen Mittelalter für die Darstellung von Kindheit im Mythos.

6. Bedeutung der Nachkommenschaft

Zurück zu den Anfängen der Kindheit und ihrer Einschätzung in der mittelalterlichen Gesellschaft! Nachkommenschaft ist stets ambivalent: In Überzahl und in wirtschaftlicher Notlage bedeutet sie in erster Linie Belastung; Versuche, sie zu verhindern und der Verdacht, daß solche unerwünschten Kinder vernachlässigt wurden, liegen nahe.

Andererseits bedeutet Reproduktion Altersversorgung, Nachfolge im Beruf und Fortsetzung der genealogischen Tradition. So erstaunt nicht, daß im europäischen Mittelalter vielfach auch vom Kinderwunsch und den Wegen, die zu seiner Erfüllung führten, berichtet wird. Während die Kirche bei Unfruchtbarkeit zuerst an die Frau dachte und in das Meßformular Gebete „pro sterilitate mulierum" aufnahm, existierte eine ganze Reihe von Wallfahrtsorten, die Männer und Frauen getrennt oder gemeinsam aufsuchten, um die Erfüllung ihres Wunsches zu erbitten.[35] In der Lebensbeschreibung Bennos von Osnabrück um 1100 wird von dessen Eltern berichtet: „Zu ihrer Betrübnis blieb ihre Ehe zunächst fünf oder mehr Jahre kinderlos. In

---

[34] Felix's Life of Saint Guthlac, hrsg. v. B. Colgrave, Cambridge 1956, S. 78.
[35] P. Hemmerle: Das Kind im Mittelalter. Erster Teil: Mutter und Kind, Breslau 1915, S. 22. – Noch ungeklärt scheint der Bildtypus der schwangeren Muttergottes, der in diesem Zusammenhang einen sinnvollen Platz erhielte; so das Beispiel der Sitzfigur einer Madonna des 15. Jahrhunderts im Museum von San Pedro de Galligans in Gerona oder die ‚Madonna del Parto' des Piero della Francesca in Monterchi (Arezzo); vgl. G. M. Lechner: Maria Gravida. Zum Schwangerschaftsmotiv in der bildenden Kunst, München 1981, Abb. 163, S. 421 f.; Abb. 167, S. 425.

dieser Not widmeten sie sich noch mehr als sonst den Werken der Frömmigkeit... Doch die Kinderlosigkeit dauerte zu ihrem Leidwesen an und ihr sehnlicher Wunsch ging nach wie vor nicht in Erfüllung. Endlich, als sie schon fast keine Hoffnung mehr hatten,... faßten sie den Entschluß, ihren Hausstand Freunden anzuvertrauen, sich mit allem Reisebedarf hinlänglich zu versehen und nach Rom zu reisen... Sie ließen aus reinem Silber das Bildnis eines Knäbleins anfertigen. Dieses Bildnis, nach Maßgabe ihrer bescheidenen Mittel von Künstlerhand sorgfältig geformt, nahmen sie mit, um ihren Herzenswunsch durch dieses Zeichen Christus und seinen Aposteln vorzutragen, wenn sie es mit Worten nicht wirksam genug vermöchten. Und so reisten sie nach Rom..." [36]

Für Leon Battista Alberti ist der Wunsch des Vaters nach Nachkommenschaft ausschlaggebend, denn es „lebt von Natur aus in den Vätern ein übermächtiger Drang und ein solches Verlangen, Kinder zu haben und großzuziehen und danach die Freude zu erleben, in ihnen sein Ebenbild ausgeprägt zu sehen, in dem sich alle Hoffnungen vereinigen und von dem man im Alter eine feste Stütze und eine Ruhestatt für seine alten Tage erwartet". [37]

Kinderlosigkeit wurde nur in der Verbindung mit Ehelosigkeit von der Kirche zum Ideal stilisiert. [38] Ob im Volk irgendwelche Vorstellungen in Verbindung mit der Zeugung vorhanden waren, erscheint ungewiß; Hinweise hierauf finden sich in der Heilkunde Hildegards von Bingen und verstärkt dann in den Spekulationen um die „Nativität" in der Zeit der Renaissance. [39] Aus der Zeit um 1400 liegt ein autobiographisches Zeugnis vor, wonach sich ein Vater genau der

---

[36] Norbert von Iburg: Vita Bennonis (= MG SS rer Germ 56), hrsg. v. H. Bresslau, Hannover 1902, S. 4ff.; übers. v. H. Kallfelz: Lebensbeschreibungen einiger Bischöfe des 10.–12. Jahrhunderts (= Ausgewählte Quellen zur deutschen Geschichte des Mittelalters. Freiherr-vom-Stein-Gedächtnisausgabe Bd. XXII), Darmstadt 1973, S. 375ff.

[37] Arnold (wie Anm. 1) S. 147.

[38] J. Bugge: Virginitas: An Essay in the History of a Medieval Ideal (= Archives internationales d'histoire des Idées. Series Minor 17), Den Haag 1975, bes. S. 89.

[39] Hildegard von Bingen: Heilkunde, hrsg. und übers. v. H. Schipperges, Wien 1957, S. 124f. – Auf der Basis von Heiligenviten berichtet über Träume im Umkreis von Empfängnis und Schwangerschaft A. Nitschke: Kinder in Licht und Feuer – Ein keltischer Sonnenkult im frühen Mittelalter, in: Deutsches Archiv für Erforschung des Mittelalters 39 (1983) S. 1–26.

Stunde, des Ortes und der Umstände der Zeugung seines ersten – doch nicht einzigen – Sohnes aus Anlaß von dessen Tod erinnert: Giovanni di Pagolo Morelli beschreibt in seinen ‚Ricordanze': „E qui mi ricordava quando, l'ora e il punto e'l dove e come, esso da me fu ingenerato…"[40] Wie andere der *marchands écrivains* des ausgehenden Mittelalters hat Morelli genaue Aufzeichnungen auch über die Lebensdaten seiner anderen Kinder hinterlassen; so wie Alberti in seinem Buch über das Hauswesen ausdrücklich empfohlen hatte, „daß die Stunde, der Tag, der Monat und das Jahr und auch der Ort aufgezeichnet werde und in den Denkwürdigkeiten und geheimen Büchern des Hauses festgehalten, sogleich nachdem das Kind geboren ist, und daß diese Aufzeichnungen unter den Kostbarkeiten aufbewahrt werde".[41]

Vom Vorgang der Zeugung können Theologen sich nur das Schlimmste vorstellen: Lothar von Segni, der spätere Papst Innozenz III., spricht davon, daß das Kind doch wohl unter Wollust und fleischlicher Begierde empfangen und so mit der Sünde befleckt werde.[42] Vor allem Mißgeburten, aber auch Zwillinge waren vielfach dem Verdacht ausgesetzt, sittenwidrigen Umständen ihre Existenz zu verdanken.

Mit Abscheu spricht Lothar von Segni auch von der Ernährung des Kindes im Mutterleib durch das unreine Menstruationsblut; doch dies war *communis opinio* der Mediziner und naturwissenschaftlichen Autoritäten: „Das Kind wird aus Samen geboren, die gegensätzliche Eigenschaften haben. Ist es ein Knabe, so liegt es auf der rechten Seite, ist es ein Mädchen, auf der linken. Im Uterus wird es vom Menstruationsblut ernährt; aus solch schwachem und ungesundem Stoff wird der Mensch in seinem Anfang am Leben erhalten" schreibt (um 1250) Bartholomäus Anglicus.[43]

Das Leben beginnt mit dem Eintritt der Seele; diese *Animatio* geschieht um den vierzigsten Tag nach der Zeugung. In der kirchlichen Gesetzgebung spielt dieser Zeitpunkt eine Rolle hinsichtlich der Straffestsetzung im Fall einer Abtreibung: In den Bußkanones des

---

[40] Giovanni di Pagolo Morelli: Ricordi, a cura di V. Branca, Florenz 1957, S. 504.
[41] Leon Battista Alberti: Über das Hauswesen (Della Famiglia), übers. v. W. Kraus, Zürich 1962, S. 152.
[42] Lotharii cardinalis (Innocentii III.): De miseria humanae conditionis, hrsg. v. M. Maccarone, Lucca 1955, S. 9ff.
[43] Arnold (wie Anm. 1) S. 111.

Theodor von Canterbury aus dem 7. Jahrhundert wird ein künstlich herbeigeführter Abort innerhalb der ersten vierzig Tage mit einjähriger Kirchenbuße, nach Eintritt der *Animatio* wie ein Mord gesühnt. Eine Abtreibung verursachende oder die Empfängnis verhütende Mittel waren das ganze Mittelalter hindurch bekannt und wurden auch angewendet.[44]

Dem Fötus wird ebenso wie dem Neugeborenen eine eigene Identität zuerkannt; ablesbar ist dies an den sorgfältigen Bestattungen sowohl heidnisch-slawischer Siedlungen wie nachchristlicher Begräbnisplätze in Gestalt sorgfältiger Steinsetzungen oder eigener Steinkisten.[45]

7. Annahme und Aussetzung, Namengebung

In der altisländischen, vorchristlichen Gesellschaft lag die Entscheidung über Leben und Tod des Neugeborenen wie auch in Rom beim Vater: im *ausa barn vatni* nahm er das Kind vom Boden auf, gab ihm den Namen und besprengte es mit Wasser. Hinzu kam die erste Nahrung durch die Mutter; danach durfte das Kind nicht mehr getötet oder ausgesetzt werden.[46] Der Blick nach Ägypten, Indien und zum arabischen Islam legt nahe, bei den Riten nach der Geburt indogermanisches Erbe anzunehmen. Eine Honiggabe, die eine mitleidige Nachbarin einem zum Tode bestimmten Mädchen einträufelte, dem seine heidnische Großmutter deshalb nach dem Leben trachtete, weil die

---

[44] J. Th. Noonan Jr.: Empfängnisverhütung. Geschichte ihrer Beurteilung in der katholischen Theologie und im kanonischen Recht, Mainz 1969; ders.: The Morality of Abortion. Legal and Historical Perspectives, Cambridge, Mass. 1970; J.-L. Flandrin: L'attitude à l'égard du petit enfant et les conduites sexuelles dans la civilisation occidentale. Structures anciennes et évolution, in: Annales de Démographie Historique (1973) S. 143–210; ders.: Contraception, mariage et relations amoureuses dans l'occident chretien, in: Annales ESC 24 (1969) S. 1370–1390. – Zu diesem Komplex ist eine Dissertation von Andrea Kammeier-Nebel, Hamburg, im Entstehen.
[45] Arnold (wie Anm. 1) S. 35 ff.
[46] J. Pentikainen: The Nordic Dead-Child Tradition. A Study in Comparative Religion (= FF Communications Nr. 202), Helsinki 1968, S. 73 ff.; Stein-Wilkeshuis: Het kind (wie Anm. 24) S. 15. Zur Amphidromie der griechischen Antike ↗ Deißmann-Merten S. 285; zur „levatio" vgl. N. Belmont: Levana, ou comment „élever" les enfants, in: Annales ESC 28 (1973) S. 77–89.

Mutter wider Erwarten keinen Knaben geboren hatte, rettete dem Kind das Leben; dies berichtet im 9. Jh. die Lebensbeschreibung des heiligen Liudger.[47]

Aussetzung bedeutete in Nordeuropa vor der Christianisierung in jedem Falle Kindestötung. Betroffen waren in erster Linie mißgestaltete Kinder; doch wird von den heidnischen Pommern noch im 12. Jahrhundert berichtet, daß man dort alle Mädchen getötet habe, während männliche Nachkommen in jedem Fall aufgezogen wurden.[48] Nicht zuletzt Untersuchungen von slawischen Gräberfeldern aus hochmittelalterlicher Zeit mit einer ausgewogenen Geschlechterverteilung in allen Altersstufen lassen eine solche Annahme als unglaubwürdig erscheinen. Diese archäologisch-anthropologischen Ergebnisse ebenso wie die seit dem 9. Jahrhundert in Frankreich und Italien einsetzenden, demographisch auswertbaren Quellen machen zusammen mit den von der kirchlichen und weltlichen Gerichtsbarkeit angedrohten Strafen Kindestötung, die – wie in einigen Untersuchungen vermutet worden ist – insbesondere das weibliche Geschlecht betroffen hätten, als ein häufiges Delikt recht unwahrscheinlich.[49] Wo Kindestötung – vermehrt im Spätmittelalter – zur Anklage kam, betraf sie nach Ausweis der erhaltenen Akten Knaben wie Mädchen rein zahlenmäßig in gleicher Weise.[50]

Die Haltung gegenüber der Aussetzung von Kindern, die in erster

---

[47] Arnold (wie Anm. 1) S. 98 ff.
[48] Pentikainen (wie Anm. 46) S. 68 ff. – Hierzu und zum Folgenden Arnold (wie Anm. 1) S. 43 ff., und J. E. Boswell: ‚Expositio' and ‚Oblatio': The Abandonment of Children and the Ancient and Medieval Family, in: The American Historical Review 89, 1 (1984) S. 10–33.
[49] Methodisch ungenügend abgesichert ist die auf dem um 800 aufgezeichneten Polyptychon von Saint-Germain-des-Prés basierende Untersuchung von E. Coleman: L'infanticide dans le Haut Moyen Age, in: Annales ESC 29 (1974) S. 315–335; engl.: Infanticide in the Early Middle Ages, in: Women in Medieval Society, hrsg. v. S. M. Stuard, Philadelphia 1976, S. 47–70. – Entschieden kritischer bei der Auswertung vergleichbarer Quellen B. Lützow: Studien zum Reimser Polyptychum Sancti Remigii, in: Francia 7 (1979) S. 19–93, und R. R. Ring: Early Medieval Peasant Households in Central Italy, in: Journal of Family History 4 (1979) S. 2–21; J.-P. Devroey: Les méthodes d'analyse démographique des polyptyques du Haut Moyen Age, in: Acta historica Bruxellensia IV: Histoire et méthode, Brüssel 1981, S. 71–88.
[50] R. C. Trexler: Infanticide in Florence: New Sources and First Results, in: History of Childhood Quarterly 1 (1973/1974) S. 98–116: Von 281 im Bistum Fiesole zur Anklage gekommenen Fällen aus den Jahren 1500–1540 betrafen 140 Knaben und 141 Mädchen. Vgl. A. Thomson: Barnkvävningen. En rättshistorisk studie (= Acta regiae societatis humaniorum litterarum Lundensis 58), Lund 1960.

Linie behinderte, uneheliche[51] oder Waisenkinder betraf, macht deutlich, wie wenig statisch oder in sich homogen der lange Zeitraum des europäischen Mittelalters gewesen ist. Im Lauf der Jahrhunderte bildeten sich unterschiedliche, doch organisatorisch immer bessere Formen der Aufnahme dieser Kinder in Klöstern oder eigens errichteten Findel- und Waisenhäusern heraus.[52] Mädchen hatten in diesen Institutionen freilich entschieden schlechtere Überlebenschancen: Richard Trexlers Forschungen zufolge waren zwei Drittel der *gittatelli*, die man im Florentiner Quattrocento dem Waisenhaus überließ, Mädchen; und entsprechend hoch war ihre Todesrate bei den *balie*, den Säugammen auf dem Lande.[53]

Während in Island auch nach der Jahrtausendwende die Tötung verwaister oder mißgestalteter Kinder toleriert wurde, war in der städtischen Gesellschaft des späteren Mittelalters die Vormundschaft über unmündige Kinder bis ins kleinste geregelt.[54] In diesem Zusammenhang gewann die Patenschaft bei der christlichen Taufe eine ganz konkrete Bedeutung. Der Taufpate übernahm bei der geringen Lebenserwartung der Eltern neben geistlichen zumeist auch wirtschaftliche Verpflichtungen. Als Paten kommen neben der engeren und weiteren Verwandtschaft der Freundeskreis, die Nachbarschaft in Dorf und Stadt und häufig die Amme, schließlich sozial Gleich- und nach Möglichkeit auch Höhergestellte in Frage. Getauft wird das neugeborene Kind für gewöhnlich innerhalb weniger Tage; nur bei Gefährdung seines Lebens auch unmittelbar nach der Geburt. Denn bis zum 12. Jahrhundert waren die Theologen im Gefolge Augustins der Auffassung, daß ungetaufte Kinder der ewigen Verdammnis anheimfielen. Die Scholastik fand den tröstlichen Kompromiß, daß die Frühverstorbenen im *limbus puerorum* lediglich den Anblick Gottes entbehren mußten.[55]

---

[51] Zu Rechtsstellung und Realität der Situation des unehelichen Kindes im Mittelalter ↗ Sprandel S. 487ff.

[52] Fr. Fr. Röper: Das verwaiste Kind in Anstalt und Heim. Ein Beitrag zur historischen Entwicklung der Fremderziehung, (Diss phil.) Mainz 1974, Göttingen 1976, bes. S. 31–67.

[53] Trexler: Infanticide in Florence (wie Anm. 50) S. 100ff.; ders.: The Foundlings of Florence, 1395–1455, in: History of Childhood Quarterly 1 (1973/1974) S. 259–284, 266ff.

[54] Näheres mit Lit. bei Arnold (wie Anm. 1) S. 22f.

[55] Herlihy (wie Anm. 2) S. 126; M. Rubellin: Entrée dans la vie, entrée dans la

Mit der Taufe erhält das Kind seinen Namen. In der germanischen Welt und durch das ganze Hochmittelalter hindurch ist der Vorname zugleich Geschlechtsname, der durch die Namensform die Zugehörigkeit zu einem Geschlecht oder einer Sippe erkennen läßt.[56] Diese Gewohnheit hält sich etwa bis zum 14. Jahrhundert und wird dann – man vermutet, unter dem Einfluß der Bettelorden – durch die Wahl von Heiligennamen abgelöst.[57] Vorher wurde Patrilinearität nicht durch den Zunamen, sondern durch die in der Vatersippe gebräuchlichen Namen oder Namensteile deutlich. Diesem Brauch folgten auch jene Eltern, deren Kinderwunsch und die zu diesem Zweck durchgeführte Wallfahrt wir schon kennengelernt haben, nach dessen Erfüllung: „Nicht lange danach bekamen sie einen Sohn, den sie nach einem Namen, der in ihrer Sippe üblich war, Benno nannten."[58] Der „Stammhalter" – der Begriff ist bis heute geläufig geblieben – ist Erbe auch des Namens.

Der Humanist Alberti appellierte im 15. Jahrhundert zwar an die Väter neugeborener Kinder, nach anmutigen Namen auch außerhalb der Familientradition etwa aus der klassischen Antike Ausschau zu halten: „Die Väter sollen sich nicht so sehr an die in der Familie hergebrachten Namen halten, daß sie verkennen, daß es vor allem auf die Schönheit des Namens ankommt, da häßliche abstoßen und häufig sogar schaden. Es sollen schöne und berühmte Namen in der Familie sein, die wenig kosten, aber viel ausmachen und helfen…"[59]

Dessenungeachtet blieb im spätmittelalterlichen Stadtbürgertum eine patrilineare Namengebung vorherrschend: Von 361 Taufnamen

---

chrétienté, entrée dans la societé: autour du baptême à l'epoque carolingienne, und P. Pegeot: Un exemple de parenté baptismale à la fin du Moyen Age. Porrentruy 1482–1500, in: Les entrées de la Vie (wie Anm. 11) S. 31–52 u. 53–70.

[56] Aus der Vielzahl der in den letzten Jahren sehr ertragreichen prosopographischen Forschung zur Namengebung des frühmittelalterlichen Adels zusammenfassend: K. F. Werner: Liens de parenté et noms de personne. Un problème historique et méthodologique, in: Famille et parenté dans l'occident médiéval. Actes du colloque de Paris (6–8 juin 1974) (= Collection de l'école Française de Rome 30), hrsg. v. G. Duby und J. LeGoff, Rom 1977, S. 13–18 u. 25–34.

[57] Ch. Klapisch-Zuber: L'attribution d'un prénom à l'enfant en Toscane à la fin du Moyen-Age, in: L'enfant au Moyen-Age (Littérature et Civilisation) (= Senefiance Nr. 9), Aix-en-Provence 1980, S. 73–84.

[58] Vita Bennonis (wie Anm. 36) S. 377.

[59] Alberti: Über das Hauswesen (wie Anm. 41) S. 150f.

im Florenz des Trecento entstammen beispielsweise 48 Prozent der väterlichen und nur 20 Prozent der mütterlichen Verwandtschaft. Bei den männlichen Vornamen entstammen sogar 57 Prozent der patrilinearen Verwandtschaft. Als Regel hat sich hierbei herausgebildet, dem Erstgeborenen den Vornamen seines Großvaters zu geben.[60] Insbesondere bei den weiblichen Namensgebungen kommt jedoch eine ganz andere Motivation ins Spiel: Mehr als ein Drittel aller vorkommenden Mädchennamen sind Wiederaufnahmen von Benennungen vorher verstorbener Kinder der gleichen Familie. Diese Beobachtung läßt sich auch am deutschen Namenmaterial des 15. Jahrhunderts machen. Sie ist das Ergebnis einer ihrem Umfang nach erschreckenden Kindersterblichkeit, deren ganzes Ausmaß für das europäische Mittelalter erst allmählich deutlichere Umrisse annimmt. In Florenz wird dabei deutlich der Gedanke ausgesprochen, daß das nachgeborene Kind ein verstorbenes ersetzen soll *(rifare)*. Dem liegt die Vorstellung zugrunde, daß die Lebenden einer *lignage* die Toten „*in cambio* – im Austausch" ersetzen können; anders: die Geburt eines Kindes löscht den Tod des anderen aus.[61]

8. Kindersterblichkeit

So ist der letzte Aspekt ein Versuch, den Umfang von Kindersterblichkeit im europäischen Mittelalter zumindest zahlenmäßig zu erfassen; um eine ungefähre Vorstellung davon zu erhalten, was es für eine Gesellschaft bedeutet, wenn nur eines von zwei Kindern überlebte. Eine Begründung für die Notwendigkeit solcher Nachforschungen und der Darstellung ihrer Ergebnisse liegt unter anderem darin, daß wir uns erst bewußt werden müssen, welche Chancen ein Kind zur

---

[60] Klapisch-Zuber (wie Anm. 57) S. 76f.; P. Beck: Noms de baptême et structures sociales à Nuits (Bourgogne) à la fin du Moyen Age, in: Bulletin philologique et historique (1980) S. 253–266.
[61] Klapisch-Zuber (wie Anm. 57) S. 78f.; dies.: Le nom „refait". La transmission des prénoms à Florence (14ᵉ–16ᵉ siècles), in: L'homme 20, 4 (1980) S. 77–104. – Zur Sitte der Nachbenennung nach Verstorbenen schon in germanischer und frühchristlicher Zeit finden sich Belege bei R. Hachmann: Die Germanen (= Archaeologia Mundi), Genf 1971, S. 165.

Sozialisation hatte – und auf diese Weise zum Gegenstand unseres Interesses zu werden. Und nicht zuletzt kommen so auch jene „breiten Bevölkerungsschichten" in den Blick, die in den Nöten ihres Alltags nicht an die schriftliche oder bildliche Tradition ihres Lebens zu denken vermochten.

Die Quelle unserer Erkenntnis sind Kindergräber. Abstrahieren wir menschliche Schicksale und methodische Probleme, so haben wir Zahlen:

Ein karolingerzeitliches Reihengräberfeld (von Lehenthal-Dobrach in Oberfranken): 15 Frauen-, 19 Männer-, 50 Kinderbestattungen; 59,5% der dort geborenen Kinder erreichten das 14. Lebensjahr nicht.[62]

Ein spätsächsisches Gräberfeld des 8. bis beginnenden 10. Jahrhunderts in Ketzendorf bei Buxtehude, von dessen insgesamt 553 Bestattungen die 277 Kinder bis zum 13. Lebensjahr 51,1% aller im Gräberfeld Bestatteten ausmachen.[63]

Ein slawisches Dorf, 10. – Mitte des 12. Jahrhunderts, geschätzt etwa 60 Bewohner, Espenfeld in Thüringen. Der Begräbnisplatz: 54 Säuglinge (gleich 12,7%), 156 Kinder bis zu sieben Jahren (36,7%); bis zum 14. Lebensjahr starben 47,7% der Kinder im Dorf.[64]

Schließlich Westerhus in Schweden mit einer Belegdauer zwischen etwa 1100 und 1350: Eine Säuglingssterblichkeit von 31%; 50,3% der Kinder erlebten das siebte Lebensjahr nicht, 57,7% nicht das 14. Jahr. Im Gräberfeld fanden sich auch sieben Föten, sorgfältig bestattet – auch die verstorbenen Kinder werden so beigesetzt, als hätten sie das Erwachsenenalter erreicht.[65]

Es liegt in der Natur der Sache, d. h. in den archäologischen

---

[62] Den Hinweis auf den vorläufigen Bericht von B.-U. Abels: Ausgrabungen und Funde in Oberfranken 1, 1977/1978, in: Geschichte am Obermain. Jahrbuch des Colloquium Historicum Wirsbergense 12 (1978/1979) S. 190f. verdanke ich G. Pfuhlmann, Bamberg.

[63] C. Ahrens: Die Leute von Ketzendorf, in: Sachsen und Angelsachsen. Ausstellung des Helms-Museums. Hamburgisches Museum für Vor- und Frühgeschichte 18. November 1978 bis 28. Februar 1979, Hamburg 1978, S. 323–344.

[64] H. Bach und S. Dušek: Slawen in Thüringen. Geschichte, Kultur und Anthropologie im 10. bis 12. Jahrhundert nach den Ausgrabungen bei Espenfeld, Weimar 1971, bes. S. 40ff.

[65] N.-G. Gejvall: Westerhus. Medieval Population and Church in the Light of Skeletal Remains, (Diss.) Lund 1960, bes. S. 35ff.

Überlieferungs- und Fundbedingungen begründet, wenn auf diese Weise nur ländliche Populationen zu erfassen sind. Für die mittelalterliche Stadtbevölkerung sind wir auf wenige und zufällig erhaltene schriftliche Aufzeichnungen aus spätmittelalterlicher Zeit angewiesen.[66] Die Verfasser entstammen zumeist der etablierten Mittel- und Oberschicht mit wohl guter ärztlicher Versorgung, die Väter erweisen sich als ebenso genaue Buchhalter ihres Familienlebens wie ihres Vermögens. Nehmen wir als Beispiel das Limousin zwischen 1350 und 1500: Die Familien sind kinderreich, mehr als 11 Kinder im Schnitt pro Paar, doch sie überleben nicht: Zwischen 6 und 7 von ihnen sterben – 54% aller in einer Familie geborenen Kinder –, viele davon bereits im Kleinkindalter (29%). Ein weiteres Viertel aller Kinder stirbt im jugendlichen Alter, zumeist im Verlauf von Epidemien (25,42% aller Lebendgeburten).[67] Das Ergebnis: Selbst in Familien der oberen städtischen Mittelschicht mit vielen Geburten in kurzen Intervallen, mit allen Chancen einer guten ärztlichen Versorgung sterben, wenngleich noch exzeptionell viele überleben, mehr als die Hälfte der Kinder.

Natürlich ist es vorstellbar, daß die Eltern dieser Kinder die Erinnerung an ihre Existenz zugunsten der Überlebenden verdrängt haben; auch, daß sie angesichts ihrer permanenten Gefährdung den Lebenden eher mit Distanz gegenüberstanden. Doch ebenso denkbar sind im Angesicht dieser immensen Kindersterblichkeit noch intensivere Mutter-Kind-Beziehungen, eine verstärkte Zuwendung der Eltern ihren überlebenden Kindern gegenüber sowie eine ungebrochene Hoffnung, die sie in ihrer Nachkommenschaft verkörpert sahen.

---

[66] Methodisch unzureichend ist die Arbeit von H. F. Etter und J. E. Schneider: Zur Stellung von Kind und Frau im Frühmittelalter. Eine archäologisch-anthropologische Synthese, in: Zeitschrift für Schweizerische Archäologie und Kunstgeschichte 39 (1982) S. 48–67.
[67] J.-L. Biget und J. Tricard: Livres de raison et démographie familiale en Limousin au XVe siècle, in: Annales de Démographie historique (1981) S. 321–363, bes. 343f.; B. Delmaire: Le livre de famille des le Borgne (Arras 1347–1538). Contribution à la démographie historique médiévale, in: Revue du Nord LXV, Nr. 257 (1983) S. 301–315, bes. 307.

DER WANDEL KINDLICHER BEWEGUNGSWEISEN IM MITTELALTER – VORBILDER UND RÄUME

AUGUST NITSCHKE

Táin, ein irisches Heldenepos, berichtet über den jungen Cúchulainn. Dieser ging – sieben Jahre alt – unerlaubt auf einen Spielplatz anderer Jungen. Da er bei diesen nicht, wie es die Sitte forderte, eingeführt worden war, griffen sie ihn heftig an. Cúchulainn verteidigte sich äußerst gewandt; dabei erfaßte ihn ein Zerrkrampf, der uns auch sonst oft geschildert wird: „Seine Haare schienen in seinen Kopf gehämmert, blitzschnell fuhren sie in die Höhe; man hätte spüren können, daß an jeder Haarspitze ein Feuerfunke sei. Er drückte ein Auge schmäler als ein Nadelöhr, das andere machte er weiter auf als die Mündung eines Bechers. Er entblößte seine Kiefer bis zu den Ohren; er stülpte seine Lippen bis zu den Backenzähnen zurück, so daß sein Schlund zu sehen war. Der Heldenschein erhob sich über seinem Scheitel, dann stürzte er sich auf die Knaben. Er brachte fünfzig von ihnen zur Strecke."[1] – Cúchulainn glich sich dabei der Gestalt des Gottes Lug an.[2]

---

[1] Susanne Schaup: Der Rinderraub. Altirisches Epos, München 1976, S. 102 u. 176ff.; letzte Ausgabe C. O'Rahilly: Táin Bó Cúalnge from the Book of Leinster, Dublin 1967, S. 158ff. Zum Verfasser vgl. M. Richter: Irland im Mittelalter, Stuttgart 1983, S. 19ff. – Der Beitrag gilt den Erfahrungen der Kinder und Jugendlichen (vgl. Anm. 12). Er beschäftigt sich nicht mit der Frage, ob die Erwachsenen körperfeindlich eingestellt waren, vgl. dazu: Hieronymus: Briefe Nr. 22, 23, 24 u. 108; vgl. K. Baus und E. Ewig: Die Reichskirche nach Konstantin dem Großen, in: H. Jedin (Hrsg.): Handbuch der Kirchengeschichte Bd. 2, 1 Freiburg, Basel und Wien 1973, S. 391ff.; Augustin: Confessiones I, 6ff.; vgl. K. Arnold: Kind und Gesellschaft in Mittelalter und Renaissance. Beiträge und Texte zur Geschichte der Kindheit, Paderborn 1980, S. 96f.; R. Sprandel: Mentalitäten und Systeme. Neue Zugänge zur mittelalterlichen Geschichte, Stuttgart 1972, S. 77ff. Zur Körperfeindlichkeit im 12. und 15. Jahrhundert vgl. Arnold: a. a. O. S. 78ff. u. 85f.; Colin und Morris: The Discovery of the Individual 1050–1200, London 1972, S. 96ff.; R. Sprandel: Die Geschichtlichkeit des Naturbegriffs: Kirche und Natur im Mittelalter, in: H. Markl: Natur und Geschichte, München 1983, S. 250ff.; M. Baxandall: Die Wirklichkeit der Bilder, Malerei und Erfahrung im Italien des 15. Jahrhunderts, Frankfurt a. M. 1977, S. 73ff. – Zur Methode des Vorgehens vgl. A. Nitschke: Kunst und Verhalten. Analoge Konfigurationen, Stutt-

Im siebten Jahr zog er mit seinem Wagenlenker los. Auf der Fahrt tötete er drei Gegner. Er hing deren Köpfe an den Wagen. Dann fing er einen Hirsch, band diesen an die hintere Wagenstange fest, holte Schwäne herunter und schnallte die Vögel ebenfalls lebendig mit Riemen an sein Gefährt. So kam er zurück, „ein Hirsch hinter dem Wagen, ein Schwan darüber flatternd und die drei Köpfe... im Wagen". Er schuf damit die Situation, die für den von Vögeln begleiteten Stiergott Tarvos Trigaranus charakteristisch war, dessen Bild auf einem Esusaltar erhalten ist.³ Dieser Ire übte sich darin, Gestalt und Bewegungsweise eines Gottes anzunehmen.

Andere irische Kinder suchten in ihren Sprüngen einem Lachs ähnlich zu werden.⁴ Bei Spielen mit Kugeln – mit Äpfeln etwa – warfen Kinder diese möglicherweise so, daß sie sich den Bewegungen der Gestirne anglichen. Wagenräder, die von Kindern in die Höhe geworfen wurden, waren für Kelten ein Zeichen der Sonne. Dies würde für unsere Vermutung sprechen, daß Kinder bereits den Lauf der Gestirne im Spiel wiederholten.⁵

Wie diese Kinder handelten die Erwachsenen jener Gesellschaft. So kannten Kelten wie Germanen den Zustand einer kriegerischen Wut. Wer von ihr ergriffen wurde, glich sich einem Vorbild an. „Die Berserkir, wilde Krieger, verkörpern recht eigentlich den Zustand der heiligen ‚Wut' (menos, furor) des primordialen Urbilds."⁶ Mircea Eliade hat diese Gesellschaften ausführlich beschrieben. In ihnen wird, wie er es formuliert, „die Wirklichkeit ausschließlich durch die Wiederholung der Teilhabe erworben... Alles, was kein exemplarisches Vorbild besitzt, ist des Sinnes entblößt, das heißt, es besitzt keine Wirklichkeit."⁷ Für Menschen dieser Gesellschaft ist nicht nur eine rituelle Handlung an einem mythischen Vorbild orientiert: „Jeder

gart-Bad Cannstatt 1975, S. 13 ff., `22 ff. u. 36 ff.; ders.: Historische Verhaltensforschung, Analysen gesellschaftlicher Verhaltensweisen – Ein Arbeitsbuch, Stuttgart 1981, S. 97 ff.

² J. de Vries: Keltische Religion, Bd. 2, Stuttgart 1961, S. 53.

³ Schaup (wie Anm. 1) S. 114 ff.; M. Dillon und N. K. Chadwick: Die Kelten, Zürich 1966, S. 282; de Vries (wie Anm. 2) S. 177 ff.

⁴ Schaup (wie Anm. 1) S. 56.

⁵ Ebd.; Nitschke (wie Anm. 11) S. 9 ff.

⁶ M. Eliade: Kosmos und Geschichte, Der Mythos der ewigen Wiederkehr, Reinbek 1966, S. 30.

⁷ Ebd. S. 34.

beliebige menschliche Akt gewinnt seine Wirksamkeit in dem Maße, als er genau eine Handlung wiederholt, die am Anfang der Zeiten durch einen Gott, Heros oder Ahnen vollzogen worden ist."[8] Frauen und Männer wurden in solchen hervorgehobenen Handlungen eine andere Person.[9]

Diese Interpretation geht davon aus, daß Menschen einiger früherer Gesellschaften in den ihnen bedeutsamen und wichtigen Handlungen sich an etwas anglichen, das sie in ihrer Umgebung beobachten konnten.[10] Die Kelten – Kinder wie Erwachsene – wurden auf diese Weise einem Gott, einem Helden,[11] Tieren, möglicherweise sogar auch einem Gestirn, dessen Glut sie übernahmen, ähnlich.[12] Das Ungewöhnliche am jungen Cúchulainn war, daß er bereits als Siebenjähriger über diese Fähigkeit verfügte. – Warum bevorzugte er und die anderen Kinder gerade diese Bewegung?

Alle diese Kinder übernahmen in ihren Handlungen – etwa in der heiligen Wut oder beim Lachssprung – Fähigkeiten, die sich im Kriege

---

[8] Ebd. S. 24.

[9] A. J. Gurjewitsch: Das Weltbild des mittelalterlichen Menschen, München 1980, S. 30ff.; Eliade (wie Anm. 6) S. 36.

[10] Zur Übernahme von Handlungen s. Nitschke: Verhaltensforschung (wie Anm. 1) S. 75ff.; vgl. ders.: Die Freilassung – Beobachtungen zum Wandel von Rechtsgebärden, in: Zeitschrift f. Rechtsgeschichte, germanistische Abteilung 99 (1982) S. 233ff. u. 238ff.

[11] A. Nitschke: Kinder in Licht und Feuer, in: Deutsches Archiv 39 (1983) S. 16ff.

[12] Ebd. S. 6ff. Cúchulainn glühte als Siebenjähriger nach seinem ersten Kampf so sehr, daß die vor ihm ängstlichen Iren nackte Frauen ihm entgegenführten, und, als er voller Scham den Kopf senkte, ihn faßten und dreimal in eine Tonne mit kaltem Wasser tauchten. Vgl. O'Rahilly (wie Anm. 1) S. 170ff.; Schaup (wie Anm. 1) S. 114ff. In unserer Untersuchung beschränken wir uns auf Kinder – vom siebten bis vierzehnten Lebensjahr – und auf Jugendliche – vom vierzehnten bis zwanzigsten Lebensjahr. Kinder, die jünger sind – vom zweiten bis sechsten Lebensjahr –, haben ihre eigenen Spiele und gleichen sich dabei auch oft den Rollen der Erwachsenen an. Doch für dieses Alter sind die Zeugnisse spärlich, und soweit sie Schlüsse erlauben, geht aus ihnen hervor, daß in diesen Lebensjahren Spiele und Bewegungsweisen in Europa keinen Wandlungen unterworfen sind, vgl. Ph. Ariès: Geschichte der Kindheit, München 1976, S. 126ff.; J. Kass und A. Lukácsy: Die Kinderspiele nach dem berühmten Gemälde von Pieter Bruegel d. Ä., Hanau 1981; Berichte über Kinderspiele mit Bildern, die aus der gleichen Zeit stammen, auch bei M. Herrmann: Bilder aus dem Kinderleben des sechzehnten Jahrhunderts, in: Mitteilungen der Gesellschaft für deutsche Erziehungs- und Schulgeschichte (Berlin 1910) S. 135ff.; Ch. Sorel und D.-A. Gajda: La maison des jeux, Genf 1977, S. 203ff.; Zeitgenossen empfanden ebenfalls bereits, daß mit dem siebten Lebensjahr eine frühkindliche Phase abgeschlossen ist und Kinder nun – wie Erwachsene – historischem Wandel unterworfen sind, vgl. J. Héroard: Journal sur l'enfant et la jeunesse de Louis XIII., hrsg. v. E. Soulié und E. de Barthélemy 1, Paris 1868, S. 363f.; Nitschke (wie S. 26 Anm. 117) S. 105ff.

gut verwenden ließen. Wer wie die Sonne zu glühen verstand, besiegte dank dieser Glut seine Gegner,[13] und beim Lachssprung entwich er dem Feind, so daß dieser mit seinem Schwert ins Leere stieß.[14] Doch nicht diese Überlegungen, sondern eine elementare Freude veranlaßte die Kinder, sich einem fremden Wesen anzugleichen. Ähnlich nahmen auch Frauen, die durchaus nicht zu kämpfen beabsichtigten, den wütenden Ausdruck von Cúchulainn an, weil sie ihm zugetan waren.[15] – Wichtig war ihnen allen, einem anderen ähnlich zu werden.

Über die Germanen zwischen dem 1. und 6. Jahrhundert sind wir nicht so gut informiert wie über die Iren jener Zeit. Wir wissen allerdings, daß Theoderich von den Jugendlichen seines Stammes erwartete, diese sollten sich im Kampf die Taten ihrer Eltern und Vorfahren zum Vorbild nehmen und diese wiederholen.[16] Tacitus und andere antike Autoren berichten uns – archäologische Funde bestätigten es –, daß die Germanen in Schmuck und Kleidung sich Gottheiten – gelegentlich auch Tieren – anglichen.[17] Über Sport und Spiel der Jugendlichen erfahren wir wenig. Nach Tacitus liebten diese, unbekleidet zwischen den Schwertern in die Höhe zu springen. Da warfen sie mit Spitzen versehen Speere in die Luft.[18] Es kann sein, daß sie dabei wie die Kinder und Jugendlichen in Irland den Lachssprung oder den Sprung eines anderen Tieres übten, um sich so den Angriffen der Gegner zu entziehen.

---

[13] Nitschke (wie Anm. 11) S. 16 ff.

[14] Schaup (wie Anm. 1) S. 150 f.

[15] M. Löpelmann (Hrsg.): Erinn. Keltische Sagen aus Irland, Düsseldorf und Köln 1977, S. 229 u. 459.

[16] Monumenta Germaniae Historica, Auctores Antiquissimae (im Folgenden: MGH.AA.) 12 = Cassiodor, Variae 24, S. 27 f.

[17] K. Hauck: Lebensnormen und Kultmythen in germanischen Stammes- und Herrschergenealogien, in: Saeculum 6 (1955) S. 193 ff.; A. Nitschke: Die ungleichen Tiere der Sonne, Verhaltensformen und Verhaltenswandel germanischer Stämme, in: K. Ertz (Hrsg.): Festschrift für Wilhelm Messerer zum 60. Geburtstag, Köln 1980, S. 25 ff.

[18] Tacitus: Germania c. 24; R. Much: Die Germania des Tacitus, Heidelberg ³1967, S. 320 ff., H. Ueberhorst: Leibesübungen bei Germanen, in: H. Ueberhorst (Hrsg.): Geschichte der Leibesübungen, Bd. 3, 1, Berlin, München und Frankfurt a. M. 1980, S. 26 ff. Ueberhorst bringt einen Bericht über die verschiedenen Zeugnisse und deutet sie dann funktional von den „Nutz-, Arbeits- und Kampfbewegungen" her, ebd. S. 33. Leider ist der Bericht des Isidor von Sevilla nicht sehr aufschlußreich, da dieser sich an antike Texte anlehnt, möglicherweise also gar nicht die damalige Wirklichkeit spiegelt; A. Koch: Ein „Erziehungsprogramm" aus dem westgotischen Spanien, in: Leibeserziehung 14 (1965) S. 118 ff.

Die Romanisierung und Christianisierung brachte junge Kelten und junge Germanen in Schwierigkeiten. Die Vorbilder waren nun nicht mehr so eindeutig. Die Kinder im Frankenreich übten sich weiterhin in Waffen und auf der Jagd wie die Germanen zur Zeit von Tacitus.[19] In theoretischen Schriften des Isidor von Sevilla wurden die Sportarten der Griechen und der Römer gerühmt. Einige Kinder und Jugendliche neigten dazu, sich höhere römische Verwaltungsbeamte oder Bischöfe zum Vorbild zu nehmen, und lernten wie diese Schreiben und Lesen. Andere, vor allem Iren, folgten Abraham und verließen wie dieser Familie und Heimat.[20] Für die Bewegungen dieser Jugendlichen können wir allen diesen Berichten leider wenig entnehmen. Es scheint sich nur die Grundeinstellung nicht geändert zu haben: Die jungen Menschen sollten und wollten weiterhin einer Gestalt ähnlich werden, die früher einmal gelebt hatte – den kriegerischen Helden, dem Bischof, dem in die Fremde ziehenden Abraham. Sie waren darauf bedacht, deren Handlungen zu wiederholen.

Seit dem späten 8. Jahrhundert beobachten wir nun einen allmählich einsetzenden, dann jedoch sehr tiefgreifenden Wandel. Er ist uns sogar in Träumen der Kinder bezeugt. Der junge Anskar hatte als Fünfjähriger seine Mutter verloren. Seit dieser Zeit lebte er in einer Klosterschule. Eines Nachts träumte er nun: „Es schien ihm..., als wäre er an einem sehr schlammigen und schlüpfrigen Ort, von dem man nur mit großer Schwierigkeit fortkommen konnte. Jenseits des Ortes aber sah er einen sehr lieblichen Pfad, auf welchem eine hohe Frau, reich und schön gekleidet, in würdevoller Haltung einherschritt. Ihr folgten mehrere andere weißgekleidete Frauen. Unter den letzteren befand sich auch seine Mutter. Sowie er sie erkannte, versuchte er, zu ihr hin zu eilen, allein er vermochte von jenem schlammigen und schlüpfrigen Ort nicht fortzukommen." Die hohe Frau wandte sich nun an ihn: „Mein Kind, willst du zu deiner Mutter?" Er antwortete: „Von Herzen gerne." Sie erwiderte: „Wenn du unserer Gesellschaft teilhaf-

---

[19] Tacitus c. 7, 31, 38, 43; Much (wie Anm. 18) S. 160 f., 389 ff., 431 f. u. 483 ff.
[20] P. Riché: Les écoles et l'enseignement dans l'Occident chrétien, Paris 1979; vgl. Anm. 18; A. Angenendt: Die Irische Peregrinatio und ihre Auswirkungen auf dem Kontinent vor dem Jahre 800, in: H. Löwe (Hrsg.): Die Iren und Europa im frühen Mittelalter, Bd. 1, Stuttgart 1982, S. 52; A. Nitschke: Junge Rebellen, München 1985.

tig werden willst, so mußt du allen Leichtsinn fliehen, die kindischen Späße aufgeben, auf dich selbst acht haben und ein ernstes Leben führen."[21]

Für unsere Frage ist es im Augenblick nicht so wichtig, ob Anskar wirklich diesen Traum hatte. Sein Biograph behauptet, ihn von Anskar gehört zu haben, und rechnet jedenfalls mit der Möglichkeit, daß er diesen gehabt haben könnte. So müssen wir diesen Traum etwas näher interpretieren.

In ihm werden zwei Orte unterschieden. An einem Ort kann sich das Kind nur mit großer Schwierigkeit vorwärtsbewegen, an dem anderen Ort machen die Bewegungen keinerlei Mühe. Ein Ort ist schlammig, der andere hat einen lieblichen Charakter. Um zu dem angenehmen Ort zu kommen, genügt es nun nach Vorstellung dieses Berichtes nicht, sich dorthin zu begeben. Der Junge muß vielmehr auf sich selber achten, seine kindische Art lassen und ein ernstes Leben führen.

So wird in diesem Traum bereits eine neue Art der Bewegung beschrieben. Das Kind gleicht sich nicht an eine andere Gestalt an. Statt dessen sieht es in seiner Umgebung zwei Orte. Zu dem einen Ort möchte es kommen. Doch ihn kann es nur erreichen, wenn es die Forderungen befolgt, die die an diesem Ort befindlichen Personen stellen. Für die Form der Bewegung ist diesem Bericht nicht viel zu entnehmen. Es ist nur zu erkennen, daß die Bewegungen sich nicht an einem Vorbild, sondern an einem Raum orientieren und daß in diesem Raum verschiedenartige Orte zu unterscheiden sind, wobei Personen, die sich an einem Ort aufhalten, an die Personen des anderen Ortes Forderungen stellen. Diese Orte werden auch in anderen Geschichten deutlich voneinander geschieden.

Wie Anskar träumt der Angelsachse Alkwin als Kind eines Nachts, daß er, der schlafend in einem Schuppen lag, von bösen Geistern gequält würde. Er weiß im Traum, daß diese Mißhandlungen sofort aufhörten, wenn er sich an einen anderen Ort begeben würde, nämlich in die Kirche, in der zur selben Zeit die Mönche Gottes Forderungen erfüllen.[22]

---

[21] Rimbert: Vita Anskarii, c. 2 (= Freiherr von Stein Gedächtnisausgabe 11), Darmstadt 1961, S. 20.
[22] Vita Alcuini, c. 2, MGH.SS. 15, 1, S. 185.

Was in den Träumen der Kinder berichtet wird, begegnet uns auch im Alltagsleben derselben Zeit. Ein junger Adliger mit Namen Gregor hatte – Ende des 8. Jahrhunderts – Lesen gelernt und war auf der Pfalz des Königs gewesen. Von dort kehrte er zu seiner Großmutter zurück. Diese wurde gerade von dem Angelsachsen Winfried besucht, der später den Namen Bonifaz annahm. Winfried ließ sich von dem jungen Gregor einen Text aus der Bibel auf lateinisch vorlesen. Er merkte bald, daß dieser zwar lesen, aber den Text nicht übersetzen konnte. So übersetzte er auf Bitten des Jungen und erläuterte den Text. Wir wissen nun aus Bonifaz' Briefen, daß seine Erläuterungen immer auf die Forderungen hinwiesen, die Gott an die Menschen richtete. Diese Erläuterungen begeisterten den jungen Gregor; er bestürmte daraufhin seine Großmutter, sie solle ihm sofort gestatten, immer in der Nähe dieses Angelsachsen zu bleiben. Die Großmutter wehrte sich gegen Gregors Plan und wollte nicht zulassen, daß er sich von der Familie trennte, um mit Winfried davonzureiten, und gab erst, als der Junge zu drohen begann, nach.[23]

Diese Trennung von der Familie zeigt nun recht deutlich, welcher Wandel mit den Kindern vor sich gegangen war. Gregor beruft sich auf kein Vorbild, er will sich nicht einer Gestalt angleichen, etwa Abraham, der ja auch in die Fremde zog. Ihm geht es statt dessen darum, immer an dem Ort zu sein, an dem sich eine Person befindet, die Forderungen an ihn stellt.

Der Raum, der die Kinder umgibt, hat somit eine Struktur: In ihm liegen Orte, von denen Forderungen ausgehen. Zu diesen Orten wollen die Kinder hin. (Etwas später schreibt Lull einmal, welche Haltung er vor dem fordernden Bonifaz in solch einer Situation einnimmt: Er kniet flehend, „die Beine angezogen, die Knie gekrümmt", während Bonifaz ihn „mit Milch tränken" soll.)[24]

Im 9. und 10. Jahrhundert wurde es Kindern und Jugendlichen immer selbstverständlicher, Orte danach zu unterscheiden, ob sie angenehm waren und von ihnen Forderungen ausgingen, oder ob sie

[23] Luidger: Vita Gregorii, MGH.SS. 15, 1, S. 68; A. Nitschke: Die schulgebundene Erziehung der Adligen im Reich der Ottonen, in: H. v. Hentig und A. Nitschke (Hrsg.): Was die Wirklichkeit lehrt. Golo Mann zum 70. Geburtstag, Frankfurt a. M. 1979, S. 16ff.

[24] Die Briefe des Bonifatius und Lullus, MGH. Epp. sel. 1, Nr. 103, S. 324.

Schwierigkeiten brachten, denen man nur entging, wenn man sich bittend an die wandte, die an den anderen Orten forderten. Aus dem 10. Jahrhundert berichtet uns der St. Gallener Chronist Ekkehard, daß die Schüler im Kloster das Recht hatten, am Tag der ‚unschuldigen Kinder' Gäste, die den Klassenraum betraten, gefangenzunehmen, um Lösegeld von ihnen zu fordern. So wollten sie auch mit dem damals zu Besuch kommenden Bischof Salomon umgehen. Doch dieser setzte sich, kaum war er im Raum, rasch auf den Stuhl des Lehrers. Wer diesen Platz einnahm, konnte, nach Tradition der Schüler, seinerseits an die Schüler Forderungen stellen. Salomon sagte auch gleich: „Wenn ich auf dem Sitz des Lehrers sitze, habe ich auch dessen Recht." Und er befahl den Kindern: „Zieht euch alle aus." – Es war Sitte in der Schule, daß man sich bis auf das Leinenhemd ausziehen mußte, wenn man Prügel bekommen sollte. Und der Mensch, der auf dem Stuhl des Lehrers saß, hatte das Recht zu prügeln. – Die Schüler unterwarfen sich, baten jedoch darum, daß es ihnen erlaubt sei, sich durch lateinische Sätze, Rhythmen und Verse loszukaufen. Dies war die Regel der Schule. Der Bischof gestattete es ihnen, und kaum waren die Schüler auf diese Weise von den Forderungen freigekommen, die derjenige, der auf dem Stuhle saß, gestellt hatte, mußte er, da er nun im Raum des Klassenzimmers Gefangener der Schüler war, sich seinerseits den Forderungen der Schüler unterwerfen, und sich durch Geschenke freikaufen.[25]

Die Bewegungen, die uns hier geschildert werden, dienen bei den Kindern somit dazu, immer Beziehungen zu Personen aufzunehmen, denen Orte das Recht verliehen hatten, Forderungen zu stellen.

Auch diese Kinder wollten sich verändern. Sie veränderten sich allerdings nicht mehr durch Identifikation mit einer Gestalt, der sie sich anzugleichen suchten. Sie erkannten statt dessen, daß sie in ihrer Umgebung – im Raum – verschiedenartige Orte wahrnehmen konnten. Sie drängten zu dem Ort, der das Recht gab, etwas zu fordern. Sie näherten sich diesem Ort bittend.

Da im Raum unterschiedliche Orte unterschieden werden, kann es sein, daß sogar Bewegungsspiele, bei denen jugendliche Krieger auf eine Gegenpartei zuliefen, dann vor ihr flohen, dann wieder zurückkehrten, um erneut zu fliehen, ebenfalls dazu dienten, den Wechsel

---

[25] Ekkehard: Casus s. Galli, MGH.SS. 2, S. 91; Nitschke (wie Anm. 23) S. 20ff.

zwischen unterschiedlichen Orten kennenzulernen. Möglicherweise
suchten sie dabei den Ort auf, an dem Gegner Forderungen an sie
stellten. Sie entzogen sich diesem dann, um wieder erneut zu ihm
zurückzukehren. Nithard berichtet uns von solchen Spielen.[26]
Somit können wir die neuen Bewegungen beschreiben: Es sind nicht
mehr Bewegungen eines Vorbildes, dem die Kinder sich angleichen
und dessen Bewegungen sie dabei mit übernehmen. Sie richten sich
statt dessen auf Personen, denen ein hervorgehobener Ort besondere
Rechte verleiht. Sie suchen durch Bitten – durch Gebärden und
Bewegungen – auf diese einzuwirken. Diese wiederum wirken auf die
Bittenden – strafend, verzeihend, schenkend, sie „mit Milch tränkend". Gesten und Bewegungen dienen somit dazu, an andere Personen etwas weiterzugeben und diese zu beeinflussen. (Die Personen auf
den Miniaturen jener Zeit stellen mit ihren korrespondierenden Gesten
ebenfalls die Verschiedenartigkeit der Orte dar, auf denen sie sich
befinden.)[27]

Ein neuer Wandel läßt sich im 11. und 12. Jahrhundert beobachten.
Äußerlich sieht es erst einmal so aus, als ob Kinder und Jugendliche
sich, wie in keltischer und germanischer Zeit, erneut an Vorbildern
orientieren und diesen ähnlich werden wollten. Von Simon und
Waltanus wird uns am Anfang des 12. Jahrhunderts überliefert, daß
der ältere Simon es liebte, eine Burg aus Ästen und Zweigen aufzubauen. Ein Stock wurde ihm zum Pferd, ein Ast zur Lanze. Mit diesen
Waffen verteidigte er, zusammen mit seinen Freunden, die Burg. Sein
Bruder Waltanus hingegen baute aus Zweigen und Steinen Kirchen.
Vor diesen breitete er seine Arme aus und feierte wie ein Priester die
Messe. Da er den Text der Messe nicht kannte, ahmte er nur den Klang
der priesterlichen Stimme nach. So lachten die Erwachsenen, wenn sie
die Kinder sahen. Ähnliche Spiele liebten Friedrich und seine Freunde
und Gilbert von Cambray mit seinen Brüdern.[28]

---

[26] Nithard, III 6, MGH.SS. 2, S. 667.
[27] Nitschke: Kunst (wie Anm. 1) S. 108 ff.
[28] Acta Sanctorum (im Folgenden = AA.SS.) August 1, Antwerpen 1733, S. 251;
AA.SS. März 1, Antwerpen 1668, S. 289 f.; Giraldus von Cambray: De rebus a se gestis,
I 1, Rolls Series Nr. 21 1, 1861; vgl. Georg Misch: Geschichte der Autobiographie, Bd.
3, 2, Frankfurt a. M. 1962, S. 1431 f.

Im Unterschied zu den Taten der jungen Iren und Germanen sind diese Spiele jedoch alle auf einen Ort bezogen. Es wird erst einmal etwas gebaut – eine Burg oder eine Kirche – und das Gebaute wird dann verteidigt oder im Gebauten wird die Messe gelesen. Zu dem Ort, der von den Kindern vorweg gestaltet wird, gehören offenkundig auch bestimmte Bewegungsweisen. Als Ritter muß man reiten und mit der Lanze kämpfen, als Priester hat man seine Arme auszubreiten und laut zu reden. Diese Kinder führen Handlungen aus, die einen gebärdeähnlichen Charakter haben. Die Gebärden sind auf einen Ort bezogen, nur die Orte haben sich geändert: Die Kinder unterscheiden nicht mehr einen Ort, in dem man gestraft wird, nur mit Mühe vorankommt, von einem anderen Ort, von dem Forderungen ausgehen. Für sie sind statt dessen die Orte jeweils mit einer bestimmten Tätigkeit verbunden – die Kirche mit der priesterlichen, die Burg mit der ritterlichen Tätigkeit.

Aus einer anderen Geschichte wissen wir, daß diese Tätigkeiten für die Kinder einen unterschiedlichen Rang besaßen. Die zwei Söhne des Normannenherrschers Roger, Simon und Roger, spielten gelegentlich um Geld. Da Roger, der Jüngere, immer gewann, meinte er schließlich zu seinem älteren Bruder, nicht dieser, sondern er solle die Nachfolge in der Grafschaft antreten. Der Ältere könne ja Geistlicher werden, und großzügig bot ihm Roger an, wenn er einmal Herrscher sei, wolle er Simon je nach Wunsch zum Papst oder Erzbischof ernennen.[29]

Auch bei den Ständen der Unfreien werden jeweils Tätigkeiten mit Orten verbunden. In den Schultexten, an denen die Kinder Latein lernten, kann ein unfreies Kind etwa sagen: „Ich gehe in der Dämmerung heraus, führe die Ochsen aufs Feld und spanne sie vor den Pflug. Ich wage nie, wenn der Winter noch so scharf ist, mich zu Hause zu verstecken, aus Furcht vor meinem Herrn." Ein unfreier Schäferjunge spricht: „Am frühen Morgen erhebe ich mich von meinem kleinen Bett, nehme den Stab in die Hand, ziehe mir meine Schuhe an und leite meine Schafe zur Weide. Ich stehe mit den Hunden bei ihnen in Hitze und Kälte, damit die Wölfe sie nicht verschlingen, ... und bin treu meinem Herrn." Auch unter diesen unfreien Kindern, die mit ihrer Tätigkeit immer an einen Ort gebunden sind, gibt es verschiedenartige

---

[29] Alexander von Telese, c. 2, in: G. del Re: Chronisti e scrittori sincroni napolitani, Bd. 1, Aalen 1975, S. 90.

Ränge. Der Jägerbursche etwa sagt: „Ich erhalte den ersten Platz an dem Hof des Herrn. Kleidung und Nahrung wird mir ausreichend zugeteilt. Manchmal gibt der Herr mir einen goldenen Ring; er kleidet mich gut und ernährt mich. Zuweilen schenkt er mir ein Pferd oder Armringe, so daß ich meine Kunst gut ausführe."[30]

Damit erhalten wir erste Hinweise auf die Art der Bewegung. Am untersten stehen der Ackerknecht und der Schäfer. Ihre Tätigkeit dient dazu, gewisse Zwecke zu erfüllen. Es werden nur Bewegungen dargestellt, die sie bei ihrer Arbeit ausführen. Schon der Jägerbursche bekommt Geschenke, die ihm neben der Arbeit ein würdevolles Auftreten ermöglichen, Sie gestatten ihm Bewegungen, die nicht mehr von seiner Tätigkeit her gerechtfertigt sind. Der Priester steht im Spiel der Kinder aufrecht und breitet seine Arme aus – eine Bewegung, die nur noch einen gebärdenhaften Charakter besitzt. Von den Bewegungen des Ritters haben wir nach diesen Texten noch kein klares Bild. Hier hilft uns ein Bericht aus England weiter.

William Fitzstephen schildert Spiele Londoner Kinder. An Ostertagen – erzählt er – sei es üblich gewesen, mitten im Fluß, der Themse, einen stehenden Baum mit einem Schild anzubringen. Jugendliche in einem Schiff ruderten, so schnell es ging, gegen diesen Schild. An der Schiffsspitze stand einer von ihnen, der – einem Ritter gleich – mit der Lanze den Schild treffen sollte. Gelang es ihm, die Lanze auf dem Schild zu brechen und dabei seine Haltung zu wahren, wurde er geehrt. Fiel er jedoch, ohne daß die Lanze brach, in den Fluß, retteten ihn zwar andere Jugendliche, die rechts und links dem Schiff folgten; die Zuschauer am Flußufer waren jedoch „sehr zum Lachen bereit".[31]

Auf dem Schiff hatte dieser Jugendliche aufrecht zu stehen. Er mußte die Haltung bewahren, auch wenn er mit der Lanze gegen den Schild stieß. Er benötigte somit zwei Kräfte: die Kraft, eine Lanze auf ein Ziel zu richten und zu halten, und die andere Kraft, die seinen Körper nach oben richtete. Diese zweite Kraft weist wieder über ihn hinaus – nur nicht auf eine fordernde Person, sondern in die Höhe. (Gleichzeitig lebende Naturwissenschaftler schildern uns diese Kraft,

---

[30] W. H. Stevenson (Hrsg.): Early scholastic colloquies, Oxford 1959, S. 86 (Aelfric Bata).
[31] W. Fitzstephen: Descriptio nobilissimae civitatis Londoniae, John Stow. A Survey of London, Bd. 2, Oxford 1908, S. 227.

die sie von einem im Körper wirkenden Element ableiten,[32] und die Künstler jener Zeit stellen uns die Ritter im Kampf so aufrecht wie diesen Jungen in dem Schiffe dar.)[33]

Kinder unterer Schichten haben somit einfache, an der Arbeit orientierte, zielgerichtete Bewegungen. Kinder der höheren Schichten bewegen sich einerseits ihrem Ziel entsprechend, andererseits folgen sie bei ihren Spielen einer Kraft, die sie eine aufrechte, nach oben gerichtete Haltung einnehmen läßt. Dies hat zur Folge – man muß nur die gerade geschilderte Haltung einnehmen, um es am eigenen Körper zu spüren –, daß die zielgerichteten Bewegungen dieser Kinder – etwa beim Stoß der Lanze – von der Schulterpartie ausgehen: Der ganze Körper ist so nach oben gezogen, daß von seinen unteren Partien keine Kraft herkommen kann. Durch diese Haltung setzen somit die einen Ritter spielenden Kinder sich von den unteren sozialen Gruppen ab. Gleichzeitig lassen sie erkennen, daß sie trotz aller zielgerichteten Tätigkeiten von einer Kraft erfüllt sind, die durch sie hin durch in die Höhe führt.

Der nächste, erneut sehr tief einschneidende Wandel ist in der zweiten Hälfte des 15. Jahrhunderts zu beobachten. Dabei scheinen auf den ersten Blick Spiele und Bewegungen dieselben geblieben zu sein.

Der junge Maximilian trat gerne als Ritter auf. „Als er nun aber des Gebrauches der Sprache, der Hände und Füße vollständig mächtig war, begann er sofort, wie Kinder das zu tun pflegen, sich einen Stecken als Pferd zuzurichten und seine Altersgenossen, darunter auch Jungen aus niederen Ständen, zum Kriegsspiel und Speerkampf aufzufordern."[34]

---

[32] A. Nitschke: Naturerkenntnis und politisches Handeln im Mittelalter, Körper – Bewegung – Raum, Stuttgart 1967, S. 99 ff.; W. Stürner: Natur und Gesellschaft im Denken des Hoch- und Spätmittelalters, Stuttgart 1975, S. 50 ff.; zu dieser Raumerfahrung finden sich Parallelen in der gleichzeitigen Epik: „Das räumliche Milieu und der in ihm weilende Held durchdringen und erfüllen einander", Gurjewitsch (wie Anm. 9) S. 67.

[33] Nitschke: Verhaltensforschung (wie Anm. 1) S. 37 u. 128 ff.; J. J. Jusserand: Les sports et les jeux d'exercice dans l'ancienne France, Paris 1901, S. 161; A. Schultz: Das höfische Leben zur Zeit der Minnesänger, Bd. 2, Leipzig 1889, S. 57 ff., 101 ff. u. 140 ff.

[34] J. Grünpeck: Historia Friderici IV et Maximiliani, hrsg. v. J. Chmel, in: Der österreichische Geschichtsforscher 1 (1838) S. 80 u. 113.

Doch wenn dieses Ritterspiel auch den Spielen der früheren Jahrhunderte zu gleichen scheint, so hat sich zweierlei geändert:

– Das Spiel ist nicht auf einen Ort – etwa auf eine Burg oder ein Schloß bezogen –, und
– der Spieler will in diesem Spiel nicht seinen Stand zeigen.

Maximilian selber läßt über sich berichten, wie er mit lauter unstandesgemäßen Waffen umzugehen versteht. „Darauf übte er sich in Schwertern und Stangen, kurzen und langen Degen, in Landsknechtsspießen, Dreschflegeln, Messern, langen Messern und begriff die Meisterstücke in kurzer Zeit."[35] Es geht ihm aber nur um eine gewandte Beweglichkeit. „Er fand bei solchem Fechten neue Schläge und Wendungen, die er oft brauchte, um seinen Widersacher zu überwinden."[36] Maximilian will nicht eine Burg – und somit einen besonderen Ort – in seiner Umgebung verteidigen. Da er auch mit Jungen aus niederen Ständen Kriegspiele ausführt, kann er, der deren „Waffen" mit benutzt, auch nicht mehr die aufrechte Haltung wahren. Er ist bei diesen Spielen nur darauf bedacht, jeden Widerstand zu brechen. Doch dazu ist eine andere Bewegungsweise nötig.

Die gleiche Tendenz zeigen auch die übrigen Spiele dieses jungen Herrschers. Er beschäftigte sich liebend gern mit Geräten, die Bewegungen auslösten. „Übrigens lernte er mit der Schleuder Steine werfen und Pfeile nach dem Ziel richten, desgleichen gläserne oder steinerne Kugeln durch ausgehöhlte Rohre, welche die Stelle von Geschützen vertraten, trefflich und sicher abzuschießen, daß er es älteren Leuten und sogar den geübten Meistern gleichzutun schien."[37] Maximilian liebte sogar chemische Experimente, wenn sie Bewegungen hervorriefen. So mischte er „Schwefel, Salpeter und anderes". „Er verwandte viele Gedanken auf das Geschütz, und wo er in seiner Jugend insgeheim darüberkommen konnte, fing er mit sich selbst ein solches Schießen und Werfen an, daß man es zuletzt verhüten mußte, damit ihm kein Schaden geschehe."[38] Diese Freude, Bewegungen auszulö-

---

[35] Maximilian I.: Kaiser Maximilians Weisskunig, hrsg. v. H. Musper, Stuttgart 1956, S. 43 u. 235.
[36] Ebd. S. 235.
[37] Grünpeck (wie Anm. 34) S. 80.
[38] Maximilian (wie Anm. 35) S. 49 u. 248.

sen, war für die Tiere seiner Umgebung nicht immer das reine Glück. „Ferner verfolgte er, wenn ihn des Lehrmeisters Anwesenheit nicht daran hinderte, mit Jagdhunden, die sich in der Nähe aufhielten, die kleinen Haustiere. Er ließ auch nicht eher davon ab, dem Hausgeflügel nachzustellen, als bis er durch Androhung von Schlägen davon zurückgebracht wurde."[39]

Ähnlich wie Maximilian handelten die jungen Bürgersöhne. Mit zehn Jahren bereitete es Hermann von Weinsberg Spaß, zusammen mit Altersgenossen in der Dunkelheit Glasfenster alter Häuser einzuwerfen, um zu sehen, wie daraufhin bei den Nachbarn die Türen aufgingen und Männer, Frauen und Kinder mit Lichtern herausliefen.[40]

Diese Freude an Bewegungen ließen den jungen Felix Platter folgendes Spiel ausdenken: „Von Jugend auf nahm ich mir vor, weit zu reisen, auch übers Meer, so ich könnte, machte kleine Schifflein aus Holz und legte sie in einen Brunnentrog und schaltete sie herum, als führe ich auf dem Meer."[41]

Diese Spiele zeigen nun deutlich, daß nicht mehr die standesgemäße Bewegung den Kindern wichtig ist. Ihnen geht es nur um eine Ortsbewegung. Gehören sie der Oberschicht an, suchen sie nicht durch eine aufrechte Haltung die eigene Art ihres Standes hervorzuheben. Sie wünschen nur, sich selber oder etwas anderes – Schiffe, Tiere, Geschosse – zu bewegen.

Darüber hat sich der Raum dieser Kinder verändert: Er setzt sich nicht mehr aus verschiedenen Orten zusammen, die jeweils einem Stand gebühren; statt dessen ist er einheitlich geworden. Er ist dadurch charakterisiert, daß man sich ungehindert von einem Punkt zu einem anderen bewegen kann.

Selbst in ihren Phantasievorstellungen rechneten die Kinder jener Zeit mit Bewegungen in diesem homogenen Raum.

Der dreijährige Hermann von Weinsberg hatte einmal Läuse am Kopf und am Leib. Eltern und Gesinde betrachteten die kleinen Tiere und überlegten, ob sie diese durch Einreiben oder Baden vertreiben sollten. Hermann meinte daraufhin: „Mutter, mich deucht, wer ein

---

[39] Grünpeck (wie Anm. 34) S. 83.
[40] Hermann von Weinsberg: Das Buch Weinsberg. Kölner Denkwürdigkeiten aus dem 16. Jahrhundert, Bd. 1, Bearb. v. K. Höhlbaum, Leipzig 1886, S. 58.
[41] F. Platter: Tagebuch, Basel und Stuttgart 1976, S. 81.

kleines Netz hätte und triebe sie da hinein, finge sie also." Er schämte sich später dieser Rede, denn die Erwachsenen „haben mich dann noch oft mit dem kleinen Netz verspottet".[42]

Wenn uns Kinderträume jener Zeit erhalten sind, so wird erwähnt, daß die Kinder in den Träumen Ortsbewegungen und nicht standestypische Bewegungen sahen.

Ein dreizehnjähriger Junge war zum Tode verurteilt worden. Er sollte, seiner Jugend wegen, von einer Brücke aus ertränkt werden. Das geschah, jedoch holten ihn die Henker zu früh aus dem Wasser. So kam er im Totenhaus erneut zu sich. Als ihn die umstehenden Erwachsenen danach fragten, wo er denn gewesen sei, antwortete er: „Das weiß ich auch nicht. Ich bin auf einer schönen grünen Wiese gewesen, darin ist ein alter, herrlicher Mann mit einem langen grauen Bart in einem Sessel gesessen und sind viele kleine Knäblein auf der Wiese um ihn gelaufen, welche alle weiße Hemden und rote Strümpfe angehabt. Mich wundert aber, wie ich doch in das Totenhaus gekommen sei." Die Richter verboten ihm, darüber mehr zu sagen, und verwiesen ihn anderntags aus der Stadt.[43]

Bei diesen Kindern bleiben in ihrer Erinnerung häufig einfache Bewegungsvorgänge haften. Benvenuto Cellini erinnert sich daran, wie der Vater ihm einmal ein Tier in der Feuerglut gezeigt hatte, das wie ein Salamander aussah und sich bewegte.[44] Leonardo da Vinci denkt als alter Mann noch an einen Vogel, der sich ihm in seiner Wiege genähert hatte und mit dem Schwanz auf seine Lippen stieß.[45]

Felix Platter sieht ebenfalls im Alter seine kleine Schwester noch vor sich, wie sie im Hemd um den Tisch läuft, oder Maler, die durch das Fenster in ein Zimmer einsteigen, oder ein hölzernes Männlein, das, wenn er es zog, fechten konnte.[46]

Jedes dieser Zeugnisse für sich genommen hätte nicht allzu viel Gewicht; doch beachtet man nebeneinander die Bewegungen der Kinder, ihre Spiele, ihre Phantasievorstellungen und Erinnerungsbil-

---

[42] Hermann von Weinsberg (wie Anm. 40) S. 32.
[43] F. Chr. Graf v. Zimmern: Die Chronik der Grafen von Zimmern, Bd. 2, hrsg. v. H. Decker-Hauff, Konstanz und Stuttgart 1967, S. 239.
[44] B. Cellini: Vita, Mailand 1940, S. 18.
[45] Leonardo da Vinci. Das Lebensbild eines Genies, Wiesbaden und Berlin [6]1972, S. 40.
[46] Platter (wie Anm. 41) S. 57, 58 u. 62.

der, so fällt überall dieselbe – und in ihrer Zeit neue – Eigentümlichkeit auf: Die Kinder nehmen bei ihren Bewegungen nicht mehr eine Haltung ein, die über sie hinausweist, wie dies seit dem 8. Jahrhundert üblich war, wobei sie sich auf fordernde Personen oder auf einen Ort über sich ausrichteten. Sie haben statt dessen nur den Wunsch, sich zu bewegen oder Bewegungen anderer zu veranlassen. (Auf Bildern kann man erkennen, daß, da die aufrechte Haltung den Kindern unwichtig wurde, die meisten ihrer Bewegungen nicht mehr von der Schulterpartie ausgehen, sondern – bei leichter Krümmung des Rückgrats – von der Hüftpartie.)[47]

Vier unterschiedliche Formen und Bewegungsweisen lassen sich somit gegeneinander absetzen:

- Bis zum 7. Jahrhundert neigen keltische und germanische Kinder und Jugendliche dazu, sich an ein Vorbild anzugleichen. Damit übernehmen sie dessen Aussehen und auch dessen Bewegungsweisen.
- Zwischen dem 8. und frühen 11. Jahrhundert suchen die Kinder einen Ort in ihrer Umgebung zu erreichen. Sie wenden sich deswegen den Personen zu, die auf einem hervorgehobenen Ort die Fähigkeit haben, Forderungen an sie zu stellen.
- Seit dem 11. und 12. Jahrhundert lassen sich bei Kindern standestypische Bewegungen unterscheiden. Sie orientieren sich in ihren Spielen an der Umgebung, die für den von ihnen gewünschten Stand charakteristisch ist. Ihre Bewegungen sind dabei der Tätigkeit des Standes entsprechend zielgerichtet. Die oberen Stände lassen zusätzlich in sich eine Kraft wirken, die ihren Körper aufrichtet und über ihn hinaus nach oben weist.
- Im späten 15. Jahrhundert werden den Kindern standestypische Bewegungen unwichtig. Sie sind jetzt von der Kraft erfüllt, sich von Ort zu Ort zu bewegen, und sie haben Freude daran, andere in diese Bewegung hineinzuziehen.

---

[47] Nitschke: Kunst (wie Anm. 1) S. 84ff.; Kass u. Lukácsy (wie Anm. 12) S. 3ff.; G. Mercuriale: De arte gymnastica, Venedig 1572, S. 143; Jusserand (wie Anm. 33) S. 331ff.

Diese unterschiedlichen Bewegungsweisen lassen die Kinder den Raum jeweils recht andersartig sehen. In der Völkerwanderungszeit sind den Kindern vorbildhafte Gestalten wichtig. Sie bewegen sich wie diese und führen die Veränderungen herbei, die diese einst bewirkten. Ihre Umgebung scheint sich für sie aus lauter solchen Gestalten, die Freunde oder Feinde sein mögen, zusammenzusetzen.

Seit dem 8. Jahrhundert wird die Umgebung ein Raum, der durch seine besondere Struktur Veränderungen ermöglicht. Die jeweilige Struktur des Raumes ist zu erkennen, wenn man weiß, welche Wirkungen die Energie in diesem Raume hat.

Zwischen dem 8. und 14. Jahrhundert können die Kinder – nehmen sie eine bestimmte Haltung ein – an einer Energie teilhaben, die über sie hinaus – auf andere Personen oder in die Höhe – wirkt. Der Raum gleicht gleichsam einer Ansammlung von Körpern, die Wärme empfangen und auf andere Körper oder nach oben weiterleiten. Die Orte im Raum haben, je nachdem, ob Energie zu ihnen geleitet oder von ihnen genommen wird, unterschiedliche Qualität. So wird der Raum auch von den gleichzeitig lebenden Naturwissenschaftlern beschrieben, als ob Körper mit unterschiedlichen Aggregatszuständen – feste, flüssige, gasförmige – übereinander lägen.

Im 15. Jahrhundert achten die Menschen nur auf die Energie, die in der Bewegung erfahrbar wird. Der Raum ist durch eine Struktur charakterisiert, die die Möglichkeit für diese Bewegungen bietet: Er ist ausgedehnt; Orte mit besonderer Qualität sind in ihm nicht vorhanden; er ist homogen und durch die Dreidimensionalität, die Bewegungen erlaubt, charakterisiert. Wieder schildern ihn die Naturwissenschaftler – und malen ihn die Künstler – jener Zeit ebenfalls in der gerade beschriebenen Eigenart.

Die Kinder erfahren – dem jeweiligen Bewegungsfeld entsprechend – ihren Körper in unterschiedlicher Weise. In der Völkerwanderungszeit spürten sie, glichen sie sich einem Vorbild an, eine Veränderung ihres inneren körperlichen Zustandes: Eine Glut mochte sie zu erhitzen. Nach dem 8. Jahrhundert ermöglichte ihr Körper ihnen, Besonderheiten ihrer Umgebung wahrzunehmen. In der Zeit zwischen dem 8. und 14. Jahrhundert ging bei besonderer Körperhaltung von ihrer Umgebung auf sie eine Energie aus und ging von ihnen auf die Umgebung ebenfalls eine Energie aus, die jeweils Veränderungen bewirkte. Im späten 15. und 16. Jahrhundert vermochten sie durch eigene Bewegungen die Bewegungen anderer Wesen ihrer Umgebung zu verändern. Sie spürten dabei, ob bewegte oder ruhende Wesen ihrer Umgebung ihnen Widerstand leisteten. Diesen Widerstand in ihrer Umgebung nahmen sie wahr.

Es ist leicht zu sehen, daß das, was die Kinder erfuhren, auch den Erwachsenen der jeweils selben Epoche vertraut war.[48] Wir können jedoch nach den uns zur Verfügung stehenden Quellen nicht entscheiden, ob eine Orientierung an neuen Vorbildern, an einer neuen Umgebung und an deren räumlicher Struktur zuerst bei Kindern oder zuerst bei Erwachsenen auftrat.

Auf diese Frage müssen wir, wenn wir auf die Kinder zwischen dem 18. und 20. Jahrhundert eingegangen sind, noch einmal zu sprechen kommen.

---

[48] Zur Gesellschaft der Karolingerzeit s. P. Dinzelbacher: Visionen und Visionsliteratur im Mittelalter, Stuttgart 1981, S. 121 ff., 146 ff. u. 186 ff.; Nitschke (wie Anm. 32) S. 141 ff. u. 176 ff.; ders.: Ottonische und karolingische Herrscherdarstellungen. Gestik und politisches Handeln, in: R. Becksmann, U.-G. Korn und J. Zahlten (Hrsg.): Beiträge zur Kunst des Mittelalters. Festschrift für Hans Wentzel zum 60. Geburtstag, Berlin 1975, S. 157 ff. Zum 11. und 12. Jahrhundert vgl. Nitschke (wie Anm. 32) S. 150 ff. u. 181 ff.; ders.: Revolutionen in Naturwissenschaft und Gesellschaft, Stuttgart-Bad Cannstatt 1979, S. 33 ff.; zum 15. und frühen 16. Jahrhundert s. Nitschke: Revolutionen, a. a. O. S. 79 ff; zu den an Vorbildern orientierten Iren s. Nitschke (wie Anm. 11) S. 15 ff. und ders.: Die Wege der Toten. Beobachtungen zur irischen Ornamentik, in: Martin Gosebruch zu Ehren, Festschrift hrsg. v. F. N. Steigerwald, München 1984, S. 51 ff.

DIE DISKRIMINIERUNG
DER UNEHELICHEN KINDER IM MITTELALTER

ROLF SPRANDEL

Aus dem Themenkreis der Sozialisierung des Kindes im europäischen Mittelalter soll im folgenden ein Sonderproblem herausgegriffen werden, dessen quantitative Bedeutung wahrscheinlich sehr groß ist. Wie viele uneheliche Kinder gab es? Wenn man ein Urkundenbuch mit Testamenten oder eine persönlich gehaltene Chronik aufschlägt, wimmelt es im späteren Mittelalter von unehelichen Kindern. 1518 genehmigt der Bischof von Würzburg, daß einer seiner Lehnsleute, der niederadelige Peter von Weyhers von der südlichen Rhön, neben einigen ehelichen Kindern folgende Söhne ausstattet: Michael Stulfuß, Peter Stulfuß, Bastian Stulfuß, Kaspar Stulfuß, Martin Stulfuß, die er mit seiner Magd, Agnes Stulfuß, zeugte.[1]

Neuere französische Forschungen nennen Adelsfamilien, in denen immer die unehelichen die ehelichen Kinder übertroffen haben. Daneben gibt es auch niedrigere Zahlen.[2] Ist es zu hoch gegriffen, wenn man ein Drittel der Bevölkerung des Spätmittelalters für unehelich geboren hält?

Ein solches quantitatives Ausmaß wäre durchaus verständlich vor dem Hintergrund der Familiengeschichte der vorindustriellen Zeit.[3] Man heiratete sich nicht aus Neigung, sondern weil Verwandtschaftsblöcke die Partner miteinander kombinierten. Ständische Unterschiede, die Abhängigkeit der Magd vom Herrn zum Beispiel, ermöglichten

---

[1] Staatsarchiv Würzburg Lf 30, fol. 117ᵛ.
[2] M. Harsgor: L'essor des bâtards nobles au XVᵉ siècle, in: Revue historique 253 (1975) S. 319–354.
[3] M. Mitterauer: Ledige Mütter. Zur Geschichte unehelicher Geburten in Europa, München 1983, mit weiterer Literatur. Im 19. u. 20. Jh. liegt der Anteil der Unehelichen meist zwischen 10 u. 15 Prozent; er sackte in den sechziger Jahren des 20. Jhs. unter der Wirkung der Pille auf unter 5 Prozent; vgl. Gerd Winter: Sozialer Wandel durch Rechtsnormen erörtert an der sozialen Stellung unehelicher Kinder, Berlin 1969, S. 15 u. 22.

dem Mann zumindest eine Ausdehnung der sexuellen Beziehungen, die eine gewisse Entlastung von der fremdbestimmten Ehe bedeuteten. Auch der Widerstand, den die Kirche der Auflösung der Ehe entgegensetzte, die mit dem Sakrament besiegelt war, förderte die Entwicklung illegitimer Beziehungen.

Sowohl römische als auch germanische Rechtsauffassungen unterschieden unter den Unehelichen verschiedene Stufen. Der natürliche Sohn der Römer und der Bastard der Germanen waren besser als andere Uneheliche. Der Einfluß des kirchlichen Denkens wirkte demgegenüber während des Mittelalters auf eine Nivellierung der Unehelichen. Dieses kirchliche Denken über Uneheliche stand aber nicht von vornherein fest, sondern wandelte sich zusammen mit den Ehevorstellungen. Die kirchlichen Ehevorstellungen duldeten zunächst Polygamie, das römisch rechtliche Konkubinat und die abgestuften Eheformen der Germanen, verlangten aber mehr und mehr die Beschränkung auf die monogame Vollehe. Alle nicht in einer solchen Ehe Geborenen galten als Uneheliche. Nach der Ausbildung des Ehesakraments im 12. Jahrhundert wurde die Tendenz zu einer gleichmäßigen Diskriminierung aller Unehelichen von seiten der Kirche noch stärker.[4]

Wenn man nach der Sozialisation der Unehelichen fragt, muß man von vornherein zwei Wege unterscheiden: die Aufnahme der Unehelichen durch die Gesellschaft der Ehelichen einerseits und die Integration in einer Gruppe für sich andererseits. Eine nahezu volle Sozialisation der Unehelichen in der Welt der Ehelichen war durch kirchlichen Dispens und im Spätmittelalter durch römisch rechtliche Legitimation möglich. Im 14. Jahrhundert kommt es serienweise zu Legitimatio-

---

[4] H.-J. Becker: Die nichteheliche Lebensgemeinschaft (Konkubinat) in der Rechtsgeschichte, in: G. Landwehr (Hrsg.): Die nichteheliche Lebensgemeinschaft, Göttingen 1978, bes. S. 13–38; H. Herrmann: Die Stellung unehelicher Kinder nach kanonischem Recht, Amsterdam 1971. Herrmann zeigt einerseits die „humane" Einstellung von Kirchenvätern, die auf die „Unschuld" des unehelichen Kindes hinweisen, andererseits die alttestamentliche Begründung der Auffassung, wonach Kinder die Schuld der Eltern büßen müssen (ebd. S. 37 u. 41 ff.). Weiter ausgeführt bei A. Leineweber: Die rechtlichen Beziehungen des nichtehelichen Kindes zu seinem Erzeuger in der Geschichte des Privatrechts, Königstein, Ts. 1978. Zum Wandel der kirchlichen Ehevorstellungen jetzt auch G. Duby: Le chevalier, la femme et le prêtre. Le mariage dans la France féodale, Paris 1981.

nen. Kaiser Ludwig gibt 1327 dem Grafen Berthold von Henneberg wegen seiner Verdienste um das Reich unter anderem das Recht, zwanzig Uneheliche zu legitimieren. Jeder der Nachkommen des Grafen, der das Schloß Henneberg innehat, darf zehn Personen legitimieren.[5] In demselben Jahrhundert, 1353, bekommt der Erzbischof von Köln das Recht, hundert Uneheliche zu legitimieren.[6] Aus der 2. Hälfte des 15. Jahrhunderts sind vom französischen König durchschnittlich pro Jahr neun Legitimationsurkunden erhalten.[7]

Die Legitimation bedeutete sicherlich nicht die volle erbrechtliche Gleichstellung der Unehelichen. Dagegen wehrte sich bereits die Konkurrenz der ehelichen Geschwister. Aber eine volle erbrechtliche Gleichheit gab es auch unter den ehelichen nicht. Wir können von den Söhnen und Töchtern in ihrer unterschiedlichen Berechtigung ganz absehen und brauchen nur auf jene Fälle zu verweisen, wo sich ein Primogenitur-Recht ausgebildet hat.[8] Immerhin wurden die schon bestehenden Abstufungen in der Erbberechtigung unter den Kindern eines Erblassers durch die Schwelle zwischen den ehelichen und den legitimierten noch vermehrt. Eine zusätzliche, fortgesetzte Belastung bedeutete für die unehelichen Kinder ihre Mutter. In den Gesta Romanorum, jenem so weit verbreiteten Geschichtenbuch des 14. Jahrhunderts, das immer wieder aktuelle Probleme aufgreift, wird die Teilung des Erbes eines Herren unter seine zwei Söhne geschildert. Der eine ist ehelich, der andere unehelich. Nach dem Gesetz des Landes, heißt es in der Geschichte, teilen zwei Brüder in der Weise, daß der ältere die Teile bestimmt und der jüngere unter den Teilen seinen wählt. Der ältere, in diesem Fall der eheliche, legte das gesamte Erbgut des Vaters auf die eine Seite und die Mutter seines Bruders auf die andere Seite. Der jüngere Bruder wählte zwar seine Mutter, was

[5] J. A. Schultes: Diplomatische Geschichte des Gräflichen Hauses Henneberg, Bd. II, 2, Leipzig 1788, S. 83 f., Nr. 61; dazu G. A. Seyler: Geschichte der Heraldik, Nürnberg 1890, Nachdruck Neustadt 1970, S. 356 ff.

[6] Urkundenbuch f. d. Gesch. d. Niederrheins III, Nachdruck Aalen 1960, S. 430, Nr. 527.

[7] Harsgor (wie Anm. 2) S. 328.

[8] R. Sprandel: Verfassung und Gesellschaft im Mittelalter, Paderborn ²1978, bes. S. 167 ff. u. 310 ff.; ders.: Mittelalterliche Verfassungs- und Sozialgeschichte vom Blickpunkt einer Landschaft. Mainfranken, in: Zs. f. hist. Forschung 7 (1980) S. 421 f., jeweils mit weiterer Literatur.

man von ihm erwartete, verklagte aber anschließend seinen älteren Bruder vor dem Richter. Der Richter gab jedoch dem älteren Recht.[9] Die Möglichkeit der Legitimation hing sicherlich von der Macht und dem Besitz des Vaters ab. In wachsendem Maße wurde der Geldbesitz entscheidend. Die Legitimation war käuflich. Daraus geht hervor, daß eine Angleichung der Unehelichen an die Ehelichen häufiger und regelmäßiger in den reicheren Schichten vorkam als in den ärmeren. Die Unehelichen aus den ärmeren Schichten der Stadt und aus den Besitzlosen des Landes dürften am meisten zu einer Sozialisierung unter sich und mit anderen minderprivilegierten Gruppen geführt worden sein.

Im frühen und hohen Mittelalter fehlte mit dem Römischen Recht das Instrument der Legitimation, aber man hatte auch ein viel geringeres Bedürfnis danach. Ein Arnulf von Kärnten, Bastard eines karolingischen Königs, war zwar zunächst erbrechtlich zurückgestellt. Als aber seine Stunde schlug, brauchte er keine Legitimation, um die Königsherrschaft zu erreichen, die eine entscheidende Etappe bei der Entstehung des Deutschen Reiches war. Etwas überspitzt darf man sagen, ein uneheliches Kind hat das Deutsche Reich gegründet.

Noch in der Stauferzeit gab es große Entfaltungsmöglichkeiten für nichtlegitimierte uneheliche Kinder adeligen Standes. In einem Landfrieden Friedrich Barbarossas heißt es: Im Bezug auf die Söhne von Priestern, Diakonen und Bauern bestimmen wir, daß sie niemals einen Rittergürtel nehmen dürfen.[10] Unter den unehelichen Kindern werden also nur die Söhne Geistlicher vom Rittertum ausgeschlossen. Die anderen durften Ritter werden.

Aber auch für den Adel veränderte sich die Lage. In einer Würzburger Turnierordnung 1479, in der die Zulassung zum Turnier geregelt wird, werden neben allen Ehebrechern, neben denen also, die in einer Unehe sitzen, alle, die nicht in der Ehe geboren wurden, von dem Turnier ausgeschlossen.[11] Die Turnierordnung fügt sich ein in ein

---

[9] Gesta Romanorum, in Übersetzung neu hrsg. v. H. E. Rübesamen, München 1962, S. 120.
[10] MGH Const. I, Nr. 318 (a. 1186).
[11] L. A. v. Gumppenberg: Nachrichten über die Turniere zu Würzburg und Bamberg i. d. Jahren 1479 u. 1486, in: Archiv d. hist. Ver. f. Unterfranken u. Aschaffenburg 19 (1867) bes. S. 173 f.

Schrifttum, das sich mit der Reform des Rittertums im ausgehenden Mittelalter beschäftigte, mit einer Reform, wie die Kirche sie verstand.[12] Es ist auch nicht zufällig, daß der Bischof von Würzburg als der erste Schützer des Turniers in der Turnierordnung genannt wird. Er wird mit seinen Helfern für das in Würzburg geplante Turnier die Ordnung entworfen haben. Man kann sagen, eine kirchliche Sozialpolitik erreichte eine Sphäre, in der die Unehelichen bisher verhältnismäßig freie Entfaltung hatten.

Es kam zu regionalen Unterschieden. Der deutsche Adel wurde schon seit dem Hochmittelalter von der Kirche stärker beeinflußt als z. B. der französische Adel.[13] Die großen französischen Bastarde jener Zeit, wie etwa die berühmten Söhne Philipps des Guten, die am burgundischen Hof eine glänzende Rolle spielten, brauchten, um an dem genannten Würzburger Turnier teilzunehmen, eine Legitimation. Erst im 16. Jahrhundert schlug der kirchliche Einfluß auch auf den französischen Adel durch.

In ihrem eigenen Bereich war die Kirche viel früher rigoros. Priester hätte der Gründer des Deutschen Reiches kaum noch werden können ohne einen förmlichen, kirchlichen Dispens.[14] Unehelich geborene Priester waren der Kirche ebenso unerträglich wie beweibte. Die Vorbehalte gegenüber den einen wirkten auf die anderen zurück. Bei den Priesterkindern verbanden sich gewissermaßen beide Ressentiments. Als im 12. Jahrhundert das Verbot der Priesterehe kirchenrechtlich endgültig durchgesetzt wurde, übertrug sich der Kampf der Kirche um die Durchsetzung dieses Verbotes auf die Priesterkinder.[15]

---

[12] R. Sprandel: Gesellschaft und Literatur im Mittelalter, Paderborn 1982, S. 123 f. u. 165 f. mit weiterer Literatur.

[13] Im Unterschied zum Deutschen Reich behält nach „usage de France" das uneheliche Kind eines Adeligen auch ohne Legitimation den Stand des Vaters, Harsgor (wie Anm. 2) S. 329.

[14] Verbot der Weihen von Konkubinatskindern nach früheren Ankündigungen zuerst deutlich formuliert bei Regino von Prüm, vgl. P. Hinschius: System des katholischen Kirchenrechts, Bd. 1, Nachdruck Berlin 1959, S. 11. Entsprechend beruft sich Gregor VII. 1075 (24. Januar) bei der Verweigerung einer Weihe auf die *venerandi canones*. MGH Epist. Gregor VII, 1, S. 191.

[15] Herrmann (wie Anm. 4) S. 74 ff. macht darauf aufmerksam, daß die Benefizienvererbung ein zweiter Grund kirchlichen Ressentiments gegen Priesterkinder war. Umfassend jetzt B. Schimmelpfennig: Zölibat und Lage der „Priestersöhne" vom 11.-14. Jh., in: HZ 227 (1978) S. 1–44.

Die Priesterkinder wurden im Spätmittelalter die unglücklichsten unter den unehelichen. Das Konkubinat der Priester wurde ein Schlagwort der Kirchenreformbewegung, besonders des 15. Jahrhunderts, das sich auch alle Laien zu eigen machten, die gegen eine besitzende und herrschende Kirche Ressentiments fühlten. In Kolmar liegt eine Handschrift, die in den Zusammenhang der großen Reformschriften des 15. Jahrhunderts gehört. Darin heißt es: Die Rechten sagen, man soll die Kinder, die von dem verfluchten Samen geboren wurden, nicht speisen, sondern Hungers sterben lassen.[16] In Krisenzeiten gehörten die Priesterkinder, wie die Juden, zu jenen schutzlosen Randgruppen, gegen die sich Progromstimmungen entwickelten.

Aber gehen wir wieder zu den Einwirkungen auf die Laienwelt über. Besonders die Bettelmönche waren es, die vom 13. Jahrhundert an eine verstärkte moralische Aktivität gegenüber der Laienwelt entfalteten, die der Kirche in einer gewissen Hinsicht zu entgleiten drohte. Höfische Erotik, von patrizischen Bürgern kräftig nachgeahmt, wurde zu einem Konkurrenten für die Frömmigkeit.[17] Die unehelichen Kinder, die es immer gegeben hatte, begann die Kirche mit anderen Augen zu sehen: als Spuren und Symbole einer neuen verwerflichen Weltlichkeit.

Die Reaktion der Laiengesellschaft auf diese Haltung der Kirche war das bereits zitierte Streben nach einer Legitimation. Um so schlimmer war das Los derer, die den Sprung nicht schafften. Wie die Juden wurden sie durch kennzeichnende Kleidung ausgesondert. In der Bilderhandschrift des Sachsenspiegels, die auf das ausgehende 13. Jahrhundert zurückgeht, wird das uneheliche Kind mit einem Rock dargestellt, dessen eine Hälfte grün und dessen andere Hälfte rot ist.[18]

In den von uns bereits benutzten Gesta Romanorum wird die Geschichte des unehelichen Sohns einer Königin erzählt. Dem König wird die uneheliche Geburt dieses Bastards lang geheimgehalten.

---

[16] W.-E. Peuckert: Die große Wende. Das apokalyptische Saeculum und Luther, Hamburg 1948, S. 224. Ein Chronist schildert schaudernd zum Jahre 1409, daß in den Straßen von Paderborn ein Monstrum gesehen wurde, von dem man sagte, daß es aus der Unzucht eines Priesters hervorgegangen sei, vgl. M. Jansen (Hrsg.): Cosmidromius Gobelini Person, Münster 1900, S. 172.

[17] Sprandel (wie Anm. 12) S. 74.

[18] W. Koschorreck: Der Sachsenspiegel in Bildern, Frankfurt a. M. ²1977, Abb. 94.

Schließlich erfährt er davon. Da ihm ein ehelicher Sohn fehlt, läßt er sich dazu bestimmen, ihn zu seinem Nachfolger zu machen, verlangt aber, daß die Kleider dieses Nachfolgers von verschiedenartigem und verschiedenfarbigem Stoff sein sollten, nämlich eine Hälfte aus schlechtem, die andere aus kostbarem Tuch.[19] In den Hamburger Burspraken des 14. und 15. Jahrhunderts wird verfügt, daß unehelich geborene Mädchen nur in schlichten Kleidern gehen dürfen, sie dürfen kein Geschmeide und kein Pelzfutter tragen, wenn sie die Kirche besuchen.[20]

Sicherlich darf man nicht alles Unglück, das den Unehelichen zufiel, der Kirche anlasten. Es gab weltliche Kreise, die die Lage für sich ausnutzten und kräftig verschärften. In jedem einzelnen Fall waren dieses die ehelichen Geschwister der Unehelichen. Ein bayerischer Herzog des 15. Jahrhunderts, der einem geliebten Bastard die Zukunft sichern und ihm 10000 Gulden hinterlassen wollte, fürchtete, sein ehelicher Sohn könnte diese Absicht zunichte machen. Er wählte drei außerhalb Bayerns gelegene Reichsstädte und deponierte in ihnen auf sie verteilt diese 10000 Gulden.[21] Urkunden leuchten in die erbitterten Kämpfe zwischen ehelichen und unehelichen Erben hinein. Der fränkische Graf von Schwarzenberg hatte mit Ursula Frankengrünerin Wolf und Michael unehelich gezeugt. Die ehelichen Söhne des Grafen erwarben von Kaiser Friedrich III. eine Urkunde, in der festgestellt wurde, daß diese beiden unehelichen Söhne keine Herren von Schwarzenberg wären. Im Jahre 1490 annullierte nun der Kaiser das frühere Privileg. Ihm ist von den Interessierten das Testament des Vaters vorgelegt worden. Danach erkennt der Kaiser ihre Legitimation an. Sie sollen als eheliche Söhne das Schloß Steffensberg erben.[22]

Es gab wenigstens noch einen, der neben den ehelichen Geschwistern an der Diskriminierung der Unehelichen interessiert war: der werdende Territorialherr. Zu den Sonderrechten, den Hoheitsrechten im mittelalterlichen Sinn, die er mehr und mehr sammelte, gehörte das Erbgut des Erbenlosen, das größer war, wenn die Unehelichen

---

[19] Gesta Romanorum (wie Anm. 9) S. 40.
[20] J. Bolland (Hrsg.): Hamburgische Burspraken 1346 bis 1594, Hamburg 1960, Nr. 7 § 36.
[21] Chroniken deutscher Städte, Bd. V, Leipzig 1866, S. 166 f. (Burkhard Zink).
[22] Seyler (wie Anm. 5) S. 446 ff.

erbunfähig blieben. Es gehört zu dem Bemühen niederländischer Städte um Teilautonomie, wenn sie dieses Recht ihrer Grafen einschränkten, meistens auf 50 Prozent des sogenannten Bastardfalles – in der Regel wohl zugunsten der Unehelichen –, die sonst den städtischen Almosenfürsorgen anheimgefallen wären.[23]

Wir kommen nunmehr zu dem interessantesten Teil unseres Problems, nämlich zu der unterschiedlichen Reaktion von Adel und Bürgertum auf die kirchliche Diskriminierung der Unehelichen. Der Adel hatte von jeher in der Tugend der kriegerischen, ritterlichen Bewährung einen eigenen Maßstab, den er dem kirchlichen Moralismus gegenüberstellen konnte. Piccolomini, immerhin ein Geistlicher, schildert in seiner Geschichte Friedrichs III. mit Schrecken, aber auch mit staunender Bewunderung, wie so viele uneheliche Söhne als Söldnerführer und auch als Fürsten im Italien seiner Zeit zur Bedeutung kommen konnten. Francesco Sforza, der allgewaltige Herrscher Mailands, ist der uneheliche Sohn eines Söldnerführers, ein Mann hervorragender Statur, in jeder Beziehung ein körperlich schöner Mann, der Beredsamkeit und Klugheit miteinander verband.

Der Markgraf von Ferrara, Boso von Este, will zum Herzog erhoben werden. Kaiser Friedrich III. zögert, da Boso nicht in einer rechtmäßigen Ehe geboren ist. Es sei unangemessen, ihn den rechtmäßigen Söhnen vorzuziehen. Aber Friedrich folgt den Wünschen schließlich doch. Piccolomini hat dafür Verständnis, denn die Markgrafschaft Este ist in einer langen Folge von Vorgängern im Besitze von unehelichen Erben gewesen, so daß das Thronrecht Unehelicher hier schon geradezu als Regel angesehen werden kann. Piccolomini schreibt, es sei ein merkwürdiger Zustand. Italien regieren zu seiner Zeit zum größten Teil außerhalb der Ehe geborene, hochherzige, ausgezeichnete Männer. Und dann drehen sich die Verhältnisse für den Geistlichen in die Groteske. Bei den Leuten von Urbino kann der in rechter Ehe geborene Graf Frederico nur unter der Bedingung zur Herrschaft kommen, daß er vorgibt, nicht von seinem angeblichen Vater gezeugt zu sein, sondern unehelicher Herkunft.[24]

---

[23] H. Brunner: Die uneheliche Vaterschaft in den älteren germanischen Rechten, in: Zeitschr. f. Rechtsgesch. Germ. Abt. 17 (1896) S. 27.
[24] Übersetzt von Th. Ilgen, Leipzig 1889, Bd. I, S. 194ff.; Bd. II, S. 135f. Dazu auch

Aber nicht alle unehelichen Kinder von Adeligen wurden Fürsten. 1430 wurden die sozialen Möglichkeiten der Nachkommen Unehelicher in einem Statut des Herzogs von Savoyen begrenzt: Sie hätten selten soviel Vermögen, um ein adeliges Leben führen zu können:[25] eine ganz und gar moralfreie, unkirchliche Begründung. Für die ritterlich-höfische Kultur hatte seit dem Hochmittelalter das außereheliche Liebesverhältnis eine besondere Bedeutung. Wir kennen diese Bedeutung nicht zuletzt von den Troubadouren und den Minnesängern.[26] Wir haben von den Beispielen der Fürsorge gehört, die Fürsten und Adelige ihren unehelichen Söhnen zuwandten. Wir wissen aber auch bereits, daß die kirchlichen Einflüsse den adeligen Bereich nicht unberührt ließen. Die Würzburger Turnierordnung von 1479 ist dafür das deutlichste Zeugnis. Das Ergebnis ist eine höchst spannungsreiche Situation, in der sich die Unehelichen des Adels befinden, die schlagartig deutlich wird in dem Bericht, den uns die Chronisten von einem Fürsten von Padua geben. Dieser hatte einen Sohn, der ihm von einer „Zufrau", wie es heißt, geboren war. Der Sohn erschlägt seinen Vater 1348, weil dieser ihn einen Bankert genannt hat.[27]

Beim Bürgertum müssen wir von vornherein zwei Hälften unterscheiden. Die obere Hälfte, gewissermaßen das Patriziat, oder *le gens de robe* in Paris, steht unter dem Einfluß des Adels in seiner ganzen Lebensführung.[28] Die breiten Mittel- und Unterschichten sind demgegenüber empfänglicher für die kirchliche Moralpredigt. Die Aufnahme eines kirchlich inspirierten Moralismus wird zu einem Kennzeichen einer bürgerlichen Kultur, soweit sich diese vom Adel abheben will. Man kann geradezu sagen, der Stolz darauf, die kirchlichen Moralanforderungen besser zu erfüllen als der Adel, wird zu einer Stütze bürgerlichen Selbstbewußtseins.

Die bürgerliche Moral ist umfassend. Sie scheint auf in so allgemei-

---

J. Burckhardt: Die Kultur der Renaissance in Italien. Gesammelte Werke III, Darmstadt 1955, S. 13.

[25] Brunner (wie Anm. 23) S. 21.

[26] Sprandel (wie Anm. 12) S. 159ff. (auch zum folgenden).

[27] H. Schedel's Weltchronik, deutsch, Nürnberg 1493, Reprint München 1975, Fol. 230ᵛ.

[28] F. Autrand: Naissance illégitime et service de l'Etat. Les enfants naturels dans le milieu de robe parisien, XIVᵉ–XVᵉ siècle, in: Revue historique 542 (1982) S. 288–303.

nen Begriffen wie Ehrlichkeit und Würde,[29] sie wird konkretisiert in einem Rechtsbegriff wie Freiheit,[30] sie ist aber auch Träger der Anfänge des Nationalismus im deutschen Bereich: gutbürgerlich ist gut deutsch. Die Bürger von Hansestädten gehen darin voran, daß sie den Skandinavier[31] und den Wenden[32] diskriminieren.

Man lese die Zunftordnung der Bader von Hamburg von 1375. Wer sein Eigen werden will, der soll Briefe vorzeigen, daß er ein ehrlicher Knecht ist. Männer und Frauen sollen immer getrennt baden. Die Knechte dürfen nicht höher spielen als um zwei Pfennige. Kein Knecht darf außer Hauses barfuß und barhäuptig gehen.[33] 1415 beschließen die Böttcher in derselben Stadt, daß derjenige, der selbständig werden will, beweisen soll, daß er „echte unde rechte unde vry gheboren sy unde dat he sy van guhdem geruechte".[34] Auch die Frau, die einen Meister heiratet, muß diese Eigenschaften aufweisen.

In der Ordnung der Glaser derselben Stadt und desselben Jahrhunderts heißt es, um der Verbreitung der Ehrbarkeit des ehelichen Standes willens soll man keinen Lehrjungen annehmen, der nicht in ehelichem Stande geboren ist.[35]

Die enge Verbindung dieser Moral mit Kirchlichkeit wird z. B. in einer Straßburger Steinmetzordnung erkennbar, wo es heißt, daß man keine Gesellen fördern dürfe, die nicht jährlich zur Beichte gingen.[36]

Wenn sich der Bürger vom Adel absetzen wollte, wußte er diese Dinge zu betonen. Burkhard Zink schreibt in seiner berühmten

---

[29] Bäcker in Hamburg 1375: Will sich einer verheiraten, so möge er sich so verheiraten, daß er „des Werkes würdig" bleibe. O. Rüdiger: Die ältesten hamburgischen Zunftrollen und Brüderschaftsstatuten, Hamburg 1874, S. 22 f.
[30] In Hamburg in fast allen Handwerksordnungen schon 1375, vgl. Rüdiger (wie Anm. 29).
[31] Schmiede in Lübeck wollen 1477 keinen Norweger zulassen: C. F. Wehrmann: Die älteren lübeckischen Zunftrollen, Lübeck ²1872, S. 438 f.
[32] Ein Schiffer in Lüneburg muß 1431 deutsch, darf nicht wendisch sein, E. Bodemann: Die älteren Zunfturkunden der Stadt Lüneburg, Hannover 1883, S. 191 (Goldschmiede ähnlich schon um 1400, ebd. S. 94). Vgl. auch R. Wissell: Des alten Handwerks Recht und Gewohnheit, Bd. I, Berlin 1929, S. 79 (Beeskower Leinweber 1456). P. Johansen und H. von zur Mühlen: Deutsch und Undeutsch im mittelalterlichen und frühneuzeitlichen Reval, Köln, Wien 1973, bes. S. 5 ff. mit einem allgemeinen Überblick.
[33] Rüdiger (wie Anm. 29) S. 5 f.
[34] Ebd. S. 33.
[35] Ebd. S. 96.
[36] Wissel (wie Anm. 32) S. 250.

Augsburger Chronik von dem Herzog Stefan von Bayern, er lag zu Padua und lebte wohl und hatte einen guten Mut und trieb große Hurerei mit schönen Frauen, und was ihm der Herr von Padua gab, das verzehrte er alles in einer verwerflichen Weise.[37] So sah es der Augsburger, der nach Padua blickte. Wenn ein entsprechender Fürst nach Augsburg selbst kam, dachte auch der Chronist möglicherweise anders.

Es gab immer Situationen, in denen sich die Bürger darauf besannen, daß sie Geld verdienen mußten, gerade vom Adel. Die großen Bordelle, die es in allen Städten gab, waren ein besonderer Anziehungspunkt bei Fürstenbesuchen und waren auf diese eingestellt.[38] Besuch städtischer Bordelle durch Fürsten und Adel der Umgebung ist eingebettet in eine breite Dienstbarkeit der Bürger für den Adel in der Unterhaltung. In einer Morgensprache von Köln von 1400 heißt es: Das doebeln, das Spielen mit Würfeln, ist ganz verboten, es sei denn, daß Herrn, Ritter oder die Knechte wohlgeborener Leute hereinkämen und sich ergötzen wollten.[39]

Dieses zusammenfassend kann man sagen: Der Moralismus des unteren Bürgertums, zu dem die Diskriminierung der Unehelichen gehört, dient der Selbstrepräsentation und ist elastisch, wenn stärkere wirtschaftliche Interessen es fordern.

Wie weit reicht dieser Moralismus in der Sozialhierarchie nach oben? In einer Hamburger Brauerordnung von 1439 wird demjenigen das Brauen verboten, der mit einer Magd Kinder zeugt.[40] Die Brauer bilden in Hamburg eine Mittelschicht. In der Ordnung des Brügger Kontors der Hanse von 1406 heißt es, daß Bastarde keine Ältermänner werden dürfen.[41] Also Uneheliche durften zwar Handel betreiben, durften aber keine herausgehobenen Ämter ihres Standes einnehmen. Dieses Zeugnis läßt weniger auf eine Ausdehnung der Diskriminierung auf die Oberschichten schließen, als vielmehr darauf, daß der hansi-

---

[37] Chroniken (wie Anm. 21) S. 43.
[38] H.-F. Rosenfeld und H. Rosenfeld: Deutsche Kultur im Spätmittelalter, in: Handbuch der Kulturgeschichte, Wiesbaden 1978, S. 130 ff.
[39] F. Keutgen: Urkunden zur städtischen Verfassungsgeschichte, Berlin 1901, S. 300.
[40] Bolland (wie Anm. 20) Nr. 19 § 2.
[41] W. Stein: Die Genossenschaft der deutschen Kaufleute zu Brügge in Flandern, Berlin 1890, S. 31.

sche Fernhandel im Unterschied zum Fernhandel mancher oberdeutscher und italienischer Städte eher ein mittelständischer Handel war.[42] Die Leichtigkeit, mit der sich ein Unehelicher in den gehobenen Kreisen italienischer Städte bewegen konnte, bezeugt etwa Boccaccio, der selbst der uneheliche Sohn eines Florentiner Kaufmanns war. In Basel konnte in der Mitte des 15. Jahrhunderts der Chronist Beinheim, obwohl unehelicher Herkunft, Mitglied einer patrizischen Gesellschaft sein. Er hatte zwar Schwierigkeit, in das oberste Regierungsgremium, den Sechserrat, zu kommen, war aber als Anwalt und Rechtskonsulent in seiner Stadt hochangesehen.[43] Der sexualethische Liberalismus hatte in den Oberschichten norddeutscher Städte geringere Ausdehnungsmöglichkeiten, entsprechend der Struktur dieser Oberschichten. An einigen Stellen ist er aber auch hier nachweisbar und führt zu Konflikten mit den politisch teilweise recht kräftigen Mittel- und Unterschichten. Die Bader von Lüneburg wollen 1431 jemanden aus dem Amt ausschließen, weil er eine Frau geheiratet hat, die vorher ein uneheliches Kind bekommen hatte. Der Rat verbietet den Ausschluß. Ein solcher Ausschluß steht nicht in dem Buch der Bader und ist nicht zulässig.[44]

Hier hatten die Betroffenen Erfolg bei einer Appellation an die führenden Kreise der Stadt. In anderen Fällen hatten sie keinen Erfolg. 1472 entschied der Rat von Lübeck, daß ein Altsachenschneider die Arbeitslizenz verliert wegen einer Mißheirat.[45] Sicherlich dachte der Rat von Lübeck ähnlich wie jener von Lüneburg, aber hier erlaubten ihm die inneren politischen Verhältnisse nicht eine Entscheidung gegen das Amt, gegen die Zunft der Altsachenschneider.

Man kann sagen, daß es das normale Schicksal der Unehelichen im mittleren und unteren Bürgertum war, von der normalen Berufsaus-

---

[42] Damit soll nicht der Unterschied zwischen Groß- und Kleinhandel geleugnet werden, der auch im hansischen Raum existierte und auf den es F. Rörig (u. a. Großhandel und Großhändler im Lübeck des 14. Jhs., in: ders.: Wirtschaftskräfte im Mittelalter, Wien-Köln-Graz ²1971, S. 216–246) besonders ankommt. Aber gerade von der Lebensweise ist die große Mehrzahl der hansischen Fernhändler als mittelständisch zu bezeichnen, und damit bestätigt sich der Eindruck, der sich aus einem Vergleich mit Oberdeutschen und Italienern im Geschäftsvolumen ergibt. Ph. Dollinger: Die Hanse, Stuttgart ²1976, S. 210.
[43] A. Bernouille (Hrsg.): Basler Chroniken, Bd. V, Leipzig 1895, S. 329ff.
[44] Bodemann (wie Anm. 32) S. 23.
[45] W. Ebel: Lübecker Ratsurteile, Bd. I, Göttingen 1955, Nr. 146.

übung und von der geselligen Solidarität ausgeschlossen zu sein. Was für sie blieb, waren die sogenannten unehrlichen Berufe.[46] Der Kreis der unehrlichen Berufe wurde in den einzelnen Städten unterschiedlich gezogen. Es gab Berufsgruppen, die sich energisch bemühten, aus dem Kreis herauszukommen. Dazu gehörten z. B. die Altsachenschneider, deren Rigorismus wir gerade in Lübeck erfahren haben. In Lüneburg gehörten sie offenbar zu den abgewerteten Berufen. In einer Schneiderordnung des 15. Jahrhunderts heißt es, jeder Schneiderknecht, der länger als drei Tage spielen geht, sich also moralisch verfehlt, verliert das Berufsausübungsrecht und darf nur noch als Altsachenschneider weitermachen.[47]

Den Teilnehmern der ehrlichen Berufe wurde alles das auferlegt, was in dem damaligen Begriff zur Moral gehörte. Bleiben wir noch kurz in Lüneburg. In einer Ordnung der Krämer aus der Zeit um 1350 verbieten sie ihren Mitgliedern, Kaufware außerhalb des Mantels oder auf den Schultern zu tragen wie ein Träger, oder barbeinig zu gehen.[48] Die Krämer sollten sich also durch ihr Auftreten von den abgewerteten Trägern unterscheiden.

Es gibt Handwerksordnungen, in denen Uneheliche ausdrücklich gleichgestellt werden mit Kindern, die zwar ehelich geboren sind, deren Eltern aber zu den unehrlichen Berufen gehören. In einer Braunschweiger Goldschmiedeordnung von 1320 heißt es, es darf keiner als Goldschmiedelehrling zugelassen werden, der ein uneheliches Kind, insbesondere ein Pfaffenkind, ein Leinweberkind oder ein Büttelkind ist.[49]

Neben den unehrlichen Berufen war den Unehelichen das Tagelöhnerdasein offen, etwa die Rolle des ungelernten Bauarbeiters und andere Tagelöhnerstellungen, an denen in der einen Stadt mehr, in der anderen weniger Bedarf war. Die unehelichen Mädchen hatten die Möglichkeit, die entsprechenden Berufsträger zu heiraten. Außerdem waren sie prädestiniert für die in allen Städten eingerichteten großen

---

[46] E. Maschke: Die Unterschichten der mittelalterlichen Städte Deutschlands, in: C. Haase (Hrsg.): Die Stadt des Mittelalters, Bd. III (= Wege der Forschung 245), Darmstadt 1973, S. 362 ff.

[47] Bodemann (wie Anm. 32) S. 211.

[48] Ebd. S. 131.

[49] Urkundenbuch der Stadt Braunschweig, Bd. II, Braunschweig 1900, Nr. 877, S. 518. Dazu Wissel (wie Anm. 32) S. 71.

Freudenhäuser. Überall begegnen die scharfen Verbote, daß ein anständiger Handwerker ein unehelich geborenes Mädchen heiratet. Eheliche Geburt und guter Ruf werden zusammen gesehen. Es macht keinen Unterschied, ob man unehelicher Herkunft ist oder die eheliche Moral selbst verletzt.[50]

Nun gab es allerdings, genauso wie in den gehobenen Schichten auch in den mittleren und unteren, Väter, die für ihre unehelichen Kinder sorgten. Die Armbrustmacher von Straßburg verkünden 1465, weil ein Meister befugt sei, seinem eigenen natürlichen Sohn das Handwerk zu lehren, darf er auch armer, frommer Leute natürliche Söhne aufnehmen.[51] Hier wird also von der Familienfürsorge für uneheliche Kinder auch nicht zur Familie gehörigen Unehelichen eine Chance geöffnet, die im Gesamtbild der Quellen eine Ausnahme bleibt. Die Fürsorge des Vaters für den eigenen unehelichen Sohn wird aber häufiger dazu geführt haben, daß z. B. dieser Sohn als Knecht in der Werkstatt seines ehelich geborenen Bruders, des eigentlichen Nachfolgers des Vaters, sein Brot lebenslang verdienen konnte. Man wird sich vorstellen können, daß auch dieses Los nicht ideal war, aber doch immerhin anderen Möglichkeiten vorzuziehen.

Mittelständische Kaufleute konnten noch mehr für ihre unehelichen Söhne tun. Aus einem Braunschweiger Testament des 15. Jahrhunderts erfahren wir von einem solchen Kaufmann, der überhaupt keine ehelichen, sondern nur uneheliche Söhne von einer Magd hatte. Sein erhebliches Vermögen wird zum Teil der Stadt, zum Teil den Kirchen der Stadt, in einem nicht geringen Maße aber auch gerade diesen unehelichen Söhnen vermacht. Es sind Legate, die so eingerichtet werden, daß die Söhne davon eine Ausbildung zum Priesterberuf bekommen können.[52] Mit der auf dem Dispenswege erworbenen Zulassung zum geistlichen Stand war natürlich für die unehelichen Kinder in einer optimalen Weise gesorgt.

---

[50] Ehelich geboren und von gutem Rufe soll die Meisterfrau bei den Hamburger Böttchern 1415 sein, Rüdiger (wie Anm. 29) S. 33.
[51] J. Brucker: Straßburger Zunft- und Polizei-Verordnungen des 14. und 15. Jahrhunderts, Straßburg 1889, S. 16. Dazu Wissel (wie Anm. 32) S. 120.
[52] R. Sprandel (Hrsg.): Quellen zur Hanse-Geschichte (= Freiherr vom Stein-Gedächtnisausgabe 36), Darmstadt 1982, S. 114–119. Eine offenbar von der gleichen Mutter geborene Tochter ist eine Klosterfrau geworden: S. 108, auch 119, Die Magd: S. 120: „Aleken, meiner Kinder Mutter".

Auch der von uns schon zitierte Augsburger Burkhard Zink hatte neben ehelichen Kindern einen unehelichen Sohn. Er läßt ihn in einer anderen Stadt in die Schule gehen. Er gibt einer einfachen Bürgersfamilie dieser anderen Stadt sieben Gulden im Jahr als Kostgeld für den Sohn. Das war eine sehr bescheidene Summe, und der Junge wird von seinen Zieheltern knapp gehalten worden sein.[53] Aber immerhin hatte er die Chance, mit seiner Schulbildung entweder später in den geistlichen Stand einzutreten, wenn der Vater noch einmal finanziell sich kräftig einsetzte, oder aber als Schreiber in einem der vielen oberdeutschen Kaufmannshäuser der Zeit, die Schreiber beschäftigten, eingestellt zu werden.

Es bleibt uns noch, auf eine letzte Lebensform der Unehelichen hinzuweisen, die besonders in zahlreichen spätmittelalterlichen Bürgertestamenten zum Ausdruck kommt, und es läßt sich die Vermutung nicht von der Hand weisen, daß wir bei dieser letzten Möglichkeit mit der am häufigsten realisierten zu rechnen haben. In zahlreichen Testamenten werden Legate für Frauen zusammen mit ihren vom Testator gezeugten Kindern erwähnt. Ein Vikar am Lübecker Dom testiert zum Beispiel 1338 für eine Mutter mit ihren drei Söhnen. Ein Braunschweiger, etwa 150 Jahre später, macht Legate für zwei Frauen, die zusammen drei Kinder von ihm haben.[54] Diese Legate sind bescheiden. Mutter und Kinder müssen zusammen davon leben. Ob sie reichten, um zu leben, erscheint fraglich. Wir stoßen hier auf die sogenannte Stadtarmut. Es ist die verhältnismäßig umfangreiche Gruppe jener Leute, die die von der Kirche verwalteten und immer zahlreicher werdenden Almosen der spätmittelalterlichen Gesellschaft empfingen. Die Legate selbst, die in den Testamenten erwähnt werden, haben bereits den Almosencharakter. Sie stehen in einer Reihe mit Bestimmungen darüber, daß an diesem oder jenem Feiertag einer

---

[53] Chroniken (wie Anm. 21) S. 140. Ungelernte Bauarbeiter verdienten im 15. Jh. in Nürnberg im Jahr 15–20 fl., vgl. U. Dirlmeier: Untersuchungen zu Einkommensverhältnissen und Lebenshaltungskosten in oberdeutschen Städten des Spätmittelalters, Heidelberg 1978, S. 164.

[54] A. v. Brandt: Mittelalterliche Bürgertestamente, in: Sitzungsberichte der Heidelberger Akademie d. Wissensch. Phil.-hist. Kl. 3 (1973) S. 27f. H. Schene, der bekannte Bremer Chronist, Domkanoniker, setzt in einem Testament von 1412 seine Magd und ihre gemeinsame Tochter zu Haupterben ein. Ein Bürgermeister wird Vormund: Eine Ausnahme, die wieder einmal die besondere Einstellung des städtischen Patriziats beleuchtet, vgl. Chroniken der deutschen Städte, Bd. 37, Bremen 1968, S. XXI.

bestimmten Anzahl oder allen Armen der Stadt ein Pfennig oder eine Suppe auszugeben sei.[55]

Almosenempfänger, Tagelöhner, unehrliche Berufe, Freudenhausmädchen: Das war das Sammelbecken der Unehelichen des mittleren und unteren Bürgertums der spätmittelalterlichen Städte. Sie bildeten eine eigene Gesellschaft, feierten ihre eigenen Feste, wurden von der Stadtregierung als ein Ganzes betreut und überwacht. Die Chronik des Nürnbergers Armenpflegers Deichsler enthält besonders viele Auskünfte über ihr Leben, denn der Chronist hatte von Amts wegen mit allen eben genannten Leuten zu tun.[56] Man kann also im Hinblick auf die Unehelichen, die nicht wie die des Adels und anderer gehobener Schichten legitimiert wurden, sagen: Diskriminierung bedeutete auch für sie nicht Isolierung. Es gibt vielmehr die Zeugnisse einer Vergesellschaftung im Rahmen von Unterschichts- und Randgruppen. Es gibt eine Sozialisierung für sich in einer eigenen Gesellschaft.

---

[55] Maschke (wie Anm. 46) S. 425–430.
[56] Chroniken deutscher Städte, Bd. XI, Leipzig 1874.

DIE GROSSE UMWÄLZUNG IN DEN MUTTER-KIND-BEZIEHUNGEN VOM 18. BIS ZUM 20. JAHRHUNDERT

EDWARD SHORTER

Der Schlüssel zur modernen Kindererziehung ist das Einfühlungsvermögen, das die Fähigkeit bedeutet, sich in die Kinder hineinzuversetzen, die Welt aus der Perspektive der Kinder zu sehen und sie so zu einer glücklichen Welt zu machen. Vor der Neuzeit sind Kinder in ganz anderer Art aufgezogen worden, mit Indifferenz und Feindschaft. Die Geschichte der Kindererziehung ist daher die Geschichte, wie Ferne und Unbekümmertheit ihren Platz freimachten für intensive Fürsorge: die Geschichte der Kristallisation der Muttergefühle.

Moderne Leser mögen nun diesen Bericht mit Erstaunen entgegennehmen. Wir haben so stark die liebevollen Verhaltensweisen gegenüber Kindern verinnerlicht, daß wir uns unfähig erweisen, uns eine andere Verhaltensweise vorzustellen. Dementsprechend nehmen wir oft an, daß das Einfühlungsvermögen zwischen Eltern und Kindern, insbesondere dasjenige zwischen Mutter und Kind, in gewisser Weise eine universale Konstante sei. In der Tat ist oft behauptet worden, daß die feurige Mütterlichkeit irgendwie in der biologischen „Natur" der Frau liege. Aber ebenso wie ich mich unwohl fühle bei Behauptungen eines „Ewig-Weiblichen" in solchen Angelegenheiten wie etwa beim Erledigen von Details oder dem Nachgeben gegenüber Männern, finde ich es auch unwahrscheinlich, daß die Behandlung der Kleinkinder durch Frauen immer eine geschichtliche Konstante gewesen sei oder daß die Sozialisation, so wie sie durch Kinder selber erfahren wird, je die universale Gleichartigkeit besessen habe, welche die Entwicklungspsychologie als gegeben anzusehen scheint.[1]

---

[1] Nach N. Chodorows Durchsicht der wissenschaftlichen Literatur gibt es weder klinische noch experimentelle Belege dafür, daß bei nicht schwangeren Frauen irgendwelche hormonal bedingten Mutterinstinkte bestehen oder daß solche selbst bei schwangeren Frauen länger als wenige Tage oder Wochen nach der Geburt erhalten

Dieses Referat beginnt mit einigen dornigen Aspekten der traditionellen Kindererziehung, wie z. B. dem Problem, ob Lebensumstände oder inadäquate Ernährung wichtiger für die Kindersterblichkeit sind, und kommt dann zu der These, daß historisch ein Großteil der Kindermortalität und -morbidität als verhüllte Form des Kindesmords betrachtet werden kann.

Ich beginne mit einigen Begriffserklärungen. „Traditionelle Gesellschaft" soll sich auf das Europa vor jenen aufbrechenden sozialen Wandlungen beziehen, die wir mit der Verbreitung freier Märkte für Arbeit und Land verbinden, im allgemeinen vor 1700 in England und vor 1850 in Frankreich und Deutschland; und „traditionale" soziale Gruppen, mit denen wir uns am meisten beschäftigen, werden nicht die Großbourgeoisie und der Adel sein, sondern die niederen Volksklassen, die Bauern und Landarbeiter, die kleinen Handwerker und Ladenbesitzer – Menschen also, die nur wenige Zeugnisse darüber hinterlassen haben, wie sie über ihre Kleinkinder dachten und fühlten, die aber 90 Prozent der Bevölkerung ausmachen.

Nun zu den Quellen. Es ist natürlich nicht so furchtbar schwierig, etwas über die Mutter-Kind-Beziehungen bei den Kaufleuten und Bankiers in England oder dem Hofadel unter Heinrich IV. zu erfahren, weil die Briefe, Tagebücher und Aufzeichnungen noch vorhanden sind. Und die Romanciers haben diese Gruppen seit der letzten Hälfte des 18. Jahrhunderts vielfältig behandelt. Das Problem ist nur, daß diese kleinen Eliten das Leben des Volkes überhaupt nicht repräsentieren. Auch die Eliten waren von einer „großen Umwälzung in der Mutterschaft" betroffen, aber dieses geschah viel früher und ist in brillanter Weise schon von Philippe Ariès behandelt worden.[2] Aber die Geschichte, die Ariès schrieb, hört im wesentlichen um 1700 auf, und er hat sich ganz bewußt auf solche Eliten beschränkt. So stellt sich für den Forscher das Problem a) zu definieren, was nach 1700 geschah, und b) das sehr andere Schicksal jener unteren 90 Prozent der Bevölkerung herauszuarbeiten.

Die Zeugnisse für solch ein Vorhaben erweisen sich als reichhaltiger, als man annehmen möchte, und bestehen fast ganz aus Beobachtungen

---

bleiben: The Reproduction of Mothering: Psychoanalysis and the Sociology of Gender, Berkeley 1978, S. 28–30.

[2] Ph. Ariès: Geschichte der Kindheit, München und Wien 1975.

von Ärzten in kleinen Städten und auf dem Land über ihre Patienten. Eine reiche empirische medizinische Literatur beginnt am Ende des 18. Jahrhunderts zu wachsen, eine Literatur klinischer Beobachtungen und quantitativer Verifikationen. Diese Texte erscheinen zum Teil in der Form „medizinischer Topographien", Aufzeichnungen über das Verhältnis zwischen Klima und Krankheiten in der Umgebung des Autors; zum Teil sind sie spezialisierte Abhandlungen über Themen wie z. B. die Kindersterblichkeit. Aber – wie bei jeder Geschichtsquelle – ist auch gegenüber den Ärzten Vorsicht angebracht, wenn man bedenkt, daß sie auch dann, wenn sie versuchen, das Leben des Volkes zu beschreiben, immer noch Geschöpfe ihrer eigenen Klasse bleiben und eingefangen sind in der Wertewelt des Bürgertums. „Bürgerliche Werte" um 1800 bedeuten selbstverständlich Romantik. Diese Ärzte betrachten die Welt mit einer bürgerlichen Voreingenommenheit für Zärtlichkeit und Gefühl, mit einer dauernden Verachtung gegenüber bäuerlichen Formen der Gefühlsäußerung. Wenn wir also über das Leben der Leute von den Ärzten hören, müssen wir uns fortwährend selber fragen: Haben diejenigen, welche die Ärzte beschrieben, tatsächlich keine Bindung an ihre Kleinkinder gefühlt oder haben sie diese nur anders ausgedrückt?

Zwei einfache Beobachtungen sollen uns am Anfang helfen, dieses Dilemma zu umgehen. In gewisser Hinsicht ist die Probe für den Pudding der Geschmack. Wenn „Gefühl" oder „Liebe" irgendeine Bedeutung haben sollen, müssen sie irgendwie dazu führen, daß das Leben desjenigen, der geliebt wird, oder dessen physische Präsenz im Haushalt erhalten werden, sonst wäre es völlig belanglos zu sagen: „Ach ja, Bauernmütter liebten ihre Kinder in ihrer eigenen Art; aber man tat nichts, um sie um sich zu haben."

Die erste Beobachtung ist, daß das traditionale Europa an einer ungeheuer hohen Kindersterblichkeit litt. Im allgemeinen starb ein Fünftel bis die Hälfte aller Kleinkinder in den ersten zwölf Lebensmonaten. Wenn die Zahl der gestorbenen Kinder geringer als 15 Prozent der Gesamtgeburtsrate zu sein scheint, neigen die historischen Demographen dazu, ihre Quellen zu überprüfen und zu fragen, ob die Gemeindepfarrer und Gemeindediener möglicherweise den Tod von Kleinkindern nachlässig vermerkten. Also ist die Zahl von 20 Prozent die kleinste Kindersterblichkeitsrate für nahezu jede traditionale Gemeinde in Europa. Man ist nicht überrascht, wenn die Sterblichkeit 50 Prozent erreicht, und zwar nicht gerade in Jahren mit Epidemien oder Hungersnöten, sondern auf einer langjährigen Basis. Die Hälfte aller Kinder starb also vor ihrem ersten Geburtstag![3] Bei solchen Zahlen glaube ich ganz und gar nicht, daß Bauernfrauen ihre Kinder so geliebt haben können, wie es moderne Mütter tun, aber eben nur in ihrer eigenen Art. Quelle façon!

Die zweite Beobachtung ist, daß traditionelle Mütter ihre Nachkommen mit bemerkenswerter Indifferenz außer Haus gehen ließen. Bei Scheidungen z. B. war die Fürsorge für das Kind kaum ein Thema in der Diözese Cambrai im 18. Jahrhundert, und Frauen übergaben ihre Kinder den Männern mit augenscheinlichem Gleichmut.[4] Der knappe Raum verbietet es mir, weiteres darüber zu berichten, wie Kinder ihr Zuhause verlassen konnten, solange sie noch ganz klein waren, wobei die dramatischste Form das Wegsenden zu käuflichen Ammen ist. Doch dazu gleich mehr. Aber der Historiker schreit auf: „Wenn diese Bauernkinder so geliebt wurden, warum wurden sie nicht zu Hause behalten?" Und die Antwort ist, glaube ich, daß sie wenig geliebt wurden.

Das erste Problem bei der Beurteilung traditionaler Elternschaft ist auszuschließen, daß nicht doch einige dieser peinlichen Praktiken eine positive Bedeutung gehabt haben können. Unser überlegener ärztlicher Durchblick gibt uns die Möglichkeit zu verstehen, daß viele traditionale Arten der Kindererziehung tatsächlich zu starken Verletzungen führten. Aber könnte es nicht sein, daß die Eltern, die so verfuhren, voller Zärtlichkeit und Liebe waren und dabei gar nicht wußten, welche zerstörerischen Konsequenzen es z. B. haben konnte, wenn man Kindern eine Mischung aus Mehl und Wasser (oder eine Mischung aus Tiermilch und Mehl) lieber gab als die Mutterbrust?[5]

---

[3] Vgl. z. B. F. X. Mezler: Versuch einer medizinischen Topographie der Stadt Sigmaringen, Freiburg i. Br. 1822, S. 331. Weitere Daten zur Kindersterblichkeit bei E. Shorter: The Making of the Modern Family, New York 1975, S. 199–205.

[4] L. Kaczmarek und G. Savelon: Problèmes matrimoniaux dans le ressort de l'officialité de Cambrai 1607–1762: Les séparations de corps et de biens, Université de Lille, mémoire de maîtrise 1971, S. 116.

[5] Dies ist z. B. die allgemeine Auffassung bei F. Loux: Le Jeune enfant et son corps dans la médicine traditionelle, Paris 1978, S. 173 u. passim. Eine Verteidigung der *bouillie* auch bei F. Loux und M.-F. Morel: L'Enfance et les savoirs sur le corps: Pratiques médicales et pratiques populaires dans la France traditionelle, in: Ethnologie francaise 6

Viele Mütter, die ihre Kinder mit diesem Brei fütterten, fügten Zucker in das Gebräu, um es schmackhafter zu machen, weil sie vielleicht glaubten, daß sie dem Baby etwas wirklich Gutes brächten. Und wenn das Kind dann an Darmentzündung zugrunde ging oder wegen schlechter Ernährung dahinsiechte, könnten die Eltern in solchen vorwissenschaftlichen Zeiten einfach im unklaren über die Zusammenhänge gewesen sein.

Was ist mit all den Eltern, die ihren Neugeborenen Brot gaben, das in Weinbrand eingetunkt war, oder ganze Gläser voll Schnaps? Was machen wir mit den Müttern in der Bergwerksgemeinde von St. Andreasberg (Oberharz), die Schnaps auf das Brot für ihre Kleinkinder tröpfelten?[6] Glaubten sie, daß das Baby damit gedeihen könnte?

Ebenso fragt man sich, was die Beweggründe für das Wickeln gewesen sein mögen: Ein positiver, wenn auch fehlgeleiteter Wunsch, es dem Kind recht zu tun? Oder die Absicht, Unbequemlichkeiten für die Mutter zu verringern, welche ein weniger straffes Wickeln verursacht haben könnte? (Wickeln – daran sei erinnert – bedeutet, das Kind während etwa der ersten sechs Monate vom Kopf bis zur Sohle in eine enganliegende Leinenbandage einzupacken.) Die positive Interpretation besagt, daß Mütter Kinder wickelten, um sie vor Verformungen der Rachitis zu schützen.[7] Rachitis, eine Deformation, die durch ungenügende Kalkbildung bei den Knochen hervorgerufen wird, ist klinisch sichtbar, wenn das Becken, die Beine und die Rippen falsch gebogen sind durch den Druck des Körpergewichts oder innerer Organe; und man könnte behaupten, daß enges Wickeln zum Beispiel die Deformationen des Rückgrates, die Rachitis oft nach sich zieht, reduzieren kann. Eine zynischere Beurteilung des Wickelns allerdings besagt, daß es hauptsächlich den Belangen der Mutter diente und es gestattete, das Kind an einem Nagel oder einem Baumast aufzuhängen,

---

(1976) S. 309–312; vgl. auch ihren Artikel La Mère et l'enfant (XVIIIe-XXe siècles): Savoirs populaires, pouvoir médical, in: Politique aujourd'hui (Mai/Juni 1977) S. 91.

[6] E. Troger: Bevölkerungsgeographie des Zillertales, Innsbruck 1954, S. 87; J. W. G. Klinge: Einige physisch-medicinische Bemerkungen über die Gegend... St. Andreasberg..., in: Journal der practischen Arzneykunde 6 (1798) S. 394.

[7] Loux (wie Anm. 5) S. 210; vgl. auch J. C. Roller: Geschichte und Beschreibung der Stadt Pforzheim mit besonderer Beziehung auf deren Medicinalverfassung, Heidelberg 1816, S. 82 sagt, daß Eltern wickeln „aus zu grosser Sorge, das Kindlein möchte sich erkälten oder mit den Nägeln schaden...".

während die Mutter bei der Arbeit war. Ein wesentlicher Nachteil des Wickelns aus der Sicht des Kindes waren Hautinfektionen, die entstanden, wenn die Unterleinen zu selten gewechselt wurden, da es eine lange Prozedur war, das gewickelte Kind aus- und einzupacken. Nachteilig war ebenso, daß liebende Eltern nicht mehr fähig waren, den erhobenen Finger so hin und her zu wiegen, daß das Baby danach greifen konnte, weil seine Hände fest eingebunden waren – vorausgesetzt, daß die Eltern in erster Linie spielerisch veranlagt waren.[8]

Traditionelle Familien verabreichten den Neugeborenen oft starke Abführmittel, was zu endlosen Durchfällen führte.[9] Der Leser sollte hier wissen, daß wahrscheinlich das häufigste Todessymptom bei der Kindersterblichkeit der Durchfall war. Wir müssen uns nun fragen, was in den Gehirnen der Eltern vor sich ging – die ja Durchfall mit dem Tod verbunden haben müssen –, wenn sie ein Gebräu aus Raute in ein vier Stunden altes Baby hineinschütteten. War es tatsächlich ein frommer Wunsch, den Säugling von bösen Geistern zu reinigen? Oder einfach eine subtile Art, das Ende zu beschleunigen?

Andere Praktiken verschärfen das Dilemma zwischen „gütiger Unwissenheit" und „bewußter Böswilligkeit". In ungefähr den ersten beiden Lebenstagen, so lange, bis die *Colostrum* genannte schwere Sekretion von der Mutterbrust verschwand, wurden ungarische Säuglinge mit der Hand gefüttert (oder von der Brust einer Nachbarin). Oder um den bösen Blick abzuwehren, wurde das Neugeborene mit dem Urin der Mutter gewaschen.[10] Nun ja. Vielleicht könnte man meinen, daß wohlmeinende Eltern, die tatsächlich an böse Geister glaubten, sich gutgläubig bemühten, ihre Nachkommen zu beschützen. Aber konnten die Eltern so großartig unwissend gewesen sein, wo doch die örtlichen Ärzte jedesmal in Ohnmacht fielen, wenn sie von den Urinbädern hörten?

Man betrachte auch die Geburtsszenen selbst, bei denen die Frauen aus der Nachbarschaft im Frankreich des 19. Jahrhunderts sich um die „erschöpfte Mutter" sammelten: „Eine von ihnen schnappt sich das

---

[8] Dazu vgl. Shorter (wie Anm. 3) S. 196–199.
[9] In Prag wurde mit „Zunder" gemischte Butter gewaltsam bei der Geburt in das Kind hineingestopft, um eine Bewegung der Eingeweide zu erzeugen. A. Hain: Prager medizinische Ephemeriden für das Jahr 1805, Prag 1809, S. 200.
[10] Vgl. R. Temesvary: Volksbräuche und Aberglauben in der Geburtshilfe und der Pflege des Neugeborenen in Ungarn, Leipzig 1900, S. 76 u. 103.

unschuldige kleine Opfer. Unter dem Kreuzeszeichen schneidet sie die Nabelschnur durch, massiert dann das Kind, indem sie es mit Butter, Öl und Wein einreibt, ohne zu bemerken, wie es zittert, weil es so für die ersten Minuten seines Lebens entblößt ist. Eine andere greift eine rauhe Leinenbinde und wickelt es gnadenlos von Fuß bis zum Kopf ein. Eine dritte kneift es in die Nase, welche sie zu lang findet, und eine vierte bohrt ihren Finger in seinen Mund, nur um herauszufinden, daß es zungenlahm sei *(Le Filet).* Aber es bleibt der Hebamme vorbehalten, den Kopf zu verformen, als ob sie es mit einer Tonfigur zu tun hätte, wenn der Kopf bei dem Durchgang durch den engen Muttermund gelängt worden ist."[11]

Ich habe solche Beschreibungen zu Dutzenden gelesen, die meisten davon von städtischen, weltoffenen Ärzten wie dem Mann, den ich gerade zitiert habe, die das religiöse Ritual in den Bauernhütten verdammen und die Brutalität der bäuerlichen Geburtsszenen abstoßend finden. Aber die Beteiligten? Hielten sie sich implizit für Träger eines natürlichen Auswahlprozesses, indem sie mit solchen Gebräuchen zum Überleben des Stärksten den potentiell Schwachen belegten? Oder waren sie einfach angetrieben von wohlwollenden, aber abscheulich falschen Vorstellungen über das, was gute Kindererziehung beinhaltet? Was dabei herauskam, wie z. B. nach einem Bericht aus dem Kanton Vaud, hörte sich oft so an: Dem Kleinkind war eine Art gefestigter Brei oder Toast gegeben worden, und es fing an, „von dieser schweren Ladung, die unverdaulich, ranzig ist und Koliken verursacht, dahinzusiechen. Das Kind wird gelb. Es wird geschaukelt. Für kurze Zeit schläft es ein. Aus Schmerz wacht es wieder auf. Ihm wird die Brust gegeben, und es füllt sich wieder auf, bis die Schmerzen schlimmer werden. Die Eltern geben ihm etwas Öl von süßen Mandeln, etwas Sirup, etwas Gegengift. Das Kind fällt in Marasmus, es hat Krämpfe. Es stirbt, was für es das beste ist."[12] Das Mehlwassergebräu, das in erster Linie solche marasmischen Todesfälle verursacht, wurde seit unvordenklichen Zeiten in Verbindung gebracht mit Symptomen, die wir heute Proteinkalorienfehlernährung nennen.[13] Was machen

---

[11] [J.-M.-P.] Munaret: Le Médecin des villes et des campagnes, Paris 1862, S. 158.

[12] E. Olivier: Médecine et santé dans le pays de Vaud au XVIIIe siècle, 1675–1798, Lausanne 1939, Bd. I, S. 572f.

[13] Als ein Beispiel für die jahrhundertelange Tirade gegen die „Handfütterung" vgl.

wir mit solchen „therapeutischen" Maßnahmen, die schließlich den Exitus des Patienten sicherstellen?

Vielleicht kann all diese Kinderfürsorge eingestuft werden als „schmerzhaft, aber gutwillig". Vielleicht könnte man einfach sagen, daß traditionalen Müttern so viel schlechter Rat aufgebürdet war, daß sie ihre Kinder selbst dann nicht hätten retten können, wenn sie es gewollt hätten, daß sie nach dem besten verfügbaren Wissen gehandelt haben und daß sie einfach Opfer des Schicksals waren, wenn ein Drittel ihrer Neugeborenen jedes Jahr starb.[14]

Ich glaube dies nicht. Man bekommt allerdings über dieses Gebiet nur schwierig Informationen, aber es gibt einige statistische Hinweise, daß Eltern, die wirklich wollten, daß ihre Kinder überlebten, auch in der Lage waren, innerhalb gewisser Grenzen dieses Resultat zu erreichen. Niemand verstand damals viel von Ernährung, und die völlige Ahnungslosigkeit über das, was später die Medizin Pasteurs über Mikroben herausfinden sollte, setzte der Fähigkeit zu lebensrettenden Maßnahmen einige Grenzen. Aber selbst innerhalb der traditionalen Medizin gab es genügend verläßliche Informationen, mit denen ernsthafte Eltern Leben retten konnten. Zwar wurde uns in der Hauptsache gefährlicher Aberglaube durch die Folklore überliefert, aber es gibt nichtsdestoweniger Anzeichen, daß die Menschen genug von den eigentlichen Ursachen der Krankheiten wußten, um ihr Elternverhalten zu ändern, wenn sie dies wollten.

Dafür ein Beispiel. Das Dorf Tafertshofen in Schwaben hatte normalerweise eine Kindersterblichkeit von rund 42 Prozent (oder zumindest war dies die Sterblichkeitsrate in der Mitte des 19. Jahrhunderts in dem Kreis, in dem das Dorf liegt). Dann forderte 1868 eine schwere Diphtherieepidemie nahezu alle Kinder des Dorfes, so „daß viele Familien, die nur ein oder zwei Kinder hatten, kinderlos wurden". Im folgenden Jahr wurden 22 Kinder in Tafertshofen geboren; nur zwei starben, eine Sterblichkeitsrate, die der örtliche Arzt als außergewöhnlich günstig bezeichnete, „wie es... während seines ganzen praktischen Lebens noch nie vorgekommen". Warum starben

---

Ch. R. Schleis v. Löwenfeld: Warum ist die Sterblichkeit der neugebohrnen Kinder so gross?, Sulzbach 1794, S. 31 u. passim.
[14] Zu dieser Ansicht vgl. L. Tilly: The Family and Change, in: Theory and Society 5 (1978) S. 429–432.

so wenige Kinder in diesem Jahr? Nicht deswegen, weil die Kinder des Dorfes irgendeine Art von Immunität gegen Diphtherie entwickelt gehabt hätten; denn die Haupttodesursache für Kinder war in diesem Teil der Welt normalerweise die Magen-Darm-Infektion. Der Grund war vielmehr: „Da nun diesen Leuten wieder mehr daran lag, Nachkommen zu haben, so wurden natürlich die zarten Sprößlinge mit ungewöhnlicher Liebe und Sorgfalt gepflegt. Kommt aber einmal wieder ein zweiter oder dritter Sprößling nach, so ist es mit dieser Aufmerksamkeit wieder vorbei und die Sterblichkeit der Kleinen erreicht wieder ihre frühere Höhe."[15] Also waren die Eltern von Tafertshofen in der Lage, ihre Kinder vor dem Massenopfer zu bewahren, wenn sie es wirklich wollten.

Ein zweiter Hinweis darauf, daß Eltern wußten, wie lebenerhaltende Maßnahmen anzuwenden waren, wenn sie nur in geeigneter Weise motiviert waren, ist die gut bekannte Sterblichkeitsdifferenz zwischen ehelichen und unehelichen Kindern. Ein Blick in die Statistik zeigt, daß illegitime Kinder sehr viel häufiger starben als legitime, nicht weil sie von Geburt an schwächer gewesen wären, sondern weil sie unerwünscht waren und sterben sollten. Ob ihre Mütter sie behielten oder ob sie von den städtischen Verwaltungen weggegeben wurden an Findelheime, ihnen stand in jedem Fall sehr viel häufiger der Tod bevor als ehelichen Kindern. Sie wurden früher entwöhnt (man beachte die Sterblichkeitsspitze für die unehelichen Kinder im zweiten oder dritten Lebensmonat im Gegensatz zu der später liegenden Spitze für eheliche Kinder, die im allgemeinen am Ende des ersten Jahres entwöhnt wurden). Sie wurden weniger oft gestillt, und viele von ihnen waren tot geboren.[16] Diese Befunde wurden nicht etwa von historischen Demographen des 20. Jahrhunderts aufgedeckt. Solche Unterschiede waren den Menschen der Zeit bekannt. Es waren die

---

[15] K. Majer: Die Sterblichkeit der Kinder während des ersten Lebensjahres in Bayern, in: Journal für Kinderkrankheiten 57 (1871) S. 179f. Die Daten zur Kindersterblichkeit 1835–1860 für den Regierungsbezirk Schwaben als ganzen aus Beiträge zur Statistik des Königreichs Bayern 11 (1863): Die Bewegung der Bevölkerung im Königreiche Bayern, S. 54f.

[16] Besprechungen dieser Statistiken bei F. Prinzing: Handbuch der medizinischen Statistik, Jena ²1931, S. 65–67; G. Tugendreich: Der Einfluss der sozialen Lage auf Krankheit und Sterblichkeit des Kindes, in: M. Mosse und G. Tugendreich (Hrsg.): Krankheit und soziale Lage, München 1913, Nachdr. Göttingen 1977, S. 268f., der über die Rolle des „mütterlichen Willens" spricht.

unehelichen Kinder, die z. B. in den Kellern von Hamburg im
18. Jahrhundert froren oder hungerten, und die Väter im Languedoc
des 18. Jahrhunderts wußten, daß sie wenig zu zahlen hatten für die
Unterstützung ihrer Bastarde, weil die Kinder ohnehin schnell sterben
würden unter den Händen von unaufmerksamen Ammen. Sie waren
es, die die allgemeine Sorge der Gesellschaft bestärkten, daß einige
Kleinkinder nicht leben sollten.[17] Und wie wenig auch immer die
Mütter größerer Kinderscharen ihre jüngeren Kinder gepflegt haben
mögen, sie wußten immer noch besser das Überleben ihrer Kinder zu
sichern als die Mütter der unehelichen, wenn sie es nur wirklich
wollten.

Aber oft sollten auch eheliche Kinder nicht überleben. Sogar
innerhalb der Ehe kam der Tod vieler Kinder einer überlegten, wenn
auch unausgesprochenen Entscheidung der Eltern gleich, die Zahl
derjenigen Kinder zu beschränken, die erwachsen werden würden. So
beruhte ein großer Prozentsatz der Sterblichkeit unter ehelichen
Säuglingen tatsächlich in einer verhüllten Form des Kindesmords.[18]
Die Demographen unterscheiden zwischen freiwilligen und unfreiwilligen Einschränkungen der Fruchtbarkeit und meinen damit bewußte
Familienplanung gegenüber der Unfähigkeit zur Konzeption. Wir
könnten nun in ähnlicher Weise unterscheiden zwischen freiwilligen
und unfreiwilligen Ursachen der Kindersterblichkeit. Zu den unfreiwilligen Ursachen wären angeborene Schäden und die Infektionen
unter wohlgenährten jungen Menschen zu rechnen. Zu den freiwilligen würde ein Großteil von Geburtsverletzungen gehören, die daraus
entstanden, daß man sich weigerte, eine ausgebildete Hebamme
herbeizurufen, weiterhin eine gehörige Anzahl von Infektionstodes-
fällen bei schlecht ernährten Kleinkindern sowie eine Menge „zufälli-
ger" Todesfälle.

Hier nun sind wir direkt mit der Auffassung konfrontiert, die Kindersterblichkeit in traditionalen Gesellschaften resultiere aus einer liebe-

---

[17] J. J. Rambach: Versuch einer physisch-medizinischen Beschreibung von Hamburg,
Hamburg 1801, S. 266; Y. Castan: Honnêteté et relations sociales en Languedoc,
1715–1780, Paris 1974, S. 166.
[18] Eine nachdrückliche Verteidigung dieser These bei W. L. Langer: Infanticide: A
Historical Survey, in: History of Childhood Quarterly 1 (1974) S. 353–365.

vollen, aber fehlgeleiteten Erziehung. Zur These des „verhüllten Kindesmordes" folgendes: Vor dem Beginn des 19. Jahrhunderts praktizierte nahezu niemand Empfängnisverhütung – eine Tatsache, die wir aus der Kinderfolge und dem Alter der Mütter bei der Geburt ihres letzten Kindes kennen, also Informationen, die aus Familiengeschichtsstudien zu entnehmen sind. Ehemänner hatten nahezu ungehemmten sexuellen Zugang zu den Frauen, so daß eine Mutter, die die Menopause erlebte, mit großer Wahrscheinlichkeit etwa zehn- bis fünfzehnmal schwanger gewesen war und etwa fünf bis acht lebende Kinder geboren hatte. Schließlich: wir beschäftigen uns mit ärmlichen Menschen, die wenig an folgende Generationen weiterzugeben hatten und für deren Erben die übertriebene Realteilung ein wirtschaftliches Desaster bedeutete. Religiöse Vorschriften verbieten den Menschen Empfängnisverhütung, Abtreibung und vorsätzlichen Kindesmord. Also töten sie die überzähligen Kleinkinder durch Vernachlässigung.

Mein Thema ist der Fall des Kindesmords durch Unterlassung, nicht so sehr durch Veranlassung. Offenkundiger Kindesmord, wie z. B. das Durchbohren des Schädels des Kindes mit einer Stricknadel, wurde hauptsächlich von verzweifelten, unverheirateten Müttern vollbracht. Wir haben es hier hingegen mehr mit dem systematischen Versagen elterlicher und geburtshilflicher Fürsorge zu tun, was Doktor Munaret den *defaut de soin* nannte: daß man die Nabelschnur nicht zusammenband, daß man die Kinder der Kälte aussetzte, daß man es an Ernährung fehlen ließ. Er, der um die Mitte des 19. Jahrhunderts schrieb, glaubte, diese Vielfalt an Kindesmord ersetze die Abtreibung.[19]

Hier nun die Bestandteile der elterlichen Lieblosigkeit in der Grafschaft Sigmaringen um 1800. Die Kleinkinder wurden

– beruhigt mit Schnaps,
– vollgestopft mit Brei in den ersten Tagen des Lebens,
– zu Hause am Tage alleine liegen gelassen,
– nicht medizinisch von Ärzten betreut (die entsprechenden ärztlichen Berichte sind voll von verletzter Eigenliebe), und
– versorgt mit dem Essen für Erwachsene in den ersten sechs Mona-

---

[19] Munaret (wie Anm. 11) S. 460 f. Er sagt, daß dies auch oft von unverheirateten Müttern getan werde.

ten, wobei die Mütter im besten Fall indifferent gegenüber dem Stillen waren.[20]

Und dies sind die Resultate: „Die Kinderkrankheiten zu bemerken, hatte ich keine Gelegenheit, weil sie nicht in die Behandlung kommen. Mangel an Bildung und Wohlstand sind zunächst die Ursachen hiervon. Sie sterben alle sehr frühe an Schwämmchen, Gichtern oder Atrophie. Auch mag die Witterung nebst der unsinnigen Diätetik nicht wenig auf die Kinder Einfluß haben, da ich die armen Geschöpfe überall schlecht gekleidet, mit bloßen Füßen umhergehen und getragen sehe. Katarrhe und blutige Diarrhöen griffen auch eben deswegen meistens auf dieselben ein."[21]

Das wesentliche Argument für den Kindesmord durch Vernachlässigung ist das Versäumnis zu stillen. Eine Breidiät setzte Kleinkinder der Gefahr größerer Sterblichkeit in zweifacher Weise aus: indem man erstens ihnen die notwendigen Proteine, Vitamine und Mineralien, die es in der Muttermilch gibt, vorenthielt, und zweitens sie Infektionen durch Mikroorganismen aussetzte, die in unsterilisierten Flaschen und in schlecht gekochtem Brei vorhanden sind. Ich habe überdies an anderer Stelle ausführlich dargelegt, daß sehr große Zahlen von Müttern in Zentraleuropa nicht stillten und daß französische und englische Mütter, während sie stillten, zusätzliche Speisen viel zu früh einführten.[22] Ich möchte dies hier nicht wiederholen, sondern die Belege für Kindesmord durch Vernachlässigung besprechen, die aus anderen Bereichen als dem der Ernährung stammen.

Zunächst zum Bereich der Kinderaufsicht. Wie Barbara Hanawalt dargelegt hat, war der am weitesten verbreitete Kinderunfall im mittelalterlichen England das Verbrennen. Kinder wurden ziemlich oft alleine gelassen, ihre Wiegen zu nah am Feuer aufgestellt. Daß ihre Wickelkleidung dann sofort brannte, überrascht niemanden.[23] In der Steiermark im 19. Jahrhundert – nur um zu zeigen, wie ähnlich diese Bauerngesellschaften sind – führte das Einschließen der Kinder in das

---

[20] Mezler (wie Anm. 3) S. 154–158.
[21] Ebd. S. 354. „Schwämmchen" sind eine Pilzwucherung im Mund des Kindes.
[22] Shorter (wie Anm. 3) Kap. 5.
[23] B. Hanawalt: Childrearing Among the Lower Classes of Late Medieval England, in: Journal of Interdisciplinary History 8 (1977) S. 14–18.

Haus, während die Eltern sich entfernten, zu „vielen Unfällen".[24] Die bezahlten Ammen, zu denen viele städtische Kinder in Frankreich gesandt wurden, waren gleichermaßen unaufmerksam. Wir erfahren aus einem Dorf der Normandie im späten 18. Jahrhundert, daß eine Amme ausgegangen war und die Tür offengelassen hatte. Das Baby wurde von einem Schwein gefressen. Zwar wurde gerade dieser Amme von einem Gericht verboten, weiterhin solche Aufträge anzunehmen, aber dieser Unfall ist charakteristisch dafür, wie nachlässig die Sorgeberechtigten gegenüber ihren Pflichten waren.[25]

Drei weitere Beweisstücke unterstützen das Argument, daß allgemeine Vernachlässigung seitens der Eltern zu der freiwilligen Kindersterblichkeit beitrug.[26]

Zuerst gibt es das weitverbreitete Betäuben der Kinder, um ihr Schreien abzustellen und sie zum Schlafen zu bringen. Mütter in Zeulenroda z. B. gaben ihren Kindern Dosen eines Schlafmittels mit dem Namen „Nikolais Ruhe", während sie zu Hause am Webstuhl oder an Spinnrädern saßen, um den Arbeitstag zu verlängern.[27] Und den englischen Sozialhistorikern ist seit langem das „Godfrey's Cordial" bekannt.[28] Die wirkungsvollen Bestandteile vieler dieser Mittel waren Opium und Belladonna, von dem schwache Versionen einstmals frei auf den Feldern in Europa wuchsen. Ein Medizinvolkskundler versichert uns, daß Mütter überall in der österreichischen Steiermark Mohnsaft benutzten, um ihre Kinder zur Ruhe zu bringen.[29] Daß viele Kinder an Überdosen solcher Narkotika starben – oder daß zumindest bei Körperfunktionen, die schon durch schlechte Ernäh-

---

[24] „Aermere Leute, wenn sie auf die Arbeit gehen, pflegen ihre kleinen Kinder manchmal zu Hause einzusperren, wodurch schon vielerlei Unglücke geschehen sind." M. Macher: Medizinisch-statistische Topographie des Herzogtums Steiermark, Graz 1860, S. 118.

[25] N. W. Mogensen: Aspects de la société augeronne au XVIIe et au XVIIIe siècles, thèse 3e cycle, Paris 1971 (Paris: Editions Hachette microfiche 1973).

[26] Der Ausdruck stammt von Dr. Flügel: Volksmedizin und Aberglaube im Frankenwalde, München 1863, S. 51.

[27] J. G. Stemler: Entwurf einer physisch-medizinischen Topographie von Zeulenroda, Neustadt an der Orla 1820, S. 37.

[28] Vgl. z. B. I. Pinchbeck und M. Hewitt: Children in English Society, Bd. II, London 1973, S. 406.

[29] V. Fossel: Volksmedicin und medicinischer Aberglaube in Steiermark, Graz 1886, S. 77.

rung und Infektionen geschwächt waren, diese ihnen den Rest gaben –, wird bezeugt bei jenen Müttern aus dem Frankenwald, die unerschrocken den Leichenbeschauer darüber unterrichteten, wie viele „Säftchen" sie ihren verstorbenen Kindern verabreicht hatten.[30] Ein zweites verhülltes Mittel zum Kindermord war die abscheuliche Hygiene. Wir müssen uns diese geschwätzigen bürgerlichen Ärzte, die ja schrieben, bevor jemand wirklich die eigentliche Ursache der Infektion verstand, mit einiger Vorsicht anhören, wenn sie die Mütter aus der Unterschicht wegen ihrer Schmutzigkeit abkanzelten. Aber der Leser taumelt wirklich keuchend von diesen Quellen weg: Die Hütte des Bauern und die Kellerwohnung des Arbeiters waren unflätig. Natürlich werden Menschen immun gegen Dreck, wenn sie darin leben, und sie hören auf, davon infiziert zu werden; das bezeugen die Hebammen, die der Niederkunft zahlloser Frauen in diesen stinkenden Behausungen beiwohnten, ohne irgendwelche Fälle von nachgeburtlicher Infektion zu erfahren (jedenfalls nach ihrem eigenen Zeugnis).[31] Aber die winzigen Säuglinge, die frisch in diese abstoßende bakterielle Umgebung hineingesetzt werden, unterscheiden sich von reifen Frauen, die zwanzig oder dreißig Jahre Zeit hatten, um biologische Immunität gegenüber den Keimen um sie herum zu erwerben. Die Säuglinge wurden einfach überschüttet von den Mikroorganismen auf den Fingern der Hebammen und den schmutzigen Löffeln, mit denen sie ihre Bouillie bekamen, auf den ranzigen, sirupgetränkten Lappen, die ihnen zum Kauen als Beruhigungsmittel gegeben wurden. Man kennt die Beschreibungen der Uringerüche, die die Besucher solcher Häuser mit kleinen Kindern befielen, zu genau, als daß sie hier wiederholt werden müßten.[32]

In dieser Analyse habe ich den Dreck als eine verhüllte Form von Kindesmord eingestuft und nicht als eine gutgemeinte Unwissenheit, weil die Leute tatsächlich etwas von dem Zusammenhang zwischen

---

[30] Flügel (wie Anm. 26) S. 51.

[31] J. Biedermann, eine registrierte österreichische Hebamme, behauptete, in dreißig Jahren Praxis nicht einen einzigen Fall nachgeburtlicher Infektion gehabt zu haben, weder bei der Mutter noch beim Kind: Die weise Frau: Ernste und heitere Erlebnisse aus 30jähriger Praxis, Graz 1934, S. 32.

[32] Ein typischer Bericht bei Hermann Wasserfuhr: Die Sterblichkeit der Kinder im ersten Lebensjahre in Stettin, in: Vierteljahrschrift für gerichtliche und öffentliche Medicin 22 (1862) S. 105.

Schmutz und Krankheit wußten, obwohl sie noch nichts von dem bakteriellen Mechanismus verstanden, der beides verbindet. Immer wieder seit der Mitte des 18. Jahrhunderts haben Ärzte und staatlich ausgebildete Hebammen auf die Bevölkerung insgesamt geschimpft, z. B. daß man den Dünger vor der Hüttentür aufhäufte oder daß man die Schweine frei über den Boden laufen ließ.[33] Wie wir gesehen haben, konnten die niederen Volksklassen sehr wohl die geeigneten Maßnahmen ergreifen, wenn sie wirklich das Leben der Kinder erhalten wollten. Sie konnten es, aber wenn offenkundig geworden war, daß der Erbe oder vielleicht ein Verwandter durchkommen würde, war es ihnen gleichgültig.

Zum dritten möchte ich die Leser daran erinnern, wie weit verbreitet die Praxis war, kleine Kinder zu gewerblichen Ammen zu senden, was eine ernsthafte Gefahr bedeutete, daß die Eltern ihre Kinder nie mehr lebend wiedersehen würden. Die letzten zehn Jahre historischer Forschung haben deutlich gemacht, wie schädlich es war, *envoyer les enfants en nourice* – um eine französische Formulierung zu verwenden. Solche Untersuchungen sind im wesentlichen über Frankreich angestellt worden. Wir wissen jetzt, daß nicht nur der Adel und die Großbourgeoisie, sondern auch viel ärmere soziale Gruppen, wie z. B. kleine Ladeninhaber oder Handwerker, ihre Kleinkinder auf das Land sandten, wo sie die ersten zwei Lebensjahre verbrachten.[34]

Bei früheren Diskussionen war weniger klar, wie weit verbreitet es auch außerhalb Frankreichs war, Kinder zu gewerblichen Ammen zu senden. In meinen eigenen Arbeiten habe ich viele Nachweise aus Zentraleuropa erbracht, und verstreute Beispiele sind auch aus England bekanntgemacht worden.[35] Die Schlußfolgerung ist einfach unausweichlich, daß der Gebrauch von gewerblichen Ammen in dieser Weise einen verhüllten Kindesmord darstellte.

---

[33] Unter vielen Chroniken zur Reform der Geburtshilfe vgl. J. Gélis: Sages-femmes et accoucheurs: l'obstétrique populaire aux XVIIe et XVIIIe siècles, in: Annales ESC 32 (1977) S. 927–957.
[34] Vgl. zuletzt die ausgezeichneten Artikel von G. D. Sussman: The Wet-nursing Business in Nineteenth-Century France, in: French Historical Studies 9 (1975) S. 304–328; ders.: The End of the Wet-Nursing Business in France, 1874–1914, in: Journal of Family History 2 (1977) S. 237–258.
[35] Als deutsches Beispiel vgl. St. Benditsch: Topographische Kunde von der Hauptstadt Grätz, Graz 1808, S. 151. Ein englischer Fall bei R. Samuel (Hrsg.): Village Life and Labour, London 1975, S. 94.

517

Kindesmord ist ein Wort, mit dem wir heute leichtes Spiel treiben, so unvorstellbar ist er geworden als eine Art der Mutter-Kind-Beziehung. Ein erschreckend weiter Abgrund gähnt zwischen uns und den Menschen, die vor zweihundert Jahren lebten, für die das Aussetzen kleiner Kinder, damit sie „Engel im Himmel" würden, ein akzeptabler Weg war, um mit dem Ungewollten zurechtzukommen. Allerdings sprach man nicht offen davon. Alle sozialen Ordnungen haben eine „kognitive Orientierung" auf die Welt um sie herum: Menschen zu gegebenem Zeitpunkt mögen nicht in der Lage sein zu artikulieren, aus welchen Gründen sie so handeln, wie sie handeln, oder sogar ihre Handlungen als einen Teil eines größeren Zusammenhanges zu sehen; nichtsdestoweniger bestimmt die kognitive Orientierung die grundlegenden Verhaltensregeln des Spiels. Und eine der überkommenen Verhaltensregeln besagte, daß kein Kind überleben sollte, das nicht ein gewolltes Kind ist. Man berichtet uns aus Ungarn: „Wenn dagegen die Mutter im Kindbett stirbt, so hegt man allgemein die Überzeugung, daß ihr das Kind in den Tod folgen wird, ja man wünscht dies sogar." So wurden unter den Rumänen in dem ungarischen Dorf Bacs Neugeborene ermuntert, Milch aus den Brüsten einer verstorbenen Mutter zu saugen, „wobei man der Frau einen Strohhalm ins Ohr steckt und ihr zuflüstert, sie möge doch ihr verwaistes Kind mitnehmen und nicht auf dieser Erde zurücklassen"![36] Wir können uns fragen, welche wirklichen Chancen zu überleben solch ein Kind gehabt haben mag, das in eine Welt von Erwachsenen hineingeboren wurde, die mit Strohhalmen und Flüsterungen bewaffnet waren. Dies ist es, worauf sich verhüllter Kindesmord bezieht.

Der dramatischste Hinweis auf elterliche Lieblosigkeit ist das Verhalten gegenüber kranken und sterbenden Kindern. Unter allen Situationen, die den modernen Geist quälen mögen, ist die eines sterbenden Kindes die bewegendste. Der Leukämietod eines Siebenjährigen, der Sturz eines achtzehn Monate alten Kindes aus der Krippe – solches brandmarkt die Eltern für ihr Leben wie ein rauchendes Eisen. Und genau das Fehlen solch mächtiger Reaktionen auf Verlust und Trennung kennzeichnet die traditionalen Eltern und wirft ein gleißendes

---

[36] Temesvary (wie Anm. 10) S. 119.

Licht auf die Schlucht, die die emotionale Welt des späten 20. Jahrhunderts von der Welt trennt, die wir verloren haben.

„Der Bauer freuet sich, wenn sein Weib ihm das erste Pfand der Liebe bringt", berichtet ein Beobachter aus Bayern im frühen 19. Jahrhundert, „er freut sich auch noch beim zweiten und dritten, aber nicht auch so beim vierten. Da treten schon Sorgen an die Stelle der Freude. Er bedauert es, der Vater vieler Kinder zu seyn, er hat für so viele keine gute Aussicht mehr, sein Vermögen ist zu klein. Er sieht alle nachkommenden Kinder für feindliche Geschöpfe an, die ihm und seiner vorhandenen Familie das Brot vor dem Munde wegnehmen. Sogar das zärtliche Mutterherz wird schon für das fünfte Kind gleichgültig, und dem sechsten wünscht sie schon laut den Tod, daß das Kind (wie man sich hier ausdrückt) himmeln sollte." Örtliche Beichtväter, so schließt der Bericht, könnten aufzeigen, wie viele Seelen fünfzig oder sechzig Jahre zu früh himmelten.[37]

Diese Unbekümmertheit gegenüber Krankheit und Tod von Kindern war nicht allein irgendein bierbäuchiger bajuwarischer Charakterzug, sondern war allgemein im Europa des Ancien Regime verbreitet. Sie drückte sich zuerst als Indifferenz gegenüber der Gesundheit der Kinder aus, besonders in der Weigerung, den Arzt zu rufen. „Bei kleinen Kindern ist nichts zu machen", sagte man in der Rhön.[38] Aber obwohl Eltern gelegentlich den Arzt für kranke Erwachsene und recht oft für kranke Tiere riefen, taten sie dies nahezu nie für leidende Kinder. „Wenn ein Kind krank wird", sagte ein Landarzt aus Frankreich im 19. Jahrhundert, „überreden die Nachbarn die Eltern, daß man so einem kleinen Geschöpf nicht helfen kann, das *nicht sprechen kann* [Unterstreichung im Original]. Das Resultat ist, daß sie den Arzt nicht rufen. Das Kind hat Schmerzen an seinen inneren Organen, und da es nicht spricht, schreit es, und nachdem es viel geschrien hat, stirbt es. Es ist meine Ansicht, daß neun Zehntel der Kinder, die auf dem Lande sterben, niemals die Fürsorge eines Arztes gehabt haben."[39] Dasselbe galt für Zentraleuropa. „Am besten ist's, wenn sie sterben, da

---

[37] Zitiert bei F. M. Phayer: Religion und das gewöhnliche Volk in Bayern in der Zeit von 1750–1850 (= Neue Schriftenreihe des Stadtarchivs München), München 1970, S. 97.
[38] K. H. Lübben: Beiträge zur Kenntnis der Rhön in medizinischer Hinsicht, Weimar 1881, S. 65.
[39] Zitiert bei Munaret (wie Anm. 11) S. 433 f.

gibt es schöne Engel im Himmel", sagten die Bayern und ließen die örtlichen Ärzte in Ruhe.[40] Und in der Steiermark hielten die Menschen daran fest: „Die trefflichsten Kinderärzte sind... die Weiber."[41]

Was den modernen Geist allerdings am meisten stört, ist nicht allein die lockere elterliche Haltung gegenüber Kinderkrankheiten. Man könnte dafür ein Dutzend Erklärungen anführen, von der Armut bis zu einem tiefen Bewußtsein, so daß vermutlich der Arzt ohnehin nicht viel hätte ausrichten können. Es ist das Gefühl der Erlösung der Eltern, ja der Freude angesichts des Kindestodes. In Frankreich riet Dr. Munaret den jüngeren Kollegen, die eben ihre Landarzttätigkeit begonnen hatten: „Sie werden Eltern sehen, die, von Armut geschlagen, es mit Freude akzeptieren, die sie nicht verheimlichen können, wenn sie hören, daß eines ihrer Kleinkinder in Todesgefahr liegt oder ärztliche Hilfe verweigern vor allem aus Angst, daß sie sich nicht lohnen würde für *ein überzähliges Kind* [Unterstreichung im Original]..."[42] Während des strengen Winters 1867/1868 behaupteten örtliche Ärzte, daß Mütter, die als Seidenweberinnen in der Lyoner Vorstadt Croix-Rousse lebten, mit dem Stillen aufhörten und „sich freuten über den Tod ihrer Neugeborenen".[43]

Die Menschen rationalisierten ihre eigene Indifferenz mit der Behauptung, daß die verstorbenen Kleinkinder direkt in den Himmel kämen als Engelchen. So war das Sterben ein Segen, wie z. B. für die Schweizer Bauern. „Wenn Kinder krank werden, suchen die Eltern selten Hilfe, sondern lassen Messen und Passionen lesen, damit sie bald sterben mögen." Ein Arzt wurde nicht gerufen. „Der Grund dieses unnatürlichen Wunsches liegt in dem Glauben, daß die Kinder, als unschuldige Wesen, gerade in den Himmel steigen. Bei dem Tode kleiner Kinder sieht man deshalb äußerst selten Tränen fließen. Im Gegentheile, man freuet sich; und es heißt: ‚Du hast nun einen Engel im Himmel.'"[44] Nun gut. Aber was sagt uns das über Mutter-Kind-Bindungen im traditionalen Europa?

---

[40] G. Lammert: Volksmedizin und medizinischer Aberglaube in Bayern, Würzburg 1869, S. 119.

[41] Fossel (wie Anm. 29) S. 68.

[42] Munaret (wie Anm. 11) S. 435.

[43] F. Guyénot und Ch. Pujo: Étude clinique sur les suites de couches, Lyon 1869, S. 76.

[44] J. Bielmann: Die Lebensverhältnisse im Urnerland während des 18. und zu Beginn des 19. Jahrhunderts, Basel 1972, S. 56.

Dieselbe religiöse Rationalisierung rechtfertigte Unbekümmertheit in einer anderen Situation, die die moderne Seele schauerlich zu Tränen rührt: die Totgeburt eines Säuglings und besonders die Beseitigung der totgeborenen Körper. Sicherlich wurde bei diesen Kindern nicht angenommen, daß sie gerettet werden könnten, da sie nicht einmal getauft worden waren, und so brauchten sie kein Begräbnis in geweihter Erde zu bekommen. Trotzdem wurden ihre Körper mit einer bemerkenswerten Brutalität beseitigt, „wurden in einer Ecke des Gartens vergraben" im Departement Nivernais oder in ein Brunnenverlies im Pariser Hôtel Dieu geworfen.[45] Tatsächlich konnte diese Unachtsamkeit auch gegenüber Leichnamen von Kindern Anwendung finden, von denen man annimmt, daß sie schon getauft waren. Wenn Kinder starben, während sie auf dem Weg waren von Paris zu ihren gewerblichen Ammen auf dem Lande, wurden ihre Körper einfach „in den Straßengraben geworfen".[46]

Es wäre schwierig zu begründen, daß diese Eltern ihren kleinen Kindern sehr verbunden waren, wenn man die Unachtsamkeit ihnen gegenüber in Krankheitsfällen und die Indifferenz gegenüber den Toten betrachtet.

Und dann kommt die große Umwälzung. Zuerst unter den Mittelschichten einer Kleinstadtgesellschaft, dann unter den Bauern, den städtischen Arbeitern und den landlosen Arbeitern findet eine historische Kristallisierung der mütterlichen Zuneigung statt. Alles änderte sich: die Art, in der Kinder gekleidet wurden, in der sie nach der Geburt gewickelt, gefüttert und gehätschelt wurden und Weihnachten erlebten. Dies ist eine lange Geschichte, und ich habe kaum Zeit, auch nur die wichtigsten Grundlinien aufzuzeigen. Man beachte, wie sich das psychologische Band zwischen Mutter und Kind vom 18. bis zum 20. Jahrhundert gewandelt hat. In der Languedoc des Ancien Regime „hören wir nie, obwohl es zahlreiche Gelegenheiten dazu gibt, daß Mütter mit ihren Kleinkindern spielen".[47] Dagegen ein Industrieort in

---

[45] G. Thuillier: Pour une histoire du quotidien au XIXe siècle en Nivernais, Paris 1977, S. 87 Anm. 40; Administration générale de l'assistance publique à Paris (Hrsg.): Cents ans d'assistance publique à Paris, 1849–1949, Paris 1949, S. 7, fig. 13.
[46] O. H. Hufton: The Poor of Eighteenth-Century France, 1750–1789, Oxford 1974, S. 345.
[47] Castan (wie Anm. 17) S. 223.

der Normandie, unmittelbar nach dem Zweiten Weltkrieg. „Im großen und ganzen sind die Menschen interessiert an der Entwicklung der Kinder. Die Frauen beachten sehr genau, wann das erste Lächeln kommt. Sie sprechen darüber. Dasselbe gilt für das Gehen. Sie sind stolz, wenn das Kind seinen ersten Schritt tut. Es wird dazu ermutigt."[48]

Elterliche Verhaltensweisen gegenüber Ärzten beginnen sich zu verschieben, nicht allein als Ergebnis des Triumphs der ärztlichen Propaganda, sondern infolge des neuen Bemühens, das Leben zu erhalten. Von Frauen aus der Oberschicht im Hamburg des 19. Jahrhunderts sagte man, daß sie sofort zum Arzt rennen würden bei den geringsten Anzeichen. Um dieselbe Zeit glaubt man in Hanau von den Eltern insgesamt, daß sie einleuchtendem ärztlichem Rat folgten, wenngleich die Landbevölkerung in der Umgebung hinterherhinkte.[49] Und in dem erwähnten normannischen Dorf bombardierten Eltern den örtlichen Arzt mit Nachfragen über winzige Symptome: „„Herr Doktor, wir haben Sie gerufen, weil der Kleine kalte Füße hat' (der Arzt geht und findet, daß dem Kind nichts fehlt). ,Herr Doktor, bitte kommen Sie zu uns nach Hause, weil das Kind ein rotes Gesicht hat' (der Arzt geht und findet heraus, daß das Kleinkind schläft; seine Temperatur wird gemessen, nichts Ungewöhnliches)."[50]

Überall vollziehen sich diese Entwicklungen mit ungebrochener Geschwindigkeit, was zu dem führt, was Soziologen „den linearen Modernisierungstrend" nennen, und obwohl dieser Jargon zwischen den Zähnen knirscht, ist die Grundidee ganz richtig. In England seit der Mitte des 18. Jahrhunderts, auf dem Kontinent seit der Mitte des 19. Jahrhunderts findet eine stete Umwälzung darin statt, wie das Kleinkind zur Taufe gekleidet wird, ob man die Osterfeiern rund um das kindliche Eiersuchen arrangiert, in der Abschaffung der gewerblichen Ammen und der Abführmittel für die Neugeborenen, in der Benutzung der Krippe gegenüber der Wiege.[51]

---

[48] L. Bernot und R. Blanchard: Nouville: un village francais, Paris 1953, S. 116.
[49] Rambach (wie Anm. 17) S. 271. J. H. Kopp: Topographie der Stadt Hanau, Frankfurt a. M. 1807, S. 90.
[50] Bernot u. Blanchard (wie Anm. 48) S. 117.
[51] Diese Beispiele, ausgewählt aus einer unübersehbaren Literatur, stammen von F. Zonabend: La Parenté à Minot (Côte d'Or), in: Annales ESC 33 (1978) S. 675 Anm. 8; J. H. Plumb: The New World of Children in Eighteenth-Century England, in: Past

Die einzige Abweichung, die ich hier behandeln möchte, betrifft die Stillpraktiken, weil trotz aller dieser neuen Verhaltensweisen gegenüber Kindern die Kindersterblichkeit nicht in wünschenswertem Maße bis zum Ende des 19. Jahrhunderts absinkt und tatsächlich in manchen Gegenden noch in diesem Jahrhundert ansteigt. Zwei gegenläufige Entwicklungen finden in diesem Bereich statt: Erstens wurden viele Frauen in Dörfern und kleinen Städten in diesem Jahrhundert in die industrielle Arbeiterschaft einbezogen. Zuvor waren sie mit Spinnen und Weben in den Hütten beschäftigt gewesen. Aber sobald sie außer Haus in Fabriken arbeiteten, waren sie zum Stillen nicht mehr in der Lage. Ihre Kinder werden von Nachbarn mit Flaschen großgezogen oder von bezahlten Tagammen und unterliegen folglich der gewöhnlichen schrecklichen Sterblichkeit, die mit dem Nichtstillen verbunden ist.[52] Diese Situation wird erst an der Wende zum 20. Jahrhundert gebessert, als vergleichsweise sichere Kindernahrung auf den Markt kommt. Zweitens beginnt unter Frauen eines geringfügig höheren Milieus, z. B. unter Frauen von Kleinstadtnotabeln und Handwerksmeistern, im späten 18. Jahrhundert ein Drang zum Stillen und setzt sich später fort.[53] Diese Frauen arbeiten nicht außer Haus und handeln demnach auf der Grundlage dieser neuen Mütterlichkeit, sobald sie nun einmal da ist. Dann, im ersten Drittel des 20. Jahrhunderts, geben diese Frauen im allgemeinen das Stillen zugunsten der kommerziellen Kindernahrung auf. Aber zu dieser Zeit hatten die Essensgewohnheiten keine enge Beziehung mehr zur Kindermortalität und -morbidität. Dies ist heute immer noch der Fall, und wir würden die Vorstellung für ziemlich albern halten, daß Frauen, die nicht stillen, ihre Kinder weniger liebten als diejenigen, die es tun. Für die Zeit vor 1900 allerdings halte ich diese Vorstellung für richtig. Die einzige Frage, die noch bleibt, ist, warum dies alles geschah. Warum hat es die große Umwälzung der Mütterlichkeit gegeben?

---

and Present 67 (Mai 1975) S. 90 u. passim; A. Judson Ryerson: Medical Advice on Child Rearing, 1550–1900, wieder abgedruckt bei Brian Sutton-Smith: Readings in Child Psychology, New York 1973, S. 3–19.
[52] Aus der reichen Literatur vgl. z. B. Gustav Tugendreich: Soziale Ursachen der Säuglingssterblichkeit, in: Mosse u. Tugendreich (wie Anm. 16) S. 274–277.
[53] Vgl. zuletzt J. Gélis u. a. (Hrsg.): Entrer dans la vie: Naissances et enfances dans la France traditionelle, Paris 1978, S. 193 ff.

Diese Frage hat etwas von der zwingenden Art einiger anderer großer Probleme in der modernen Sozialgeschichte, so z. B. warum der moderne Staat entsteht. Oder warum fangen die industriellen Arbeiterklassen plötzlich an, sich für politisches Handeln zu organisieren? Und es gibt ein paar Standardantworten, denen ich allerdings nicht traue. Ich mißtraue z. B. den Marxisten, die in galanter Weise fähig sind, alle diese Trends als Konsequenz der fortschreitenden Ausbeutung der Arbeiter oder der Frauen oder wovon auch immer zu erklären.[54] Ich mißtraue auch der „Whig"-Lösung, die einfach besagt, daß die Menschen empfindungsfähiger und humaner wurden in dem Maße, in dem sie aufgeklärter wurden.[55] Ich mißtraue dem kulturkonservativen Ansatz, der besagt, daß die Menschen sich in das Innere einer Häuslichkeit zurückzogen, sobald die hohe Explosivkraft des sozialen Wandels die komfortable Gemeinschaft um sie herum vernichtete.[56]

Aber was setzen wir an die Stelle dieser inadäquaten Antworten? In einem Buch, das ich früher zu dem Thema geschrieben habe, entschied ich mich für Arroganz und habe eine komplizierte Erklärung ausgearbeitet (die ich hier in keiner Weise widerrufe).[57] Ich will mich nun aber der Wiederholung jenes Gedankenganges enthalten und statt dessen mich für Bescheidenheit entscheiden. Um die Wahrheit zu sagen, weiß niemand, warum diese bemerkenswerten Veränderungen in unserer psychologischen Substruktur stattfanden, warum sich Paare liebevoller gegenübertraten, mehr Freude über ihre Kinder empfanden, ungeduldiger wurden gegenüber äußeren Einwirkungen in ihr häusliches Leben. Wir wußten einst nicht, warum der Erste Weltkrieg stattfand, und wir lösten diese Frage durch sachgerechte historische Forschung. Ich bin sicher, daß diese Fragen zu einem ähnlichen Erfolg führen werden.

---

[54] Vgl. dazu neuerdings E. Zaretsky: Capitalism, The Family and Personal Life, New York 1976.

[55] Das ist etwa die Meinung von R. H. Bremner: Children and Youth in America; A Documentary History, 3 Bde., Cambridge 1970–1974. Die Perspektive einer Evolution vom Schlechten zum Guten besteht durchweg, etwa in dem Sinne, daß Gesetze zur Kinderarbeit eine „singende" Zukunft schaffen.

[56] Eine knappe Diskussion bei C. Lasch: What the Doctor Ordered, in: New York Review of Books (11. Dezember 1975).

[57] Shorter (wie Anm. 3) Kap. 7.

ZWISCHEN ANGST UND LIEBE. DIE MUTTER-KIND-BEZIEHUNG SEIT DEM 18. JAHRHUNDERT

IRENE HARDACH-PINKE

1. *Eine uneindeutige Beziehung*

In der Auseinandersetzung mit der familialen Umwelt erwirbt das Kind in unserer Kultur erste Wünsche und Fähigkeiten zum sozialen Handeln. Damit leistet die familiale Sozialisation einen wichtigen Beitrag zur Reproduktion der Gesellschaft und wird gerade in dieser Funktion Gegenstand von wissenschaftlichen und politischen Betrachtungen und Einflußnahmen. Die familiale Umwelt des kleinen Kindes bilden in erster Linie die Personen, die mit dem Kind zu tun haben, es pflegen und sich in seiner Nähe aufhalten. In unserer Kultur gilt die Mutter als wichtigste Instanz dieser familialen Umwelt und der frühkindlichen Sozialisation. Hier geht die Mutter – so erwarten es zumindest die Verhaltensbiologen, die Pädiatrie, die Psychoanalyse, die Entwicklungspsychologie, die Pädagogik usw. – mit dem Kind bis zu etwa drei Jahren eine exklusive Beziehung ein, an der der Vater vorerst nur am Rande teilnimmt, für die er aber möglichst die materiellen und psychischen Voraussetzungen schaffen soll; diese exklusive Beziehung hat symbiotischen Charakter und ist auf seiten der Mutter geprägt durch Empathie, Wärme und Fürsorge, um lebenswichtige Bedürfnisse des Kindes zu erfüllen. Die Deutung und Konstruktion des „Mutter-Kind-Dyade"[1] als „grundlegende menschliche Beziehung"[2] koppelt argumentativ die Gebärfähigkeit der Frau mit einer besonderen Befähigung und Neigung der Frau zur Pflege ihres leiblichen Kleinkindes und damit zu prägenden Sozialisations-

---

[1] Vgl. zum Konzept der Dyade R. Koch: Berufstätigkeit der Mutter und Persönlichkeitsentwicklung des Kindes, Köln 1975, S. 22 f.
[2] E. Schmalohr: „Mutter" – Entbehrung in der Frühsozialisation, in: F. Neidhardt (Hrsg.): Frühkindliche Sozialisation. Theorien und Analysen, Stuttgart 1975, S. 188.

aufgaben während einer bestimmten Lebensphase des Kindes. Tatsächlich ist die Mutter erst einmal überall dort für das Überleben ihres Kindes unersetzbar, wo es weder ein Ammenwesen noch zuträgliche künstliche Säuglingsnahrung gibt. Interkulturelle Vergleiche zeigen eine fast universelle normative Zuordnung der Säuglingspflege an die Mutter.[3] Dabei ist allerdings eine große Variationsbreite der Pflegepraktiken und der mit ihnen verbundenen Gefühle zu beobachten, die sich nicht den Bedingungen von Empathie und Wärme der „grundlegenden menschlichen Beziehung" zuordnen lassen. Aber gerade in unserer Gesellschaft, in der zwar die Überlebenschancen des Kindes nicht mehr von der weiblichen Stillfähigkeit abhängen, jedoch in Wissenschaft und Alltagsbewußtsein der mütterlichen Pflege eine unersetzliche Funktion für die Persönlichkeitsentwicklung des Kindes zugeschrieben wird, erfährt die Mutter-Kind-Beziehung erstmals eine radikale Infragestellung auf unterschiedlichen theoretischen und praktischen Ebenen und im Namen der Mütter, der Kinder, der Väter und der gesamtgesellschaftlichen Entwicklung.

Einige Beispiele: Erstens wird die Mutter-Kind-Beziehung dadurch in Frage gestellt, daß ihr die Kinder ausgehen. Viele Paare bleiben bewußt kinderlos, weil Kinder die berufliche Karriere und geographische Mobilität behindern, den Lebensstandard einschränken, die Beziehung zum Partner stören, die Teilnahme an Angeboten der Kultur- und Freizeitindustrie verhindern, kurz, weil Kinder sich negativ auf die heute üblichen Formen individueller Persönlichkeitsentfaltung auswirken. Paare bleiben aber auch kinderlos, weil es sinnlos erscheint, angesichts drohender atomarer Vernichtung und Umweltzerstörung Leben weiterzugeben. Kinder zu haben, ist kein allgemein anerkannter Wert mehr. Die Identität von gesellschaftlicher Notwendigkeit einer Bevölkerungserneuerung und von individuellem Kinderwunsch ist endgültig auseinandergefallen. Diese Identität ist auch durch gezielte sozialpolitische Maßnahmen nicht mehr herstellbar, besonders da die Lager nicht eindeutig auszumachen sind: Individuelle Wünsche nach Kindern sehen sich auch konfrontiert mit

---

[3] L. G. Löffler: Die Stellung der Frau als ethnologische Problematik, in: R. Eckert (Hrsg.): Geschlechtsrollen und Arbeitsteilung. Mann und Frau in soziologischer Sicht, München 1979, S. 29 ff.; K. Gough: The Origin of the Family, in: R. R. Reiter: Toward an Anthropology of Women, New York und London 1975, S. 53 ff.

staatlichem Unvermögen, die Zukunft der eigenen Gesellschaft zu gewährleisten.

Die Medien konfrontieren mit der weltweiten Pluralität der Werte: In dem einen Land ist Abtreibung ein Verbrechen, in dem anderen Land wird sie zwangsweise durchgeführt.

Zweitens droht der Mutter-Kind-Beziehung der Verlust der Mütter: Durch Klonen, Retortenzeugung, Embryobänke und künstliche bzw. gemietete Gebärmütter wird tendenziell weibliche Gebärfähigkeit durch männliche Technologie ersetzt.

Die Pflege des Kleinkindes kann von der weiblichen Gebärfähigkeit gelöst und auch auf Männer übertragen werden – das ist nicht neu –, neu dagegen ist, daß die weibliche Gebärfähigkeit ersetzbar wird und daß Wissenschaftler mit Erfolg daran arbeiten, sie auch tatsächlich zu ersetzen.[4]

Drittens wird die Mutter-Kind-Beziehung von Pädagogen, Psychotherapeuten und anderen sozialwissenschaftlich orientierten Anwälten des Kindes in Frage gestellt: Es ist nicht mehr die frühkindliche Mutterentbehrung, die zum Leiden am Leben führt, sondern es sind die Fixierungen der Mutter auf das Kind, die neurotische Überbetreuung durch die Mutter, das Zuviel an „Liebe", die zerstörerisch wirken.[5] Die Alternativen zur Mutter-Kind-Beziehung werden in derartigen Diskursen oft nicht deutlich, mal geht es um die Vorteile kollektiver Erziehung durch bezahltes Personal, mal um die gemeinsame Betreuung durch Vater und Mutter zu gleichen Teilen. Die Kritik beinhaltet häufig eine Forderung nach stärkerer Kontrolle des mütterlichen Verhaltens durch professionelle Berater in staatlich subventionierten Institutionen, nach Unterricht für zukünftige Eltern schon in der Schule, nach Handbüchern, Ratgebern, neuen Therapieformen usw.[6]

Das Kind wird zum Schicksal der Mutter, es darf nicht mißraten, weil es sonst mütterliche Persönlichkeitsdefekte enthüllen könnte. Vor

---

[4] Vgl. I. Hardach-Pinke: Schwangerschaft und Identität, in: D. Kamper und Ch. Wulf (Hrsg.): Die Wiederkehr des Körpers, Frankfurt a. M. 1982.
[5] Vgl. H. Sebald und Ch. Krauth: Ich will ja nur Dein Bestes. Fehlentwicklung durch Mutteregoismus, Wien und Düsseldorf 1981.
[6] Vgl. Ph. Meyer: Das Kind und die Staatsräson oder Die Verstaatlichung der Familie, Reinbek 1981; H. Hengst, M. Köhler, B. Riedmüller und M. M. Wambach: Kindheit als Fiktion, Frankfurt a. M. 1981.

der Medikalisierung von Schwangerschaft und Geburt galten auch in unserem Kulturkreis behinderte Säuglinge häufig als Frucht einer Verfehlung oder einer Schuld der Eltern; es wurde den Eltern z. B. unterstellt, daß sie das Kind zu einem verbotenen Zeitpunkt gezeugt oder andere sexuelle Tabus nicht beachtet hätten, denn das Tun der Eltern galt als verbunden mit dem Körper und dem Charakter des kleinen Kindes. Die Mutter-Kind-Beziehung verfügt in unserer Kultur sowohl im „Aberglauben" als auch in der „Wissenschaft" über symbolische Gehalte, die sich einer Operationalisierung entziehen, so gilt z. B. die einfache Anwesenheit der leiblichen Mutter nach wie vor als heilend bei Krankheiten des Kindes. Die Hervorhebung der „bösen" mütterlichen Kräfte in den Diskursen der Pädagogik und der Psychotherapie, die zum Ziel haben, das Kind aus der mütterlichen Umklammerung zu befreien, fügt sich in diese Symbolik der Mutter-Kind-Beziehung. Die Mutterrolle wird diffus und löst Angst vor negativen Sanktionen aus.

Viertens wird die „grundlegende menschliche Beziehung" durch sozialgeschichtliche Forschungsergebnisse in Frage gestellt, die sich z. B. auf die Geschichte der Kindheit, der Familie oder der Mutterliebe beziehen und nachweisen, daß Empathie, Wärme und Fürsorge nicht immer und überall die Mutter-Kind-Beziehung kennzeichnen und daß in der europäischen Tradition durch ein ausgedehntes Ammenwesen und frühe Handfütterung diese Beziehung in vielen Fällen gar nicht aufgebaut wurde. Empathie, Fürsorge und Wärme werden seit dem 19. Jahrhundert in der Mutter-Kind-Beziehung bestimmter Schichten besonders kulturell gestützt, während sie in anderen Schichten und zu anderen Zeiten die Stützung nicht erfuhren, ja ihnen entgegengewirkt wurde.[7]

Die französische Sozialwissenschaftlerin Elisabeth Badinter schreibt in ihrem Bestseller über die „Mutterliebe": „Wollte man die Intensität dieser Liebe, so wie sie sich über vier Jahrhunderte hinweg in Frankreich darstellt, graphisch veranschaulichen, so ergäbe sich eine

[7] Vgl. u. a. Ph. Ariès: Geschichte der Kindheit, München 1975; L. de Mause (Hrsg.): Hört ihr die Kinder weinen. Eine psychogenetische Geschichte der Kindheit, Frankfurt a. M. 1977; E. Shorter: Die Geburt der modernen Familie, Reinbek 1977; E. Badinter: Die Mutterliebe. Geschichte eines Gefühls vom 17. Jahrhundert bis heute, München und Zürich 1981.

Sinuswelle mit Höhepunkten vor dem 17. Jahrhundert, im 19. und
20. Jahrhundert und Tiefpunkten im 17. und 18. Jahrhundert. Wahrscheinlich würde die Kurve ab 1960 wieder absinken, weil das
klassische mütterliche Gefühl seither in einem gewissen Maße zurückgeht, und gleichzeitig würde eine neue ‚Liebeskurve‘ einsetzen: die der
väterlichen Liebe. Offenbar ist die Mutterliebe nicht mehr allein Sache
der Frauen. Das scheint darauf hinzudeuten, daß die Mutterliebe
ebenso wie die väterliche Liebe nichts Spezifisches mehr ist.“[8]

Nun ist die „väterliche Liebe“ in ihrer Beziehung zur „Mutterliebe“
aus Elisabeth Badinters Untersuchung ausgeklammert, so daß es
methodologisch etwas fragwürdig erscheint, sie in der Schlußfolgerung zu entdecken, denn auch „Vaterliebe“ hat in unserer Kultur
zweifellos ihre Geschichte. Aber wie dem auch sei: Die Mutter-Kind-
Beziehung wird in diesem Diskurs als „grundlegende menschliche
Beziehung“ in Frage gestellt und gewinnt den Charakter einer historischen Sonderform, die im Interesse der Kinder, im Interesse der
Mütter und im Interesse der gesellschaftlichen Entwicklung als überlebt anzusehen ist.

Die Infragestellung der Mutter-Kind-Beziehung durch den Wandel
individueller und gesellschaftlicher Werte, durch neue Technologen,
durch Professionalisierung des Umgangs mit Kindern, durch historische Interpretationen von „Mutterliebe“ führt nun aber nicht zu einer
deutlichen Absage an die „Mutterrolle“, an die Mutter-Kind-Beziehung: in Frankreich wie in Deutschland werden kleine Kinder weiterhin überwiegend von ihren Müttern betreut, oder sie werden von
anderen Frauen betreut, die sich bemühen, durch emphatisches,
warmherziges und fürsorgliches Verhalten der „Mütterlichkeit“, d. h.
der kulturellen Überformung der Mutterrolle zu entsprechen und so
die leibliche Mutter zu ersetzen, oder sie werden – empirisch nicht sehr
häufig – von Vätern betreut, deren handlungsorientierende Werte
ebenfalls der „Mutterliebe“ entlehnt sein können. Die Mutter-Kind-
Beziehung erweist sich in unserer Kultur als zählebige soziale Struktur: Für Kinder in unserer Gesellschaft ist es für die Persönlichkeitsentwicklung und Identitätsausbildung wichtig, sich auf eine Mutter
beziehen zu können, und für viele Frauen ist der Wunsch, für ein
kleines Kind die Verantwortung zu tragen, nach wie vor richtungwei-

---

[8] Badinter (wie Anm. 7) S. 297.

send bei der Gestaltung des eigenen Lebenslaufs und bei der Konstruktion der Identität.

Die Uneindeutigkeit und Ambivalenz der aktuellen „Mutter-Kind-Beziehung" ist Resultat sozialen Wandels, der es notwendig gemacht hat, neu darüber zu entscheiden, welche und wie viele Kinder den Fortbestand der Gesellschaft sichern sollen, wer für die Pflege der kleinen Kinder zuständig ist und wie diese Pflege durchgeführt werden soll. Diese Entscheidungen muß jede Gesellschaft treffen, und sie muß sie immer wieder den sich verändernden Lebensumständen anpassen. Die Mutter-Kind-Beziehung ist Resultat dieser gesellschaftlichen Entscheidungen.

Eine Geschichtsschreibung der Mutter-Kind-Beziehung müßte fragen, wer über den Grad von Vereinigung und Entzweiung von Mutter und Kind zu bestimmen hatte, welche Regel und Gesetze die Beziehung betrafen, was Vereinigung und Entzweiung beinhaltete, welche anderen Beziehungen in diesem Zusammenhang wichtig waren und was das alles für Mütter und Kinder bedeutete.

Die Schwierigkeiten und Gefahren bei einer derartigen Spurensuche liegen im Verhältnis der geringen Quellen über alltägliche Beziehungen von Müttern und Kindern einerseits zu den mächtigen Bildern von dieser Beziehung in Religion, Philosophie, Kunst usw. und den aktuellen Interpretationen dieser Beziehung in Wissenschaft und Politik andererseits. Daher kann dieser Aufsatz nur eine Skizze liefern, in die vieles eingeht: „Wahrheiten und Träume, Nachforschungen und Bilder".[9]

2. Hoffnungen und Ängste angesichts von Geburt und Tod: Ein sozialwissenschaftliches Dilemma

Zusammenfassend skizziert ein Historiker die Entwicklung der Mutterrolle folgendermaßen: „Ebensowenig gab es eine ‚Mutterrolle' in jener ausgeprägten und ideologisch überhöhten Art, wie sie dann das

---

[9] J. H. Pestalozzi gab diesen Untertitel seiner Schrift über Gesetzgebung und Kindermord im Jahre 1781, in: Pestalozzi's sämtliche Schriften, Bd. 7 u. 8, Stuttgart und Tübingen 1822.

19. und 20. Jahrhundert ausgebildet haben. Im Durchschnitt brachte eine Frau alle zwei Jahre ein Kind zur Welt. Doch bis zu 25 Prozent der Neugeborenen wurde nicht ein Jahr alt, und die Historiker diskutieren darüber, ob mangelndes Pflegeverhalten zu dieser hohen Säuglings- und Kindersterblichkeit oder die hohe Sterblichkeit zu mangelnder Zuwendung und Liebe seitens der Frauen geführt habe. Wie auch immer, Frauen hatten jedenfalls ein anderes Verhältnis zu ihren Kindern als im 19. und 20. Jahrhundert. In Frankreich schickten sie sie zu bezahlten Ammen auf das Land, wenn Kinderaufzucht und Arbeit nicht vereint werden konnten. Bürgerliche Frauen holten sich die Ammen ins Haus. Die Babies wurden fest bandagiert und in ein enges Steckkissen gesteckt, damit sie sich nicht bewegen und verletzen konnten. So war es den Müttern möglich, ihre Kinder über längere Zeit unbeaufsichtigt in der Wiege oder am Rand des Ackers liegen zu lassen und ihrer Arbeit nachzugehen. Es gab kaum ‚Mutterpflichten‘, die allein Aufgabe der Mutter gewesen wären: keine expliziten Erziehungspraktiken, kein reflektiertes ‚kindergerechtes‘ Verhalten, kein ‚mütterliches Eingehen‘ auf das Kind usw. ...“[10]

In diesem Zitat ist die Literatur zum Thema in ihren wichtigsten Thesen und in ihrer typischen Vorgehensweise klar zusammengefaßt: Die Geschichte der „Mutterrolle“ ist durch ein deutliches „Vorher“ und „Nachher“ zu untergliedern; das „Vorher“ bezieht sich auf die „alteuropäische Gesellschaft“, einen ungenau begrenzten, in jedem Fall aber langen Zeitabschnitt, das „Nachher“ bezieht sich auf einen kürzeren Zeitabschnitt, dessen Anfänge undeutlich sind, der aber unser Hier und Jetzt umfaßt; die Mutterrolle des „Nachher“ wird zum Maßstab der Beurteilung des „Vorher“, das „Vorher“ fällt entsprechend defizitär aus, was wiederum mit der hohen Säuglings- und Kindersterblichkeit in Beziehung gesetzt wird; zeitliche, ökonomische, soziale, regionale und nationale Unterschiede verschwinden vor der strengen Zäsur, dafür geht es um *die* Frau und um *die* „Mutterpflichten“. Weiter ist für die historische Behandlung der „Mutterrolle“ und der „Mutter-Kind-Beziehung“ charakteristisch, daß eine zielgerichtete Entwicklung angenommen wird, die in der modernen Mutterrolle mit „expliziten Erziehungspraktiken“, „reflektiertem kindge-

---

[10] R. Sieder: Hausarbeit oder: die ‚andere‘ Seite der Lohnarbeit, in: Beiträge zur historischen Sozialkunde 11, Nr. 3 (Salzburg 1981) S. 91.

rechten Verhalten", „mütterlichem Eingehen" auf das Kind usw. ihr Happy-End findet.

Und schließlich zeigt die thematische Verklammerung der „Mutterrolle" mit der Säuglings- und Kindersterblichkeit eine Mystifizierung der Mutter als Herrin über Leben und Tod, vor deren Kräften die Auswirkungen der verbesserten Ernährungslage, der öffentlichen sowie privaten Hygiene, dem Rückgang von Epidemien als Resultate gesellschaftlichen Wandels verblassen; der Schatten der Mutter verdunkelt die Bedeutung von anderen Personen im Leben des Kindes, ebenso wie die Entwicklung des Kindes im Familienzyklus.[11]

Die Geschichtsschreibung der Mutter-Kind-Beziehung verfügt kaum über Quellen, in denen die Betroffenen selber zu Wort kommen, und die Notwendigkeit, mit indirekten Quellen zu arbeiten, läßt die Wahl der Indikatoren zu einem vordringlichen Forschungsproblem werden.

Als wichtiger Indikator für den Wandel der Qualität der „Mutter-Kind-Beziehung" wird in der Literatur die Säuglings- und Kindersterblichkeit herangezogen.

Einerseits wird argumentiert, daß Mütter ihre Kinder in der alten Gesellschaft nicht liebten, weil es sich nicht lohnte, Gefühle in Babies zu investieren, die mit hoher Wahrscheinlichkeit sterben würden.[12] Diese Erklärung, die monokausal eine allgemeingültige Zweckrationalität von Liebe als Investition voraussetzt, ist wenig überzeugend, denn interkulturelle Vergleiche zeigen sehr unterschiedliche mütterliche Verhaltensweisen und Einstellungen gegenüber Kindern bei gleich hoher Säuglings- und Kindersterblichkeit.

Die andere Argumentation lautet hingegen, daß die Säuglings- und Kindersterblichkeit so hoch war, weil die Mütter ihre Kinder nicht liebten und sie deshalb nicht richtig versorgten.[13] Mutterliebe wird hier operationalisiert als all jene mütterlichen Verhaltensweisen, die dem Kind unter heute vorherrschenden Wertgesetzpunkten nützen.

---

[11] Zum Zusammenhang von Familienzyklus und kindlicher Entwicklung R. Hill: Theories and Research Designs Linking Family Behavior and Child Development: A Critical Overview, in: Journal of Comparative Family Studies, Special Issue XII, Nr. 1 (Winter 1981).

[12] Ariès (wie Anm. 7).

[13] E. Shorter: Der Wandel der Mutter-Kind-Beziehung zu Beginn der Moderne, in: Geschichte und Gesellschaft 1 (1975).

Ob es zwischen Mutterliebe einerseits und Säuglings- und Kindersterblichkeit andererseits überhaupt einen kausalen Zusammenhang
gibt, muß beim derzeitigen Stand der historischen und demographischen Forschung eine offene Frage bleiben. Historische und demographische Daten werden häufig erhoben und argumentativ verbunden,
ohne daß eine systematische Annahme über eine sinnvolle Beziehung
zwischen diesen Daten besteht und ohne daß die Untersuchungsfragen
ein Modell von überprüfbaren Zusammenhängen enthalten. Auch hat
die historische Demographie bislang noch nicht genügend Daten zur
Sterblichkeit erhoben, um sichere Aussagen über die zeitlichen und
regionalen Schwankungen der Säuglings- und Kindersterblichkeit
liefern zu können; und es handelt sich hierbei nicht nur um ein
quantitatives, sondern auch um ein methodologisches Problem im
Zusammenhang mit der Schätzung der Todgeburten, der nicht getauf-
ten Kinder und der ungenauen Registrierung der Sterbefälle.[14]

Die folgende Tabelle gibt Aufschluß über die sehr unterschiedliche
Datenbasis für die einzelnen Länder und zeigt sehr deutlich Unterschiede in der Säuglingssterblichkeit. Die Signifikanz dieser Unterschiede ist aufgrund der angeführten methodologischen Probleme
umstritten.

Die historische Demographie hat gezeigt, daß Krisen in der Bevöl-
kerungsbalance, die das Verhältnis von Menschen und Nahrung stör-
ten, nicht über die Sterblichkeit, sondern über die Fruchtbarkeit bewäl-
tigt wurden. Der Tod als Folge von Krieg, Epidemien, Hunger, Kälte
und Armut entzog sich in der Regel der direkten Beeinflussung durch
die Betroffenen. Die Fruchtbarkeit hingegen konnte durch soziale Vorschriften und individuelle Verhaltensweisen gesteuert werden. Auf die
Fruchtbarkeit wirkten: die gesellschaftliche Haltung gegenüber Un-
ehelichkeit und vorehelicher Empfängnis, das Alter der Frauen beim
Eingehen der ersten Ehe, der Anteil der Frauen, die überhaupt

---

[14] Vgl. E. A. Wringley und R. S. Schofield: The Population History of England
1541–1871. A Reconstruction, London 1981; T. H. Hollingsworth: The Importance of
the Quality of the Data in Historical Demography, in: D. V. Glass und R. Revelle:
Population and Social Change, London 1972; E. A. Wringley: Mortality in Pre-
industrial England: the Example of Colytion, Devon, over Three Centuries, in: ebd.;
W. Kröllmann: Bevölkerungsgeschichte Deutschlands. Studien zur Bevölkerungsgeschichte Deutschlands, in: Kritische Studien zur Geschichtswissenschaft 12 (Göttingen
1974); M. W. Flinn: The European Demographic System 1500–1820, Brighton 1981.

Tab. 1

Säuglingssterblichkeit nach Ländern

(Anzahl Gestorbene während des ersten Lebensjahres bezogen auf 1000 Lebendgeburten beiderlei Geschlechts in gewichteten Mitteln)

Land	Zeitraum	Zahl der Rekonstitutionen	Gestorbene auf 1000 Lebendgeburten
England	vor 1750	23	187
	1740–1790	8	161
	1780–1820	8	122
Frankreich	vor 1750	33	252
	1740–1790	47	213
	1780–1820	15	195
Deutschland	vor 1750	8	154
	1740–1790	2	388
	1780–1820	11	236
Spanien	vor 1750	2	281
	1740–1790	2	273
	1780–1820	3	220
Schweden	1740–1790	28	225
	1780–1820	28	187
Schweiz	vor 1750	2	283
	1740–1790	2	237
	1780–1820	2	255

Quelle: Michael W. Flinn: The European Demographic System 1500–1820, Brighton 1981, S. 92.

heirateten, das Alter der Frauen bei der Geburt ihres letzten Kindes, zeitweise Unterbrechungen des „normalen" Verhaltens gegenüber Heirat und Fortpflanzung durch Krieg, Hungersnöte und Epidemien, die Arbeitsbedingungen und die Dauer des Stillens.[15] Stillen konnte die unfruchtbare Phase einer Frau nach der Niederkunft verlängern und wurde auch als Mittel der Geburtenkontrolle eingesetzt. Methoden der Geburtenkontrolle waren bekannt, wurden wohl aber wenig praktiziert. In Deutschland begann ab 1880 das stetige Sinken der Säuglingssterblichkeit, das parallel lief mit dem Sinken der Geburtenrate. Für Deutschland kann die Abnahme der Säuglingssterblichkeit demnach nicht als Auslöser für die Abnahme der Geburten angesehen werden.[16] Sowohl der Rückgang der Säuglingssterblichkeit als auch

---

[15] Flinn (wie Anm. 14) S. 43.

[16] J. E. Knodel: The Decline of Fertility in Germany 1870–1939, Princeton 1974, S. 185 f.

der Rückgang der Geburten resultierten aus den völlig neuen ökonomischen und sozialen Lebensbedingungen, die nun auch das Bewußtsein der Menschen erreichten und ihre Lebenskonzepte veränderten. Die Geburten wurden nicht dem verbesserten Nahrungsspielraum angepaßt, wie das unter agrarischen Bedingungen üblich gewesen war, sondern neue Werte wie eine bessere Erziehung der Kinder, individuelle Selbstentfaltung, höherer Lebensstandard und Emanzipation der Frau führten zu Geburtenbeschränkung.

Die Säuglingssterblichkeit blieb in Deutschland bis etwa 1880 im Vergleich zu heute konstant hoch, war aber zeitlichen und regionalen Schwankungen unterworfen. Diese Schwankungen der Säuglingssterblichkeit waren für die Zeitgenossen beobachtbar.

Hier ein Erklärungsversuch des konservativen Literaten und Historikers Wolfgang Menzel: „Ich habe in meinem Alter die Erfahrung gemacht, daß sehr viele Männer, welche gleich mir im Jahre 1798 geboren waren, lange lebten und rüstig blieben. Oft drängte sich in den Gesellschaften, unter denen ich verweilte, diese Bemerkung auf. Die 98er herrschten in der Regel an Zahl über die vor, die in den zunächst früheren oder späteren Jahrgängen geboren waren, und nicht nur an Zahl, sondern auch an Körper- und Geistesfrische. Nun sagt Schultes in seiner Reise durch Salzburg IV., S. 25, in den Jahren 1796 und 1797 sei die große Sterblichkeit der Kinder auffallend gewesen. Das war vielleicht die Ursache, warum im folgenden Jahre die Kinder besser geriethen. Bemerkt man doch beim Obst das Nämliche. In mehreren Jahren geräth es weniger, dann folgt wieder ein großes Obstjahr." [17]

In Deutschland sind die von der historischen Demographie festgestellten regionalen Schwankungen der Säuglingssterblichkeit auffällig: Sie können darauf hindeuten, daß das erste Lebensjahr eines Kindes unterschiedlich verlief, je nachdem wo es geboren wurde.

Für Preußen sind – allerdings unsichere – Daten zur Säuglingssterblichkeit ab 1816 vorhanden. Hier stieg die Säuglingssterblichkeit von knapp 17 Prozent im Zeitraum 1816–1820 auf knapp 20 Prozent im Zeitraum 1851–1860, und zwar in allen preußischen Provinzen. Das bedeutet, daß z. B. zum Zeitpunkt der Familien- und Kindheitsidylle des Biedermeier, als das Kind „entdeckt" war, die „Mutterliebe"

---

[17] W. Menzel: Denkwürdigkeiten, hrsg. v. dem Sohne K. Menzel, Bielefeld und Leipzig 1877, S. 5.

Tab. 2
Säuglingssterblichkeit nach Verwaltungsbezirken: 1862–1934

Bezirk	1862–1866	1875–1880	1881–1885	1886–1890	1891–1895	1896–1900	1901–1905	1906–1910	1911–1914	1924–1926	1932–1934
01 Ostpreussen	209	218	220	221	221	221	209	187	195	120	084
02 Danzig	245	235	230	243	239	248	231	207	206	132[a]	084[a]
03 Marienwerder	226	226	230	227	222	229	217	202	200	132[a]	084[a]
04 Berlin	279	304	278	263	242	218	202	165	152	090	064
05 Potsdam	211	254	256	267	267	245	226	180	172	118	072
06 Frankfurt/O.	195	220	227	236	236	233	223	195	189	117	077
07 Stettin-Str.	192	215	222	230	246	258	243	213	201	127	079
08 Köslin	164	166	165	165	167	177	173	166	165	106	077
09 Posen	213	216	225	214	204	203	192	174	170	124[b]	082[b]
10 Bromberg	224	215	228	225	217	229	215	203	197	124[b]	082[b]
11 Breslau	275	274	282	281	279	268	262	231	212	138	089
12 Liegnitz	278	289	289	289	282	265	250	215	198	125	083
13 Oppeln	224	212	223	213	216	206	198	193	189	147	108
14 Magdeburg	204	219	226	220	232	230	221	196	193	123	084
15 Merseburg	219	214	221	220	223	225	214	189	184	112	073
16 Erfurt	190	186	190	185	176	174	173	151	146	096	067
17 Schleswig	148[c]	150	146	159	163	161	158	142	137	092	069
18 Hannover	–	165	161	171	170	169	160	139	127	081	057
19 Hildesheim	–	161	159	163	160	158	146	129	122	080	061
20 Lüneburg	–	150	144	153	158	156	152	136	130	081	060
21 Stade	–	137	136	136	139	138	134	123	122	080	062
22 Osnabrück	–	129	132	129	123	120	116	113	105	078	065
23 Aurich	–	114	109	106	103	101	100	098	094	072	056
24 Münster	153	150	144	155	161	167	161	152	147	097	077
25 Minden	151	151	145	146	137	133	128	119	113	079	060
26 Arnsberg	144	151	144	151	146	155	148	137	134	094	073
27 Kassel	–	164	157	149	140	130	124	102	099	073	051
28 Wiesbaden	–	162	154	151	143	141	137	113	100	072	048
29 Koblenz	173	179	175	170	164	157	149	123	118	083	063
30 Düsseldorf	146	166	169	175	172	176	165	144	139	092	069
31 Köln	172	202	211	225	219	217	201	174	162	094	064
32 Trier	154	157	152	156	157	156	149	139	138	106	075
33 Aachen	189	193	196	211	214	207	194	174	167	098	075
34 Sigmaringen	317	317	282	261	242	224	225	190	166	107	074
35 Oberbayern	420[d]	383	353	343	329	306	272	236	202	132	091
36 Niederbayern	361[d]	348	342	333	336	317	308	290	265	205	137
37 Pfalz	196[d]	179	176	177	176	171	166	153	144	093	070
38 Oberpfalz	356[d]	327	330	323	313	303	293	270	246	191	122
39 Oberfranken	223[d]	192	189	190	175	174	169	163	153	119	077
40 Mittelfranken	335[d]	286	281	278	267	259	245	211	179	109	074
41 Unterfranken	253[d]	207	199	190	193	188	179	161	151	111	076

Bezirk	1862– 1866	1875– 1880	1881– 1885	1886– 1890	1891– 1895	1896– 1900	1901– 1905	1906– 1910	1911– 1914	1924– 1926	1932– 1934
42 Schwaben	412[d]	383	354	329	314	282	258	230	199	124	084
43 Dresden	250	267[e]	259	256	243	227	205	168	153	088	059
44 Leipzig	256	266[e]	260	259	261	249	237	185	182	099	068
45 Zwickau	279	303[e]	314	316	323	309	267	226	197	087	057
46 Neckarkreis	329[f]	278	251	239	237	223	207	171	177	071	049
47 Schwarzwaldkreis	342[f]	290	269	248	251	230	221	183	152	091	066
48 Jagstkreis	347[f]	289	265	241	240	220	202	175	150	093	062
49 Donaukreis	428[f]	376	339	302	291	260	237	201	171	105	071
50 Konstanz	322[c]	266[g]	238	211	199	188	165	145	121	089	064
51 Freiburg	228[c]	211[g]	197	184	183	182	179	163	129	090	060
52 Karlsruhe	293[c]	245[g]	239	229	229	233	218	193	166	101	064
53 Mannheim	274[c]	240[g]	237	237	237	227	216	184	155	096	063
54 Starkenburg	223[h]	198[g]	195	194	187	177	163	142	116	074	052
55 Oberhessen	164[i]	140[g]	131	125	115	107	106	080	072	060	045
56 Rheinhessen	236[h]	212[g]	203	206	190	191	175	142	120	081	056
57 Mecklenburg	154[j]	158[gk]	156[k]	162[k]	166[k]	163[k]	177	170	179	102	082
58 Thüringen	–	218[l]	–	–	–	–	194	164	157	137	067
59 H. Oldenburg	115	126	115	119	126	133	124	119	112	078	065
60 F. Lübeck	165	135[m]	–	–	–	–	190[n]	170	182	107	076
61 Birkenfeld	130	109[m]	–	–	–	–	094[n]	094	090	071	056
62 Braunschweig	–	190[e]	–	190	187	186	176	156	155	095	073
63 Anhalt	–	187[e]	–	–	–	–	194	163	173	115	079
64 Schaumburg-Lippe	–	117[e]	–	–	–	–	107	105	094	081	057
65 Lippe	–	162[e]	–	–	–	–	120	109	107	068	051
66 Lübeck	195	178[e]	–	183[o]	165[o]	171[o]	165	156	143	097	069
67 Bremen	179	171	172	178	164	166	161	139	123	079	052
68 Hamburg	162[p]	219	229	250	220	182	171	148	130	081	060
69 Unterelsaß	–	232	227	219	216[q]	200[r]	192[n]	162	146[s]	–	–
70 Oberelsaß	–	226	234	226	222[q]	214[r]	193[n]	162	147[s]	–	–
71 Lothringen	–	182	177	182	184[q]	178[r]	193[n]	167	169[s]	–	–
Deutschland		228	226	224	221	213	199	174	164	102	075

[a] Rate für 3 A Westpreußen.
[b] Rate für 9 A Grenzmark Posen-Westpreußen.
[c] 1864–1870.
[d] 1862–1869.
[e] 1875–1877.
[f] 1862–1868.
[g] 1876–1880.
[h] 1863–1865.
[i] 1863–1870.
[j] 1867–1870.
[k] Nur für Mecklenburg-Schwerin.
[l] 1868–1877.
[m] 1876–1877.
[n] 1904–1905.
[o] Nur für Stadt Lübeck.
[p] 1867.
[q] 1888–1892.
[r] 1893–1897.
[s] 1911–1913.

Quelle: John E. Knodel: The Decline of Fertility in Germany 1870–1939, Princeton 1974, S. 288f.

ideologisch blühte und Eltern und Kinder innig um den runden Wohnzimmertisch zusammenrückten, die Säuglingssterblichkeit anstieg. Vielleicht starben nicht mehr und nicht weniger Säuglinge in diesen bürgerlichen Kreisen, aber bei den Arbeiterinnen, die fern der neuen Familienidylle lebten, konnten weniger Kinder ihr erstes Lebensjahr vollenden.

Auch in den anderen deutschen Regionen, über die Daten vorliegen, war die Säuglingssterblichkeit vor 1860 entweder gestiegen oder gleichgeblieben, mit Ausnahme vom Donaukreis, wo bereits vor dem Zeitraum 1862–1868 ein leichter Rückgang der Säuglingssterblichkeit zu beobachten gewesen war.[18]

Die Säuglingssterblichkeit erweist sich in ihren regionalen Unterschieden – wie auch die Geburtenhäufigkeit – als abhängig von sozialer Differenzierung nach Stadt/Land, Wohnort mit Industrie/ ohne Industrie, nach der Stellung im Wirtschaftsprozeß, dem Wohlstand, der Religion und der ethnischen Zugehörigkeit.[19] Die soziale Ungleichheit vor dem Tod im Säuglingsalter wirkte durch die Gesamtheit der Lebensweise: durch die hygienischen Bedingungen, die Pflegepraktiken, die Qualität der Nahrung nach dem Abstillen, vor allem aber durch die Stilldauer. Die regionalen Schwankungen der Säuglingssterblichkeit können zu einem erheblichen Teil auf soziale Ursachen zurückgeführt werden, die sich einerseits auf die Art der Säuglingsernährung auswirkten und andererseits auf die jeweiligen Konsequenzen der Ernährungsweise. Die Lebensumstände des Säuglings konnten die Nachteile der künstlichen Ernährung verstärken oder abschwächen.

Wenn die Ernährung durch Frauenmilch die Überlebenschance des Säuglings erhöhte, bevor künstliche Säuglingsnahrung sicher und für alle Bevölkerungskreise erschwinglich wurde, ist es eine wichtige Frage zur Erklärung der sozialen Ursachen der Säuglingssterblichkeit, warum einige Frauen stillten und warum andere das nicht taten. Nach Edward Shorter ist das Stillen ein Indikator für Mutterliebe. Die regionalen und sozialen Unterschiede sprechen jedoch gegen eine

---

[18] Knodel (wie Anm. 16) S. 160f.
[19] Ebd. S. 146f.; Flinn (wie Anm. 14) S. 34f.; R. Spree: Soziale Ungleichheit vor Krankheit und Tod. Zur Sozialgeschichte des Gesundheitsbereichs im Deutschen Kaiserreich, Göttingen 1981, S. 54ff.

derartige monokausale Erklärung und für einen komplexen Wirkungs-
zusammenhang.

Daß Mütter ihre Kinder in Oberbayern wenig stillten im Gegensatz
zu den Müttern im Herzogtum Oldenburg, verweist auf mögliche
unterschiedliche Lebenszusammenhänge von Müttern und Kindern,
die durch den Stand der ökonomisch-technischen Entwicklung, der
geschlechtsspezifischen Arbeitsteilung, der Stellung der Frau im Wirtschaftsprozeß, der Arbeitsbelastung der Frau im Familienzyklus, den
örtlichen Bräuchen und Sitten, den ortsüblichen Glaubens- und
Wertvorstellungen usw. bestimmt wurden. Indirekte Methoden zur
Erklärung der Mutter-Kind-Beziehung haben immer den Nachteil,
daß sie sich bestenfalls auf einen Ausschnitt dieses Lebenszusammenhanges von Müttern und Kindern beziehen. Aussagen, die von der
Stillfrequenz auf mütterliche Einstellungen und Motive schließen,
erscheinen hier ebenso fragwürdig wie Ableitungen von Urteilen über
die Mutter-Kind-Beziehung aus der Arbeitssituation der Frau, die
weder den Familienzyklus beachten, noch die Interpretation der
Situation durch die Frau selbst, noch die Gesamtheit des sozioökonomischen Lebenszusammenhanges von Mutter und Kind.

Wenn ich aber danach frage, was sich Mütter bei ihrem Verhalten
dachten und was das für die Kinder bedeutete, gerate ich in das
Dilemma fehlender Quellen einerseits und blockierter Interpretations-
möglichkeiten andererseits. Subjektive Zeugnisse von Bäuerinnen
z. B. liegen kaum vor, und wie könnte ein moderner Leser ohne
Bezüge zum agrarischen Lebenszusammenhang auch mit diesen Quellen umgehen, wenn von Geburt, Tod, dem lieben Gott, dem Jenseits,
symbolischen Bedrohungen und magischen Handlungen die Rede ist.
Die Abgeklärtheit, die selbst nach Statistiken zur Säuglingssterblichkeit ausströmen, und die analytische Distanz, mit der Ausprägungen
der Mutterrolle aus der Stellung der Frau im ökonomischen Prozeß
abgeleitet werden, verlieren sich vor subjektiven Zeugnissen, die
Hoffnungen und Ängste ausdrücken, die uns zwar fremd sind, die aber
eigene Hoffnungen und Ängste aktivieren können – und sei es nur
global das Grauen vor Schmerz, Leiden und Tod –, oder die das Fehlen
eigener Hoffnungen und Ängste zur Entbehrung werden lassen. Die
Berichte von schwierigen Entbindungen unter trostlosen materiellen
Lebensverhältnissen, dem grauenvollen Tod am Kindbettfieber, dem
Sterben von Kindern aufgrund von Hunger, Krankheit, Vernachlässi-

gung, dem Mord an Kindern, der immerwährenden Nähe des Todes, der Gefahr unwiderruflicher Entzweiung, aber auch von Momenten der Freude, des Stolzes, der Vereinigung von Mutter, Kind und Welt in einem körperlich erlebbaren Zusammenhang, konfrontieren den Leser auf eine Weise mit sich selbst, die im wissenschaftlichen Diskurs eigentlich nicht üblich ist. Zur Aufrechterhaltung dieses wissenschaftlichen Diskurses und damit des eigenen Status als Wissenschaftler ist es sicherer, sich über Statistiken und ideengeschichtliche Quellen der bedrohlichen Vergangenheit unserer eigenen Vorgeschichte zu nähern. Erst die Bearbeitung ethnographischen Materials in Frankreich und Deutschland hat die Beobachtung in den wissenschaftlichen Diskurs eingeführt, daß es im agrarischen Lebenszusammenhang wohl eine „Mutterrolle", „Mutterpflichten", „mütterliches Eingehen auf das Kind" gegeben hat und nicht nur ein schwarzes Loch, das mit der bürgerlichen Mutter-Kind-Ideologie gefüllt werden mußte. [20]

Auch in Autobiographien von bürgerlichen Frauen, die als Mütter mit Bäuerinnen auf dem Land konfrontiert wurden, wo sie z. B. als Pfarr- oder Beamtenfrauen lebten, wird von dem Selbstvertrauen berichtet, mit dem Landfrauen ihre spezifische bäuerliche Mutterrolle lebten.

So berichtet die Pfarrfrau Helene Christaller aus der Zeit um 1890 aus einem Dorf im Schwarzwald: „In den ersten Jahren bemutterte mich das ganze Dorf. Man beriet mich in Garten, Küche und Kinderstube." [21]

Und Charitas Bischoff, Pfarrfrau in Nordschleswig, erinnert sich an die siebziger Jahre des 19. Jahrhunderts, als eine Bäuerin ihre Säug-

---

[20] Spree (wie Anm. 19) S. 66 ff.; A. E. Imhof: Die gewonnenen Jahre. Von der Zunahme unserer Lebensspanne seit dreihundert Jahren oder von der Notwendigkeit einer neuen Einstellung zu Leben und Sterben, München 1981, S. 95 ff.

[21] Vgl. F. Loux: Das Kind und sein Körper in der Volksmedizin. Eine historisch-ethnographische Studie hrsg. v. und mit einem Nachwort v. Kurt Lüscher, Stuttgart 1980; U. Ottmüller: Mutter und Wickelkind in der vormedikalisierten Gesellschaft des deutschsprachigen Raumes (ab ca. 1500), in: Beiträge zur feministischen Theorie und Praxis (= Dokumentation des 3. Historikerinnentreffens in Bielefeld, April 1981), München 1982; dies.: Das Kind des ersten Lebensjahres – ein Außenposten. Die Kindeswahrnehmung im agrarischen Lebenszusammenhang des 19. und frühen 20. Jahrhunderts und ihre Veränderung durch die „Medikalisierung". Beitrag zur Tagung „Neuere Ergebnisse und Entwicklungen einer Sozialgeschichte der Medizin und des Gesundheitswesens, Bielefeld Februar 1982 (unveröffentlichtes Manuskript).

lingspflege kritisierte: „Es ist Sünde, daß ich die Kinder kalt bade, Sünde, daß ich ihnen nur alle paar Stunden etwas zu essen gebe. Sie hat mir entrüstet gesagt, daß ich meine Kinder verhungern ließe."[22] Die gesellschaftlichen Wandlungen, die unsere heutige Mutter-Kind-Beziehung hervorgebracht haben, lassen sich nicht erfassen, wenn nicht wenigstens annähernd festgehalten werden kann, wogegen sich die bürgerliche Mutter-Kind-Beziehung durchgesetzt hat, was sich in anderer Gestalt als symbolische oder magische Beziehung der Körper von Mutter und Kind in wissenschaftlichen Diskursen erhalten hat.

Das Dilemma des Lesers von Quellen, die über nicht-bürgerliche Mutter-Kind-Beziehungen berichten, entsprach zeitgenössisch dem Dilemma in der Kommunikation von bürgerlichen und nichtbürgerlichen Müttern, das erst gelöst wurde, als die Schule und die Ärzte alle Frauen zu einheitlichen Müttern erzogen, die die gleichen Ziele mit den gleichen Mitteln verfolgen.

Die Ärztin Rahel Strauss erinnert sich an die Anfänge ihrer Berufsausübung um 1908 in München, wo sie häufig aufgefordert wurde, Vorträge zu halten: „Das nächste war die Kinderfürsorge, die Schwestern und Ärztinnen aufs Land schickte, um Vorträge über die Notwendigkeit des Stillens zu halten. Ja, es ist merkwürdig genug: das Stillen war in Oberbayern auf dem Lande ganz aus der Mode gekommen, zum Teil mit unter dem Einfluß der Kirche, die das Stillen ,unsittlich' fand. Das Kleinkind wurde mit Mehlbrei aufgezogen; da war es kein Wunder, daß die Säuglingssterblichkeit auf dem Lande 33% betrug, das heißt, jeder dritte Säugling starb. Das war wohl schon lange so, und bei der Masse Kinder, die eine Bauersfrau zur Welt brachte – zwischen acht und fünfzehn –, war ihr dies Sterben gar nicht so schlimm. Eine Patientin sagte mir einmal: ,Zwölf Kinder hätt' i, aber der liebe Herrgott hat's halt gut mit mir g'meint, die letzten sechs hat er sterben lassen.' Aber die Zeiten änderten sich, die Geburtenzahl sank, die hohe Sterblichkeitsquote blieb."[23]

Rahel Strauss – später selbst Mutter von fünf Kindern, die sie trotz

[22] H. Christaller: Eine Kerze, die an zwei Enden brennt, in: E. Fischer (Hrsg.): Schaffende Frauen, Dresden 1935, S. 13 (für diesen Literaturhinweis danke ich Gudrun Wedel, Berlin).
[23] Ch. Bischoff: Bilder aus meinem Leben, Berlin 1912, S. 449.

Berufstätigkeit alle selbst stillte – vertrat eine andere Einstellung gegenüber Geburt, Tod, dem Wert kindlichen Lebens und dem eigenen Lebensplan als die von ihr zitierte Bäuerin – beide waren einander fremd. Die Ärztin aus der Stadt sollte die Bäuerinnen erziehen: Auf Geheiß der Obrigkeit versammelte der Pfarrer die Frauen am Sonntagnachmittag im Wirtshaussaal, wo sie lernen sollten, durch ihre mütterliche Pflege das Sterben der Säuglinge zu verringern. Aber auch in der Verwandtschaft von Rahel Strauss starben zu Anfang des 20. Jahrhunderts noch viele kleine Kinder von engagierten, aufopfernden Müttern, die um ihre Kinder bis zur Verzweiflung trauerten. Vielleicht verzweifelten auf ihre Art und Weise auch viele Bäuerinnen in Oberbayern vor dem endlosen Kindersterben. Im Bewußtsein der Frauen aller Schichten waren das eigene Leben bis in unser Jahrhundert bei der Niederkunft und im Wochenbett und das Leben des Säuglings und des Kindes während der ersten Lebensjahre gefährdet. Soziale und regionale Schwankungen der Säuglingssterblichkeit verblaßten für die Frauen vor den kollektiven Erfahrungen im Umgang mit Geburt und Tod und vor den daraus resultierenden kollektiven Ängsten. Ebenso wie die Angst vor dem Tod konnte die Freude über eine glückliche Geburt für Augenblicke ein verbindendes Moment für Eltern aus unterschiedlichen sozialen Schichten sein. Pfarrfrauen auf dem Lande wurden sozial von den Bäuerinnen erst akzeptiert, wenn sie ein Kind geboren hatten.[24] Aber auch in den Städten wurden ähnliche Erfahrungen gemacht. Agnes Sapper, Frau des Stadtschultheiß von Blaubeuren, schrieb um 1876/1877 an ihre Mutter: „Seit meinem Wochenbett sind mir alle Bürgersfrauen viel näher gerückt, sie empfinden es scheint's als ein Band, das die Frauen aller Stände verbindet. Auch ein mir ganz unbekannter Krämer fragte mich neulich unterwegs nach meinem Befinden und erzählte mir von allen seinen Kindern, und ein Schneider plauderte auf der Fahrt nach Ulm mit mir, als ob wir zwei zusammengehörten. Ich könnte die Leute natürlich leicht ferner halten, aber ich interessiere mich wirklich für sie und habe alle Blaubeurer als solche gern."[25]

---

[24] R. Strauss: Wir lebten in Deutschland. Erinnerungen einer deutschen Jüdin 1880–1933, Stuttgart 1961, S. 144 f.
[25] Bischoff (wie Anm. 23) S. 416 ff.

Demographen, Soziologen und Historiker überlegen, ob Mütter gleichgültig waren, weil ihre Kinder so zahlreich starben, oder ob die Kinder so zahlreich starben, weil die Mütter gleichgültig waren, oder ob die Mütter zu viele andere Verpflichtungen hatten, um nicht anders als gleichgültig ihren Kindern gegenüber fühlen zu können: In dem am Anfang dieses Abschnitts angeführten Zitat stillen die gleichgültigen Mütter, bei anderen Autoren ist gerade das Nicht-Stillen ein Indikator für Gleichgültigkeit. Die Bedeutung des Stillens ergibt sich nicht automatisch, sondern resultiert auch aus der Bedeutung, die das Stillen für Mutter und Kind erhält. Was es für die Mutter-Kind-Beziehung vor der Standardisierung der künstlichen Säuglingsnahrung bedeutet hat, ob das Kind gestillt oder mit der Hand gefüttert wurde, läßt sich annähernd erst beurteilen, wenn bekannt ist, wie häufig und unter welchen Bedingungen gestillt oder mit der Hand gefüttert wurde, ob das Kind überhaupt von der eigenen Mutter oder durch eine andere Frau gestillt wurde, was es zugefüttert bekam und von wem, wie die Ernährung mit anderen Pflegepraktiken zusammenhing, warum sich die Erwachsenen für eine bestimmte Ernährungsweise entschieden, ob die Entscheidung zum Wohl des Kindes, der Mutter oder zum Wohl anderer Personen (des Ehemannes, der Geschwister, der Hausgemeinschaft) getroffen wurde, und von wem diese Entscheidung getroffen wurde. Das Stillen galt nicht nur zu bestimmten Zeiten an bestimmten Orten als „unsittlich", sondern auch als schlecht für das Kind, gefährlich für die Mutter, unbequem für den Vater, falls sexueller Verkehr während der Stillzeit mit einem Verbot belegt war, das Stillen galt aber auch – und das war in Deutschland wohl die am meisten verbreitete Einstellung – als Mittel der Geburtenkontrolle, als billigste Säuglingsnahrung und als die natürliche, für Mutter und Kind bekömmlichste Form der Säuglingsernährung.[26]

Die jeweiligen Deutungen der Säuglingsernährung beeinflußten neben den sozialen und ökonomischen Voraussetzungen des Lebenszusammenhanges die emotionale Beziehung zwischen Mutter und Kind, sie konnten das Stillen zu einem befriedigend sinnlichen Erlebnis für beide werden lassen oder zu einer durch ihre möglichen Konsequenzen beängstigenden Handlung.

---

[26] A. Herding-Sapper: Agnes Sapper. Ihr Weg und ihr Wirken, Stuttgart 1936, S. 65.

Die Art der Säuglingsnahrung hat Auswirkungen auf das Verhalten des Kindes: Ein Kind, das mit schwer verdaulicher Nahrung gefüttert wird, hat Schmerzen und schreit, ist unruhig und schwer zu pflegen, was sich wiederum auf das Verhalten der Betreuungsperson auswirkt. Künstlich ernährte Säuglinge wurden wohl besonders häufig mit Hilfe von Opium, Schnaps und ähnlichem „ruhig gestellt".[27] Auch die Frauenmilch galt als schwer verdaulich, wenn sich die Stillende nicht richtig ernährte. Über das erste Wochenbett der Pfarrfrau Charitas Bischoff berichtete eine Freundin, die zu ihrer Pflege nach Nordschleswig angereist war, brieflich nach Hause (1874): „Eine weitere Sorge ist das Kind! Das schreit, es hat Hunger, und doch dürfen wir die Mutter jetzt nicht anstrengen. Der Pastor überlegt, er will eine Bauerfrau bitten, von der er weiß, daß sie einen fast einjährigen Jungen an der Brust hat.

So! Das Kind ist besorgt. Die Frau war ganz gefällig, sie legte das deutsche Kind an ihre dänische Brust. Na, wenn das keinen Zwiespalt gibt!?

Erstmal werden wir uns wohl auf allerlei Geschrei gefaßt machen müssen. Solche Frau hält sich doch auch im Essen und Trinken nicht danach. Wirklich, man weiß gar nicht, wie man's hat, wenn man in der Stadt ist."[28]

Fehlte es etwa in diesem Pfarrhaus an Mutterliebe? Wohl kaum. Es konnte bisher nicht gezeigt werden, daß bestimmte Pflegepraktiken, die direkte Auswirkung auf die Überlebenschancen des Kindes hatten, wie z. B. das Stillen und die Handfütterung, als Ausdruck ganz bestimmter mütterlicher Gefühle gedeutet werden können. Ganz abgesehen davon, daß die Mütter selbst oft gar nicht darüber bestimmten, welche Pflegepraktiken sie anwendeten und welche nicht.

---

[27] Vgl. A. Peiper: Chronik der Kinderheilkunde, Leipzig 1965, S. 433 ff.; B. Duden und U. Ottmüller: Der süße Bronnen. Zur Geschichte des Stillens, in: Courage H. 2 (1978); U. Ottmüller: „Mutterpflichten" – Die Wandlungen ihrer inhaltlichen Ausformung durch die akademische Medizin, in: Gesellschaft. Beiträge zur Marxschen Theorie 14 (1981): H. J. Teuteberg und A. Bernhard: Wandel der Kindernahrung in der Zeit der Industrialisierung, in: J. Reulecke und W. Weber: Fabrik, Familie, Feierabend. Beiträge zur Sozialgeschichte des Alltags im Industriezeitalter, Wuppertal 1978.
[28] Peiper (wie Anm. 27) S. 472 ff., 495 f.; M. Hewitt: Wives and Mothers in Victorian Industry, Westport, Conn. 1958, S. 141 ff.; L. Braun: Im Schatten der Titanen, Berlin o. J. (1929) S. 261.

Der kausale Zusammenhang von Säuglingssterblichkeit und Mutterliebe überzeugt auch dort nicht, wo Mutterliebe auch nach modernen
Standards unübersehbar war: Auch die Kinder aufopfernder Mütter,
die weder Kosten noch Mühe scheuten, Ärzte konsultierten usw.,
starben. Fast alle verheirateten Romantikerinnen z. B. beklagen den
Tod geliebter Kinder, und Bettina v. Arnim sah es als ein an Wunder
grenzendes Glück an, daß alle ihre sieben Kinder das Erwachsenenalter erreichten.

Es war sicher nicht Gleichgültigkeit, die die Mutter-Kind-Beziehung vor dem Sinken der Säuglingssterblichkeit in Deutschland um
1880 charakterisierte, sondern es war bis ins 20. Jahrhundert die Angst
um das eigene Leben (gebildete Frauen schrieben vor ihrer Entbindung
Abschiedsbriefe, ordneten ihre Angelegenheiten, die Sterbekleider
lagen für die meisten bereit),[29] um das Leben der Kinder oder um das
Leben eines bestimmten Kindes, die das Verhältnis von Mutter und
Kind prägte. Dieses Verhältnis war aber auch geprägt durch ein
Vertrauen, daß Mutter und Kind in einen religiösen, kosmischen oder
magischen Zusammenhang eingebettet seien, der eine Entzweiung
selbst durch den Tod verhinderte und der allen Schrecken Sinn geben
konnte: Es war weiter geprägt durch Freude und Stolz, Freude an der
Fähigkeit, Leben weiterzugeben, und Stolz an dem Erfolg, durch
legales Muttersein einen verbesserten sozialen Status errungen zu
haben. Freude und Stolz konnten sich nur unter bestimmten Voraussetzungen entfalten, und Hunger, Kälte, Krankheit erstickten sie im
Keim. Auch die Sinnhaftigkeit des Daseins verlor sich vor Leiden und
Tod. Die Angst aber blieb stets an den Körper des kleinen Kindes
gebunden.

Ab 1880 sank nicht nur die Säuglingssterblichkeit, sondern es
sanken auch die Geburtenzahlen. Methoden der Geburtenkontrolle
waren schon seit der Antike bekannt, aber sie wurden nur in geringem
Umfang angewendet. Die Geburtenkontrolle war das Resultat gesellschaftlicher Veränderungen: Mit der Industrialisierung sicherten nicht

---

[29] Von den in diesem Text erwähnten Frauen liegen z. B. gedruckte Abschiedsbriefe vor
von Meta Klopstock und Elisa von der Recke. H. Jung-Stilling berichtet in seinen
Erinnerungen über Todesahnungen seiner zweiten Frau vor ihrer Entbindung 1771:
Selma Jung-Stilling ordnete nicht nur ihren Haushalt, sondern bestimmte auch ihre
Nachfolgerin. Vgl. J. H. Jung-Stilling: Lebensgeschichte, München 1968, S. 358 ff.

mehr viele Kinder das Überleben der Gemeinschaft, sondern wenige, gut ausgebildete Kinder: Die Entwicklung ging von der Quantität zur Qualität.[30]

Für Männer und Frauen bedeutete Geburtenkontrolle die Trennung von Sexualität und Fortpflanzung und die Wahl zwischen gleichwertigen Alternativen keine, ein oder zwei Kinder zu haben. Kinder werden heute in den ersten Ehejahren geboren und aufgezogen, also während einer relativ geringen Zeitspanne bezogen auf Leben und Ehedauer. Die meisten Mütter sind heute etwa 22 bis 29 Jahre älter als ihre Kinder und nicht mehr 17 bis 45 Jahre.

Diese Veränderungen im demographischen Verhalten wirken sich auf die Mutter-Kind-Beziehung aus, denn nun werden wenige gewünschte, häufig auch geplante Kinder aufgezogen, ohne ein großes statistisches Risiko, sie vor Erreichen des Erwachsenseins durch den Tod zu verlieren. Ängste und Ambivalenzen zwischen Mutter und Kind sind dadurch aber nicht verschwunden. Wenige oder gar keine Schwangerschaften haben auch den weiblichen Körper und die an ihn geknüpfte Identität verändert: Geschlechtsverkehr macht heute das Mädchen zur Frau und nicht die erste Schwangerschaft.[31] „Normale" dramatische Körpererfahrungen wie Schwangerschaft und Geburt sind selten geworden, dramatische Körpererfahrungen sind eher mit „unnormalen" Erlebnissen wie Unfälle oder Krankheit verbunden.

Die Trennung von Sexualität und Fortpflanzung wird heute überwiegend als gesellschaftlicher Fortschritt betrachtet, der sich besonders positiv im Leben von Frauen auswirkt. So richtig diese Einschätzung ohne Zweifel ist, so wird doch zu wenig des Verlustes gedacht, der mit der Abkoppelung des sinnlichen Erlebens bei Schwangerschaft, Niederkunft und Stillen für die weibliche Sexualität entstanden ist. Die Trennung von der Sexualität läßt Fortpflanzung ideologisch zu einem asexuellen klinischen Bereich werden. Letztlich ist es dann auch gleichgültig, ob das Kind des liebenden Paares in einem Bett voll Rosen oder in der Retorte gezeugt wird.

---

[30] Vgl. L. Gordon: Woman's Body, Woman's Right. Birth Control in America, Middlesex: Penguin Books 1976.
[31] S. Kitzinger: Frauen als Mütter. Mutterschaft in verschiedenen Kulturen, München 1980, S. 53 f.

3. Wer betreute Hans und Grete?

Der Historiker und Psychologe David Hunt kritisiert die These von Philippe Ariès über die Gleichgültigkeit traditioneller Eltern gegenüber Leben und Tod ihrer Kinder folgendermaßen: „The fact is that children are weak and immature physically and cognitively and must depend on the strength and experience of adults in order to survive. If parents are interested in preserving their offspring, they must recognize this situation and take steps to meet the needs of infants. ,Indifference' is not enough. If parents were truly indifferent, their children would die. The argument in *Centuries of Childhood* is thus biologically almost inconceivable."[32]

Wenn ich mir überlege, mit welchem Aufwand an Geld, Wissen, Zeit und institutionellen Einrichtungen heute Säuglinge und kleine Kinder betreut und gepflegt werden, so erscheint mir die Frage nach den Ursachen der Säuglings- und Kindersterblichkeit unter dem Gesichtspunkt der Mutter-Kind-Beziehung weniger aufschlußreich als die Frage, wie 50 Prozent der Säuglinge unter den Bedingungen der Armut des 18. Jahrhunderts und des frühen 19. Jahrhunderts überhaupt das Erwachsenenalter erreichen konnten. Säuglinge und kleine Kinder brauchen Pflege, um zu überleben, gleich ob sie einem „robusten Jahrgang" angehörten oder nicht. In unserer Kultur galt die Verantwortung der leiblichen Mutter für die Pflege des kleinen Kindes als kulturelle Selbstverständlichkeit, als Resultat der natürlichen Bestimmung der Frau. Diese Argumentation knüpfte an die Stillfähigkeit der Mutter an. Seit der Antike riefen Philosophen und Ärzte die Frauen dazu auf, ihre Kinder selbst zu stillen, weil die „Natur" es so vorgesehen hätte. Heute kann die Zuschreibung der Pflege des Säuglings und des kleinen Kindes an die Mutter nicht mehr mit den Vorzügen der Muttermilch begründet werden, und es sind „psychische" Bedürfnisse des Säuglings und des Kleinkindes, die heute die Mutter auf die Kinderpflege verpflichten.

Darüber hinaus ist die Mutter-Kind-Beziehung historisch durch die ihr zugeschriebenen Verantwortlichkeiten und Erziehungsaufgaben zu einer Beziehung geworden, die die Phase der eigentlichen „Brut-

---

[32] D. Hunt: Parents and Children in History. The Psychology of Family Life in Early Modern France, New York und London 1970, S. 49.

pflege" weit überdauert. Entsprechend wird im folgenden die Mutter-Kind-Beziehung nicht ausschließlich als Beziehung von Mutter und Kleinkind behandelt.

Wenn die mütterliche Zuständigkeit für die Pflege des kleinen Kindes in unserer Kultur auch eine Selbstverständlichkeit war, so bleibt doch unklar, ob es tatsächlich immer die Mutter war, die in der Regel das Kind wickelte, badete, fütterte, es herumtrug und ihm vorsang, denn entsprechende Quellen lassen keine deutlichen Aussagen zu. Auch heute betreut eine Vollzeit-Mutter ihr Kind nicht ausschließlich selbst, sondern überläßt das Kind auch dem Vater, den Großeltern, Geschwistern, Nachbarn usw., ganz zu schweigen von pädagogischen Institutionen wie Spielgruppen und Kindergärten, in denen das Kind lernen soll, „sich durchzusetzen". Dort wo Quellen vorhanden sind, ergeben sie kein deutliches Bild von der Betreuung der kleinen Grete und des kleinen Hans. Die Quellen zeigen, daß kleine Kinder bis zu drei oder vier Jahren z. B. von einer Amme, einer Magd, einem älteren Geschwister, einem älteren entlohnten Kind, einer oder einem Verwandten, der Mutter oder dem Vater betreut werden konnten oder aber allein gelassen wurden zu dem Zeitpunkt und in der Situation, über die die Quelle berichtet. Derartige Momentaufnahmen ergeben vor 1800 kein wesentliches anderes Bild als der Blick auf die Kinderbetreuer im 19. und frühen 20. Jahrhundert, so daß ein „Vorher" und „Nachher" losgelöst von Stand, Schicht, Jahreszeit, Stellung in der Geschwisterreihe, Struktur des Haushalts usw. gar nicht auszumachen ist.[33] In jedem Fall aber trugen die Eltern die Verantwortung für ihre Kinder, und die Mutter trug in der Regel – mit Ausnahme vor allem der Aristokratie – die Verantwortung für ihr kleines Kind. Das war gesetzlich geregelt und ideologisch vorgeschrieben. Dem Vater oblag die väterliche Gewalt, aber auch die väterliche Fürsorgepflicht, der Mutter war die Pflicht der Wartung und Pflege des kleinen Kindes zugeordnet.[34] Es gab in Deutschland im Gegensatz

---

[33] I. Hardach-Pinke: Kinderalltag. Aspekte von Kontinuität und Wandel der Kindheit in autobiographischen Zeugnissen 1700 bis 1900, Frankfurt a. M. und New York 1981.
[34] Vgl. M. Rehm: Das Kind in der Gesellschaft. Abriß der Jugendwohlfahrt in Vergangenheit und Gegenwart, München 1925; M. Weber: Ehefrau und Mutter in der Rechtsentwicklung. Eine Einführung, Tübingen 1907; H. Dörner: Industrialisierung und Familienrecht. Die Auswirkung des sozialen Wandels, dargestellt an den Familienmodellen des ALR, BGB und des französischen Code Civil, Berlin 1974.

zu Frankreich und Italien kein Recht des *Abandon,* das den Eltern oder zumindest der ledigen Mutter erlaubt hätte, das Band zwischen sich und ihrem Kind zu trennen.[35] Das Christentum hatte den Eltern nicht nur die Pflicht auferlegt, jedes Kind aufzuziehen, es weder abzutreiben noch als Neugeborenes zu töten, sondern auch eine ausdrückliche Pflicht, das Kind zu erziehen.[36] Von der Mutter wurde erwartet, daß sie über die Pflege des kleinen Kindes hinaus seine christliche Erziehung mittrug. Aber die christliche Ideologie mußte mit anderen Handlungsorientierungen konkurrieren. In der Armut des traditionellen Alltagslebens konnten nicht alle Kinder, die gezeugt wurden, gleichermaßen willkommen sein. „Liebe zum Kind" bedeutete gewöhnlich die Liebe zu einem Kind, zu dem Ältesten oder Jüngsten, zu dem erhofften Jungen oder dem erwünschten Mädchen, in jedem Fall aber wohl zu einem Kind aus dem eigenen Haushalt oder der eigenen Familie.

Wenn Mutterliebe auch sicher keine Errungenschaft der Moderne ist, sondern es sich wohl eher um ein sehr früh in der Menschheitsgeschichte entstandenes Gefühl handelt, dessen Auslösung und dessen Ausdrucks- und Empfindungsmöglichkeiten mit den historischen und sozioökonomischen Bedingungen variieren, so wurden doch nicht alle Kinder geliebt. Und wenn es schon denjenigen Kindern schlecht ging, die geliebt wurden, so waren die Überlebenschancen der ungeliebten Kinder noch geringer.

Unehelichen, unerwünschten und armen Kindern stand Mutterliebe nicht ohne weiteres zu. Und Immanuel Kant trat nicht etwa aus Humanitätsgründen für die Straffreiheit der ledigen Kindsmörderin ein: „... das unehelich auf die Welt gekommene Kind ist außer dem Gesetz (denn das heißt Ehe), mithin auch außer dem Schutz desselben geboren. Es ist in das gemeine Wesen gleichsam eingeschlichen (wie verbotene Ware), so daß dieses seine Existenz (weil es billig auf diese

---

[35] Vgl. Fr. S. Hügel: Die Findelhäuser und das Findelwesen Europa's, ihre Geschichte, Gesetzgebung, Verwaltung, Statistik und Reform, Wien 1863; M. Nassauer: Der moderne Kindermord und seine Bekämpfung durch Findelhäuser, Leipzig und Würzburg 1919.
[36] J. T. Noonan Jr.: Intellectual and Demographic History, in: D. V. Glass und R. Revelle: Population and Social Change, London 1972, S. 119f.

Art nicht hätte existieren sollen) mithin auch seine Vernichtung ignorieren kann."[37]

Heute ist der § 217 StGB noch in Kraft, der die vorsätzliche Tötung eines unehelichen Kindes durch die Mutter bei oder gleich nach der Geburt als privilegierte Straftat behandelt, um der schwierigen Lage der ledigen Mutter gerecht zu werden; demgegenüber gilt die vorsätzliche Tötung eines ehelichen Kindes durch die Mutter als Mord oder Totschlag und wird härter bestraft.[38]

Der § 217 StGB geht auf humanitären Einsatz für die uneheliche Mutter zurück, unter den gegebenen Lebensverhältnissen bedeutet er aber, daß das Leben des ehelichen Kindes mehr geschützt wird als das des unehelichen, daß eine extreme Entzweiung von Mutter und Kind in dem einen Fall als verständlich gilt, in dem anderen aber nicht. Mutterliebe wird hier zur abhängigen Variablen des Zivilstandes.

Der Anspruch, daß alle Kinder ein Recht auf Leben und Liebe haben, Jungen und Mädchen, gesunde und behinderte, das erste und das fünfte, eheliche und uneheliche ist ein moderner, humaner Anspruch, ein bedeutender kultureller Wandel zum Besseren. Es ist aber auch ein Anspruch, der selbst in der modernen Gesellschaft nur schwer einzulösen ist. In der alten Gesellschaft gab es viel mehr Kinder als heute. In unserer Gesellschaft bedarf es der besonderen Entscheidung für ein Kind, und immer mehr Frauen treffen diese Entscheidung nicht. Empfängnisverhütung und Abtreibung garantieren, daß nur noch Wunschkinder geboren werden. Das Recht aller Kinder auf Leben und Liebe kann anscheinend nur eingelöst werden, wenn unter den Kindern eine sehr rigide Auswahl getroffen wird, welche zur Welt gebracht werden und welche nicht.

Das Prinzip, das allen Kindern ein Recht auf Leben und Liebe zugestand, war in unserer Kultur gekoppelt an eine Zuschreibung der Kleinkinderpflege an die Mutter: Die Mutter galt als Verantwortliche für die Umsetzung dieses Prinzips. An die überkommene kulturelle Selbstverständlichkeit mütterlicher Kinderpflege konnten immer neue exklusivere Pflichten geknüpft werden. Diese kulturelle Selbstver-

---

[37] Immanuel Kant: Rechtslehre, II. Teil 1. Abschnitt Staatsrecht, E. Strafrecht. Werke (Rosenkranz) IX 186, zitiert nach: Kluckhohn (wie Anm. 43) S. 324 Anm. 2.
[38] Vgl. M. Schwarz: Die Kindestötung in ihrem Wandel vom qualifizierten zum privilegierten Delikt, (Diss. Heidelberg) Berlin 1935.

ständlichkeit wurde auch genutzt, um die Schaffung neuer Zuständigkeiten für das Kind unter veränderten sozialen und ökonomischen Verhältnissen immer wieder zu verhindern. Unter den neuen Bedingungen industrieller Arbeit wurde eine Änderung der Zuschreibung der Kleinkinderpflege an die Frau denkbar. Diese Zuschreibung war bislang auch dort nicht in Frage gestellt worden, wo sie gar nicht praktiziert wurde, aber während der Industrialisierung wurde es zum sozialen Problem, wenn Mütter ihre Kinder nicht selbst versorgten. Die mit der Industrialisierung entstandene Fabrikarbeit verheirateter Frauen wurde zuerst in England als sozialer Mißstand behandelt, und zwar in erster Linie unter dem Aspekt des schlechten Gesundheitszustandes und der hohen Sterblichkeit der Kinder dieser Frauen. Inwieweit es den Politikern wirklich um die Kinder ging, sei dahingestellt, denn gleichzeitig kamen Kinder elendiglich um durch die grausamen Arbeitsbedingungen, denen sie in Fabriken und Arbeitshäusern unterworfen waren.

In erster Linie wurden die verheirateten Fabrikarbeiterinnen wohl zum ideologischen Problem, weil durch sie das alte Muster gestört schien, das das Innere des Hauses als „natürliche" Sphäre der Frau und das Draußen als „natürliche" Sphäre des Mannes beschrieb, wobei aber die Abgrenzung der Sphären undeutlich war und immer neu hergestellt werden mußte.[39] Die Fabrikarbeit unverheirateter Frauen, an der sich niemand stieß, galt wohl nur als Übergangsphase im weiblichen Lebenszusammenhang.

1844 zitierte ein englischer Abgeordneter in einer Parlamentsdebatte über verheiratete Fabrikarbeiterinnen als abschreckendes Beispiel einen Augenzeugenbericht über einen Ehemann, der mit seinem kleinen Kind auf dem Arm vergeblich versuchte, seine Frau, eine Fabrikarbeiterin, aus dem Bierhaus zu den anderen Kindern nach Hause zu holen. Der Abgeordnete fragte: „Whence is it that this singular and unnatural change is taking place? Because that on the women are imposed the duty and the burden of supporting their husband and families, a perversion as it were of nature, which has the inevitable effect of introducing into families disorder, insubordination and conflict. What is the ground on which a woman says she will pay

---

[39] Vgl. S. B. Ortner: Is Female to Male as Nature is to Culture?, in: M. Z. Rosaldo und L. Lamphere (Hrsg.): Woman, Culture, and Society, Stanford 1974.

no attention to her domestic duties? Nor give the obedience which is due to her husband? Because on her devolves the labour which ought to fall to his share, and she throws out the taunt, ,If I have the labour, I will also have the amusement'." [40]

Vielleicht befürchtete der Abgeordnete, die Frau könnte sagen: „Wenn ich die Arbeit habe, möchte ich auch die politischen und persönlichen Rechte."

Frauenarbeit war immer selbstverständlich gewesen, und verheiratete Frauen hatten auch Arbeit außer Haus verrichtet, z. B. auf Märkten, in Ziegeleien, auf Feldern und in fremden Häusern, aber erst über die Arbeit der verheirateten Frauen in Fabriken erregte sich die männliche Öffentlichkeit. Die Fabrik bot den Frauen neue Koalitionsmöglichkeiten, und sie war wohl auch im Bewußtsein der Frauen eine eindeutig „nicht-häusliche" Sphäre. Sahen sich die Frauen aber erst im „Draußen" der Männer, dann bestand kein Grund mehr, daß alleine die Frauen für das „Drinnen" des Hauses zuständig zu sein hatten. Diese Infragestellung der Zuständigkeiten für das Drinnen und Draußen aber konnte in einer patriarchalen Gesellschaft nur angesehen werden als „a perversion as it were to nature".

Die „Natur" hatte der Frau die Mutterpflichten und die häusliche Sphäre zugeschrieben, ob es sich um eine englische Fabrikarbeiterin handelte oder um eine deutsche Bäuerin, die Mütter waren selbstverständlich für die Pflege des Kleinkindes zuständig. Das bedeute auch, daß es „unnatürlich" war, wenn der Vater die Kleinkinderpflege verantwortlich übernahm. Die Wartung und Pflege eines Säuglings oder Kleinkindes durch Männer war in unserer Kultur jedoch kein Tabu: Jungen warteten ihre kleinen Geschwister voll verantwortlich, wenn keine Schwester abkömmlich war, und Männer wurden auf diese Art und Weise – zumindest in den weniger wohlhabenden Schichten – von klein auf mit Kinder- und Säuglingspflege vertraut. Großväter und Invaliden wurden zur Kinderbetreuung herangezogen, wenn sie zu anderen Arbeiten nicht mehr zu gebrauchen waren; von Vätern wurde erwartet, daß sie ihre Kinder herumtrugen, mit ihnen spielten, sich bei Krankheiten an ihrer Pflege beteiligten, gegebenenfalls auch die Mutter für kürzere Zeit vertreten konnten. Aber an eine Infragestellung der

---

[40] Zitiert nach M. Hewitt: Wives and mothers in Victorian Industry, Repr. Westport, Conn.: Greenwoodpress 1975, S. 183.

traditionellen Zuständigkeit von Vater und Mutter, von Mann und Frau, durfte nicht gedacht werden. Erst die Frauenbewegung forderte die verantwortliche Teilnahme des Vaters an Haus- und Erziehungsaufgaben. Dabei wurden aber z. B. in der deutschen Frauenbewegung um 1900 – als auch hier das Problem der verheirateten Fabrikarbeiterinnen zu einer sozialen Frage wurde – sehr unterschiedliche Meinungen zum „Mutterschaftsproblem" vertreten. Den Frauen der bürgerlichen Frauenbewegung als Müttern ging es darum, nicht nur auf die Mutterrolle festgelegt zu werden, sondern auch einen Beruf ausüben zu dürfen. So heißt es um 1900 bei der „bürgerlichen" Hedwig Dohm: „Man wird den Frauen das Kindergebären noch ganz verleiden mit der Sucht, sie damit für alle anderen Lebensansprüche abfinden zu wollen." [41]

Die proletarischen Frauen hingegen, die ohnehin arbeiten mußten, verfolgten das Ziel, Maßnahmen und Einrichtungen durchzusetzen, „welche die arbeitende Frau vor physischer und moralischer Degeneration schützen und ihr die Fähigkeiten als Mutter und Erzieherin der Kinder sichern". [42]

Die Lage der lohnabhängigen Mutter sollte verbessert werden durch Empfängsniverhütung und eine gezielte Familienplanung, durch die Teilnahme des Mannes an den Erziehungsaufgaben und durch kollektive Kinderpflege und Erziehung in öffentlichen Institutionen. Viele proletarische Frauen wollten das alles aber gar nicht, sondern hofften, daß durch die verbesserten Einkommen der Ehemänner und Ernährer, und eventuell durch Lohn für Hausarbeit, die Basis geschaffen wurde, die ihnen erlaubte, sich ganz auf ihre „naturgeschaffene Gebundenheit", ihren „natürlichen Beruf" konzentrieren zu können. Diese Konflikte sind bis heute wirksam.

---

[41] H. Dohm: Sind Mutterschaft und Hausfrauentum vereinbar mit Berufstätigkeit? (1903), in: G. Brinker-Gabler (Hrsg.): Frauenarbeit und Beruf, Frankfurt a. M. 1979, S. 246.
[42] A. Bebel: Die Frau und der Sozialismus. Mit einem einleitenden Vorwort v. E. Bernstein, Berlin und Bonn-Bad Godesberg 1977, S. 7.

4. Mutterschaft und „weibliche Natur"

Frauen übernahmen die ihnen zugeschriebene Natur und formten sie innerhalb der vorgeschriebenen Grenzen zu weiblichen Lebenszusammenhängen, Traditionen und Wünschen. Elemente derjenigen Zuschreibungen, die zum Teil bis heute ihre Wirksamkeit in Lebensentwürfen von Frauen erhalten konnten, wurden im späten 18. und im frühen 19. Jahrhundert formuliert in einer sich tiefgreifend wandelnden Gesellschaft. Das Aufkommen der bürgerlichen Gesellschaft, Bürokratisierung und später auch Industrialisierung gaben Anlaß für Neuformulierungen der Ausgrenzung des weiblichen Geschlechts aus der staatsbürgerlichen und wirtschaftlichen Verantwortung. Ob und warum diese Neuformulierung der Ausgrenzung notwendig wurde, muß hier eine offene Frage bleiben.

Hatte es bei einigen aufgeklärten Autoren noch geheißen, die Seele habe kein Geschlecht, wenngleich Gott oder die Natur bestimmt hatten, daß der Lebenszweck der Frau im Manne liege, so ging es seit der Wende zum 19. Jahrhundert den unterschiedlichen Autoren darum, die Seelenverschiedenheit der Geschlechter herauszuarbeiten.[43] Ganz allgemein wurde das Wesen der Frau durch ihre Naturnähe charakterisiert. Im November 1803 kündigte Sophie Mereau dem Geliebten ihre Schwangerschaft und die sich daraus ergebende Notwendigkeit einer Heirat mit den Worten an: „Clemens, ich werde Dein Weib und zwar so bald als möglich. Die Natur gebietet es, und so unwahrscheinlich es mir bis jetzt noch immer war, darf ich nun nicht mehr daran zweifeln."[44]

Das Leben der Frau wurde durch ihre Natur bestimmt, nicht von ihr selbst; die Basis dieser Natur bestand in den biologischen Funktionen der Frau, die Basis der männlichen Natur hingegen in der Fähigkeit, sich von den biologischen Gesetzen zu lösen, um sich selbst und die Welt zu gestalten: Die Frau war Natur, der Mann war Kultur.

Der Dichter Novalis schreibt in einem Brief vom Februar 1799 an Caroline Schlegel: „... die Frau ist der eigentliche Naturmensch – die

---

[43] Vgl. P. Kluckhohn: Die Auffassung der Liebe in der Literatur des 18. Jahrhunderts und in der deutschen Romantik, Halle 1931, z. B. S. 104 ff., 118, 155 f., 310 f., 462.
[44] H. Haberland und W. Pehnt (Hrsg.): Frauen der Goethezeit in Briefen, Dokumenten und Bildern von der Gottschedin bis zu Bettina von Arnim, Stuttgart 1960, S. 425.

wahre Frau das Ideal des Naturmenschen, sowie der wahre Mann das Ideal des Kunstmenschen. Naturmensch und Kunstmensch sind die eigentlich ursprünglichen Stände. Stände sind die Bestandteile der Gesellschaft. Die Ehe ist die einfache Gesellschaft, wie der Hebel die einfache Maschine. In der Ehe trifft man die beiden Stände. Das Kind ist in der Ehe, was der Künstler in der Gesellschaft ist – ein Nichtstand, der die innige Vereinigung – den wahren Genuß beider Stände befördert."[45]

Diese Sicht der Frau als Naturwesen war vertraut, neu dagegen war, daß die Naturnähe der Frau idealisiert wurde in einer Theorie der Geschlechterergänzung. Diese Theorie der Ergänzung von weiblichem und männlichem Wesen zu einer höheren Menschlichkeit zielte nicht auf staatsbürgerliche Gleichstellung der Geschlechter: Die Geschlechter galten zwar in einem idealen Sinn als gleichwertig, in ihren gesellschaftlichen Funktionen aber nach wie vor als ungleich. Die wesensmäßige Ungleichheit von Mann und Frau wurde von der deutschen Romantik im Sinne einer sittlichen Gleich- oder sogar Höherwertigkeit der Frau gedeutet. Aufgabe der Frau sollte es sein, ihre spezifisch weibliche Individualität herauszubilden, durch die sie dann veredelnd auf den Mann wirken konnte. Die Ergänzung von Mann und Frau fand einen Höhepunkt im Erleben gemeinsamer Elternschaft. In der „Lucinde" von 1799 läßt Friedrich Schlegel den werdenden Vater an seine Frau schreiben: „Leichtsinnig lebte ich über die Erde weg, und war nicht einheimisch auf ihr. Nun hat das Heiligtum der Ehe mir das Bürgerrecht im Stande der Natur gegeben."[46]

Die Kinder galten nicht mehr als Zweck der Ehe, sondern als ihr höchster Ausdruck, verstärkten die Liebe des Ehepaares durch ein neues Band. Die Kinder waren nicht mehr ein Geschenk Gottes, sondern eines der Natur und der Liebe. Für die Mutter-Kind-Beziehung entwickelte sich daraus die Annahme, daß die Mutter den Erzeuger ihres Kindes lieben müsse, um das Kind lieben zu können. Kinder wurden dadurch einer neuen Ungleichheit unterworfen: sie waren nun nicht mehr nur unehelich oder ehelich, erwünscht oder unerwünscht, Mädchen oder Knaben, Erstgeborene oder Nachgebo-

---

[45] W. A. Koch (Hrsg.): Briefe deutscher Romantiker, Wiesbaden o. J., S. 120 f.
[46] F. Schlegel: Lucinde, Frankfurt a. M., Berlin und Wien 1980, S. 70.

rene, Kinder von Reichen oder von Armen usw., sondern auch
„Kinder des ungeliebten Mannes" oder „Kinder der Liebe".

Die Vorstellungen der deutschen Romantik von Frauen als mütterlichen Naturwesen und von Kindern als unschuldigen, reinen Geschöpfen verdanken ihre ideologischen Erfolge und ihre bis heute andauernde Überzeugungskraft in manchen Fragen der Geschlechterverhältnisse und der Liebesbeziehungen der Unattraktivität älterer, gleichzeitiger oder späterer Auffassungen vom Wesen der Frau und vom Wesen der Liebe.

Aber auch im 19. Jahrhundert waren diejenigen Ideologien wirksam, die Frauen als Objekte männlicher Naturbeherrschung sahen. Die Gebärfähigkeit der Frau und ihre zeitgenössisch so gepriesene Mütterlichkeit machten sie in besonderem Maße zu Objekten. Schopenhauer bemerkte 1851: „Zu Pflegerinnen und Erzieherinnen unserer ersten Kindheit eignen die Weiber sich gerade dadurch, daß sie selbst kindisch, läppisch und kurzsichtig, mit Einem Wort, Zeit Lebens große Kinder sind: eine Art Mittelstufe zwischen dem Kinde und dem Manne, als welcher der eigentliche Mensch ist. Man betrachte nur ein Mädchen, wie sie, Tage lang, mit einem Kind tändelt, herumtanzt und singt, und denke sich, was ein Mann beim besten Willen an ihrer Stelle leisten könnte."[47]

Schopenhauers Argument ist bei aller unliebenswürdigen Absurdität typisch für Reflexionen über die Mutter-Kind-Beziehung seiner Kultur und seiner Zeit: Allen Frauen, gleich ob sie geboren haben oder nicht, wird die Fähigkeit und der Wunsch zum Umgang mit dem kleinen Kind zugeschrieben, die Bewertung dieses Umgangs hängt wieder von der Bewertung des Kindes ab. Wird das Kind als „läppisch" angesehen, gilt auch seine Pflege als „läppisch"; wird das Kind zum Garanten einer besseren Zukunft, ist seine Pflege eine wichtige gesellschaftliche Aufgabe. Die christliche Sicht des Kindes als triebhaftem, sündigem Wesen entsprach ähnlichen Einschätzungen weiblicher Sexualität, die Interpretation des Kindes als unschuldigem Engel ging einher mit einer Rolle der Mutter als Sitten- und Tugendwächterin der Familie. Sicher waren und sind die Einschätzungen von Mutter und Kind nicht immer eindeutig und klar umrissen, es zeigt sich aber

---

[47] A. Schopenhauer: Parerga and Paralipomena, II. Teil, in: ders.: Sämtliche Werke in fünf Bänden, Bd. V, Leipzig o. J., S. 668 f.

einerseits, daß die Bewertung des Kindes und die der weiblichen Natur in unserer Kultur voneinander abhingen, und andererseits, daß selbst bei einer hohen Bewertung der Pflege des Kleinkindes durch die eigene Mutter, die Frau als Mutter in der patriarchalen Gesellschaft von der wirtschaftlichen und gesellschaftlichen Verantwortung ausgeschlossen blieb und weniger galt als ein Mann.

Frauen konnten und können nicht einfach nur fruchtbar sein, sondern müssen sich selbst als Mütter, müssen das Wesen ihrer Kinder und die Beziehung zu den Kindern ständig im Alltagsleben interpretieren, müssen auch mit negativen Zuschreibungen umgehen und den vorgegebenen Grad der Entzweiung und Vereinigung für sich und ihr Kind lebbar gestalten.

Die fromme, später sehr populäre Schriftstellerin Dora Rappard, die insgesamt neun Kinder „von Gott als Kleinod anvertraut bekam", schrieb 1869 über die Geburt ihres ersten Kindes: „Mit welcher Wonne das geliebte Kind bewillkommt wurde, ist nicht auszusprechen. Einige Monate vor seiner Geburt hatten mich die Worte des 51. Psalms: ‚Siehe, ich bin aus sündlichem Samen gezeugt, und in Sünden hat mich meine Mutter empfangen' so überwältigt, daß ich nur weinen konnte über das Verderben, das meinem noch ungeborenen Kind schon anhaftete. Aber da wurde mir auf einmal klar, daß, wie die Sünde gleichsam ohne des Kindes Schuld auf es warte, also auch die Gnade, die unverdiente Gnade unseres Heilands bereit sei, es zu umfassen und zu beseligen. Unter diesem frohen Eindruck erwarte ich die Ankunft des Kindes, dessen Geburt mir als ein Siegel der Liebe meines Gottes erschien."[48] Auch diese Frau, wie alle Frauen, mußte die besondere Art ihrer Mutterliebe erst herstellen.

Im 19. Jahrhundert wich die hausherrliche Gewalt über Frau und Kind der „Macht der Liebe", die Pflege des Kleinkindes wurde zum „mütterlichen Beruf" umgedeutet, der allein der weiblichen Natur entsprach und auch nur von der leiblichen Mutter befriedigend ausgefüllt werden konnte. Frauen übernahmen die neuen Leitbilder nicht nur bereitwillig, sondern machten sich zu ihrem Sprachrohr, denn die neuen Vorstellungen von „weiblichem Beruf" und der mit

---

[48] E. Veiel-Rappard: Mutter. Bilder aus dem Leben von Dora Rappard-Gobat, Gießen und Basel 1927, S. 129.

ihm verbundenen „Mütterlichkeit" werteten die Frauen moralisch und gesellschaftlich auf gegenüber anderen Vorstellungen von der sündigen Natur des Weibes.

Tony Schumacher, eine einigermaßen populäre Schriftstellerin, schrieb um 1900: „In jeder einigermaßen richtig angelegten Frauenseele liegt die Freude an Kindern, das Verlangen nach solchen. (...) Das ‚Versorgendürfen' von etwas, das ihr allein gehört, von etwas Hilflosem, das von ihr abhängt, das ist Frauennatur, und im Mutterwerden erreicht dies Verlangen die höchste Befriedigung!"[49] Viele Frauen sehen das heute vielleicht gar nicht so anders, denn „weibliche Natur" und Mutterrolle bleiben in alltäglichen wie auch in wissenschaftlichen Diskursen verknüpft, wenn diese Verknüpfungen auch in ihrer Überzeugungskraft nachgelassen haben.

Ging es bei den Erörterungen über die weibliche Natur im 18. und 19. Jahrhundert auch um die Einheit von Körper und Wesen der Frau und damit um ihre Geschichte und ihre Lebensbedingungen, so wird in modernen naturwissenschaftlichen und medizinischen Diskursen die Physiologie eines unhistorischen weiblichen Körpers zum neuen Ausgangspunkt des alten Dualismus: Frau = Natur, Mann = Geist gemacht. Die weiblichen Möglichkeiten der Schwangerschaft, der Geburt und des Stillens werden als rein biologische Funktionen interpretiert, die den Körper zum Schicksal werden lassen. Aber die moderne Wissenschaft liefert auch gleich die Lösung für das von ihr konstruierte Problem mit: Wenn die Frau durch ihre Biologie von kulturellen, wirtschaftlichen, politischen und gesellschaftlichen Bereichen ausgeschlossen ist, dann sollen nicht diese Bereiche verändert werden, sondern die Biologie der Frau muß mit Hilfe hormoneller Behandlungen tiefgreifende Wandlungen erfahren; solange aber die Frau ihre Gebärfähigkeit nicht aufgeben mag, soll sie auch die Verantwortung für die Kleinkinderpflege tragen.

Bei einem modernen Soziologen heißt es, daß „... die tiefgreifenden physischen und damit auch psychischen Erfahrungen von Schwangerschaft, Geburt und Stillzeit die Identifikation mit dem Kind bei der Frau wahrscheinlicher als bei dem Mann"[50] werden lassen. Feministin-

---

[49] T. Schumacher: Vom Schulmädchen bis zur Großmutter. Plaudereien, Stuttgart und Leipzig 1908, S. 107 f.
[50] R. Eckert: Geschlechtsrollen im Wandel gesellschaftlicher Arbeitsteilung, in: ders.:

nen, die in der Mutterrolle den stärksten Hebel patriarchaler Unterdrückung der Frau sehen, argumentieren zum Teil noch stärker biologisch. So schreibt Simone de Beauvoir: „Auf alle Fälle aber sind Gebären und Stillen keine Aktivitäten, sondern natürliche Funktionen; kein Entwurf ist dabei im Spiel, und daher kann auch die Frau darin keinen Grund einer hochgestimmten Bejahung ihrer Existenz finden; passiv unterzieht sie sich ihrem biologischen Geschick."[51]

Und jüngeren Datums ist folgende Klage einer deutschen Feministin: „Auf allen Gebieten der Produktion haben die Menschen die Naturgesetze in ihren Dienst genommen, nur die Frau soll immer noch wie eine Kuh oder Äffin den Naturgesetzen ihrer Gebärmutter und ihrer Milchdrüsen unterworfen bleiben, indem Kinder kriegen, füttern und herumschleppen ihr als natürliche Funktion und einzig echte Weiblichkeit bis heute in der Familienideologie angehängt wird."[52]

Der entscheidende Punkt ist aber nun gerade der, daß eine Frau ihre Kinder eben nicht wie eine Kuh oder Äffin gebiert, instinktgesteuert und unbewußt. Schwangerschaft, Geburt und Stillen sind beim Menschen bewußte Prozesse, in denen sich Biologie und Gesellschaft untrennbar verschränken, auch wenn z. B. die Schwangerschaft verdrängt wird und auch wenn diese Prozesse subjektiv von der Frau als rein biologische Abläufe interpretiert und erfahren werden. Leben weiterzugeben muß als spezifisch weibliche Aneignung von Natur interpretiert werden und nicht als biologische Funktion: „Die Gleichsetzung der Produktivität des weiblichen Körpers mit animalischer Fruchtbarkeit ist jedoch *ein Resultat* patriarchalischer Arbeitsteilung, nicht aber ihre Voraussetzung."[53]

Anthropologen sehen in der Mutter-Kind-Beziehung die erste soziale Zuordnung in der Menschheitsgeschichte vor Familie, Ehe, Vater-Kind-Beziehung, den ersten sozialen Ort, in dem sich Emotionen wie Zuneigung und Liebe entwickelten.

Geschlechtsrollen und Arbeitsteilung. Mann und Frau in soziologischer Sicht, München 1979, S. 252.
[51] S. de Beauvoir: Das andere Geschlecht, Reinbek 1972, S. 71.
[52] T. Reimers: Die biologische Determination der Weiblichkeit – natürliche Evolution – gesellschaftliche Konsequenzen, in: Frauen und Mütter. Beiträge zur 3. Sommeruniversität von Frauen für Frauen – 1978, Berlin 1979, S. 443.
[53] M. Mies: Gesellschaftliche Ursprünge der geschlechtlichen Arbeitsteilung (1), in: Frauen und „dritte" Welt. Beiträge zur feministischen Theorie und Praxis, H. 3 (München 1980) S. 64.

Wenn also Elisabeth Badinter in ihrem Buch über „Mutterliebe" zeigt, daß der Mutterinstinkt ein Mythos ist, und es sich bei „Mutterliebe" nur um ein Gefühl handelt, das wesentlich von den Umständen abhängig ist, so beschreibt sie eine sehr langlebige soziale Tatsache. Gegenüber der Biologie ist ein historisch gewordenes Gefühl vielleicht sogar die resistentere Tatsache: Gäbe es einen Mutterinstinkt, der in der Lage wäre, lebenslange Mutterliebe auszulösen, so wäre er heute sicher mit einigen Hormonspritzen auszuschalten, während eine langandauernde soziale Struktur in der Menschheitsgeschichte, wie sie die Mutter-Kind-Beziehung bildet, sich als zählebig erweisen kann.

Aber wie kann sich diese soziale Struktur reproduzieren, obwohl sie so radikal in Frage gestellt wird, „why do mothers mother?", obwohl ihnen das gesellschaftliche Nachteile bringen kann, und warum entwickeln Frauen das Gefühl der Mutterliebe, ohne das Mutterrecht zu fordern und eine tiefgreifende Neuverteilung gesellschaftlicher Zuständigkeit einzuklagen?

Eine Antwort, die recht überzeugt, gibt Nancy Chodorov: Sie führt an, daß die soziale Tatsache, daß Männer und Frauen in ihrer frühen Kindheit von einer oder mehreren Frauen betreut wurden und werden, zu den entsprechenden Dispositionen führt. Frauen, die weder über entsprechende Motivation noch über entsprechende Fähigkeiten verfügen, widmen sich der Kleinkinderpflege, und Männer, die sowohl über die Motivation als auch über die Fähigkeiten zur Kleinkinderpflege verfügen, widmen sich dieser Aufgabe nicht, weil die geschlechtliche Arbeitsteilung, in der Mütter „bemuttern", ihnen psychisch kaum andere Alternativen öffnet. Meist jedoch führt diese Arbeitsteilung zu den entsprechenden Motiven und Fähigkeiten bei Mann und Frau, denn die Mutter-Tochter-Beziehung hat andere „psychodynamische" Konsequenzen als die Mutter-Sohn-Beziehung.

Die Mutter-Tochter-Beziehung ist durch Kontinuität gekennzeichnet, weil die Tochter die Identifikation mit ihrer Mutter ein Leben lang aufrechterhalten kann. Dagegen wird die Mutter-Sohn-Beziehung durch einen tiefen Bruch charakterisiert, der unvermeidbar ist, weil der Sohn einem anderen Geschlecht als seine Mutter angehört und lernen muß, sein Selbst durch Opposition zu ihr zu definieren. Für den Sohn wird die Mutter zum „Anderen".[54] Die Geschichte der kleinen

---

[54] Vgl. N. Chodorow: Family Structure and Feminine Personaly, in: M. Z. Rosaldo

Jungen ist demnach eine Geschichte der Entzweiung, und die Geschichte der Väter ergibt sich daraus als eine Geschichte der Herrschaft über das „Andere".

Frauen als Mütter entfalten so viel oder so wenig Mutterliebe, wie von ihnen erwartet wird. „Mütterlichkeit" kennzeichnet in unserer Kultur keine eigenständige Verhaltensdimension im Lebenszusammenhang von Frauen, vielmehr schreiben die gesellschaftlichen Verhältnisse der Mutter-Kind-Beziehung den Grad ihrer Entzweiung oder Vereinigung vor.

5. Häuslichkeit und Welt

Die Ideologie eines „maternal instinct" als Charakteristikum weiblicher Natur und eines „sexual drive" als Spezifikum männlichen Wesens[55] mußte im 19. Jahrhundert ihre gesellschaftlichen Entsprechungen erst herstellen. Der Frau wurde als Mutter das Heim als sozialer Ort zugeschrieben, dem Mann aber die Welt. Diese Entgegensetzung von Haus = weiblicher Sphäre und Draußen = männliche Sphäre war nun alt wie die patriarchale Herrschaft, neu dagegen war die Ausgestaltung dieser Gegensätze als Privatheit/Öffentlichkeit, Staat/Familie, mütterliche Tugend des Schützens/männlicher Drang nach Eroberung, kleine Welt am Herd/immer größere Welt geographischer Ziele und technischer Möglichkeiten, kleine Gesellschaft der Kinder an Mutters Rockzipfel/große Gesellschaft der Klassengegensätze.[56]

---

und L. Lamphere (Hrsg.): Woman, Culture, and Society, Stanford 1974; J. Lober, R. L. Coser, A. S. Rossi und N. Chodorow: On The Reproduction of Mothering: A Methodological Debate, in: Signs. Journal of Women in Culture and Society 6, Nr. 3 (Frühjahr 1981) S. 501.
[55] Gordon (wie Anm. 30) S. 99f.
[56] Vgl. N. F. Cott: The Bonds of Womanhood. „Woman's Sphere" in New England, 1780–1835, New Haven und London 1977; K. Hausen: Die Polarisierung der „Geschlechtscharaktere". Eine Spiegelung der Dissoziation von Erwerbs- und Familienleben, in: H. Rosenbaum: Seminar: Familie und Gesellschaftsstruktur. Materialien zu den sozioökonomischen Bedingungen von Familienformen, Frankfurt a. M. 1978; G. Bock und B. Duden: Arbeit aus Liebe – Liebe als Arbeit. Zur Entstehung der Hausarbeit im Kapitalismus, in: Frauen und Wissenschaft. Beiträge zur Berliner Sommeruniversität für Frauen – Juli 1976, Berlin 1977.

Diese Sphären wurden gesetzlich und institutionell verankert; sie mußten darüber hinaus aber immer wieder neu im Denken und Handeln der Menschen hervorgebracht werden, denn wenn der Kampf um die „Nahrung" es erforderte, gingen Frauen nach Draußen und Männer blieben im Haus, oder aber Frauen und Männer bewegten sich in beiden Bereichen.[57]

Während der Mann durch seine Teilnahme am gesellschaftlichen Prozeß keiner besonderen Unterweisung darüber bedurfte, welches seine Sphäre sei, wurde die Verteidigung der Gültigkeit von Zuschreibungen, die die Frau auf ihre traditionellen Rollen als Gattin, Hausfrau und Mutter auch unter veränderten gesellschaftlichen Verhältnissen festlegten, in der bürgerlichen Gesellschaft zum Gegenstand von Philosophen, Pädagogen und Literaten. Es wurde der Anspruch formuliert, daß alle Frauen, unabhängig von ihrer sozialen Stellung, sich als Gattin und Hausfrau um die liebevolle Ausgestaltung einer intimen, emotionalen Privatsphäre kümmern sollten, und vor allem, daß sie im Haus bleiben sollten, um selbst und allein die Kinder zu versorgen.

Pfarrer, Wohlfahrtsvereine, Ärzte und Lehrer verbreiteten dieses Ideal. So auch der junge Lehrer Peter Lübke, der 1819 seine erste Stelle im Dorf Canstein in Westfalen antrat. Er erinnert sich: „Am dritten Tage meines Dortseins, am 8. Dezember, am Tage Mariä Empfängniß, bekam ich zuerst ein Bild von der Lebensweise dieser Menschen. In der ersten Zeit logirte ich in dem der Schule nahen Wirthshause, dem einzigen des Orts, dessen Besitzer der gräfliche Förster war; erst nachdem ich mir ein Bett angeschafft hatte, wohnte ich im Schulhause, speiste aber im Wirthshause.

Am Abende des genannten Tages fand ich in der großen Wirthsstube fast meine ganze Schulgemeinde. Die Männer spielten Karten und tranken Brandwein, Mütter mit ihren Kindern auf dem Schoße sahen zu und tranken mit. Die meisten meiner Schüler waren auch gegenwärtig, sahen dem Kartenspiel mit Andacht zu und tranken ab und zu aus dem Glase des Vaters. Gegen 8 Uhr erinnerten die Mütter dann die Männer aufzuhören und nach Hause zu gehen. ‚Johannes et is Tied, lat us gohen!' Aber Johannes erwiderte: ‚Drink no emol Lisbeth!' Die Frau trank dann und wurde auf kurze Zeit wieder beruhigt. Meine

[57] Hewitt (wie Anm. 28) S. 193.

erste Sorge war nun, die Kinder aus dem Wirthshause zu halten und dann auf die Mütter in dieser Beziehung zu wirken. Mit meinen Schülern war ich bald fertig, aber den Müttern konnte ich nicht beikommen.

Ich machte daher durch meine Schüler bekannt, daß ich an den Sonn- und Feiertagen von 3–5 Uhr in der Schule für Frauen und Jungfrauen Vorträge halten würde. Am nächsten Sonntag war die Schule ganz voll. Ich schilderte nun das Leben von tugendhaften Frauen und Jungfrauen, gab praktische Winke für Kindererziehung, machte sie aufmerksam auf gute Sitten und schlechtes Betragen, schilderte den Segen der ersteren und die schlimmen Folgen des letzteren und munterte sie dann auf, das Gute zu wählen und das Böse zu verabscheuen. Am Schlusse wurde dann ein Choral, auch wohl ein anderes Lied eingeübt und gesungen. Nach kurzer Zeit ging keine Mutter mehr ins Wirthshaus."[58]

Die Mütter waren nun im Haus, aber dafür waren die Familien auseinandergerissen. Nicht nur der gemeinsame Wirtshausbesuch von Eltern und Kindern wurde im Verlauf des 19. Jahrhunderts als unschicklich angesehen, auch andere Formen der Geselligkeit, die Erwachsene und Kinder beiderlei Geschlechts versammelten, wie z. B. die Spinnstuben, wurden in diesem Zeitraum durch neue Geselligkeitsformen ersetzt, die Eltern und Kinder trennten. Wie diese Prozesse der Trennung konkret verliefen, ist noch eine unbearbeitete Untersuchungsfrage. Jedenfalls erwies sich das Modell des Frauenlebens als Gattin, Hausfrau und Mutter, das als harmonisches Ideal von sich ergänzenden Aufgaben konzipiert war, in der Realität auseinanderfallender Lebensbereiche als Spannungsfeld: Was der Gattenbeziehung zugute kam, konnte der Mutter-Kind-Beziehung schaden, wo sich die Mutter-Kind-Beziehung entfaltete, mußte die Erwerbsarbeit zurückstehen usw.

Über die Ausgestaltung der Aufgaben von Gattin, Hausfrau und Mutter wurde im 18. und 19. Jahrhundert viel geschrieben – auch von Frauen.

Luise Adelgunde Victoria Gottsched war die Verfasserin eines Essays über Frauenerziehung, der 1738 und 1748 in der zweiten und

---

dritten Auflage der „Vernünftigen Tadlerinnen" in Buchform erschien.[59] Die Autorin richtete sich darin ausdrücklich an wohlhabende
Frauen und nicht an Frauen niedrigen Standes, die „... bey ihren
Männern, allem Ansehen nach, nur die Stelle einer treuen Magd
vertreten...".[60] Die wohlhabende Frau sollte sich allen Vorurteilen
gegenüber „gelehrten Frauenzimmern" zum Trotz zur Vernunft bilden, aber nicht für sich selbst, sondern für Mann, Haushalt und
Erziehung der Kinder. Vernunft erleichterte den Umgang mit dem
Gatten, half, ihm zu gefallen, „... und also die Liebe der Männer, in
welcher das einzige Glück einer vernünftigen Frau bestehet, niemals
erlöschen zu lassen".[61]

Vernunft war auch nötig, um den Haushalt zu organisieren und um
das Gesinde anzuleiten. Die Frauen mußten ihre Männer bei der
Haushaltsführung und bei der Kindererziehung ersetzen, nicht etwa
weil die Natur sie dazu besonders befähigte, sondern weil die Männer
„mit so vielen wichtigen Geschäften außer dem Haus beladen" waren.[62] Die Mutter-Kind-Beziehung war hier keine Frage des „maternal
instinct", sondern der Vernunft und der Bildung: „Wir kommen auf
die Kinderzucht, und sehen dabey auf die Pflichten, welche einer
Mutter auch in diesem Stücke obliegen. Wer sollte nun denken, daß
man es nöthig hätte, hierinnen die geringsten Lehren zu geben? Wer
sollte nicht glauben, daß die natürliche Liebe eine jede Mutter schon
selbst antreiben würde, hierinnen ihren möglichsten Fleiß anzuwenden? Allein die Erfahrung überzeugt uns, daß fast keine Sache im
gemeinen Leben schlechter bestellt wird, als die Kinderzucht. Eine
Mutter denket Wunder was sie gethan hat, wenn sie das Kind
gebiehret. Hierauf vertraut sie es der Aufsicht einer leichtfertigen
Metze an, die ihm sogleich mit der Milch die Liebe zu den Lastern
einflößet. Kaum kann es lallen, so schickt man es in eine Schule, allwo
die bösen Beyspiele anderer Kinder, und die unverünftige Unterweisung eines eigennützigen Lehrers, dasselbe vielmehr zur Dummheit als

---

[59] L. A. V. Gottsched: Das XXIX. Stück der „Vernünftigen Tadlerinnen", in: Haberland u. Pehnt (wie Anm. 44) S. 38 ff.; zur Quelle W. Martens: Die Botschaft der
Tugend. Die Aufklärung im Spiegel der deutschen Moralischen Wochenschriften,
Stuttgart 1968, S. 520 ff.
[60] Gottsched (wie Anm. 59) S. 40.
[61] Ebd. S. 41.
[62] Ebd. S. 42.

zur Wissenschaft führen. Zu Hause wird es auch mehr durch henker-
mäßige Strafen, als durch gründliches Überzeugen vom Bösen zum
Guten, wo nicht gar von diesem zu jenem, geführt. Wer aber nur
ernstlich bedenken will, wie viel an der Zucht unserer ersten Kindheit
gelegen ist; und wie stark sich dasjenige, was man in der Jugend
annimmt, unserm Gemüthe einverleibet: der wird leicht erkennen, daß
hierzu viel mehrere Geschicklichkeit gehöret, als insgemein bey der
Kinderzucht angewandt wird."[63]
Die gute Mutter sollte gebildet sein, um künftige Bürger bilden zu
können. Die Kinder sollten möglichst wenig dem Gesinde überlassen
bleiben, sondern sollten von Mitgliedern ihres eigenen Standes beaufsichtigt und erzogen werden.

Luise Gottsched wies der wohlhabenden Frau die eigenständigen
Aufgabenbereiche Haushalt und Kindererziehung zu, denn auch die
Frau war als vernunftbegabtes Wesen zu eigenverantwortlichem Handeln fähig. Diese Sicht bedeutete einerseits eine ideologische Aufwertung der Frau, andererseits aber eine Formveränderung der Ausgrenzung von „gelehrten Frauenzimmern" aus dem gesellschaftlichen und
wirtschaftlichen Prozeß. Der bürgerlichen Frau boten sich keine
Lebensalternativen zum Dasein als Gattin, Hausfrau und Mutter, sie
sollte aber nun stärker die Möglichkeit haben, diese Rollen mitzuge-
stalten. Die notwendigen Fähigkeiten dazu mußte sie sich aneignen,
ihre Lehrmeister waren Philosophen, Pädagogen, Literaten und Ärzte. Wie eigenständig die Frau auch im Haushalt und als Mutter handeln
durfte, letztlich mußte sie sich doch immer vor ihrem Ehemann
verantworten – und natürlich auch vor ihrem Gott, der manchen
irdischen Vater im protestantischen Milieu transzendierte.

Luise Gottsched machte sich in ihrem Essay wenig Gedanken über
die Natur von Mann und Frau, denn sie glaubte an Vernunft, die auch
Frauen befähigte, Bürger für die Welt zu bilden. Aber die Welt
entfernte sich immer weiter vom Haus, und die Kämpfe in Wirtschaft
und Gesellschaft ließen eine friedliche Häuslichkeit um so reizvoller
erscheinen, je stärker sie die Welt ausschloß.

Im Verlauf des 18. und des frühen 19. Jahrhunderts setzten sich
Vorstellungen durch von einer notwendigen Ergänzung mütterlicher
und väterlicher Aufgaben im Erziehungsprozeß. Die Mutter galt nun,

---

[63] Ebd. S. 43.

durch ihre weibliche Natur befähigt, als Bildnerin des kindlichen Gemüts und als Pflegerin des kleinen Kindes, der Vater dagegen, befähigt durch sein männliches Wesen, sollte zuständig sein für die intellektuelle Bildung des Kindes etwa ab dem vierten Lebensjahr; die Mutter hatte die Aufgabe, die positiven Seelenkräfte des Kindes zu aktivieren und es zum Eingehen emotionaler Bindungen zu befähigen, der Vater hatte die Aufgabe, das Kind vertraut zu machen mit den Stürmen des Lebens und mit den Anforderungen der Welt.[64]

Mädchen sollten für die weibliche Sphäre erzogen werden, für liebende Hingabe, Häuslichkeit und Mütterlichkeit – und zwar alle Mädchen.[65] Die Ideologie beharrte ungeachtet der konkreten sozialen Verhältnisse auf dem Vorhandensein einer einzigen „wahren" weiblichen Natur. Diese weibliche Natur blieb bis ins 20. Jahrhundert auch bei der Gestaltung ihrer Mütterlichkeit dem Ehemann unterstellt.

In der ständischen Gesellschaft stand die Frau, wie die Kinder und das Gesinde, unter der hausherrlichen Autorität. Die in der väterlichen Gewalt enthaltene Fürsorgepflicht wurde durch die Obrigkeit kontrolliert.

Das „Allgemeine Landrecht für die preußischen Staaten" kodifizierte 1794 das ständische Familienmodell des aufgeklärten Absolutismus. Hier trat die Mutter weiterhin in ihrem rechtlichen Verhältnis zu den Kindern völlig hinter ihrem Mann zurück. Der Vater alleine verwaltete das Vermögen der Kinder, zog Nutzen aus ihm, vertrat die Kinder nach außen, bestimmte, wie die Kinder erzogen werden sollten, entschied über ihren Aufenthalt, seit einer Novelle von 1803 konnte er auch alleine über die religiöse Erziehung der Kinder bestimmen, und er besaß das ausschließliche Einwilligungsrecht zur Eheschließung seiner nicht ehemündigen Kinder. Der Vater durfte ein Kind, das nicht jünger als vier Jahre war, der Mutter entziehen, es in eine Erziehungsanstalt schicken oder es zur Adoption freigeben. Nach dem Tod ihres Ehemannes konnte die Mutter zum Vormund ihrer Kinder ernannt

---

[64] Vgl. M. Weber: Ehefrau und Mutter in der Rechtsentwicklung. Eine Einführung, Tübingen 1907; H. Dörner: Industrialisierung und Familienrecht. Die Auswirkungen des sozialen Wandels, dargestellt an den Familienmodellen des ALR, BGB und des französischen Code Civil, Berlin 1974.

[65] Vgl. M. Simmel: Erziehung zum Weibe. Mädchenbildung im 19. Jahrhundert, Frankfurt a. M. 1980.

werden, aber nur, wenn der Vater nicht testamentarisch eine andere Verfügung getroffen hatte. Wenn die Mutter im „Allgemeinen Landrecht" auch keine Rechte besaß, so wurden ihr doch Pflichten auferlegt: Sie mußte ihre Kinder pflegen und warten oder über die Pflege und Wartung Aufsicht führen, sie mußte gegebenenfalls für den Unterhalt ihrer Kinder sorgen, und sie wurde verpflichtet, ihre Kinder selbst zu stillen, und zwar so lange, wie der Vater es bestimmte.[66]

Im Bürgerlichen Gesetzbuch, das 1900 in Kraft trat, wurde die väterliche Gewalt abgelöst von der elterlichen Gewalt, als einer dezidierten Schutzeinrichtung unter staatlicher Aufsicht. Der Vater behielt aber weiterhin das endgültige Entscheidungsrecht in allen das Kind betreffenden Fragen, auch wenn die Mutter jetzt automatisch und ungeschmälert nach dem Tod des Mannes das Sorgerecht übernahm. Seit 1953 sind Vater und Mutter gegenüber dem ehelichen Kind gleichberechtigt und müssen bei Entscheidungen, die das Kind betreffen, zur Einigung gelangen.

Mutterschaft beinhaltete im 18. und 19. Jahrhundert wenige oder gar keine legalen Rechte, aber wichtige unverzichtbare Pflichten. Die Ideologien der natürlichen Mütterlichkeit und der im Wesen der Frau angelegten Fähigkeit zur Pflege und Gemütsbildung des Kindes gingen im 18. und 19. Jahrhundert einher mit der festen Überzeugung von der weiblichen Unfähigkeit, über Aufenthalt, Wohl und Zukunft des Kindes zu entscheiden.

Jedoch: Muttersein war – und ist noch – durch das patriarchalische Prinzip geprägt, das sich niederschlägt in der Ausgrenzung der Frau aus gesellschaftlichen Entscheidungsprozessen, in der Trennung des sozialen Lebens in Räume des Innen und Außen, in dem Auseinanderfallen von Staat und Gesellschaft, in der Interpretation von Sexualität, in einer Hierarchie der Werte, was aber alles nicht besagt, daß einzelne Männer ihre Ehefrauen immer und überall beherrschten, denn das ließen die konkreten Arbeits- und Lebensverhältnisse, im Falle der Mutter-Kind-Beziehung auch Brauch und Sitte, oft gar nicht zu. Auch verblassen Gesetze vor manchen Charakteren: Der Stadtschultheiß von Blaubeuren berichtete um 1875 von einer Geburtsanzeige auf dem

---

[66] Allgemeines Landrecht für die Preußischen Staaten von 1974. Textausgabe, Frankfurt a. M. und Berlin 1970; über mütterliche Rechte und väterliche Gewalt ALR, 2. Teil, 2. Titel, §§ 64–71; über das Stillen ALR, 2. Teil, 2. Titel, §§ 67, 68.

Amt, „... wo ein Mann auf die Frage, wie sein Kind heißen solle, erwiderte, das wisse er nicht, seine Frau habe gesagt, das gehe ihn gar nichts an, sie habe schon einen Zettel aufs Rathaus geschickt".[67]

Der Dichter Gottfried August Bürger veröffentlichte 1812 die Geschichte seiner unglücklichen Ehe mit Elise Hahn. Diese Ehe war zweifellos ein Sonderfall, der aber zeitgenössisch starke Beachtung im Bildungsbürgertum fand. Vor dem bürgerlichen Publikum, dessen Maßstäbe sie anerkannten, versuchten beide Ehegatten, sich zu rechtfertigen. Ein Streitpunkt war die Kinderpflege: wie Elise Hahn war kaum eine Frau zum Stillen zu zwingen, wenn sie nicht wollte. Bürger hatte an seine Frau folgende Klage geschrieben: „So schlecht du nach dem allgemeinen, und leider! gegründeten Urtheile der Stadt die Rolle der Hausfrau spielst, so schlecht spielst du auch nach dem Urtheil eben derselben zweitens die Rolle der *Mutter*. Ach! ich wünschte einst so herzlich die Zeit herbei, da du ein Kind auf dem Schoße haben könntest. Ich Thor wähnte ja, wenn auch sonst über nichts, dennoch über einem Kinde könnte eine zwar leichtsinnige, aber doch sonst gut geartete Mutter wofür ich dich hielt, an mancher Frivolität den Geschmack verlieren, und eine stille vernünftige Häuslichkeit lieb gewinnen lernen. Aber, wie sehr habe ich mich betrogen! Mit tief, tief, tief fressendem Kummer nehme ich wahr, daß dir fast alle wahre echte Mütterlichkeit fehlt. Nichts, nichts hast du für den armen verwahrlosten Agathon, als jene elende vornehme Weiberweise aus der entarteten Welt, die höchstens einmal von Zeit zu Zeit ein Paar Minuten mit dem Kinde tändelt, aber übrigens, auch nicht die mindeste Ungemächlichkeit seinetwegen zu dulden im Stande ist. Großer Gott! was habe ich nicht oft andere, so gut, wie du, Gemächlichkeit und Vergnügen liebende Mütter ihren Kindern aufopfern sehen! Dir aber darf das Kind ja nicht die mindeste Beschwerde machen; dir darf es an deinen hundert Frivolitäten nicht den mindesten Abbruch thun. Aber eben daher ist nun auch ein von einer kerngesunden Mutter gesund und stark geborenes Kind nach 4 Monaten noch ein beklagenswürdiger Schwächling, und ein Gegenstand des allgemeinen Mitleids oder Spottes. Selbst gute und billige Personen, die dir alle deine übrigen Thorheiten zu übersehen geneigt sind, können dir doch das nicht verzeihen, daß du dein erstes und einziges Kind so deiner unerhörten

---

[67] Herding-Sapper (wie Anm. 26) S. 53.

Eitelkeit, so deinem übermäßigen Hange zu schwärmenden und
lärmenden Vergnügungen aufzuopfern im Stande warest. Ein Kind,
das bis jetzt ganz allein von der Milch einer gesunden und starken
Mutter hätte genährt werden und dabei auf das Beste hätte gedeihen
können, das sollte sich schon wenige Wochen nach seiner Geburt an
Kleister gewöhnen, damit die üppige Mutter nur seiner bald los
werden und desto ungehinderter sich auf dem Tummelplatz wilder
Vergnügungen herumwälzen könnte. Daß dir die Milch darüber vor
der Zeit vergehen mußte, das war wohl kein Wunder. Denn so wie die
Milch desto häufiger sich einstellt, je mehr dem Kinde die Brust
gebothen wird; so muß sie auch desto mehr vergehen, je seltener das
Kind daran kommt. Ha! Warum sagtest du mir denn nicht früher, daß
du deinem Kinde auch nicht einen elenden Walzer aufopfern könntest?
Ich würde dann mit Gewalt auf einer Amme bestanden haben, um
doch nun ein gesundes und wohl genährtes Kind vor mir erblicken zu
können, anstatt daß nun mehr der Anblick des armen Wurmes mein
Herz verwundet. (...) Bei anderen Müttern ist es oft nöthig, sie
gleichsam mit Gewalt zur Beobachtung der Pflichten gegen sich selbst
zu nöthigen, wenn mütterliche Zärtlichkeit sie über die Schranken
hinaus reißt. Und das ist *Mutternatur*, selbst in ihren Ausschweifun-
gen noch herzrührend und ehrwürdig! Von dir aber besitze ich einen
merkwürdigen Brief, worin mit söphistischer Spitzfindigkeit die Mutterpflichten und die Selbstpflichten gar pünktlich abgewogen worden.
Und wie soll man das nennen? Etwa *Mutterkunst*? O Kunst, und
hättest du auch noch so haargenau gemessen und gewogen, mein Herz
versagt dir dennoch alle Achtung. – Ha, es ist sonst ganz und gar nicht
in der Vaternatur, sich mit kleinen Kindern abzugeben. Aber bey'm
höchsten Gott! wenn ich so wenig zu thun hätte, als du, ich könnte des
Kindes bei Tag und bei Nacht wie ein Kindermädchen warten und
pflegen; und gar arg müßte mir's kommen, wenn ich über der
Beschwerde ungeduldig werden sollte. Mehr, als Ein Mahl schwillt mir
den Tag über das Herz vor Sehnsucht nach dem armen verlassenen
Kinde; aber ich muß mir's versagen, weil ich so wenig Zeit dazu
habe. –"[68]

Elise Hahn antwortete: „Was die Nahrung meines Kindes betrifft, –
so konnte bei dem wenigen Appetit, den ich hatte, keine Milch seyn,

---

[68] G. A. Bürger's Ehestands-Geschichte, Berlin und Leipzig 1812, S. 112ff.

und zwang ich mich zum Essen, so war der Eckel so stark, – daß ich's ausbrach, was ich gegessen hatte. Hadere darüber mit der Vorsehung die mir's wie vielen tausend Weibern schon geschah, an der Milch fehlen ließ, und glaubst du, daß mir's gleichgültig sey, so frage die Hofrätin R., die letzthin ihr Kind bei M. stillte, und wo ich die heißen Thränen nicht verbergen konnte, daß mir diese Mutterfreude versagt ist. Jetzt kann ich mit Agathon nichts weiter thun, als daß ich ihm eine verständige Wärterinn gab. Ist er erst das halbe Jahr alt, dann kommt er zu mir, und ich will sehen, ob mir Jemand sagen wird, ich liebe mein Kind nicht. Affenliebe und wahre Liebe ist ein Unterschied."[69] Im Streit um die Pflege des Kindes nahm ein Arzt gegenüber dem Ehepaar Bürger-Hahn die Position eines Schiedsrichters ein. Der Arzt wurde im 19. Jahrhundert verstärkt zur obersten Kompetenz für den Körper des kleinen Kindes und für den Körper der Frau.

In den Familien der höheren Stände und Schichten kam es auch vor, daß die Mutter stillen wollte, aber der Ehemann dagegen war, weil er um ihren Busen fürchtete, sexuell keine Rücksicht nehmen wollte, oder auf seine Frau bei Reisen und Repräsentationspflichten nicht verzichten konnte. Auch Ärzte rieten denjenigen höhergestellten Müttern vom Stillen ab, die ihnen besonders zart erschienen.[70]

Seit dem 18. Jahrhundert wirkten Arzt und Schule als Elemente der Welt und des Fortschritts in das wohlhabende Heim und gestalteten durch ihre Vorschriften und Anforderungen die Beziehungen von Eltern und Kindern mit.

Erziehung und Ausbildung traten in den Vordergrund: „Denn bei Licht besehen, können sich weder Vater noch Mutter vor der Geburt irgendeinen Verdienst beimessen. Verdienste um ihre Kinder können sich Aelteren hernach erst durch Erziehung und Ausbildung derselben erwerben."[71] Aus der Erziehung der Kinder erwuchs den Eltern emotionaler, sozialer oder religiöser Lohn. Adelige und bürgerliche Eltern strebten mit kalkulierten Mitteln – auch Gefühlen – danach, daß die Kinder den sozialen Status der Eltern sicherten oder möglichst einen höheren Status erreichten.

---

[69] Ebd. S. 159f.
[70] R. Trumbach: The Rise of the Egalitarian Family, New York u. a. 1978, S. 202ff.; Duden u. Ottmüller (wie Anm. 27).
[71] Bürger's Ehestands-Geschichte (wie Anm. 68) S. 159.

1786 schrieb die Frau Rath Goethe an ihre Enkelkinder: „Folgt euren lieben Eltern, die es gewiß gut mit euch meinen; so macht ihr uns allen Freude – und das ist denn gar hübsch, wenn vor alle Mühe, die eure Erziehung kostet – eure Eltern, Großmutter und übrigen Freunde – Freude an euch haben –." [72]

Eva König, Witwe eines Seidenhändlers, schrieb um 1772 an ihre Kinder: „Meine lieben Kinder! Ich wünsche euch allen ein beglücktes neues Jahr: daß ihr in demselben an Tugend und Rechtschaffenheit immer mehr und mehr zunehmen möget. Das ist die Belohnung, so ich für alle Mühe, die ich für euch verwende, wünsche und erwarte. Lebt wohl! Ich bin eure getreue Mutter E. E. König" [73]

Alles was das Kind betraf – seinen Alltag, den Umgang mit ihm –, wurde in adeligen und bürgerlichen Familien des 18. und 19. Jahrhunderts zu Erziehung und unter dem Aspekt der Nützlichkeit für die Zukunft bewertet. Das Kriterium nützlich/schädlich wurde zur leitenden Wertorientierung im Zusammenleben von Eltern und Kindern. [74]

Georg Geßner erinnerte sich 1802 an seinen späteren Schwiegervater Johann Kaspar Lavater im letzten Viertel des 18. Jahrhunderts: „Er hatte eine ganz ausgezeichnete Liebe für seine Kinder, und benutzte jede Gelegenheit schnell, wo er ihnen gute Lehre so recht an ihrem Platz beybringen konnte. Noch erinnere ich mich ganz gut, da ich als Knabe von 11–12 Jahren ziemlich oft in's Haus kam, und schon damals sehr von ihm geliebt wurde, ihn oft mit seinen Kindern sprechen gehört zu haben. Es lag ihm alles d'ran seine Kinder gesellig und vertragsam zu machen." [75]

Die Eltern mußten bereit sein, Opfer zu bringen für die Zukunft ihrer Kinder, das war nicht nur eine soziale Erwartung, sondern auch eine Verpflichtung gegenüber den eigenen Eltern, eine Psychologisierung patriarchalischer Traditionen.

Beate Paulus war eine pietistische Pfarrfrau, die in der Erziehung ihrer Kinder ihre Hauptaufgabe, ihr Werk und ihren Kampf sah. Von

---

[72] Die Briefe der Frau Rath Goethe, gesammelt und hrsg. v. A. Köster, Leipzig 1956, S. 178.
[73] Briefwechsel zwischen Lessing und seiner Frau, neu hrsg. v. A. Schöne, nebst einem Anhang bisher meist ungedruckter Briefe, Leipzig 1870, S. 487.
[74] A. Heller: Theorie der Gefühle, Hamburg 1980, S. 299.
[75] J. K. Lavaters Lebensbeschreibung von seinem Tochtermann G. Geßner, Bd. 2, Winterthur 1802, S. 87.

ihren zwölf Kindern überlebten neun. Um den Söhnen eine standesgemäße Ausbildung zu finanzieren, ihr vorrangiges Anliegen, bewirtschaftete sie das Pfarrgut, das aber nicht genug Geld für eine außerhäusliche Erziehung der Jungen einbrachte. Über das Jahr 1820 berichtet ihr Sohn in einem Erinnerungsbuch: „Die Mutter täuschte sich über den Stand der Dinge nicht. Sie sah vielmehr mit jedem Tag klarer ein, daß so lediglich nichts herauskommen könne. Sie sprach wohl auch mit dem Vater darüber, allein dieser blieb dabei, es sei unmöglich, sie auswärts in die Schule zu tun, er habe das Geld nicht dazu, und daher bleibe eben nichts übrig, als es zu machen, wie man könne. Er meinte, Jäger oder Schreiber könnte man etwa aus ihnen machen. Dazu brauche es keine großen Vorkenntnisse und sie kämen bei dieser Laufbahn bald aus den Kosten. Ja er sprach je und je auch wieder davon, sie ein Handwerk lernen zu lassen. Man brauche ja auch Schumacher und Schneider in der Welt, und wenn sie rechte Schneider oder Schumacher würden, so könnte es leicht sein, daß sie es besser hätten, als wenn sie studierten und schließlich Pfarrer oder sonstige Beamte würden. Der Mutter freilich war's anders zumut. Sie wußte von ihrer Krankheit in Ostelsheim her, daß Gott ihr um ihrer Kinder willen das Leben gefristet, und konnte daher nicht glauben, daß Gottes Wille sein könne, daß sie Schumacher oder Schneider werden sollen. Auch war es ihr so, daß sie in der Ewigkeit nicht vor ihrem Vater erscheinen und es verantworten könnte, wenn sie zugeben würde, daß sie Handwerker werden. Sie konnte daher dem nicht zustimmen. Im Gegenteil, es ging ihr jedesmal ein Stich durchs Herz, so oft er diesen Gedanken aussprach. Sie äußert sich selbst darüber so: ‚Wenn nicht für die Ausbildung der Kinder gesorgt wird, so sind sie an Leib und Seele verloren. Denn wenn man sie geringe Handwerke lernen lassen müßte, so würden sie eine Zurücksetzung ihrer Familie darin fühlen, und dies würde zur Folge haben, daß sie nicht recht lernten und keine Freude an ihrem Beruf hätten. Und da der Mensch sich immer eine Freude wählt – wenn es nicht am Guten sein kann, so sucht er sie am Schlechten und Sündlichen –, so würden sie auf sündliche Freuden verfallen und somit an Leib und Seele verloren gehen.'" [76]

Diese Mutter verdiente durch ihre Arbeit in der Landwirtschaft die

---

[76] Beate Paulus oder Was eine Mutter kann. Eine selbst miterlebte Familiengeschichte, hrsg. v. Ph. Paulus, Stuttgart 1929, S. 102f.

Ausbildungskosten für ihre Söhne. Durch die Art ihrer Ziele, ihres Engagements und ihrer Arbeit war ihr „Kampf" ganz in der häuslichen Sphäre angesiedelt und entsprach den Anforderungen von Häuslichkeit und Mütterlichkeit, obwohl der Haushalt im engeren Sinne verkam und obwohl sich diese Mutter wenig um ihre Kinder kümmern konnte. Auch hatte Beate Paulus die Predigten ihres Vaters veröffentlicht, war gereist und unterhielt viele Kontakte in der „Welt", dennoch wurde sie ihrer „weiblichen Bestimmung" gerecht und galt ihren Kindern und anderen Zeitgenossen als ein Vorbild einer christlichen Frau und Mutter.

Die Grenzen von Häuslichkeit verwischten sich ständig, denn nicht nur das Drinnen galt als weibliche Sphäre und das Draußen als männliche, sondern alle Tätigkeiten von Frauen, die sich auf Kinder, Ehemann und Haushalt bezogen, galten als häuslich im Gegensatz zu den weltlichen Bestrebungen, die der Selbstentfaltung oder der Mitgestaltung des wirtschaftlichen und gesellschaftlichen Prozesses dienten. Was Häuslichkeit war und was Welt, hing ab vom Standpunkt des Betrachters.

Die Welt wirkte nicht nur auf die Häuslichkeit, sondern Mütter sollten durch die weibliche Sphäre auf die Welt wirken, sie prägen durch ihr Gemüt, durch ihre Innerlichkeit, ihre Sitte, ihre Tugend. Die Mütter konnten die Welt durch die Erziehung ihrer Kinder gestalten – die Erziehungsziele und -methoden waren dabei aber vorgegeben. Je mehr Schule und Unterricht durch Hauslehrer zu institutionalisierten Erziehungsträgern wurden, um so unbedeutender wurde die Wissensvermittlung durch die Eltern: nun war es das bürgerliche Familienleben an sich, dem ein sittlicher und intellektueller Nutzen zugeschrieben wurde.

In einem Brief des adeligen Gutsbesitzers Achim von Arnim aus Wiepersdorf an seine Frau Bettina in Berlin vom 29. April 1822 heißt es: „Es ist nur wenig ausgeblieben, und ich wünsche, daß ich die Kinder mitgenommen hätte. Schenke ihnen so viel Zeit, als Dir irgend möglich, aber keinen Augenblick, um sie durch falsche Nachsicht zu verderben, suche Dich zum Mittagessen, wenn es Dir möglich, so viel zu stärken, daß Dich ein wenig Geschrei der Kinder nicht gleich in Verzweiflung bringt. Du achtest die Essensstunden nicht, sie gehören aber in der Kindheit zu den bedeutendsten, bildungsreichsten und frohesten und sind der Gipfel des Tages, der in Ehrfurcht, Freude und

Ordnung gefeiert werden sollte wie der Frühling, und leider in unserem Hause öfter das Bild von Sturm, Hagel, oder winterlichem Schlaf gewähren."[77]

Bettina von Arnim antwortete am 8. Mai: „Deinen Wünschen ist zuvorgekommen, als ob ichs geahndet hätte. Ich habe nämlich seit Deiner Abreise fortwährend mit den Kindern gegessen, sogar das Kleinste hat auf meinem Schoße seinen Platz gefunden, jedoch finde ich dabei keine Nahrung, denn da ich ohnehin nicht zum Essen geneigt bin, so hindert mich die Sorge für Schneiden und Vorlegen und benimmt mir allen Appetit; solange ich stillte, konnt ichs nicht, jetzt liegt nichts daran, daß ich Nahrung zu mir nehme, und ich werde also immer meinen Platz, obschon nicht meinen Teil beim Essen haben."[78]

Achim von Arnim erwiderte am 9. Mai: „Ich bat, Du möchtest unseren Kindern Deine Gegenwart mittags schenken, so erfahren sie doch in dieser empfänglichen Zeit etwas von menschlichen Sitten und von belehrender Unterhaltung. Du antwortest mir, das ist geschehen, sogar das Kleinste war dabei, ich mußte von der Mühe mit dem Vorschneiden erschöpft verhungern. Verstehe mich diesmal richtig, nichts ist widriger als die Plage mit ganz kleinen Kindern am Tisch, nützt auch diesen nichts, denn sie verlangen nach Dingen, die sie nicht bekommen können; auch nicht zum Vorschneiden wünsche ich Deine Gegenwart, denn das ist so lange ohne Dich geschehen, kann sogar draußen verrichtet werden, sondern damit die Kinder gute menschliche Sitten lernen, und daß der Hofmeister nicht verzweifelt, wenn er nichts anderes sieht und hört als die Kinder und das Gesinde."[79]

Dieses Thema findet seinen vorläufigen Abschluß in der Antwort von Bettina von Arnim vom 11. Mai: „Mit den Kindern esse ich alle Tage, früher hab ichs unterlassen, weil es mir unangenehm war in des Lehrers Stube zu essen, und im Saal war es zu kalt."[80]

Die adelige Familie v. Arnim diskutiert hier und an anderen Stellen – nicht ohne die Gereiztheit eines anstrengenden Alltags – die Erziehung ihrer Kinder für eine soziale Existenz, die auf dem eigenen Beruf oder

---

[77] Achim und Bettina in ihren Briefen. Briefwechsel Achim von Arnim und Bettina Brentano, hrsg. v. W. Vordtriede, Frankfurt a. M. 1961, S. 362.
[78] Ebd. S. 363.
[79] Ebd. S. 364.
[80] Ebd. S. 365.

dem des Ehemanns beruht. In der Häuslichkeit sollte die Grundlage für die Gesittung und für das Streben nach Erfolg gelegt werden. Die Pädagogisierung des Familienlebens betraf Vater, Mutter, Kinder, Gesinde und Verwandtschaft – alle wurden nach ihrer Nützlichkeit für die Erziehung der Kinder beurteilt.

Im Adel und im Bürgertum des 18. und 19. Jahrhunderts wurden Leitbilder ausformuliert, die heute zu alltäglichen, handlungsorientierenden Strukturen geworden sind: Engagement und Opfer für die Zukunft der Kinder – auch auf Kosten der Gegenwart –, Streben nach Sicherung des sozialen Status für die Kinder oder Streben nach sozialem Aufstieg der Kinder, Pädagogisierung des alltäglichen Zusammenlebens und ständige Kategorisierung der kindlichen Lebenswelt nach Nützlichkeit/Schädlichkeit. Heute erscheinen Häuslichkeit und Welt, Familie und Gesellschaft weiter als getrennte Sphären, die aber nach dem Gesetz nicht mehr dem einen oder dem anderen Geschlecht zugeordnet werden können: Seit 1953 haben beide verheirateten Eltern das Sorgerecht, seit 1976 ist ein neues Eherecht in Kraft getreten, demzufolge die Ehegatten entweder den Geburtsnamen des Mannes oder den der Frau zum Ehenamen bestimmen können, 1977 erfolgte die gesetzliche Ablösung der „Hausfrauenehe" durch die „Hausgattenehe", in der nicht nur die Frau, sondern auch der Mann die Unterhaltspflicht gegenüber dem Ehepartner und den Kindern durch Hausarbeit erfüllen kann.[81] In unserer Gesellschaft ist das Leitbild der Frau nicht mehr die „Nur-Hausfrau – und -Mutter", sondern die Berufs- und Familienfrau, die sich in aufeinanderfolgenden Phasen oder aber zeitlich parallel ihren beiden Rollen widmet. Dieses Leitbild erfährt schichtabhängig unterschiedliche Ausprägungen, die beeinflußt werden von den zyklischen Schwankungen am Arbeitsmarkt. In den letzten dreihundert Jahren haben tiefgreifende Formveränderungen – z. B. durch die Entstehung außerhäuslicher Arbeit – in der Einbeziehung der Frau in den Produktions- und Reproduktionsprozeß stattgefunden. Die Familie hat in diesem Zeitraum ihre Bedeutung für Individuum und Gesellschaft noch ausbauen können, wobei durch allgemeine Regelmechanismen auch die Mutter-Kind-Beziehung vereinheitlicht wurde. Der gegenläufige Anspruch

---

[81] P. Römer: Mit den Augen der Männer. Zur Kritik des neuen Ehe- und Familienrechts, in: Blätter für deutsche und internationale Politik, Köln H. 9 (1977) S. 1118.

hat sich verschärft, daß Kinder einerseits in der Häuslichkeit vor der Welt geschützt, andererseits aber auf die Welt vorbereitet werden sollen. Die Ansprüche an die Häuslichkeit, der für die Entwicklung der Kinder eine so große Bedeutung zugeschrieben wird, geraten gerade in den Beschreibungen eines befriedigenden Sozialisationsmilieus diffus. Die Widersprüchlichkeit der Ansprüche und Rezepte zur Gestaltung der pädagogischen Häuslichkeit verunsichert die Mütter, die nach wie vor die Hauptadressaten für alle Fragen des Drinnen sind.

Die Zuschreibung der Frau zur häuslichen Sphäre, die im späten 18. Jahrhundert zum Diskussionsgegenstand wurde und bis zum Zweiten Weltkrieg herrschende Ideologie blieb, wird heute in der Literatur in ihrer Bedeutung für die Emanzipation der Frau vorwiegend positiv eingeschätzt.

Der Soziologe Jacques Donzelot schreibt: „Denn diese gesamte Transformation der Familie ist nicht ohne aktive Teilnahme der Frauen geschehen. Sowohl in den unteren wie in den bürgerlichen Schichten war – wenngleich mit sehr unterschiedlichen Verfahren und Wirkungen – die Frau der Hauptstützpunkt aller Um- und Neuformulierungen des Familienlebens. Beispielsweise ist sie der Partner, den sich die Ärzte- und Lehrerschaft erwählt, um ihre Prinzipien und ihre neuen Normen im familiären Raume auszubreiten. Es soll nicht der Widerstand der Frauen gegen diese Instrumentalisierung ihrer Person geleugnet werden, etwa ihr Widerstand gegen die Herabsetzung ihrer alten Heilkunde und -praxis, die aus ihr nur die dienstwillige Helferin des Herrn Arztes macht. Gezeigt werden soll aber auch das Ausmaß der daraus folgenden Umwertung in den Machtbeziehungen zwischen Mann und Frau im Inneren der Familie. Gezeigt werden soll, daß mit diesem häuslichen Machtzuwachs der Frau nicht nur der Boden für alle sozialen Berufe geschaffen wird, die ihr neuen Zugang zum öffentlichen Leben geben werden, sondern auch das Sprungbrett zur Anerkennung ihrer politischen Rechte." [82]

Die Historikerin Nancy F. Cott folgert für Nordamerika: „The doctrine of woman's sphere opened to women (reserved for them) the avenues of domestic influence, religious morality, and child nurture. It articulated a social power based on their special female qualities rather

---

[82] J. Donzelot: Die Ordnung der Familie, Frankfurt a. M. 1980, S. 12.

than on general human rights. For women who previously held no particular avenue of power of their own – no unique defense of their integrity and dignity – this represented an advance. Earlier secular and religious norms had assumed male dominance in home, family, and religions well as in the public world. (...) The ideology of woman's sphere formed a necessary stage in the process of shattering the hierarchy of sex and, more directly, in softening the hierarchical relationship of marriage." [83] Beide Autoren betonen die Bedeutung der Herausbildung einer weiblichen Sphäre für die Entstehung des Feminismus und der Frauenbewegung.

Für den weiblichen Lebenszusammenhang in unserer Kultur schuf die ideologische Ausgestaltung der Häuslichkeit und der weiblichen Sphäre aber meines Erachtens letztlich auch ein Konfliktfeld, in dem es immer darum gehen mußte, die Ansprüche von einer oder zwei der erwarteten häuslichen Rollen zu reduzieren. Die Zuschreibung, die Frau solle in ihrer Sphäre als Gattin, Hausfrau und Mutter leben, war als ein harmonisches Modell konzipiert, war aber tatsächlich oft nur als Ertragen von Ambivalenzen zu realisieren. Denn war die Frau in erster Linie erwerbstätig, wie z. B. Beate Paulus, so litt sie darunter, daß sie zu wenig Zeit für Kinder, Ehemann und für die Entfaltung einer gemütvollen Häuslichkeit erübrigen konnte; war sie engagierte Mutter von vielen Kindern wie Bettina von Arnim, so konnte der Haushalt zu einem ständigen Problem und der Ehemann zum Adressaten von Klagen über häusliche Mühsale werden; war sie in erster Linie liebende Gattin und Gehilfin ihres Mannes, unterstützte sie ihn bei seiner Arbeit oder reiste wie z. B. manche Offiziersfrauen mit ihm, konnte sie sich oft genug nur wenig um ihre Kinder kümmern. Oft entschied die Frau gar nicht selbst, wie sie mit den Ambivalenzen der gesellschaftlichen Ansprüche an sie als Gattin, Hausfrau und Mutter umging. Häufig bestimmte die Arbeit, wieviel Zeit und Kraft noch für Mann und Kind übrigblieben, oder die Zahl der Kinder drängte die Gattin- und Ehefrauenrolle zurück, oder der Ehemann erhob selbst Ansprüche an die Zuwendung seiner Frau auf Kosten der Kinder.

Historisch und in Abhängigkeit von Stand und Schicht lag das Gewicht der Zuschreibung der Rollen einer Gattin, Ehefrau und Mutter zeitweise eher auf einer oder zwei dieser Rollen: im 18. und

---

[83] Cott (wie Anm. 56) S. 200.

frühen 19. Jahrhundert gewann die bürgerliche Ehefrau eher öffentliche Anerkennung durch ihre Leistungen als Hausfrau, im 19. und frühen 20. Jahrhundert eher durch die Erfüllung der Mutterpflichten, im Laufe des 20. Jahrhunderts eher durch ihre Erfolge als Gattin. Im häuslichen Alltag mußte sich die Frau aber in erster Linie gut mit ihrem Ehemann stehen, denn die Mutterrolle war den Rollen der Gattin und Hausfrau eindeutig nachgeordnet.

Das Ideal der Gattin, Hausfrau und Mutter wurde zum Leitbild aller Frauen, wenn es immer auch nur eine Minderheit aller verheirateten Frauen war, die sich ganz aus der gesellschaftlichen Produktion in die Häuslichkeit zurückziehen konnte. Die Mehrheit der Frauen mußte Erwerbsarbeit und häusliche Aufgaben verbinden, also sowohl dem Draußen wie auch dem Drinnen gerecht werden. Die hieraus resultierenden Überforderungen konnten dadurch gelöst werden, daß die Frau versuchte, sich aus der Erwerbsarbeit zurückzuziehen, oder aber sich von den häuslichen Rollen zu lösen. Heute geht das Leitbild für Frauen eher dahin, beruflich erfolgreich zu sein und in einer befriedigenden Zweierbeziehung zu leben.[84]

Die weibliche Sphäre als Spannungsfeld und die Konflikte zwischen Häuslichkeit und Welt haben in den letzten zweihundert Jahren auf die Konstitution der Mutter-Kind-Beziehung gewirkt und haben eine Tradition der Ambivalenzen und der widersprüchlichen Ansprüche an diese Beziehung geknüpft.

6. Variationen über das höchste Glück

Frauen und Männer müssen sich die gesellschaftliche Interpretation der Geschlechtsdifferenz aneignen und lernen, welche Wünsche, Empfindungen und Affekte zugelassen sind und welche nicht.

Frauen verhalten sich unterschiedlich gegenüber einzelnen Zuschreibungen. Auffassungen wie diejenige, die besagt, daß es keine Leistung ist, ein Kind zu gebären, sondern daß erst seine Erziehung

---

[84] M. Mead und N. Newton: Cultural Patterning of Perinatal Behaviour, in: S. A. Richardson und A. F. Guttmacher (Hrsg.): Childbearing – Its Social and Psychological Aspects, Williams and Wilkins Company 1967, S. 159.

nach vorgegebenen Maßstäben Verdienst bringt, mußte jahrhundertelang in christlichen, philosophischen und pädagogischen Texten wiederholt werden, bis sie auch von den Frauen angenommen wurden; immer wieder wurden Frauen ermahnt, die Geburt eines Kindes ja nicht als eine besondere Leistung anzusehen. In dieser Interpretation mütterlicher Aufgaben wird die Gebärfähigkeit der Frau zu einer biologischen Funktion in Analogie zum Tierreich abgewertet, und erst die Entfaltung ihrer „natürlichen Befähigung" zur Pflege des kleinen Kindes macht die Frau zur wahren Mutter. Das Kind wird erst dann zu einem Wert, wenn es nach vorgegebenen Regeln erzogen worden ist.

1822 schrieb Cleophe Bansa, Ehefrau eines Frankfurter Kaufmannes, an ihre Schwägerin, die in Neapel mit einem Kaufmann verheiratet war: „Ist es nicht eine Freude, seine Kinder so zu erziehen, daß sie beglückende Gatten und Gattinnen werden? Laß uns dem Vorbild der Eltern folgen und treu dem Hauptplan unseres Lebens, der Erziehung guter und frommer Kinder leben!" [85]

Gatte und Gattin waren und sind in unserer Kultur wichtigere Rollen als Vater und Mutter, denn die Beziehungen zu den Kindern sind der Ehe nachgeordnet. Die Beziehung zwischen Eheleuten stellt sich nicht über die Kinder her, sondern die Beziehung zu den Kindern gestaltet sich über die Paarbeziehung. Auch für die Romantiker konnte eine kinderlose Ehe ihr eigentliches Wesen finden.

Charlotte v. Kalb, die in der Ehe einen Zwang sah, schilderte in der zweiten Hälfte des 19. Jahrhunderts eine Szene aus ihrer Jugendzeit in der zweiten Hälfte des 18. Jahrhunderts: „Eine ältere Gespielin meiner Schwester, die oft des Abends kam, unsere Vorlesung mit anzuhören, ward verlobt und der Tag ihrer Trauung bestimmt. Da sagte die Bonne: ‚wollen Sie denn heute nicht der Trauung beiwohnen?' ‚Nein gewiß nicht', sagte Minchen, ‚die Bräute weinen immer so sehr, und ich kann mein Jettchen nicht weinen sehen.' Lorchen rief: ‚Ich mag heute auch nicht in der Kirche sein, – denn was Gott der Eva gesagt hat, gefällt mir gar nicht, mir hat auch noch kein Mann gefallen als der kleine Tambour, und der schöne Pariser (ein Seiltänzer) und mit denen werde ich doch nicht kopuliert.'

Minchen. ‚Ein Kind möcht' ich wohl haben, denn Louischen

---

[85] Ein Lebensbild in Briefen aus der Biedermeierzeit. Zur Geschichte der Familie Bansa in Frankfurt a. M., hrsg. v. O. Bansa, Frankfurt a. M. 1914, S. 110.

kommt nun in die Pension und da habe ich keines, womit ich spielen und das ich pflegen kann.'

Lorchen. ,Ein Kind, ein Kind darfst du ja nicht haben, denn die Amme muß ja Kirchenbuße thun, weil sie nur ein Kind gehabt hat.'

Minchen. ,O mit aller Liebe würd' ich ein einzig Kind pflegen.'

Lorchen. ,Nein, das geht nicht so, im Ehestand mußt du sterben. Charlotte, sage uns doch, wie die so sehr Leidende gesprochen.'

Charlotte. ,Das Weib ist nur hienieden, damit wieder ein Mann lebe; hat sie einen Knaben geboren, dann eilt sie willig zu der ewigen Mutter.'

Lorchen. ,Da wollen wir auch nicht in der Welt sein, nicht wahr Charlotte? – Der gute Bruder hat einige Schlösser, da giebt er uns eins, und so bleiben wir beieinander, du führst die Wirtschaft und wir helfen dir.'" [86]

Diese adelige Frauenidylle mußte an der Wirklichkeit scheitern: Die Mädchen waren gezwungen zu heiraten, weil sie über ihr vererbtes Vermögen nicht selbst verfügen durften. Die Strafen, die zeitgenössisch eine Mutterschaft außerhalb der Ehe belegten, hatten sie durch Anschauung gelernt: es war nicht die Zeit für mutterrechtliche Lebensentwürfe.

Außereheliche Kinder waren dort nicht unerwünscht, wo sie für den Gutsherrn einen neuen Untertanen oder für den Bauern eine weitere Arbeitskraft bedeuteten, aber sie wurden dort zu Kindern der Sünde, wo sie außerhalb jeder Gesellschaft konstituierenden Beziehung geboren wurden. Die objektive Bedeutung der Gebärfähigkeit der Frau für den Erhalt und Fortbestand der Gesellschaft wurde dadurch aller Möglichkeit zu gesellschaftlicher Macht beraubt, daß die Frau Kinder für andere gebar, für den Herrn, für den Ehemann, für den Staat, für die Zukunft der Volksgemeinschaft; die Bedeutung der Gebärfähigkeit der Frau wurde aber auch dadurch gemindert, daß der kindliche Körper seinen Wert erst durch eine bestimmte Erziehung erhielt.

Der weibliche Lebenszusammenhang stellte damals wie heute die Frau vor die Aufgabe, Arbeit, Paarbeziehung und Mutterrolle harmonisch zu verbinden, und zwar nicht nur auf der praktischen Ebene der zeitlichen und räumlichen Bewältigung vielfältiger Aufgaben, sondern

---

[86] Emil Palleske: Charlotte. Gedenkblätter von Charlotte von Kalb, Stuttgart 1897, S. 45 f.

auch auf der Ebene der Wünsche, Hoffnungen und Gefühle. Emotionale Konflikte konnten entstehen, wenn sich die Harmonie der Lebensbereiche, auf die sich das Streben nach individuellem Glück richtete, nicht herstellen ließ, oder wenn einer dieser Bereiche sich über die anderen zu einer Sphäre des höchsten Glücks erhob.

Für Adelgunde Victoria Gottsched war es „die Liebe der Männer, in welcher das einzige Glück einer vernünftigen Frau bestehet", und mit dieser Botschaft trat sie an die Öffentlichkeit. Rund achtzig Jahre später, 1819, schrieb Cleopha Bansa an ihre Schwägerin, die ein Kind erwartete: „Gott wird Dir beistehen und Dir eine glückliche Stunde geben, damit Du in vollem Maße und bei bester Gesundheit das Glück, Mutter geworden zu sein, genießest, das seligste, was ich empfand!"[87] Diese vertrauliche Mitteilung war nur für die Freundin bestimmt.

Das höchste Glück entweder in den Armen des Ehemannes oder aber im Wochenbett zu finden, durfte im Leben der Frau nicht zu emotionalen Konflikten führen: Das Kind als „Pfand der Liebe" machte es zum höchsten Glück, dem geliebten Mann ein Kind zu gebären. Für den Mann sollte es ein besonderes Glück sein, durch die geliebte Ehefrau zum Vater zu werden. 1758 schrieb die schwangere Meta Klopstock ihrem Mann einen Brief, in dem sie die Möglichkeit erörterte, bei der Niederkunft zu sterben, und die Gewißheit ausdrückt, nach ihrem Tod zu Gott zu kommen. Sie schreibt: „Und da folgst du mir nach, dein Kind auch. Und da lieben wir uns fort, die Liebe, die gewiß nicht zum Aufhören gemacht war, *unsre* Liebe! Und so lieben wir auch unser Kind! Im Anfang wird der Anblick des Kindes dich vielleicht traurig machen; doch nachher muß es dir ein großer Trost seyn, ein Kind von mir nachzubehalten. Es ist mir, wenn ichs nachlasse, so gar lieber, eins nachzulassen als keins, ob ich gleich wohl weiß, daß fast alle Leute hierin anders denken als ich."[88]

Die Paarbeziehung steht für sich, das Kind ist ein zusätzliches Glück, die Liebe des Paares und die Liebe zum Kind verbinden sich zum höchsten Glück für Mann und Frau. Aber während es sich hierfür die Frau um das höchste Glück ihres Lebens überhaupt handelt, mit dem vielleicht noch religiöse Erlebnisse konkurrieren können, kann der Mann das höchste Glück auch im Dienst am Vaterland, an der

---

[87] Lebensbild (wie Anm. 85) S. 98.
[88] Haberland u. Pehnt (wie Anm. 44) S. 106.

Gemeinschaft, in seinem Beruf, in der Religion, in der Kunst, im Erlebnis mit der Natur erfahren. Die Ideologen des Glücks wiesen dem Mann im 18., 19. und 20. Jahrhundert wesentlich mehr Richtungen für sein Streben als der Frau, für die es um alles oder nichts ging. Für die Frau lag das Glück in der häuslichen Sphäre, wo allein sich ihre Gefühle entfalten durften, wo allein sie Mann und Kinder lieben konnte. Ein Kind der Liebe, außerhalb der Ehe geboren, war keine Quelle des höchsten Glücks: Caroline Böhmer gebar 1793 ein Kind „der Glut und der Nacht", [89] das sie unter falschem Namen in Pflege gab, aus Angst vor der Vernichtung ihrer bürgerlichen Existenz. Andererseits war ein in der ehelichen Häuslichkeit geborenes Kind dann keine Quelle des höchsten Glücks, wenn es einer lieblosen Verbindung entstammte. Mangelnde Liebe für den Erzeuger galt seit dem 18. Jahrhundert in gebildeten und empfindsamen Kreisen als guter Grund für die mütterliche Ablehnung des Kindes. [90] So heißt es über Elise Hahn, die Ehefrau Bürgers, 1868 in einer Rechtfertigungsschrift: „... so bekennt sie übrigens auch, sich ihrem eigenen Kinde nicht als solche Mutter erwiesen zu haben, wie sie es nachmals wünschte und wirklich war. Aber der Knabe Agathon, den sie geboren, trug den Namen des Mannes, den sie nicht mehr liebte." [91] In der Wirklichkeit der Mutter-Kind-Beziehung können diese Gefühlsverquickungen nicht sehr wirksam gewesen sein – auch nicht im empfindsamen und romantischen Milieu. Das Kind stand letztlich für sich und löste Gefühle aus, die sich aus der Gesamtheit der mütterlichen Lebensumstände ergaben, es konnte auch zum höchsten Glück der Mutter werden, wenn sein Erzeuger nicht oder nicht mehr von ihr geliebt wurde.

---

[89] Frauenbriefe der Romantik, hrsg. und mit einem Nachwort v. Katja Behrens, Frankfurt a. M. 1981, S. 289.

[90] G. W. F. Hegel schreibt: „Zwischen Mann und Frau ist das Verhältnis der Liebe noch nicht objektiv; denn wenn die Empfindung auch die substantielle Einheit ist, so hat diese noch keine Gegenständlichkeit. Eine solche erlangen die Eltern erst in ihren Kindern, in welchen sie das Ganze der Vereinigung vor sich haben. Die Mutter liebt im Kinde den Gatten, dieser darin die Gattin; beide haben in ihm Liebe vor sich. Während im Vermögen die Einheit nur in einer äußerlichen Sache ist, sie in den Kindern in einem Geistigen, in dem die Eltern geliebt werden und das sie lieben." In: G. W. F. Hegel: Grundlinien der Philosophie des Rechts, § 173, Werke in zwanzig Bänden, Bd. 7, Frankfurt a. M. 1970, S. 326.

[91] F. W. Ebeling: Gottfried August Bürger und Elise Hahn. Ein Ehe-, Kunst- und Literaturleben, Leipzig 1868, S. 141.

Das Streben nach individuellem Glück gab seit dem späten 19. Jahrhundert immer mehr Menschen die Richtung ihres Lebensplans an, wurde Antrieb ihres Handelns. Individuelles Glück sollten Frauen dort finden, wo Gott sie vorher verpflichtet hatte, und zwar durch einen Fluch, nämlich in ihren traditionellen Rollen als Ehefrau, Hausfrau und Mutter. Liebe sollte in erster Linie diese Bereiche mit Glück erfüllen, aber Glück sollte in diesen Bereichen auch durch Erfolg und Prestige zu erlangen sein.

Es entstanden Annahmen über weibliche Glücksmöglichkeiten, die bis heute ihre Gültigkeit beibehalten konnten. Welche vorgegebenen Richtungen im Streben nach Glück von den Frauen übernommen werden mußten, wie sie gelebt, verändert und weitergegeben wurden, soll hier kurz am Beispiel einer empfindsamen Ideologieproduzentin des 19. Jahrhunderts dargestellt werden: Machen wir uns auf Seufzer und Tränen gefaßt. Elisa von der Recke, geboren 1754 als Tochter eines kurländischen Aristokraten, wurde jung an einen Mann verheiratet, den sie nicht liebte. Ihr Ideal aber war eine auf Liebe begründete Ehe, in der sie in Gesprächen und im Austausch von Empfindungen ihre „Seele veredeln" konnte. In der Ehe setzte sie die Entfaltung ihrer Individualität, ihr individuelles Streben nach Glück vor die Erfüllungen der Aufgaben einer Landedelfrau und Aristokratin, kümmerte sich entgegen der Tradition und den Wünschen ihres Mannes nicht um Land- und Hauswirtschaft, wollte entgegen den Wünschen ihrer Stiefmutter nicht als galante Weltdame repräsentieren, sondern las deutsche Dichtung und pflegte Körper und Seele. In ihrer Erziehung hatte neben der deutschen Literatur der Tanz eine bedeutende Rolle gespielt als eine Körpersprache zum Ausdruck verfeinerter Gefühle. Tanz, Bewegung, Korsett, Kleidung, Frisur, Redeweise, Tränen, Seufzer machten aus ihr eine Frau, die ihren bäuerlichen Geschlechtsgenossinnen wie ein Wesen aus einer anderen Welt vorgekommen sein muß, und das war sie ja auch. Elisa von der Recke verweigerte Arbeit und Pflichten, weil sie sich ganz der Entfaltung von Herz und Seele widmen wollte, ihr Weg in die Unabhängigkeit (sie ließ sich später scheiden) erfolgte über die Verweigerung traditioneller Verhaltensweisen von Frauen ihres Standes zugunsten einer neuen Vorstellung von Weiblichkeit und Glück.

Ihrem Eheideal entsprechend wollte sie nur dem Mann, den sie liebte, Kinder gebären. 1773 schrieb sie an ihre bürgerliche Freundin:

„Mein guter, lieber Vater bat mich so freundlich, dafür zu sorgen, daß er bald Großvater wird, auf daß er sich freuen könne, daß sein Stamm den Genuß dieser schönen Güter bekäme! Auch sagte mein Vater mir, Recke soll betrübt sein, daß er schon zwei Jahre verheiratet ist und noch keine Hoffnung, Vater zu werden hat. Mein lieber Vater schilderte mir den Zustand so süß, den er gefühlt hat, als meine Mutter ihm die Hoffnung gab, Vaterfreuden zu genießen. Der edle, gute Mann sagte mir mit zurückgehaltenen Thränen, so sehr er meine Mutter immer geliebt habe, um so viel sei sie ihm lieber geworden, da sie mich unter ihrem Herzen getragen habe, und die größte Freude seines Lebens wäre die gewesen, da er mich – seine Erstgeborene – an der Brust seiner geliebten Gemahlin gesehen hätte! (...) Ich erschrak über mich, daß mir der Gedanke, Mutter zu werden, so fürchterlich war, als die Freude meiner guten Mutter darüber so groß gewesen sein soll, daß sie mich unter ihrem Herzen trug! Mein Vater hatte auch das Wort ,Pfand der Liebe' ausgesprochen. Pfand der Liebe! – der Liebe? Ach! Stolzchen, dieser Ausdruck durchdrang mein innerstes Gebein mit einem ängstlich kalten Schauer! – Guter Gott! Ich ehre die Wege, die du mich führst, aber erhöre mein Flehn und lasse mich nicht Mutter werden, als bis ich das Glück genieße, meinen Mann lieben zu können.

Stolzchen, ich bleibe meinem Vorsatz treu, alle Kränkungen meines Mannes so viel als möglich zu vergessen, auch werde ich unermüdet seinen Wünschen zuvorzukommen suchen, aber wenn er mich umarmt, dann fühle ich in mir verborgene Todesqual, weil ich an die Möglichkeit dessen, Mutter zu werden, jetzt nur mit Schauden denken kann. – Vielleicht – vielleicht wird meines Mannes Charakter milder, – vielleicht behandelt er mich einst mit mehrerer Achtung und dann, wann in meiner Seele ein besseres Bild der seinigen ruht, dann, ja dann, dann will ich ihm und meinem Vater mit tausend Freuden unter den schwersten Mutterwehen Vaterfreuden bringen." [92]

Elisa von der Recke übte Geburtenkontrolle, indem sie möglichst erst zu Bett ging, wenn ihr Mann schon schlief. Sie schreibt: „Es ist doch traurig, daß fast alle Ehemänner in diesem Kirchspiel ihren Frauen schlecht begegnen. Fast beträgt mein Herr sich noch am besten gegen mich, wenigstens sind – dem Himmel sei gedankt – über uns

---

[92] E. von der Recke: Aufzeichnungen und Briefe aus ihren Jugendtagen, hrsg. v. P. Rachel, Leipzig 1900, S. 243 f.

keine solchen Geschichten, als über die anderen. Auch ist es mir unbegreiflich, wie Eheleute mit einander in Streit leben und doch jährlich taufen lassen können."[93] Natürlich wurde Elisa von der Recke schwanger, worüber sie entsetzt und unglücklich war, bis sie Trost in dem Gedanken fand, eine kindliche Seele zu bilden. 1774 schrieb Elisa von der Recke an ihre Freundin: „Gottlob, daß ich in den Gesichtszügen meiner Friederike auch keinen Zug ihres Vaters sehe! Das kleine Wesen hängt an mir mit aller Innigkeit. Sie kömmt zu mir eben so gerne als zu ihrer Amme! Einen Vortheil habe ich durch meine abnehmende Gesundheit; Recke macht keine Ansprüche an mich. (...) Und wird Recke mir es wohl erlauben, seine Tochter nach meinen Grundsätzen zu erziehen, da er mich für eine unerträgliche Närrin hält? Und soll ich auch das Unglück erleben, daß mein Kind die Grundsätze seines Vaters annimmt? – Bei Gott, ich will alles von Recke ertragen, nur die Erziehung und Bildung meines Kindes lasse ich mir nicht nehmen!"[94]

Es gelang Elisa von der Recke, ihren Ehemann von der Erziehung der Tochter, die der Vater liebte und die ihn liebte, weitgehend auszuschalten. Sie berichtete 1775 über ihre Erfolge als Mutter vor einem bürgerlichen Publikum: „Vor halb 10 fand ich mich in der Thurmkammer ein und fand Recke, Hartmann und Pastor Witt bei einander, sie waren alle sehr vergnügt. Recke bat Hartmann um Verzeihung, daß er ihn nun verlassen und seinen Geschäften nachgehen würde. Mir und Pastor Witt überließe er es also, seinen Freund bis zur Mittagsstunde zu unterhalten. Sie wissen es, Stolzchen, Friederikchen muß, wenn sie nicht schläft, beständig bei mir sein, weil ich von jedem Eindrucke, den sie erhält, Rechenschaft haben will, um so besser beobachten zu können, wie ihre Denk- und Wandlungskraft sich entwickelt. Als ein großer Teppich zu meinen Füßen ausgebreitet wurde, fragte Hartmann: ‚Was bedeutet dies?' Pastor Witt erwiederte: ‚Nichts weiter, als daß Sie in unsrer Freundin eine Frau sehn, die die liebenswürdigsten und edelsten Eigenschaften in sich vereinigt.' Die Amme kam und legte sich mit der Kleinen auf die Decke hin, diese streckte gleich ihre Aermchen nach mir aus. Hartmann wurde dadurch so gerührt, daß er mich mit unverwandten Augen und einer so innigen

---

[93] Ebd. S. 356.
[94] Ebd. S. 283.

Herzlichkeit ansah, daß ich bluthroth wurde. Nun küßte er meine Hand und sagte: ‚Göttlich liebenswürdige Frau! – Witt! – bei Gott, du bist zu beneiden, da du diesen Engel täglich beobachten kannst!'" [95]

Für Elisa von der Recke brachte die öffentliche Inszenierung einer Mutter-Kind-Beziehung gesellschaftliche Erfolge und Bewunderung in den Kreisen, auf deren Beifall sie Wert legte. Die Mutterrolle, deren Hauptinhalt in der Erziehung des Kindes lag, öffnete dieser aristokratischen Frau einen neuen selbstgewählten Lebensplan, der ihr Glück durch die pädagogische Zuwendung gegenüber ihrem Kind und in dem Resultat ihres erzieherischen Einsatzes brachte. Das ansprechende Wesen der kleinen Friederike wurde als Ergebnis des mütterlichen Verhaltens und der mütterlichen Persönlichkeit gesehen. Derartige erfolgreiche Inszenierungen der Mutterrolle gelingen heute wie damals nur Frauen, die bereits über ein Publikum verfügen. In den Mütterlichkeitsideologien des 19. und 20. Jahrhunderts wurde den Frauen suggeriert, durch die Mutterrolle Erfolge zu erzielen analog den Erfolgen der Männer draußen in der Welt. Die Pflege und häusliche Erziehung des Kindes wurde zum weiblichen Beruf erklärt, der zwar kein Geld und keine Unabhängigkeit, wohl aber Prestige bringen sollte. Das Produkt des weiblichen Berufs war nicht die Quantität der überlebenden Kinder, sondern die Qualität des einzelnen Kindes: Nur die Mutter übte ihren Beruf zufriedenstellend aus, die ein intelligentes, gesundes, schönes, beliebtes Kind vorweisen konnte, und entsprach das Kind nicht den Erwartungen, so lag das am Verhalten oder an der Persönlichkeit der Mutter. Aber wer lobt die Mutter im Alltag des 20. Jahrhunderts, wo ist das Publikum, das ihr Beifall klatscht in der Isolation von Haushalt und Kinderstube? Selbst wenn ihre Kinder erfolgreich und berühmt werden, wer interessiert sich für die Mutter? Die Befriedigung, sich als Mutter bescheiden im Hintergrund am Glück der Kinder zu erfreuen, hat bedeutend an Anziehungskraft verloren, seitdem es Frauen möglich geworden ist, durch individuelle Leistungen selber zu Glanz und Spektakel zu kommen. Andererseits ist aber für viele Frauen und Männer ein kleines Glück mit Kindern täglich erlebbar und erfahrbar. Die Ideologien und Erfahrungen über die Orte des Glücks sind nicht eindeutig, und die Lebensverhältnisse begünstigen das Glück mit Kindern nicht, also irren die Wünsche,

---

[95] Ebd. S. 294.

Hoffnungen und Träume zwischen Beruf und Ehe, Beruf, Ehe und Kindern, Ehe und Kindern, Beruf und Kindern, denn irgendwo muß es ja sein, das Glück. Für einige Autoren verirren sich die Träume von Müttern in Machtphantasien, denen die Kinder zum Opfer fallen. Die Mütter verlieren sich an ihre Wünsche nach Liebe und Einfluß, werden zu „Übermüttern" und gerieren das „Mamasyndrom". Inwieweit von diesem Schlagwort, das in der Nachkriegszeit von Margret Mead geschaffen wurde und heute in modernisierter Form wieder populär wird, überhaupt über pathogene Einzelfälle hinausgehende Realität getroffen wird, ist fraglich.[96] Die Mutter-Kind-Beziehung soll den Menschentypen hervorbringen, den die Gesellschaft braucht. Aber auch über diesen Typus besteht keine Einigkeit – und kann bei unterschiedlichen gesellschaftlichen Interessen auch nicht bestehen –, also haben es nicht nur die Mütter, sondern auch die Kinder schwer, undeutlichen und widersprüchlichen Ansprüchen gerecht zu werden.

Wo aber liegt das Glück der Kinder, sicher auch in der Liebe der Mutter, in der Vereinigung mit ihr, in dem bedingungslosen Angenommenwerden als Person. Erich Fromm schreibt über diese Liebe: „Diese Erfahrung, von der Mutter geliebt zu werden, ist ihrem Wesen nach passiv. Ich brauche nichts dazu zu tun, um geliebt zu werden, Mutterliebe ist keinen Bedingungen unterworfen. Alles, was ich tun muß, ist zu sein. Die Liebe der Mutter bedeutet Seligkeit, sie bedeutet Frieden, man braucht sie nicht erst zu erwerben, man braucht sie nicht erst zu verdienen. Aber diese Bedingungslosigkeit der Mutterliebe hat auch ihre negative Seite. Sie braucht nicht nur nicht verdient werden – sie kann auch nicht erworben, erzeugt oder unter Kontrolle gehalten werden. Ist sie vorhanden, so ist sie ein Segen; ist sie nicht vorhanden, so ist es, als ob alle Schönheit aus dem Leben verschwunden wäre, und ich kann nichts tun, um sie hervorzurufen."[97] Die Erfahrung der mütterlichen Liebe kann auf unterschiedliche Art und Weise gewonnen und durch verschiedenartige mütterliche Verhaltensweisen ausgelöst werden: Historisch hat eine Verschiebung von der physischen Nähe von Mutter und Kind beim Teilen der Schlafstätte, dem Stillen und dem Getragenwerden des Kindes, seiner Anwesenheit während der Arbeitszeit zu einer Nähe stattgefunden, die sich eher intellektuell

---

[96] Vgl. Sebald u. Krauth (wie Anm. 5).

[97] E. Fromm: Die Kunst des Liebens, Frankfurt a. M., Berlin und Wien 1980, S. 50 f.

mit der kindlichen Psyche beschäftigt. Welche mütterliche Verhaltensweisen als Angenommenwerden und als Vereinigung erfahren werden, wandelt sich mit den Lebensverhältnissen.

Nun ist die Möglichkeit, bedingungslose Liebe zu erfahren, ebensowenig an ein Geschlecht geknüpft, wie die Fähigkeit, bedingungslose Liebe zu geben, und es ist eine gesellschaftliche Festlegung, wer dem Kind eine derartige Liebe zu geben hat und wer nicht. Erich Fromm beschreibt die Verhältnisse in unserer Kultur, wo in erster Linie die Mutter ihr kleines Kind lieben soll, und zwar auf eine Art und Weise, die sich von den Gefühlen des Vaters deutlich unterscheidet. Es ist nicht nur eine gesellschaftliche Festlegung, wer das Kind bedingungslos lieben soll, sondern es ist auch eine gesellschaftliche Entscheidung, wie diese Liebe empfunden, artikuliert und angenommen wird, welche Bedingungen auch diese Liebe vor aller Liebe stellen darf, bis zu welchem Alter des Kindes sie erwünscht ist und welche Intensität als „normal" gilt. Die Normen zu den angeführten Punkten sind heute nicht immer deutlich widerspruchsfrei: Mutterliebe soll nicht zu schwach und nicht zu intensiv sein, sie soll die mütterliche Beziehung zu dem Kind bis zu dessen ersten, dritten oder einem späteren Lebensjahr prägen, sie soll das Kind emotional nicht über- und nicht unterfordern usw.

Die kulturelle Selbstverständlichkeit der mütterlichen Zuständigkeit für das Gedeihen des kleinen Kindes ist in ihrem emotionalen Gehalt, in der gesellschaftlich erwünschten Intensität der Liebe und in ihren Ausdrucksformen historischem Wandel unterworfen, der sich in den sozialen Ständen und Schichten unterschiedlich ausgewirkt hat und noch auswirkt. Art und Weise der gesellschaftlich erwünschten Mutterliebe hängen ab von den Zielen, die mit dem Kind verfolgt werden (Gewinnung von Arbeitskräften, von Alterssicherung, Stärkung der Religion durch Erziehung von neuen Gläubigen, Erringung von Gottes Wohlgefallen durch Erfüllung der zugeschriebenen Fortpflanzungsaufgaben, Festigung der Ehe, Gewinn persönlichen Glücks, Freude im Umgang mit einem Kind, Manifestation des Glaubens an die Zukunft usw.) und von den Methoden, mit deren Hilfe diese Ziele erreicht werden sollen (Geburten vieler Kinder oder Geburten weniger Kinder, deren „Qualität" durch Erziehung, Medizin und Wohlstand gesichert ist; Strafen durch Prügel oder durch Liebesentzug; Grad des psychischen Eingehens auf das Kind; Sozialisation des Kindes durch

Teilnahme in allen Lebensbereichen oder durch Unterricht in gleichaltrigen Gruppen usw.).[98]

Erich Fromm geht in dem angeführten Zitat davon aus, daß sich die Mutterliebe in manchen Fällen nicht einstellt und damit für das Kind „alle Schönheit aus dem Leben" verschwindet. Letztlich scheint also auch die durch ihre Bedingungslosigkeit charakterisierte Mutterliebe ihre Bedingungen zu stellen. Es ist ein moderner Anspruch, daß alle Kinder in gleichem Maße Mutterliebe erfahren sollen, auch behinderte Kinder, Zwillinge, Mädchen und Jungen, das erste und das fünfte Kind, das legitime und illegitime. Dieser Anspruch erweist sich in der Wirklichkeit gesellschaftlicher Bewertungen kindlichen Lebens und in der Erfahrung mütterlicher Ambivalenz als unhaltbar.

Um allen Kindern eine Chance zu geben, mit Hilfe der Mutterliebe die angenommene Grundvoraussetzung für adäquate Persönlichkeitsentwicklung zu erlangen, werden unerwünschte oder behinderte Kinder durch Geburtenkontrolle oder durch Schwangerschaftsabbruch vermieden. Aber auch unter diesen Bedingungen einer Vorauslese ist Mutterliebe nicht garantiert, und besonders die Psychoanalyse hat auf die Gefühlsambivalenzen auch gegenüber Wunschkindern aufmerksam gemacht.

Erich Fromms Beschreibung der Mutterliebe ist nur eine von den heute vertretenen Interpretationen der Gefühle zwischen Mutter und Kind. Andere Autoren, z. B. antipädagogischer Richtung, sehen in den Gefühlsinhalten der Mutter-Kind-Beziehung Projektionen, sadistische Impulse, Angst und Phantasmen.[99] Die unterschiedlichen und zum Teil gegensätzlichen Beurteilungen der Gefühle von Mutter und Kind hängen ab von der unterschiedlichen Beurteilung der Autoren, die den gesellschaftlich erwünschten Persönlichkeitstyp, gesellschaftliche Veränderungen als Konsequenz oder als Voraussetzung für diesen Persönlichkeitstyp und Methoden zur Hervorbringung dieses Typs betreffen.

---

[98] Beispiele dafür, daß andere Personen als die Mutter wichtiges emotionales Gegenüber des Kindes sind, in: Mead u. Newton (wie Anm. 84); Beispiele für den historischen Wandel von Gefühlen zwischen Mutter und Kind. H. Reif: Westfälischer Adel 1770–1860. Vom Herrschaftsstand zur regionalen Elite, Göttingen 1979, S. 240 ff.

[99] Vgl. zu den Gefühlsideologien und ihrer Kritik G. Snyders: Il n'est pas facile d'aimer ses enfants, Paris: Presses Universitaires de France 1980.

Aber nicht nur ideologisch ist die Mutter-Kind-Beziehung uneindeutig geworden, sondern auch als soziale Struktur: Die schnelle Verbreitung moderner Gebärtechnologie macht es notwendig, Begriffe wie Mutter, Vater, Kind, Familie neu zu definieren, und stellt Juristen und Sozialwissenschaftler vor Probleme, die noch vor kurzem der *Science-fiction* entlehnt zu sein schienen. Auch soziale Entwicklungen wie der Rückgang von Heiraten und Geburten und die Zunahme von Scheidungen und nichtehelichen Lebensgemeinschaften beschäftigen mit ihren Auswirkungen für Eltern und Kinder Juristen und Versicherungsexperten.

Für die Mutter-Kind-Beziehung hat in ihren Gefühlsinhalten und als soziale Struktur eine neue, postmoderne Phase ihrer Geschichte begonnen, deren Konturen sich erst abzuzeichnen beginnen.

RAUMERFAHRUNGEN UND SELBSTERFAHRUNGEN – BEOBACHTUNGEN ZUM WANDEL JUGENDLICHER BEWEGUNGSWEISEN ZWISCHEN DEM 18. UND 20. JAHRHUNDERT

AUGUST NITSCHKE

Kinder und Jugendliche berichten bis ins 18. Jahrhundert von den Erfahrungen, die ihre Altersgenossen im 16. Jahrhundert ebenfalls hatten: Sie hatten Freude an der Bewegung. In Bewegungen lernten sie einen Raum kennen, in dem sie von Ort zu Ort gelangen konnten. Im Tanz, im Ballett vermochten sie, diesen Raum mit ihren Bewegungen nach geometrischen Mustern zu gliedern, was gerne geschildert und oft geübt wurde.[1] Durch kunstvolle, zierliche, anmutige, wohlangemessene Schritte, Verbeugungen und Umgangsformen gewannen sie an Leichtigkeit, die sie die Freiheit dieses Raumes voll erfahren ließ.[2] Wenn Kinder in diesem Raum mit Widerständen zu tun bekamen, konnten sie diese mit Gewalt oder mit Geschick beiseite drängen: Der junge Casanova rief seine Großmutter zu Hilfe, als er in der Pension mit der allzu strengen Wirtin nicht zurechtkam, und sie befreite ihn aus der Situation.[3] Wilhelmine, die spätere Fürstin von Bayreuth, lernte früh, sich zu verstellen, um so ihrem Ziel nahezukommen.[4] Erregungen wurden bagatellisiert; es interessierten nur Bewegungsvorgänge, die sich im unveränderlichen Raum beobachten ließen. Die altkluge

---

[1] Siehe ↗ S. 480 ff.; R. zur Lippe: Naturbeherrschung am Menschen, Bd. 2: Geometrisierung des Menschen, Frankfurt a. M. 1974, S. 15 ff.; H. Eichberg: Leistung, Spannung, Geschwindigkeit. Sport und Tanz im gesellschaftlichen Wandel des 18./19. Jahrhunderts, Stuttgart 1978, S. 168 ff.; H. Günther: Jazz Dance. Geschichte, Theorie, Praxis, Wilhelmshaven 1980, S. 20 f.
[2] K. H. Taubert: Höfische Tänze. Ihre Geschichte und Choreographie, Mainz 1968; zur Leichtigkeit des Gehens s. etwa ebd. S. 38 ff.; vgl. auch Eichberg (wie Anm. 1) S. 168 ff.
[3] G. Casanova: Geschichte meines Lebens, Bd. 1, Berlin 1964, S. 91 ff.
[4] Markgräfin W. v. Bayreuth, Schwester Friedrichs d. Gr.: Memoiren, Bd. 1, Leipzig 1926, S. 11 u. 33 ff.; zum späteren Wandel der Kindererziehung bei Fürsten und Adligen s. H. Reif: Westfälischer Adel 1770–1860, Göttingen 1979, S. 456; zu schichtenspezifischen Unterschieden s. J. Schlumbohm: Kinderstuben. Wie Kinder zu Bauern, Bürgern, Aristokraten wurden 1700–1850, München 1938, S. 10 ff.

und vom Vater recht eigenwillig erzogene Dorothea v. Schlözer notierte in ihrem Tagebuch: „Von Friedberg kamen wir nach Hanau, wie es schon stockfinster war. Unterwegs hatten wir ein Donnerwetter: Es donnerte, es blitzte, es regnete gewaltig, aber das Blitzen sah charmant aus, und der Donner klang prächtig. Das mögen ja wunderliche Leute sein, die sich fürchten, wenn es so prächtig donnert und so charmant blitzt."[5]

Diese Kinder wußten nicht, daß andere zur selben Zeit bereits erfahren hatten, welchen eigentümlichen Wandlungen anderer Art ein Raum unterworfen sein konnte.

Der junge Jean-Jacques Rousseau war etwa acht Jahre alt, als ihm zu Unrecht eine Missetat vorgeworfen wurde. Die Magd fand einen Kamm, den sie zum Trocknen auf die Herdplatte gelegt hatte, mit abgebrochenen Zähnen. Da nur Jean-Jacques Zugang zu diesem Raum besaß, wurde er, den man bisher sehr großzügig, ohne weitere Strafen, hatte aufwachsen lassen, nach einem umständlichen Zeremoniell, zu dem tagelange Verhöre gehörten, schließlich geschlagen. Diese ungerechte Behandlung – sein Vetter meinte, ebenfalls ungerecht bestraft zu sein – veranlaßte ihn, zusammen mit dem Vetter sich in eigentümliche Spannungszustände hineinzusteigern: „Im Bett umarmten wir uns mit krampfhaften Verzückungen. Wir drohten zu ersticken, und wenn unsere Herzen ein wenig erleichtert ihren Zorn hinausschreien konnten, setzten wir uns aufrecht hin und schrien beide mit aller Kraft."[6]

Nicht nur er lernte einen ihm bisher unbekannten Spannungszustand kennen, sondern auch die Umgebung änderte sich. So meinte jedenfalls Rousseau: „Das heitere Leben des Kindes war damit für mich zu Ende... Die Gegend, das Land selbst, verlor in unseren Augen den einfachen, sanften Reiz, der zum Herzen geht. Es schien uns öde und traurig. Es hatte sich wie mit einem Schleier bedeckt, der uns seine Schönheit verhüllte."[7]

---

[5] L. v. Schlözer und D. v. Schlözer: Deutsches Frauenleben um die Jahrhundertwende 1770 bis 1825, Berlin und Leipzig 1925, S. 22.

[6] J. J. Rousseau: Bekenntnisse, Bd. 1, hrsg. v. K. Wolter und H. Brettschneider, Berlin und Wien 1916, S. 30 f.; zu Familienformen s. H. Möller: Die kleinbürgerliche Familie im 18. Jahrhundert. Verhalten und Gruppenkultur, Berlin 1961; G. Snyders: Die große Wende der Pädagogik, Paderborn 1971.

[7] Rousseau (wie Anm. 6) S. 32 f.

Hier wird zum erstenmal von einer Erfahrung berichtet, nach der die Räume, die die Kinder umgeben, ihre Eigenart verändern können, ohne daß irgendein Gegenstand, der in ihnen steht, auch nur etwas versetzt wird.

Nun möchte man bei Rousseau glauben, daß möglicherweise spätere Erfahrungen ihn dazu veranlaßten, dem achtjährigen Jean-Jacques etwas zuzuschreiben, was er nicht spürte. Es bezeugen jedoch zahlreiche andere Berichte, daß einzelne Kinder seit der ersten Hälfte des 18. Jahrhunderts anfangen, an Räumen unterschiedliche Eigentümlichkeiten wahrzunehmen, die nichts mit der Bewegung zu tun haben, die in diesem Raum möglich sein kann.

Karl Philipp Moritz erzählt in einem selbstbiographischen Roman folgendes: „Und welche Reize hatte die Veränderung des Orts für ihn! Der Aufenthalt in H. und der ewig einförmige Anblick eben derselben Straßen und Häuser war ihm nun unerträglich. Neue Türme, Tore, Wälle und Schlösser stiegen beständig in seiner Seele auf, und ein Bild verdrängte das andere."

Dieser Junge ließ sich durch Städtenamen „zu wunderbaren Bildern und Vorstellungen anregen". „So klang der Name Hannover beständig prächtig in seinem Ohr, und ehe er es sah, war es ihm ein Ort mit hohen Häusern und Türmen von hellem und lichtem Ansehen."

„Braunschweig schien ihm länglich, von dunklerem Ansehen, und größer zu sein. Und Paris stellte er sich nach eben einem solchen dunklen Gefühl bei dem Namen vorzüglich voll heller, weißlicher Häuser vor."[8]

Nicht nur in der Phantasie entstehen solche unterschiedlichen Raumbilder. Christian Friedrich Daniel Schubart spricht davon, wie unmittelbar ein Maitag im Garten bei summenden Käfern im Dunst der Apfelblüte auf ihn wirkte, und wie er dann, um andere Eigentümlichkeiten der Räume zu erfahren, eine neue Umgebung aufsuchte: „Daher besuchte ich oft heimlich die Gräber der toten Freunde und Bekannten, um den schwülen, dumpfen Gefühlen meines Herzens unter schwarzen Kreuzen Luft zu machen."[9]

---

[8] K. Ph. Moritz: Anton Reiser. Ein psychologischer Roman, München 1971, S. 39.
[9] Ch. F. D. Schubart: Leben und Gesinnung, hrsg. v. U. B. Staudenmayer, Heidenheim 1962, S. 28 f.; Kinderzeugnisse aus jener Zeit bei K. Rutschky: Deutsche Kinderchronik. Wunsch- und Schreckensbilder aus 4 Jahrhunderten, Köln 1983;

Auch der Bauernjunge Ulrich Bräker beobachtet die Verschiedenartigkeit seiner Umgebung: „Im Sommer sprang ich in der Wiese, an den Bächen herum, riß Kräuter und Blumen ab und machte Sträuße wie Besen, dann durch alles Gebüsch den Vögeln nach, kletterte auf die Bäume und suchte Nester. Und ich las ganze Haufen Schneckenhäuslein und Steine zusammen." Vom Herbst sagt er: „Einsame Vögel flatterten matt und mißmutig über mich her, und die großen Herbstfliegen summten mir so melancholisch um die Ohren, daß ich weinen mußte." [10]

Anfang des 19. Jahrhunderts besaß Bogumil Goltz die Fähigkeit, hinter dem, was er sah, eine andersartige Welt mit wahrzunehmen. „So war es mir als Kind, wenn wir in der Scheune Verstecken spielten oder sonst da herumhantierten, allemal so, als müßte oder könnte doch hinter jedem Bund Stroh, besonders gegen einen Winkel hin, irgend etwas, und zwar etwas Unerhörtes, verborgen sein." Grenzen veranlaßten ihn dazu, etwas Geheimnisvolles zu erwarten. „So umschloß... ein dunkler Laubwald einen großen Teil des Horizonts und beschäftigte vom ersten Augenblick, da ich ihn erblickte, meine Phantasie fast unausgesetzt, Jahr und Tag mit der Sehnsucht: wie die Welt wohl hinter jenen Waldbäumen beschaffen sei und was für ein Geheimnis oder Wunder so recht inmitten der Waldgründe im finstersten Dickicht nun zu entdecken sein möchte, falls man sich dorthin eines Tages auf den Weg machen könnte." [11]

In einer neuen Umgebung wurden Kinder von einer Bangigkeit ergriffen. Der dreizehnjährige Joseph v. Eichendorff schrieb seinem Diener: „Du bester Joseph, auch dir muß ich einige Zeilen schreiben, um dir wenigstens zu zeigen, wie oft und wie vielmal ich hier in Breslau an dich denke. Es tut mir hier sehr bange ohne Dir." [12] Bei Karl Philipp Moritz heißt es in seinem Roman: „Wenn oft der Himmel umwölkt und der Horizont kleiner war, fühlte er eine Art von Bangigkeit, das die ganze Welt wiederum mit ebenso einer Decke umschloß wie die

---

I. Hardach-Pinke und G. Hardach (Hrsg.): Kinderalltag. Deutsche Kindheiten in Selbstzeugnissen 1700–1900, Reinbek 1981.
[10] U. Bräker: Der arme Mann im Toggenburg, München 1965, S. 25 u. 32.
[11] B. Goltz: Buch der Kindheit, hrsg. v. Karl Muthesius, Langensalza 1908, S. 142f.
[12] F. E. Mencken: Dein dich zärtlich liebender Sohn. Kinderbriefe aus sechs Jahrhunderten, München 1966, S. 105.

Stube, worin er wohnte. Und wenn er dann mit seinen Gedanken über die gewölbte Decke hinausging, so kam ihm diese Welt an sich viel zu klein vor, und es deucht ihm, als müßte sie wiederum in einer anderen eingeschlossen sein, und das immer so fort." [13] Unbeholfene Kinderbriefe zeugen davon, wie die Anwesenheit von Personen die Stimmung verändern kann. Die siebenjährige Louise Herder bat ihren Vater: „Kommen Sie bald wieder; denn wir haben Sie gar lieb und mögen nicht ohne Sie leben. ... Da haben wir recht gewünscht, bei Sie zu sein. ... Kommen Sie bald; denn wir sehnen uns nach Sie." Der fünfjährige Emil wiederholte: „Kommen Sie bald und haben Sie mich lieb... und ich will auch Sie liebhaben... Wir waren nicht lustig, als Sie dagewesen wären. Leben Sie wohl, lieber Vater." [14]

Alle die von Kindern geschilderten Räume ihrer Umgebung haben die Fähigkeit, sich zu verändern. [15] Sie verfügen über eine Energie, die sie dunkler, lichter, weiter, enger, sanfter oder geheimnisvoller werden lassen könnte. Doch sie sind nicht so. Sie haben nur die Möglichkeit dazu.

Physiker sagen von einem Körper, der die Fähigkeit zur Bewegung hat, aber durch einen Widerstand daran gehindert wird, sich zu bewegen – etwa von einem Stein, den eine Hand in die Höhe hebt und nicht losläßt, so daß er nicht – in einer Bewegung – nach unten fallen kann –, er verfüge über eine potentielle Energie. Diese Räume verfügen in diesem Sinn über potentielle Energie: Sie könnten sich verändern, doch sie werden durch irgend etwas daran gehindert. Menschen erfahren einen solchen Zustand als Spannungszustand. Für die Kinder, die in diesen Räumen leben, ist nun charakteristisch, daß sie auch als Personen die Spannungen immer erneut zu spüren suchen.

Der junge Jean-Jacques Rousseau ernannte eine Freundin zur Lehrerin, um sich dann von ihr bestrafen zu lassen; denn „einer herrischen Geliebten zu Füßen zu liegen und ihren Befehlen zu gehorchen, Vergebung von ihr zu erbitten, das war mir ein süßer Genuß". [16] Karl Philipp Moritz berichtet in seinem Roman: „So liefen

---

[13] Moritz (wie Anm. 8) S. 27f.
[14] Mencken (wie Anm. 12) S. 74ff.
[15] A. Nitschke: Revolutionen in Naturwissenschaft und Gesellschaft, Stuttgart 1979, S. 122ff.
[16] Rousseau (wie Anm. 6) S. 28.

alle seine Spiele... auf Verderben und Zerstörung hinaus. Auch über diese mußte ein blindes Schicksal walten, indem er zwei verschiedene Arten als Heere gegeneinander anrückte und nun mit zugemachten Augen den eisernen Hammer auf sie herabfallen ließ, und wen es traf, den traf es... Selbst der Gedanke an seine eigene Zerstörung war ihm nicht nur angenehm, sondern verursachte ihm sogar eine Art wollüstiger Empfindung, wenn er oft des Abends, ehe er einschlief, sich die Auflösung und das Auseinanderfallen seines Körpers lebhaft dachte."[17]

Das beliebte neue Spiel war „Verstecken". Bogumil Goltz berichtet davon.[18] Fontane erzählt, daß ihn eine regelrechte „Versteckspiel-Passion" ergriffen habe, der gegenüber er „ratlos" stehe. „So war doch die Leidenschaft dafür noch viel, viel größer und am größten da, wo sie am unverständlichsten war."

Der Reiz dieses Spieles bestand darin, daß man, solange man sich im Versteck befand, in eine zunehmende Spannung hineingeriet: „Da saß ich dann endlos, unter beständigem Herzklopfen, vor Enge und Schwüle beinah erstickt." Wurde man dann entdeckt oder schlug man sich frei, wich die Spannung.[19]

Eine ähnlich neuartige Bedeutung bekam das „Kampieren im Freien". Dafür wurde ein „tiefes Loch" gewählt, in dem einst der Seeräuber Störtebecker gelagert haben sollte. Auch dieses Spiel versetzte ihn in besondere Erregung: „So suchte ich mir aus dem Vergleich mit Störtebecker unentwegt allerhand süße Schauer."[20] Bei diesem Spiel dienten die Umstände dazu, verschiedene Spannungen herbeizurufen. Doch lernten Jugendliche nun auch einen Sport kennen, in dem die Bewegung selber in wechselnde Spannungszustände führte. Dazu gehörte das Üben mit Geräten.

GutsMuths brachte den Kindern den Stabhochsprung bei. Nach dem Abspringen gerieten sie dabei in einen Zustand, in dem es fraglich war, ob der genommene Schwung ausreichen würde, voll in die Höhe zu kommen.[21] Dabei wuchs, für den Körper spürbar, zunehmend die

---

[17] Moritz (wie Anm. 8) S. 21.
[18] Siehe ↗ S. 594.
[19] Th. Fontane: Meine Kinderjahre, Berlin 1919, S. 177ff.
[20] Ebd. S. 211ff.
[21] Eichberg (wie Anm. 1) S. 35ff.; Abbildungen des Stabhochsprungs bei J. Ch. F. GutsMuths: Gymnastik für die Jugend, Schnepfental ²1804, vgl. F. A. Schmidt: Die

Spannung. Schon der einfache Aufschwung beim Reck führte den Körper in eine immer angespanntere Situation, bis es möglich wurde, die Beine über die Reckstange so zu schwingen, daß man sich nach dem Schwung entspannt aufrichten konnte. Die Riesenwelle, die der „Turnvater" Jahn so besonders liebte, daß er sie bis in sein hohes Alter immer wieder vorführte, war ganz typisch für diese Bewegungsweise. Der Turner ließ den Körper von der Reckstange herunterschwingen. Der so gewonnene Schwung wurde dazu benutzt, auf der anderen Seite wieder aufzusteigen, und kurz bevor man senkrecht über der Stange auf seinen Händen stand, geriet man wieder in eine zunehmend langsamer werdende Bewegung hinein, bei der die Spannung zunahm, ob es gelingen möchte, jenseits der Stange in die abfallende Bewegung zu kommen und so erneut Schwung zu gewinnen.[22] So boten die mannigfachen Schwungbewegungen beim Geräteturnen mit Kindern und Jugendlichen die Möglichkeit, während einer Bewegung zu erfahren, daß sie in spannungsreichere oder in spannungsärmere Räume vordringen konnten.[23]

---

körperliche Erziehung und die Leibesübungen. Geschichte der Hygiene, in: G. A. E. Bogeng (Hrsg.): Geschichte des Sports aller Völker und Zeiten, Bd. 1, Leipzig 1926, S. 96. „Beispiele ungenügender Bewegung" in älterer Zeit und Beispiele für den Wandel unter dem Einfluß von Locke und Rousseau bei G. Stephan: Die häusliche Erziehung in Deutschland während des 18. Jahrhunderts, Wiesbaden 1891, S. 29 ff., 36 ff. u. 48 ff.

[22] Jahn berichtet, daß es am Reck „bereits 60 Aufschwünge einerlei Art" gab, „die in der Folge noch auf 132 gestiegen sind". Eichberg (wie Anm. 1) S. 146 ff. u. 153; M. Schwarze: Geschichte des deutschen Geräteturnens, in: Bogeng (wie Anm. 21) Bd. 2, S. 408. Dort auch eine charakteristische Beschreibung der Erfahrungen bei Reckübungen: „Der rasche Wechsel in den Lageverhältnissen ruft unzählige Lustgefühle auf. Es ist von unerschöpflichem Formenreichtum: Der junge Turner steht vor ihm, wie vor einer lockenden Landschaft mit leuchtenden Straßen und verschwiegenen Pfaden." Es stellt sich also für die Übenden unmittelbar die Beziehung zu strahlenden und geheimnisvollen Räumen her. Reckturnen wird dabei aus der „eingeborenen Wanderlust" abgeleitet. Schwarze: ebd. S. 408; ebd. S. 409 eine Abbildung des Riesenschwungs und der „hohen Wende"; zu den Philanthropen als Vorbereitern dieser Turnübungen s. E. Geldbach: Die Philanthropen als Wegbereiter moderner Leibeskultur, in: H. Ueberhorst: Geschichte der Leibesübungen, Bd. 3, 1, Berlin, München und Frankfurt a. M. 1980, S. 165 f. Dort auch zahlreiche Zitate aus Ende des 18. Jahrhunderts, die auf die Körpererfahrung, auf das „Fühlen" beim Bewegen hinweisen, S. 173 ff.; vgl. auch H. Bernett und J. C. F. GutsMuths, in: Ueberhorst: ebd. S. 197 ff.

[23] Nitschke (wie Anm. 15) bringt Parallelen in Naturwissenschaft und Kunst, S. 126 ff.; K. Hauck: Das Spiel in der Erziehung des 18. Jahrhunderts, (Diss. phil. A.) Halle a. d. S. 1935. Für den Eislauf schildert Gutsmuths einen ähnlichen Spannungswechsel, A. Nitschke: Die Skepsis des Historikers und zu wenig beachtete Raum- und Zeitvorstellungen, in: Saeculum 26 (1985) S. 107 f.

Die Kinder waren sich, auch wenn sie alle in neuer Weise den Raum in seiner Unterschiedlichkeit spürten, einander nicht gleich.

In ihrer Phantasie verstärkten die Kinder Anfang des 19. Jahrhunderts Spannungen. Bogumil Goltz etwa erzählt: „Auf einem Eisberg aber sah ich, im innern Sinn immerdar niedergesessen eine hehre Jungfrau, eine heilige Maid, die Marmorglieder von ätherischen Hüllen umflossen. Ihr zu Füßen einen Riesen, den Geisterfürsten des unerbittlichen Elements. Und er warb um ihre Liebe. Er brach im Grimm unerwiderter Leidenschaft die hohen Eisberge, daß sie in Blitz und Donner zerschellten. Aber unerschüttert und unbewegt in ihrer Haltung, unverändert in ihren immer gleichen Gebärden saß die Jungfrau."[24] Friedrich Ratzel bereits berichtet von einem ähnlich erregenden Traum, der ihn allerdings auch angenehm berührte: „Ich muß zum Beispiel sehr oft vom Fliegen über einem weiten Wasser geträumt haben. Wenn ich nun über den Strom hinflog, fühlte ich die mächtige Anziehung des Wassers. Teils fürchtete ich sie, teils war es ein süßes Gefühl, so hart darüber hin zu streifen."[25]

Harmloser waren die Vorstellungen von Anna Schieber, wenn sie vom Vater oder Onkel nach dem Samstagabendbad über den Hof ins Haus getragen wurde: „Da wurde man in unbekannte Gegenden getragen, in Wälder, in denen es brummte von Bären und pfiff von fremden Vögeln, durch den Neckar, da man denn froh sein mußte, wenn der Onkel nicht etwa ausglitt und ins Wasser fiel... Es war jedesmal eine andere Reise. Sie war unsäglich überraschend. Dann mit einer Plötzlichkeit ins Bett zu fallen, kopfüber, müde und glücklich, wie das nach weiten Reisen sein muß."[26] Hermann Sudermann schildert ähnlich eine Wanderung: „Dort mußte irgend etwas ganz Merkwürdiges sein, ein Krähennest oder ein Fuchsloch. Und immer noch weiter, bis die ferne Waldmauer drohend heranwuchs und man nicht mehr wußte: War es der Heimatwald oder ein anderer? Und irgendwo dahinter lag Rußland, das Wunderland, wo die Kosaken zu Hause sind und die Judenkringel und die Himbeerbonbons, aber von wo man auch nie mehr nach Hause kam. Da war mit einem Male das

---

[24] Goltz (wie Anm. 11) S. 28f.
[25] F. Ratzel: Glücksinseln und Träume, Leipzig 1905, S. 19f.
[26] A. Schieber: Doch immer behalten die Quellen das Wort, Heilbronn 1932, S. 13.

Verirrtsein da, und Mama saß zu Hause und weinte. Schließlich habe ich doch immer noch heimgefunden."[27] Gelegentlich ist die Tendenz zu bemerken, daß etwas Unangenehmes, allzu Spannungsreiches gemieden wird. So erzählt Heinrich Wilhelm Tischbein: „Die Gebete, wo etwas vom Teufel oder Hölle vorkam, wollte ich nie hersagen, aber gern die von lieben Engeln und Cherubim und dem Lamm Gottes… War das nun zu Ende, so baten die Schwestern, noch ein wenig aufzubleiben und zu spielen, ich aber ging willig und gern zu Bett; denn ich dachte, wenn ich tue, als schlafe ich, dann kommen die Engel und Cherubim ums Bett und die schönen Köpfchen mit Flügeln setzen sich oben darauf. Mit denen will ich dann spielen und singen."[28]

Später, im 19. Jahrhundert, wurden nicht mehr Spannungen genossen, sondern beunruhigende Zustände beherrscht und überwunden. 1848 sollte der neunjährige Albert Pfister übers Land in die Schule nach Waiblingen. Er traf am Ende seines Dorfes einen Hund, vor dem er sich fürchtete. Doch die Angst sollte ihm genommen werden; denn die Magd würde ihn begleiten. Albert Pfister suchte die Erregung nicht, sondern schämte sich, ihrer nicht Herr zu werden: „Es war wunderbar, taufrisch und schön; noch kämpfte die aufgehende Sonne mit der Morgendämmerung. Der Spitzer verhielt sich mäuschenstill. Fast reute es mich, daß ich eine Bedeckung angenommen hatte, und ich verabschiedete mich von der Magd mit ein bißchen Scham im Bubenherzen."[29] Werner v. Siemens berichtet ähnliches. Als er etwa fünf Jahre alt war, wollte seine ältere Schwester Mathilde nicht an einem Gänserich vorbei. Der Vater sagte: „Dann soll dich Werner hinbringen, der hoffentlich mehr Courage hat wie du." Er war erst etwas bedenklich. Der Vater riet ihm dann, nur mutig der Gefahr entgegenzugehen und tüchtig mit dem Stock um sich zu schlagen. „Und so geschah es. Als wir das Hoftor öffneten, kam uns richtig der Gänserich mit hoch aufgerichtetem Hals und schrecklichem Zischen entgegen. Meine

---

[27] H. Sudermann: Das Bilderbuch meiner Jugend, Stuttgart und Berlin 1922, S. 18.
[28] H. W. Tischbein: Aus meinem Leben, Berlin 1956, S. 19.
[29] A. Pfister: Pfarrer Albert. Fundstücke aus der Knabenzeit, Stuttgart, Berlin und Leipzig 1901, S. 9.

Schwester kehrte schreiend um, und ich hatte die größte Lust, ihr zu folgen. Doch ich traute dem väterlichen Rat und ging dem Ungeheuer zwar mit geschlossenen Augen, aber tapfer mit dem Stock um mich schlagend, entgegen... Es ist merkwürdig, welch tiefen, dauernden Eindruck dieser erste Sieg auf mein kindliches Gemüt gemacht hat."[30]

Unser Ergebnis: Seit dem zweiten Drittel des 18. Jahrhunderts besaß der Raum erst für einige, dann für immer mehr Kinder eine neue, bisher nicht beachtete Struktur. Diese Kinder sahen ihre gesamte Umgebung, Stadt und Land, seit dieser Zeit in einer Spannung, die zur Veränderung drängte oder – physikalisch ausgedrückt – erfüllt von einer potentiellen Energie, die einen Wandel ermöglichen könnte. Diese Kinder suchten auch selber, in einen Zustand von Spannung zu geraten. Dafür zeugen ihre Freundschaften, ihre Spiele und die von ihnen bevorzugten Bewegungen. So lernten sie wieder eine neue Raumstruktur kennen. Der Raum gliederte sich nicht mehr wie im Mittelalter in unterschiedliche Aggregatszustände; er war nicht mehr wie zwischen dem 15. und 18. Jahrhundert der homogene Raum der Dreidimensionalität. Er war statt dessen für die Kinder ein Raum verschiedenartiger Spannungszustände.

Die Kinder machten dabei wieder eine spezifische Körpererfahrung. Sie erfuhren nicht – wie Germanen und Kelten, wenn sie sich Vorbildern anglichen[31] – einen neuen inneren Zustand, sondern statt dessen eine Eigentümlichkeit ihrer Umgebung. Sie nahmen allerdings nicht nur wie in der Renaissance diejenigen Widerstände wahr, die von bewegten Körpern ausgingen;[32] sie spürten vielmehr auch, ob ihre Umgebung erregt, gespannt oder ob sie ruhig und entspannt auf sie wirkte.

Ein neuer, tiefgreifender Wandel läßt sich am Ende des 19. und im 20. Jahrhundert beobachten. Über diesen Wandel ist schwer zu sprechen; denn nach allen vorliegenden Zeugnissen ist er – im Unterschied zu früheren Jahrhunderten – nur bei einigen Kindern und Jugendlichen anzutreffen. Die anderen blieben und bleiben, wie es

---

[30] W. v. Siemens: Lebenserinnerungen, Berlin ³1908, S. 3f.
[31] Siehe ↗ S. 469ff.
[32] Siehe ↗ S. 481ff.

scheint, immer noch in den im 19. Jahrhundert üblichen Verhaltensweisen.

So erleben viele Kinder – wie Paul Loebe[33] und Karl Severing[34] – unterschiedliche Spannungszustände in ihrer Umgebung. Sie wurden mit diesen in sehr realistischer Weise fertig: Sie setzten sich mit Entschiedenheit – und meist mit Fleiß – für die von ihnen bevorzugte entspanntere, heitere oder gar fröhliche Welt ein. Auch Kinderbriefe bezeugen ein ähnliches Verhalten.[35]

Daneben sind jedoch Zeugnisse anderer Reaktionen erhalten. Kinder können zur selben Zeit ihre Umgebung nicht als spannungsreich, sondern als unheimlich, unverständlich, widernatürlich erfahren.

Albert Speer berichtet über seine Jugend: „Meine Eltern versuchten alles, um ihren Kindern eine schöne, sorglose Jugend zu bereiten. Aber der Erfüllung dieses Wunsches standen Reichtum und Repräsentation, gesellschaftliche Verpflichtung, der große Haushalt, Kinderfräulein und Bedienstete entgegen. Ich fühle noch heute das Künstliche und Unbehagliche dieser Welt. Zudem wurde mir oft schwindlig; manchmal fiel ich in Ohnmacht." Albert Speer sehnte sich nach einer anderen sozialen Umgebung, um dieser ihn fremdartig berührenden Welt der Eltern zu entgehen: „Geliebte Spielgefährtin vor meiner Schulzeit wurde die Tochter Frieda unseres Hausmeisters Allmendinger. Gern hielt ich mich in der bescheidenen, dunklen Wohnung des Obergeschosses auf. Die Atmosphäre von karger Anspruchslosigkeit und die Geschlossenheit einer eng zusammenlebenden Familie zog mich merkwürdig an."[36] Diese Haltung ließ wenig später den jungen Speer die Lebensform wählen, die die „Jugendbewegten" aufsuchten[37] beim Wandern, beim Paddeln, Segeln, auf Bergtouren.

Radikaler reagierten andere Kinder. Sie kamen überhaupt nicht mit ihrer Umgebung zurecht. Der junge Max Hoelzel wuchs als Landarbeiter in einer unbeschreiblichen Armut auf. Die Altersgenossen weigerten sich, mit ihm zu spielen, sie neckten und hänselten ihn nur. Als er wieder einmal von einem Dutzend Kameraden umringt wurde,

---

[33] P. Löbe: Der Weg war lang, Berlin 1954, S. 10ff.
[34] C. Severing: Mein Lebensweg, Bd. 1, Köln 1950, S. 6ff.
[35] Mencken (wie Anm. 12) S. 307ff.
[36] A. Speer: Erinnerungen, Frankfurt a. M. und Berlin 1969, S. 20f.
[37] Ebd. S. 26. Zur Jugendbewegung vgl. G. Ziemer und H. Wolf: Wandervogel und Freideutsche Jugend, Bad Godesberg 1961, S. 7ff.

geschah folgendes: „In meiner Verzweiflung griff ich nach einem faustgroßen Stein, schleuderte ihn aber nicht nach den Spöttern, sondern hämmerte mit ihm auf die Finger meiner linken Hand los, bis sie ganz blutig war. Dabei schrie ich mit Tränen in den Augen, ich würde mir alle Finger abschlagen, wenn sie noch länger spotteten."[38] Dieser Junge sah nur noch die Möglichkeit, auf sich selber einzuwirken, wenn er auf andere Einfluß nehmen wollte. Er hatte übrigens damit Erfolg.

In ähnlicher Weise waren die Reaktionen der jungen Simone de Beauvoir nur auf die eigene Person bezogen. Seit ihrem dritten Lebensjahr neigte sie zu ungewöhnlichen Trotzhandlungen. „In solchen Augenblicken bin ich weder für Mamas unheilverkündende Miene noch für die strenge Stimme Louises oder das außergewöhnliche Dazwischentreten von Papa empfänglich. Ich brüllte dann so laut und so lange, daß ich im Luxembourg-Garten des öfteren als mißhandeltes Kind angesehen wurde." Frauen nahmen sich ihrer mitleidvoll an: „,Die arme Kleine', sagte eine Dame und reichte mir ein Bonbon. Ich dankte es ihr, indem ich mit den Füßen nach ihr stieß." Simone de Beauvoir meinte später, sie habe sich ständig tyrannisiert gefühlt. Objektiv war das unzutreffend, wie aus ihren eigenen Erzählungen hervorgeht, aber der Eindruck muß bei ihr als Kind sehr stark gewesen sein. Sie wollte deswegen nur noch sich selbst spüren: „Ich erlitt Schiffbruch in der Nacht völliger Machtlosigkeit. Es blieb mir nichts mehr übrig als meine nackte Gegenwart, die sich in langgezogenen Heullauten manifestierte."[39]

Ähnliches berichtete Toni Sender, die Tochter eines tiefgläubigen orthodoxen Juden.[40] Auch Ilja Ehrenburg war nur darauf bedacht, gegen seine Umgebung Widerstand zu leisten. Als man ihn einmal im Kohlenkeller einsperrte, erschreckte er erst als schwarzer Teufel die Köchin, dann meinte er: „Ich rächte mich, indem ich nachts eine Flasche Petroleum heranschleppte und den Versuch machte, das Haus in Brand zu stecken." In einem Sommer nahm seine Mutter ihn nach

---

[38] M. Hoelzel: Vom „Weißen Kreuz" zur roten Fahne, Berlin 1929, S. 24.

[39] S. de Beauvoir: Memoiren einer Tochter aus gutem Hause, Hamburg 1960; wieder abgedruckt in: U. Voß (Hrsg.): Kindheiten, Oldenburg ²1976, S. 260ff.

[40] T. Sender: Autobiographie einer deutschen Rebellin, hrsg. v. G. Brinker-Gabler, Frankfurt a. M. 1981, S. 29ff.

Bad Ems mit: „Ich brachte die Kurgäste zur Verzweiflung... Ich störte die Engländerin beim Angeln, indem ich die Fische mit Steinchen verscheuchte, ich trug die Vergißmeinnichtsträuße fort, welche die Deutschen am Denkmal ihres alten Kaisers niederlegten. Die Kurverwaltung bat meine Mutter wegzufahren, falls sie nicht imstande sei, mich zu zügeln." Die Heftigkeit dieses Kindes wurde in den folgenden Jahren immer unheimlicher. Schließlich ging es mit Messern auf Erwachsene los.[41]

Was bei dieser kleinen Gruppe von Kindern und Jugendlichen auffällt, ist ein elementares Bedürfnis, in einer für sie unverständlichen, widerwärtigen und als tyrannisch empfunden Umwelt durch Handlungen sich der eigenen Person zu vergewissern.[42]

Diese Erfahrungen dienten ihnen dazu, ihren eigenen Zustand als etwas Besonderes zu erfahren. Erwachsene mochten ihre Handlungen als Zeichen von Trotz, Wut oder gar als Hinweise auf einen bösartigen Charakter deuten. Sie jedoch suchten – nach ihrer eigenen Überzeugung – nur in einen besonderen Zustand hineinzugeraten, der sie von allen anderen absetzte und unterschied. Sie wollten sich selbst verändern.

Diese Kinder lernen nicht mehr, über Bewegungen die Besonderheiten eines Raumes zu erfahren. Sie erfahren vielmehr sich selber in einer neuen Weise und spüren, wie ihre Person sich wandelt. Solche Erfahrungen haben einen binnenkörperlichen Charakter.

Nun können wir seit Ende des 19. Jahrhunderts eine Reihe von Bemühungen beobachten, die alle gemeinsam darauf hinauslaufen, sich wieder an binnenkörperlichen Erfahrungen zu orientieren. (Sie haben auf den ersten Blick nichts mit den Jugendlichen zu tun, die wir gerade beschrieben.)

---

[41] I. Ehrenburg: Memoiren, Bd. 1, München 1962; wieder abgedruckt in: Voß (wie Anm. 39) S. 200ff.

[42] Es gab auf diese neue Situation auch andere Reaktionen, die allerdings nur bei sehr wenigen Kindern und Jugendlichen anzutreffen sind, auf die wir deshalb nicht näher eingehen wollen. Diese Kinder fühlen sich in ihrer Ratlosigkeit zu Dingen hingezogen, die ihnen in der sonst unverständlichen Welt wegen ihrer Intensität, oft auch wegen ihrer Fremdartigkeit als etwas ganz Ungewöhnliches erscheinen. Vgl. A. Popp: Jugend einer Arbeiterin, hrsg. v. H. J. Schütz, Berlin und Bad Godesberg 1978, S. 111; H. Wachenheim: Vom Großbürgertum zur Sozialdemokratie. Memoiren einer Reformistin, Berlin 1973, S. 4; Nitschke (wie S. 26 Anm. 117) S. 126ff.

Für binnenkörperliche Erfahrung setzte sich Rudolf Bode in der sogenannten „Rhythmusbewegung" ein.[43] Er wollte gerne, daß die Menschen auf innere Rhythmen achteten, etwa auf den Rhythmus des Atmens, und meinte, daß diese inneren Rhythmen mit den Rhythmen des Kosmos übereinstimmten, so daß man sich bei Angleichung an binnenkörperliche Rhythmen mit dem Universum verbinden konnte. Ludwig Klages hat dafür die philosophische Begründung geliefert.[44] Bode war nicht der einzige Vertreter dieser neuen Bewegung. Sie wurde in vielen Varianten propagiert, die Anhänger der einzelnen Richtungen in Hellerau und in Loheland bekämpften sich oft,[45] ohne zu merken, daß sie und sogar die Anthroposophen, die Anhänger der Eurythmie, eine ähnliche Grundtendenz verfochten.[46]

Sie alle waren dadurch miteinander verbunden, daß sie sich an Bewegungen orientierten, die den ganzen Körper einheitlich ergreifen sollten, ihn gewissermaßen in Schwingungen hineinzunehmen hatten. So stritten die Anhänger dieser Bewegung trotz aller Feindschaft, die bereits innerhalb ihrer Gruppen bestand, gemeinsam gegen die Bewegungsformen, die für den Jazztanz und die Jazzgymnastik charakteristisch waren. Diese kamen aus afrikanischer Tradition, Amerikaner brachten sie nach Europa. Die Menschen, die dieser Musik folgten, versuchten nicht, den Körper einheitlich zu bewegen, sondern lernten Kopf, Rumpf, Hals, Arme, Beine, Füße jeweils bei der Bewegung zu isolieren. So sprachen die Wissenschaftler, die diese Tänze beschrieben, von einer Isoliertechnik, und da die isolierten Körperteile eigenen Rhythmen folgten, von einer Polyzentrik oder einer Polyrhythmik in der Bewegung.[47]

---

[43] R. Bode: Der Rhythmus und seine Bedeutung für die Erziehung, Jena 1920, S. 4ff.; H. Medau: Rhythmische Gymnastik als tägliche Kraftquelle, Stuttgart, Berlin und Leipzig 1926, S. 19ff.; ders.: Moderne Gymnastik, Lehrweise Medau, Celle 1967, S. 7ff.

[44] H. Günther: Historische Grundlinien der deutschen Rhythmusbewegung, in: G. Bünner und P. Röthig (Hrsg.): Grundlagen und Methoden rhythmischer Erziehung, Stuttgart 1971, S. 37; L. Klages: Vom Wesen des Rhythmus, Kampen ²1934.

[45] Günther (wie Anm. 44) S. 40, 61 u. 65.

[46] Ebd. S. 51ff.; E. Klink: Eurythmie, in: Bünner u. Röthig (wie Anm. 44) S. 157ff.; A. Dubach-Donath: Die Grundelemente der Eurythmie, Dornach 1928.

[47] H. Günther (wie Anm. 1) S. 20ff.; ders.: Afrikanischer und indischer Tanz – Ein Vergleich, in: A. Nitschke und H. Wieland (Hrsg.): Die Faszination und Wirkung außereuropäischer Tanz- und Sportformen, Ahrensburg 1981, S. 12ff.; H. Günther: Die Tänze und Riten der Afro-Amerikaner, Bonn 1982, S. 19ff.

Europäer, die diesen verschiedenartigen Bewegungsweisen folgten, schlossen sich, meist ohne es zu wissen, an Bewegungsformen an, die in der indischen Kultur – das gilt für die ganzheitlichen Bewegungen[48] – oder in der afrikanischen Kultur – bei der polyzentrischen Bewegungsweise[49] – also in den Gesellschaften, aus denen sie kamen, die Aufgabe hatten, Bewegungen von Gottheiten, göttlichen Tieren, verstorbenen Ahnen zu wiederholen.[50]

Wer von diesen Zusammenhängen nichts ahnte, und die meisten Europäer achteten sicher nicht auf diese Zusammenhänge, spürte bei diesen neuen Bewegungsweisen jedoch, daß sie ihm dazu verhalfen, sich selbst zu wandeln. Sie vermittelten ihm neue Selbsterfahrungen; diese werden binnenkörperlich gewonnen, sie erschließen keinen bisher unbekannten Raum. Sie gleichen somit den von uns gerade geschilderten Selbsterfahrungen der Kinder.

Kinder und Jugendliche mit diesen Selbsterfahrungen konnten auch Bewegungsweisen übernehmen, die ihnen gestatteten, sich allen anderen überlegen zu dünken. Das von Hitler gepriesene Boxen und der Marschschritt seiner Anhänger vermittelten ähnliche Selbsterfahrungen. (Auch diese Art, sich zu bewegen, übernahmen Hunderttausende von Kindern und Jugendlichen in den zwanziger und dreißiger Jahren mit Begeisterung.)[51]

Nach allen diesen Beobachtungen müssen wir sagen: Am Ende des 19. Jahrhunderts wandeln sich die Körpererfahrungen bei einigen Kindern und Jugendlichen erneut. Diese geben eine Tradition, die im 8. Jahrhundert einsetzte, auf. Sie tendieren nicht mehr zu Bewegungen, die ihnen ihre Umgebung und damit die Eigenart der Gliederung eines Raumes erschließen. Sie suchen statt dessen in Bewegungen und Handlungen ihre eigene Person in neuer Weise zu erfahren.

Wenn Bewegungen so dazu dienen, etwas über sich selber – und nicht über den Raum – zu erfahren, sprechen wir von binnenkörperli-

---

[48] Günther (wie Anm. 44) S. 48 ff.; ders.: Afrikanischer und indischer Tanz (wie Anm. 47) S. 17 ff.
[49] Günther (wie Anm. 44).
[50] Günther: Tänze und Riten (wie Anm. 47) S. 155 f.; ders.: Afrikanischer Tanz (wie Anm. 47) S. 12 ff.
[51] A. Nitschke: Warum unterstützten Deutsche Hitler? Analysen der Wahlen vor 1933, in: Frankfurter Hefte 38, H. 2 (1983) S. 29 f.; vgl. ders.: Der Feind. Formen politischen Handelns im 20. Jahrhundert, Stuttgart 1964, S. 155 ff.

chen Erfahrungen.[52] An solchen Erfahrungen orientierten sich, wie wir sahen, die Kinder und Jugendlichen keltischer und germanischer Stämme zur Zeit der Völkerwanderung.[53] Deren Bewegungsweise war am Anfang des 20. Jahrhunderts selbstverständlich nicht mehr bekannt. So übernahmen die Jugendlichen in unserer Zeit die außerhalb Europas verbreiteten Bewegungen, die zu ähnlichen Erfahrungen verhalfen.[54] (Auch einige unter den Erwachsenen zeigen in ihren Tänzen und auch in der sogenannten modernen Kunst die Neigung, außereuropäischen Vorbildern zu folgen. Wie sich diese einmal auf das gesellschaftliche Zusammenleben auswirken wird, ist noch nicht zu übersehen.[55] Sicher ist nur, daß, was bei Kindern zu beobachten ist, sich wieder auch bei Erwachsenen nachweisen läßt.)

Im 18., 19. und 20. Jahrhundert ist es nun sehr viel leichter, die Wechselwirkungen zwischen Kindern und Erwachsenen darzustellen. Es ist, nach unseren Zeugnissen, gar nicht daran zu zweifeln, daß einige Kinder vor den Erwachsenen mit neuartigen Körpererfahrungen sich einen bisher nicht bekannten Aspekt des Raumes erschlossen oder an sich selber bisher nicht gekannte Veränderungen erfuhren.[56] Mit diesen Kindern und Jugendlichen mußten sich die Erwachsenen auseinandersetzen; von ihnen hatten sie zu lernen. So können Kinder Partner, manchmal sogar auch überlegene Partner, der Erwachsenen werden.

Selbstverständlich stellt sich am Schluß die Frage, warum denn die Erfahrungen des Körpers und Raumes so unterschiedlich sein können. Dies zu untersuchen, ist nicht Aufgabe eines Buchs, das sich mit der Sozialgeschichte des Kindes befaßt. Andere Arbeiten, die dieser Frage galten, lassen vermuten, daß die Menschen als Säuglinge erst ein

---

[52] Siehe ↗ S. 603f.
[53] Siehe ↗ S. 469ff., 485f.
[54] A. Nitschke: Die Auswirkungen außereuropäischen Bewegungsverhaltens auf die europäischen Gesellschaftsformen, in: Nitschke und Wieland (wie Anm. 47) S. 179ff.; ders.: Nichteuropäische Bewegungsweisen im Sport, in: Sportwissenschaft 15 (1985) S. 294–307.
[55] Günther interpretiert die Auswirkungen der polyzentrischen Bewegungsweise auf Amerikaner und Europäer entweder als ein Zeichen ihrer Frustration infolge der „technischen Zivilisation", Günther (wie Anm. 44) S. 34ff. oder als ein Zeichen neuer revolutionärer Gesinnung, Günther: Tänze und Riten (wie Anm. 47) S. 19ff.
[56] Die Belege sind zusammengestellt bei A. Nitschke: Junge Rebellen, München 1985.

Vertrauen zu Gestalten ihrer Umwelt gewinnen müssen und dabei Bindungen an die Umwelt entstehen. Über die jeweilige Bindung erfahren dann die Menschen, welche Veränderungsmöglichkeiten die Welt bietet. Dabei scheint die dem Menschen zur Verfügung stehende Energie darüber zu entscheiden, ob er sich Vorbildern angleicht oder ob er die Raumstruktur seiner Umgebung wahrnimmt und welche Raumstruktur er wahrnimmt.[57] Bis ins 19. Jahrhundert wuchs offensichtlich die den Menschen zur Verfügung stehende Energie. Seit dem 20. Jahrhundert hingegen scheint die Umwelt, die durch wirtschaftliche Gesetze und die Technologie geprägt ist, den Menschen wieder überlegen zu sein. Das würde die neuen Verhaltensweisen der Kinder im 20. Jahrhundert erklären.

Sollte die Umweltsituation den Wandel der von uns beobachteten Erfahrungen bedingen, wäre es nicht verwunderlich, daß Kinder von ihrem sechsten und siebten Lebensjahr an bereits zu neuen Verhaltensweisen neigen; denn in diesem Alter können sie die jeweilige Besonderheit ihrer Umwelt durchaus schon erfahren. Wenn sich somit neue Verhaltens- und Bewegungsweisen, neue Spiele und neue Phantasievorstellungen bei Kindern durchsetzen, könnten diese auf einen unmittelbar bevorstehenden gesellschaftlichen Wandel hinweisen. So kann auch die Beschäftigung mit der Sozialgeschichte des Kindes dem Historiker dazu dienen, gesellschaftliche Veränderungen zu erkennen und genauer zu beschreiben.

---

[57] A. Nitschke: Historische Verhaltensforschung. Analysen gesellschaftlicher Verhaltensweisen – Ein Arbeitsbuch, Stuttgart 1981, S. 205 ff.

SOZIALISATIONSNORMEN IN ÄRZTLICHEN RATGEBERN ZUR SÄUGLINGS- UND KLEINKINDPFLEGE. VON DER AUFKLÄRUNGS- ZUR NATURWISSENSCHAFTLICHEN PÄDIATRIE

REINHARD SPREE

1. Einleitung: Ziel, Konzept, Quellen

1.1 Erkenntnisziel

Im folgenden stelle ich erste Ergebnisse eines Versuchs dar, ärztliche Ratgeber für Eltern zur Säuglings- und Kleinkindpflege daraufhin zu untersuchen, welche Sozialisationskonzepte in ihnen, gewollt oder ungewollt, zum Ausdruck kommen.[1] Obwohl der Gegenstand derartiger Literatur Empfehlungen zur Gesundheitspflege und Krankheitsvorbeugung vom streng medizinischen Standpunkt aus sind, fließen – alten Traditionen hygienisch-diätetischen Denkens folgend[2] – stets mehr oder weniger ausdrückliche Ratschläge zur geistigen und moralischen Erziehung der Kinder mit ein. Darüber hinaus enthalten die Pflegenormen der Ärzte in starkem Umfang sozialisatorisch relevante

---

[1] Der Aufsatz entstand im Rahmen des Projekts „Historisch-empirische Studien zu sozialisatorisch relevanten Dimensionen sozialer Ungleichheit in Deutschland seit dem Ende des 19. Jahrhunderts", das der Verfasser am Max-Planck-Institut für Bildungsforschung Berlin durchführte. Die Fachhochschule für Wirtschaft förderte die Arbeiten durch Entlastungen im Bereich der Lehrverpflichtungen. Ich danke beiden Institutionen für ihre Unterstützung, besonders Waltraud Ludecky und Roswitha Schütt, die das Manuskript und seine Vorläufer tippten. Michael Chapman, Karin Hausen, Ernst-Hartmut Hoff, Susanne Satzer-Grub, Yvonne Schütze, Dzintars Zebergs und Helga Zeiher, vor allem aber Wolfgang Edelstein bin ich für detaillierte Kritik und zahlreiche Anregungen dankbar, die ich allerdings nur teilweise verarbeiten konnte.
Ich widme diesen Aufsatz Wolfgang Lenzner.
[2] Vgl. zur Tradition, in der die Pflegehandbücher von Ärzten der Aufklärungszeit stehen, u. a. L. Kunze: Die physische Erziehung der Kinder. Populäre Schriften zur Gesundheitserziehung in der Medizin der Aufklärung, (Med. Diss.) Marburg 1971, S. 1–110; E. Seidler: Das Kind im Wandel wissenschaftlicher Betrachtung, in: Heidelberger Jahrbücher 10 (1966) S. 83–96; vgl. auch den Beitrag Seidlers in diesem Band; allgemeiner A. Fischer: Geschichte des deutschen Gesundheitswesens, Bd. 1, Berlin 1933, S. 189–192.

Elemente, z. B. im Zusammenhang mit den konkreten Vorschlägen zur Quantität, Qualität und Häufigkeit der Ernährung; zu Zeitpunkt und Umständen des Abstillens; zu Form und Intensität des Sauberkeitstrainings; zur kognitiven und emotionalen Förderung usw. Deren Bedeutung für die Sozialisation der Kinder war den Autoren nur gelegentlich bewußt. Zudem verbanden diese dann häufig andere Intentionen damit, als eine sozialisationstheoretisch angeleitete Analyse nachträglich zutage fördern kann. Meine Untersuchung zielt vor allem auf solche latenten Sozialisationsnormen und deren rekonstruierbaren Zusammenhang.

Der *Normbegriff* läßt sich nach zwei Seiten auslegen: Erstens kann man darunter die Anforderungen an das Verhalten der Erzieher verstehen. Das entspricht ziemlich genau den Intentionen der als Quellen benutzten ärztlichen Pflegeanleitungen, die den Eltern Empfehlungen geben oder gar Vorschriften machen wollen. Zweitens kann man die fraglichen Normen aber auch als Verhaltensanforderungen an die Kinder verstehen, die über die Erziehung durch die Eltern vermittelt werden sollen. In meiner Auswertung lege ich das Schwergewicht auf die erste Variante; mir geht es primär um das gewünschte Verhalten der Erzieher.

1.2 Das Sozialisationskonzept

Das zentrale, erkenntnisleitende Konzept in meiner Untersuchung ist das der *Sozialisation.* Es steuert die Auswahl von Informationen aus den Quellentexten und deren Interpretation. „Unter Sozialisation wird hier in Anlehnung an zahlreiche Definitionsversuche der Prozeß verstanden, durch welchen das Individuum vermittels der aktiven Auseinandersetzung mit seiner menschlichen und dinglichen Umwelt eine persönliche und soziale Identität ausbildet und Handlungsfähigkeit erwirbt. Sozialisation ist ein lebenslanger, offener Lernprozeß."[3] Die sich entwickelnde *Persönlichkeit* kann begriffen werden als das

---

[3] L. Liegle: Kulturvergleichende Ansätze in der Sozialisationsforschung, in: Handbuch der Sozialisationsforschung, hrsg. v. K. Hurrelmann und D. Ulich, Weinheim und Basel [2]1982, S. 198; vgl. auch D. Geulen und K. Hurrelmann: Zur Programmatik einer umfassenden Sozialisationstheorie, in: ebd. S. 51. Ich beschränke die Verweise bei theoretischer und methodologischer Literatur im wesentlichen auf Übersichtswerke.

Muster der grundlegenden (typisierenden), nur langsamem Wandel unterworfenen Einstellungen, Orientierungen und Verhaltensdispositionen eines Individuums, besonders in den Dimensionen Kognition, Emotion, Motivation und Moral.[4] Die mir zur Verfügung stehenden Quellen sprechen allerdings nur von einem Element des Sozialisationsprozesses, den Normen, an denen sich das Verhalten der Sozialisationsagenten (Eltern) ausrichten soll. Aber das ist schon eine wesentliche Ausgangsinformation, auf der weitergehende, besonders das soziale und wirtschaftliche Umfeld stärker berücksichtigende Studien im Sinne der *historischen Sozialisationsforschung*[5] aufbauen können.

Der Charakter meiner Quellen legt den Rückgriff auf eine Variante der empirischen Sozialisationsforschung nahe, die unter dem Namen Erziehungsstilforschung während der fünfziger und sechziger Jahre des 20. Jahrhunderts viel diskutierte Resultate erbrachte.[6] Ihr entspricht eine Tradition des interkulturellen Vergleichs auf der Basis ethnographischer Beobachtungsdaten, die eine relativ große Nähe zu meinem Vorhaben aufweist. Und zwar wurden hier protokollierte (oft nicht selbst erhobene) Informationen über Pflege- und Erziehungsgewohnheiten (-praktiken, -normen) in Beziehung gesetzt zu psychischen Dispositionen oder Persönlichkeitsmerkmalen, die jedoch meist nicht direkt beobachtet, sondern aufgrund von Hypothesen erwartet oder angenommen wurden.[7] Man schloß also unter Rückgriff auf Theorien der Persönlichkeitsgenese von Indikatoren der Sozialisationsbedingungen auf erwartbare Persönlichkeitszüge bei den Kindern, die diesen Sozialisationsbedingungen unterworfen waren.

Nun stellt meine Option für einen Untersuchungsansatz nach dem Vorbild der älteren Erziehungsstil- bzw. der ethnographischen For-

---

[4] Vgl. auch Liegle (wie Anm. 3) S. 200 f.

[5] Vgl. U. Herrmann: Probleme und Aspekte historischer Ansätze in der Sozialisationsforschung, in: Handbuch der Sozialisationsforschung (wie Anm. 3) S. 227–252.

[6] Vgl. den Forschungsstand zu Beginn der siebziger Jahre bei H. Thomae: Familie und Sozialisation, in: Handbuch der Psychologie, hrsg. v. C. F. Graumann, Bd. 7: Sozialpsychologie, 2. Halbbd.: Forschungsbereiche, Göttingen 1972, S. 804–816.

[7] Vgl. den Literaturüberblick bei ders.: Kulturelle Systeme als Sozialisationsvariablen, in: ebd. S. 720–729. Ein meinem Ansatz vergleichbares Vorgehen auf der Basis ethnographischen Materials z. B. bei F. Renggli: Angst und Geborgenheit. Soziokulturelle Folgen der Mutter-Kind-Beziehung im ersten Lebensjahr, Reinbek bei Hamburg 1974.

schung sozialisationstheoretisch möglicherweise einen Rückfall dar. Sie kehrt vom Transaktionsmodell zum vielfach kritisierten „Trichtermodell" zurück.[8] Gemäß diesem „Trichtermodell" werden die kindlichen Persönlichkeiten durch verschiedenste Umweltbedingungen geprägt, die durch wenige Indikatoren repräsentiert sind, ohne daß die Kinder aktiv den Sozialisationsprozeß mitgestalten oder auf ihn zurückwirken.[9] Darüber hinaus ist zu beachten, daß meine Ausgangsinformationen nicht unmittelbare Beobachtungen und Protokolle von Erziehungsstilen, vielmehr normative Vorgaben für Sozialisationsverhalten sind. Diesen darf allerdings – aufgrund von Bedingungen, die unten näher erläutert werden – eine große Nähe zu tatsächlich wirksamen normativen Orientierungen in der Bezugsgruppe der schreibenden Ärzte, dem Bildungsbürgertum, unterstellt werden. Sie spiegeln bis zu einem gewissen Grad tatsächliche Sozialisationsbedingungen.

1.3 Zum sozialisatorischen Gehalt der Quellen

Die in den Quellen enthaltenen Pflege- und Erziehungsnormen beziehen sich auf die unterschiedlichsten praktischen Situationen des Umgangs mit dem Kind (Ernähren, Waschen, Wickeln, Bewegungsspielraum, Reaktionen auf kindliche Wünsche, auf Schmerzäußerungen usw.) und haben abweichende Ziele (Anleitung zu einer rein technischen Verbesserung bekannter Praktiken; oder Einführung neuer Praktiken im Rahmen traditioneller Ziele; oder Vermittlung neuer

---

[8] Vgl. K. Hurrelmann und D. Ulich: Einführung durch die Herausgeber – Aufgaben und Probleme der Sozialisationsforschung, in: Handbuch der Sozialisationsforschung (wie Anm. 3) S. 9.

[9] Das „Transaktionsmodell" wird wie folgt gekennzeichnet: „Nach diesem sich mehr und mehr durchsetzenden Verständnis lösen Kinder und Heranwachsende aus dem Verhalten der Erwachsenen ,implizite Regelsysteme' heraus, und zwar nicht nur entsprechend normativer Vorgaben und Sanktionen, sondern auch entsprechend eigener Bedürfnisse, Erfahrungen und bereits gegebener kognitiver Strukturen. Das Individuum baut kognitive Schemata auf, die zum Teil Einsicht in Regelsysteme widerspiegeln, gleichzeitig aber immer auch strukturierende Eigenleistungen des Individuums in Gestalt von Modifikationen, Anwendungsmustern und spezifischen Orientierungsformen enthalten." Hurrelmann u. Ulich (wie Anm. 8) S. 9. Vgl. zur Kritik an der Erziehungsstil-Forschung Thomae (wie Anm. 6) S. 815; zur Kritik an entsprechenden Studien auf der Basis ethnographischen Materials u. a. H. Orlansky: Infant Care and Personality, in: Psychological Bulletin 46 (1949) S. 1–48, bes. 38–42.

Zielvorstellungen an die Erzieher und angemessener Techniken). Außerdem kann bei den Zielen differenziert werden danach, ob sie ausschließlich die körperliche Entwicklung im Auge haben, die körperliche und die Persönlichkeitsentwicklung oder nur die Persönlichkeitsentwicklung. Schließlich können explizite von impliziten Zielvorgaben abgehoben werden. Ich beschränke mich im folgenden auf die zweite und dritte Zielgruppe. Ich will die Pflegeanleitungen daraufhin auswerten, welche Verhaltensanforderungen formuliert werden, die ausdrücklich oder implizite die Persönlichkeitsentwicklung der Kinder beeinflussen können.

Zu fragen ist, *für wen die Ärzte sprechen*; ob die normativen Sozialisationskonzepte bestimmten gesellschaftlichen Gruppen zugeschrieben werden können, gar deren Sozialisations- oder Erziehungsrealität abbilden. Zunächst würde man ja derartige Informationen vermutlich eher in pädagogischer Fachliteratur suchen. Ihr gegenüber haben jedoch die von Ärzten verfaßten Ratgeber für Laien zur Säuglings- und Kleinkindpflege sowie zur „physischen Erziehung" meines Erachtens einige Eigenschaften, die sie als Quellen zur Sozialgeschichte der Sozialisation, vor allem der sozialisationsrelevanten Normen, besonders geeignet erscheinen lassen:

1) Pädagogik und Psychologie gehören seit Jahrhunderten nicht zur wissenschaftlichen Ausbildung von Ärzten. In bezug auf Fragen der Erziehung äußern sie sich als Laien,[10] allerdings als gebildete Laien. Wahrscheinlich hat das bis ins späte 19. Jahrhundert praktizierte „Patronage-System" der ärztlichen Honorierung, d. h. die Unsicherheit und Ungleichmäßigkeit der ökonomischen Situation und der gesellschaftlichen Stellung der akademisch gebildeten Ärzte, dazu beigetragen, daß sie sich in besonderem Maße an kulturellen wie an politischen und sozialen Diskursen ihrer Zeit beteiligten.[11] Diese bildungsbürgerliche Tradition hielt sich bis ins

---

[10] Vgl. A. Czerny: Der Arzt als Erzieher des Kindes. Vorlesungen, Leipzig und Wien ³1911 (¹1908), S. 96.
[11] Vgl. C. Huerkamp: Der Aufstieg der Ärzte im 19. Jahrhundert. Vom gelehrten Stand zum professionellen Experten: Das Beispiel Preußens, Göttingen 1985, Kap. 4; C. Huerkamp und R. Spree: Arbeitsmarktstrategien der deutschen Ärzteschaft im späten 19. und frühen 20. Jahrhundert. Zur Entwicklung des Marktes für professionelle ärztliche Dienstleistungen, in: Historische Arbeitsmarktforschung, hrsg. v. T. Pieren-

20. Jahrhundert, seit der Mitte des 19. Jahrhunderts u. a. gepflegt in ärztlichen Geselligkeits- und Fortbildungsvereinen. Die Auseinandersetzung mit philosophischen, pädagogischen und später: psychologischen Konzepten der jeweiligen Zeit gehörte stets zum Selbstverständnis vieler Ärzte als Angehörige der gebildeten Stände, seit dem frühen 18. Jahrhundert als Repräsentanten des Bildungsbürgertums. Die Quellen informieren deshalb über naive Theorien der Persönlichkeit, wie sie bestimmte einflußreiche Gesellschaftsgruppen epochenspezifisch vertraten, und über ihre Genese.

2) Die Tatsache, daß die Ratgeber für Laien verfaßt sind und daß sie an ein breites Publikum verkauft wurden, teilweise in erstaunlich großer Stückzahl,[12] qualifiziert sie zusätzlich als sozialhistorische Quelle. Man wird nicht nur und nicht einmal in erster Linie über akademische Theorien und den wissenschaftlichen Fachdiskurs bezüglich sozialisatorisch relevanter Normen informiert, von denen dann unklar wäre, wie weit sie in einer bestimmten Gesellschaftsschicht zu welcher Zeit rezipiert, mitgetragen oder abgelehnt wurden. Vielmehr wird in Rezensionen und in der Sekundärliteratur zu ärztlichen Pflegeanleitungen die einleuchtende These vertreten, daß sie Interessen, wesentliche Aufmerksamkeitsbereiche, Werthaltungen und offene bzw. stillschweigende Bedürfnisse der Eltern aus klar definierten, bedeutsamen gesellschaftlichen Gruppen bezüglich der Säuglings- und Kleinkindpflege spiegeln. Diese Gruppen sind als potentielle Käufer die Adressaten, an die sich viele Autoren, besonders im 18. und 19. Jahrhundert, ausdrücklich wenden. Erst die modernen Taschenbuchausgaben derartiger Literatur haben zu einer diffusen Ausweitung des Adressatenkreises geführt. Die von mir ausgewerteten Pflegeanleitungen richten sich, meist ausdrücklich im Vorwort erwähnt, an das

---

kemper und R. Tilly, Göttingen 1982, S. 77–116; zum „Patronagesystem" bes. N. D. Jewson: Medical Knowledge and the Patronage System in 18th Century England, in: Sociology 8 (1974) S. 369–385.

[12] Die von mir ausgewerteten Ratgeber erzielten hohe Auflagenziffern; noch nach Jahrzehnten wurden sie teilweise, geringfügig oder auch stärker überarbeitet, wiederaufgelegt, z. B. C. W. Hufeland: Guter Rath an Mütter über die wichtigsten Punkte der physischen Erziehung der Kinder in den ersten Jahren, Jena und Berlin [1]1799 (Leipzig [10]1865), oder Czerny (wie Anm. 10) [1]1908, [8]1934.

gebildete und wohlhabende Bürgertum. Zudem müssen die Regeln und Verhaltensanweisungen sowie die expliziten und impliziten Wertungen der Autoren von Pflegehandbüchern den Eltern als Käufern sinnvoll, vertraut und nachvollziehbar erscheinen. Sie dürfen sich vom tatsächlich praktizierten älteren Verhalten nur gelegentlich und nicht zu weit entfernen, bestätigen also weitgehend ohnehin praktiziertes Verhalten.[13]

3) Die Ärzte äußern ihre Erziehungsvorstellungen stets im Zusammenhang mit Erörterungen der körperlichen Entwicklungsvorgänge, der dabei auftretenden Schwierigkeiten, Störungen usw. Es gibt insofern eine physische oder biologische Grundlage, an die gelegentlich explizite sozialisatorisch relevante Verhaltensanforderungen anknüpfen. Daneben darf oft aus scheinbar eindeutig nur biologisch-physische Praktiken bzw. Prozesse betreffenden Handlungsanweisungen auf persönlichkeitsprägende Wirkungen rückgeschlossen werden, die von den Verfassern nicht gewollt und offen angesprochen wurden. Man kann somit zwischen einem offenen und einem latenten Sozialisationskonzept unterscheiden.

4) Schließlich könnte aus den Quellen jeweils ein weiteres Sozialisationskonzept rekonstruiert werden, nämlich dasjenige, von dem sich die Verfasser ausdrücklich absetzen. In kritischen Äußerungen über zeitgenössisch gültige und häufige Traditionen der Kinderpflege zeichnen sich als überholt geltende Sozialisationskonzepte ab, die entweder vom „wissenschaftlichen Fortschritt" entwertet wurden oder als unterschichtentypisch abgedrängt werden sollten. Auf diesen letzten Aspekt werde ich in meinen Auswertungen nicht eingehen.

1.4 Medizingeschichtliche Einordnung der Quellen

Meine Auswertung beruht auf ausgewählten Beispielen aus einem relativ homogenen, sehr umfangreichen Quellenmaterial. Analysiert

---

[13] Vgl. z. B. M. J. Bane: A Review of Child Care Books, in: Harvard Educational Review 43 (1973) S. 669–680, bes. 670f.; A. J. Stewart u. a.: Coding Categories for the Study of Child-Rearing from Historical Sources, in: Journal of Interdisciplinary History 5 (1975) S. 687–701, bes. 688f., 693; M. Zuckerman: Dr. Spock: The Confidence Man, in: The Family in History, hrsg. v. C. E. Rosenberg, Philadelphia 1975, S. 179–207, bes. 191–196.

wurden die Ratgeber von vier Autoren, deren Aussagen für jeweils zwei wichtige *Epochen der Pädiatrieentwicklung* stehen können. Die Autoren wurden nach Sichtung zahlreicher paralleler Quellen und der Sekundärliteratur als exemplarisch betrachtet. Darüber hinaus gelten sie in der Fachliteratur als typische und zugleich einflußreiche Vertreter der Pädiatrie ihrer Zeit. Ihre Bücher erzielten jeweils mehrere Auflagen und fanden weite Verbreitung.

Die erste hier vertretene Epoche ist die der Aufklärung. Das für sie charakteristische Bedürfnis wissenschaftlich orientierter Menschen nach Empirie und kausaler Erklärung trat in der zeitgenössischen Medizin „deutlich in dem Bestreben zutage, allen Problemen des Krankheitsgeschehens eine einheitliche Erfassung zu geben. Der Boden war vorbereitet durch eine Fülle neuer Einzelerkenntnisse auf den Gebieten der Anatomie, der Physiologie, der Physik und der Chemie. Die Versuche, jene Erkenntnisse in einheitliche Systeme zu fassen, sind... zunächst in die Lehre Albrecht von Hallers von der Irritabilität und Sensibilität eingeflossen, die eine... Epoche physiologischer und pathologischer Neuorientierung einleitete... Im Vordergrund standen die Neuralpathologie des Edinburger William Cullen, die Reizlehre seines Schülers John Brown sowie die vitalistischen Schulen französischer und deutscher Ausprägung."[14] Zugleich war das aufklärerische Denken allgemein bestimmt von dem Bemühen, „Natur und Naturgesetzlichkeit im Leben des Menschen und der Gesellschaft wieder stärker zur Geltung zu bringen".[15]

Eine veränderte Wissenschaftsauffassung und das Menschenbild der Aufklärung lösten eine bis in die Antike zurückreichende Tradition medizinischen Denkens ab und führten zu einem neuen Verständnis von Gesundheit und Krankheit. Man glaubte, daß Gesundheit im wesentlichen abhänge von dem Entschluß zu einer konsequent den Gesetzen der Natur folgenden Lebensweise. „Gesundheit wird zur Leistung des aufgeklärten Individuums und liegt im persönlichen und staatspolitischen Verantwortungsbereich... In einer auffälligen... Blüte der diätetischen Literatur (zu der auch die von mir ausgewerteten

---

[14] E. Seidler: Das Kind als Modell medizinischer Theorien im 18. Jahrhundert, in: Der Kinderarzt 18 (1970) S. 4f. Vgl. zu den verschiedenen Epochen der Pädiatrieentwicklung auch Seidlers Beitrag im vorliegenden Band.
[15] Kunze (wie Anm. 2) S. 186.

Ratgeber gehören; R. S.) wird die von Antike und Mittelalter überkommene und wenig differenzierte Individualhygiene mit einem neuen bürgerlichen Willen zur Gesundheit unterlegt, der sich entschieden von der kränkelnden Noblesse"[16] des Adels distanziert. Das Kind wird als unverfälschte Natur, wie Eduard Seidler hervorhebt, zum Orientierungsmodell medizinischen Denkens, dies besonders unter dem Einfluß der in Ärztekreisen weitverbreiteten Rousseau-Rezeption während des späten 18. Jahrhunderts. Hier wird um die Wende zum 19. Jahrhundert „das Kind zum pathogenetischen Typus des Asthenischen schlechthin".[17] Charakteristisch für diese Varianten aufklärerischer Pädiatrie im späten 18. Jahrhundert war zudem der Versuch, das soziale Umfeld und – in Interaktion damit – psychische Dispositionen als krankheitsverursachend bzw. -fördernd zu beachten.

Als typischer Vertreter der aufklärerischen Pädiatrie, bei dem sich schon deutlich der Einfluß Rousseaus spiegelt, kann Johann Friedrich *Zückert* gelten,[18] dessen hier ausgewertete Pflegeanleitungen erstmalig 1765 bzw. 1771 erschienen. Zückert publizierte am Beginn der Flutwelle von Literatur zur „physischen Erziehung der Kinder", die ihren Höhepunkt während des Jahrzehnts 1790 bis 1800 erreichte. Insgesamt erschienen während der aufklärerischen Epoche der Medizinentwicklung, zwischen 1750 und 1820, allein im deutschsprachigen Raum 152 Monographien dieser Art.[19]

Allerdings setzte um die Wende zum 19. Jahrhundert allmählich eine Abkehr von den spekulativen Ansätzen der Aufklärungsmedizin ein, indem einzelne Mediziner begannen, einen naturwissenschaftlich exakten, induktiven Empirismus zu entwickeln.[20] Der Übergang zum

---

[16] Ebd. S. 4. Vgl. auch W. Coleman: Health and Hygiene in the Encyclopédie: A Medical Doctrine for the Bourgoisie, in: Journal of the History of Medicine and Allied Sciences 29 (1974) S. 399–421; R. Porter: Medicine and the Enlightement in Eighteenth Century England, in: Society for the Social History of Medicine, Bulletin 25 (1979) S. 27–40.

[17] Seidler (wie Anm. 14) S. 5.

[18] J. F. Zückert: Von der diätetischen Erziehung der entwöhnten und erwachsenen Kinder bis in ihr mannbares Alter, Berlin ¹1765; ders.: Unterricht für Eltern, zur diätetischen Pflege der Säuglinge, Berlin ⁴1799 (¹1771).

[19] Vgl. Kunze (wie Anm. 2) S. 12a, 187–199.

[20] Vgl. H.-H. Raspe: Kinderärzte als Erzieher. Ein spezieller Beitrag zur allgemeinen Geschichte der deutschen Pädiatrie (1800–1908), (Med. Diss.) Freiburg i. Br. 1973, S. 39–43.

Studium auch der Kinderkrankheiten anhand pathologischer Befunde bereitet sich vor. Das schließt als wichtigen Faktor ein die Verlagerung des ärztlichen Interesses weg von den äußeren Symptomen und auch Krankheitsursachen hin zu den organischen Substraten. Krankheiten erscheinen zunehmend isolierbar und organisch festzumachen. Psychische und soziale Bedingungen bzw. Begleiterscheinungen von Krankheiten geraten allmählich aus dem Blick. Die Anfänge der empirisch-exakten naturwissenschaftlichen Schule deuten sich im Werk des zweiten aufklärerischen Pädiaters an, dessen berühmter Ratgeber hier ausgewertet wurde, nämlich bei Christoph Wilhelm *Hufeland.*[21] Trotz der Unterschiede in der wissenschaftlichen Betrachtungsweise zwischen Zückert und Hufeland können beide als Vertreter der aufklärerischen Pädiatrie in ihrer psychologisch-pädagogischen Spielart gelten.

Während des zweiten Drittels des 19. Jahrhunderts setzte sich die pathologische Orientierung der Medizin und damit die Lokalismuslehre (die Vorstellung, daß Krankheiten auf bestimmte Körperteile, möglicherweise kleine Zellverbände oder gar einzelne Zellen beschränkt sind) weitgehend durch. In der Pädiatrie bedeutete das, wissenschaftliche Erkenntnisse vor allem am toten Kind zu gewinnen.[22] Man erfuhr auf diese Weise lange Zeit wenig über die Funktionen im gesunden Körper, doch regte die allmähliche Einführung empirisch-wissenschaftlicher Methoden in die Untersuchung lebendiger (kranker) Kinder Verbesserungen der Erfahrungsgrundlagen an. Krankheitsdiagnosen bei Kindern wurden zunehmend unter Zuhilfenahme von Perkussion, Auskultation, Thermometrie, Endoskopie, elektrischer Untersuchungen und schließlich mikroskopischer sowie chemischer Analysen von Ausscheidungen und Sekreten gewonnen. Wichtigstes Untersuchungsfeld der Pädiatrie wurden die ausgebauten oder neugegründeten Kinderspitäler und -polikliniken mit ihrem großen Patientengut. Sie wurden Institutionen wissenschaftlicher Forschung und Lehre. Trotz der genannten Entwicklungen und Fortschritte im Bereich der Pädiatrie spiegelt die ärztliche Ratgeber-

---

[21] Hufeland (wie Anm. 12). Vgl. zur Bedeutung Hufelands auch P. Köhler: Der Umgang mit dem Kind in der frühen deutschen Pädiatrie (1760–1840), (Med. Diss.) Heidelberg 1971, S. 36; Fischer (wie Anm. 2) Bd. 2, S. 51, 161.
[22] Vgl. Raspe (wie Anm. 20) S. 69–73.

Literatur dieser Zeit eine nur graduelle, auf Teilbereiche beschränkte und oft zufällig wirkende Abkehr von den aufklärerischen Vorlagen. Sie stellen sich als Ausdruck einer Übergangsphase der wissenschaftlich-medizinischen Entwicklung dar. Ich habe sie deshalb in dieser ersten Auswertung nicht systematisch berücksichtigt.[23]

Das letzte Drittel des 19. Jahrhunderts gilt als „heroische Epoche der Pädiatrieentwicklung", in der diese die neuesten Entdeckungen auf dem Gebiet der medizinischen Theorie sowie der Untersuchungs- und Forschungspraxis übernahm und zum Teil selbst weiterführte. Die Pädiatrie wurde zu einem integralen klinischen Fach, das die verschiedensten Hilfswissenschaften in Dienst nehmen konnte.[24] In diesem Sinne integrierte die Pädiatrie Methodik und Ergebnisse der pathologischen Anatomie, der Physiologie, Bakteriologie, Serologie und Ernährungslehre. „Ineinander verwoben entwickelten sich zugleich die exakte Erforschung der normalen und der gestörten kindlichen Physiologie, die exakten klinisch-diagnostischen Methoden, eine auf naturwissenschaftlichen Vorstellungen basierende Therapie, eine von Ätiologie und Pathogenese bestimmte Nosologie und die äußeren institutionellen Verhältnisse der deutschen Kinderheilkunde."[25] Große Fortschritte auf dem Gebiet der Erforschung des kindlichen Stoffwechsels und seiner Energetik führten zu einer rational-wissenschaftlichen Begründung der Ernährungslehre. Besonderes Interesse galt auch der kindlichen Neurophysiologie.

Diese Fortschritte wurden u. a. nur dadurch möglich, daß man von der ausschließlichen Gewinnung von Erkenntnissen am toten oder kranken Kind systematisch zur Untersuchung der „normalen" Physiologie, d. h. zum Studium am gesunden Kind (unter Einschluß von Experimenten und vor allem von Tierforschung) überging. Wie in der Neuropathologie und in der Psychiatrie gewannen in der Pädiatrie Konstitutionslehre und Genetik große Bedeutung. Die Vorstellung

---

[23] Vgl. z. B. F. A. v. Ammon: Die ersten Mutterpflichten und die erste Kinderpflege, Leipzig ⁵1851; A. Bednar: Kinder-Diätetik oder naturgemäße Pflege des Kindes in den ersten Lebensjahren mit besonderer Berücksichtigung der noch dabei herrschenden Irrthümer und Vorurtheile, Wien 1857; D. G. M. Schreber: Die Eigenthümlichkeiten des kindlichen Organismus im gesunden und kranken Zustande. Eine Propädeutik der speciellen Kinderheilkunde, Leipzig 1852.
[24] Vgl. Raspe (wie Anm. 20) S. 106–111.
[25] Ebd. S. 107 f.

von der Vererbbarkeit pathologischer Konstitutionstypen gewann die Oberhand, damit ein letzten Endes biologischer Determinismus, der bei dem Versuch, Verhaltensauffälligkeiten und psychische Störungen zu erklären, ganz zur Verdrängung der sozialen Ätiologie, d. h. der Berücksichtigung sozial-ökologischer Krankheitsfaktoren, führte.[26]

Als Vertreter dieser „heroischen Epoche der Pädiatrieentwicklung" habe ich Adalbert *Czerny*[27] und Carl *Hochsinger*[28] ausgewählt. Sie gelten als wissenschaftlich hervorragende Vertreter der naturwissenschaftlich begründeten Pädiatrie, was sich u. a. darin ausdrückt, daß beide Universitätsdozenten und zugleich Leiter forschungsintensiver Kliniken waren, sowie darin, daß ihre Bücher mehrfache Auflagen und große Verbreitung erzielten. Die von diesen Autoren verfaßten Ratgeber sind zwar in den von mir benutzten Auflagen fast gleichzeitig erschienen (1911 bzw. 1912). Sie unterscheiden sich dadurch, daß Czerny gelegentlich die nicht im engeren Sinne medizinischen Probleme der „physischen Erziehung" des Kindes auf der Basis wissenschaftlich gewonnener, nämlich aus Pädagogik und Psychologie übernommener Erkenntnisse zu behandeln sucht. Bei ihm deutet sich eine Weiterentwicklung der Pädiatrie über die angewandte Naturwissenschaft hinaus an. Demgegenüber erscheint Hochsinger strenger der typischen medizinischen Betrachtungsweise seiner Zeit verhaftet, was bedeutet, daß die von ihm implizite oder auch explizite vertretenen Pflege- und Erziehungsnormen nicht im eigentlichen Sinne wissenschaftlich reflektiert sind, sondern eher typische Vorstellungen seiner Sozialgruppe wiedergeben. Insofern repräsentieren beide Autoren Spielarten der modernen, naturwissenschaftlichen Pädiatrie, deren Sozialisationskonzepte in einem den Vergleich herausfordernden Kontrast zu den mehr ganzheitlich, medizinisch-philosophisch begründeten Sozialisationskonzepten der Aufklärungs-Pädiatrie stehen. Die ausgewählten Autoren markieren zugleich den Beginn und den abschließenden Höhepunkt der Entwicklung der Pädiatrie zur exakten angewandten Naturwissenschaft. Auch das macht den Vergleich sinnvoll.

---

[26] Vgl. ebd. S. 112 ff.

[27] Czerny (wie Anm. 10).

[28] C. Hochsinger: Gesundheitspflege des Kindes im Elternhause, Leipzig und Wien ³1912 (¹1896). Vgl. zu Hochsinger auch H. Dorschel: Die frühe Wiener Pädiatrie (1780–1870), (Med. Diss.) Heidelberg 1967, S. 59 f.

1.5 Anmerkungen zur Sekundärliteratur

Im deutschsprachigen Raum existieren nur wenige Arbeiten, die ärztliche Pflegeanleitungen in nennenswertem Umgang systematisch ausgewertet haben. Da ganz unterschiedliche Interessen verfolgt wurden, entstanden Beiträge

a) zur Geschichte der Medizin bzw. der Pädiatrie,[29]
b) zur Sozialgeschichte der Familie und der Kindheit,[30]
c) zur Geschichte der Pädagogik[31] und
d) zur Geschichte der Persönlichkeitsentwicklung bzw. der Sozialisation.[32]

Dem steht eine weit größere Zahl methodisch wie theoretisch fortgeschrittener Auswertungen desselben Quellentyps im angelsächsischen Raum gegenüber.[33]

Meinen Intentionen kommen die Arbeiten von Alice Ryerson sowie Jones u. a. besonders nahe.[34] Sie informieren über die wichtigsten Inhalte ärztlicher Ratgeber, somit über Pflege- und Erziehungsnormen, und decken den langen Zeitraum von 1550 bis 1900 ab. Beide Arbeiten sind methodisch hoch interessant, da die Autoren mit

---

[29] Vgl. z. B. Kunze (wie Anm. 2); Raspe (wie Anm. 20).
[30] Vgl. z. B. E. Shorter: Die Geburt der modernen Familie, Reinbek bei Hamburg ¹1977, sowie Shorters Beitrag im vorliegenden Band; U. Ottmüller: ‚Mutterpflichten' – Die Wandlungen ihrer inhaltlichen Ausformung durch die akademische Medizin, in: Gesellschaft. Beiträge zur Marxschen Theorie 14, hrsg. v. H.-G. Backhaus u. a., Frankfurt a. M. 1981, S. 97–138.
[31] Vgl. z. B. Schwarze Pädagogik. Quellen zur Naturgeschichte der bürgerlichen Erziehung, hrsg. v. K. Rutschky, Frankfurt a. M. u. a. 1977.
[32] Vgl. z. B. L. de Mause: Evolution der Kindheit, in: Hört ihr die Kinder weinen. Eine psychogenetische Geschichte der Kindheit, hrsg. v. L. de Mause, Frankfurt a. M. 1977, S. 12–111; A. Miller: Am Anfang war Erziehung, Frankfurt a. M. 1980, TB-Ausg. ¹1983, S. 17–124.
[33] Vgl. z. B. A. Davin: Imperialism and Motherhood, in: History Workshop 5 (1978) S. 9–65; D. Hunt: Parents and Children in History. The Psychology of Family Life in Early Modern France, New York und London 1970.
[34] Vgl. A. Ryerson: Medical Advice on Child Rearing 1550–1900, (Educ. Diss.) Harvard University: Graduate School of Education, Cambridge, Mass. 1960; dies.: Medical Advice on Child Rearing, 1550–1900, in: Harvard Educational Review 31 (1961) S. 302–323; A. D. Jones u. a.: Socialization and Themes in Popular Drama: An Analysis of the Content of Child-Rearing Manuals and Don Juan Plays in Sixteenth to Twentieth Centuries, in: European Journal of Social Psychology 4 (1974) S. 65–84; Stewart u. a. (wie Anm. 13).

theoretisch begründeten, differenzierten Codier-Listen an die Inhalts-analyse der Ratgeber gingen. Sie konnten damit die Statements in den verschiedenen Quellen klassifizieren, untereinander vergleichbar ma-chen und über Häufigkeitsauszählungen zu Quantifizierungen gelan-gen. Allerdings erscheinen wiederum angesichts der sehr kleinen Fallzahlen für jede Teilperiode des langen Untersuchungszeitraums die ermittelten Prozentanteile für Statements wie „Die Mutter stillt selbst" oder „Stillen durch eine Amme üblich" etwas zufällig. Ande-rerseits werden von Ryerson aus den aufwendig ermittelten Befunden nur sehr grobe Folgerungen hinsichtlich der Sozialisationseffekte präsentiert, die auf einem vereinfachten psychoanalytischen Denkmo-dell basieren. (Stuart enthält sich sozialisationstheoretischer Schluß-folgerungen.)

Als Autoren, die sozialisationstheoretische Folgerungen aus deutschsprachigen Pflegehandbüchern gezogen haben, sind Lloyd de Mause und Alice Miller zu nennen.[35] Sie kommen in wichtigen Punkten zu unterschiedlichen Einschätzungen, obwohl sich Miller mit de Mause im Bunde glaubt. Alice Miller wertet exemplarisch auch ärztliche Ratgeber-Literatur als Beispiel für das aus, was sie als „schwarze Pädagogik" bezeichnet. Dabei benutzt sie unterschiedslos Quellen von der Mitte des 18. Jahrhunderts bis zum frühen 20. Jahr-hundert. Für sie belegen die Textauszüge, daß Kinder im Sinne dieser „schwarzen Pädagogik" Sequenzen von traumatisierenden Erfahrun-gen ausgesetzt wurden, die die Erzieher (in der Regel die Eltern) für sie inszenierten. Da die systematische Frustrierung kindlicher Impulse in einem Alter einsetzt, dessen Inhalte weitgehend vorbewußt bleiben; da zudem „schwarze Pädagogik" im Sinne des Prinzips „Du sollst nicht merken" auch die Reaktion auf derartige Frustrationen unterdrückt, also die Verdrängung der traumatischen Erfahrungen erzwingt, er-zeugt sie, lang genug durchgehalten bzw. in späteren Lebensphasen strukturell ergänzt, beschädigte, neurotische Persönlichkeiten. Die heute lebenden Eltern sind laut Miller im wesentlichen von derartig psychisch geschädigten Menschen sozialisiert worden, nämlich selbst noch unter den Prämissen der „schwarzen Pädagogik" aufgewachsen. Deshalb geben sie überwiegend nach wie vor die eigenen unbewußten

---

[35] Vgl. Miller (wie Anm. 32); de Mause (wie Anm. 32).

Ängste und Zwanghaftigkeiten in Form entsprechender Erziehungsmaßnahmen an ihre Kinder weiter.

Wandlungen der Persönlichkeitsstrukturen und Erziehungsstile deuten sich bei Eltern laut Miller erst seit den sechziger Jahren des 20. Jahrhunderts an. Somit wird implizit behauptet, daß im Prinzip seit der Mitte des 18. Jahrhunderts keine nennenswerten Veränderungen der herrschenden Sozialisationsnormen und -bedingungen stattgefunden haben. Dem entspricht Millers Benutzung der Quellen für „Schwarze Pädagogik", die beliebig über diesen Zeitraum streuen.

Demgegenüber ist die Sicht von de Mause dadurch geprägt, daß während des 18. Jahrhunderts eine große Wende in den Beziehungen zwischen Kindern und Eltern stattgefunden hat, die erstmalig Empathie mit den Kindern auf seiten der Eltern möglich machte und damit den Weg in eine bessere Zukunft für die Kindererziehung ebnete. Das 18. Jahrhundert ist für ihn die Phase der Intrusion, damit das Zeitalter der Überwindung der Ambivalenz in der Einstellung von Eltern gegenüber ihren Kindern. Es folgt die sogenannte Sozialisationsphase, die das 19. Jahrhundert und die erste Hälfte des 20. umfassen soll. Das von Alice Miller propagierte Ideal der unterstützenden Eltern, die auf eigene Forderungen und Anpassung der Kinder an gesellschaftliche Zwänge gänzlich verzichten, sieht auch de Mause erst seit wenigen Jahrzehnten entstehen. Allerdings ist für ihn der Weg bis zur Mitte des 20. Jahrhunderts nicht die mehr oder weniger konsequente Vorbereitung des Faschismus, wie es bei Alice Miller durchscheint, sondern die Vorbereitung eines angstfreien, partnerschaftlichen, durchgängig von Empathie geprägten Verhältnisses zwischen Eltern und Kindern, das letzteren optimale Entwicklungs- und Entfaltungschancen zu sichern verspricht.

De Mause stützt sich u. a. bei seiner Auswertung auch auf ärztliche Ratgeber-Literatur. Er geht jedoch wenig systematisch vor, kombiniert Quellen beliebig, springt im Grunde über Raum und Zeit, so daß die Charakterisierung der einzelnen Phasen mehr intuitiv erscheint.

Angesichts der bezeichneten Mängel bekannter Vorarbeiten erscheint es besonders wichtig, eine begründete Quellenauswahl vorzunehmen, klare Auswertungskategorien vorzugeben, eine systematische, nachvollziehbare Inhaltsanalyse vorzulegen und die wesentlichen epochenspezifischen Wandlungen zu verdeutlichen. Das wollen die folgenden Ausführungen versuchsweise leisten.

1.6 Zum Aufbau

Ausgangspunkt meiner Auswertung ist die Vorstellung, daß das Kind durch die Sozialisation (Pflege und Erziehung) zur Bewältigung folgender Entwicklungsaufgaben fähig werden soll: Umgang mit dem eigenen Körper und seiner Bedürfnis- bzw. Triebstruktur; mit der sächlichen und personalen Umwelt; mit den Symbolen und Regeln, die die personale und sachliche Umwelt einander zuordnen und die Relationen, speziell der Menschen untereinander, prägen und mit Sinn ausstatten. Man kann auch von einer physischen, einer interpersonalen, einer intellektuellen und einer moralischen Entwicklungsaufgabe sprechen.[36] Diese Vorstellung ist so grundsätzlich und allgemein, daß sie sich regelmäßig im Aufbau der von mir untersuchten Pflegeanleitungen wiederfindet. Um Beschreibungs- und Interpretationskategorien nicht von vornherein zu vermischen, folgt deshalb die Gliederung der deskriptiven Kapitel 2 und 3 des Aufsatzes der genannten Unterscheidung von kindlichen Entwicklungsaufgaben. Dabei wird der Begriff „seelische Entwicklung" als Kennzeichnung einer Reihe praktisch miteinander verbundener, jedoch analytisch trennbarer Persönlichkeitsdimensionen benutzt, nämlich für die Entwicklung der Emotionen, der Moral und der sozialen Interaktionskompetenz.

Die interpretierende Zusammenfassung der in den deskriptiven Abschnitten dargestellten Befunde erfolgt in Kapitel 4. Sie ist einerseits an einigen Annahmen der modernen Ich-Psychologie orientiert, andererseits an vorsichtig verallgemeinerten Tendenzen aus der Forschung zu sozialisatorischen Effekten von Erziehungsstilen.[37] Diese Interpretationen führen zu hypothetischen Befunden, deren sozialhistorische Bedeutung sich erst in weiterführenden Studien erweisen wird. Sie müßten mit Persönlichkeitsbildern verglichen werden, die sich für die jeweilige Epoche aus anderem Quellenmaterial entwickeln lassen, z. B. aus Biographien, Tagebüchern, Briefen usw. Ich verstehe meinen Versuch als eine Herausforderung, derartige Vergleiche durchzufüh-

---

[36] Vgl. z. B. G. .Gardner: The Emerging Personality, New York 1970, S. 38. Zur Aufnahme der Tradition der „sex res non naturalis" in den Schriften zur diätetischen Erziehung im späten 18. Jahrhundert auch Kunze (wie Anm. 2) S. 109.
[37] Vgl. E. H. Erikson: Kindheit und Gesellschaft, Stuttgart ⁴1971, S. 241–270; Y. Schütze: Psychoanalytische Theorien in der Sozialisationsforschung, in: Handbuch der Sozialisationsforschung (wie Anm. 3) S.123–145; Thomae (wie Anm. 6).

ren, ohne das selbst an dieser Stelle leisten zu wollen. Mein Beitrag zu einer historischen Sozialisationsforschung kann als Beispiel für historische Rekonstruktionen gelten, die, um mit Herrmann zu sprechen, nicht Erklärungen im strengen Sinne anstreben, „sondern ‚plausible‘ Anordnungen historischer Überlieferungen auf der Folie psycho- und/oder soziogenetischer Vorannahmen"[38] sind.

2. Sozialisatorisch bedeutsame Aspekte in Pflegeanleitungen der Aufklärungs-Pädiatrie (spätes 18. Jahrhundert)

2.1 Ernährung

Die vielfältigen und sehr detaillierten Erörterungen der aufklärerischen Ärzte zum Thema Ernährung sind hier nicht zu referieren, besonders da Lydia Kunze schon einen umfassenden Überblick über die einschlägige Literatur vorgelegt hat.[39] Unter sozialisatorischem Gesichtspunkt erscheinen bezüglich der Ernährungsweise von Säuglingen und Kleinkindern zwei Aspekte wichtig: erstens das Ausmaß gebotener bzw. zugelassener oraler Befriedigungschancen (Stillen, Abstillen, Schnuller, Fingerlutschen usw.) sowie die Organisation der Ernährung (Zeittakt, Mengendosierung, Bedürfnisorientierung, Rigidität). Für die Ärzte der Aufklärungszeit ist es selbstverständlich, die Mutter zum Selbststillen anzuhalten. Damit setzen sie sich von Empfehlungen aus früheren Perioden der Medizinentwicklung ab und betonen ihre Naturverbundenheit. Nur wenn das aus gesundheitlichen Gründen notwendig ist, kann auf Ammen ausgewichen werden. Während jedoch Zückert künstliche Ernährung im Prinzip ablehnt und der Begründung einer „Pflicht der Mutter, ihr Kind selbst zu

---

[38] Herrmann (wie Anm. 5) S. 235. Vgl. als Beispiele historischer Sozialisationsforschung auf der Basis biographischer Quellen H. Orth-Peine: Bedingungen der Identitätsbildung in sozialgeschichtlicher Perspektive, (Soz. Diss.) Bielefeld 1984; J. Schlumbohm: ‚Traditionale‘ Kollektivität und ‚moderne‘ Individualität: einige Fragen und Thesen für eine historische Sozialisationsforschung. Kleines Bürgertum und gehobenes Bürgertum in Deutschland um 1800 als Beispiel, in: Bürger und Bürgerlichkeit im Zeitalter der Aufklärung, hrsg. v. R. Vierhaus, Heidelberg 1981, S. 265–320.

[39] Vgl. Kunze (wie Anm. 2) S. 121–165.

stillen"[40] viel Platz einräumt, ist Hufeland in dieser Hinsicht zurückhaltender. Er befaßt sich eingehend mit sinnvollen Methoden künstlicher Ernährung, der er bei richtiger Praktizierung durchaus einen Wert beimißt – besonders in frühzeitiger Ergänzung zur Ernährung mit Brustmilch.[41]

Flexibel erscheint die Haltung zum Entwöhnen. Das Kind soll nicht zu einem fixen Zeitpunkt entwöhnt werden, sondern, je nach Konstitution, in der Regel während des zweiten Lebensjahres. Im Einzelfall können durchaus längere Stillzeiten vertretbar sein, wie umgekehrt in bestimmten Fällen ein früheres Entwöhnen angezeigt ist. Allerdings wird empfohlen, außer in Notfällen vor dem achten Monat auf keinen Fall zu entwöhnen. Bizarr wirken die technischen Ratschläge zum Entwöhnen, die Zückert notiert (Hufeland übergeht das Thema):

1) Mutter oder Amme sollen sich längere Zeit gar nicht mehr mit dem Kind beschäftigen. Dies ist vielmehr einer anderen (vertrauten) Pflegeperson zu übergeben, um sich an den Verzicht auf die Brust zu gewöhnen.

2) Dem Kind darf nicht gestattet werden, später – nach dem eigentlichen Entwöhnen – an Brüsten (der Mutter, der Amme oder anderer Frauen) zu spielen, gar zu saugen; hier äußert Zückert Wollustverdacht.

3) Kann sich die Mutter dem Kind während der Entwöhnungsphase nicht entziehen oder will sie das nicht, so empfiehlt Zückert einige Mittel, die das Kind zur Entwöhnung zwingen sollen, indem es stark frustriert wird. Die Mutter soll dem Kind die Milch „verekeln, durch allerley übelschmekende Sachen, welche sie auf die Warzen der Brüste thut, als Wermuthsaft, Galle, Knoblauch, alten Käse, und dergleichen, wodurch ein Abscheu wieder die Milch erweket wird".[42]

Hufelands und Zückerts Empfehlungen zur Organisation der Ernährung unterscheiden sich in Nuancen. Bezüglich der Stillzeiten sind beide gleich liberal. Die Häufigkeit der Nahrungszufuhr hat dem

---

[40] Vgl. Zückert 1799 (wie Anm. 18) S. 58–70. Vgl. zu diesem Komplex insgesamt ebd. S. 43–70, 106–135; Zückert 1765 (wie Anm. 18) S. 15–71.
[41] Vgl. Hufeland (wie Anm. 12) S. 74–86.
[42] Zückert 1765 (wie Anm. 18) S. 13.

individuellen Hungerbedürfnis des Kindes zu entsprechen. Indikatoren dafür werden ausdrücklich genannt. Auch die Nahrungsmenge darf sich nach dem Hunger des Kindes richten. Dagegen rät Hufeland, dessen Affekt gegen künstliche Ernährung gering ist, bei Verabreichung fester Nahrung einen Zeitrhythmus von maximal vier Essensterminen pro Tag einzuhalten. Die Orientierung an den Bedürfnissen der Kinder wird hier eingeschränkt. Andererseits sollen die Kinder bei beiden Autoren nicht gezwungen werden, Nahrung zu essen, gegen die sie eine Abneigung zeigen.

Bei dem allen wird keine totale Anpassung an kindliche Lust- oder Unmutsäußerungen gefordert, vielmehr die Bemühung um vernünftiges und verständnisvolles Eingehen auf die kindlichen Bedürfnisse. An bestimmten Punkten plädieren die Autoren dafür, eine Balance mit anderen Ordnungsprinzipien zu finden, beispielsweise im Hinblick auf das Durchschlafen in der Nacht, an das man das Kind möglichst frühzeitig gewöhnen soll. Hufeland meint allerdings, daß dies bei gestillten Kindern erst nach dem ersten Lebensjahr durchzusetzen ist. In bezug auf die Nahrungsmenge wird Mäßigung empfohlen und vor den schädlichen Folgen einer Überfütterung gewarnt. Fingerlutschen oder Saugen an Bettzipfeln usw. sind kein Thema, d. h. auch nicht ausdrücklich verboten. Als Gesamteindruck ergibt sich, daß im Ernährungskonzept der Aufklärungs-Pädiatrie viel Flexibilität und weitgehende Orientierung an den kindlichen Bedürfnissen angelegt sind; somit bieten sich gute orale Befriedigungschancen.

2.2 Sauberkeit

Im Zusammenhang mit dem Sauberkeitstraining[43] erscheinen sozialisationstheoretisch feste Zeitpläne und deren rigide Durchsetzung gegen kindliche Bedürfnisse und den natürlichen Entwicklungsrhythmus der Körperfunktionen, eventuell ausdrücklich als Gehorsamstraining deklariert, von Bedeutung, außerdem die Haltung zu dem im 18. Jahrhundert noch weit verbreiteten Steckwickeln, bei dem die Kinder zu bewegungsunfähigen Bündeln fest verschnürt wurden, die

---

[43] Vgl. zu diesem Komplex insgesamt Hufeland (wie Anm. 12) S. 55–60; Zückert 1765 (wie Anm. 18) S. 171–202; ders. 1799 (wie Anm. 18) S. 155–160. Vgl. auch als Literaturüberblick Kunze (wie Anm. 2) S. 165–175.

Hände eingeschlossen. Beginnt man mit letzterem, so gilt allgemein unter Aufklärungs-Pädiatern das Steckwickeln als verderblich. Man plädiert für lockeres Wickeln, das dem Kind eine gewisse Bewegungsfreiheit läßt, und für häufigen Wechsel der Windeln. Reinlichkeit hat hohen Wert, deshalb ist der Körper täglich äußerlich zu säubern. Dazu werden – besonders emphatisch von Hufeland, mit etwas mehr Zurückhaltung auch von Zückert – tägliche Bäder empfohlen, die zwecks Abhärtung auch durchaus kalt sein sollten. Darüber hinaus wird bei den Eltern um Verständnis dafür geworben, die Kinder nicht zu lange in verschmutzten Windeln liegen zu lassen, die drücken und Entzündungen hervorrufen können. Darm und Blase sollten täglich mindestens einmal entleert werden. Jedoch ist gegenüber Abweichungen (z. B. aufgrund von Verstopfungen) Gelassenheit an den Tag zu legen. Damit setzen sich die Aufklärungs-Pädiater ausdrücklich von der bis dahin üblichen Praxis ab, bei jeglichem Anzeichen von Verstopfung, möglicherweise sogar prophylaktisch, sehr häufig, und das schon bei Säuglingen, Abführmittel und das Klistier zu verabreichen.

Zusammenfassend läßt sich sagen: Die Aufklärungs-Pädiatrie empfiehlt kein regelrechtes, rigides Sauberkeitstraining. Weder wird ein fester Zeitrhythmus für die Entleerung gefordert noch auf frühzeitigem Training der Beherrschung der Schließmuskeln durch die Kinder insistiert. Die Ärzte versuchen, Zwanghaftigkeit, auch zuviel Aufmerksamkeit, von dieser Sphäre abzulenken und mehr Vertrauen in die natürlichen Körperfunktionen zu vermitteln. Dazu gehört die „Befreiung" der Säuglinge vom Steckwickeln.

2.3 Sexualität

Die Haltung der aufklärerischen Ärzte zur kindlichen Sexualität ist einerseits geprägt durch das alle Lebensbereiche erfassende Gebot der Mäßigung und der vernünftigen Kontrolle der Triebe, andererseits durch die klare Unterordnung der Sexualität unter die Fortpflanzungsfunktion.[44] So wird z. B. von Zückert die sexuelle Betätigung selbst in

---

[44] Vgl. Zückert 1765 (wie Anm. 18) S. 5, 193–202, 242–245. Hufeland ist zurückhaltender; er äußert nur knapp seine Angst vor einer Weckung der kindlichen Geschlechtslust, besonders vor der Onanie, vgl. Hufeland (wie Anm. 12) S. 93.

der Ehe dann als verwerflich verurteilt, wenn sie nicht ausdrücklich dem Ziel der Zeugung dient. Männer werden gewarnt, daß häufiger Beischlaf eine Kraftverschwendung darstelle; man müsse mit dem edelsten aller Säfte haushalten. Laster, Ausschweifung und starke Sinnlichkeit gelten generell als negativ bewertete Leidenschaften, die man von Kindern fernhalten muß, damit sich keine entsprechenden psychischen Dispositionen bilden können. „...Kurz, man muß alles vermeiden, was die Leidenschaft einer wollüstigen Liebe, wenn sie auch nur unvollkommen und glimmend ist, in ihnen (den Kindern; R. S.) rege machen könnte."[45]

Die Ausführungen zur Sexualität bleiben in Einzelheiten vage. Dennoch ist erkennbar, daß sexualfeindliche Tendenzen vorherrschen. Als sozialisationstheoretisch bedeutsam müssen hinsichtlich der frühkindlichen Entwicklung vor allem gelten: das generelle Verbot einer Berührung der Geschlechtsorgane; die Aufforderung, entwöhnte Kinder niemals an der Mutter- oder Ammenbrust spielen zu lassen; sowie das *Onanie-Verbot.* Dem letzteren widmet Zückert einen ganzen Paragraphen, in dem drastisch beschrieben wird, welche schrecklichen gesundheitlichen Folgen die Onanie bei Kindern und Jugendlichen zeitigen kann; dabei denkt er gleichmäßig an Jungen wie Mädchen. Es werden zwar keinerlei Vorschläge gemacht, wie sich Eltern verhalten sollen, wenn sie bei ihren Kindern das Spielen an Geschlechtsteilen oder die Onanie im engeren Sinne beobachten. Dennoch kann gefolgert werden, daß der Befriedigung sexuell eingefärbter kindlicher Bedürfnisse durch bewußte oder unbewußte Reizung erogener Zonen vom Säuglingsalter an von den Aufklärungs-Pädiatern wenig Spielraum gewährt wird. Vielmehr soll diese Art des Umgangs mit dem Körper mit Angst einflößenden Tabus belegt werden.

2.4 Seelische Entwicklung

Die folgende Darstellung stützt sich im wesentlichen auf Zückerts Anleitung zur „diätetischen Erziehung der entwöhnten Kinder" (Zückert 1765), die verständlicherweise sehr viel mehr Informationen zur seelischen Entwicklung der Kinder und zu deren erzieherischer Beein-

---

[45] Zückert 1765 (wie Anm. 18) S. 195.

flussung enthält als die auf das Säuglingsalter beschränkten Ratgeber (Zückert 1799; Hufeland 1799). Daß Hufeland im übrigen gerade hinsichtlich der „seelischen Erziehung" eine in Grundzügen von Zückert abweichende Haltung vertritt, kann gleichwohl deutlich gemacht werden.

Die seelische Entwicklung des Kindes hängt für Zückert vor allem von der Auseinandersetzung mit den sogenannten *Leidenschaften* ab, die eine eigene Theorietradition besitzen. „Wir können nicht ohne Leidenschaften seyn. Sie sind die Spornen, die uns in Würksamkeit erhalten. Sie sind die Mittel, die uns, nachdem wir sie brauchen wollen, unser Leben erträglich und glückseelig, oder verhaßt und unglückseelig machen... Daher müssen wir bey Zeiten lernen, über unsere Affecten Herr zu werden. Wir müssen sie mit Vernunft, mit Mäßigkeit brauchen."[46] Leitlinie der emotionalen Erziehung ist demnach die Etablierung von *Vernunftkontrolle*, die sich vor allem im Prinzip der Mäßigung ausdrückt. Hinzu kommt eine Bezugnahme auf die als konsensuell geltenden Moralvorstellungen der christlichen Religion. Zückert nimmt eine Unterscheidung in verwerfliche und edle Leidenschaften vor. Negativ besetzte Emotionen, die vom Kind ferngehalten und in ihm unterdrückt werden müssen, sind: Grausamkeit, Neid, Zorn, Rache, Betrug, Verleumdung und Intoleranz, Haltlosigkeit (Schwelgen, Ausschweifung), Ehrgeiz und Herrschsucht. Faßt man zusammen, sind demnach anti-soziale (feindselige) Aggressivität, mangelnde Selbstkontrolle und fehlende soziale Einordnungsbereitschaft verpönt. Als zu fördernde, weil durch Mäßigung geadelte Leidenschaften gelten dagegen: Mitleiden, Einfühlungsvermögen, Freundschaft, Gefälligkeit, Bereitschaft zur tätigen Hilfe; modern ausgedrückt: Empathie, soziale Initiative, Liebesfähigkeit. Tränen sind zugelassen, wenn es dafür gute und vernünftige Gründe gibt. Man darf sich, laut Zückert, weder der Melancholie hingeben noch übertriebener Wehleidigkeit, ja auch das Mitleiden muß deutliche, von der Vernunft bestimmte Grenzen haben.

Schon im Säuglingsalter werden die Grundlagen für die Entwick-

---

[46] Ebd. S. 227. Vgl. im übrigen zu diesem Komplex ebd. S. 202–245; ders. 1799 (wie Anm. 18) S. 161–169. Vgl. zur Theorie der Leidenschaften H. Mitchell: The Passions According to Adam Smith and Pierre-Jean-Georges Cabanis. Two Sciences of Man, in: Society for the Social History of Medicine, Bulletin 25 (1979) S. 20–27.

lung derartiger emotionaler Dispositionen gelegt. Dazu soll insbesondere die Maxime beitragen, mit Säuglingen und Kleinkindern stets
behutsam umzugehen und sich vor allen Dingen in ihre Bedürfnisse
hineinzufühlen sowie diesen nach Möglichkeit Rechnung zu tragen.
Dies Prinzip tritt in oft unscheinbaren Empfehlungen hervor, wie
z. B. derjenigen, den Säugling, der möglicherweise (gemessen an
seiner Konstitution und seinem Alter) zu lange geschlafen hat, stets
nur sanft und allmählich zu wecken (dies auch eine von Hufeland
vertretene Forderung).[47] Hat das Kind andererseits Schlafstörungen,
soll man „es aufnehmen, und eine Zeitlang tragen; denn es hat oft
genug geschlafen, oder es ist hungrig, oder hat sich unrein gemacht,
oder das lange Liegen ist ihm zu verdrüßlich geworden".[48] Ausdrücklich wird betont, daß alles vermieden werden möge, was einem
Säugling oder Kleinkind Schrecken einflößen könnte, wofür Zückert
eine ganze Liste typischer Beispiele anfügt. „Kurz eine jede in dem
Kinde hervorgebrachte schleunige, heftige und unerwartete Empfindung verursachet dem Kinde Schrecken",[49] der möglichst zu verhindern ist.

Hier ist Zückert typischer Vertreter derjenigen Variante aufklärerischer Pädiatrie, die oben als „psychologisch-pädagogisch" bezeichnet
wurde. Seine eben angeführten Vorschläge zielen auf *Erkundung der
kindlichen Bedürfnisse*, auf Herstellung engen Körperkontakts und
auf Sensibilisierung der Kinder. An dieser Stelle ist der Kontrast zu
Hufeland besonders groß. In seinem Erziehungsprogramm, das über
äußerliche Anwendungen wesentlich auch die Seele prägen will,
empfiehlt er mit kalten und lauen Bädern sowie mit Luftbehandlung
eine körperliche Abhärtung. Davon wird ausdrücklich eine gewisse
Desensibilisierung, zugleich eine Erhöhung der Affektschwelle erhofft. Die Anwendung der Therapien bewirkt nämlich laut Hufeland,
daß das Nervensystem keinen überwiegenden Einfluß hat. „Nirgends
zeigt sich jene übergroße Reizbarkeit, die jetzt so häufig in Zuckungen
und Krämpfe ausartet, und schon in der Kindheit den Grund zu jenen
unglücklichen Menschen legt, die ihr ganzes Leben hindurch nichts

---

[47] Vgl. Zückert 1765 (wie Anm. 18) S. 138; Hufeland (wie Anm. 12) S. 91f.
[48] Zückert 1799 (wie Anm. 18) S. 142.
[49] Ebd. S. 167.

anders sind, als – wandelnde Nervensysteme, Organisationen, die bloß zum Fühlen, nicht zum Handeln da zu seyn scheinen."[50]

Dieser Maxime entsprechend, ist Hufelands Haltung zu den kindlichen Bedürfnisäußerungen ambivalent. Während er, wie oben gezeigt, in bezug auf die Ernährung und das Sauberkeitstraining im Prinzip den kindlichen Bedürfnissen Spielraum läßt, drückt sich in seinen Ausführungen zum Schreien der Kinder, also zu Unmutsäußerungen, eine biologistisch begründete Abwehr des zu starken Einlassens auf kindliche Gefühle und deren Grundlagen aus. Schreien soll man im Prinzip als einfaches Zeichen der Existenz des Kindes nehmen. Von gewissen Einschränkungen abgesehen, sei das Schreien des Kindes sogar sehr nützlich und heilsam. Seiner Meinung nach ist es ein großer Fehler, anzunehmen, daß Schreien in der Regel auf Schmerzen oder Unlustempfindungen verweist. Vielmehr handelt es sich um Kraftäußerungen, um ein Training der Lungen und der Brustmuskulatur.[51] Ausdrücklich warnt er, ganz im Gegensatz zu Zückert, davor, schreienden Kindern, etwa auch nachts, Essen oder Trinken anzubieten, ihre Verdauung anzuregen, sie umherzutragen und zu beruhigen. Man gewöhnt die Kinder damit an absichtliches Schreien und legt den Grund zum Eigensinn. Zuviel Aufmerksamkeit und Ängstlichkeit der Eltern, besonders der Mütter, die sich zum Beispiel darin äußern, daß sie auf das Schreien der Kinder reagieren, seien das sicherste Mittel, diese „physisch und moralisch zu verkrüppeln".[52]

Hufeland versteht diese Empfehlungen ausdrücklich nicht als Gehorsamstraining, sondern als Abwehr von Überfürsorge und Ängstlichkeit, von denen er meint, daß sie die Kinder abhängig machen. Von der körperlichen Therapie (Abhärtung und Desensibilisierung) und größerer Gelassenheit der Eltern gegenüber den Ausdrucksformen natürlicher Körperfunktionen beim Kinde, zu denen er das meiste Weinen und Schreien rechnet, erwartet Hufeland eine Stärkung der *Autonomie* des Kindes. Es werde auf diese Weise besser in die Lage versetzt, seine physischen und moralischen Kräfte zu entwickeln, sie möglichst bald selbst zu erkennen und auch zu gebrauchen.

Diese Zielsetzung liegt durchaus auf der Linie, die auch Zückert

---

[50] Hufeland (wie Anm. 12) S. 48.
[51] Vgl. zu diesem Komplex ebd. S. 66–72.
[52] Ebd. S. 73.

verfolgt. Jedoch geht dieser an das Problem der Selbständigkeitserziehung sehr viel vorsichtiger heran. Bei kleinen Kindern (besonders bei Säuglingen) gilt es, in diesem Zusammenhang eine psychische Disposition zu vermeiden, die er *Bosheit* (gelegentlich auch Ärgernis) nennt. Sie beruht auf dem Frustrieren kindlicher Bedürfnisse. Bosheit im Sinne von Zückert wird nämlich hervorgerufen, indem „man gerade das thut, was die Kinder nicht leiden können... Die Kinder verstehen dieses noch nicht; sie folgen blos ihrer Sinnlichkeit; diese wollen sie befriedigt haben; und wenn man ihnen nicht giebt, was sie verlangen, und dasjenige nicht entfernet, was sie verabscheuen, so schreyen sie und erbosten sich so lange, bis man dennoch genöthiget wird, ihren Willen zu erfüllen."[53] Weitere Verhaltensweisen der Erzieher, die Bosheit bei den Kindern (durch Frustration) fördern, sind mangelnde Körperpflege, besonders zu seltenes Reinigen der Windeln; Schlagen durch Geschwister; insgesamt bösartiges und aggressives Verhalten. Gerade um den Wesenszug der Bosheit zu vermeiden, plädiert Zückert für eine nicht-frustrierende, prinzipiell sanfte und liebevolle, auf kindliche Bedürfnisse eingehende Haltung der Erzieher.

Bei älteren Kindern geht es dann weniger darum, Frustrationen zu vermeiden, die auf nicht erfüllten Bedürfnissen beruhen. Vielmehr sollen ja die Bedürfnisse schon durch vernunftgeleitete Selbstkontrolle auf ein den realen Befriedigungsmöglichkeiten entsprechendes Maß gebracht worden sein. Um die Vernunftkontrolle in jeder Lebenslage zu ermöglichen, speziell um deren Lähmung durch überwältigende Affektschübe vorzubeugen, soll mit den älteren Kindern eine Art *seelisches Abhärtungstraining* praktiziert werden, indem man sie – im Gegensatz zu den schonungsbedürftigen Säuglingen und Kleinkindern – frühzeitig an Überraschungen, Schrecken, Grausamkeiten und ähnliches gewöhnt. Diese Kinder sind bewußt starken emotionalen Erlebnissen auszusetzen. Sie sollen z. B. an Exekutionen oder chirurgischen Eingriffen teilnehmen und Sterbende und Tote sehen. „Durch den Anblick solcher rührenden Scenen kriegen die Kinder Muth und Herzhaftigkeit, und in Ertragung eigener Schmerzen werden sie standhafter."[54] Zückert ist überzeugt, daß die Kinder auf keinen Fall selbst grausam, unbarmherzig oder unempfindlich werden, wenn man

---

[53] Zückert 1799 (wie Anm. 18) S. 168; vgl. auch ders. 1765 (wie Anm. 18) S. 236.
[54] Ebd. S. 230.

sie zur Standhaftigkeit und Bewährung angesichts schrecklicher, schmerzhafter oder widerwärtiger Vorfälle erzieht.

Beachtlich erscheint hier, daß die für die Desensibilisierung geeigneten Ereignisse nicht künstlich inszeniert, sondern Bestandteil des zeitgenössischen sozialen Lebens waren. Nur so ist nämlich zu verstehen, daß Zückert andererseits eine heftige Abneigung dagegen hat, den Kindern Märchen und fantastische Erzählungen nahezubringen. Diese enthalten fürchterliche Bilder, die sich der Seele tief einprägen und unter Umständen ein Leben lang erhalten bleiben. Sie besetzen die Phantasie und transportieren darüber hinaus Aberglauben und Irrationalismus. Zückert wehrt sie ab, weil sie der Vernunftkontrolle schwer zugänglich sind. Anders verhält es sich mit allgemeiner Furchtsamkeit der Kinder, z. B. vor dunklen Zimmern, Geräuschen vor dem Haus usw. Die Unnötigkeit entsprechender Ängste soll den Kindern vor allen Dingen durch vernünftige Erklärungen deutlich gemacht werden. Darüber hinaus empfiehlt Zückert den Eltern, mit gutem Beispiel voranzugehen, vor den Augen der Kinder dunkle Zimmer zu betreten oder beunruhigenden Geräuschen vor dem Haus nachzuspüren. Anschließend sind die Kinder zu ähnlichen Übungen zu veranlassen, ohne daß jedoch jemals brutaler Zwang ausgeübt wird. Es gilt bei diesen wie bei anderen Erziehungsmaßnahmen ein Vertrauensverhältnis, die Basis eines liebevollen Verständnisses zu bewahren.[55]

Zückert kommt nicht ganz ohne *Strafen* aus (Hufeland äußert sich zu diesem Thema, wahrscheinlich wegen der Beschränkung auf das Säuglingsalter, nicht). Als Strafen betrachtet er heftiges Ermahnen, Anschreien und als letzte Steigerung die körperliche Züchtigung. Variationen von Liebesentzug kann es im Konzept Zückerts nur als intensitätsmäßig abgestufte Zuwendung geben, weil er eine ständige dem Kind zugewandte, liebevolle Haltung fordert. Diese soll auch im Fall der Strafe nicht aufgegeben werden. Prügeln sei im Prinzip ebenso zu unterlassen wie tagelanges Keifen, da sie im Kind nur Trotz und Scham hervorrufen. Wenn körperliche Züchtigung dennoch nötig wird, dann stets erst, nachdem der eigentliche Affekt beim Kind überwunden und dies wieder lernfähig geworden ist. Züchtigung hat jedoch die große Ausnahme zu bleiben, denn vor allem, wenn die

---

[55] Vgl. ebd. S. 232 ff.

Kinder schon etwas einsichtiger geworden sind, „muß man ihnen ihre Fehler mit Gelindigkeit und Sanftmuth verweisen, und sie durch die eigene Tugend... zur Ausübung derselben anreizen".[56] Statt Strafen also im Prinzip: pädagogische Zurichtung der Situation, die Strafen unnötig macht; Erziehung durch Vorbild.

Faßt man die verschiedenen expliziten oder impliziten Äußerungen zu den wünschenswerten emotionalen Dispositionen und den Maßnahmen zu ihrer Förderung zusammen, gewinnt man den Eindruck, daß die „psychologisch-aufklärerische" Pädiatrie einen sensiblen, weltoffenen, wachen Menschen anstrebt, der zu zärtlichen und liebevollen sowie mitleidigen und empathischen Regungen fähig ist. Die Differenziertheit der Emotionen soll in einem warmen, durch Vertrauen und Einfühlungsbereitschaft geprägten Erziehungsklima gefördert werden. Anti-soziale und feindselige Emotionen sowie übermäßige Affekte werden abgelehnt, denn oberstes Prinzip ist Affektkontrolle durch Vernunft, Religiosität und fest verankerte Tugenden. Die seelische Entwicklung wird durch das Prinzip der Mäßigung geprägt.

Andererseits ist bei Zückert eine gewisse Ängstlichkeit unverkennbar, vor der Hufeland, wie oben ausgeführt, ausdrücklich warnt. Übertrieben muten z. B. die Erörterungen über mögliche Gefährdungen durch frische Luft und Temperaturwechsel, durch falsches Liegen im Bett, durch rasche Bewegungen und Spiele an. So empfiehlt Zückert auch: „Ueberhaupt ist es von grossem Nutzen, wenn die Eltern... oder andere Männer bey allen Spielen der Kinder gegenwärtig sind."[57] Sie sollen zur Mäßigung anhalten, Streit verhindern und bei den Spielen anleiten. Kontakte zu Gleichaltrigen werden stark reglementiert. Man gewinnt den Eindruck, daß die Kinder selten sich selbst überlassen bleiben, dagegen meist unter der Obhut von erwachsenen Pflegepersonen stehen, besonders der von Mutter oder Vater, und das bis zum zwölften bis vierzehnten Lebensjahr. Hier deutet sich eine Aufforderung zu überfürsorglichem Verhalten an.

---

[56] Ebd. S. 239.
[57] Zückert 1765 (wie Anm. 18) S. 142.

2.5 Geistige Entwicklung

Geistige Entwicklung wird als Oberbegriff benutzt, unter dem sowohl im engeren Sinne kognitives als auch soziales und moralisches Lernen abgehandelt werden sollen. Ich stütze mich in diesem Abschnitt wiederum im wesentlichen auf Zückert, da bei Hufeland keine einschlägigen Äußerungen zu finden sind. Hinsichtlich des *kognitiven Trainings* klammert Zückert die Fragen aus, wann dieses einsetzen, womit man beginnen und wie man vorgehen soll. Als Arzt interessieren ihn vor allen Dingen die Punkte, daß aus dem kognitiven Üben für die Kinder nicht Arbeit werde, daß das Lernen in den Tagesrhythmus sinnvoll eingepaßt und daß es insgesamt „nicht zu anhaltend sey".[58] Lernen soll möglichst in spielerischer Form stattfinden, um Spaß an der Sache und sozusagen intrinsische Motivation zu erhalten und zu nutzen. Lernen mit Unlust und Widerwillen gilt als wenig effizient und darüber hinaus gesundheitsschädlich. Am besten sei es, wenn das Lernen und Üben mit dem kindlichen Spielen, mit Spazierengehen und anderen alltäglichen Verrichtungen verbunden wird. Man kann dann direkt an die Dinge der Umwelt und ihre Zusammenhänge, an die Erfahrungen, die das Kind damit gemacht hat, an sinnliche Eindrücke anknüpfen.

Die von Zückert empfohlene Art alltäglicher Übung im Anschauen, Beobachten, praktischen Untersuchen und Erklären (durch die Eltern) ordnet die Umwelt und fördert die Autonomie des Kindes, das sich als Naturwesen in einem strukturierten Zusammenhang zu erfahren und einzugliedern lernt. Ausdrücklich warnt Zückert davor, das spielerisch Aufgefaßte als Lernstoff im engeren Sinn zu betrachten, den man dem Kind bei Gelegenheit wieder abfragt.

Weitere für die geistige Entwicklung der Kinder bedeutsame Normen finden sich im Zusammenhang mit der *moralischen* und *sozialen Erziehung*. Hier wird u. a. gefordert, daß die Eltern intensiv mit ihren Kindern spielen und sprechen, um die kindliche Psyche kennenzulernen, und daß sie bei dieser Gelegenheit auch die wichtigsten Moralvorstellungen spielerisch vermitteln. Sozialisationstheoretisch besonders bedeutsam erscheint in diesem Zusammenhang die Empfehlung, Kinder möglichst oft zu geselligen Zusammenkünften mitzunehmen, von

---

[58] Ebd. S. 246, vgl. auch 247, 251 f.

denen unterstellt wird, daß an ihnen die unterschiedlichsten „guten" wie „bösen" Menschen teilnehmen und „gute" wie „böse" Verhaltensweisen vorexerziert werden. Die Kinder sind dazu anzuhalten, die beteiligten Personen und die zwischen ihnen stattfindenden Interaktionen möglichst genau zu beobachten, dabei das Gute oder Böse zu entdecken. Während der Gesellschaften und danach sollen die Eltern intensiv mit den Kindern über ihre Wahrnehmungen und Erfahrungen sprechen. „Man muß sie fragen, was sie an dieser oder jener Person, an dieser oder jener Handlung, die in der Gesellschaft gewesen und vorgefallen, angenehmes oder unangenehmes, löbliches oder tadelhaftes gefunden. Man muß sie erzählen lassen, was sie in der Gesellschaft bemerkt haben. In diesem vertrauten liebreichen Gespräch können Eltern einen ausgebreiteten Nutzen stiften. Sie gewöhnen die Kinder dadurch zur Aufmerksamkeit, daß sie in den Gesellschaften auf alles, was vorgehet, acht haben. Dieselben werden ferner, indem sie nachher Erzählungen davon machen müssen, in freymüthigen Reden, am Witz und am Gedächtniß, geübet."[59]

Diese Empfehlungen fördern die Vorstellung einer differenzierten, strukturierten sozialen Lebenswelt, die aufgrund der moralischen Durchleuchtung und Analyse sozialen Verhaltens in ihrem kognitiven Anregungsgehalt verstärkt wird. Zückerts Konzept enthält also Elemente, die geeignet erscheinen, die geistige Entwicklung der Kinder zu unterstützen, und zwar sowohl die kognitive Entwicklung, besonders die Intelligenz und das Sprech-, Wahrnehmungs-, Lern- und Darstellungsvermögen, ebenso aber auch die Übernahme der aufgrund praktischer Erfahrungen veranschaulichten Regeln sozialen Verhaltens.

3. Sozialisatorisch bedeutsame Aspekte in Pflegeanleitungen der naturwissenschaftlichen Pädiatrie (frühes 20. Jahrhundert)

Wie in der Einleitung betont, deutet sich bei Hufeland eine Entwicklung an, nämlich die Hinwendung zur systematischen Empirie und zur exakten Naturwissenschaft in der Pädiatrie, die zu Beginn des 20. Jahrhunderts bei Autoren wie Czerny und Hochsinger zur Reife

---

[59] Ebd. S. 221.

gelangt. Im interpretativen Kapitel 4 sollen die Wandlungen von der Aufklärungs-Pädiatrie zur naturwissenschaftlichen vergleichend herausgearbeitet werden. Hier folgt zunächst, überleitungslos kontrastierend, die Darstellung der sozialisationstheoretisch relevanten Aspekte in Empfehlungen der Pädiatrie des frühen 20. Jahrhunderts.

3.1 Ernährung

Von den Pädiatern des frühen 20. Jahrhunderts wird dringend das Stillen der Säuglinge durch die Mütter bzw. durch Ammen empfohlen.[60] Das Schwergewicht der Argumentation liegt darauf, die Mütter zum Selbststillen zu bewegen. Ihnen wird vorgehalten, daß die natürliche Ernährung prinzipiell besser als künstliche und als Schutz gegen die den Zeitgenossen dramatisch überhöht erscheinende Säuglingssterblichkeit aufzufassen sei.[61] Ergänzend hebt Czerny hervor, daß erst die enge Interaktion der Mutter mit dem Säugling, besonders eben in Form des Selbststillens, die Gefühle produziere, die dann als Mutterliebe bzw. als Liebe des Kindes zur Mutter gedeutet würden. Diese Wechselbeziehung sei Ergebnis einer erworbenen Anpassung, nicht etwa einer angeborenen Mutterliebe.[62] Es geht also nicht wie bei den Pädiatern der Aufklärungszeit um eine Propagierung des „Natürlichen", sondern um eine Aufforderung, die zu Beginn des 20. Jahrhunderts regelmäßig biologisch (ernährungsphysiologisch) begründet und bevölkerungs- bzw. sozialpolitisch motiviert ist. Bei Czerny kommen als Variante frühe behavioristische Argumente hinzu.

Unterschiedliche Meinungen vertreten die Pädiater um die Jahrhundertwende gegenüber dem Saugen am Schnuller und dem Fingerlutschen. Für Czerny gilt der Schnuller als zulässiges Beruhigungsmittel, jedenfalls wenn er keimfrei gehalten wird. Ist kein Schnuller zur Hand, soll man sogar das Fingerlutschen dulden, das allerdings wegen seiner Schädlichkeit für die Fingernägel dem Schnuller unterlegen sei. Hochsinger dagegen mißtraut dem Schnuller grundsätzlich (er weist u. a.

---

[60] Vgl. zu diesem Komplex Czerny (wie Anm. 10) S. 3–28; Hochsinger (wie Anm. 28) S. 56–113, 150–164.

[61] Vgl. dazu mit statistischen Belegen R. Spree: Soziale Ungleichheit vor Krankheit und Tod. Zur Sozialgeschichte des Gesundheitsbereichs im Deutschen Kaiserreich, Göttingen 1981, S. 49–92.

[62] Vgl. Czerny (wie Anm. 10) S. 3 f.

auf die Infektionsgefahr hin) und bekämpft vehement das Fingerlutschen. Dies stellt für ihn eine „eklige Gewohnheit" dar, da es wahrscheinlich „den Kindern eine der sexuellen nahestehende Lustbefriedigung gewährt".[63] Nicht Fehlstellung des Kiefers oder Deformation der Lippen oder andere medizinische Gründe sind ausschlaggebend für das Verbot des Fingerlutschens und Nägelbeißens, sondern allein die vermutete Nähe zur tabuisierten Sexualität. Um das Argument zu verstärken, schickt Hochsinger die weitere Vermutung nach, daß fingerlutschende Kinder häufig in ihrer geistigen Entwicklung gestört seien.

Während durch die Empfehlung des Stillens im Prinzip ein gewisses Maß an oralen Befriedigungschancen eingeräumt wird, heben die Ermahnungen zur Organisation der Ernährung dies wieder auf. Grundsätzlich fordern die Pädiater des frühen 20. Jahrhunderts vehement, daß nach einem festen Zeitplan gestillt bzw. ernährt wird. Hochsinger, der im allgemeinen mit Czerny übereinstimmt, jedoch meist rigider auftritt, plädiert für maximal fünf Stilltermine pro Tag, die wiederum mindestens drei Stunden auseinander liegen müssen. Dabei darf der Säugling höchstens 15 Minuten angelegt werden. Von 23.00 Uhr bis 6.00 Uhr ist strikte Nachtruhe einzuhalten. Für diese Maßregeln geben die Autoren einige medizinische Begründungen an. Entscheidend ist jedoch für sie der *Disziplinierungseffekt.* Man gewöhne durch strikte Vorgabe und Durchsetzung des „Wie und Was" der Ernährung die Kinder frühzeitig an Gehorsam. „So kann eine rationelle Erziehung des Kindermagens gleichzeitig als ein pädagogisches Mittel ersten Ranges für die moralische Gesamtentfaltung des Kindes verwendet werden."[64]

Eine Ernährung, die sich hinsichtlich des Zeitpunkts sowie der angebotenen Quantitäten und Qualitäten von Nahrungsmitteln nach den Bedürfnissen des Kindes richtet, wird mit starken Worten abgelehnt. Einerseits erscheint die dadurch mögliche Unregelmäßigkeit der Mahlzeitenfolge als sozusagen demoralisierend. Andererseits erzieht man sich durch deutliches Eingehen auf kindliche Bedürfnisäußerungen, besonders in Form des Weinens oder Schreiens, kleine Hausty-

---

[63] Hochsinger (wie Anm. 28) S. 147.
[64] Ebd. S. 153. Vgl. auch Czerny (wie Anm. 10) S. 26; J. Trumpp: Säuglingspflege, Stuttgart ⁴1921, S. 114.

rannen, die auch später „nicht eher Ruhe geben, bis man sie zu sich nimmt, herumschaukelt und liebkost".[65]

Das Abstillen wird nicht nennenswert problematisiert. Jedoch soll es etwa nach dem siebten bis achten Monat allmählich durchgesetzt werden.

3.2 Sauberkeit

Die Pädiater des frühen 20. Jahrhunderts empfehlen einhellig einen frühzeitigen Beginn des Sauberkeitstrainings. Einigkeit besteht auch in der doppelten Zielsetzung, nämlich einerseits die rasche Entfaltung eines starken Bedürfnisses nach Reinlichkeit, andererseits – und das scheint den Autoren, gemessen an der Intensität der Argumentation, eigentlich noch wichtiger zu sein – Übung in Willensbeherrschung, in Subordination unter Anordnungen der Erzieher, also Gewöhnung an strikten Gehorsam.[66] Unterschiede bestehen hinsichtlich des Zeitpunkts, zu dem man mit diesem Training beginnen, und der Rigidität, mit der man es durchführen soll. Czerny ist in dieser Hinsicht der liberalere. Er meint, normalerweise könnten Kinder am Ende des ersten bzw. am Beginn des zweiten Lebensjahres so weit sein, daß sie Harn oder Stuhl nur absetzen, wenn sie abgehalten werden. Den frühesten Beginn schlägt Trumpp vor, wonach das Abhalten über dem Topf ab dem vierten bis fünften Monat stattfinden soll, sobald nämlich das Kind Versuche mache, sich mit dem Oberkörper aufzurichten. „Man setzt es dann tagsüber, so oft es aus dem Schlaf erwacht…, auf den Topf."[67] Während Hochsinger das Sauberkeitstraining erst mit dem sechsten Lebensmonat beginnen lassen will, verschärft er es durch den Vorschlag, die Prozedur des Abhaltens tagsüber, so lange das Kind wach sei, jede Stunde zu wiederholen. Er spricht in diesem Zusammenhang davon, daß unerbittliche Strenge am Platze sei. Trumpp drückt am deutlichsten die Modellvorstellung aus, die diese Empfeh-

---

[65] Hochsinger (wie Anm. 28) S. 23.
[66] Vgl. zu diesem Komplex überhaupt ebd. S. 24–33; Czerny (wie Anm. 10) S. 30–54; Trumpp (wie Anm. 64) S. 115 f. Steckwindeln ist zu dieser Zeit eigentlich kein Thema mehr; Hochsinger geht kurz darauf ein, hält es für schädlich und plädiert für lockeres Windeln, damit die Beweglichkeit der Gliedmaßen gesichert ist, Hochsinger (wie Anm. 28) S. 10 f.
[67] Trumpp (wie Anm. 64) S. 115.

lung anleitet: „Ist man konsequent, so gewöhnt sich das Kind an diese Ordnung derart, daß es bald selbst so pünktlich ist wie ein Uhrwerk."[68] Das gilt sowohl für die Beherrschung der Entleerungsfunktion wie für das Auftreten von Hunger und Durst.

Andererseits gehen die Ärzte davon aus, daß Bewußtsein und Phantasie der Kinder möglichst von der Beschäftigung mit dem Körper freizuhalten sind. Deshalb sollen vor Kindern alle Gespräche vermieden werden, die ein Krankheits- und Anomaliebewußtsein fördern könnten, ebenso sollen sie nicht zur Beobachtung ihres Körpers, seiner Funktionen und zur Angst vor möglichen Störungen derselben verführt werden.[69] Zwanghafte Gespräche der Eltern über die Verdauung des Kindes könnten z. B. bei diesem Ängste hervorrufen, die tatsächlich zur Verstopfung führten. Die Empfehlungen laufen darauf hinaus, die Körperfunktionen und Bedürfnisäußerungen des Kindes maschinenmäßig zuzurichten und zugleich dem entfremdeten Körper gegenüber eine durch Selbstverständlichkeit geprägte, gelassene Haltung an den Tag zu legen. (Diese Haltung ist zweifellos an die unausgesprochene Voraussetzung gebunden, daß die Maschine „Körper" störungsfrei arbeitet. Treten auch nur kleinere Störungen auf, sind Gefühle der Ratlosigkeit, der Scham und der Angst zu erwarten.)

3.3 Sexualität

Nach dem Gleichklang in der Tendenz der Autorenmeinungen zu den bisher behandelten Themen fällt auf, daß sich an der Frage der Sexualität offenbar bei den Pädiatern des frühen 20. Jahrhunderts die Geister scheiden. Möglicherweise drückt sich darin auch eine Entwicklung aus, die durch die Erscheinungsdaten der benutzten Quellen etwas verdeckt wird: Hochsingers Ratgeber, in dem besonders krasse Affekte gegen die kindliche Sexualität sichtbar sind, wird hier in der stark revidierten dritten Auflage von 1912 benutzt, erschien aber in der ersten Auflage 1896. Czerny veröffentliche seinen Leitfaden erstmalig 1908. Seine Haltung zur kindlichen Sexualität wirkt sehr viel abgewogener und sozusagen moderner. Wahrscheinlich ist das nicht nur Folge der größeren Vielseitigkeit von Czerny, der sich – im Gegensatz zu

---

[68] Ebd. S. 114.
[69] Vgl. Czerny (wie Anm. 10) S. 53 ff., 68 ff.

vielen Kollegen seiner Zeit – auch um die Nachbardisziplinen Pädagogik und Psychologie bemühte, was vermutlich seine Überlegungen zur
kindlichen Sexualität beeinflußte. Hochsinger dürfte gerade diesen
Teil seines Ratgebers kaum gegenüber der ersten Auflage revidiert
haben (anders als z. B. die Kapitel über Infektionskrankheiten und
besonders über kindliche Ernährung), so daß er hier mehr die Meinung
des späten 19. Jahrhunderts bzw. der „vorpsychologischen" Pädiatrie
repräsentiert. In der Säuglingspflege von Trumpp schließlich (4. Auflage von 1921) spielt die kindliche Sexualität gar keine Rolle. Andererseits können diese Unterschiede jedoch auf dem grundsätzlichen
Gegensatz zweier pädiatrischer Richtungen beruhen, die nebeneinander bestanden.

Hochsinger steht für eine Richtung der Pädiatrie, in der sexuelle
Gefühle oder Bedürfnisse der Kinder absolut, undiskutiert und unbe-
gründet tabuisiert werden. Das wurde schon in der oben erwähnten
bizarren Auffassung von der Schädlichkeit des Fingerlutschens deutlich. Entsprechend kraß ist seine Haltung zur *Onanie*. Er verdammt
generell jedes Spielen der Kinder an den Geschlechtsteilen. Onanie sei
eine Reaktion auf lasterhafte Begierden, die zur Folge habe, daß die
Kinder blaß, schlaff und welk würden, daß sie dunkle Ringe unter den
Augen bekämen und an Appetitlosigkeit, Verstopfung und Konzen-
trationsschwäche litten. Abgesehen davon, daß diese Aufzählung
angeblicher Symptome der Onanie stereotyp wirkt, rechtfertigt sie
nicht die daran anknüpfenden Ratschläge Hochsingers, der nämlich
die Eltern ermahnt: „Nur größte Strenge und nachsichtslose schwere
Bestrafung, wenn das Kind entdeckt wird, kann etwas nützen. Mitunter erweist es sich von Vorteil, wenn man dem Kinde gleichzeitig Angst
einjagt, es müsse ein Krüppel werden, wenn es seiner lasterhaften
Gewohnheit nachgeht."[70] Es ist offensichtlich, daß dieses letztere
Argument nur taktisch eingesetzt werden soll, so daß die eigentliche
Begründung für die heftige Reaktion auf Onanie eine tiefverwurzelte,
als selbstverständlich vorausgesetzte *Sexualfeindlichkeit* ist. Dem entsprechen die Überwachungsmaßnahmen, die Hochsinger zur Vermeidung oder frühzeitigen Erkennung und Bannung der Onanie, unabhängig vom Geschlecht, vorschlägt. „Bei älteren Kindern sind Umgang und Lektüre strengstens zu überwachen. Weiters darf das Kind

---

[70] Hochsinger (wie Anm. 28) S. 149.

nie mit übereinander geschlagenen Beinen sitzen und darf des Morgens, wenn es erwacht ist, nicht im Bette bleiben, sondern muß sofort aufstehen. Ein Kind darf man nie auf dem Bauche liegen lassen, ferner muß man darauf sehen, daß die Kinder nie auf dem Rücken, sondern immer nur auf einer Seite liegend einschlafen. Man muß bei dem Kinde des Abends, nachdem es zu Bett gebracht wurde, so lange verweilen, bis es vollends eingeschlafen ist. Das Kind darf des Abends keine scharfstoffigen Substanzen zu essen oder zu trinken bekommen.“[71]

Angesichts einer solchen Haltung selbst bei einem Berufskollegen nimmt es nicht wunder, wenn Czerny ausdrücklich von einer Onanie-Angst der Eltern spricht, der entgegenzuwirken eine wichtige Aufgabe der Ärzte sei.[72] Für ihn ist das Spielen vorpubertärer Kinder an den Geschlechtsteilen nicht Onanie, sondern ein „Kinderfehler“, der nicht anders zu bewerten sei als beispielsweise das Kauen an den Nägeln oder an den Haarspitzen, das Lutschen am Bettzipfel oder an den Fingern. Abhilfe sei zwar sinnvoll, jedoch meist schwer zu erreichen. Sei die Gewohnheit erst einmal entwickelt, solle man sie wie andere der genannten Unarten des Kindes durch Ermahnungen oder Strafe auf pädagogischem Wege bekämpfen. Bei älteren Kindern empfiehlt er zweckmäßige Beschäftigung und Ablenkung. Ausdrücklich hebt er hervor, daß Schädigungen durch Genitalspiele nicht anzunehmen sind. Gegenüber der Position, wie sie Hochsinger vertritt, zeichnet sich bei Czerny eine deutliche Entkrampfung und Enttabuisierung des Verhältnisses zur kindlichen Sexualität ab, was allerdings noch keineswegs eine Bejahung bzw. selbstverständliche Hinnahme derselben bedeutet.

3.4 Seelische Entwicklung

Die Äußerungen der ausgewerteten pädiatrischen Ratgeber aus dem frühen 20. Jahrhundert zur seelischen Entwicklung der Kinder unterscheiden sich in Nuancen, besonders auch in der Begründung bestimmter Voraussetzungen, stimmen jedoch hinsichtlich der für wichtig erachteten Themen sowie der darauf bezogenen Empfehlungen in der Tendenz überein. Die zentralen Themen sind Desensibilisierung

---

[71] Ebd. S. 149.
[72] Vgl. Czerny (wie Anm. 10) S. 83 f.

oder *Affektkontrolle*, Willens bzw. *Gehorsamstraining* sowie *soziale Anpassung*. Die Grundlage dafür ist etwa folgende Modellvorstellung:

1) Die Emotionalität des Kindes beruht auf einem leicht erregbaren Nervensystem, das stark auf Umweltreize und -bedingungen reagiert, deshalb rasch in einen Zustand ständiger Übererregung gebracht werden kann.

2) Durch das Einüben einer vom Willen gesteuerten Affektkontrolle kann die notwendige Desensibilisierung erreicht werden, die das Nervensystem stabilisiert bzw. die kindlichen Bedürfnisse und die gegebenen Befriedigungschancen in ein gewisses Gleichgewicht bringt.

3) Durch Gewöhnung an negativ bewertete Formen der Bedürfnisbefriedigung können jedoch anhaltende Ungleichgewichte hervorgerufen werden. Sie äußern sich in chronischer Hypererregbarkeit des Nervensystems und/oder in der Ausbildung negativer Charaktereigenschaften wie Trotz, Ungehorsam, Willensschwäche, mangelnde Leistungsmotivation usw.

4) Daraus folgt, daß die kindliche Emotionalität sich nur in engen Grenzen entwickeln darf. Diese werden vorgegeben durch eine Interpretation der gesellschaftlich akzeptablen und erreichbaren Chancen zur Befriedigung kindlicher Bedürfnisse, d. h. durch das konsequente Setzen entsprechender Grenzen gegenüber kindlichen Ansprüchen und Wünschen. Noch wichtiger aber ist die Erziehung zur Selbstkontrolle, die auf drei Elementen basiert: zum ersten auf der Routinisierung von Affektkontrolle, die – nach dem, was oben unter den Punkten „Ernährung" und „Sauberkeit" gesagt wurde – selbst starke Elemente einer, in dem Fall positiv gemeinten, Konditionierung besitzt; zweitens auf einer frühzeitigen Gewöhnung an bedingungslose Unterwerfung unter die Wünsche und Anordnungen der Erzieher (Gehorsamstraining); drittens auf dem eigentlichen Willenstraining, das im wesentlichen eine Internalisierung und selbstverständliche Exekution von Werten und Verhaltensnormen der Eltern bzw. der gesellschaftlichen Bezugsgruppen bedeutet.

5) Kindliche Bedürfnisse haben in diesem Konzept keine prinzipielle Berechtigung, gelten in der Regel auch gar nicht als solche, vielmehr als Effekt von Gewöhnung und Verwöhnung. Sie dienen deshalb

grundsätzlich nicht als Orientierungspunkte für sozialisatorisches Verhalten.[73]

Wie diese Prinzipien zusammenspielen können, ist schon in den vorangegangenen Abschnitten an einigen Beispielen sichtbar geworden. Es handelt sich um folgende Empfehlungen:

– strikte Einhaltung einer bestimmten Mahlzeitenfolge und fester Zeitabstände zwischen den Mahlzeiten,
– Bestimmung von Qualität und Menge der angebotenen Nahrungsmittel ausschließlich durch die Eltern (Erzieher),
– rigides Sauberkeitstraining spätestens vom fünften bis sechsten Lebensmonat an,
– (zumindest bei einigen Autoren) strikte Unterdrückung des Fingerlutschens und anderer oraler Befriedigungsformen,
– (auch wieder nur bei einigen Autoren) Praktizierung harter Strafen und umfassender, einengender Kontrollen, um die Onanie zu bannen.

Im folgenden seien einige Ergänzungen vorgenommen. Alle ausgewerteten Autoren plädieren dafür, auf Schreien oder Weinen der Kinder nicht sofort mit Zuwendungen zu reagieren. Es genüge nämlich, ein Kind nur wenige Male die Annehmlichkeit z. B. des Herumgetragenwerdens oder des Schaukelns auf dem Arm kennenlernen zu lassen, „und schon ist sie ein scheinbares Bedürfnis geworden".[74] Ähnliche Formulierungen finden sich in den meisten Pflegehandbüchern der Zeit und drücken die Angst vor Gewöhnung an negativ bewertete Wünsche und Verhaltensweisen aus. Sollten Kinder nachts unruhig werden und schreien, sei das einzige angemessene Mittel zur Behebung dieses Mißstandes (nämlich der Störung der elterlichen Ruhe) eine strenge Revision der Ernährung. Hier greifen die Autoren auf Erfahrungen in Kinderkrankenhäusern und Säuglingsheimen zurück, in denen eine nach naturwissenschaftlichen Gesichtspunkten modernisierte Anstaltsernährung praktiziert wird, im übrigen aber die Ten-

---

[73] Vgl. zu diesem Komplex überhaupt ebd. S. 25–32, 39 ff., 93 f.; Hochsinger (wie Anm. 28) S. 3, 23, 45 f., 146, 153; Trumpp (wie Anm. 64) S. 114–117.
[74] Czerny (wie Anm. 10) S. 7. Hochsinger denunziert in diesem Zusammenhang Zuwendungsbereitschaft der Eltern als „Liebkosungswahn", Hochsinger (wie Anm. 28) S. 22 f.

denz zur Hospitalisierung der Säuglinge und Kinder besteht – ein Phänomen, das den Pädiatern des frühen 20. Jahrhunderts offenbar unbekannt war. Im Gegenteil hält z. B. Czerny die typische Reaktion des hospitalisierten Kindes den Eltern als positives Leitbild vor: „Die Kinder werden ruhig, wenn die Ernährung richtiggestellt wird, und diesem Umstande ist es zuzuschreiben, daß es in Säuglingsanstalten viel ruhiger ist, als sich Eltern vorstellen können, deren Kinder sich unliebsam durch Schreien bei Tag und Nacht bemerkbar machen."[75]

Gäbe man kindlichen Wünschen zu häufig nach, bestünde nicht nur die Gefahr der Verwöhnung, sondern von Ernährungsstörungen bzw. Überernährung. Deshalb habe der Arzt „Interesse, sich darum zu kümmern, wer ein Kind pflegt, und ist genötigt, darauf aufmerksam zu machen, daß eine liebevolle Behandlung, wie sie manchmal Säuglingen durch ältere Personen zuteil wird, unterlassen werden soll".[76] Wenn Czerny auch in diesem Zitat nicht ausdrücklich lieblose Erziehung empfiehlt, warnt er doch eindeutig vor sogenannter liebevoller Behandlung. Das kann nur heißen, der erzieherische Umgang soll nicht durch Spontaneität und affektive Wärme, sondern durch konsequente Orientierung an abstrakten Prinzipien geprägt sein.

Bezüglich des Willenstrainings ist es ebenfalls wichtig, sich die von den Ärzten empfohlenen Randbedingungen zu verdeutlichen. Den Willen zu üben, heißt nämlich zunächst, Subordination unter die Anordnungen der Erzieher zu lernen. Dabei ist es nach Meinung von Czerny wichtig, daß das Kind sich nicht nur daran gewöhnt, dieses oder jenes zu tun oder zu lassen, sondern im Bewußtsein zu haben, „daß dies auf Wunsch oder Befehl der Person geschieht, welche für die Erziehung verantwortlich ist".[77] Die Verhaltensanforderungen müssen weder dem Kind gegenüber erläutert werden, noch müssen sie aus sich heraus verständlich sein, noch werden sie durch Bezugnahme auf übergeordnete Autoritäten oder gesellschaftliche Regeln begründet. Verlangt wird zunächst nur die fraglose Unterordnung unter die jeweils gegebene Autorität, die sich demnach ausschließlich aus dem bestehenden Machtunterschied legitimiert. Insofern haftet der Forderung nach Gehorsam stets das Element der Willkür an. Daß die

---

[75] Czerny (wie Anm. 10) S. 10.
[76] Ebd. S. 21 f.
[77] Ebd. S. 30

Verinnerlichung der Autorität bzw. ihrer Ge- und Verbote das Ziel des Gehorsamstrainings ist, kommt zum Ausdruck, wenn verschiedene Autoren vor der Entwicklung einer zweckrationalen Haltung des Kindes warnen. Das Kind dürfe nicht veranlaßt werden, bestimmte Ge- oder Verbote einzuhalten, nur um Strafe zu vermeiden oder gar Belohnungen zu erlangen. Ein solcher „Realismus" sei nicht wünschenswert.[78]

Von den ausgewerteten Autoren äußert sich nur Czerny ausführlicher zum Thema *Strafen*. Seine Vorstellungen sind (wiederum) durch eine gewisse emotionale Verarmung gekennzeichnet. Als Strafen erwähnt er, gestuft nach Härte: intensives Ermahnen (nur wirksam bei besonders sensiblen Kindern), Verweigern von ausdrücklich geäußerten Wünschen oder Bitten, körperliche Züchtigung. Czerny kennt nicht den Bereich intensitätsmäßig variierender Zu- oder Abwendung vom Kind als Erziehungsmedium im Vorfeld der eben genannten Strafen, wie es die Aufklärungs-Pädiatrie darstellt. Das ist erstaunlich, da Czerny psychologische Grundlagen der Wirksamkeit bestimmter Strafen durchaus in Betracht zieht. Im Fall besonders sensibler Kinder z. B. nimmt er an, daß eine Betonung der Ermahnung schon heftige psychische Reaktionen auslösen könne. Außerdem warnt er davor, Kinder im höheren Schulalter noch zu prügeln, da sie durch solche Strafen in ihrem Ehrgefühl verletzt werden könnten.[79]

Einig sind sich die Pädiater des frühen 20. Jahrhunderts darin, daß Kinder darauf vorbereitet werden sollen, sich gesellschaftlich einzugliedern und einen Beitrag zum Gemeinwohl zu leisten – ein Gedanke, der bei den Aufklärungs-Pädiatern, die ein strikt individualistisches Konzept verfolgen, nicht anklingt. Besonders klar formuliert das Trumpp, demzufolge das Kind in der zunehmenden Erkenntnis aufwachsen möge, „daß es nur der Teil einer Gemeinschaft – zunächst der Familie, später des Staates – ist, der sich ein- und unterzuordnen seine Pflicht ist, der zu dienen seine Lebensaufgabe sein soll".[80] Allen erscheint deshalb die Schule als hervorragendes Instrument der Sozialisation. Ausführliche Argumente werden entwickelt, um die „Schul-

---

[78] Vgl. ebd. S. 40. Mit demselben Tenor Trumpp (wie Anm. 64) S. 116 f.
[79] Vgl. Czerny (wie Anm. 10) S. 39, 42.
[80] Trumpp (wie Anm. 64) S. 116 f.

angst der Eltern"[81] zu dämpfen, die sich vor allem in dem generellen Verdacht einer „Überbürdung" der Kinder äußert und häufig dazu führt, daß Ärzte um Gutachten (Atteste) zur gelegentlichen oder regelmäßigen Befreiung der Kinder vom Unterricht in bestimmten Fächern gebeten werden. (Dies ist im übrigen ein deutlicher Hinweis darauf, daß auch die Pädiater des frühen 20. Jahrhunderts vor allem für das gehobene Bürgertum schreiben.) Die Ärzte verweisen darauf, daß die Überbürdung in der Regel nicht auf das Konto der Schule ginge, sondern auf übertriebenen Hoffnungen bzw. zusätzlichen Anforderungen an die Kinder von seiten der Eltern beruhe. Von ärztlicher Seite müsse deshalb darauf hingewirkt werden, daß bei Kindern eine Anpassung an alle Anforderungen der Schule erreicht und alles vermieden wird, was ihnen ein Krankheitsbewußtsein oder ein anders begründetes Gefühl sozialer Absonderung vermitteln könnte.

In diesem Zusammenhang scheinen mir zwei Aspekte der ärztlichen Argumentation wichtig zu sein. Einerseits kommt in den Ratgebern eine nicht hinterfragte Wertschätzung gesellschaftlicher Sozialisationsinstitutionen wie Kindergarten oder Schule zum Ausdruck. Andererseits findet durchgängig eine positive Bewertung von sozialem Verhalten im Sinne von sozialer An- und Einpassung statt. Damit erhält das Gehorsamstraining einen bedeutsamen institutionellen Bezug: Die Individualität des Erziehers wie des Kindes scheinen keine Orientierungspunkte für die Sozialisation zu bieten. Diese wird vielmehr letzten Endes ganz auf die anonymen Anforderungen der Gesellschaft, und d. h. dann meistens: des Staates hin funktionalisiert.

3.5 Geistige Entwicklung

Die Furcht der Pädiater des frühen 20. Jahrhunderts vor allzu großer Sensibilität der Kinder sowie vor dem, was sie übermäßige Nervosität nennen, prägt auch ihre Einstellung zur geistigen Entwicklung. Einhellig warnen sie vor frühzeitig einsetzendem *kognitiven Training*. Während des ersten Lebensjahres dürfen Kinder nach Möglichkeit keinen allzu differenzierten oder stärkeren Reizen ausgesetzt werden, die ihre Aufmerksamkeit erregen könnten. Besonders klar bringt Czerny diese Maxime zum Ausdruck: „Ein Säugling entwickelt sich

---

[81] Czerny (wie Anm. 10) S. 68. Vgl. auch Hochsinger (wie Anm. 28) S. 222, 230–237.

am besten, wenn er nur körperlich gut versorgt und im übrigen möglichst sich selbst überlassen wird."[82] Leicht zu erziehen und deshalb für die Eltern angenehm sind Kinder, deren geistige Entwicklung innerhalb normaler Grenzen relativ langsam vor sich geht, während schwer zu erziehen und deshalb für die Eltern unangenehm solche Kinder sind, bei denen rapide Fortschritte der geistigen Entwicklung stattfinden, zugleich aber „die Entwicklung des Nervensystems oft auffallend mit der Zartheit des Körpers kontrastiert".[83] Die dem angemessene Forderung, die Kinder möglichst lange in einer reizarmen Umgebung aufwachsen zu lassen, wirft um so mehr praktische Probleme auf, je mobiler die Kinder mit zunehmendem Alter werden. Es sei dann schwer, sie „in ihrer Entwicklung zurückzuhalten, denn der Ortswechsel gestattet ihnen, zahlreiche neue Eindrücke und Beobachtungen zu sammeln".[84] Empfohlen wird, das Kind in einer Box zu halten, innerhalb derer es sich frei bewegen kann und mit Spielzeug ausgestattet ist. Aber auch das Spielzeug halte man so einfach und undifferenziert wie möglich, denn im Grunde gilt für die gesamte Kindheit: „Je anspruchsloser man das Kind in seinem Begehren und Verlangen, namentlich in bezug auf die Aufnahme von sinnlichen Eindrücken, erhält, desto länger verbleibt es gegen den Ausbruch von Erkrankungssymptomen im Bereiche seiner Nervensphäre gefeit."[85]

Zu Beginn des 20. Jahrhunderts konstatieren und kritisieren die Pädiater einen „Zwang zum Geistreichwerden", der darin besteht, die kognitive Anregung schon kleiner Kinder übermäßig zu betreiben, während die notwendige körperliche Ertüchtigung vernachlässigt wird. Soweit es um das kognitive, sprachlich vermittelte Training im engeren Sinne geht, scheinen sich hier die verschiedenen Autoren einig zu sein. Nuancen allerdings lassen sich erkennen, wenn es um die Frage geht, wieweit Aufmerksamkeit, Beobachtungs- und Merkfähigkeit, Ausdauer bei einer Beschäftigung, manuelle und allgemeine körperliche Geschicklichkeiten spielerisch gefördert werden sollen. Czerny steht dem positiv gegenüber und fordert, daß ab dem zweiten Lebensjahr ein über Spiele vermitteltes systematisches Training dieser

---

[82] Czerny (wie Anm. 10) S. 6.
[83] Ebd. S. 7f. Vgl. auch Hochsinger (wie Anm. 28) S. 213–218.
[84] Czerny (wie Anm. 10) S. 28.
[85] Hochsinger (wie Anm. 28) S. 200.

Fähigkeiten und Motivationen erfolgt. Demgegenüber scheint Hochsinger eine generelle Enthaltsamkeit von geistiger Anregung zu fordern: „Was das kleine Kind nicht spielend, sozusagen von selbst, lernt, das soll ihm nicht erst künstlich beigebracht werden. In den ersten Lebensjahren des Kindes trachte man, seine körperliche Entwicklung durch gute Ernährung, reichlichen Aufenthalt im Freien und Hintanhaltung geistiger Anstrengung auf die höchst mögliche Stufe zu bringen." [86]

Auch bezüglich der Ausbildung musischer Fähigkeiten weichen die Meinungen der Autoren leicht voneinander ab. So hält es Czerny für nützlich, Kinder ein Musikinstrument erlernen zu lassen, wenn die körperlichen Voraussetzungen dafür gegeben sind. Hochsinger dagegen vermutet, daß im allgemeinen die entsprechende Begabung gar nicht gegeben sei, das Erlernen eines Musikinstruments vielmehr nur eine Variante der von ihm generell kritisierten Tendenz ist, „Wunderkinder" heranzuzüchten. [87]

Als Kuriosum sei erwähnt, daß Hochsinger im Zusammenhang mit der sogenannten „Überbürdungs-Problematik" auch die Frage diskutiert, ob Mädchen höhere Schulen besuchen sollten. Er hält dies für schlecht und lehnt insbesondere den Gymnasialbesuch von Mädchen kategorisch ab. Mädchen seien dadurch sowohl körperlich wie geistig grundsätzlich überfordert und gefährdeten zudem ihr Aufgehen in der natürlichen Bestimmung zur Hausfrau und Mutter. [88]

Trotz aller Unterschiede erscheint die Haltung der Pädiater des frühen 20. Jahrhunderts durch zwei Grundtendenzen charakterisiert: Erstens durch das Bestreben, über dem Interesse an kognitiver Entwicklung nicht die körperliche zu vernachlässigen, die im Prinzip als die vordringliche Aufgabe angesehen wird. Zweitens durch die Angst vor nervöser Überreizung und damit geistiger Überlastung der Kinder, die als häufige Folge zu früher und zu intensiver kognitiver Anregung gilt. Als Konsequenz wird nicht nur eine entsprechende Zurückhaltung der Eltern empfohlen, vielmehr – was problematischer erscheint – dazu aufgefordert, die Kinder möglichst lange in einer reiz-

---

[86] Ebd. S. 213f. Dagegen Czerny (wie Anm. 10) S. 45–48.
[87] Vgl. Czerny (wie Anm. 10) S. 50–57. Dagegen Hochsinger (wie Anm. 28) S. 214, 231–237.
[88] Vgl. Hochsinger (wie Anm. 28) S. 233f.

und d. h. anregungsarmen Umgebung zu halten. Hochsinger äußert z. B. in diesem Zusammenhang die Forderung, Kinder bis weit ins Schulalter hinein von größeren Geselligkeiten, besonders am Abend, fernzuhalten.[89] Um so bedeutsamer werden, folgt man diesen Empfehlungen, die sozialen Erfahrungen, die Kinder innerhalb formaler Organisationen (Kindergarten, Schule usw.) mit Zwangscharakter machen.

4. Zusammenfassung und Folgerungen: Merkmale des Wandels der normativen Sozialisationskonzepte vom späten 18. zum frühen 20. Jahrhundert

In den voranstehenden Kapiteln 2 und 3 wurden Aspekte der Pflegeanleitungen von Pädiatern zweier verschiedener Epochen dargestellt, denen ich sozialisationstheoretische Bedeutung zuschreibe. Im folgenden wird nun der Versuch gemacht, die sozialisationstheoretischen Implikationen unter Bezugnahme auf einschlägige Hypothesen und Ergebnisse der Sozialisationsforschung im Hinblick auf vier verschiedene Gesichtspunkte knapp zu formulieren. Gleichzeitig sollen wichtige Unterschiede in den Sozialisationskonzepten von Pädiatern der Aufklärungszeit gegenüber solchen des frühen 20. Jahrhunderts herausgearbeitet werden. Auf diese Weise lassen sich einige Tendenzen des langfristigen Wandels der Sozialisationskonzepte sichtbar machen. Allerdings handelt es sich bei meinem Vorgehen um einen intertemporalen Vergleich unter Verwendung der komparativ-statischen Methode, d. h. der eigentliche Wandlungsprozeß, seine Ursachen, Formen und Begleiterscheinungen bleiben hier außer acht.

4.1 Sozialisationsziele

Für die Aufklärungs-Pädiatrie ist ein wesentliches Ziel die moralische Entwicklung und Veredelung des Menschen im Spannungsfeld zwischen dem Anspruch auf Vernunftkontrolle und den als Antrieben menschlichen Handelns begriffenen Leidenschaften. In diesem Span-

---

[89] Vgl. ebd. S. 197f.

nungsfeld soll sich das autonome, handlungsstarke Individuum entwickeln,[90] dessen zugleich rationalistisch und religiös bestimmte Moral das praktische Handeln und besonders den Umgang mit den Leidenschaften durchgängig dem Prinzip der Mäßigung unterwirft. Ein weiteres wichtiges Ziel ist es, ein Gleichgewicht zwischen seelischer und körperlicher Entwicklung zu finden.[91]

Das übergeordnete Prinzip des Denkens aufgeklärter Pädiater über angemessene Sozialisation ist, daß alle Pflege und Erziehung dazu beitragen soll, die Natur und die Kindheit wieder in ihre lang verkannten Rechte einzusetzen. Die Sozialisationsziele der Pädiater tragen demnach deutlich den Stempel der Aufklärungsphilosophie. Zugleich stellen sie eine Weiterentwicklung der in die Antike zurückreichenden Tradition diätetischer Erziehung dar.

Demgegenüber erscheint als übergeordnetes Ziel in den Sozialisationskonzepten von Pädiatern des frühen 20. Jahrhunderts das Willens- bzw. Gehorsamstraining. Es soll zur Selbstbeherrschung (Affekt- und Bedürfniskontrolle) befähigen, mit deren Hilfe die beiden wichtigsten Teilziele realisiert werden: Subordination unter Autoritäten und soziale Ein- bzw. Anpassung.[92]

Die Vernunft, von den aufklärerischen Pädiatern zu einer alle Lebensbereiche kontrollierenden und das Leben veredelnden Kraft stilisiert, wird von den Pädiatern des frühen 20. Jahrhunderts auf eine gleichsam technische Intelligenz reduziert. Ihre Bedeutung ist nicht nur den bereits genannten Sozialisationszielen untergeordnet, vielmehr hält man ihre das Verhalten anleitende Kraft für so gering, daß man sein Vertrauen nicht in ihre Entfaltung und Stärkung setzt, sondern in antrainierte Affekte und Verhaltensreflexe, in frühzeitig verinnerlichte Handlungsorientierungen und -normen. *Man kann also den Unterschied von der Aufklärung zur Moderne in der Abwertung der Entfaltung von Vernunftregulation gegenüber einer Domestikation des Willens in Gehorsam sehen.*

---

[90] Hufeland (wie Anm. 12) S. 73.
[91] Ebd. S. 12. In diesem Zusammenhang kritisiert Hufeland einige Elemente des Erziehungskonzepts, wie es Zückert vertritt, weil die körperliche Seite gegenüber der seelischen vernachlässigt würde. Vgl. z. B. Zückert 1765 (wie Anm. 18) S. 203; Hufeland (wie Anm. 12) S. 13f.
[92] Hochsinger (wie Anm. 28) S. 3.

4.2 Konzept des Kindes

Bei den Aufklärungs-Pädiatern enthält die dem Kind angeborene Natur Neigungen, die als gut oder böse qualifiziert werden. Dennoch gilt das Kind als im Prinzip unschuldig. Der kindlichen Natur gegenüber verhält sich der Erzieher wie ein Gärtner: Er läßt die erwünschten Pflanzen wachsen, rottet dagegen die unerwünschten als Unkraut aus. Im übrigen schützt er das Wachsende vor dem Eindringen von außen kommender schädlicher Kräfte.[93] Mit den verbliebenen, zu veredelnden Neigungen (Leidenschaften) soll das Kind dann vernünftig und mäßig umzugehen lernen. Das Kind wird gemäß diesem Denkansatz als ein besonderes Wesen begriffen, das über ein den Erwachsenen nicht ohne weiteres erkennbares und schon gar nicht bereits bekanntes Innen- und Eigenleben verfügt. Dies Eigenleben, die besondere Natur des Kindes, sollen anerkannt und als solche respektiert werden. Der Erzieher ist insofern aufgerufen, sich in die Gefühls- und Vorstellungswelt des Kindes hineinzufühlen, sie zu erforschen und den langsamen kindlichen Entwicklungs- und Lernprozeß mit Behutsamkeit zu steuern.[94]

Die Sozialisationskonzepte von Pädiatern des frühen 20. Jahrhunderts lassen ein Bild des Kindes erkennen, das sich – wie es Eduard Seidler provokant zugespitzt hat[95] – auf zwei Komponenten reduziert: einerseits den Magen-Darm-Trakt, andererseits das Nervensystem. Das Kind wird primär als isoliertes biologisches Wesen begriffen, das zahlreiche körperliche, aber wenige oder gar keine seelischen Eigenschaften auf die Welt mitbringt. Infolge der Orientierung am Modell der experimentell vorgehenden, exakten Naturwissenschaften und entsprechend der fortgeschrittenen Spezialisierung in der Medizin während des späten 19. Jahrhunderts ist die Vorstellung von einem ökologischen Zusammenhang, von einer auch gesundheitlich-medizinisch relevanten Interaktion zwischen dem Einzelwesen und seiner natürlichen und sozialen Umwelt, wie sie die Aufklärungs-Pädiater betonten, weitgehend verlorengegangen. Der Zusammenhang von

---

[93] Zückert 1799 (wie Anm. 18) S. 161. Vgl. zu diesem Komplex auch Seidler 1966 (wie Anm. 2), sowie seinen Beitrag zum vorliegenden Band; Zückert 1765 (wie Anm. 18) S. 213; Raspe (wie Anm. 20) S. 55–59.

[94] Zückert 1799 (wie Anm. 18) S. 163.

[95] Eduard Seidler in einer Diskussion der ursprünglichen Fassung dieses Aufsatzes.

Körper, Seele und Geist ist aufgelöst und wird ersetzt durch die minimalistische Annahme einer Interaktion zwischen allgemein körperlichen und nervösen Prozessen. Antriebe und Bedürfnisse entstehen auf der Grundlage einer angeborenen nervösen Konstitution gemäß dem Reiz-Reaktions-Schema.[96] *Stilisierte die Aufklärungs-Pädiatrie das Kind zur Pflanze und den Erzieher zum Gärtner, erhält der Erzieher in den pädiatrischen Konzepten des frühen 20. Jahrhunderts gegenüber dem kindlichen Organismus und seiner Psyche eher die Rolle des Ingenieurs gegenüber der Maschine zugewiesen.* Bedeutsam ist vor allem, daß die Pädiatrie des frühen 20. Jahrhunderts dem Kind kein erst zu erforschendes Eigenleben zubilligt. Damit entfällt die Notwendigkeit einer zurückhaltenden, explorierenden Begegnungsweise mit dem Kind, die bei praktischen Pflege- und Erziehungshandlungen zu Behutsamkeit und Vorsicht Anlaß geben könnte. Vielmehr birgt das Kind für die modernen Pädiater sozusagen keine Geheimnisse mehr.

4.3 Sozialisationsstile

Aus den Äußerungen und Empfehlungen der Aufklärungs-Pädiater zu den verschiedenen Gegenstandsbereichen des Pflegeprozesses geht hervor, daß der Interaktionsstil zwischen Eltern und Kindern allgemein durch Wärme, Zärtlichkeit, Zuverlässigkeit und Offenheit geprägt sein soll.[97] Es werden ausgesprochen intime, offensichtlich familienbezogene und -spezifische Beziehungen beschworen, in denen die Eltern zu Freunden der Kinder werden und dies nach Möglichkeit auch bleiben sollen. Ausdrücklich wird vor hartem und autoritativem Auftreten der Eltern gewarnt, da dies Liebe und Vertrauen der Kinder zu den Eltern, damit die wichtigste Basis einer angemessenen Erziehung, untergraben würde. Verschiedene Formen aggressiven Verhaltens der Kinder werden z. B. unter dem Oberbegriff des Ärgernisses oder der Bosheit zusammengefaßt. Beide Affekte werden nicht geschätzt, aber die Ursache für ihr Auftreten suchen die Aufklärungs-Pädiater nicht bei den Kindern, sondern im Fehlverhalten der Eltern.[98]

---

[96] Vgl. A. Czerny: Die Pädiatrie meiner Zeit, Berlin 1939, S. 114f.
[97] Vgl. Hufeland (wie Anm. 12) S. 73f.
[98] Zückert 1765 (wie Anm. 18) S. 216, 236f.

Die Forderung lautet deshalb, die Eltern müßten lernen, die Bedürfnisse der Kinder richtig zu deuten, um angemessen, und d. h. zwar nicht unverzüglich, jedoch vor Eintritt einer nennenswerten Frustration des Kindes, reagieren zu können. *Gehorsam bedeutet in diesem Konzept nicht Unterwerfung unter die Autoritäten, sondern Respekt vor Personen, deren Verhältnis zum Kind – im Idealfall – von Liebe, Vertrauen und Vernunft bestimmt ist.*

Der von den Pädiatern des frühen 20. Jahrhunderts gewünschte Sozialisationsstil ist grundsätzlich nicht durch Wärme, Liebe, Vertrauen, Offenheit und Empathie geprägt. Diese Eigenschaften werden von den ausgewerteten Autoren und anderen parallel gelesenen nirgends für notwendig oder zumindest für wünschenswert gehalten. Vielmehr erwähnen sie diese Eigenschaften nur in negativ bewerteten Zusammenhängen, wenn es z. B. um die Kritik des Verwöhnens und des sogenannten Liebkosungswahns geht. *Dominant ist die Forderung nach einer rigiden Durchsetzung abstrakter Erziehungsprinzipien.* Deshalb werden die Pflegeregeln beherrscht von Ausdrücken wie Zweckmäßigkeit, peinliche Reinlichkeit, Pünktlichkeit, Regelmäßigkeit, Ordnung, Gehorsam, Subordination. Ja es wird sogar, z. B. im Zusammenhang mit der Sauberkeitserziehung, nicht nur Festigkeit und Prinzipientreue, sondern „unerbittliche Strenge" gefordert.[99] *Gehorsam ist in diesem Konzept die bedingungslose Subordination unter machtmäßig überlegene Personen.*

Zu Beginn des 20. Jahrhunderts propagieren Pädiater einen Sozialisationsstil, der wie eine angewandte Technologie wirkt und in dem Bedürfnisse des Kindes keine Rolle mehr spielen. Orientierungspunkte für das Verhalten der Erzieher sollen ausschließlich die Empfehlungen der Ärzte sein, die sich wiederum auf die Autorität der Wissenschaft bzw. auf lange Krankenhauserfahrung berufen, um die wesentlichen Sozialisationsziele und die zu ihrer Durchsetzung entwickelten Detailempfehlungen zu legitimieren.

---

[99] Vgl. Hochsinger (wie Anm. 28) S. 146.

4.4 Abgeleitete Sozialisationseffekte: Persönlichkeitsmerkmale

Abschließend soll im folgenden versucht werden, aus den soeben skizzierten Sozialisationsstilen, die als typisch für die hier behandelten Epochen der Pädiatrie-Entwicklung gelten können, auf ihnen zuzuordnende Persönlichkeitsmerkmale zu schließen. Ich stelle dabei den durch mehrere Indikatoren gekennzeichneten Sozialisationsstilen jeweils diejenigen Kombinationen von Persönlichkeitsmerkmalen gegenüber, die aufgrund der Resultate der empirischen Erziehungsstilforschung als Sozialisationseffekte zu erwarten sind.

Geht man von den Ergebnissen der Erziehungsstilforschung aus,[100] die vor allem während der fünfziger und sechziger Jahre aufgrund von Studien in den USA und Westeuropa zusammengetragen wurden, aber Entsprechungen in interkulturell vergleichenden ethnographischen Studien finden, so lassen sich folgende Schlüsse wagen:

1) Soweit der Sozialisationsstil der Eltern durch maßvolle Fürsorge, Wärme und liebevolle Zuwendung zum Kind gekennzeichnet ist, entspricht dem eine kindliche Persönlichkeit, die durch Offenheit, Extraversion, Optimismus und prosoziales Verhalten bestimmt ist.

2) Akzeptanz und Empathie als bestimmenden Elementen des elterlichen Sozialisationsstils entsprechen auf seiten der Kinder typischerweise Autonomie auf der Basis eines ausgeprägten Selbstbewußtseins, soziale Sensibilität und hohe Frustrationstoleranz.

3) Lassen die Eltern die Kinder stärker gewähren (ohne Gleichgültigkeit oder völliges Laissez-faire zu praktizieren) und üben sie nur vorsichtige Kontrolle über den Alltag der Kinder aus (was durchaus Anleitung, Orientierung und Hilfestellung einschließt), so weisen die Kinder besonders häufig Ich-Stärke, Bereitschaft zur Initiative, hohe Leistungsmotivation und eine Tendenz zum Non-Konformismus auf.

Da die eben genannten Erziehungsstilmerkmale im Sozialisationskonzept der „psychologisch-pädagogischen" Aufklärungs-Pädiatrie angelegt sind, kann angenommen werden, daß die Kinder des gehobenen Bürgertums und des gebildeten Adels, die teilweise entsprechenden

---

[100] Vgl. Thomae (wie Anm. 6) S. 804–816.

Erziehungsverhältnissen ausgesetzt waren, einige der als Sozialisationseffekte hypothetisch bestimmten Persönlichkeitsmerkmale ausbildeten. Die zeitgenössischen ärztlichen Pflegeanleitungen hätten demnach im späten 18. und frühen 19. Jahrhundert die Chance gefördert, daß Kinder dieser sozialen Schichten Ich-Stärke, gefestigtes Selbstbewußtsein, Fähigkeit zur Empathie und zu prosozialem Verhalten sowie eine gewisse Autonomie entwickeln konnten. Das trifft um so eher zu, als ja auch die ausdrücklichen Sozialisationsziele der aufklärerischen Ärzte in diese Richtung wiesen.

Andererseits sind mit Blick auf die Merkmale des Sozialisationsstils, der aus den Pflegeanleitungen von Pädiatern des frühen 20. Jahrhunderts abzuleiten ist, die folgenden erwartbaren Zusammenhänge als Interpretationsfolie angemessen:

1) Einem Erziehungsstil, der durch wenig Fürsorge, durch Gleichgültigkeit bis Kälte dem Kind gegenüber und durch ein geringes Maß an Zuwendung gekennzeichnet ist, entsprechen auf der Seite des Kindes häufig Verschlossenheit, Introvertiertheit, Pessimismus und eine Tendenz zu antisozialem Verhalten.

2) Ablehnung und grundsätzlich strafende Haltung mit Schuldzuweisungen von seiten der Eltern bewirken bei den Kindern oft die Ausbildung von Ängstlichkeit und Schuldgefühlen.

3) Strenge bis autoritäre Kontrolle des Kindes durch die Eltern und Rigidität der nicht einsichtig gemachten Verhaltensanforderungen bringen, besonders wenn sie mit einem kühlen emotionalen Klima und einem geringen Maß an Zuwendung innerhalb der sozialisatorischen Interaktion verbunden sind, beim Kind die Ausbildung eines strengen (externalisierten) Über-Ich hervor, eine Tendenz zu konformistischem Verhalten, Anfälligkeit für Vorurteile, eingeschränkte Leistungsfähigkeit und aggressiv-betonte Affekte, besonders gegenüber sozial Schwächeren.

Die zuletzt genannten Merkmale von Erziehungsstilen sind im Sozialisationskonzept der Pädiater des frühen 20. Jahrhunderts angelegt. Es ist deshalb anzunehmen, daß Kinder des mittleren und gehobenen Bürgertums im späten 19. und frühen 20. Jahrhundert, die vermutlich einem solchen Sozialisationskonzept häufig ausgesetzt waren, tendenziell Persönlichkeiten ausbildeten, die durch einen Mangel an Spontaneität, Introvertiertheit, durch eine Neigung zu antisozialem Verhalten, besonders aber durch eine gewisse Ich-Schwäche und das ihr korrespondierende strenge, externalisierte Über-Ich, durch Ängstlichkeit, Schuldgefühle sowie durch eine latente Aggresssionsbereitschaft gegenüber Minderheiten gekennzeichnet waren. Vergegenwärtigt man sich die ausdrücklichen Sozialisationsziele der Pädiater des frühen 20. Jahrhunderts, so wünschten sie wahrscheinlich nicht den durch die genannten Merkmale ausgezeichneten Persönlichkeitstyp. Fatal erscheint indessen, daß die hypothetische Kombination von Persönlichkeitsmerkmalen zumindest diejenigen Charakterzüge einschließt, die von der Vorkriegs-Pädiatrie ausdrücklich als Sozialisationsziele vorgegeben waren. Diese sind andererseits mit einem Persönlichkeitstyp, der dem Aufklärungsmodell entspricht, theoretisch weitgehend unvereinbar.

Obwohl die dargestellten Resultate – Persönlichkeitsmerkmale – problematische Hypothesen darstellen, läßt sich ihnen doch eine heuristische Bedeutung beimessen. Sie können als Herausforderung dienen, um für bestimmte Perioden und soziale Gruppen den Sozialisationsprozeß selbst genauer zu erforschen, besonders die Struktur der sozialisatorischen Interaktion, möglicherweise auch deren Bedingungen und Resultate. Darüber hinaus könnte auch der Erklärungswert der Persönlichkeitstypen geprüft werden, indem man sie als Hypothesen versteht und prüft, wie weit sie dem „Sozialcharakter" des Bildungsbürgertums oder anderer gesellschaftlicher Gruppen in bestimmten historischen Epochen nahekommen. Sollte es gewisse Ähnlichkeiten geben, lieferte meine Studie Hinweise auf Vermittlungsglieder in der Erklärung der Genese derartiger „Sozialcharaktere".

Um noch einmal einen Blick auf die Thesen von Alice Miller zu werfen, die diese ja teilweise mit Material aus ärztlicher Ratgeber-Literatur des hier ausgewerteten Typs zu belegen sucht: Zum einen verkennt sie die großen Veränderungen, die vom späten 18. Jahrhundert bis ins frühe 20. hinein stattgefunden haben. Für sie ist diese ganze lange Periode im wesentlichen durch „schwarze Pädagogik" geprägt. Obwohl gerade der von Miller kritisierte Leitspruch „Du sollst nicht merken" von Hufeland ausdrücklich zur Erziehungsmaxime erhoben wird,[101] ist festzuhalten, daß viele positive Entwicklungen, die Miller in der jüngsten Elterngeneration bemerkt, den Verhaltensempfehlun-

---

[101] Vgl. Hufeland (wie Anm. 12) S. 73f. Dagegen Miller (wie Anm. 32) S. 76–81.

gen entsprechen, die die Aufklärungs-Pädiatrie vertritt. Das ist oben in mehreren Abschnitten detailliert belegt worden. Zum anderen übersieht Miller wichtige Mechanismen, die dazu beigetragen haben, daß die Sozialisationskonzepte, wie sie z. B. die Pädiatrie vertritt, bis zum frühen 20. Jahrhundert teilweise tatsächlich Züge dessen angenommen haben, was als „schwarze Pädagogik" bezeichnet wird. Dies allerdings durchaus in merkbarer Form, d. h. unter Vernachlässigung des oben erwähnten Prinzips, den Zwang zur Affektunterdrückung und zum Bedürfnisverzicht zu verschleiern. Vielmehr wurden diese Anforderungen relativ offen vertreten und sollten den Kindern im späten 19. und frühen 20. Jahrhundert sozusagen handgreiflich nahegebracht werden.

Ich habe dabei allerdings den Eindruck, daß die Sozialisationsnormen der Pädiatrie des frühen 20. Jahrhunderts vielmehr durch die Rezeption naturwissenschaftlicher medizinischer Ergebnisse und Methoden geprägt sind als durch die Wirksamkeit einer „schwarzen Pädagogik", denen die Ärzte als Autoren selbst ausgesetzt gewesen sein mögen. Die Abstraktion vom sozialen Kontext; die bis ins frühe 20. Jahrhundert zunächst einmal vollzogene weitgehende Trennung des Zusammenhangs von Körper und Seele; die Verabsolutierung der ärztlichen Autorität gegenüber dem kindlichen Eigenleben und andere oben herausgearbeitete Merkmale des Sozialisationskonzepts der naturwissenschaftlichen Pädiatrie können insofern vor allem als Resultat innerwissenschaftlicher Entwicklungsprozesse verstanden werden, die im herrschenden Wissenschaftsverständnis als Fortschritt zu gelten haben. Elemente der sogenannten „schwarzen Pädagogik", die auf diese Weise in den Sozialisationskonzepten der Pädiater ausgebildet wurden, dürfen als nicht erkannte soziale Kosten des naturwissenschaftlich geprägten Entwicklungs- und Sozialisierungsprozesses innerhalb der Medizin aufgefaßt werden. Das ist nun sicher auch nur *eine* mögliche Sichtweise, jedoch verweist sie darauf, daß eine angemessene Auswertung ärztlicher Pflegeanleitungen das soziale, wirtschaftliche, ideengeschichtliche und letzten Endes eben auch das wissenschaftliche Umfeld, in dem die entsprechenden Quellen entstanden sind, berücksichtigen müßte. So gesehen, schöpfen auch meine vorgelegten ersten Auswertungen den Informationsgehalt der Quellen im Hinblick auf eine Sozialgeschichte der Sozialisation nur partiell aus.

DIE PÄDAGOGISIERUNG DES KINDER-
UND JUGENDLEBENS IN DEUTSCHLAND
SEIT DEM AUSGEHENDEN 18. JAHRHUNDERT

ULRICH HERRMANN

1. Unterschiede im Umgang mit Kindern –
Anekdoten aus dem Alltag

Was ich im Rahmen von interkulturell-, historisch- und interdisziplinär-vergleichenden Darstellungen und Analysen zum Thema „Sozialisation des Kindes" mit meinem Beitrag zur Pädagogisierung des Kinder- und Jugendlebens zu zeigen beabsichtigte, kann ich vorab an einem eher anekdotischen Befund illustrieren. Mitte September des Jahres 1982 war in den Tageszeitungen folgende Notiz zu finden: „Prinz William, Sohn des britischen Thronfolgers Charles und [der] Prinzessin Diana, wird schon im nächsten Jahr auf große Fahrt gehen. Der jüngste Sproß der Familie Windsor wird im Gegensatz zu bisherigen Gepflogenheiten am Hofe auf eine Tour des Thronfolgerpaares nach Australien, Neuseeland und Kanada mitgenommen. Nach einem Bericht des Massenblattes ‚Sun' vom Montag setzte sich damit die eigenwillige Prinzessin gegen Königin Elizabeth II. durch, die dem Enkel nach alter Tradition die anstrengende Reise nicht zumuten wollte. Nach Angaben der ‚Sun' soll Diana jedoch gedroht haben, zu Hause zu bleiben, falls Prinz William die Reise nicht mitmachen dürfe. Die Reiseplaner des Buckingham-Palastes müssen nun die Routen der wochenlangen Tour neu gestalten, um der Prinzenfamilie und vor allem dem Baby Ruhepausen gönnen zu können." [1]

Die „bisherigen Gepflogenheiten am Hofe", die „alte Tradition", der Wille der Königin (als Großmutter und Schwiegermutter) – alles scheitert offenbar an den Vorstellungen und Überzeugungen der Mutter des „königlichen Säuglings": die künftige englische Königin ist gelernte Kindergärtnerin und verfügt über Erfahrung im alltäglichen

---

[1] Hier zitiert aus der Stuttgarter Zeitung (14. September 1982).

Umgang mit kleinen Kindern. Sie denkt – so kann man getrost unterstellen oder sollte es zumindest, wenn man das Wohlergehen ihres Kindes im Auge hat! – anscheinend an die möglichen (entwicklungs- und tiefenpsychologischen) Probleme (und möglichen Folgen) einer mehrwöchigen Trennung des Kindes von Vater und Mutter. Welche Mutter möchte es schon, daß in den ersten sensiblen Phasen von Prägung und des Aufbaus von emotionalen Beziehungen eine andere Person als sie selber die erste sogenannte „Bezugsperson" ist? Wieso soll oder muß sie ihre Mutterpflichten, die ihr eben offenbar *nicht* lästige sind, für einige Zeit hintansetzen, wenn sie als Repräsentantin Ihrer Majestät und des Königshauses auf Reisen ist? Sie verlangt also das Normalste von der Welt – was man in ihrem Fall jedoch als „eigenwillig" empfindet –: daß man auf ihr Kind Rücksicht nimmt, weil und wenn sie es mitnimmt, daß dann nicht „nur" die Gemahlin des Thronfolgers unterwegs ist, sondern eine junge Mutter mit einem Säugling. Kurzum: „Staatsbesuchsplanung vom Kinde aus". Ellen Key wäre entzückt.

Meines Erachtens zeigt diese Zeitungsnotiz auf eine treffende Weise unterschiedliche Auffassungen von der Rolle der Frau und unterschiedliche Definitionen von „kindgemäß" sowie einen Wandel im Verhalten dem Kind gegenüber, der von im weiteren Sinne pädagogischem Wissen mitbestimmt und mitbewirkt erscheint: Einerseits die eher traditionelle Rollenauffassung der Frau als Begleiterin ihres Mannes, besonders wenn dieser von Rang und Stand ist; sie hat sich nach seinen Verpflichtungen bei Staatsbesuchen zu richten – also bleibt das dabei eher hinderliche Kind zu Hause. Eine Flugreise über mehrere Zeitzonen hinweg in ein anderes Klima ist schon für Erwachsene anstrengend und mit Anpassungs- und Umstellungsschwierigkeiten verbunden, erst recht für ein kleines Kind – also bleibt es doch besser zu Hause, wo es seinen gewohnten Rhythmus bei seinem vertrauten Kinderfräulein hat und die Abwesenheit von Mutter und Vater schon „irgendwie" verkraften wird. Schließlich – wie man für gewöhnlich sagt – „hat" das Kind doch auch gar nichts von der Reise außer vermutlichen Unbequemlichkeiten: das Fliegen möchte ihm unheimlich und angsteinflößend sein; die australische Wüste, die malerischen Tätowierungen der neuseeländischen Maories, kanadischer Ahornsirup oder das Brausen der Niagara-Fälle – was „hat" ein kaum einjähriges Kind davon? Bekanntlich gar nichts. – Andererseits die vermutlichen Überlegungen der Mutter: *ihre* Unruhe, wenn ihr Kind in der Zeit mehrwöchiger Abwesenheit in anderen Kontinenten erkrankt; die Unruhe *des Kindes* wenn es, Trost und Geborgenheit suchend, den gewohnten Körperkontakt entbehren muß; wenn es plötzlich vertraute Stimmen nicht mehr vernimmt, die ihm bisher Wohlbefinden und Hilfe signalisierten? Natürlich „hat" das Baby nichts von einer Weltreise, über eine solche alberne Feststellung ist kein Wort zu verlieren. Aber was „hat" es davon, eine unbegreifliche Trennung verkraften zu müssen? Und wie wird ihm das gelingen? Also sagt die Mutter: „Wir reisen nur gemeinsam – oder gar nicht!"

Der Wandel und die Unterschiede im Umgang mit dem Kind werden bereits an zwei Berichten aus der Mitte des 18. Jahrhunderts deutlich (wobei ich hier nicht im einzelnen ausführen möchte, daß es sich das eine Mal um das eher traditionale Verhalten einer adligen Familie in Frankreich und das andere Mal um das eher ‚fortschrittliche' Verhalten einer Mutter in einer bürgerlichen Familie in Deutschland handelt).

Talleyrand, 1754 geboren, erzählt in seinen „Memoiren", daß er bis zum vierten Lebensjahr in einen Vorort von Paris (wohl zu einer Amme, U. H.) und dann für mehrere Jahre zu einem Verwandten in der Provinz abgeschoben worden war. Eines schönen Tages kam ein alter Kammerdiener und holte ihn nach Paris zurück – aber nur, um ihn direkt im Collège d'Harcourt abzuliefern: „ohne mich vorher zu meinem Vater und zu meiner Mutter gebracht zu haben. Ich war acht Jahre alt, und das väterliche Auge hatte mich noch nicht gesehen."[2]

„Unglücklicherweise hatte man noch die Erziehungsmaxime, den Kindern frühzeitig alle Furcht vor dem Ahnungsvollen und Unsichtbaren zu benehmen und sie an das Schauderhafte zu gewöhnen. Wir Kinder sollten daher allein schlafen, und wenn uns dieses unmöglich fiel, und wir uns sacht aus den Betten hervormachten und die Gesellschaft der Bedienten und Mägde suchten, so stellte sich, in umgewandtem Schlafrock und also für uns verkleidet genug, der Vater in den Weg und schreckte uns in unsere Ruhestätte zurück. Die daraus entspringende üble Wirkung denkt sich jedermann. Wie soll derjenige die Furcht los werden, den man zwischen ein doppeltes Furchtbares

---

[2] G. Snyders: Die große Wende der Pädagogik. Die Entdeckung des Kindes und die Revolution der Erziehung im 17. und 18. Jahrhundert, Paderborn 1971, S. 166.

einklemmt? Meine Mutter, stets heiter und froh, und andern das gleiche gönnend, erfand eine bessere pädagogische Auskunft. Sie wußte ihren Zweck durch Belohnungen zu erreichen. Es war die Zeit der Kirschen, deren reichlichen Genuß sie uns jeden Morgen versprach, wenn wir nachts die Furcht überwunden hätten. Es gelang, und beide Teile waren zufrieden."[3]

Die unterschiedlichen Lebens- und Sozialisationsbedingungen des kleinen Talleyrand und des kleinen Goethe liegen auf der Hand: der eine den „Bedienten und Mägden" geradezu überantwortet und ausgeliefert (auch weil er körperlich behindert war), der andere von ihnen – jedenfalls in der beschriebenen Situation – bewußt ferngehalten; der eine kennt Vater und Mutter gar nicht, ja hat sie nicht einmal gesehen, der andere erinnert sich mit Zustimmung und Zufriedenheit, wie seine Mutter ihm „aus der Klemme" half: Sie „erfand eine bessere pädagogische Auskunft" zur Behebung und psychischen Bewältigung seiner mißlichen Lage, wenn er und seine Geschwister sich nachts ängstigten und ihnen trotzdem das elterliche Schlafgemach als Zufluchtstätte verschlossen blieb (was es heute in der Regel längst nicht mehr so ist).

Es genügt ein Blick in (Auto-)Biographien und aktuelle Zeitungsberichte – besonders aus den Gerichtssälen, wenn Kindesmißhandlung oder -tötung verhandelt wird –, um sich die ungeheure Spannbreite der Thematik „Sozialisation des Kindes" vor Augen zu führen. „Des" Kindes?

„Das Kind" gibt es gar nicht; es gibt mißhandelte oder geliebte Kinder, unterdrückte oder geförderte Schüler, aufgeweckte oder stille, vordrängelnde oder zurückhaltende, kontaktfreudige oder kontaktarme, gesunde und kranke, auffällige und unauffällige („normale") Kinder, oder genauer: Jungen oder Mädchen. „Das Kind" ist eine Abstraktion vom lebendigen Individuum. Es ist daher aussichtslos, einen Überblick geben zu wollen über „die" Sozialisations- und Lebensbedingungen „der" Kinder und Heranwachsenden. Es scheint mir auch untunlich zu sein, hier noch einmal in gedrängter Form unterschiedliche „Kinderwelten" vorzutragen: Kinder auf dem Lande in der bäuerlichen Familie, Kinder in der städtischen proletarischen

---

[3] J. W. v. Goethe: Aus meinem Leben. Dichtung und Wahrheit, I. Teil, 1. Buch, Hamburger Ausgabe Bd. IX, S. 13 f.

oder Mittelschichtfamilie, Kinder in der Schule, in der Fabrik, in der Gleichaltrigengruppe usw.[4] Und zwar nicht nur deswegen, weil dazu hier nicht der nötige Raum gegeben ist, sondern weil vielen Darstellungen und Quellensammlungen – besonders den meist unbrauchbaren Sammlungen von Bruchstücken aus (Auto-)Biographien und anderen Überlieferungen, aus denen man *Beliebiges* zusammenmontieren kann! – der Mangel anhaftet, über die Repräsentativität ihres Materials und ihrer Einzelfallbeispiele keine Angaben zu machen. Widerfuhr diese Art der Behandlung durch die Eltern, wie es Talleyrand berichtet, „normalerweise" männlichen adligen Kindern und Heranwachsenden? Ist der pädagogische Mutterwitz von Frau Rath Goethe in dieser Zeit und in dieser Form ungewöhnlich, oder darf man ihn bei einer gebildeten Frau des deutschen städtischen Bürgertums im ausgehenden 18. Jahrhundert als „nicht gewöhnlich" voraussetzen? Diese Fragen lassen sich auch nicht durch das Aufhäufen von ein paar Dutzend Zeugnissen beantworten, dazu bedarf es vielmehr eines „Rahmens" grundlegender Aussagen über pädagogischen Umgang und pädagogische Mentalitäten, der den „Mosaiksteinen" ihren sinnvollen Platz anweist.

Ich werde also einige Grundstrukturen des Kinder- und Jugendlebens herausstellen, wie sie sich in der geschichtlichen Entwicklung der letzten 200 Jahre und unter aktuellen Bedingungen unserer Gegenwart ergeben haben. Dabei umreiße ich lediglich die – wenn ich mich so ausdrücken darf – „institutionelle Verfaßtheit" des Kinder- und Jugendlebens und gehe auf pädagogisches Alltagswissen, wie es Frau Rath Goethe erfolgreich anwandte, sowie auf „professionelles" Wissen, wie es in Ratgebern und Lehrbüchern versammelt und von professionellen Erziehern und Lehrern angewandt wird, nicht ein. Abschließend frage ich nach den *Folgen* der aufklärerischen These, daß *nur* – sagen wir vorsichtiger: *vor allem* – Erziehung und Unterricht Voraussetzung der Verbesserung menschlicher Lebensverhältnisse sei.

---

[4] Quelleneditionen und Literatur dazu sind erschlossen bei U. Herrmann, S. Renftle und L. Roth (Hrsg.): Bibliographie zur Geschichte der Kindheit, Jugend und Familie, München 1980. – Eine auswertende Zusammenfassung der neueren Forschungen zur Sozialisation des Kindes (vom 18.–20. Jh.), vornehmlich unter familiengeschichtlicher Perspektive, bietet H. Rosenbaum: Formen der Familie, Frankfurt a. M. 1982.

Könnte es zutreffend sein, wie Siegfried Bernfeld im „Sisyphos"[5] kritisch anfragte: „Die Möglichkeit zeigt sich an: die Pädagogik verhindert vielleicht die Zukunft, die sie verspricht."

2. Umrisse einer Strukturgeschichte der Pädagogisierung des Kinder- und Jugendlebens

Meine Skizze muß unvermeidlich typisieren, holzschnittartig kontrastieren, auf die Detaillierungen der Ideen- und Theorietraditionen, der Sozial- und Institutionengeschichte weitestgehend verzichten. Es geht hier um die *Grundstrukturen* dieses Pädagogisierungsprozesses, begrenzt auf Deutschland.[6]

Was ohnehin geläufig ist, stelle ich deshalb lapidar an den Anfang: Verstädterung, Binnenwanderungen und soziale Mobilisierung, Industrialisierung und Bürokratisierung, die Durchsetzung einer auf Lernen und Rationalität, Leistung und Effizienz gegründeten technischen Zivilisation, Kapitalismus und Sozialstaat, die Transformation der Stände- in eine Schichten- und Klassengesellschaft, neue Kommunikations- und Verkehrsformen, neue kulturelle Leitbilder und symbolische Weltorientierungen und -deutungen – all dies hat die menschliche Lebenswelt in allen ihren Bereichen grundlegend verändert. Dementsprechend haben sich die Bedingungen und Möglichkeiten, Formen und Normen des Aufwachsens und Lernens bei der nachwachsenden Generation geändert. In der Abfolge der Generationen sind die Sozialisationsfelder und Lebenserfahrungen, Lebensmöglichkeiten und -entwürfe der jüngeren Menschen nicht mehr identisch mit denen der älteren. Dieser Wandel vollzog und vollzieht sich in den verschiedenen Lebensbereichen – Stadt und Land –, bei den verschiedenen

---

[5] S. Bernfeld: Sisyphos oder die Grenzen der Erziehung (1925, ²1927), Nachdruck Frankfurt a. M. 1967, S. 11.

[6] Die von mir im Folgenden skizzierten Sachverhalte und ihre Konsequenzen lassen sich – mit unterschiedlichen zeitlichen Versetzungen und mit unterschiedlichen nationalen/ kulturellen Merkmalen und Ausprägungen – im gesamten europäisch-amerikanischen Kulturkreis zeigen. Deutschland gilt uns deswegen als exemplarisch, weil es bei diesem Pädagogisierungsprozeß eine Vorreiterrolle einnimmt, an der sich die Nachbarnationen vielfach orientieren: vom Kindergarten bis zur Universitätsexpansion.

gesellschaftlichen Schichten und Gruppen – Landwirte, Industriear-beiterschaft, Gewerbetreibende, Beamte, „Intelligenz" – mit unter-schiedlicher Geschwindigkeit und mit unterschiedlichen Folgen. Aber „im Normalfall" lebt heute niemand mehr sein Leben so, selbst wenn er sich vom elterlichen Lebenskreis nicht weit entfernt hat, wie man noch vor 50 oder 100 Jahren gelebt hat; man denke nur an die tiefen Eingriffe in die Organisation unseres Alltagslebens durch technisierte Verkehrsmittel und Arbeitsgeräte, durch die Massenmedien usw. – Ich führe das nicht weiter aus, sondern wende mich den *strukturellen* Veränderungen der Erziehungs- und Sozialisationsfelder der Kinder und Jugendlichen, den Institutionen ihrer Bildung und Ausbildung zu.

Die hervorstechendste Änderung im Leben der Kinder in den letzten zweihundert Jahren ist die zunehmende und schließlich *alle* Kinder erfassende *Verschulung*. War im 18. Jahrhundert der Besuch einer Schule auf dem Lande in der Regel auf die Winterzeit und ein paar Jahre, in der Regel zwei oder drei, beschränkt und auch in den Städten als geregelte, umfassende, solide Schulbildung nur den Kindern einer wohlhabenden bürgerlichen Oberschicht oder armen, aber begabten Stipendiaten zugänglich, so ist heute das Gegenteil der Fall: *Jeder* deutsche Staatsbürger ist *durch Gesetz* verpflichtet, seiner achtjährigen Schulbesuchspflicht nachzukommen. Was seit der Mitte des 18. Jahr-hunderts immer wieder gefordert worden war, wurde 150 Jahre später in der Weimarer Verfassung von 1919 festgeschrieben: die „minde-stens" achtjährige Schulpflicht. Aber hier wurde nicht nur eine Verfassungsnorm verkündet; auf der Grundlage der ungeheuren An-strengungen beim Ausbau des allgemeinen Schulwesens im Kaiserreich war das Verfassungsgebot rasch zu verwirklichen. Bemerkenswert dabei ist, daß im 18. Jahrhundert die Pflicht der *Eltern* festgehalten wurde, ihre Kinder zur Schule zu *schicken* (z. B. im Allgemeinen Landrecht von 1794, Teil II, Titel 12, §§ 43–46), während seit dem ausgehenden 19. Jahrhundert und mit der Festlegung einer „allgemei-nen Schulpflicht" von „mindestens acht Jahren" (Weimarer Verfas-sung, Art. 145) für die Kinder eine Schul*besuch*pflicht eingeführt wird. Fazit: Alle Kinder gehen mindestens acht Jahre zur Schule, die ersten vier Jahre allesamt in die für Kinder *aller* Schichten, Gruppen und Konfessionen *gemeinsame* Grundschule; die privaten „Vorschu-len [zur Vorbereitung auf weiterführende Schulen] bleiben aufgeho-ben" (Grundgesetz der Bundesrepublik Deutschland, Art. 7, Abs. 6).

Für diese (in ihrer heutigen Entwicklungsstufe) *ausnahmslose* Erfassung von Kindern und ihre Verwandlung in Schüler gab es höchst unterschiedliche Motive und Intentionen: die Vermittlung der elementaren Kulturtechniken (Lesen, Schreiben, Rechnen); die Einführung in die grundlegenden christlichen Glaubenslehren (Katechismus-Unterricht in der Schule neben dem kirchlichen Konfirmanden-Unterricht, der zur Aufnahme in die geistliche Gemeinde führte); Kontrolle der Kinder, die sonst in Gassen und Straßen herumstreunen, betteln, Unfug treiben und ihre Anleitung zu nützlicher Tätigkeit (das Konzept der Industrieschule); die Bewahrung vor zerrüttender körperlicher Arbeit im Kindesalter (die Polemik gegen die Kinderarbeit); die Schaffung eines Freiraums für Lernen und Reifen (das Argument der Pädagogen und Lehrer); die Sicherstellung körperlicher gesunder und kräftiger Rekruten (so die mahnenden Hinweise der Inspektoren des preußischen Heeres); die Einübung in vaterländische Gesinnung oder staatsbürgerliche Bildung (was nicht immer scharf zu trennen ist); und heute schließlich das Motiv von Eltern, die nicht mehr auf einen Beitrag ihrer Kinder zum materiellen Familienlebensunterhalt angewiesen sind, den Kindern und Heranwachsenden durch vermehrte und verbesserte Schul- und Berufs(aus)bildung optimale Startchancen beim Übergang ins Berufsleben und bei der Zuteilung ihres künftigen sozialen Status zu gewähren. – Dies ist ungefähr das Ensemble der pädagogischen und soziologischen Argumente für die Einrichtung und Ausbreitung des Schulwesens und bei der Bestimmung der vielfältigen Funktionen von Schule.[7]

Damit geht zugleich eine Reihe anderer Strukturveränderungen einher: neben das (primäre) Sozialisationsfeld „Familie" treten sekundär Kindergarten bzw. Vorschule und Schule; neben die Lebenspläne der Eltern für ihre Kinder tritt die Entscheidungsinstanz des Lehrers, der über Begabung und Schulerfolg zu befinden hat; neben die Trennung von Familienleben und Arbeitswelt tritt für die gesamte junge Generation ein dritter Lern- und Lebensbereich – eben die

---

[7] Leider liegt – trotz einer Fülle von Einzelstudien zu allen genannten Aspekten – noch keine Sozialgeschichte des Erziehungs- und Bildungswesens vor, die Schulbesuch und Unterricht sowie die Differenzierung des allgemeinen und beruflichen Bildungswesens unter dem Aspekt der soziokulturellen und politisch-ökonomischen „Intentionen und Folgelasten des Verschulungs"-(Pädagogisierungs-)Prozesses behandelt.

Schule –, der auf der einen Seite im Verhältnis zum Elternhaus Konflikte bergen kann (abweichende Erziehungsstile, unterschiedliche Bildungserwartungen, Schulversagen, „unangepaßtes Schülerverhalten" usw.) und der auf der anderen Seite nicht in klare Berufsorientierungen, -entscheidungen und -vorbereitungen führt. Dies wird, prinzipiell gesehen, dadurch verschärft, daß der Schule ein *Erziehungsauftrag* neben ihren Unterrichts- und Ausbildungsaufgaben zugemutet wird, von dem im Konfliktfall meist nicht klar ist, wie er wahrgenommen werden soll; daß in der Schule ein Lehrpersonal tätig, das – historisch gesehen – eher an der fachlichen Professionalisierung interessiert war (und noch ist) und weniger an der pädagogischen Durchbildung des Schullebens (von den wenigen reformpädagogischen Ausnahmen einmal abgesehen) bzw. der Öffnung der Schule ins Alltagsleben und in die Berufswelt. So wurde die Schule weitgehend ein Auslesesystem, das Berechtigungen vergibt, und in dieser Hinsicht treffen sich die Erwartungen der meisten Eltern – für ihre Kinder soziale Sicherung oder sozialen Aufstieg mit Hilfe schulischer Berechtigungen zu erreichen – und das professionelle Selbstverständnis vieler Lehrer (und auf den weiterführenden Schulen fast aller), Auslese und Berechtigungsvergabe an Kriterien und Maßstäbe zu binden, die nur *innerhalb* der Institution „Schule" Geltung haben. Wird dann noch Art und Ausmaß schulischer Lerninhalte und Leistungsanforderungen von der Lehrerschaft an den Maßstäben der Wissenschaftsentwicklung ihrer ‚Herkunftswissenschaften‘ gemessen – d. h. wenn sich der Mathematiklehrer als Mathematiker, der Deutschlehrer als Germanist versteht –, dann wird die Trennung von Unterrichtszweck und Bildungssinn der Schule noch einmal verschärft und von den Schülern, aber auch zum Teil von den Eltern, so empfunden. Schulmüdigkeit, Aufsässigkeit, sogenannte „Disziplinlosigkeit", Gewalttätigkeit, Sachbeschädigung, Alkoholismus und Drogenmißbrauch sind dann die allenthalben greifbaren Symptome einer hilflosen Reaktion auf eine sogenannte „Sozialisationsagentur", der man nicht entrinnen kann, der man aber auch keinen Sinn abgewinnen kann, weil sie selber zur Sinnstiftung, Sinnvermittlung, Erweckung von Bildungserfahrungen häufig oder größtenteils unfähig ist.[8]

---

[8] Hier ist ein ähnliches Defizit in der Sozialisationsforschung festzustellen: Wir verfügen über eine Masse von Einzeluntersuchungen zu einzelnen Aspekten bestimmter

Strukturell gesehen sind diese (und andere) Probleme des Sozialisationsfeldes „Schule" und der institutionellen Verfaßtheit des Kinder- und Jugendlebens als „Schüler-sein" durch vier hauptsächliche Merkmale gekennzeichnet:

1) die Trennung von Lernen und praktischer, in irgendeinem Sinne „produktiver" Arbeit, von Erfüllung abstrakter Normen und lebenspraktischer Bewährung;

2) die Schule als Instanz „sekundärer" Sozialisation, die als „pädagogische Provinz" meist nur Erfahrung „aus zweiter Hand" zur Verfügung stellen kann;

3) die soziale Funktions- und Ortlosigkeit der Kinder und Jugendlichen, die die Schule zum aufbewahrenden Lernort des „Lernens für später", „auf Vorrat" sozusagen, macht und von der die Schüler sich großenteils emotional „abkoppeln", weil ihnen eine Institution, die keinen Lebenssinn vermittelt oder erschließt, selber „sinnlos" erscheinen muß;

4) unübersehbar sind seit 100 Jahren die Tendenzen und Strategien der zunehmenden Organisierung und Fremdbestimmung des Freizeitlebens von Heranwachsenden nicht durch diese selbst, sondern durch die Erwachsenen, durch öffentliche und private „Träger"; das reicht vom kommunalen Jugendhaus bis zum kommerziellen Jugendtourismus, von den Boy Scouts bis zum Deutsch-Französischen Jugendwerk.

Ich möchte diese vier Gesichtspunkte kurz erläutern.

Zu 1). Früher *durften* Kinder lernen, jetzt *müssen* sie es; früher

---

Sozialisationsfelder (bzw. -prozesse), in resümierender Form zugänglich gemacht bei K. Hurrelmann und D. Ulich (Hrsg.): Handbuch der Sozialisationsforschung, Weinheim/Basel 1980. Aber was fehlt, sind Untersuchungen von Sozialisationsproblemen und -prozessen, die sich am *Schnittpunkt* von verschiedenen Sozialisations-„Agenturen" abspielen (Familie – Schule, Schule – Freizeit/*peer group* usw.). Und was vor allem fehlt, sind Untersuchungen, die der *Bedeutung* und der *Wirkung* von „normalen" und konfliktreichen Sozialisationserfahrungen nachgehen, und zwar im Hinblick sowohl auf die Konstituierung und Entwicklung des individuellen Ichbewußtseins als auch auf die Übernahme generationentypischer kollektiver Mentalitäten und schließlich im Hinblick auf die sich daraus ergebenden Konsequenzen für die individuelle Lebensgestaltung sowie für die Art und Weise der Übernahme und Ausformung sozialer Rollen. Einstweilen bildet eine arbeitsteilige Sozialisationsforschung lediglich das „segmentierte" Sozialisationsfeld ab, weil sie sich noch kaum auf Lebenslaufforschung und -kasuistik eingelassen hat.

mußten sie arbeiten, jetzt dürfen sie es *nicht* mehr. Was als Chance und Schutz eingerichtet worden war, zeitigt nun fatale Folgen: In Lebensabschnitten, wo tätiger Sinn sich regt, Bewegungsdrang entäußert werden muß, wo das Tun aufs Praktische, Handwerkliche, aufs Konstruktive und Phantasievolle geht, aufs Kreative und Neugier Befriedigende, da werden Kinder in Schulstuben eingesperrt, ans Stillsitzen gewöhnt, an Aufmerksamkeit für Dinge, von denen sie gar nichts wissen wollen. Wo junge Heranwachsende es schätzen, in kleinen Pflichten erfolgreich sich zu bewähren, in lebenspraktischen Dingen sich zu erproben, sinnreiche und nützliche Dinge herzustellen – denn dadurch steigt man in der Achtung der Erwachsenen, denen man es auf eigene Weise gleichtun will! –, in dieser Zeit nimmt der Schulunterricht seinen Gang zunehmend „über den Kopf". Musisches, Handwerklich-Praktisches und Kreatives tritt in der Schule zurück, wird nach außen verlagert, die ganzheitliche menschliche Bildung von Kopf, Herz und Hand verkümmert.

Zu 2). In die Erfahrungs- und Lernwelt der Schule und des Unterrichts reichen die Dinge der alltäglichen Erfahrung meist nicht hinein und die darüber hinausweisenden Dinge meist nur in Formen ihrer „medialen" Repräsentation und didaktisch-methodischen Zurüstung. Die Maximen der „Verwissenschaftlichung des Lernens" und des „Lernen des Lernens" haben zum Beispiel in der Grundschule außer Gebrauch gebracht: den Schulgarten und seine Pflege; die Heimatkunde und das Wandern; das eigene Erkunden der Umwelt und seine Dokumentation; Fahrten und Besichtigungen sind die Ausnahme vom „anderen" Schulalltag. Abhanden gekommen ist weithin der Sinn des Übens, die Erfahrung von Entlastung durch Routinisierung, von Befriedigung durch selber Gestaltetes. Die höheren Klassen der weiterführenden Schulen plagen den Geist des Schülers mit wissenschaftsorientiertem „Stoff", der diesem Geist häufig genug unbekömmlich ist, so daß er sein Interesse verlagert. Denn zugleich ist im Lehrplan in aller Regel nicht „kanonisiert", was die Heranwachsenden „eigentlich" interessiert: Werken und Technik; wie Geräte und Maschinen funktionieren, wie man das Mofa repariert; wie man eine Gruppenfahrt arrangiert, um Neues kennenzulernen; wie man seinen persönlichen Geschmack bilden kann.

Die Schule wurde nicht „Jugendschule", erfüllter, bereichernder Lebensraum der Heranwachsenden, wie es die Reformpädagogik schon vor 60 Jahren vorschlug, sondern sie blieb im wesentlichen „Unterrichts*anstalt*". Demzufolge spielt sich das „eigentliche", als wichtig verstandene Leben der Heranwachsenden außerhalb ihrer Mauern und Höfe ab, auch außerhalb der Familie, nämlich in den Grüppchen und Cliquen, im Verein, im Jugendhaus, in den Ferien an fernen Gestaden.

Zu 3). Kinder und junge Heranwachsende werden hierzulande heute in der Regel nicht mehr benötigt, um zum materiellen Familienunterhalt etwas beizutragen, und Kinder- und Jugendschutzgesetze „schützen" sie davor. Aber auch sonst haben sie wenig Chancen, produktiv etwas zum Leben der Familie oder der Nachbarschaft beizutragen. Die üblichen Tätigkeitsfelder in Haus, Hof und Garten sind den wenigsten Kindern und Heranwachsenden erhalten geblieben. (Die Tatsache, daß in der Bundesrepublik gleichwohl viele zehntausend Kinder in kleinen bäuerlichen, Handels- und Gewerbebetrieben regelmäßiger Arbeit nachgehen müssen, zeigt als „Ausnahme" eher, daß die Regel anders ist!) Sie sitzen vielmehr in den Zimmerchen ihrer Etagenwohnung, wenn's hochkommt mit einem Meerschweinchen und einem Aquarium, mit Regalen voller technischem und sonstigem „pädagogischen" Spielzeug, mit „kindgemäßer" Lektüre und der Kinderstunde im Fernsehen wohl versehen. Dies ist – soziologisch gesehen – die Funktions- und soziale Ortlosigkeit der Kinder und jungen Heranwachsenden; man braucht sie eigentlich gar nicht; zum Glück sind sie zumindest als Absatzmarkt für eigene Kleidung, Möbel usw. entdeckt worden. – In der Schule sieht es nicht viel anders aus, wie angedeutet. Auch dort hat kaum etwas unmittelbaren lebenspraktischen, produktiven Sinn und Bezug. Gelebt und gelernt wird „für später", Kindheit und Jugend sind ein „Moratorium" geworden.[9] So machen denn die Heranwachsenden heute mehr und mehr ernst mit der pädagogischen Maxime von Schleiermacher, jede Lebenssituation und Lebensstufe müsse ihren Sinn immer auch *in sich selber* tragen,[10] ihn selber verwirklichen, dürfe nicht nur über sich

---

[9] So denken die pädagogischen Schriftsteller des späten 18. Jahrhunderts schon, wenn sie die Vorbereitung des jungen Bürgers für sein späteres Leben im Auge haben, z. B. J. H. Campe. Jugendforscher und -schriftsteller wie Muchow und Spranger haben dann daraus eine übergeschichtliche Konstante im neuzeitlichen Jugendkonzept gemacht, ohne zu bemerken, daß es sich um ein spezifisch *bürgerliches* Konzept handelte.
[10] Im „Allgemeinen Teil" seiner Pädagogischen Vorlesungen von 1826, zuletzt von

hinausweisen aufs Erwachsenwerden und das Erwachsenenalter: Die jungen Leute bauen oder phantasieren sich eine eigene Lebenswelt, entwickeln von sich selber und ihrer Zukunft häufig nur trübe oder triste Vorstellungen, sie suchen, wenn „Sinn" ohne weiteres nicht zu haben ist, wenigstens „Wärme".

Zu 4). Neben der Verschulung des Lebensalltags der jungen Leute sei auf einen weiteren wichtigen Bereich der institutionellen Überformung und Pädagogisierung verwiesen: *das Freizeitleben*. Im 19. Jahrhundert und bis weit ins 20. Jahrhundert hinein war die Freizeitgestaltung der jungen Leute auf dem Lande oder bei den städtischen Unterschichten ihnen mehr oder weniger selber überlassen. Unkontrolliert von den Erwachsenen, bildeten sie eigene Formen selbstorganisierter jugendlicher „Sub"-Kultur aus.[11] In der bürgerlichen Mittel- und Oberschicht war die Freizeit familienbezogen oder jedenfalls, wenn der häusliche Bezirk überschritten wurde, in der Regel streng kontrolliert. Es ist bekannt, wie sich in einer Gegenbewegung der Wandervogel und die Jugendbewegung entwickelte, von Eltern und Lehrern gefördert und eben deshalb auch keine Jugend*protest*-Bewegung. Kirchliche und staatliche Jugendpflege setzte im letzten Drittel des 19. Jahrhunderts ein im „Kampf um die Jugend zwischen Schule und Kaserne".[12] Sie richtete sich auf die „schulentlassene Jugend"

E. Weniger und T. Schulze, in: dies. (Hrsg.): F. D. E. Schleiermacher. Pädagogische Schriften, Bd. 1, Düsseldorf und München 1957.

[11] Auf den wichtigen Bereich des selbstorganisierten Jugendlebens, der Ethnologie und der Volkskunde ein vertrautes Feld, im Rahmen der Jugendkunde (und das heißt modern gesprochen: der Sozialisation im Jugendalter) hat zuerst S. Bernfeld aufmerksam gemacht in seinem Aufsatz: Ein Institut für Psychologie und Soziologie der Jugend (Archiv für Jugendkultur). Entwurf zu einem Programm (1914), in: L. Rosenmayr: Geschichte der Jugendforschung in Österreich 1914–1931, Wien o. J., S. 105–132. – Historische Studien dazu vor allem: 1) *Für den ländlichen Bereich* A. Gestrich: Jugend in Ohmenhausen, 1800–1918. Eine sozialgeschichtliche Studie zum Wandel des Jugendlebens in einem württembergischen Dorf unter dem Einfluß der Industrialisierung, Göttingen 1986. – 2) *Für städtische Unterschichten* J. R. Gillis: Geschichte der Jugend, aus d. Amerikanischen übers. u. hrsg. v. U. Herrmann und L. Roth, Weinheim und Basel 1980. – 3) *Für Gymnasiasten und Studenten* vgl. R. S. Elkar: Jugend im polemischen Zeitalter, Düsseldorf 1979.

[12] So die grundlegende Studie von K. Saul: Der Kampf um die Jugend zwischen Volksschule und Kaserne. Ein Beitrag zur „Jugendpflege" im wilhelminischen Reich 1890–1914, in: Militärgeschichtliche Mitteilungen 9, H. 1 (1971) S. 97–143 (mit Quellenanhang). – Über Jugendkonzepte im 19. Jahrhundert bis zur Weimarer Republik vgl. L. Roth: Die Erfindung des „Jugendlichen". „Jünglinge" und „Jugendliche" in

zwischen dem 14. und 18. Lebensjahr, genauer: die Arbeiterjugend, die von moralischer Verwahrlosung und politischer „Verführung" (durch die Sozialdemokratie) bedroht war. Diese jungen Leute nannte man „Jugendliche" im Unterschied zum „christlichen Jüngling" und zur „christlichen Jungfrau". Für sie gründeten Pfarrer Vereine, der VCJM kam hinzu, nach 1900 die Gründung der Jugendverbände der Parteien und Vereinigungen, schließlich der „Jungdeutschlandbund". Dies waren die Anfänge der staatlichen Jugend*pflege:* ein Mittel der Instrumentalisierung der jungen Generation für die sozialen und politischen Ziele der herrschenden Mächte im Kaiserreich. Hand in Hand ging damit der Aufbau der Jugend*fürsorge* und Jugend*hilfe,* zur Hilfe für kriminelle oder verwahrloste Kinder und Jugendliche, zur Betreuung von Waisen und Pflegekindern, zu ihrem Schutz vor Mißhandlung und Ausbeutung. Die Entwicklung kulminierte in der Jugendgesetzgebung der frühen Weimarer Zeit; § 1 des 1922 erlassenen Gesetzes für Jugendwohlfahrt (JWG) bestimmt (in der noch gültigen Fassung von 1970): „Jedes deutsche Kind hat ein Recht auf Erziehung zur leiblichen, seelischen und gesellschaftlichen Tüchtigkeit." Der Weg führte von der Armenpflege und Wohlfahrtsfürsorge zur Sozialarbeit und Sozialpädagogik, d. h. zur Pädagogisierung eines Tätigkeitsfeldes, das zuvor karitativ-administrativ bzw. kriminal- und medizinalpolitisch definiert war. Der Sinn des Terminus „Sozialpädagogik" wandelte sich von „soziales Lernen" zu „Pädagogik der öffentlichen Ersatzerziehung" und neuerdings gar zu „soziale Therapie". Was die Schule als Unterrichtsanstalt an sozialen Defiziten aufweist oder an Folgeproblemen erzeugt – Verhaltensstörungen, Störungen sozialer Beziehungen usw. –, soll die „Schul*sozial*arbeit" auffangen und lindern. Gleiches gilt für die Auffälligkeiten „der Jugendlichen" durch die pädagogische Arbeit im Jugendhaus. Die Segmentierung der „Sozialisation" im ganzen in verschiedene Felder und Bereiche – Familie, Schule, Freizeit – erfährt hier für eine Teilgruppe innerhalb der jungen Generation *eine weitere Abspaltung* in eine besondere Institutionengruppe – das Jugendamt, das Jugendhaus usw. –, die sich großenteils (sozial-)pädagogisch zu legitimieren versucht und das Jugendleben zu pädagogisieren bestrebt ist, und

---

Deutschland von der Mitte des 18. Jhs. bis zur Weimarer Republik, mit einem Nachwort von U. Herrmann, München 1983.

zwar, wie es den Anschein hat, dies um so mehr, je weniger den *tatsächlichen* Jugendproblemen und ihren Gründen mit pädagogischen Mitteln beizukommen ist; das beste Beispiel dafür ist die derzeitige Jugendarbeitslosigkeit.

Damit ist der Katalog von Problemlagen des Jugendalters keineswegs erschöpft. Der 5. Jugendbericht der Bundesregierung von 1980 hebt vielmehr hervor:

1) „Der grundlegende Gedanke, daß Kindheit und Jugend als Lebensphasen zu betrachten sind, die der Sicherung der Entfaltungsmöglichkeiten des einzelnen dienen sollen, zieht sich wie ein roter Faden durch alle Regierungserklärungen" der Nachkriegszeit ... Jedoch: Unser Gesellschaftssystem löst diesen Anspruch *nicht* (mehr) ein. „Jugend wird... nicht mehr als Bezugsgruppe oder potentieller Träger einer Politik angesprochen, die durch Reformen gesellschaftliche Verhältnisse ändern und verbessern will; Jugend ist vielmehr zum Sozialfall einer Politik geworden, die auf Krisenvermeidung, Abdeckung künftiger Risiken und Bestandswahrung aus ist."[13]

2) Die hohe Zahl von Ausländerkindern und -jugendlichen ohne geregelte Schulbildung, die zunehmende Zahl von Hauptschulabgängern ohne Abschluß, die zunehmende Zahl von Sonderschülern und verhaltensgestörten Heranwachsenden bei gleichzeitigem Rückgang von Ausbildungsmöglichkeiten muß und wird von den Betroffenen als eine massive Bedrohung ihrer Zukunftschancen gesehen; es öffnet sich eine „Schere zwischen Bedürfnissen nach Konsum, Besitz und Geltung einerseits und mangelnder finanzieller Möglichkeit zu ihrer legalen Befriedigung andererseits".[14]

3) „... da eine ökonomisch begründbare und verwertbare Änderung des Bildungswesens nicht mehr aktuell scheint, ist das große Ziel, durch eine Reform des Bildungswesens zur Verbesserung sozialer Gerechtigkeit beizutragen, weitgehend in Vergessenheit geraten." ... „Der Stillstand und das Scheitern von Reformen, die gerade für die junge Generation Bedeutung gehabt haben und dies auch jetzt noch haben, wie etwa die Schulreform, die Berufsbildungsreform

---

[13] Bundestagsdrucksache 8/3685, S. 21 u. 23.
[14] Ebd. S. 27.

oder die Hochschulreform, gelten vielen jungen Menschen als Anzeichen für die beschränkte Entwicklungsfähigkeit unserer Gesellschaft schlechthin."[15]

4) Politische Bildung und Partizipation wird zwar gefordert, ist aber weitgehend Lippenbekenntnis: tatsächlichen Einfluß gewinnen die Jugendlichen bzw. ihre Vertretungen kaum. Darüber hinaus führt das allgemeine politische Klima, gefördert durch den sogenannten Radikalenerlaß und vor allem seine Handhabung, zu politischer Abstinenz.[16]

Fazit: So wie viele junge Leute der Schule „den Laufpaß geben", so hat die Jugendprotest-Bewegung seit dem Ende der sechziger Jahre die früheren jugendsoziologischen Theoreme von Moratorium und Integration und die aktuellen Beschwörungsformeln vom „Generationenvertrag" erledigt und vor allem in der jüngsten Ökologie- und Friedensbewegung gezeigt, daß „die Jugend" sich nicht nur nicht zum *Objekt* von Politik machen läßt, sondern daß sie bereit und in der Lage ist, sich Grundfragen der Gesellschaft und Wirtschaft, der Politik und Technologie zu eigen zu machen und damit genau das zu tun, was herkömmlicherweise die Domäne „der Erwachsenen", der „Etablierten", der Träger von Meinungs- und Willensbildung war. Wir sind mit dem ungewöhnlichen, unerwarteten und insoweit „beunruhigenden" Sachverhalt konfrontiert, daß die junge Generation *sich selbst* zum Anwalt nicht nur ihrer eigenen Zukunft, sondern der der Gesellschaft im ganzen macht. Wie steht es da, um noch einmal Goethes Mutter und die Erinnerungen des berühmten Sohnes zu bemühen, mit den Möglichkeiten „einer besseren pädagogischen Auskunft"? Wo, bei wem und für wen sind überhaupt solche Auskünfte gefragt, wo sind sie nutzlos, überflüssig, hilfreich, erforderlich?

---

[15] Ebd. S. 22 u. 31.
[16] Ebd. S. 23 u. 31.

3. Der pädagogische Grundwiderspruch: Der unaufhebbare Widerspruch zwischen den Intentionen und den Folgen pädagogischer Institutionen

Seit dem letzten Drittel des 18. Jahrhunderts werden Kindheit und mehr noch die Jugendzeit (weil an ihrem Ende die Sexualreife steht) als besonders aufmerksam zu beobachtende und sorgfältig zu gestaltende Lebensphasen von jenen gesellschaftlichen Gruppen im 18. Jahrhundert thematisiert und problematisiert, die die Trägergruppen des kulturellen, ökonomischen und politischen „Fortschritts" sowie der allgemeinen „Aufklärung" waren, im wesentlichen also alle diejenigen, die nicht aufgrund von Herkunft, Stand und Besitz ihren vorgegebenen gesellschaftlichen Status einnahmen, sondern ihn erst durch Bildung und Leistung erreichen mußten oder ihn durch verbesserte Ausbildung bzw. erhöhte Lern- und Anpassungsfähigkeit zu sichern hatten. Lernen und Leistungsbereitschaft, Bildung und Verantwortungssinn, Urteilsfähigkeit, moralische Integrität und Gerechtigkeitssinn, wirtschaftliches Erfolgsstreben und Sparsamkeit in der (persönlichen) Lebensführung als Zukunftssicherung – dies sind die Leitbilder für einen „neuen" Menschen in einer neuen, erst noch zu schaffenden Gesellschaftsordnung.[17] Ihnen entspricht eine *emotionale* Zuwendung zu den eigenen Kindern[18] – das ist die „Botschaft" der Mutter Goethes im Unterschied zum Verhalten der Mutter des jungen Talleyrand. (Zugleich ist das Auftreten von Goethes Vater in der berichteten Szene zu beachten: das vom Kinde bemerkte bzw. lebhaft erinnerte Prinzip des [männlichen] Selbständig-*Machens* der Kinder neben der [mütterlichen] Begleitung und „pädagogischen" Ermunterung des Selbstän-

---

[17] U. Herrmann (Hrsg.): Das Pädagogische Jahrhundert. Volksaufklärung und Erziehung zur Armut im 18. Jahrhundert in Deutschland, Weinheim und Basel 1981. – Ders. (Hrsg.): Die Bildung des Bürgers. Die Formierung der bürgerlichen Gesellschaft und die Gebildeten im 18. Jahrhundert, Weinheim und Basel 1982.
[18] Diesen Prozeß analysierte zum ersten Mal L. L. Schücking: Die Familie im Puritanismus, Leipzig und Berlin 1929; Neuauflage unter dem Titel: Die puritanische Familie in literatursoziologischer Sicht, Bern 1964. – Neuerdings wird hierzu in der Regel Ph. Ariès zitiert: L'enfant et la vie familiale sous l'Ancien Régime, Paris [1]1960, [2]1973; dt. übers. unter dem Titel: Geschichte der Kindheit, München 1975. Die theoretisch und argumentativ bessere Darstellung enthält jedoch das oben (Anm. 2) zitierte Buch von Snyders.

dig-*Werdens* bzw. seiner angstfreien Ermöglichung – die Weiterführung in den Kategorien von Sigmund Freud lasse ich hier aus.)

Mit diesen neuen Leitbildern einer abendländischen „bürgerlichen" Kultur und ihrem spezifischen Verständnis von „Individualität" ist das pädagogische Programm für Kindheit und Jugendalter in der häuslichen bzw. familialen und in der öffentlichen, d. h. schulischen Erziehung und Unterrichtung vorgezeichnet: die *Autonomie des Subjekts* wird vor allem unter dem Gesichtswinkel der *pädagogischen Heteronomie* gesehen: Familie und Schule, Eltern, Erzieher und Lehrer haben seither die Aufgabe, diesen „neuen Menschen" zu „produzieren" bzw. den ‚alten Menschen' „umzuschaffen": ihn nämlich planmäßig zu zivilisieren, zu kultivieren und zu moralisieren.[19] Denn es wäre leichtfertig, die offene und mithin prekäre Zukunft des einzelnen, seiner Gruppe und Schicht, die der Gesellschaft im ganzen, dem Zufall oder der Willkür zu überlassen. Dies erzwingt eine immer ausgedehntere, differenziertere, immer größere Bevölkerungskreise einbeziehende Pädagogisierung und Verschulung des Lebensalltags von Kindern und Jugendlichen. Pädagogik als Praxis und Lehre samt den dazugehörigen Institutionen tritt mit dem Auftrag und mit dem Anspruch auf den Plan, den Übergang der nachwachsenden Generation ins Erwachsenenleben sicherer, planvoller, differenzierter, eben dadurch menschlich sinnvoller und zufriedenstellender zu gestalten: „… denn hinter der Edukation steckt das große Geheimnis der Vollkommenheit [Vervollkommnung] der menschlichen Natur. Von jetzt an kann dieses geschehen. Denn nun erst fängt man an, richtig zu urteilen, und deutlich einzusehen, was eigentlich zu einer guten Erziehung gehöre. Es ist entzückend, sich vorzustellen, daß die menschliche Natur immer besser durch Erziehung werde entwickelt werden, und daß man diese in eine Form bringen kann, die der Menschheit angemessen ist. Dies eröffnet uns den Prospekt zu einem künftigen glücklicheren Menschengeschlechte."[20]

Indem und wie sie dies jedoch ins Werk setzt, *verschärft sie die Trennung* von Kinder- und Jugendleben einerseits von der Alltags-, Lebens- und Arbeitswelt der Erwachsenen andererseits, reduziert und

---

[19] So die „klassische" Formulierung in der Pädagogik des 18. Jhs., z. B. bei Kant.

[20] I. Kant: Über Pädagogik (1803), in: ders.: Ausgewählte Schriften zur Pädagogik und ihrer Begründung, hrsg. v. H.-H. Groothoff und E. Reimers, Paderborn 1963, S. 11f.

segmentiert sie die Lebens- und Erfahrungswelt der Kinder und Jugendlichen. Und indem sie diese Reduktion mit den aus pädagogischem Denken entspringenden Anregungs- und Anschauungs- bzw. Lernmaterialien und immer neuen „kompensatorischen" Programmen auszugleichen versucht, gibt sie doch nur einen neuen, weiteren Impuls zur Abtrennung von der Lebens- und Erfahrungswelt der Erwachsenen. Die Etablierung pädagogisch konzipierter „Lernumwelten" – wie man heute sagt – und die ihr entsprechenden Begründungszusammenhänge befördern auf diese Weise die fortschreitende Entkoppelung von Lernwelt und Lebenswelt im Kindes- und Jugendalter.

Mit einem Wort: Die Pädagogik reproduziert in Theorie und Praxis ständig die Konfrontation von pädagogischem „Schonraum" und „feindlicher" Lebenswelt, den Selbst-Widerspruch von institutionalisierter Unmündigkeit und Abhängigkeit *als* Vorbereitung auf Selbständigkeit und Mündigkeit; sie reproduziert Barrieren und Trennungslinien – institutionell verfestigt – zwischen den Altersgruppen und Geschlechtern, Schichten und Klassen, zwischen den Lebenswelten und Erfahrungshorizonten der Generationen, um eben dadurch jene Übergänge immer weiter zu *komplizieren,* zu deren *Glättung* und *Bewältigung* sie doch angetreten war.

Wir stoßen damit auf einen Sachverhalt, den ich (früher an anderer Stelle)[21] als „pädagogischen Grundwiderspruch" bezeichnet habe. Die Pädagogisierung von Kindheit und Jugendleben, an ihrem sozialgeschichtlichen Ursprungsort im Bürgertum des 18. Jahrhunderts, war eine Schutz- und Förderungsmaßnahme zur Modellierung von Verhalten, Einstellungen und Bewußtsein, und sie war zugleich eine Strategie von Disziplinierung und Normierung. Das entspricht der inneren Dialektik pädagogischen Handelns, bis heute.

Der Grundwiderspruch trat jedoch erst in Erscheinung, als die fortschrittliche Pädagogik, die eigentlich auf die Reform des erziehenden Umgangs im *Haus*wesen abzielte, zur Grundlage eines *Schul*wesens gemacht wurde, das *als Institution* die Trennung von Leben und Lernen systematisch verfestigt und ausbaut, so daß der Übergang „ins

---

[21] U. Herrmann: Kindheit und Jugend im Werk Joachim Heinrich Campes, in: Neue Sammlung 15 (1975) S. 464–481.

Leben" immer komplizierter und fragwürdiger wird. Was als Hilfe zur Problembewältigung konzipiert war, erweist sich als Produzent von Folgelasten, deren Kosten größer zu werden scheinen als der mögliche Nutzen, den man sich erhofft hatte. Diese Sicht der Dinge ist übrigens nicht neu; Schulkritik und Reformbewegung seit dem ausgehenden 19. Jahrhundert basieren auf ihr.

Der Widerspruch also zwischen den Intentionen einerseits und den latenten bzw. manifesten Folgen pädagogischer Institutionen (bzw. pädagogischen Handelns in institutionalisierten Formen) andererseits, ist der kategoriale Rahmen für das Verständnis der institutionell verfaßten Kindheit und Jugend in den letzten beiden Jahrhunderten in unserem Kulturkreis und in unserer „bürgerlichen Gesellschaft". In seinen historisch-gesellschaftlich konkreten Ausformungen und in seinen individuellen und kollektiven politisch-sozialen Bearbeitungsformen zeigt dieser Grundwiderspruch alle Merkmale der von Adorno und Horkheimer konstatierten „Dialektik der Aufklärung": die fortschreitende Etablierung pädagogischer Handlungssysteme bringt die faktischen Bedingungen sinnhaften pädagogischen Handelns in Institutionen mehr und mehr zum Verschwinden.

4. Möglichkeiten und Grenzen
einer sozialisationsgeschichtlichen Erforschung
der „Sozialisation des Kindes"

Es läge nun nahe, anhand dieses Befundes auf die seit mehr als hundert Jahren immer wieder neu ausgerufenen „Krisen der Erziehung" und „Anti-Pädagogiken" einzugehen; denn wer möchte nicht wissen, wie man den Folgen fortschreitender Pädagogisierung beikommen kann? Dann stünden recht schwankende Annahmen über die möglichen künftigen Gestaltungsformen unserer Kultur und Gesellschaft zur Debatte, die allemal jenseits der vordergründigen Kapitalismus/Sozialismus oder der pädagogischen Allmachts/Ohnmachts-Kontroversen anzusiedeln wären, denen projektiv-retrospektive Utopien vom „glücklichen Wilden", d. h. einer geschichtlich *stillgestellten* menschlichen Bedürfnisstruktur nicht weiterhelfen. Denn für real existierende Subjekte geht es immer um Legitimierung, Maß und Form ihrer *heteronomen Autonomie* und um die prinzipiell *strittigen* Verwirklichungsmöglichkeiten *vergesellschafteter Individualität.*

Ich nehme diese Gedanken vielmehr auf, um für die Konzeption einer Historischen Sozialisationsforschung auf Aspekte aufmerksam zu machen, die mir in forschungspraktischer und erkenntnisleitender Hinsicht grundlegend zu sein scheinen.

Ad. 1. Das Thema „Sozialisation des Kindes" kann in der historischen Forschung nach allen möglichen Seiten hin entfaltet werden; um es mit Max Weber zu sagen: was nämlich alles für die Sozialisation intendiert, bedingt und relevant ist. So ergibt sich eine „Sozialgeschichte der Kindheit", und es steht außer Frage, daß sie für das Verständnis einer Kultur und einer Gesellschaft sehr erhellend sein kann.

Gleichwohl bleibt sie einer *Sozialisationsgeschichte* äußerlich; denn diese konstituiert als ihren „Gegenstand" das sich entwickelnde und entfaltende Subjekt in seiner individuellen und sozialen Subjekthaftigkeit gerade im Schnittpunkt des Intendierten, Bedingten und Relevanten, indem sie nach den individuellen, generations- und schichtspezifischen, kollektiven und neutralitätsmäßigen *Bedeutungen, Verarbeitungsformen, Bewertungen* und *Wirkungen* von Sozialisationserfahrungen fragt, und zwar so, daß diese in den Kontext relevanter Sozialstrukturen des Lebensalltags *und* möglicher alternativer Lebensentwürfe gestellt werden. Im Unterschied zur Sozialgeschichte der Kind*heit* steht im Mittelpunkt einer Historischen Sozialisationsforschung von Kin*dern* die lebensgeschichtliche Dimension in der Selbstinterpretation der Betroffenen, sie ist Lebenslaufforschung unter dem Gesichtswinkel der Bedeutung, Verarbeitung, Bewertung und Wirkung von Sozialisationserfahrungen. Biographische und autobiographische Materialien stellen vor allem ihre Quellenbasis dar, weswegen man forschungspraktisch in Europa kaum hinter das 18. Jahrhundert zurückkommt, von wenigen Ausnahmen abgesehen. Man kann diese Auffassung mit guten Gründen sogar noch weiter zuspitzen: Wenn der konkrete situative sozialgeschichtliche Hintergrund *und* der lebensgeschichtliche Kontext *und* der sozialisationshistorische Interpretationsrahmen *zugleich* aufeinander bezogen werden sollen,[22] dann reicht

---

[22] Die für ein Leben relevanten Sozialisationserfahrungen sind präsent in „Geschichten" und „Szenarios" (vgl. oben die Berichte von Talleyrand und Goethe). Deshalb ist in alter

Historische Sozialisationsforschung methodisch nicht weiter zurück, als praktisch die Vermittlung von Überlieferungen (in Traditionen und Überresten) und Oral History verwirklicht werden kann.[23] (Man könnte sich sogar auf einen ehrwürdigen Zeugen dabei berufen: auf den Historiker Dahlmann, der einmal sagte, man müsse die Geschichte der preußischen Befreiungskriege schreiben, bevor die Zeitgenossen und Augenzeugen gestorben seien!)

Ad. 2. In der Spur solcher Forschungen liegt das erkenntnisleitende Interesse der Historischen Sozialisationsforschung, das im übrigen kein anderes ist als das aller historischen Forschung, insofern sie mehr und andere Interessen hat als nur antiquarische oder historische:[24] die Gegenwart zu verstehen im Übergang von einer begriffenen Vergangenheit in eine verantwortbare Zukunft (Droysen). Das bedeutet für die sozialisationshistorische Erforschung des Kinder- und Jugendlebens, die subjektiven und kollektiven Handlungs- und Mentalitätsstrukturen der jeweiligen *Erwachsenen*generation zu eruieren, weil in ihnen die (symbolischen) Systeme der Selbst- und Weltdeutung weitergegeben werden an die nächste Generation usf. Die analoge Analyse der dann Erwachsenen hat auszuweisen, was dann in diesen Traditionen verlorengeht oder hinzukommt, umgedeutet oder ersetzt wird, und zwar jetzt nicht nur in allgemeinen kulturellen, sozialen, mentalitären und einstellungsmäßigen Strukturen, sondern vor allem auf dem

---

hermeneutischer Tradition vom Ganzen auf die Teile und von den Einzelheiten zum Gesamtzusammenhang voranzugehen. Nur innerhalb dieses hermeneutischen Zirkels läßt sich dann über die objektive Richtigkeit von Lebenserinnerungen und die über die Wahrheit von lebensgeschichtlich bedeutsamen Bedeutungen und Bewertungen befinden. Vgl. hierzu die methodologischen Teile in den Arbeiten von Gestrich (wie Anm. 11) und Mutschler (wie Anm. 23), in die die Literatur zur Lebenslauf-, Mentalitäten- und Oral-History-Forschung eingearbeitet ist.

[23] Vgl. O. Uhlig: Die Schwabenkinder aus Tirol und Vorarlberg (= Tiroler Wirtschaftsstudien 34), Innsbruck, Stuttgart und Aalen 1978. – Zum ersten Mal im deutschsprachigen Bereich wurden sozialisationshistorische Studien in der angedeuteten wechselseitigen Kontrolle von Archivmaterial, mündlicher Überlieferung und Lebenslaufforschung/Historischer Sozialisationsforschung vorgelegt von Gestrich (wie Anm. 11) und S. Mutschler: Ländliche Kindheit in Lebenserinnerungen. Familien- und Kinderleben in einem württembergischen Arbeiterdorf um die Jahrhundertwende, Tübingen 1986.

[24] Deren Berechtigung wird im übrigen gar nicht bestritten, für uns ist lediglich (unter Verweis auf die entsprechenden Passagen des „Topik"-Kapitels in Droysens „Historik") der andere Aspekt wichtiger.

Feld der konkreten Erfahrungen über die Möglichkeiten und Grenzen von Lebensentwürfen und -verwirklichungen sowie der Bilanzierungen von Lebenserfahrungen. Eben diese sind von kaum zu überschätzender Sozialisationswirkung im Umgang der Generationen miteinander, weil sie nicht nur den Stil des Alltagslebens prägen, sondern den Interpretationsrahmen von Vergangenheit und Zukunft gelebten Lebens darstellen.

So steckt auf diese Weise in jedem Subjekt ein gerütteltes Maß an kollektiver Erinnerung, so sind individuelle Lebensformen immer schon in Allgemeines eingelagert, weil Sozialisation im Ablöseprozeß der Generationen immer beides zugleich beinhaltet: Tradition und Innovation. Auf welche Weise dies am Leitfaden individueller Lebensgeschichten rekonstruiert und verstanden werden kann, dies zu erarbeiten ist Aufgabe der Historischen Sozialisationsforschung. Sie versucht, allgemeine Theorien kulturellen und sozialen Wandels auf der Ebene der subjektiven Genese von Handlungen und Einstellungen zu dechiffrieren und lebensweltlich zu konkretisieren. So dient sie einem durchaus *praktischen* Interesse im Sinne von Aufklärung: aufzuklären darüber, wo von Fall zu Fall die Grenze von Individualität und Kollektivität verläuft.

Der vorliegende Beitrag soll selber im Ansatz verdeutlichen, was nach meiner Auffassung die angemessene historische Aufarbeitung des Gegenstandes „Sozialisation des Kindes" erfordert: *erstens* eine Geschichte des Wandels von Leitbildern und Normierungen sowie ihre Auf-Dauer-Stellung in „Sozialisationsagenturen" (Beispiel: „Pädagogisierung", „Institutionalisierung"); *zweitens* eine sozialgeschichtliche Analyse des Wandels von Inhalt und Form von Sozialisationsprozessen, deren Stimmigkeit und deren kritische „Kosten-Nutzen-Analyse" (Beispiel: „pädagogischer Grundwiderspruch" von Intention, Form und Folgen institutionalisierten pädagogischen Handelns); *drittens* die lebensgeschichtliche Rekonstruktion von Sinn und Bedeutung, Wirkungen und Folgen von Sozialisationserfahrungen (Verweis auf das Beispiel „Kindheit und Jugendleben in einem württembergischen Dorf im 19. Jahrhundert bis zum Ersten Weltkrieg"). Dieses Forschungsprogramm wird als „Historische Sozialisationsforschung" bezeichnet.

DAS KRANKE KIND.
HISTORISCHE MODELLE EINER MEDIZINISCHEN ANTHROPOLOGIE DES KINDESALTERS

EDUARD SEIDLER

In seinem für die neuere Kindheitsforschung exemplarischen Buch über „Kind und Gesellschaft in Mittelalter und Renaissance" beschreibt Klaus Arnold ebenso lapidar wie selbstverständlich den phänomenologischen Ausgangspunkt jeder historischen Beschäftigung mit dem Kind: „... es war einfach da. In der Familie, im Haus, auf Straßen und Plätzen, überall waren Kinder gegenwärtig. Sie wurden geliebt und von ihren Eltern und der Umwelt zuweilen als lästig empfunden wie zu allen Zeiten; Licht und Schatten begleitete ihre Existenz wie heute noch."[1]

Diese von Arnold für seinen Zeitraum glänzend belegte Feststellung ist keine Banalität. Vielmehr widerspricht sie in ihren Befunden den Tendenzen bestimmter anderer Forschungsansätze, die dem Kind und seinem gesellschaftlichen Schicksal über weite Jahrhunderte und über die Kulturen hinweg eine dumpf ungeliebte Stellung zusprechen wollen, die erst in der Rationalität des 18. Jahrhunderts zu einer „Entdeckung der Kindheit" geführt habe.[2] Außerdem weist der Interpretationsansatz Arnolds und ähnlich argumentierender Autoren auf die Notwendigkeit, gerade da, wo die Quellen spärlicher fließen, von bestimmten anthropologischen Konstanten auszugehen. Diese sind im Falle der Kindheit – übrigens auch für andere Lebensstrukturen – epochen- und kulturunabhängig vorgegeben. Kinder werden

---

[1] K. Arnold: Kind und Gesellschaft in Mittelalter und Renaissance (= Beiträge und Texte zur Geschichte der Kindheit Reihe B, Bd. 2), Paderborn und München 1980, S. 86.

[2] Hierzu gehören bestimmte Aspekte der Kinderforschung, vor allem bei und in der Nachfolge von Ph. Ariès: L'enfant et la vie familiale sous l'ancien régime, Paris ²1973; L. de Mause (Hrsg.): The History of Childhood, New York 1975, sowie E. Shorter: Die Geburt der modernen Familie, Reinbek 1977. Vgl. hierzu die fundamentale Kritik von Arnold (wie Anm. 1) S. 10–16.

gezeugt und geboren, akzeptiert und verworfen, abgetrieben und aufgezogen; sie sind auf fremde Hilfe angewiesen, erheischen Nahrung, Pflege und Unterweisung, wachsen heran und fordern heraus. Von diesen elementaren Konstanten wird immer auszugehen sein, wenn die Antwortmöglichkeiten der jeweiligen historischen Situation auf diese Grundgegebenheiten analysiert werden wollen, d. h. wenn aus den überlieferten Zeugnissen der Elternliebe, der Aufmerksamkeit von Pädagogen und Ärzten und aus dem Tiefsinn der Philosophie das jeweilige Verständnis von Kindheit herausgearbeitet wird.

Auch der nachfolgende Beitrag muß vom gleichen Ansatz bestimmt sein. Die an alle Betroffenen – Mutter, Vater, Familie, Amme, Arzt – herangetragene Herausforderung durch ein krankes Kind ist ebenfalls eine historische Konstante. Das appetitlose und fiebernde, das erbrechende und krampfende, das blutende und wimmernde, das behinderte und verkrüppelte Kind kennen die Familien aller Epochen und Kulturen; von hier aus wird darauf geachtet werden müssen, wie aufmerksam frühere Menschheitsstrukturen die körperlichen und seelischen Nöte von Kindern aller Entwicklungsstufen beobachtet und darauf reagiert haben. Hierzu gehört auch die Tatsache, daß ein krankes, ein hungerndes, ein gequältes, ein einsames Kind seinerseits in besonders hilfloser Weise leidet und entsprechende Reaktionen herausfordert.

Die Medizingeschichtsschreibung hat bisher im Falle der Kindheit vornehmlich jene Fakten gesammelt und aufgezeichnet, die den Erkenntniszuwachs der Heilkunde z. B. in Richtung auf die Entwicklung einer wissenschaftlichen Kinderheilkunde zusammenordnen will.[3] Auch dabei ist vielfach der Alltag unbeachtet geblieben, der angesichts kranker Kinder ebenfalls elementare Verhaltensstrukturen hervorgebracht hat, deren Spektrum zwischen Annahme und Ablehnung, Pflege und Vernachlässigung, Liebe und Fatalität alle Übergänge aufweist. Die Rolle der Heilkunde innerhalb dieser Herausforderung ist dabei grundsätzlich keine isolierte; sie ordnet ihre Erfahrungen zu allen Zeiten in jene allgemeinen Bemühungen ein, die nichts

---

[3] Im engeren Sinne pädiatriehistorische Arbeiten sind seit A. Peiper: Chronik der Kinderheilkunde, Leipzig [4]1965 nur noch vereinzelt geleistet worden. Vgl. hierzu E. Seidler: Der Umgang mit dem Kind. Probleme der Tradition, in: Arzt und Christ 3/4 (1976) S. 179–175.

anderes als verhindern wollen, daß das schwache Gebäude einer kindlichen Existenz einstürzt.

Eine historische Anthropologie des kranken Kindes unterliegt folglich charakteristischen methodischen Problemen, sobald sie versucht, das Phänomen „krankes Kind" in seiner besonderen Eigenart zu beschreiben. Die Einheit der kindlichen Natur verstehen, ordnen und seine phänomenalen Inhalte methodisch ausschöpfen zu wollen, kann bestenfalls nur in der Annäherung gelingen, da uns das sprach- und wehrlose Kind hierzu wenig verwertbare Kriterien aus eigenem Empfinden heraus liefert. Aussagen über Kinder sind immer Erwachsenenaussagen, die die kindliche Entwicklung, deren Verlauf und Störungen thematisieren und finalisieren. Die Relevanz von Quellen ergibt sich daher aus ihrer Fähigkeit, möglichst nahe an den kindlichen Phänomenen zu beschreiben und zu argumentieren sowie aus der Aussagekraft über die Art und Weise, wie eine jeweilige Gesellschaft das Kind präsentiert, wie sie von ihm denkt, fühlt und schreibt.

Für die Geschichte des Umgangs mit dem kranken Kind ist die Erschließung und Bearbeitung solcher Quellen noch zu leisten und kann daher in diesen Beitrag noch nicht eingehen. Sie gehen weit über das rein medizinische Schrifttum hinaus und umfassen die Literatur der antiken, mittelalterlichen und neuzeitlichen Gelehrsamkeit in allen Disziplinen, wie auch Laienaussagen in Briefen, Romanen und in der Poesie. So wie die Sorge um ein krankes Kind auch heute eine Gemeinschaftsaufgabe ist, an der ein spezialisierter Kinderarzt nur seinen umgrenzten Anteil hat, so wird das Schicksal kranker und behinderter Kinder auch in der Geschichte nicht nur aus der medizinischen Literatur allein zu erfassen sein.

Wenn daher in den nachfolgenden Modellen vornehmlich noch auf der Grundlage heilkundlicher Literatur gearbeitet wird bzw. werden muß, dann kann dies zunächst nicht mehr als andeuten, wie abhängig auch die theoretische und praktische Heilkunde immer von den Motivationen des Menschen war, mit dem Menschenkind und seinen grundsätzlichen Herausforderungen in irgendeiner Weise umzugehen. Gerade im Falle des sprachlosen Kindes haben bestimmte Auffassungen und Verhaltensweisen eine fast trotzige historische Beharrungskraft – wie anders könnten wir uns selbst verstehen in einer Zeit, wo die sogenannte zivilisierte Seite der Welt zwar gesunde, aber immer weniger Kinder auf die Welt bringen will, wo aber andererseits weltweit Kinder geschlagen und gequält, zur Arbeit mißbraucht und verkauft werden und wo täglich etwa 40 000 Kinder verhungern.[4]

An einigen typischen Beispielen heilkundlicher Literatur soll im folgenden versucht werden, die Bemühungen der Medizin um Einsicht in die Eigenart kindlichen Wesens zu verdeutlichen. Weder soll und kann dabei irgendeine Art von gültiger Aussage angestrebt werden, noch wird etwa ein Entwicklungsgang darzustellen sein. Die herangezogenen Beispiele sind Modelle im Bemühen um eine Typologie; auch ihre chronologische Aufeinanderfolge bedeutet weniger Progreß, sondern eher Wiederkehr von Grundsätzlichem im zeittypischen Gewand.

1. Practica puerorum

Die kinderheilkundliche Literatur, die im Abendland aus der Antike in die Neuzeit herüberreicht, erscheint quantitativ – gemessen an anderen Einzelthemen – als vergleichsweise kleine Schriftengattung.[5] Man könnte sie in zwei Gruppen zusammenfassen, von denen die eine mehr oder weniger theoretische Ansätze z.B. zur Embryologie und zur Entwicklungsproblematik erkennen läßt. Hierzu finden sich im Umkreis der Hippokratiker einige wichtige Schriften, die jedoch vielleicht eher der aristotelischen Biologie als einer besonderen Anthropologie des ungeborenen oder geborenen Kindes zuzurechnen sind.[6]

Die zweite ungleich wirkungskräftigere Tradition ist im Rahmen mehrerer Literaturgattungen zu sehen, d. h. weder auf ärztliche Aussagen noch auf das Kind allein zu beschränken. Das Kind war auch in unserem Kulturkreis traditions- und naturgemäß lange der Welt der Frauen zugeordnet, weswegen Aussagen über Kinder, auch über kranke Kinder, vielfach im Zusammenhang mit medizinischen und

---

[4] Ausführliche Angaben und Literaturhinweise zur Gegenwartsproblematik der Kinderheilkunde in P. Schweier und E. Seidler (Hrsg.): Lebendige Pädiatrie, München 1983.

[5] Zur älteren Literatur vgl. F. L. Meissner: Grundlage der Literatur der Pädiatrik, enthaltend die Monographien über die Kinderkrankheiten, Leipzig 1850.

[6] E. Lesky: Die Zeugungs- und Vererbungslehren der Antike und ihr Nachwirken, Wiesbaden 1950.

Alltagsproblemen der Frau mitgeteilt werden. Ein typisches Beispiel
hierfür sind die klaren Aussagen über Kinder in der Gynäkologie des
Soranus von Ephesus (um 100 nach Christus), deren vor allem
praktische Elemente für lange Jahrhunderte immer wieder tradiert
wurden.[7]
Wenn in der antiken Tradition vergleichsweise wenige Ärzte über
kranke Kinder geschrieben haben, dann sagt dies nichts aus über die
Präsenz kindlicher Probleme im Alltag; sie waren daher – auch bei der
verschwindend geringen Arztdichte – eher Probleme der unmittelbar
Betroffenen, vor allem also der Mütter, der Ammen und anderer im
Geschehen stehender Personen. Der Charakter der Problembewältigung ist daher ein praktischer und an der Pragmatik der Phänomene
orientiert; im Vordergrund standen unzweifelhaft die Bemühungen,
die als zerbrechlich erkannte Physis des Kindes zu stützen. Es addieren
sich hinzu die Erfahrungen vieler Generationen von Müttern, Hebammen, Ammen, Ärzten und Pädagogen, die eine Vielzahl verstreuter
Aussagen hervorbringen, die jedoch alle von einer Grunderfahrung
ausgehen: von der naturgegebenen körperlichen, geistigen und sozialen Schwäche des Kindes, deren Wert in ihrer Überwindung liegt.
Dieser Topos war auch in der Theorie fixiert; er findet sich ebenso
bei Aristoteles wie in der Physiologie und Pathologie der hippokra-
tisch-galenischen Tradition.[8] Im Vordergrund steht allerdings weniger
eine Theoriendiskussion, weswegen für den Umgang mit dem kranken
Kind eine nach praktikablen Gesichtspunkten zusammengestellte
Symptomatik der wichtigsten Kindernöte und Krankheitszeichen
resultiert. Sie bietet eine im Grundsätzlichen kaum variierte, im Detail
jedoch von den verschiedenen griechischen, arabischen und scholastischen Autoren vielfach ausgestaltete Traditionslinie, die bis ins
16. Jahrhundert reicht und unter zahlreichen, jedoch inhaltlich ähnlichen Titeln erscheint. Ich habe vorgeschlagen, den ganzen Traditions-
weg als „Practica puerorum" zu bezeichnen, und darin auch jene,
innerhalb dieser Gattung späte Monographien von Ärzten einzubezie-

---

[7] Soranus von Ephesus: Die Gynäkologie. Geburtshilfe, Frauen- und Kinderkrankheiten, Diätetik der Neugeborenen, übers. v. H. Lüneburg, München 1894.
[8] Einzelheiten im unsystematischen Überblick bei Peiper (wie Anm. 3) S. 28–57. Vgl.
auch E. Lesky (wie Anm. 6), sowie H. Grensemann (Hrsg.): Über Achtmonatskinder,
über das Siebenmonatskind (= Corpus med. graec. I, 2, 1), Berlin 1968.

hen, die als „Erstlinge" einer pädiatrischen Literatur in die Medizingeschichtsschreibung eingegangen sind.[9]

Es ist in diesem Rahmen nicht möglich, einzelne Autoren oder Schriften dieser Gruppe zu analysieren; es sei daher der Versuch gemacht, das Grundsätzliche dieser Tradition von seiner Endstufe her zu entwerfen. Die alten „Practica", „Regimina" und „Passiones" hatten sich in ihrer Mehrzahl kaum an die Ärzte selbst gerichtet, sondern eben an jene, die direkt mit dem Kind beschäftigt waren. Daran änderte sich auch nichts, als unmittelbar nach der Erfindung des Buchdrucks neue kinderheilkundliche Werke verfaßt werden, ganz offensichtlich mit der Tendenz weiterer Verbreitung.[10] Auch noch im 16. Jahrhundert prägt die Fixierung der Vorstellung von der kindlichen Schwäche und ihrer vordergründig-praktischen Überwindung die medizinischen Schriften. Aus den in der Renaissance immer zahlreicher werdenden ärztlichen Autoren sei daher einer exemplarisch herausgegriffen, der für die ganze Gattung stehen kann: Hieronymus Mercurialis (1530–1606). Er ist von der Medizingeschichte bisher wenig gewürdigt worden, weil man in ihm in der Sache einen Traditionalisten der griechisch-arabischen Überlieferung sah. Gerade dieses, sowie seine in seltener Ausführlichkeit gegebene Begründung, warum sich auch der Arzt besonders der kranken Kinder anzunehmen habe, macht ihn jedoch besonders geeignet, an ihm die wichtigsten Elemente jener „Practica puerorum" aufzuzeigen.[11]

Hieronymus Mercurialis ist Professor der Medizin in Padua zu einem Zeitpunkt, wo dort mit Gelehrten wie Andreas Vesal, Santorio Santorio, Prospero Alpini und Fabrici d'Acquapendente eine besonders dichte Atmosphäre des gedanklichen Aufbruches in der medizinischen Theoriendiskussion herrschte.[12] Dort schreibt Mercurialis 1583

---

[9] K. Sudhoff: Erstlinge der Pädiatrischen Literatur, München 1925.

[10] Ebd.; vgl. aber E. Seidler: Nochmals: Erstlinge der pädiatrischen Literatur, in: Der Kinderarzt 31 (1983) S. 1436.

[11] Hieronymus Mercurialis: De puerorum morbis tractatus locupletissimi, Lugduni 1623; dt. Übersetzung: Von den Schwachheiten und Gebrechen der jungen Kinder, in: F. P. Uffenbach: Ein neues Artzney-Buch, Frankfurt a. M. 1605. Vgl. auch R. H. Reichold: Die Auffassung vom Kindesalter und die Behandlung der Kinder bei Hieronymus Mercurialis, (Med. Diss.) Freiburg i. Br. 1975.

[12] G. Fichtner: Medizin in Padua im 16. Jahrhundert: die morphologische Methode, in: G. Fichtner und H. Siefert: Padua. Medizin-historische Reisen, Bd. 2, hrsg. v. E. Seidler, Stuttgart und New York 1978.

seine Abhandlung „De puerorum morbis tractatus locupletissimi". Sie fußt im Prinzip nach wie vor auf der Tradition der aristotelischen Auffassung, daß die Kindheit ein schwacher, unfertiger, defekter und nur in seiner Überwindung gerechtfertigter Zustand sei. Padua war zu dieser Zeit das Zentrum der gelehrten Aristoteles-Diskussion; es wundert daher nicht, wenn Mercurialis alle seine Überlegungen zum Kindesalter unter das Aristoteles-Zitat aus dem ersten Buch der eudemischen Ethik stellt: *puerorum aetatem usque adeo et doloribus ut morbis esse circumseptam, ut nemo cupiat ad pueritiam reverti.*[13]

Die Umschreibung des Kindesalters ist grob; es umfaßt *(aetas pueritiae)* die Zeit bis zum vierzehnten Lebensjahr, da – analog zur Pflanze – der Mensch erst dann als erwachsen *(perfectus)* gilt, wenn er Samen tragen und damit seine Art fortpflanzen könne. Alles Vorherige ist durch Schwachheit und Unvollkommenheit gekennzeichnet; *imperfectus* ist gleichbedeutend mit *imbecillis* und *infirmus* gebraucht.[14] Mercurialis tradiert die alte philosophische Frage, warum die Natur den Menschen, das vornehmste aller Geschöpfe, gegenüber den vierfüßigen Lebewesen benachteilige, daß er ihn als derart unvollkommenes Wesen den Uterus verlassen läßt. Dies, so erklärt er in Anlehnung an Aristoteles und Hippokrates, sei ein menschentypisches Zeichen der um das Wohl der Lebewesen besorgten Natur *(natura animalium salutis amantissima)*, die damit das Kind und seine Eltern in fürsorgliche Abhängigkeit bringen will.[15]

Die Tiere werden nach der Geburt von ihren Eltern verlassen; dafür brauchen sie harte Glieder und kaufähige Zähne. Zum Menschenkind gehört indessen, daß es von seinen Eltern geliebt und versorgt wird *(homo autem... debebat a parentibus suis et amari et sustentari);*[16] die kindliche Unvollkommenheit und Schwachheit ist daher geradezu ein Privileg, das durch die Zuwendung der Eltern gerechtfertigt ist. Auf der anderen Seite bedeutet sie die ganz große Gefahr für die kindliche Existenz, da sie „propter totius corporis teneritudinem et propter sensuum imbecillitatem"[17] in sich zum Scheitern angelegt ist. Dies ist

---

[13] Hieronymus Mercurialis (wie Anm. 11) S. 1.
[14] Eine entsprechende Terminologie für das Erwachsenenalter existiert nicht; Mercurialis spricht von *homines* oder *homines adulti*.
[15] Ebd. S. 94.
[16] Ebd. S. 126.
[17] Ebd. S. 115.

nicht nur die aristotelisch-philosophische Tradition in der Betrachtung des Kindes, sondern auch die lange und wirkungsmächtige Position der medizinischen Theorie vom Kindesalter: nach den Lehren der klassischen Autoritäten wie Hippokrates, Galen und Aristoteles ist die kindliche Körperverfassung auf Disharmonie angelegt. Im Konzept der Viersäftelehre der antiken Humoralpathologie wurde die kindliche Konstitution vom Erwachsenen entworfen: das Gleichgewicht der vier Säfte und damit die ausgeglichene, harmonische Gesundheit ist für das Kind prinzipiell nicht erreichbar. Mercurialis repräsentiert diese Schematik in ungebrochener Form: in der kindlichen Natur dominieren die Eigenschaften warm *(calidus)* und feucht *(humidus)*; diese Verfassung bestimmt die Ungleichgewichtslage und trägt die Gefahr der Verderbnis und Fäulnis in sich *(corruptio, putredo):* „quis negare potest pueros, quantum ad corporis naturam pertinet, morbosissimos esse?"[18]

Es ist weiterhin wichtig festzuhalten, daß diese Konstitution auch die geistig-seelischen Fähigkeiten des Kindes bestimmt bzw. blockiert. Durch den quantitativen Reichtum der Kinder an Körpersäften sei ihre *ratio* gleichsam trunken vor Feuchtigkeit und könne nicht wirken; die Seele eines Kindes unterscheide sich daher in nichts von der eines Tieres: „anima pueri nihil differt ab anima beluae", wird wiederum Aristoteles zitiert. Die Kinder führen ein Leben ohne Vernunft, ihr Verhalten entspricht in keiner Weise den Erfordernissen der Lebensordnung, die für das Wohlbefinden des Menschen von entscheidender Bedeutung ist. Erst nach dem siebten Lebensjahre taucht eine *facultas ratiocinatrix* aus den Säften empor und stärkt die kindliche Seele – diese bietet dann aber durch ihre Empfindsamkeit eine neue Möglichkeit für das Entstehen von Krankheiten.[19]

Gegenüber diesem traditionellen theoretischen Bild einer in sich defekten Kindheit hat die Praxis des Umganges mit dem kranken Kind jedoch immer Aktionen und Reaktionen erzwungen, die nicht nur die Fatalität, sondern auch das Wohl des Kindes im Auge hatten. Mercurialis präzisiert daher öffentlich, daß Natur und Gott, nach deren Willen das Kindesalter schwach, defekt und sündig sei, zugleich doch

---

[18] Ebd. S. 2.
[19] Ebd. S. 79.

wohl auch wollten, daß es durch die Mittel der Medizin und das Wohlwollen der anderen davon befreit und geheilt werde.[20]

Das Gesamtbild vom Kinde konstituiert sich daher in diesem Entwurf aus seiner körperlichen, seelischen und sozialen Unreife und aus seiner Schutzwürdigkeit. Hilflosigkeit fordert Hilfe heraus; der kindliche Mensch ist auf das Geliebtwerden angelegt. Die Theorien der Philosophen und Mediziner begründen nicht, kranke Kinder der Natur zu überlassen. Wer dies wolle, übersieht, daß zwar die Krankheitsanfälligkeit, nicht aber die Krankheit selbst in der Natur des Kindes begründet liegt. Da zudem das Kindesalter in seiner Unreife auf Wachstum und Erstarkung angelegt ist, liegt seine Bedeutung in seiner Überwindung. Es muß durchlebt und durchlitten werden, damit aus Unvollkommenem ein Vollkommenes werden kann. Die Zuwendung der Mitmenschen, auch alles ärztliche Bemühen sind darauf ausgerichtet, dem Kind über sein Kindsein hinwegzuhelfen.

Ich habe diese exemplarische Attitüde gegenüber dem schwachen Kinde bewußt so breit dargestellt, weil wir hier einigen wichtigen Grundfiguren begegnen, die in den Augen der Erwachsenen das Bild des gesunden und kranken Kindes konstituieren und die eine je zeitentsprechende Antwort herausfordern: Schwäche, Unreife, Unvernunft, Hilflosigkeit, Anfälligkeit, Unvollkommenheit. Die Kindheit selbst ist Krankheit, so liest man wörtlich von der Antike bis zur Aufklärung, ihre Überwindung gleichermaßen ein pädagogisches wie ärztliches Ziel.

Dieses erste historische Modell des Umganges mit dem kranken Kind ist auf der Basis des Topos seiner naturgegebenen Schwäche auch seitens der Medizin ersichtlich mehr präventiv als curativ ausgerichtet. Die Motive des Interesses am Kind gründen in den vitalen Erfahrungen, wie sie die Nöte des Überlebens mit sich gebracht haben und zunächst zu tradierbaren Handreichungen und hieraus zu fixierbaren Systemen wurden. Auch Theorie und Praxis der antiken Lebensordnungs- *(diaita)* und Erziehungslehren *(paideia)* gehören eng zum Rahmen dieses Modells; sie beeinflussen sich vor allem da gegenseitig, wo sie sich im Bemühen um die Regelung der elementaren Grundbedürfnisse des Kindes treffen.

---

[20] Quare cum haec aetas ita morbida, et in summo periculo constituta sit, non solum congruum, verum etiam necessarium videtur, ut medicorum cura et studio a tot morbis et periculis vindicetur. Ebd. S. 2.

2. Physische Erziehung

Könnte man „Practica puerorum" als eine Art praktische Überlebenskunst kennzeichnen, so treten wir mit dem zweiten Modell in ein Diskussionsfeld ein, das von ganz anderen, grundsätzlicheren Motiven im Umgang mit dem Kind gekennzeichnet ist.

Wenn Ernst Cassirer in seiner „Philosophie der Aufklärung" vorgeschlagen hat, das 18. Jahrhundert nicht nach seinen Resultaten, sondern nach seinen Impulsen zu interpretieren,[21] so gehört hierzu unzweifelhaft die Umwertung der menschlichen Gesundheit in ihrer Bedeutung für den einzelnen und die Gesellschaft. Das persönliche Anliegen der Gesunderhaltung des Leibes und der Seele formuliert sich zur allgemeinen Aufgabe und zur öffentlichen Pflicht. Damit verbunden ist die prinzipielle Anerkennung jedes vernunftbegabten Wesens und seines Wertes als Staatsbürger, sowie die Erziehbarkeit eines jeden zur Fähigkeit, sich seiner Vernunft ohne fremde Hilfe zu bedienen. Zu den vornehmsten Aufgaben der Gemeinschaft gehört folglich die Suche nach dem Weg und den Methoden, den Menschen früh, d. h. im Kindesalter auf bestimmte Vorstellungen hin formen zu können.[22]

Diese Umbewertung des Kindesalters hat sich seit dem 16. und 17. Jahrhundert vorbereitet, wiederum weniger im medizinischen als im philosophischen und pädagogischen Bereich. Besonders in der Fortfolge von John Locke (1632–1704) entwickeln sich psychische und physische Erziehungsvorstellungen, deren Elemente sich bis in die neuzeitlichen pädagogischen und therapeutischen Konzepte verfolgen lassen.

Sie basieren auf der Grundannahme des Sensualismus von der prozeßhaften Bildbarkeit des Menschen, die von einem Nullwert, der *tabula rasa* der Erfahrungswelt des Kindes ausgeht. Der Mensch formt sich allein aus seinen Erfahrungen, die sein Denken nach und nach organisieren; dabei sind die Eindrücke der frühesten Kindheit am nachhaltigsten. Erziehung hat daher zum Ziel, nützliche Verhaltensweisen und Gewohnheiten anhand ausgewählter Erfahrungen auszu-

---

[21] E. Cassirer: Die Philosophie der Aufklärung, Tübingen 1932.
[22] Vgl. hierzu G. Mann: Medizin der Aufklärung: Begriff und Abgrenzung, in: Med. Hist. Journal 1 (1966) S. 64–74; E. Seidler: Lebensplan und Gesundheitsführung. Franz Anton Mai und die medizinische Aufklärung in Mannheim, Mannheim ²1979.

bilden. Dies betrifft gleichermaßen den Körper und die Seele und verlangt außerdem, daß alles, was die Natur zur gesunden Entwicklung des Körpers benötigt, gleichzeitig auch seine Rechtfertigung in der Erlangung öffentlicher Ziele findet. Der Glaube, der Mensch sei, was die Erziehung aus ihm mache, sowie die im sensualistischen Konzept beschlossene Möglichkeit der Verwirklichung sind das Leitthema der immer mehr fortschrittsgläubigen frühen Aufklärung – das Kind wird zum Träger der gesellschaftlichen Hoffnung, eine neue und bessere Menschheit zu schaffen.[23]

Auch die Ärzte entwickeln innerhalb dieses Zeitgeistes ein starkes pädagogisches Engagement. Scévole de Sainte-Marthe will in seiner „Paedotrophia" von 1584 physisch starke Kinder herangebildet sehen;[24] Claude Quillet zielt in seiner „Callipaedia" von 1656 auf das kräftige und schöne Kind,[25] und Nicolas Andry bezieht sich in seiner „Orthopaedia" von 1743 bewußt auf diese beiden Vorgänger, wenn er den geraden Wuchs der Kinder in den Vordergrund seiner Bemühungen stellt.[26] Von hier aus wird es dann nur noch eines letzten Impulses bedürfen, als Ziel der Sorge um das gesunde und kranke Kind den nützlichen und vernünftigen Staatsbürger zu formulieren. Der Glaube an die Vernunft, an die Bewältigung der Natur und den damit verbundenen Nutzen schrieb schließlich Laster, Bosheit und Sittenverfall einem falschen Umgang mit dem Kinde zu. Daher überschnitten sich die alten diätetisch medizinischen Versorgungsbestrebungen der Heilkunde mit den Konzeptionen der aufgeklärten Pädagogen in dem gemeinsamen Ziel *éducation médicinale* und *éducation morale* zusammen zu sehen.[27]

Daß solche Vorstellungen nicht nur von der Theorie vorgegeben wurden, sondern durch die Alltagsrahmenbedingungen geradezu her-

---

[23] E. Seidler: Die Entwicklung der neueren Pädiatrie [El desarollo de la pediatria moderna], in: Historia Universal de la Medicina, Bd. 6, hrsg. v. P. Laín Entralgo, Barcelona 1974, S. 203–215.

[24] Scévole de Sainte-Marthe: Paedotrophia. Seu de educatione liverorum libri tres, Paris 1584.

[25] Claude Quillet: Callipaedia seu de pulchrae prolis habendae ratione, Leyden 1655.

[26] Nicolas Andry de Boisregard: L'Orthopédie ou l'Art de prévenir et corriger dans les enfans les difformités du corps, Paris 1741.

[27] Vgl. hierzu L. Kunze: Die physische Erziehung der Kinder. Populäre Schriften zur Gesundheitserziehung in der Medizin der Aufklärung, (Med. Diss.) Marburg 1971.

ausgefordert waren, zeigen die neuesten Ergebnisse der Sozialgeschichte über die demographischen Verhältnisse dieser Zeit.

Arthur Imhof hat nachgewiesen, daß zwischen 1780 und 1810 einer Familie im Durchschnitt acht Kinder geboren wurden, von denen vier das erste Lebensjahr nicht erreichten und bestenfalls zwei ins Erwachsenenalter kamen. Auch dies muß man sich vergegenwärtigen, wenn man dem zeitgenössischen Verhältnis zu Kindern nachspüren will: es wurde, so kann man sagen, fortlaufend gezeugt, geboren und gestorben, wobei das Alter der Frauen bei der letzten Geburt im Schnitt bei 40 Jahren lag, bei einer durchschnittlichen Lebenszeit von knapp 60 Jahren. Hier ist der Vergleich zu heute nicht unwichtig: bereits 1974 lag das Durchschnittsalter der Frau bei der letzten Geburt um 28 Jahre, bei einer Lebensspanne von über 76 Jahren. Dies bedeutet für das 18. Jahrhundert, daß die Einheit Familie permanent von Kindern umgeben war und daß die Einstellung zum Kind eine ganz andere gewesen sein mußte als etwa heute, wo die Zeit des sogenannten „leeren Nestes" nach dem Selbständigwerden der Kinder noch zwischen 25 und 30 Jahre betragen kann.[28] Dies gilt es atmosphärisch zu beachten, wenn wir die Anstrengungen des 18. Jahrhunderts betrachten, entsprechend dem Zeitgeist das Überleben der Kinder sichern zu helfen. Hier geht es um zentrale Motive einer Gesundheits- und Populationspolitik; der aufgeklärte Staat sah sich schon aus Gründen der Staatsraison und der Wirtschaftlichkeit veranlaßt, mit Hilfe der Medizin und eines wachsenden sozialen Netzes die Aufsicht über die armen, verlassenen und kranken Kinder zu übernehmen. Diese, die armen kranken Kinder sind es auch, die zum Gegenstand ärztlicher, nunmehr zunehmend speziell kinderärztlicher Bemühungen werden. Es ist von daher auch nur folgerichtig, daß sich wenig später, in den ersten Jahrzehnten des 19. Jahrhunderts, eine eigenständige Kinderheilkunde aus den Polikliniken heraus entfaltet, denen die Armenpraxis oblag.

Dies ist die Situation und die Vorbereitung, die wir beachten müssen, wenn wir das vielbeschriebene erste neuzeitliche wissenschaftliche Interesse am Kind ins Auge fassen. Der Zeitpunkt wird gemeinhin mit der erstaunlichen Tatsache in Zusammenhang gebracht,

---

[28] A. Imhof: Die gewonnenen Jahre. Von der Zunahme unserer Lebensspanne seit 300 Jahren, München 1981.

daß in den letzten Jahrzehnten des 18. Jahrhunderts eine Vielzahl von medizinischen Werken zu erscheinen beginnt, die das kranke Kind zum Gegenstand haben. Eine Analyse dieser Werke weist jedoch genau jene beschriebenen Tendenzen auf, welche der Medizin neben ihrem eigenen Anliegen gleichermaßen den aufklärerisch-pädagogischen Auftrag zuweisen. Nicht von ungefähr tragen die ersten Lehr- und Handbücher der Kinderheilkunde in allen Sprachen Titel wie: „Essay sur l'éducation médicinale des enfants et sur leurs maladies" (Brouzet 1754), „Upon nursing and management of children" (Cadogan 1748), „Über die physische Erziehung der Kinder" (Hufeland 1799), „Über die medizinisch-physische Erziehung" (Fleisch 1803) oder „Über die Kunst, unsere Kinder zu gesunden Staatsbürgern zu erziehen" (Hecker 1805).[29]

Durchmustert man diese neue und so auffällig zahlreiche pädiatrische Literatur an der Wende zum 19. Jahrhundert, so fällt auf, daß Philosophie, Staatsraison und Medizin – die drei großen Initiatoren des neuen Interesses am Kind – ihre Erkenntnisse und Vorschläge auch an ganz unterschiedliche Adressaten richten. Obwohl die meisten Schriften von Medizinern verfaßt werden, erforderte es der Gesundheitswille der Aufklärung, nicht nur über die Ärzte, sondern über die direkte Belehrung der Eltern und der Kinder selbst auf die Mißstände der Kindergesundheit einzuwirken.

So ist es für das Anliegen einer wirkungsvollen physischen Erziehung typisch, daß eines der ersten als bedeutend angesehenen Bücher über Kinderkrankheiten, die „Anweisung zur Kenntnis und Cur der Kinderkrankheiten" des Schweden Rosén von Rosenstein ursprünglich als Serie seit 1753 in den Schwedischen Kalendern der Königlichen Akademie der Wissenschaften herausgekommen war; damit sollte es ein zahlreiches, keinesfalls spezialisiertes Publikum erreichen. Sein deutscher Übersetzer, der Göttinger Mediziner Murray, bemerkte dazu in seinem Vorwort, daß, obwohl das Buch für einen laienhaften Leserkreis gedacht war, sicher auch der geübte Arzt „nicht ungern" Nutzen daraus ziehen könnte.[30]

---

[29] Einzelheiten und Literatur bei Peiper (wie Anm. 8) und Seidler (wie Anm. 23).
[30] Nils Rosén v. Rosenstein: Anweisung zur Kenntniß und Kur der Kinderkrankheiten. Aus d. Schwed. übers. und mit Anm. erläutert von J. Andreas Murray, Wien 1787.

Nicht vergessen dürfen wir allerdings, daß auch die medizinischen Theorien des ausgehenden 18. Jahrhunderts dazu angetan waren, dem neu vertieften Interesse am Kind einen zusätzlichen Impetus zu verleihen. Die medizinischen Diskussionen um ein zureichendes Bild vom Kinde sind zu diesem Zeitpunkt sehr komplex und laufen zudem in den verschiedenen theoretischen Schulen Frankreichs, Österreichs, Englands und Deutschlands überaus unterschiedlich ab. Gemeinsam ist ihnen allerdings das Bemühen, auch vom Standpunkt der Medizin das Kind als Wesen mit einem eigenen Wert für die Gemeinschaft zu betrachten und den Begriff „Kind" in irgendeiner Weise zu erfassen. Man versucht in der Kindheit jetzt nicht mehr eine Periode des ungeordneten Wachstums, sondern der bildbaren Entwicklung zu sehen und ist bemüht, die Kindheit vom Erwachsenenalter begrifflich abzugrenzen und sich mit dem Problem eigengesetzlicher „Kinderkrankheiten" auseinanderzusetzen.[31]

Die Autoren, die sich mit pädiatrischen Themen beschäftigen, sind inzwischen sehr zahlreich geworden und repräsentieren vielfach eine der zu dieser Zeit üppig aufschießenden medizinischen Theorien. Nebeneinander her laufen daher Interpretationen des Kindes im traditionellen Verständnis der kindlichen Eigenart als Schwäche, Unreife oder gar Krankheit, als undifferenzierter und daher auch unkomplizierter Allgemeinzustand oder als notwendige Periode im Leben des Menschen mit besonderen Eigenheiten, Forderungen und Rechten. Die meisten Erwägungen waren jedoch mehr theoretischer Natur und hatten wenig praktische Konsequenzen. So wurde z. B. vielfach das Kind und seine traditionelle Schwäche zum Modell für die neuen umfassenden Systeme der Neuralpathologie (Stahl, Hoffmann, Haller, Cullen, Brown). Sensibilität, Irritabilität und Receptivität – Grundbegriffe der Neuralphysiologie und -pathologie – sind in diesen pathophysiologischen Vorstellungen beim Kind besonders ausgeprägt. So erklären sich im Brownschen System auch alle kindlichen Erkrankungen aus der Grundeigenschaft des menschlichen Körpers, der Erregbarkeit. Das Kind ist von Natur aus leichter erregbar als der Erwachsene und durch den geringsten Reiz zu heftigen Reaktionen zu provozieren; damit wurde es zum pathogenetischen Typus des Asthe-

---

[31] Vgl. hierzu C. v. Deimling: Die Entwicklung nosologischer Systeme in der neueren Pädiatrie (ca. 1750–1910), (Med. Diss.) Freiburg i. Br. 1976.

nischen, ganz im Sinne der überlieferten Elementarvorstellung von der prinzipiellen physischen und psychischen Disharmonie von Kindheit.[32]

Trotz der Vielzahl der erscheinenden Werke zum Thema physische Erziehung blieb das theoretische Konzept von Kindheit ein unscharfes Gemisch aus humoralen, neuralen und sensualistischen Vorstellungen. Der Terminus „Kinderarzt", der in dieser Zeit der sentimentalen Kinderliebe sehr fleißig gebraucht wird, meint daher noch lange nicht den wissenschaftlich orientierten Pädiater, sondern hat eher einen sozialmoralischen und pädagogischen Aspekt.

So gibt es noch weit ins 19. Jahrhundert hinein kaum einen pädiatrischen Autor, der nicht wenigstens ein populäres Werk auch für Mütter verfaßt hätte. Ein klassisches Büchlein dieser Reihe ist Chr. W. Hufelands „Guter Rath an Mütter…" (1799); „man hat sich der Natur wieder genähert" – so charakterisiert er seine Zeit im Vorwort – „von der man sich so schrecklich entfernt hatte". Seine Absicht ist nicht „Mütter zu Ärzten zu bilden", vielmehr diesen „über die gewöhnlichen Zufälle kleiner Kinder einige vernünftige Begriffe zu geben, ihnen zu sagen, welche dieser Zufälle gefährlich und welche es nicht sind…".[33] Wenn dann Hufeland vom täglichen Bad und Luftbad, von der Nahrung, vom Wiegen, Wickeln, Schreien und vom Laufen spricht, dann bleibt er bewußt im Bereich der eigentlichen mütterlichen Begriffs- und Verstehenswelt. Seine Anweisungen zum Verhalten der einzelnen Erkrankungen wie Durchfall, Fieber, Schnupfen und Husten, Erbrechen, Krämpfe, Verletzungen und Pocken setzen jedoch ein höheres Maß an Aufmerksamkeit voraus, wie es eigentlich noch kaum den Ärzten der Epoche selbst immer zur Hand war.

Charakteristisch ist schließlich für den aufgeklärten Zeitgeist das Bemühen, sich mit den Problemen der Gesunderhaltung immer mehr direkt an die Kinder und Jugendlichen selbst zu wenden. Ein typisches Beispiel ist der 1792 zum ersten Mal erschienene „Gesundheitskatechismus" des Arztes Bernhard Christoph Faust (1775–1842), den 1793 die Würzburger Schulkommission zum Vortrag in den Schulen emp-

---

[32] E. Seidler: Das Kind als Modell medizinischer Theorien im 18. Jahrhundert, in: Der Kinderarzt 18, H. 4 (1970) S. 4f.
[33] Chr. W. Hufeland: Guter Rath an Mütter über die wichtigsten Punkte der physischen Erziehung der Kinder in den ersten Jahren, Berlin 1799.

fahl. Auf knapp hundert Seiten, in zwei Abteilungen „Von der Gesundheit" und „Von Krankheiten" geben 450 Fragen und Antworten genaue Vorschriften über die Beschaffenheit des menschlichen Körpers, über Essen, Trinken, Schlafen, Arbeiten, über die Körperpflege, nach wie vor also über ein Programm der vorbeugenden Lebensordnung.[34] In Heidelberg griff der medizinische Aufklärer Franz Anton Mai (1742–1814) diese Idee auf und kündigte 1800 im Vorlesungsverzeichnis der Universität an, er wolle nach „dem Plane des menschenfreundlichen Herrn Faust" der urteilsfähigen Jugend „Vorlesungen über die Mittel, gesund, stark, schön und alt zu werden" halten. Gleichsinnige Veranstaltungen hielt er in einer von ihm gegründeten „Krankenwärterschule", in die er regelmäßig zwölf- bis fünfzehnjährige Mädchen mit hineinnahm.

Seine Aufklärungsarbeit dehnte er aus auf die Schulkinder vom zehnten Lebensjahre an; er hielt „mittwochs Morgens von 10 bis 11 Uhr für die Mädchen, samstags um dieselbe Stunde den Knaben, ohne Unterschied der Religion, öffentliche Vorlesung über die Mittel, gesund, stark, schön und alt zu werden". Diese Vorlesungen hielt er anfangs anhand des Faustschen, später seines eigenen, frei an die Kinder verteilten „Gesundheitskatechismus" zehn Jahre lang. Die Beendigung eines Kurses feierte er mit öffentlichen Prüfungen und Preisverteilungen, wobei kein Kind leer ausging und wozu er Gedichte für die Kinder verfaßte sowie den Eltern Erziehungsregeln gab.[35]

Faßt man die Tendenzen dieses Modells einer physischen Erziehung zusammen, so muß konstatiert werden, daß der ärztliche Anteil der Sorge um das kranke Kind vorläufig nur als Sekundärphänomen gewertet werden kann, angesichts der dominierenden motivgebenden Impulse aus Philosophie, Pädagogik und Staatsraison. Es kann allerdings nicht deutlich genug unterstrichen werden, daß der hierdurch gegebene präventive bzw. – modern gesprochen – sozialpädiatrische Impetus als Grundidee des Umganges mit dem kranken Kinde sehr hoch veranschlagt werden muß. Er hat in einigen Ländern, vor allem im philanthropischen Österreich und auch in England, dazu geführt, daß die Beschäftigung mit dem Kindesalter bis in die Mitte des

---

[34] B. Chr. Faust: Gesundheitskatechismus zum Gebrauche in den Schulen und beym häuslichen Unterricht, Bückeburg 1794.
[35] Vgl. Anm. 22.

19. Jahrhunderts sich früh und intensiv mit Eigengesetzlichkeiten der Kindheit zu beschäftigen begann.[36]

Exemplarisch steht hierfür am Ende der Aufklärung Christoph Wilhelm Hufeland (1762–1836), der sich als praktischer Arzt ein Leben lang mit kranken Kindern beschäftigte, einfach weil „ein Drittel aller Kranken" Kinder sind. Schon von daher geht die Herausforderung an den Arzt, sich ein anderes Bild vom Kind zu machen als von Erwachsenen. Hierzu – und dies spricht wesentliche und fortwirkende Elemente einer kindlichen Anthropologie an – kehrt Hufeland den alten Topos von der Kindheit als zu überwindendem Stadium der Unvollkommenheit geradezu um.[37]

Die Kindheit hat vielmehr ihren bestimmenden Wert in sich, das Kind ist ein werdender Mensch, sein Leben in den ersten Jahren eine noch fortgesetzte Zeugung, und alles, was in dieser Periode auf ihn wirkt, ist nicht bloß für die Überwindung der Gegenwart, „sondern für sein ganzes künftiges Leben wichtig und entscheidend".

Dies erheischt ein geschlossenes Bild „von dem eigentümlichen Charakter, den das Kindesalter allen Krankheiten und der ganzen Praxis in diesem Zeitpunkt gibt: … ein fortdauerndes Werden, kein Sein, sondern eine fortgesetzte Entwicklung des noch unvollendeten Organismus". Dies ist nicht das bloße Heranwachsen, nicht der Baum, der gezogen, geschnitten und veredelt werden soll, wie ihn die aufklärerische Pädagogik so gerne sah, hier ist Kindheit „Wirkung und Symptom des fortdauernd kritischen, hier bildenden, schaffenden Naturprocesses".

Damit überträgt Hufeland das Modell eines geschlossenen Zusammenhanges von Entwicklung, Individualität und Krankheit auf das Kindesalter; „jedes Alter", so mahnt er seine Zeitgenossen ausdrücklich noch einmal im alten hippokratischen Sinne, „hat seinen eigentümlichen Charakter und damit verbundene Krankheiten und Krankheitsanlagen und Todesanlagen". Damit definieren sich Kinderkrankheiten aus der besonderen anthropologischen Situation des Kindes von

---

[36] Vgl. hierzu H. Walter: Die frühe Wiener Kinderpsychologie und ihre Voraussetzungen, (Med. Diss.) Münster 1970.
[37] Die folgenden Zitate aus dem Kap.: „Kinderkrankheiten" in: Chr. W. Hufeland: Enchiridion medicum oder Anleitung zur medizinischen Praxis. Vermächtnis einer fünfzigjährigen Erfahrung, Berlin [4]1838, S. 718–758.

selbst. Der Arzt hat die Pflicht, sich mühevoll und mit äußerster Sorgfalt und Behutsamkeit in die kindliche Natur einzufühlen und die Krankheit, wie Carl Gustav Carus wenig später formulieren wird, „als den an dem palpablen, realen Organismus sich darlebenden ideellen Organismus" zu erspüren, wenn nötig herauszuarbeiten und ganz vorsichtig – immer mit Blick auf Entwicklungsstadium und Individualität – zu leiten.[38]

3. Kinderheilkunde

Die Frage nach einer Anthropologie des Kindesalters, stellt man sie an die wissenschaftliche Pädiatrie des 19. und 20. Jahrhunderts, hat vordergründig nichts mehr gemeinsam mit den bisher besprochenen traditionellen Leitlinien. Dazwischen liegt ein machtvoller Charakter- und Motivwandel der Auffassung vom Kind, der sich gesellschaftlich am Sinken der Mütter-, Säuglings- und Kindersterblichkeit bemißt, der den Wert eines Kindes nationalökonomisch zu berechnen in der Lage ist, der – nach Darwin – den Entwicklungsgedanken völlig neu gefaßt hat. In wenigen Jahrzehnten entstand im Kontext des Aufbruches einer den Naturwissenschaften verpflichteten Medizin das Fach Kinderheilkunde, ausgestattet mit einer verbindlichen vergleichbareren Methodik, das Biosystem Kind in seiner Normalität und Pathologie quantitativ zu beschreiben.

Die Elemente dieses Modelles können im Rahmen dieses Beitrages nur angedeutet werden, wobei indessen betont werden muß, daß auch hier nicht nur die wissenschaftliche Heilkunde allein das maßgebende Element ist, sondern wiederum die Auffassung, die sich die Gemeinschaft vor dem Hintergrund sich wandelnder anthropologischer Prämissen vom Kind entwirft.[39]

Betrachten wir jedoch zunächst die Medizin, so erschloß ein grundsätzlich neuer methodologischer Ansatz auch der Erkenntnis

---

[38] C. G. Carus: Erfahrungsresultate aus ärztlichen Studien und ärztlichem Wirken während eines halben Jahrhunderts, Leipzig 1859.

[39] Vgl. hierzu E. Seidler: Die Kinderheilkunde in Deutschland, in: Schweier u. Seidler (wie Anm. 4) S. 13–85.

von Kinderkrankheiten einen neuen Erfahrungsbereich. Die Wurzel hierzu liegt in den ersten Jahrzehnten des 19. Jahrhunderts in der Orientierung der Pariser klinisch-pathologischen Schule, die auch das Kind in ihre konsequent durchgeführte Methode einbezog, das klinische Bild mit dem pathologisch-anatomischen Befund in Beziehung zu setzen. Bis dahin war auch für die Kinderärzte das kranke, aber lebende Kind Erkenntnisobjekt gewesen; rationelle Erfahrung gewann man im diagnostischen und therapeutischen Umgang. Nunmehr wurde das gestorbene Kind zur Erfahrungsquelle ersten Ranges; die Norm für Gesundheit und Krankheit wird durch die Anschauung der veränderten Organe und ihre statistische Erfassung geliefert, nicht mehr durch ein umfassendes, alles erklärendes System.

Auf dieser Basis entsteht 1828 Charles-Michel Billards (1800–1832) „Traité des maladies des enfants nouveau-nés et á la mamelle". Sein methodischer Ansatz ist eindeutig: Das Abweichende ist zu erkennen, indem man zuerst das Normale festhält und die daran gemessene Krankheit phänomenologisch und aetiologisch beschreibt, nach den verschiedenen Körpersystemen klassifiziert und autoptisch sichert. „La nature cesse d'être une finalité obscure pour trouver son accomplissement dans le jeu déterminé des fonctions elles-mêmes déterminées."[40]

Wenn Billard auf diesem methodischen Wege zu einer neuen und für die Zeit brauchbaren Systematik der kindlichen Pathologie kommt, dann ist damit allerdings auch der Weg der vorläufig weiteren Einstellung zum Kind vorgezeichnet: Das Kind wird wie alles Lebendige zum Substrat und zum Objekt naturwissenschaftlicher Betrachtung. Da – wie seit altersher betont wurde – das Kind keine Auskunft über seinen Zustand geben kann, sehen wir in der Folge die Medizin bemüht, am Kind objektivierbare Befunde zu erheben und den Körper des Kindes neu zu problematisieren. Der Fortschritt war rapide und verhalf auch der Pädiatrie nach und nach zu einem konstitutiven Selbstverständnis als empirische Wissenschaft. Die nunmehr erschlossene Möglichkeit, die neuen anatomischen, physiologischen, physikalischen und chemischen Untersuchungsweisen als Erkenntnisquelle benutzen zu können, begann eine alte, eingefahrene Unsicherheit des Arztes gegenüber

---

[40] Ch. M. Billard: Traité des maladies des enfants nouveau-nés et á la mamelle, Paris 1828, Préface.

dem Kind zu überdecken. Wenn für Joerg (1808–1878) die Physiologie des kindlichen Organismus noch eine „Hieroglyphe der Natur" war und viele andere pädiatrische Autoren der ersten Jahrzehnte des Jahrhunderts ganz offen die „Unvollkommenheiten unserer Einsichten" zugegeben hatten, so wußte man sich jetzt auf dem Wege der *observation pure.*[41] Carl Gerhardt (1833–1902), der spätere Herausgeber des ersten deutschsprachigen Handbuches der Kinderkrankheiten, bezeichnet 1861 die nur symptomatische Zusammenstellung von kindlichen Krankheitsbildern „so ziemlich als überwundenen Standpunkt";[42] das „Krankengut" bot ergiebiges Material für wissenschaftlich-statistisches Arbeiten.

Von der Kinderheilkunde als positiver Wissenschaft und von ihren Institutionen erwartete man einen dreifachen Nutzen: für die Gesellschaft, insoweit als man die Bevölkerung über die Maximen einer vernünftigen Kinderpflege aufklären wollte, für den Staat, indem man ihm seine Bürger erhielt und in deren Beziehung hineinwirkte, und für die Wissenschaft, indem man gesicherte Kenntnisse über die verschiedenen Kinderkrankheiten gewann.

Das Kind als Gegenstand dieser neuen Pädiatrie hatte durch die Zeitsignatur des 19. Jahrhunderts entscheidende Umwertungen erfahren. Nicht nur die objektivierende Betrachtung der Medizin hatte die Denkweise vom Kind in die allgemeine quantifizierende Biologisierung des Lebenden mit einbezogen, sondern dies entsprach dem generellen wissenschaftlichen Zeitgeist und umgriff alle Gebiete des gesamten menschlichen Lebens.

Da jegliche Betrachtung des Kindesalters wesensmäßig durch den entscheidenden Faktor der Entwicklung bestimmt ist, so wurde gerade der so wirkungsträchtige Evolutionsgedanke einem entscheidenden Wandel unterzogen, als 1859 Charles Darwins „Origin of Species" erschien. Das Buch hatte eine umfassende Wirkung, von jetzt an beherrschte der Entwicklungsgedanke das gesamte Naturgeschehen bis in die Welt des Anorganischen. 1866 formulierte Haeckel sein „biogenetisches Grundgesetz", wonach die Ontogenese eine verkürzte Rekapitulation der Phylogenese darstellt. Der Mensch wird als

---

[41] J. Chr. Joerg: Handbuch zum Erkennen und Heilen der Kinderkrankheiten, Leipzig 1826.
[42] C. Gerhardt: Lehrbuch der Kinderkrankheiten, Tübingen 1861.

bisher letztes Glied in das Entwicklungsgeschehen einbezogen, die so viele Jahrhunderte betonte Kluft zwischen Mensch und Tier war aufgehoben.

Es ist von erheblicher Bedeutung für die Betrachtungsweise der Kindheit, daß dieser methodische Ansatz nicht nur der Medizin, sondern auch der Psychologie und der Pädagogik einen neuen Weg eröffnete; das erste Werk mit dem Titel „Die Seele des Kindes" 1882 hat den Physiologen Wilhelm Preyer zum Autor und basiert auf dem empirischen Sammeln und experimentellen Messen psychischer Phänomene.[43] Von hier bis zu den einflußreichen Intelligenzmessungen bei Kindern durch Binet und Simon vor dem Ersten Weltkrieg und bis zu den Arbeiten über die Grundmechanismen der Großhirnrinde bei Kindern im Gefolge Pawlows bestätigte sich auch den experimentierenden Psychologen die offensichtliche Richtigkeit des eingeschlagenen Weges.[44]

Die Kinderheilkunde selbst erfuhr ihr großes wissenschaftliches Erfolgserlebnis aus zwei dominanten Arbeitsgebieten: aus der bakteriologischen Lösung des Infektionsproblemes und aus der Chemie der Ernährung. Damit waren zwei uralte Ursachen des Kindersterbens gebannt und das junge Fach konnte so den Aufbruch seiner Wissenschaftlichkeit ebenfalls als richtig begreifen. Das Kind hat nunmehr, so Julius Pagel 1905, den glücklichen Vorzug, „alle Reiche" dieser von der Naturwissenschaft geprägten Kultur „zu umspannen, um daraus die Stoffe zu saugen, mit denen es sein kräftiges Nahrungsbedürfnis zu befriedigen genötigt ist".[45] Die Kinderkrankheiten, die man bereits vor dem Ersten Weltkrieg total zu beherrschen glaubt, dringen bis in die Metaphorik der Kulturphilosophie, wo etwa der Leipziger Chemiker und Philosoph Wilhelm Ostwald das „metaphysische Bedürfnis" des Menschen auf eine Stufe mit den Masern stellt. Man habe diese früher als notwendig für die Entwicklung des Kindes angesehen, jetzt aber

---

[43] W. Th. Preyer: Die Seele des Kindes, Leipzig 1881.

[44] Vgl. hierzu H. Kindt: Vorstufen der Entwicklung zur Kinderpsychiatrie im 19. Jahrhundert (= Freiburger Forschungen zur Medizingeschichte N. F. Bd. 1), Freiburg i. Br. 1971. E. Seidler: Die Seele des Kindes, in: Schweier u. Seidler (wie Anm. 4) S. 60–65.

[45] J. Pagel: Grundriß eines Systems der Medizinischen Kulturgeschichte, Berlin 1905, S. 7.

könne man Masern wie Metaphysik als Folge einer Ansteckung identifizieren und damit verhüten.[46]

Es ist ein eigentümliches Paradoxon, daß sich die Kinderheilkunde trotz ihres hohen sozialen Anspruches und trotz bzw. wegen ihrer großartigen wissenschaftlichen Erfolge seit ihrer zweiten Gründungsphase Ende des 19. Jahrhunderts auf den Weg einer Aspektwissenschaft vom Kind begeben hat. Der methodische Ansatz der Naturwissenschaften, die Überzeugung, nahezu alle Probleme des Kindesalters auf somatischem Wege lösen zu können, und die Abspaltung und Einkapselung anderer Disziplinen, die am Kinde arbeiteten (Pädagogik, Psychologie, Kinderpsychiatrie) brachten es mit sich, daß der Blick auf das Ganze des Phänomens Kind zwangsläufig eingegrenzt wurde. Freilich war man sich dieser Tatsache lange nicht bewußt, da man glaubte, selbst den methodischen Schlüssel zu den Grundproblemen der Kindheit in Händen zu halten.

Nichts von alledem scheint schließlich für die Frage nach einer medizinischen Anthropologie des Kindesalters auch nur begrifflich geeignet. Es sind indessen genau jene Elemente, mit denen eine neue medizinische Wissenschaft vom Kinde, von einem ersten Höhepunkt, aber scheinbar auch von einem wissenschaftstheoretischen Nullpunkt aus, nach einem verbindlichen Entwurf von Kindheit sucht.

Man gewinnt allerdings den Eindruck, daß Biologismus und Positivismus, aber auch die in neuer Weise verfaßten Ansätze einer naturwissenschaftlichen Pädagogik und Psychologie das Kind zunächst einmal in seine Teile zerlegt haben und sich jetzt alle bemühen, es auf ihre Weise wieder zusammenzusetzen – freilich vielfach –, so der Münchener Pädiater Meinhard v. Pfaundler (1872–1947) – „wie jemand, der sich eine Uhr abzulesen bemüht, von der noch nichts vorliegt als die gespannte Feder, aber kein ihre Entspannungsgeschwindigkeit regelndes Pendel-Ankersystem, auch kein Zeiger oder Zifferblatt".[47]

Blicken wir auf die Kinderheilkunde, die nach den Worten von Philipp Biedert (1847–1916) angetreten war, einen ganzen „Mikrokosmos medizinischen Wissens und Könnens" um das Kind zu entfalten,

---

[46] W. Ostwald: Ultramontanismus und Kultur, Frankfurt a. M. 1911.

[47] M. v. Pfaundler: Konstitution und Konstitutionsanomalien, in: M. v. Pfaundler und A. Schloßmann (Hrsg.): Handbuch der Kinderheilkunde, Bd. 1, Berlin [4]1931, S. 637–650.

so diskutiert sie am Jahrhundertanfang das Ganze des Kindes auf dem Boden der Diathesen- und Konstitutionslehre. Beide Begriffe sind paradigmatisch für die Suche nach einem zeitgemäßen Modell von Kindheit, wobei vor allem die von dem Berliner Pädiater Adalbert Czerny (1863–1941) in die Diskussion gebrachte Diathesenlehre an den alten Dispositionsbegriff anknüpfte und mit ihm letztlich an den überkommenen Topos von der natürlichen Unvollkommenheit des Kindes.[48] In der Sprache der Neuzeit hieß dies: Gibt es Kinder, die mehr als andere, mehr als der Durchschnitt der Gesamtheit, mehr als es art- und altersgemäß („physiologisch") ist, eine Bereitschaft zu bestimmten Gesundheitsstörungen aufweisen? Die Bedeutung der individuellen Anlage für die Gesundheitsverfassung und die Krankheitsentstehung beschäftigte den Pädiater ganz besonders, da er „unter völlig gleichartigen Pflege- und Ernährungsverhältnissen das eine Kind prächtig gedeihen, das andere in kürzester Zeit erkranken und zugrundegehen sieht, und zwar an Zuständen, die ihm der Anatom oft nicht recht aufzuklären vermag".[49]

Wurde die Diathesenlehre im Zusammenhang mit den neuen Vererbungsgesetzen zu einer Grundfrage in der medizinischen Diskussion um die somatische Verfassung des Kindes, so versuchte die Konstitutionslehre in differenzierter Weise die Eigenart kindlichen Lebens zu begreifen.

Wesen und Grundlagen der Konstitution waren in den zwanziger Jahren Gegenstand intensivster wissenschaftstheoretischer und praktischer Diskussionen, an denen sich wiederum die Pädiater besonders beteiligen. Ausgehend von den Definitionen der Begründer der neueren Konstitutionslehre, Friedrich Martius (1850–1912) und Friedrich Kraus (1858–1936), drehte sich die Diskussion um „eine dem Individuum ererbte oder erworbene eigentümliche, ebenso morphologisch wie funktionell analysierbare, so gut aus dem Verhalten bestimmter einzelner Funktionen wie aus der Summe körperlicher und seelischer

---

[48] Ph. Biedert: Vorrede zu A. Vogel: Lehrbuch der Kinderkrankheiten. Stuttgart ¹⁰1890; A. Czerny: Die exsudative Diathese, in: Jahrbuch Kinderheilk. 61 (1905) S. 199 ff.

[49] M. v. Pfaundler: Über Wesen und Behandlung der Diathesen im Kindesalter, in: Verhandlungen des deutschen Kongresses für innere Medizin, Wiesbaden 1911, S. 36–85.

Zustands- und Leistungseigenschaften sich ableitende Beschaffenheit".[50] Diese am Idiotypen zu orientieren und als im Moment der Befruchtung gegeben anzusehen – wie es der Anatom Julius Tandler (1869–1936) vorgeschlagen hatte –, wurde von den Klinikern abgelehnt: „Ärztlicher Gebrauch fordert phänotypische Fassung", proklamierte entschieden Meinhard v. Pfaundler (1931). „Wenn die Konstitution nicht aus der ärztlichen Begriffswelt verschwinden soll", so präzisiert er weiter, „dann muß man sie als etwas definieren, was so oder so ist und nicht als etwas, das unter vielen Wenn und Aber allenfalls so oder so werden könnte." Auch Hippokrates, Wunderlich und den alten Klinikern, die sich um die Beschreibung einer Gesamtverfassung des Menschen bemüht hätten, sei die Konstitution „der Inbegriff der gesamten Organisationsverhältnisse des Körpers ohne jegliche Beschränkung auf ererbte Anlagen" gewesen.[51]

Dies waren Ansätze, von denen man sich trotz ihres paradigmatischen Charakters fragen muß, ob man in ihnen überhaupt Wege zu einer neuzeitlichen und vor allem kindgemäßen medizinischen Anthropologie erblicken kann. Dies wird erst durch eine eingehende Analyse dieser ungemein prinzipiellen Diskussion zu klären sein. Gleichwohl läßt sich – insbesondere in der Nachfolge Pfaundlers bei Alfred Nitschke (1898–1960) und Bernhard de Rudder (1894–1962) – im Rahmen des Ausbaus der Konstitutionspathologie eine Annäherung an das Gesamtproblem erkennen, was jetzt hier nicht mehr erörtert werden kann.[52]

Studien zu einer Anthropologie des Kindesalters werden indessen zur gleichen Zeit von anderen Disziplinen vorgelegt, die sich mit dem Kind beschäftigen. Nach wie vor suchen auch die vergleichende Psychologie und die Entwicklungspsychologie nach Naturgesetzmäßigkeiten in der kindlichen Verfassung, wobei jedoch nach Darwin, Wundt, Wolfgang Köhler und Karl Bühler der Entwicklungsbegriff im wesentlichen auch in diesen Disziplinen biologisch ausgedeutet wurde. In der Folge haben Kinderpsychologie, Pädagogik, Soziologie und

---

[50] F. Kraus: Die allgemeine und spezielle Pathologie der Person, Leipzig 1919.
[51] Vgl. Anm. 47.
[52] Vgl. hierzu A. Nitschke: Das verwaiste Kind der Natur, Tübingen 1962; B. de Rudder (Hrsg.): Biologische Allgemeinprobleme der Medizin. Konstitution. Diathese. Disposition, Berlin und Heidelberg 1947.

vor allem die Kinderpsychiatrie zahllose wichtige Einzelaussagen beigesteuert, die indes alle – für sich genommen – keinen Grund für eine neue Anthropologie des Kindesalters gelegt haben. Ohne die Untersuchungen Piagets zur *mentalité enfantine*, den personalistischen Ansatz William Sterns, die Ergebnisse der Pädagogik Maria Montessoris, aber auch ohne die Auflösung der vielfach festgefahrenen Diskussion zwischen dem psychogenetischen und dem behavioristischen Konzept der Kinderseele – ohne diese und viele andere Materialien kann freilich auch eine medizinische Anthropologie des Kindes gar nicht mehr ins Auge gefaßt werden.

Was dem vergleichsweise naiven Pragmatismus eines Hufeland und seiner sehr kinderfreundlichen Zeit noch möglich war, ist heute vorläufig unmöglich geworden: das Gespür zumindest für die Erfahrungsweise und die Wege, Grundsätzliches am Kinde zu erkennen. Das Kind ist im Gespinst der Einzelaussagen vorläufig unerkennbarer geworden, als es je war.

Eine integrierte ärztliche Kinderforschung ist ein Desideratum an die Zukunft; sie wäre ein viertes, das historisch zeitgemäße Modell einer medizinischen Anthropologie des kranken Kindes, das gleichermaßen vom Anspruch der körperlich, geistig und sozial behinderten Kinder wie auch von allen Betroffenen ihres Umfelds seinen Auftrag erhält.

PERSONEN- UND SACHREGISTER

Im Registeralphabet sind ä wie ae, ö wie oe, ü wie ue eingereiht. Nach dem Stichwort stehen zunächst die Verweise auf Textstellen, wobei hochgestellte Zahlen auf den Anmerkungsapparat verweisen. Das Pluszeichen (+) vor hochgestellten Zahlen weist darauf hin, daß das Stichwort sowohl im Text als auch in den Anmerkungen zu finden ist. Seitenzahlen nach T beziehen sich auf Tabellen. Der Pfeil ↗ zeigt an, daß die gesuchte Information unter einem anderen Stichwort zu finden ist; der Hinweis s. a. (siehe auch) sagt aus, daß zusätzliche Informationen unter den dort angegebenen Stichwörtern nachgeschlagen werden können.

Aaḥmōse of Peniati 238[83]
Abandon 549
Aberglauben ↗ Magie
Abort 318, 408f., 461
Abraham 415f., 473
Abstammung 244f., 255
Abtreibung 82f., 146, 149, 274–284, 409, 460f.
Achilleus 269[3], 288
Achthoes 245[123]
Adeona 324
Adoleszenz, soziale 42; s. a. Jugendalter
Adoption 79, 100, 107, 131, 133, 146f., 238, 277, 279
adrenogenitale Syndrom 42
Aegidius Romanus 452
Aelred of Rievaulx 457
Aemilius Paulus 338
Agamemnon 269
Agesilaos 280
Aggression 45; s. a. Ungehorsam
Agon 307
Ahmose 253
Ahnen 13, 22, 31, 53, 57, 58, 75, 86f., 105, 392[4]
Ahnenkult 44, 55, 76, 79, 97, 209, 403
Aiora 294
Aischines 281, 300, 306
Aischylos 292

Akiba 374
Alberti, Leon Battista 453, 459, 464
Aldobrandino da Siena 447, 450
Alemona 324
Alimentationen 343
Alis 261[203]
Alkwin 474
Alte 37, 40–42, 58, 202f., 205, 335
Altersdörfer 51
Altersgruppen 14, 36, 51, 120–123, 158–160, 268, 446–448, 454–458, 679
Altersklassen 37, 41f., 58, 310
Altersstufen ↗ Altersgruppen
Altersversorgung 41, 87, 202f., 208, 392
Amenophis II. 249[147]
Amenophis III. 237[80]
Ammen 21f., 107, 131–133, 147, 149f., 235, 248[136], 281, 287–294, 298, 301, 327–331, 419, 451, 463, 528, 548, 569, 580, 625f.
Amphidromie 285, 461[46]
Amtsfolge 243, 247
Amtsübernahme 244, 247
Amulett 231, 331
Amun 227[7], 242, 248
Analogiezauber 231
anchisteia hieron kai hosion 287

ÜBER DIE AUTOREN

Klaus Arnold, geboren 1942, studierte Geschichte, Kunstgeschichte und historische Hilfswissenschaften an der Universität Würzburg; 1970 Promotion und 1978 Habilitation. 1980/1981 Vertretung einer Professur an der Universität Bamberg. Seit 1981 Professor für mittlere und neuere Geschichte (mit besonderer Berücksichtigung der Sozialgeschichte Westeuropas) an der Universität Hamburg.

Marieluise Deißmann-Merten, geboren 1935, studierte Alte Geschichte, Latein und Germanistik in Frankfurt a. M. und Bonn; 1964 Promotion bei H. Strasburger in Frankfurt a. M. Seit 1967 Akademische Rätin im Seminar für Alte Geschichte der Universität Freiburg i. Br.

Emiel Eyben, geboren 1942, promovierte 1969 in Löwen (Belgien) zum Doktor der Klassischen Philologie und ist seit 1964 wissenschaftlicher Hauptassistent des belgischen Nationalfonds für wissenschaftliche Forschung, seit 1977 auch außerordentlicher Dozent an der Katholischen Universität Löwen mit einem Lehrauftrag für lateinische Literatur. Sein wissenschaftliches Interesse gilt dem Verhältnis der Geschlechter und Generationen zueinander im griechisch-römischen und christlichen Altertum. Neben anderen akademischen Ehrungen wurde ihm 1968 ein nationales Forschungsstipendium zuteil; 1973 zeichnete ihn die Königliche Akademie der Wissenschaften für sein Buch über die römische Jugend („De jonge Romein volgens de literaire bronnen der periode ca. 200 v. Chr. tot ca. 500 n. Chr.“) aus. Er ist Mitglied verschiedener akademischer Gesellschaften, u. a. der Königlichen Akademie für Sprach- und Literaturwissenschaft, und Mitarbeiter am „Reallexikon für Antike und Christentum“ (Bonn).

Erika Feucht, geboren 1938, studierte in Berlin, Hamburg und München Ägyptologie, Klassische Archäologie und Alte Geschichte; promovierte 1965 in München im Fach Ägyptologie; führte bis 1973 die Redaktion des „Lexikon der Ägyptologie“, erhielt anschließend ein Habilitationsstipendium der Deutschen Forschungsgemeinschaft, das sie durch den Mitaufbau des Heidelberger Projektes „Ramessidische Beamtengräber“ unterbrach. Nach Fertigstellung einer Grabpublikation hat sie sich 1981 mit einer Arbeit über das Kind im

Alten Ägypten habilitiert. Sie betreut die Sammlung des Ägyptologischen Instituts und unterrichtet in Heidelberg.

Hiroko Hara, geboren 1934, M.A. in Ethnologie an der Universität Tokyo, Japan, 1959; Ph.D. in Ethnologie am Bryn Mawr College, PA, USA, 1964. Fachgebiet: Kindererziehung in der japanischen Kultur. Ethnologische Untersuchung über die „Hare Indian" (subarctic hunters and gatherers in Canada). Frauenleben in Japan im Vergleich mit dem von Männern und im internationalen Vergleich. Professor für Frauen-Studium, Ochanomizu Universität, Tokyo, Japan.

Irene Hardach-Pinke, geboren 1942, studierte Soziologie und Psychologie in Berlin, Paris und Marburg; 1969 Diplom an der Freien Universität Berlin. Nach Berufstätigkeit in Forschung und Beratung Promotion 1981 an der Universität Marburg mit einer Arbeit zur Geschichte der Kindheit. 1982–1984 Fellow der Japan Society for the Promotion of Science an der Ochanomizu Universität, Tokyo. Arbeitsschwerpunkte: Familiensoziologie, historische Familienforschung, internationale Ehen und Familien.

Ulrich Herrmann, geboren 1939, studierte in Heidelberg und Köln Geschichte, Germanistik, Politikwissenschaft, Philosophie und Pädagogik; nach der Promotion (1968 in Köln) über die Theorie der Geisteswissenschaften und der Pädagogik im Werk Wilhelm Diltheys war er im Sekretariat der Studienstiftung des deutschen Volkes und als Persönlicher Referent des Rektors der Universität Tübingen tätig, seit 1970 im Pädagogischen Seminar der Universität Tübingen. Habilitation 1975, Ernennung zum Professor für Allgemeine und Historische Pädagogik 1976 in Tübingen. Zahlreiche Veröffentlichungen zur Geschichte der Erziehung und Bildung sowie zur Wissenschaftsgeschichte der Pädagogik von der Mitte des 18. Jahrhunderts bis zur Gegenwart. Einer der Forschungsschwerpunkte ist die Historische Sozialisationsforschung.

Gudula Linck, geboren 1943, studierte in Paris, Salamanca und Germersheim a. Rh. Französisch und Spanisch mit abschließender Diplomübersetzerprüfung; ein Zweitstudium in Sinologie, Ethnologie und Japanologie in Tübingen und München führte zur Promotion. Seit 1980 ist sie an der Universität Freiburg i. Br. als Lektorin in der Lehre und Forschung zur Sprache und Sozialgeschichte Chinas tätig, wo sie sich Ende 1984 für das Fach Sinologie habilitierte und jetzt als Privatdozentin lehrt.

Jochen Martin, geboren 1936, promovierte 1965 mit einer althistorischen Arbeit an der Universität Freiburg i. Br.; 1972 Habilitation an der Universität Konstanz. 1976 Professor für Alte Geschichte an der Universität Bielefeld, seit 1980 an der Universität Freiburg i. Br.

Günter Mayer, geboren 1936, studierte Evangelische Theologie, Semitische

Sprachen und Klassische Philologie in Mainz, wo er 1960 zum Dr. theol. promovierte. 1960 und 1964 legte er das Erste bzw. das Zweite theologische Examen der Pfälzischen Landeskirche ab. Von 1962 bis 1970 als Wissenschaftlicher Mitarbeiter am Institutum Judaicum Delitzschianum in Münster tätig, habilitierte er sich 1970 an der Universität Münster für das Fach „Geschichte und Literatur des biblischen und nachbiblischen Judentums", das er seit 1972 als Professor an der Universität Mainz vertritt.

Werner F. Menski, geboren 1949, studierte in Kiel Geographie, Indologie und Anglistik; 1977 M.A., anschließend bis 1980 wiss. Assistent in der Abteilung für Indologie der Universität Bochum. 1980–1981 DAAD-Stipendiat in London. 1981–1983 Training Fellow in Hindu and Modern South Asian Laws an der School of Oriental and African Studies, University of London. Seit 1983 dort Lecturer in Hindu and Modern South Asian Laws. 1984 Promotion mit einer Arbeit über „Role and Ritual in the Hindu Marriage". Forschungsarbeiten zum klassischen und modernen Hindurecht, zum modernen indischen Rechtssystem und zu verschiedenen Aspekten des Hinduismus.

Mieko Minagawa, geboren 1949; M.A. in Erziehungs-Psychologie an der Ochanomizu Universität, Tokyo, Japan, 1975. Ihre Doktorarbeit ist in Vorbereitung (zur Geschichte der Kindheit, Kultur der Kindererziehung in der ersten Hälfte des 19. Jahrhunderts). Fachgebiet: Theorie der Aggressivität, Erforschung der Tagebücher zur Kindererziehung in Japan, japanische Kinderliteratur. Wissenschaftlicher Leiter im Menschenkulturforschungskurs an der Ochanomizu Universität, Tokyo, Japan.

Harald Motzki, geboren 1948, studierte Religionswissenschaft, Semitistik, Altes Testament, Islamwissenschaft und Geschichte in Bonn und Paris; M.A. in Religionswissenschaft, promovierte in Islamwissenschaft; seit 1983 Hochschulassistent am Seminar für Geschichte und Kultur des Vorderen Orients der Universität Hamburg.

August Nitschke, geboren 1926, studierte Geschichte des Mittelalters, Naturwissenschaftsgeschichte, Geschichte der Verhaltenshistorie in europäischen und außereuropäischen Ländern; Professor Dr. phil. Bisher tätig am Deutschen Historischen Institut in Rom, Universität Göttingen, Mainz, Münster, Stuttgart.

Otto F. Raum, geboren 1903 in Ostafrika, Schulen in Deutschland, studierte in London: B.A.Hons., Postgrad.Dipl. in Anthropology, Ph.D.; Dozent für Lehrerbildung Marangu Tanzania, Umpumulo Natal, Prof. of Education 1949–1959, Prof. Social Anthropology 1960–1968 University Fort Hare Kapprovinz; Carnegie Travel Grant in USA 1955, Gastprofessor Köln 1964/1965; im Ruhestand volkskundliche Arbeiten in Franken.

Eduard Seidler, geboren 1929, studierte Medizin in Mainz, Paris und Heidelberg; ärztliche Weiterbildung am Institut für Experimentelle Krebsforschung Heidelberg, der Universitäts-Frauenklinik Hamburg und der Universitäts-Kinderklinik Heidelberg; Facharzt für Kinderheilkunde 1961. Nach vorbereitenden wissenschaftshistorischen Arbeiten Eintritt in das Institut für Geschichte der Medizin der Universität Heidelberg 1963. Habilitation 1965, seit 1968 o. Professor für Geschichte der Medizin an der Universität Freiburg i. Br. Arbeitsschwerpunkte: Geschichte der Kindheit, Neuere Medizingeschichte, Medizinische Ethik.

Edward Shorter, geboren 1941, studierte Geschichte an der Harvard Universität, Ph.D. 1968. Seit 1968 an der Universität von Toronto.

Rolf Sprandel, geboren 1931, studierte in Freiburg i. Br., Göttingen und Bonn Geschichte; promovierte 1955 in Freiburg i. Br. und 1961 dort habilitiert, jeweils über ein Thema der mittelalterlichen Geschichte. Er war dazwischen Assistent am Deutschen Historischen Institut in Paris. 1967 wurde er o. Professor für mittelalterliche Geschichte in Hamburg, 1973 in Würzburg.

Reinhard Spree, geboren 1941, studierte – nach Abschluß einer Banklehre – Volkswirtschaftslehre, Soziologie, Sozial- und Wirtschaftsgeschichte an der Universität Hamburg sowie an der Freien Universität Berlin; promovierte 1975 mit einer wirtschaftshistorischen Arbeit an der FU Berlin zum Dr. rer. pol.; habilitierte sich 1982 an der Technischen Universität Berlin, Fachbereich Kommunikations- und Geschichtswissenschaften, für das Fach „Wirtschafts- und Sozialgeschichte", das er dort auch als Privatdozent vertritt. Am Max-Planck-Institut für Bildungsforschung Berlin leitete er seit Ende 1976 ein sozialhistorisches Projekt zur Erforschung sozialisatorisch relevanter Dimensionen sozialer Ungleichheit in Deutschland seit der Mitte des 19. Jahrhunderts, das im Frühjahr 1985 abgeschlossen wurde. Seit 1978 Professor an der Fachhochschule für Wirtschaft Berlin mit dem Schwerpunkt „Industrialisierung und soziale Entwicklung".

Historische Anthropologie

Veröffentlichungen des Instituts für Historische Anthropologie e.V.
in Freiburg im Breisgau,
herausgegeben von Jochen Martin und Thomas Nipperdey

Verlag Karl Alber, Freiburg/München

Theodor Ballauff und Klaus Schaller
Pädagogik

Eine Geschichte der Bildung und Erziehung in drei Bänden:
I. Von der Antike bis zum Humanismus, II. Vom 16. bis zum 19. Jahrhundert, III. 19./20. Jahrhundert

1969–1973. 750, 776 und 888 Seiten. Leinen.
Reihe *Orbis academicus*

„Das Werk kann in mehrfacher Hinsicht als einmalig bezeichnet werden. Als Aufbauprinzip liegt den Bänden der Wechsel von Originaltexten und Kommentierungen zugrunde. Formal gesehen entsteht dadurch eine Grundstruktur, die der Funktion des Werkes als Quellensammlung, Nachschlagewerk sowie Studien- und Arbeitsbuch Rechnung trägt. Unterstützt wird diese Funktion durch gut gegliederte Bibliographien, durch wertvolle biographische Verzeichnisse mit Kurzviten, durch mehrere Zeitleisten und nicht zuletzt durch ausführliche Sach- und Personenverzeichnisse.

Für die Auswahl der Originaltexte war die Intention maßgebend, nicht historische Fakten über Erziehung und Bildung zu akkumulieren, sondern begründete Gedankengänge aus ihrer jeweiligen geschichtlich und gesellschaftlich bestimmten Situation heraus sprechen und in ihrer ideen- und wirkungsgeschichtlichen Bedeutung verständlich werden zu lassen. Dadurch wird dem Leser vor Augen geführt, daß sich Wandel und Kontinuität des pädagogischen Denkens in stets neuen Gegensätzen und deren Lösungsversuchen gründen.

Im Zuge der Grundinterpretation expliziert sich in dem Werk zugleich eine pädagogische Systematik. Damit findet die Frage, warum es den Haupttitel ‚Pädagogik' trägt, eine überzeugende Antwort." *(Paedagogica Historica)*

Verlag Karl Alber, Freiburg/München